*Jurisprudence for a Free Society*

*Studies in Law, Science and Policy*

# 自由社会之法学理论

## 法律、科学和政策的研究

Harold D. Lasswell
[美]哈罗德·D·拉斯韦尔
著
Myres S. McDougal
[美]迈尔斯·S·麦克道格尔

王贵国 总审校

上

法律出版社

Jurisprudence for a Free Society: Studies in Law, Science and Policy
By Harold D. Lasswell, Myres S. McDougal

*Jurisprudence for a Free Society: Studies in Law, Science and Policy* was originally published in English in 1992. This translation is published by arrangement with New Haven Press.
英文原著出版于1992年。此中文版的出版得到了原著作权人New Haven Press的正式授权。

著作权合同登记号
图字：01-2013-4741

**总 审 校：**王贵国

**副总审校：**王　超　王　楠

**审　　校：**陈　磊　关文伟　沈　伟　王　超
王贵国　王　楠　杨　帆　郑业鹭

**译　　者：**曹　晴　陈　兵　董　皓　高鹏程
高华超　谷　冉　关文伟　慕子怡
覃华平　涂　识　王　超　王　楠
王书成　严　蓉　郑婷婷　郑业鹭

# 中文版序

许多当代法的理论都最终源自于某个单一的视角。哈特看到奥斯汀关于法是政治上级命令的观点无法解释法的权威因素，故将余生工作都致力于该缺失。凯尔森看到历史主义者关于法的概念无法满足正步入现代化的多种族帝国（先前是奥匈帝国）中的决策者的需求，故创设“纯粹法学”来超越他们。埃利希通过对合作实体及其他非国家实体中显现的自发性的内部合作协议的观察，形成了其社会学法律概念。

促使哈罗德·拉斯韦尔与一位法学家合作，来共同创制一套政策导向的关于法的理论的一个关键原因，是其意识到政治科学学术日渐不实，从而亟需采用多元社会科学研究方法（他被公认为精通许多此研究方法）来澄清政策，以确保民主管制得以生存。对他在这一探索中的合作者迈尔斯·S.麦克道格尔而言，合作之诱因系其对法律现实主义缺陷的体认。作为一个耶鲁法学院的学生，麦克道格尔最初是一个法律现实主义者，然“二战”期间在为美国政府的服务中，他经历了超乎寻常的改变人生的历程，从而有机会去验证、反思并最终抛弃了法律现实主义。

现实主义守护神之一的霍姆斯曾经说过，“法律实践之要义就是预测法院实际上会如何做”。法律现实主义者证明了对法院未来判决的预测永远无法仅依文本（所谓黑体字法）作出。现实主义者仓促地从不同角度寻找一个飘忽不定的文本因素，作为提供预测未来的钥匙。尚在“二战”期间,拉斯韦尔和麦克道格尔就在华盛顿合著了对以后产生巨大影响的文章——《法律教育与公共政策》(Legal Education and Public Policy)。这为他们政策导向的法学理论奠定了基础。

尽管拉斯韦尔和麦克道格尔以及他们的学生们所建立的纽黑文学派源自于美国法律现实主义,但它却在六个基本方面否定了现实主义。

第一,现实主义者追随霍姆斯大法官,致力于寻求一条预测如何进行决策的途径。在此方面,现实主义者仍然囿于实证主义之实质被动性,即限于法学家的角色来预测其他人将做什么。拉斯韦尔和麦克道格尔则认为,法学理论使命的一个关键部分,并非简单地去预测,而是去积极帮助决策者进行决策,其方法包括帮助他们澄清目标、提供成功之道的信息、分析不同选择的后果,等等。

第二,在他们对法院及其适用法律的高度关注中,现实主义者们忽视了决策中的所有组成部分——立法之前、立法当中、法律终止、法律评估——在法院及其他机构适用法律之前和其后的部分。但作为政治学家的拉斯韦尔和作为政府前律师的麦克道格尔认为,这些其他功能是理解和成功实践法律不可或缺的部分。

第三,在其对法的关注中,同实证主义者一样,现实主义者忽视了政治和法律的斗争是为了什么:生命的机会或“价值”。现实主义者们没有系统的方法来标明并研究随着时间推移价值的产生和分配。拉斯韦尔和麦克道格尔则创造了一种识别并追踪产生和分配(他们称之为“形成和分享”)全人类所追求的各种期待的方法。

第四,在对法律构成的关注中,现实主义者们并没有足够关注环境因素对决策的持续影响,尤其是在决策中权力的作用。规范法理论一般均忽视了后者的变化也是决定性的变化。作为一个政治学家,拉斯韦尔在合作之时已清楚认识到决策中权力的作用。麦克道格尔在他们合作时也早已从其对牛津实证主义的早期迷恋中恢复,其政府工作经历增强了他对权威决策的信奉,但提炼了他对权力易变之相关性的评定。

第五,在其对法律构成的关注中,现实主义者们(除卡尔·卢埃林外)均没有认识到对构成自身的维持或调整亦是每个决策的一部分,“构成和结构”(如政治学家谓之的)是一个正在进行中的构建过程的产物,而权威和权力则在其中运行。在他们合作的早期,拉斯韦尔和麦克道格尔开始发展其构建过程和公共秩序的概念来修补这种缺陷。

第六,由于其仅对美国密切关注,现实主义者忽视了不可避免的全球维数对本土决策显而易见的影响和作用。几乎在“全球化”成为法学和政治学流行语的半个世纪之前,拉斯韦尔的《世界政治与个人不安全性》(*World Politics and Personal Insecurity*)就为在个人精神层面解释每个决策的全球维数奠定了基础。

拉斯韦尔和麦克道格尔法律哲学的哥白尼式革命,在于不再使规则作为决策机制,而是使人类不同程度地成为选择者或决策者。但这也不是一个自由论者或放任主义的方式,因为他们致力于构建一套能够建立并维系自由社会的法的理论,所以他们并没有满足于某些所谓“理性选择”理论;依靠这些理论分裂了的个人,带着贪欲的极度兴奋的本能冲动,在那只伟大的“看不见的手”最终能为任何问题找出最佳答案的具满足感的假设下,能够不懈地追寻他们各自不同的私利。大萧条和“二战”证明了这并不现实。拉斯韦尔和麦克道格尔的抱负总是宽广的和放大的,并总是负责任地针对关涉公共利益的社群决策。正如麦克道格尔在其与拉斯韦尔合著的最后正式陈述中所写的:

> 关于法律最有用的概念是将其理解为一个权威的和控制的决策过程。作为此过程一部分的负责任的法学家、顾问或决策者的职责,是确定一个适当的观察立场、澄清社群目标、识别并完成智识工作,这将使他或她能帮助那些需要法律或政策建议的人澄清目标,以及以符合最广泛社群共同利益的方式执行之。[1]

你将注意到他们对范畴和概念的关注。如果法律不是一套规则,而是一个社群的决策过程,且其目标在于增强这一过程之运转以及人们的参与,从而有助于建立人类尊严之公共秩序,则他们所能创造或修改的概念工具将异常重要。他们接受了康德关于认识范畴之中心性的观念,并

---

〔1〕 参见 Harold D. Lasswell & Myres S. McDougal, *Jurisprudence for a Free Society* (1997), 学生版序言,第 5 页。

有意识地设计威廉·莫里森所说的“为确定的目标特意并务实选择”范畴。[2] 构建了自己的范畴后，他们便将大量时间投入到理解并评论现代范畴，这是因为他们所确信的范畴对法学理论的有效执行是有决定作用的。对该学派持批评意见的人甚至该学派的有些学生认为，对“脚手架”的明确表述和修改是过分的，同时对每一问题都如此当然也是不必要的。拉斯韦尔和麦克道格尔则确信这是不过分和必要的。

让我作为旁观者说几句话。作为学生，我依然可以栩栩如生地回忆起《法律、科学与政策》课程里的一堂讲座；这门课拉斯韦尔和麦克道格尔在耶鲁共同教授了数十载。有个学生对他和拉斯韦尔描述的一个趋势做了一个非常臆断的陈述。麦克道格尔就只是问他：“你是谁？”他并非指“你的名字是什么”或“谁授权你的”；而且这也绝对不是一个笛卡儿式练习的邀请，即通过深思熟虑来减缓对自身存在的焦虑，并促使你跳过“你们”当中的那个人参与其中的相关问题。拉斯韦尔和麦克道格尔运用科学哲学认识到，在你大量个性中即刻占主导地位的自身，在那个时刻可能与你作为其他自身在感知和评价方面的不同；同时，自我意识和观察的一致性对其他智识任务的成功都是决定性的前提。对外国学生和少数派学生而言，在耶鲁课堂上聆听不装腔作势的讲解者的美国观点，从讲台到听众席滔滔不绝地做似乎“客观的”阐述，这个“你是谁”的问题很有意义。的确，听教授们讲解并理解该问题值得欣慰。然而，构建并一贯地在整个智识运行中维系某个观察立场，尤其是澄清一个有助于辨明并实现共同利益（即“人类之更大社群的公民利益”）的立场，并非易事。

对拉斯韦尔和麦克道格尔而言，与“你是谁”这一问题同样重要的，是你怎样观察事物和你决定看什么这一问题。马克斯·韦伯和罗斯科·庞德曾设计出经济学之外的观察方法。拉斯韦尔和麦克道格尔则另辟蹊径，坚持收集和组织广泛社会过程信息的一个系统方法。更为重要的是他们还坚持最透明地设计透视镜——法学家通过此透视镜进

---

〔2〕 参见 William Morison, “Myres s. McDougal and Twentieth - Century Jurisprudence: A Comparative Essay,” 载 Michael Reisman & Burns H. Weston, *Toward World Order and Human Dignity: Essays in Honor of Myres S. McDougal* (1976)，第 3 页。

行观察,得以区分观点和行动、权威和控制、宪制决定和公共秩序决策,等等。

将人们希望或"渴望的事情"分为八种依经验的价值范畴,在这方面是一个被证明有效的重要工具。拉斯韦尔和麦克道格尔一旦着手这一工作,他们对精确性的超乎寻常的要求,使得他们能够在社会过程、社群过程、权力过程和宪制过程中发现构成一项决策的决定性成分。传统的法学分析则忽视了许多此决定性成分。

由于拉斯韦尔和麦克道格尔将个人置于法的中心,这个人如何决定(或进行选择)便成为他们法学理论的关键焦点。据此,他们以亚里士多德的实践形式,对决策中的关键智识任务进行识别并详加阐述。这些智识任务包括目标、趋势、条件、设想及创造供选择的方案。这是拉斯韦尔和麦克道格尔法学理论的独到之处。即使是与其同时代的法学家相比,甚至与功利主义阵营的法学家相比,他们的观点都是独一无二的。

令人吃惊的是,拉斯韦尔和麦克道格尔之法学理论最有争议的地方,是他们对法律目的及评价决策标准的坚持,即法律的目的和评判决策应以其对达致人类尊严之公共秩序的贡献程度为准绳。奇怪的是,对"人类尊严"是输入"美国"价值的工具的指控,几乎总是来自美国的学者,而这一指控激怒了他们的外国学生和合作者。在一个课堂上,我记得一位日本学生愤怒地从其座位上拍案而起称:"怎么竟有人胆敢声称是美国发明了人类尊严的概念?"

1997 年 5 月,年届 91 岁高龄的麦克道格尔写下了被证明是对其事业和抱负的告别声明。他写道:

> 人们的最高使命是在公共秩序的适当制度中提升人类尊严。对同样以此为目标之下一代同仁,拉斯韦尔和我希望,我们著作所提供之内容和程序的原则,以及在将这些原则付诸实施的工具方面,可能被证明是有所帮助的。[3]

拉斯韦尔和麦克道格尔理论的根本表述被翻译成美丽的中文。其出

---

〔3〕 前注 1,第 6 页。

现恰值一个伟大且古老文明的学生和学者们在致力于澄清并执行其所认可的人类尊严之公共秩序这一重大任务之时。这一著作将被这些学生和学者们所理解。

W. 迈克尔·赖斯曼

纽黑文，康涅狄格

2013 年 6 月 18 日

# 目录

## 第一部分



## 第二部分　社会过程背景

## 第三部分



## 第四部分　自由社会中的决策结构

# 第一部分

CHAPTER 01 >>

# 第一章

# “有关”法的理论的标准

## 法理学作为“有关”法的理论

在对当今社会过程进行研究的诸多领域，学者都致力于创造出较好表达的全面学说，即“一般方向”或“概念图”，从而为研究的进行提供指引和帮助。[1] 不同领域的不同学者自然试图通过创立这一更加有效的新理论，发挥不同智识作用或实现相关目的，但是在日益涌现的文献中，经常出现某些宽泛的目的，即(1)学者或观察者，站在自身立场上为了其目的，对所观察事件的识别；

(2)对有关研究焦点的描绘，并把特定事件作为考查对象，将其放在诸多由与其存在关联的事件组成的大背景下进行定位；

(3)对有关研究中所预设的，或者其旨在实现的，全面目标价值的假设或明确揭示；

(4)对与研究任何社会过程有关的大量智识任务的说明，包括：阐明目标、描述趋势、分析条件、预测未来

---

〔1〕 关于早期的发展，参见 O. YOUNG, SYSTEMS OF POLITICAL SCIENCE (1968); O. YOUNG. A. SYSTEMATIC APPROACH TO INTERNATIONAL POLITICS (1968); E. MEEHAN, THE THEORY AND METHOD OF POLITICAL ANALYSIS (1965); and W. MACKENZIE, POLITICS AND SOCIAL SCIENCE (1967)。

发展及寻找和评估替代性选择,以及

(5)完成有关智识任务所依赖的经济程序的发展。[2]

我们可以看出,就探寻高度概括性的解释原则方面[3],或从传统的哲学性思考的角度而言,在句法方面或其他较不确定的方面的派生性实践中,这些新的学说所追寻的目标比传统的科学研究更加宽泛。[4] 它们所追寻的正是理论的发展。该发展在所有必要的抽象层面,既足够全面又足够详细,从而以一种不可或缺的,经适当选择的以及创造性的和经济的方式,协助完成考察社会过程的相关任务。

令人遗憾的是,至少在可追溯至城市起源之初的悠久历史中,在对法的系统思考和书写方面,学者很少试图去构建达到类似高度的理论。[5] 许多理论中反复出现的伟大传统学说,有时被标榜为“法理学派”。虽然

---

〔2〕 可从下列文献中找到有关不同建议的细节: FOREIGN POKICY DECISION MAKING (B. Snyder, W. Bruck, & B. Sapin eds. 1963); K. DEUTSCH, THE NERVES OF GOVERNMENT (1963); A. KAPLAN, THE CONDUCT OF INQUIRY (1964); VARIETIES OF POLITICAL THEORY (D. Easton ed. 1966); Kaplan, *International Systems*, 15 INT'L. ENCYC. SOC. SCI. 479 (1968); CONTENDING APPROACHES TO INTERNATIONAL POLITICS (K. Knorr & J. Rosenau eds. 1969); Eisenstadt, *The Development of Sociological Thought*, 15 INT'L. ENCYC. SOC. SCI. 23 (1968); W. RUNCIMAN, SOCIAL SCIENCE AND POLITICAL THEORY (1963); READINGS IN THE PHILOSOPHY OF THE SOCIAL SCIENCES (M. Brodbeck ed. 1968); E. NAGEL, THE STRUCTURE OF SCIENCE (1961); H. EULAU, THE BEHAVIORAL PERSUASION IN POLITICS (1963); and R. ERTON, SOCIAL THEORY AND SOCIAL STRUCTURE (1957)。

〔3〕 Marion Levy 教授在下文中表述的关于科学调查的观点更具局限性,“*Does It Matters If He's Naked?*” *Bowled the Child*, in CONTENDING APPROACHES TO INTERNATIONAL POLITICS, *supra* note 2, at 87; *cf.* Schwartz, *A Learning Theory of Law*, 41 S. CAL. L. REV. 548 (1968)。

〔4〕 当今“语言学”方法描绘了句法方面的派生性实践,参见如 G. RYLE, THE CONCEPT OF MIND (1949). 分析的一些不足之处主要受限于“语言的”所指示的,参见 Weisstub, *The Conceptual Foundations of the Interpretation of Agreement*, 22 WORLD POLITICS 255 (1970)。

〔5〕 下列研究提供了一个适当的历史角度: M. LEVI, THE POLITICAL THEORY OF THE ANCIENT WORLD (1965); E. HAVELOCK, THE LIBERAL TIMPER IN GREEK POLITICS (1957); Speiser, *Cuneiform Law and the History of Civilization*, 107 PRAC. AM. PHILOSOPHICAL SOC. 536 (1963); A. BOZEMAN, POLITICS AND CULTURE IN INTERNATIONAL HISORY (1960); J. NEEDHAM, 2 SCIENCE AND CIVILZATION IN CHINA (1956); G. SEIDLER, THE EMERGENCE OF THE EASTERN WORLD (1968); and R. POUND, INTERPRETATION OF LEGAL HISTORY (1922)。下列文献中搜集的资料很好地体现了本章提出的法学理论固有学说关键要点。W. M. REISMAN & A. SCHREIBER, JURISPRUDENCE: UNDERSTANDING AND SHAPING LAW (1987); D. LLOYD & M. FREEMAN, LLOYD'S INTRODUCTION TO JURISPRUDENCE (1985)。需要为关于法的研究提供更全面的理论,我们在这里所提出的具体批评在本书之后几章有详细记录。

依旧对研究和决策发挥重要影响,但它们却是不全面的理论,因其太过狭窄而限制了研究的焦点,并且严重局限了与其相关的智识任务。〔6〕 历史上的学说很少区分学术观察者和那些作为考察对象的社会过程的积极参与者的立场和目的。学者们并未创造出有利于进行跨时间和跨社群比较的法学理论,反而通常是满足于从“技术性的法的”理论的角度去构建自己的学说,其所观察的资料只不过是可疑的模糊碎片。〔7〕 许多仍然普遍适用的学说都是在玄奥的术语中发现权威,例如王权意志、超自然的永恒真理或是自发的律法,而不采用实证考察。这些学说通常关注的仅限于所谓的法律规则,或是十分不明确的方面,忽略了法律过程的真实运作,缺乏对实证决策或决策的总体流动的清晰聚焦。它们通常也不会区分权威和控制,而是同时模糊地参照这些法律不可或缺的要素。它们经常也不会全方位地指明有哪些已经确立的决策制定者,亦很少会清晰聚焦于某一权威决定的全面过程;该过程延伸到法律的制定和适用以维护首选的公共秩序方面。故它们亦鲜有对社会过程中那些引发权威决定的诉求的事件从价值和制度上进行系统性的分类,从而决定的理由和结果只会被当作轶事获得关注。从特性上来说,各种学说较少关注不同社群的权威和控制复杂的相互作用模式,对其进行的现实性描述就更少了。它们只是将可疑的神秘体系投射到“国内”和“国际”的利益和法律之间的相互关系之上。在大部分的学说中,所完成的智识任务是逻辑推导方面的,

〔6〕 即使在对法学理论范围的明确思考中也存在明显的局限性。参见 H. KANTOROWICZ, THE DEFINITION OF LAW (1958); J. MONTROSE, THE SCOPE OF JURISPRUDENCE (1965), reprinted from ME J; Bodenheimer, *The Province of Jurisprudence*, 46 CORN. L. Q. 1 (1960)。

〔7〕 E. PATTERSON, JURISPRUDENCE 2, 3 (1953) notes, 但其并未对法*的*理论和*有关*法的理论进行区分。在下文有关观察视角的讨论中将会谈及过去承认该区分的趋势。在载于 FRANCOIS GENY AND MODERN JURISPRUDENCE (1978) Notes 103, 113 富有见地的文中, Jaro Mayda 尽管对我们描述法*的*理论和*有关*法的理论之间的区分的方式提出了批评,但却似乎仍坚持我们试图用这些文字表达的同样区分的重要性。我们所做的区分是为了不同的角色(观察者或参与者)的不同目的(教化或权力)之间的区分。*有关*法的理论是那些有助于在追求教化中采用有关智识任务的理论。而法*的*理论则是那些被决策流行参与者用来提供指导和解释的理论。偶尔也会参考同样的理论。

而在很大程度上忽视了有效研究和理性决策所必需的其他任务。[8]

将“权威”基于经验性资料的“自然法”可能是所有学说当中最古老和最具有持久影响力的,然其却充分体现出对研究法律的传统理论的不足。[9] 在这一学说中,法学家的任务显然是神学的和纯哲学性的:其职责在于令王权意志或某些推测出的或派生出的先验要素的要求在地球上发挥实际效用。因此,囿于这一对权威的认识,学者对构建有助于考察其社群背景下实证决策的全面理论兴趣索然也就不足为奇了。尽管与其他学说一样,经验性学说无法完全不考虑有效决策,但其主要关注的焦点则是几种有限的决策理据,而不是权威性和控制性决定。这一理论的最大的历史贡献自然在于从赤裸权力的现实中主张权威,以及对相关目的的强调。这便是“自然法”的观念对现代国家宪法的发展以及对国际法的承认和发展所提供的帮助。[10] 然而,神学法或者自然法所体现的确定目的的技巧经常都是简单的逻辑推导,其对目的的经验性解释也没有在实证方面的具体说明上有所发展。一直以来在经验性理据方面的重要困难就

---

〔8〕 在任何有关法哲学和法学理论思考的经典历史中,我们都可以找到对这些发现的记录。下列文献中有更加详细的表述。参见 R. POUND, I JURISPRUDENCE (1959); A. BRECHT, POLITICAL THEORY (1959); H. CAIRNS, LEGAL PHILOSOPHY FROM PLATO TO HEGEL (1949); J. JONES, HISTORICAL INTRODUCTION TO THE THEORY OF LAW (1940); C. FRIEDRICH, THE PHILOSOPHY OF LAW IN HISTORICAL PERSPECTIVE (2d ed. 1963); W. FRIEDMANN, LEGAL THEORY (4th ed. 1960); J. STONE, LEGAL SYSTEMS AND LAWYERS' REASONINGS (1968), HUMAN LAW AND HUMAN JUSTICE (1965), and SOCIAL DIMENSIONS OF LAW AND JUSTICE (1967); E. BODENHE1MER, JURISPRUDENCE (1962); G. PATON, A TEXTBOOK IN JURISPRUDENCE ch. I. (3d ed. 1964); G. SABINE, A HISTORY OF POLITICAL THEORY (3d ed. 1961); J. HALL, FOUNDATIONS OF JURISPRUDENCE (1973); A. D'AMATO, JURISPRUDENCE: DESCRIPTIVE AND NORMATIVE ANALYSIS OF LAW (1984); R. STEVENS, LAW SCHOOL: LEGAL EDUCATION IN AMERICA (1983); J SMITH AND D. WEISSTUE, THE WESTERN IDEA OF LAW (1983)(略微从神秘学角度提供了广泛的资料)。

〔9〕 我们可以从下列文献中体会到该变化多端的冗长学说的特点 A. Chroust, *On the Nature of Natural Law*, in INTERPRETATIONS OF MODERN LEGAL PHILOSOPHIES 70 – 84 (P. Sayre ed. 1947); H. ROMMEN, THE NATURAL LAW (T. Hanley transl. 1947); A. PASSERIN D'ENTREVES, NATURAL LAW (1951); L. FULLER, THE MORALITY OF LAW (2d ed. 1969); C. BECKER, THE HEAVENLY CITY OF THE EIGHTEENTH CENTURY PHILOSOPHIES (1932); and *Northrop*, *Naturalistic and Cultural Foundations for a More Effective International Law*, 49 YALE L. J. 1430 (1950)。

〔10〕 E. BODENHEIMER, JURISPRUDENCE 57 (1962). 为自然法学说提供了对某些“实践性成就”的简要总结。

是,同样的理据可被用于截然相反的实证上,并且这些理据必须对其对手的挑战保持敏感。这些对手近期还主张更直接的事件的重要性。在一个并未明确或系统性地将人类选择与社群过程相联系的学说中,即使是朝着有效研究和理性选择所需的其他智识任务最谨慎的定位也可能是不适宜的。

这一理论强调历史起源,其在约一百年前的欧洲和美国已经发展成熟,有助于探究有限社群过程中的根本权威。[11] 它所面临的困难在于其盲目的拥护者对有关过程的理解完全错误。他们未能像在对于那些不依附于任何实体的虚构的*精神理念*中那样,在参与维护社群的合作性活动的活生生人们的真实观点中寻找权威。这些精神理念在各特定社群中都是独一无二的。其所强调的是,法律就像诗歌和音乐一样,从某一个社群人们的灵魂或共同意志中萌生出来,在不同的社群亦有所不同。我们将会发现,其中某些观念几乎和那些经验性的学说一样虚幻。观察者的任务应当是通过直觉认识来理解特定*精神理念*的内在活动。他必须令自己沉浸在该*精神理念*中,从中提取出规则并赋予其意义。由于每种*精神理念*都是独特的,因此不存在一个包罗万象的地图,跨越不同社群间的藩篱或穿越同一社会的不同时间,从而系统地组织观察并对之进行评估。由于几乎是完全沉浸于社会过程之中,该学说的支持者很难就特定的权威决定及其与大背景的关系找到清晰的焦点。因此,他们从未在轶事性方法之外构建出一种方法,即使是对于表述过去决策的趋势,从而增加社会决策者可掌握的经验这一历史性任务,亦是如此。由于普遍过程的决定论,他们明确目标的潜能降到最低值。尽管*精神理念*可能因为根植于某个社会的力量而发生变化,且法律无法控制这些力量,立法机构对此所能发挥的作用也尤其小。刻意创造出新的决策选择是与他们想法的根基完全相互矛盾的理念;法律不像是调整社会变化的工具,反而更像是其后

---

〔11〕 下列文献总结了重要的观点,R. POUND, INTERPRETATIONS OF LEGAL HISTORY (1923) and I JURISPRUDENCE, 81 – 87 (1959)。注意下列文献中的犀利评价 Kantorowicz, *Savigny and the Historical School of Law*, 53 L. Q. REV. 326 (1937)。*See also* H. MAINE, ANCIENT LAW (1881); J. CARTER, LAW: ITS ORIGIN, GROWTH, AND FUNCTION (1907); and P. VINOGRADOFF, OUTLINES OF HISTORICAL JURISPRUDENCE (1920 – 1922).

果。在这个人们越来越有能力重新构建其物质和文化环境,甚至改变自己身心的时代,与为将来的选择提供指引而刻意进行的系统性研究的努力不同,这一学说只能被当作是令人伤感的时代错误。

有关在当今世界占主导地位的、通常被称作“分析”法学或“实证”法学的学说已经变形。这是由于对神学法或自然法律师的经验性观念和历史学派的模糊扩散所作出的反应而导致。[12] 相对的学说则试图从正统的官方规则体系中寻找“权威”。出于该目的,法律被定义为由诸如主权者、法院以及立法机构等有权的特定机构制定和适用的规则,而法学理论则被称作是“制定法的正规科学”。[13] 这一迷恋法律规则,而不是“有关”法的规则,其特点,深刻根植于该观点最著名的拥护者约翰·奥斯汀(John Austin)所构建的学说之中。他坚称“一般法学理论”的适当范围存在于,用一名杰出的当代评论者的话说就是,“通过一种提炼出他们之间相互联系的方式,对法律特有的词汇进行分析并对其术语进行分类,从而阐明基本法律理念”。[14]奥斯汀似乎也相信“在不同的体系之间存在相似之处”,其必然性“根植于人类的共同本性”。[15]即便是善意的批评者也已发现,这一观点包含某些遭到驳斥的自然法理论要素,[16]以及通过*之前*的程序提取出的超验分类的纯哲学理念。[17] 当然,许多该学说的当代拥护者似乎假定,与社群政策不同,法律规则可在很大程度上自主存在。受限于此类视角,法学理论自然就成为句法形式的逻辑衍生科学,而

---

〔12〕 当今具有影响力的阐述包括 J. AUSTIN, THE PROVINCE OF JURISPRUDENCE DETERMINED AND THE USES OF THE STUDY OF JURISPRUDENCE (Introduction by H. 1. A. Hart and Bibliographical Note) (1954); J. GRAY, THE NATURE AND SOURCES OF LAW (2d ed. 1921); B. KELSEN, GENERAL THEORY OF LAW AND STATE (1945); E. PATTERSON, JURISPRUDENCE (1953); and H. L. A. Hart, THE CONCEPT OF LAW (1962)。

〔13〕 一项著名的对该观点的精炼是 T. E. HOLLAND, JURISPRUDENCE ch. I (13th ed. 1924). 有趣的是,Holland 发现了罗马人对从作为“关于法的知识” 的“家常的非科学意义上的”法学理论到“关于这些独立存在于任何特定国家的法律原则的科学观点”的进步。*Id.* at 2, 3.

〔14〕 H. L. A. Hart, *Introduction* to JOHN AUSTIN, THE PROVINCE OF JURISPRUDENCE DETERMINED AND THE USES OF THE STUDY OF JURISPRUDENCE at XV (1954).

〔15〕 同上,第 373 页。

〔16〕 同上,第XV页。

〔17〕 J. MONTROSE, THE SCOPE OF JURISPRUDENCE 3 (1965), *reprinted from* ME JUDICE.

不是关于社会过程中结果的原因实证科学。[18] 在该学说中，尽管其无法忽视决定的权威性和控制性，不是将决定作为社会过程中的事件而对其直观分析，而是通过定义不准确的概念和规则的模糊镜反射；与对待赋予资格的规则不同，它关注的焦点也不是放在有血有肉的决策制定者及其有关选择之上。[19] 该学说并未将权威和控制当作合法决定的两个必需要素而进行区分，其规则体系仅仅被假定是有效的，学术著作也竭尽全力，对权威性神秘的方式进行描述，而未系统性调查其真正发挥控制作用的程度。一项学说明确聚焦于现代国家机构，并且受夸大的主权观念的误导，无法在世界场域中发现适当的中央机构或者可辨别的垄断力量；在解释超越国界的权威和控制方式上便面临无法解决的困境；还必须不得不构建出一个神奇理论的迷宫，以解释国内法和国际法之间的关系。[20] 一项赋予自治性规则很高能力的学说，针对研究的其他相关智识任务，必须进一步保有适当的忽视。当某个法学理论体系可以同时描述过去的决定是什么，预言未来会做出什么决定，并指明未来的决定应该是怎样，就没有多大空间再对事实上正在发生的事情进行全面和集中的考察。自治性规则中权威的存在，对于从除了规则之外的其他渊源中，或者甚至是通过对相关规则的全面解释，澄清社群的基本政策没什么帮助。“分析者”无法通过对背景的对比和评估，来对自己或他人澄清其在各个选择中进行抉择所采用的标准。在对一系列相关规则体系的精确描述中，却不仔细说明在过去可供比较的案例中相关决定在多大程度上符合公开性的社群目标。当规则被假定成影响决定的主要因素，对倾向和环境的其他因素的考察便会式微。当宣称决策制定者有“义务”根据解释过去决定的合理性的规则，对未来做出决定时，其对未来决定的预言就仅仅成为推断，

---

〔18〕 尽管他认为其“归因”在某种程度上有别于派生，Kelsen 明确地将权威从社会流行中独立出来。

〔19〕 在其就职演说 “Pericles and the Plumber” (The Queen’s University of Belfast, 1969) 中，W. L Twining 教授回顾了“Langdell 的下述观点，法律是一门科学……所有有关该科学的材料都存在于书中。” (p. 5). *Cf.* Woodard, *The Limits of Legal Realism*, *An Historical Perspective*, 54 VA. 1. REV. 689, 699, 900 (1965).

〔20〕 下列文献对该主题做出了发展：McDougal, Lasswell, & Reisman, *Theories about International Law*: *Prologue to a Configurative Jurisprudence*, 8 VA, J. INT’L L. 188 (1968)。

既愚蠢又不可靠。构建并评估新的规则和制度，以保障社群政策，这一根本综合任务就不会得到成功的眷顾；即便是在其他相关任务未能被全面执行时，而采取的尝试，亦是如此。只有在牺牲有关理论的完整性的前提下，该法学理论才能对法的全面考察有所帮助。有时，这种法学理论甚至被视为实际家“鼻孔中的恶气”。[21]

受到自然科学和社会科学飞速发展的推动，各种学说都被归入“社会法学理论”和“法之社会学”。它们都怀有共同抱负，将对法的考查以及法本身引入实际的社会过程之中。[22] 然而，本理论学说的特点并不是直接正面攻击传统的法律视角和技术，也不建议对它们进行太大的转化。因此，其可以在“制定法”、“法律制度的理想”、“教育传统”、“集体确信”、“个人和社会的利益”、“社团内在秩序”、“法律对文明的解释”、“宗教传统”和“信念”中找到各种权威。普遍强调对解释性因素和社会后果进行研究是一项主要创新。20 世纪在研究方法和知识方面的发展，首先是自然科学，随后是社会科学，激励学者们将科学发现和技巧引入到法学研究中来。然而，许多怀有这一抱负的代表却依然受到来自自然法和历史学说神秘主义的影响，很少能在理解有关权威决定的全面过程方面较分析性学说走得更远。一些最具创造力的新学说拥护者甚至试图令自己对法律的研究同社会学调查相互隔离，从而在“社会法学理论”和“法之社会学”之间进行奇妙的区分。[23] 他们的研究未能集中关注决策，并且忽视了科学研究与其他任务的依赖关系，亦未能将焦点放在为了明确目标而指明重点上，从而未能如其所愿地做出智识贡献。有时，他们回避明确目标，视之为不科学，并倒退回到传统的哲学思辨法。很少有组织有系统地研究可比较决策与其社会过程中的相关条件及后果的关系。对条件的找

---

〔21〕 据记忆，该描述源于 A. V. Dicey。

〔22〕 当然是 Dean Pound 的下述文献提供了经典陈述：I JURISPRUDENCE ch. 6 (1959). 及其早期的 *Scope and Purpose of Sociological Jurisprudence* (pt. 1 – 3), 24 HARV. L. REV. 591 (1911), 25 HARV. L. REV. 140, 489 (1911 – 1912)。依然是对不同学说的有用回顾。亦参见 E. EHRLICH, FUNDAMENTAL PRINCIPLES OF THE SOCIOLOGY OF LAW (W. Moll transl. 1912)。下述文献对社会学角度进行了全面深刻的阐述：N. TIMASHEFF, AN INTRODUCTION TO THE SOCIOLOGY OF LAW (1939)。

〔23〕 是 Max Weber 做的该区分。参见 M. WEBER, ON LAW AND ECONOMY IN SOCIETY 11 *et. seq.* (M. Rheinstein ed. 1954)。

寻,尽管通常在环境和容易出问题的变量方面涉及多种因素,有时甚至会退化成寻找社会交往中的"自然法"。对未来的预测经常会被局限于对与"实际运作中的法"不一致的"实在法"将不会生效这一宣告中。除了已逝的庞德(Pound)院长这一显著例外,很少有学者会特意创造出其他替代选择,并对其进行评估。庞德院长当然是美国社会学框架中最有影响力的倡导者。几十年来,他雄辩滔滔,呼吁"更加有效的社会工程学",〔24〕但其本人对法律的认识却从未完全摆脱司法技术和规则的桎梏,他也从未将他对"利益"的认识细化为一套全面的分类,以协助各种智识任务。法之社会学学派显然还未能充分利用现代社会学研究的成果和技巧。

在社会学的大框架下,某些人借着勾勒更高级的现实世界画面,并以为其中的政策提供指导的名义,抓住了解释人类、社会和法律的某一个因素。这类学说中最有影响力,实际上比社会学更加纯哲学和伪历史的,源于马克思和恩格斯。他们认为"物质"因素高于"精神"因素,并认为这是他们发现的金钥匙。〔25〕 基于此,他们提出了历史发展的法律,认为其在过去和未来的人类关系中具有压倒一切的力量。〔26〕 然而,过分强调某一因素,认为其具有绝对重要性,通常会随着知识的进步而岌岌可危。尤其是在20世纪,实证研究大量增加:19世纪初,在心理学和社会学方面鲜有实证研究者,但到了20世纪中期,这方面的人数则发展到成千上万。因此,将社会和心理过程的所有因素分为"物质"因素和"精神"因素变得愈发不明智。任何此类尝试的结果必然是相关学者被迫花费所有时间进行下定义的工作,然此定义工作对推动科研则不一定重要。当然,一个含有两种价值的体系可以满足研究的某些需要,但其实际效应不大,并会增加将整个方法固化为空洞辩论的危险,从而使得有效研究结论亦对之毫无助益。考虑到当今知识,更加有用的是将心理和社会过程视作多因素,并对各有关相互决定因素进行研究。

---

〔24〕 R. POUND, SOCIAL CONTROL THROUGH LAW (1942).

〔25〕 有关简述参见 H. KELSEN, THE COMMUNIST THEORY OF LAW (1955); R. SCHLESINGER, SOVIET LEGAL THEORY (1945)。

〔26〕 由于该学说,许多支持者也可能同样好像是真的一样被分成"历史的"或"自然法"方法。

“美国法律现实主义”被视为较为近期的学说,有时被描绘成被“社会学的偏见”[27]狠咬了一口。实际上,它在批判传统的法律理论和程序的全面性、直接性和深入性方面已经远远超过法之社会学。[28] 基于霍姆斯(Holmes)大法官“对什么是社群的权宜之计这一考虑”,[29]该理论框架的主要信条始终是坚持法律只是实现社会目标的*工具*。权威素来存在于,即使并非总是明示的说明,人们对社会后果的实际认识中。该学说最重大的贡献在于其在很大程度上的创新性。它首先是由杰罗姆·弗兰克(Jerome Frank)法官推广,随后被其他人所接受;其最有成果之处在于将法律视作制裁性权威选择的决定。的确,某些该学说的支持者,受到行为主义心理学的影响,在对“运作”和有效性的过分关注中,不幸地将参与选择的权威性的观点的作用最小化。美国现实主义者作出了更具建设性的努力,他们满怀热情地开发人类学、精神分析、认知理论、社会学、社会心理学、经济学以及其他相关学科的研究成果,对不断扩大的人类科学中的新发现敞开大门。尤其是,他们注意到并公开反对规范的模糊性[30],技术概念的补充性以及传统理论为了同时完成规范性、科学性、预见性和优先性任务而提出的法律规则。他们摒弃了对概念和规则的书卷气的传统

---

〔27〕 E. PATTERSON, JURISPRUDENCE 541 (1953), ascribing the characterization to H. Kantorowicz, *Some Rationalism about Realism*, 43 YALE L. J. 1240, 1246 (1943). Kantorowicz 的文章尽管有重大影响,却只是单薄的和理解不透彻的,他对于欧洲社会学家未曾预见的美国现实主义的优点也没有更多的发现。

〔28〕 其主要支持者的某些文章可能是最为赞扬现实主义运动真正的贡献的。参见如 W. HOHFELD, FUNDAMENTAL LEGAL CONCEPTIONS (W. Cook ed. 1923); K. LLE. WELLYN, JURISPRUDENCE: REALISM IN THEORY AND PRACTICE (1962); F. COHEN, THE LEGAL CONSCIENCE (1960); J. FRANK, A MAN'S REACH (1965)。*Cf.* the provocative J. FRANK, LAW AND THE MODERN MIND (1930). 早期具有影响力的文章包括 Bingham, *What is the Law*, 11 MICH. L. REV. 1 (1912); Cook, *Scientific Method and the Law*, 13 A. B. A. J. 303 (1927); Oliphant, *A Return to stare decisis*, 14 A. B. A. J. 71, 159 (1928); H. Oliphant & A. Hewitt, *Introduction* to REUFF, FROM THE PHYSICAL TO THE SOCIAL SCIENCES (1930)。著名的负面评价有 Fuller, *American Legal Realism*, 82 U. PA. L. REV. 429 (1934). *Cf.* McDougal, *Fuller vs. The American Legal Realists*, 50 YALE L. J. 828 (1940)。更全面的评述可参见 W. RUMBLE, JR., AMERICAN LEGAL REALISM (1968); Rostow, *American Legal Realism and the Sense of the Profession*, 34 ROCKY MT. L. REV. 1 (1962).

〔29〕 O. HOLMES, THE COMMON LAW 35, 36 (1881).

〔30〕 我们参考的是被掩盖的在立法、科学陈述或预言方面对偏好的陈述,对于这些陈述,说话的人并不明确承担责任。Lasswell & McDougal, *Legal Education and Public Policy: Professional Training in the Public Interest*, 52 YALE L. J. 203, 267 (1943).

和历史性的研究方法，通过对形成决定的事实以及实际作出抉择的微观分析，坚持对过去的决策趋势进行仔细描述。他们还反对决策是“源于已经存在的法律原则的逻辑病因”。[31]他们详细陈明了下述观点，即法官也是人，因此也会对那些塑造全人类的因素和环境中的各个变量作出反应。他们对预测未来特定决策的可能性，即使是在最坏的情况下，也没有过高的期望，而仅仅认为，通过考虑影响过去决策和它们将来的可能配置的所有条件，可能会大大提高准确预测的机会。他们要求经验主义者对社会目标作出慎重的和相对清晰的界定，然而他们自己却同样对教条、机构和程序方面的替代选择要求，并通常会采用同样的调查和评估。这些美国现实主义者尽管深切关注决策的后果和法律对人类的影响，然而他们却从未发展出一套价值和机制分类，或是系统性的程序，从而明确目标和其他任务，以辅助其对决策的研究和评估。他们所构建的抽象概念几乎都是低水平的。[32] 由于缺少全面的指导理论，他们所处理的问题相互间只能偶然地发生关联。

因此，美国法现实主义最大的贡献充其量仅仅是对法学理论的肯定性问题铺路。[33] 早期的现实主义者对法律过程“老虎机”文字理念的生动攻击，至少暂时成功地撼动了法分析学研究中错置信心的坚硬外壳。然而，与法院用语无异之大费周章的展示自然受到限制，批评意见最终应该就向法院和其他决策者对公共秩序有重要影响的所有问题提供建设性指导。同样，某些现实主义者宣称思考和调查的科学模式的优点，这对“科学”没什么贡献，对“法律”更是如此。夸大科学自身可能给法律人面对的独特政策性问题作出贡献，这是对科学的亵渎。有时科学被称作是“价值中立”的，然而关于政策最明显的事实就是，它是具有价值导向的，因为政策只有在被视作可以追求实现价值目标最大化时才变得可被理解。夸大科学的作用就是为科学思考模式的相关性的幻灭提供理由，并

---

〔31〕 F. COHEN, THE LEGAL CONSCIENCE 75 (1960).

〔32〕 Llewellyn, Frank, Cohen, Arnold, Sturges 等人对于特定方面的法律改革非常感兴趣。例如 Llewellyn's 对统一商法典所做的贡献。

〔33〕 *Cf.* C. Woodard, *The Limits of Legal Realism: An Historical Perspective*, 54 VA. L. REV. 689 (1968).

使科学考察可能结果的有用性大打折扣。幻灭感中"嵌入"的潜能很难在对法学理论的详述中获得赞扬。在明确价值目标中引发的问题和科学发现之间的联系如此紧密,以至于有关法律过程的理论必须要强调和评估这些关系,而不能忽视或逃避对它们的重要性所进行的理性评估。

从对过去关于法的理论之考察中我们断定,法学理论要服务自由社会,并且必须追随研究社会过程的其他领域最先进的现代理论,寻找更加全面和更具穿透力的学说。法律学者目前面临的艰巨挑战就是要创造与建立和维持社会秩序有关的法学理论。这一法学理论将会发现权威,但不是在神学的、纯哲学或自发的抽象中发现,而是在至少在2500年前就为世人所知概念中,[34]在现实社群成员的立场中发现——他们的价值需求,他们与其他人的区别,他们对所在社群决策的期待,即确保其所主张的价值的决策要求的期望。法学理论应提供并适用这一权威概念的理论和程序。从以人类为中心、普世主义和平等主义的角度来看,该挑战不仅仅是通过"定义"解决与法律有关的问题,而是将有关权威决定和公共秩序相联系。尽管定义是生活的一部分,但关于生活,定义本身并不能告诉我们什么。适当掌控的定义是发现的工具,因为它们将注意力引导到社会过程自身上,在该过程中人类不断地从事各种永不停歇的交易,从而形成并分享各种价值。法律制度是价值形成和分享过程的一部分,必须根据它对价值结果和制度的贡献对其进行评估。在任何一个社群,法律体系都是包罗万象的公共秩序体系的一部分,而公共秩序体系则包含对价值分配偏好模式和基础制度偏好模式两种。因此,对任何法律制度的研究都应评估其对所要保护和实现的公共秩序体系的重要性。法学理论要定义该任务的广度和深度,并且指明完成有关任务的方法。总的来说,要从公共秩序大背景中将要最大化的价值的角度来评价一个法律体系。因此,研究的任务是要评估该体系成败的程度,解释导致这些后果的原因要素,明确目标和将来的政策选择。此法学理论不可或缺的作用必须通过界定一个参照框架来研究法律和社会,通过详细明确智识任务、来研究其所揭示的紧迫问题的解决办法并将该办法适用之。一个可以有效满足学

---

〔34〕 *Cf.* E. HAVELOCK, THE LIBERAL TEMPER IN GREEK POLITICS *passim* (1957)。

者和决策专家以及那些能理解并影响社会过程的人需要的法学理论，必须由系统的、灵活的、框架性的方法组成，至少要体现下面五个重点：

1. 它必须明确区分学者和决策者的观察立场，并在启发和决策的帮助下，发展*有关*法律的理论，而不是法律*的*理论。

2. 它必须要确立关注焦点，勾画既全面又精心选择的研究蓝图，有效地将权威决定和影响更大的社会和社群过程加以联系；权威决定受到该过程的影响、又回过头影响该过程。

3. 它必须从社会过程事件的角度，也就是从社会形成和分享价值的愿望和成就方面，勾勒问题。

4. 它必须为特定社会的公共秩序设定一套全面的目标价值并为之承担责任，在社会过程方面，这可以是明示作出的，而无论研究和决策需要的抽象性和精确性的程度如何。

5. 它必须明确与决定的作出、决定本身的研究，以及法律和社会过程之间相互关系有关的智识任务，并且指明完成每项任务的经济有效的程序。

澄清观察的立场很重要，因为学者、权威决定者、专业的辩护者、有效权力的把持者以及社群成员的目标可能大相径庭。正如我们所指，在为所需公共秩序作出有效选择中，学者首要关注的必须是为了*教化*权威决定和社群过程的其他方面之间的相互关系，而权威决定者和其他人则对*权力*更感兴趣。如果学术观察者未能采用不同于提出要求的社群成员的立场，或是对这些要求作出回应的权威决策者的立场，他就无法获得根据社群成员的利益来评价这些要求和回应的标准。因此，学术观察者需要*有关*法的理论，该理论之设计应有助于完成决策研究的任务，它有别于被决策者或其他人为了取得和证明决策结果正当性的法*的*理论。后者属于学者寻找启示的变化因素。当然，好的有关法的理论偶尔也会对决策者有用，因此逐渐成为法的理论的一部分。同样，好的法的理论有时也可能足够简洁，充分相关，从而有助于学者在其广泛研究中的特定目的。然而，如果在使用相同或可比的标志中不将不同的观察立场和目的铭记在心，它只能带来更多的困惑。

观察者构想的主要关注焦点是他把什么视作法律，以及他如何在更大的社群背景下将其定位;在这方面他所带有的全面性和现实主义非常重要,因为它们决定了他如何构想其研究中的每个细节部分:他对问题的设定、他对工具和程序的选择以及他关于替代选择的建议。[35] 当研究仅仅关注法律规则——语言化——排除真正的选择或实践——决策,可能就无法保证和社群中正在发生的事情有何联系。如果过分强调权威的考虑,相对忽略了控制或有效权力,研究的结果对将来的决策和公共秩序就没什么作用;同样,当以权威为代价而过分强调赤裸的权力,研究可能就不够现实并且创造性不足。如果只把法律当作法院或其他机构适用的规则,就会造成对如何制定规则以及权威决定中其他重要方面的严重忽视。当法律被视作某种神秘的东西,或者独立于社群政策之外时,人们就不会考察,也不会提供任何智识工具以考查社会过程中的事件与决定的关系,然而此决定既是对社会事件的反应,又受其影响。当在国内法和国际法的特点之间划分出明显的界限,并将国内法视作与其外部的更大世界相互隔绝,就不可能解释影响决定的更多原因,或是理性地澄清实际涵盖人类活动的相互作用于不同社会的政策。总的来说,有关法学理论必须寻求其关注点的全面性和现实性,从而有助于对影响决策的所有重要变量进行系统、结构性的考察,并对决策中的替代性选择的总体价值后果进行理性的评估。

明确设定一套全面的基本社会政策不仅对于推广认可的公共政策非常重要,对于影响与决策和研究有关的各种智识任务的经济表现亦是如此。如今,很少有人会质疑,权威决定,无论特定的还是总体的,都会对一个社群的价值分配产生重大影响;决定事实上是政策选项中的最高抉择。反过来,同样众所周知的是,权威决策者和社群成员就价值分配所持的观点,也属于对决策有影响的重要变量之一。学术观察者更无可推卸地成为社群过程的一部分,像其他社群成员一样,他不可避免地受到价值分配偏好的影响,他在研究中实现的教化(或蒙昧主义)不可避免地也会对社群过程造成影响。正如在缺乏政策内容的规则意义上,不存在中立或自

---

[35] 任何质疑法律概念是否无关紧要的人应该比较 Banco Nacional de Cuba v. Sabbatino 案, 376 U. S. 398 (1964) 中的多数意见和反对意见。

发的法律理论一样，在知识或无知的意义上，也不存在没有政策后果的置身事外的关于法的理论。现在亟需专注于研究法律的学者抓住这独一无二的机会，不仅仅将法律与其过去的政策相联系，而是要明确和推广那些更能满足他们及其他社群成员所致力于达到的特定公共秩序的政策变化。在抽象的各个层面，以及从短期和长期来看，只有通过着意澄清并明确承诺社群基本目标，才能对考察过去趋势、分配评估影响决策的要素和评价未来的可能性以及替代性选择给予创造性的、经济可靠的指导。

恰当指明一套智识任务或技巧非常重要，因为正是待完成任务的范围，以及履行的质量决定了政策研究的相关性。极力刻意尝试澄清一般的社群政策，但不同时系统追求其他任务，例如对过去决策趋势的描述和对影响决策的因素进行分析，就只能完成乌托邦式的演练。对过去决策趋势的描述，如果不受政策偏好的指导，也不与社会过程明显相关，为描绘过去的智识提供的基础便会极其微弱。对影响决策的要素的科学研究，如果不是指向基本的社群政策，就不具有什么关联性，尽管为此可能付出巨大代价。如果不考虑影响决策及决策效果的因素是否发生变化，而仅仅是通过对过去趋势的推断来预言未来的决策趋势，就只能带来毁灭性的幻想而不是真正的预见。如果在不同任务的特征以及适当的程序方面存在困惑，就会丧失理性决策所不可或缺的创新过程中的创造性，以及对政策替代性选择的评价。鉴于派生逻辑的传统实践和对无意义问题的无谓探寻，有关政策的法学理论将不采用对一系列相互区别又相互关联的智识任务的系统性和学科性的研究方法。

当法学理论被放在此广阔的范围内时，对下述观点就不存在什么质疑，即认真关注法律研究的人——官员、有效的决策者、辩护者、社群成员或者学者——都会采用某种法学理论，无论其是否被有意地采用或效用如何。如人类倾向于将对环境或自己的认识放在令这些认识具有重要意义的一整套假设中一样，对法律事件的观察者也倾向于将其放在因果的更大假设中。因此，经验老到的律师可能就不同法官对于不同原则、辩论方式和争议当事方的类别所作出的反应，提出大量不同观点。他可能预见到某个法官会站在公诉人一方，而另一个则似乎将政府所参与的诉讼中的被告方视作弱小和孤立无援的。无论这些推测是否准确,它们都属于法律过程一套重要假设中的一部分;而该法律过程有别于对法律原则的传统语言。观察者或实践者越有经验,他对其所处的大背景的假设就越全面明确。为了理性评估或者发展为更加系统可靠的知识,有关法学理论的任务之一就是,将所有这些模糊的假设(其全面性、意识性、明确性和现实性的程度各有不同)转变为更加清晰的关注重点。

## 政策导向法学理论的目标标准

为了便于阐明我们所主张的更具相关性的有关法的理论的目标标准,现将我们的讨论分为五个之前提及的方面:

1. 确立观察立场。
2. 划定研究焦点。
3. 规划特定的研究问题。
4. 明确假设公共秩序目标。
5. 完成智识任务。

我们建议将致力于完善我们有关法的理论、提高我们对法律和社会过程的相互影响的认识,并从而提高我们社会的法律和公共秩序的质量。

### 确定观察之立场

正如我们所见,首先要区分以教化为首要任务的学术观察者、权威决定者、其他以权力为最终利益的人以及作出有效选择的人。当然要承认学者、权威决定者、辩护者或律师以及其他社群成员都可能需要同样的教化,都有必要参与理性研究和理性决策过程中同样的或可比的智识任务。[36] 学术观察者所实现和传达的教化必然进一步对权威决策的信息

---

〔36〕 我们采用的"理性的"一词是在工具性意义上被用来指代达成期望目的的恰当途径。有关该词的多层意思,参见 E. Jones, *A Component Approach* 10 *Minimal Rationality*, *Review of Agency Rule Making*, 39 ADMINISTRATIVE L. REV. 275 (1987)。

或推广产生无可避免的影响,[37]学术观察者偶尔也要在信息搜集和政策推广中刻意扮演决策者的角色。然而不变的是,学者为了可靠、现实和有效的研究及知识,必须将自己及其目标和程序区别于其所观察的事件,包括事件参与者的目标及程序。尤其重要的是,学者要创造并坚持一个实*用性*理论,通过参考权威决策的流向,并解释和证明决策的*传统*理论,现实地完成其智识任务。如果他让法律或社会过程参与者的视角和沟通信号(它们本身就是他观察对象的一部分)操控其自己的视角和研究及传达工具,后果只能是知识的混淆,观点和报告中的歪曲,减损其学术专业所追求的教化作用。

我们强调学者对其独特立场和角色认识上的明确性之重要性,并不是说他可以,或者应该,完全孤立自己,不参与社会和社群过程。相反,我们强烈建议,对其所属并置身其中,从而不可避免地对其产生影响的社会,学者应尽可能地保持关注。最重要的是,他应属于不同社会的整体,并以它们的地域范围为轴心,参与不同的实用价值过程,他所追求的教化应该是与澄清并执行这些社会所有成员的共同利益相关。学者的特殊职责在于排除其文化背景、阶级和团体、人格特性以及个人经历带来的偏见,占据有利地势。他有别于那些在权威决策过程之前做出声明的积极的社群参与者,或者对这些声明作出回应的权威决策制定者。基于该有利地势,学者可以为社群过程的不同参与者澄清并指明他们自身可能无法发现的共同利益。为了剔除基于文化、阶级、利益、人格和此前遭遇的危机带来的偏见,当今学者应该在任何必要的时候都充分利用当代心理学和行为科学提供的广泛知识和特殊程序。

确立并维持恰当的学术立场并不必然要求创造出神秘的语言,采用有别于法律人或社会科学家通常使用的语言。然而,它却需要一套词汇或符号系统,包括除了词汇或其替代物之外的其他东西,并且要足够全面足够简洁,并提及法律和社会过程大背景的所有重要特征。我们必须在实用性而非传统的意义上使用这些词汇或符号。许多学者都希望通过努

---

〔37〕 下文将对这些术语进行定义。参见 McDougal, Lasswell, & Reisman, *The World Constitutive Process of Authoritative Decision*, 19 J. OF LEGAL ED. 253, 403 (1967)。

力构建出法学理论独有的习语之新术语，从而避免因多重使用所引发的困惑，然而这样的希望往往是徒劳的。系统化的作者是社会的一部分，因此或多或少会与地方社群或整个世界社群法律过程所涉及的实践者直接沟通。含有许多新词汇的表达体系在清楚表达概念，从而令这些原始的特质被写入成文的法典、意见和摘要方面可能更胜一筹。在传播过程中，这些词汇很可能会背离其分类者所确立的原本定义。如果要最大程度地减少混淆，无论是采用神秘难解的词汇表，或是为了强化在日常使用中不易辨认的区别而不敢引入新术语，都不是预防措施。适当的策略应该是，在维持观察立场和履行有关智识任务中宣传知识技巧。该技巧令词汇的使用者可以在整个沟通过程中为自己定位，刻意选择在下述情况特定词语是否具有传统的意义：在特定的法律体系中或用于实现法学理论独特功能的定义中。受到较好指引的语言操控者拥有智识工具，从而令他随时灵活运用其词汇表，并为他选择要发挥的作用贴上合适的标签。因此，同一个标签可能会被故意地用于不同的情况，而不同的标签也可能被贴到同样的概念框架上。这些选择取决于学者自己参与的不同场合和场域的诸多要素。

## 划定研究焦点

划定研究焦点最重要的标准是全面性和适当选择性。划定焦点所需的细节上的全面性和现实主义会影响特定问题的设定，以及关于这些问题不同智识任务的可靠性和经济性。最大程度结合背景、结构性和政策导向的法学理论必须要涵盖整个社会和社群过程，在这些过程中权威决策是相互作用的组成要素；然而一套可行的理论必须提供概念和程序，从而将焦点，无论需要多精确，集中在特定的决策或特定的决策流上。

构建研究焦点所要求的全面性和选择性的主要学说并不困难。该焦点应以实证的方式明确聚光在*权威决定*上。决定会被视作有效选择，包括观点和操作。观点被视作包含对权威和控制的期望，考察则是对权威和控制的实际模式进行研究。法律不仅仅被当作规则或独立的决定，而是被视作权威决定的持续*过程*，包括建制的和公共秩序决策的，而这些决定构成社群决策的制定和再制定的基础。任何特定社群权威决定过程存在于无尽的因果关系中，将会被视作该社群中整个社会过程所必需的一部分。无论是在本地、区域还是全球层面上，每个特定的社群最终都会被发现对整个平行的、同心的和相互嵌入的社会产生影响，并受其影响。

如果要问这一全面性的焦点是否真的有必要，我们可以回想下有效完成各种有关智识任务的某些重要方面。在经济允许的情况下，不考虑替代性选择的*总体*后果，就很难理性地明确社群政策。某一价值方面或短期的微小收获可能会被其他价值方面或长期的损失所抵消。如果不是基于因果的大背景进行跨时空的比较，我们就无法产生可靠的知识以描述过去的决策趋势。如果不就更大社会和社群背景进行考察，我们就更无法得知是否可以观测到过去所有的相关经验。由于不同社会和社群过程的相互依存，需要一张勾勒这些过程所处的大背景之蓝图，从而有效完成指明重要环境和素因的变量这一科学性任务。对未来决策的预测，无论其有效程度如何，都显然有赖于之前有效完成描述性的科学任务。我们在社会和决策过程中考虑的替代性选择越广泛，创造和评估新的替代性政策的创造性和成功的概率自然也就越大。

### 平衡强调观点和操作

我们提出的理论认为法律包括观点和操作，并不过分强调法律技术规则（它们有时被认定要描述所有的观点）或是仅仅强调实际操作（审查决策者怎么去做）。关注的焦点显然应放在*决定*上，包括观点（选择的客观性）和操作（事实上是通过威胁严重剥夺或承诺高度容忍来制定和执行选择）。在研究中，要平衡强调客观性和运作模式，以及这些模式之间的相互关系，这在连续的决策流中占有主导地位。

如此，传统法律规则所期待的正式且明确的内容可能被揭露，从而通过援引和适用而对有关选择进行仔细的考察。然而，我们还可以将观点作为对选择有重要影响的因素之一进行研究，可能这样更加现实。

不难看出，在一个多元社群中，[38] 例如许多人类有组织的社会所展

---

〔38〕 有关对法律原则补充性的描述，参见 B. CARDOZO, THE PARADOXES OF LEGAL SCIENCE（1928）；Oliphant, *A Return to Stare Decisis*, 14 AB. A. J. 71, 159（1928）；T. ARNOLD, THE SYMBOLS OF GOVERNMENT（1935）。

现的，甚至在地球上最大的社会中，法律的技术性规则通常是在诸多相互补充的对立和高度模糊且不完整的参照物中被创造出来的，用以表达多元利益。特定社会所实现的公共秩序的水平取决于特定选择的汇总，通过这些选择将补充性规则与特定情况相联系。作为后果的研究必须超越仅仅对补充性规则的关注，而要延伸到指明影响特定情况的细微关系的要素以及对替代性选择后果的评估上。

**权威和控制概念的明确性**

此外，我们提出的理论不是仅仅把法律描绘成决定，而是*权威决定*，其中包括权威和控制要素。所谓权威，我们指的是在决定过程中谁将依据什么标准，遵循什么程序，作出什么决定之类的社群期待。参考是实证的，在组成特定社群的人的期待中达到一定的发生频率。所谓控制，我们指的是有效参与制定并实施决定。选择的结果必须在实践中很大程度上被实现。如果某些决定具有权威性却不具有控制性，其就不是法律而是伪称；如果决定具有控制性却不具有权威性，它们就不是法律而是赤裸权力。

我们提出的理论会对权威的观点进行仔细的研究。值得一提的是，权威的观点既与确立特定的决策者（谁获得授权，关于谁，通过什么程序，作出什么决定）有关，又与指明决策的适当标准有关，后者又关乎被影响的经授权价值之范围和领域，以及特定背景下适当价值的细腻构建和分享。我们不难发现这些概念是基于实证还是先验，是被视为社会过程的一部分或是跨社会过程的，是作为要求还是仅仅期望被提出的。当所发现的权威观点是要求的概念（在特定的参与者违反或偏好方面被构建）时，我们要注意它们是否与社会过程价值、法律规定的“自发应然”、历史的教训，以及逻辑或句法的实际运用、道德准则或者其他未定义的操行规范之一致性相关。

我们提出的理论将控制视为诸多相互关联变量的一项功能，并能对实际影响决定作出和执行的要素进行实证研究。只有当这些观念真实地反映了相关场域参与者的客观性时，该理论才与“义务”和“有拘束力”这些传统观念有关。该理论将对包括政党、压力集团和私人社团在内的非官方集团扮演的角色进行系统调查。

就该概念而言,我们不必规定“法”所必需的权威和控制共存的单一比率。如果不同比率存在,可以基于学术或政策的目的对其进行比较。关键的任务不是要设定首选的比率,而是要明确在特定的背景下,已经存在,或将要存在,或可令其存在,或建议存在的权威和控制之间的关系模式。

借助于这些方法,通过采用所有现代科学的技术,我们就可以对权威和控制进行系统的学科性研究。

### 权威决定过程之概念的全面性

我们提出的理论还会详细地将焦点集中在偶发的或独立的权威决定之上,延伸到一个社群用以构建和分享其价值之权威性和控制性决定的整个持续*过程*。[39] 在任何社群中,这一权威性和控制性决策过程,作为更全面有效权力过程的必要部分,可以包含两种不同的决策:首先,确立和维持最全面权威决定过程;其次,特定的决策流,它源于用来规范其他社群价值的流程。第一种决策类型通常被称作“建制性的”,第二种则被称作“公共秩序”。[40]

为了全面经济地描绘决策过程,和其他社会过程一样,有必要使用一些系统性的术语(如果具有同样作用的词语能够清楚表达,则具体使用哪些词汇无关紧要)说明决策过程中的参与者,他们的期待(要求、归属、预期)、相互作用的情况、参与者的基本价值、管理基本价值的策略、即期结果和长期效用。

为了方便起见,一个社群的“构建过程”可被称为一种决策,用来指明

---

〔39〕 将法视作决策流行可见下列文献:H. M. HART & A. SACKS, THE LEGAL PROCESS: BASIC PROBLEMS IN THE MAKING AND APPLICATION OF LAW (tent. ed. 1958)。我们所要补充的是有关权威决策流行更全面的概念以及该流行与其社会和社会流行大背景的系统性联系。

〔40〕 为了保持完全一致,我们会说由于权力流行受保护的特点,“其他公共秩序”可被方便地当作一个社会中最全面公共秩序的一个组成部分。该全面意义上的“公共秩序”有别于“公民秩序”,在后者中权力发挥的作用较小。下列文献对研究公共秩序决策的具体程序进行了概述:McDougal and Lasswell, *The Identification and Appraisal of Diverse Systems of Public Order*, 53 A. J. I. L. (1959)。

并描述不同的权威决定者;明确澄清基本社群政策;确立权威的适当结构;为制裁目的分配权力的基础;为制定不同决策授权程序(用于授权做出不同决定),以及保证社会政策所需的所有不同决策功能(信息、推广、立法等)持续发挥作用。

作为相互补充的术语,一个社群的"公共秩序"决定可以被描述为这样:源于构建过程的持续流,构建并维持该社群不同价值过程的特性。这些决定关乎如何分配和开发资源;创造和分配财富;如何提升和保护或剥夺人权;如何鼓励和阻止教化,如何促进或忽视健康;如何培育端正操行和公民责任,等等。

显然,在任何社群中,构建过程和公共秩序之间都存在密切关系。一个社群构建过程的经济性和有效性可以对其公共秩序的自由性、安全性和充足性发挥重要影响,但其公共秩序反过来也会影响它所维持的构建过程的可靠性。然而,通过区分这两种不同的决策,尝试系统性地涵盖两者,研究应该避免破坏性地仅仅专注特定的规则和对"政治"和"法律"决策之间的区别的空洞争论上,并应将其注意力延伸到制定和适用法律的过程之特征以及优选的公共秩序之后果上。

我们所称的具有"权威功能"的权威决定通常存在于诸如"立法的"、"执行的"、"司法的"和"管理的"这些术语中。但它们所指的更多的是权威结构而不是其功能。研究如要更精确、更全面地描述权威功能,就要区分以下术语(或它们的同义词):

*信息*:搜集、处理、散发与决策有关的信息。

*推广*:积极宣传政策替代性选择。

*规定*:反映权威性和控制性的社群政策。

*援引*:在规定方面对事件的临时描述。

*适用*:将社群规定与特定事件相联系,带有制裁。

*终止*:结束规定和根据规定作出的安排。

*评估*:集中关注过去的决策和决策过程的信息功能,包括责任的归属。

仔细划定社会过程中的决策流可以令科学观察者和决策制定的参与者区分社会秩序的两个相互作用的领域:*公共秩序*和*公民秩序*。正如分析家所阐明的，总的公共秩序包括具有相对稳定特征的权力过程（建制模式）以及包括前述权力在内的价值制度过程之受保护和拥护的特征。公共秩序是以严重惩罚性承诺（在预期和实现方面）为特征，公民秩序则属于温和制裁的范畴。无论使用什么样的术语，以解决综合法学理论相关问题为已任的理论必须做出相同的区分。

**法律与社会过程的关系**

一个有关法的理论不仅是明确地，更是系统地，将权威决策与涵盖该决策的更大的社会过程相连，即使只是大致相连。当价值被视作是人类之间所需要的关系时，社会过程中价值分配方面的变化就会促使申请人诉诸决策程序，援引立法，并适用权威性政策。权威决策过程的每个阶段均受到过去价值分配以及参与者对未来分配的观点（要求、归属和预期）之影响。反过来，权威决策过程的结果不仅直接影响申请人和其他人间未来的价值分配，而且从长远来看，在其总的影响方面，它还决定并确保了一个社会的公共秩序。

为了全面精确地表述决策的社会过程背景，我们可以进行任何价值分类和制度实践，以符合政策导向研究的目的，但条件是它们能够对人类间特定的实证关系列出详细可行的指标。我们建议采用最普遍的概念化，它涉及类似当今社会科学的八个价值制度分类：

*权力*：通过严厉剥夺或高度容忍执行的决策的作出，作出和影响社群决定。

*教化*：搜集、处理和传播信息和知识。

*尊重*：选择的自由，平等和承认。

*福祉*：安全、健康和舒适。

*财富*：生产、分配和消费产品和服务；对资源的控制。

*技巧*：获取和实践职业、专业和艺术方面的能力。

*情感*：亲密、友谊、忠诚、积极情绪。

*操守*：参与负责任的言行规则的制定和适用。

在适当具体阶段分析中，当采用这些或相当的价值制度分类，以描述沉淀出权威决策的社会过程中的事件、参与者对此类事件做出的诉求、他们呼吁决策的有关政策,以及确定的决策制定者实际上在其立法和政策适用中做出的选择时,我们可以在同一社会中的不同时间、阶段之间,以及在不同的社会之间进行比较,从而研究影响决策的因素以及决策的公共秩序后果。

**法律与其社群大背景间的关系**

一个完全结合社会背景的有关法的理论要承认当今人类交往是在全球范围,甚至是地球与外空的范围内进行。就所有价值的相互测定而言,整个人类目前构成了一个单一的初级社群。在该意义上实际上是通过其决策所涵盖并令其生效的严厉剥夺和高度容忍来做出并实施决策,这一最大社群的组成部分之一就是*有效*权力过程。类似地,在此有效权力的全面过程中,人们可以发现权威期待意义上的完整且跨国界的权威决策过程,也就是说,在由被认为应该决策的人,根据社群对有关决策应该如何在已确立的框架下根据授权的程序做出的预期。这一跨国的权威决策过程,和它所包含的社会过程一样,都是在不同社群层面以不同的期待和操作相互贯穿模式维持的,不仅是地球和外空,这个更大社群所包括的所有社群的价值过程,亦同时受其影响。因此,全球公共秩序影响诸多组成更大社群的小社群内部公共秩序,反过来后者亦影响前者。

一元论者所主张的统一性事实上并不存在;二元论者所坚持的对国内法和国际法的区分也是不可能的;新现实主义者则认为国际法是徒劳的虚伪道德说教方式。关于法的政策导向理论的支持者并未因此受到恐吓,他们将对非排他的和排他的决策分配、价值后果中的相互影响和作用,以及国内和国际权威和控制相互贯穿的过程进行准确的实证研究。此研究并非针对模糊性的规则,而是直指不同社会间的相互决定以及诸多不同层次的地理范围的价值过程,包括当代新兴的区域社会。此研究不将非排他性决策和排他性决策当作绝对的对立,而是将其视作表达共同参与决策制定的程度上的连续统一体,不仅参考参与者的数量,而且还参考在具体阶段的分享程度,包括明确共同利益、进入某些场域、对基础价值的控制、管理战略,以及结果的决定。该研究必须涵盖所有重要的场域,无论对于所观察的特定社会是外在的还是内在的。该研究特别关注的是，公共秩序中以及不相容的价值导向中，在优选价值之影响方面，相互竞争的系统之间的竞争，从而完成对全球或地球和外空范围的评价。[41]

## 为研究规划特定问题

在任何社群中，在构建和分享构成该社群的内部社会过程以及更加全面的全球社群的更大的外部过程价值时，都存在持续的剥夺和不履行。在其带来的后果中，社会过程的不同参与者都同样地持续向该社群的决策者提出诉求，以便最小化并改进此类剥夺和不履行，以及更好地确保他们参与该过程。

仔细考察便不难发现，参与者关于决策的诉求包括他们对构成剥夺和不履行看法(无论是否带有偏见)、对明显的社群政策(规定)的要求，以及对权威决定特定救济或其他适当行为的要求。学术观察者和权威决定者，站在不同的观察立场，自然可能对有关事件、适当的社群政策以及经济救济持有不同于那些参与者的观点。基于研究的目的，参与者关于决策的诉求可以被描述为关乎每一项被珍视的价值(即我们所提出的权力、尊重、教化、福祉、财富、技巧、情感和操守的分类)，并与形成和分享价值的制度性实践的每个阶段(包括参与、期待、环境、权力基础、策略及后果)都有联系。社群及其成员面对的问题是：在价值的形成和分享中存在的愿望和成就间的不一致；就这些问题也需要权威决策。基于最广泛的期待以及社群管制的总体考虑，人们总会不断要求制定并实施新的法律，即更能反映社群愿望的法律。

恰当描述相互对立的诉求及问题非常重要，因为它影响到观察者和决策者完成研究所必需的智识任务以及权威决策做出的全面性、现实性和经济性。令人不快的是，某些法学理论框架在对规则真实本质的热烈追求中，继续在定义和派生实践方面规划问题。尽管致力于从价值重要性方面集中关注人类活动要素，马克斯·韦伯(Max Weber)从未调整他

---

〔41〕 下列文献对这些建议做出了具体的发展：McDougal, Lasswell and Reisman, *Theories about International Law: Prologue to a Configurative Jurisprudence*, 8 VA. J. INT'L. L. 188 (1968)，亦参见本书第四章。

的“理想类型”的观念,以令其适应全面的系统性研究。庞德院长对“利益”的观点在很大程度上更是相互重叠并且是非均态的。尽管美国法现实主义者尝试对当今社会过程的实际结构和运作进行观察和研究,坚持在事实间而非词语间进行比较,但他们的观点却并不广为人知。政策着意导向的法学理论将试图从事实方面规划问题,也就是说,从特定价值的形成和分享的角度,制定一套必需的价值和制度性的价值形成和分享的蓝图,以缩小社群愿望和成就之间的鸿沟。[42] 它将针对现存利益的保护和现存利益的变化。

## 明确假定基本公共秩序目标

政策导向法学理论承认政策选择是任何权威决策过程中不可或缺的组成部分,并且无论在一国内部还是全球层面上,如今都存在旨在完善公共秩序的相互竞争体系。对于任何关注法研究的人而言,紧迫的问题是:一个作为人类社会大社群以及各种更小范围的社群中负责的公民,他想要向其他类似负责的公民推荐那些融入并超越所有特定社会的基本政策目标,将其作为公共秩序的首要目标。

我们强调通过区别对照其不同的起源来假定和明确公共秩序目标。鉴于人类需要的关系应以合理的决策为基础,基于超验主义的或高度模糊的参照而进行的无限回归性逻辑派生,对于仔细明确权威决策所需的价值没有多大贡献。有着不同派生模式的人们早就证明他们何以为了促进人类尊严的价值而合作,无论他们用以证明其合理性的信仰或教条是什么。强调不同的派生只能区分潜在的合作者,而对于创造性却没有帮助。

我们提出的所要明确的一整套全面的目标价值是那些目前普遍被视作人类尊严或一个自由社会的基本价值。这些价值是通过人类所有伟大的民主运动流传给我们的,各地人们日益兴起的共同需求和期望中更加一致地表达了它们。《联合国宪章》、《世界人权宣言》、有关人权的主要

---

〔42〕 下列文献对全面和系统的诉求进行了说明性的列举: M. MCDOUGAL, H. LASSWELL & L. CHEN, HUMAN RIGHTS AND WORLD PUBLIC ORDER; THE BASIC POLICIES OF AN INTERNA · T ~ ONAL LAW OF HUMAN DIGNITY (1980), at Chapter 3。

公约，区域性安排和项目、国内宪法、政党平台以及其他官方和非官方的声明中都提出此类要求，当然这些价值是在不同的抽象程度以及许多不同的文化和制度模式下形成的。然而，对所有价值表达的基本攻击都是针对这些重要价值的伟大创造和可能的广泛分配。对于接受和试图贯彻这些正在兴起的诉求的学术观察者和权威决策者而言，他们的任务就是有效完成下述各种智识任务，更好地将共同享有的权利、尊重和教化等作为参照相互联系，从而使其在制定和适用法律的不同背景下成为选择。

设定的优选公共秩序的基本目标价值自然不能只是人类大社会某些特定部分的排他性和小范围的价值代表，而是应该包含寻求和确保这些价值的制度性实践的最广泛的多样性。在不同的社会和文化中，不同的制度性实践可能对于增加价值和分享这些最高的目标具有同样贡献。一旦最高目标被接受，就可以通过承认寻求价值的制度性实践中广泛的功能等价物来促进试验和创造性。

要注意到我们提出的设定基本目标价值不同于简单的实践信仰。我们不指望仅凭假设就获得新知。只有通过对不同有关智识任务的系统性和严格的练习，才能获得新知。

## 完成智识任务

根据政策导向法学理论完成智识任务，就是要研究超越派生性逻辑的传统实践，甚至要超越由更具限制性的“科学”概念所设计出的活动，从而延伸到相互关联活动的复合体，而这些活动对于有效研究以及决策中的理性选择都是不可或缺的。我们提出的任务包括：明确目标、描述过去决策的趋势、分析影响决策的条件、预测决策的未来趋势以及创造和评价替代性政策选择。我们相信此列举是全面的，因为它包含了所有必需的任务，而且也是经济的，因其排除或者弱化了没必要的任务，如基于句法、超验或其他错误预定的前提的派生性实践。传统法律概念为了同时完成所有任务，而无差别地轻描淡写。列举任务的设计是为了避免传统法律概念规范模糊性所固有的迷惑性和无效性。

我们强调刻意、系统和有区别地完成整套智识任务，但我们并不主张可以以某种秩序经济地完成这些不同的任务，或者是将每项任务作为独立的个体来完成。我们主张应该将所有的任务放在同一系统内，并将之与相关背景中特定问题相联系。理性地执行某项特定任务要求我们训练有素地在大背景下将特定问题定位，并根据与相关背景每一重要特征有关的其他任务所实现的规划和结果，来系统地检测完成该特定任务的规划和结果。因此，所有任务的完成都关乎同一事件，也在某种程度上是同时进行的，但是它们在其观察目的和所采用的技巧方面却有明显区别。

剩下的问题就是要简要指明在所提出的每一项任务中都涉及什么。

**确定社群政策**

与政策确定有最密切联系的是，在清楚地实证参考社会过程中优选事件方面，要刻意清楚仔细地说明政策目标，而无论其表述有多抽象。在经济允许的程度内，我们要将所有替代性选择与其更大的社群背景以及可能受其相关政策影响的重要社群利益相联系。通过明确区分即期或短期、中期和长期目标来划定相关政策的时间维度。最确切的政策确定要基于同时系统性地完成所有智识任务，并且要考虑所获得的过去决策趋势、过去的条件性因素、将来的可能性以及可能的替代性选择方面的知识。

**对过去决策趋势的描述**

对过去决策趋势最相关的描述不是对原则和实践支离破碎的轶事性报道，而是要系统说明构建过程和公共秩序的明确政策的接近程度。为了更加有效地跨时空地比较决策及其后果，在价值制度过程（包括所有具体阶段）方面，我们要对导致寻求权威性决定的事件、参与者针对决策提出的详细诉求、作为决策的条件要素，以及决策对于参与者和其他人即期和长期的后果进行“真实的”分类。为了补充对互补的规则和概念的传统总结，我们应为构建过程和其他受保护的公共秩序特征勾勒出价值制度方面的全面蓝图，并应审查在与特定的具体类型的诉求方面决策流。我们还要设计出一些程序，从而将特定的诉求与其背景相联系，并评价权威决定者根据明确的政策对诉求作出的回应。

### 分析影响决策的因素

在以政策的方式从事科学任务时，我们要对影响决策的多重因素之相互作用进行研究，不能对任何一个或一类要素赋予超乎一切的重要性，如那些与财富或“经教育的传统”或操行方面的要素。要采用当今科学中适当的程序，创造并检验影响决策的因素的理论。此理论创造应受以下“最大化假设”为起点，即在其能力范围内，所有回应都是净价值预期的一项功能，并应将重点放在素因性和环境性变量上。在此类研究中，应由弗洛伊德（Freud）对边沁（Bentham）进行补充。对源于文化、阶级、利益、人性和此前所遇到的危机方面的重要因素应进行明确分析。虽然我们会寻求严苛的理论模式，但并不是要过分强调数学测量或试验的重要性。在信息的搜集和处理中，我们会占据不同的优势地位并采用广泛和集中的程序。

### 对将来趋势的预测

对将来趋势的预期，政策法学理论要尽可能地包括自觉、明确、全面和现实。我们要基于所有可获得的信息，着意构建和测试发展性概念，包括对未来不同的替代性预期。传统法律理论中简单的线性或按年代的推断要受制于条件要素以及作为趋势构成部分的过去的变化方面的知识。

### 创造及评价政策替代性选择

政策法学理论鼓励创造性，因我们需要创造并评估政策、制度结构和程序中新的替代性选择。对于决策过程的每一阶段，无论是建制性还是与公共秩序相关，以及条件背景的每一方面，都要进行考察，以便能创造机会从而影响决策，令其更符合已明确的目标。在替代性选择进行评估时，我们应考虑已明确的目标之得失；相关评估会受到已获得的关于趋势方面的知识、条件因素和未来可能性的限制。我们还应综合其他的智识任务，以便搜寻以最大收益和最小损失为特征的综合解决方案。为了鼓励创造性，必须采用特殊程序，包括关注焦点的扩展和收缩、深入关注和忽视的交替、自由联想和随机组合的试验。[43]

【翻译:王　楠;审校:王贵国】

---

〔43〕 本章所提出的标准在其他学者的著作中也有所总结。参见 J. Moore, *Prolegomenon to the Jurisprudence of Myres McDougal and Harold Lasswell*, 54 VA. L. REV. 662 (1968); E. Suzuki, *The New Haven School of International Law: An Invitation to a Policy-Oriented Jurisprudence*, 1 YALE STUDIES IN WORLD PUBLIC ORDER (1974); F. Tipson, *The Lasswell-McDougal Enterprise: Toward a World Public Order of Human Dignity*, 14 V. J. INT'L. L. 535 (1974)。在本书中,我们还将详细考察我们继承的更重要的法学理论框架在多大程度上接近这些标准,以及恰当的政策导向法学理论应该具有哪些特征。

CHAPTER 02 >>

# 第二章

# 有关法的理论的趋势:建立及维持观察之立场*

前面一章中,我们讨论了一套可行的"有关"法的理论的标准,建议在学术观察者(其主要关注是教化)和权威决策者及其他(其最终利益是当权和进行有效选择)的不同立场之间进行区分。我们发现这种区分对于确保可靠、全面地研究法律,以及有效澄清与特定问题相关之总体共同利益都是非常重要的。本章之目的在于关注在法学理论之主要学说中就这一建议的趋同程度。

我们几乎不能期待从神学或玄学方面来界定权威的理论,可以清楚地表达出观察者的立场和理论与被观察的对象之间的区别。正如齐尔泽(Zilsel)所精辟指出的,"因其所生活的环境,僧侣们并不是很倾向于用开放的眼光看待世界"。[1] 当被观察的是一个地方之神的意志,这样一个神之代理人的指示、对神之意志僧侣式的解释、神谕的揭示,某特定个体或自治实体的特殊精神,世俗大众的期待与公认之决策制定者的行为之间

---

* 本章之早期版本发表于 8 TOLEDO L. REV. 1 (1976)。

〔1〕 参见 Zilsel, *Problems of Empiricism*, Ⅱ INT'L ENCYCLOPEDIA OF UNIFIED SCIENCE 53 (1941)。Zilsel 的著作对经验主义思想发展史有很好的介绍。

的关联，实际上都降至最低。在所有多样化的信仰中，适用于与超经验主义交流的仪式都迥异于对社会过程进行审慎和系统的经验主义研究所需的立场和程序。

从古至今当然一直都有这样一些颇具洞察力的观察家，他们不但能够自我摆脱超经验主义的束缚，还能对权威及其中控制的经验主义模式进行现实主义的检验。当然，有大量证据表明许多在苏格拉底之前的希腊人都具备了这种能力。〔2〕 罗马人发展出了一套系统、全面的法学理论，其有时被界定为是对“人”和神的事情的认识；〔3〕许多伟大的罗马法学家都非常直率，如一个谨慎的学者所展现的那样。〔4〕 类似的是，在欧洲崛起的漫长世纪中，在不同宗教传统中的许多聪明头脑都被先入为主地灌输了这样一种伟大的智识任务，即协调早期希腊人观念里的科学怀疑观以及与教义与天启要求的分离。从16世纪开始最终大规模扩张的、自然科学的系统性观察和资料收集，却没有立刻在法学理论或法哲学里并行发生。〔5〕

一个明确、有意识的研究法律和社会过程的观察立场的发展，离不开早期“社会学的”法学家：为自然科学在增强人类对环境的控制方面所取得的巨大成功所打动，这些法学家寻求摆脱传统的从教区虚构中得来之实践的束缚，并开启了法律和社会经验主义科学的发端。〔6〕 他们能够认识到观察是在任何经验主义科学中首要和必不可少的步骤或程序，以及其他合理的要求，后者使对所观察事件的可操作性定义和观察者立场进

---

〔2〕 参见 E. HAVELOCK, THE LIBERAL TEMPER IN GREEK POLITICS *passim* (1957).

〔3〕 对此之定义参见 ULPIAN, DIGEST 1. 1. 10, *quoted in* G. SABINE, A HISTORY OF POLITICAL THEORY 170 (3rd ed. 1961)。

〔4〕 参见 D. DAUBE, ROMAN LAW: LINGUISTIC, SOCIAL AND PHILOSOPHICAL ASPECTS (1969)。

〔5〕 E. MEEHAN, THE THEORY AND METHOD OF POLITICAL ANALYSIS (1965) [以下称 MEEHAN]; Zilsel, 前注 2。

〔6〕 A. BRECHT, POLITICAL THEORY: THE FOUNDATIONS OF TWENTIETH-CENTURY POLITICAL THOUGHT 165 *et seq.* (1959) [hereinafter cited as BRECHT]. 关于后来运用科学方法来研究社会现象，参见 MEEHAN, 前注 6, 9; E. NAGEL, THE STRUCTURE OF SCIENCE 447 (1961). 注意到比较研究的潜力，亚当·斯密提出了一个适度广泛的法学理论构想：法学理论是关于民选政府应该如何被指导的规则的理论。它试图说明不同国家中不同政府制度的基础以及它们在多大程度上被发现是合理的。A. SMITH, LECTURES ON JURISPRUDENCE (R. Meek, D. Raphael, and P. Stein eds. 1976) i. I.

行仔细地说明成为必要。[7] 他们最着重强调的一点,就是必须对描述事实与陈述偏好或做出价值判断进行清晰区分。[8] 尽管在一般性方法上已有诸多前贤,但对此做出最简明、清晰表述的可能是马克斯·韦伯相对近期的构想:

> 问题真正的核心在于从本质上讲是很简单的这样一种要求,即研究者和导师应无条件地将以经验为依据的事实(包括他正在研究的那个基于经验的个体的"价值导向"行为)的建立 和 他自己的实际评价,即他对这些事实满意与否的评价(包括作为研究对象的那个以经验为依据的个人所做的评价)分割开来。这两样东西在逻辑上是不同的;如果认为它们似乎是相同的,就等于是混淆了完全混杂的问题。[9]

坚持对两种不同智识任务进行明确区分的重要性,并在相关资料中特别纳入对被观察者的"评价",这一构想使一个更全面的、可区分其他智识任务并促使其被经济地完成的观察视角充满了希望。令人遗憾且必须指出的是,在一个我们认为是不甚相干的差别上,韦伯认为他的重要构想对"社会学"而不是法的"理性科学"更有意义。[10]

美国法律现实主义者坚持认为,为了对被建议之观察立场做更完整的说明,所有法律活动都无法摆脱地是社会过程的一部分。"有关"法的理论和法"的"理论之间的差别当然已经是在这个理论下大多数著作的一个基本的、定义性的特征。因此,其一直以来就始终强调与法的技术性相

---

〔7〕 BRIGHT 前注 7, 第 28 页; F. KAUFMAN, METHODOLOGY OF THE SOCIAL SCIENCES 34 (1944); H. LASSWELL, PSYCHOPATHOLOGY AND POLITICS 251 (1930); Lenzen, *Procedures of Empirical Science*, I INT' ENCYCLOPEDIA OF UNIFIED SCIENCE 281 (1938). InREADINGS IN THE PHILOSOPHY OF SCIENCE 3 (H. Feigl &M. Brodbeck eds. 1953, "科学之哲学"被描述为是"一种讨论科学的方法"、而非"科学本身的一部分"。有关构建科学家行为理论的一个有趣的当下的尝试(这种尝试有时融合了优先和非优先的智识任务),参见 T. KUHN, THE STRUCTURE OF SCIENTIFIC REVOLUTIONS (1962)。

〔8〕 BRECHT,前注 7,第 221 页。

〔9〕 M. WEBER: THE METHODOLOGY OF THE SOCIAL SCIENCES 11 (E. Shils & H. Finch eds. 1949).

〔10〕 M. WEBER, ON LAW IN ECONOMY AND SOCIETY 11 *et seq.* (M. Rheinstein ed. 1954) J. HALL, FOUNDATIONS OF JURISPRUDENCE 148 (1973). 一书讨论了韦伯试图区分的虚假性。

分离(这有时被不公平地描述成“神秘体系”或“民间故事”或“超自然的胡言乱语”),强调渴望对这种描述进行“功能性的”或“可操作性的”或“工具性的”角度的假定,并强调在法律与社会过程的相互关系中,对经验观察现象加以控制。[11] 对法的技术性依照句法和逻辑结构的研究已被尝试归入一个更大的分析理论,它将揭示规定、引用及实施为构建、共享社群价值而制定不同的特殊的技术性规则的结果。

现实主义运动先驱宾汉姆(Bingham)的观点,是一般性观点中的一个非常好的早期构想:

> 让我们在此稍停片刻来判断一下我们将以何态度来审视法律领域。主持诉讼并作出判决的法官所从事的是治理的艺术。他在创造法。在法官、陪审团或其他法律决策机构面前诉辩案件的律师,也协助造法。通过参与确定立法表达之存在和形式的过程,即权威地表明在具体情况下什么该做、什么不该做,立法者也间接影响了将来相似的过程。这些过程都在法学研究的领域范围之内。它们都是法学研究领域的一些客观现象。因此,从法官在其本职工作中的,或律师在法庭上的,或立法者履行其职能的态度上来审视这个领域,隐喻地讲,就是去试图从其中之一点、而不是从其上或外部来审视这个领域。如果我们像看待其他科学一样来将法律看作一个研究领域,我们就必须从法学教师、法学学生、法学研究者、或寻找权威以认定“法律是什么”的律师的立场来看待它。这些人并不直接作为政府机器

---

〔11〕 对现实主义者观点的一个很好总结,参见 F. COHEN, THE LEGAL CONSCIENCE: SELECTED PAPERS OF FELIX S. COHEN 47 (L. Cohen ed. 1960).“功能性方式”这一术语有时被用作指万物有灵论的一个现代形式,据此每一社会机构或生物组织都有其存在之“目的”;也由此根据其能否达成这一“目的”来判定是好是坏。我将不会试图在使用“功能性”这一术语时忠于这些模糊的用法。我将使用这一术语来表述在现代物理和数学以及当代哲学中似乎是最清楚的某些原则或趋势。这是因为,有理由注意的是,排除超自然的术语和无意义的问题以及在能被证明的现实方面重新定义概念和问题,不是法律所特有的问题。这一问题在过去的两三个世纪,尤其是过去的四五十年中,已为哲学、数学、物理学,心理学、经济学和人类学,当然以及其他的学科所共同面对。功能主义、操作主义、实用主义、逻辑的实证主义和许多其他的术语,尽管有着各自不同的含义或重点,都已在不同领域被使用,来标明重新界定传统概念和传统问题这一普遍任务的一个有些共同的方法 。现实主义者建之于其上的基本主题,在这些著作里有很好的陈述:P. BRIDGMAN THE LOGIC OF MODERN PHYSICS (1927); P. BRIDGMAN, THE NATURE OF PHYSICAL THEORY (1936)。

的一部分来行为。他们的研究不是构成法律领域之外部现象的组成部分。他们是从外部,因此也就是从能够给出完全客观及最少混淆观点的角度来研究那一领域。[12]

他继续写道:

法律领域远比一个充满着已颁布的或是发展出的模式化规则和原则的虚构系统更加广泛和复杂。与任何其他学科领域相似,它是一个科学研究的领域。事实之确定顺序及其法律后果是进行调查和预测的外部现象。对这些顺序事件及其因果联系,以及政府机器介入的原因、组织和运作,**构成了**法律意义上对法的认识。一些规则和原则在这一领域已得到发展并被使用,或多或少沿用了陈规定律的专门术语也被采用。就像在其他学科里使用归纳和定义一样,它们只是用来经济地分类、表达和交流所累积的法律认识的智识工具。[13]

美国法律现实主义者中最明确地应用"有关"法的理论和法"的"理论的区别,体现在两位耶鲁的合作者——阿诺德(Thurman Arnold)和罗宾逊(E. S. Robinson)的著作中,该著作有时颇为讽刺和尖锐。[14] 在其若干著作和文章中,他们采用一种"人类学方法研究人的理想",[15]"来自火星的小伙计"经常被引用,技术性的法律原则被描述为必然包含人们自相矛盾的理想和信仰,医术和迷信历史中的诙谐故事被拿来类比,通过使用"有关"法的理论和法"的"理论研究不同具体问题而导致之结果的不同也被指了出来。[16] 阿诺德最具智慧的构想之一这样写道:

这一(关于相冲突的理想的)精神上的麻烦是可以避免的,如果学者认识到对"法的科学"和"关于法的科学"都有需要——前者是为在制度内部仪式地使用、后者则是为自上而下进行观察。对人类制度

---

〔12〕 Bingham, *What is the Law*, 11 MICH. L. REV. 1, 10 (1912).

〔13〕 同上,第11页。

〔14〕 他们最有影响力的著作包括: T. ARNOLD, THE FOLKLORE OF CAPITALISM (1937); T. ARNOLD. THE SYMBOLS OF GOVERNMENT (1935); E. ROBINSON, LAW AND THE LAWYERS (1935)。

〔15〕 T. ARNOLD, THE SYMBOLS OF GOVERNMENT 34 (1935).

〔16〕 参见前注15所引之著作。通过用"有关"法的理论而不是法"的"理论得出的对不同之处清晰、有趣的陈述,参见Arnold, *The Restatement of the Law of Trusts*, 31 COLUM. L. REV. 800 (1931)。VICTOR ROBINSON, THE STUDY OF MEDICINE (1934)一书深刻影响了Arnold。

> 的客观或自然主义的态度,只能是从外部描述它们。一个以制度管理者身份来行事的人,将其意见作为公众立场,实事求是地讲是不会成功的。如果希望维持一个教会的原貌,则该教会的客观历史就不能由其主教来书写。为了使教会更有效地运作,他可以使用根据相关意见得来之认识;但当他处于公共舞台的时候,他的演讲必须符合其被认为的角色。[17]

强调法律中“科学方法”的重要性,罗宾逊补充道:

> 因是从外部审视,法学家们在构建法律制度时遇到了巨大困难。他们倾向屈从于他们寻求去理解的那个制度的建构。这就是为什么对自然科学的看法似乎总是在法律思想家们的涉及范围之外的重要原因之一。但随着心理学视角的发展,法律人应该有可能摆脱他们最后所保有的惯例、传统和禁忌!此外,还应当给予法律人重新向公众提供关于社会控制技巧教育的机会。[18]

不幸的是,阿纳德和罗宾逊都没有完成这一任务,以发展出一个与他们抱负相关的、便于完成智识任务的理论和程序的学说。

遗憾的是,必须看到,尽管他们的研究有集合的趋势,并不是所有更有地位的社会学和现实主义学派的法学家都成功地、始终如一地维持了宾汉姆及其他学者所建议的这个外部的、全社群的角度。例如,庞德院长是社会学分析方法的有力且明确的支持者,他经常从社会控制方面来定义法。然而,在其大部分著作中,庞德院长都有些排外地假定了一个相当遵循惯例的法官的立场,过分强调应用功能的重要性、从而忽略了其他决策过程,且在传统的法的技术性范畴下描述过往之决策过程。[19] 同样,尽管有时是在广义“社会学构建”上的一个富有创新精神的创造者,卢埃林(Llewellyn)教授似乎更经常认同专业的实践者,而不是人类学家或是普通大众;他似乎更倾向于寻求创建一种有助于具体案件管理或取胜的

---

〔17〕 Arnold, *Institute Priests and Yale Observers—A Reply to Dean Goodrich*, 84 U. PA. L. REV. 811, 813 (1936).

〔18〕 E. ROBINSON, LAW AND THE LAWYER 62 (1935).

〔19〕 我们在这里对庞德院长和卢埃林教授的概括是基于莫里森(MORISON)教授的大量未出版的研究成果。

理论,而不是描述案件总的趋势及其价值结果的理论。[20] 更全面的构想当然将会连贯地清楚表达一个更广泛社群的关注,并在其他分析方法中有系统地寻求与社群过程中各式各样的参与者——不仅仅是与掌握权力的官员和专业的辩护者,还包括与实际上的掌权者和更普遍的社群成员——的情感认同。

在相对新近的偏离中,一些分析框架的支持者似乎对一个在法律程序之外的、明确的观察立场之需要变得更加敏感。最让人吃惊的是,凯尔森(Kelsen)教授在其权威著作《*一般法学理论与国家*》一书中,也引用了宾汉姆教授的、我们前面引述了的那个段落。[21] 他认为这就是其"规范法学"的"完全一致的立场",且其纯粹理论的"应然陈述"与社会学之法学理论的陈述一样是"经验的"或"描述性的"。[22] 他解释说理论家们的"应然陈述""描述性地复制了规则的'应然'"。[23] 但是早先在其著作中,他认为纯粹理论"一定不能为立法权威们的动机和意图、或是与制约他们的法律的形成有关的那些个人意愿或利益所影响,除非这些动机或意图、意愿或利益在立法过程的材料中被清楚地表示",且并非旨在指出"构成自然科学之客体的自然现实"。[24] 因此,即使纯粹理论的"应然陈述"能够被有意义地认为是对某些神秘现实的经验式描述,它们当然还留下许多没有被描述的、需要为学者和律师所知晓的内容。最近,哈特

---

〔20〕 卢埃林教授对实践者的关注在 K. LLEWELLYN, THE COMMON LAW TRADITION: DECIDING APPEALS (1960) 一书中尤其明显。在其 *The Jurisprudence of Karl Llewellyn*, 1 DALHOUSIE L. J. 441 (1974) 一文中, Simon Verdun-Jones 教授认为 Llewellyn 在有必要时可以主张一个更加外部的、全面的立场。非常有趣的是,W. L. Twining 教授这篇非常睿智的文章——*Pericles and the Plumber*, 83 LAW Q. REV. 396 (1967) ——并没有将其视野扩展于伟大的律师和水管工人之外,于主要关注领悟法律和社会过程的学者的观察立场。在其后来的一篇文章 *The Bad Man Revisited*, 58 CORN. L. Q. 275 (1973)中,Twining 教授概述了可能之立场的多样性,指出了在澄清过程中的一些困难。但他似乎并没有成功地对抗澄清的努力。澄清观察立场以进行决策的案例,参见 FOREIGN POLICY DECISIONMAKING (R. Snyder. H. Bruck, and B. Sapin eds. 1962).关于与更广泛之社会科学的关系,参见 CONTROVERSIES AND DECISIONS: THE SOCIAL SCIENCES AND PUBLIC POLICY (C. Frankel ed. 1976), 22 – 24。

〔21〕 参见前注 13 。

〔22〕 H. KELSEN, GENERAL THEORY OF LAW AND STATE 163 – 64 (A. Medberg transl. 1946).

〔23〕 同上,第 163 页。

〔24〕 同上 xiii, xiv。

(Hart)教授在其《*法律的概念*》一书中对规则的“外部”和“内部”方面进行了区分,他将其概括为相应的“观点”。[25] 外部观点就是观察者不接受的对某些规则的分析的观点;内部观点是那些“接受和使用”“作为行为指导”的规则的那群人的观点。[26] 然而,做出这一区分仅仅是为了有助于更好地理解规则推定之普遍本质,而不是为了便于全面经验主义地研究某一特定社群的法律和社会过程的相互关系。哈特教授并不比凯尔森更关注“法的道义上或政治上的评价”或是“法或法律现象的社会学描述或解释”。[27] 至于一个更全面的外部观点可能包含或导致什么,并没有被探讨。

在法学理论的浩瀚文献中,似乎在贯彻外部立场方面没有太多有影响力的努力来为研究法律创造一种元语言。霍菲尔德(Hohfeld)尝试区分“起作用的事实”和“基本的法律概念”,并给出一个更加全面和准确的基本法律概念的列举,这些尝试是伟大的但没有完成,且其本身就与观察立场所要求的一致性相冲突:只有在知晓权威决定者的反应之后,在特定情况下才可以确定哪些事实是“起作用的”;只有通过与其相同之权威反应相联系,关于权利、义务、权力、豁免等这些基本概念才能被赋予与经验主义的关联;这些都是在被观察和解释的资料范畴之内。[28] 同样地,庞德院长所提出的对“法律利益”的雄心勃勃的分类,[29]尽管有一定潜质,但却从未发展成为一个关于社群成员之具体需求和期待的全面、同类的说明。[30] 未来能否有更大希望取得建树,似乎在于调整某些广义概念性蓝图以适用研究法律之目的,这在社会科学家中正在开始变得通行。

大部分法学理论都未能谨慎、连贯地区分观察者和决策者的立场,其

---

〔25〕 H. L. A. HART, THE CONCEPT OF LAW 55, 86, 99 (1961) [以下称 THE CONCEPT OF LAW].

〔26〕 同上,第 86 页。

〔27〕 Hart, *Kelsen Visited*, 70 U. C. L. A. L. REV. 709, 710 (1963). 在对 THE CONCEPT OF LAW 一书的评论中,Alf Ross 教授就哈特教授的“外部”观点的狭隘性提出了一些有趣的批评。参见 Ross, Book Review, 71 YALE L. J. 1184, 1190 (1962)。

〔28〕 W. HOHFELD, FUNDAMENTAL LEGAL CONCEPTIONS (Cook ed. 1923).

〔29〕 R. POUND, Ⅲ JURISPRUDENCE 5 *et seq.* (1959); R. POUND, V JURISPRUDENCE 5 *et seq.* (1959); Pound, *A Survey of Social Interests*, 57 HARV. L. REV. 1 (1943).

〔30〕 关于庞德院长理论缺陷的早期讨论,参见 Lepaulle, *The Function of Comparative Law*, 35 HARV. L. REV. 838 (1922)。

不固定性和不确定性可部分地被解释为由此导致:如果概念范畴要明确与具体情势相联系,则就必须系统地揭示其进一步的差别,但实际上对此的关注极少。这些主要差别涵盖了从相对"广泛的"到相对"集中的"观察立场。比如,考虑一下在描述通过政府和法律的常规过程做出决定时都包括了什么。所做出的"判决"、通过的"法令"以及批准了的"条约",均可部分地说明相关决定。通过阅读和分析所涉及之文件,以及通过短期或长期调查处于关键地位之个人以说明其承诺执行决策之程度,可以更"集中地"研究这些决策。显然,对"广泛的"和"集中的"立场进行区分,需考虑观察者做出观察之时间、所需资料之复杂程度,以及训练观察者所需之时间。如果法学之路线图在实际上将被适用于其旨在提供指导的解决问题的任务,就要明确这些观察立场中深度的变化。

【翻译:王　超;审校:王贵国】

CHAPTER 03 >>

# 第三章

# 有关法的理论的趋势:研究焦点的分层

## 强调观点和操作之间的平衡〔1〕

直到最近几十年,在社会学和现实主义学说的影响下,研究法律的理论才能够清楚而且明白地集中到对判决的研究上来,并均衡地强调知与行的重要性。作为一个研究领域,历史上以规则的系统和体系来理解法律支配了文明的思想数千年。这些理解对规则的援引到底是涉及观点还是操作,如果是涉及观点,到底是群众的观点还是公认决策者的观点,抑或是其他事前或事后评判者的观点都极为含糊。〔2〕 即使最坚定的坚持"规则"

---

〔1〕 该部分更早的版本发表于 8 TOLEDO L. REV. 10 (1976).

〔2〕 有关这一概念的解释和辩护参见 H. KANTOROWICZ, THE DEFINITION OF LAW (1958)。又参见 the eloquent introduction by Sir Arthur Goodhard. *Cf.* B. MALINOWSKI, CRIME AND CUSTOM IN SAVAGE SOCIETY (1926); W. ROBSON, CIVILIZATION AND THE GROWTH OF LAW (1935); P. VINOGRADOFF, COMMON SENSE IN LAW 22 - 44 (Hanburg ed. 1959) [hereinafter cited as VINOGRADOFF]。这一概念轻易地超越了文化和意识形态的界限可以通过比较 Patterson 教授和 Vyshisky 先生提供的概念来进行观察。前者写道:法律是一种拥有国家权威并通过一定方式在一定的限制内由最终政治统治者规定的规范。参见 E. PATTERSON, JURISPRUDENCE: MEAN AND IDEAS OF THE LAW 159 (1953)。后者将"法律"定义为:(a)表达统治阶级意愿和建立在法律秩序至上的行为规范,和(b)由国家权威批准的社会生活的习惯和规则的总和。他把"苏维埃"法定义为:通过劳动人民的权威和他们意愿的表达,以立法的形式建立的行为规范的总和。参见 A. VYSHINSKY, THE LAW OF THE SOVIET STATE 50 (1948). 我们对"法律"是如何使用的关注远不及对研究的重点是否恰当,从而能够促进有关智识工作的开展的关注。

是最恰当的研究对象，也必须间接或默然地——不管多模糊——讨论作出决定的模式，也就是作出和执行选择的运动。重要的是，对于决定的讨论依据是否足够清楚、全面和真实，从而有利于全部必要智识活动的实施。不幸的是，那些强调“规则”历史的学术观察者所要的程序是这样的：首先找出一些一般性的方法和标准来确定他要研究的系统的规则，然后需要集中精力找出系统中不同规则的内在逻辑联系，并最终把这些规则和决定及社会背景中的其他因素的关系——最好由非法律专家——作分别和进一步的研究。这样做的结果是把被这些规则从社群和社会过程中进行高度孤立和抽象，远离规则产生、变化和使用这些影响规则运用的条件。这样的孤立和抽象化后果在法学的研究中，或者是课程的整体安排以及具体课程的内部指导中都可见到，遍及世界各地的研究机构和法学院。[3] 法学研究和法学教育最基本的组织原则仍然主要是法律技术，主要的事情仍然是根据权威性神秘体系的模糊概念来界定和安排。[4]

这种高度重视规则，过分强调疏于界定的观点并且相当程度上与社会过程相分离的方法，据说是源于历史初期的超验范畴。当代一位卓越的人类学家总结道，“镶嵌在文明人的制成法之中或者在没有文字记载的时代的人们的记忆当中的，把抽象规则视为对法律合适的和唯一的表达的法律思想”，不仅“代表在西欧的主流法律传统”，同时也有一段可以“追溯到古巴比伦和汉莫拉比时期，也可追溯到自然法概念起源之时（c. 2000 B. C.）的“久远的文化历史”。[5] 超验范畴下西方文明的发展历史（从它早期的中东根源，经过古希腊哲学、罗马法和基督教传统到当代的世俗版本）是如此的知名以至于对其可评估的观点普遍强调，融入规则中

---

〔3〕 由美国法学会筹备的法律重述有时提供典型的例证。

〔4〕 这一观点被全部录入我们第一篇合著中：*Legal Education and Public Policy*: *Professional Training in the Public Interest*, 52 YALE L. J. 203 (1943)。集中关注规则的方法是徒劳无益的，这解释了为什么我们不花费精力在现在的一些泛滥的寻求阐明规则本质的书籍上。

〔5〕 Pospisil, *Law and Order*, *printed in* INTRODUCTION TO CULTURAL ANTHROPOLOGY: ESSAYS IN THE SCOPE AND METHODS OF THE SCIENCE OF MAN ch. 8 (J. Clifton ed. 1968) [hereinafter cited as Pospisil].

的详尽解释就显得多余了。[6] 类似的发展也发生在诸如中国文明其他的一些文明中。[7] 无论如何,当法律被视为从神、宇宙或自我理性那里获得的神学或者抽象哲学的概念具体化时,在实际的决定中从推荐的或者演绎的观点中产生的分歧就不能影响在观点内容中的再检查和改变。在这样的语境中,实践中的控制的决定就被视为实施神的意愿的障碍或不可变的标准,而非是恰当的研究领域。但是,即使是最虔诚的超验主义的拥护者,也必须把于一定时空中信仰的产生和精神的来源做出解释,使之与人际间的经验相一致和关联。超验主义传统的最近代表,比如存在主义者,开始更多地关注在此时此地人类所选择问题的复杂性。[8]

尽管这种“历史的”讨论框架把法律从超验降低到经验的社会过程中来,但它没有完全脱离传统的对观点的占绝对优势的强调。[9] 对于这一学派的德国代表们,将法律定义为特定精神的共同表述或都是特定个体集体良心的自发表达,并没有脱离这种传统学说:他们的讨论像“自然法”方法一样的神秘和超验。把社群视为一个整体,作为法律之源,而没有把官方和非官方决策者作区分,他们是无法对权威决定的过程有清楚理解的。美国一位日耳曼传统的支持者卡特(J. C. Carter)对这一方法中固有的一些混乱作了很好的诠释:

> 法律一开始是社会自由活动的产物,进而成为持续发展和社会健全的原因。因此,法律是自我发生和独立存在的。它是一种形式,在这种形式中人类行为在管理行为原因的必要运行之下展现自己。这是所有社会成员对什么行为应该被遵守和什么行为需要被避免进行研

---

〔6〕 参见 C. BECKER, THE HEAVENLY CITY OF THE EIGHTEENTH CENTURY PHILOSOPHIES (1932); A CHROUST, INTERPRETATIONS OF MODERN LEGAL PHILOSOPHERS 70-84 (P. Sayre ed. 1947); L. FULLER, THE MORALITY OF LAW (2d ed. 1969); A. PASSERIN D'ENTREVES, NATURAL LAW (1951); H. ROMMEN, THE NATURAL LAW (T. Hanley transl. 1947); Northrup, *Naturalistic and Cultural Foundations for a More Effective International Law*, 59 YALE L. J. 1430 (1950); H. BERMAN, LAW AND REVOLUTION: THE FORMATION OF THE WESTERN LEGAL TRADITION (1983)。

〔7〕 Pospisil, 前注 4, 引用 2 J. NEEDHAM, SCIENCE AND CIVILIZATION IN CHINA (1956)。

〔8〕 G. COHN, EXISTENTIALISM AND LEGAL SCIENCE (1967).

〔9〕 参见第一章,第 7~8 页。

究后作出一致决定的结果。[10]

梅因(Maine)、梅特兰(Maitland)和维诺格拉多夫(Vinogradoff)等英国历史理论的代表们对法律和社会过程的相互关系做系统和经验的研究,在方法上则没有那么神秘和超验,但是启发他们工作的法律的概念明显仍然以规则为主体。[11] 不过,历史范式学派坚持把法律放置在特定社群的社会过程中检验的做法,对以法律作为一个既含观点也含实践的决策过程法学方法的发展作出了不可磨灭的贡献。

强调法律是由一种特别的规则(即由社群官员建立和实施的规则)组成的研究领域是实证主义者或分析范式的突出特征。[12] 通过这种强调,这种范式的代表们神学和形而上学超验范式的遡源和被历史法学家偏爱的自发的社群产物有显著不同。在英语世界里,分析学派的观点(正如法律的正式原理)的首席阐释者是奥斯汀,他是建立在博丹(Bodin)、霍布斯以及边沁等很多先行者基础之上的19世纪的法律家。奥斯汀在寻找某些可以恰当的被视为合法规则的传统方法中开始他的陈述。他认为,“法律,在最普通和广泛的认识中”,就是“一条智者之上有权威者为其制定的行为指导规则”。[13] 在其前辈之上,奥斯汀尝试明确地把“实在法”(这种特殊的法律是他研究的对象)定位在社会过程当中:

> 每一部实在法,或简单和严格地说每部法律,是由一个至高无上的人或一个由人组成的至高无上的主权机构为其下独立的政治社会的成员制订的。[14]

然而奥斯汀定位“法律”规则的所谓方法,确定仅有的一个接触点作为法律特征的决定因素,不仅转移了对社会环境规则以外因素的关注,也

---

〔10〕 J. CARTER, LAW: ITS ORIGIN, GROWTH, AND FUNCTION 129 - 30 (1907).

〔11〕 参见 1 F. POLLOCK & F. MAITLAND, THE HISTORY OF ENGLISH LAW XXV (1895); VINOGRADOFF, 前注 1。

〔12〕 参见 J. AUSTIN, THE PROVINCE OF JURISPRUDENCE DETERMINED AND THE USES OF THE STUDY OF JURISPRUDENCE (Hart ed. 1954) [hereinafter cited as THE PROVINCE OF JURISPRUDENCE]; J. GRAY, THE NATURE AND SOURCES OF LAW (2d ed. 1921) [hereinafter cited as GRAY]; PATTERSON, 前注 1; H. L. A. HART, THE CONCEPT OF LAW (1961)。近期比较出色的有关奥斯汀的研究是 W. MORISON, JOHN AUSTIN (1982)。

〔13〕 J. AUSTIN, LECTURES ON JURISPRUDENCE 86 (5th rev. ed. R. Campbell 1885).

〔14〕 同上, 第 220 页。

把这些规则从社会环境中割裂开来。在他这一概念中,法律因此成为对统治者愿望的内容系统的直接或者间接的解释。与现代概念视决定为根据崇高的剥夺或纵容的期望而作出的选择不同,奥斯汀明确地准备把统治者愿望归为法律,即使其获得支持的可能性很低。这种仅识别与社会过程联系中的一点为规则的法律特征的做法,是很久以后典型的实证主义思想,包括萨尔蒙德(John Salmond)、[15]格雷(John Chip man Gray),[16]以及他们的众多追随者。他们认为法律就是法院强制执行或据以作出决定的规则。

在某些更为超验的版本中,实证主义者的法的概念作为规则主体就意味着脱离所有有关社会过程中与观点和执行的明显的依据。这一观点最著名的倡导者是汉斯·凯尔森教授。在他的概念中,组成法律的规则与任何机构的实际观点都没有关系但却与某些超验的形式或与实际人们观点相脱节的"假设性判决"有关联。对他而言,一条"规范"是对某些人应该用某种方式行为的规定而不意味着任何人都实际上要求或期望这个人以这样的方式行为。凯尔森坚决区分他的"纯理论"与自然法"意识形态式",他提供了最详尽的总结:

> 把法律理论从这一(意识形态的)因素中解脱出来是纯粹法学理论一直以来的努力。纯粹法学理论把法律的概念与道德标准完全区分开来,并把法律建成一套特殊的系统,独立于道德法。不像传统理论般把法律规范定义为道德规范一样的绝对命令,纯粹法理论是一个描述条件环境及其约束的结果之间关系的假设性判定。这样,法律规范变成了法律格言——也就是成文法的基本形式。正如自然法将某一情况与另一情况依因果联系起来一样,法律规范也将法律前提和法律结果联系在一起。在某一案件中连接的原则是因果关系:在另一个当中它是归因。纯粹法律理论把这种原则作为特别的法律原则。它描述的是**应然**。因果原则的表达是**必然**。自然规则是这样运作的:如果 A 成立,那么 B 也一定成立。法律规则认为:如果 A 成

〔15〕 参见 J. SALMOND, JURISPRUDENCE (11th ed. G. Williams 1957)。
〔16〕 参见 GRAY, 前注 11。

立,那么B应该成立。因此它没有谈及价值,尤其是关系道德或政治的价值。“应然”因而是理解经验性的法律问题一个先验的范畴。[17]同样地,通过假定整个法律系统的有效性和惩罚的本质,凯尔森终于把公开和繁复的系统动作当作法律社会学。

没有迹象显示当代的现实主义者超越了凯尔森的这种传统,因为他们都有关注技术性法律规则以及这些规则内容的逻辑联系的检验的特征。因此哈特教授曾在他最早期的构想中这样写道:

> 法律系统是一个包含规则之下的规则的系统。说存在一个法律系统,不是说存在一个服从特定人物的普遍习惯,而是对建制性规则(无论繁简)的普遍接受。这些建制性规则以确定系统规则的同样方法来厘定。我们不应考虑统治者以及独立的被习惯性地服从的人们,而应该考虑设立主权者的规则或者法律据以被确定的最终标准。这种基本宪法性规则的接受不能被等同于臣民服从于决定性人物的习惯,尽管它当然通过法律的服从被表现出来。[18]

后来在《*法律的概念*》一书中,哈特试图提供“对国内法的独特结构分析和更加全面地了解法律、强制,以及道德等各种社会现象异同之处的进一步分析”。[19] 他用一个有趣的比喻指出,法律最像一个包含“首要”和“次要”规则的“组合”。[20] 依照“首要”规则,“人们被要求为或者不为某些行为,无论他希望与否”;依据“从某种程度上说是寄生于”首要规则的次要规则,“人们通过做或说某些事情从而引入第一种类型的新规则,继而消灭或修改旧有的规则,或者通过各种方式来决定它们的影响或者控制它们的运行”。[21] 到底哈特的规则是什么意思或归结为什么经验的指涉并不清楚:他有时援用神秘的“语义分析”,有时又认为法律规则自动指向社群政策外的一些东西。但是在某些情况下,他做出了相对明确的依赖于观点的看法。因此,关于法律的命令理论,他写道:

---

〔17〕 Kelsen, *The Pure Theory of Law*, 50 LAW Q. REV. 474, 484-85 (1934).

〔18〕 *Introduction* to THE PROVINCE OF JURISPRUDENCE, 前注11, 第xii页。

〔19〕 HART, THE CONCEPT OF LAW, *前注*11, 第17页。

〔20〕 同上, 第77页。

〔21〕 同上, 第78、79页。

这些用以具体说明立法者必须采取怎样的行动来进行立法的基本的、被接受的规则不是像命令一样被习惯性地遵守的,它们也不能被表达为人们顺从的习惯。这些规则建立在法律系统根基之上,并且在功利主义主旨下最大的缺失是分析是什么使社会团体及其成员接受这样的规则。这一概念,正如奥斯汀所说,不是命令的概念,而是"法律科学的关键"或者至少是关键之一。[22]

不幸的是,这种有关社群成员及其官员间预期的相关性的洞见,并没有通过对包含运作和预期的决策过程的直接、明确的关注保留下来。他对运行的关注如其实证主义的前辈一样含糊不清,不过是为了增加对规则运作的理解。哈特的理论建构,不论在概念上还是事实上,都不是为了增强对法律与社会过程中经验的因果关系的全面检讨。

伴随着社会学的学说及其对法律相互关系和社会过程的特别关注,一套更为明确的强调决定的更为宽广的研究关注开始出现。[23] 更广阔研究核心的动力普遍存在于埃利希(Ehrilich)对一个社群"活法"的重要性的坚持中,尽管他"内部社会秩序"更多的是涉及期望而非行动。[24] 这已经被注意到了[25],韦伯找出了法学理论与法社会学之间的区别(我们认为是不必要的和令人感到困惑的):

当我们谈到"法律"、"法律秩序"或"法律主张[Rechtssatz]"时,必须紧密关注法律和社会学观点的不同。从法律的角度来看,我们是在问:什么像法律一样在本质上有效?也就是说:什么意义或者什么*规范化涵义*应该以正确的逻辑被归入具有法律命题的形式的文字模式中。但如果从社会学的角度,我们在问:社群中实际上发生了什么?[26]

---

〔22〕 Hart, Positivism and the Separation of Law and Morals, 71 HARV. L. REV. 593, 603 (1958).

〔23〕 参见 E. EHRLICH, FUNDAMENTAL PRINCIPLES OF THE SOCIOLOGY OF LAW (W. Moll transl. 1936) [hereinafter cited as EHRLICH]; R. POUND, I JURISPRUDENCE ch. 6 (1959); N. TIMASHEFF, AN INTRODUCTION TO THE SOCIOLOGY OF LAW (1939) [hereinafter cited as TIMASHEFF]。

〔24〕 参见 EHRLICH, 前注 22 页。

〔25〕 参见第二章 注 11。

〔26〕 M. WEBER, ON LAW IN ECONOMY AND SOCIETY 11 (M. Rheinstein ed. 1954).

从后者,即社会学的角度,韦伯提出并使用了包含指向运作和期望的这样一个法律概念。

> 如果得到(身体上或心理上)强制力的外在保障,并由那些特殊的为这一目的而设立的职员执行,从而确保遵守或者对违反的报复,这样的一个命令我们称为*法律*。[27]

最为全面和明确的归纳强调期望和运行都是法律不可或缺的组成部分,这正是汀马舍夫(Timasheff)所提出的。[28] 对他而言,法律最好被理解成包含集体信服和社群官员强制下行为模式的“伦理命令式的行为协调”。在其早期著作中曾提出一项假设:除了“宪法的最高规则和国际法规则”,“大多数人谈及法律时想到的”是“由中央权力(法庭和行政)机关强制支持,同时其‘应然性’又为集体确信所支持的行为范式构成的法律秩序”。[29] 在详尽检验了许多证据之后,他总结道:“伦理和权力……可以被设想为互相交叉的两个圆圈。他们重合的部分就是法律。”[30] 庞德院长知识广博,尽管他提出了许多法律的概念,甚至有时显得过于关注有关权威性神秘体系的各方面,但仍应当被视为对法律研究均衡关注的发展做出了重大贡献,因为他反复雄辩地坚称法是一种社会控制或社会工程。[31]

把对于*决定*明确、核心的关注作为全面研究法律最丰富的基础是美国现实主义法学家的主要成就。这种强调暗含在他们典型的主张之中。他们坚持明显的、技术性法律规则的常规依据必须被系统的检验,以确定决定的描述和运用结果中所蕴含的、功能性的依据。这种基本理念可以在霍姆斯的如下陈述中看出,“我认为对于法院将要做什么的预言,毫不夸张地说,就是依据法律”。[32] 同样地,霍菲尔德的“基础概念”[33] 和法官卡多佐(Cardozo)先生切身体会之作《*司法过程的性质*》都同样体现这一

---

〔27〕 同上,第 5 页。

〔28〕 TIMASHEFF,前注 22。

〔29〕 同上,第 17 页。

〔30〕 同上,第 248 页。

〔31〕 参见例如,R. POUND, I JURISPRUDENCE 15 (1959); R. POUND, 11 JURISPRUDENCE 7 (1959)。

〔32〕 Holmes, *The Path of the Law*, 10 HARV. L. REV. 457, 459 (1897), *reprinted in* COLLECTED LEGAL PAPERS 167, 168 (1920).

〔33〕 W. HOHFELD, FUNDAMENTAL LEGAL CONCEPTIONS (W. Cook ed. 1923).

观念。[34] 在法律研究需要引入科学研究方法的重要性被接受的驱使下,现实主义运动早期倡导者之一的库克(Walter Wheeler Cook)强调"法官过往的行为是可以根据我们称之为规则和法律原则的某些普遍性来描述的"。[35] 在别的地方,在重申现实主义方法时,他解释道:"我们的观察……应该关注法院所做的、而非他们给出他们行为的原因描述。"[36] 弗兰克(Jerome Frank)也支持这一观点,在他颇有争议的《*法律和现代思想*》一书中,以决定本身作为有组织研究的理想核心:

> 法律,对于任何给定的情况,可能是(a)实际的法,例如一个基于特定情形的过往决定;也可能是(b)可能的法,例如,对于未来决定的具体猜测。[37]

他坚持认为"判决过程(法律)不是被限制在单纯规则之中的",并补充道:

> 从律师实践工作的角度来看,法律公正说的是过去决定(有关被判决的过去的事情)和有关未来决定的预测。从法官的视角来看,法律基本上应该是存在于审判过程或做出判决的权力之中。[38]

根据反思,他认为应该是决定而不是司法应被作为关注的核心:

> 应该承认,本书中有关法官行为的关注是人为的。律师及其客户十分关注的是所有政府官员的方式和非行政人员对法官和他们工作人员的反应。[39]

---

〔34〕 B. CARDOZO, THE NATURE OF THE JUDICIAL PROCESS (1921). 某些相关的历史在 Cohen 的著作中被指出, *Transcendental Nonsense and the Functional Approach*, 35 COLUM. L. REV. 809 (1935), *reprinted in* M. COHEN & F. COHEN, READINGS IN JURISPRUDENCE AND PHILOSOPHY 571, 576 (1951)。*Cf.* PATTERSON, 前注 1, 第 537 页及以后。庞德院长在多个欧洲法学家那里找到了对"决定"概念的预期。R. POUND, I JURISPRUDENCE 146, 181 (1959).

〔35〕 Cook, *Scientific Method and the Law*, 13 A. B. A. J. 303, 308 (1927).

〔36〕 W. COOK, THE LOGICAL AND LEGAL BASES OF THE CONFLICT OF LAWS 8 (1942).

〔37〕 J. FRANK, LAW AND THE MODERN MIND 46 (1930).

〔38〕 同上, 第 274 页。实证主义者对"决定"的日益增加的强调显明体现在 J. Dewey, *Logical Method and the Law*, 10 CORN. L. Q. 17 (1925); L. Green, *The Duty Problem in Negligence*, 28 COLUM. L. REV. 1014 (1928)。

〔39〕 同上,第 47 页。J. FRANK, IF MEN WERE ANGELS 289 - 80 (1942); Frank, *Mr. Justice Holmes and Non-Euclidean Legal Thinking*, 17 CORN. L. Q. 568, 578 (1932)。解说性的选集可参见 W. M. REISMAN & A. SCHREIBER, JURISPRUDENCE: UNDERSTANDING AND SHAPING LAW 440 - 447 (1987)。

用同样的思路和大约同时，卢埃林（Karl Llewellyn）用他后来巧妙论证的语言写道：

> 有关争端的这些行为，理应就是法律的事务。那些管理这些行为的人，无论他们是法官或者州长或是书记员或是狱卒或是律师，都是法律的工作人员。这些工作人员对纠纷的处理，在我看来，正是法律本身。[40]

卢埃林的努力也同样在于区分“真实的规则”和“纸张上的规则”并且观察法院和其他工作人员的实际“实践”。

现实主义学说的支持者可能承认，他们强烈拒绝传统法律概念作为规则的主体，也偶尔把婴儿与洗澡水一起倒掉，并过分强调单纯的实践。尽管他们在语义依据中存在句法上的循环和不严密，技术性法律规则也存在各种影响决定制定者选择的变量。任何全面的和现实主义的有关这些实际上影响判决的变量的研究，必须扩大到更多的决定因素，包括环境因素。以决定为核心进行研究之所以重要，并不是它自身是有效的解释或者适当的评估，而是它为表述、解释、语言和评估任务真实有效的履行提供最为经济的基础。对与在决定概念中观点和运行的恰当的平衡，以及决定而非规则作为研究的基础，这两者的重要性再没有比科恩（Felix Cohen）在他的名篇《*超验的无意义和功能性方法*》中谈的那么出色：

> “现实主义法学”，正如这一概念现在被使用地一样，是关于法的本质的理论，因而是关于法律规则、法律概念和法律问题的本质的理论。它的重点在于把法律定义为司法决定的运作。这种定义在法律科学的发展中具有极高的价值，因为他是我们驱散那些将法律秩序裹挟其中的超自然的迷雾，并且用客观、科学的术语研究法律秩序。但是这一定义以及阐述的工序仅仅是法律科学生命中的初始阶段。当我们想像分析决定模式一样分析法律规则和概念，一个相关的问题是：“司法决定是由什么构成的？”[41]
>
> ……

---

〔40〕 K. LLEWELLYN, THE BRAMBLE BUSH 12 (1930). 该书的1951年版本提供了一个令人有点不快的限定。参见 K. LLEWELLYN, THE BRAMBLE BUSH 9 (2d ed. 1951)。

〔41〕 Cohen, *Transcendental Nonsense and the Functional Approach*, 重印于 M. COHEN & F. COHEN, READINGS IN JURISPRUDENCE AND PHILOSOPHY 33 (1951)。

> 一个真正的司法决定的现实主义理论必须把每个决定不仅当成是个人特色的表达,而是当成附随的或者说更加重要的社会强制力的运作,也就是说,社会决定因素的产物和社会结果的指标。[42]

他补充道:

> 功能性的方法使伦理重见天日。当我们承认法律秩序本身就是对司法决定的一致表述,法律概念就是司法决定的范式或运作,决定自身不再是事先存在的法律原则逻辑上单性生殖的产物,而是伴随着社会因果的社会事件。只有这样,我们才能从人类某些价值的标准来开展评估法律和法律制度。[43]
>
> ……
>
> 没有客观地描述法律决定的因果的法律批判是空虚的。没有价值理论引导的法律描述是盲目的。正是通过有目的的法律科学和批判性的社会价值理论的结合,我们对法律人性重要性的理解更加丰富。[44]

对*决策*的研究和引导采取双重立场的重要性的强调可以媲美在社会科学理论和方法论程序上的发展。[45] 例如,这一政治科学方法,与公民秩序中私人*选择*和公共秩序中所不可或缺的决策同样相关。正如被普遍认识的那样,在每个领域中专家的行动总是有限的从选择到叙述。最近,这一趋势已经与这两种立场相联系。结果创造出智力的氛围,在其中法学中的双重依据方法持续获得支持。

这种发展过程在经济学的历史中得到例证。亚当·斯密作为一位道德哲学家,却擅长对经济机制的研究,以之为手段和环境研究个人利益的追求如何与集体利益相一致。快速发展的西欧经济实际上的复杂性倾向

---

〔42〕 同上,第70页。

〔43〕 同上,第75页。

〔44〕 同上,第76页。

〔45〕 提示性的表述可参见 NOMOS VII: RATIONAL DECISION (C. Fried-rich ed. 1964) *reviewed* Caldwell, 10 NAT'L L. F. 275 (1965); POLITICS AND THE SOCIAL SCIENCES (S. Lipset ed. 1969); Danelski, *Values as Variables in Judicial Decision-Making: Notes Toward a Theory*, 19 VAND. L. REV. 721 (1966); Lasswell, *Current studies of the Decision Process: Automatic Versus Creativity*, 8 WEST. POL. Q. 381 (1955); Mayo & Jones, *Legal-Policy Decision Process: Alternative Thinking and the Predictive Process*, 33 GEO/. WASH. L. REV. 318 (1964); Schubert, *Behavioral Jurisprudence*, 2 LAW & SOC'Y REV. 407 (1968); *Symposium - Social Approaches to the Judicial Process*, 79 HARV. L. REV. 1551 (1966)。

于把注意力从把复杂的选择标准规划成指南转移到选择。不管是马克思主义者还是非马克思主义者,选择和表述的观点被政策分析这个顾问所取代变得越来越普遍了。在社会学家中,禁忌已经不复存在,人们开始严肃思考每个社会部门中规定性的*和*描述性的选择角度。政治学家也明确表示关注研究和革新中的“准则化”和“表述性”理论。相同的思潮也在其他的社会学家、生物学家以及物理学家中展开。[46]

## 对权威与控制概念的明确性[47]

在决定中有效参与(我们称之为“控制”)及社群成员对怎样决定会得到采纳的期望(我们称之为“权威”)的事实[48],是在所有人类社群中社会程序经验性地可观察的特征。[49] 然而传统的法学理论却通常模糊地集中在这些决定的事实上以及对决定的期望上,而且很少清楚地指出知识性程序与现实密不可分,以及经济的探索这些事实。在多数法律和政

---

〔46〕 参见 H. LASSWELL, A PRE-VIEW OF POLICY SCIENCES (1971)。我们曾建议采用一种观察的视角,即在描述性的与选择性的之外,另外三种智识任务。FOREIGN POLICY DECISION MAKING (R. Snyder, H. Bruck & B. Sapin eds. 1962) 一书强调对作为社会过程中一项累积的事件的决定的明确关注,有助于对影响决定和决定结果因素的经济学研究。

〔47〕 该部分的早期版本发表在 8 TOLEDO L. REV. 23 (1976)。

〔48〕 想要找出“控制”和“权威”两个词语的明确依据的困难较大。我们首先使用控制一词是在谈及当形成决定的选择时的实际参与。然而很多背景因素会影响在这样的选择中的参与程度,而且那些没有在社会过程中运用的特定选择(被强制的,被批准的)可能是幻觉而非控制。一个全面的参照可能有时可以服务于现实主义。

同样地,权威,来源于 augere or auxein, 通常被用于增加控制一词中的语境特点。我们主要参考的是社会的成员对决策内容的预期。对这一概念的实证参考当然终将是整个社会构建过程以及确立的公公政策目标。然而社会成员对决策内容的预期通常都伴随着对决策内容应该是什么的需求,需求有时可能影响预期,反之亦然。在一些文章中也许对预期和要求的双重参考不会造成困惑。尽管我们提出了两个单独的问题,即社会成员认为什么*将会*被决定以及什么他们认为*应该*被决定,我们认为这两个问题都与全面考察有关。

在讨论权威一词时产生困惑的根源在于在介绍错误定义的“正确”和“应当”时,描述和偏好的任务融合在一起,没有具体指出所主张的是谁的偏好。在这种情况下决定的“合法性”,无论权威是否被加入控制,将不是通过检验这一决定在什么程度上符合社会构建过程的特征以及其明确规定的公共秩序目标,而是通过这些决定表达和确保某些无关的正确和应当的观念,这种责任可能被超验的诱导和神秘论所遮盖。

在建立稳定的、政策相关的权威和控制的依据中的固有困难在以下的书目中得到说明 R. SENNET, AUTHORITY (1980)。困难在这一评论中被阐明: E. Genovese, *Might and Right*, NEW YORK TIMES BOOK REVIEW, July 13,1980, 第 9 页。

〔49〕 参见 C. MERRIAM, POLITICAL POWER (1934)。

治理论著作中很多不同的和相互竞争的关于"权威"和"控制"的实证的和超验的理论快速发展起来。而权威和控制,在我们详述的涉及实证的理论中,通常是容易混淆的。[50] 在某些理论中,权威在决定中的重要性被高估了:控制被认为是自然而然跟随权威的,或者其角色仅仅通过模糊的标准化的权威定义来观察。在其他的理论中权威潜在的稳定和创造性被低估了:集体作用被视为理所当然而权威对控制的影响很小。许多历史上更有影响力的关于权威的定义存在于更深的混乱中。在其指称中权威不再仅仅是描述性的,而是优先的、科学的和可控的。在这样的混乱中,权威概念不是被设计出来用来回答什么观点是被特定社群中接受的这样简单的问题,而是什么观点应被支持和什么观点是公共秩序所需的必要条件等更多的问题。[51] 有时,在规范的模糊性占优时,权威的概念被明确限制在荒谬的目的下,来同时为表述、优先和科学的任务服务。这种特别的模糊在探寻使用那些如"义务"和"有拘束力"等辅助概念时特别明显,总会隐藏某些人关于条件的偏好或者假设。[52] 同样,许多历史

---

〔50〕 许多政治理论史的标准进行了良好的考察。参见例如,A BRECHT, POLITICAL THEORY: THE FOUNDATIONS OF TWENTIETH-CENTURY POLITICAL THOUGHT (1959); C. FRIEDRICH, THE PHILOSOPHY OF LAW IN HISTORICAL PERSPECTIVE (2d ed. 1963); R. MACIVER, THE WEB OF GOVERNMENT (1947); R. MACIVER, THE MODERN STATE (1962); C. MCILWAIN, CONSTITUTIONALISM: ANCIENT AND MODERN (rev. ed. 1947); C. MCILWAIN, THE GROWTH OF POLITICAL THOUGHT IN THE WEST (1932); C. PARKINSON, THE EVOLUTION OF POLITICAL THOUGHT (1958); G. SABINE, A HISTORY OF POLITICAL THEORY (3d ed. 1961); F. WATKINS, THE AGE OF IDEOLOGY: POLITICAL THOUGHT: 1750 TO THE PRESENT (1964); F. WATKINS, THE POLITICAL TRADITION OF THE WEST (1948)。想了解法学理论论著中的比较研究,可以参见 E. BODENHEIMER, JURISPRUDENCE (1962); H. CAIRNS, LEGAL PHILOSOPHY FROM PLATO TO HEGEL (1949); K. CARLSTON, LAW AND STRUCTURES OF SOCIAL ACTION (1956); j. JONES, HISTORICAL INTRODUCTION TO THE THEORY OF LAW (1940); E. PATTERSON, JURISPRUDENCE: MEN AND IDEAS OF THE LAW (1953); W. ROBSON, CIVILIZATION AND THE GROWTH OF LAW (1935); HALL, FOUNDATIONS OF JURISPRUDENCE (1973), Ch. Ill, IV, V。

〔51〕 NOMOS I: AUTHORITY (C. Friedrich ed. 1958) 中的文章体现出使用"权威"一词的令人困惑的参考的种类,并队区分不同的智识研究任务所遭受的失败进行了说明。

〔52〕 For examples 参见 NOMOS XII: POLITICAL AND LEGAL OBLIGATION (J. Pennock & J. Chapman, eds. 1970)在对国际法的"约束性"或"有效性"传统的无限退化的研究中明确地解析了这些模糊概念所固有的智识困难。参见 McDougal, Lasswell, & Reisman, *Theories about International Law: Prologue to a Configurative Jurisprudence*, 8 V A. J. INT'L L. 188, 194 (1968). 对神秘"义务"关注的可能的早期起源,在 F. CORNFORD, FROM RELIGION TO PHILOSOPHY 88 (1957) 中有所叙述。亦参见 J. SMITH, LEGAL OBLIGATION (1976)。

上关于控制的概念,对延伸到马基雅维利(Machiavellian)的传统到将称为统治者的批评性学问的探讨,并未足够将通过单纯强制达到的控制和那些被权威观点影响进行区别;而且即使当控制的基础作分别性的刻画,对控制的探求似乎无目标的在对影响决定的考虑,参与决定的考虑和决定效力的考虑,某些层面上决定运用于控制实践的程度等因素之间徘徊。[53] 幸运的是,人们在最近越来越频繁地认识到许多神秘意义被运用于"权威"和"操纵",不同作者和学派对"本质"的寻求是次要的,学术研究紧迫的任务是对社群过程决定的人们的观点的解释做经验性的探索,以及对其他影响操纵的因素、某种意义上说是有效参与这一过程的研究。[54]

我们所推崇的有关权威和控制的概念,从实证和社会群体行为方面来看,源远流长,在不同时期和不同文本中均有不同程度的表达。相应概念在原始社会的习惯法中盛行,[55] 例如古代中国[56]、印度[57]、希腊、罗马、西欧以及美洲。他们构成人们数百年来坚定的规范性的诉求。这些规范性诉求通过慎重的创建习惯法并持续进入当代民主社群的宪法,指

---

〔53〕 C. MERRIAM, POLITICAL POWER (1934) 简单罗列了对控制研究的历史。对恰当的研究和变动的概念化的相对疏忽体现在 H. JONES, THE EFFICACY OF LAW (1970)。更为宏观的角度,参见 A. BERLE, POWER (1976); K. MANNHEIM, MAN AND SOCIETY IN AN AGE OF RECONSTRUCTION (1948). D. EASTON, THE POLITICAL SYSTEM 159 – 70 (1960) 当代社会学家在控制的事实中描述了利益的起源。

〔54〕 新的观点和研究被记录在 W. COULD & M. BARKUN, INTERNATIONAL LAW AND THE SOCIAL SCIENCES (1970); W. MACKENZIE, POLITICS AND SOCIAL SCIENCE (1967); S. NAG EL, THE LEGAL PROCESS FROM A BEHAVIORAL PERSPECTIVE (1969); Peabody, *Authority*, 1 INT. ENC. SOC. Sc/. 473 (1968); L. POSPISIL, *Law and Order*, in INTRODUCTION TO CULTURAL ANTHROPOLOGY: ESSAYS IN THE SCOPE AND METHODS OF THE SCIENCE OF MAN 200 (J. Clifton ed. 1968)。

〔55〕 B. MALINOWSKI, CRIME AND CUSTOM IN SAVAGE SOCIETY 67 (1926); B. MALINOWSKI, FREEDOM AND CIVILIZATION 187 (1944); Pospisil, 前注 7。

〔56〕 2 J. NEEDHAM, SCIENCE AND CIVILIZATION IN CHINA 526 (1969).

〔57〕 A BOZEMAN, POLITICS AND CULTURE IN INTERNATIONAL HISTORY 118 (1960); D. MACKENZIE BROWN, THE WHITE UMBRELLA: INDIAN POLITICAL THOUGHT FROM NANU TO SANDHI (1952); P. SEN, THE GENERAL PRINCIPLES OF HINDU JURISPRUDENCE 24 *et seq.* (1918).

出权威应当来源于所有的人。[58] 当然,正如当今学术所重构的,从诡辩时代开始,希腊人就有一套包含权威和控制的法律概念,世俗地、以社区为中心(对权威的来源)做有效和经验的探究。[59] 这一概念与其前后的超验和精英论不同,认为"人类的行为规范不是原则而更像传统模式,更多体现在对集体需求反应的一种共同给定而不是铭刻于上天或人类精神本质的永恒的法律"。[60] 为了说明"所有法律的特征、源起和适用",这一模式的支持者哈夫洛克(Havelock)教授进行了总结,他认为法律:

> 并非是一套宗教的制裁,也不是古老的无可置疑的传统,抑或是先验的命令,而是一套令社会灵活和繁荣的有效给定和工具;其运行是自然而然的,在结果上是无法避免的;这种需求源自人类生物的需求,作为人类要求的仆人总是基本相似的。[61]

类似地,罗马人,尽管他们有许多不同的有关制定和适用法律的宪法实践,以及很多不同的关于权威和操控的概念,但同样承认习惯法的概念,无论是在市民法还是在万民法中,都认为习惯法的"理论正当性"是基于"人们的同意"。当然,他们有时也徒劳地试图在其他形式的立法中寻求同意这一要素。[62] 一种通常采用的并且有影响力的模式是朱利安(Julian)的模式:

远古的习惯被视为法,不是没有原因的;这是我们所说的通过使用而

---

[58] 参见 W. ROBSON, CIVILIZATION AND THE GROWTH OF THE LAW (1935). 在某段雄辩的章节中,Robson 写道:

> 来自于关于宇宙本质的宗教假设的狭隘地影响人类思想解放;关于法律神圣性和物质运动的权威教条的毁灭;驱除各种各样的鬼神[原文]、恶魔、天使、上帝、巫婆和术士,使它们回到神话和传奇的领域之中;替代在日常生活中对超自然的和神秘的干预的信仰的理性分析;病人灵魂的苏醒以及对自然的进程的公正的研究;坚信所有现象的行为都受到已知的或者可知的因果关系的操控;承认人法是人制定的,自然法是因人的发现而形成的:所有这些构成人类进化过程中至关重要的运动。有人可能会说,这些对人类思维上所发生的自由,知识和权力都是最为重要的一步。

同上, 第 272 页。

[59] This is the principle theme of E. HAVELOCK, THE LIBERAL TEMPER IN GREEK POLITICS (1957). *Cf.* E. BODENHEIMER, JURISPRUDENCE 5 (1963); T. WELDON, THE VOCABULARY OF POLITICS 12 (1953).

[60] HAVELOCK, 前注 12, 第 29 页。

[61] 同上, 第 338 页。

[62] H. JOLOWICZ, HISTORICAL INTRODUCTION TO THE STUDY OF ROMAN LAW 363 (1939). *Cf.* W. BUCKLAND, A TEXTBOOK OF ROMAN LAW 52 (1921); *Schiller*, *Custom in Classical Roman Law*, 24 V A. L. REV. 268 (1937).

建立的法律。因为法律之所以对我们有约束力,除了因为我们通过判定的接受别无它因。因而,人们同意的那些事情就算没有形成文字应该也是对每个人都有约束力的。毕竟,人们通过选票和通过事情本身或行动知道的这些规则又有什么区别呢?〔63〕

最令人信服的总结来自卡莱尔(Carlyles)的不朽史学:

> 有且是唯一的政治权威来源的理论,即罗马法学家经中世纪和现代社会传承下来的理论,即所有的政治权威都来源于社群自身,并通过社群的认同而构建起来。罗马皇帝是有无上权力的,但是这种专制主义是法律上的专制,也就是说它源自法律,因为统治者之所以是至高的,是因为罗马人民把他们的权力赋予了统治者。这一理论,也是罗马法学家唯一的理论,从 2 世纪盖尤斯到 6 世纪的查士丁尼自己。〔64〕

权力源自于人民这一概念的盛行跨越了整个中世纪的西欧。这一概念对社群预期的偏好及其附加需求的因果假设,在卡莱尔的一次精妙演讲中有了最佳表述:

我们因此敢毫不犹豫地说,中世纪政治文明化的特征就是,在所有的政治权威中,无论是法律还是统治者的权威,都来源于整个社群,而没有其他政治权威的来源。统治者的权威,无论是皇帝或是国王,也来源于社群,而且其权威的拥有是基于他们对法律作为社群意志和生命体现的尊重。社群代表的发展在法院(Cortes)或国会或议会都是自然而然的,也是这一原则题中应有之义。〔65〕

在英国、美国和法国革命漫长的发展过程中,权威来自人民这一概念

---

〔63〕 ULPIAN, DIGEST, I. 3. 32, *quoted in* C. MCILWAIN, CONSTITUTIONALISM: ANCIENT AND MODERN 64 (rev. ed. 1947). *Cf.* SABINE, 前注 3, 第 171 页。

〔64〕 5 R. CARLYLE & A. CARLYLE, A HISTORY OF MEDIEVAL POLITICAL THEORY IN THE WEST 448 (1928).

〔65〕 同上, 第 473 页。H. CAIRNS, LEGAL PHILOSOPHY FROM PLATO TO HEGEL 261 (1949); H. YNTEMA, THE CROSSROADS OF JUSTICE 114 (1957). 萨宾(Sabine) 写道: 政府的这些一般原则,即政府权威来自于人民,应该通过法律的授权而被实施,并且只有在道德基础上才能被证明合法,在西塞罗写就并留下政治哲学的几百年后,在相当短的时间内达到了实际上的整体认同。在整个中世纪,实质上没有任何人对这些原则持不同意见,它们成为了政治思想的普遍遗产中的一部分。参见 SABINE, 前注 3, 第 167 页。

已经被写入宪法和其他当代民主社会的进程中。这一过程是如此普遍,因而无需我们全面和善辩地探索并详细阐述。[66]

在我们主要的被继承下来的法学理论中,从实际期望和社群成员行为以及研究这样智力程序说明的角度来看,超验的"自然法"学说对澄清权威与控制的事实和核心的贡献最小。在思考法的混沌的开始阶段,原初人们几乎不去区分权威和控制,并把所有的法律、人类和物质或宇宙的都归于超自然的来源。实际上,有人认为原始人与现代人有截然不同的"思维结构",他们喜欢神秘的幻想,在幻想当中没有明显的界限把"主观的"从"物质的"内容中分离,把"生的"从"死的"里分离,把"有机的"从"无机的"里面分离。[67] 即使当都市文明开始发展,现象的定义与解释的要素的分离也是相当缓慢的。[68] 在埃及法老被认为表现其意愿于任何官方法律和那些代表他行事意愿的人的行动中。在美索不达米亚则稍为不同,国王自己不被视为神,尽管他是被神所选择的,不过是通过立法来作出神的行为。在印欧语系的军阀贵族中,国王仍被认为是神的门徒,而不是根据过程教条中的那样,神不是通过国王的嘴来说话的,或在某些事情上直接给予国王启示。人们不得不通过牧师和对来自天堂之征兆占卜的人来征询神的意见。[69]

统领西欧法律思想达25个世纪的晚期"自然法"理论受到这些早期的前科学观点的影响较大。为了寻找评价人类和实在法的更高更客观的标准,大量理论都会优先考虑"权威"。但是也有些理论试图去识别人类

---

〔66〕 参见前注3。对 Sabine 和 Watkins 的阐述特别简明和清楚。K. WHEARE, MODERN CONSTITUTIONS 75 *et seq.* (1951) 一书罗列了宪法理论的发展。在这一概念中,社会大众的期待是"应该"("要求")但实际上"义务"明确地包含在社会构建过程公共秩序的目标之中。

〔67〕 H. FRANKFORT & H. A. FRANKFORT, BEFORE PHILOSOPHY (1949); F. CORNFORD, FROM RELIGION TO PHILOSOPHY (1954). 这一主题在 Lasswell, *Power in Political Theory*, Italian Encyclopedia (1977) 中得到发展。

〔68〕 参见 Lasswell, *Power in Political Theory*, Italian Encyclopedia (1977)。

〔69〕 M. HAMBURGER, THE AWAKENING OF WESTERN LEGAL THOUGHT (B. Miall transl. 1942); M. LEVI, POLITICAL POWER IN THE ANCIENT WORLD (1965); G. SEIDLER, THE EMERGENCE OF THE EASTERN WORLD (1968); Speiser, *Cuneiform Law and the History of Civilization*, 107 PROC. AM PHILOS. SOC'Y 536 (1963); Speiser, *Early Law and Civilization*, 31 CAN. B. REV. 863 (1953). A useful collection of articles appears in Milson, *Authority and Law in the Ancient Orient*, J. AM. ORIENTAL SOC'Y No. 17 (Supp. 1954).

决策者无法逃避的控制或者强制。[70] 在几个世纪中自然法理论的支持者把许多不同的政策内容写进他们所推荐的指令中,通过许多不同的程序从很多不同的超验的(神学和形而上学的)渊源中寻找这些指令,并且将这些指令与各种有关现实的、经验的世界中有效权力程序的现实主义联系起来。对其范围之广、驱动力之划一,哈夫洛克作了如下简约的总结:

因为在西方,至少从希腊时期开始,通过先验的概念思考道德和法律是一种盛行的习惯。道德和法律被看作是建立于超越时空和环境的原则之上,无论这些原则是否被视为世界机构所共有的,或者是作为神之意愿和目的的表达。柏拉图和亚里士多德就曾告诉我们,人们的个人美德和市民组织应表现为某种理想的正义和善良的形式,或者被视为达到人类和宇宙发展的某种理想目标。在教堂的教诲下,这些模式或目标如同在《圣经》中表露的那样变成了神的意旨的表现,人类行为规则由《圣经》具体罗列。古希腊哲学和宗教启示的联合影响建立了一种信念,即人有一种不变的对道德法永恒和完整的精神本性,这种本性要么是它自身的来源,要么是由这样的来源创造的。[71]

同样地,克鲁斯特(Anton-Hermann Chroust)教授曾证明同样的概念正是作为“法律”长久研究的基础,它真的“是”:

自然法从一开始就主要是对法律和正义最终和绝对意义的探求。因此它成为在整个法律和道德哲学中永恒重要的问题,其重要性即使是最恰当地对其认识论基础的哲学批判,也都没法否认。因为自然法也有其是处,它包含了一个每一哲学之所以有别于科学而称为哲学所共有的因素,就像现实主义、心理主义、语义学,或者纯粹统计学,都寻求某些超越那些既定经验数据和事实的纯粹观点和价值:它从未停止搜寻统一的更高的看法,能够赋予法律概念一些超越幼稚

---

〔70〕 在引用注释 3 中的法学理论调查中可以找到简略的概要;亦参见 H. ROMMEN, THE NATURAL LAW (T. Hanley transl. 1947); SABINE, 前注 3。

〔71〕 HAVELOCK, 前注 12, 第 28 页。

的"既定性";而在更高平台上来发现"法律"中的"规律"。[72]

对于神之法、自然法和人之法的许多不同的推论、解释和再解释的细节以及达到这一要求的"权威"和"控制"许多不同的概念,在大量的文献中被广泛的传播,从柏拉图、亚里士多德,以及斯多葛学派,经西塞罗、圣奥古斯丁、塞尔维亚的伊萨多、格劳秀斯,现代经院哲学派,到霍布斯、洛克、卢梭、康德、黑格尔和当代支持者的倡导。[73] 如果轻视这些理论在这些年中对社群目标的规划和政府性结构和程序的建立与改革所做出的贡献,将是十分愚蠢的。这些理论对宪法和国际法发展的巨大贡献,以及个人自由和人权的阐释和落实,是众所周知的了。[74] 我们想强调的不过是,这些理论强调永恒的"信念"而非暂性假定再经由经验对目标进行修正,根据超验的体系而非依照社会过程的特征来界定权威和控制,通过彰显神旨、求问先知、绝对的超验认知、自然理性的参与与语义推演,而非现代方法的科学探究,是很难对有关许多不同社群的有关权力和社会过程全面的有经验的研究做出最重大的贡献。当自然法理论支持者实际上达到了使用先进科学程序的程度时,他们显然不依靠其超验的"包袱"。[75]

一直被留意的一点,就是历史法学理论,尽管人们灵敏地把法律唯一地归于经验的社会过程,但是没有完全避免在它所建议的权威和控制概念中的神秘因素。[76] 这一理论的突出特征在于,通常根据和对权威和控制概念的含糊的合并,所有声明的法律,无论最为经意和正式的表达还是最不正规的推断都要依以社群"精神"或"良知"符合与否来检验,当然存

---

〔72〕 A. CHROUST, INTERPRETATIONS OF MODERN LEGAL PHILOSOPHY 72 (P. Sayre ed, 1947). 对自然法观点的更深入的描述和评估,可参见 Chroust, Hugo *Gratius and the Scholastic Natural Law Tradition*, 17 NEW SCHOLASTICISM 101 (1943); Chroust, *Some Reflections on the Natural Law*, 27 NOTRE DAME LAW. 552 (1952); Chroust, *St. Augustine's PhilosoPhical Theory of Law*, 25 NOTRE DAME LAW. 285 (1950)。

〔73〕 可以在注释3之大部分概要中获得有关一系列理论的感觉。

〔74〕 参见 E. BODENHEIMER, JURISPRUDENCE 57 (1962)。

〔75〕 Granfield, *Towards a Goal-Oriented Consensus*, 19 J. LEGAL ED. 370 (1967) 强调自然法的支持者在经验依据和科学程序中所采用的度。

〔76〕 第一章,第7~8页。

在不同程度的精密和复杂性。[77] 然而,这一自然法理论最主要持久的贡献是它对习惯的重视,并在一定程度上以统一的行为和非正式的社群成员间的沟通,作为一种在所有创造性期望的社群中的重要形态,不仅关于处理的内容,而且关于他们的权威和控制。[78] 对那些法律所需权威和控制期望的行为或者习惯与那些并不产生期望的行为或习惯区分,要求决策者和学者发展相应的知识标准和程序,以系统和学科式地评估那些真正体现社群成员共同期望的行为或习惯的重要性。[79]

那些本来就存在不同人的独特"精神"、"意识"和"信念"概念中超验的因素,作为对权威和控制的测试,被表现在萨维尼(Savigny)早期的著名构想中。在对那些努力达到对法典的慎重表述的抨击中,他写道:

> 在真实历史有迹可循的最初几次,法律已经获得了适当特征,对人们而言就像其语言、习惯和体格一样特定。不但如此,这些现象并非单独存在,无非是一个个人的特性和倾向,它们在本质上毫不可分的统一在一起,却只在我们眼中体现突出的特征。是人们的共同信念和内在良心的必然性把它们统一成一个整体,而非任何偶然和随意观念。[80]

他补充道:

> 这种法律与人们存在和特征的有机联系,也在时代的发展中被表现出来;而这同样可以与语言进行比较。对于法律,正如对语言而言,没有绝对的停止时刻;与其他所有趋势一样法律也符合这样一种运动和发展的趋势;并且这一发展仍然体现内在必然性的规律。法律伴随人们的发展而发展,伴随人们的强大而强大,且必将伴随着一个

---

〔77〕 参见 E. BODENHEIMER, JURISPRUDENCE 70 (1962); W. FRIEDMANN, LEGAL THEORY 209 (5th ed. 1967); C. FRIEDRICH, THE PHILOSOPHY OF LAW IN HISTORICAL PERSPECTIVE 131 (2d ed. 1963); PATTERSON, 前注 3, 第 410 页; SABINE, 前注 3, 第 622 页。

〔78〕 Vinogradoff, *Customary Law*, in THE LEGACY OF THE MIDDLE AGES (C. Crump & E. Jacob eds. 1920).

〔79〕 C. ALLEN, LAW IN THE MAKING 80 (6th ed. 1958); V. Raman, The Making of International Law by Custom (1967) (unpublished thesis in Yale Law Library).

〔80〕 F. VON SAVIGNY, ON THE VOCATION OF OUR AGE FOR LEGISLATION AND JURISPRUDENCE 24 (A. Haywood transl. 1831).

国家的毁灭而毁灭。[81]

在实行这一概念时，萨维尼更多地关注与神秘民族主义和罗马法继承的经验，而不是当代社群成员的真实观点。[82] 其他对这一模式的支持者能够把大量以前的理论和那些新近出现的“科学”理论吸收进他的模式中去。[83]

一些历史学说的支持者，特别是在英国，支持更加世俗的经验的概念。因此，梅因并未明确表述他的理论架构，却在人们的“思维习惯”中找到对正式规则的有效控制。他写道：

> 绝大多数人遵守规则是在一种惯性思维下无意识的遵守。人们有时确实会因为他们惧怕违反法律被惩罚而遵守规则，但是相对于社群的大多数人，这一群体是绝对的少数。……有很多原因导致这种思维习惯。早期的教育起着很大的作用；宗教观念也是；而且十分有可能，事实上是有充分根据的，在大多数案例中，这是一种因国家及其机关长时间执行法律而产生的一脉相承的情感。[84]

在批判奥斯汀的观点忽略“除了被直接使用或理解的强制力以外所有控制人们行为的影响力”时，他补充道：

> 这是它的历史，由历史上的先例集合起来，这些集合在每个社群中决定着统治者应当怎样实行和克制自己的强制力量。构成这个的(一个完整的大量的观点，情感、信仰、迷信以及偏见，各式各样的想法，继承的以及获得的，有些是由机构创造出来，而有些是人性的组成部分的集合)一切都被分析派法学家所否定。[85]

不幸的是，梅因并未有构建出一套可行的学说从而在系统研究中运用他的见解，许多历史学说的支持者仍然认为控制是社会过程次要的特征：仅仅当正式的对策实际上代表了社群成员的精神时才会出现。在后者观点中，有效控制不是清晰可辨的法律的组成部分，需要进行单独的研

---

〔81〕 同上，第27页。

〔82〕 参见 W. FRIEDMANN, LEGAL THEORY 212 (5th ed. 1967)。

〔83〕 R. POUND, INTERPRETATIONS OF LEGAL HISTORY 19 (1923).

〔84〕 H. MAINE, INTERNATIONAL LAW 50－51 (1888).

〔85〕 H. MAINE, EARLY HISTORY OF INSTITUTIONS 359－60 (1888).

究:有效控制反而是证明现存规则的权威性及其自身是某些权威观点的结果。

在一些历史学说中控制概念的一些版本,被表达过的宿命决定论用来最小化法律是有意的创造的可能性、并用于支持马克思主义关于法律与社会关系的一元论。这些对立法的敌意,影响了美国的某些思想,曾被坎托罗维奇(Kantorowicz)这样总结:

> 到现在仍坚持非历史立场的自然法学派,坚信在任何时刻法律都可能被立法者任意制定。历史学派告诉我们法律的内容需要由整个国家的过去来决定,因此不能任意地改变。……立法超越了年轻的国家、衰败中的国家以及那些既不需要也不在乎立法的处在初级阶段的国家;只有把现存的习惯法或有关争议问题的记录,或许是通过临时法令或纯政治性立法的方式,才应当被允许。[86]

马克思和他的追随者,像我们所熟悉的那样,站在黑格尔和萨维尼的基础上,发现法律的决定性控制不是在人们的观点内,而是"物质条件"的产物。[87]

分析主义和实证主义的现代西方版本,与超验主义者强调"更高的法"的标准重点不同,也与历史学家和很多正常人强调社群成员的真实观点不同。相反,正如我们已经指出的,他们致力于把权威和控制的概念限制在有限社会过程的一部分。[88]

与其原本民族国家的合法性论述一致,很有代表性的是这种模式在有组织社群的有效权力过程中定义"权威",就犹如在获得认可的官员所发布的技术化规则中所表达的那样。这种模式不仅是一个完整系统的效力的假设,它极少关注控制模型在特定社群中的实际适用情况。[89] 布莱

---

〔86〕 Kantorowicz, *Savigny and the Historical School of Law*, 53 LAW Q. REV. 326, 332 – 33 (1937). *Cf.* J. CARTER, LAW: ITS ORIGIN, GROWTH, AND FUNCTION 205 (1907); 1 R. CUMMING, HUMAN NATURE AND HISTORY 62 (1969).

〔87〕 参见 E. BODENHEIMER, JURISPRUDENCE 79 (1962)。

〔88〕 类似的概念在其他的文明中进行过研究。参见 J. NEEDHAM, SCIENCE AND CIVILIZATION IN CHINA 544 (1969)。

〔89〕 参见 E. BODENHEIMER, JURISPRUDENCE 93 (1962); H. CAIRNS, LEGAL PHILOSOPHY FROM PLATO TO HEGEL 260 (1949); W. FRIEDMANN, LEGAL THEORY 253 (5th ed. 1967); PATTERSON, 前注 3, 第 83、147 页; SABINE, 前注 3, 第 160、382 页; S. SCHUMAN, LEGAL POSITIVISM (1963)。

希特(Brecht)对权威的相关概念适当而简洁地表达为:

> 这一理论认为被主权政府建立和认可,并通过有形或无形的宪法表现出来的规则,才是法律上有效的。[90]

有关控制这一概念特征的描述并不那么容易。在具体研究中,这一模式的支持者历来关注规则体系的描述以及与权威性神秘体系的关联,却没有注意这些规则的明显与影响他们规定和适用或实际有效性的因素有关的那些关系。[91] 可能是受到了民众无法近距离看清国王的古老观念影响,有观点主张,对控制的复杂和系统的研究并不是法学和法学理论合适的任务,一般而言反而应该是社会学家和社会学的事情。

在奥斯汀的经典模式中,权威和控制概念无差别的融合更是明显。正如奥斯汀强调的,在一个发达的现代社群中"实在法"是由"主权者"的命令组成的,也就是有决定权的人或群体作出的命令受其他人习惯性的服从。君王是给定社群中权力结构的最终的超然者(以下简称"首领"[92]),而"超然"意味着"力量":通过强加于他人的罪疚和痛苦,或使他们感到罪恶的恐惧来规范其行为。[93] 因为对于实在法来说,规则必须直接或间接来源于统治者的命令;否则它便仅仅是"实在的道德"或其他的什么,如神法或自然法。奥斯汀当然通过被统治者授权或默许的下级单位行动来解释现代政府的复杂性。奥斯汀的表述虽然清晰地从有效权力来定义权威,却仍不免流于形式。奥斯汀极少研究有效权力在实际运用中由社会上不同参与者享有的情况。因为对他而言,一条规则要被视为法律规则,它只需有官方哪怕一点点的惩罚,而从不关注如果惩罚一旦被援引,是否事实有效等高度相关的问题。[94] 奥斯汀的很多追随者打算把他们特有的不足通过许多细小的改动进行修补,但由于他们的修补工作并没有对法律过程的事实进行探究,因而对他们模式的运用和效力并

---

[90] H. KELSEN, GENERAL THEORY OF LAW AND STATE 39 (A. Medberg transl. 1946).

[91] 这可以通过几十年的欧洲和美国的条约以及教科书的抽样进行证实。

[92] PATTERSON, 前注 3, 第 87 页。

[93] J. AUSTIN, THE PROVINCE OF JURISPRUDENCE DETERMINED AND THE USES OF THE STUDY OF JURISPRUDENCE 24 (Hart ed. 1954).

[94] 同上, 第 16 页。

没有发挥多大的作用。

凯尔森教授在对权威和控制的最接近实证的分析中对“有效性”(validity)和“结果”(efficacy)的区分是新奇和令人惊叹的,虽然没有超验的表述却仍超越了经验。在对该区分的简略澄清中凯尔森教授写道:

> 法律的有效性意味着法律规范是有约束力的,人们应当按照法律规范的规定行动,应当遵守和适用法律规范。法律的结果是指人们实际上是根据法律规范来做他们应作的行为,而规范也实际上被适用和遵守了。有效性是法律的性质;结果则是人们实际行为的性质,而非字面上表达的那样指向法律本身。法律是有效的这句话是说人们的实际行为符合法律规范。因此,有效性和结果乃是十分不同的现象。[95]

人们通常强调,规范的援引通常并不表现为社群成员的真正期待,而多为应然的陈述,“表达人们应根据某种方式来行动,而不意味着任何人都真正‘想’这个人那样去做”。[96] 就奥斯汀所说的君主和代表的繁文缛节而言,凯尔森用处于整个法律规范体系的顶端“纯粹规范”(如“第一宪法”)取而代之。[97] 在这样的系统内,正如威廉·莫里森(William L. Morison)教授所描述的那样:

> “最高的”实在规则是对先验的根本规范有意识运用过程中制定出来的规则,而这些实在规则通过有意识的运用行为又产生下一位阶的规则。如此往复直到最下层的、其适用不再产生新的下阶规范的规则。[98]

凯尔森教授指出用于测试特定规范是否有效的归因机制并不等同于简单的逻辑推导,但他并未明确指出有什么不同,也没有指出根本规范中的应然是如何与下阶规范中的应然联系在一起的。[99] 凯尔森教授把他

---

〔95〕 H. KELSEN, GENERAL THEORY OF LAW AND STATE 39 (A. Medberg transl. 1946).

〔96〕 同上, 第 35 页。

〔97〕 同上, 第 115 页。

〔98〕 在作者保管的未发表的手稿中。

〔99〕 KELSEN, 前注 48, 第 111 页。

所指的“功效”定位于“人们的实际行为”，[100]这个概念似乎仍是形式多于现实。一条特定规则的有效性，除了闲置不用，是独立于它的功效的。只有整个系统才是必须有效的。因此：

> 一项规范只有在它属于一套规范的系统以及一套整体上有效的秩序时才是有效的。因此，功效是效力的一个条件；不是效力的原因而是条件。一项规范并非*因为*有效而有效力，而是因为其依托的整个系统总体有效而有效力。[101]

类似地，首先是通过社群机构的反应来测试有效性，其次才是社群成员的反应。“作为我们理解的真实、首要的法律规范”，凯尔森教授写道，“法律如果被机构所使用、而这个机构是有约束力的，那么就是有效的”。[102] 事实上的不服从，可能造成机构停止使用这样的规范。在这样的系统内，更加深入地对控制的探索应交给社会学家。

尽管哈特教授的理论模式比奥斯汀和凯尔森的更为老练和复杂，但却没有明显的经验研究上的进步。哈特认为早期理论中“失败的根本原因”是缺乏“对规则的理解，没有对规则的认识，我们无法说明甚至是法律的最基本形式”。[103] 因此，对与奥斯汀无法发现的决定性的统治者和授权原则，以及凯尔森神秘的“基本法律规范”和推理技术，哈特提议用一种特殊的“第二性规则”进行替换，这种规则被称为“认识规则”。在最通常的陈述中，哈特将说明权威和控制的概念都是法律必不可少的组成部分。因此，他写道：

> 一个法律体系的存在至少需要两个充分必要条件。一方面那些根据体系的最终有效标准被认为有效的行为规则必须被普遍遵守；而另一方面，体系中的官员们必须接受把列明法律有效性的认可规则标准以及该体系中有关改变和审判作为他们行为的普遍公共标准。[104]

他对这些概念的解释有点模糊和摇摆。有时，如果打破一般人这个

---

〔100〕 同上，第193页。

〔101〕 同上，第42页。

〔102〕 同上，第62页。

〔103〕 H. L. A. HART, THE CONCEPT OF LAW 78 (1961).

〔104〕 同上，第113页。

前提的话,他从相对清楚的社会过程的角度来论述权威。关于"效力"的一般假设,他说"包括两个要素":

> 首先,一个人坚决维护某些确定的法律规则的有效性,比如某些成文法,他就自觉遵守那些规则,因为他认可这样来确定法律。其次,当这套他据以认定法律的规则,不仅被接受,还在体系的运作中被认可和使用。如果这种假设的真实性被怀疑的话,则可求助于现实的例子去证实:如法院通过它的方式认定什么是法律,有如通常对一些识别的认可和默许。[105]

然而,尽管哈特认为认知规则十分重要,但他从没有具体解释这些规则,比如具体说明这些规则是如何被应用于决定首要规范的效力,或具体说明他们自身是如何令人信服的;一条认知规则,据说"可能既非有效也非无效,而是简单地被认为适宜使用"。[106] 有时,比如在上面的第一个引述中,哈特仅把"次级规则"与官方观点相联系,而不理会整个社群。对"认知规则"的详细解释需要描述权威决定的整体构建过程,包括那些权威人士的观点以及控制的范式几乎没有在哈特的构想中有所暗示。[107] 和凯尔森一样,哈特对控制的首要关注也只是因为它与"效力"相关。他发现"特定规则的效力和其功效没有必然联系",并且假定只有整个系统有效才是效力的必然要求。[108] 对传统规范的语义分析并不关注控制的实际模式的全面研究,即便涉及规范的含意也是如此。

相对现代社会法学理论,尽管在其多样的模式中展示了从先前理论中大量借用的有关权威和控制的各式各样的概念,但在某些表述中对某些概念的发展做出了实质性的贡献从而促进了全面的、经验的研究。[109] 埃利希因此发现无论是权威还是控制(尽管是以无所区分的形式)都处于

---

〔105〕 同上,第 105 页。

〔106〕 同上。

〔107〕 Rogoff, *International Law in Legal Theory*: *The New Positivism*, 2 U. ToL. L. REV. 1 (1970).

〔108〕 HART, 前注 56, 第 100 页。

〔109〕 E. BODENHEIMER, JURISPRUDENCE 103 (1962); W. FRIEDMANN, LEGAL THEORY 253 (5th ed. 1967); PATTERSON, 前注 3, 第 509 页; SABINE, 前注 3, 第 551 页; J. STONE, SOCIAL DIMENSIONS OF LAW AND JUSTICE, ch. 1 (1966)。

社群成员的“活法”里。概言之，他最有影响力的著作坚持认为“法律发展的重心不是落在立法、法学或判决上，而是在社会本身。[110] 与他一贯地认为“活法”是有效性必要条件相一致，法律确信（*opinio necessitatis*）作为权威的隐蔽概念也一样。对于活法与国家法律的可能冲突，他解释道：

> 我们是否能把社会上有效但违反了一项由国家颁布的禁令的规范视为社会学视角下的一项法律规范，是一个社会权力的问题。在这种联系中的决定性问题是它是否消解对法律规范的奇特感觉，即普通法法学家所谓的“法律确信”。就是在这一问题上，大陆普通法的法学科学，在某种程度上应得到我们最深的感激。因为它通过所谓的习惯法的废除权原则为法社会学工作的奠定了基础；并假设和证明了与法律意识相冲突的法律主张将会消亡。[111]

后来他解释道，即使在“待解决的案件没有法律主张”的情况下，法官必须根据未成型的活法的标准来判定，“因为如果不这样做的话，法官便不具备决定诉讼的权力”。[112] 但是埃利希并没有把构成他的活法的规范的期望与已经建立的社群决策过程和结构联系在一起；这些期望被置于毫不相关的社群成员的多重关系中。类似地，他很少关注制定机制，社群通过这套机制把不同的功能分配给不同的已经建立的决策制定者，他也很少关注这些决策制定者对新的社群期待的创造所做出的贡献：立法因而变得不重要，而法学家和法官不过就是发现存在的活法规范的人。在他对确认这些规范的程序的说明中，他写道：

> 这些因而是活法，与那些被法院和其他法庭强制施行的法律不同。活法是指即使未被安排在法律提议中也证明其生命力的法。我们对这种法律的知识的来源，首先是现代法律文本；其次是对生活、商业、习俗和习惯，以及所有组织的直接观察，不仅仅是那些法律承认的，

---

〔110〕 *Foreword* to E. EHRLICH, FUNDAMENTAL PRINCIPLES OF THE SOCIOLOGY OF LAW（W. Moll transl. 1936）.

〔111〕 同上，第170页。

〔112〕 同上，第172页。

也包括那些被忽略遗漏的,甚至是那些不被允许的。[113]

被埃利希归入活法的"控制"与他的权威概念一样分散和无所不在。在一个全面的构架中,他写道:

有人可能会说,每一个甚至是最小的社会机构、家庭、房子、村庄、公社、乡村乃至国家,都有它自己的法律、宗教、道德、伦理习惯,乃至礼仪、待人接物和风尚方面的守则。因此一个人如果对某些情况有准确的知识,就可以一下子分辨出某个体是属于哪里的了。那么与之相伴的就是源于更大社会构成的法律、宗教、道德、伦理习惯、手法、礼仪、风尚置于作为其组成部分的更小社会构成而最后成为普及于社会总体的规范。因此每个社会都有总体上有效的法律规范,其作用影响作为其组成部分的社会构成的内部秩序。[114]

从这一角度来说,当埃利希以活法作为法律有效的前提,而没有把法律效力与社群有组织的实施惩罚相联系就不足为奇了。对他来说,当权威规定与更高阶次的活法标准相融合,它们必然是有效的。

马克斯·韦伯法律观点的一个要点是去找到植根于社会过程下的权威和控制概念。他前面提到过的"法"的定义[115],根据特别人员通过强制力的可能性所做的外在所确保的"秩序"和"规范",是这两种组成部分显然的参考。他对"效力"、"合法性"和权威作了多种多样的描述,并把法律权威区别于其他权威。在描述四种行为者都可以主张秩序的合法性时,他这样写道:

第四,秩序的合法性是可以通过对公认法制的实际执行来达到的。这种法制被认为是合法的,无论(a)因为执行为所有相关人认可;或者(b)通过统治者施于他人时被认为其合法或默许。[116]

其他使秩序合法的方式包括"传统"("通常都是这样的情况"),"情感的、特别是情绪上的信仰",以及"价值理性的信仰"("被推论为绝对需

〔113〕 同上,第 493 页。

〔114〕 同上,第 151 ~ 52 页。

〔115〕 参见 M. WEBER, ON LAW IN ECONOMY AND SOCIETY 11 et seq. (M. Rheinstein ed. 1954)。

〔116〕 WEBER, 前注 68, 第 8 页。

求的信仰")。[117] 在其他地方,他把法律权威与"个人权威"相区分。个人权威是指能够要么依靠传统要么依赖于"对非凡人士的屈服,对卓越领导力信仰"。[118] 有时,他从相对狭义的角度把权威决策归于社群的预期:

因此,在"国家法"视野中"合法规范"的存在意味着出现如下情况:在某一事件发生时,有一种共识是某些社群机关被期望能够采取官方行动,而且这种对这样行动的期望倾向于引导与源自通常被接受的法律规范解释中的命令取得一致;或者,当这样的一致难以达到时,至少做出相应补偿或者"赔偿"。[119]

韦伯所寻找的"控制"大多对确保"效力"并非虚妄是必要的。因此,他具体指出:

根据上面所述,要所有那些认同某些行为规范的人实际上时时刻刻依此生活,是没有必要的。从人生的角度来看,从来没有达到也没法达到。因为根据我们通常的定义,是一行为对规范的"导向"而不是该规范的"胜利"决定了规范的"效力"。我们所理解的"法律",是简单具备一定经验有效性的可能性保障的一种"秩序系统"。[120]

然而他的控制的概念必然所涉颇广。在坚持"国家只有和仅当政治社群的强制力超越其他强制力才'存在'的假设是反社会学的"的主张时,[121] 他这样阐述他的观点:

我们明确否定"法律"仅仅存在于法律强制通过政治权威予以保证的时候。对于这一术语没有实际的理由。"法律秩序"应该存在于任何强制力是可利用的地方,无论是物质上还是精神上的强制。例如,法律秩序存在于当一人或多人被认为随时在某些事件发生时行使强制措施,也就是说,当我们发现某个联合被赋予法律强制目的时。拥有这样的用于身体上强制的执行机构并不一定就是政治社群所仅有的。[122]

---

[117] 同上,第18页。
[118] 同上,第336页。
[119] 同上,第14页。
[120] 同上,第13页。
[121] 同上,第16页。
[122] 同上,第17页。

庞德院长对权威和控制的贡献被其疏于假定其他自圆其说的学者的立场所掩盖。他的论述过多集中于报告他人立场和不同观点。[123] 在《法律和国家——法学理论和政治》[124]的一章中,他对权威作了最为深入的讨论,即提出了四种不同的"国家理论":"法学或者法律理论(主要是分析性的)、政治理论、哲学理论,以及社会学理论。"[125]庞德写道,"国家的法学理论与法律戒律和制裁的权威的直接实践来源有关",且"考虑实际上这种被法院采用的训诫是在哪里取得其强制力和权威的"。[126] 作为他所倾向的有关权威的有效概念,他对其来源表述如下:

> 在一个发达的政治上有组织的社会,法院是国家的机关,而法律(在某种意义上是权威基础上的主体或判决的指导)是那些通过立法组织颁布而得到国家正式确认或得到法庭认可的事物。因此对于法院而言,国家是根本事实。从第二种意义来说,分析主义法学家把国家视为法律的渊源或基础以有法院权威的源泉。[127]

依据庞德的解释,"政治理论"为"与惩罚的终极实践来源和合法训诫的权威相关的"。[128] 他补充道:

> 考虑在哪里政府权力实际上最终还在实施。政治理论探究什么是它们在实际情况中最终的基础。例如,关于英国政府的法学理论,我们只观察国王、贵族和国会下院。但是政治理论察觉了在它们的背后,如同最终的权威实践基础存在一个选民主体。[129]

这将会引发有效控制的问题,但是庞德没有指明"法律"和"政治"是如何相互联系起来的,而且甚至坚持认为它们必须被严格区分开来。"哲学理论"求助于戒律和惩罚的"终极道德力量"以及"在有限的选举群体

---

〔123〕 庞德对社会学理论的表述是经典的,参见 Pound, *The Scope and Purpose of Sociological Jurisprudence*, 24 HARV. L. REV. 591 (1911); Pound, *The Scope and Purpose of Sociological Jurisprudence*, 25 HARV. L. REV. 140,489 (1912) as updated in R. POUND, I JURISPRUDENCE 283 *et seq.* (1959)。

〔124〕 R. POUND, IIJURISPRUDENCE 283 *et seq.* (1959).

〔125〕 同上, 第 287 页。

〔126〕 同上, 第 289 页。

〔127〕 同上, 第 287 ~ 88 页。

〔128〕 同上, 第 289 ~ 90 页。

〔129〕 同上, 第 290 页。

之后人们的广泛要求”。[130] 其问题是“政治义务的本质和基础以及有约束力的法律强制力的本质和基础”。[131] 庞德做出的最接近的方式来把复杂的社群观点作为权威的组成部分,是在一套融合哲学与社会学的理论中:

> 支持共同价值作为社会现实的想法的近期社会哲学理论,发现不仅在国家层面是这样。因此国家不再是被视为契约式地或合意式地形成保障和促进个人利益的机构,而应被视为社群作为一个整体来促进某种共同目标的一个机构。据此,这种由统治者的政治权威执行的强制力仅被视为社会控制方法的一种;一种把高高在上共同施加于个人之上的方法。毕竟,因为在有效的法律行动上固有限制,它只是一种道德上的权威。没有在通常服从习惯的保障或者社会中更强因素的支撑,由那些运用国家权威的人来实施的强制力便无法继续有效。[132]

不幸的是,除了在较好社会工程中的偶然适用,他从未指出所有这些不同概念是如何在错综复杂的研究或者决策中被整合的。庞德现实地坚持认为法律是“社会控制”的一种形式、而且一贯地强调研究法律决定的因果的重要性。[133] 他的“社会控制”概念对有用的关注焦点却有点分散,并且他没有提出理论和程序来研究不同社会控制形式相互间的作用。

汀马舍夫(Timasheff)最重要的贡献在于他对权威和控制的明确区分,以及他在这些可区别的组成部分的重复或交叉中寻找法律。对于汀马舍夫来说,“道德”、“权力”和被特殊权力中心执行的行为模式和关于应然的群体信念,都是社会过程中相互“独立的”事实,却又可以依一定形式整合到社会控制中来。[134] 基于韦伯“赋予一个秩序合法效力”的四种方式(“传统”、“情感信任”、“评估信任”和“积极机制”),他明确提到了社群期望:

---

[130] 同上。

[131] 同上,第 294 页。

[132] 同上,第 295 页。

[133] R. POUND, SOCIAL CONTROL THROUGH LAW 16, 51 – 54 (1942). 这本书对庞德有关政治权威和政治控制的概念作了更为简单的陈述。

[134] N. TIMASHEFF, AN INTRODUCTION TO THE SOCIOLOGY OF LAW 245 (1939).

在任何情况下,规则必须被个人在其所覆盖范围内作为指导而被接受。在早期的一篇司法文献中,这种规则与人之间的外在关系被*法律确信*这一概念表达,这在谈到习惯法时尤其如此。*法律确信*不过是个人接受由社会团体强加于个人所有至上规则的事实。当然,*法律确信*不仅存在于法的范围内,而且也在道德和习惯的范畴;换句话说,在伦理道德的整体范畴内。[135]

在后来的解释中他明确指出,对于被视为法律的规则,它们不仅必须被团体成员认识和服从,而且须"被实际权力中心成员"认可和支持。[136]"多数从确认法律规则为义务的行为模式"必须在"所谓'法律秩序'中盛行"。[137] 这种认识也许是直接的,比如当个人知道"在抽象形式中的或在具体案例中的规则,并自愿根据它们来行动",或者间接的,如当个人并"不知道每条规则",但在觉悟时承认被权力中心成员承认的规则。[138] 汀马舍夫恰当地把"权力"想像成一套复杂的"社会相互作用的事物",在其中"个人影响其他人而且被其他人影响,且各种各样的组合产生这样的现象"。[139]而且他列举了许多会影响权力结构的生灭的变量和情境因素。他强调有组织权力结构的重要性,在其中社会组群在"把统治者和臣民合并的面对面情形"[140]中被调整。他也强调权力与"伦理规则"的有效性相互对立。但这些都是从规则到主体单一方向的运动,从而显得非常局限。如能从更实用的角度,从由于严重剥夺的威胁或高度纵容的可能而作出选择来看权力,或许能使其对权力作出更现实主义的解释,无论是从有关特定社群的内部构建过程还是有关超过国家边界的权威和控制的模式。

美国的法律现实主义者,在描述对技术性法律规则进行清晰表述的要求与法院实际做出有效决定这两者之间的差异时,并不总愿意花时间有效阐述权威和控制的概念。因为大部分这一理论的支持者已经把建立

---

〔135〕 同上,第87页。
〔136〕 同上,第248页。
〔137〕 同上,第249页。
〔138〕 同上。
〔139〕 同上,第171页。
〔140〕 同上,第172页。

官员权威视为必然,尽管他们开始证明发源于这些官员的技术规则把分析架构视为权威和控制的首要表达,并不是实际上控制特定或累积的决定的流向的。[141] 正如前文所述,[142] 在权威概念与政策阐述的融合中,根据社群成员关于决定的社会结果的经验性的观点[143],典型地构建出他们所提议和使用与评估特定决定或评价在决定中可变选择的标准。正如几个现实主义奠基人所主张的,法律不过是社群规制人类行为的手段,因而须通过其对社群目标的贡献来检验和评价。[144] 在这一强调中,现实主义者当然非常依赖于霍姆斯法官早期的见解,即所有的司法决定都是立法的:

> 法官很少提及、并且通常伴随着歉意提及的考虑,是法律吸收所有生命之液的秘密根源。当然,我所指的是对于什么是为迎合有关社群需要的权宜之计的考虑。每一条从诉讼当中发展起来的重要原则事实上和本质上多多少少是对公共政策确切理解的观点。更通俗地说,是在我们实践和传统中本能好恶和不清楚的信任的无意识的结果,并总可以追溯到最近的公共政策分析。[145]

美国现实主义学者偶尔对权威和控制也有十分明确的涉及。因此,

---

[141] 参见 E. BODENHEIMER, JURISPRUDENCE 116 (1962); W. FRIEDMANN, LEGAL THEORY 292 (5th ed. 1967); PAITERSON, 前注 3, 第 537 页。又参见 Woodward, *The Limits of Legal Realism: A Historical Perspective*, 54 V A. L. REV. 689 (1968). T. ARNOLD 最重要的两本书, THE SYMBOLS OF GOVERNMENT (1935) and THE FOLKLORE OF CAPITALISM (1937), 对权威神秘体系的明确要求以及实际上采用的决定,以及这两者的差别这一主题进行了诙谐的说明。

[142] 第一章,第 14 页。

[143] F. COHEN, ETHICAL SYSTEMS AND LEGAL IDEALS (1933) and Cohen, *The Ethical Basis of Legal Criticism*, 41 Yale L-J. 201 (1931), Felxi Cohen 使"伦理"包含所有相关的评估并发现对决定的评估不可避免。

Parsons,*Authority, Legitimation, and Political Action*, *printed* in NOMOS I: AUTHORITY 201 ch. 12 (Friedrich ed. 1958),采用能够用于说明"实证主义"观点的用于来描述"社会行动的合法化"就是:"合法化在这层意义上说就是根据社会系统中行动参与的背景中的共同价值来进行行为评估。"

[144] LLEWELLYN, JURISPRUDENCE 55 (1962); Cook, *Scientific Method and the Law*, 13 A. B. A. J. 303, 308 (1927). John Dewey 研究逻辑的普及促进了这一观点的建立。参见 J. DEWEY, LOGIC: THE THEORY OF INQUIRY (1938); Dewey, *Logical Method and Law*, 10 CORN ELL L. Q. 17 (1924)。另一个对实证主义者较大的影响是 T. BENTLEY, THE PROCESS OF GOVERNMENT (1908) 本书根据大众期待强调了权威的概念。

[145] O. HOLMES, THE COMMON LAW 35-36 (1882).

在卢埃林的一些晚期作品中,虽然他像是把权威和控制融合在一起而成为从某种意义上说我们确定为权威的单独概念,但他还是提供了一种全面的清晰理论。在一般表达中,卢埃林写道:

> 规范化的概括是形成和弥补“法律”的一部分,而不是整体。这种概括必须通过某种形式被接受,必须从某种形式上对人们的行为有效或者与人们的行为一致。而且,这种概括必须超越应当的规范化而达到必须的义务化。“合法的”必须是能战胜挑战的方式和标准,其权利及其获得必须强大有效,其自由和权利的行使必须能经受攻击。让我们对此没有疑惑:你可以使用法律工具,无可辩驳的法律工具,它既不正确也不正义;当你被摆到这些选项面前时,你才会认识从正确或者正义中得来的“合法”,因为唯有坚守合法,方能胜利,而正确或者正义因此将不得不遭受挫败。[146]

然而他解释道,所谓“法律”不是说“残忍的权力行使与现行的秩序相背而行”。[147] 因为要使权力的行使合法,它必须是“秩序的一部分”;也就是说,“被相关方整体所接受的系统的一部分”。[148] “最小限度的规范化概括便已足够”,他补充道,

> 作为秩序或系统而言,权力的运用要被接受为系统的一部分必当是有权威的和决定性的,因而不同于法律上的正确甚至正当。[149]

在随后的总结中,他分别列举了四个特质“可以被混合为*权威*的一个要素”:

> (1)具有一个相关整体中必须的*有效*或存在的因素:在规定之下或处理疑难案件中,有相当的实际服从或默许……
>
> (2)具有一个至高无上的因素:在紧急关头“法律”必须高于其他标准或权威……
>
> (3)具有一个*执行制裁*的因素,对于挑战者有可预期的强大效力……

---

[146] Llewellyn, *The Normative, the Legal, and the Law-Jobs: The Problems of Juristic Method*, 49 YALE L. J. 1355, 1364 (1940). *Cf.* K. LLEWELLYN, JURISPRUDENCE 31 (1962); Llewellyn, *The Constitution as an Institution*, 34 COLUM. L. REV. 1 (1934).

[147] Llewellyn, *The Normative, the Legal, and the Law-Jobs: The Problems of Juristic Method*, 49 YALE L. J. 1355, 1364 (1940).

[148] 同上。

[149] 同上。

(4)具有认知的因素，就是说所做的或评价的以及被设为命令的或者标准的，是相关整体现行秩序的一部分；不仅仅是接受，也是一种为什么要接受的态度：一种官场的因素。对于"为什么"不需要被认可的态度；但它必须得到当前系统的认可……[150]

卢埃林在他与霍贝尔(Hoebel)教授的合著《夏安的方式》中证明，他能够给予这个宽泛而融通的关于权威和控制概念相应的经验的手和脚。[151] 同样，尽管他对父亲形象影响的强调十分著名，弗兰克(Jerome Frank)法官事实上是赞同一些对权威的全面论述。他写道：

更直接地说，每个人类社会都有许多已经确立的态度和不可置疑的假设。普遍看来，它们可能看似是狭隘的偏见，但却大多代表社群最珍贵的价值和理想。这种社会假设和"价值判断"为任何一个社会的成员视为理所当然而为思考的不言之公理，一旦进入法律系统，就会变成所谓的"法律价值体系"。我们社会的法官有责任遵照那些法律系统所留下的基本喜好来进行判断(尽管有时他当然可以促使其中的一些被修改或抛弃)。显然，这种不动感情的要求并没有要求法官免除自身对社会态度的无意识的影响。[152]

费利克斯·科恩(Felix Cohen)在最后的说明中，坚持强调控制的广义概念的重要性。因此，他把"司法决定"表述为"权力的交错"：

在决定的背后，是社会各种力量相互作用以影响其动能和方向；在决定之外，人类活动为其所左右。仅仅在作出决定的时候来观察，该决定是没有重要的社会维度的。然而当我们考察决定背后体现的各种力量以及其对未来划出的界限，我们才开始了解决定自身的意义。[153]

在其他地方，像其他现实主义者一样，他试图具体阐述这些力量是什么以及是如何被研究的。

许多对社会学家权威判决的当代研究的重要性，更多地源自于新的

---

[150] 同上，第1367页。

[151] K. LLEWELLYN & E. HOEBEL, THE CHEYENNE WAY chs. X, XI (1941).

[152] J. FRANK, COURTS ON TRIAL 413 (1949).

[153] F. COHEN, THE LEGAL CONSCIENCE: SELECTED PAPERS OF FELIX S. Cohen 70－71 (L. Cohen ed. 1960).

对权威和控制的可操作性的分析,以及他们对探索的技术程序的发展,而非关于权力和控制相互作用的复杂理论的发展。更多的这样的研究集中到了控制上,在某种意义上说,集中于那些影响决定的因素以及社群过程对决定的影响。越来越多的人关注对权威的预期是如何形成的,以及权威在特定情况下执行社群政策的角色。[154] 这些独立研究中的最大长处是,伴随着知识和技巧的增加,所有科学的相关技术和发现可以最终用于更加复杂和深入的研究,包括关于被称为权威的期望和运行以及被称为控制期望和运行之间的具体的相互作用和相互依存。

我们必须在某一社群中最全面的本质的构建过程中寻找对权威和控制最全面的理解,这对法律来说同样不可或缺。而在这一过程中,法律的两个组成部分被不断地创造与再创造。

## 权威决定过程概念的复杂性:构建过程和公共秩序[155]

做出权威并有影响力的判决的全面过程中的种种因素(包括构建过程中[156]法律被制定和适用,也包括为各种价值构成和分享之公共秩序决定

---

〔154〕 W. GOULD & M. BARKUN, INTERNATIONAL LAW AND THE SOCIAL SCIENCES (1969), 回顾了那些在大型社会和小型社会中更为重要的有关决定的研究,参见 R. DAHL, MODERN POLITICAL ANALYSIS (1963); W. MACKENZIE, POLITICS AND SOCIAL SCIENCE (1967); S. NAGEL, THE LEGAL PROCESS FROM A BEHAVIORAL PERSPECTIVE (1969); POLITICAL SCIENCE AND PUBLIC POLICY (A. Ranney ed. 1968); Dahl, *Power*, 12 INT. ENCYC. SOC. SCI. 104 (1968); *Law and Social Change* , 13 AM. BEHAVIORAL SCIENTIST 485 (S. Nagel ed. 1970); Selznick, *Sociology of Law*, 12 INT. ENCYC. SOC. SCI. 50 (1968); Skolnick, *The Sociology of Law in America: Overview and Trends*, LAW & SOC'Y REV. (Summer, 1965); *Symposium - Compliance*, 4 LAW & SOC'Y REV. 479 (1970)。

〔155〕 这部分最早发表在 41 GEO. W. L. REV. (1972)。

〔156〕 在我们感到方便的术语中,强调决定的不同阶段"构建过程"的概念,可能被描述为这样一种决定,识别和赋予社会中不同权威决定的制定者以特征,说明基本的社会政策,建立合适的权威结构,因决定和惩处的目的而分配权力的基础,授权制定不同决定的程序,以及确保各种制定和管理一般的社会政策所必须的决定功能(信息、推广、规定等)的持续实施。

不同种类的决定的功能,或者构建过程的结果,被具体描述如下:

*信息*:搜集,加工,以及传播有关决定的信息。

*推广*:对政策替代方案的主动拥护。*规定*:规划既具权威性又有控制力的社会政策。

*援引*:根据规定的事件临时性特征。

*适用*:特定事件与社会规定间的关系,伴随着处罚。

*终止*:终止根据规定所制定的规定和安排。

*评估*:智识功能关注过去的决定和决定过程,包括责任的归属。

正在出现的趋势),普遍存在于全人类的不同地域的社群之中,无论古今。[157] 流传下来的有关法律的理论之间存在着巨大的差异,但是它们依赖在广度和精度方面的一些因素。通常,这些理论,无论被描述成“政治思想”还是“法学理论”,都无法清楚地研究权威决定与有效权力运作之间的关系,因而对这种关系的探索只能通过非精密的和多样化的概念,如“社群”、“国家”、“政策”和“法律”来进行。[158] 某些理论强调(不利于经意的和原创性的创造和改变)任何社群真正的“宪法”必须由社群成员通过协调或“习惯”行为所创造的关于决定的要求的观点组成;其他理论尝

---

〔157〕 McBain, *Constitutions*, in 4 ENCYCLOPAEDIA OF THE SOCIAL SCIENCES 259 (1937); MERRIAM, POLITICAL POWER, ITS COMPOSITION AND INCIDENCE (1934); OPPENHEIMER, THE STATE: ITS HISTORY AND DEVELOPMENT VIEWED SOCIOLOGICALLY (2d Am. ed. 1942); Shepard, Government: History and Theory, in 7 ENCYCLOPAEDIA OF THE SOCIAL SCIENCES 8 (937); Weyrauch, *The "Basic Law" or "Constitution" of a small Group*, 27 J. SOC. ISSUES 49 (1971).

〔158〕 对这段我们所关注历史的绝妙解释可参见 GWVN, THE MEANING OF THE SEPARATION OF POWERS, AN ANALYSIS OF THE DOCTRINE FROM ITS ORIGIN TO THE ADOPTION OF THE UNITED STATES CONSTITUTION (1965); LOWENSTEIN, POLITICAL POWER AND THE GOVERNMENTAL PROCESS (1957); McILWAIN, CONSTITUTIONALISM, ANCIENT AND MODERN (rev. ed. 1947) [hereinafter cited as MCILWAIN, CONSTITUTIONALISM]; McILWAIN, THE GROWTH OF POLITICAL THOUGHT IN THE WEST FROM THE GREEKS TO THE END OF THE MIDDLE AGES (1932) [hereinafter cited as McILWAIN, THE GROWTH OF POLITICAL THOUGHT]; VILE, CONSTITUTIONALISM AND THE SEPARATION OF POWERS (1967); Sturm, *Constitutionalism: A Critical Appreciation and an Extension of the Political Theory of C. H. McIlwain*, 54 MINN. L. REV. 215 (1969)。

“政治思想”的历史毫无疑问充满了相关的讨论。参见,THE DEVELOPMENT OF THE MODERN STATE (H. Lubasz ed. 1964); DUNNING, A HISTORY OF POLITICAL THEORIES, FROM LUTHER TO MONTESQUIEU (1905); DUNNING, A HISTORY OF POLITICAL THEORIES, FROM ROUSSEAU TO SPENCER (1920); FINER, THE THEORY AND PRACTICE OF MODERN GOVERNMENT 94, 116, 139 (rev. ed. 1949); FRIEDRICH, MAN AND HIS GOVERNMENT: AN EMPIRICAL THEORY OF POLITICS (1963); Friedrich, *Constitutions and Constitutionalism*, in 3 INTERNATIONAL ENCYCLOPEDIA OF THE SOCIAL SCIENCES 318 (1968); La Palombara, *Values and Ideologies in the Administrative Evolution of Western Constitutional Systems*, in POLITICAL AND ADMINISTRATIVE DEVELOPMENT 166 (Braibanti ed. 1969); MacIVER, THE MODERN STATE (1926); PARKINSON, THE EVOLUTION OF POLITICAL THOUGHT (1958); WATKINS, THE POLITICAL TRADITION OF THE WEST: A STUDY IN THE DEVELOPMENT OF MODERN LIBERALISM (1948)。

试将“宪法”限于刻意创立的文件,从而有损对现行习惯过程的研究。[159]与这两个宪法概念相关,重点总是更多地落在那些作出具体决定的设计,而非那些过程因而得以建立和维持的决定。[160]

大多数权威决定的复杂构建过程的特征都得以提及,无论仅仅是间接或默示的出现在某些理论中,一些伟大历史理论甚至尝试一套包含所有不同构建过程阶段的系统和完整的参考——从参与、通过权威观念和结构的建立、权力基础的分配以及行为的策略,到确保所欲求的结果。但这些理论对于法的有效制定和适用是不同决定结果的必要类型,则鲜有提及,仅空洞地谈及权威组织和结构或权力基础的分配多于谈及决定的结果。[161] 在诸多理论中,建制性政策之间,无论最基本的还是最不基本

---

〔159〕 针对构建过程所构建的不同理论之间的差异,在这一文献中有所提及:ALLEN, LAW IN THE MAKING Ch. 1 (6th ed. 1958)。研究“宪法性法律”之极其有限的参考,参见 Pritchette, *Introduction to Constitutional Law*, in 3 INTERNATIONAL ENCYCLOPEDIA OF THE SOCIAL SCIENCES 295 (1968); cl FRIEDRICH, MAN AND HIS GOVERNMENT: AN EMPIRICAL THEORY OF POLITICS 271 (1963)。可能参考之范围在这里有所归纳:Lowenstein, *Constitutions and Constitutional Law in the West and East*, 30 INDIAN J. POL. Sc!. 203 (1969); McILWAIN, CONSTITUTIONALISM Ch. 1。

有关与在宪法制定中习俗的作用的十分敏锐的一段表述,参见 TIEDEMAN, THE UNWRITTEN CONSTITUTION OF THE UNITED STATES (1890)。亦参见 B. BAILYN, THE IDEOLOGICAL ORIGINS OF THE AMERICAN REVOLUTION (1967); Weyrauch, 前注 2; J. White, On Legitimacy: The Unwritten Constitution of Ancient Rome, IX THE JURIST (New Series Part I, 1974) 339。

在适用宪法政策时有关构建过程理论的重要性,较好地记录在美国参议院有关最高法院任命 Robert Bork 法官的听证中,参见 Hearings before the Committee on the Judiciary, United States Senate, 100th Congress, 1st Session, on the nomination of Robert H. Bork to be Associate Justice of the United States Supreme Court, September 1987. Three parts。

有关美国宪法本质的激烈争论可能爆发,暗示出有关宪法构建过程的理论的匮乏。可能出现公众可能比学者更加现实这种情况。论点中的问题在争论出现的几年前就出现了,参见 McDougal, *The Application of Constitutive Prescriptions: An Addendum to Justice Cardozo*, PROCEEDINGS (Association of the Bar of the City of New York, October 13, 1977); Justice William J. Brennan, Jr., Reason, Passion, and *"The Progress of the Law,"* THE RECORD OF THE ASSOCIATION OF THE BAR OF THE CITY OF NEW YORK, December, 1987; A. MILLER, THE SECRET CONSTITUTION AND THE NEED FOR CONSTITUTIONAL CHANGE (1987) (with bibliographical essay)。

〔160〕 Note the emphasis in Hamilton, *Constitutionalism*, in 4 ENCYCLOPAEDIA OF THE SOCIAL SCIENCES 255 (1937) and in many of the essays in GOVERNMENT UNDER LAW-A CONFERENCE HELD AT HARVARD LAW SCHOOL ON THE OCCASION OF THE BICENTENNIAL OF JOHN MARSHALL, CHIEF JUSTICE OF THE UNITED STATES, 1801 – 1835 (Sutherland ed. 1956).

〔161〕 这一令人费解的难题的历史,在这本书里得以追寻 GWYN and VILE, note 3 *supra*。

的,社群成员所要求的建制性政策的强度方面的不同没有被注意到;在一小部分理论中,即使是基础性决定和其他决定的区别也是含糊不清的。[162]

在关于构建过程的传统理论中的这种困扰,可能源自这些理论设计通常不是为了细致的经验描述目的而是偏好或是提倡之一事实。历史上,学者的研究更多集中在"建制"是一系列有偏好的制定目标或政策,而不是集中在由理论和实践组成的复杂的社会实践模式及任何假设的目标如何通过这一过程变得有效或无效。[163] 当对智识任务的描述,目标的澄清,科学的假设,以及变通方法的引入被融合于一套单一的模糊的概念下而令人困惑,即使是"建制"一直强调的澄清目标的任务也都要遭罪。幸运的是,在大多数当时的研究中一些社会科学家开始察觉到构建一套全面和详细的构建过程理论的重要性,包括更为具体的决策功能的识别,以及区分描述性的、有倾向的和科学的智识任务。[164]

有关构建过程的一些概念与法律理论化的起源是同时的。"国家的惯例"(nomoi of a state)这一概念正如"国家的成文法"和"一件神圣的事情只有在最重大的预防措施下才能被触碰或是改变",这一说法可以追溯到由神进行分配和管理的时代。[165] 甚至在柏拉图和亚里士多德"把权威的宪法作为政治中的核心问题"之前,古希腊的自由主义者已经从世俗的、经验的过程方面达成法律的概念,在该过程中,社会成员通过澄清和

---

[162] 注意在以下这本书中间接相关的政策 WHEARE, MODERN CONSTITUTIONS Ch. 3 (1951). 相关的区别在以下书目中被提出 MacIvER, THE MODERN STATE 250 (1926); McILWAIN, CONSTITUTIONALISM 13。

[163] 对优先概念这一重点的历史的精彩描述,参见 LOWENSTEIN,前注 3。For comparable presentation, 参见 FRIEDRICH, MAN AND HIS GOVERNMENT: AN EMPIRICAL THEORY OF POLITICS (1963); Hamilton, Constitutionalism, in 4 ENCYCLOPEDIA OF THE SOCIAL SCIENCES 255 (1937)。这种混乱在"义务"概念中是地域性的,混合着对描述模糊的偏好,参见 POLITICAL AND LEGAL OBLIGATION (Pennock & Chapman eds. 1970)。

[164] ALMOND & POWELL, JR., COMPARATIVE POLITICS: A DEVELOPMENTAL APPROACH (1966); HUNTINGTON, POLITICAL ORDER IN CHANGING SOCIETIES (1968); Caldwell, Book Review, 10 NATURAL L. FORUM 275 (1965); DESSION & LASSWELL, *Public Order Under Law: The Role of the Advisor-Draftsman in the Formation of Code or Constitution*, 65 YALE. L.J. 174 (1955).

[165] CORN FORD, FROM RELIGION TO PHILOSOPHY; A STUDY IN THE ORIGINS OF WESTERN SPECULATION 29 (1957).

执行它们的共同利益，试图根据过往的经验来勾画更长远的指导。[166] 亚里士多德的政治学概念，比构建过程稍稍宽泛一些，包含社会改进的实质部分并且被用于表述和偏好之目的。[167] 亚里士多德指出“政治是城邦关于职务特别是关于最高权威的秩序。因为在理想国中统治阶层的最高权力几乎是无处不在，而且统治阶层正是政治组织”。[168] 柏拉图和亚里士多德都强调在政府中的参与程度和它建立的目的，并且他们区分君主政体、贵族体制和民主形式，找到它们各自真正的和虚浮的变异。亚里士多德提出一个关于法制的有力主张，倡议通过政府的“混合”模式来达到这一目的，并初步提供了政府各部门 在“审议、行政和司法”方面的区分。[169]

罗马的构建过程概念，比希腊的要稍微狭义一些，其经过了长时间的发展并曾使用过各种模式，且通常被设计为赤裸权力依附于权威和确保权威事实上来自于人民。[170] 在对共和宪法的描述中，波利比奥斯(Polybius)接受了希腊的混合政府的概念，不仅是确保社会阶层和财产的平衡，而且要建议在不同政府组织中进行权能分配。[171] 西塞罗(Cicero)对于自然法的解释对建立这样的理念做出了极大贡献，该理念认为宪法是更为基础的法律，是社会政策更加紧迫的需求，据此统治者的行为将被评价。[172]

中世纪有关构建过程的理论和最近几个世纪有关民族国家的理论，代表了那些通过对更为复杂过程的某些特征的重置与修改以达到某些直

---

[166] HAVELOCK, THE LIBERAL TEMPER IN GREEK POLITICS 17 *passim* (1957).

[167] BARKER, GREEK POLITICAL THEORY: PLATO AND HIS PREDECESSORS 6 (1918); GREENIDGE, A HANDBOOK OF GREEK CONSTITUTIONAL HISTORY (1896).

[168] McILWAIN, THE GROWTH OF POLITICAL THOUGHT 77.

[169] 同上，第 92 页；McILWAIN, CONSTITUTIONALISM Ch. 2。又参见 BARKER, THE POLITICAL THOUGHT OF PLATO AND ARISTOTLE (Dover cd. 1959); SABINE, A HISTORY OF POLITICAL THEORY Chs. 3–6 (3d cd. 1961); VILE, 前注 3, Ch. 2。

[170] 1 BRYCE, STUDIES IN HISTORY AND JURISPRUDENCE 134 (1901); McILWAIN, CONSTITUTIONALISM Ch. 3; McILWAIN, THE GROWTH OF POLITICAL THOUGHT Ch. 4; SABINE, 前注 14, Ch. 9。

[171] McILWAIN, THE GROWTH OF POLITICAL THOUGH 100; PARKINSON, 前注 3, 第 111 页; SABINE, 前注 14, 第 154 页。

[172] SABINE, 前注 14, 第 154 页。

接的宪法性目的而做出的努力。不过,所罗列的原则在很大程度上是无疑问的。[173] 库克法官坚定地主张即便是国王在国会中也要受制于普通法,这给予了一些政策,尤其是那些与个人权利有关的政策,过于基础以至于宪法可以令它们为临时多数力所不及这一观念提供新的支持。[174] 这方面最有影响力的个人贡献恐怕是孟德斯鸠。他通过重新构建"混合政府"权力的早期表述,明确提出政府权力的分权原则,即在政府的立法、行政和司法等部门进行分权。[175] 美国理论家对于司法审查的贡献、权力的地域分配,以及宪法修正、代表和管理的明示性规定,成为人类的共同财富并影响世界范围的宪法制定。[176] 在这些"政治思想"或构建过程理论化的伟大遗产中,很难找到对那些过程相关的特征系统和全面展示,或对在这样过程中的不同决定的类型加以区分以助政策源起的研究。

我们几乎不能指望,重点强调权威源于超验假设的有关法的理论,无论神学的或是形而上学的,会实现对世俗构建过程的全面而系统的描述,并精确界定所有建制性或其他性质的规定的订立和适用中所有必需的决策功能。不过,即使最早期的"宗教—形而上学"理论也展现出对这方面的启发。[177] 因此,这些理论在概念和程序方面做出各种提议,其目的包括:协调在社会中相冲突的利益,平衡不同阶层的有效权力和利益,列出政府的可行的架构,为权威提供一种重要的力量之基,为创造不同种类的决定而建立同意的程序,以及在特定情形中对一般规则的规定及其适用之间作出必要的区分。[178] 进一步说,"自然法"理论,包括这些早期的"宗

---

〔173〕 2 HOLDSWORTH, A HISTORY OF ENGLISH LAW 121 - 23, 195, 196 (1922);同上,第 647 ~ 50 页 (1938); McILWAIN, CONSTITUTIONALISM Ch. 4; MCILWAIN, THE GROWTH OF POLITICAL THOUGHT Chs. 5 - 6; SABINE, 前注 14, Pts. 2, 3。

〔174〕 McILWAIN, CONSTITUTIONALISM 14, 87; SABINE,前注 14, 第 45、154 页。

〔175〕 SABINE, 前注 14, 第 551 ~ 60 页; VILE, *前注*3, Ch. 6。

〔176〕 McLAUGHLIN, A CONSTITUTIONAL HISTORY OF THE UNITED STATES (1935); MERRIAM, A HISTORY OF AMERICAN POLITICAL THEORIES (1924); SUTHERLAND, CONSTITUTIONALISM IN AMERICA; ORIGIN AND EVOLUTION OF ITS FUNDAMENTAL IDEAS (1965); SWISH ER, AMERICAN CONSTITUTIONAL DEVELOPMENT (2d ed. 1954); WATKINS, THE POLITICAL TRADITION IN THE WEST (1948); WHEARE,前注 7, 第 79 页; COVER, BOOK REVIEW, 70 COLUM. L. REV. 1475 (1970); Sharp, *The Classical American Doctrine of "The Separation of Powers,"* 2 U. CHI. L. REV. 385 (1935)。

〔177〕 CORNFORD, 前注 10, Chs. 1, 2; HAVELOCK, 前注 11, 第 30 页。

〔178〕 For a survey, 参见 LOWENSTEIN, 前注 3。

教—形而上学的"理论以及后来源自经验的假设和起源的理论，作为一个整体，对当代构建过程观念做出广泛和不可或缺的贡献。[179] 在宪政思想和发展的冗长历史中，许多不同的善于思考的哲学家和实践改革家，采用超验的和混合超验的以及经验性的假设和推论，对复杂构建过程中的各重要特征做出持续贡献。下面简短的表格式的逐条记载，虽然未必在综合性和同质性方面有所作为，却可以指明在理论学说和实践设置方面贡献的广泛性：[180]

## 参　与

——神，神的代理人，国王，暴君，哲学家—国王，寡头政治执政者以及特权阶层的规定的合法性；

——区分个人与群体的差别；

——区分个人与其后代的差别，直接民主；

——技术在表达中的参与，全民公投；

——公平参与；

——按世袭标准和等级标准与贡献和功绩无关的因素对参与的限制；

——少数民族团体参与的特别手段。

## 观　点

——要求决定由权威的标准做出而非单纯的凭借权力；

——要求社会成员被允许建立自己的宪法；

——要求政府服务于某些具体指定的目标，比如公共利益、正义、自由以及好的生活；

——要求政府保护某些个人的基本权利（与生俱来的、不可转让的、

---

〔179〕 参见前注 3。又参见 BODENHEIMER, JURISPRUDENCE, THE PHILOSOPHY AND METHOD OF LAW 255, 276 (1962); Schnee, *Leviathan at the Bar of Justice*, in GOVERNMENT UNDER LAW (Sutherland ed. 1956)。

〔180〕 这些被制成表格的项目是从许多之前被引用的资源处摘录而成的。其中一个较为丰富的资源是 VILE, 前注 3 。当我们参考了在很长时间内，许多社会中的构建过程的特定，大量完全相反的政策被设计出来也就不足为奇了。

或人权）；

——要求政府发挥社会和福利功能；

——期望某些宪法性规定（例如“权利法案”或者强行法）采用比其他更高强度的要求；

——期望那些与宪法性规定不符的特殊决定可以被认定为没有权威。

## 竞　技　场

——宗教和政治机构组织的混杂；

——政治和宗教结构的分离；

——建立不同的政府部门来行使不同的政策功能；

——行政和议会组织相分离，承认政府司法部门的独立；

——创造官僚化的行政管理结构；

——根据地理分布进行结构的集中和分化（区域化，地方自治）。

## 权力的基础

——君权高于法律的观念；

——期望权威决定（“法律”）过程是超越所有特别参与者而且没有人可以从中豁免；

——广泛多样性的合法神秘体系；

——原始的有约束力契约的神秘体系；

——对不同阶级和组织间的权能和其他权力进行分配和平衡；

——公民权利的广义和狭义划分，对不同政府结构中的权能和其他权力进行分配和平衡；

——在不同政府结构中分配明示的相互制约的权能（否决权，司法审查）。

## 策　　略

——要求通过经授权的和统一的程序来做出决策；

——要求程序公开、非强制和经济；

——社会契约论;

——对习惯性预期的确定、补充以及整合的技术;

——包含具体权能和权利法案的成文宪法;

——代议的技术和议会程序,行政和官僚管理技巧;司法审查;

——个人挑战不符合权威的决定程序。

## 结　果

——以相应的清晰程度,对创设和执行社会政策的不同类型决定进行区分;

——特定情形下在其适用中区分和规定一般性的政策;

——区分"审判权力"与一般性的"执行"法律;

——尝试按立法、行政和司法区分不同类型的决定;

——承认任何特定政府机构可以行使多种不同的功能,并且承认任何特定的功能被许多不同的机构行使;

——尝试把特定功能的履行限制在特定的结构中。

所有这些对构建过程历史性的贡献,至少在部分方面受到"自然法"理论行使和应用的影响,是令人印象深刻的,但我们也必须记住,在构建过程任何特定特征的情形中,仅强调"自然法"无法在识别和评估方面提供任何可靠的智识工具,有关这一整体过程智识任务的履行就要更少了。[181] 信仰工具、启示、纯粹事务的认知、自然理性和语义推导,通常不过只是产生黑暗中的或模糊的启迪,虽然能够在构建过程特点的辩护中得到应用,却与上面提及的事务与人类尊严的价值相抵触,而非对它们进行表达。有人总结,"自然法"的重要成果是它的智识工具。

历史的参照系对构建过程的卓越贡献,体现在其将对法律的识别等同于经验化的社会过程。当然,这些贡献在于坚持一个社会的宪法,即使当部分表达在正式文件中,也像那些较少涉及基本公共秩序的命令一样,更像是习惯的产物——也就是由合作行为和非正式的社会成员创造的期

---

〔181〕 我们所做的有关自然法理论对澄清权威和控制概念的贡献苛刻的评价,也在此同样相关。参见前文。

待——而非深思熟虑的产物。[182] 萨维尼发现受到"个人特别的才能和取向"影响的人民的宪法,与其他法律一样,具有"固定的特征"。将法律、语言、习惯和宪法联系在一起作为"一个整体是人们的一般信仰,包括内在需求的家族意识,而不存在偶然和武断的起源"。[183] 在对国家和国家与公私法关系的讨论中,他解释道:

> 如果我们追寻有关国家的起源,我们必然将其置于更高的必要性,在一个内在的权力形成过程中超越法律的确认,不仅对国家的存在是这样,不同民族的不同国家组织形式也亦然。因此,国家的创设是法律概括化的结果,也是法律概括化的最高体现。[184]

当一套理论没有明确区分权威和控制,没有把权威命令作为社会过程中独立的组成部分时,这一理论没有给出全面的构建过程和研究这一过程的智识工具的具体说明,就不怎么令人吃惊了。同样,一套强调"固有特征"、"更高需求"、"内在需求"以及"历史权利"和拒绝"偶然和武断的来源"的理论,就自然会用于妨碍改变和制定公共秩序的革新。[185] 对萨维尼理论最为乐观的解释,可能是卡尔·贝克(Carl Becker)的解释:"它为国家性能的发展敞开了大门,但同时也拒绝承认革命性的方法。"[186] 贝克继续阐述,"毕竟,正是萨维尼告诉十九世纪如何证明组织机构的渐进变化的正当性,而不赞同武力革命和如何把许多国家不同的组织理解成与自然和神相和谐的存在"。[187] 亨利·梅因强调通过判决、习惯、故事、衡平法、立法和一般法理而得到法律的发展,并且相对轻视所有法律都产生于已建立之政府的观点;但他也担心,法律可能发展的太过迅

---

〔182〕 PLUNKNETT, A CONCISE HISTORY OF THE COMMON LAW 76 (5th ed. 1956); 2 VINOGRADOFF, OUTLINES OF HISTORICAL JURISPRUDENCE Ch. 4 (1922).

〔183〕 VON SAVIGNY, OF THE VOCATION OF OUR AGE FOR LEGISLATION AND JURISPRUDENCE 24 (1831). For intimations of an English parallel, 参见 Montrose, Book Review, 6 NATURAL LAW FORUM 201 (1961)。

〔184〕 VON SAVIGNY, SYSTEM OFTHE MODERN ROMAN LAW 18 (1867).

〔185〕 ALLEN, 前注 4, 第 16 页; HAINES, THE REVIVAL OF NATURAL LAW CONCEPTS 68 (1930)。这种对革新的倾向在下文中表现的十分明显 CARTER, LAW: ITS ORIGIN, GROWTH AND FUNCTION (1907). 又见 MAINE, POPULAR GOVERNMENT (5th ed. 1897)。

〔186〕 BECKER, THE DECLARATION OF INDEPENDENCE: A STUDY IN THE HISTORY OF POLITICAL IDEAS 266 (1942).

〔187〕 同上, 第 263 页。

速而没法增强构建过程的全面和系统的观点。[188] 梅特兰(Maitland)教授质疑奥斯汀提出的宪法的主要目的是定义主权[189]的观点,认为“我们无法离开国家和民族,或者联邦,或者共和国,或者其他类似实体的概念”,[190]但他对实体产生是否合乎比较研究十分悲观,而且他自身的宪法性法律概念也十分狭窄——他把行政法排除在外。

分析性理论的基本宗旨,即从已建立的“统治者”或者官方渊源的意愿中产生的法律,直接影响其构建过程的观念,以及从这种为了规范公共秩序的过程中产生的各种类型的决定的观念。所强调的不是在许多不同参与者从事权威的社会政策的持续创造和再创造的社会过程中相互作用的那种范式,而是,用艾利恩(C. K. Alien)的话说,“存在一个处于全社会之上的全能的权威,并且*向下*发布它的命令”之中的范式。[191] 强调重点的主要关注点,更多的是对命令有体系的陈述,或者那些从“君主”的渊源中产生的规则,而非为了研究该决策者是如何获得这样的权能以及他们确保命令被遵守的效力能力。最为极端的,也是最具影响力的就是奥斯汀模式。它广泛地建立在博丹和霍布斯的绝对主义基础上,也建立在边沁的将法律视为命令的观念里。[192] 根据奥斯汀的概念,“统治者”作为“一个*确定的*高高在上的人,*并非*习惯于服从一个相似的长官”,接受“特定社会*大多数人*”对作为君王命令的法律*习惯性*服从,因此,虽然大量被视为“宪法性法律”的“习惯,谅解以及公约”由于与君权对立,更确切地讲不应该被称为“法律”,而仅仅表述为“实在道德”。[193] 奥斯汀明确地总

---

〔188〕 MAINE, ANCIENT LAW (1920); MAINE, EARLY HISTORY OF INSTITUTIONS (1888); Smellie, *Sir Henry Maine*, in 10 ENCYCLOPAEDIA OF THE SOCIAL SCIENCES 49 (1937). 对 Maine 的贡献的公平评估,参见 VINOGRADOFF, COLLECTED PAPERS Ch. 8 (1928)。

〔189〕 MAITLAND, SELECTED ESSAYS 529 (Hazeltine, Lapsley, & Winfield eds. 1936).

〔190〕 同上,第 112 页。

〔191〕 ALLEN,前注 4,第 1 页。这一概念的独裁本质出现在 Friedrich, *Constitutions and Constitutionalism*, in 3 INTERNATIONAL ENCYCLOPEDIA OF THE SOCIAL SCIENCES 318 (1968)。

〔192〕 在这一重点中有关主要人物的观点的经典的演说,参见 DUNNING, A HISTORY OF POLITICAL THEORIES: FROM LUTHER TO MONTESQUIEU (1905).

〔193〕 奥斯汀的定义可参见 AUSTIN, LECTURES ON JURISPRUDENCE 226 (4th ed. Campbell 1873)。后面应用的文字,以及基本点,来自于 DUNNING,前注 37,第 225 页。Cf. HAINES,前注 30,第 71 页。

结道:

> 我认为,所谓宪法性法律,也即实在的道德,或者实在道德和实在法律的合成物,规定了最高政府组织构成和结构。我是说,实在的道德,或者实在道德和实在法律的合成物决定了从此主权所驻留的个人或人们的特征。并且假定特定政府,不论是贵族阶层或者一个成员的政府,得以分享主权和决定主权集体的构成模式和数目。[194]

唯一可取的条件是,宪法性法律可能被描述为关于被"分别考虑"的主权机构人员的"法律"。正是从这样一种怪异的观念,立法被认为是一个绝对君权的相对排他的功能。当下所广泛流传,认为立法是"政治性的"而不是"法律性的"假设,而且法律的主要关注是规则的适用正是由此而来。[195] 奥斯汀对不同种类的决定的确表现出关注,发现某些词语的使用,如立法、行政、司法,以及管理,都存在不确定的意思,有时涉及结构,有时涉及权力,有时涉及决定的种类,但是他没有尝试去澄清这些困惑以及实现结构、权能和功能的研究和分类。[196] 他过于迷恋于徒然地区分高级和次级权力的任务。[197] 大家已经经常注意到,仅仅是对专业的观点的些微明显影响,奥斯汀复杂的理论是对其时代的英国的态度和实践的完全误读,是跨越时空进行比较研究中最不充分的手段。[198]

用凯尔森的理论来描述构建过程,比奥斯汀的看法更为抽象和远离决策的经验事件和因果。凯尔森十分关注"国家"和宪法,包括许多细节,并认为宪法在"严格意义上"是"每个法律秩序的关键因素"。[199] 但在他

---

〔194〕 AUSTIN, 前注 38, 第 274 页。It is interesting to compare the views about the nature of a constitution ascribed to Judge Learned Hand by Judge Charles Wyzanski. 参见 Wyzanski, *Constitutionalism: Limitation or Affirmation*, in GOVERNMENT UNDER LAW 473, 478 (Sutherland ed. 1956)。

〔195〕 与"宪法性法律"概念相关的困难,参见 DICEY, INTRODUCTION TO THE STUDY OF THE LAW OF THE CONSTITUTION 22 (9th ed. Wade 1939) and PATTERSON, JURISPRUDENCE: MEN AND IDEAS OF THE LAW 166 (1953)。

〔196〕 AUSTIN, 前注 38, 第 255 页。

〔197〕 同上, 第 258 页。

〔198〕 1 BRYCE, 前注 15, 第 537、614 页; MAINE, EARLY HISTORY OF INSTITUTIONS 342 (1888); MAITLAND, THE CONSTITUTIONAL HISTORY OF ENGLAND 526 (1908); VINOGRADOFF, COMMON SENSE IN LAW 28 (2d Rev. ed. 1946); Wade, Introduction to DICEY, 前注 40, 第 xxxv。

〔199〕 KELSEN, GENERAL THEORY OF LAW AND STATE 125 (1945).

的“纯粹”理论中，“国家”被分解为“国家法律秩序的拟人化”或“某些道德人格假定的人格化”，并且把“法律”或“国家法律秩序”“统一化”，[200]然而“实质意义的宪法”，与正规“严肃的文本”相对，仅仅指“那些规范一般法律规范，尤其是成文法的创造规则”。[201] 凯尔森用于评估整个下位规范“有效性”的“基本规范”或“第一宪法”，从未被明示的与有效权力过程、或者赋予权威的社会期待联系在一起；这仅仅是“假设”：[202]“假设一个人应该作为个人行动，或者是执行颁布的第一部宪法的个人”。[203]决策制定者的相关身份和行动通过权威标准进行限制；“设立法律规范的个人是法律社会的组织，因为他的功能通过秩序决定并构成法律社会的一部分”。[204] 宪法所体现的规范并不表示可辨识的社会成员的观点——需求、识别以及期待，而仅仅是一应然形式的表达，谁是偏好的作者和其内容都模糊不清。[205] 对权威的解释是基于传统概念如立法、行政、司法和管理，虽然“分权”并非与事实相符，而一个结构可能有多种。[206] 唯一被视为相关权力基础的是权威，而对与所有影响控制的因素都被完全排除。总体系统的有效性假设把对控制的关注消除了。[207] 凯尔森提出的用于决定所谓的规范之“有效性”的程序与哲学句法惊人地相似。对于决定功能的“通常之三分法”，凯尔森用“法律制定”和“法律适用”两分法来代替。他甚至主张就是这两种功能的区分也是“相对的”。[208] 因此，他指出，除了一些例外“每次行为……同时也是一次法律创造和法律适用的行为”。[209] 他这样解释，“法律规范的创造通常是更高层次的规范的应用，而高级规范的应用对法律创造的规制又是由其制约的低级规范的产生过

---

〔200〕 同上，第 xvi 页。

〔201〕 同上，第 125，267 页。

〔202〕 同上，第 110、115 页。

〔203〕 同上，第 115 页。把这一基本标准作为奥斯汀君权概念的替代品的描述，参见 PATTERSON，前注 40，第 92 页。

〔204〕 KELSEN，前注 44，第 132 页。

〔205〕 同上，第 35 页。

〔206〕 同上，第 269 页。

〔207〕 同上，第 42 页。

〔208〕 同上，第 132、256 页。

〔209〕 同上，第 133 页。

程”。[210] 凯尔森对格雷(Gray)“社会政治的真实规则是无法被发现的”主张的评价,在对用于研究的约束的也许是恰当的总结,他说:“个人对创造构成国家法律秩序的有效规范的人的影响可能不可知和无法被发现”,因而“也没有法律上的价值”。[211]

构建过程的事实在哈特相应的语义分析理论上模糊出现过。哈特在其“次要规则”中找到了必不可少的“法律系统的基础”,“很明显留下了构建过程的许多特点”。[212] 因此,他指出“次要规则包含在主要规则之中”,而且“具体描述了主要规则可能被最终确认、介绍、评估、变更的方式,而它们最终被决定的违规的事实”,但是,他却没有继续提出这些词汇看上去所体现的不同类型决定的认可和具体说明。相反,他将“次要规则”拆分为三种不同类型的“规则”:识别、变更和判决的规则。[213] 识别的规则识别出主要规则并明确建立它的权威。[214] 改变的规则授予个人或者主体,从而引入群体生活或部分阶层行为的主要规则,以及对旧规则进行评估。[215] 判决的规则“以救济充满社会压力的制度的*无效性*为目的”,授权“个人对在特定情形下,主要规则是否应该被改变的问题做出权威决定”。[216] 与根据假设来建立其基本规范的凯尔森不同,哈特坚持识别规则的“存在”是一个事实:[217] 它必须在一般系统的操作中被“实际接受和采纳”,并且如果被质疑,他可以“根据实际实践被建立起来——根据法院识别什么是法的方式,被普遍接受或其确认得到默认”。[218] 有关这些识别、改变和裁判的规则如何识别、建立和转变,或它们如何被在特定社会中被有效控制的因素影响,哈特却基本没有提供什么信息。他最多也就是提供了一些指引规则,比如说对由识别规则提供的识别主要规则的“标准”可采取许多形式:“这些包括对权威文章的参考;对立法法规的参考;对习

[210] 同上。
[211] 同上,第 152 页。
[212] 同上,第 95 页。
[213] HART, THE CONCEPT OF LAW 92 (1961).
[214] 同上,第 92 页。
[215] 同上,第 93 页。
[216] 同上,第 94 页。
[217] 同上,第 107 页。
[218] 同上,第 105 页。

惯性实践的参考；对特定个人的一般性声明的参考，或者在过去的某些案件中的司法决定的参考"。[219] 从哈特那里我们得到的重要教训是，在促进对构建过程的理解上，语义的分析，"规则的概念"，以及仅关注规则不足以替代通过专家和社会科学技术进行的全面观察，社会期望角度的权威经验性概念，以及对决策过程集中关注。

有些令人吃惊的是，社会学理论所关注的特定法律制度和概念的条件和结果并不体现为理论上或者对构建过程的建议上的巨大的创新。与此相关的主要学者，从历史学理论出来，摇摆于对*所有*法律和社会过程的密切关系的紊乱和神话式的强调以及无条件顺从于分析法学派推崇的官方机制的传统拓扑学。[220] 因此，埃利希切合实际地坚持认为法律不仅通过官方的法令被创造，也来源于合作活动中非正式的社会成员的交流。他认为"国家之所以对法律如此重要"，事实上是"由于社会创设了国家去支持那些来源于社会的法律的实施"。[221] 他补充道：

> 社会力量是基本力量，人类的愿望无法超越于这种力量，至少在任何时间内都无法做到。正如孟德斯鸠（Montesquieu）在他那个时代理解的，也正如那之后一直在争论的，在于如何在技术上塑造国家令其能够执行社会的愿望，同时尽量少地引发反抗和摩擦。[222]

不过，埃利希没有提供全面的有关权威决定的大纲，关于建制性决定尤其少，也没有提供可能影响决定的特殊因素的纲要。有关"活法"和"国家法"精确的关系，甚至是经验的参考，也遗留下难解的问题。尽管埃利希所写的大多数能够被对各种权威功能的现实主义描写联系起来（决定的种类），而且多趣闻的参考被用于"法的适用"以及"法的发现"和被称为"投射"的中介者，[223] 他自己从未提出一套系统的、为不同研究目的进行的对不同决定的分类。他关注的功能是那些"法律科学"而不是那些

---

〔219〕 同上，第92、97页。从比较角度的一个更详细的评价，参见Rogoff, *International Law in Legal Theory: The New Positivism*, 1970 U. TaL. L. REV. 1。

〔220〕 ALLEN，前注4，第28页。

〔221〕 EHRLICH, FUNDAMENTAL PRINCIPLES OF THE SOCIOLOGY OF LAW 153 (1936).

〔222〕 同上，第154页。

〔223〕 同上，第403、404页。

权威决定。尽管他强调法律在“大众良知”自发的产生，埃利希在他最终的分析中，没有就探究该良知的程序提出什么指引，而是固守着通过特设的制度来最小化对法律刻意创造的可能性。[224]

与其关于管理和官僚的创新理论相比，韦伯有关构建过程大范式的贡献似乎并不突出。他采用“政治社会”、“国家”、“政府”、“公法”、“私法”、“分权”、“立法”、“审判”等宽泛的概念，[225]但没有把这些概念组织为系统全面的理论为研究所用。对于韦伯而言，当“在特殊政治行为中的合法性信念”不断增加直到“认为社群人身强制的实行通过命令或许可被‘合法化’”，“政治社群”就是“国家”。[226] 在这一过程中，法律的角色被进一步说明：

> 为了威胁和实施这些强制，完全成熟的政治社会已经发展成一个吊诡的规则系统，某些特别的“合法性”被移植于这些规则上。这一规则系统形成了“法律秩序”，并且政治社会被视为其唯一的普通创造者，因为现代社会通常篡夺了通过人身强制实施强制的垄断权力。[227]

他对现代国家“功能”的逐条记载是一种静态的表述：

> 法律的制定（立法功能）；个人安全和公共秩序的保护（警察）；既定权力的保护（执法）；卫生、教育、社会福利，以及其他文化利益的养护（各种管理机构）；最后但同样重要的是，对外来入侵的有组织的武装保护（军事管理）。[228]

同样，他对不同决定的描述是奥斯汀式的：

> 根据我们当代的法律思想模式，有关法律的政治组织的行为可分为两类：法律制定和法律发现——后者包括作为技术问题的“执行”。

---

[224] 同上，第430页；cf. PATTERSON，前注40，第81页。

[225] WEBER, MAX WEBER ON LAW IN ECONOMY AND SOCIETY 41 (1954). 韦伯关于官僚更多系统性的理论，参见 WEBER, FROM MAX WEBER: ESSAYS IN SOCIOLOGY Ch. 8 (1946); WEBER, THE THEORY OF SOCIAL AND ECONOMIC ORGANIZATION 329 (1947)。又参见 La Palombara，前注3，第170页。Cf. 1 WEBER, ECONOMY AND SOCIETY 282 (1968).

[226] WEBER, MAX WEBER ON LAW IN ECONOMY AND SOCIETY 341 (1954).

[227] 同上，第341页。

[228] 同上，第342页。

> 今天,我们通过法律的制定来理解一般规范的建立,这些规范在一般律师的思想中被预设为法律理性规则的特点。法律发现,正如我们对它的理解,这些已经确立的规范以及依法律思维推导的法律主张在应归于这些规范之下的具体"事实"中的应用。[229]

在这样的理论中,韦伯的确恰当地强调了经意、权威政策的明确规定的重要性,并提供了对习惯期望的创造高度可知的解释。[230] 不过,他对"应用"和"司法过程"的处理,更关注于"法律思想"的风格,而不是决定过程的社会学研究。[231]

庞德所使用的有关构建过程的概念是完全传统的和非系统的。他区分法学或法律的、政治的、哲学的,以及社会学的四种"国家理论",[232] 只是一般和含糊地涉及权威决策和有效控制的全面过程以及在该过程中参与者的真实观点和运作。庞德坚持认为,所有这些理论都有它们"特殊的目的" 使"争论它们其中一个的合法性变得没有意义 "。[233] 然而他建立和保持的注意力,首要集中在法律理论上。他写道:"在法学理论上,我们必须从两种角度考虑国家。"

> 首先,我们把国家视为法律戒律和处罚的直接渊源——作为逻辑上法律的先例,无论作为法律秩序还是作为权威根基的主体或争议决定的指导。它建立并维持法庭,它的机构发布在司法和行政过程中被认可并生效的戒律或赋予其以权威的标记。其次,我们必须把国家视为一种法人,因为通过把私人权利给予国家的形式而使某些利益受到保护,所以国家被当为一些公共利益的私有者或承包商。[234]

正如本文指出的那样,庞德对决定种类的划分是从孟德斯鸠和其他人那里继承的。法律制定的形态被包含在"法律的渊源和形式中",在不同质的对资源的逐条记载中,习俗、道德、哲学观点、科学讨论与司法和立

---

[229] 同上, 第 59 页。

[230] 同上, 第 65 页。

[231] Rheinstein, Forward to WEBER, MAX WEBER ON LAW IN ECONOMY AND SOCIElY xxv (1954).

[232] 2 POUND, JURISPRUDENCE 287 (1959).

[233] 同上, 第 287、298 页。

[234] 同上, 第 307 页。

法被等同对待。[235] 他的所谓法律的适用大多指在司法和管理(重点是司法)过程,并且他在学术更关注的是伴有适用的“智识过程”而非前瞻的可操作性实践。[236] 庞德最宽泛、最统一的概念似乎就是“社会控制”,但他把宗教、道德,以及法律都视为与会控制的形式,且他的法律概念包括三种不同的“含义”。[237] 这些“含义”被理解为:

(1)通过系统地和有序地运用政策上有组织的社会力量来调整关系和指挥行为的体制。(2)司法或行政上指导决策的权威材料或原因的主体……(3)卡多佐(Cardozo)法官乐于称道的司法过程,今天我们必须加入行政管理过程——为了维持法律秩序,根据权威指引决定原因和争议的过程。[238]

在描述“当今的法律科学”已“发展为一种功能性看法”,不仅问法律是什么、如何来的,还问法律是做什么的、如何做的和怎么做更好等,庞德体现了更为全面的社会和法律过程关系的视角,[239] 但没有充分证据证明他使这种视角在其研究中作为一个有用的事实。[240]

由汀马舍夫(Timasheff)提出的一般理论,伴随着对权威和控制交叉进程的强调,能够被全面而现实的有关构建过程和公共秩序决定的研究所采用。汀马舍夫不仅仅希望证明法律系统的特别规则的起源和“有效性”,也描述通过它整个“法律”机器被建立和维持的灵动。不过由于他坚持有组织和集中的力量中心作为控制不可缺少的组成部分,使其难以观察社会最高法则(如宪法性法律)的最高原则本身也受制于有效的自我限制。[241] 从他的观点来看,宪法性法律“保障了在社会系统中的统治和被统治的分配”,[242]“宪法秩序……只要被活跃的权力中心承认,就能够

[235] 同上,第379页。

[236] 同上,Ch. 20。

[237] POUND, SOCIAL CONTROL THROUGH LAW 40, 41 (1942).

[238] 同上,第40页。

[239] POUND, JURISPRUDENCE 349 (1959).

[240] 稍微宽泛的宪法概念,可参见 POUND, THE DEVELOPMENT OF CONSTITUTIONAL GUARANTEES OF LIBERTY (1957). 有用的调查,可参见 Pound, *Law and the State-Jurisprudence and Politics*, 57 HARV. L. REV. 1193 (1944)。

[241] TIMASHEFF, AN INTRODUCTION TO THE SOCIOLOGY OF LAW 17 (1939).

[242] 同上,第21页。

存在”。[243] “在现代国家”,他写道,“活跃的中心通常是复杂且高度机构化的”。[244] 他详细的说明道:

> 根据一国具体的宪法,君主、总统、总理等都可能被视为一国的行政长官或作为最高统治者。在其指挥下,有一定数量的部长来辅佐,这些人下面又有一班高级官员。同为活跃中心的成员;他们每个人的行动有关同一整体中的相同的消极的周边。[245]

从这种“复杂的结构中”可能产生“相应的法律规则的等级制度”。[246] 在现代民主制度中,处在金字塔顶峰的是宪法:

> 在人民代表创造出的大量法律规则外,有一种混合体被分离出来,被升华、并被赋予超然的优越性。这就是宪法,它是在运转中心和其成员的有关位置表现出等级制度的规则的混合体。一部宪法如果满足如下三个条件,就构成一部真正高等级的法律规则:(1)建立一套特殊程序来修订它;或者(2)不在宪法范围内的法律均被视为无效,除非它与宪法相一致;或者(3)前两个条件是统一的,正如在这个国家一样。[247]

从这一角度来看,非民主国家的“宪法概念”适用是“对这一概念的误用”。[248] 在他对“法律的改变”的讨论中,汀马舍夫提出“立法构想是在权力能力结构上逐渐成长而致于执行特殊的命令”,这在“古代许多先进的法律系统中”就有所体现,[249] 并坚持认为“习惯法只能通过回答规则是否被权力(特别是国家权力)承认,来与习俗和习惯进行区分”。[250] 显然,非民主国家,即使不是国家实体,也具有构建过程,无论它们是否被称为“宪法”,而且社群改变其在交流和合作中的规定,可能难以被表述为国家许可的命令。如果不再强调有组织的权力中心而更加注重社会成员的共

---

[243] 同上, 第 260 页。
[244] 同上, 第 303 页。
[245] 同上, 第 202 页。
[246] 同上, 第 303 页。
[247] 同上, 第 304 页。
[248] 同上。
[249] 同上, 第 288 页。
[250] 同上,第 312 页。

同意愿，从而可能主张更高等级的有效权力完全与这种有组织的中心相分离，就能够将汀马舍夫的理论转化成研究构建过程的更为恰当的工具。美国的法实证主义者，尽管他们明确和直接关注权威决定并强调法院制定法律的角色，但他们并没有把视野延伸到构建过程的新的或者是全面的概念中。他们满足于大量处理对决定过程阶段的传统分类和不同类型决定的传统分类。他们主要关注在规定和适用功能中"司法过程"的角色，而对其他有关的结构和功能则只给予次要的关注。[251] 最接近革新的方法是卢埃林，尽管其主要概念都是分散而不成熟的。为了"研究之目的"，卢埃林发现把任何组织的"法律—工作"分解为四个"较低的层次"是明智之举：

1. 疑难案件的处理。

2. 预防性的沟通以及和行为和期望的重置以减少麻烦。

3. 使行为因具有权威性而合法的权威的分配和程序的安排。

4. 团体的纯组织或者社会作为一个整体以提供方向和动机。[252]

为了详细描述这些不同的阶段，他写道：

> 作为第一项工作核心的组织机制是法庭、法律程序、辩护人、调解人以及监狱；作为第二项工作核心的组织机制是实体法的规则、成文法书籍、法律的出版社、公共卫生检查部门、交通灯、一般性预防警察——大多数习惯，以及多数教育；所以第三项工作核心的组织机制是关于国家和少数利益集团的"宪法"，以及相关组织机制据以分配

---

〔251〕 早期的重点，参见 CARDOZO, THE NATURE OF THE JUDICIAL PROCESS (1921); *cf.* FRANK, COURTS ON TRIAL Ch. 22 (1949)。现实主义者对指出法院在宪法制定中的作用有重要贡献，这点在许多资料中都可以参阅。例如，参见 RODELL, NINE MENA POLITICAL HISTORY OF THE SUPREME COURT FROM 1790 – 1955 (1955); ROSTOW, THE SOVEREIGN PREROGATIVE: THE SUPREME COURT AND THE QUEST FOR LAW (1962); Hamilton, *The Constitution-Apropos of Crosskey*, 21 U. CHI. L. REV. 79 (1953); Miller, *Notes on the Concept of the "Living" Constitution*, 31 GEO. WASH. L. REV. 881 (1963); Miller & Scheflin, *The Power of the Supreme Court in the Age of the Positive State: A Preliminary Excursus Part One: On Candor and the Court, Or, Why Bamboozle the Natives?*, 1967 DUKE L. J. 273; Powell, *The Logic and Rhetoric of Constitutional Law*, in ESSAYS IN CONSTITUTIONAL LAW 85 (McCloskey ed. 1957)。众所周知，现实主义者是根据 BENTLEY, THE PROCESS OF GOVERNMENT (1908)，该文详细说明了一个非传统的、但简略和通行过程的构建过程的概念。

〔252〕 Llewellyn, *The Normative, the Legal and the Law-Job: The Problem of Juristic Method*, 49 YALE L. J. 1355, 1373 (1940).

权力给个人或者主体而且为了固定时间或者方式或者程序，由他们说其所想说和所当说；立法机构必须“开会”（尽管时钟会被回调）；两个议院通过投票，并按照法定的人数必须一致；而法案必须被适当次数地“通读”过。[253]

现实主义者更为传统的方法可能是弗兰克对美国范围内权威结构谨慎的嘲讽：

我们联邦宪法的制定者并没有完整传承孟德斯鸠的精神。是的，宪法在第一章中将立法权赋予国会；在第二章中，行政权属于总统；第三章，司法权在联邦法院。但是这种分配绝非天衣无缝。当宪法在通过时的辩论中实际上曾受到批评。*联邦党人文集*对批判进行了反驳并清楚解释，宪法“摒弃了如马萨诸塞州宪法中那样的政府功能绝对分离的教条主义理论”。事实上，准确界定各部门之间的界限是断然不可能的事情，而且真正的政策是为了设计一种利益和动机的平衡以确保不是绝对分离，而是一个实质持续的三种权力的相互依存。[254]

根据弗兰克对“事实发现”奇想始终如一的强调，[255]十分有趣的是，他并没有提出具可行的智识功能的概念。实证主义者在构建方面通常遇到的困难与现实的观察相反，弗兰克对此简要说明如下：

生命和经验，正如它对于所有人那样，充满了多样性。这种多样性是如此丰富。但多样性也意味着不整齐、固执、难以驾驭的存在。不清楚、*不洁的样式可以被轻易识别*。独特、非典型、断绝、不一样不断地体现出来。我们遭遇惊讶、震惊、挫折这些无法分类的异常事物和事件。生命像是一个万花筒，杂乱而无章，不是永久的、不是精确的，被机会、危险和异想天开击碎。[256]

---

[253] 同上，第 1383 ~ 1384 页。参考可比较的概念，参见 LLEWELLYN & HOEBEL, THE CHEYENNE WAY Chs. 10 – 11 (1941). 有关基本观点对美国构建过程的适用，参见 Llewellyn, *The Constitution as an Institution*, 34 COLUM. L. REV. 1 (1934)。

[254] FRANK, IF MEN WERE ANGELS 216 – 17 (1942).

[255] 参见，例如 FRANK, A MAN'S REACH: THE PHILOSOPHY OF JUDGE JEROME FRANK 180 (1965)。

[256] FRANK, FATE AND FREEDOM 93 (1945) (emphasis added).

当代更有前途的理论发展旨在把构建过程视为一个整体。它可能并非源自学者或律师,而是源自专业的政治学家和相关工作者。从古代开始,政治哲人和分析者就开始关注在社会过程中权力和其他价值之间的关系,以及在权力过程中权威与控制两者之间的关系。在最近几十年间,受社会科学方法论的进步和比较研究的需要的激发,更专门化的政治科学试图创造出新的全面理论,来关注各种过程和它们的相互关系,发展新的智识程序对这些过程及其相互关系进行实证研究。[257] 这些专家推广的各种理论中,在对"过程"、"团体"、"利益"、"系统","结构和功能"、"制定决定",以及"沟通"方面的用词重点大为不同,但他们创立更宽泛的实证理论及所提议的智识程序却可能基本一致。主要的困难仍在于把权威期待,无论正式化与否,与控制事实相关联的尴尬。在真正的宪政性决定和大多数普通的、除了印证权力分配原则之外没有重要影响的决定之间的区分并不充分。在不同重点中应该做的是,对更高层次和复杂的权威控制理论的具体描述,以适应决策的不同阶段及整个社会和社区过程的影响。[258]

---

〔257〕 对这种观点的有效批判,参见 P VILE,前注 3。有关更多流行评述,参见 MACKENZIE, POLITICS AND SOCIAL SCIENCE (1967); MAYER, COMPARATIVE POLITICAL INQUIRY, A METHODOLOGICAL SURVEY (1972); MEEHAN, THE THEORY AND METHOD OF POLITICAL ANALYSIS (1965)。又参见 Dahl, *Power*, in 12 INTERNATIONAL ENCYCLOPEDIA OF THE SOCIAL SCIENCES 405 (1968); Easton, *Political Science*, 同上,第 282 页; Eulau, *Political Behavior*, 同上,第 203 页; Gross, *Political Process*, 同上,第 265 页; Janowitz, *Political Sociology*, 同上,第 298 页; Truman, *Political Group Analysis*, 同上,第 241 页; THE METHODOLOGY OF COMPARATIVE RESEARCH (R. Holt and J. Turner eds. 1970); Almond, *Political Theory and Political Science*, 60 AM. POL. SCI. REV. 869 (1966)。

〔258〕 尽管存在不充分的权威概念的缺陷,对全面构建过程的更好评价,参见 ALMOND & POWELL, JR., 前注 9。但是,Dession & Lasswell, 前注 9。许多提出的理论因为研究的智识任务过于局限的概念而失败,这些理论仅强调解释学和科学任务。更广的角度,参见 Caldwell, 前注 9; McDougal, Lasswell, & Reisman, *The World Constitutive Process of Authoritative Decision*, in 1 THE FUTURE OF THE INTERNATIONAL LEGAL ORDER 73 (Falk & Black eds. 1969)。展示一国社会的宪法的开创性的努力,参见 CANADIAN CONSTITUTIONAL LAW IN A MODERN PERSPECTIVE (Lyon & Atkey eds. 1970)。又参见 J. Lyon, *A Fresh Approach to Constitutional Law: Use of a Policy-Science Model*, XLV CANADIAN BAR REV. 554 (1967); E. MCWHINNEY, CONSTITUTIONMAKING: PRINCIPLES, PROCESS, PRACTICE (1981)。

## 法律与社会过程的联系[259]

从全面的角度来看，权威决定是社会过程中不可缺少的一环：这样的决定是为了回应社会过程中特定互动或事件的主张；在相互作用过程中受到大量相互依赖的变量的影响；他们预设未来在社会过程的参与者中分配价值；而且他们随时间对随后的时间流或价值分配产生不同的影响。[260] 当考虑在民事范围内赤裸的权力和选择之间的相互关系时，它更是权威决定的合力，从社群主流价值分配的意义上影响社群的全面公共秩序。即使是从规则方面考虑法律的，或主要关注法律的超验的假设的，有关法的理论，在其试图将其规则或超验假设适用于人们之间的相互关系时，无论是含蓄或是模糊，都要，哪怕仅是含蓄或是模糊地，参照这个“巨大的、旺盛的、嗡鸣和令人困惑”的更大的背景。[261]

用简单的话说，律师和其他关注社群管理的人一样，长期与社会过程的现实打交道，因而运用理论或创造假设，作为他们所有活动的限制条件并试图影响他们未来方向的大背景。

因此，有关法的理论参考社会过程之更大背景的综合性与精密度，必然影响着观察者和决定制定者履行对有关权威决定的不可缺少的研究任务的素质。根据社会过程中事件形成的问题，可以通过跨越时间和社群界限进行比较，其明确性对于各种具体智识任务的每一种表现都有重要影响。当社群基本政策根据经验的价值分配，其清晰程度会影响相应原则的内容被如何设计应用于特定例子中去的经济性和效率性。对某些令诉求沉淀为决策的事情关注焦点的敏锐性和选择性，决定了对过去决策

---

〔259〕 这一部分的早期版本发表在 37 U. PIITS. L. REV. 465 (1976)。

〔260〕 *Cf.* A. RADCLIFFE-BROWN, STRUCTURE AND FUNCTION IN PRIMITIVE SOCIETY 199 (1965)：法律是国家机器的一部分，通过它社会结构才得以维持。一个社会法律系统只有与社会结构有关才会被完全理解，并且反过来，要理解社会结构需要，在其他事情上，对法律机构进行系统研究。

〔261〕 在让我们想起在前苏格拉底时代，希腊人的理论认为法律是经验社会过程的一个基本组成部分。E. HAVELOCK, THE LIBERAL TEMPER IN GREEK POLITICS *passim* (1957).

在接近社群优选政策方面趋势的评估的相关性和准确性。全面还是有所选择，这两个影响决定的依环境而异的处理因素完全制约了这一科学任务。对某一方和社群总体利益之间利弊在决定中的权衡，不仅取决于对过去的推断，而是根据智识任务的整体范围上训练有素的执行，并对特定决定中的利弊进行全面考虑平衡。在权威决定替代物的设计中，要做更好的设计保护优选社群政策，同样不仅仅取决于技术上的法律概念和制度的知识，也取决于制约权威决定的有效权力和其他社会过程的现实全景。

我们所传承的法律理论，非常强调历史性。不过它们在对社会过程的相关特征的参考方面的明确性、全面性以及特定性却互不相同。[262] 尽管“法律是偶然地由其他社会现象所决定，并且反过来又偶然地决定了这些现象”这一观念“自古就有”[263]，一个源自古老西欧思想并由一定的由有关超验和实证哲学的强调的假设所增益的主流传统认为，法律是“完全自治的整体，在时空上与存在其中的社会的性质没有任何方面的关系”。[264] 只不过随着现代社会科学的出现，在它对历史的、社会学的，以及美国现实主义的重点的影响中，我们开始相应地理解法律过程和更为全面的社会过程之间不可避免的相互联系。[265] 即使我们当前最好的有关法律的理论，也无法提供或给出法律过程和社会过程的相互关系的全面描述，或者在

---

〔262〕 相关历史参见 J. STONE, SOCIAL DIMENSIONS OF LAW AND JUSTICE (1966); L. POSPISIL, ANTHROPOLOGY OF LAW ch. 5 (1971); N. TIMASHEFF, AN INTRODUCTION TO THE SOCIOLOGY OF LAW ch. 3 (1939); G. GURVITCH, SOCIOLOGY OF LAW 68 - 157 (1942); E. SCHUR, LAW AND SOCIETY: A SOCIOLOGICAL VIEW (1968); Riesman, *Toward an Anthropological Science of Law and the Legal Profession*, 57 AM. J. OF SOCIOLOGY 121 (1951); Pound, *Sociology 0 Law and Sociological Jurisprudence*, 5 U. TORONTO L. J. 1 (1943)。

〔263〕 N. TIMASHEFF, 前注 3, 第 44 页。

〔264〕 L. POSPISIL, 前注 3, 第 128 页; cf. J. STONE, 前注 3, 第 7 页 A. RADCLIFFE-BROWN, 前注 1, 第 198 页写道：如果您查阅有关法理的问卷资料，便会发现研究法律机构是为了几乎完全的从它们作为一部分的社会系统的剩余部分抽象出的大部分。在辩解“一套为了把法律结构性的分析作为有效的标准的系统的标准化的法学理论”的可能性时，汉斯·凯尔森写道：“在两千年间，除了单纯的历史方法外，这是唯一的法律现象的智识方式，……” GENERAL THEORY OF LAW AND STATE 162 - 63 (1945)。

〔265〕 H. Yntema, *American Legal Realism in Retrospect*, 14 VAND. L. REV. 317 (1960); H. CAIRNS, THEORY OF LEGAL SCIENCE (1941).

某些情况下对有效利用这一描述所必需的更为具体的程序。[266] 我们继承的理论中的缺陷,有的可能源自缺少对权威概念以及它不可缺少的组成部分的清晰关注,有的可能源自于无法区分和说明各种研究的智识任务。[267]

“自然法”理论把权威作为超验的渊源,最低限度地建立全面理论以促进权威决策与社会过程与其他社会背景相互关系的研究。[268] 这种理论以“阐述最为详细的形式”对有关法律大量的独立于时间、地点及其他条件的概念描述,没有留下什么空间来把法律构想成动态的现象,也妨碍法律学者建立关于法律变化的理论。[269] 当理论最初的关注只是为了评估目的识别或构件普遍特征的基本原则,我们很难指望这样的理论会为对以下方面的具体所需,即有关参与决定请求事件,有关决策过程中请求的形态,影响决定的环境和预选处理因素,或者对持续社会过程的决定的影响。[270] 然而,我们应记住很多伟大的历史的自然法理论的讲述者,正如我们之前在构建过程方面所见到的,[271] 从可以提供经验参考的价值方面,对法律过程的最微小的细节提出了探索性的深刻批评,而且没有可交流的这种理论的支持者能够完全从对有效决定及其经验背景的参考中脱离出来。事实上,当代著名的自然法支持者富勒(Lon Fuller)教授指出,认为法律“是一个完整的社会文明的一部分,而且坚持在法律中的丰富成

---

[266] Edwin Schure 总结道“无论其在方向上是如何社会学化,法理学都算不上真正的法律社会学。”E. SCHUR, 前注 3, 第 18 页。在公式化相关的理论中部分困难的清醒的表述中,Willard Hurst 写道:

法律史的最大困难存在于与正式的法的运行——通过成文法,决定案件,制定行政命令或者规则——相关联的法律形式之外的生活。这一法律秩序的基本组织观点使我们不会偏离这种努力。

Hurst, *Legal Elements in American History*, in LAW IN AMERICAN HISTORY 14 (D. Fleming & B. Bailyn eds. 1971) (Vol. 5 of the PERSPECTIVES IN AMERICAN HISTORY series)。

[267] 有关恰当理论要求的详细介绍,参见 Jones, *Impact Research and Sociology of Law: Some Tentative Proposals*, 1966 WIS. L. REV. 331; Auerbach, *Legal Tasks for the Sociologist*, 1 LAW AND SOCIETY REV. 91 (1966)。

[268] 参见第一章。

[269] L. POSPISIL, 前注 3, 第 128 ~ 29 页。

[270] 自然法的支持者们关注评估胜于其他智识任务,这已经被注意到。参见 E. PATIERSON, JURISPRUDENCE 332 (1953); W. FRIEDMANN, LEGAL THEORY 95 (5th ed. 1967). Note the emphases in H. ROMMEN, THE NATURAL LAW (T. Hanly transl. 1947); Selznick, *Sociology and Natural Law*, 6 NATURAL L. F. 84 (1961); Strauss, *Natural Law*, 11 INT'L ENCYC. SOC. SCI. 80 (1968); NATURAL LAW AND MODERN SOCIETY (J. Conley ed. 1963)。

[271] 参见第三章,第 95 ~ 102 页。

果以熟悉其他社会科学,比如心理学、经济学和社会学为前提"这样的看法是当代自然法观点公认的再发现。〔272〕而富勒教授未能充分强调的是,法律是如何被理解的,以及社会又是如何被理解的,以及什么被视为相关研究的智识任务等,这给有关法律过程和社会过程相关关系的研究的结论带来极大的不同之处。〔273〕

我们至少可以追溯到孟德斯鸠强调的重点,在这里历史研究范式坚持法律过程不能割裂于其社会背景来做现实的研究。〔274〕*《波斯人信札》以及《论法的精神》*的核心论点,正如斯通(Stone)写到的,〔275〕"人类的法律和正义是无数因素的结果,比如,当地的习惯、风俗、自然环境,因此只有通过假定其在特定的社会领域内运作的因果,作为社会现象的人类法律才能够被理解"。正如孟德斯鸠和其他很多人认为的,法律是社群整体文明的、完整的、有机的组成部分,〔276〕而他所提倡的研究的理论和程序强调综合性和背景的整体性,接近于当代的标准。〔277〕 由于他们把法律完全地"无法分离地"与社群过程进行了融合,使得即使是为了观察研究的目的也无法确认权威的决定,他们无法区分和澄清权威和控制的概念,而且他们坚持认为在任何社群中,对法律起主导作用的是该社群特有的"大众良知"或"理性",萨维尼和他的追随者们很难被认为对法律和社会关系研究的系统理论和程序的发展做出了很重要的贡献,尽管他们提供了不错的灵感。梅因更加强调发展的起源以及阶段,而不是影响,但后来的学术研究很少认真对待其有关起源及阶段的发现。但是梅因极为细致地将法律概念和实践与社群背景中的主要因素进行关联的模型,随后产生了

---

〔272〕 L. FULLER, THE LAW IN QUEST OF ITSELF 101 - 102 (1940).

〔273〕 在他著名的文章中 *American Legal Realism*, 82 U. PA. L. REV. 429, 448, 452 (1934), 富勒教授评论了"法律"与"社会"中哪一个对另一个产生了更为主要的影响,并得出结论认为它们是"两极的种类"。在更新期的书中,富勒总结道:"也许现在法哲学家们应该停止通过建立'概念模型'来优先代表法律现象,应该放弃对定义无休止的争论,并且应该转为分析构成法律现实的社会过程"。L. FULLER, THE MORALITY OF LAW 242 (rev. ed. 1969).

〔274〕 Mayhew, *The Legal System*, 9 INT'L ENCYC. SOC. SCI. 59 (1968); W. FRIEDMANN, 前注 11, 第 209 页; E. PATIERSON, 前注 11, 第 404 页; J. STONE, 前注 3, 第 35 页; E. BODENHEIMER, JURISPRUDENCE 70 (1962); L. POSPISIL, 前注 3, 第 127 页。

〔275〕 J. STONE, 前注 3, 第 36 页。

〔276〕 L. POSPISIL, 前注 3, 第 129 页。

〔277〕 G. GURVITCH, 前注 3, 第 76 页。

巨大影响并且具有持久效果。[278] 更多现代的历史模型的追随者,比如维诺格拉道夫爵士(Sir Paul Vinogradoff)雄辩但又谨慎地对它的基本假定进行了重述。因此,

> 在社会和法律原则构造中的一个显著特征,是主要思想学派的产生和更替跟随于政治实际变化影响的事实,仿佛为了权力或者产权的实际斗争在思想者的意识中被反映出来,从而导致思想的倾向发生根本变化。[279]

维诺格拉道夫提出的"意识形态类型"作为一种研究理论,对未来的启发并没多大作为。萨维尼以及他的追随者的困惑在其美国的支持者卡特(J. C. Carter)身上清楚体现出来。大家可能还记得,他把法律视为"社会自发行为的产物","自己产生并自己存在",并且不受直接立法行为的影响,与已确立的习俗也不一致。[280] 他进一步说,"生命是不断展开的交易和行为阶段,因此始终需要对其进行研究和分类"。[281] 这似乎也没有什么用。

伴随着对源自于已建立官员技术规则的系统性的分类和排序,实证或分析学派理论的首要当务之急,在很大程度上排除了这种理论的支持者对社会过程背景结果加以关注的可能性。为了努力拒绝和排除在早期神学和形而上学的因素,他们把注意力更多地集中在这些规则句法上的相互关联,而不是规则应用过程中体现的相互间的语义环境。[282] 没有对操作和观点的持续关注,没有把决定概念中的权威和控制的关系理清楚,而且没有明确的构建过程的概念,就很难指望这一理论的支持者能对法

---

〔278〕 L. POSPISIL, 前注 3, 第 139、143 页; W. FRIEDMANN, 前注 11, 第 209、214 页; J. STONE, 前注 3, 第 101 页; E. PATTERSON, 前注 11, 第 410 页; Wilhelm, *Savigny*, 14 INT'L ENCYC. Soc. SCI. 21 (1968); Riesman, 前注 3, 第 124 页; Redfield, *Maine's Ancient Law in the Light of Primitive Societies*, 3 W. POL. SCI. Q. 574 (1950); Hoebel, *Maine*, 9 INT'L ENCYCL. Soc. SCI. 530 (1968)。

〔279〕 P. VINOGRADOFF, I OUTLINES OF HISTORICAL JURISPRUDENCE 124 (1923).

〔280〕 J. CARTER, LAW: ITS ORIGIN, GROWTH, AND FUNCTION 129, 130 (1907).

〔281〕 同上, 第 128 页。

〔282〕 这就是当前许多实证主义的著作几乎不要求注意的原因。

律及其社会过程之间相互影响有多大的兴趣。[283] 因此，为了避免语义循环，奥斯汀试图建立的最重要的、与经验性的社会过程之间的链接，是他定位“主权”或最高权威于一个和一些被习惯服从的决策者。[284] 然而，对这种适度链接的描述仍然是高度神秘和模糊不清的。奥斯汀试图寻找“所有法律系统共有的必要的观念和特征”，这对研究法律过程和社会过程关系而言并非留给后代的最具建设性的模式。[285] 至于凯尔森在奥斯汀的分析法学中发现“社会学因素”，基本上就一种无意识的吹捧罢了。[286]

对于凯尔森而言，在更为复杂的社会过程中寻找权威决定的问题是一个“一般性的社会学”或“社会法学”的问题，而不是“纯粹”的法的理论问题。[287] 社会学可能关注自身的“自然真实”，例如“制定权威法律的动机或目的”或者“有关他们所隶属法律构成的个人愿望或兴趣”；但是，除了“到目前为止的这些动机和目的，这些愿望和兴趣是明显通过法律构建过程而产生”，它们并不是“规范法学”合适的主题。[288] 凯尔森所构想的“一般的法律理论”，“指向实证法结构分析，而非心理学或经济学对其条件的解释，或对其目的的道德或者政治评价”。[289] 因此，在他的理论中，十分明确也十分统一的是，规范与任何人的实际观点内容无涉，而是超验的形式或假设性的判断；[290] 权威根据这样的规范被定义，而不是根据事实；[291] 用于规定标准的“功效”一词与整个系统有关，并且被假设；[292] 代替奥斯汀主权概念的“基本规范”并非存在于有效权力的经验过程中，而是

---

〔283〕 *Cf.* LESLIE STEPHEN, I THE ENGLISH UTILITARIANS 269 (1900, 1950 reprinting) 对边沁的评论：他要求构建一门科学，类似于物理学。如果我们仔细考虑的话，会发现这种尝试显然是荒谬的。……如果他有一点心理学，他甚至没有“社会学”的概念。

〔284〕 参见第三章，第 76 ~ 77 页。又参见 E. PATfERSON，前注 11，第 87 页。

〔285〕 H. KELSEN，前注 5，第 171 页。

〔286〕 Morison, *Some Myths about Positivism*, 68 YALE L. J. 212 (1958).

〔287〕 *Cf.* Pound，前注 3，第 51 页：凯尔森在法学与社会学的方法之间划出了很明显的一条分界线，而且他的法律的“纯粹理论”是所有事情的例外，除了那些从因政治性组成的社会的机构中发展来的标准，正如奥斯汀的分析法学。

〔288〕 H. KELSEN，前注 5，第 xiii 页。

〔289〕 同上，第 xiv、162 页。

〔290〕 参见第三章，第 77 ~ 79 页。

〔291〕 H. KELSEN，前注 5，第 111 页。

〔292〕 同上，第 42、119 页。

被事先假定;[293]甚至连“国家”也在对相互关系的经验性参考中被消解,变得与同样脱离实际的“法律”相一致。[294] 我们只能认为,凯尔森尝试净化带有形而上学元素的法学理论和有价值判断的同时,也净化有用的参考的法学理论,即其所谓“自然真实”。[295]

尽管哈特希望成为“对运用那些主要对道德和政治哲学、或是对社会学,而不是对法律感兴趣”的人,[296]实际上他的理论与凯尔森的理论相比,在社会过程的背景上有点不太“纯粹”。他区分了“法律概念的分析(意义的研究)”和“法律起因或来源的历史研究”、“法律和其他社会学现象关系的社会学研究”、“根据道德或者社会的目的、‘功能’,或者其他对法律所做批判或赞扬”,他明确表示他最主要的兴趣是“分析”。[297] 他的核心关注点是“规则”,而非权威的决定,因为如果没有“规则的概念”就“没有事物用来区分”权威的决定与非权威的决定了,尽管他并没有解释为什么社群成员的经验性期待不足以作出这样的区分。[298] 哈特“法律的概念”,如之前所提到的,是通过“主要”和“次要”规则的“联合”或“结合”而构成的;[299]但他留下很多疑惑,例如由谁来将什么与什么合并,在什么条件下,以及如何合并。他对“有明确意义的”规则和“开放结构的”规则的区分并非始于指出解释者所面对的困难,他必须在特定例子中把理论归于这样的规则。[300] 哈特主张,其“次要规则”即用于建立行为的“主要规则”的权威“认知规则”的最重要之处,是“事实”或实践而不是假定;[301]然而,正如我们已经强调的那样,他没有提供多少具体的建制性实践的描述。[302] 哈特和凯尔森一样,不是对影响决定及其影响因素进行研

[293] 同上, 第 155 ~ 16 页。

[294] 同上, 第 182 ~ 183、188 页。

[295] W. FRIEDMANN, 前注 11, 第 277 ~ 78 页。

[296] H. HART, THE CONCEPT OF LAW vii (1961).

[297] Hart, *Positivism and the Separation of Law and Morals*, 71 HARV. L. REV. 593, 601 n. 25 (1958).

[298] H. HART, 前注 37, 第 78, 133 页。

[299] 同上, 第 77 页。

[300] 同上, 第 144 页; Hart, 前注 38, 第 607 页。

[301] H. HART, 前注 37, 第 107 页。

[302] 参见前注 12 页。

究,而是对整个规则系统[303]的"功效"进行假定,并执著于规则一般都被会遵守的假定。[304] 或许正如哈特提出的那样,"对相关表述合乎标准的使用和其对社会背景依赖方式的研究",或许会生产有关"描述性的社会学"重要的信息。[305] 不过,如果他们希望更自由、更全面和更直接地了解法律与社会过程相互关系的话,也是可以理解的。[306]

引入现代科学的理论与程序,在更大因果背景下研究有关法律过程,这曾是社会学理论的主要任务。[307] 尽管一般性的理论受到社会学和其他社会科学中变化的理论和概念,和所谓"法的社会学"与"社会法学"的区别,以及与以前的形而上学、理事或实证理论的联系和依赖这几方面的影响含糊而不可用,关于法律和社会过程以及它们相互关系的相关理论仍缓慢出现,并朝着为了相关研究更为有效的程序发展。因此,他们的确全面地触及通常被视为这一理论的先锋的埃利希的构想:在理论上,法律被当作更大社会过程完整的、不可区分的一部分。同时他坚持,[308]"法律发展的重心不在立法,也不在法的科学,也不在于司法决定,而在社会本身"。[309] 可惜这种所涉的全面性并没有附加合适选择的关注焦点和研究的特别程序。他的基本概念因而仍然是分散的,没有详细经验的记录。对他来说,官方决定通过"人们的意愿无法对抗基本的力量"而被推动,[310]而决定只有当它们与"活法"相一致时才会有效,因为即使没有出现在法律命题中,"活法"也在支配我们的生活。[311] 他重复道,"重心落在组织为自己创造的秩序,以及国家和社会中的生命更多依靠组织的秩序

[303] H. HART, 前注 37, 第 100 页。

[304] 同上, 第 114 页。

[305] 同上, 第 vii 页。

[306] Hughes, *Professor Hart's Concept of Law*, 25 MOD. L. REV. 319 (1962).

[307] R. POUND, I JURISPRUDENCE ch. 6 (1956).

[308] 参见第三章, 第 80 ~ 82 页。

[309] E. EHRLICH, FUNDAMENTAL PRINCIPLES OF THE SOCIOLOGY OF LAW, FOREWORD, xiv (Moll transl. 1936). 参见 E. PATTERSON, 前注 11, 第 79 页; W. FRIEDMANN, 前注 11, 第 251 页; E. BODENHEIMER, 前注 15, 第 106 页; R. POUND, 前注 48, 第 335 页。

[310] E. EHRLICH, I note 50, 第 154 页。

[311] 同上, 第 493 页。

而非等于国家和社会的秩序”。[312]权威和控制、权威决定以及构建过程,在他的理论中被与社会过程明确区分开来。我们因而只能同意庞德的评述,尽管埃利希的设计十分华丽,“也只是确定普遍行为的习惯和这些习惯与书本上、运行中的司法过程中的法律之间关系的手段的开始”。[313]

显然,韦伯具有把全面社会过程和权威决定作为这种过程组成部分的视角,但他满足于提供一些另类的方法性建议,而未尝试提供相应的价值和制度相联系的全面系统化。[314] 他对背景和选择的重要性十分看重。在社会过程的概念中,他把语境性视为相互作用。因此,他写道:

> 通常,对于社会学而言,类似于“国家”、“组织”、“封建制度”,以及相似的概念,指明了人们某类相互作用。因此社会学的任务是简化这些概念为“可以理解的”行为,也就是说,参与的个人没有例外行为。[315]

他说过的最有启发性的是:

> 我们所感兴趣的社会科学是一门具体*现实*(*Wirklichkeitswissenschaft*)的经验性的科学。我们的目标是理解我们所处典型之现实的独特性。我们希望一方面理解现代个体事件中的关系和文化的重要性,另一方面它们历史上之*所以然*的原因。[316]

韦伯通过提议学者关注活动片断中的重要价值来追寻选择性。他反复强调:

> 文化概念是一个*价值概念*。经验性现实成为我们的“文化”是因为我们将之与价值观点相关联。因为这种价值关联,它仅包含那些对我们十分重要的现实部分。只有很少一部分现存的具体的现实被我们的价值条件利益所修饰,而它自身对我们也十分重要。它之所以重

---

〔312〕 同上,第119页。

〔313〕 R. POUND,前注48,第335页。

〔314〕 MAX WEBER ON THE METHODOLOGY OF THE SOCIAL SCIENCES 49 (E. Shils & H. Finch eds. 1949); cf. PARSONS, Introduction, in MAX WEBER, THE THEORY OF SOCIAL AND ECONOMIC ORGANIZATION 14, 15 (A. Henderson & T. Parsons transl. 1947):这一点曾被指出,即在格式化他对四种行为种类的分类时,韦伯忽略了进行社会系统结构的分析,这一系统是这种分类的必要的逻辑前提。

〔315〕 H. GERTH & C. MILLS, FROM MAX WEBER: ESSAYS IN SOCIOLOGY 55 (1946).

〔316〕 E. Shils & H. Finch,前注55,第72页。

要是，因为其与我们价值有关而揭示了对我们很重要的关系。[317]

为了对不同活动的部分，或者制度实践进行经济研究，韦伯发明了他著名的“理想类型”概念，但是他并没有根据全面价值种类的设定组织各种“理想类型”。有人指出，韦伯提出的权威和控制的概念在促进政策相关的研究上是足够经验性的。[318] 韦伯的建议和例子在世界范围内在促进社会学家和法律学者的研究方面的影响力已经是公认的了。

有人称赞，庞德对法律过程和社会过程关系的贡献，是美国学者迄今所做出的最大的贡献。[319] 显然，庞德的启发并不比韦伯简单。他写道：“我们所研究的法律，从更广泛视角看来乃是有关社会的科学中的一个特定方面。”[320] 他的目的是从“理想因素的一边”来研究法律，并且他“从文明的、社会控制作为保持文明的方法开始，以及把法律作为代理，或者从某种概念来看，是社会控制的一个方面”。[321] 然而，庞德所主张的研究理论和程序受到很多不严密的地方和模糊性所影响而妨碍了其伟大启示。他的“社会控制”的关键概念，正如我们之前提到的，在很多形式和机构中显得十分的分散。[322] 我们所能看到的，最多的有关法律相互作用和社会控制的其他形式是“社会控制的其他代理人在由法律确定的界限内实施从属于法律的纪律权威”[323]以及推动“把法律作为社会控制整个过程的一部分”的“结合其他社会科学的团队工作”。[324] 庞德最接近促进有关权威决定和社会过程相互关系的理论学说，在于他那著名的“利益”理论。他根据耶林(Von Jhering)和詹姆士(William James)把“利益”定义为“人们*事实上*主张的请求、需求或欲望(或者，我较倾向指，期望)”，而且，假如有组织的社会想要持久的话，法律必须因应这些利益；[325] 他将利益细分为三种主要的“个人利益”(“直接包含在个人生活并在那样生活的名

---

[317] 同上，第76页。
[318] 参见第三章，第82~84页。
[319] E. PATTERSON，前注11，第509页。
[320] R. POUND, SOCIAL CONTROL THROUGH LAW 7 (1942).
[321] 同上，第16页。
[322] 参见第三章，第84~86页。
[323] R. POUND，前注61，第24页。
[324] 同上，第124页。
[325] R. POUND, III JURISPRUDENCE 15 (1959).

义下被主张的"),"公共利益"("包含在政治性组成的社会生活中并在组织的名义下被主张的"),以及"社会利益"("包含在文明社会的社会生活中并在那样的生活的名义下被主张的");[326] 他提议为每个重要利益阶层进行更详尽的细分和具体的详述。依照适当和明确地与特定利益的价值和制度实践的联系,为了便利履行所有相关智识任务,庞德的理论应该可以被重新塑造为全面和同质的学说。然而,在庞德的陈述中,关键的概念却被赋予漂浮和不稳定的参照,完全没有系统或同质性。这些参照指向与参与权威决定的主张的社会过程的事件,指向对是赞成还是反对这样的请求的权威决定做出的回应,指向为了决定的评估而声称的标准。[327] 我们根本无法确定,到底他提出的特定概念是用来描述决定的目的,还是解释决定,又还是评估决定。[328] 在庞德有关权威和控制、决定,以及构建过程的概念中,我们已经被指出相似的不精密和模棱两可。对全面政策导向研究感兴趣的人会称赞庞德建议的一般性方向,但却不会认可他的路线图中的细节。[329]

在对社会学理论的启示进行不可或缺之补充中,美国现实主义者研究法律和社会过程相互关系的理论的主要贡献,就是使权威决定成为关注的焦点。类似"司法决定功能"的法的定义,正如科恩所注意到的,"在法律科学的发展方面具有重大价值,因为它使我们破除那些包裹在法律秩序之上的超自然的迷雾,通过客观、科学的概念来处理法律秩序的元素"。[330] 当权威决定成为研究的中心现象,全面和可选择的参照更加广阔,围绕社会过程的潜在的重要特征便成为可能:权威决定体现的各种诉

---

[326] R. POUND, 前注 61, 第 69 页。

[327] *Cf.* Jones, *A View from the Bridge*, LAW AND SOCIETY 39, 41 (1965); Lepaulle, *The Function of Comparative Law*, 35 HARV. L. REV. 838 (1922); K. LLEWELLYN, JURISPRUDENCE 7 (1962). 需要注意的是,庞德自己也认识到他的分类并不全面和同类。参见 R. POUND, 前注 61, 第 69 ~ 70 页。

[328] Thus, E. PATTERSON, 前注 11, 第 509 页 and W. FRIEDMANN, 前注 11, 第 336 页, appear to regard Pound's categories as serving primarily the task of evaluation.

[329] 汀马舍夫重要著作的主要目的,THE SOCIOLOGY OF LAW (1939), 是把"法律秩序"置于"社会秩序"之中,并且勾画它们之间广泛的潜在相互关系。他在相当高的程度上取得了权威和控制以及构建过程的重要的可操作性的经验性的依据。*Cf.* F. COHEN, THE LEGAL CONSCIENCE 192 (L. Co hen ed. 1960).

[330] 同上, 第 79 页。Cohen 并没有说只有司法决定才是权威的决定。

求的事件，就可以跨越事件、界限进行分类和比较，检验影响决定的环境性和倾向性因素的潜在重要性，检验决定在期待方面的强弱，评估对于主张者和包括更大社群之其他人决定的价值结果。[331] 基于这些观察，实证主义学说的各种早期的支持者坚持要求根据现实的分类来对法学研究进行重组，这与补充性的技术法律概念，无论是那些全面的还是那些精心的，都形成了差异。[332] 因此，库克在一篇开创性的文章中主张"法律研究的科学方法需要观察和研究现代社会的经济以及政治生活的实际结构和功能"，[333] 而卢埃林呼吁"事实与事实的比较，而不是词汇与词汇的比较"[334]，而且他把"案件和法律情况划分到比过去实践更狭窄的分类中"。[335] 欧丽梵（Oliphant）十分尖锐地评论道：

> 在进入法学院之前或之后，法学教师应当具有，而法律学生应当学习的，是整个社会结构的全面的知识。这不应由有关国内的、经济的以及政治的生活的理论，或者支离破碎的社会现实的无关描述所组成。应当完整地去看待法律所影响的完整生命，把它视为各过程之间的相互关系。在今天，通过手把手的学徒关系获得的理解并不比生活于其中去体会其结构和功能所学到的更多。系统的学习，细致地把焦点集中在获得整个社会结构的充足知识上，就像一台功能良好、不断变化但具有连贯性的机器一样，才是基本的前提要求。[336]

现实主义学派对此的强调导致大量新教科书的出现，强调对那些以

---

[331] 制定决定的重点，关注的焦点在下文中有所发展 R. SNYDER, H. BRUCK & B. SAPIN, FOREIGN POLICY DECISION-MAKING (1963).

[332] 对美国法律现实主义基本教义的特定角度及雄辩的表述是 Yntema, American Legal Realism in Retrospect, 14 VAND. L. REV. 317, 322 (1970). 他写道：

> 把运动视为社会法学的产物并无不当。社会法学与在科学和哲学的其他领域发展起来的同时代的现实主义理论相一致，通过客观的法律现象的调查来理解法律，从而代表了更为真实的时代的趋势，而不是仅仅根据自身而是与社会背景相联系的，正如改革所需的基础。参见 W. RUMBLE, JR., AMERICAN LEGAL REALISM (1968); E. PAITERSON, 前注 11, 第 537 页; W. FRIEDMANN, 前注 11, 第 295 页。

[333] Cook, Scientific Method and the Law, 13 A. B. A. J. 303, 308 (1927).

[334] K. LLEWELLYN, 前注 68, 第 19 页。

[335] 同上，第 56 页。In *The Normative, The Legal and The Law Jobs: The Problem of Juristic Method*, 49 YALE L. J. 1355 (1940) and, with E. A. Hoebel, in THE CHEYENNE WAY (1941), 卢埃琳林"诉求"概念及将其从族群互动和社区反应中区分开来做出了建设性的发展。

[336] Oliphant, *A Return to Stare Decisis*, 14 A. B. A. J. 71,159 (1928).

前会被视为“非法律”的材料的“实际的”组织和介绍[337],也导致许多地方尝试改革法学院的课程,某些改革带来了持续的效应。[338] 这种强调对加深和扩大法律研究的贡献似乎更为普遍,无论是在法学评论中,或是在论文中,而这些就发生在最近几十年间的美国。[339] 无论现实主义者在其他方面的成功与失败如何,他们仍在创建或者借鉴全面的重要的理论。他们需要这些理论来描述包含特别权威决定的更大社会过程。他们使用过的理论,到目前为止,绝大部分是“制度”分析理论。[340] 尽管察觉到价值的重要性,而且实际通常以价值为导向,但他们从未创建出完备的价值分类设置来研究交叉组织的实践;由于缺少这种价值分类,他们没有充足的智识研究工具,通过这些工具来对不同制度实践中价值结果的相同性和差异性进行超越时空界限的研究。[341] 或许有必要补充的是,弗兰克

[337] 列举性的著作须包括 K. LLEWELLYN, CASES AND MATERIALS ON SALES (1930); W. DOUGLAS & C. SHANKS, CASES AND MATERIALS ON THE LAW OF BUSINESS UNITS (3 Vol. 1931); L. GREEN, CASES ON TORTS; H. HAVIGHURST, CASES ON CONTRACTS (1934); A. JACOBS, CASES ON DOMESTIC RELATIONS (2d ed. 1939); R. POWELL, CASES ON TRUSTS AND ESTATES (1932).

[338] 对“法律教育主体”分类的要求最有建设性和最有影响的是哥伦比亚大学法学院, SUMMARY OF STUDIES IN LEGAL EDUCATION (H. Oliphant ed. 1928). 这一研究的影响参见 Currie, *The Materials of Law Study*, 3 J. LEGAL Eo. 331, 335 (1951). 这种在改革方面早期努力的持续反响可参见 *Roundtable on Curricular Reform*, 20 J. LEGAL ED. 387 (1968), 出版的文章在 1966 年美国法学院联盟的年会上提交。最近国外的一些萌芽思想可参见 THE DIVISION AND CLASSIFICATION OF THE LAW a. Jolowicz ed. 1970)。Mr. Jolowicz 认为“为了进行法律审查和改革所做分类的系统应是实际的,而非在方法上的概念”。他补充道:“我们所需的是检验法律,正如它在社会上运作一样,而非进行法律内部逻辑或理论相符的检验。”同上, 第 3 页。

[339] 对 1930 年和 1970 年主要书籍和评论的比较是具有说服力的。奥尔巴赫(Auerbach)评论道:“毕竟,现实主义者确实取得了胜利,而且其影响力的教学反映在我们法学院的课程和方法中。”参见 Auerbach, 前注 8, 第 96 页。

[340] 参见 Hamilton, *Institution*, ENCYC. SOC. SCI. 84 (1937); K. LLEWELLYN, 前注 68, 第 352 页; Moore, *Rational Basis of Legal Institutions*, 23 COLUM. L. REV. 609 (1923). 现实主义者对 Malinowski 的借鉴是公认的。见 Malinowski, *Culture*, 4 ENCYC. SOC. SCI. 621 (1937) 及其对 J. HOGBEN, LAW AND ORDER IN POLYNESIA (1934) 的介绍。

[341] 现实主义者的更有趣的文章之一,是结论章节,题为 *Some Principles of Political Dynamics*, of T. ARNOLD'S, THE FOLKLORE OF CAPITALISM (1937). 他写道,为了促进普遍化,我们受制于与术语的缺失。目前没有足够的概念来描述现代社会机构的研究,无论从人类学家研究原始部落的角度,抑或是从心理学家对精神病人格观察的角度切入。我们有关法律和经济的一般著作被迫远离被称为“政治”的东西。在这种有关科学的压力下,必须创造出一套神学的术语,因为它们难以用观察研究。同上, 第 347 ~ 348 页。因此,我选择“政治动力”这一概念来谈论有关社会的科学,这一概念把它的理想,它的文字,它的宗教、法律、经济政治系统、信条和神话的原则视为单独整体的一部分,而不是作为一个独立主题,每一部分都伴有他们自身独立的原则系统。同上, 第 349 页。

(Jerome Frank)法官,这位美国法现实主义最有影响力的奠基人,对系统研究权威决定与背景关系的可行性持坚决的怀疑态度。每个决定都是独特的,希望对案件的比较和预测往往都是无效的;"社会科学"往往是"社会猜想"。因此,他写道:

这里的一个基本问题在于,所有被称为"社会科学"的科学是且仅仅是人类学的一个阶段:因为无数难以捉摸的偶然因素,包括不可抗的("地震")个体的偶然结果的存在,他们企图进行的归纳涉及习俗和集体信仰(在习俗中,指风俗习惯)、事件,尤其在变化的现代社会中,并不能被稳定的预测。[342]

更为重要的,今天研究有关包括权威决定的更广社会过程的可行理论,不是源自于法学理论的学说,而是源自于各种社会科学领域和对许多具体问题的不同的具体调查。[343] 社会的当代研究是在试图用更为合适的构想来描述愈发复杂的情形的过程中,从哲学这个"母体"发展而来。由于这种描述的焦点的缘故,往往是那些对某些越发细微的问题和情况十分关注的社会学家获得了专业认同。由于研究的累积和多元化,注意力再一次开始被引向相互作用的社会各个部门的方向。

例如,在人类学中,"功能主义"运动激发了比较研究,同时强化了通

---

[342] J. FRANK, COURTS ON TRIAL 210 (1949).

[343] 一些其他领域对发展的看法可参见 in R. HANDY & P. KURTZ, CURRENT APPRAISAL OF THE BEHA VIORAL SCIENCES (Behavioral Research Council Bull. 1964); W. MACKENZIE, POLITICS AND SOCIAL SCIENCE (1967)。早期更全面的评述,参见 *The Development of Social Thought and Institutions*, 1 ENCYC. SOC. SCI. 3 (E. Seligman & A. Johnson eds. 1937)。又参见 C. BLACK, *The Study of Modernization: A Bibliographical Essay*, in THE DYNAMICS OF MODERNIZATION 175 (1966). 收集在 L. LIPSON AND S. WHEELER, LAW AND THE SOCIAL SCIENCES (1986) 一书中的文章,表明了对有关法与社会过程相互关系的研究的恰当理论和程序日益增长的兴趣。O. Young 的文章, *International Law and Social Science: The Contributions of Myres S. McDougal*, 66 A. J. I. L. 60 (1972) ,举例说明了社会科学家有时在研究法律时存在一定的困难。这些问题不是什么特定的"社会科学"可以对"法律"有所贡献、而是恰当的理论和程序如何能被创造以利于对现实主义的研究和理性决定都不可或缺的智识任务的执行。

过全局的要求探索社会中法律的地位的通用的方法。[344] 尽管如此,运用到实际研究中的理论也无法接近对包容性和选择性的价值和制度双重参照的要求。

当代政治学家对理论和实践的重大贡献,已经在之前对权威和控制的讨论以及构建过程的讨论中有所提及;然而,政治学家由于过于专注权力的官方制度,以至于对家庭、经济和其他机构制度内相对应的社群权力过程的检验就相对比较缓慢了。[345] 另外,社会学家也将自己投身于那些时常被其他社会学家忽略的社会角落去。尽管大量的理论和研究都是由那些对权力理论做出过贡献的著名同行做出的,社会学家却常常无法处理权威和控制的问题,包括整个社会中的相对应的功能和结构。[346] 无论

---

[344] Singer, *The Concept of Culture*, 3 INT'L ENCYCL. SOC. SCI. 527, 538 (1968) 描述 Malinowshi 对文化作为一种功能性的、积极的、有效的、组织良好的个体,必须被分析进适格的组织机构,与另一个相关联,与人类社会组织的需求相关联,并且与环境相关联,人造等同于自然。有用的参考包括: L. POSPISIL, 前注 3; A. RADCLIFFE-BROWN, 前注 1; Nader, *The Anthropological Study of Law*, 67 AM. ANTHROPOLOGIST 3 (1966); M. GLUCKMAN, POLITICS, LAW AND RITUAL IN TRIBAL SOCIETY (1965); Vogt, *Culture Change*, 3 INT'L ENCYC. SOC. Sc!. 562 (1968); Fallers, *Societal Analysis*, 14 INT'L ENCYC. SOC. SCI. 562 (1968); Eisenstadt, *Social Institutions: Comparative Study*, 14 INT'L ENCYC. SOC. SCI. 421 (1968); *Symposium*, 7 LAW AND SOCIETY REV. 537 (1973); and *Social Institutions*: The Concept, 14 INT'L ENCYC. SOC. SCI. 409 (1968)。

[345] 可以从下列文献中搜集一些当代发展的表述: R. HOLT & J. TURNER, THE METHODOLOGY OF COMPARATIVE RESEARCH (1970); H. LASSWELL, THE FUTURE OF POLITICAL SCIENCE (1963); W. MACKENZIE, POLITICS AND SOCIAL SCIENCE (1967); B. MOORE, JR., POLITICAL POWER AND SOCIAL THEORY (1958); C. LINDBLOOM, THE POLICY MAKING PROCESS (1968); Deutsch & Rieselbach, *Recent Trends in Political Theory and Political Philosophy*, 300 ANNALS OF THE AM. ACAD. POL. & SOC. SCI. 139 (1966) (with abundant references); *Symposium*, *Theory and Policy in International Relations*, 24 WORLD POLITICS 3 (R. Tanter & R. Ullman eds. 1972); *Symposium*, *Social Science Approaches to the Judicial Process*, 79 HARV. L. REV. 1551 (1966); H. ALKER, JR., MATHEMATICS AND POLITICS (1965)。

[346] 考察当前思想和研究的代表性样板,参见 Skolnick, The Sociology of Law in America: Overview and Trends, LAW AND SOCIETY 4 (1965); Selznick, *The Sociology of Law*, 9 INT'L ENCYC. SOC. SCI. 50 (1968); LAW AND THE BEHAVIORAL SCIENCES (L. Friedman & S. Macauley eds. 1969); SOCIETY AND THE LEGAL ORDER (R. Schwartz & J. Skolnick eds. 1970); J. GROSS MAN & M. GROSSMAN, LAW AND CHANGE IN MODERN AMERICA (1971); F. DAVIS et al., SOCIETY AND THE LAW (1962); LAW AND SOCIOLOGY (W. Ryan ed. 1962); R. SIMON, SOCIOLOGY OF LAW (1968); G. SAWER, LAW IN SOCIETY (1965)。一种过程理论可能出现在 T. PARSONS, SOCIETIES: EVOLUTIONARY AND COMPARATIVE PERSPECTIVE (1966); T. PARSONS, THE SOCIAL SYSTEM (1951); M. LEVY, THE STRUCTURE OF SOCIETY (1952)。

是政治学家还是社会学家,他们都是在各自领域中查漏补阙。

社会心理学和社会精神病学跨越学科界线而提供决定和选择管理研究的重要分类和程序。[347] 这些学科不仅仅对权威观点有所贡献,同时也对所有发生在社会中相互作用的规范有所贡献。

由于拥有解释理论和经验研究,以及描述性和选择性的观点,经济学因而名誉上被称为社会科学。不过,直到现在,在对法律过程的研究中或对整个社会详细调查的背景脉络的发展中,经济学也不十分重要。发生在近几年的变化可被部分地归因于专业经济学家尝试解释并试图引导国内和国际发展的计划所遭到的挫败。[348] 尽管这些计划被称为"经济学的",但越来越明显的是,权力和其他价值以及制度与"财富"一样深刻相关。通过现实主义和精确计算来推动政策选择公式化,刺激了把经济学分析方法成熟地运用于相关法律和社会问题的研究。[349]

许多最近的经验性研究的理论和实践对法律和社会过程的各种相互分离的特征的总体影响目前还不十分清楚。[350] 不幸的是,许多这样的研究并没有对权威决定或社会过程带来恰当的指导性的益处,他们都是受到有关智识任务中不完全的观念以及这些任务之间的相互依赖(甚至包

---

[347] J. KATZ, J. GOLDSTEIN & A. DERSHOWITZ, PSYCHOANALYSIS, PSYCHIATRY AND LAW (1967); J. GOLDSTEIN, A. FREUD & A. SOLNIT, BEYOND THE BEST INTERESTS OF THE CHILD (1973); A. GOLDSTEIN, THE INSANITY DEFENSE (1967); J. GOLDSTEIN & J. KATZ, THE FAMILY AND THE LAW (1965); A. BROOKS, LAW, PSYCHIATRY AND THE MENTAL HEALTH SYSTEM (1974); and J. KATZ & A. CAPRON, CATASTROPHIC DISEASES: WHO DECIDES WHAT(1975).

[348] Lasswell & Holmberg, *Toward a General Theory of Directed Value Accumulation and Institutional Development*, in POLITICAL AND ADMINISTRATIVE DEVELOPMENT (R. Braibanti ed. 1969).

[349] . Leff, *Economic Analysis of Law: Some Realism about Nominalism*, 60 V A. L. REV. 451 (1974); Posner, *The Economic Approach to Law*, 53 Tex. L. Rev. 757 (1975); G. CALABRESI, THE COSTS OF ACCIDENTS (1970); R. POSNER, ECONOMIC ANALYSIS OF LAW (1972); B. ACKERMAN et al., THE UNCERTAIN SEARCH FOR ENVIRONMENTAL QUALITY (1974). 更多关于经济学潜在贡献的简要评论可参见 chapter 5 *infra*。

[350] 部分研究在下面的参考文件中有所描述 note 87 *supra*。又参见*Symposium, Law and Social Change*, 13 AM. BEHAVIORAL SCIENTIST 483 (S. Nagel ed. 1970)。施瓦茨(Schwartz)和 斯科尼克(Skolnick) 的教科书重新创造了大量代表性的研究,带有大量的参考资料。LAW & SOCIETY REVIEW 这一期刊载有年度目录 *See, e.g.*, 6 LAW & SOCIETY REV. 443 (1972)。

括科学任务对其他任务的充分履行的依赖)的启发。[351]

对政策分析的参照,把注意力引入令所有社会科学领域都与法律方法的“语境的”、“问题导向的”,以及“多重方法的”的要求相联系的运动中。在明确强调“政策科学”时,所有价值制度方面的专家已纷纷打破许多传统藩篱,积极参与到世界社群或其分支的决定和选择程序的当代运动中来。[352] 澄清性、历史性、科学性和投射性的任务,和政策发明、评估和选择的相互作用,正变得更加活跃和多产。这对法学理论的意义是十分明显的。而且,尽管它在我们当前研究的范围之外,期待法律上的发展会对其他领域的知识和行动产生相互作用并不是不可能的。[353]

在“政策科学”方法中构建出社群过程的全景及其与法律研究的相关性,无论是通过学者还是决策制定者,都会在本书后面的章节中提及。

【翻译:慕子怡; 审校:关文伟】

---

〔351〕 *Cf.* Jones, *Impact Research and Sociology of Law: Some Tentative Proposals*, 1966 WIS. L. REV. 331; Auerbach, *Legal Tasks for the Sociologists*, 1 LAW & SOCIETY REV. 91 (1966). 晚近对分离科学任务的过分强调的一个例子是 Black, *The Boundaries of Legal Sociology*, *Working Paper No.* 5, THE RUSSELL SAGE PROGRAM IN LAW AND THE SOCIAL SCIENCES Y. L. S. (1972)。又参见 D. BLACK, THE BEHAVIOR OF LAW (1976)。

〔352〕 这种强调激发全面概念图的创造和包含各种概念,这些概念可用于思考和谈论社会、政策以及法律,有利于相关智识任务的运作。参见 H. LASSWELL, A PRE-VIEW OF POLICY SCIENCES (1971); *Policy Sciences*, 12 INT'L ENCYC. SOC. SCI. 181 (1968); *The Emerging Conception of the Policy Sciences*, 1 POLICY SCIENCES 3 (1970); Lasswell & Holmberg, *Toward a General Theory of Directed Value Accumulation and Institutional Development*, in POLITICAL AND ADMINISTRATIVE DEVELOPMENT (R. Braibanti ed. 1969); The POLICY SCIENCES (H. Lasswell & D. Lerner eds. 1951); Y. DROR, PUBLIC POLICYMAKING REEXAMINED (1968); COMMUNICATION SCIENCES AND LAW (L. Alien & M. Caldwell eds. 1965); W. ISARD, GENERAL THEORY: SOCIAL, POLITICAL, ECONOMIC AND REGIONAL, WITH PARTICULAR REFERENCE TO DECISION-MAKING (1969)。在法律学者中持续发酵,参见 LAW IN A CHANGING AMERICA (G. HAZARD ed. 1968); W. FRIEDMANN, TRANSNATIONAL LAW IN A CHANGING SOCIETY (1972); J. HALL, COMPARATIVE LAW AND SOCIAL THEORY (1963); Miller, *The Role of the University Law School in the Evolutionary Scheme*, 1971 U. ILL. L. F. 1; Reich, *Toward the Humanistic Study of Law*, 74 YALE L. J. 1402 (1965); Miller, *On the Interdependence of Law and the Behavioral Sciences*, 43 TEX. L. REV. 1094 (1965)。

〔353〕 对全面研究框架进行比较研究的可能性,无论国家的界限和不同的时间,可参见 McDougal, *The Comparative Study of Law for Policy Purposes: Value Clarification as an Instrument of Democratic World Order*, 61 YALE L. J. 915 (1952)。

CHAPTER 04 >>

# 第四章

# 有关法的理论之趋势:法与其社群大背景之间的关系

## 有关全球社会过程之人类学观点

我们不难看出,当今社会存在对权威和控制,尤其是实际控制方面持续产生期望,这些期望跨越任何特定地域社群的界限,并渗入这些社会内部的构建过程之中。根据最为全面的观点,正如外部人类学观察者所见,人类作为一个整体,就像我们在别处所记载的,如今确实呈现了全球或太空社会的方面和事实。在个人间相互决定与相互依存从而影响和认同于所必需的价值方面,人类这个全球社群完全可与更小的区域性团体中的内部社群相比。[1] 在更大社群之中运行着的诸多不同的价值过程中,其中最突出最具决定性的是有效权力之持续过程无远弗届,完全延伸到全球甚至太空。其中

---

〔1〕 一篇近期相关文献是 M. McDougal, W. M. Reisman & A. Willard, *The World Community: A Planetary Social Process*, 21 U . C. DAVIS L. REV. 807 (1988). 下列文章阐明了有关全球社会过程及其相互关联的价值过程之细节: M. McDOUGAL & W. M. REISMAN, INTERNATIONAL LAW IN CONTEMPORARY PERSPECTIVE: THE PUBLIC ORDER OF THE WORLD COMMUNITY (1981). *See also* M. McDOUGAL, H. LASSWELL & L. CHEN, HUMAN RIGHTS AND WORLD PUBLIC ORDER: THE BASIC POLICIES OF AN INTERNATIONAL LAW OF HUMAN DIGNITY (1980) Ch. 1, 2, 4. [hereinafter cited as HUMAN RIGHTS AND WORLD PUBLIC ODER]。

决定,是在严厉剥夺或高度容忍情况下作出并执行的,完全无视任何特定参与者的意愿如何。在有效权力运行的复杂过程中,我们发现所作出的决定可以被分为两类。第一类是那些通过绝对赤裸权力或谋私算计相当武断地作出的决定。第二类则是那些根据权威期待作出的决定,就是由被认为应该作出决定的人,根据社群成员期望的标准和已确立的决策架构,充分基于保证其后的控制有效权力,通过授权程序作出的。第二种决策在更大的过程中的连续运作,就其决策的复杂程度上,在现实上可被视为全球社群精英的决策过程。在这一过程中,全球社群的有效权力的掌控者,效仿更小社群中的精英,通过权威决策之全面过程来试图明确并保障他们的共同利益。通过对该权威决策的全球过程的仔细考察,我们会发现该过程也包含了两类虽相互关联,却又不同的决定。第一类是确立并维持权威决策最全面之过程的建制性决定:这些决定识别并描绘决策者,假定并明确社群基本政策,确立适当的决策架构,为了决策和制裁分配权力基础,并且确保所有明确和保障更大社群之政策所必需的不同的决策功能(诸如信息、推广、规定、适用等等)的发挥。第二类权威决定乃不断地来源于确立并维持全面公共秩序的全球构建过程:它们通过所有必需的价值来决定如何分配、规划、开发和使用资源;如何创造并分配财富;如何促进、保护或剥夺人权;如何鼓励或阻止教化;如何促进或忽视健康;如何培育端正操守和公民责任,等等。进一步指明这些相互之间密切相连的全球过程之大概轮廓,将有助于我们揭示任何对有关法的研究之理论所面对的困难,从而促进各种有关全球权威决策流行并涉及政策的智识任务的完成。

## 全球社群过程

从所有人类个人之间的相互决定和相互依存的意义来说,全球社群过程的事实存在可以参照其他任何社会过程描述中相关的主要特征来考察。[2] 全球社群过程作为人类最大的社会,是由众多相互促进和相互渗

---

〔2〕 这里有关全球社会过程、全球有效权力过程、全球权威决策过程、全球建制性构建过程、全球公共秩序的陈述取自下述文章,并对个别地方进行了修改。M. McDougal, *International Law and the Future*, 50 MISS. L. J. 259 (1979).

透的小社会构成,它引发了对权威决定的诉求,并且影响决策的过程和形式,但反过来亦受决策的影响。[3]

**参与**

当然,全球社会过程中重要的最初参与者是那些单独或在不同的集体中,有组织或无组织地从事政府或私人的,地区性或功能性行为的人。对有组织团体的全面描述应该包括政府、政党、压力集团和致力于不同价值的私人社团。而无组织团体或相互影响的集团则包括文化、阶级、利益和性格。然而需要强调的是,所有的这些团体或集团(甚至包括民族国家)都不过是观点的模式和人类个人的运作;这些个人在建立、维持和解除他们的不同团体和集团时,会运用许多不断变化的模式来挑战并跨越所有的地理藩篱。[4] 全球人口的加速增长进一步增加了地理和功能团体和集团所有固有模式所面临的压力。

**观点**

人类个人的主观性,可以从人类就价值提出的要求、向其提出要求的

---

〔3〕 很难在对法律人士有用的分类中找到对全球构建过程的描述。In HUMAN RIGHTS AND WORLD PUBLIC ORDER 前注 1, at Ch. 1 and 2, an outline is offered for inquiry about deprivations and fulfillments of human rights. 又见H. Lasswell, *Future Systems of Identity in the World Community*, in 4 THE FUTURE OF THE INTERNATIONAL LEGAL ORDER (C. Black & R. Falk eds. 1972); H. Lasswell, *The Interrelations of World Organization and Society*, 55 YALE L. J. 889 (1946); H. LASSWELL, WORLD POLITICS AND PERSONAL INSECURITY (1935, 1965 with a new introduction); B. RUSSETT ET AL., WORLD HANDBOOK OF POLITICAL AND SOCIAL INDICATORS (1964)。

学者提出了各种适当描述的建议。参见 W. BRANDT, NORTH-SOUTH: A PROGRAM FOR SURVIVAL (1980); A. BOZEMAN, POLITICS AND CULTURE IN INTERNATIONAL HISTORY (1960); J. BILLINGTON, FIRE IN THE MINDS OF MEN: ORIGINS OF THE REVOLUTIONARY FAITH (1980); M. OLSON, THE LOGIC OF COLLECTIVE ACTION: PUBLIC GOODS AND THE THEORY OF GROUPS (1965); J. McHALE & M. McHALE, BASIC HUMAN NEEDS (1978); H. SPROUT & M. SPROUT, TOWARD A POLITICS OF THE PLANET EARTH (1971); Z. BRZEZINSKI, BETWEEN TWO AGES: AMERICA'S ROLE IN THE TECHNETRONIC ERA (1970); P. SOROKIN, SOCIAL AND CULTURAL DYNAMICS (4 Vols. 1937); E. CARR, THE NEW SOCIETY (1951)。

〔4〕 我们很大程度上是基于下述文章中的观点。G. MEAD, MIND, SELF, AND SOCIETY: FROM THE STANDPOINT OF A SOCIAL BEHAVIORALIST (C. Morris ed. 1934).

对方之身份、对影响要求的成败条件之预期方面表现出来。这种主观性也是影响价值形成和分享中所有跨国活动的方向、密度和持续时间的重要因素之一。当今全球相互作用最显著的特征之一，当然也是当今有效权力过程之最重要变量之一，存在于来自全球各个组成部分的个人提出的“正在兴起的共同诉求”之中；这些共同诉求跨越不同的地域和文化，试图更多地参与如今所谓的“人类尊严的”的历史价值或“人权”的形成和分享。在这一过程中，不仅小范围内身份认同得到重新确认，随着跨国活动的增加，身份认同相应的更具包容性，甚至延伸到整个人类。当然，在影响实现他们人类尊严价值条件方面的预期上，当今世界上的人们表现出更多不同程度的全面性和现实主义。在一个工业化的、以科学为基础的文明中，随着对实现人类社群有尊严人道的生存所必需的条件共同认识之增长，所有观点（诉求、识别和预期）之间的同质化似乎都正在增加着人们对全球相互依赖和社会的认识方面的现实主义。

### 情形

人类在价值创造和分享中在时间、空间、制度和危机方面的相互作用实际上是越来越跨越国界，人们也愈发对此表示认可。随着距离的实际缩短以及对外层空间和天体的新探索，相互作用的地理分支正在逐渐延伸并持续增长。借助遍及全球及太空的即时通讯，时间被压缩，人类大社群则为了诸多目的而被变成一个单一的开放的场所。在一个具有高度技术划分和专业化的社会，所有价值过程中的活动都既体现越来越多的跨国性，又展现出朝着更加集中化、密集化、官僚化和体制化发展的一贯趋势。核武器和其他暴力的阴影以及所有价值过程中大规模迫近毁灭的威胁为所有相互作用创造出一种持续的危机氛围。

### 基础价值

在特定的背景下，任何单一或集群的价值都可能作为构建同样或其他价值的基础，而全球社群过程则体现出资源（潜在价值）和人类在跨国范围内流动性的增加。毫无疑问，随着资源的迅速破坏和衰竭，这个星球作为一个整体，与任何特定流域盆地在物理、工程和利用的一致性上日益相似。然而,我们同样也要承认,自然环境作为潜在价值,要根据科学技术对其特定的资源和特性重要性不断进行重新评估:核能带来的革命即为一例。在当今价值过程之中,无论是价值还是潜在价值,其在特定社会和跨社会的分配都一直是最不经济的,甚至是随意的。有鉴于所有相互渗透的不同社会中构建过程之有效性的差异,权威在推动和稳定价值创造和分享中的相互作用方面之重要性亦有所不同。随着科学和技术的发展,在与权力和财富以及其他更加传统的价值的竞争中,教化和技巧作为基础变得愈发重要。

### 策略

通讯和交通的进步令得我们熟悉的所有政策工具(外交的、意识形态的、经济的和军事的)在其施加给社群事实上和意识上的影响方面变得愈发具有跨国性。在价值形成和分享中,对外交工具(约定和协议)的使用大量增加,与之形成截然对比的则是基于起源和地位的分配。当今搜集、储存和传输信息的技术已大大提高了意识形态工具在创造超越地理藩篱的意见中所能发挥的作用。在社群的发展和生活标准的维持中,经济工具所能发挥的巨大作用也越来越得到选民和非选民的认可。军事工具的使用则会继续随着科技和其他变量的变化而不同。正是所有参与者对这四种工具单独或合并的不断使用,无论其说服力和强迫力在价值的产生和消亡中如何不同,才产生了价值产出的高度社会化并体现出全球性的规模。

### 结果

这一最全面互动过程的结果可以从所有价值的容忍和剥夺过程中去观察。这些结果既在不同的积累和分配模式中都有所体现,也可以从其对不同的个人、集团和特定社会的不同影响中看到。从长远的历史角度来看,作为当今普遍的科技文明的体现,似乎存在着在人们之间对价值更大创造和更广泛分配发展的趋势。显然当今全球社群几乎尚未开始动用其全部潜力以满足多数人类“正在出现的共同诉求”。[5] 为了确保全球社群的生存,最重要的事实就是:我们发现,在价值的形成和分享方面,无论是在特定的价值中还是在所有价值过程中,所有的个人,无论其属于哪个集体或者是哪个小社群的成员,都是完全相互依赖的。[6] 任何个人可以为其自己及其所归属的其他人得到的东西,在长期来看,就是所有其他个人能得到的东西。正如通常所说的,对于这个星球上的人们来说,并非只有某些问题是跨国性的,而是所有的问题都无可避免地要超越国界。无论人们谈及的是最普通意义上的安全,还是特定价值(例如财富、健康、技能,尊重和操守)的创造和分配,这个世界的政治边界似乎都是越来越与问题的解决无关。因为这一普遍的相互依赖,除非诉诸赤裸权力,否则我们似乎只能通过真正努力来通过权威决定明确共同利益。

## 有效权力之全球过程

有效权力之全球过程是更大社会过程的一部分。它影响所有价值的形成和分享。[7] 这一过程有时是通过绝对赤裸权力运作的,而不涉及权

---

〔5〕 参见 F. FANON, THE WRETCHED OF THE EARTH (1966); M. BEDJAOUI, TOWARDS A NEW INTERNATIONAL ECONOMIC ORDER (1979); O. SCHACHTER, SHARING THE WORLD'S RESOURCES (1977); C. Black, R. Falk, et al., *A New World Order*, Occasional Paper No. 1, World Order Studies Program, Center of International Studies, Princeton (1975)。

〔6〕 这两类相互依赖在以下文献中有详细记载。HUMAN RIGHTS AND WORLD PUBLIC ORDER, *前注*1, at Ch. 1, and M. McDougal, W. M. Reisman & A. Willard, *前注*1。又参见 R. KEOHANE & J. NYE, POWER AND INTERDEPENDENCE: WORLD POLITICS IN TRANSITION (1977)。

〔7〕 These two different kinds of interdependences are documented in minute detail in HUMAN RIGHTS AND WORLD PUBLIC ORDER, *前注*1, at Ch. 1, and M. McDougal, W. M. Reisman & A. Willard, 前注 1。又参见 R. KEOHANE & J. NYE, POWER AND INTERDEPENDENCE: WORLD POLITICS IN TRANSITION (1977). 传统的描述通常都是从“权力政治”方面进行的。参见 G. SCHWARZENBERGER, POWER POLITICS: A STUDY OF INTERNATIONAL SOCIETY (2d rev. ed. 1951); H. MORGENTHAU, POLITICS AMONG NATIONS: THE STRUGGLE FOR POWER AND PEACE (5th ed. rev. 1978); F. HINSLEY, POWER AND THE PURSUIT OF PEACE: THEORY AND PRACTICE IN THE RELATIONS BETWEEN STATES (1963); G. MODELSKI, PRINCIPLES OF WORLD POLITICS (1972); R. STRAUSZ-HUPE & S. POSSONEY, INTERNATIONAL RELATIONS (1950); H. BULL, THE ANARCHICAL SOCIETY: A STUDY OF ORDER IN WORLD POLITICS (1977); A. SMITH, THE GEOPOLITICS OF INFORMATION: How WESTERN CULTURE DOMINATES THE WORLD (1980); H. SPROUT & M. SPROUT, THE FOUNDATIONS OF INTERNATIONAL POLITICS (1962); F. Boyle, *The Law of Power Politics*, 4 U. ILL. L.F. 901 (1980) (with abundant references)。

威的要求;有时则通过确立并维持权威权力的构建过程,从而提升并稳定更经济和更人道的社会事务。最重要的是,正是这一最全面的有效权力过程确立并影响了各个地理范畴的权威决策之构建过程所维持和管理的基本政策。为了勾勒出这一有效权力过程,我们有必要再次采用对任何价值过程都应采用的类似分类。

### 参与

所有全球社群过程的参与者都在有效权力过程中扮演某些不同的角色。民族国家作为一个为了权力目的而组织起来的地域性实体,仍然是个人试图作出并影响全球竞技场的决定的最为显著的制度。[8] 然而,世界上的民族国家却不再是,就算它们曾经是,分开的、相互隔绝的储物箱子;它们通过多层多极的集团相互影响,并且在不断变化的合并组合中运作。核武器可能会进一步令当今世界的地理格局变得过时,就像过去加农炮弹摧毁城墙围起来的城市一样。政府间国际组织,无论是全球性还是区域性的,虽然被授予一些跨国权威,却尚未被赋予对资源和人员进行控制所必需的独立有效权力。一个庞大并日益增长的由政党、压力团体和私人社团(主要是为了除权力外的其他价值)所组成的网络在地理范围上涵盖广泛,它逐渐实现了权力结果,并影响民族国家和政府间国际组织的决策。而个人依然是所有有组织参与方的创造者和最终的执行者。

### 观点

全球权力过程中民族国家的优势地位在由个人构成全球社群的观点之中产生一种偏见,即对决策的优劣偏向于从一个特定的民族国家的影响来选择。以特定民族国家名义对权力的诉求,民主和集权民族国家意识形态的分裂,以及发达国家和发展中国家的对立都继续妨碍我们发现

〔8〕 J. STRAYER, THE MEDIEVAL ORIGINS OF THE MODERN STATE (1970).

共同利益。[9] 个人的归属和忠诚,在很大程度上仍附着在特定的民族国家之上,如果没有对大社群的充分认识,就依然是狭隘和零散的。普遍认为,主要国家之间的冲突将会最终通过暴力解决。因此,对暴力之外的替代性策略得失的考虑将继续基于特定国家和小团体的特殊利益。

**情形**

世界竞技场固有的地域性结构在大国间的两极、三极和多极的不断平衡和再平衡中取得不安的稳定。然而,军事普遍化的对峙是全球性的。政府间及非政府间相互作用的加速度不仅引发了权力上,更引发了所有价值过程中,强度日盛的危机。

**基础价值**

资源、人员和价值制度中有效权力(潜在价值)之能力依然主要受特定民族国家的控制,并且在全世界范围内的分配并不均衡。在对潜在价值控制的领域、幅度、范围方面,超级大国与小型国家之间的巨大差别显而易见。构成有效权力的观点(忠诚、诉求和期望)高度易变,并受到操控。暴力、宣传、煽动和团体组织中的技巧长期以来对有效权力都很重要;而当代科学技术正令得教化和技巧更加普遍、更具实用性。政府间国际组织已经开始打破民族国家将权威作为权力基础的垄断;私人团体,例如强大的多国商业企业,则已经开始打破了其他价值方面的类似垄断。

**策略**

在不断确保权力结果的过程中,所有有效权力参与者都会采用外交

---

〔9〕 以下文献对该主题进行了进一步探讨:M. McDougal & H. Lasswell, *The Identification and Appraisal of Diverse Systems of Public Order*, 55 A. J. I. L. 1 (1959), reprinted in both M. McDOUGAL & ASSOCIATES, STUDIES IN WORLD PUBLIC ORDER (1960, 1987 with a new introduction) and M. McDOUGAL & W. M. REISMAN, INTERNATIONAL LAW ESSAYS (1981)。又参见 E. MCWHINNEY, CONFLICT AND COMPROMISE: INTERNATIONAL LAW AND WORLD ORDER IN A REVOLUTIONARY AGE (1981); E. MCWHINNEY, THE INTERNATIONAL LAW OF DETENTE (1978); O. Lissitzyn, *International Law in a Divided World* (International Conciliation No. 542, 1963); G. Tunkin, *International Law in the International System*, IV RECUEIL DES COURS 1 (Hague Academy of International Law, 1975)。

的、意识形态的、经济的和军事的不同的政策工具。对其他地域社会内部事务的攻击和干涉不仅仅局限于军事手段,甚至不是政府行为,反而会通过外交、意识形态和经济手段以及大量的私人武装来施加胁迫。核武器以及生化武器的发展和扩散可能会改变此前所有对峙、包围和渗透的模式。

### 结果

总的来说,最为相关的结果就是漫无边际的决定过程,有些决定是由赤裸权力武断地作出,还有些决定则是根据社群对权威的预期作出。这不仅决定了全球社群的权力构成,还控制或影响了其他价值的实现和剥夺。通过参考各个地方的人们中就所有价值的地位、潜力和期待普遍存在的不安全感,我们可以作出实际和详细的总结。

## 权威决策之全球过程

值得注意的是,权威决策之跨国过程的许多特征都是近期出现的,其间有效权力过程的精英试图厘清并保障他们的共同利益。因为人类上千年来生活于相互隔绝的团体,没有多少实际联系,更没有多少合作互动。随着人口的增加,相互作用也越来越频繁。中国、印度、希腊和罗马文明都曾认识到对权威和控制的期望能够跨越不同地域社会,并都将这些期望作为厘清和维持公共利益的重要工具。希腊人对自然法的认识乃是基于普通的人性之上,并由全人类共同分享;后来罗马人将其发展为自然法(*ius naturale*)和万民法(*ius gentium*),并应用于不同的人。几个世纪以来,国际法学者都不断地从中得到启发。罗马教皇长期执掌神的高级律法以及不同人眼中的自然法。当欧洲的封建主义和基督教的统一性被打破,现代民族国家开始出现,当代国际法伟大的缔造者——维多利亚(Vitoria)、绍雷兹(Saurez)、格劳秀斯(Grotius)、沃尔夫(Christian Wolff)、法泰尔(Vattel)等人,才得以通过利用自然法和国家实践来构建基于互惠承诺和威胁报复原则的、适合相对分散化无组织社群的"万国法"。通过欧洲协调、国际联盟、区域性组织以及最后联合国及其附属机构的实践,更加长久的权威架构才得以缓慢发展。[10] 然而,最终的结果却是一个全面的全球权威决策过程的确立,不管是建制性决定还是公共秩序决定,都完全与如今更成熟的国内社会中维持的决定相近,尽管其稳定性可能略逊一筹。

## 参与

全球构建过程(即跨国权威决策得以确立和维持的过程)近期表现出,虽不完全,却具有相当程度的民主化。[11] 民族国家,借助其官员,自然始终是首要的决策者。但是,随着先前各个帝国的瓦解,国家的数量大幅增加,附属实体则迅速消失。不幸的是,由于国家形式"平等"的神话,即国家无论人口多少、权力基础如何,都被赋予同样的投票权,新生实体的迅速增加并不总会对民主或责任带来有益的结果。

除了国家实体的迅速增加,非国家实体也大幅增加并在构建过程中发挥重要决策功能。许多政府间国际组织,以联合国全面功能为核心,再加上许多专门和区域性附属机构,都为决策制定提供了突出和独特的参

---

〔10〕 有关国际法之全面历史仍有待书写,其中有用的研究包括 M. LACHS, THE TEACHER IN INTERNATIONAL LAW (1982); W. SCHIFFER, THE LEGAL COMMUNITY OF MANKIND (1954); A. NUSSBAUM, A CONCISE HISTORY OF THE LAW OF NATIONS (Rev. ed. 1954); R. HIGGINS, CONFLICT OF INTERESTS: INTERNATIONAL LAW IN A DIVIDED WORLD (1965); L. HENKIN, How NATIONS BEHAVE (1968); G. SCHWARZENBERGER, INTERNATIONAL LAW AND ORDER (1971); J. BRIERLY, THE LAW OF NATIONS (Waldock ed. 1963); G. NIEMEYER, LAW WITHOUT FORCE (1941); VAN VOLLENHOVEN, THE THREE STAGES IN THE EVOLUTION OF THE LAW OF NATIONS (1919); E. DICKINSON, THE EQUALITY OF STATES OF INTERNATIONAL LAW (1920); and *Changing Concepts and the Doctrine of Incorporation*, 26 A. J. I. L. 239 (1932); H. Lauterpacht, *The Grotian Tradition in International Law*, 23 B. Y. B. I. L. 1 (1946)。

〔11〕 下列文章中有对全球构建过程更为详细的描述 M. McDougal, H. Lasswell & W. M. Reisman, *The World Constitutive Process of Authoritative Decision*, in 1 THE FUTURE OF THE INTERNATIONAL LEGAL ORDER (C. Black & R. Falk eds. 1969), reprinted in M. McDOUGAL & W. M. REISMAN, INTERNATIONAL LAW ESSAYS (1981)。又参见 HUMAN RIGHTS AND WORLD PUBLIC ORDER *前注 1*, at Ch. 4, and M. McDougal, *Legal Bases for Securing the Integrity of the Earth-Space Environment*, 184 ANNALS OF THE N. Y. ACAD. OF SCIENCES: ENVIRONMENT AND SOCIETY IN TRANSITION 375 (P. Albertson & M. Barnett eds. 1971); M. MOSKOWITZ, THE ROOTS AND REACHES OF UNITED NATIONS ACTIONS AND DECISIONS (1980)。有鉴于某些读者对国际法不甚熟知,本章较为详细地讨论了构建过程及全球公共秩序。有关从国内角度对构建过程理论的研究历史,参见之前 Ch. 3。

与者，亦为其他参与者之间的相互作用提供了不可或缺的框架。政党和命令在当代大规模通讯和交通的强化下，通过它们对特定民族国家的组织和管理，直接影响权威决策中许多功能的发挥。压力团体致力于特定的权力目标，其数量巨大，既作为权威结构的官方附属机构又影响重要的决策功能，如信息、推广、援引和评估。私人团体主要致力于权力之外的价值，它们在成员、目标、活动领域、资源和策略方面也愈发跨国化，亦影响法律制定和创造中的诸多重要功能。多数的跨国商业企业对财富追求和教会组织对操守的关注就是例证。个人自然是所有这些团体中最终的行动者，他们不仅以团体的名义行事，也会以本人作为一个个人的名义行事，从而影响重要的决策功能。如今，只有盲目天真的人才会认为只有民族国家才是唯一合适的国际法“主体”。

**观点**

融入全球构建过程权威立法的观点似乎表现出对共同利益的认识更趋稳定，并朝着合乎人类尊严的公共秩序之诉求、确认、识别和期待的趋势发展。这一发展虽然浮夸但却是可被觉察的，就算不是在形成中，也是一种持续的运用。在未经授权强制最小化、秩序最优化和所有价值创造和分配最大化方面，当今立法愈发共同地认识到最低秩序中不可避免的相互关联。

旨在实现最低限度秩序的立法源于《联合国宪章》以及参与者的习惯性预期，他们对允许的和不允许的强制进行了区分。[12] 从早期法学家的“正义战争”(*bellum iustum* ）理论到海牙会议、国际联盟、凯洛格—白里安公约（the Kellogg-Briand Pact）、纽伦堡裁决涉及的《联合国宪章》第2条第（4）款以及其他附属规定，在社群权威性普遍立法中第一次出现可行的禁止国家间使用未经授权的强制。宪章第2（4）条规定，国家间“在其国际关系上不得使用威胁或武力，或以与（联合国）宗旨不符之任何其他方法，侵害任何会员国或国家之领土完整或政治独立”。[13] 宪章第51条

---

〔12〕 *参见* M. McDOUGAL & F. FELICIANO, LAW AND MINIMUM WORLD PUBLIC ORDER: THE LEGAL REGULATION OF INTERNATIONAL COERCION (1961)。

〔13〕 U. N. Charter art. 2, para. 4.

以及参与者的习惯性预期中固有的自卫权也没有削弱上述义务。即使是对于最为成熟的民族社群，自卫权也是不可或缺的；至于在分散的、相对无组织的国际社会，自卫权如果经适当审查后，作为确保最低秩序的制裁更是尤为重要。如果我们采用适当的实用的智识程序，以检查和评估使用强制的特定背景，就不会引发困惑。

旨在实现最佳秩序的立法集中在近期出现的人权立法方面。显然，这些立法已经开始从形式到内容接受许多国家的构建过程中早已确立并维持的基本权利宪章。[14] 在权威规定的大流中，甚至是汹涌的大量非官方意见中，都体现了全世界人们事实上对新人权政策的强烈要求。这些政策一度被认为仅仅是愿望，但通过《联合国宪章》和其他普遍和专门的条约以及经许多国际国内决定确认的习惯性预期，它们已经成为法律，并在多边条约和《世界人权宣言》中都有所体现。当然，这些政策也可能解体，不过得通过如这些政策发展为法律同样复杂的模式、经协商达成的协议和非经协商的习惯性行为这些法律化过程。和在国内的权利法案中一样，新的人权政策也会被适用于全球社会大过程中的所有参与者，包括国际政府性实体和官员、民族国家及其官员和所有非政府性团体和个人。在各种各样相近的权威机制中，越来越多的努力正在向每个人提供有效的机会以挑战相应的权威结构对权利的武断的剥夺。从集体解放到个人对全体价值的形成和分享上的更多参与，这一新的全球权利法案实质上涵盖当今人类所珍视的所有价值，而且还可能有所补充。

受到不断扩大的决策者归属以及逐渐扩大的公共现实蓝图的启发和知会，更大社群中管理和使用重要可分享资源（例如海洋、海洋上空、国际河流、极地和外太空）之基本政策继续寻求实现被包容和被排除利益之间的平衡，从而提升总体净利益。考虑到整个地球和太空环境的生态统一性，一个生产和分配的最高目标正在逐渐形成。它不是简单地保护原始自然状态下的资源，而是在重要价值的更大创造和更广分配中，促进对资源经济性和建设性的利用，并对其加以适当保护。

---

〔14〕 有关论文在下列文献中有详细记载 HUMAN RIGHTS AND WORLD PUBLIC ORDER, *前注*1, at Ch. 4。

### 竞技场

在一个以国家为中心的世界里，整个世界舞台依然存在缺少发挥不同决策功能的特定中心机构的特征。不过，权威结构和全球构建过程之决策者互动的情形已经表现出极大程度上的扩展，并在相当程度上体现有组织、常设和有包容性的形式。联合国及许多专业机构和地区组织的主要贡献之一就是为全球构建过程提供这些新的权威结构，令其成为某种改进的支撑或架构。在传统架构中，国际法中相互作用的自然属于外交竞技场中国家官员间的沟通。新的国际政府性权威架构就算是对这些精英来说，也大大增加了互动的机会。不仅世界的定期召开的会议大量存在，针对特定问题的临时、非常设会议，也即所谓议会制外交竞技场的频率也会大幅增加。近期最重大的变化自然就是联合国大会和其他不同专业和区域组织的类似架构接近国内构建过程中真正立法或议会机构的形式，并从事类似的功能活动。已建立的司法竞技场以第三方决定和独特的决定程序和标准为特征，不仅包括各种跨国司法机构和特别法庭，还包括不同民族国家的法院。行政竞技场则仍不够强大充分，它包括政府间国际组织的秘书处、诸如联合国安理会等临时特别机构以及民族国家的行政竞技场。除了这些正式的政府性架构之外，还有一些情况正在逐渐增加。它们是由主要致力于权力之外其他价值的新兴非政府间私人社团中的互动模式所构成，并完成许多重要的决策功能。

类似地，尽管一些权威领域的某些有效权力过程依然对参与者大门紧闭，但情况似乎正在朝着更开放的方向慢慢发展。因此，即使个人和私人社团无法直接诉诸国际法院和某些仲裁程序，他们却始终可以诉诸国内法院、自己的驻外办事处或政府部门。近年来，越来越多诸如有关人权和财富交易的专门机构得以建立，即使是非政府申请方也可以直接诉诸这些机构。

由于有效权力参与者之间的相互依赖日益增强，也已经慢慢出现了确立对国家和在特定相互作用中影响社群政策其他参与者的强制管辖权的趋势。尽管国际法院的管辖权依然在很大程度上基于同意，不过还是有很多的管辖基于强制仲裁或调解协议。况且，就算是不情不愿，似乎也有越来越多的参与者开始同意将特定紧急问题诉诸专门的强制性程序,对1969年《维也纳条约法公约》的适用和海洋法会议提出的公约就是很好的例子。非政府参与者自然一直接受国内法院的强制管辖;随着政府豁免之历史信条迅速衰落,即使是民族国家也越来越多地受制于内国法院的法治。

**基础价值**

与在国家社群一样,维持全球社群权威决定的基础价值包括权威即社群对决定的期望以及事实上对资源、人以及价值制度控制的能力。尽管影响决策的许多重要基础依然相对受到民族国家的排他性控制,但似乎有趋势表明,权威和其他为了更好确保最低和最优秩序所必需的资产正在被分配给包容性社群中的代表。

在权威方面最鼓舞人心的发展就是相对于体现国家排他性权能的"国内管辖"概念的弱化,体现普遍社群权能的"国际关注"的概念在不断扩展。这一区分反映了在中央和边缘之间权能的持续配置和均衡的必要性,也是国际法这一概念所固有的。甚至对于原基于区域地理而依理性组织的、而今因国际联系和依存而依权威建立的世界中,在对有关活动对包容和排他性利益的相对影响方面也是固有的。因此,普通社群的权能正在经所有必要的决策功能逐渐延伸,以覆盖于真正具有跨国影响的所有事件。

传统的国家管辖原则根据"国内管辖"的成规在国家之间分配权能。该原则也正在逐渐依对不同排他性利益的相对影响方面来被构建和解释。地域性原则反映了一国在其内部社会过程中的利益,允许国家就在其境内发生的所有事情制定和适用法律,无论其是否涉及国民或非国民。国籍原则承认个人在社群过程中的重要性,允许国家就其本国国民制定和适应法律,无论其在哪里发生相互作用。保护原则(有时被称作"地域影响"原则)允许国家采取措施就对其安全或其他价值的有意攻击或其他影响采取措施。消极身份原则,作为对国籍原则的补充,允许国家对伤害其国民的人制定和适用法律,而无论行为发生地在哪里。普世原则把诸如战争罪、海盗、贩奴和种族灭绝等特定事件视为对全人类共同利益的威胁,从而允许各国适用特定的包含性立法,确保其对有关参与者的有效控制。在全球社会过程中,人们和货物不断流动,对人和资源进行有效控制的国家通常会对他国让渡依据“国家行为”或政府豁免原则所有的权威,从而尊重他国事先已经作出的立法、行政或司法命令。总的来说,在对相互作用不同特征仔细全面的考察中恰当适用这些有关管辖的一般原则和诸多附属原则,有助于保护并规制日益扩展的跨国社会过程。

正是在事实能力也就是对人和资源的有效控制的分配中,当今构建过程遭受最大阻碍。如果安全没有保证,历史上曾对任何资源享有巨大控制权的特定国家将是最不情愿放弃重要控制而屈服于普遍社群中的组织机构的。因为在国家间对人和资源的控制方面的差异会给体现对权力和责任的分享的有组织的合作带来困难。在该背景下,政府间国际组织在一些措施中必然流产或失能,其生存和运行被迫依赖于各国的年费。然而,我们可能注意到,资源控制的分配旨在确保包容性和排他性决策制定中的适当平衡,不一定需要完全的集中化才能达到;多极或地区性的资源和价值分配可能会更好地维持恰当的平衡。早前我们曾可能是过于乐观地写道:

> 教化和技巧的全球扩散,促进了对相互依赖关系和共同利益的认识,再加上现代即时通讯制度,这自然令大量的资产集中在包容性决策者手中。随着跨国交往的加速,人们日益扩大的认同感和忠诚,以及愈发国际化的操守和人权标准增加了这些资产。我们或许可以在诸如海洋、海洋上空、极地和外层空间等最可分享的资源中找到更多的无形资产,尽管近来有代表特殊利益的对这些资源的使用,它们依然在很大程度上受制于非排他性权能和控制。[15]

**策略**

在构建过程中权威决策者在完成不同的决策功能时所采用的策略包括那些不同功能特有的正式程序、不同的权威结构,以及在更全面的社会

---

〔15〕 M. McDougal, *Legal Bases for Securing the Integrity of the Earth-Space Environment*, 184 ANNALS N. Y. ACAD. SCIENCES: ENVIRONMENT AND SOCIETY IN TRANSITION 375, 383 (1971).

和有效权力过程中所使用的全部基本政策工具，即外交、意识形态、经济和军事政策工具。权威结构中的决策者会不断地对正式程序进行修改，这些程序专门针对不同的决策功能，它们为试图宣告和影响决策的法律专业人士提供了大量专业知识。受到日益扩大的科学知识和观察技巧、沟通方式的发展、大规模行政所积累的经验的影响，在经济性和有效性方面，所有这些程序都似乎正慢慢变得愈发合理。因此，我们对争议中潜在事实和潜在相关社群政策的探究将贴近背景，因而更加可靠和更具创造性。对事实及政策的选择和描述也更显深思熟虑，因而从公共利益来看似乎就更具理性。实施权威决策的措施正在更加全面和有选择地被建立在社会和权力过程的不同特点之上，因此对实践的控制中更显有效。当然，我们仅对这些发展与不同决策功能相关的方面作了粗略的研究。为了方便起见，我们所做快速的回顾仅集中于最基本的政策工具。

外交工具

国际法中最重要的决定仍然是在政府官员之间大量的不断沟通中作出的。然而，越来越多的持续、常设和非排他性的沟通论坛，例如在联合国架构及其附属机构下，却为国家官员间传统的互动带来了新的维度，令其借以传达不满、表达愿望、参与信息互惠、进行交互影响。精英之间的偶尔沟通这一老旧的外交形式正在转变为更加连续、民主和议会化的表达和活动。此外，为了令外交人员享有的便利和豁免更具合理性，使国际协议方面的可靠法律更加明确，新的重要多边公约已被构建和采纳。就行政和司法领域而言，它们也有赖于外交工具，在这方面的新程序正在不断被构建和检验。

意识形态工具

意识形态工具之极大重要性在于其号召世界公共意见的潜力；它不仅是偶尔针对不文明的特定情况，而是对于最低最优秩序不可或缺的决策功能给予持续支撑。全球即时沟通的新技术，无论是对于广大受众还是权力集团而言，都极大地确保了参与全球构建过程的民主参与，并深刻影响所有决策功能的有效实现。由于其可获得资源十分有限，政府间国际组织认为意识形态工具尤为重要。

经济工具

无论是战时还是平时,政府官员长期以来都通过对货物和服务的管理和对资源的直接控制来影响跨国决策结果。在当今时代,通过不断扩大的政府间普通或特殊的国际组织组成的网络,国家社会仍然掌控着经济工具。近期以所谓"发展计划"为名,对经济工具的积极采用,事实上是为了促进特定领域内所有价值创造和分配的增长。石油输出组织欧佩克(OPEC)出于政治目的对石油生产分配管理的成功为更加广泛的可能性提供了生动例证。发展中国家在联合国架构下不断要求建立"国际经济新秩序",其中就明确包括对全球构建过程的整体重建。

军事工具

通过军事手段维护国家之间的公共秩序,就如同用之维持特定国家内部公共秩序一样可能,也一样必要。在无组织、权力分散的世界领域,正如当代社群那样,无可避免的是,普通社群应该继续采用适当的自助措施并保有自助能力;有时自助又被权威地标榜为"自卫"、"集体自卫"、"警察行动"、"人道主义干涉"和"报复",等等。例如,《联合国宪章》似乎就强化而非弱化在特定情况下偶尔由单方面使用军事手段保护人权的合法性。随着原先在联合国内部建立永久军事力量以维持最低秩序计划的失败,联合国只在世界上分散的几个地方成功集结并动用小范围的军事力量。对于更野心勃勃、更有包容性地使用军事工具以实现普遍社群政策来说,近期看其前景似乎并不乐观。在早期的陈述中我们曾总结道:

> 由有组织的普通社群利用四个政策工具来管理所有相关基础价值,以发展建立和维持期望的世界公共秩序方面的制裁过程,很大程度上是属于未来的事。而在目前,就像大多数国内法一样,跨国法中更重要的制裁存在于社群成员对他们之间的相互依赖以及共同利益的认识中,以及他们对有关这些相互依赖和利益互惠、单边容忍和报复的预期中。[16]

[16] *同上*,第384页。

### 结果

全面构建过程的总体结果自然是权威决定,这些决定与预期的政策符合程度各异,它们共同勾画出世界公共秩序的主要特征,包括继续建立和维持构建过程本身。按通俗的话来说,我们可以把不同的决定分为立法决定、司法决定、行政决定和管理决定;然而这些词只是为执行各种决定的不同权威架构提供了模糊的参考,而未对不同的决定进行精确区分。为了实现更高的精确性,政策导向研究的支持者建议从信息、推广、规定、援引、适用、终止和评估方面,对不同的决策功能和决策类型进行分类。这些不同类别的决定反过来包括对特定的目标、决策者、权威架构、基础价值、策略和结果细致入微的描述。各种类型的决定,尽管其目标各异,都必然与其他类型的决定紧密相连,对任一决定的有效执行都有赖于其他决定。随着对上述更大的构建过程种种不同特征的逐渐修正和发展,各种特定功能或决定更详细的特征也随之得到了逐步发展。似乎这些功能中的大多数从其包括事实上影响社群过程或被其影响的所有参与者的意义上来说,变得更具包含性;在特定结果愈发符合已确立的社群政策之意义上变得更加合理;在社群资源的消费方面变得更加经济;在将潜在的不和诉求融入对共同利益的认识和事实方面变得更加一体化。我们下面将针对每种特定的决定类型的有关发展逐一作简要的介绍。

#### 信息

信息功能特定的目的是搜集、处理和传播理性决定所必需的信息,它对于全球社会过程的所有参与者开放。传统上,跨国信息的搜集和处理是政府官员最古老的活动。并且这些活动,无论是否合法,都一直是规模巨大的。最近,信息成为了政府间国际组织的首要受委托功能之一。联合国和其他组织都参与到与各种各样活动有关的诸多项目中。政党、压力集团、私人团体和个人对跨国活动越来越多的参与也大大提升了有关理性决策信息的搜集和传播。外太空技术和其他发展令得观察和传播方面的新技术成为可能,并进一步扩大了其潜力。然而,我们却无法轻易取得和保有处理人类正面临全部问题所必需的大量复杂信息,例如有关环境保护和人权方面的信息。随着不安全性的增加,民族国家依然不愿接受外部审查以及参与必要的信息合作活动。此外,正如许多观察者所注意到的,与处理和传播在全面集中计划实现主要目标中所获得的信息相比,搜集世界局势所需信息之功能并不是什么新鲜事。[17]

推广

推广功能增加了对替代性政策的诉求中预期的要求的强度,它通过参与全球有效权力过程之民主化对于信息功能同样有益。在与国内层面相对的跨国层面上,政府官员通常代表大的国家集团,他们是变化最积极的支持者。无论是跨国层面还是国内层面,政党组成的首要目的之一都是推广明确的项目。压力集团,从其定义上就是旨在实现特定的权力和政策目的,它们在全球构建过程的公开架构中变得越发活跃。私人团体则主要专注于除了权力之外的其他价值,它们普遍追求跨国地域范围内与他们专注的特定价值有关的权力影响。推广功能的前景及其面临的威胁都在于:在当代通讯革命和新权威架构所具有的开放性背景下,所有这些参与者都可以轻而易举地表达并宣传其要求,组织公共或集团意见支持新的权威立法。

规定

对权威规定的规划,传达的不仅是政策内容还有对权威和控制的预期。在全球社群中,就如同在更小的社群中一样,这种规划通过各种形式,从最刻意、有组织的和专门化发展为最不刻意、无组织的和非专门化。规定最刻意的形式自然是通过各种形式表现出来的国际协议。通过这些协议中,各国相互合作,明确作出并承担政策承诺。协议是否是法律或法律的渊源?哪些协议是"造法性的",哪些不是?在什么程度上协议对于非缔约方也是法律?有时讨论这些问题是没有意义的。除了技巧性的嘴皮功夫,几个世纪以来,在规划最重要跨国问题的普遍社群政策方面,协议过程都为人类发挥了很好的所谓的"国际立法"作用。我们可以找到最不刻意的规定形式是"习惯法",也是所有社群中最普遍最重要的法律。"习惯法"是通过官方和非官方的统一合作行为产生的对政策、权威和控

---

〔17〕 参见 M. McDougal, H. Lasswell & W. M. Reisman, *The Intelligence Function and World Public Order*, 46 TEMP. L. Q. 365 (1973)。

制的预期。在理论上，只有当在经历很长一段时间后，同时存在行为或决策的一致性的“物质要素”，以及关于“应然”和“合法”的主观认识的*法律确信*（*opinio juris*）这一“心理要素”时，国际法才产生。在现实实践中，行为或决定不必完全一致，对合法的主观认识则更多源于行为以及整个背景中的其他特征。而且，如果有关政策、权威和控制的预测很清晰的话，对时间的要求也可能是很短的。[18]

规定功能近期最突出的发展是建立在政府间国际组织在全球制定过各中扮演的角色之上。联合国及其附属机构当代实践大大推进了造法的传统模式，也增加了其更加接近真正议会制造法的新的一面。国际法委员会以及联合国大会通过各种委员会发挥的共同作用，已经大大提升了通过多边协议造法并强化了其合理性，这在许多诸如有关外太空、人权和有关缔约方面重要的公约中都有所体现。更重要的是，联合国大会以及其他专门机构，为世界上各个不同的特定社会的代表提供机会表达对主流国际法的观点，并经正式的决议交给其他代表接受或反对。这在很大程度上减轻了明确和厘清国际习惯法内容的历史负担。当然，联大决议之形式大大缩短了确立习惯法所需的时间，无论过去关于特定问题的实践或决策的一致性如何，这更多地为国家代表提供了一种经济的模式，令他们形成并表达自己的共识，并且其方式越来越接近国内立法。联大作出的特定决议是否构成或创造出法律当然取决于诸多变量，包括考虑的历史和慎重性、国家支持的程度、非政府团体和个人的参与程度、与过去政策和更根本的社群政策的关系、预期的和确立的制裁措施，等等。显然，如果传承下来的有关大社群主要问题的立法不够充分，我们刚刚说的立法过程就几乎不会妨碍这些立法的完善。[19]

援引

受害方有机会援引社群规定挑战其所声称的违法行为对有效的法治

---

〔18〕 参见 K. Raman, *Toward a General Theory of International Customary Law*, in TOWARD WORLD ORDER AND HUMAN DIGNITY 365 (W. M. Reisman & B. Weston eds. 1976); A. D'AMATO, THE CONCEPT OF CUSTOM IN INTERNATIONAL LAW (1971)。

〔19〕 对联合国机构在造法中的作用之经典研究，参见 R. HIGGINS, THE DEVELOPMENT OF INTERNATIONAL LAW THROUGH THE POLITICAL ORGANS OF THE UNITED NATIONS (1963)。以下文献就各种形式进行了比较考察：E. MCWHINNEY, THE WORLD COURT AND THE CONTEMPORARY INTERNATIONAL LAW-MAKING PROCESS (1979)。

是不可或缺的。在历史上,跨国领域中援引的形式长期以来都是以国家对国家的指控为特点,而个人和私人团体则依赖于其国籍国作为其代理或后援。然而,国际社会过程中所有参与者一贯都可以诉诸国内领域来援引跨国规定,并且正如上文所见,有趋势表明越来越多的个人或私人团体有权依赖的跨国舞台正在被迅速地建立起来。尽管援引的可能性尚未成为优选政策,但社群成员对违反规定的投诉之机会正在增加。

适用

在困难或争议性的特定情况下,将跨国规定应用于控制实践的任务一贯都是在外国部门之间的诉讼或反诉,以及国内权威架构下(如法院)的诉讼或反诉中进行的。我们已经发现,远古的观点认为,在该过程中,由同一批的国家官员同时担任诉方和裁判者至少为明确和适用共同利益提供了某些促进因素。从最全面的角度考虑,适用过程包括如下步骤:探析潜在的事实和政策;归纳相关的特定事实和政策;将相关政策与有关事实相联系;预测未来各方间关系;以及选择适当的制裁或实施措施。众所周知,在从"磋商"、"调停"、"调解"、"咨询委员会"、"和解"、"仲裁"到"审判"一些列术语中是逐渐增接近适用功能的实施的。我们已经注意到,可由无利害关系第三方适用的新制度已经越来越多的建立起来了。这些新制度其兼具可诉诸的公开性与回应的强制义务性之特点。联合国安理会在高度争议事项上发挥的作用愈发重要,这也是众所周知。幸运的是,探究和描述潜在事实和潜在政策,并在有关适用的固有原则方面实现新的全面性和合理性是可以做到的。

终止

在全球领域,规定功能依然不够完善,赤裸权力也时不时发作。因此,当无法再适当反映公共秩序目标时,由专门设定的标准和程序终止规定和其他安排就变得非常重要。从综合的角度出发,终止包括探讨有关协议所谓的过时性之事实、澄清有关终止的社群政策、撤销或重新确认之前的安排、将撤销或重新确认带来的损失最小化。从历史上看,产生原有安排的规定过程同样可以使终止程序生效。但是,在有关终止协议的复杂规定中,在改变习惯(desuetudo)的要求中,在动员公共意见并指导变化的专门集体程序中,都可以找到更多的标准和程序。联合国架构下新的专门程序之发展为立法功能的完成带来了新的有效性和灵活度，从而终止过时规定和安排，损失和成本的调整得以变得更加合理。

评估

评估是信息功能中最敏感的方面，它明确关注决策过程如何有效经济地实现已确立的目标。评估中的活动顺序包括搜集有关决策过程所必需的信息；处理评价和建议适当改变的信息；向有关受众散播结论和建议。对评估功能的参与都是最民主的并且是连贯的。无论执行的情况有多糟，国际和国内框架下的权威决定者都会对他们自己和他人进行持续的观察和评价。更重要的是，所有有效权力的参与者，不管是政党、压力团体、私人团体，还是个人，都同样始终参与评估，不管是一般意义上的评估还是与特定决策特征有关的评估。当然，正是这项功能为学术批评家提供了参与评价官员和其他人的机会。

## 全球公共秩序

我们可以从有关全球社群过程每一个特征的权威决定所提供的保护、实现的规制方面来描述全球构建过程所确立并维持的公共秩序。全球社会正在缓慢产生和取得进步，尽管这个社会并未被像更成熟的国内社会那样被很好地管理或保障。我们对其进行最全面的描述时要参考以下方面：全球社会过程的不同参与者在确立并维持他们内部制定和公共秩序过程时以及在与其他参与者的相互影响中，受保护的程度；世界上所有不同价值过程中适当的互动状态所被维持的程度；构成物质环境的各种不同资源——大陆块、河流、海洋、大气空间、外太空、大气层等为排他性和非排他性用途的分配方式，以及如何管制和保护对这些资源的利用；在推动说服、抑制并最大程度减少强制方面，成功采取价值形成和分享中的外交、意识形态、经济和军事策略的程度；[20] 以及最后，也是最重要的，在财富、尊重、教化等不同价值过程中要求的结果实际上被实现和保护的

〔20〕 下列文献描述了这一可能性：B. MURTY, PROPAGANDA AND WORLD PUBLIC ORDER: THE LEGAL REGULATION OF THE IDEOLOGICAL INSTRUMENT OF COERCION (1968, reissued in 1989, with a new introduction, under the title, THE INTERNATIONAL LAW OF PROPAGANDA: THE IDEOLOGICAL INSTRUMENT AND WORLD PUBLIC ORDER)。

程度。这里只能简要地、启发性地指明有关该全面研究之细节的类型。

简要地说,全球社会过程中民族国家所受到的保护是国际法传统概念的首要主题。[21] 全球构建过程明确了哪些地域实体被视为"民族国家",并确立它们在权威决策过程中的"法律人格";明确在与其他类似地域实体和更小的参与者之间的相互作用中,这些实体允许或不允许的目标;指出民族国家有效参与和其他国家之间的外部事务所需的权威架构(内部构建过程);规制不同民族国家对权力基础(资源、人员)的取得和分享;寻求对民族国家劝说或强制中的不同政策工具之运用的控制;最后,针对全球社会过程中的事件,在不同的民族国家之间分配制定并适用法律,参与不同权威功能(规定、适用等)的权能(管辖权)。在大量持续的决策过程中,全球构建过程为所有特定地域社群,在与相互影响所有不同特征的有关方面,建立起虽有限却仍可行的安全。

全球公共秩序的阿喀琉斯之踵显然就是构建过程未能足够有效地控制不同民族国家,以排除其诉诸未经授权的强制和暴力。人类面临的头号问题依然是建立最低限度秩序和控制未经授权的强制和暴力意义上的安全问题。这个问题关系到所有价值形成和分享之最大化中的最优秩序的更加有效的追求。从《联合国宪章》第 2 条第 4 款和第 51 条及其他附属规定中我们可以看出,全球社群终于已经在允许的强制和不允许的强制之间作出了可行的区分,认可在维护最低限度秩序的特定情况下所采取的强制措施。然而,该社群依然要建立适当的制度架构,令无利害关系第三方得以评价所提出的不得采取强制的特定情况,以及在禁止和阻止暴力、恢复重建公共秩序中采取适当的制裁措施。尽管当今民族国家从

---

[21] 国际法中最为常用的案例集几乎都完全致力于该主题。参见 W. BISHOP, JR., INTERNATIONAL LAW: CASES AND MATERIALS (3d ed. 1971); H. BRIGGS, THE LAW OF NATIONS CASES, DOCUMENTS, AND NOTES (2d ed. 1952); et. W. HOLDER & G. BRENNAN THE INTERNATIONAL LEGAL SYSTEM -CASES AND MATERIALS WITH EMPHASE ON THE AUSTRALIAN PERSPECTIVE (1972)。有关当代实践的简要概述,参见 E. De Aréchaga, International *Law in the Past Third of a Century*, I RECUEIL DES COURS 1 (Hague Academy of International Law) 1978)。

构建过程中受益匪浅,但它们在遵守补充性义务方面的表现却不尽完美。[22]

另一个从构建过程中受到极大保护的全球过程参与者是政府间国际组织。这些组织不仅在构建过程中扮演重要角色,特别是提供权威架构和完成特定职能方面,而且还由制度过程决定其所有特征和活动。它们在法律上的人格和地位、成员资格、权威架构、权力和程序的基础及其所做的决定全都受到全面详细的规定的约束。[23]

还有一个至少受到构建过程适度保护并在很大程度上受该过程决定的全球过程参与者就是跨国商业企业。[24] 这些企业受到大量复杂的权威决策过程的影响。这些决策过程决定它们作为独体实体(内部构建过程)的设立及其法律人格、它们进入世界上不同地区的程度、在权威(豁免和便利)方面取得的特殊好处、其财产及其他资源受到的保护、劳动关系、协议的签订、对不法行为承担的责任、受到税收和其他国内立法(货币、贸易、反垄断等)的约束,以及最后它们就自身享受收益和其他利益的要求。的确,与跨国商业企业有关的构建过程兼具国际公法和国际私法的特征,其良好发展呈现出各种独特的相关规定,例如有关国家制定和适用法律的权能、对国家豁免及"国家行为"的限制、有关国家保护本国国民的特殊权能的规定,等等。

在当今全球构建过程中,即使是个人也受到大量规定的适度保护,包括最近的人权规则以及过去有关外国人权利的准则。个人可以诉诸许多

---

〔22〕 参见 THE FUTURE OF THE INTERNATIONAL LEGAL ORDER (C. Black & R. Falk eds. 1971); M. McDOUGAL & F. FELICIANO, *前注* 12 at Ch. 3; E. McWHINNEY, THE INTERNATIONAL LAW OF DETENTE (1978)。

〔23〕 D. BOWETT, THE LAW OF INTERNATIONAL ORGANIZATIONS (2d ed. 1970); CASES ON UNITED NATIONS LAW (L. Sohn ed., 2d ed. 1967); CASES AND MATERIALS ON WORLD LAW (L. Sohn ed. 1950).

〔24〕 有关概述,参见 L. Cutler, *Global Interdependence and the Multinational Firm*, in 239 HEADLINE SERIES 1 (Foreign Policy Association, 1978),下列文献之内容在很大程度上涉及该保护: H. STEINER & D. VAGTS, TRANSNATIONAL LEGAL PROBLEMS (2d ed. 1976)。

国内的和国际的权威架构,以确保上述保护。[25] 几个世纪以来,个人都在国际法中有关战争罪、海盗、贩奴等方面的规定中承担法律责任。当然,认为个人仅为国际法的“客体”而非“主体”不再准确。

当前确立的环境保护公共秩序自然还不尽如人意。[26] 然而,我们所继承的包括环境在内的资源配置和开发的有关立法,并不像有时人们所说的那样过时、无关和不充分。考虑到合作互助开发所固有的紧迫性,全球构建过程试图通过各种立法和制度来限制对特定利益,甚至是关于大陆块的利益的主张,并促进对共同利益尤其是在可共享资源方面的承认和相互保护。[27] 在一套涉及资源配置的规定中,社群计划在非排他性利用和排他性利用之间建立其经济的、高效的平衡,并确立全球可共享资源,即那些通过合理调整所具有的高度共用性的诸如海洋、海洋上空、国际河流、无人外太空和天体资源。这些资源具有相对非排他性可用性和能力,而不能交由特定的国家进行独占性的利用。为了制定新的海洋法所做的不懈共同努力,其特征是急切提出独占权要求,这在两百年来闻所未闻;由此引发了人们对此类所继承的政策延续性的怀疑,而这些独占权的要求会在多大程度上、在多久之后得以实现,或者是否会延伸到其他资源方面,情况尚不明朗。在另一套有关利用资源产生的损害的规定中,社群尝试通过明确的多边协议和习惯国际法来对故意的重大攻击造成的国家之间领土完整的损害最小化和恢复,和各国参与国际交往所不可避免地带来的无意的部分剥夺带来的损失;在某些情况下,这些立法是建立在合理性之上,但是在另一些情况下,它们则要求严格责任。还有一些规定,例如历史上的国际海洋法,旨在保护并促进对可共享资源高效协调的

---

〔25〕 P. JESSUP, A MODERN LAW OF NATIONS (1948) 强调了对个人日益增加的保护。这就是人权项目所涉及的。参见 H. LAUTERPACHT, INTERNATIONAL LAW AND HUMAN RIGHTS (1950); R. Higgins, *Conceptual Thinking about the Individual in International Law*, 4 BRIT. J. INT'L STUD. 1 (1978); R. FALK, HUMAN RIGHTS AND STATE SOVEREIGNTY (1981); and HUMAN RIGHTS AND WORLD PUBLIC ORDER, *前注*1。

〔26〕 J. SCHNEIDER, WORLD PUBLIC ORDER OF THE ENVIRONMENT (1979); M. McDougal & J. Schneider, *The Protection of the Environment and World Public Order: Some Recent Developments*, 45 MISS. L. J. 1085 (1974).

〔27〕 M. ARSANJANI, INTERNAL RESOURCES IN WORLD PUBLIC ORDER: A STUDY OF LAW AND POLICY (1981); O. SCHACHTER, SHARING THE WORLD'S RESOURCES (1977).

非排他性利用。几个世纪以来,我们传统的海洋法在一个高度分散和无组织的领域内使用个别简单的习惯法,通过相互包容和自制,在对海洋价值的最大程度地创造和分配中发挥了明确并保障所有人共同利益的功能;[28]近年来,在外太空资源的利用方面,我们也已经通过协议和习惯的发展确立了类似的制度。[29] 政府间国际组织和私人团体,包括专门和非专门的,普遍的或是区域的,大量的增加进一步激励着有关构成环境的资源的适当计划、发展和促进功能的积极完成。在向着更加合理的世界社会中的区域组织的快速发展中,以及当今尊重社会间迁徙自由、社群成员身份改变自由、特定社群自决权的人权立法中,对人与资源间关系中存在的明显不足所做的调整也正在开始得以实现。

另一种描述当今全球公共秩序的相关方式是从为每个特定价值过程之不同特征提供的或未提供保护方面进行的描述。同样地,全球财富过程为个别人带来财富的同时却导致了许多人的贫困。因此,我们可以从订立协议和强行剥夺中的受保护的参与、观点、对情形的掌握、基础价值和策略方面,以及货物和服务的生产和分配中所带来的结果方面,来描述该过程。在这一领域的专业人士对于维护货币单位、促进保护跨境投资和发展、推动保护跨境贸易和技术转移等相关规定都很清楚。[30]

类似地,当我们认识到尊重不仅是相互服从,而是互相尊重个人参与不同价值过程之选择自由,[31]就可以用类似的术语描述全球尊重过程。尽管各种人类社会很少完全达成上述意义上的成就,但在现代,越来越多

---

〔28〕 M. McDOUGAL & W. BURKE, THE PUBLIC ORDER OF THE OCEANS: A CONTEMPORARY INTERNATIONAL LAW OF THE SEA (1962, 1987 with a new introduction).

〔29〕 M. McDOUGAL, H. LASSWELL & 1. VLASIC, LAW AND PUBLIC ORDER IN SPACE (1963).

〔30〕 参见 2 THE FUTURE OF THE INTERNATIONAL LEGAL ORDER (C. Black & R. Falk eds. 1970); G. SCHWARZENBERGER, ECONOMIC WORLD ORDER? A BASIC PROBLEM OF INTERNATIONAL ECONOMIC LAW (1970); R. Anand, Towards a New Economic Order, 15 INT'L STUD. 467 (1976); Symposium on the New International Economic Order, 16 V. J. INTL L. 283 (1976); R. MEAGHER, AN INTERNATIONAL REDISTRIBUTION OF WEALTH AND POWER: A STUDY OF THE CHARTER OF ECONOMIC RIGHTS AND DUTIES OF STATES (1979)。

〔31〕 HUMAN RGHTS AND WORLD PUBLIC ORDER, *前注*1,详细描述了该价值受到的保护。Chapter 3 为描述我们研究法律与社会过程间的联系采用的八种价值所受到的保护提供了理论框架。Cf. C. JENKS, LAW, FREEDOM AND WELFARE (1963).

花哨的说辞式的接受人类尊严是所有社会高于一切的目标也是非常重要的。在价值形成和分享中,选择自由之高于一切的重要性正在开始被作为权威性一般社群预期在跨国和国内层面表达和确立。社群立法明确禁止以最突出形式剥夺选择自由,例如奴隶制及类似做法、种姓和种族隔离。[32] 此外,非歧视作为普遍规则正在快速兴起,并被接受为国际法规则。无论是在受保护权利还是禁止的团体描述方面,该不歧视权威规则都具有全面性。总的来说,这一原则禁止所有根据与个人能力和贡献无关的因素诸如个人的种族、性别、宗教、政见、语言和国籍来对人们进行区别对待。[33]

在全球福祉过程中,虽然世界上许多地方还继续存在各种人类不幸,例如疾病、饥饿、暴力致死、高死亡率、低平均寿命、精神困扰、贫民窟、种族灭绝和生态灭绝,然而维持良好的健康、安全和舒适的标准已经得到广泛的权威承认。为了实现所设想的目标,为个人提供"得享足以确保其自身和家庭健康和福祉之生活标准的权利",[34]"得享所能达到的身体精神健康之最高标准的权利",[35]国际和国内社会致力于提供医疗、防止疾病、健康住所、合适的食物和衣服、卫生、健康的工作条件、适当的休闲娱乐和必要的社会服务。受对福利价值的广泛期待的指引,社群的努力则是针对达到"环境和工业卫生",[36]大量措施都是为了实现禁止、阻吓、恢复、复原、重建和纠正之目标,并且最终达到(全球、地区、国内或地方的)未经授权强制和暴行最小化的任务。[37]

在教化之全球过程中,尽管搜集、处理、传播信息和知识的障碍依然存在于世界上的许多地方,但是我们已制定了跨国立法来保护通过所有

---

〔32〕 参见 C. JENKS,前注 31, 第 468 ~ 560 页。

〔33〕 参见同上,第 561 ~ 796 页。

〔34〕 *Universal Declarations of Human Rights*, art. 25, reprinted in UNITED NATIONS, HUMAN RIGHTS: A COMPILATION OF INTERNATIONAL INSTRUMENTS OF THE UNITED NATIONS 2, U. N. Doe. ST/HR/1 (1973) [hereinafter cited as U. N. HUMAN RIGHTS INSTRUMENTS].

〔35〕 *International Covenant on Economic, Social and Cultural Rights*, art. 12(1), 重印于 U. N. HUMAN RIGHTS INSTRUMENTS,第 5 页。

〔36〕 *同上* art 12(2)(b), U. N. HUMAN RIGHTS INSTRUMENTS, 第 5 页。

〔37〕 参见 M. Caldwell, *Well-Being: Its Place Among Human Rights*, in TOWARD WORLD ORDER AND HUMAN DIGNITY 169 - 97 (W. M. Reisman & B. Weston eds. 1976)。

方式“不受国界限制地寻找、接收和传授各种信息和观点的权利”。[38] 为了这一目标，政府和私人的积极措施也越来越多，从而促进了研究、沟通、教育和培训。尽管受到特定社会不同状况的限制，出于推动“人格的充分发展”、增强“对人权和自由的尊重”、促进“维护和平”，并令“所有人都能有效地参与自由社会”的共同目标，人们能够接受的各种层面的教育还是越来越多。[39] 为了促进跨境信息共享、科技和文化交流的跨国合作，尽管不是毫无困难，但已获非常广泛的拓展。

在一个科技普遍化的世界，技能过程还具有额外的维度。在某个社群中发展出的新技术和技能，其使用范围则远远超越出该社会的边界，快速传遍全球。尽管存在创造力中心，但没有一个国家能够垄断技术和技能创新。因此，规制技术转让、技能交流或协助项目的跨国规则激增。通过实现不受强迫劳动的自由，缔结工会的自由，集体谈判的自由，不因诸如种族、性别、宗教等不公平的原因在雇佣或职位方面遭受歧视的自由，工作权，明确公平的劳工标准以及提供岗位训练，规制技能取得和使用方面的跨国规范之制定和适用已经得到了显著的发展。[40]

在全球情感过程中，在世界上许多地方，尽管由于存在禁止跨种族或跨宗教通婚、警察和告密者的秘密网络、对国家绝对效忠和服从的过分要求，对适意个人关系的追求依然受到阻碍或压制，但个人在情感的形成和分享方面还是得到了相当程度的跨国保护。家庭，即使在快速社会变革时会面临危机，依然被视作“自然和根本的社会团体单元”，因此会得到“最大程度的广泛保护和支持”。[41] 社群规定中有关婚姻关系的形成、维

---

〔38〕 *International Covenant on Civil and Political Rights*, art. 19(2), 重印于 U. N. HUMAN RIGHTS INSTRUMENTS, 前注 34, 第 11 页。又参见 *Universal Declaration of Human Rights* , art. 19, reprinted in U. N. HUMAN RIGHTS INSTRUMENTS, 第 2 页。

〔39〕 *International Covenant on Economic, Social and Cultural Rights*, art. 13(1), 重印于 U. N. HUMAN RIGHTS INSTRUMENTS, 第 5 页。

〔40〕 参见 INTERNATIONAL LABOUR OFFICE, THE IMPACT OF INTERNATIONAL LABOUR CONVENTIONS AND RECOMMENDATIONS (1976); C. JENKS, HUMAN RIGHTS AND INTERNATIONAL LABOUR STANDARDS (1960); C. JENKS, THE INTERNATIONAL PROTECTION OF TRADE UNION FREEDOM (1957)。

〔41〕 *International Covenant on Economic, Social and Cultural Rights*, art. 10(1), 重印于 U. N. HUMAN RIGHTS INSTRUMENTS, 第 5 页。又参见 *International Covenant on Civil and Political Rights* , art. 23, reprinted in U. N. HUMAN RIGHTS INSTRUMENTS, at 11。

持和终止显而易见的政策是自愿。配偶在婚姻存续期内及婚姻解体后有关权利义务方面受平等的发展趋势亦是同样明显的。相应的义务政策则是通过保护孩子的特殊措施体现的,婚姻解体后尤为如此。随着跨境流动的增加,由于工作、旅行、学习等原因,很多家庭都被分散在不同的国家,而新的交友网络也愈发变得跨国化。尽管促进民族自决和去殖民化过程的跨国立法有助于提升借民族国家之名的群体忠诚和团结,当今世界的人权运动却令地方性教义体系和情感发展至包含整个人类的更具包容性的忠诚和身份认同的可能性不断增加。

在全球操守过程中,宗教迫害和冲突远未成为过去。近期就有关对错的根本认识方面之跨国努力在很大程度上集中于对信仰自由的全面普遍保护以更加具体的内容。全面的“思想、良知和宗教自由”,〔42〕正如我们设想的那样,包括“保持或改变(个人的)宗教或信仰,以及在礼拜、仪式、实践和教导中,单独地或在社群中与他人一起,公开地或私下地,表达(个人的)宗教或信仰的自由”。〔43〕世界社会尚未就可以在宗教歧视领域被援引或适用的假定的具体权威预期体系达成共识。但无论如何,起草有关宗教褊狭和歧视的宣言或公约以及全球教会运动所体现的强烈诉求,已经对操守规范范畴下可预见的政策带来深刻影响。与之前相比,更多的人们认识到宗教自由并非最终与对任何特定的神明的信仰相连。一神论支持者和多神论支持者之间的对立清楚表明了相关方的善意和信奉的深度。关于决定宇宙力量的神明解释论者和世俗非个人力量支持者之间的对立,我们也会见到同样的效果。更加惊人的发展则在于对不信奉任何神学的或超自然教条和实践的怀疑者或研究者日益增加的容忍。〔44〕另一些关于操守规则的问题则关乎对国内和国际刑法制度中个人和集体责任的不同认识,以及在引渡、保护政治犯、避难权、规定最低囚犯待遇标

〔42〕 *International Covenant on Civil and Political Rights*, art. 18(1), 重印于 U. N. HUMAN RIGHTS INSTRUMENTS, 第 10 ~ 11 页; *Universal Declaration of Human Rights*, art. 18, 重印于 U. N. HUMAN RIGHTS INSTRUMENTS, 第 2 页。

〔43〕 *International Covenant on Civil and Political Rights*, art. 18(1), 重印于 U. N. HUMAN RIGHTS INSTRUMENTS, 第 10 ~ 11 页。*See also Universal Declaration of Human Rights*, art. 18, 重印于 U. N. HUMAN RIGHTS INSTRUMENTS, 第 2 页。

〔44〕 参见 HUMAN RIGHTS AND WORLD PUBLIC ORDER, *前注*1, 第 653 ~ 89 页。

准等方面在不同体制间如何相互适应。

如今大部分观察者都承认当代全球公共秩序正在数量和范围上经历着前所未有的转变,并且速度不断加快。在科技普遍化和现代化的影响下,最重要的转变关乎超越特定社会藩篱的社会过程,以及指引并规制该社会过程的权威决策过程的每一项特征。全球社会过程的特征的持续变化可以从各个方面观察到。从参与者(个人及团体)的数量和特征的变化中,从交往的时空及制度背景中,从人类个人的价值需求中,从他们对过去和未来的想象中,从对权威、资源、知识和其他作为权力基础之价值的不同中,从经营外交、意识形态、经济和军事策略上的重点转移中,乃至于从不同社会之间以及不同社会的个人之间,在全球范围内实际形成和分享的不同价值的盛衰中都可观察到。权威决策的全球构建过程特征的持续转变,则可以从参与政府或其他方面的决定的变化中,维护决策过程的基本政策中的变化中,权威架构的扩张或收缩中的变化中,对制定不同类型的决定之程序的合理化方面的变化中,以及为跨社会交往的法律制定和适用中实际作出的不同类型的决定中的变化中观察到。全球社会过程和全球权威决策过程的变化是如此巨大,乃至一名杰出学者总结认为我们如今正处在与1648年类似的转变阶段。当时,由于威斯特伐利亚条约的缔结,总的社会秩序开始从封建主义和教皇统治转向民族国家体系。该学者认为,在目前阶段,我们自然是从民族国家主导转向更加多元化的制度安排,个人在相应的指导下,无论是在地理上还是功能上都发挥着越来越重要的作用。不过,这种指导的来源尚不明确。[45] 最重要的是,正如上文所述,几乎所有当代学者都认为,全人类,即所有人类个人的集合,如今在价值形成和分享中受相互依赖关系影响之程度是史无前例的。

---

〔45〕 参见 R. FALK, A STUDY OF FUTURE WORLDS (1975); R. FALK, LEGAL ORDER IN A VIOLENT WORLD (1968); THE FUTURE OF THE INTERNATIONAL LEGAL ORDER 4 volumes (C. Black & R. Falk eds. 1967 – 1972); R. FALK, THE STATUS OF LAW IN INTERNATIONAL SOCIETY (1970); R. Falk, *A New Paradigm for International Legal Studies: Prospects and Proposals*, 84 YALE L. J. 969 (1975)。

## 传统法学理论对有关国际法的理论之贡献

在有关法的思想之悠久历史中,大部分主要的法学理论当然都曾试图解决并澄清国际法。[46] 然而,如果认为某些老旧的法学理论能够提供理论和智识程序,以促进对国际法中相互关系和当代全球社会过程的其他特征的研究,那就过于理想化了,甚至有点异想天开。[47] 固然,大部分过去伟大的思想学说对理解现状都有一些、哪怕是有限的贡献。但是,许多过去学说不仅不合时代,而且存在矛盾、模糊和不完全的特点。在某些学说下,就连社会的概念都不完整或是不精确的,从而无法进行全面或细致的描述。而许多有关有效权力的概念都在民族国家上戛然而止,未能把对权威的跨国预期作为重要的权力基础。许多学说都是用超验(宗教或形而上学)的,或者模糊重复的术语来界定权威,它们只是宣称根据经验,从而导致对国际法之"义务"或"拘束力"之渊源陷于无休止的文字争论。[48] 许多学说都以为控制只能源于有组织、集中化的政府架构,因此

---

〔46〕 该部分有关传统理论的内容及下文有关政策导向理论的组成之内容来自以下文献,并做了少量修改。M. McDougal & W. M. Reisman, *International Law in Policy-Oriented Perspective*, in THE STRUCTURE AND PROCESS OF INTERNATIONAL LAW: ESSAYS IN LEGAL PHILOSOPHY, DOCTRINE AND THEORY (R. MacDonald & D. Johnston eds. 1983). MacDonald 和 Johnston 的书中某些章节为研究国际法之全面考察框架提供了有用的内容。其中最突出的贡献是 Ch. 1(5), "The Schools Revisited," by W. L. Morison. 在 THE SEARCH FOR WORLD ORDER (1985)这一认真历史研究中, C. Murphy, Jr.,描述了主要现存法学理论学说对于最大程度减少未经授权之暴力这一人类最紧迫问题方面所面临的困境。

〔47〕 关于对各种传统理论的全面详细回顾及大量引注,参见 M. McDougal, H. Lasswell & W. M. Reisman, *Theories about International Law: Prologue to a Configurative Jurisprudence*, 8 V. J. I. L. 189 (1968), reprinted in M. McDOUGAL & W. M. REISMAN, INTERNATIONAL LAW ESSAYS (1981)。Manfred Lachs 法官在下述文献中提出了深刻的、批判性的有关国际法理论之历史:THE TEACHER IN INTERNATIONAL LAW (1982)。更有用的早期书籍是 W. SCHIFFER, THE LEGAL COMMUNITY OF MANKIND (1954)。又参见 K. GRZYBOWSKI, SOVIET INTERNATIONAL LAW AND THE WORLD ECONOMIC ORDER (1987), Ch. 2。下述文献指出了政治科学家在构建有关理论时所面临的困难: K. Waltz, Theory of International Relations, in 8 HANDBOOK OF POLITICAL SCIENCE (F. Greenstein & N. Polsby eds. 1975)。

〔48〕 参见 R. Higgins, *Integrations of Authority and Control: Trends in the Literature of International Law and International Relations*, in TOWARD WORLD ORDER AND HUMAN DIGNITY (W. M. Reisman & B. Weston eds. 1976); and *Policy and Impartiality: The Uneasy Relationship in International Law*, 23 INT. ORG. 914 (1969) (Review of LEGAL ORDER IN A VIOLENT WORLD by RICHARD F ALK)。

注定了其研究要在国际层面和国内层面进行。本书中决定这一概念也是近期的发展而已。权威决定的概念，包含权威和控制，依然通常无法言明。而权威决策之全面持续过程的概念，包括制定决定和公共秩序决定，也几乎尚未成形。即便自休谟（Hume）对参照所做的句法和语义上的区分以及当代社会科学程序的发展以来，所有学说最为强调的智识任务都是对逻辑演绎的老旧哲学演练。

最古老的学说，通常被称作"自然法"的理论。它产生于宗教和法律甚至是对大自然的认识常常相互融合的年代，自然就形成了对人类大社会和人类共同本性的概念，因此对跨社会法的起源和发展作出了巨大贡献。然而，该学说提出的权威概念，无论在过去还是现在，都是以宗教或形而上学的绝对性为特征，包含截然对立的解释。而且，只是在对赤裸权利的指控中才偶尔涉及控制的概念。我们几乎无法指望这一学说所最为强调的有关句法演绎的知识性任务能够对为了影响跨社会利益的实际决定进行的研究提供充分的理论和程序，甚至在偶尔揭示神的意志、询问先知，或对绝对性的超验认识的补充下，亦是无法做到。

与自然法截然不同的学说，即人们铭记的实证或分析学派，假定民族国家构成了主要的人类社会，而无论哪种跨国社会都是由民族国家组成的。该学说提出的法学概念在权威和控制上都因不当定义而存在混乱；它以最狭义的民族国家官员的明显"要求"来理解两者。致力于该理论的学者无法观察到具有集中立法、行政和司法体制的全球"统治者"，因此他们的规则在定义上就将国际法的概念排除在法律之外。的确，还有更多致力于该理论的大胆学者，自称为"现实主义者"，悍然声称，根据约翰·奥斯汀（John Austin）的规范，国际法不是法律。该学说的第二个版本被称作"二元论者"，它主张尽管国内法和国际法都同样是法律，却有着截然不同的决策者、政策、架构和程序。第三个版本是所谓的"一元论"，它从假定的全球*基本规则*（*grundnorm*）而非"主权"决策者中寻找权威，认为其存在于主张此规则的协议或习惯中。通过绕过有效权力的神奇的魔法演绎，号称此基本规则宣示了较大社会及其较小各个组成部分的法律内容。我们要注意的是，实证主义学说后两个版本都认为国际法是规范国家之间的规则，都认为这些规则被假定能够同时完成不同的知识性任务,包括描述过去的决定、说明影响决定的因素、预言未来决定,并指出将来决定应该是怎样。然而值得怀疑的是,这一概念是否曾经,或将来能否,对真正关心有效完成有关知识性任务的观察者或决策者有所助益。

历史学派强调每一特定地理区域的地方独特性,就算在跨国社会概念的形成上也自然面临困境。尽管与自然法学说不同,该学说从经验性的社会过程中寻找法,认为法是某种神秘的精神理念或灵魂,以语言、信仰、诗歌和音乐同样的方式来源于人。这种方式完全混淆了权威和控制。其支持者几乎无法将权威决定或全面构建过程从社会价值得以形成和分享的特定事件全过程中分离出来。认为法律如注定的命运以某种方式被固定在过去某个时点,这一观念中深藏的决定论妨碍了革新的努力,使得对理性决策不可或缺的知识性任务一无是处。

类似地,尽管社会学理论专门关注对解释性因素和社会结果的科学研究,但不幸的是,它为了作出持久贡献,过多地借鉴了实证主义学派关于社会和法律的基本概念。该学说关于社会过程的观念常常局限于民族国家,忽视了从地方经国家和地区层面到全球的解释社会过程的整个层级结构。该理论学说通常从民族国家官员期望变量中找到权威,而即便是其最现实的支持者也只能从有组织的集权制度中找到控制。因此,该学说中有关国际法的概念依然是规范民族国家的规则,而忽视了其他跨国权力过程中其他参与者扮演的角色,亦未能明确聚焦于跨越国境的权威决定。对规则之因果的科学研究,如果不与决策明确相连,必然是一项艰巨任务,我们几乎不能指望其有助于更加有效地完成其他相关任务。

当然,当代各种理论学说意图修正传统理论的不足,更加有效地解决了全球构建过程日益增加的复杂性。因此,被称作"权力政治"当代非法律学说专注于模糊的权力概念,在很大程度上忽视了其他价值,亦未能对其作出明确的表达。该学说几乎没有关注作为影响决策之变量的社会预期中的权威,亦似乎在很大程度上排除了对通过诸多团体(包括民族国家）进行合作以保障他们的共同利益的个人的认识。[49] 类似地，虽然许多"系统"方法适宜地强调了大社会背景，并试图指明该背景下可能促进理性决策所必需的不同知识性任务的特定变量。然而，不幸的是，这些系统的支持者中无人成功指明那些令得对背景更全面、系统、详细的观察不再必要的"关键"变量，这些变量可能。[50] 菲利普·杰赛普（Philip Jessup）法官在"跨国法"的大旗下提出的方式更有前途。[51] 正如杰赛普法官和其他人所说，这一方式努力涵盖了一系列远远超越民族国家的参与者，而且将国际体系描绘为大量不同的参与者试图明确并保障其共同利益的一个体系。[52] 然而，该方式依然有待加以丰富，方能成为全面细致的理论。

## 关于国际法之政策导向理论的基本组成部分

通过对世界社会过程进行的人类学回顾，对过去有关国际法理论的考察，我们得出结论认为：迫切需要一个理论框架以及智识程序，从而更

---

〔49〕 有关对有效权力的高度强调之例证，参见 G. SCHWARZENBERGER, POWER POLITICS: A STUDY OF INTERNATIONAL SOCIETY (2d rev. ed. 1951); R. KEOHANE & J. NYE, POWER AND INTERDEPENDENCE: WORLD POLITICS IN TRANSITION (1977); S. HOFFMAN, PRIMACY OR WORLD ORDER: AMERICAN FOREIGN POLICY SINCE THE COLD WAR (1978); F. Boyle, *The Irrelevance of International Law: The Schism Between International Law and International Politics*, 10 CALIF. WEST. I. L. J. 193 (1980)。

〔50〕 参见 M. KAPLAN, SYSTEM AND PROCESS IN INTERNATIONAL POLITICS (1957); M. KAPLAN & N. KATZENBACH, THE POLITICAL FOUNDATIONS OF INTERNATIONAL LAW (1961)。

〔51〕 P. JESSUP, TRANSNATIONAL LAW (1956) and A MODERN LAW OF NATIONS (1945). 以下文献中存在类似观点的萌芽：M. McDougal, The Role of Law in World Politics, 20 MISS. L. J. 253 (1949)。*又参见* R. MacDonald, G. Morris & D. Johnston, *The New Lawyer in a Transnational World*, 25 U. TORONTO L. J. 343 (1975) and L. McDougal, *Choice of Law; Prologue to a Viable Interest-Analysis Theory*, 51 TULANE L. REV. 207 (1977); *New Frontiers in Choice of Law-Trans-State Laws*, 53 TULANEL. REV. 731 (1979)。

〔52〕 参见 R. Falk, *A New Paradigm for International Law Studies: Prospects and Proposals*, 84 YALE L. J. 969 (1975); C. JENKS, THE COMMON LAW OF MANKIND (1958); W. GOULD & M. BARKUN, INTERNATIONAL LAW AND THE SOCIAL SCIENCES (1970); J. Claydon, *Canadian Perspectives on International Law and Organization: Toward an Expanding Role in World Order*, 2 DALHOUSIE L. J. 533 (1975); TRANSNATIONAL RELATIONS AND WORLD POLITICS (R. Keohane & J. Nye eds. 1971)。

加经济有效地将权威决定与其大背景和优选公共秩序相联系。〔53〕 该参照理论应该以更大社会中的一位市民的观察立场,考察此人如何认同于该社会,并且确认和保障该社会成员的共同利益。国际法不应仅仅被视为官方和其他解释和证明决定的诸多应用的规则,而是应该被当作包括权威和控制的决定自身,这个决定构成具有跨国来源和影响力的持续决定的流程。我们应该从社会对未来决定的预期方面考虑权威,从实际参与决策中考虑控制。通过对权威和控制进行实证考察,我们就不再需要对国际法"义务基础"或"约束力"进行无穷无尽的寻根究底的探索:正如有人已经注意到的,研究者只需要睁开眼睛来观察究竟哪种预期和实践的模式占主导地位。系统性的研究应该着力于把对权威决策的诉求及就此诉求作出的权威决定的问题与更大的全球决策过程相联系。该权威决策是这个更大的全球决策过程的一部分,并在其中生效。对国际法相关的探求,无论是出于学术目的抑或为了指导决策,都应该从简单的演绎练习扩展到包含阐明和实施社会政策所需的所有不同智识任务。

---

〔53〕 以下几页专门针对国际法重写了本书第一章的结论部分。我们希望这一重复和再次强调可以更加普遍地强化我们就有关法的理论提出的建议。在这个世界上,民族国家的边界无法限制人类的活动,而民族国家自身也在经历着大量不可逆转的变化,任何局限于民族国家和民族国家之间相互作用的法学理论必将无可救药地是不充分的。本书作为一个整体不仅试图提供"国际法之法学理论",还尝试提供某种法学理论,以有助于对所有从地方到地球太空所有社会中和跨越这些社会的决定之研究,无论这些决定是武断的还是权威性的。下列文献对这一方法进行了评价: F. Tipson, *Consolidating World Public Order: The American Study of International Law and the Work of Harold D. Lasswell and Myres S. McDougal* 1906 – 1976 (Ph. D. diss., University of Virginia, 1977); *The Lasswell-McDougal Enterprise: Toward a World Public Order of Human Dignity*, 14 V. J. I. L. 535 (1974); *From International Law to World Public Order: Who Studies What, How, Why*, 4 YALE STUDIES IN WORLD PUBLIC ORDER 39 (1977)。下列文献从政治科学的角度提供了类似的方式 R. SNYDER, H. BRUCK & B. SAPIN, FOREIGN POLICY DECISION-MAKING: AN APPROACH TO THE STUDY OF INTERNATIONAL POLITICS (1962). 在 VISIONS OF WORLD ORDER (1984)一书中,已故的 Julius Stone 对我们所提倡的理论和程序进行了全面和详细的批评. 然而在其批评中提及的重要词汇,比如"法律"、"决定"、"权力"、"社会"和"价值"与我们的理解相去甚远,因此与我们试图传达的内容似乎并不相关。Stone 自己提出的观点反映出其对某些原有法学理论学说令人困惑的综合。他吸收了自然法对"正义"目标的坚持,就该目标没有任何经验性索引。他又借鉴了实证主义中国际法的概念,认为它是主要约束国家间关系的规则体系。他反复地强调说不可能对这一概念作出改变,这最多算是历史决定论。他对国际法之社会土壤的参考似乎是社会学上的,但是该土壤的内容却不明确。近期就有关理论和程序的争论,参见 G. Dorsey, *The McDougal-Lasswell Proposal to Build a World Public Order*, 82 A. J. I. L. 41 (1988) and response by M. McDougal, *The Dorsey Comment: A Modest Retrogression*, *id.* 51。

从这一点看来，有关法学理论要界定研究的广度和深度，并且指明完成有关任务的方法。跨国法律体系，就像国内法体系一样，只能从公共秩序大背景中依其最大化的价值来对其进行总体评价。因此，研究的任务是要评估该体系成败的程度，解释导致这些结果的原因要素，进而明确将来的目标和政策选择。该法学理论不可或缺的作用是提供一个经济的理论和程序框架来研究国际法和世界社会过程的相互关系，并详细阐明其研究足以解决现存问题的智识任务。因此，一个国际法理论，要满足决策中的学者和专家的需要，甚至于理解和影响其身处其中的决策过程的所有人的需要，就必须由系统的、灵活的、框架性的方法组成，至少要体现下面几个主要特点：

1. 它必须采用有别于与学者和决策者的研究立场的、属于人类整体的观察立场，并在教化和决策的帮助下，发展有关法律的理论，而不是法律的理论。

2. 它必须要勾画既全面又有所选择的研究蓝图，有效地联系权威决定和权威决定所身处其间，影响并受其影响的更大的社会过程。

3. 它必须为特定社会的公共秩序致力设定一套全面的目标价值。在社会过程方面，无论研究和决策需要的抽象性和精确性的程度如何，这些价值目标体系都是明确的。

4. 它必须明确与解决国际法和全球社会过程之间相互关系有关的问题的所有智识任务，并且指明完成每项任务的经济有效的程序。

以下将对这些特点逐一详述。

## 确立观察立场

观察立场之所以重要是因为它影响研究的全面性、问题的规划、目标的设定以及智识任务的完成。认同于人类整体对于设定和明确共同利益而言是不可或缺的。社会成员、有效权力的把持者、倡议者、权威决策者和学术研究者可能对社会过程都持有不同观点，并且对权威决定有着不同的直接诉求。我们所要作出的最主要的区分就是在学术研究者和权威决策者之间。前者主要关注对权威决策和社会过程的其他方面之间总的相互联系方面的教化；而后者则主要对权力感兴趣，也就是对符合所要求的公共秩序而进行的有效选择感兴趣。尤为重要的是,学术研究者采取的立场有别于社会成员及提出诉求倡议者,或者对该诉求作出回应的权威决策者。同样,学术研究者应创造并坚持一个*实用性*理论,通过参考权威决策的过程,解释和证明决策的*传统*理论,现实地完成其智识任务。如果学术研究者放任作为其研究数据一部分的法律或社会过程参与者的观点和沟通信息操控其自身的视角和研究及沟通工具,后果只能是知识的混淆、观点和报告中的歪曲,从而减损其学术专业所追求的教化作用。

然而,需要明确指出的是,在学术研究者和决策者之间观察立场所做的区分乃是注意到在对直接诉求和目标,而非在长期全面关注意义上作出的。我们承认,学者、权威决策者、辩护人或顾问以及社会成员都可能为了他们的总体利益,要求同样的教化,并都认为有必要参与理性研究和决策过程中同样或类似的智识任务。学者们所构建的有关法的理论或许偶尔会对决策者有用,因而逐渐成为国际(跨国)法的理论。反过来讲,法的理论有时也可能足够精确,从而满足学者进行全面研究的需要。学术研究者所实现和传达的教化必然进一步对权威决定的信息和推广功能有所影响,并且不一定完全损害在信息搜集和政策推广中偶尔有意承担积极角色的学者的客观性。

调查条件要素、设想未来、了解观察立场,同对要实现趋势描述的客观性之愿望一样,对于阐明政策和创设选项都很重要。带有刻意政策导向的学术研究者,将尽可能地了解其他所有社会就如了解其作为成员之一并认同的并无可避免地影响的社会一样。正如我们此前提及的,他最适当的归属就是认同整个地球和外空的人类(或其他类型)社会及其包括的所有社会,以地域范围为轴心,在社会过程中的功能方面相互贯通。而且,他所应追求的教化应该关乎阐明并执行所有这些社会的共同利益。学者的特殊角色在于,通过尝试适当剔除其自身文化背景、阶级和团体成员身份、人格构成以及前期经验的偏见,从而处于有利位置,而有别于在权威决定过程之前提出诉求的其他社会参与者以及对这些诉求作出回应的权威决定者。基于该优势,学者可以为社会过程的不同参与者指明他们自己可能无法认识到的共同利益。

发展一套特殊的*有关法*的语言有助于确立和保持对观察立场的认

识,尽管该语言不一定很复杂,但要有别于权威决策者在作出和解释决定时所使用的特定法律的术语。精心选取的有别于参与者在法律过程中所使用的语言能够使超然的观察者更加全面现实地描述这些过程,而不会受困于无可避免地限制参与者的立场和理论。有关法律制度或过程的理论,和有关宗教制度或过程的理论一样,都将用有别于该制度或过程的参与者或献身者所采用的特异神秘术语来描述该制度或过程的运作。我们需要一整套词汇或符号体系来为教化提供帮助,它们既要足够全面又要足够精确,涉及法律和社会过程整个背景的所有重要特征,并且这些词汇或符号的使用还要既具描述性又具指示性,而不能只是传统的或法律条文的。只有牢记立场和目的上的差别,超然的观察者才能创造出有关更大社会的法的理论,从而令其自己和他人更有效地掌握传统法的理论。

努力排除偏见之所以重要,是因为无论是学者还是决策者,都和他人一样,在不同的意识程度上,始终深入参与原仅作观察的社会和决策过程。许多人类基本诉求和经验都具有普遍性,正如此前所述,全球文化中存在高度均质化力量。但是我们这个星球依然是由许多不同的社会组成的,它们的文化、制度、对过去未来的看法、操守体系和圣人经典各异,有时甚至是互不相容。一旦再加上阶层、利益、个性、过往经验这些普遍变量,有关共同目标的有意义对话和合作性探讨显然就必须要求参与者普遍承认:许多在他们的小世界中看似自然不可避免而无可置疑的事情,对于其他人只不过是众多选择中的文化选项。当然,当代知识和实践心理学也在很大程度上为客观性的发展提供了策略和程序。

## 构建全面选择性研究图谱

什么是国际法以及如何将其在大社会背景下定位,观察者关注这些问题时具有的具体全面性和现实性很重要,因为这对如何构建问题、对哪个问题赋予优先性以及有关问题的研究和解决中要采取哪些智识任务都有影响。如果把民族国家社会视作是唯一有关的,甚至是绝对主导的人类社会,我们就无法理解法律的整个范畴,也会忽视大量个人实际问题,无论他们是单独或通过不同类型团体活动。如果我们把国际法视作先天的约束国家间关系的规则体系,就有可能从定义性演练方面,而非国家间

“安全”或所有相关社会的价值形成和分享中愿望和成就中的差异方面，来规划问题，为这些真实问题赋予轶事性的优先性。如果对全球范围的考察中对权威定义不当，并且过分强调权威的援引而相对忽视了控制或有效权力，研究的结果可能对未来的决策过程和公共秩序没什么作用。反过来，如果过分强调专断权力，而忽视被当作社会预期的权威，研究可能就不具有适当的创造性，从而对公共秩序带来灾难性后果。类似地，如果我们仅把国际法视作国家官员之间相互适用的规则，就会危险地忽视规则是如何被制定和修订的，并忽视复杂的权威决定之全球构建过程的其他方面。如果把国际法视作某种神秘的或自足的东西而有别于社会政策，人们就不会考察，也不会提供任何智识工具以考察社会过程中的事件与决定的关系，并评价它们为全球公共秩序带来的后果。因此，相应的刻意带有政策导向特点的法学理论必须志在实现其研究焦点的全面性和现实性，从而促进对影响跨国决策的各种重要变量系统进行系统、结构性的考察，并对决策中的替代性选择的总体价值结果进行理性的评估。这就要求了解并提供人类学考查所发现的世界社会过程的所有特征的理论。

### 世界社群过程

正如我们概述所讲，有关法学理论必须承认，在相互决定及相互依赖的意义上，如今整个人类构成了一个社会。而且，必将其研究重点扩大到覆盖这个最大的社会，包括整个地球和外空领域。我们不难发现在这个地球和外空的大社会，从地方到区域和国家到全球，是通过许多不同的小社会来运作的。有关法学理论必将考虑许多不同的相互贯通的互动模式，及上述社会通过这些模式互相影响并影响整个过程。有关法学理论视社会过程中各个层面的重要参与者为个人，同时也注意到个人都是认同和附属于许多不同的团体，并代表这些团体提出诉求。这些团体不仅限于民族国家，还包括更小的区域社会、政府间国际组织、政党、压力团体、部落、家庭和各种私人团体。个人通过其所有归属追求价值，并且将其汇总起来用作权力基础从而影响特定互动的结果，其研究涵盖了所有人类偏好，并在国家和其他社会中都有所体现。

一个体现大约联系的国际法理论，不仅是明确地，更是系统地，将权威决策与涵盖该决策的更大社会过程相连。当价值被视作是人类之间所诉求的关系时,社会过程中价值分配方面的变化就会促使申请人诉诸决策程序,援引立法,并适用权威性政策。权威决策过程的每个阶段均受到过去价值分配以及参与者对未来分配的观点(要求、识别和预期)之影响。权威决策过程的结果不仅直接影响申请人和其他人之间未来的价值分配,而且从长远来看,在其总的影响方面,它还决定并确保一个社会的公共秩序。

因此,有关法学理论不可避免地要采取并使用价值制度分类,通过适当的仔细分析,经济现实地描述参与者提出权威决定要求的社会过程中的事件、社会成员就其所参与的时间提出的决策要求,以及确定的决策者实际上在对社会政策的规定和适用中所做的选择。任何价值和制度实践的分类,只要能够对人类间特定的实证关系列出详细可行的指标,就必然可以达到上面的描述目的。本书所建议的概念归纳,在许多国际法研究中已被采用,它是建立在历史上哲学和社会科学表述中都很普遍特定的价值分类,以及制度性实践借鉴自文化人类学者的特定分类之上。这套分类以图表列举如下:

教化:搜集、处理和传播信息和知识;

尊重:选择的自由,平等和承认;

权力:作出和影响决策;

福祉:安全、健康和舒适;

财富:生产、分配和消费产品和服务;对资源的控制;

技能:获取和实践职业、专业和艺术方面的能力;

情感:亲密关系、友谊、忠诚、正面情感;

操守:参与负责任的言行规则的制定和适用。

对详细描述任何及全部特定价值过程之制度实践的分类:

参与(个人和团体,政府和非政府);

观点(诉求、认同和预期);

情形(地理的、时间的、制度的和危机);

权力基础(权威的、控制性的);

策略(外交的、意识形态的,经济的和军事的);

结果(价值的形成和分享)。

通过对这些分类的适当细分和调整,并通过制度术语与价值术语交互连接,这些分类可以达到实现描述所必要的任何全面性和精确度。就像在价值形成和分享的愿望和现实之间的差异上一样,使用上述经验主义术语来规划问题能够大大促进完成所有相关的知识性任务——从假设和阐明社会基本政策到选择的制定。

### 全球有效权力过程

正如人类学研究者所揭示的,有关法学理论认识到与小社会过程一样,全球社会大过程的组成部分从决定的做出和执行的角度来看也是有效权力过程。这是个严厉剥夺或高度容忍过程,其所及范围和效力是有包容性的。该法学理论会为有效权力的全面和现实研究提供理论和智识程序,利用与那些有关任何价值过程研究所建议相类似的术语如参与者、期望、领域、权力基础、策略和结果等进行研究。而且,这种法学理论会在社会期望方面,对绝对赤裸权力作出的有效决定或谋私算计和根据权威期望所做的决定进行区分。与对"权力政治"理论进行的研究完全不同,这种理论揭示有效权力大过程受到许多变量的影响,包括其独有特征和对这些特征的预期。而且,正是该过程建立并维持了权威决定之全球构建过程的基本特征和根本政策,哪怕它亦受后者的影响。尤其是,这一理论揭示各地人类个人之间日益兴起的对价值更大创造和更广泛分享之共同要求、对涵盖所有个人和社会的相互决定相互依赖的制约,以及实际上跨越特定国家界限并为有效跨国决策提供了重要的权力基础的对权威和控制的预期。这一理论还揭示出世界上的民族国家尽管仍是显著的有效权力把持者,但就算他们曾是,也已不再是,互不渗透、相互隔绝的实体。一国再不能不考虑对他国带来的后果而进行决策。最后,还要指出的是,政府间国际组织和区域集团正在迅速打破民族国家作为权力来源的所谓垄断局面,而大量致力于诸多价值的私人团体,也正将控制和对控制的预期广泛扩散。

## 权威决定之全球过程

有关法学理论将会进一步寻求对此前提及的权威性和控制性决定之全面持续过程的精确聚焦。这一过程范围如今涵盖了全球。该法学理论认识到,就像在其他社会一样,全球社会中的权威和控制决策的过程是有效权力过程的组成部分,包含前面提到的两种类型的决策。一是确立和维持权威决策过程的制定决策;二是源于构建过程并试图保护和规范社会其他价值过程的公共秩序决策。精明的观察者自然会注意到在制定决定和公共秩序这两类决定之间存在密切关联。全球社会所能实现的构建过程之有效性和经济性对于公共秩序的自由、富足和安全都有至关重要的影响;反过来,全球社会公共秩序的质量也直接影响该构建过程的可靠性和有效性。通过仔细区分这两类不同的决定,持续系统地对其进行研究,有关法学理论可能会避免破坏性地固守于所谓确定规则之适用,以及对"政治"和"法律"决定之间所谓的区别进行的空洞争论。因此,该法学理论能够适当地将其注意力延伸到制定并适用国际法过程之所有特征,以及它们对优选世界公共秩序的影响。

与对任何价值过程的精确描述一样,对全球社会中构建过程恰当的一般描述可能要参考该过程所有构成特征和实践。因此,在不同的抽象程度上,并兼具描述的全面性和精确性,我们所采用的基本框架或蓝图要求使用不同的术语。包括与确定的权威决策者、该过程所追求的并凭其得以维持的社会成员基本期望(要求、归属和预期)、所提供的用于作出决策的结构或制度特征、由不同决策者处置的权力基础(权威和控制方面)、作出每种决定的策略和授权程序,以及制定和适用普遍社会政策所必需的不同决策功能相关的术语。

传统上,描述成熟国内社会必要的决策功能通常是使用以下术语:"立法的"、"执行的"、"司法的"和"管理的"。然而,这些词在指代权威结构和决策功能方面都存在混淆。为了更精确更全面地进行描述,就要区分以下术语:

*信息*:搜集、处理、散发与决策有关的信息;

*推广*:对普遍社会政策的推广和倡议;

*立法*：规定和反映权威性的社会政策；

*援引*：在立法方面对事件的临时描述，以及启动适用功能；

*适用*：在具体的情况下最终适用和执行立法；

*终止*：结束立法和根据立法作出的安排，以及做出适当改进。

*评价*：对决策过程本身的目标和执行的评估。

为了进行最完整详细的描述，我们要用在大社群过程中所采用的阶段分析，从参与者、观点、结构、基础、策略和结果方面，对这七种不同类型的决定都进行剖析。

**全球公共秩序**

刻意带有政策导向的法学理论自然必须为全球公共秩序提供理论和程序去描述对各价值过程的不同特色，是否提供保护，以及最终所有价值形成和分享的结果。因此，对于对其他价值过程产生重要影响的全球财富过程，我们可以从过程参与、观点、对情势的掌握、基础价值、制定安排和施加剥夺的策略是否受到保护，以及货物和服务的生产和分配结果方面对其进行描述。我们可以，也有必要，对其他价值过程进行类似的描述。然而，正如上文所建议的，最全面描述全球公共秩序的理论包括如下的系统阐述：全球社会过程不同参与者在相互交往中受到多大程序的保护和约束；不同价值过程中适当相互作用被确立和维持的程度；在不同诉求之间分配世界物质及其他资源的经济性，以及对这些资源开放和独占性利用的保护和约束模式；最后是所有参与者在多大程度上成功地，对军事、外交、意识形态和经济的战略手段的增强说服和强制最小化的使用。我们不能忘记，有关法学理论对最优秩序（所有价值的更大创造和更广泛分享）的研究和对最低秩序（最小化未授权强制）的研究之间的相互依赖就像我们正在研究的全球社会过程各种特征之间的相互依赖一样紧密。[54]

---

〔54〕 下述文献阐述了最优秩序和最低秩序的关系：M. McDOUGAL & F. FELICIANO, LAW AND MINIMUM WORLD PUBLIC ORDER: THE LEGAL REGULATION OF INTERNATIONAL COERCION (1961) and in HUMAN RIGHTS AND WORLD PUBLIC ORDER, 前注 1, at Ch. 5。

## 明确设定基本公共秩序目标

刻意关注政策的有关国际法的理论将会寻求任务最终的明确性。[55]政策选择是全球社会权威决策的根本组成部分,小点的社会也是如此。因此,无论是学术研究者还是决策者,研究结果对全球公共秩序的教化和蒙昧没有影响的,就不是国际法研究。正如没有无政策内容的规则,世上也不存在中立和自足的法的理论。因此,法的理论总是有所关切,无法免于对政策结果的关注。在这种情况下,有专长的知识分子就有机会在社会资源的支持下,阐明和倡导最能保障他们所致力的特定公共秩序的政策。有关法学理论认识到如今存在着相互竞争的公共秩序体系,各自致力于完成对全球范围的评价。而且,该法学理论从对优选价值之形成和分享的影响方面对这些体系进行明确比较。对任何国际法研究者而言,最需要注意的问题必然是:作为人类大社会以及各个组成该大社会的社会中负责任的公民,愿意向其他类似的负责任的公民推荐哪些政策目标作为对世界公共秩序的基本假设。

我们强调的是对公共秩序目标的设定和阐明而非演绎。基于超验主义前提的或高度模糊的指涉进行的无限演绎对阐明价值毫无帮助,因为人类需要的关系是理性决策所必须的。事实早已证明,有着不同演绎模式的人们可以为了促进人类尊严的价值而合作,无论他们用以证明合理性的信仰或教条是什么。强调演绎偏好的不同只能区分潜在的合作者,而对于创造性却没有影响。

设定的优选公共秩序之基本目标价值自然不能只是人类大社会某些特定部分的排他性和小范围的价值代表,而是应该接纳寻求和确保这些价值的制度性实践的最广泛多样性。在不同的社会和文化中,不同的制度性实践可能对于增加价值创造和价值分享这些最高的目标具有同样贡

---

〔55〕 对基本公共秩序目标全面详细的假设,参见 HUMAN RIGHTS AND WORLD PUBLIC ORDER, *前注*1, at Ch. 5。下述文献进行了有趣的历史回顾 H. BAKER, THE IMAGE OF MAN: A STUDY OF THE IDEA OF HUMAN DIGNITY IN CLASSICAL ANTIQUITY, THE MIDDLE AGES, AND THE RENAISSANCE (1961)。又参见 E. LAZLO ET AL., GOALS FOR MANKIND (1977) (a report to the Club of Rome on the New Horizons of Global Community); J. McHALE & M. McHALE, BASIC HUMAN NEEDS (1978)。

献。一旦最高目标被接受，价值产生的制度实践中大范围的相同功能的认同就会激励实验和创造。

一个致力于人类尊严价值的研究者，无论他是学术观察者或者决策制定者，由于他对自己在民主分享权力方面的要求，会寻求在其最基本的目标设定中包含被其所在社会最广泛持有的价值要求，只要这些要求符合人类尊严。正如我们注意到的，令人高兴的是，当代全球社会过程的确表明，广泛散布于不同地域社会和文化中的人们正在就这些如今被视作人类尊严的价值之更大创造和更广分享提出“与日俱增的共同诉求”。尽管有人声称“人类尊严”一词的起源相对晚近，但是，对人类能尊重自己及他人并建设性地参与大量人类尊严价值形成和分享的看法，是从远古时代一直到最近几个世纪，不断涵盖更多的文化和更广的地域的世俗或宗教的不同思潮相互交融的结果。对于最近已经转化为全球社会权威性立法，在《联合国宪章》、《世界人权宣言》、《公民权利和政治权利国际公约》及其议定书、《经济社会和文化权利国际公约》以及其他大量一般的、区域的还是国内的附属表达中都有所规定的价值，如果有人选择和建议在研究和决策中的思辨和设定中使用这些价值，他就并不是武断的，也没有体现个人自己的偏好。这一正在出现的全球权利法案确实可能是人类最大多数的假定和承诺的最强烈和权威的描述。

要注意到，我们提出基本目标价值的设定不同于简单的实践信仰。我们不指望仅凭设定目标就获得新知。只有通过对不同有关智识任务的系统性和严格的使用，才能获得新知。所有当代诉求规划的目标在于这些重要价值的伟大创造和可能的广泛分配。对于接受和试图贯彻这些正在兴起的诉求的学术观察者和权威决策者而言，他们的任务就是有效完成各种智识任务，更好地将共同享有的权利、尊重和教化等作为参照相互联系，从而使其在制定和适用人类尊严之国际法的不同背景下成为选择。

## 促进智识任务

无论是在学术研究或理性决策中，有关国际法理论都会就创造和评价有效政策所需，提供必需的所有知识性任务或技巧，并且试图将其运用于集中和整合。显然，最不可或缺的任务包括具体阐明设定目标、为了认定与这些目标一致性的程度对过去决策趋势的回顾、对影响决定和决策趋势的条件因素的探讨、通过各种方式对未来的趋势和条件的规划,最后是创造和评价决策中更接近目标的所设定的选择。需要注意的是,这些罗列完全不同于历史上无益的对基于不当定义的经验或超验前提进行逻辑和句法演绎的强调。其目的在于,避免传统法律概念和规则中模棱两可和互补性上固有的混乱,以免其主张的一个不经意的动作就完成所有相应的任务带来的疑惑。我们并不建议所罗列的任务需要或必定按一套固定的顺序或在彼此完全隔离的情况下完成。反而,我们主张,将所有任务系统地,彼此联系地,针对于背景中的特定问题来完成。理性地执行某项特定任务要求我们训练有素地将特定问题置于其更大的背景下,并根据与相关背景每一重要特征有关的其他任务所实现的规划和结果,来系统地检测完成该特定任务的规划和结果。因此,所有任务的完成都关乎同一事件,也在某种程度上是同时进行的,但是它们在其观察目的和所采用的技巧方面却有明显区别。[56]

接下来将简要指出我们所建议的不同任务都各自涉及哪些内容。

### 澄清目标

和其他法一样,国际法也是由人类在实现社会目标的社会过程中所创造的。不管作为变革社会还是稳定社会的工具,都要求由国际法的管理者决定他们所追求的社会结果,并选择实现这些结果的适当途径。

从历史上看,小团体中的精英们通常会以自然法的名义或历史主义、科学主义的神秘性掩盖明确目标之过程。然而,在当代跨文化交流中,具有不同神秘规则体系的团体相互作用,自然法技巧的有用性就存在问题,

---

〔56〕 有关各种知识性任务的全面详细建议及参考文献,参见本书随后几章和 HUMAN RIGHTS AND WORLD PUBLIC ORDER, *前注*1, at Ch. 5。又参见 H. LASSWELL, A PRE-VIEW OF POLICY SCIENCES (1971); R. BRUNNER & G. BREWER, ORGANIZED COMPLEXITY: EMPIRICAL THEORIES OF POLITICAL DEVELOPMENT (1971); G. BREWER & P. DELEON, THE FOUNDATIONS OF POLICY ANALYSIS (1983); W. ASCHER, FORECASTING: AN APPRAISAL FOR POLICY-MAKERS AND PLANNERS (1978); R. FALK, A STUDY OF FUTURE WORLDS (1975)。下文强调,甚至是过分强调了,明确跨国共同利益中的困难。A. BOZEMAN, THE FUTURE OF LAW IN A MULTICULTURAL WORLD (1971).

还可能妨碍跨文化目标的确定,因为每个团体都会忠实固守其自身的神圣概念。原教旨主义主张其立场不容置疑,很容易就在国内或跨国社会流通。因此澄清国际法决策过程的目标就需要强有力的世俗手段。

在同例和先例同时存在的情况下,对过去的彻底考察有助于对未来适当的社会目标的认定。然而,尽管从过去的经验中汲取智慧的努力必不可少,但在快速转变和社会剧烈调整的时期,过去几乎无法给未来提供先例和模式。正是因为对新的、不同的,甚至可能是不安的未来的预期带来的焦虑,出于对旧价值体系偶发的强烈崇拜,有时几乎是歇斯底里返祖地信奉老旧的宗教信条,人们可能会抗拒新的替代性选择。

正是在我们这样的时代,无论是在特定团体中还是跨团体的目标的确定上都应该避免对回溯过去的沉溺,并应发展出某些方法以重新评价和重新构建目标,并确定正在兴起的共同利益。训练有素的想象,以及各种其他方法,哪怕是自由幻想的技巧,可能都是必要的。为了描述之用,上文所建议的最系统化的方法采用框架构图,并对其进行调整以制定一系列问题。一项社会成员所追求的一般目标经高度抽象而被设定下来。然后是在更低层次的抽象中,价值过程每一组成部分的各阶段,包括公共秩序的不同方面、构建过程及其决策功能,甚至延伸到个人所倾向的心理和个人组织,更具体的目标通过其他联系的知识性任务明确下来并相互联系。尽管这样所明确的目标不一定激发规范和应用活动,它们却为评价社会生活所有部门的决策流程提供了一套不可或缺的标准。

理性地澄清更大社会的目标不可避免地首先要涉及其自身最低秩序方面的目标,即把非经授权的暴力和强制最小化,否则我们就无法想象对其他大部分价值的共同追求。当今国际竞技场,大规模战争的可能性经常存在,最低限度秩序之目标显然就变得尤为紧迫。尽管最低秩序要求为其他目标的实现设立了长期存在的限制,却无需阻碍其他目标的设定以及人们对这些目标的期望。最低秩序可以通过许多途径实现。对于决策专家而言,重要的是选择那些在整体意义上最接近其他社会目标的方式。这些最低秩序之上的终极目标可以被描绘为那些"最优秩序"之目标,且包含当今全球社会所珍视的所有人类尊严价值之伟大创造和广泛分享。

### 对过去决定趋势的描述

实现社会目标的重要一步就是评价该目标在过去被实现的程度。我们必须要知道我们现在走到哪一步了,以及是如何走到这一步的。在类似情况下,较高的实现程度说明了目标的可行性以及所采用策略的有用性。反过来,较低的实现程度则可能迫使对目标作出改变或者采用不同的策略。因此,法学家对过去决定趋势的研究与历史学家进行的传统研究较为不同。历史学家有时只对发生了什么轶事的知识感兴趣;而法学家则是在目前所考虑的特定目标在未来的实施方面,对认定过去的决定和实践实现了什么感兴趣。尽管可能存在立场和兴趣上的不同,历史学家的某些技巧对于从事描述过去决策趋势的智识任务的决策专家也会是适当的。然而,正是因为法学家把对过去趋势的描述作为未来实现目标的工具,他在研究中所采用的模式必须结合背景,并使用多种方法。为了更加有效地跨时空地比较决策及其结果,我们要对导致寻求权威性决定的事件、参与者针对决策提出的详细诉求、作为决策的条件要素,以及决策对于参与者和其他人即期和长期的结果在价值制度过程,包括其所有具体阶段方面进行"真实的"分类。为了补充对相应的规则和概念的传统总结,我们应为构建过程和其他受保护的公共秩序特征勾勒出价值制度方面的全面蓝图,并应审查在与特定的具体类型的诉求方面的决策流程。我们还要设计出一些程序,从而将特定的诉求与其完整的背景相联系,并评价权威决定者根据明确的目标对诉求作出的回应。

### 指明条件要素

对于认定过去的目标如何,并在什么程度上被实现,以及在类似的条件下,同样的实现目标之策略对于未来规划是否有用,不参考条件要素的趋势研究没有什么用处。在以政策相连的方式从事科学任务时,我们要对影响决策的多重因素之相互作用进行研究,不能对任何一个或一类要素赋予超乎一切的重要性,即便是那些与财富或"经教育的传统"或操行方面的要素。无论是将财富变量作为条件要素的马克思主义方式,还是将赤裸权力作为重要变量的马赫特(*Macht*)学派都将被摒弃。关于要素影响决策更全面的理论将经由当今科学适当的程序建立并检验。此理论建立应以“最大化假定”为起点，即在其能力范围内，所有回应都是净价值预期的一项功能，并应将重点放在素因性和环境性变量上。源于文化、阶级、利益、性格和此前遇到的危机等方面要素的重要性将被明确分析。虽然我们会寻求强有力的理论模式，但并不是要过分强调数学测量或试验的重要性。在信息的搜集和处理中，我们会占据不同的优势地位并采用广泛和集中的程序。

**对未来趋势和条件的预测**

受到对过去之崇拜并希望历史永恒的愿望的影响，法律通常认定自己是回顾性的，事实恰恰相反。法律关乎未来，尤其是关乎行为模式的形成，从而带来与预期的目标一致的价值创造和分配。因此，理性的法学理论必须发展出各种预测未来趋势的方式，从而确定它们是否接近预设目标，以及接近的程度，假如决策专家自己不干预的话。不同于其他未来学的努力，与政策有关的方法不依靠超视和先知的能力。相反，它并不认为有一个于某个模糊距离之外，但可以通过某种神秘方式被“预言”的已经存在的“将来”。将来存在多种可能，正由于人类在不断消逝之当下的行为和有意选择，其中之一将会发生。因此法学理论适当的知识性任务涉及对从最渴望的到最不愿见到的未来的广泛可能性之训练有素的想象。通过使用我们此前建议用于描述性科学研究的框架性模式，可以详细动态地描述这些对未来的预测或“发展性构建”。这些构建的目的在于使决策专家可以从其所处的“当下”出发，考虑到带来期望的构建并最大程度减小最不希望的将来的可能性，对可能的策略选择进行评估。在这方面，我们可以把这些构建比作声纳投射所造的人工图像，它提供不断的反馈流，令一个移动的物体得以改变路线、高度、速度从而增加接近目标的可能性，并降低因遇到阻碍而被击碎的可能性。借助这些构建，政策联系的法学理论转变传统的法学理论下的线性或年代演绎为关于构成趋势和条件要素的新的知识学科，从而令其对未来的预期更加明确、全面和现实。

### 创造并评价政策替代性选择

刻意以政策为导向的研究其终极任务就是提出建议并进行决策。明确目标、描述趋势、分析条件和预测未来的可能性这些任务都不过是创造、评估和政策替代选择的前奏。既重要又艰巨的任务就是要构建出决策策略,从而跨越公共秩序中一般性目标与更具体或总体性的结果之间的鸿沟。为了寻找创造的可能性,以影响决定令其更符合确定的目标,我们要考察决策过程的每个方面,无论是构建过程还是与公共秩序有关的过程,以及条件背景的每一方面。我们要从所有明确目标之得失方面对特定的选择进行评价,并且该评价要受到我们在趋势、条件要素和未来可能性方面所获得的知识的约束。我们将会对,并令其寻求以最大收获和最小损失为特征的综合解决方案。其他智识任务将会被综合起来,以寻求收获最大而损失最小的整体解决方案。我们将会采用激发创造力的特殊程序,包括扩大和缩小关注焦点、调整密切关注和忽视的时间段、自由结合,并用随机组合进行试验。这些智识任务的根本在于有关人类媒介的观念,以及这些媒介通过决策令未来更进一步接近假定目标的潜力。

全球社会的科技日益普遍,获得资源的方式愈发多极,资源环境正在经历无法逆转的变化,智识技巧亦不断普及,毋庸置疑的是,某种形式的经意政策导向法学理论,对于人类大社会是适当的,并会最终取代所有传统法的理论包括国际法的神秘主义和困惑。某一社会所实现的法学理论有赖于对其成员依法律提出的诉求之考量,以及从这些成员对其所能明确和保障自身共同利益的条件之理解的全面性和现实性来考察。格老秀斯以及现代国际法的其他创立者为世界设计了立法和程序以及有关法的理论。于其时,世界中民族国家兴起成有效权力的主要工具,并且其首要共同目标是确保免于跨越国境的混乱、未授权强制和暴力的安全。令人感到乐观的是,当今的全球发展已经与格老秀斯所处的年代不同。人们的交流更加密集也更加自由,地球空间的有效权力呈更加丰富多元化特征,其追求也已经超越安全而至于所有价值形成和分享中的最优秩序目标的追求。在这一构建下,民族国家依然重要,但也有其他的主体参加了进来，既包括各种不同的地域范围内主要致力于权力的各种各样的政府间组织，也包括众多致力于权力之外的其他价值，但亦追求权力效果的非政府组织。该构建乃是基于如下假设：人类个人，作为各种团体的组织者和最终参与者，他们“日益兴起的共同诉求”并不会减少，反而是强化并促进了超越地理界限的相互联系；尽管偶尔会有乡土观念的复兴，但人们当代的部分认同将快速扩展至对人类整体的承认和尊重；全球人民将会更加现实地认识到他们与所有价值之间不可分解的相互依赖。

较为悲观的构建则是人类正在迅速滑向全面集权化的世界监狱国家，其不同的内部社会及作为其组成部分的个人和团体都是在无限延续的军事精英之有效管制下的巨大等级模式中被组织起来的。

对于珍视人类尊严价值的当代学者和法学家而言，这正是一个创造法学理论以避免军国主义世界的最终出现，并实现人类尊严之世界公共秩序的机会。

【翻译：王　楠；审校：关文伟】

CHAPTER 05 >>

# 第五章

## 关于法的理论的趋势:相关智识任务的概念

在前面的探讨中,我们已经发现,在美国法律现实主义者们复兴的古代传统中,一个社会的法律最适合被描述成一个权威决定的过程,而社会的成员试图通过这个权威性决定去澄清和保护他们的共同利益。[1] 我们提到过,在任何社会中,对于决定被做出和执行意义上的有效权力的过程,由于严重的剥夺或者高度的放任,常常并不代表决定的目标的直接期望。而且发现,一些有效的决定是出于完全赤裸裸的权力或权宜性考虑而做出的。但是许多决定是根据他们应该如何、由谁、为了什么政策、通过什么程序来决定的这种社会的期望来作出的。这些后部分的决定,根据社会的期望作出,而且通过充分有效地控制使其在随后的例子中可以付诸实践,但是不管"法律"一词是否实际地或不实际地被使用了,他们必须是所有关注的主要焦点。不论是学者、权威决策者、提倡者或社会成员,都与一个社会价值的塑造和分享是相关的。

进一步,当今人们普遍观察到,有效而权威决定的过程,融入且超越了一个相关渗透社会的层级——从更大的全球或地球的空间,经由区域和国家到地方——在

---

〔1〕 第一章。

人类个人对于所有价值的塑造和分享上,影响了相互决定性或相互依赖性。[2] 最广泛的全球社会的决定过程影响着组成全球社会的构成社会相互间和各构成社会内价值的塑造和分享,不管其地域如何。反过来,较小的地域、国家或地方的社会的决定过程影响着由他们组成的更大的社群的特殊性决定过程和价值分配。[3]

这种相互依赖性刻画了所有这些不同的人类社会,包括最大的和那些影响了权威决定及被权威决定影响的。可以发现它有两种类别。在任何特别的社会和超越所有较小的社会,在一个特殊性的价值过程内首先存在着相互依赖性。其次,不同的价值过程之间或交错性的,也存在着相互依赖性。[4] 这样,在一个特殊的社会内,权力如何被内部性的构造——独立的个人如何与集中组织性的威压相联系——很重要地影响了社会如何在世界社会内行使权力。相反,即使在民主社会也能够维持的对于个人尊严的尊重,从大的范围来讲,也是国家在包容性世界竞技场中的一个功能。同样地,和财富相关,没有一个当代的社会只作为一个自足的单元或没有恰当的跨国组织,而能够达到或维持所期望的经济活动水平:它在国界及他们的经济雇用之外需要且追求更多的资源、技术、劳工、产品和市场。在这些不同的价值过程之间,任何特殊社会的权力,和这个社会内的权力分配,在今天最明显地依赖于对新技术的发明和管理上的教化和技巧。相反,政府的控制和政党,在收集和散布信息上也影响一个社会的教化,且私人信息传媒也会对此有所影响。类似地,财富的过程受国家安全考虑的影响,且军备的负担可以通过全体人民在潜在生活标准上所受到的影响程度上反映出来。在所有价值过程内部或相互之间,相

---

〔2〕 同上,第四章;又参见 THE STRUCTURE AND PROCESS OF INTERNATIONAL LAW: ESSAYS IN LEGAL PHILOSOPHY, DOCTRINE AND THEORY (R. MacDonald & D. Johnston eds. 1983)。

〔3〕 这些主题的发展,see M. McDOUGAL & W. M. REISMAN, INTERNATIONAL LAW ESSAYS (1981) 和 INTERNATIONAL LAW IN CONTEMPORARY PERSPECTIVE: THE PUBLIC ORDER OF THE WORLD COMMUNITY (1981) Ch. 1。

〔4〕 有关这些相互依赖性更详尽的描述,in M. MCDOUGAL, H. LASSWELL & L. CHEN, HUMAN RIGHTS AND WORLD PUBLIC ORDER: THE BASIC POLICIES OF AN INTERNATIONAL LAW OF HUMAN DIGNITY (1980), 第一章。又参见 M. McDougal, W. M. Reisman & A. Willard, *The World Community: A Planetary Social Process*, 21 U. C. DAVIS L. REV. 807 (1988)。

互决定性的连续流动所产生的结果,是单个人在价值塑造和分享上无法根除的相互决定性,不仅在特殊的社会内部,也超越了所有的社会。

当对一个特殊社会内的权威决定的过程进行仔细审查时,我们可能会发现,如前面提及的,它由两种不同但相互联系的决定所构成。〔5〕第一个是建制性决定。它确立且维持了社会最广泛的权威决定的过程。正是这些——当然也有可能被取消的——决定,确立且刻画了权威决定的作出者,明确了基本社会政策,确立了合理的制度结构,在不同制度结构层面分配权力,授权制定不同类别决定的程序,确保对于明确并保障共同利益及执行一般性社会政策所必需的各类决定的有效执行。第二种决定的类别是"公共秩序"决定。它形成于构建过程,进而去控制和规制社会不同价值过程,去确立生活的一般品质。

需要强调的是,在一个特别社会内通过权威决定的创建过程而展现的各种类型的决定,不管是全球性的抑或地域性的,都要比在当代性背景中关于决定的作出的讨论和评价的选择种类要来的更加复杂和特殊。声称为了整个社区的利益作出权威决定的决策者,在事实参数很明显以及对于引导选择的具体政策明确而具体的情形下,很少面临选择的情形。传统的对于构建过程不可缺少的各种不同的决定,已经变成了术语"立法的"、"执行的"、"司法的"、"管理的",而且很明显它们更多的是指制度结构,多于决定。而且相同的结构常常产生不同类型的决定,同时,一些特殊类型的决定是通过许多不同的结构来作出的。基于在描述上更加精确和全面的目的,我们提出不同类的决定或"权威功能",可以通过七层术语来更好地分辨,即信息、推广、制定、援引、适用、终止和评估。〔6〕要想对每个不同类的决定进行最完整的表述,就要从有关参与者、所追求的重要政策、相互作用的结构、权力的基础、特殊的策略或活动和追求的结果的角度来对每个类别内部进行进一步的过程分析。〔7〕为了当下目的,提供

---

〔5〕第三章,第 93 ~ 118 页有详尽的细节。

〔6〕H. LASSWELL, THE DECISION PROCESS: SEVEN CATEGORIES OF FUNCTIONAL ANALYSIS, Bureau of Governmental Research, University of Maryland (1956). 这个公式是根据大量的试验得出的。

〔7〕对于全球构建过程中七种功能中每个详细的情形,提供在 M. McDOUGAL & W. M. REISMAN, INTERNATIONAL LAW ESSAYS (1981)。

一个简要而委婉的表格式大纲也足以表明每种类别决定的初步特征、它独特的策略或活动序列、一些对于确立和维持特殊类决定的更为重要的一般性社群政策。该大纲可如下所示:

信息

与决定相关的信息的收集、处理和分发

*不同活动的序列*

1. 信息收集

2. 信息处理(可能包括目标的明确)

3. 信息的分发

*一般性社群政策*

依赖性的广泛选择

创造性的

可利用的

推广

可选择政策的积极倡导,增强对期望需要的强度;主动采取措施以保证规则的制定

特别活动中的*序列*

1. 探求可能性推广

2. 明确诉求

3. 诉求的传播(调动资源和意见以保证对诉求的承诺)

*一般性社群政策*

合理的

综合性的

广泛的

有效的

规定

保护既有权威性也有控制性的社群政策

特殊活动的*序列*

1. 启动

2. 探求

a. 事实（背景的特征）

b. 潜在的政策

3. 政策的形成和特征

a. 澄清（详述）

b. 关于政策的权威决定

4. 对于未来政策的权威性期望的沟通

a. 内容（对价值的塑造和分享的实证参考）

b. 权威

c. 控制

*一般性社群政策*

有效的（确立对于政策、权威和控制的期望上的某种稳定性）

合理的（让普通的而不是特殊的利益有效；合理地在保护包容性利益和排他性利益间达到平衡）

广泛性（扩至所有影响共同利益的交互作用情形）

援引

就规定而言事件的临时性特征；应用的开始

特殊活动的序列

1. 启动

2. 初步探求

a. 事实

b. 政策

3. 情形的临时性特征

4. 激发可应用的竞技场

*一般性社群政策*

及时（迅速、可利用、公开）

可依赖的（在表现事实上）

合理的（对共同利益进行回应）

非煽动的（没有滥用的嫌疑）

有效的（在激发应用上）

应用

社群规定与特殊的相互作用情形的关系及使这种规定具有控制力

特殊活动的序列

1. 启动

2. 探究

a. 潜在的相关事实（突发性事件）

b. 潜在性政策

（1）解释（确定政策内容、规定的权威性和控制力）

（2）补充（填补政策内容、权威和控制的漏洞）

（3）结合（在政策内容、权威和控制方面吸纳补充）

3. 事实和政策的特征

a. 选择相关事实

b. 选择相关政策

c. 决定的作出：明确的政策与相关事实的关系；估量将最优化确定目标的政策性承诺；未来政策的预测

4. 执行（持续管理）

5. 审查和批准，或不批准

*一般社群政策*

合理性（与普遍利益方面的规定相符合）

一致性（背景性的、无偏见的、个体利益的独立性）

有效性（付诸可控实践的政策）

建设性（为未来规定作贡献；动员政策上的一致性和增加实效性）

终止

终止在规定仍具有权威性期间的规定和安排

特殊活动的序列

1. 启动

2. 探究

a. 事实

b. 政策

3. 取消（消除规定或安排）

4. 改善(最小化取消带来的损失的措施)

*一般社群政策*

及时的(迅速;注入可通过与人性尊严相一致的方式来使得改变有效的期望)

全面的和依赖性的(在探究事实和政策上)

平衡性(在与保存与改变相关的事实和政策的描述上)

改善性(最小化改变的破坏性影响)

评价

集中在过往决定和追求既定目标的决定过程上的调查;包括为了实现目标提出的新方法和责任归属

特殊活动的序列

1. 收集(获得关于决定过程和它的功能的信息)

2. 评价(评估执行的质量)

3. 发布调查结果及建议给相应的受众

*一般社群政策*

依赖的(现实的)

持续的

独立的(无偏见的)

背景性的(考虑所有的价值后果)

即便是通过对权威决定的制定流行中所固有的各种决定做一个简单的印象式调查,都不难看出对于与共同利益合理联系的每个不同种类决定的作出,必须要求有智识程序超越了给定的或假定的政策与给定的或假定的事实之间的技术性联系,延伸到对事实的持续探究和再评价、对于价值攸关的问题的持续构造和再构造,和对潜在相关政策的持续作出和重新作出。不论在哪个社区,服务于共同利益的法律都不能由不暗世故、全无技巧却又毫不在意的人们制定出来。

如上面指出的,不管是在单个社群内或者在两个社群之间,甚至跨社群的,人类个体和他们不同群体间的相互依赖,使得权威决定过程对作为决策最高指导标准的共同利益的历史性贡献有必要作为指导决定的重要标准。[8] 这些普遍的相互依赖所产生的不可避免的结果是，任何特殊的个体，不管他在单个特殊社群或社群层级中的位置如何，都能够完成他要求的价值的程度是其他在相同或不同社群内的位置不同的个体能够获得或维持他们诉求价值的相应满足程度的一个功能。我们当然不能质疑，在一个资源稀缺的多元社会，个体对于相同价值一般可能具有竞争性或不可调和的诉求，他们有可能是具有特殊利益的诉求，而排斥互惠和相互容纳。即使在最成熟的国家社群内，建制性规定特征性地显示了不同参与者通过不同的制度实践及在不可详细预期的条件下进行着广泛的价值分享。但是当利益变成了各种价值诉求，加上对实现这种需求的条件的期望的支持，我们就可能在共同利益（如这些包含了价值分享的需求和包含性影响的期望）和*特殊*利益（如这些尽管与包含性影响的活动相关，包括自我主义的需求，而不考虑对于其他人的后果且没有互惠或相互包容的许诺）间可以进行辨识。[9] 如果如想象的那样，权威决定可以像保护共同利益一样保护特殊利益，将不会出现为了决定而在这些利益中进行选择的标准。如果所有的特殊利益，尽管具有对共同利益的破坏性，都需要被保护，那么结果只能是一个完全瓦解的社群。但是如果只是一些特殊利益被保护，进行选择的唯一现实标准似乎就是与哪怕最小法律概念相冲突的完全赤裸的权力。[10] 在哲学的纯粹上，以下观点有时会遭到反对，即没有什么事情可以作为共同利益，进而任何共同利益的标识都是一种"幻想的虚构"，因为没有可识别的目标、对于"共同利益"用语的永久指示。[11] 然而，抛出这种反对是为了代替对社群过程片段完美的实证参考的追求，这种追求就像找寻圣杯一样是不可能的。在社群过程中，分享的需求是假定的，且恰当的研究和决定的程序对于他们持续的包容也是

---

〔8〕 M. MCDOUGAL, H. LASSWELL & I. CHEN, 前注 4，第五章，扩展了这个主题。

〔9〕 关于这些归类更多地描述，参见 M. McDOUGAL, H. LASSWELL & I. CHEN, 第四章。又参见 M. McDOUGAL, H. LASSWELL & I. VLASIC, LAW AND PUBLIC ORDER IN SPACE (1963) Ch. 2。

〔10〕 要点已经在下书中被概括，M. McDougal & A. Lans, *Treaties and Congressional Executive or Presidential Agreements: Interchangeable Instruments of National Policy*, 54 YALE L. J. 181, 547 *et seq.* (1945)。

〔11〕 许多论点被收集在 W. LEYS & C. PERRY, *Philosophy and the Public Interest* (1959)。延伸性的讨论可见之于 THE PUBLIC INTEREST, NOMOS V (C. Friedrich ed. 1962)。

可以利用的。权威决定在明确和获得共同利益中的历史任务最好(并且早就)通过分享需求和现实期望的标识的持续而仔细的清晰表达,和通过在持续探求和背景的评价中对于一个多样的智识程序的利用及对于潜在决定的结果的支持来完成,从而识别这些对所有参与者承诺以最大的网络受益的结果。对于决定者重大的挑战,是不断地就部分参照全局,对每一问题都做背景考虑,并以就最重要的社群目标和变化的社群特征为依据。

权威决定的作出者偶然通过瞬间的见识洞察或者对承袭规则操作的纯粹逻辑实践,有可能会作出与共同利益合理关联的必需型决定。但是,这种结果并不必然发生。对过去的成功或失败的观察表明,如我们上面已经强调的,共同利益更可能通过系统性和纪律性地采用一整套尽管相互密切联系但可分辨的智识任务来实现。〔12〕 在关键价值和重要的目标性价值方面,一旦问题被明确地表现出来,共同利益的表达被明确地要求了,为研究提供方向的首要智识任务是,尽量具体而非抽象地暂时明确那些可以恰当地适用于必须作出的直接性决定的潜在政策。在潜在政策的测试上,第二项任务是检测过去在屈从于智慧的那些决定中的倾向:从过去关于比较性问题决定的成功与失败中,对于多样性政策能够学到什么,及在何处确立更接近重要的社群目标的决定过程的基点。第三个任务,已经在当代法学理论中强调很多了,是科学性方面的任务:在趋势和环境中,是什么因素表现出了对过去决定的影响,不管是成功还是失败,以及这些因素在未来是否可能在可比较性效果上被延伸。第四个任务,是预见性的,明显地集中在预期或者预测未来的发展:对于共同利益,可能性的政策结果、成本和收益是什么,在背景可能做出的决定中不同的选择是

〔12〕 这里提出的构想的基础,可参见 J. DEWEY, How WE THINK (2d. ed. 1938) Ch. VII, VIII; LOGIC: THE THEORY OF INQUIRY (1938); THE PUBLIC AND ITS PROBLEMS (Rev. ed. 1954). *Afterword. Logical Method and Law*, 10 COMN. L. Q. 17 (1925)。又参见 J. SMITH, THE SPIRIT OF AMERICAN PHILOSOPHY (1963) Ch. 14; R. BERNSTEIN, JOHN DEWEY (1966)。

比较性构想,可参见 E. CARR, WHAT IS HISTORY (1963); 1. BROSS, DESIGN FOR DECISION (1953); J. O'SHAUGHNESSY, INQUIRY AND DECISION (1973); 和下面引用的其他更多最近关于决定作出(decision-making)的著作。

什么。应该很明显的是,就科学技术和在更大社群背景内的改变可能性而言,可靠性预测需要超越过往倾向的推断,而对这种倾向进行仔细评价。最后和终极的任务是,根据设定的目标所确定的标准,选择或创造最能够提升直接当事人以及全体社群成员净利益的决定的选项。我们不是说这些不同的智识任务能够或应该在一些严格的、孤立的、序列性的秩序中执行,而是说它们全都是密切地相互联系的,任何任务的有效执行都有赖于其他任务的有效执行,且如果想确保或者合理考虑共同利益决定,所有的任务都是必不可少的。

当我们转向法学理论著作来检视我们在各种智识任务及其执行上的理论遗产时,第一个印象是其中的混乱和不充分。[13] 在历史法学理论中一般经常被推崇为样板的智力演练——不包括在我们上述罗列的条目中——是以从较普遍的命题中推导出较不普遍命题的方式进行的逻辑推导,而其主要的术语却是语义不清或超经验指涉混乱。我们会发现继承下来的一般规定并不总是在补充性的对立中朝着不同结果前行,且常常是模糊的和不完整的。在各种智识任务的完全浓缩和混乱中,通过继承的法律规则的逻辑性操作——假定对过去、现在和未来同时作出一个参照——在不一次可思议的行动中来描述过去的决定是什么,从而考量影响过去和将来决定的因素,预测未来决定的可能性,阐明未来决定应该如何。在我们最初的合著中,我们称这种特殊的智力演练为"规范性模糊"。我们写道:

>……几个理论经常被那些旨在陈述"法律"的人无意地援引……
>
>假设一下,一位阐释案件的法学教师、一位为客户辩护的法律顾问、一位在法庭上表达意见的辩护人的以下陈述:"这是法律(接下来是'准则'的陈述)。"这种表述也许被当作是对过去那些被认为符合资格的代言人(权威)作出的表述的总结。它也可能指涉未来的事件,预测某个权威将要说的(尽管对于他们过去所说的存在疑问);或

〔13〕 这个不具完全现实性的印象,可以在任何法理著作的阅读中通过相关材料和参考书目来证明。参见 W. M. REISMAN & A. SCHREIBER, JURISPRUDENCE: UNDERSTANDING AND SHAPING LAW (1987) [*hereinafter* REISMAN & SCHREIBER]; P. LLOYD & M. FREEMAN, LLOYD'S INTRODUCTION TO JURISPRUDENCE (5th ed. 1985), [*hereinafter* LLOYD]。

者它被解释为教授、顾问和辩护人所偏好的宣言——一个发言者认为法律应该为何的表述,尽管权威(之前或以后)反对。如果采用了后一种解释使用的语词,发言者可能确信他被误解了,因为他并没有使用那些直截了当地传达了偏好的语词;但是,听众也许相信发言者暴露了自己,因为很多实践中的议论者说"法律是这样和这样的",这时他们的意思——如果被挑战他们所说的意义上——是对于法律的偏好是这样和这样的。在一些情境下,这种表述超越了简单的偏好,且变成了去做任何可能的事情的意志,而使"应然"被接受为"实然"。

因此,如果我们从表面价值上来看"法律"表述,我们可能发现它是模糊的,且我们可以称它为"*规范性模糊*",因为使用了"法律"一词,且"法律"是指涉规范的语词,尽管所谓的规范是否与发言者排他性关联、是否发言者和其他人分享、或者尽管是其他人的规范,是否根本就不是发言者的规范并不确定。一般意义上的经验强调,这种规范性模糊表述在用以解释"法律"或"道德"或"神旨"过程中的重大作用。"那是(道德上)正确的"这句话引发了所有对"这是法律"这句话的疑问。"这是上帝的意志"也很同样模糊。通过援引这样的语词序列,发言者可能消除了自身的偏好,或者在争议问题上的自主,并通过阐释规范来增加人们对他的话的关注,这些规范的发起人也似乎超越了发言者。[14]

除了这种将相关任务一般地融合成单一的、缩减的研究,并将不可克服的负担放在逻辑上,有时候在描述、解释和偏好之间辨别"实然"和"应然"是不可能的,因而决策者和学者必须满足于一个关于决定和法律与社会过程相互关系的"大的、繁盛的、嘈杂的混乱"状态。[15] 有时候,法律具有神秘性、有点自治性而区别于政策,用于达到政策的明确化和执行的智

---

〔14〕 H. Lasswell & M. McDougal, *Legal Education and Public Policy: Professional Training in the Public Interest*, 52 YALE L. J. 203, 266 (1943).

F. Tipson in*Consolidating World Public Order: The American Study of International Law and the Work of Harold D. Lasswell and Myres S. McDougal* (Ph. D. diss., University of Virginia, 1977) 28 et seq. 指出 Thomas Kuhn 在他对科学史的研究中,及建立在他研究之上的法学学者,使用了"范式"一词,也是规范上模糊性的参考。Tipson 对不同智识任务及他们相关知识提供了出色的讨论。

〔15〕 L. FULLER, THE LAW IN QUEST OF ITSELF (1940).

识任务显然是不相关的,[16] 一些观察者甚至走的更远,认为"普通语言"——由于他们英语上的表述习惯而显得有些专断——就算不是唯一的,也必定是主要的,决定之教化的来源。[17] 进而,最普遍的归类和识别不同法学理论学派的方法常常就其所特别强调的智识任务而言,相对忽视其他同等重要的任务。这样,自然法学派可以通过它强调的"目标",以及这样的目标是否源于世俗的或者经验主义来识别;历史法学派可以通过它强调的对于过去的研究来识别,尽管预期的期望可能确定或不确定;实证主义法学派或分析法学派可以通过它强调的运用技术规则的推理逻辑的训练来识别,而不管这种逻辑导致的决定中的荒谬是什么;社会法学派可通过它强调的对于原因(常常是技术规则,而不是决定)进行研究的科学任务,而非对结果进行比较性考虑,来识别。总而言之,不幸的是没有一个传统的法学流派对法律研究——个别地考虑——可以代表智识任务的全盘范围。这些智识任务对于确保与共同利益相关的决定,或者提出促进或完善任务执行的具体程序和模式的建议而言是不可或缺的。

但是,当考虑到对于法律进行研究的所有传统理论的建议组合,及加上最近在社会科学、历史学和哲学领域发展的关于决策的理论,我们可能会发现为了对运用与改进执行的模式和程序的必要性的承认,而出现的我们上面所描述的作为对共同利益进行决策必不可少的各种各样智识任务的融合。[18] 我们会发现,不管事实上执行的效果如何差,某些传统理论对法的研究将重点放在被提出的各种任务上,大部分理论都预设了相当数量的智识任务,或是潜在地涉及这些任务。在近来一段时间,许多不同的学科的大量文献集中关注所谓的"问题解决"或"决策",尽管它们就理论模型和特殊学科的技术程序存在严重的分歧,但不管是在对问题解决者或者决策者所面临事实背景的描述上,还是在适合问题解决或决策的智识任务的推荐上,都展示了高度的一致性。[19] 即使是对何为"问题"

---

〔16〕 H. HART, THE CONCEPT OF LAW (1961).

〔17〕 LLOYD 前注 13, 第 53、453 页, 第六章。以下文献涉及"普通语言"框架下的哲学假设: N. MACCORMICK, H. L. A. HART (1981) 12 - 19。

〔18〕 F. COHEN, THE LEGAL CONSCIENCE (L. Cohen ed. 1960) 55.

〔19〕 在本章的后面部分提及了关于这个文献的大量参考。

的构建上，以及“决策”这一关键概念的定义，都体现了智识任务整体的相关性。因此，梅奥（Mayo）和琼斯（Jones）在对许多学科的文献进行的深入调查中，注意到“决策”常常是从“在机会、及在众多为了追求给定的一个或多个目标的行动的特定过程的可能性中进行选择方面”方面被定义，且“合理性”最好被用来“指最终决策结果的特征——一个给定过程在满足决策者目标上的成功，”并提供了一个“基本决策模型”的大纲，用于帮助权威决策者所要求的不同种类决策的作出：

1. 问题的识别（或者临时性表述）

2. 目标—目的的具体化

3. 控制背景性因素的识别包括：

(1) 参与者的要求和期望

(2) 对于提出要求的人或决策者可利用的资源

(3) 包括法律过程的相关制度架构

(4) 有关习惯性实践

(5) 影响问题背景的主要运作和倾向

4. 可选择的行动过程的创造和指定

5. 对于每种可选择的行动过程更可能结果的预期

6. 为了每种预期的结果而产生的特殊结果的描述

7. 对这种结果在特殊目标方面（价值偏好的范围）的评价[20]

在合理的履行方面，被提出的各种智识任务紧密地相互联系，给所有任务对于有效明确并实施共同利益的决定的不可或缺性增加了光彩。这样，临时性地明确目标，对于引导其他任务在经济上的履行，去推动结果的合理性是有必要的；对趋势的检测，对于提供过去、现在与特定的目标相关的信息是有必要的；对条件的研究对识别制约决策选择的倾向性和环境性因素是有必要的，对于趋势的现实预期也是有必要的；对趋势、条

---

〔20〕 L. Mayo & E. Jones, *Legal-Policy Decision Process: Alternative Thinking and the Predictive Function*, 33 GEO. WASH. L. REV. 318, 349 (1964). 一个考虑到所有相关智识任务，有充分的最近引用的综合表述，可参见 E. Jones, *A Component Approach to Minimal Rationality Review of Agency Rulemaking*, 39 ADMINISTRATIVE L. REV. 275 (1987)。

对于一般的讨论，参见 REISMAN & SCHREIBER，前注 13，第一章，第二章。

件以及不同决策选择的成本和收益的预期,对于这种选择的评价是必要的;最后,决定中合理的选择或选择的创造具有一种效力功能,通过这种效力功能,所有其他的任务可被执行。法律专家的特殊性作用——不管是决策者、辩护人还是学者——有时候被认为是在特殊的个案中合成、引入所有与共同利益的合理决定相关的知识。从这种观点来看,法律专家义不容辞地去运用并尝试改进所有潜在相关的智识任务。有鉴于明确设定社群目标价值的重要性,以及对每种被推荐的智识任务系统地、有纪律地执行,对当代理论融合的发展做一简单、印象式的回顾,也许有助于理解这种作用的发挥。

## 设定社群基本目标

从把法律视为社群成员借此去明确和保障他们共同利益的权威决策过程的观点来看,我们可以很容易发现权威决策总是要求在价值间作出选择,并在一个社群内影响价值的分配。[21] 在乌托邦式的中立或自治

---

〔21〕 即使在对决策选择的后果进行完整的科学探寻之后,选择的必要性已经由 Arnold Brecht 很好地阐释了。他坚持认为"后果的明确很少推迟非科学上的选择,且有时候使其更容易,并且不会消除对它的需求。"A. BRECHT, POLITICAL THEORY (1959) 268.

他详细地解释道:

当所有的信息科学能够考虑我们行为的后果,我们可以假设它实际上是完美的、完整的,然而仍然留有两个不同的问题:就结果而言,我期望什么? 及不考虑我们自己的期望,我应该如何去做?

对于后面的问题,除非在神显明的戒律里或俗世权威的秩序里寻找,其依赖于人类的决策及在不同观念中进行选择。

BRECHT, 269 as edited by S. Verdun-Jones, *Cook, Oliphant and Yntema: The Scientific Wing of American Legal Realism*, 5 DALHOUSIE LJ. 249, 259 (1979).

已多次表明,技术性法律规则,由于它们的补充性、模糊性和不完整性,不能决定决策。对社群任务的慎重设定,像自然法或宗教性假定一样,对于特殊个案的决定在高层政策上提供了更为详尽的政策明确。然而,与自然法及宗教性假定不同,这样的假定并不依赖于获得新知识的信念。这样的知识对于在个案中作出合理性决定的必要的,且可以通过经验寻求及在更大的背景中对各类相关智识任务的详细运用获得。

以 John Dewey 为奠基的美国法律现实主义者在规划"终极"目标或价值上遇到的困难,仅妨碍了在诸多价值中确立绝对优先性,而不论问题或背景为何。这些困难不涉及对基本价值承诺的暂时设定——没有等级上的优先性——的效用。为了获得特殊问题和脉络的相关知识,人们通过不同的智识程序来检测这些价值承诺。对于有大量参考的深入性讨论,参见 S. Verdun-Jones, supra, 249261。又参见 BRECHT, 252-271; H. Lasswell, *To Verify Universal Values*, SATURDAY REVIEW, June 20 (1959) 14 (reviewing BRECHT)。

里,拒绝承认在诸多价值中进行选择的必要性,只会造成关于决定对价值的影响的混乱、不可知。[22] 在相互依赖的世间社群内,一个重要政策的选择的反应会进一步影响每一个地理区域,以及社会过程的每个功能性因素。[23] 要求在目标设定上彻底的完整和精确的完美主义愿望,是完全不现实的。对评价个别的或集合的政策效果,或达到对这些效果的全面地提前估计,所要求的时间和手段,已超越了在决策过程中对个人或集体参与者所能支配的。然而,这些困难显然并未暗示说,我们不值得尝试去预测或回顾政策选择对有关社群价值和制度的影响。对任何个别决策的结果所计算的任务,如最具建设性的美国现实主义法学者所说的,是"无限"的,如果计算并没有带有就何为"重要"问题采取"歧视"的标准来操作。[24] 对于每位决策者或其他评价者一贯存在的问题是,作为更大范围的人类社群及较少组成因素的社群的代表,什么样的基本政策目标愿意使其按照基本公共秩序的设定,而致力于激励或引导必须作出的选择。[25] 实际的含义就是,接近是研究的恰当目标,高度的选择是必要的,如果要达到重要的结果,而不管掌握的时间和工具如何分配。决策者和观察者,不管是有意识还是无意识的,都必须在不同的抽象层次上一从最

---

〔22〕 下面的文献恰与 David Little 教授的论断相反, *Toward Clarifying the Grounds of Value Clarification*: *A Reaction to the Policy-Oriented Jurisprudence of Lasswell and McDougal*, 14 V. J. I. L. 451 (1974), 我们看不到到决策过程中内在的"合理性"。我们只是坚持认为,决策要求在价值中进行选择,而对设定的目标性价值所采取的手段的适当性上,或许是合理的也可能是不合理的。Little 教授假定认为,这种得来的正当性,对于为了所设定的目标性价值而进行的自我观察而言,是无法避免的。我们并不认可这种假定。在任何情况下,我们所提议的不过是,得来的正当性应该放下通往人类尊严的目标性价值的抽象性阶梯。

〔23〕 M. McDOUGAL, H. LASSWELL & L. CHEN, 前注 4; M. McDougal, W. M. Reisman & A. Willard, 前注 4。

〔24〕 F. Cohen, *Transcendental Nonsense and the Functional Approach*, 36 COLUM. L. REV. 809, 848 (1935).

〔25〕 传统信念中信仰衰落提升了对于审慎设定的需求。参见 G. Hazard, *Challenges to Legal Education*, RESEARCH CONTRIBUTIONS OF THE AMERICAN BAR FOUNDATION, No. . 8 (1962) 192 Reprinted from THE PATH OF THE LAW, Harvard Law School (A. Sutherland ed. 1968); cf. E. Levi, *The Crisis in Association*, THE RECORD OF THE BAR OF THE CITY OF NEW YORK, March 1970。

高的到最低的——就政策偏好的设定、假设和明确有所作为。[26]

一套全面的社群目标价值的明确性设定,当然和对目标偏颇、模糊及影射性假设一样普遍。[27] 传统法学理论所追求的,与指导未来的决定相比,更多的是对过去已经做出决策的评价提供较为合适的标准。我们将对这些主要理论或法学理论予以简要地回顾。

### 自然法学说

自然法理论独特的特点在于它对于一套标准的坚持,而区别于实际,且常常是超越经验的。通过这些标准,社群的决定和个人的行为被予以评价。[28] 人类伟大的神学和形而上学的体系,通过多世纪的传承落到我们身上,更多是"既定的"而不仅是"设定的"知道决策和其他选择的各种各样的首要目标:"神的意志"、"善"、"最高的善"、"本质的善"、"固有的本性"、"人类的世俗性"、"正义"、"自然正义"、"客观正义"、"和谐"、"法律的内在道德"、"人类需求"、"共同需求",等等。尽管这个巨大的遗产认可也强调高度抽象地陈述社群目标的重要性,但是在对偏好的目标进行的一般陈述方面的超验性参照或定义错误的经验性参照,很少能够对决策者或者观察者在寻求更加详细的政策从而适用于特定的选择情形之

---

〔26〕 以下文献发展了这个主题, M. McDOUGAL, H. LASSWELL & L. CHEN, 前注 4, 第五章。

在一个有力且全面的概要里, ETHICAL SYSTEMS AND LEGAL IDEALS (1933) 第 2 页, Felix Cohen 写道:

术语的转换并不能模糊连贯性。在连贯性方面,西方世界面临着对法律进行伦理评价的问题。不管是否被分析正义性质的希腊哲学家、在自然法和平等的标题下的罗马和中世纪法学家、以自然权利语言为话柄的现代欧洲学者、当今关注"社会利益"的社会科学家处理过,问题的主要方面没有变化。对于所有在政治和社会上的充分思考而言,其根本在于法律应该是什么的问题、及寻求法律批评的有效性标准。

〔27〕 相关的摘要同样在 F. COHEN, 前注第 3 ~ 5 页。

历史法学派宣称其关注道德,且反复地唤起一种时代精神(*Zeitgeist*)或民族精神(*Volksgeist*),从而决定法律应该是什么。分析法学派不考虑道德问题,而通过一种被称为逻辑性理想(logical ideal)作为参考,来决定法律应该是什么。这种逻辑性理想其实根本不是逻辑的理想,而是一种对称类比发展的美学理想。从主权意志推导出法律,通常在没有正当性的情况下引入一个前提,即遵守这种意志是好的。就实际上具有普遍性的社会需求或者利益方面而言来界定法律,常常用到一个未公开的原则,即这些需求应该得到满足。

〔28〕 相关材料和参考,见 REISMAN & SCHREIBER, 前注 13, 第四章,第五章; LLOYD, 前注 13, 第三章, 又参见 E. HAVELOCK, THE LIBERAL TEMPER IN GREEK POLITICS (1957)。

中起到指导性作用。当以天启的或者形而上的绝对主义的姿态出现时,对这种优选目标的预期甚至可能会妨碍对可选择性特定政策有意识的、理性的、清楚表述的发现和评价。从外部观察者的角度来看,这种情况下目标的表达可以仅仅作为对人们不愿意或不能去假定个人的责任的强烈偏好的一个陈述。

### 历史性学说

公正地设定首要,从而指导决策和建议,这当然是一种智力操作。这种操作与历史性学说的基础相冲突。在最严格的版本里,这种学说的独特思想,即这种法律必须产生效果的目标,在过去被决定的某个点,是不可撤回的且不可救济,通过社会性和物理性因素的相互作用,默许了对这些预测目标的内容的宣称具有相当的多样性。[29] 一些提倡这种学说的欧洲学者强调将所有正式的权威表达与社群人民的感觉、信念和理想—精神或感性相调和。这样,萨维尼(Savigny)发现,确定本质的、不可见的人民精神的法律,因而必须是立法的唯一目的。[30] 同样,英国的提倡者,如梅因爵士(Sir Henry Maine),除了强调调整法律以适应社会的重要性,还提出了更大程度地实现个人自由的有关细节,以及保护私人财产和合同自由的前提条件。他断言,没有人"可以随便地在反对私有财产的同时却又推崇人类文明"。[31] 美国学者卡特(Carter)宣称,现在既存的习惯是法律的标准,律师和法官的工作应该旨在"使法律与当前实际存在的习惯相一致"。[32]

### 实证主义学说

明确设定优选公共秩序目标,已普遍地在主导的实证主义学说中扮

---

〔29〕 关于例证和参考, 参见 REISMAN & SCHREIBER, supra, 第六章; LLOYD, supra, 第十章。

〔30〕 As quoted in E. EHRLICH, FUNDAMENTAL PRINCIPLES OF THE SOCIOLOGY OF LAW (W. Moll trans. 1936) 446.

〔31〕 H. MAINE, VILLAGE-COMMUNITIES IN THE EAST AND WEST (7th cd., 1907) 230. 又参见 ANCIENT LAW (first published 1861, reprinted many times) 268 – 320, 331 – 386。

〔32〕 J. CARTER, LAW, ITS ORIGIN, GROWTH AND FUNCTION (1907) 121, 128.

演了一个同样隐晦的角色。[33] 当法律被界定为不同于且自治于政策的规则的传承体时，为了特有的法律争议中的逻辑一致性，这种法律运用中的重要目标通过循环运转的方式变成了对于"法律"的追寻。[34] 在这样的概念中，"法律体"被视作为一个孤立的理性系统，且对其检测只是为了不同因素间的关系。指导或批评决定的标准变成了一种审美，即法律的典雅性的要求。一位杰出美国教授下面的话提供了对这个观点清晰的表达：

> 应该记住的是……法律与宗教或伦理或道德并没有同样的目的。它不考虑去发展个体的精神或道德，而是规制其对于其他人客观上发生的行为。从而，法院将不得不阐明和使用一些根本和道德没有关系的规则，判同样毫无过失的两方中的一方输，有些追究责任而不考虑过错，有些拒绝去惩罚一些道德上绝对不允许的行为。[35]

可喜的是，当代实证主义学说的两位重要的奠基人对于作为潜在目标的社群价值是很有雅量的。因而，莫里森（W. L. Morison）在精炼地总结道：

> 作为英国实证主义学者的先驱，边沁和奥斯汀，是功利主义的，这意味着他们的伦理性理论代表了他们对自己最高层次目标的阐释，及对其他人最高层次目标的一种描述。他们认为，人们都追求自己的幸福，并经简单的数学错误，变成人们都追求所有人的幸福。因而，他们认为对于任何一个违背了"最大多数人的最大幸福"标准的制度予以检测，不会对其恰当性存在争论。哈特正确地注意到，边沁和奥斯汀对于法律和道德所作出的区分——如他们所发现的，在法律是什么与法律应该是什么之间——是一个通过人们在两种追问之

---

〔33〕 REISMAN & SCHREIBER，前注 13，第七章，第八章；LLOYD，前注 13，第四章，第六章。

〔34〕 L. FULLER, in THE LAW IN QUEST OF ITSELF（1940），从自然法观点中发展了一个具有可比性的主题。关于评论，参见 M. McDougal, *Fuller v. The American Legal Realists*, 50 YALE L. J. 827（1941）。

〔35〕 E. MORGAN, INTRODUCTION TO THE STUDY OF LAW（1926）32.

一个可比性的观点论述在，LLOYD，前注 13，第 262 页。in criticism of W. MORISON, JOHN AUSTIN（1982）.

间的功利主义区分,而人们对第一个和第二个同样感兴趣。[36]

不容乐观的是,近来一些倡议者,包括哈特,已经退回到对"道德"概念的错误性界定,他们没有清楚地指明这样的道德如何能对决策提供恰当地指导。[37] 目标价值的明确设定当然远离了凯尔森的"纯粹"法律科学的恰当功能的概念。[38]

### 社会学学说

社会学学说,很有特色地参考了分析法学派的法律概念,较之对决策的指导和批评,更多地关注规则的原因和结果。[39] 这种学说首先关注的是将科学方法适用于法律研究之中,但却受到科学方法仅仅能够对法律的目的起到微小的作用这一原则的阻碍。因而,埃利希(Eugen Ehrlich)写道:

> 人们所思考的仅仅依赖于在我们自己的世界当中人类所考虑的人类行为目标的那些观念,但是它并不是用以宣称地球上人类行为最终目标的科学所发挥功能。[40]

他又说道:

> 法律科学的首要功能是去记录社会中正义的倾向,去宣告它们是什么,来自哪里,将走向哪里;但是不可能去决定这些中的哪个就是唯一正当的。[41]

沿着这个脉络,以银行和停车场的实证研究享有盛誉的摩尔(Underhill Moore)轻蔑任何对政策的审慎考虑;他对年轻同事们常常说道:"当社会工程师们试图去达到X,他们总是以Y结束。我会在路障处遇见你!"[42] 韦伯区分了"法教义学"和"法社会学",与凯尔森的"应然"

---

〔36〕 W. Morison, *Myres S. McDougal and Twentieth-Century Jurisprudence: A Comparative Essay*, in TOWARD WORLD ORDER AND HUMAN DIGNITY: ESSAYS IN HONOROF MYRES S. MCDOUGAL (W. M. Reisman & B. Weston eds. 1976) 49.

〔37〕 LLOYD, 前注13, 第六章; H. HART, LAW, LIBERTY, AND MORALITY (1963)。

〔38〕 LLOYD, 前注13, 第五章。

〔39〕 LLOYD, 前注, 第七章。

〔40〕 E. EHRLICH, 前注30, 第202页。

〔41〕 同上。

〔42〕 和这些作者中的一位进行的交谈。

相比,前者借以运行的"应然"是干瘪的。韦伯通过对现象的研究,对"终极价值"和"价值判断"进行了区分,且坚持主张对于"科学"和"评价"进行明确性的界限,但是他并未设定,或试图去推进一整套社群政策。[43]因而,他写道:

> 法律(在社会学意义上)决不仅仅保证经济利益,而是保证多种不同的利益,从对个人安全的最基本的保护,到作为个人信用或者神圣权力信用的纯粹理想的善。综上,它保证政治的,基督教的,家庭的,及权威的其他地位,同样保证任何形式的社会精英的地位,也许这种形式实际上在经济上是条件化的,或者在这种最多样化中是与经济相关的,但是并不是经济本身或者追求压倒性的经济目的。[44]

庞德在发展中的"文明"和在接受到的法律理想中似乎发现了重要性目标。他写道:

> 直接的方向…看起来是去寻找满足整个人类欲求或期望(或需要,或诉求)体系的最大化,只要它能够通过法律秩序做到而没有太多的牺牲。[45]

他又说道:

> 在社会控制中或在法律秩序中,我们必须做的是去协调这些欲求,或需要,只要我们可以做到,从而尽我们所能去获得他们整体的最大多数。[46]

人们可能会注意到,他在其他地方没有对区别或评价不同种类的诉求提供清晰的标准。对文明的假定只能提供有限的指导。

## 美国法律现实主义者

美国法律现实主义学者,对于他们对基本的社群价值所假定和预订

---

〔43〕 A. BRECHT, 前注 21, 第 221 ~ 231 页,提供了关于韦伯观点有益的概括。他写道:"在他所有对于科学界限的坚持下,韦伯个人从来没有停止去相信终极价值,他也从没有低估对于人的个性和人类尊严信念的重要性。"

〔44〕 MAX WEBER ON LAW IN ECONOMY AND SOCIETY (M. Rheinstein ed. 1954) 35.

〔45〕 R. POUND, I JURISPRUDENCE (1959) 543.

〔46〕 同上,第 544 页。

的明确性程度,则完全不同。[47] 起初的重点集中在将关注政策的重要性转向官方的动机。因而,霍姆斯大法官确认道:

我不得不相信,如果对于法律专业人士的训练导致他们习惯地去肯定和明确地认为他们就其制定的规则社会优势必须是正当的,他们有时候会对自己现在所确信的东西感到,且发现他们带来了有争议的并且常常是紧迫的问题。[48]

同样,弗兰克(Jerome Frank)对于预测价值后果的可能性持审慎的低估态度,其写道:

法官试图对什么是正当的作出判断;他的判断是一种价值判断,且大多数价值判断以模糊的前例为基础。我们可以,但是并不能够,摆脱司法领域的情绪问题。最理想的希望是,法官的情绪变得更加敏感,更加细致和冷静,更加顺从于他自己的严格审查,能更加详细地表述。[49]

卢埃林非常担忧高度概括化。因而,与庞德不同,他坚持认为:"如果未在主观上了解某一部分法律正在做什么(可能的话),就无法对未来有关这部分法律应该做什么作出聪明的判断。"[50]

尽管有这一早期试探,及阿诺德(Thurman Arnold)对于逃不开的"人类"个体所不可避免冲突的理念上的讽刺性幽默,现实主义运动主要是推

---

[47] W. RUMBLE, JR., AMERICAN LEGAL REALISM (1968) 231 - 234, 阐明了对于明确的假定的需求,以及概括了现实主义者作出的最重要的贡献。又见 REISMAN & SCHREIBER, 前注 13, 第十章; LLOYD, 前注 13, 第八章。

[48] 引用参见 J. FRANK, LAW AND THE MODERN MIND (1949 ed.) 257。

[49] J. FRANK,前注,第 143 页。

Frank 的观点在下面得到了讨论,S. Verdun-Jones, *The Jurisprudence of Jerome Frank*, *A Study in American Legal Realism*, 7 SYDNEY L. REV. 180 (1974)。

[50] K. L1ewellyn, *Some Realism About Realism-Responding to Dean Pound*, 44 HARV. L. REV. 1222, 1236, 1237 (1931).

S. Verdun-Jones, *The Jurisprudence of Karl Llewellyn*, 1 DALHOUSIE L. J. 441 (1974) documents L1ewellyn's hesitant and varying attitudes toward the relevance of value goals. 又参见 W. TWINING, K. LLEWELLYN AND THE REALIST MOVEMENT (1973) 186, 187。

动社群政策的明确和改良。[51] 作为一个流派的现实主义者们,受到了实用主义哲学的很大影响,关注在一个相对弱抽象性的程度上对政策的形成和执行,进而满足某种直接的、现实的情形。在早前的概述中,一位当今作者对现实主义的贡献写道:

> 他们充满激情拥护的"功能性方法",其主要原则是法律仅仅是工具性的,是一种达到目的的手段,且仅仅在所达到目的的意义上来评价。他们有时候所推动的"*实然*"和"*应然*"的任何分离,被强调为"临时的",仅仅为了防止他们的偏好模糊了对确保这些偏好的方法和手段的清晰理解。与富勒(Fuller)教授的告诫截然不同的是,他们已经试图去区分"*实然*"和"*应然*",不是为了忽视和搁置"*应然*",而是为了能够使对未来的决策处于他应该处于的时间之中。他们没有浪费精力去寻找法律究竟是什么,或者在关于政治和伦理的理性科学的朦胧模糊状态中,寻找一些不可避免的循回和无止境的对于他们偏好的一种回归性的逻辑正当性。他们已经致力于达到某种抽象度相对低的为我们今天所分享的人道主义和民主理念:公民的自由,社会安全,给人民更多的财富,健康的住房,对于资源的保护和完全利用,集体谈判,农产安全,社会化的医疗,对消费者的保护,对投资者的保护,更便宜且更好的司法,等等。[52]

科恩(Felix Cohen)作为一个经受哲学上训练和高度清晰的美国现实主义者,在边沁的基础上,寻求更加全面的表达形式。他写道:

> 这种根据幸福而对源于法律的人类经验的结算,也许是法律科学面对的最为困难的任务,但是它无疑也是最重要的。它并没有完全超越边沁对于法律批判所作出的巨大贡献所证实的理性解答的范围。一个听起来合理的法律批判将通过较边沁所采用的方法更加成熟的心理学和更富事实性的社会研究,纠正其就法律对人类幸福的影响

---

〔51〕 S. Verdun-Jones, *Jurisprudence Washed in Cynical Acid: Thurman Amold and the Psychological Bases of Scientific Jurisprudence*, 3 DALHOUSIE L. 470, 499 (1976). 发现在阿诺德的法学理论中,一个重要的预设是决策者应该依据人道主义的目标来行使权力。据说阿诺德,也可能是正确地,理所当然地认为在美国社会中至少存在一个最小程度的关于人类行为的共识。

〔52〕 M. McDougal, 前注 34, 第 827、834 页。

方面的印象式研究。但是,除非有研究边沁的演算和其法律批判的实际应用实质的发展的意愿,并削弱了享乐演算的无稽,我们不应该尝试这一纠正工作。[53]

## 当代观点

在最近几十年,如我们在下面叙述的,不同学科的学者,如社会科学、物理科学、生物学、历史学和哲学,已经开始关注知识的社会结果和政策的含义。[54] 来自所有的这些学科的关于决策的文献,突然大量涌现,成为对这种关注的一种表达。"决策"作为政策选项中的最后选择,其精确的概念当然至少要求一种——如果不是明确的设定——关于目标价值的假设。当代文献的一个极端,被称为"渐进主义",这种设定采取一种强调直接的、偏颇的和短期的目标的形式,且考虑任何更全面和持久的目标,不管是暗示的还是无意识的。[55] 在相反的极端,即出现的"政策科学",它极力主张有意识的、慎重的和明确的目标设定:首先,充分全面地去促进对集合性社群后果的评价;其次,"持久"或稳定地去充分获取政策运用中必要的清晰度和持续性,尽管是用一种尊重在制度实践中的等价物的"信封"方式。[56] 这种学说的基本原则是,如果不是在社会秩序偏好的形式这一整体概念中来检视特殊的、实验性的价值判断,那么便会出现不必要的矛盾和冗长。后一个理论,即政策科学理论,挑战了学者和决策者去作出完全的、学科式的且明确的承诺,其承认详细的经验指示,且他们为作为成员的所有的社群推荐更多的重要政策。在本书后面的章节中,我们试图对这个挑战作出自己的回答。[57]

---

〔53〕 F. COHEN, 前注 26, 第 285 页。

〔54〕 这种关注在下面得以展开, CONTROVERSIES AND DECISIONS: THE SOCIAL SCIENCES AND PUBLIC POLICY (C. Frankel ed. 1976); R. LYND, KNOWLEDGE FOR WHAT (1934); REISMAN & SCHREIBER, 前注 13, 第十一章。

〔55〕 具体的说明参见 D. BRAYBROOKE & C. LINDBLOM, A STRATEGY OF DECISION (1963). 参见 REISMAN & SCHREIBER, 前注 13, 第 567 页。

〔56〕 H. LASSWELL, A PRE-VIEW OF POLICY SCIENCE (1971) 提供了详细地说明。

〔57〕 Part 11, *passim.*

### 当代权威性全球设定

有效性权力在当代世界过程中一个最重要的因素——即能够准确地被期待,进而加强个人和人民在法律或者探究法律的理论上的诉求,这个因素是从世界的每一个角落来提高个体人类的共同诉求,进而更好地参与对所有现在被命名为人类尊严之类的价值的塑造和分享。[58] 我们发现在另一项研究中,权威决策者对于这些诉求的回应,既包括国内也包括跨国层次的,已经是这样一种状况,即他们的保护已经从实质上,也从形式上,开始在更加成熟的国家社群内早就确立且以权威规定形式维持的基本人权法案的形式。[59] 一个全面的全球权利法案的主体通过一系列国际条约的形式被确定下来,尽管还没有被有效实施,包括《联合国宪章》、《世界人权宣言》(现在是习惯法)、《政治和公民权利公约》、《经济、社会和文化权利公约》、《种族灭绝公约》和多种特殊的和地区性的协定,也通过国家的宪法和大量的司法决定和对创造习惯法期待的其他决定的形式被确定。[60] 通过对正在兴起的这一全球性人权法案的密切考察,我们可以发现其包括所有的更为根本的政策。这些政策在任何试图切实明确其成员共同利益的社群内都是作为所有法律的基础。因而,我们可以合理地得出,当代决策者和学者对他们为了执行各种任务,都要处理对人类尊严价值最为全面、高度权威性的设定。[61] 人类尊严的世界性公共秩序,当然可能容忍特定实践中的巨大差异,而特殊的价值也通过这些特殊的实践得到了塑造和分享,如果所有的需求和实践都被共同利益标准有效地被评价和容纳的话。

## 澄清社群政策

在将高层次目标设定和特定情况下的一般规定相联的意义上具体描

---

〔58〕 对于这些需求的详细论述,参见 M. McDOUGAL, H. LASSWELL & L. CHEN, 前注 4, 第一章。

〔59〕 同上,第四章。

〔60〕 同上。

〔61〕 同上,第五章。

述社群政策,对那些在权威决策过程中发挥作用的人来说当然是不可逃避的任务。在国际协定、宪法、制定法、先例和习惯法——所有这些都是在形式上具有补充性及在参考上具有模糊性和不完整性的——被运用于特定案件的事实之中时,就是执行这样的任务。[62] 令人不快的是,人们总是不记得相同的智识任务乃是作为权威社群政策的规定(一般被称为“立法”)的形成和预期同样也是不可缺少的因素,在其他决策的功能中也是如此,比如信息、推广、援引、终止和评价。[63] 不论何种决策功能被发挥,如果对于公共利益可以达到任何有保证的合理性,那么对于任何具体的政策明确都有必要在内容和程序方面进行评价。重要的内容性问题是所有受影响的价值过程是否已经在必要的程度上就其全面性和精确性方面被检测了,而程序性问题是所有的智识任务是否已经被运用,这对于使优选价值结果与决策中的可选择方案两者相关,具有明显的和有效的必要性。

理性决策的作出或提出,要求一个决策者或提出者能够就所关切的价值提出问题,既对于直接的当事人也对于他们作为成员的社群,[64] 以及去发现为了临时性识别和在决策中对选择的检测带来的特殊性问题所处的大环境,从而最好地来计划以服务共同利益。[65] 更仔细的识别和对决策中不同选择的检测必定要求,如上面已经强调的,运用大范围辅助性

---

〔62〕这个主题的讨论在 M. McDOUGAL, H. LASSWELL & J. MILLER, THE INTERPRETATION OF AGREEMENTS AND WORLD PUBLIC ORDER (1967); M. McDougal, *The Application of Constitutive Prescriptions: An Addendum to Justice Cardozo*, 33 RECORD OF THE ASSOCIATION OF THE BAR OF THE CITY OF NEW YORK (1978). 后者附在本出版物中。

〔63〕许多实证主义学者当然区分了“立法的”和“司法的”功能,发现政策明确对于前者而不是后者是一个适当的智识任务。

〔64〕REISMAN & SCHREIBER, 前注 13, 第 53 页,在社会过程的事件当中,强调在涉及价值方面对于问题的详细阐明的重要性。当然反过来,对于技术性法律概念而言,是一种定义性的活动。

问题阐明上的困难在下面得到了说明, D. DERY, PROBLEM DEFINITION IN POLICY ANALYSIS (1984)。

〔65〕It will be noted that we make a distinction between a provisional relation of community policies to a particular problem and the final choice of options in decision, and recommend the deliberate, systematic employment of specified intellectual tasks for moving from provisional formulation to final choice. The inherited literature does not always make this distinction or focus clearly upon all relevant intellectual tasks. Hence, upon occasion the citations we offer make a somewhat vague and indiscriminate reference.

智识任务:利用在类似问题的决策上以往趋势的智慧;考虑那些影响现在和未来决策的因素所施加的限制;预测和评价决策中的不同选择对当事人及其社群可能带来的价值后果;最终推断和作出确保共同利益最大化的决策。

大多数在法理上予以强调的,在社群政策详细明确中予以运用的历史性智识程序,众所周知——通过各种上面已提及智识任务的困惑性浓缩——已经具有逻辑上的推导性,从概括性命题减少的意义上来说,或者从抽象命题中得出具体的结果的意义上。与此同时,在抽象度不同的许多层面上,命题的关键术语得以维持,与此同时存在杂乱无章的语义,甚至超经验的参照。[66] 幸运的是,在当代,因为对古典哲学程序独立适用具有之不合理性日益增加的认识,以及对于社群过程描述性与科学性调查模式的改进,在创造更全面的关于社群和决策过程理论方面,有了一定的进步 ,在设计出更好的智识程序方面也有所发展。这些智识程序被用以叙述关键价值方面的问题,以及引起决策者和推荐者关注与共同利益的现实判断相关的更大背景的特征。

### 自然法学说

在更大的社群背景下,看上去似乎大大远离了对于特殊问题进行系统性与学科性检测的法学理论当然是自然法。人们发现,这一学说的许多提倡者作出了他们最高程度的价值贡献,比仅仅假定的要更加强烈,就像诸如神的意志、正义、善良、内在的自然性、人普遍的自然性、法律的内在道德等抽象概念。[67] 这些贡献通过低层次的抽象性与特别决策的制定或评价相关联的程序,范围以及包括从逻辑性的推演到所谓通过信念的直接认知或启示。他们为了不屈不挠的寻求,尽管仍然是不成功的,某

---

〔66〕 参见第三部分第一章。

〔67〕 REISMAN & SCHREIBER, *前注*13, 第四章,第五章; LLOYD, *前注*13, 第三章; H. *Silving*, *Positive Natural Law*, 3 NATURAL LAW FORUM 28 (1958)。

详细的参考,参见 W. Sadurski, *"When Ideals Clash": Smith Calabresi and the Priority of Right Over the Good* , 6 LAW AND PHILOSOPHY 259 (1987)。表明了自然法传统和方法仍然在英美法学理论中一直存活着。

些独立于决策者或其他人类个体的偏好的客观的社会福利和本质或目的。[68] 从这种观点来看,自然常常被认为具有内在的不可战胜的目的论。珂娄斯特(Anton-Hermann Chroust)教授在他的经典论文"自然法的自然性"中详细阐述了这种学说下智识程序的特征:

> 从方法论上讲,自然法本质上是以一种纯粹演绎或推导的方式来运行的,从某种不证自明的原则或一些对假设的普遍有效性的前提性假定。[69]
>
> ……
>
> 在自然法里,对一个本质性假设的纯粹合理性(或道德性)的某种"假定"或"指示",产生之初也许被标示为"超验的立法者"——自然、神或正确的理性——正被直接地表达出来,而没有到达理性人的中介,从而不仅变成绝对性、强迫性的命令,而且,从正式的意义上,也变为了有效的指示或所有"法律行为"的一种限制。在我们定义的实在法的意义上,恰当的法律权威因而不再是构成真实"法律行动"或强迫的一种标准。[70]

因而,实质性的自然法,或自然法的实质性方面,变得被天真的信念所特征化,即任何可能实践的法律秩序或制度所有具体和详细的内容,都可以从一些抽象的主张中演绎出来——这一信念是建立在对人类历史完全理性化和系统化的解释之上的。这样的信念使得有些异想天开的假设成为必要,即有可能从一个抽象(理想的)命令的限制性清单中直接推导出一套在实践上具有重要意义且可行的、详细的、明确的原则、理解或规则,其为了详细而具体的内容并不要求任何附加的"个性"或"具体性"以成为"实践性的"和"有效的"法律。[71]

在美国,最著名的自然法倡导者富勒(Lon Fuller)教授倾向使用"良好秩序"这一标签,而认为以前的自然法学派"并未将目的问题与手段问

---

〔68〕 L. STRAUSS, NATURAL RIGHT AND HISTORY (1953).

〔69〕 A. Chroust, *On the Nature of Natural Law*, in INTERPRETATIONS OF MODERN LEGAL PHILOSOPHIES (P. Sayre ed. 1947) 70, 71.

〔70〕 同上,第76页。

〔71〕 同上,第77页。

题充分而紧密地相互联系”。[72] 他在经意的“价值导向”方法中，也发现了同样的错误，而把它认为是“偏好导向，因为‘价值’被定义为是一种‘优选事件’”。[73]他的法律的概念，就规则而言，并不是指决策，且他提出了“实然”和“应然”间的混淆，而明显希望强调应然。他追求的是被描述成独立于人类个体偏好的“目的”。因而，他写道：

> 法律规则本质性的含义在于它的目的，或者更一般地讲，在于目的的累积。在这个目的的架构或相关目的的集合里，事实与评价之间的截然两分是无法做到的，涉及的“事实”也不是一个静态数据，而是要达到一个目标，而且只有在所达到的方面才能被理解。[74]

他的研究中包含了各种体现在法律中的“道德”概念(内在的、外在的、责任、渴望)，但是在这些可以拥有经验性参照的范围内，他们看起来是对于社群内权威政策构建过程所具有不同特征的偏好。他坚持区分“实然”和“应然”的不可能性，荒谬的是，这似乎可被看作是一种对所有法律都是政策的坚持。一场在哈佛法律评论上与哈特的著名论战中，他呼吁一种“使得对于法律忠诚的义务具有意义”的法律的定义。[75] 其宣称：

> 正是实证主义坚持对实然的法律与应然的法律的截然分开使得实证主义哲学不能帮助我们的法官，这难道不是很清楚吗？同样，除非法官把他对法律忠诚的义务放在特定的背景下，而在这背景下法官有义务使法律成为应然的法，否则法官就永远无法在两难中达到满意的方案，这不也是也是很清楚吗？[76]

然而，他无法提供对于“目的”或“背景”全景图谱，且尽管他关注手段，为了将目的与特殊选择情形相联系，他没有指出何特殊的智识程序，而只是进行推导。他提出的观点保持着一种高度的抽象性：

> 如果我被要求去辨别被称为实体法的一个核心的、无争议的原

---

〔72〕 L. Fuller, *American Legal Philosophy at Mid-Century*, 6 J. OF LEGAL ED. 457, 479 (1954).

〔73〕 *Id.*.

〔74〕 同上，第470页。

〔75〕 L. Fuller, *Positivism and Fidelity to Law-A Reply to Professor Hart*, 71 HARV. L. REV. 630, 635 (1958).

〔76〕 同上，第647页。

则——大写的自然法——我会在禁令中发现:打开、维持和保存沟通渠道的完整性,而通过这些渠道,人们相互传达他们所理解、感受和需要的。在这个问题上,道德启迪不仅提供好的建议,也提供极好的挑战。在这里,它通过一种专横的声音而使得我们习惯性地知晓责任的道德性。[77]

一位深入研究宗教观念的当代学者格兰菲尔德(D. D. Granfield)教授,发现了在自然法理论与目标导向法学理论之间对于必要的智识程序具有的一致之处。他注意到"如权利、正义、人类尊严、政治参与、或辅助性原则这些抽象的理念",无论已经被如何广泛的接受,还是需要"以它们的背景和社群利益为条件,明确当今这些价值,并对它们进行具体说明和分列"。[78] 我们可以在自然法理论"审慎"这一概念之中发现这两个表面上不同的学说所具有同等之处的关键。以阿奎那(Aquinas)为基础,他写道:

审慎,尽管具有形式上的智识性,但自身主要关心的不是总体性,而是个体性。只有通过特殊的手段才能达到特殊的目标。在任何合理决策的作出过程中,必须考虑大量的偶发事件。审慎使得智识程序完美化,通过智识程序可以滤除在一种以宣称合适规范和平衡性适用为任务的情形下所具有的事实复杂性。[79]

他进一步论道:

审慎决策行为所采用的技术是多种多样的,但是他们能够被缩减成八个主要的:*对过去的记忆*,包括历史、先例、经验、试验和数据;对当前的*理解*,从经验的甚至超越经验的观点来看不论其是偶然的还是必要的;*睿智*,在对结构的推测上以及对于一些不可预测事件发生时该如何迅速应对;*推理*,在与其他进行可能性的比较上,包含形式和符号逻辑,科学方法论,类比推理和形而上的类比;*顺从*,在向其他进行学习上,与睿智相反而能够使得人们发现事物本身;*远见*,在确立

---

〔77〕 L. FULLER, THE MORALITY OF THE LAW (1964) 186.

〔78〕 D. Granfield, *Towards a Goal-Oriented Consensus*, 19 J. OF LEGAL ED. 379, 385 (1967).

〔79〕 同上, 第 392 页。

适合于目标的手段上——审慎的基本功能；细心，在注明情形中的特殊环境上；谨慎，在注明情形中的特殊障碍，及与细心一起使得远见更具启发性和真实性。[80]

他在审慎的组成因素里增加了对等同之处的详细说明，以及被看作政策导向研究中不可缺少的各种智识任务。

### 历史性学说

一个研究架构，如不是明确关注于权威决策，而把社群目标的经意设定当作是它基本原则的对立面，就无可能发展具体详细的智识程序，把高层次的假定与决策中的具体选择相联系。人们将会记得，历史性学说的明显特征是其坚称法律的制定并不是通过立法或特殊决策来完成，也不是通过习惯来完成，而是通过对过去社群成员行为的一致性进行的推导，并且用来评价或可能的指导法律的适当标准存在于其符合特定社群的精神或“感性”程度之中。[81] 从过去经验中汲取任何可以产生的智慧，当然是理性决策不可缺少的要素，但是当特定社群成员的过去行为受到推崇，以至于对应该做出何种决策具有了决断性，而排除了对在背景中进行决策所具有可选择性的后果进行仔细的审查，那么这样的推崇则可能凸现与人性尊严相反的价值，而对共同利益具有破坏性。早期历史性学说的提倡者，反对所谓的永恒和普遍性的自然法以及通过哲学说明对其的运用，他们当然没有诉诸当代文化人类学家所设计的智识程序上的优势，从而也不能探寻一个社群内成员在精神和行为上的一致性。但是许多提倡者特别主张（并例证）对社群过程的详细事实的研究进行仔细定位，并采用经验性方法以绘制过去的智慧对于未来决定的指导。这样，当代人类学家波斯皮士尔（Leopold Pospisil），谈及梅因（Sir Henry Maine）时写道：

梅因对于法学理论和法人类学领域的持久性贡献很大程度上不在于他所得出的独特的结论，更多的是在于他使用了经验的、系统的、历史的方法来得出结论，以及对经验素材处理后所努力得出的精炼性

---

〔80〕 同上，第392、393页。

〔81〕 REISMAN & SCHREIBER，前注13，第六章；LLOYD，前注13，第十章；A. BRECHT，前注21，第185页。

概括。在他小心翼翼及精炼的努力下,他把科学的路径焠炼进了法学领域,这个迄今受哲学化且假定性思想主导的领域。[82]

## 实证主义学说

在就政策是否能,以及如何被澄清的痛苦及庞杂争辩中,实证主义学说区别了对于立法的智识程序和对于判决的智识程序。[83] 对于立法,一般认为是决策者在一个非常广泛的序列下进行,包括:在更大的语境下详细考察一个问题(社群启示与成就之间的不一致)的要素;系统地且严格地对过去、潜性未来、社群政策和经验与其相同和类似问题的检测;对在社群政策中已经影响了过去的成功和失败的因素以及可能影响决定中不同选择下的共同利益所产生后果的因素进行的研究;最后是似乎确保共同利益中最高净收益的决定中选项的选择和沟通。可能喜好这种广泛性探求的立法功能,尽管作为社群的权威决策的全面构建过程的一个基本部分,有时候却仅仅被描述为"政治的",而不是"法律的"。从最极端的形式来看,这种观点认为直到司法主体将其描述为法律的时候,一个制定法才是真正的法律。[84]

对于判决,适于澄清政策的智识程序,从特征上讲,具有很大的拘束性。我们也许还记得,实证主义学说的主要目标设定或假定是决策与"法

---

〔82〕 L. POSPISIL, ANTHROPOLOGY OF LAW: A COMPARATIVE STUDY (1971) 160. 本书的第五章提供了一个对于历史性学说的各种重要倡导者的简明研究。

〔83〕 更多地材料和文献上的收集,参见 LLOYD, 前注 13, 第四、五、六、十二章; REISMAN & SCHREIBER, 前注 13, 第七、八、九章; Quest for the Fetters that Bind Judges, 75 COLUM. L. REV. 359 (1975); H. Lasswell, Current Studies of the Decision Process: Automation Versus Creativity, 8 WESTERN POL. Q. 381 (1955). A. BRECHT, 前注 21, 第 170 页及以后。有许多对政策运用实证主义方法进行明确的作品:W. TWINING & D. MIERS, How TO Do THINGS WITH RULES (1976); S. BURTON, AN INTRODUCTION TO LAW AND LEGAL REASONING (1985); R. WASSERMAN, THE JUDICIAL DECISION (1961); G. GOTTLIEB, THE LOGIC OF CHOICE (1960); N. MACCORMICK & O. WEINBERGER, AN INSTITUTIONAL THEORY OF LAW (1986); D. LYON, ETHICS AND THE RULE OF LAW (1984); A. D'AMATO, JURISPRUDENCE: A DESCRIPTIVE AND NORMATIVE ANALYSIS OF LAW (1984); Richards, *Rules, Policies, and Neutral Principles: The Search for Legitimacy in Common Law and Constitutional Adjudicaton*, 11 *GA. L. REV.* 1069 (1977); *R. Gavison, Natural Law, Positivism, and the Limits of Jurisprudence: A Modern Round*, 91 YALE L. J. 1250 (1982); K. Greenawalt, *Discretion and Judicial Decision: The Elusive*。

〔84〕 J. GRAY, THE NATURE AND SOURCES OF LAW (2d ed. 1921) 125.

律本身”相一致。法律并不是被界定为权威决策，而是伴随决策和控制的规则体或规则体系。法律“是什么”与法律“应该是什么”是有区别的，与道德及社群政策也一样有区别。法律规则具有独有的、特殊的性质。它们已不局限于句法和语义；它们并不仅仅是指令性的或工具性的指示；他们是“自治的”，具有“规范要素”或“效力”，创设“约束力”和“义务”。法律规则是通过特殊的逻辑与推理在特殊的决策场合中予以适用的，包括先例原则含有的所有繁文缛节，从而区别于其他的逻辑和推理。从这种观点来看，法官的职责是发现、而不是创制法律。[85]

卡普兰（Russell Caplan）在对麦克考米克（MacCormick）《法律推理与法律理论》[86]一书的评论中简要地概述了实证主义理论关于裁判所需的智识程序的传统范式。卡普兰写道：

> 理想的、最严谨的法律推理模式是纯粹的演绎论证，这种模式试图展示出一个命题（论证的结论）是通过其他一个或一些命题、辩论的前提等暗示出来的。典型的是，司法决定的主导型三段论至少包括一个大前提（涵盖案件事实的法律命题）、小前提（陈述事实）和结论（法律在事实上的运用以及与相关当事人有关的法律后果）。[87]

或许博克（Robert Bork）的书体现了法律职业究竟在多大程度上运用了这种传统的实证主义模式。在题为“宪法理论的类型”的文章中，他不仅排他性地要求从美国宪法文本（即 1789 年的宣言文本）中推理，而且坚持认为没有其他的程序能够在特定的适用情形中做出决定。他写道：

> 不解释研究指向的实质，就是最终导致宪法虚无主义，并把法官的个人价值强加于我们身上。原因是这些理论都没有能够——我斗胆宣布任何理论都未曾能够——建构一个哲学性架构，从而从已被接受的前提出发，且逻辑性地推演出对于成文宪法所无法回答的问题的回答，或者提出可允许回答的范围。同样任何一种方法都不可能连接所有的体现在法律中的道德判断，从而表明用以决定具体案件的

---

〔85〕 第三章 3。

〔86〕 N. MACCORMICK, LEGAL REASONING AND LEGAL THEORY (1978).

〔87〕 *Review*, R. Caplan, 93 HARV. L. REV. 817, 818 (1980). 这里所引用的来自麦克考米克（MacCormick）的书。

更为基本的原则。如果我们接受不适用宪法的法官的治理，任何（除了这种权力和严格性）都不再被需要。同样，没有哪位神学家、道德哲学家、社会哲学家在人类已有的思想史上曾实现这种霸权。[88]

当然，对于在何种程度上规则控制决策而不仅是指导决策的不同意见由来已久。[89] 此外，许多实证主义者就以下问题的观点也是大相径庭，即多大程度的自由裁量权对于决策者是必要的，不仅在对事实的评价中，也包括在规则作为在决策中潜在可能性结果的交流的工具所具有的不完整性中（补充性的、模糊的、不完全的）。欧洲著名的实证主义学者凯尔森通过抽象程度不同的纯粹规范来建构了一个等级式的金字塔。这些规范通过"归责性"（相当于引出）程序适用于具体的个案之中。这在出庭与辩论中，最接近于上面所描述的传统性合理判决的范式。[90] 对于这个范式，英国法中最有影响力的两位实证主义的奠基人边沁和奥斯汀几乎不可能会对其高度顶礼膜拜。因此，莫里森（W. L. Morison）教授在他有影响的《约翰·奥斯汀》一书中写道，奥斯汀尽管批评曼斯菲尔德（Mansfield）法官，但是"仍然继续说道，由于存在着立法者的疏忽和缺陷，法官仍要在一些场合进行立法"。[91] 莫里森补充道：

> 奥斯汀对于司法性立法的现实与愿景的陈述是非常重要的，因为如果他的理论被解释为，正如有时候所发生的那样，他相信在任何法律体系中决定都是从一般性原则中逻辑推演出来的，那么他便被误解了。无论是边沁还是奥斯汀都从未这样认为。[92]

通过大量的引证，哈特证实了对奥斯汀的解释。哈特写道，对于法律

---

〔88〕 R. Bork, *Styles in Constitutional Law*, 26 SO. TEX. L. REV. 383, 387 (1985). 我们的文本在博克（Bork）法官被提名为联邦最高法院法官产生争议之前就已得以准备。那场争论没有任何减少我们所写的相关性的迹象。

〔89〕 E. Bodenheimer, *Hart*, *Dworkin*, *and the Problem of Lawmaking Discretion*, 11 GA. L. REV. 1143 (1977). 有关在对"事实"的查明和对"概念"及"规则"的适用中存在的困难的复杂论述，参见 W. Weyrauch, *Law as Mask-Legal Ritual and Relevance*, 66 CALIF. L. REV. 699 (1978)。

〔90〕 H. KELSEN, GENERAL THEORY OF LAW AND STATE (1945). For extracts and references, *参见*LLOYD, *前注*13, 第五章。

〔91〕 W. MORISON, JOHN AUSTIN (1982) 78. This book is reviewed in D. Lyons, *Founders and Foundations of Legal Positivism*, 82 MICH. L. REV. 722, 733 – 739 (1984). Lyons 对于"天真的经验主义"的阐述是一个诡辩的认知，即经验性观察可以在不同的抽象程度上得以阐释。

〔92〕 同上。

决定和推理是"从法官的实际决策选择不发挥任何作用的前提中推衍出来的"这一假定,奥斯汀是"无辜的",并且奥斯汀"认为边缘情形下法官必须进行必要的立法",有时候使用一些重音"使人想起近来的弗兰克(Jerome Frank)"。[93] 对于边沁通过发展功利原则来对共同利益进行明确的程序上的巨大贡献,已经不需再加以强调。[94]

哈特在对其观点的阐释中,似乎在寻找一个介于传统范式各种约束和完全的恣意之间的合理的中间地段。这些约束很难实现其目的,而某些美国的现实主义者则是完全的恣意。在他与富勒著名的论战中,他区分了"具有控制力的"、"核心的"且有"确定的"含义的规则,与"阴影案件"(penumbral cases)。在这些案件中,去寻求"目标、目的和政策"是恰当的。[95] 他坚持在法律是什么与法律应该是什么两者之间进行"功利主义的区分",从而为了强调,确定含义的核心在中央最重要的意义上便是法律,且即使存在边界线,那么也必须首先是界限。如果不是这样的话,那么法院作出控制性决定的规则便不存在意义了,就如同一些现实主义者,在他们情绪极端恶劣的时候所作的毫无根据的宣称。[96]

富勒通过质疑"核心"和"边缘"的区分回应了哈特,因为规则解释中最重要的特性是它的目的,进而指出哈特并没有赋予半影以很大的范围。[97] 在《法律的概念》一书中,哈特指出所有的规则都有一个不确定的半影,从而法官必须在半影下的多种选择中进行抉择,[98] 而且提出了"法

---

〔93〕 H. Hart, *Positivism and the Separation of Law and Morals*, 71 HARV. L. REV. 593, 608, 609 (1958).

〔94〕 L. Ratner, *The Utilitarian Imperative: Autonomy, Reciprocity, and Evolution*, 12 HOFSTRA L. REV. 723 (1984) 做了大量的文献参考。

〔95〕 H. Hart, *前注*93, 第 614 页。

〔96〕 同上,第 614, 615 页。在他的《法学理论与哲学文集》介绍中,哈特表明了他的规则特性的概念受到了奥斯汀语言哲学的影响。他正确地发现了这种哲学与逻辑实证主义是完全不同的,而逻辑实证主义已经影响了美国的现实主义者以及其他的许多人。

〔97〕 L. Fuller, *Positivism and Fidelity to Law-A Reply to Professor Hart*, 71 HARV. L. REV. 630, 661 – 669 (1958). 可以发现,哈特和富勒在彼此观点中发现的难题来自于他们所分享的作为规则的法律的概念。当把法律看作是权威的决定,就不难区分过去决定和未来决定或者一些人认为应该作出的决定。同样地,规则在不同语境下出现的不同问题的角色扮演上可以通过经验观察或明确的偏好来完成。富勒所阐释的法律的内在道德的许多方面,只有对从未被阐明的那些权威决定的偏好性过程的特征,才是有意义的。

〔98〕 H. HART, THE CONCEPT OF LAW (1961) 12.

律的开放结构”这一概念，从而赋予法官一定的自由裁量权。他概括到：

这种裁量通过语言便有了广阔的空间；以至于法官在适用规则时，即使他可能不是任意的或不合理的，但是结论实际上就是一个选择。从而他在一系列的案件中增加了一个新的案件，因为他们的类似性，而这种类似性可以很合理地辩护法律上的相关和充分的接近。在法律规则案件之中，类型性的相关和接近的标准取决于法律体系运行中很多复杂的因素，也取决于归因于规则的目标和目的。将这些特征化也就是任何法律推理中特殊的和特别的特征化。[99]

哈特以后多年都相应地坚持了这些观点，虽然稍有扩展。这样，在考虑《法哲学的问题》时，哈特写道：

非常重要的是，待决案件并不会在真空状态下产生，而是在规则运转的过程之中出现。在这种运转中，各种考虑的多样性不断地被认为是作出决定的好原因。这些包括个人和社会利益的广泛多样性，社会和政治目标以及道德和正义的标准；他们可以原则、政策和标准的形态形成为一般的术语。[100]

我们可以发现，尽管这里涉及的是规则的语境，而不是一个复杂社群过程的语境，哈特基本上对经意阐明社群政策的程序没有提出什么建议。

显然，德沃金(Ronald Dworkin)在书和文章中的表露的一个效果，不管他提及的封闭系统和自然权利的目的是什么，是松解了传统实证主义范式下幻想式约束。[101] 尽管一定程度上受到语言分析和规则特性的影响，德沃金在由法官来处理的法律素材之中增加了“原则”，“政策”，以及现在的“解释”。德沃金所描述的原则没有规则严格，是一个有待于遵守的标准，倒不是因为它将推动或确保被认为是理想的经济、政治或社会形

---

〔99〕 同上，第 124 页。

〔100〕 H. HART, *前注*96, 第 107 页。相同的表述在这本书的其他地方也存在。

〔101〕 R. DWORKIN, TAKING RIGHTS SERIOUSLY (1978); A MATTER OF PRINCIPLE (1985); LAW'S EMPIRE (1986); *Law as Interpretation*, 60 TEXAS L. REV. 527 (1982).

提供的对于德沃金早期作品非常好的批评性评论，参见 *Professor Dworkin's Jurisprudence*, 22 AM. JURISPRUDENCE 118 (1977) and Review (of TAKING RIGHTS SERIOUSLY), 66 GEO. L. J. 951 (1978)。

势,而是因为它是正义、公平或道德的一些其他维度所要求的。[102] 他所提及的"政策",也是很灵活的,是一种标准,这种标准设定了可追求的目标,一般而言是一些社群在经济、政治或社会上特征的发展(尽管一些目标是负面的,这是因为他们规定一些现存的特征将受到保护而免受负面的变化所保护。)[103]尽管使用了大量篇幅,他通过"解释"作出的参考内容还有待于进一步发掘,不过他到底还是体现出了新的灵活性。德沃金对于个体的自然权利的强调看起来是建立在对于社群的共同利益和内部成员个人利益之间错误的二分法基础上的,如果这些利益被看作受条件环境所影响的价值所需求的话。我们也许可以希望,德沃金下一步可以对智识程序提出建言,超越逻辑推演,从而把特殊决定下的价值后果与共同利益的可行概念联系起来。[104]

**社会学学说**

人们当然希望社会学学说的提倡者通过对于权威决策的原因和结果的研究,能在关于特别问题的社群政策的阐明上做出巨大的贡献。然而这种详细明确的任务还没有成为这种学说的特征性关注点。相反,如下文所提及的,许多社会学学说的提倡者明确地反对阐明的任务。一些反对者已经被经常引用的休谟(Hume)的立场所迷糊了,即不可能从"实然"推导出"应然"。不管这种立场在句法层面的合理性如何,对于人类相互影响的世界来说,语义的参考性是很小的。这个世界既创造了进行明确所必要的问题,也影响了个体寻求解决之道的前提预设和资源。[105]其他一些支持者被权威决策中社群的可选择的结果进行预测方面所具有的内在困难所压倒。尽管所有的困难都还不至于集体灭亡,他们也没能够认识到,生活必须继续而且必要的预测和选择是必须的。同样,一些支持者谴责明确地考虑政策,因为依其所述,对于价值或优先性价值很少有

---

〔102〕 R. DWORKIN, TAKING RIGHTS SERIOUSLY (1978) 22.

〔103〕 *Id.*

〔104〕 早期的文章, R. Dworkin, *Legal Research*, 102 DAEDALUS 53 (1972) gave some promise. Cr. REISMAN & SCHREIBER, 前注 13, 第 305 页; J. Noonan, Jr., *Review*, N. Y. TIMES (Book Review Section), p. 12, May 25, 1986。

〔105〕 M. BLACK, THE PREVALENCE OF HUMBUG (1983) 77.

一致的意见。[106] 这种逃避式的放弃既低估了社群,也高估了层级优先次序的必要性,因为合理的优先性只有在特定的语境中才能够确定。贯穿社会学学说,在各种不同的公开程度上所进行的有关阐明的恒久主题是一个模糊且暗射的概念,这个概念就是应该做出权威决定从而能够使得其在最大程度上与社群的行为和需求类型相吻合。

埃利希(Ehrlich)的一个主要命题,也被其他继承者所认同,就是一个社群的形式性法律,即权威决定,应该与这个社群成员的"活法"相一致,也许甚至在决定前就要与其相一致,所谓的活法表现为行为、需要和诉求的类型。[107] 他和其他许多人的方法被劳埃德(Lloyd)和弗里曼(Freeman)概括为:"在法律体系的正式的规则之下有一个'活法',且法官和法学家的任务就是融合着两种类型的法。"[108] 不幸的是,埃利希对于这种融合如何通过程序来达成并没有进行系统的说明。由此,他写道:

> 在法律领域,今天的正义观念,已经成长以致脱离了昨天的观念,而明天的观念来自正在生长的今天的观念。为了变成一个法律命题,今天的法律和明天的法律,都孕育于社会,必须被一个能够想象和感受未来将会如何的人赋予形式和形状。[109]

这将从阐明转向预测,进而否定决策者和学者独立地对社群行为的模式进行任何的评价。近期通过付出最大的努力来达到埃利希所要求的难题性融合的学者无疑是摩尔(Underhill Moore)。他借助了科学的有限概念以及很大程度上忽略个体人类的主观性的心理学来进行研究。[110] 摩尔在反对任何关于政策明确方面的态度是最为倔强和坚硬的。他写道:

---

[106] J. STONE, VISIONS OF WORLD ORDER (1984). 在 Stone 的研究中展示了从法社会学而不是其他角度来探求法律所带的困惑。

[107] E. EHRLICH, FUNDAMENTAL PRINCIPLES OF SOCIOLOGY OF LAW (1936).

[108] LLOYD, 前注 13, 第 562 页。

[109] 前注 13, 第 243 页。

[110] Moore's work is reviewed in S. Verdun-Jones & F. Cousineau, *The Voice Crying in the Wilderness: Underhill Moore as a Pioneer in Establishment of an Interdisciplinary Jurisprudence*, 1 INT. J. OF LAW AND PSYCHIATRY 375 (1978); 又见 J. Schlegel, *American Legal Realism and Empirical Social Science: From the Yale Experience*, 28 BUFFALO L. J. 459 (1979); 29 idn. 195 (1980).

> 这篇文章中勾画的理论建构和试验，目的在于获得有关法律对行为的特定影响的知识。我们相信，除非获得这种知识，否则关于相对可选择的社会目的(通过法律来达到)的需求的任何讨论在很大程度上都是白日梦，并且对于“工程”方法(由此法律可以被用来达到这些目的)的任何讨论在很大程度上也都是无用的。[111]

摩尔缺少对于个人主观性的关注，且也缺少对于政策在影响倾向中的作用的关注，进而导致了他所追求的科学成果收效甚微。

我们已经谈过了庞德院长对于已有理想和社群需求的强调。庞德未把自己假设在决策过程之外的学者的立足点上，他自己接受对社群政策进行明确的责任，相反他是站在对法律中已有的“理想因素”和社群的需求扮演一种描述者的立场。他清楚地知道对于政策进行详细的明确的必要性，以及法律界人士就此应该扮演一种非常重要的角色。由此，他写道：

> 如果我们不能对法律秩序在实践中的目的进行滴水不漏的论证，如果我们不能完全达到这种目的，文明的历史已经表明我们能够作出持续的在实践上接近的努力。正因为有了这种实践性接近，法律秩序和权威性实体或者对于决定的指导已经能够不断发展进而维持他们自身。[112]

庞德的雄辩论述了“文明社会”的高层次基本原理，它们受到不同的社群在不同的时间通过不同的哲学方法的珍视。同样，他对与决定法律中的理想因素可能相关的各种知识制作了详细的清单目录，标示了道德、经济、政治科学、社会学、文明史、心理学，而且他设计了一个“利益”的类型来帮助决定何种社群需求应该得到法律的保护。这种类型以“个体的”、“公共的”、“社会的”等术语表达出来，与以个体在法律上的需求的名义进行识别具有一定的关系，但是这种类型化是粗略的，缺少同质性且不完整，也没有明确涉及关于实践性问题中的共同利益。

---

〔111〕 JULIUS ROSENTHAL FOUNDATION, MY PHILOSOPHY OF LAW (1941) 206.

〔112〕 同上，第251页。

就结合特定问题,对决定法律中的理想因素的程序提供建议而言,庞德提出合理的决定得适用一系列不同种类的规范性陈述,这似乎是最为接近的方法。他识别了而且尝试区分了规则、原则、标准和法律概念。[113]规则是“将一个明确的法律后果附于一个明确的事实陈述或者事实的情境中的准则”。在没有规则存在时,原则是“法律推理的权威性出发点”。标准是“对行为的明确量度,根据每个案件的情景来具体运用”。法律概念是“被权威性地界定了的种类,在这些种类中,案件可以使得规则、原则和标准具有可适用性”。人们也许注意到了,这个建议对于传统的法律材料和方法没有增加什么,而仅仅是投射了一些暗淡的光线在共同利益之上。因而,这必定是一种乌托邦式的希望。庞德在其他地方总结道:

> 有一种明显地综合各种哲学方法的倾向,而与综合社会科学的倾向有所区别。而且价值问题和使利益、主张或期望产生价值的标准问题,都被作为法学理论的重要问题放在第一位。通过这种或那种方法,他们找到了在效果上倾向于互相接近的途径,尽管在表象和他们使用的方法上存在着区别。我们会发现下一代的法哲学家同样能够同意20世纪的价值方法,这似乎并非是不可能的。[114]

韦伯区分了“法律教义学”(也是与实证主义范式相同的)与“法社会学”。在法教义学中,“应然”是一个相关性概念,而在法社会学中,对于学者来说重要的是坚持一个观察的立场而不被政策偏好所歪曲。他把社会科学家的任务看作“观察、描述和解释”,而不是去“评价”。[115]但是他也认识到了科学上的调查对于明确政策的相关性。在一篇重要的论文中,他指出了科学在手段选择中可能具有的帮助作用:

> 所有对有意义的人类行为的最终要素的严肃思考,首先都是以“目的”和“手段”为导向的。我们要求事物不仅要出于正确的缘由,更要求其作为达到目的的手段也是正确的。对于达到给定目的的所采取

---

〔113〕 此处的引用来自下文。MY PHILOSOPHY OF LAW, 前注 111, 257 *et seq.* 在此书中,同样的定义,在一定程度上稍有扩展。SOCIAL CONTROL THOUGH LAW (1942) 45 *et seq.* 对德沃金通过多种规范陈述的类型来努力增加决定的合理性进行比较分析,是很有趣的。

〔114〕 R. ROUND, I JURISPRUDENCE (1959) 190, 191.

〔115〕 MAX WEBER ON LAW IN ECONOMY AND SOCIETY (M. Rheinstein ed. 1954) xviii.

手段的恰当性问题毫无疑问可以通过科学分析来达到。因此,就好像我们能够确定(在目前我们知识的限度内)哪种方式对于实现被提出的目的是恰当的或不恰当的,我们也能够通过这种方式来估计通过某种可行的手段来达到一个特定目的的机会。[116]

如瑞恩斯汀(Rheinstein)所说,韦伯的主要考虑已经超越了只考虑"司法性思想",而延伸至"法律思想的一般性问题",并将其视为法社会学的核心问题。在文献中,瑞恩斯汀对于"理想类型的计划(韦伯试图通过这些类型来理解各种多样的法律思想)"提供了表格式的概要,并运用在"法律制定与法律发现"之中。[117]

1. *不理性的*,也就是不受一般规则的引导。

(1)*正式的*,受到超越推理控制手段的引导(神裁法、神谕等);

(2)*实质的*;受到对于个别案件的反应的引导。

2. *理性的*,也就受一般性规则的引导。

(1)*实质的*:受到意思形态体系中的原则的引导,而不是通过法律自身(道德、宗教、权力政治,等);

(2)*正式的*:

①*非本质的*,也就是把重要性归于可以通过感官觉察到的外部行为;

②*逻辑的*,也就是通过使用由法律思想本身创造的抽象概念来表达规则,且就像构建一个完整的系统来进行构思。[118]

其他评论者已经指出,韦伯在处理研究"理想类型"的种类时使用了多种情境下的理性的概念,[119]且为了更好地达到假定的目标,与不同种类的改进或补充相比,他似乎对探求和描述对于使用不同种类说理的社会过程产生的结果更感兴趣。这并不表明他曾经用经验性的术语作了他称之为"终极价值"的全面性陈述,或者他为了具体阐明一个特殊政策而

---

[116] MAX WEBER ON THE METHODOLOGY OF THE SOCIAL SCIENCES (E. Shils & H. Finch eds. 1949) 52.

[117] Rheinstein, 前注 115, xlvii, e.

[118] Rheinstein, 前注 115, 1.

[119] A. KRONMAN, MAX WEBER (1983). *L. Friedman*, *On Legalistic Reasoning-A Footnote to Weber*, LAW AND SOCIETY REPRINT No. 6, 1966 WICS. L. REV. 148 (1966).

提出了一个关于程序的系统性说明。

当代在美国发生的建立在韦伯理论之上"法与社会的运动"展现了该理论的强势之处与弱势之处。在近来一个评论文章中,弗莱德曼(Lawrence Friedman)教授描绘了这项运动的目的、方法和成就,且指出了这一理论运动在美国的法学院中并非十分成功。[120] 他写道,这种运动的支持者们有两个贡献:首先是通过在学科的外部来寻找视角和方法接近法律;其次就法律现象(尽管没有必要对所有的社会现象)的社会机制进行解释。[121] 这样来研究法律体系,就像宗教社会学研究宗教,不需要对规范性内容进行判断。[122] 在科学的概念中,这种运动排除了宏大的法社会学以及以韦伯的研究为基础的模式,其被描述为"本质上是一个关于法律思想的正式体系的社会学,但是对于现代资本主义'理性的'法律体系有一个特别的参考"。[123] 这一运动据称是*最大限度*放弃了对于解决问题的强调;它重视一种描述和解释,或多或少已经背离了原初意义上的问题解决。[124] 这一理论运动寻求的角度是一种审慎的拆分:将对法律的*研究*与属于法律自身一部分的价值分开。[125] 但是,毫无疑问的是没有任何一种研究可以是价值无涉的。[126] 而且以对法律体系实际运转的方式以及为何这样运转的深刻理解为基础而制定的政策会更好,比以新兰德尔(neo-Langdellian)逻辑为基础或者由在堆满了书籍办公室中孕育出的抽象的且充满了"简单的设想"的"理论"或"模型"为基础而制定的政策更好、更公正,也就更有效率。[127]

## 美国现实主义学说

大师级的历史教授伍德沃(Calvin Woodward)阐述得很好,美国现实

---

[120] L. Friedman, *The Law and Society Movement*, 38 STANFORD L. REV. 763 (1986).

[121] 同上,第 763 页。

[122] 同上,第 765 页。

[123] 同上,第 769 页。

[124] 同上,第 776 页。

[125] 同上,第 780 页。

[126] 同上。

[127] 同上,第 776、777 页。

主义法学作为明确和推进社群政策的一种工具,是法律世俗化这一巨大运动的组成部分。[128] 人们也许还记得,现实主义学说的一个重要的信条是,法律最好被描述为权威性的决定,且这种学说的绝大多数支持者都认为决定需要在政策选项中进行选择。尽管他们对陈述"最终目标"以及回避创造一个能够对质问和决定进行指导的全面的价值地图存有戒心,但绝大多数的现实主义者更多地关注在社群利益中决定的改善。整体而言,这种学说的支持者强调且试图去改进、执行所有多样的智识任务,这些任务对于特殊情境下的理性决定是不可缺少的。[129] 一个初步的重要贡献,也是绝大多数支持者努力的,就是把实证主义学说去神秘化,且证明如果仅仅依靠逻辑推演,是不足以明确政策的。[130] 这种学说的一些开创者也强调科学研究的可能性,曾经更多的是通过触发社会科学的相关性进行的研究,来探求影响决定的因素并调查决策中不同种选择的可能性结果。[131] 支持者宣称对于这种强调的关心,并不仅仅为了确定原因性因素或预测社会性后果,同样也是为了对影响政策中的选择进行决定的

---

〔128〕 C. Woodward, *The Limits of Legal Realism: An Historical Perspective*, 54 VA. L. REV. 689 (1968). 其中的一位作者是一些有影响的现实主义者的学生,后来还成为了同事。在此只描述了他所教授的一些环节。对于现实主义者进行最全面和准确的研究是 S. Verdun-Jones, *Studies in American Legal Realism* (J. S. D. Thesis, Yale Law School, 1977). 这个主题一些部分已经被 Verdun-Jones 教授以论文的形式发表了,也在其他一些脚注中被引用了。关于现实主义的文献是非常多的。参见 L. KALMAN, LEGAL REALISM AT YALE 1927 - 1960 (1986); E. GARLAN, LEGAL REALISM AND JUSTICE (1941); W. RUMBLE, AMERICAN LEGAL REALISM (1968); W. TWINING, KARL LLEWELLYN AND THE REALIST MOVEMENT (1970); E. ROSTOW, THE SOVEREIGN PREROGATIVE (1962) Ch. 1; E. Purcell, *American Jurisprudence Between the Wars*, 75 AM. HIS. REV. 424 (1969); G. Gilmore, *Legal Realism: Its Causes and Cure*, 70 YALE L. J. 1037 (1961); J. Schlegel, *American Legal Realism and Empirical Social Science: From the rate Experience*, 28 BUFFALO L. REV. 460 (1979); J. Schlegel, *American Legal Realism and Empirical Social Science: The Singular Case of Underhill Moore*, 29 BUFFALO L. REV. 195 (1980)。

〔129〕 E. GARLAN, 前注 128, 是一个非常有建树的研究。在其中,作者记载到,现实主义者试图使用所有与政策的明确相关的智识任务。即使是阿诺德也是在很多方面是标新立异的,并深深地面向改革。对于阿诺德更为详细的评价,参见 GARLAN, p. 15 *et seq.* 又见 H. Jones, *Law and Morality in the Perspective of Legal Realism*, 61 COLUM. L. REV. 799 (1961).

〔130〕 S. Verdun-Jones, The Jurisprudence of Jerome N. Frank: A Study in American Legal Realism, 7 SYDNEY L. REV. 180 (1974).

〔131〕 S. Verdun-Jones, *Cook, Oliphant, and Yntema: The Scientific Wing of American Legal Realism*, 5 DALHOUSIE L. J. 3 (1979).

猜想能力。[132] 这种学说的其他支持者,通过仔细地从重大价值方面对问题和案件进行事实性的类型化,以完善对以往社群经验的借鉴以及对历史的勾画,从而指导理性的政策选择。[133] 还有其他一些支持者将注意力放在设计一些更好实现理性选择的制度结构和决定程序上。[134] 总之,现实主义者的"主要兴趣",就如一个资深的专论评论员说的,是对法律作为在更大的社会母体中运行的制度性过程进行的功能性解释,且通过它对于更大整体的贡献来进行检验。[135]

在现实主义运动的背后幕后操纵者库克(Waiter Wheeler Cook)很多年来秉持一个原则,就是社群政策的制定和应用可以通过使用科学的研究的一般性方法来得到很大的改进。[136] 为了强调这点,库克和其他诸多实用主义学者一样,在哲学家杜威(John Dewey)的身上花费了诸多笔墨。由此,在一段概括性的段落中,他写道:

> 目前作者的主题,杜威作品中最成熟的主题,即将科学研究方法应用于价值领域(道德和政治,包括法律)将使得我们对于目的的选择更加智慧、基础更好、更远离主观的"任性"。对于许多方面思考的基础,可以简要地概括如下,当然不是完整充分的:
>
> 如果一个人以他自己希望达到的预先设定的目的为出发点,那么对于何种方法最可能达到这样的目的的问题纯粹是一个科学的问题:"手段"和"目的"也仅仅是科学家所谓的"原因"和"效果"的同义词。而且,说"事物是什么"是暗指一个人"应该做什么",如果一个人希望达到这种结果的话。[137]

在解释中,他又说道:

---

[132] S. Verdun-Jones, *The Jurisprudence of Karl Llewellyn*, 1 DALHOUSIE L. J. 441 (1974).

[133] H. Oliphant, *A Return to Stare Decisis*, 14 A. B. A. J. 71 (1928); Oliphant & Hewitt, *Introduction* to J. RUEFF, FROM THE PHYSICAL TO THE SOCIAL SCIENCES: INTRODUCTION TO A STUDY OF ECONOMIC AND ETHICAL THEORY (1929).

[134] S. Verdun-Jones, *Jurisprudence Washed with Cynical Acid: Thurman Arnold and the Psychological Bases of Scientific Jurisprudence*, 3 DALHOUSIE L. J. 470 (1976).

[135] E. GARLAN, 前注 128, 第 4 页。

[136] W. Cook, *Scientific Method and the Law*, 13 A. B. A. J. 303 (1927). 在这篇有影响的文章中,库克描述了法律规则的指导的作用,而不是强制作用,并且建议使用社会科学的数据资源,用来帮助作决定。

[137] W. COOK, MY PHILOSOPHY OF LAW (1941) 59.

要强调的是,这里提出的观点并非要坚持认为自然科学的研究主题和“价值”科学的研究主题是相同的。我想要说的是,通过连接自然科学而发展的“研究逻辑”可以用来发展“价值”的理论。更具体地说,在实施智识性研究上相同的一般性技术可以武装我们,不仅通过人类评价行为的“描述性科学”,而且也通过评价价值行为的方式,以及“规范性”科学,如果人们愿意这样称呼它的话。[138]

对于也许可能被证明是有成效的特殊种类的研究,简要的说明如下:只要稍微观察就可以发现,我们经常提到相同的“最终目的”、“正义”、“荣誉”、“幸福”、“善良”,等等。而我们易于忽视的是,如果我们把这些目的与“行为,把行为与问题,把问题与社会和历史环境”结合起来,我们可以看见我们所称呼的“最终目的”其实可以真的被推进为“在既存现状下处理某些客观需要求和缺漏的方法”。(Sidney Hook, “John Dewey,” p. 138).我们所要做的是去检测既存的环境,且去发现这些需求和缺漏是什么。当这个任务完成了以后,就假定的“最终目的”所行为的结果可以与产生困难的情境相互联系起来。[139]

库克后来感到遗憾,认为自己花费了更多的精力去破坏与冲突法相关的实证主义范式,而没有很好地规划政策,从而达到在对特殊的冲突性问题进行规制中服务社群的目的。[140]

卢埃林,自认为是现实主义法学的领头人,在他讲授政策的明确化时具有诗意、隐晦,甚至有时还有神秘性。在对当前作者第一篇合著的评论性文章中,他同意“政策的制定和执行”对于法律专业人士是非常重要的,而且包括可教的技巧,但是他尖刻地反对把政策的决定作为“法律教育的核心部分”。[141] 在著名的文章《现实主义的一些现实主义》中,他在回应庞德时说道:

---

[138] 同上,第 62 页。

[139] 同上,第 63 页。

[140] 在 1938 年夏季,库克对西北大学的一个同事,也是其中的一位作者进行的陈述。

[141] K. Llewellyn, *McDougal and Lasswell*, *Plan for Legal Education*, 43 COLUM. L. REV. 477 (1943).

他们(现实主义学者)看待规则、法律就如同看待用以达到目的的手段;如同达到目的的唯一手段;如同仅在于他们是达到目的的手段而有意义。随着法律慢慢变迁以及生活的快速变化,他们怀疑一些法律已经离开了他们生活的轨道。这首先是一个事实问题:法律事实上对人民做什么,或为人民做什么。从第二层意义来说,他是一个关于目的的问题:法律应该对人民、为人民做什么。但是对于当前法律的一些特定部分是否做了他们应该做的,还没有一个结论性的判断,除非你能首先回答它正在做什么。[142]

他坚持认为,现实主义者"关注的是通过法律应该如何治理的问题",[143]以及他们有时候对于*实然*和*应然*之间暂时性的分离。他解释道:

由此,我认为,为了能够设定研究的目标,总是要诉诸价值判断的,虽然在研究它是什么的时候,观察、描述和所描述事物之间关系的确立,尽可能在更大的范围内做到不被观察者的欲望或者不被他可能希望的或者在道德上所想的所污染。[144]

在对现实主义者为了更加有效地利用过去的智慧所付出的努力进行阐释时,他在"共同的出发点"中进行了如下阐释:

依赖于把案件和法律情形一起归纳到比以前更小的类别中去的价值已经是一个现实了。这是与对言辞性规则的不信任相联系的。这些言辞性规则常常覆盖了非类似或者非简单事实的情形(非类似性是部分通过案件形成的方式来检测的,部分通过观察者对于他们应该如何形成的判断来检测的);但是一个现实主义者试图公开表明在特定情形下其所适用的标准。[145]

作为另一个共同出发点,他说道:

---

[142] K. LLEWELLYN, JURISPRUDENCE: REALISM IN THEORY AND PRACTICE (1962) 43. The article first appeared in 44 HARV. L. REV. 1222 (1931). Jerome Frank and other Realists advised in its preparation. For important background, 参见 N. Hull, *Some Realism About the Llewellyn-Pound Exchange Over Realism: The Newly Uncovered Private Correspondence*, 7927 – 7937, 1987 WISC. L. REV. 921。

[143] 同上,第 51 页。

[144] 同上,第 55 页。

[145] 同上,第 56、57 页。

坚持对法律的一部分的效果进行评价，以及坚持努力寻找这些效果的价值。[146]

从他所论述的来看，很明显卢埃林认为普通法的司法决定过程对于社群政策的明确是一个潜在的理想形态。进而，他写道：

我反复强调，对于善的最终内容，其他人在更广泛的终极中认为已经非常清楚的，我认为并不清楚，原因是没有任何对特定事项的理性推导。相反对于内容，我更坚信的是手段：在一个不停努力的过程中，不断更加接近善，不停的检查和纠正的过程，再进一步进行检查和纠正。这便是方法以及案例法的真谛。[147]

如他所赞扬的，普通法的过程要求"庄重风格"中的"原因"，其合理地强调的是事实和环境的区别，技术规则背后的政策目的，以及决定中的可能性选择结果。它排斥"形式风格"，尽管很丰富，因为其对于这些事情毫无作用，而只是宣称了一种具有神秘性的强制。[148]

也许作为一个现实主义者，已经为建立卢埃林所钟爱的主题的可信性付出了最多的，当属爱德华·列维(Edward Levi)教授(原司法部长)。他写了广为阅读的专论《法律推理导论》。这本书曾经被阿诺德(Thurman Arnold)教授评论为在美国最好的法学理论研究成果。[149] 列维试图勾画出目前司法决定在事实中(理想性的?)具体运转的过程。[150] 他从以下前提性的假定出发，即任何指令的应用，包括先例、宪法、法律等，都要求应用者进行政策选择。相对独特的"法律推理"的基本模式是求助于事例或者类推，且通过从个案到个案实现：

先例原则采取三步走的过程。在这个过程中，第一个案件的描述性命题被作为法律上的规则，然后可以适用于下一个类似的情形。步骤是这样的：发现案件之间的相似性；接下来宣称第一个案件中固有

---

[146] 同上，第 57 页。

[147] 同上，第 211 页。

[148] 这是一个反复性的话题。K. LLEWELLYN, THE COMMON LAW TRADITION-DECIDING APPEALS (1960). 有关评论参见 H. Lasswell, 61 COLUM. L. REV. 940 (1961)。

[149] 其中一位作者的陈述。

[150] E. Levi, *An Introduction to Legal Reasoning*, 15 U. CHI. L. REV. 501 (1948). Separately published, with Preface, by University of Chicago Press (1961).

的法律规则；然后将该法律规则适用在第二个案件中。[151]

通过对相似性和非相似性的识别，这个过程允许这些被适用的规则可以被改变，从而引入了一个“不可缺少的动态性品质”：

> 不仅新的情形会出现，而且人们的想法也会改变。在法律过程中使用的分类必须具有一定的模糊性，从而可以使得新的想法可以注入。而且即使在涉及宪法和法律时也是如此。立法或者宪法性惯例所使用的语言必然会产生新的含义。而且，也不可能达致以其他为基础的一致同意。在此，法律表达了社群的观念，即使通过宪法或者法律以一般性的术语的写出来，也是为了特殊的个案而创制的。[152]

他概括道：

> 法律推理有它自身的逻辑。它的结构适当地给模糊之处以确定的含义，且去不停地去检测社会中出现的新的不同之处与相似之处。当个案中出现的模糊之处需要被解决时，社会理论和社会中的一些变化都与之相关联。也不能因为这种方法的结果太不确定而不能将其强制使用。来自法律的强制是必然的，因为模糊地带不停地出现。系统运转的时候预示了扩张和收缩的可能性领域。当人们不能完全同意的时候，只有这种系统可以有效地运转。[153]

从这种观点来看，在一个社群内的权威决定的过程，不过就是一个不断试验和明确政策的过程。

除了杜威，对政策的明确作了非常详细关注的现实主义者是科恩，他既是法学家、也是哲学家。科恩论述了对规则和决定的“评价”和“批判”，但是他也明确地表示他对于评价和批判的兴趣是直接指向能够指导决定的。在早期有影响的著作《道德体系和法律理想》中，他对很多道德和法学理论的学说进行了整理，最后发现它们在很大程度上都是不充足的，尽管其通过一些整合出现了一些具有希望的理论和程序。[154] 他尤其

---

〔151〕 同上，第 501 页。

〔152〕 同上，第 503 页。

〔153〕 同上，第 573 页。

〔154〕 F. COHEN, ETHICAL SYSTEMS AND LEGAL IDEALS (1933) (M. Konritz ed. 1959).

批评推导性程序、自然法和实证主义,因为他们根本不考虑整体的环境。他发现评价是不可避免,而且从传统来看,他假定“好的生活”是法律的目标。[155] 他志在找到在更大的环境和整体的结果下来运用的理论和程序,进而去评价决定。他的结论性的建议(已经被引用了)是与边沁提出的理论具有可比较性的研究学说。[156] 虽然英年早逝,但在一系列文章中,他试图给这一宽泛的一般性建议增加一些建设性的具体细节。[157] 他坚持认为“确定给定的法律性规则”这一任务是没有止境的,除非“对于重要的结果采取区别对待的标准”。[158] 他的文章充满了对于政策选择的不可避免性、明确价值的重要性、过去和现在决定的详细描述的关联性、科学方法和特定科学对于政策明确的潜在贡献方面的雄辩。对于他的建言的基本要点也许可以在这些文章的引注中得到证实。因此,把传统的方法和功能性方法进行比较后,他写道:

功能性方法允许道德走到前台来。当我们认识到法律规则仅仅是描述司法决定一致性的公式,法律概念同样是司法决定的模式或功能,决定本身不是预先存在规则逻辑繁衍的结果,而是具有社会原因和结果的社会事件,然后我们才可以认真地根据人类价值的一些标准来评价法律和法律制度。[159]

而且:

没有对法律决定的原因和结果的客观描述,法律批判就是空洞的。没有价值理论的指导,法律描述是盲目的。只有通过联合客观的法律科学和社会价值的批判性理论,我们对于人类法律重要性的理解才会丰富。[160]

最后:

每一种法律性规则,每一种制定法的解释,每一个“理性人”将要做、

---

〔155〕 同上,第18、21页。

〔156〕 同上,第285页。

〔157〕 These articles are collected in F. COHEN, THE LEGAL CONSCIENCE (L. Cohen ed. 1960).

〔158〕 同上,第75页。

〔159〕 同上,第75页。

〔160〕 同上,第76页。

说、相信或赞成的标准,每一个先例的轨迹,每一个已决案件代表的观点,总是事先预设一种或者另一种关于“公共政策”的观点。[161]

**当代观点**

50年前,科恩写道:“希望无止境的道德争论可以在为实证主义的、科学性的法律研究而形成一个程序中被忘记,那简直是妄想。”[162] 在近些年中,似乎人们普遍同意所有的权威决定在事实上都要求在政策选项中进行选择,而且理性的决定要求一个审慎地、系统地对于选项的评价。通过各种传承性学说的持续性影响,以及诸多支离破碎的学说的出现(特别强调对于特殊情境下运用的实体性政策和程序),仍然还存在对评价标准的毫无休止的争论。[163] 这种传承持续地产生着最大且最明显的影响,在各种法学理论的学说下运转,使用了许多不同的实质性政策的假定,也要求使用以假定的且常常含混不清的前提为基础的古典的哲学逻辑推演程序。这是诸多学说之中对政策进行详细的明确化的优先性模式。[164] 然而,迄今为止,对于将来这种程序在识别和确保共同利益方面与过去相比可以更加富有成效,并未产生什么现实的希望。[165]

一个当代特意分裂的架构,在实践上比在理论上更容易被接受,并由于把“理性推演的理想”去幻想化而把智识程序的设计描述为“渐进主

---

〔161〕 同上,第145页。

〔162〕 F. COHEN, 前注154, 第231页。

〔163〕 R. Posner, *The Present Situation in Legal Scholarship*, 90 YALE L. J. 1113, 1126:“今天有马克思主义法学者、自由主义者、社会契约论者、左和右翼的功利主义者、左和右翼的康德主义者、怀疑论者、直觉主义者、财富最大主义者及其他。”

〔164〕 近来一个既体现了努力也反映了无效的著名例子是,J. RAWLS, A THEORY OF JUSTICE (1971)。An abundance of illustration is offered in *Symposium*, *Legal Scholarship: Its Nature and Purposes*, 90 YALE L. J. 955 (1981). 又见 J. FISHKIN, BEYOND SUBJECTIVE MORALITY (1984); D. LYONS, ETHICS AND THE RULE OF LAW (1984).

〔165〕 Some of the difficulties are recounted in A. Leff, *Unspeakable Ethics*, *Unnatural Law*, (1979) DUKE L,J. 1229. 又见 L. Ratner, *The Utilitarian Imperative*:

*Autonomy*, *Reciprocity*, *and Evolution*, 12 HOFSTRA L. REV. 724 (1984) (excellent demolition of recent theorizing about law) and J. SMART & B. WILLIAMSON, UTILITARIANISM: FOR AND AGAINST (1973) (suggesting a more constructive approach)。

义”的。[166] 尽管认识到了“政策决策的最好方法是在仔细和全面地研究所有可能的行为过程以及所有可能的结果之后,在对这些后果所涉及的价值进行评价之后,在所有选项中做出选择”。[167] 这种学说,试图逃离全面性方法的困境,建议在所观察到的环境、预设的价值、可考虑的选择,以及被评价的结果等事实下进行一种有意识的、审议的切断。不幸的是,这种学说还无法做到让重要的事实离开、让相关的价值变得不相关、让废弃的选择变成最不理性的,或者未被评价的结果停止发生效果。[168] “渐进主义”,顶多只能是一个对人类、对于所有活动相关的经济或节约原则相关的必要性问题,而不是一个审慎的智识启示性架构。

同样,受到美国宪法学最大关注的另一个当代特意分裂的架构是“法律过程学派”。[169] 这一学派的基本信条是,法律是各种制度,不管是官方的还是私人的,相互作用的结果,而且是一个“不断发挥功能目的性过程”。[170] 在各种机制的相互关系中,它尝试对法律体系在整体上达成条理清晰、明白易懂的观点。司法机构在他们的目的和功能模式上与立法或政治机构是有区别的。[171] 由此,“社会哲学式的阐述”是将任务指向政治的,而非司法性的机构,“因为行政和立法机关,不像法院,是通过民主的过程直接对人民负责的”。[172] 与立法者不同,法官要求对他们的决定进行说理,包括“含有推理的说明”;给出适用先例、制定法和宪法的恰当

---

〔166〕 经典的论述是 D. BRAYBROOKE & C. LINDBLOM, A STRATEGY FOR DECISION (1963)。

〔167〕 同上,第 40 页。

〔168〕 REISMAN & SCHREIBER, 前注 13, *Muddling Through as Policy Method*, 第 567 页。Cr. M. Tushnet, *Legal Scholarship: Its Causes and Cure*, 90 YALE L. J. 1205, 1215 (1981).

〔169〕 这种学说的圣经是 H. HART & A. SACKS, THE LEGAL PROCESS: BASIC PROBLEMS IN THE MAKING AND APPLICATION OF LAW (Tentative ed. 1958) (a collection of teaching materials). 这种学说在很多专论中被许多(主要是)宪法方面的学者所阐述。又见 C. AUERBACH, L. GARRISON, W. HURST & S. MERMIN, THE LEGAL PROCESS (1961)。

一个非常好的参考性的历史,可以参见 G. White, *The Evolution of Reasoned Elaboration: Jurisprudential Criticism and Social Change*, 59 VA. L. REV. 279 (1973)。又见 J. Vetter, *Postwar Legal Scholarship on Judicial Decision Making*, 33 J. LEGAL ED. 412, 416 (1983); G. White, *Closing the Cycle*, 33 J. LEGAL ED. 449, 451 (1983)。

〔170〕 H. HART & A. SACKS,前注 169, Preface p. iii.

〔171〕 同上。

〔172〕 B. Ackerman, Law *and the Modern Mind by Jerome Frank*, 103 DAEOALUS 119 (1974), 第 124 页。

原则,包括价值判断中的“消极美德”和“中立性”。法院有义务“去使用那些对于司法角色是恰当的推理模式”,而且司法角色被认为是高度“拘束性的”。[173] 该学说显然未能达到其旨在提供对于整个法律体系的“条理清晰、明白易懂”的观点的愿望:它没有完全去绘制一个社群全面性的构建过程,更没有描述塑造或分享除了权力之外的其他价值的公共秩序决定。它对于先例、制定法、宪法和习惯法的概念没有延伸到交流和合作的全面性过程,当然通过这种交流与合作,社群对于政策、权威和控制的期望得以产生。因而,其就不同种类的指令所推荐的适用原则,有时候是老套和重复的,即使其对于共同利益中的合理性并不具有破坏性。[174] 法律过程学派在政策的明确上,比实证主义学说领先了一步,但是也忽视了现实主义学说的一些重要的方面。

也许当代最有影响的特意分裂的架构是所谓“法律与经济运动”。这个学说的关键在于将经济学这一社会科学的观察、方法和特征引入对法律进行的研究中。[175] 如其中一位支持者所阐述的,“在方法论上,法和经济学派很容易和其他学派相区分。至少在反垄断和规制工业领域之外的方面,它完全是一个新的研究,从 1960 年开始在最近几十年得到了全面的发展”。[176] 这一学说的支持者已经在一些传统领域,如侵权、合同、财产和刑法等,做出了非常重要的贡献,而且在反垄断法、税法和公司法等公法领域也作出了贡献。[177] 据称他们最重要的贡献在于把以往法律学派运用的术语通过经济分析的方式加以精炼。[178] 经济分析使得法律推理更加功能化,更少类比性。也就是说“经济学使得分析家考虑,如果适

---

〔173〕 同上,第 123 页。尽管轮廓不是很明显,Ackerman 自己也寻找一个更具建构性的关于法律的理论。参见 his RECONSTRUCTING AMERICAN LAW (1984)。

〔174〕 在不同章节的结论中提供了被推荐的解释原则的概要性参照。HART & SACKS, 前注 169。

〔175〕 对于什么是这种学说的圣经,牧师们对 Calabresi、Posner 及其他学者的多种专论进行了论战。参见 *Symposium, The Place of Economics in Legal Education*, 33 J. LEGAL EO. 183 (1983); *Symposium, Legal Scholarship: Its Nature and Purposes*, 90 YALE L. J. 955 (1981); Symposium, 8 HOFSTRA L. REV. 641 (1980).

〔176〕 H. Hansmann, *The Current State of Law-and-Economics Scholarship*, 33 J. LEGAL ED. 217, 218 (1983).

〔177〕 同上, *Passim.* 又参见同一讨论会上的其他文章。

〔178〕 同上, 第 235 页。

用的是一个法律规则而不是另一法律规则,世界会以什么方式变得不同”。[179] 经济分析学说的困难,也如所批评的,在于它只适用了许多相关“狭隘视角”中的一种来观察世界。[180] 它并不总是把问题和他们的分析放在一个更大的社群的过程之中,包括权威决定的过程。而正是在这个过程中,不仅财富而且许多其他的价值在塑造和分享方面都是相互依存的。有时候,这一理论忽略了,“市场”很大程度上是一个特殊社群构建过程的一项功能,而且不可避免地受到这个过程中决定的影响。它经常过于关注规则,而不是与模糊性规则相伴的决定。它有意或者无意地忽视了除财富之外的人类需要的许多价值,忽视了除财富要素之外其他影响多数权威决策的要素,忽视了在多数特定选择的情况下除了财富之外其他与明确社群政策相关的价值。经济分析学说对于政策的明确和执行所作出的贡献在自由社会里显然是最重要的,而且这一学说也证明了它的能力。如果经济分析是管中窥豹,它也是理性政策不可缺少的许多视角中的一个。然而就算它贡献极大,经济分析也需要与人类所珍视的其他价值相关的科学和其他学科中的观点和程序的补充和协调。[181]

当然,近几十年在美国出现的最具争议的法学理论学说是“批判法学运动”。很难去识别这一学说的基本信条,因为它用了许多不同的且如此庞杂又突出的声音来表达。[182] 一个具有同一性的主题似乎是建立在美国现实主义法学对实证主义法学和自然法学的颠覆这一基础上的。一些支持者进一步去攻击传统的自由主义,因为其如同实证主义范式一样要求一种客观的、自治的、中立的规则。有时候会出现一些问题,好像在严

---

〔179〕 同上,第226页。

〔180〕 A. Leff, *Economic Analysis of Law: Some Realism About Nominalism*, 60 V A. L. REV. 451, 452 (1974) (a beautiful exposition of the difficulties in an economic, or any, frame). 又参见 G. Minda, *The Lawyer-Economist at Chicago: Richard A. Posner and the Economic Analysis of Law*, 39 OHIO STATE L. J. 439 (1978)。

〔181〕 REISMAN & SCHREIBER, 前注13, 第552、564页。理论上的一些困难起初主要是仅关注财富价值,而且只关注少数相关的智识任务。D. Farber & P. Frickey, *The Jurisprudence of Public Choice*, 65 TEXAS LAW REV. 873 (1987).

〔182〕 *Critical Legal Studies Symposium*, 36 STANFORD L. REV. 1 (1984); *The Politics of Law: A Progressive Critique* (D. Kairys ed. 1982); R. Unger, *The Critical Legal Studies Movement*, 96 HARV. L. REV. 561 (1983); LLOYD, 前注13, 第709页。(copious citations)

格的、绝对的决定性规则和完全专断的决定之间并没有可选择的方案。[183] 一些支持者走得更远,而反对这种在权威决定意义上法律的必要性,甚至是可能性。仅仅通过赤裸的权力作出的决定,似乎只留给有困难的社群。[184] 共同利益由于是一个很难界定的概念而被拒绝使用,但是一般认为社会过程是通过“普遍的法律良知”变化来推动的。由于受当代社会过程中巨大的不平等和不公平的推动,这一学说的支持者公开地寻求对于世界的转型。[185] 因此,肯尼迪(Duncan Kennedy)描述了一个可能性的未来世界是:

> 一个社会社群如此完全和和谐地分享共同的观点,从而消除了对于任何规则的需要……
>
> 国家,其法官,注定终将消失,因为人们都亲如兄弟……但是只有当我们超越彼此间的疏远且一起分享目的,以致突发事件只会引发独创性而不是争执,这样我们才能达到目标。[186]

然而,到目前为止,这一学说的支持者更多的是关注对传承性理论的破坏,以及对于潜在性批判弃如敝屣,而不是去建构一个新的关于研究的理论和渴求的新世界。人们将饶有兴致地来看这个学说,在创建出其所视为的必要的未垦地之后,是否能够对重要的价值、社群过程图谱、法律的概念、研究的智识程序,以及为了从我们现在所处的地方通向未来更好的世界的这一改变所需的实践性程序确立相关的独特任务。

---

〔183〕 Tushnet, *Legal Scholarship: Its Causes and Cure*, 90 YALE L. J. 1205 (1981)(包括对政策明确的各种多样性当代方法的观点性批评). 又参见 Comment, *Round and Round the Bramble Bush: From Legal Realism to Critical Legal Scholarship*, 95 HARV. L. REV. 1669 (1982)。

对一些“批判研究”的支持者所使用的 Derrida 解构技术的思想基础的批评性评价,参见 M. Abrams, *Literary Criticism in America*, *Theories of Criticism*, Occasional Papers of the Council of Scholars, No. 2. The Library of Congress (1984)。

〔184〕 G. Peller, *The Metaphysics of American Law*, 73 CALIF. L. REV. 1152 (1985). 对于“法律”是“政治”的发现简直就是在鞭打一匹死马。通过社群对于普通利益的期望的标准作出的决定很明显是权力的一种形式。它是一种为了特殊利益的专断性决定,而不考虑共同利益。决策者的选择当然是不可避免的。但是选择也是与价值需求下普通利益的多样化理性程度相关联的。

〔185〕 D. Kennedy, *Cost-Reduction Theory as Legitimation*, 90 YALE L. J. 1275, 1281 (1981).

〔186〕 As edited in L. Schwartz, *With Gun and Camera Through Darkest CLS-Land*, 36 STANFORO L. REV. 413, 426 (1984). The reference is to D. Kennedy, *Form and Substance in Private Law: atfjudication*, 89 HARV. L. REV. 1865, 1946, 1971 (1976).

对于许多科学和学科的知识都能够提供与作出理性的权威决定相关的信息和程序日益增加的认识,与任何特殊的学说都无关,但却是一项充满希望的新发展。[187] 已经广为理解的是,休谟对于不可以从"实然"中推断出"应然"的断论,仅仅在句法的维度上可以适用,而在语义的维度上,没有任何关联:当涉及社会过程中事件时,人们会发现实际上个体在选择中受到来自不同渠道的信息的影响,而且关于可能出现的选择结果的恰当信息,能够用来指导理性的选择。因此,弗兰克在一项受美国艺术与科学院拉塞尔基金资助的研究中,在对休谟的误解以及社会过程是如何发生的进行研究后写道:"事实性信息是与政策相关的,因为它使对与结果相关的选择进行多种评价成为可能,而不考虑哪种选择是盲目的或者反复无常的。"[188] 他总结道:

> 社会科学家,如他们常常所做的那样,在政治中表现为对有别于社会一般所诉求的源头的社会描述、解释和诊断的源头进行研究。他们只有通过保持沉默才能逃脱命数。他们在政治竞技场中进行竞技,因为就像牧师、记者或职业的政治家一样,他们不得不宣称他们知道一些应该适用于治理政体的有价值的东西。[189]

同样类似的,尼古拉斯·雷舍尔(Nicholas Rescher)在同一卷中的《价值在社会科学研究中的角色》中写道:

> 而且,政策在社会科学中具有内在的政策重要性。就像社会研究成功地表明了"在这个世界中事物运转的方式"一样,其发现与"某种环境下"(in certain circumstances)可能发生的事情有关,从而为人类事务进行安排的实践性步骤提供了基础。但是政策的理性化总是要

---

[187] *Symposium*, *Social Science in Legal Education*, 3S J. LEGAL ED. 465 (1985); BEHAVIORAL AND SOCIAL SCIENCE RESEARCH: A NATIONAL RESOURCE, Part I (Report to NATional Research Council) (R. Adams, N. Smelser & D. Treeman eds. 1982); LAW IN A CHANGING AMERICA (G. Hazard ed. 1968) (The American Assembly, Columbia University). G. Priest, *Social Science Theory and Legal Education*: *The Law School and University*, 33 J. LEGAL ED. 427 (1983) 注明了法律知识的不断专门化,从而涉及了不同种类的社会科学。

[188] CONTROVERSIES AND DECISIONS: THE SOCIAL SCIENCES AND PUBLIC POLICY (C. Frankel ed. 1976) 17, 18.

[189] 同上,第30页。Frankel的文章在下文中概括了,XXIX BULLETIN, THE AMERICAN ACADEMY OF ARTS AND SCIENCES (May,1979),19。

求一定程度的努力。[190]

雷舍尔得出的一个结论是:

评价性理论,最终是与对社会现实的详细审查密不可分的,正如我们在社会研究中所面对的那样……对于评价进行合理的分析不需要价值上的无涉,作为保留科学性的代价:对于价值的批判性审查能够保持它的规范性以及描述性的维度,同时也不逾越社会性研究的合理边界。[191]

值得高兴的是,对于接受从许多不同的科学和学科来的信息和程序进行理性决定的相关性,实践现在已经超越了理论。对于立法者,在获得有效信息上的困难已经很小了,有的也只是组织和资源的问题。而且法院的困难也在减轻。在近来的一篇文章《社会权威:获取评价和建立法律中的社会科学》中,约翰·莫纳什(John Monahan)和劳伦·沃克(Laurens Walker)教授开篇写道:

自从美国法院首次引入社会科学研究来支持他们对于法律规则的选择的支持,已经过去了四分之三世纪。相信经验性研究能够对法律准则的内容产生影响,曾经被认为是异端邪说,但现在已经是法学家中能够达成一般性一致意见的为数不多的观点之一。[192]

他们又说道,美国最高法院的九位大法官,截至1986年3月,都已经发表或者赞成这种观点,就是使用社会科学研究来确立或批评法律性规则。[193] 在一篇长文和一本案例书中,[194]他们探索且寻求去缓解一些持久性的困难。

以政策为导向的法学理论的显著特征,也是这本书所要表达的,是利

---

〔190〕 Frankel, 前注188, 第36页。

〔191〕 同上, 第42页。

〔192〕 J. Monahan & L. Walker, Social Authority: Obtaining, Evaluating, and Establishing Social Science in Law, 134 U. PA. L. REV. 477 (1986).

〔193〕 同上。

〔194〕 J. MONAHAN & L. WALKER, SOCIAL SCIENCE IN LAW (1985). 又参见 W. LOH, SOCIAL RESEARCH IN THE JUDICIAL PROCESS (1984); A. BROOKS, LAW, PSYCHIATRY, AND THE MENTAL HEALTH SYSTEM (1974)。

用当代政策科学运动的知识，[195]从而试图将许多不同信息和学科的相关方面的可能性贡献整合成一个系统且审慎的理论和程序，进而来明确公共秩序中关于特殊性问题的社群政策。[196] 它所期望的是能够比以往传承的学说在研究上更全面，且在具体参考上更细致。该学说承认，由于人们相互作用于其中的相互渗透的不同社群中的各个特定价值过程之中和之间的相互联系，我们不可能只去研究特殊的问题、原因和结果，而不去研究集体性的问题、原因和结果。当今，根据共同利益的标准在权威决策的选项中作出理性选择，需要在可能的最全面的环境中有一个智识上的定位。因而，这种学说用一种临时的（当然也不断被更新的）关于塑造和分享多样化社群内价值的图景或工作模式来进行研究，当然它影响着特殊性问题同时也被特殊性问题影响着。[197] 在对背景进行规划的过程中，全面性和精确性都是通过对从源自道德哲学家和其他规范性专家的价值

---

〔195〕 THE POLICY SCIENCES: RECENT DEVELOPMENTS IN SCOPE AND METHOD (D. Lerner & H. Lasswell eds. 1951); H. LASSWELL, A PREVIEW OF POLICY SCIENCES (1971); THE FUTURE OF POLITICAL SCIENCE (1963), and *Policy Sciences*, INT. ENCYC. SOCIAL SCIENCES 181 (1968); VALUES AND DEVELOPMENT: APPRAISING ASIAN EXPERIENCE (H. Lasswell, D. Lerner & J. Montgomery eds. 1976); G. Ascher, *The Evolution of Policy Sciences: Understanding the Rise and Avoiding the Fall*, 5 J. OF POLICY ANALYSIS AND MANAGEMENT 365 (1986); A. Wildavsky, *The Once and Future School of Public Policy*, 79 THE PUBLIC INTEREST 26 (1985); R. Brunner, Editorial: *Integrating Knowledge and Action*, 17 POLICY SCIENCES 3 (1984); D. Torgerson, *Contextual Orientation in Policy Analysis: The Contribution of Harold D. Lasswell*, 18 POLICY SCIENCES 241 (1985). BREWER & P. DELEON, THE FOUNDATIONS OF POLICY ANALYSIS (1983); Y. DROR, PUBLIC POLICYMAKING REEXAMINED (1968); H. Lasswell & A. Holmberg, *Toward a General Theory of Directed Value Accumulation and Institutional Development in* POLITICAL AND ADMINISTRATIVE DEVELOPMENT (R. Braibanti ed. 1969); W.

〔196〕 H. Lasswell, Clarifying *Value Judgment: Principles of Content and Procedure*, 2 INQUIRY 87 (1958).

〔197〕 对于社群过程的描述要求对政策有一个初步的明确，同时要对与理性决定相关的所有智识任务予以执行。美国的现实主义者都误解了杜威的思想，承受了去创造一种全面性假定，以及描绘更大的相互作用领域。已被广为接受的杜威的主题是，没有任何预先的定制由价值所构成，不管是最终的还是其他。全面性假定的功能和更大背景的描绘，不是为了追求一些价值上的先定，而是为了能够在系统性的检测中引导观察者，比如杜威自己对特殊问题的理性决定的环境相关性的特征提供了一些特征（政策、条件和后果）上的建议。如果缺少对于相关背景的全面描述，可能导致对于重要政策和特征的忽视或者错误的解释。具体的讨论，参见 S. Verdun-Jones, *Cook, Oliphant and Yntema: The Scientific Wing of American Legal Realism* (Part 11), 5 DALHOUSIE L. J. 249, 250 et seq. (1979). Background and appraisal of Dewey's contributions appear in J. SMITH, THE SPIRIT OF AMERICAN PHILOSOPHY (1963) Ch. 4. An excellent statement of the need for comprehensive mapping is offered in R. SNYDER, H. BRUCK & B. SAPIN, FOREIGN POLICY DECISIONMAKING (1962). 又参见 H. LASSWELL, A PRE-VIEW OF POLICY SCIENCES (1971) Ch. 2.

(权力、尊重、教化、福利、财富、技术、情感和操守)进行类别的重新整合,并借助于文化人类学者那里(参与、观点、情形、权力的基础、策略和结果)的某些"实践"或"制度性"的类别来寻求的。通过对这些类型可操作性索引的分配,对指示性经验术语的描述,可以在更高的抽象层面以及任何必要的全面性层面被概括,以及在更低的抽象层面以及在对于特殊问题进行决定和质问所要求的最小细节上予以具体化。对不同社群内的权力过程的全面描述,叙述了权威性决定、建制性公共性秩序过程的特征,从而回应了特殊性问题,或者被特殊性问题所回应。需要强调的是,在对社群过程进行政策导向的描述过程中使用的价值类型并不必然地构建出偏好上的参照。它们对社会过程中的事件作出指示性的参考,因此也可以用来作出偏好性的宣誓,但是它们也许也可以被用(其实也有必要予以使用)来执行所有其他对于明确共同利益所不可缺少的智识任务。

我们其实已经简要地在上面对于理性决定的因素中讨论了政策导向的学说所倡导的更加具体化的智识程序。其范围从一个基本的社群目标价值的设定,以及通过对与某个特定问题相关的政策的临时性具体说明,从有关价值塑造和分享的事实方面对问题的阐述,到通过运用各种相关智识任务的特殊程序对这种潜在政策进行系统性的检测。[198]

---

〔198〕 一个扩展性的阐释参见 H. LASSWELL, A PRE-VIEW OF POLICY SCIENCES (1971), Ch. 3。对于被推荐程序的运用,具体阐释参见 M. McDOUGAL, H. LASSWELL & L. CHEN, 前注4, 尤其是第五章。又参见 M. MCDOUGAL & W. M. REISMAN, INTERNATIONAL LAW ESSAYS (1981); M. McDOUGAL & F. FELICIANO, LAW AND MINIMUM WORLD PUBLIC ORDER: THE LEGAL REGULATION OF INTERNATIONAL COERCION (1961); M. McDOUGAL & W. BURKE, THE PUBLIC ORDER OF THE OCEANS: A CONTEMPORARY INTERNATIONAL LAW OF THE SEA (1962, 1987 with new introductory essay); M. McDOUGAL, H. LASSWELL & I. VLASIC, LAW AND PUBLIC ORDER IN SPACE (1963); M. McDOUGAL, H. LASSWELL & J. MILLER, THE INTERPRETATION OF AGREEMENTS AND WORLD PUBLIC ORDER: PRINCIPLES OF CONTENT AND PROCEDURE (1967); D. JOHNSTON, THE INTERNATIONAL LAW OF FISHERIES: A FRAMEWORK FOR POLICY-ORIENTED INQUIRIES (1965, 1987 with new introductory essay); B. MURTY, PROPAGANDA AND WORLD PUBLIC ORDER: THE LEGAL REGULATION OF THE IDEOLOGICAL INSTRUMENT OF COERCION (1968, 1989 with new introductory essay and new title, THE INTERNATIONAL LAW OF PROPAGANDA: THE IDEOLOGICAL INSTRUMENT AND WORLD PUBLIC ORDER); W. M. REISMAN, NULLITY AND REVISION: THE REVIEW AND ENFORCEMENT OF INTERNATIONAL JUDGMENTS AND AWARDS (1971); M. ARSANJANI, INTERNATIONAL REGULATION OF INTERNAL RESOURCES: A STUDY OF LAW AND POLICY (1981). 这些研究成果被重新刊发,对国际法和世界公共秩序的纽黑文学派进行了新的介绍。又参见 B. MURTY, THE INTERNATIONAL LAW OF DIPLOMACY: THE DIPLOMATIC INSTRUMENT AND WORLD PUBLIC ORDER (1989) and E. SAHURIE, THE INTERNATIONAL LAW OF ANTARCTICA (1991)。

也许要强调的是，在应用这些程序时，所谓的法律规则可以起到引导决定者找到理性决定方面的事实和政策的作用，而不是绝对地作出决定。在实证主义范式下的规则决定论和完全的专断之间进行选择不只是决策者和学者面临的唯一选择。规则可以用来引导、而不是强迫，在与理性决定相关的背景（包括社群过程中的事件，争端双方当事人的主张，以及决策过程的局限与可能）下，决策者和观察者在对问题的特征进行学科式和系统性的检测中的关注焦点。

## 对过往决策趋势的描述

法律界人士，不论是扮演决策者、辩护人还是学者的角色，和其他社群成员一样，长久以来都运用过往经验的智慧去理解现在并且展望未来。[199] 法律专业人士，除了对其他社群成员的尊敬，实际上还常常表现出对过去的尊敬，而且认为过去的决定对他们在对未来的政策作出决定上是具有约束力的。大家都珍视的先例原则或者遵循先例原则，是指当先前的决策者已经处理了可比性（有时候甚至是看似具有可比较性）问题时，现在的决策者则要受到先前决定的判案原则（*rationnes decidendi*）的约束，而且这是一种强制性的，进而不允许把过去的决定仅仅当作关于理想的未来政策的智慧源泉。[200] 先例原则，在大多数社群中，甚至大多数的国家中，被归纳为“习惯法”。在习惯法中，对于过去行为具有同一性的类型，不管是私人主体还是已经确立的社群的官员，都被看作对政策的内容、权威、未来决定的控制具有可期望性，其实也是被当作法律来对待

---

〔199〕 这是霍姆斯讨论的议题，THE COMMON LAW（1882）. Cr. CARDOZO，THE NATURE OF THE JUDICIAL PROCESS（1921）. 威廉姆强调了法律史研究中政策的重要性. W. HOLDSWORTH，ESSAYS IN LAW AND HISTORY（A. Goodhart & G. Hanbury eds. 1946）；SOME LESSONS FROM OUR LEGAL HISTORY（1928）. 作为威廉姆辅导的弟子，一位合作者自己上过这个课。

〔200〕 A. Goodhart，*Determining the Ratio Decidendi of a Case*，40 YALE L. J. 161（1930），with abundant references.

的。[201] 因此很明显,不管他们对于强制性或者过去决定在政策上的相关性的态度是什么,法律专业人士需要理论和程序从而把过去决定中的倾向与目前以及未来决定中的需要联系起来。[202] 卡尔(E. H. Carr)在描述历史学家的角色时,做了很好的论述:

> 历史学家的世界,就像科学家的世界,不是真实世界照片似的复制,而是一种能够让他或多或少有效地去理解或掌握的有效模型。历史学家从过去的经验,以及他可以触及的过去经验中汲取他认为经得起理性说明和解释的部分,而且从其中得出可以用来指导行为的结论。[203]

当然,不是一般的历史,而是与过去对特殊问题作出的决定相关的社群经验与指导、建议、作出最能表达社群利益的当前决定的关系才主要是与法律专业人士相关的任务。[204] 我们需要相应的理论和程序,从而可以用来对产生比较性政策的问题进行识别和分类,并促进在对这些问题的政策选择上进行的跨越时间和成败界限的比较。莫里斯(W. L. Morison)恰当地描述道,我们需要的不过是一种理论,这种理论可以通过一种介于特殊事件的类型和整体环境之间来描述决定的过去倾向,而且在朝着或背离预定目标的方面进行整体检测,并明确关注特别决定的集体性后果。[205] 这一理论必须提供对于社群在预期决定中潜在或临时政策,通过各种相关智识任务的程序来进行的检测,比如参考所有受过去具有可比性的决定影响的社群的价值结果;参考看起来以过去具有可比性

---

〔201〕 M. McDougal & W. M. Reisman, *The Prescribing Function: How International Law Is Made*, 6 YALE STUDIES IN WORLD PUBLIC ORDER 249 (1980); M. McDOUGAL & W. M. REISMAN, INTERNATIONAL LAW ESSAYS (1981).

〔202〕 Inherited methods of inquiry are discussed and evaluated in D. Boorstin, *Tradition and Method in Legal History*, S4 HARV. L. REV. 424 (1940); THE MYSTERIOUS SCIENCE OF THE LAW (1941). 又参见 E. Murphy, *The Jurisprudence of Legal History*; *Willard Hurst as a Legal Historian*, 39 NEW YORK D. L. REV. 900 (1964); H. BERMAN, LAW AND REVOLUTION: THE FORMATION OF THE WESTERN LEGAL TRADITION (1983)。

〔203〕 E. CARR, WHATIS HISTORY? (1963) 136.

〔204〕 C. Woodward, *History, Legal History, and Education*, 53 VA. L. REV. 89 (1967). 伍德华教授对于历史重要性的低估也许来自对工具性法律概念的误解。

〔205〕 W. Morison, in TOWARD WORLD ORDER AND HUMAN DIGNITY (W. M. Reisman & B. Weston eds. 1976), Ch. 1,53.

的决定为条件的因素,和在以后这些或其他正在运转的因素的可能性;参考在可能性的未来条件下,在决定中具有不同选择且受影响的社群的可能性价值结果;参考看起来确保共同利益最大净和的决定中的多种选择。正如上文指出的,即使近似的理论,也必须从对在制度实践和价值方面的社群过程的全面图景开始,而且这种图景必须可以如特别问题和决定所要求的那样全面和明确。

很难想像,那些没有明确地分离出决定这一概念,或者利用当代文化人类学和其他社会科学的理论和程序来描述社群过程的法学理论框架能够发展识别和形成提升具有可比性的社群政策的特别问题的理论和程序,以及在更大的环境下描述针对这些问题的权威决定。法学理论学说所观察到的,不管是如何进行观察的,必须是法律概念的功能,对于社群过程以及其文化可以使用的智识工具的理解。千百年来,在其背景下对权威决定进行描述的任务已经被神秘的目的论的注入而发展迟缓且混淆不清,这些目的来自"自然",或"历史",或"法律技术性"。[206]晚近时候,我们可以发现,在文化人类学的发现和方法论以及其他社会科学的影响下,存在一种朝着理论和程序的创制和适用的缓慢前进的趋势。通过对这种理论和程序的恰当设计,我们可以识别和阐述政策中的可比性问题,并将对问题的权威性决定与一个不断变化的社群过程的整个实践联系起来。

自然法的倡导者,尽管不可避免地求助于过去事件和现在环境,但是也不能有特性地提供对过往决策趋势进行严格而系统描述的理论和程序。像富勒教授一样,他们一般在区分"实然"和"应然"上,以及将描述和其他相关的智识任务融合成推演中单独的实践上也存在困难。[207] 他们所提出的政策,不是来自与未来可能性相关的过去实践,而是来自自然或者宗教的相对永恒的目的论(teleologies)。他们的追求是绝对的或者

〔206〕 关于对这个历史简要的调查,参见 L. STRAUSS, NATURAL RIGHT AND HIST6RY (1953)。Strauss 自己也是通过合法性的标准来逻辑性的推演出一种需求。一个高度深刻地概括,参见 J. MA YDA in FRANQOIS GENY AND MODERN JURISPRUDENCE (1978) 103 – 117。

〔207〕 L. FULLER, THE LAW IN QUEST OF ITSELF (1940).

普遍性的,而不是为了随着时间推移而变化的社群过程的相互联系的片断。[208]

相反,历史学说在特征上的不同之处在于,它强调在他们经验性背景中过去事件的重要性。这一学说的提倡者坚持认为,法律不是一些超验的涟漪(effervescence),而是一种应该被研究的社会现象。保罗·维诺格拉多夫(Sir Paul Vinogradoff)对这种强调的广度进行了雄辩的论述:

> 在更广的意义上,历史只是人类的社会经验。人类的生活总是朝向未来,但却根基于过去,有时候还在过去经验中深深地延伸。另一方面,历史法学早已超越了依附于传统并脱离问题的阶段。如果想强调历史性体系的适应性和以社会目的和理想为方向的准则,只需提及其中的一位领军人物,即耶林,就足够了。因此,如果要令对于法律目的和方法的讨论不是随意评价(casual remarks)的集合,也不是赞成或者不赞成的突发,它们就必须与历史经验的学说相互吻合。[209]

与维诺格拉多夫的评价相一致,这一学说的提倡者对于我们对一般的法律制度、概念和习惯法规则演进的知识作出了巨大的贡献。但是,他们和自然法的提倡者一样,并没有更多地公开关注决定的概念,或者对关于可比性问题的决定过去的长期趋势进行研究的完整方法。有时候,他们似乎已经抛弃了对于制度和规则的"生命"或"精神",或者历史的"目的"或"规律"进行神秘寻求的经验性描述,就像那些有时在性质上被称为是内在的。从对决定的过去趋势所进行的系统而严格的研究中汲取到经验教训的事,他们基本留给别人去做了。

有如大家都看到的,实证主义学说的提倡者的阐述并非明确关注于决定或者对于决定产生影响的事件,而是关注规则和规则的体系。[210] 他们试图区分法律是什么与法律应当是什么,但是荒谬的是,像其他自然法

---

〔208〕 L. STRAUSS, *passim*.

〔209〕 P. Vinogradoff, *Aims and Methods of Jurisprudence*, 24 COLUM. L. REV. 1, 5 (1924). 历史性学说的实用性在 Vinogradoff 的研究中得到了很好的阐释。参见 P. VINOGRADOFF, OUTLINES OF HISTORICAL JURISPRUDENCE I (1920) 11 (1922); and COLLECTED PAPERS. Vol. I & II (1928)。

〔210〕 REISMAN & SCHREIBER, 前注 13, 第七、八、九章; LLOYD,前注 13, 第四、五、六章。

学说的提倡者一样,他们融合了所有相关的智识任务到一个单独的推演活动中,而没有将描述任务分离出去。通过这种方式,他们可以在决定中让政策偏好暗度陈仓,且在呈现规则的同时表达已经决定的内容、将要决定的内容以及应该作出何种决定。他们要表达的目的不是在历史的性质或规律中发现的,而是在法律的"观念"和规则的"约束力"中发现的。他们所使用的规则可以在宪法、制定法、对过去案件或先例的推演,以及习惯性行为中发现。有时候,规则甚至根本不是法律,直到它们获得了司法上的认可(imprimatur)。[211] 对于先前案件或者先例所代表的规则是通过识别案例中的原因来确定的。这种被描述为"原则"而被后来的观察者认为其对于在案件中作出的决定是必要的。[212]

实证主义学说的前提预设是,一个社群的法律规则在整体上包括一种实质上全面且精确地对于过去决定的描述、可以引起决定最终作出的事件、影响决定的因素,以及决定的政策后果。因此,教科书、法律杂志上的文章、案例教材的组织和撰写都特别地与技术性法律概念和规则相关,而并不与事实性问题相关。但是,一个常识性的问题,就如实践者所观察到的以及美国法律现实主义者所强调的,就是这个前提是完全误导性的。对于解决特殊性问题的社群的传承性法律规则,当进行整体性考虑时,一般(而且在重视多种价值的不断变化的社群中,必须是)都是补充性的、模糊的,而且是不完全的。后来的观察者和决策者发现对于在不断具有多样性的先前案例的前提下进行决定是必要(在对先例原则试图予以运用)的那些原则在抽象性程度上和政策参考上是无限的,且他们所说的规则从参考的角度上说更加具有一般性和模糊性。对构建过程的描述,在它与权威和有效的权力进行复杂的结合时,在一个特殊性社群内在"次要"规则方面,对过程给不了什么关注。对在形成和分享所重视的价值中形成的公共秩序进行描述,而不是对权力;在"首要"规则的阐述中,一个社群所达到的具有模糊性和不充分性。对于法律是什么和法律应当是什么

---

[211] J. GRAY, THE NATURE AND SOURCES OF THE LAW (2d ed. 1921).

[212] R. CROSS, PRECEDENT IN ENGLISH LAW (1961); K. LLEWELLYN, THE COMMON LAW TRADITION-DECIDING APPEALS (1960); A. Goodhart,前注 200. 使用先例原则的实证主义存在的困难,参见 W. MORISON, JOHN AUSTIN (1982) 102 *et seq*。

的区分,尽管是不可少的,但是对于社群政策目标的确定却是不够的,除非它通过对于所有相关智识任务的识别和使用来执行。

社会学学说的倡导者,深深地沉浸于社群过程的事件之中,当然也认识到对于过去事件进行认真描述的重要性,就像是他们对原因和结果主要关注的开始。但是他们在执行描述的任务时所使用的方法是多样化的。因而,埃利希追求在所有种类私人团体"内部秩序"中的"活法"(living law),其写道:

> 无疑,历史法学的主要功能是向法社会学提供话题(subject matter)但是这主要不是法律命题的历史、资源的历史,或者法律准则的历史的问题,而是法律制度(legal institutions)的历史问题。[213]

对于过去权威决定的趋势进行系统而严格的描述远非其志愿。许多这一学说的提倡者已经从实证主义的学说中来推演出他们的重要法律概念和方法,因而极少关注弥补这种学说描述中的不足。[214] 韦伯坚持认为,对于十分重要的法律历史,要考虑那些与价值相关的事件的连续性构造,但是他也减少了在社群过程中价值性事件发生的频率,而不去追求全面性的价值类型化。有时候,他在追求普遍的规律时,糊涂地把对决定趋势的研究与对决定的影响因素的研究混淆在一起。庞德院长对于描述的任务提出了合理的目标:

> ……法律的概念……作为达到社会目的的手段,法律的存在是为了保障社会的、公共的和个人的利益的原则,要求法学家们与生活要保持联系。全部抽象性的考虑在这样的理论下并不足以使得法律规则正当化。法律历史的功能可以显示出规则和原则是如何与过去的具体情境相切合的,也能够使我们去判断我们如何可以处理目前出现的这种情境,而不是限于一种装饰性的自我满足式假定,即通过严格的推理来获得规则。[215]

然而,庞德难以让其观察有效。在他更详细的阐述中,他在类型上不

---

〔213〕 E. EHRLICH, FUNDAMENTAL PRINCIPLES OF THE SOCIOLOGY OF LAW (Moll tr. 1936) 474.

〔214〕 参见, *for example* , COMPARATIVE HUMAN RIGHTS (R. Claude ed. 1976)。

〔215〕 R. POUND, I JURISPRUDENCE (1959) 142.

同地区分了“权利”和“利益”，也存在着模糊和重叠的地方。当他在阐述这些分类时，他处理了“法律”的分类，而没有处理事实性问题和相关政策。[216]

如上面所指出的，美国现实主义法学既使得权威决定成为研究的关注点，也寻求改进对于促成决定的社群过程中的事件进行描述的方法。[217] 从他们的观点来看，决定回应了社群过程中的事件，受到了这种过程中大环境下事件的影响，并且产生了一连串事件，可以塑造和分享价值。他们在研究中对于过去决定的关注，并不是关于从一些单个原则或者从过去决定中孤立出来的神秘的判决理由（*ratio decidendi*）中进行相应的提取。也不是关于这一原则是否是从先前法官的判词中发现的，是否从以相关事实为基础的选择中推导出来的，而是对于什么是当前决定中最明智的政策，而从过去决定的一致中达到一个整体的交流，尽可能地接近对所有受影响的当事人和社群的共同利益。[218] 他们进一步认识到，对于先前决定中的政策交流进行识别，不仅是作出当前决定过程中以及在对决定过程进行描述时的唯一的智识性任务。也还有其他两项任务：（1）由于先前可比性决定的补充需要和不足，对模糊且不完整的交流进行补充；（2）用所有其他社群规定的资源来整合先前决定的交流，尽管不是完全的和精确的，比如从宪法、制定法和习惯性行为中。[219] 为了更好地对过去决定的描述或应用中执行智识性任务，以文化人类学和其他社会科学的已有成果为基础，美国现实主义者寻求去创造与价值塑造和分享的社群过程中的事实相关的研究图谱，以及引起决定的事件，而不是关于

---

〔216〕 R. POUND, V JURISPRUDENCE（1959）3 – 76. 他在历史中对于分类的描述很大程度上是关于技术性法律概念的，而不是事实。

〔217〕 经典的演示包括 W. Cook, Scientific Method and the Law, 13 A. B. A. J. 303（1927）; H. Oliphant, *A Return to Stare Decisis*, A. B. A. J. 71, 159（1928）; Oliphant & Hewitt, Introduction to J. RUEFF, FROM THE PHYSICAL TO THE SOCIAL SCIENCES: INTRODUCTION TO A STUDY OF ECONOMIC AND ETHICAL THEORY（1929）xiv。

〔218〕 C. Clark & D. Trubek, *The Creative Role of the Judge: Restraint and Freedom in the Common Law Tradition*, 71 YALE L. J. 255（1961）.

〔219〕 M. McDougal, *The Application of Constitutive Prescriptions: An Addendum to Justice Cardozo*, 33 RECORD OF THE ASSOCIATION OF THE BAR OF THE CITY OF NEW YORK（1977）255; H. Lasswell, Review of K. LLEWELLYN, THE COMMON LAW TRADITION-DECIDING APPEALS, 61 COLUM. L. REV. 940（1961）.

一般被用来正当化决定的传承性概念和规则。[220] 他们很容易被证明是现实性的前提是，当对特殊性事实问题进行政策选择，而与其中的一致性相联系的时候，技术性概念和规则能够更有意义。[221] 相应地，通过所谓的“功能性”方法，他们尝试从能够引起可比性社群政策的事实性问题方面去编写案例书，学术性文章和专论，而不是从传统法律概念和规则方面。[222] 不幸的是，美国现实主义者，尽管一直坚持相关技术性概念对于制度性实践的重要性，但是并没有落实他们对于法律上的研究进行重组而达到完整的需求：他们并没有通过制度性实践，使用切割的方法来对全部的价值进行类型化，或者用一种可以有利于对与特殊性政策问题相关的多种技术性概念和制度性实践具有功能性均等或者不均等进行描述的方法，不管是与全面性还是与精确性相关。

从当代的观点来看，追求更为全面的关于社群过程的描述，从而使刻意以政策为导向的法学理论在必要的时候可能强调对权威决定的描述，这在不同的学科都有所进展。[223] “政策科学”运动基于对各种社会学科的整合，强调（美国法律现实主义者并没有这样）对一个全面的价值类型体系进行描述的重要性，对人类之间的需求关系以及对价值具有工具性的多样化制度实践作出了指定性参考。[224] 而人类学家则继续追寻可以

[220] FACULTY OF LAW, COLUMBIA UNIVERSITY, SUMMARY OF STUDIES IN LEGAL EDUCATION (H. Oliphant ed. 1928). 又见 W. RUMBLE, AMERICAN LEGAL REALISM (1968) 67.

[221] 一个现实主义老师和学生写的一篇著名的文章是 W. Sturges & S. Clark, *Legal Theory and Real Property Mortgages*, 37 YALE L. J. 691 (1928). 又见 W. COOK, THE LOGICAL AND LEGAL BASES OF THE CONFLICT OF LAWS (1949); T. ARNOLD, THE SYMBOLS OF GOVERNMENT (1935)。

[222] 对这一发展进行的很好的历史性呈现，参见 L. KALMAN, LEGAL REALISM AT YALE 1927 - 1960 (1986) 78 *et seq.* Kalman 列出了困难、成功和失败。

[223] 对于上面这项研究的概要和文献，参见第三章，第 119 ~ 139 页。第 11 部分详细描述了理论和程序，这些已经在发展共同过程的全面性图景中得以使用。对于这种使用的结果，参见 前注 s 4 and 198。

[224] H. LASSWELL, A PRE-VIEW OF POLICY SCIENCES (1971).

促进超越时间以及文化壁垒的描述的理论和程序。[225] 政治科学家也形成了能够更好地描述有效性权力的过程以及权威决定的理论。[226] 经济学科的追求者,则在他们追求决策中,为了更好地对财富过程的相关部分进行有效的描述,越来越多地对理论和程序进行提炼。[227] 即使是历史学者,也追寻一种历史,可以全面地反映社群的过程,并尽可能确保必要的精确而经得起检验。[228] 这样,伯纳德教授(Bernard Bailyn)就《当代历史编纂的挑战》在美国历史学会做出了一个雄辩的主席演讲,他指出:

> 最终,历史学者不是对孤立的从过去抽象出来的技术问题的分析者,而必须是运动中的世界的叙述者,这个世界如同我们自己一样复杂,不可预测而且转瞬即逝。历史学者必须用新的资源重新讲述故事,比如一些过去的世界是如何的,它是如何停止而成为后来的情形,它是如何衰退而演变成新的构造的,在每个阶段是如何的,曾经有什么样的产品,以及如何发展成了没人能够预期的结果。所有这些都帮助我们去理解我们是如何变成现在的模样的,而且可以扩展到我们自身的直接经验很难达到的领域。[229]

同样地,本德(Bender)教授在《让历史重归完整》中写道:

> 这样的整合要求历史学者要超越局部的分析;他们必须重申各群体相互作用而产生全国性的政治和文化的公共领域乃是历史的核心地带。但是这必须不能以牺牲近来一些特殊群体研究的丰硕成果,以及文化和政治方面观点为前提。
>
> 我们已经在这种恢复性行为上有所开始了。与几年前相比,这种叙述性的前景在今天似乎更为光明。已经越来越明显的是,近来

---

〔225〕 L. POSPISIL, ANTHROPOLOGY OF LAW: A COMPARATIVE STUDY (1971); INTRODUCTION TO CULTURAL ANTHROPOLOGY (G. Lifton ed. 1968) Ch. 8. 又参见 H. Lasswell & A. Holmberg, *Toward a General Theory of Directed Value Accumulation and Institutional Development*, in POLITICAL AND ADMINISTRATIVE DEVELOPMENT (R. Braibanti ed. 1969)。这一研究也附在本书中。

〔226〕 W. MACKENZIE, POLITICS AND SOCIAL SCIENCE (1967); H. LASSWELL, THE FUTURE OF POLITICAL SCIENCE (1963).

〔227〕 参见上面对于"法与经济"运动的讨论。

〔228〕 一本非常令人鼓舞的书,对所有智识任务的相关历史进行了列举。E. CARR, WHAT IS HISTORY? (1963).

〔229〕 87 AMERICAN HISTORICAL REVIEW 2, 24 (1982).

的研究没有排除对于政治和文化的关注。而且,他们强制一种对政治文化进行富有成效的重新阐述。人们明白,公共世界不是哪个人给的,而是历史性建构的,是一种多样化的社会群体中未必公平的竞争的结果。从历史性叙述中发现公共领域核心的方法是集中在它的形成上的。[230]

对于那些对社群政策的改进性明确进行研究的法学理论的倡导者,这是适宜的,从而可以通过这些集合性学科而使用这些理论和程序。[231]

## 对制约因素的探索

法律界人士,像其他社群的成员一样,早就发现理性决定的建议和作出必须考虑下面的因素:(1)那些曾经影响过往决定而又可能影响将来决定的诸因素,以及(2)对于受决定中不同的选择影响的所有参与者和社群可能产生的不同的价值后果。[232] 权威的决定一般都会受到社群过程中不同变化因子的影响,包括对事实以及可能产生特殊情形下决定的事件的不同理解,也包括社群过程中更大环境下的相互作用;同样地,对于特殊权威决定的选择一般对于未来社群过程中价值的塑造和分享也有多种影响。法律界人士们无法避免地要考虑那些影响决定的因素,以及考虑价值后果。有时候,这种考虑通过一种文化可以承受的最系统的理论和

---

[230] T. Bender, *Making History Whole Again*, NEW YORK TIMES (Book Review Section), October 6, 1985,第1页。

[231] 可以想象的是法律界人士可能从职业性历史编撰者的不停辩论中学习到知识参见 R. Fogel, "Scientific" History and Traditional History, in L. COHEN, ET AL., LOGIC, METHODOLOGY AND PHILOSOPHY OF SCIENCE VI (1982). 参见 *also*, H. JOHNSON, AN INTRODUCTION TO THE HISTORY OF THE SOCIAL SCIENCES IN SCHOOLS (1932) (Report of the Commission on the Social Studies, Part II); H. MEYERHOFF, THE PHILOSOPHY OF HISTORY IN OUR TIME (1959); R. F. BERKHOFER, JR., A BEHAVIORAL APPROACH TO HISTORICAL ANALYSIS (1969); M. WHITE, FOUNDATION OF HISTORICAL KNOWLEDGE (1965)。

[232] E. PATTERSON, LAW IN A SCIENTIFIC AGE (1963) 提供了对于在应用科学方法去探究法律时存在的困难进行的一个有用评论。对于相关研究更为广泛的内容,在对决策进行的讨论中得到了展开,in 4 INT. ENCYC. SOC. SCI. (1968), W. Edwards, *Psychological Aspects*, 34; J. Marschak, *Economic Aspects*, 42; J. Robinson, *Political Aspects*, 55; H. Chernoff, *Decision Theory*, 62。

审慎的程序得到了表达和执行；有的时候，它通过仅有的常识上的假定或者未定和毫无规矩的幻想来表现。然而，这种特殊智识任务执行的效果是以所有对于理性决定是不可缺少的其他智识任务的执行为条件的。一些条件性因素的知识对于相关决定的选择以及探寻以往决定中的倾向都是非常必要的。更明显的是，这对于可能或者有点可能的未来决定和结果进行现实性的计算是不可缺少的。因而，它一直和优先目标的明确和设定存在关联，以及与为了获得这样的目标而采取的更明确选择相关联。[233]

当然，为了对理性决定进行决策或建议，法律界人士所需要的不只是哪门科学，或者虚构的完美科学。他们需要的不过就是这样一门“科学”，其对于研究对决定产生影响的多种因素以及研究个人或者集体决定的多种价值结果，对于个人和集体都有所裨益。这些影响决定的因素就是人们所知的，或者在类型上可作为倾向性或者环境性的：倾向性的因素包括对于价值的需求，识别和对于过去和未来的相关决策者和其他主体的期望；环境性因素包括有相关回应的特殊事件和声明以及事件、机制、资源和人们所属的更大环境。特殊决定的影响可能会涵盖一个特殊的社群内所需求的价值的整个范围，也可能具有不同的时空的维度。决定这种影响的因素在范围上当然可能是全面性的。一种对这种因素和后果进行探究的科学将寻求全面性的理论（图景或模式），从而对与环境中的事件和特征进行现实性的指令性参考，同样也为了寻求有效且经济的程序，从而来探究影响特别决定和集体决定的因素及其价值后果。

一个相应全面的研究理论，将提供各种类型，参照于社群过程中触发

---

[233] E. H. CARR in WHATIS HISTORY？（1963）进行了相关观点的陈述：

在孟德斯鸠著作之后近两百年的时间里，研究历史的历史学家和哲学家都在忙于通过发现约束他们的法律和历史事件的原因来尝试组织人类以往的经验。有时候，这些原因和法律被认为是机械性的，有时候被认为是生物性的，有时候被认为是心理性的。但是一个被接受的原则是，历史是由以往事件通过原因和效果的一种有序性编制而成的。（114）

然后，他又说道：

卡夫卡小说里噩梦的性质基于的事实是，任何事情的发生都不会有明显的原因，或者有可以确定的原因。这会导致人类个性的完全瓦解（disintegration），因其的前提基础是事件都有原因，而且这些原因足可以被确定从而可以在人类思想中建立一种过去和现在足可以相互协调的类型，进而给行动提供指导。除非一个人假定人类的行为是由原因决定的，而这些原因一般都是可以确定的，否则每天的生活都是不可能的。（122）

对权威决定的主张的事件,事实上做出的(关于事件、政策、救济)的各类特殊主张,影响决定的社群过程的大背景,特殊的决定过程(主张在此过程中做出且与有效的权力相联系),以及不同的决定选择下可能的价值后果。对特殊决定或多种决定进行详细探究的合理程序将包括最有效的观察形态,假定的形成以及对于假定的经验性检测和证实,这可以通过任何种类的当代科学来达到。[234] 建立在弗洛伊德和边沁的基础上,对假定进行表达和检测的过程可以求诸这样一个最优化假定,即在有限的能力范围内,人类的反应是纯价值期望作用的结果。[235] 在评价倾向性因素时,要对于来自文化、阶级、利益、个性和先前遭受的危机的重要变量进行公开的检测。当可以对这些变量进行测量和数量分析之时,这种测量和分析就会被实施,但是要强调的是,有效地对于因素和结果的探索并不总是,甚至一般都是如此,要求这种定量和分析。[236] 最急迫的共同利益,并不在于对不可避免的法律的识别,或者在对孤立的单独情形进行完美性检测,而是在于对最好理论和程序,以及当代科学的知识进行严格使用,而且是一种不停地且持续地对在不断变化社群过程中的因素和结果进行探索和评价。[237]

法学理论的多种传承性学说,当然已经受到了那些在其发源和发展

---

[234] 我们在这里所采用的"科学方法"的模式,在下面得到了阐释,A. BRECHT, POLITICAL THEORY: THE FOUNDATIONS OF TWENTIETH CENTURY POLITICAL THOUGHT (1959) [hereinafter cited as BRECHT]. 这方面有许多文献,系列的参考性文章,参见 *Science* in 14 INT. ENCYC. SOC. SCI. (1968) 74. 更详细的讨论参见 E. NAGEL, THE STRUCTURE OF SCIENCE (1961); F. KAUFMAN, METHODOLOGY OF THE SOCIAL SCIENCES (1944); R. BRAITHWAITE, SCIENTIFIC EXPLANATION (1958); A. STINCHCOMBE, CONSTRUCTING SOCIAL THEORIES (1968); A. WHITEHEAD, SCIENCE AND THE MODERN WORLD (1941)。

[235] 同上,第 97 页。For discussion and references, 参见 J. Harsanyi, *Rational Choice Models of Political Behavior versus Functionalist and Conformist Theories*, 21 WORLD POLITICS 513 (1969)。

[236] 同上,第 43 页。

[237] 对于多样的地方在 Brecht 的文章以及下面的讨论中得到了进一步的展开。又参见 H. Lasswell, *Toward Continuing Appraisal of the Impact of Law on Society*, in THE LAW SCHOOL OF TOMORROW (D. Haber & J. Cohen eds. 1968); E. Jones, Impact Research and Sociology of Law: Some Tentative Proposals, (1966) WISC. L. REV. 331.

时广为流行的科学概念(理论、程序和发现)的巨大影响。[238] 对于科学研究中更一般概念的变化和发展实际上在影响法学理论学说的变化上也是非常动态的因素。我们很难去希望这些学说(强调对于决定的非公开概念以及受到从属于绝对性的超验观念影响,不管是宗教的还是形而上的)可以发展出有效的理论和程序,从而对因素和结果进行经验的研究。强调法律的概念作为一个"规则"体的法学理论学说已经在传统上发现难以全面地对因素和后果进行经验研究:在一个不断变化地呈现多样性需求和识别的世界中,规则总是补充性的、模糊的而且是不全面的;因而,人们并不容易去确定影响它们产生或者命运的因素,或者作出对他们的价值后果进行准确描述的因素。不过晚近,由于"科学方法"越来越受到尊重,物理学和社会科学以及心理学的不断发展,而且把权威决定概念作为有效性权力的一个因素而对其明确使用,数个法学理论学说已经开始构建更加全面地对影响决定和决定中价值后果的因素进行经验性探索和评价的理论和程序。[239]

对于决定的影响性因素以及后果进行经验性研究并不是自然法(不管是古典的,还是现代的)所独有的特征。这种学说的倡导者,尽管他们不能全部地摒弃经验性观察和参考,但是也表现出对于从超验的或者不甚准确地所界定的经验、概念和假设中进行逻辑推演的首要关注。[240] 他们的假设似乎是,这些概念和前提,参照于那些在不同程度的必然性上控制人类决定的看不见的力量。有时候,并不存在科学性方法可以拒绝这种看不见权力的存在。[241] 富勒教授在其近来对自然法学说的杰出阐述中探讨了没有生气性质的法律、人类性质的法律和社会过程的法律;对于决定论的内部关系以及人类事务中的自由意志进行了辩论,然而发现"实

---

〔238〕 对于"科学"和"科学方法"概念的变化,参见 S. MASON, A HISTORY OF THE SCIENCES (rev. ed. 1962). 又参见 I. B. COHEN, REVOLUTION IN SCIENCE (1985); T. KUHN, THE STRUCTURE OF SCIENTIFIC REVOLUTIONS (2d ed. 1970)。

〔239〕 BRECHT 前注 234, 提供了一个更全面地对这段历史的研究又见 J. MAYDA, FRANCOIS GENY AND MODERN JURISPRUDENCE (1978) 103 – 116. 一个雄辩而细致的研究,稍微在强调上有点不同,参见 A. KRONMAN, A LEARNED PROFESSION (*Part I: The Search for a Science of Law*) (forthcoming)。

〔240〕 BRECHT, 前注 234, 第 138 页。

〔241〕 L. STRAUSS, 前注 206.

然”和“应然”的混淆是必要的；而且发现当法律寻求它自身的时候，它具有其内部的道德。[242] 但是他并没有给出一个全面性图景和程序，来系统地探讨与他的理论可能相关的因素和后果。他把心理分析比作自然法，从而赋予了操守方面的考虑以超乎一切的重要性。[243]

历史性学说的提倡者，不管他们不同概念的具体细节如何，其一般都把法律看作是社群过程中人类相互作用的经验性产品，而且已经建议在研究中运用他们的时代所理解的科学性方法。因此，萨维尼说道：

> 有两个方面的精神对于法学家来说是不可缺少的：历史性精神促使对每个时段和每种法律形式的特性的准备就绪；系统性精神在一种真实和自然的关系中地检视每一个标识以及每一个在整体中连接的和相互协作的规则。[244]

同样，梅因在对变化性的社会环境有关的法律发展进行解释时，明确地提出了科学的方法：

> 在思想界，已经出现一种新的力量和新的影响，就是来自关于试验和观察的自然科学间接而非直接的影响。知识领域之间的界标也已不复存在；精耕细作的方法无疑同样适用于所有学科……在天文学家、生理学家和历史学家之间，真理也不再有本质性的不同。[245]

维诺格拉多夫（Sir Paul Vinogradoff）提出了比较性的，也是历史性的方法，且针对出现的各种社会科学的潜在贡献撰写了雄辩的论文。[246] 但是整体而言，历史学说的倡导者，手法上常常概言之，却仅仅寻求将某种法律规则和制度中在变化的类型和其他社会过程变化的方面联系起来，而且已经普遍地被关于过去和未来的决定性的期望所压倒。他们很少参与对特定决定和许多决定的全面性研究，而这对于社群政策的不断阐述是

---

〔242〕 对这些观点的概括性表达，参见 L. Fuller, *American Legal Philosophy at Mid-Century*, 6 J. LEGAL ED. 457 (1954); THE LAW IN QUEST OF ITSELF (1949); and THE MORALITY OF LAW (1964, rev. ed. 1969)。

〔243〕 L. Fuller, *American Legal Philosophy at Mid-Century*, 6 J. LEGAL ED. 457 (1954)，第473页。

〔244〕 F. SAVIGNY, THE VOCATION OF OUR AGE FOR LEGISLATION AND JURISPRUDENCE (Hayward tr. 1831) 64–65.

〔245〕 H. MAINE, VILLAGE COMMUNITIES (7th ed. 1907) 265, 266.

〔246〕 P. VINOGRADOFF, OUTLINES OF HISTORICAL JURISPRUDENCE (1920).

不可缺少的。

如上面所指出的,实证主义学说的大多数提倡者的核心假定是规范性模糊:法律规则不仅描述过去的决定,表明应该如何作出决定,以及预测未来的决定;它们也组成了影响决定的最重要因素,而且能够被期望予以运用而在很大程度上不考虑价值后果。至少从霍布斯开始,一些实证主义学者已经坚持要求应用科学的方法去解决政府的问题。[247] 这也不过是反映了他们时代的科学概念,即以经验参考的类型和规则替代超验的类型和规则常常耗尽了这种要求。边沁当然致力于应用科学的方法来承担立法任务和立法过程中的其他问题,而且对此作出了巨大的贡献,尤其是在对最大化假定的发展上以及确立相关的价值后果上。[248] 奥斯汀在边沁以及其他学者的基础上,建构了一个庞大的实证主义理论,继续产生着广泛的影响。[249] 边沁和奥斯汀在何种程度上以规则作为影响决定的因素为优先是一个有争议的问题。[250] 比如主权、需求、责任、义务和惩罚等概念的模糊性,本身带有一定的难题,这些难题来自规则内在的补充性、模糊性和不完整性。[251] 然而,不争的事实是,在许多提倡者的影响下,实证主义学说独特的假定,即权威性规则是影响决定的最重要的,有时甚至是排他性的因素,已经统治了这个世界大部分地区的法律研究和法律教育数十年。这将令人回想起兰德戈尔(Landgell)院长,也对美国的法律教育有所贡献,他积极提倡将科学方法应用到法律学习之中。而且对于他而言,这种方法的运用意味着从图书馆中所找的上诉意见中在逻辑上提炼出它们所表达的更根本的原则。[252] 对于凯尔森,实证主义学说提倡者中具有重要影响的一位,对决定的原因和结果甚至是规则进行研

---

[247] A. KRONMAN, 前注 239.

[248] W. MORISON, JOHN AUSTIN (1982). [Cited *hereinafter* as MORISON.]在这里提及的概要中,我们不仅利用了我们自己对于经典文献的阅读,而且也使用了莫里斯未发表的一些论文。

[249] MORISON, *passim*.

[250] 同上,第 64 页。又参见 W. Morison, *Some Myth about Positivism*, 68 YALE L. J. 212 (1958)。

[251] 同上,第 65 页。

[252] Discussed in A. KRONMAN, 前注 239 ,第 239 页。

究,并不是法学理论应该完成的任务。这更应该是社会学家完成的任务。[253] 法学理论的任务是权威进行逻辑性归因,从更高层次的抽象规范依次到低层次抽象的规范。对于可能使权威决策有效或者无效的因素所进行的检测,或者决定的价值后果可能是什么,都不是法律纯粹理论的一部分;尽管其对社群可能是重要的,完全可以让别人去做。同样地,对于哈特来说,规则尽管不是影响决定的必要排他性因素,但对于决定是重要的"原因",具有一种相对高的可预测性。[254] 但他并没有提供一种对于其他因素进行研究的理论学说。

正是强调要运用科学的方法对法律进行研究的重要性,才使法学理论的社会学学说有别于其他。不过,不幸的是,这一学说的提倡者在他们寻求原因和结果的过程中,对于法律或者科学存在许多不同的甚至是混淆的概念。因而,具有影响力的埃利希,提供了高度混淆的法律概念和科学概念,这些概念都由神秘的因子所构成。从他的理论来说,法律来源于各种不同种类人类组织的"内部秩序",国家也只不过是其中的一个组织。他写道:

> 一个社会组织是人类的结合体。在相互的关系中,人们承认某种约束行为的规则,而且一般至少是通过这些规则在实际上来规制他们的行为……
>
> 这些规则可以说是一些社会事实,在社会中运用而具有强制的后果,而且不能和社会相分离。它们适用于社会。正如同波浪的运动,其运动不能不考虑其运动的因素而计算出来。[255]

他的科学概念延伸至了某种"基本社会力量",其可以影响所有的法律问题,而且一定程度上确立了一种有关发展的最终法律。对于社会科学,他说道:

> 一旦参考不是指向人的意志而是指向独立于人的意志的社会力量,社会科学也就形成了,正如自然科学一样,是开始于以自然的力量而

---

〔253〕 前注 249,第 145 页。

〔254〕 同上,第 188 页。

〔255〕 E. EHRLICH, FUNDAMENTAL PRINCIPLES OF THE SOCIOLOGY OF LAW (Moll tr. 1936) 39.

不是上帝的意志来解释对自然过程的知识。[256]

对于这个概念，决定主义表现得更为明确：

社会力量是一种基本力量，人类的意志并不能与之相对立，在任何时间段内都不能……社会使用国家作为其机构将其秩序施加于属于它的各类组织。[257]

基本社会力量决定了国家的法律，在其之下是一个影响了所有法律的进化律：

进化原则不仅仅是这个或那个科学事实，它是所有现代思想的基础，也许可以说是一种人生观（Weltanschauung）或哲学。曾经在自然科学中只有少数的思想者关注到它，萨维尼和普赫塔（Puchta）成功地将它引进了法律科学，也就是社会科学之中。[258]

至于通过什么经验型程序来探索这种最终的原因，却没有提供任何解释。

韦伯的研究已经引发了上达千种的解释，而且仍然在今天对许多观察者产生着影响。韦伯有时候被认为是在当代思想中既确立了价值判断的相对主义也确立了采用科学方法对于法律进行研究的重要性的关键性人物，在更一般的人类事务中也是如此。[259] 当然，不管是对于科学方法的局限，还是对于这种方法对社群过程中进行探究具有的潜在的重要贡献，他都是一个雄辩地阐述者。他在一篇著名的文章中写道：

对追求既定的目标所采取的手段恰当性问题，毫无疑问是可以通过科学分析达到的。因为，就像我们能够决定（在我们知识的范围内），对于既定目标的追求，哪种手段是恰当的或者不恰当的。通过这种方法，我们可以估计通过可以利用的手段来达到这种目的的概率。通过这种方式，我们能够间接地从实践的意义上来批评目的的设置本

---

〔256〕 同上，第410、411页。

〔257〕 同上，第154页。

〔258〕 同上，第447页。

〔259〕 BRECHT，前注234，第221页。又参见 A. KRONMAN, MAX WEBER (1983); D. Trubek, *Reconstructing Max Weber's Sociology of Law*, 37 STANFORD L. REV. 919 (1985)。

身在既存的历史情境下极有意义，或者在现在的条件中毫无意义。[260]

他继续说道，科学不仅仅在决定达到既定目标的可能性上，而且在确定特定目的的更宽阔的结果上都有所帮助。科学可以进一步表明，价值在决定中总具有一席之地，而且对不同要求的目的具有的兼容性提供了指导。但是，最终的选择仍然要通过个人来作出。对于决定的作出，他认为：

……不是一个科学可以完成的任务；它是有意志的、活动的人的任务：他根据自己的良心和世界观，在多种价值中进行权衡且做出选择。[261]

在他的文集中，韦伯不同意马克思主义者们对于单一因素的强调，而是通过影响个人决定的多样性因素进行研究（包括这些来自文化、阶级、利益、个性和危机方面的）。不管他对正式理性的法律推理的宏大构架以及社群过程的其他方面的现实主义内容为何，也不论他所提倡的更一般的理论和特殊的程序的充足性如何，恰当地说，他的全部贡献很大程度上可以作为指向更加有效探究的一个丰碑。

庞德的任务之一便是把欧洲对社会法学理论的知识引入英美式法律思考。他对大量的过往文献进行了一个非常权威的概要，试图使用一些科学方法去使得法律变成更加有效地控制社会的工具。[262] 在一个概括性文章中，他写道：

社会法学家试图使得以及迫使法律的制定（不管是立法的，司法的，还是行政的），它的发展、解释，法律规则的应用能够更明智地考虑法律必须经历且会被运用的社会性事实。[263]

在他的社会学事业中，包括了一个完全不同的内容，即来研究法律制度、法律原则和法律准则的实际社会效果，来研究对于法律制定的准备、

---

[260] As quoted in BRECHT，前注 234，第 223 页。支持这种讨论的完整阐释，参见 MAX WEBER ON THE METHODOLOGY OF THE SOCIAL SCIENCES（E. Shils & H. Finch eds. 1949）52，53。

[261] As quoted in BRECHT，前注 234，第 224 页。

[262] R. Pound, *Scope and Purpose of Sociological Jurisprudence*, 24 HARV. L. REV. 591（1911）；25 HARV. L. REV. 140，489（1912）；I JURISPRUDENCE（1959）Ch. 6.

[263] R. POUND, I JURISPRUDENCE（1959）350.

研究使得法律规则在行动中更加有效的手段,对于法律过程进行心理研究,对于理念进行哲学研究,以及社会学法律史的研究。他的研究使用了多种法律的定义,绝大多数关于一种或其他种的规则,且其常常论道“法律科学”,而不是“关于法律的科学”。[264]像韦伯一样,他反对强调单一元素,而且批评只建立在排他性的“政治”、“经济”、“心理”、“地理”或“民族”的基础上的法律解释。他论述了“文明”、“阶段”、“利益”和“假定”,但是他自己对相关因素和结果的概念却又模糊不清。人们要从其文章中找到能使得对于权威决定的内部关系和社群过程的研究更有效的全面关于理论和程序的阐释,也是徒然。也许不难想象,庞德的一个非常重要的贡献是,由于他的不准确性,从而激励美国法律现实主义者要做得更好。

美国法律现实主义的主要目标之一是,通过他们对于法律作为决定的关注,将科学的方法带进来承担对于影响决定的事实和决定的结果进行研究的任务。[265] 他们通过科学方法的不同概念进行研究(从物理科学、社会科学和心理学中借用),而且很大程度上忠实于作为决定过程的法律概念,尽管有的时候也追求个人风格。他们探寻了许多在影响决定的环境和倾向之下的不同因素。或许他们最大的贡献在于推翻了规则是最重要且相对排他的因素的实证主义范式。他们同时宣称作为决定中存在不同选择的潜在价值后果的重要性,它们既作为影响选择的因素,也作为理性决定的引导。[266] 对于相关的政策知识,他们利用了许多不同科学和学科的发现和程序。但是,这并不表明现实主义者曾经构建出一个在社群过程的更大环境下关于权威决定的全面性模式,或者形成了一个与

---

[264] R. POUND, I JURISPRUDENCE (1959) 350.

[265] E. PURCELL, JR., THE CRISIS OF DEMOCRATIC THEORY: SCIENTIFIC NATURALISM AND THE PROBLEM OF VALUE (1973) Ch. 5; L. KALMAN, LEGAL REALISM AT YALE 1927 - 1960 (1986) Ch. 1; S. Verdun-Jones, *Cook, Oliphant, and Yntema: The Scientific Wing of American Legal Realism*, 5 DALHOUSIE L. J. 3 (1979); C. Woodward, *The Limits of Legal Realism: An Historical Perspective*, 54 V A. L. REV. 689 (1968).

又参见 E. GARLAN, LEGAL REALISM AND JUSTICE (1941); W. RUMBLE, AMERICAN LEGAL REALISM (1968)。

[266] 这是 Felix Cohen *特别强调的*。参见 *THE LEGAL CONSCIENCE* (*L. Cohen ed.* 1966) 72, 145.

以政策为导向相关的科学程序方面的系统体系。[267]

受到自然科学和社会科学的不断发展所激励，在他“科学方法和法律”这一著名的呼吁下，库克(Walter Wheeler Cook)列出了科学方法在执行所有不同智识任务(包括理性的决定)中的重要贡献。[268] 在先前的讨论中，我们已经大篇幅引用了他成熟的关于对目标明确进行科学性质问的概念进行的思考，这与韦伯不同。[269] 在其著名的文章中，库克强调了社群获得对于过去决定现实性知识、影响决定的因素、可能的未来决定，以及决定的价值后果的重要性。他概括道：

> 在对法律进行任何科学性研究之下，人们认为，存在一个重要的假定，也就是说，人类的法律只是工具。社会使用这种工具作为一种方法来规制人类的行为并且促进被认为是人类需要的那些类型。如果是这样的话，那么既定法治的价值只能通过发现它是如何运行的来决定，其实从目前可以完成的来看也就是通过断定他是否能够促进或者阻碍达到期望的目标。[270]

在一个最终陈述中，他借用自然科学的概念进行了更加明确的表述：

> 目前所争论的其实就是使用在物理学和化学中相同的研究逻辑，如果把他们适用在所有智识研究都可以运用的领域，将会带来有用的结果。为了确定这点，有必要去检查数学、物理学、化学和其他科学的逻辑结构，因为这些已经被现代的观察所发现。没有人尝试去主张所有思想领域的主题都是一样的，或者在一个领域可行的技术在另一领域也可行。显然，恰恰相反。[271]

库克最大的贡献或许是他在冲突法领域对实证主义范式进行毁灭性

---

[267] 参见*S. Verdun-Jones*，前注265，第249、272页。*Verdun-Jones 教授的一系列文章目前是对现实主义概念的最好研究，及对法律进行探究的科学任务作出了重要的贡献。*

[268] W. Cook, *Scientific Method and the Law*, 13 A. B. A. J. 303 (1927).

[269] 同上。

[270] 同上，第308页。又参见 W. Cook, *The Possibilities of Social Science as a Science*, in BROOKINGS INSTITUTE, RESEARCH IN THE SOCIAL SCIENCES (1931) 27.

[271] W. Cook, *My Philosophy of Law*, in JULIUS ROSENTHAL FOUNDATION, NORTHWESTERN UNIVERSITY, CREDOS OF SIXTEEN AMERICAN SCHOLARS (1941) 52, 53.

的批判中提出了一种模型。[272]

现实主义中在科学方法概念上最显著的对照,在弗兰克(Jerome Frank)和摩尔(Underhill Moore)的研究中得到了很好的证明。弗兰克在确立作为权威性决策的法律概念上做出了巨大的贡献,但是他的科学的概念很大程度上是从心理学,主要是通过心理分析,来完成的混杂无序的轶话式发现。他广被阅读的著作《法律与现代思想》,重点强调了影响决定的无意识因素,而且他描述了实证主义范式所珍视的规则,将其视为一种欺骗式的神话和文饰。[273] 不幸的是,他缺少对于他所提起的[弗洛伊德的理论、皮亚杰(Piaget)的儿童发展研究、行为主义,和格式塔心理学]不同心理学[274]知识的职业性掌握,进而歪曲了他对于倾向性因素的评价,而且他对于事实感觉的分享所存在紊乱的怀疑主义使得对于环境性因素的有效探究变得困难。把弗兰克归为"预感"或直觉主义者而不是科学理论的倡导者,也并非完全错误。

所有的现实主义者中,摩尔是在将全面的、系统的科学方法应用到对法律的研究上做出最大贡献的学者。[275] 事实上,他渴望作出贡献以建构关于人类行为更一般的理论。他的科学概念是行为心理学的一种混合,包括"学习"理论以及从自然科学中来的理论和实践。他的法律概念不只集中在决定上,而是集中在从人类学者和经济学家那里引入的"制度性实践"这一概念上。[276] 在长达多年的研究中,他对于法院决定和银行业实践与市政停车条例和个人驾驶行为之间内部关系或相互关系方面进行了研究。在对他认为的科学方法进行仔细的运用时,他进行了观察,形成了

---

[272] W. COOK, THE LOGICAL AND LEGAL BASES OF THE CONFLICT OF LAWS (1943). 很少等同于对传统神话的毁灭性批评。

[273] J. FRANK, LAW AND THE MODERN MIND (1930). 对于弗兰克优秀的评价,参见 S. Verdun-Jones, *The Jurisprudence of Jerome N. Frank: A Study in American Legal Realism*, 7 SYDNEY L. REV. 180 (1974)。

[274] S. Verdun-Jones, 前注, 第 187 页。

[275] 一个高度回应性的研究是 S. Verdun-Jones & F. Cousineau, *The Voice Crying in the Wilderness: Underhill Moore as a Pioneer in the Establishment of an Interdisciplinary Jurisprudence*, 1 INT. J. OF LAW AND PSYCHIATRY 375 (1978); J. Schlegel, *American Legal Realism and Empirical Social Science: The Singular Case of Underhill Moore*, 29 BUFFALO L. REV. 195 (1980).

[276] 这个概念的讨论在 W. Hamilton, *Institutions*, 8 ENCYC. OF THE SOCIAL SCIENCES 84 (1931). 它既没有聚焦在决定上,也没有对社群过程进行全面性的描述。

假设，且寻求证实。在相对自我否认的角度上，他明确了他并不关注正式行为的价值后果。在一个概要性陈述中，他指出了一个基本的假设：

> 这里指出的理论是基于对学习过程的分析，也就是通过痛苦或回报对信号做出回应的这样一个激励回应的学习过程。书本中的法律，在公共场所张贴的法律，或者警察的行为，或者其他行政主体，可能是或不是这样通过回应被学习的信号。这样，和其他行为或人为现象一样，比如电话铃声响起，它也可能或不可能成为已经被学习的回应的信号。这种区别并不是在法律作为一方，行为和人为现象为另一方的区别，而是构成信号的行为和人为现象和不构成信号的行为和人为现象间的区别。[277]

在我们理解不管是法律还是更一般的人类行为上，他研究的结果并没有被广泛地（甚至摩尔自己）[278]认为是作出了重要的贡献。回过头来，我们可以发现这些研究，和同一时期其他较没有野心的研究，都是命中注定要失败的：他们运用的行为主义心理学并没有对许多重要的倾向性因素进行公开地研究；从自然科学中引进的通过大量实体工作的要求排除了一些重要的因素，既有环境的，也有倾向性的；"制度性实践"这一法律概念忽视了许多决定以及其他社群过程中的特征；没有考虑到价值的主观性以及正式行动的后果，均排除了重要的环境性因素且使得这项事业无疾而终。总之，这些研究并没有在一个非常充足的法学理论的引导下进行。

卢埃林（Karl Llewellyn）提出了一个相对谦虚的关于科学及其潜能的观点。[279] 在他看来，科学更多地意味着是要从形而上学的实体中脱离，而且使用的术语要仔细参照过往经验。他在最一般性意义上阐述了他的方法：

> 最终为了到达科学的目的，知识不是必须是科学的。为了变得非常有用，知识也不是必须是科学的。社会科学家应该公开地认识到这

---

〔277〕 U. Moore, *My Philosophy of Law*, in JULIUS ROSENTHAL FOUNDATION, 前注 271, 第 204、205 页。

〔278〕 As indicated by Professor Moore in personal conversation with one of the authors.

〔279〕 S. Verdun-Jones, *The Jurisprudence of Kart Llewellyn*, 1 DALHOUSIE L. J. 441 (1974).

一点,那将减少很多混乱,而且将节省更多的无谓行动。我们所需要的是知识,认真而精明地朝着科学的一端行进,同时有当前纬度的粗略表示。这是朝着科学的道路。一步一步下来,这段路的过程是有价值的。[280]

在另一个集中于制度和规则而不是决定的表述中,他将关于法律的科学融合进法律科学:

法律的社会性前科学(也就是还不是科学)研究的是制度如何在实际中运转,以及实际中如何利用和反馈它作为其中一部分的社会。科学所设置的(或寻求的)其他事物是一些条件,在这些条件之下规则得以运用,而且在他们的工作中他们也附属于这些条件;准则必须建立在这样的研究上,才能变得更加有效。[281]

在他与霍贝尔合写的书《夏安人的方式》中,卢埃林构建了一幅全面的描述权威决定过程的图景,而且他一直提倡一种提取"疑难案件"进行深入研究的程序。[282] 在他的代表作《普通法的传统》中,他提出了影响决定的多元性因素存在巨大多样性,但是他一直没有在他的书中或其他地方表明一个对这些因素进行系统研究的合理决定模式。[283] 卢埃林明显是把自己当成了诗人、艺术家或者工匠,而不是科学家。

阿诺德(Thurman Arnold)的主要贡献在于他在区分关于法律的科学与法律科学上进行观察性立场的阐释,以及对于传承性规则控制权威性决定这一神话的严厉嘲笑。[284] 在所有对于法律和方法的思考中,他受到汉密尔顿(Walton Hamilton)的制度经济学和鲁滨逊(E. S. Robinson)的折中心理学的影响很深。[285] 以早期现实主义者的洞察为基础,他在著作

---

[280] K. Llewellyn, The Theory of Legal "*Science*", 20 W. C. L. REV. 1, 22 (1941).

[281] K. Llewellyn, *My Philosophy of Law*, in JULIUS ROSENTHAL FOUNDATION, 前注271, 第183、193页。

[282] K. LLEWELLYN & E. HOEBEL, THE CHEYENNE WAY (1943).

[283] K. LLEWELLYN, THE COMMON LAW TRADITION: DECIDING APPEALS (1960).

[284] S. Verdun-Jones, *Jurisprudence Washed in Cynical Acid: Thurman Arnold and the Psychological Bases of Scientific Jurisprudence*, 4 DALHOUSIE L. J. 470 (1978).

[285] 已经表明的是,制度经济学并没有明显地集中在决定上,或者提供了对于更大社群环境的充足描述。同样地,Robinson 的折中式心理学对于精确而系统地描述影响决定的倾向性因素也没有深入剖析或者足够全面。参见 H. Lasswell, Review (of E. ROBINSON, LAW AND THE LAWYERS), 45 YALE L. J. 388 (1935)。

《资本主义的民间传说》中，阐释了对法律进行有效研究所不可缺少的观察立场：

这种被称为哥白尼式的革命，在人类文化上非常重要，远胜于具体的天文发现。不再把地球想象成宇宙的中心，人类真真正正第一次开始从外部来观察它……今天在对待信条、信念、哲学和法律上，也开始存在相似的变化。从内部来看，法律是独立宇宙的中心，而经济学是协调性宇宙的中心。从外部来看，我们开始看到是什么让车轮运转起来，且发现我们如何能够控制不仅是物理性的环境，也包括思想性和精神性的环境。当人类开始检测哲学和原则，就如同检测原子和电子一样，去发现社会控制手段的道路就开始变得开阔了。[286]

汉密尔顿和鲁滨逊发现，其他的现实主义者也一样发现，心理学和经济学以及其他社会科学，尽管有不同的目的，但是都指涉的是社会过程中相同的事件，法律也是如此。因而，对于所有这些学科的一些整合，至少是交叉性学科的合作，可能对法律研究的全面性和现实性作出贡献。在《资本主义的民间传说》的最后总结性章节中，其题为"政治性动态的一些原则"，阿诺德表明了这一不断达成的共识之后，继续说道：

因此，我选择使用"政治动态"这一术语来指涉关于社会的科学，其把宗教、法律、经济、政治系统、信条和神话的理念、文学、原则作为一个整体的一部分，而不是分裂的主题，且每个部分都有自己独立的原则系统。这个术语已经不具有原创性而变得耳熟能详了。我选择使用它，因为它代表了我能够想起来的从"政治经济"中来得最容易的转型。政治经济描绘的是个人主义的时代。我们已经处于一个人们已经开始认识到他们完全的内部依赖，个体的特性被组织的特性湮没的时代。留存我们思想中的，也就只有对混乱组织进行诊断的科学，因为当今的时代，个体已经被组织所替代。[287]

阿诺德在他的长篇著述中，在嘲笑技术性规则的影响时，提及了许多影响决定的因素，且他明显更关注对于个体决定的价值后果。因此，令人

---

[286] T. ARNOLD, THE FOLKLORE OF CAPITALISM (1937), 163, 164.

[287] 同上，第349页。

惊奇的可能是，他不会用一个特别的研究程序去尝试形成一个全面性的决定模式或权力过程，或者提供在社群过程中对于他认为是重要价值的系统陈述。不幸的是，他的轻蔑延伸到了所有系统陈述之上。可能是他过分赞成人类因深深的、极端非理性而不可能有理性的治理这一信念。

从当代的观点来看，对于影响性因素进行系统的经验研究的重要性，合理的知识性程序，以及权威决定的结果，继续存在着诸多不同样的观点。一些观察者仍然希望，道德绝对主义、自治性法律概念或者逻辑性推演中的新发现，可以使对决定进行的各项科学研究再无必要。[288] 其他观察者，放弃了现实主义者对于决定的关注，提议探索所继承规则的原因和结果，寻求规则演进中一致的类型，而无惧所继承规则所具有的补充性、模糊性和不完全性的困难。[289] 最近几十年，不同的社会科学和其他相关学科在发展对社群过程中不同的选择性方面进行经验性研究的理论和程序上，当然已经做出了巨大的、持续的进步。[290] 与现实主义者对于法律所提议的相比，政治科学的实践者（既集中在控制上也集中在权威决定

---

〔288〕 具体的理由参见 E. PURCELL, JR., THE CRISIS OF DEMOCRATIC THEORY: SCIENTIFIC NATURALISM AND THE PROBLEM OF VALUE (1973). 又参见 BRECHT, 前注 234 and L. STRAUSS, NATURAL RIGHTS AND HISTORY (1952)。一个新的神秘主义正在逐渐潜入当今对以前偶像的崇拜。D. Trubek, *Max Weber's Tragic Modernism and the Study of Law in Society*, 20 LAW AND SOCIETY REV. 573 (1986); *Where the Action Is: Critical Legal Studies and Empiricism*, 36 STANFORD L. REV. 575 (1984).

〔289〕 R. Clark, *The Interdisciplinary Study of Legal Evolution*, 90 YALE L. J. 1238 (1981); G. Priest, *The New Scientism in Legal Scholarship: A Comment on Clark and Posner*, 90 YALE L. J. 1284 (1982), offers critical appraisal. 这种类型探究的困难属于一个主题。COMPARATIVE HUMAN RIGHTS (R. Claude ed. 1976) Part III.

〔290〕 E. PURCELL, 前注 288。在上面对法律和社会过程中的相互关系的讨论中有充分的参考。（第三章）又参见 CONTROVERSIES AND DECISIONS: THE SOCIAL SCIENCES AND PUBLIC POLICY (C. Frankel ed. 1976); COMMITTEE ON BASIC RESEARCH IN THE BEHAVIORAL AND SOCIAL SCIENCES, NATIONAL RESEARCH COUNCIL, Part I, BEHAVIORAL AND SOCIAL SCIENCE RESEARCH: A NATIONAL RESOURCE (R. Adams et al. eds. 1982); *The Development of Sociological Thought*, 15 INT. ENCYC. SOC. SCI. 23 (1986); R. MERTON, ON THEORETICAL SOCIOLOGY (1967); D. LERNER, THE HUMAN MEANING OF THE SOCIAL SCIENCES (1959); B. MALINOWSKI, A SCIENTIFIC THEORY OF CULTURE AND OTHER ESSAYS (1944); 同上, FREEDOM AND CIVILIZATION (1944); A READER'S GUIDE TO THE SOCIAL SCIENCES (B. Hoselitz ed. 1959); C. BEARD, THE NATURE OF THE SOCIAL SCIENCES IN RELATION TO OBJECTIVES OF INSTRUCTION (1934) (Report of the Commission on the Social Studies, Part VII).

上)看起来已经在理论和程序上完全地达到了一种转型。[291] 有时候,一些相关社会科学的提倡者,比如经济学、人类学、社会学,傲慢地认为他们可以单独予以提供对于所有目的下社群过程的全部进行研究,包括对权威决定的研究和指导的理论和程序。[292] 正如人们可能期望的那样,许多法律学者今天都明确主张更加一般性地,如果仍然是轶事性地,求助于新的理论、程序和发现,以进行法律研究。[293]

人们也许还记得,一些美国法律现实主义者,比如阿诺德和鲁滨逊,已经观察到所有多样的社会科学以及相关学科,包括法律,都参考社会过程中复杂的相同事件,且阿诺德为了一个"政治动态"而拿起号角,虽然他自己从没有对此予以回应。这种"政治动态"整合使用了不同科学和学科的理论和程序。[294] 在美国法律现实主义者的基础上,当代政策科学方法的提倡者,超越了轶事性的求助,主张持续地对所有对更大社群环境下对权威决定进行研究的相关理论和程序的整合。[295] 如上面指出的,与科学方法的诸多概念都相一致,政策科学的方法从明确观察性立场开始进行研究。然后形成且运用一种决定的模式,这种模式在探索影响决定的环境性和倾向性因素中寻求一种全面性、精确性,提供一个关于按照情形要求而全面和有选择作出的决定的价值后果的图景。这个社群过程的图景(在价值上与制度实践相交叉),之前被推荐来执行其他智识任务(政策的假定、政策的临时明确、决定中过往倾向的描述),在探索影响决定的环境性因素和对决定的结果进行描述中都一样被予以推荐。为了探索影响

---

[291] E. PURCELL, 前注 288, 第六、十章; B. KARL, CHARLES MERRIAM AND THE STUDY OF POLITICS (1970); D. Torgerson, *Between Knowledge and Politics: Three Faces of Policy Analysis*, 19 POLICY SCIENCES 33 (1986)。

[292] 最显著的例子当然来源于经济学。

[293] B. ACKERMAN, RECONSTRUCTING AMERICAN LAW (1984); H. Kalven, Jr., The Quest for the Middle Range: Empirical Inquiry and Legal Policy, in LAW IN A CHANGING AMERICA (G. Hazard ed. 1968); T. Cowan, *Decision Theory in Law, Science, and Technology*, 17 RUTGERS L. REV. 499 (1963); D. Riesman, Jr., *Law and Social Science: A Report on Michal and Wechsler's Casebook on Criminal Law and Administration*, 50 YALE L. J. 636 (1941).

[294] T. ARNOLD, 前注 286。

[295] H. LASSWELL, A PRE-VIEW OF POLICY SCIENCES (1971). K. DEUTSCH, THE NERVES OF GOVERNMENT (1963)采用了类似的方法. 又参见 R. Brunner, *The Policy Sciences as Science*, 15 POLICY SCIENCES 115 (1982).

决定的倾向性因素,人们建议应该使用所有可以利用的心理学知识以及技术,尤其包括心理分析的技术。这种研究的核心目标,并不是追求一种可能的完美主义,而是获得在执行所有对于理性探究和决定不可缺少的其他智识任务时有用的知识。科学不是为了它自己的原因,而是因为它对于政策所具有的潜在的贡献被珍视。[296]

事实上可惜的是,在美国,如同在其他社群中一样,对于法律的经验研究所分配的资源,相对于需要来说是很少的。哈泽德(Geoffrey Hazard)教授已经证明了,有许多艰难的"组织、人力和财政"上的困难阻碍了合理而充足的研究。[297] 哈泽德又说道,同样令人不快的是,对研究和研究资源分配的严重不足而言,过时的法律概念和有关法律研究的理论是重要的影响因素。[298]

## 对未来构想的预测

法律界人士们对过去的强烈担忧是必要的,但这应是他们对未来更加强烈忧虑的序曲。[299] 正如我们所见,任何渴望具有实践现实性的法律概念必须以决定为最终依据。决定的做出,不论其权威性和控制力的构成如何,需要通过在行为和政策的替代性方案中进行一次选择的方式,来

---

〔296〕 W. Ascher, *The Evolution of the Policy Sciences*, 5 J. OF POLICY ANALYSIS AND MANAGEMENT 365 (1986).

〔297〕 *Report of the Committee on Research*, PROCEEDINGS, THE ASSOCIATION OF AMERICAN LAW SCHOOLS (G. Hazard, Chairman 1966) 170, 172.

〔298〕 同上,第 173 页。M. McDougal, *Legal Education for a Free Society: Our Collective Responsibility*, in POLITICS, PERSONALITY, AND SOCIAL SCIENCE IN THE TWENTIETH CENTURY: ESSAYS IN HONOR OF HAROLD D. LASSWELL (A. Rogow ed. 1969)提出了同样的主题。F. Zimring, *Where do the New Scholars Learn New Scholarship*? 33 J. LEGAL ED. 453 (1983)指出了有关实证研究的缺乏。

〔299〕 我们意识到,如果需要的话,"时代"、"过去"、"现在"和"未来"这样的词不精确地涉及人类的活动、衡量的装置和技术以及自然和宇宙的周期性。参见,例如 D. BOORSTIN, THE DISCOVERERS (1983) Book One: Time; COUNCIL OF SCHOLARS, LIBRARY OF CONGRESS, Symposium on Changing Attitudes Toward Time, May 15 – 16 (1987); G. SZAMOSI, THE TWIN DIMENSIONS: INVENTING TIME AND SPACE (1986); and S. WEINBERG, THE FIRST THREE MINUTES: A MODERN VIEW OF THE ORIGIN OF THE UNIVERSE (1977)。但我们不认为我们现在的目标要求对该引用中的不精确之处先行进行厘清。

对未来进行一次尝试、一次预测。这种对未来进行设想的普遍的必要性可以在各种类型的决定中被发现。[300] 因此,规定功能明确地构成了一个社群有关价值改变和分享的更一般性的权威政策并用这些政策规划未来。推广功能积极确保对精心设计以服务于未来所需社会秩序价值的政策进行预测。信息功能被用于评估当前形势以及过去的趋势和情况来指导与预测政策有关的理性决策。适用功能试图将权威规定与争议的特定情形通过表达公共秩序所需的公共利益的方式进行联系。援引功能着手通过设计服务于所需价值的方式进行运用。终止功能否认对不再反映适当政策的规定和安排的未来影响。评价功能评估决策过程在整体上是否确保获得所需价值并对建设性和公共政策决策的未来变化提出建议。所有这些不同功能、所有这些不同类型决策的最终的、全面的结果就是要建立和维持社群权威决策更大的制定性过程,并且为了确保公共秩序决策流而指导和管理该过程。它们反映社群成员在所有价值方面的共同利益。为了有效发挥他们在权威管理和控制中的不同作用,法律界人士不能满足于仅仅为预测不相关的特定决策以及决策和实践的总体流动这样非常困难的任务所做的努力:他们不可回避的进一步任务是参与创造和制造未来,即于现在作出可最好地服务于其所代表的社群和客户未来价值的决策。[301] 格言"管理即参与"(gouverner c'est prevoir)显示的不仅是高卢人的而且是全世界的智慧。[302]

---

〔300〕 这个重要的观点被详细记载在 L. Mayo & E. Jones, *Legal-Policy Decision Process: Alternative Thinking and the Decision Process*, 33 GEO. WASH. L. REV. 318 (1964) 418 *et seq*。

〔301〕 D. GABOR in INVENTING THE FUTURE (1964) 207, 208 对该任务做了很出色的论述:

未来不能被预测,但是未来可以被创造。创造那些使人类社会成为其所以然的东西是人类具有的能力。创造的思想过程仍然是神秘的。其是理性的但不是逻辑化的,也就是说,不是演绎的。技术和社会创造者的第一步是通过想象还不存在但于其在某种意义上似乎又是值得拥有的一个东西或一个东西的状态来使其形象化。他然后可以开始从创造向后以及从其可使用的手段向前来进行理性地论证直到找到一条从一个通向另一个的道路。

〔302〕 该格言在 D. GABOR, INNOVATIONS: SCIENTIFIC, TECHNOLOGICAL AND SOCIAL 151 (1970)中被重新提起。迈克尔·赖斯曼(Reisman)适当地强调了律师必须不断地就未来做判断。在 *Private Armies in a Global War System: Prologue to Decision*, 14 VA. J. INT'L. L. 1, 33 (1973)中,他写道:

法律界人士也总是忽略非常显而易见的事实即尽管促成决策的事件来自过去,但决策本身是未来导向的;对其质量的测试不是其是否与过去相符,而是其是否在较近和遥远的未来通过完美的方式安排了过程以及价值分配。

为了履行相关智识任务，在未来达到一个现实目标的困难，对法律界人士而言并不比其他人来得少。伴随着对涉及人类行为进行预测而出现的突出的困难已常常被关注。卡夫（Caff）就有关主要观点作了最为清楚的表述。他写道：

> 行为被作为分析和预测客体的人可以通过预测令他们讨厌的后果来事先得到警告，并且受其劝导而改变他们的行为，以至于预测尽管正确地以分析为基础，但仍然被证实本身是令人失望的。历史很少在了解历史的人们间重复的一个原因是历史的主人公（*dramatis personae*）在第二次行为时意识到了第一次行为的结局，且其行为受到该认识的影响。[303]

他在之后的出版物中写到，在历史中，与科学相反的假定，“不是同样的事将会再次发生，而是同样的事将不会再发生”，并更完整地解释道：

> 在科学中，戏剧性的事件不断自我重复，因为戏剧的主人公是对过去无意识的生物或者无生命的物体。在历史中，戏剧性的事件不会自我重复，因为戏剧的主人公在第二次表演时已经意识到未来戏剧的结局：第一次表演的必要条件不可能被再造。[304]

因此，对预测或干预而言一个最为重要的困难是人类个体的行为（选择和决策）不仅仅被他们对未来的印象所影响，不论该印象如何现实或不现实，同时也被他们对过去的印象所影响，不论该印象如何精确或不精确。[305] 权威性决定已经被强调会受到社群过程中一系列广泛可变因素（以及不同个体对这些可变因素的不同印象）的影响，包括其各种作为组成部分的价值过程的特征，尤其是其有效权力和制定性过程的特征。任何社群中的不同价值过程与很多不同且不断变化的范式以及相互影响的

---

〔303〕 E. CARR, WHAT IS HISTORY? (1963) 90.

〔304〕 E. GARR, THE NEW SOCIETY 6 (1951). 需要注意的是，Garr 所使用的科学概念是一个当代自然科学的概念。

〔305〕 在这些页中，我们使用的“预测（predicting）”、“预言（forecasting）”、“预计（projecting）”、“期待（anticipating）”、“探索未来（exploring the future）”基本是作为同义词，并没有试图对有时出现在文献中的细微不同作区分。

后果相互联系并相互依赖。[306] 一个影响决策最为便利的因素的种类,一个不能最大程度减少预测或干预困难的种类,正如我们所见,所依据的是偏好(对价值、认同和期待的需求)和环境条件(人口、资源和制度实践)。[307] 然而,需要记住的是,尽管在预测中存在困难,事实仍然是,人类(包括权威决策者)可以这样获得见解,即观察他们行为在过去的一致性,该一致性可能产生有意识性的、受引导的变化,创造一个不同于过去的未来,[308]在现在进行适当的决策和干预。在早先的著作中,一个作者观察到:

> 现在不可能通过对回溯观察的改良、对历史细节的积累和将精确的方法运用于已发生过的事件来消灭不确定性;对充分分析的关键测试只不过是对有关细节理解所依赖的主要结构之性质的见解在未来进行证实。每种具体理解受制于重新定义,因为未来的结构可能性在过去被实现并呈现在参与调查者的面前。分析者在对细节的关注和对结构的关注间彷徨,因为知道对结果的完善是具有创新性目标的一种行为而不是必然会发生的预测。对过去惯例中精确性的寻求必须被不断磨砺并通过依赖于自我导向任务即分析目标的指引。[309]

法律界人士所要求的为在将来达到合理目标的理论和程序同样也并不与社群过程中的其他任何有效行为者或干预者所要求的理论和程序存

〔306〕 W. ASCHER, FORECASTING: AN APPRAISAL FOR POLICY-MAKERS AND PLANNERS (1978) 201 (*hereinafter* ASCHER); BRECHT, 前注 234, at 96。

〔307〕 详细的讨论和解释见于 M. MCDOUGAL, H. LASSWELL & L. GHEN,前文脚注 4,第 37 页以及下文。

〔308〕 这是拉斯维尔(Lasswell)在 *The World Revolution of Our Time: A Framework for Basic Policy Research* 中所主要强调的一点,载 WORLD REVOLUTIONARY ELITES: STUDIES IN COERCIVE IDEOLOGICAL MOVEMENTS (H. Lasswell & D. Lemer eds. 1965). H. 尤劳(H. Eulau)在 H. D. *Lasswell's Developmental Analysis*, XI WESTERN POL. Q. 229, 240 (1958)中通过各种出版物找到了拉斯维尔对这个见解的强调。在 *Impact of Psychoanalytic Thinking on the Social Sciences* 的一章中,参见 THE STATE OF THE SOCIAL SCIENCES (L. White ed. 1954) 185,第 114 ~ 115 页,拉斯维尔拿心理分析中见解借以受到鼓励和被获得的程序作比较。

〔309〕 H. LASSWELL, WORLD POLITICS AND PERSONAL INSECURITY 17 (1935, 1965 with new introduction).

在巨大差异。[310] 法律界人士的迫切需要,和其他人一样,是为了形成使未来期望尽可能自觉、明确、全面和准确的理论和程序。尽管一个社群中的政策制定者永远不能对他们就未来的评估做到完全确定,但他们或许可以通过恰当的理论的程序来训练自己对于可能性的印象,从而既增加他们预测的精确性,也增加他们提出的替代性方案中的创造性。首先,对于将来达至该目标的不可缺少的理论和程序当然同样就是那些与对决策中过去趋势进行现实描述相关的理论和程序,伴随着其在价值形成和分享方面的结果,同时也与全面准确识别和说明影响决策和价值结果的因素有关。未来可以被探索的有效性因此很大程度取决于历史和科学任务可以被执行的有效性。尽管对假设和假定政策进行详细说明时所运用的理论和程序可以在事实上既影响对相关决策的关注,也影响其对趋势和条件之更大环境的看法,但是提醒观察者不要任由他们的政策偏好扭曲了他们对于决策趋势和条件因素的看法或许是明智的。为了未来的目标对理论和程序进行评估的关键测试必须最终达到这样一种程度,即他们为识别或创造决策及决策过程中的适当替代性方案之需要创造了见解和理解的程度。幸运的是,对于未来的公共秩序,正如下文要概述的,当代社会科学家和"未来学家"(futurologists)这一新兴专业人士正繁忙地参与其中,致力于创造许多新的方法和技术来改进推测和解释方面的古代技巧。

在历史的全景中,法律界人士长期以来通过对过去一个大概的推测来对未来进行管理,该推测通过他们最好的实际判断来约束,大多缺乏指导也不系统,且是有关对未来决策和价值后果可能产生影响的因素。然而,为了探索未来而尝试提出改进的理论和程序已经成了我们所传承的法学理论学说的特点。为了帮助决策进行预测和指导在决策过程中进行干预,对于明确理论和有效程序的需求很少能被这样的法学理论学说赋

〔310〕 对于文献的一个非常好的介绍参见 ASCHER,上文脚注 306;W. ASCHER & W. OVERHOLT, STRATEGIC PLANNING AND FORECASTING (1983);R. NEUSTADT & E. MAY, THINKING IN TIME; THE USES OF HISTORY FOR DECISION-MAKERS (1986);POLITICAL DEVELOPMENT AND CHANGE; A POLICY APPROACH *Pt. IV*: *Projections* (G. Brewer & R. Brunner eds. 1975)(丰富的参考书目);J. McHALE, THE FUTURE OF THE FUTURE (1970)。

予很高的优先性,即将法律视为由源自人类和宇宙性质的永恒、普遍的绝对真理或者由源自特定社群“精神”和价值过程中独立存在、相对不可抗拒的气质所组成的。相似的,下述法学理论学说也不能给予这样的需求以高度的优先性,即将法律视为由主权者所要求的或源自政府官员过往行为的规则的一个独立存在的体系所构成的,这些规则在特定情形中的运用可以相对独立于政策和社群过程中潜在重要的多种可变因素。对于改进理论和程序来预测决策的需要以及指导预测过程中的干预的明确关注不得不有待于科学方法的当代概念之发展以及对于法律这样一种不断增长的认识,即法律被最为现实地视为权威性和控制性决策的不断发展的过程和科学调查的适当对象。

关于自然法学说的未来特征的方法在其对于法律的概念中展现出来。当法律被认为通过永恒的、不可改变的绝对真理来表达时,则没有或不需要为了一个预测未来的单独任务进行规定。[311] 通过时间,实在法可以被期待形成符合自然绝对真理的决策,有时可以被概括为“正义”。[312] 在这样的范式中,预测未来的恰当程序由此是对正义要求的派生追求以及将这些要求用于未来的推测。在这个早期产生却具有影响力的学说所提出的建议中并没有对于可比性决策中的过去趋势以及已经影响这些决策的多种因素进行的详细描述。

历史学说的支持者已经对我们关于法律规则和制度的起源和过去运作的许多有趣知识方面做出了巨大贡献。[313] 但是,他们没有将一个法律的明确概念当作决策使用,因此未能提出可比性问题之决策的过往趋势进行描述的理论或程序。相反,他们尝试将规则和制度的大型范式与社群过程中被模糊识别且不断变化的其他范式相联系,却并不关注会影响特定决策和决策趋势的特定问题。[314] 他们通常沉浸于一个具有高度确定性的理论中,并极度轻视人类干预一个不可避免的历史进程的能力。

---

〔311〕 BRECHT, 前注 234, at 136; L. STRAUSS, 前注 206, passim。

〔312〕 MORISON, 前注 248, at 62 (discussing Fuller)。

〔313〕 P. VINOGRADOFF, INTRODUCTION TO HISTORICAL JURISPRUDENCE (Vol. I 1920); F. MAITLAND, SELECTED ESSAYS (H. Hazeltine and other eds. 1920) Ch. VI.

〔314〕 BRECHT, 前注 234, at 185; E. CARR, THE NEW SOCIETY (1951) Ch. 1; L. STRAUSS, 前注 206, at Ch. 1。

过去预设了未来,而对未来的预测的相应程序也不过是简单的推测。这个方法中的一个主要困难是其对关于变化之潜在性和可能性之见解的排斥。在上文的引文中卡尔确切地阐述了该见解。阿诺德在评估和摒弃马克思主义的方法时有说服力地提出了同样的观点:

马克思和恩格斯将过去的经验投射于未来,是基于一个科学上站不住脚的假设,即在人类和社会事务中,就如在单调的自然界,过去所发生的总是和必然并以本质上一样的方式会在未来发生,而毫不考虑环境的改变、科学分析的进步、对潜在风险的更好认识、道德标准的改变以及新的治理手段。[315]

人们已经发现,实证主义学说的神秘体系认为最好把法律当作自治规则的体系,当其被专业化地理解和适用时,就构成了所有相关智识任务的执行。[316] 其假定这些规则对决策和价值后果中过去的趋势提供了所有必须和有用的描述,并且这些规则实际上是,并且应该是,影响判决的最重要的因素,有时甚至是排他的因素。预测结果和制定当前规则的适当程序由此即为用这些规则来推测未来,而不问这些规则的内容为何。这些规则,根据实证主义者的观点,是"有约束力的"并且具有让政府官员和社群成员应当遵守的"责任"。然而,美国法律现实主义者已经通过令人难以忘记的教训让我们明白,从过去传承下来的法律规则通常是补充性的、模糊的和不完整的,并且传达着关于描述过去决策和其价值后果的黑暗内容。现实主义者也已经向我们显示,法律规则是最为重要的,或是唯一可能会影响决策的因素这一神话,导致对于那些事实上影响了决策的、许多其他重要可变因素的短视。对于规则是其自身权威应用之有效预测器的愿望最多是幻想。可以补充的是关于法律规则运用的能力的实证主义者的神话对其他重要政府功能发挥,例如在其对必需的预测中的规定、推广或终止,不能提供任何帮助。

社会学总是与预测"紧密关联"并且"社会学是在对预测的关注中成

---

[315] BRECHT, supra, at 188.

[316] 这里所作的概括性陈述基于本书之前章节中所引用的实证主义文献。又参见 MORISON, 前注 248, at 61, 62 (discussing Kelsen and Hart); BRECHT, supra, at 182。

长起来的”(Comte's savoir pour prevoir)。[317] 然而,社会法学理论学说并没有总是体现这种紧密关联:其主要关注的是用现代科学的方法来影响对法律的探索,而没有明确关注完善预测的理论和程序。[318] 很遗憾,这一学说的支持者所使用的法律概念通常也是实证主义者所使用的概念,一个独立的规则体系,要不然就是“活法”或“团体内在秩序”这些模糊理念,抑或文化或文明中的其他神秘模式。这个不充分且随时间而改变的关于法律的概念,正如我们所见,已经为执行描述性和科学性的智识任务制造了极大困难,这些任务对于改进依靠直觉、掷骰子或占星术而进行的预测是不可缺少的基础。当描述中使用的种类(技术性概念)是补充性的、模糊的和不完整的,要取得对过去权威决策流及其后果的全面和准确的描述就是困难的。类似地,要确定并详述那些解释规则的因素也是极其困难的,特别当没有达到对决策的清晰关注时。难怪社会法学理论学说的支持者在自然法的方式之后,有时会诉诸正义广泛的概念来作为预测的工具。这个学说的重要贡献并不是在于其为了系统性和规范性地对未来进行探索而建立新的理论和新的程序,而在于其对于一个社群过程背景中的法律进行的明确定位,而不论其如何构想,以及在于其强调即使概念模糊,法律也可以被那个社会过程中的很多可变因素所影响。

美国现实主义法学者对于探索未来的可能性表现出诸多不同的,而且也并不总是相容的态度,即便他们在对所需理论和程序作出了重要贡献。[319] 因此,杰罗姆·弗兰克(Jerome Frank)在嘲笑那些通过运用传统法律规则预测正式行为的可能性方面是一个带头人,并且其最为怀疑通过任何手段达到可靠预测的潜在可能性。然而他在借助心理学来证明偏好的因素(决策制定者的主观性)在影响所有决策方面之重要性作了独特

---

[317] K. Schuessler, Prediction, 12 INT. ENCYC. SOCIAL SCIENCES 418, 423 (1968).

[318] 这些概括,再说一遍,是以之前所引用的关于社会学学说的著作为基础的。又参见 MORISON, 前注 248, at 62 – 64 (discussing Ehrlich, Weber, and Pound)。

[319] W. RUMBLE, AMERICAN LEGAL REALISM (1968) Ch. IV 提出了对美国法律现实主义者预测进行之多种方法的一个详细描述。在他的 THE SOVEREIGN PREROGATIVE (1962) 20,第一章(*American Legal Realism and the Sense of the Professio*)中,尤金·罗斯托(Eugene Rostow)将霍姆斯大法官的定义视为在智识任务更大背景中的预测。

的贡献。[320] 类似地,昂德希尔·摩尔(Underhill Moore)坚持认为从社会科学发展这个角度来看,企图预测权威决策的价值影响太过不成熟;然而,(很大程度上忽略了决策制定者的主观性)他却孜孜不倦地致力于完善有助于预测未来决策之一致性的科学理论和程序。[321] 卢埃林(Llewellyn)分享了法律现实主义者对于传统规则预测能力的独特疑虑,并在一场又一场的论战中表达了这些疑虑,强调影响决策的很多其他因素的相关性。但是,他毕生的终极工作致力于通过敦促在撰写解释性意见过程中使用和有意识地运用"庄重风格"来增加决策的"可预计性"。[322] 库克(Cook)和他最亲密的同事强调预测未来事件对执业律师同对权威决策制定者和学术调查者有着同样的重要性,并敦促对理论和程序进行改进来帮助这种预测。[323]

正如我们上文所注意到的,现实主义学说总体上的贡献在于,明确地专注于决策上,将其作为对一个法律经验概念的最终参照,并且因此为了描述性的和科学性的这两个任务的执行,使得理论和程序的改进成为可能,这些正是现实性预测不可缺少的基础。我们已经提及的现实主义者所坚持的是技术性的法律规则应与提出可比政策问题的社群之过程中的事件种类相联系,该坚持已经极大地增加了对过往决策趋势和价值后果进行全面和精确描述的可能性。类似地,现实主义者对偏好的各种因素之重要性的强调,特别包括对决策中不同选择方案变化的价值后果之期待,以及对环境的可变因素的强调,还有其他影响决策的因素,已经极大地便利了对决策中的过去趋势之未来的传统推测。但是,将这些见解发展为帮助预测的一个更全面的理论却被留给了其他人来完成。

---

[320] S. Verdun-Jones, *The Jurisprudence of Jerome N Frank: A Study in American Legal Realism*, 7 SYDNEY L. REV. 180, 186,209 (1974).

[321] S. Verdun-Jones & F. Cousineau, *The Voice Crying in the Wilderness: Underhill Moore as a Pioneer in the Establishment of an Interdisciplinary Jurisprudence*, 1 INT. J. OF LAW AND PSYCHIATRY 375 (1978).

[322] S. Verdun-Jones, *The Jurisprudence of Karl Llewellyn*, 1 DALHOUSIE L. J. 441, 478 (1974).

[323] W. Cook, Scientific Method and the Law, 13 A. B. A. J. 303 (1927); S. Verdun-Jones, *Cook, Oliphant and Yntema: The Scientific Wing of American Legal Realism*, 5 DALHOUSIE L. J. 3, 249, 277 (1979).

根据一个更当代的观点,为了调查未来,对于改进过的理论和程序的需求正在加速,尽管该需求可能在社会科学家比法学家间更明显。社会科学文献里充斥着对未来的研究和关于未来研究方法论的论文,这已经超过了其在传统上对于预测的渴望。[324] 有时候这些论文如茹沃奈尔(Jouvenel)著名的书籍《推测的艺术》("The Art of Conjecture")仅仅高度明确了这样的假设和知识,即有技能和经验的人通常会对未来的预测产生影响。[325] 在其他情况下,是要寻找更精确、通常是定量的,相互影响的模型,该模型可以帮助对特定行为的预测,甚至对法律判决的预测。[326] 托夫勒(Toffler)很好地总结了被创造和建议出来用以帮助推测和更加规范之预测的特定方法和技术的巨大范围:

> 在社会科学的标准方法之外……我们正尝试用可能相当有效的新工具来研究未来。这些工具的范围从推测现存趋势的复杂方法到构建高度复杂精细的模型、策略和模拟,对具体推测性的情景进行准备,对相关类比、形态研究、关联性分析、环境描述等类似内容进行系统历史研究。在一个技术预测的全面调查中,曾是经合组织(OECD)的顾问以及MIT(麻省理工学院)的研究员的艾瑞克·詹奇(Erich Jantsch)博士,已经确定了在使用中或在试验阶段的不同新技术的

---

〔324〕 一些更有用的书被引用,前注310。B. WITTROCK, P. DELEON & H. NOWOTNY, CHOOSING FUTURES-EVALUATING THE SECRETARIAT FOR FUTURE STUDIES (Swedish Council for Planning and Coordination of Research, 1985)提供了大量数目。*See also* B. SCHWARZ, UNO SVEDIN & B. WITTROCK, METHODS IN FUTURE STUDIES: PROBLEMS AND APPLICATIONS (1982); J. O'SHAUGHNESSEY, INQUIRY AND DECISION (1972); W. BELL & J. MAU, THE SOCIOLOGY OF THE FUTURE: THEORY, CASES, AND ANNOTATED BIBLIOGRAPHY (1971); S. ENCEL, ET AL., THE ART OF ANTICIPATION: VALUES AND METHODS IN FORECASTING (1975); D. GABOR, INNOVATIONS: SCIENTIFIC, TECHNOLOGICAL AND SOCIAL (1970); D. GABOR, INVENTING THE FUTURE (1964); E. JANTSCH, TECHNOLOGICAL FORECASTING IN PERSPECTIVE (1966); H. KAHN & A. MILNER, THE YEAR 2000 (1967); F. POLLAK, THE IMAGE OF THE FUTURE 2 vols. (1960, 1961); THE FUTURE OF TIME: MAN'S TEMPORAL ENVIRONMENT (H. Yaker, H. Osmond & F. Cheek eds. 1971).

〔325〕 B. DEjOUVENEL, THE ART OF CONJECTURE (N. Lary trans. 1967).

〔326〕 S. 维丹—琼斯(S. Verdun-Jones)在*Cook, Oliphant, and Yntema: The Scientific Wing of American Legal Realism*, 5 DALHOUSIE L. J. 249, 277–280 (1979)中对政策科学家所熟知的很多研究进行了引用和合理的积极分析,也参见W. RUMBLE, AMERICAN LEGAL REALISM (1968) 169及下文。

结果。[327]

然而,人们逐渐认识到,这些方法和技术中的任何一个的有效性都取决于在更广阔的社会社群过程中的观察者目标的现实性。因此,威廉姆·阿斯切(William Ascher),在细致研究了过去各种对设想所作的努力后,得出结论:

> 精确性之相关性的发现印证了这样一个简单的假定:一个预测的基础核心假设,代表了预测者对特定被预测趋势发展所处之环境的基本观点,是预测精确性的主要决定因素。方法是决定那些或多或少独立于特地方法而被选中的核心假设之后果和影响的工具。当核心假设有效时,对方法的选择要么是次要的或是显而易见的。当核心假设没有能准确描述未来环境的现实,诸如方法等其他因素一般也不会有太大关系,它们无法"拯救"预测。[328]

丹尼尔·贝尔(Daniel Bell)教授在其广为引用的文章《预测的十二种模式:社会科学中对方法的一个初步分类》("Twelve Modes of Prediction-A Preliminary Sorting of Approaches in the Social Sciences")[329]和他的著作《后工业社会的到来:社会预测中一段冒险》(*The Coming of Post-Industrial Society: A Venture in Social Forecasting*)[330]里面提出了大环境有助于预测这一非常有影响的主张,以及勾画该环境的建议模式。在这篇被描述为"预测未来之冒险"的文章中,贝尔教授审查了很多历史上的、不充分或片面的方法,这些方法是用来帮助预测并强烈强调通过科学对推测进行规范的重要性。他写道:

> 预测可以从经验中获得,例如一个农民对于作物收成的预期,而不需要知道原因是为什么。只有有了充分的说明——对相关变量的理解——一个人才能够试图控制或者转变一种情况。推测,在这个意义上,阐明了一系列表面上应该可以通过理论解释的未来预测。没

---

[327] A. TOFFLER, FUTURE SHOCK 409 (1970).

[328] ASCHER, 前注 306, at 199。

[329] D. Bell, *Twelve Modes of Prediction-A Preliminary Sorting of Approaches in Political Science*, 83 DAEDALUS 845 (1964).

[330] D. BELL, THE COMING OF POST-INDUSTRIAL SOCIETY: A VENTURE IN SOCIAL FORECASTING (1973).

有解释的预测是见解、经验或者运气。[331]

他强调对社会环境进行更好描绘来帮助解释和推测的必要性，并且在总结其调查时他尤其要求对权力过程进行一个更好的描绘。在一个脚注中他指出：

我们缺少一些组织性的概念来使我们将现存于世界的多个权力基础进行一个全面的分类，或者是一个系统。[332]

在他的书中，贝尔教授继续呼吁一个关于更大环境的新的"演算法"并试图"使用一个概念分析的新种类，一个轴心原则和轴心结构的新种类，有如'订购'大量关于宏观历史改变的可能观点的方式"。[333]然而，他没有对构成一个社群的权力过程或其他重要价值过程（财富，教化，福祉等）进行全面描述，但如果想要获得对更大环境的现实描述，同样要描绘这些过程。

为了帮助探索未来，政策科学方法建议对更大的社群过程进行全面描绘，即在所有组成部分的价值过程以及每个价值的特定制度方面，与其所推荐的为帮助所有其他与政策相关的智识任务所进行的描绘相同。[334]人们可能会发现，法学界人士和其他人所关心的权威决策发生在这个更大社会过程的环境中且可能会被该过程的很多相互作用和相互依赖的特征所影响。人们可能还会发现，这个更大的社会过程和其组成部分的决策过程具有不断变化的特征。由此，不可缺少的是一个有效的观察者，有如在描述和解释中的那样，在预测中拥有和使用理论，并结合成一个全面的图像，其涉及所有这些潜在重要并不断变化的社群过程的特征。作为对预测的更传统理论和程序的补充，五十多年前，我们作者之一的拉斯维尔（Lasswell）建议自由地设计和使用关于未来的临时"发展性构建"（现

[331] D. Bell，前注 329，at 846，847。

[332] *Ibid.*，880，at n. 57.

[333] D. BELL，前注 330，at xi。

[334] H. Lasswell，From Fragmentation to Configuration，2 POLICY SCIENCES 439（1971）.

在称为“场景”），其范围可以非常广泛，从最令人不满到最令人满意的。[335] 他描述的这个程序的细节如下：

> 一个“发展性构建”是一种思考模型，该模型现今被定性为一个位于过去的经过选择的事件模式和一个代表将来的模式间的过渡。尽管现今对于知识的陈述被用来考虑构建假设，但对于模型没有提出什么关于科学正当性的主张。发展的理念不是一个关于最近趋势的简单推测，而是将未来结果作为相互作用整体的认真权衡。通过强调一些主要的可能性，即我们可能会修改我们以前对于情况的估计，并且坚持利用可提供分析、见解、可能还有控制的新兴机遇这一观点来指导研究和政策行为。[336]

通过这样的程序，即暂时采取一个尽可能免受任何目标承诺扭曲影响的旁观者的立场，是要试图感知那些否则会被忽视的未来偶发事件，并促进在未来进行干预的策略。可能需要强调的是，他所提出的发展构建不仅仅是对过去的描述，更是一个学科上想象力的人工制品。一个对可能未来发展的现实预测很少，如果曾经有过的话，可以通过对过去的一个简单推测来完成。未来发展的过程可能取决于很多条件性因素的全部集合，这些因素可能或可能不支持过去趋势的方向和强度。为了达到一个对可能未来学科上的评价，可能需要对各种条件性因素持续的存在或不存在、力量或弱点进行评估。通过勾勒一系列可能的发展理念，以对过去趋势和条件的知识以及对这种趋势和条件相互作用的认真评估为基础，但愿一个社群的决策制定者既能够磨砺他们预测的现实主义风格，同时也能够增加他们带给替代性方案选择的独创性。应该强调的是，一个政策科学的方法会将更多的重心放在理解、见解和创造性变化之上，而不是在特定情形里的预测可能性上。

约翰·迪博尔德（John Diebold）已经对于预测任务更好集群化的迫

---

〔335〕 这个程序在 H. LASSWELL, WORLD POLITICS AND PERSONAL INSECURITY（1935, 1965 with new introduction）中被充分地解释。又参见 H. Lasswell, *The World Revolution of Our Time: A Framework for Basic Policy Research*, in WORLD REVOLUTIONARY ELITES: STUDIES IN COERCIVE IDEOLOGICAL MOVEMENTS（H. Lasswell & D. Lerner eds. 1966）。

〔336〕 H. Lasswell, *The World Revolutionary Situation*, in TOTALITARIANISM 360 Friedrich ed; 1954).

切需要作了很好的阐述。他写道：

> 我从当下事件中得出的结论之一是在我们当今社会的所有方面我们都需要对我们的预测机制重新设定模型。我们应该少点教条，并试着使我们的预测更具体。我们应该有各种各样的公共和私人的预测机构来就事件可能发展的方式确定很多可能的方案，而不需要大肆鼓吹某个方案比另外一个更有可能。
>
> 我们然后应该一直用当前统计数据进行检验来看我们所做事件的这些可能轨迹中哪些似乎还在继续向前移动。在该检验中，电脑为我们提供了一个监控过程的现代工具。但要注意，电脑除了帮助存储和重新安排数据并不能帮太多忙，因为这项工作需要使用人类的想象力。[337]

## 政策替代方案的创造、评估和选择

权威决策制定或建议中最高的、最终的智识任务在于确定（或创造）、评估和选择政策和行为中的替代方案。[338] 这是决策中的结果和实施中的策略之设计和预测的关键和困难的任务，其将会跨越高度抽象化的价值目标与所需公共秩序中要寻求的更加具体和全面的结果之间的鸿沟。[339] 这个任务的有效执行必须建立在对所有其他任务进行初步、适当执行的基础上并且包括了对决策中可能的选择进行确认（特定实践或制度变化），对所有价值的即时和长期的成本和获利进行比较评定，在政策和行为选择中作出必要的最终承诺。最重要的特定目标是在行动中对这

---

〔337〕 J. Diebold, *The World and Doomsday Fads*, N. Y. TIMES, Feb. 25, 1973, at Sec. 4, p. 13, Col. 3.

〔338〕 对这个任务最好的全面讨论是 L. Mayo & E. Jones, *Legal-Policy Decision Process: Alternative Thinking and the Predictive Function*, 33 GEO. WASH. L. REV. 318 (1964)，其对法律和一般文学作品进行了大量引用。

〔339〕 J. O'SHAUGHNESSY, INQUIRY AND DECISION (1973) 165 makes a useful distinction between the process of decision and the final product in a *culminating choice* of commitment. 对决策的过程和进行关于承诺的最后选择（*culminating choice*）所得到的最终产品间进行了令人满意的区分。

样的方案进行选择,即既可以便利可能受到关注的特定问题的有效解决,又可以为长期有效地管理困扰一个社群中主要公共秩序问题的集合体做出贡献。无需证明的是,在这个任务中,无论执行其他智识任务好与坏,法律界人士一直在参与他们计划的社群过程中的每个角色。[340]

符合共同利益的权威决策的制定或者建议之固有困难源于从当地到全球的任何社群制定性过程和已经确立的公共秩序之间密切的相互依赖。一个社群在多大程度上可以从某个特定的价值过程中取得理想的结果,不仅仅是那个特定过程而且也是社群所有其他价值过程的制度特征的一个经济功能,尤其包括了其权威决策的制定性过程和维持此制定性过程的有效权力过程中的那些特征。这个制定性过程,通过其对不同价值过程的保护和调控,并包括了有效的权力,决定了一个社群可取得的公共秩序的质量;然而一个社群可取得的共同秩序的质量(就财富、教化、技能、福祉等而言),通过控制反向决定,既影响了有效权力也影响了一个社群可以维持的制定性过程的质量。[341] 因此,显而易见的是,为了在有争议的特定情形里制定决策,正如对决策中总体流程进行管理那样,可以在一个社群制定过程和其确定了的公共秩序的每个特征中发现决策中的可选方案以及潜在决策的重要后果。一个支离破碎和道听途说的方法,是一个忽略了这个更大背景的方法,其几乎不能承诺,更难保证整合和反映共同利益的选择。

如上所述,对于符合公共利益的决策制定中的这个终极任务起便利作用的可获得的具体程序包括了所有的程序,特定技术的整体,这些描述了所有其他相关智识任务有效执行的特征。[342] 理性选择要求通过决策中不同可选方案的那些程序来进行仔细调查和评估。一个决策制定者当然不可能像一个机器人,从现在事实(无论被多么仔细地确认、探索和评估)自动移动到有关未来价值分配的决策中的特定后果一项任务:这样的

---

[340] 一个全面的阐述参见 Mayo & Jones,前注 338,第 418 页及下文。

[341] 这些关系在 M. McDOUGAL & W. M. REISMAN, INTERNATIONAL LAW ESSAYS (1981)中被详细描述。又参见 M. McDougal, *The Future of International Law*, 50 MISS. L. J. 259 (1979)。

[342] 本段中程序的细化是对之前建议的概括。

一项任务,在运用见解和判断的过程中,要求在政策的不同选择方案中进行一次创造性的选择,并且要求创新,与过去的实践完全不同。然而,负责任的决策制定者可以通过对每个特定智识任务独特的各种程序进行系统化和学科上的使用,增加其对创造性选择的准备来形成明智和理性的判断。这些程序可以被更抽象并用一种可能的顺序进行概括,尽管其最有效的执行要求的不是严格按时间先后的顺序,而是一个持续的相互关联和相互接受的改进,直到做出最后的选择。

1. 决策制定者可以尽可能自觉和明确地制定其代表的社群所追求的根本性的目标价值。他可以使用这些目标价值,即使其形成时具有高度抽象性,来为其解释和适用制定性秩序和公共秩序方面的权威社群规范之互补性、模糊性和不完整性中的选择提供指引。

2. 决策制定者可以通过事实的形式构想将要出现在面前的问题,即通过社群过程中的价值形成和分享中的事件,而并非进行技术性概念中的定义活动,并确认对于特定当事方和当事方所为成员的社群而言都处于危险中的更重要的价值。他可以在社群过程的更大背景(包括制定过程以及为形成和分享价值的各种过程)中定位他所面对的问题。

3. 决策制定者可以将其面前的特定问题和有关更大社群的权威的规定以及根本的目标价值联系起来,并通过在决策中对可能后果的预测来做到对政策的初步厘清和细化。这些预测可以被认为完全是尝试性的,直到它们通过其他智识任务的程序得到检验和相对评估。

4. 决策制定者可以检验有关类似问题的过去权威决策中的趋势,并特别注意被认为是适当的决策中的不同选择方案以及存在差异的价值后果,为了双方和社群,关注决策中的不同选择方案。他不仅仅可以通过检验与特定决策紧密相关的价值后果,而且可以根据一段时间对于社群的总体后果,来丰富经验和辅助判断。

5. 决策制定者可以考察那些影响过有关类似问题的过往决策的因素,并考虑这些因素对决策中方案选择的约束。他可能进一步调查影响过往决策的因素,以及如何使这些决策的结果增强社群对所预计未来决策的控制。

6. 决策制定者可以将价值目标、趋势和条件投射于未来,并考虑条件的可能变化会如何同时影响到决策中的选择方案以及决策中不同选择方案的总体价值结果。他可以激发其想象,并通过预测一系列可能的未来发展以及评估不同预计可能的价值结果来报告他的判断。

7. 知晓过去和受未来评估激励的负责任的决策制定者因此可以最终做好准备来确定和评估其决策中的真实可选方案,并对保证共同利益最大净收益的方案进行必要的创造性选择。在作出这一最终选择时,决策制定者可能得到使其从对过去的强制性重复中释放出来的见解的帮助以及因为当代社会科学发展而成为可以运用的关于预测和评估的知识和技巧的帮助。

我们并非是指根据共同利益标准来看,不系统和严格地运用这些程序就无法做出理性的决策。我们所表明的是一个政策制定者,不论其多么有技能和有经验,只有通过与该程序近似的程序,才可能最大程度地确保他的决策是理性的。

只是到了新近,基于对法律最适合被视为决策的逐渐认识,各法学理论学说才开始就与明确帮助决策制定中的最终选择任务有关的理论和程序提出建议。尽管正如我们所强调的,法律界人士或者其他同类主体,长期以来不可避免地做出选择,即我们现在所说的权威性决策,然后就如我们传承下来的法学理论学说所预计的那样,对于这些选择如何或者应该如何被作出的理论化是非常原始的。[343] 在法律被当作规则而缺乏对决策的明确关注,同时一个用以探讨新的真相的主要模式是逻辑推理的模式且没有新的实际调查的背景下,极少会让人感到惊讶的是,将规则——不论这些规则是源于上帝意志、自然法则、历史法则还是民族国家的“定律”——运用于人类相互作用的不停的和变化的流动中的主要程序,就是这个同样的逻辑推理,同时带有对更大背景特征最低限度的考虑。即使

〔343〕 T. Cowan, *Decision Theory in Law, Science and Technology*, 17 RUTGERS L. REV. 499 (1963).

在相对具有科学教化的当代,对理性选择不可缺少的各种智识任务不总是相互区别的,而是相互混合在一起形成一种不加区分的、神秘的推导形式并且服从于过去。进一步来说,适合理性决策的智识任务的特征有时候与方便理性群体决策的社群之适当体制的建立任务相混淆。[344] 幸运的是,当代社会科学和心理学的发展有望对法学理论学说建立起更相关的理论和程序之轮廓提供一些帮助。

自然法学说特有的范式,正如我们所见,没有提供有关决策是如何,或应当如何,被做出的明确模型。其主要关心的是通过所谓客观的(有时是永恒和普遍的)标准对有效权力的不可避免的选择进行评估。[345] 其所做的评估,不是通过对社会过程中过去、现在和未来的事实进行系统和规范的考察,而是通过在将高层次的规定运用于特定的选择中所进行的逻辑推导。从这个方面来看,让人毫不奇怪的是,选择的可能性、实践中创新的可能性有时会被决定论的假设所否认或推翻,该假设假定自然的要求必须最终压倒任何成为公认决策者临时选择的东西。尽管现代科学的程序和技术有时可能会与对自然法则学说不同看法的标准相融合,[346] 很多支持者都坚持他们所用以评估的价值目标必须来自社会过程之外,无可考察,甚至超验的来源,或者来自一个没有被很好定义的"更高法则"的独立要求,这种坚持妨碍了在世间理性地寻找一种共同利益。

在它独特的设计中,历史法学和自然法一样,大大背离了有关有意决策制定的理论和程序的明确关注。在其设定和尊崇的社群过程中的不可避免的事件流动中,它没有就特定决策建立明确的关注。[347] 该学说对于权威决策者的主要建议似乎是要他们接受那些不可避免的情况,并且制定符合他们所代表的特定社群之独特精神的决策。他们对在当前制定为了共同利益而预测未来的决策所建议的程序是对过去的决策流程采用外推法(再次通过逻辑推导)。正如上文所主张的,对过去的适当探究是作

---

[344] 这在一些关于"集体(collective)"决策制定的著作中可以被看到。

[345] 我们以上文的引文为基础。

[346] 参见 Granfield,前注 78。

[347] 我们基于优先性偏好。

出理性决策中一项必不可少的任务。[348] 然而,它并非相关任务的全部,并且其有效执行需要与其他任务相关的系统和严格的程序。为了清晰聚焦和确保关联性,即使该项任务也需要一个对政策的初步厘清、对条件的考察、对未来可能性的预测和对选择后果的评估。历史法学单独来看最多是为理性决策提供了一个不完整的、缩略了的方法。

我们可以回想一下,现实主义的学说,关注其提出的关于司法的理论和程序,相对忽略了立法和其他决策功能。[349] 尽管其创立者强调功利原则,并于更近的时期偶尔对一个模糊的道德进行补充强调,但作为特征其没有明确地假定一套明确完整的社群根本价值目标。现实主义法学明确地否定了无论是初步还是最终的政策厘清中的任何独立的任务,而是事实上暗地里通过逻辑推演,将那些所谓独立存在的、构成"法律"的规则适用于特定的关于选择的情况中。它通过检验规则及其集群的历史,而非通过描述有关类似问题决策的趋势以及注意决策中不同选择的价值后果,来试图寻找过去的智慧。影响决策最重要的因素被认为是传承的法律规则,并带有了这些规则所有的补充性、模糊性和不完整性,且对环境和偏好中的许多其他重要因素鲜有调查。对未来的探索是通过对过去规则的简单推测进行的,而没有得到预测目标、约束以及决策中不同可选方案的潜在价值后果的帮助。最终的选择当然是被规则所规定了的。正如我们所见,仍然存在争论的是,该学说的创造者在多大程度上事实地接受了有关摆在他们面前的理论和程序的神秘体系,[350] 以及执业律师迟早会发现基本范式确实是最令人不满的神秘体系。它可能是被作为一个主要的学说得以存续,甚至被珍视,原因在于其保护了现有决策制定者选择的自由,即使对专断的决策而言也如是。

社会法学,尽管促进了理性决策所必不可少的各种任务的执行,但并没有寻求对决策指导的明确关注。[351] 该学说有关法律的变化以及总是

---

〔348〕 参见前述内容。

〔349〕 前面的多个引文强化了这个发现。

〔350〕 W. MORISON, JOHN AUSTIN (1982) Ch. 3. 又参见 L. & J. HAMBURGER, TROUBLED LIVES: JOHN AND SARAH AUSTIN (1985) Ch. 9。

〔351〕 参见上述引文。

不适当的概念已经受到了实证主义范式的太多影响，尽管偶尔提及文明社会的假设，但其从未青睐一套全面的社群价值来评估决策中的替代方案。该学说有时称对科学方法的运用可以有助于选择为实现特定目标的经济方法，并厘清对选择起限制作用的社群政策，但是它很少认识到即使对关于某个特定问题的社群政策的初步厘清也可以有助于对该问题的进一步探究。对有关类似问题的决策中过往趋势的研究，可能会揭示决策中的选择和不同选择的价值后果，但在很大程度上该学说并未完成这一任务。它试图将科学方法适用于对特定问题的探究，其已经证实在传承的规则之外有很多因素可以影响决策，并指明了环境和偏好中许多这样的因素，但其并未就此进行全面和系统的详细记录。通过对目标、趋势、条件和选择性方案的预测来对未来进行探索，对于这个学说而言，在很大程度上是其对科学方法之强调的副产品。幸运的是，该学说确实强调对不同规则后果进行调查的重要性，因此也多少强调了不同决策的重要性。马克斯·韦伯强调选择的必然性，其描述了作出决策的很多不同方式，而非通过逻辑推导，〔352〕并且庞德院长也为“一个持续更有效的社会工程学”进行辩护。〔353〕 然而，这两位最伟大的社会学学说的支持者都没有提出理论和程序从而对选择或工程学提供系统和规范的指导。

正如我们上文所概述的，通过将决策强调为最好的法律概念并且坚持使用科学的方法来探索法律，从而改进共同利益中决策的制定，是美国

---

〔352〕 前注117～119的正文。

〔353〕 在早期一篇见解深刻的论文 The Theory of Judicial Decision, 36 HARV. L. REV. 641, 802, 940 (1923)，第954～55页中，庞德院长写道：

不难表明，法律秩序过去总是并且现在也是一个冲突和重叠的人类诉求或需要或欲望妥协的系统，在这个系统中，来自这些诉求以及与文明社会生活有关的诉求的持续压力迫使法律制定者和法官以及管理者设法用最小的牺牲来尽可能满足他们可以满足的。

我们可以如何抽象化和合理化这个过程的细节来供法官和法学家使用？这个抽象化和合理化必须紧紧抓住实际发生的情况。其必须设法将所发生的当作一个理性的过程。其必须努力将其放置在一个能最好代表它的理想的形式中，并因此使得那些运用它的人意识到其最高度的可能性。我们事实上可以看到这样一个理性化隐藏在司法裁判中。因为我主张，法院下意识所作的，当他们做得最好时，是将当事方的诉求一般化为人类个体的诉求，将如此抽象化的诉求纳入在当时当地的文明社会的生活中所涉及的一般化诉求，并努力设计一个概念或表达一个原则来用最少的牺牲获取我们可以获取到的这些利益的最大化。

法律现实主义者的一个主要启示。[354] 为了这个目标,学说的各种拥护者建议对与理性的、而非任意或不统一的决策有关的所有智识任务的执行进行改进。一些支持者基于对约翰·杜威(John Dewey)的曲解拒绝检验他们的"终极目标"或者拒绝设定一套系统的社群承诺;[355] 但是其他人,最著名的是菲利克斯·科恩(Felix Cohen),已经更加负责地发现不可能评估决策中不同选择方案的后果来防止对何为重要的"甄别标准"。[356] 在杜威之后,该学说的大多数支持者再次采用了这样的观点,即对政策进行具体分类来指导决策必须在处于特定状态的特定问题所在环境中进行,这个环境可以揭示决策上的制约因素和决策中的可能方案。[357] 为了确定可以从过往决策中学到什么,在他们最重要的一部著述中,现实主义者对案例和问题坚持一个更狭窄的事实分类(就社群过程中的价值形成和分享而言)来努力关注与手头案例或问题真实相关的政策。他们承认一个过去决策的相关性在于其对潜在政策的全部信息,而不是在于某些抽象的判决理由(*ratio decidendi*),任何一个单独案例的信息,或者是案例的时间顺序,必须得到具有其他权威性来源的一个大的信息流的补充,并与之结合。为了对影响决策的因素进行调查,同时对事先存在的规则属于最重要因素这一实证主义范式进行去神秘化,现实主义者强调在各种事实背景和决策制定者的倾向性中都有很多因素具有相关性。他们已经

---

〔354〕 前文引用的赛蒙·维丹—琼斯(Simon Verdun-Jones)教授的不同文章就代表性的美国法律现实主义者对决策制定中这个终结性任务所贡献的文献进行了详细和全面的评价。

〔355〕 正如我们所注意到的,现实主义者很显然误解了杜威论点的要旨。如果正确地理解,那个论点指导防止脱离特定的背景而固定目标价值间的优先顺序,而不是要反对那些在特定的背景下可以根据适当程序来给予具体含义的全面假定。参见以下文献中的讨论 S. Verdun-Jones, *Cook, Oliphant, and Yntema: The Scientific Wing of American Legal Realism*, 5 DALHOUSIE L. J. 249 - 261 (1979).

〔356〕 F. COHEN, LEGAL CONSCIENCE (L. Cohen ed. 1960).

〔357〕 杜威 My PHILOSOPHY OF LAW (1941) 里的结尾段还是提出了质疑:

关于这里提出的观点,标准在后果中被发现,在社会里所发生的事件的功能中被发现。如果这个观点得到普遍的支持,就保证将有大规模的理性因素被引入对法律安排的实际评估中。因为其要求在运用可得的最好的科学方法和材料的同时,就事实的情况而言,智识应该被用来调查法律规则和所建议的法律决策之后果以及立法行为。当前的趋势,到目前为止几乎还是和开始阶段一样,是讨论法律事务在其实际社会环境中,而非在互相关系的相对空白中,应该得到一个具有一致性的法律理论的支持。再者,当在实践中系统承认社会事实是当前所关心的并且所有法律事务在这些关心中都有它们的地位时,对于一种新的知识,其可以影响正在改进的判决标准之永不停止的过程。就将就其取得会有较现在更强的可能性。

利用了很多心理学，包括心理分析，来探索倾向性的因素，并且在相关因素中，他们已经特别注意了与决策中不同方案可能的未来价值后果有关的认识。对于探索未来这一个最让其支持者感到怀疑的任务，现实主义者最重要的贡献似乎存在于他们对描述性和科学性任务的推动，使得更可靠的预测成为可能。现实主义者所宣扬的关于法律的概念，即关于一个权威决策之持续过程的概念，当然没有必然要求这些建立和维护了有关过程的人类个体必须在政策替代性方案中进行一次最终、终极的选择，并且该学说的一些支持者，例如卢埃林（Llewellyn），没有对指导选择进行广泛的抽象化。[358] 然而，我们可以发现的是，法律现实主义者最大程度地发挥了他们关于法律是政策这一见解的潜能：就形成和分享价值而言，他们没有能获得社群过程的一幅全景图，在描述决策之过去趋势、检验条件性因素以及探索未来的任务中提供帮助，另外，他们拒绝设定一个整套基本的社群目标，这样严重妨碍了他们完善和整合与符合共同利益的理性决策有关的所有特定智识任务的能力。

在最近数十年中，通过大众以及专业渠道，我们很容易发现，人们对改进决策赖以制定的理论和程序的兴趣正在增强。[359] 很多不同学科和社会科学的大量文献声称描述了多种不同种类决策如何或应该如何被制定。[360] 例如，在《社会科学国际大百科全书》中“决策制定”的条目有不同作者为“心理学方面”、“经济学方面”、“政治学方面”所写的单独的部分，同时增加了一个关于“决策理论”的总结部分。[361] 有迹象表明，在当

---

〔358〕 这是 K. LLEWELLYN, THE COMMON LAW TRADITION-DECIDING APPEALS (1960) 里的一个主要主题。

〔359〕 一个早期出色的研究是 K. DEUTSCH, THE NERVES OF GOVERNMENT (Rev. ed. 1966).

〔360〕 对文献的解释性节选可能包括 RATIONAL DECISION: NOMOS VII (C. Friedrich ed. 1967); P. DIESING, REASON IN SOCIETY (1967); C. CHURCHMAN, PREDICTION AND OPTIMAL DECISION; PHILOSOPHICAL ISSUES OF A SCIENCE OF VALUES (1961); I. JANIS & L. MANN, DECISION MAKING (1977); PROBLEMS OF CHOICE AND DECISION (M. Black ed. 1975); M. BLACK, MODELS AND METAPHORS (1961); J. O'SHAUGHNESSY, INQUIRY AND DECISION: A METHODOLOGY FOR MANAGEMENT AND THE SOCIAL SCIENCES (1973); E. STOKEY & R. ZECKHAUSER, A PRIMER FOR POLICY ANALYSIS (1978); W. ULRICH, CRITICAL HEURISTICS OF SOCIAL PLANNING: A NEW APPROACH TO PRODUCTIVE PHILOSOPHY (1983)。

〔361〕 4 INT. ENCYC. SOC. SCI 34 *et seq.* (1968).

今时代,所有不同的社会科学正试图成为应用科学。已经显示出来并被评估过的是,经济学家在努力提出运用到法律决策中的“微观经济学”,以作为对传统理论和程序的补充,同时哲学家和政治学家在努力完善一个关于“渐进主义”的学说来改进许多不同种类的决策。类似的研究,有时特别是那些指向“组织决策”或“集体决策”的研究,[362]可以从博弈论专家、[363]更广泛意义上的政治科学家、[364]国际组织问题的专家、[365]社会学家、[366]沟通理论家,[367]以及公共管理或商业政府机构那里得到参考。[368]很多这些研究是不完整的,因为它们只关心决策中的最终目标,选择方案中的终极选择,并通常表明它们仅仅在某些严格的、事前决定的事实环境中才相关。它们因此忽视了对问题的特定表述和特定环境里政策的厘清和选择必不可少的各种其他智识任务。[369]

当代有关决策的研究中最具影响力的是赫伯特·赛蒙(Herbert

---

[362] 这些研究通常将个人作一个选择的智识性程序与“集体”环境的制度性特征混在一起。例如,见 M. OLSON, THE LOGIC OF COLLECTIVE ACTION (1962); R, ABRAMS, FOUNDATIONS OF POLITICAL ANALYSIS: AN INTRODUCTION TO THE THEORY OF COLLECTIVE CHOICE (1980).

[363] J. VON NEUMANN & O. MORGENSTERN, THEORY OF GAMES AND ECONOMIC BEHAVIOR (2d ed. 1947); M. SHUBIK, GAME THEORY IN THE SOCIAL SCIENCES (1977); P. LUCE & H. RAIFFA, GAMES AND DECISIONS (1957).

[364] 两本著名的书是 G. ALLISON, ESSENCE OF DECISION: EXPLAINING THE CUBAN MISSILE CRISIS (1971)和 J. STEINBRUNER, THE CYBERNETIC THEORY OF DECISION: NEW DIMENSIONS OF POLITICAL ANALYSIS (1974)。这两本书都批评了决策的“理性”模式,但是建议仅为决策背景特征添加细节的替代性模式。它们低估了权威决策的全面过程建立特定选择背景的程度。它们也使用了一种渐进主义,其可能妨碍对共同利益的寻找。

[365] R. SNYDER, H. BRUCK & B. SAPIN, FOREIGN POLICY DECISION-MAKING: AN APPROACH TO THE STUDY OF INTERNATIONAL POLITICS (1962) offer one of the best discussions of why“ decision-making” is the best central focus of attention.

[366] R. MERTON, SOCIAL THEORY AND SOCIAL STRUCTURE (Enlarged ed. 1968).

[367] K. DEUTSCH, 前注 359。

[368] D. Torgerson, *Between Knowledge and Politics: Three Faces of Policy Analysis*, 19 POLICY SCIENCES 33 (1986)收集了一个广泛调查中的参考。也参见 A. Wildavsky, The Once and Future School of Public Policy, 79 THE PUBLIC INTEREST 25 (1985)。

[369] M. Black, *Making Intelligent Choices: How Useful is Decision Theory*? (Lecture, the American Academy of Arts and Sciences, 1986)提供了对很多当代决策理论有限效用的一个精辟论述。也见 W. Edwards, Psychological Aspects, 4 INT. ENCYC. SOC. SCIENCES (1968)。L. Tribe, *Policy Science: Analysis or Ideology*, 2 PHILOSOPHY AND PUBLIC AFFAIRS 66 (1972) 使用了“政策科学”(policy science)来指称关于决策制定的若干偏颇理论,并提出了对这些理论严重的,有时是令人难以捉摸的批评。

Simon）教授和他的同事的研究，他们探寻在很大程度上独立于特定情况的有关决策过程的具有高度一般性的公式化表述。[370] 在一篇很著名的文章《理性选择的一个行为范式》中，赛蒙教授论述了其研究的一个基础：

传统的经济学理论假设一个“经济人”，在变得“经济的”过程中也是“理性的”。这个人被假定拥有对其环境相关方面的知识，这些知识如果不是绝对完整的，至少会足够的清晰和广博。他也被假定具有一个非常有条理的和稳定的偏好体系和估算技能，该技能使得他能够为了其可获得的替代性行动方案进行计划，这些方案将能使其达到其偏好程度可达之最高点。[371]

他描述的影响传统决策模型的制约因素如下：

在常见的制约因素中——其本身不是合理计算的客体——有（1）可供自由选择的一系列替代性方案，（2）将回报确定为被选定之替代方案的一种功能的关系（“满意”、“目标获得”），以及（3）回报中的偏好分类。[372]

他的目标，可能会被法学家们所分享，是要构建一个较传统模型而言与人类需要和能力更为一致的有关“理性选择”的理论。另一个有影响力的通才马汀·舒比克（Martin Shubik）教授，也对片面的模型提出批评，并提出了他自己关于决策过程的模型，其与政策科学中的模型一样，旨在实现全面性。[373] 如果我们不改进我们的理论和程序，他对如何保护民主和人类尊严价值的担忧或许就是现实的。[374]

---

〔370〕 一个最近的概括文章是 H. Simon, *Unity of the Arts and Sciences: The Psychology of Thought and Discovery*, 35 BULLETIN OF THE AMERICAN ACADEMY OF ARTS AND SCIENCES 26－53（March, 1982）. An immense contribution is outlined in H. SIMON, MODELS OF THOUGHT（1979）; H. SIMON, THE SCIENCES OF THE ARTIFICIAL（1968）; H. SIMON, THE NEW SCIENCE OF MANAGEMENT DECISION（1960）; J. MARCH & H. SIMON, ORGANIZATIONS（1958）; H. SIMON, MODELS OF MAN: SOCIAL AND RATIONAL（1957）; H. SIMON, ADMINISTRATIVE BEHAVIOR（1947）.

〔371〕 H. Simon, *A Behavioral Model of Rational Choice*, LIX QUARTERLY J. OF ECONOMICS 79（1955）99.

〔372〕 *Ibid.*，100.

〔373〕 M. SHUBIK, THE GAMES WITHIN GAMES: MODELING POLITICAL ECONOMIC STRUCTURES（1983）.

〔374〕 M. Shubik, *Information, Rationality and Free Choice in a Democratic Society*, 96 DAEDALUS 777（1964）.

尽管存在所有这些发展,可能仍需强调的是,一个社群的权威决策的制定者和向其提供建议的学者们,需要一个非常独特和特殊的模型(理论和程序的框架)来指导决策的做出。[375] 一个社群的权威性决策,是为了应对社群过程中复杂和变化的事件所制定的,并受到这个过程中多种其他事件的影响,由处于试图厘清和执行公共利益的压力下的代表所制定的,并对于所有价值的改变和分享既有短期又有长期的影响。权威政策制定者所能获得的有关社群过程中事件的信息的全面性和精确性的程度有所不同;权威决策制定者所必须面对的特殊问题(在价值形成和分享方面的愿望和成就之间的差异)处于不断的变化中,要求持续的构建再构建。作为权威决策制定者可获得方案的决策中的特定结果很少是"设定的",就如比赛中那样;特定结果中的方案,表现了与一个特定问题有关的共同利益,其仅可以通过系统的和原则性的关系来确定,该关系通过各种不可缺少的智识程序与更大环境中关于特定问题的基本社群政策有关。[376] 这些智识程序如我们上面所引证的,包括了对有关可比性问题之决策的过去趋势进行检验来确定潜在的结果和政策后果,探索环境和偏好中已经并可能受到影响的因素,以及将社群的目标、趋势和条件投射于未来达到对决策中可选方案和政策后果更精确的关注。只有在这些不同的智识性任务被适当执行后,对决策中一个特定要求的最终选择的因素进行了尽可能精确的确定,这样对来自不同社会科学中的"决策制定"和其他学科的大量当代学说才变得具有关联性。可能要进一步记住的是,即使与政策选择或干预的这个最终任务有关,对于很多权威决策的价值后果,尽管可以通过常识和经验来进行估算,却无法进行精确的数学描述。

政策科学学说的目标就是要提出设计的更好的理论和程序来对权威

---

〔375〕 H. Lasswell, *Current Studies of the Decision Process: Automation Versus Creativity*, 8 WESTERN POL. Q. 381 (1955).

〔376〕 这些主题在 M. McDOUGAL, H. LASSWELL & L. CHEN, HUMAN RIGHTS AND WORLD PUBLIC ORDER: THE BASIC POLICIES OF AN INTERNATIONAL LAW OF HUMAN DIGNITY (1980) Ch. 5 中得到发展。

性决策中独特的复杂性和困难给予适当考虑。[377] 它否定了自然法学派、历史法学派的和实证法学派中目的决定论,而建立在美国法律现实主义者的概念之上,即决策中最终和终极的任务不可避免是关于选择的表述。[378] 为了对决策的作出给予最高层次的指导,就像其他众多当代国家宪章和一个新兴全球人权法案中所明示的那样,这一学说明确设定而非推导或是假设社群对于人类尊严之历史价值的根本的追求。[379] 为了帮助更有效地执行为理性判决所必不可少的智识任务,该学说提供了关于社群过程的图景或者说是映射的技术,根据的是构成性价值的过程(权力、尊重、教化、财富、福祉、技能、情感、操守),以及尽量如任何特定问题所可能需要的那样全面和精确实施的、特定化于每个价值的制度性实践(参与者、观点、情况、基础价值、策略、结果)。[380] 其所建议的关于特定问题的表述是就社群过程中的事件而言的,是就价值形成和分享的实践而言的,其要求对类似的社群政策进行运用。正是"政策科学"这一概念要求所有相关科学和学科的潜在贡献(发现、理论、程序),在经济限度内,应该对关于特定问题的研究产生影响。所有对关于特定问题的政策的初步厘清都被认为是尝试性的和暂时的,除非其可以得到其他相关智识任务

---

〔377〕 H. LASSWELL, A PRE-VIEW OF POLICY SCIENCES (1971) Ch. 3; THE POLICY SCIENCES (D. Lerner & H. Lasswell eds. 1951); H. LASSWELL, THE ANALYSIS OF POLITICAL BEHAVIOR: AN EMPIRICAL APPROACH (1947); G. BREWER & P. DELEON, THE FOUNDATIONS OF POLICY ANALYSIS (1983); Y. DROR, PUBLIC POLICYMAKING REEXAMINED (1968); R. BRUNNER & G. BREWER, ORGANIZED COMPLEXITY: EMPIRICAL THEORIES OF POLITICAL DEVELOPMENT (1971); F. Tipson, *Consolidating World Public Order: The American Study of International Law and the Work of Harold D. Lasswell and Myres S. McDougal*, 1906 - 1976 (Ph. D. diss. University of Virginia, 1977); R. Brunner, The Policy Sciences as Science, 15 POLICY SCIENCES 115 (1982); D. Torgerson, Contextual Orientation in Policy Analysis: *The Contribution of Harold D. Lasswell*, 18 POLICY SCIENCES 241 (1985).

〔378〕 三种历史目的论的相互关系在 L. STRAUSS, NATURAL RIGHT AND HISTORY (1953)中被很好描述。

〔379〕 这个设定发展的一些历史见于 in M. MCDOUGAL, H. LASSWELL &L. CH EN,前注376。

〔380〕 解释性的细节出现于 H. LASSWELL & A. KAPLAN, POWER AND SOCIETY: A FRAMEWORK FOR POLITICAL INQUIRY (1950); H. Lasswell, *The Continuing Revision of Conceptual and Operational Maps*, in VALUES AND DEVELOPMENT: APPRAISING ASIAN EXPERIENCE (H. Lasswell, D. Lerner &J. Montgomery eds. 1977); H. Lasswell &A. Holmberg, *Toward a General Theory of Directed Value Accumulation and Institutional Development*, in POLITICAL AND ADMINISTRATIVE DEVELOPMENT (R. Braibanti ed. 1969)。

检验。在美国法律现实主义者之后，历史研究的伟大传统再次被用来针对提出相似政策的问题而检验决策中过去的趋势，而不论其就决策的观点和不同观点的价值后果可以提出什么智识判断。进而，人们希望从对过去类似决策和其后果的仔细调查中所获得的见解可以让决策制定者免于源自实证主义模式或其他模式的任何心理上的压抑，尽可能近似地重复过去决策的范式。[381] 当代心理学和社会科学的发现、理论和程序必须通过一个全面的决策制定模式来得到管理，来探寻影响特定决策和决策过程的因素集合和结果集合。为了在考察决策之未来可能性时激发想象力，作为对传统的描述性和解释性程序的补充，发展性的构建被用来投射出一系列与特定问题有关的目标、趋势和条件的包罗万象的影像。为了指导详细理解和运用社群规范，无论是制定性还是其他性质的，并包括了其所有的补充性、模糊性和不完整性，该学说建议对内容和程序的一整套原则进行系统性和原则性的运用：内容的原则涉及该问题和其背景的所有相关特征；程序的原则组织不同智识任务的履行来评价该问题和其背景之不同特征的政策意义。[382] 整个调查中最重要的目标当然是识别和作出最终达臻对有关直接当事方和他们作为成员的各种社群的、被设定的价值中的共同利益最充分的表达。对于一些环境中的某些问题，可能必须要重新表述问题，并重新组织各方之间交流的结构，来完成所有利

---

〔381〕 对创造性的强调遍及了很多当代著作。参见 D. PERKINS, THE MIND'S BEST WORK (1981); *Creativity: A Continuing Inventory of Knowledge*, The Council of Scholars, The Library of Congress (1981); A. Schlesinger, Jr., *Creativity in Statecraft*, *Library of Congress* (1981); *Creativity*, *Psychological Aspects*, 3 INT. ENCY. SOC. SCIENCES 435 (1968); H. DREYFUS & S. DREYFUS, MIND OVER MACHINE (1986)。关于一个早期研究，参见 CREATIVITY AND ITS CULTIVATION (H. Anderson ed. 1959)。

〔382〕 这些原则的具体解释参见 M. McDOUGAL, H. LASSWELL & J. MILLER, THE INTERPRETATION OF AGREEMENTS AND WORLD PUBLIC ORDER, PRINCIPLES OF CONTENT AND PROCEDURE (1967); M. McDougal, *The Application of Constitutive Prescriptions: An Addendum to Justice Cardozo*, 33 RECORD OF THE ASSOCIATION OF THE BAR OF THE CITY OF NEW YORK 255 (1978)。

益的一个适当整合。[383] 本书余下各章正是要对这些主题进行详细阐述。

【翻译:王书城、高鹏程;审校:关文伟】

〔383〕“整合性决策(integrative decision)”的概念在玛丽·帕克·芙丽特(Mary Parker Follett)的著作中被发展。参见 CREATIVE EXPERIENCE (1924) and DYNAMIC ADMINISTRATION: THE COLLECTED PAPERS OF MARY PARKER FOLLETT (H. Metcalf & L. Urwick eds. 1942)。一个类似的主题反映在 P. DIESING, REASON IN SOCIETY (1962) 97。这个问题在 H. Lasswell, *The Public Interest: Proposing Principles of Content and Procedure*, in THE PUBLIC INTEREST: NOMOS V (C. Friedrich ed. 1962), Ch. 5 中被讨论。

CHAPTER 06 >>

# 第六章

# 研究法律需要专门理论：如何为公共利益进行决策

## 为第六章所设计的提纲

传统理论中有关研究及决策立场的混淆

权威神秘体系作为研究理论的缺陷

权威神秘体系与适用功能相关的缺陷

国际协定之适用

宪法之适用

法律之适用

判例之适用

习惯法之适用

权威神秘体系与立法功能相关的缺陷

权威神秘体系在解释决策之复杂建制过程方面的缺陷

## 第六章之初步介绍

详细使用第五章所描述的、与为公共利益进行理性决策相关的各种智识任务，当然必须将这些任务纳入理论和程序中；这些理论和程序指导着决策者按常规履行各种决策功能（信息、推广、规定、援引、适用、终止和评估),构成了一个社群的建制过程。

比如,关于适用功能,在历史上这种纳入就在被称为“解释原则”的发展过程中被探究。不幸的是,人们不总是承认所有的社群立法(不管是采用协定、宪法、法律、判例、或是习惯行为的形式)都是一个连续的传播过程,这一过程通过语言和行为来表达,且带有不断变化的特征。相关传播是在权威立法者和社群成员之间的,发生于一个更大范围内的有效权力和社群中。然而,人们也经常假定在一些特定情势下所解释和适用的,并不是一个能达到所规定之结果的传播过程,而是一个单纯的书面文本、与其更大范围有意分离开来。适用的任务也通常被认为是一个简单的逻辑行为,在其中某些事实被发现和描述为是相关的,并在随后被归入所给定的书面文本中。这些文本被假定为是社群政策的全部指标,其适用是通过发掘词语之通常含义进行,而无需在立法传播中补充并整合那些模糊的、不完全的和补充性的参考。适用的主要目的也常被叙述为是去描述一个书面文本的含义,而不是去确定由社群成员中的权威立法者所创设的真实预期,这些预期的适用是由一些基本的社群政策补充并结合着。解释原则与相关之传播过程的各种特征,很少是全面或有条理的。为指导权威适用者对立法传播的相关特征进行有序且经济地检查而设计的程序原则及其环境,就其所有形式的立法而言,实际上是不存在的。

一个社群建立并维持其权威政策的传播过程,也许可以在这些方面被全面且经济地描述:传播者和被传播者、观点(对价值、归属和预期的需求)、情形、基本价值、策略和结果。应该需要少些强调的是,不管立法的形式如何,相关传播过程的每一个特征都可以影响被传播的政策的内容。这些特征包括:社群中权威立法者及其受众的特征,寻求被立法的政策的类型和全面性,情形特征(地理的、时间的、制度的、危机),传播者和被传播者的基本价值,以及词语、其他符号和行为的流动。在这样一个环境下,立法传播过程中任何特定特征的意义,明显是在这一过程中与其相关之所有其他特征的一个功能。当人类在预测未来时的固有困难都被加诸于这些参照所特有的不稳定性,难怪大多数的立法结果,无论其形式和社群如何,在参照中都显示出了模糊性、不完整性和补充性。

为公共利益之立法传播的理性适用,必然要求理论和程序有助于识别相关立法的政策内容、有效且经济地关联该内容与已确立之适用者所面对的选择。适用功能的可靠表现因此超越逻辑实践而延伸至行为和选择的整体顺序,包括:探寻争论中的事实并决定将被认为是相关的事实;通过审查可能相关之社群立法的内容,同时参考其他社群基本政策来补充任何的缺陷或不完整,并将那些可能政策与任何最重要的建制政策(如那些关乎最基本秩序和人权的)结合起来,探寻可能的政策;最后,将如此识别和分类了的政策与被认为是在决策中相关的、似乎最贴近公共利益的那些事实联系起来。关于适用任何特定争论的不同当事方,一般对事实以及各种立法传播的政策内容持不同主张。在这些主张面前的权威适用者们可以类似地被定位于社群建制过程中的许多不同立场;他们还可能被许多来自有效权力过程的不同制约因素所影响。

历史上的"解释原则",如传统地组织和呈现出来以帮助适用不同形式的立法,将不会出现以对权威适用者在寻求共同利益时提供最大的帮助。至于所有形式的立法传播,如上面所指出的,最大的混淆在于:什么是被适用的(条文或传播)、在适用中所需的智识任务、每一特殊任务的主要目标,以及解释原则的实际和可能作用。内容的原则,参照立法传播不同过程的相关特征,通常是被删节了的和含有逸事的,其对立法内容的潜在意义没有被特别指明。而程序的原则,为指导对内容原则进行有序和经济地管理所设计,则尚未被发展。

由新"法律与文学"法理学提出的"读者—回应"理论,似乎不会给权威适用者提供太多额外帮助。新理论的支持者似乎都假定解释主要是一个读者解释文本的事情、而与作者和传播的目的无关;许多人还在那些适用虚无主义的读者的观点中发现了不确定性。这种方法的基本困难在于,与新法理学相关的法律文本(不同于文学文本)是权威决策全面建制过程的可确认特征,通过这一过程社会成员寻求澄清并确保他们的共同利益。任何特定社群里权威决策的全面过程,都是由能采取的那种决策限制的有效权力的包含过程所维持的。在社群规定各种形式里的传播,不会在听众("读者")中被发现,而是在权威立法者和社群成员之间。只有在偶然的情况下,通过"读者—回应"理论和程序适用的一项权威立法,才能反映社群成员的共同利益或是与有效权力相关联。

一个更具建设性的、以助于适用社群立法不同形式的理论和程序的方法,或许可以被简要指出。这些因素至少包含以下内容:

1. 承认所有形式的规定都是传播的过程、而不是彼此孤立的书面文本。这些不同的传播过程需要全面、系统的描述。这些过程是交互的、且通常必须被共同适用。

2. 承认适用功能必然包含三种不同的智识任务:

(1) 实事求是的解释;

(2) 补充;

(3) 整合。

这些任务需要被分别地、有规矩地留意。

3. 对适用中每一不同任务的主要目标进行仔细说明。

(1) 实事求是的解释。

最可能地贴近权威立法在社群中所创制之真实预期。

(2) 补充。

通过适用其他相关社群立法的基本政策,来补救立法传播中的缺陷和歧义。

(3) 整合。

在最激烈需求的社群政策方面,在社群规定中的补充之处进行选择。

4. 发展出一套全面的原则以帮助适用。

(1) 内容原则。

创造这样的原则,使其能系统地参照所有规定、主张和适用相关过程的每一特征。

(2) 程序原则。

创造这样的原则:能指导在适用中的特定问题之规划、并利用与共同利益中与理性决策相关的所有智识技巧(如第五章所叙述的那样),包括:

①诉诸权威设定基本社群政策或是对此类政策的明确设定;

②详细澄清与特定问题相关之基本社群政策;

③在决策类似问题时,检视过往之决策趋势及其结果;

④考虑那些可能已经影响了过往决策、且可能影响未来决策作用的因素;

⑤设计决策中的供选方案,同时检验并评估各种可能选择的不同政策结果;

⑥选择那个能够在共同利益中提供最大净利益的供选方案。

我们在这里介绍一些理论和程序的发展和说明,关于国际协定的,可见 McDougal, Lasswell 和 Miller 的 *The Interpretation of Agreements and World Public Order*: *Principles of Content and Procedure* (1967, with new introductory study, forthcoming) 以及 McDougal 的 Human Rights and World Public Order; Principles of Content and Procedure for Clarifying General Community Policies," 14 *Virginia Journal of International Law* 387 (1974);关于建制性规定更简要的阐述,见 McDougal 的 The Application of Constitutive Prescriptions: An Addendum to Justice Cardozo", 33 *Record of the Association of the Bar of the City of New York* 255 (1978)。我们所介绍的,是关于法律、先例和习惯行为的比较理论和程序的发展情况。

【翻译:王　超;审校:关文伟】

# 第二部分　社会过程背景

CHAPTER 01 >>

# 第一章

# 作为一个整体的社会过程

法律过程是决策过程的一部分,而决策过程又是社会过程这一整体的一部分。本章概述了分析社会过程的框架,下一章则会进行更深入的探讨。[1] 很明显,我们强调个人的重要性。在勾勒出社会过程的轮廓以后,下一步就是要提出一种针对人格发展的动态观点。应该把重点放在那些在动机和能力方面已经具备条件来积极参与决策过程的人的发展。这将会带来政治文化的发展。

两个人相互影响的过程是社会性的,无论相关当事人是否意识到彼此的这种关系。哪里有相互影响哪里就有社群。[2] 如今,世界正在以前所未有的加速度缩

---

〔1〕 关于我们这里所涉及的概念分类的相关讨论,参见 LASSWELL & KAPLAN, POWER AND SOCIETY, A FRAMEWORK FOR POLITICAL INQUIRY (1950)。类似的系统性论述还可以参见 TOWARD A GENERAL THEORY OF SOCIAL ACTION (Parsons & Shils eds. 1951); MERTON, SOCIAL THEORY AND SOCIAL STRUCTURE (rev. ed. 1957); WEBER, THE THEORY OF SOCIAL AND ECONOMIC ORGANIZATION (Henderson & Parsons tr. 1947); DURKHEIM, THE DIVISION OF LABOR (1893); PARSONS, THE SOCIAL SYSTEM (1951); THEORIES OF SOCIETY 2 vols. (Parsons, Shils, Naegele & Pitts eds. 1961); 以及 STONE, SOCIAL DIMENSIONS OF LAW AND JUSTIC (1966).

〔2〕 科学的观察者,即记录两个或两个以上的人的共同特点的人,都提及一个叫"总体"(aggregate)的概念。当不同人的行为呈现互相支持的关系时,它们之间的关系可以被称为"整合性的"("integrated"),当多样化的行为都呈现整合性的关系时,他们就是"互相协调的"(coordinated)。影响的频率和强度都可能从零到很高。当需要区分"半群组"(demi-groups)、"群组"和类似概念的时候,我们还会提到更多的词汇。

小，变成了一个地球村，当然，地球村也是由小社群构成的。[3]

在这些社群里，存在着自我意识和组织化程度不同的社会。身处于大大小小的社会过程中的参与者，无论是个人行动还是一致行动，都是通过制度使用资源来追求价值。按图解如下：

社会过程 = 人<br>+<br>价值<br>+<br>制度<br>+<br>资源

术语“价值”是用来指定类别宽泛的、能够满足欲望的事件。我们推荐的宽泛的价值类别有明确的指示意义，并且可用于所有相关的智识工作任务；使用时优先用于“优选事件”。在目前的分析中，我们使用的有八大类：

价值 = 权力<br>+<br>教化<br>+<br>财富<br>+<br>福祉<br>+<br>技能<br>+<br>情感

---

〔3〕 M. MCDOUGAL & W. M. REISMAN, INTERNATIONAL LAW ESSAYS: A SUPPLEMENT TO INTERNATIONAL LAW IN CONTEMPORARY PERSPECTIVE (1981). 一书从法律研究和法律实践方面，对这一趋势作了耐心细致的描述。另可参见 M. MCDOUGAL, H. LASSWELL & L. CHEN, HUMAN RIGHTS AND WORLD PUBLIC ORDER, THE BASIC POLICIES OF AN INTERNATIONAL LAW OF HUMAN DIGNITY (1980).

+

尊重

+

操守

在任何社群中，当我们提到社会过程时，是指“人们通过制度使用资源而获取价值的行为”。我们对价值的描述如下（在初级条件下）：

权力是指做出对整个社会而言重要的决策，并通过在必要时对反抗者施加严厉制裁得以实施。在美国，传统的权力制度包括政府以及联邦法律、州法律和地方各级的法律，同时，各党派和压力集团也会影响社群决定。[4] 教化是信息的收集和传播。这方面的特色制度包括研究机构和公共信息传媒。[5] 财富是商品和服务的生产和销售。企业公司、合伙机构、行业工会和消费者组织等都致力于创造和分享财富。[6] 福祉是指享有安全、健康和舒适的可能性。福祉制度包括医疗保健和预防疾病的机构设施。[7] 技能是在某一特定操作上可以获得方法并能不断练习直

---

〔4〕参见 LASSWELL & KAPLAN, POWER AND SOCIE'IY (1950); CATLIN, SYSTEMATIC POLITICS (1962); FRIEDRICH, MAN AND HIS GOVERNMENT (1963); POLITICS AND SOCIAL LIFE (Polsby, Dentler & Smith eds. 1963);另参见 SIMPSON, STONE & SCHOCH, CASES AND READINGS ON LAW AND SOCIE'IY 3 vols. (1948 – 1949). 政治科学和其他社会科学的入门者，可参见 A READER'S GUIDE TO THE SOCIAL SCIENCES (Hoselitz ed. 1959)。另参见 Easton's trilogy: THE POLITICAL SYSTEM: AN INQUIRY INTO THE STATE OF POLITICAL SCIENCE (1953); A FRAMEWORK FOR POLITICAL ANALYSIS (1965); A SYSTEMS ANALYSIS OF POLITICAL LIFE (1965); DEUTSCH, THE NERVES OF GOVERNMENT: MODELS OF POLITICAL COMMUNICATION AND CONTROL (1963); DAHL, MODERN POLITICAL ANALYSIS (1963); 以及 LASSWELL, THE FUTURE OF POLITICAL SCIENCE (1963)。

〔5〕参见 THE SCIENCE OF HUMAN COMMUNICATION (Schramm ed. 1963); RASHDALL, THE UNIVERSITIES OF EUROPE IN THE MIDDLE AGES 3 vols. (rev. ed. 1936); 和 SARTON, INTRODUCTION TO THE HISTORY OF SCIENCE 3 vols. (1927 – 1947)。

〔6〕参见 J. SCHUMPETER, CAPITALISM, SOCIALISM AND DEMOCRACY (2d ed. 1947); M. MAUSS, ESSAY ON THE GIFT: FORMS AND FUNCTIONS OF EXCHANGE IN ARCHAIC SOCIETIES (I. Cunnison tr. 1954); and W. LOUCKS & J. HOOT, COMPARATIVE ECONOMIC SYSTEMS (4th ed. 1952)。

〔7〕关于人口，参见 DEMOGRAPHIC ANALYSIS (Spengler & Duncan eds. 1956)。关于无能力，照顾和阻止，参见 PUBLIC HEALTH IN THE WORLD TODAY (Simmons ed. 1949)。关于性行为，参见 A. KINSEY, SEXUAL BEHAVIOR'IN THE HUMAN MALE (1948) and A. KINSEY, SEXUAL BEHA VIOR IN THE HUMAN FEMALE (1953). 关于年龄和其他身体特点的分类，参见 S. EISENSTADT, FROM GENERATION TO GENERATION: AGE GROUPS AND SOCIAL STRUCTURE (1956)。

到卓越。专门的技能制度有学校以及保持和改进操作和品鉴标准的艺术机构、职业机构和专业机构等。[8] 情感是指付出和接受亲密、友谊和忠诚。家庭和小范围的亲密朋友圈是这方面的典型制度,此外还有用于向较大单位表达忠诚的组织。[9] 尊重是认可和相互尊敬别人的选择自由。这方面的特色制度承认作为人类而共有的价值,同时也承认那些作为组织的贡献者的独特价值。[10] 操守是指对行为负责。这方面的制度制定并适用责任的标准,并在宗教、形而上学或道德伦理方面赋予这些规范合理性并大力提倡。[11]

在某种程度上,创造和共享每一种价值都离不开对物质资源的使用。[12] 在不同的社群背景下,在不同的价值中,资源成分的意义也是千差万别。提及权力,我们经常会强烈的意识到资源这一元素,因为在国际社会,权力部分取决于对陆地、海洋、空气和外层空间的控制。教化需要

---

〔8〕 关于传播技能,参见 CLARK, EDUCATING T SOCIETI (19HE EXPERT62)。关于资质,参见 HANDBOOK OF APPLIED PSYCHOLOGY 2 vols. (E. Freyer & E. Henry eds. 1950)。关于完美的标准,参见 L. SCHOCKING, THE SOCIOLOGY OF LITERARY TASTE (B. Battershaw tr. 1966)。关于行业,参见 BLAUSTEIN & PORTER, THE AMERICAN LAWYER-A SUMMARY OF THE SURVEY OF THE LEGAL PROFESSION (1954); K. Krastin, *The Lawyer in Society-A Value Analysis*, 8 WESTERN RESERVE LAW REVIEW 409 (1957); 和 A. CARR-SAUNDERS & P. WILSON, THE PROFESSIONS (1933)。

〔9〕 关于同性质,参见 E. MAYO, HUMAN PROBLEMS OF AN INDUSTRIAL CIVILIZATION (1933)。关于以超越家庭的团队来识别,参见 INTERNATIONAL BEHAVIOR: A SOCIAL-PSYCHOLOGICAL ANALYSIS (H. Kelman ed. 1965), Pt. I; and H. Lasswell, *Future Systems of Identity in the World Community*, in THE FUTURE OF THE INTERNATIONAL LEGAL ORDER, Vol. 4, THE STRUCTURE OF THE INTERNATIONAL ENVIRONMENT 3 (C. Black & R. Falk eds. 1972)。关于家庭环境,参见 FOOTE & COTTRELL, IDENTITI AND INTERPERSONAL COMPETENCE (1955); and GOODE, WORLD REVOLUTION AND FAMILY PATTERNS (1963)。

〔10〕 参见 W. WARNER, AMERICAN LIFE: DREAM AND REALITI (1953); G. LANDTMAN, THE ORIGIN OF THE INEQUALITI OF THE SOCIAL CLASSES (1938); 和 CLASS, STATUS AND POWER: A READER IN SOCIAL STRATIFICATION (S. Lipset & R. Bendix eds. 1953)。

〔11〕 参见 W. SUMNER, FOLKWAYS; A STUDY OF THE SOCIOLOGICAL IMPORTANCE OF USAGES, MANNERS, CUSTOMS, MORES, AND MORALS (1906); J. WACH, SOCIOLOGY OF RELIGION (1947); J. PIAGET, THE MORAL JUDGMENT OF THE CHILD (M. Gabain tr. 1932); and R. WEST, CONSCIENCE AND SOCIETI: A PSYCHOLOGICAL STUDY OF THE PREREQUISITES OF LAW AND ORDER (1942)。

〔12〕 参见 WHITAKER & ACKERMAN, AMERICAN RESOURCES, THEIR MANAGEMENT AND CONSERVATION (1951); D. WHITTLESEY, THE EARTH AND THE STATE (1939); 和 BROWN, HISTORICAL GEOGRAPHY OF THE UNITED STATES (1948)。

印刷设备和公共信息的广播设施。很明显，财富活动也和资源有关，包括提取矿物、栽培植物、养育动物、将原材料铸造为机械、设备及消费品。在一个工业国，医疗保健需要大医院及医疗设施。在教育系统，尤其是在学校教学楼里，技能的传输需要借助特别的工具。无论是朴素还是华丽的家都需要其物质基础。生活方式、纪念碑和纪念馆则是尊重的外在表达。教堂素来是与正直有关，往往都是摄人心魄的华美建筑。

八类价值类别可用于所有的智识任务，可适用于任何背景下的社群，不论是古代、现代或当代。[13] 专注于不同价值类别的制度在细节上差别也很大。我们既然将法律定义为权力的一种成分，就希望在所有的团体里都能找到某种程度的权力[也就是法律]。这几乎使区分不同法律制度的模式的设想成为不可能的事。教化的价值体现在各个方面，尽管从信息的公开分享到对少数人的秘密的严格保护，从信号鼓到最新的电子设备，有关的制度细节并不相同。我们知道，财富在任何地方都是一种价值，尽管其生产方式上可能大相径庭，比如打猎、设陷阱捕获、采集、培育

---

〔13〕 对国际社会价值制度分析的应用，参见 MCDOUGAL & ASSOCIATES, STUDIES IN WORLD PUBLIC ORDER (1960, 1987 有新的介绍); MCDOUGAL & FELICIANO, LAW AND MINIMUM WORLD PUBLIC ORDER: THE LEGAL REGULATION OF INTERNATIONAL COERCION (1961); MCDOUGAL & BURKE, THE PUBLIC ORDER OF THE OCEANS: A CONTEMPORARY INTERNATIONAL LAW OF THE SEA (1962, 1987 有新的介绍性的短文); MCDOUGAL, LASSWELL & VLASIC, LAW AND PUBLIC ORDER IN SPACE (1963); D. JOHNSTON, THE INTERNATIONAL LAW OF FISHERIES: A FRAMEWORK FOR POLICY-ORIENTED INQUIRIES (1965, 1987 有新的介绍性的短文); B. MURTY, PROPAGANDA AND WORLD PUBLIC ORDER: THE LEGAL REGULATION OF THE IDEOLOGICAL INSTRUMENT OF COERCION (1968, 1989 有新的介绍性的短文和新的标题), THE INTERNATIONAL LAW OF PROPAGANDA: THE IDEOLOGICAL INSTRUMENT AND WORLD PUBLIC ORDER; M. MCDOUGAL, H. LASSWELL & J. MILLER, THE INTERPRETATION OF AGREEMENTS AND WORLD PUBLIC ORDER: PRINCIPLES OF CONTENT AND PROCEDURE (1967); W. M. REISMAN, NULLITY AND REVISION: THE REVIEW AND ENFORCEMENT OF INTERNATIONAL JUDGMENTS AND AWARDS (1971); M. MCDOUGAL, H. LASSWELL & L. CHEN, HUMAN RIGHTS AND WORLD PUBLIC ORDER: THE BASIC POLICIES OF AN INTERNATIONAL LAW OF HUMAN DIGNITY (1980); M. ARSAN ANI, INTERNATIONAL REGULATION OF INTERNAL RESOURCES: A STUDY OF LAW AND POLICY (1981); B. MURTY, THE INTERNATIONAL LAW OF DIPLOMACY: THE DIPLOMATIC INSTRUMENT AND WORLD PUBLIC ORDER (1989); and E. SAHURIE, THE INTERNATIONAL LAW OF ANTARCTICA (即将出版). 对秘鲁印第安人村的适用，参见 HOLMBERG & ASSOCIATES, VICOS (1966)。对于一家精神病院的适用，参见 RUBENSTEIN & LASSWELL, THE SHARING OF POWER IN A PSYCHIATRIC HOSPITAL (1966)。

土壤、手工艺品、畜牧、采矿、交通、交易和融资。我们还希望福利成为一种价值存在于所有的社会，虽然在一些地方，疾病的治愈仍然依靠神秘的巫术仪式；而在另一些地方，则是借助现代化的科学程序来检验治疗。在所有的团体中，技能都是重要的，尽管具体模式不尽相同，从利用工具和机器来操作，到利用对每一个抽象概念的处理。情感，同样也是被普遍重视的。但其特殊的形式会表现出极端的变体，比如说感情和性表达的结合，我们发现在一些团体里青少年的乱交是被鼓励的，与此同时，在另一些团体里，要求严格保持贞洁。尊敬的关系存在于每一种社会制度里，虽然在一个社会里尊敬的主要原因取决于个体在社会中取得的功绩。在另一个社会里则取决于父母的社会地位。操守的概念出现在大多数甚至是所有的文化里，即使规范和标准的内容存在着差异和冲突，主流观念可以归因于“耶和华”或“阿拉”或“历史必然”。

## 范围和基础价值

在不同的条件下，所追求的各类价值既可被看作目的也可被视为手段。在前面的例子中，我们说到的是范围价值，接下来，我们要讲基础价值。比如说权力，可用于获取更大的权力的基础，或者是获得其他类别价值的基础。当州长利用其职务获取其政党竞选总统提名时，他是利用权力作为获取权力的基础。州长比一个普通公民能获得更多的政策信息资源，因此，权力是教化的重要基础。州长也会利用他的政治影响力，改善他所感兴趣的企业。在这样的例子中，我们可以说权力是财富的基础。在他的医生看来，也许政治生涯的延续具有治疗作用，因为州长退休后，强烈的空虚感会损害其身体健康。也许州长会接到许多邀请，请他在公众面前讲话。这就可以作为他提高演讲技巧的一种手段，他也许会认为自己在这一方面略有欠缺。积极的政治生涯也许能帮助他赢得情感和尊敬。也许行政改革的过程也会与“操守”这一元素有关，并由此提高州长的道德声誉。

教化，通过开放更多教化的途径，成为扩大自身范围的基础。在获得其他所有价值的过程中，教化都是起作用的因素。公共争论的问题所涉及的知识常常打开了一道通向政治的门(比如对于美国的律师而言这是显而易见的)。关于经济和政治趋势的信息是实现商业成功的一种手段,甚至是获得心理和生理稳定的手段。想要了解高科技以及接受专业培训,必须具备最低程度的知识。很明显,在某些文化里,情感与尊重取决于个人所拥有知识。一个操守的名声有赖于个人对某种专业知识的掌握,比如宗教历史。

对财富的使用可能影响到每一种价值。在我们的文明中,至少钱是适合作为所有价值的基础。用财富产生更多的财富是一种投资。人们可以通过捐钱到政党的财库里来得到大使的任命,从而将其仕途向前推进。钱经常能打开了解信息的大门,促进教化。用金钱可以得到最好的卫生设施。金钱也可以买到游艇、马球小马,这样一来,既提高了技能也赢得了尊重。如果把钱都花在了家里,能让家人和亲密的朋友感到高兴。金钱或许还可以通过推进有意义的事业,提高一个人在社群范围内的操守程度。

福祉并不仅仅是保持健康身体的基础,而是其他所有价值的基础。就政治和商业对人的损耗而言,体能精力是一项巨大财富。体能灵敏度对掌握许多技能来说也是必不可少的。教化有赖于生来就被赋予的足够的智力。一种威风的、仪表堂堂的外表能提升情感和尊重。一个身体健壮勇猛的人救下一个人将是操守的基础。

技能的提高是通过不断练习而达到的;掌握适当的技能在不同程度上影响到每一种价值。有说服力的演说是许多成功的政治生涯和商业事业的支点。健康可以通过培养休闲技能而得到保持,同样的也许能赢得尊敬和爱戴。比如采访之类的技巧能推动教化;一些技巧通常被人们视为尤其有价值,比如熟练的宗教仪式。

常见的经验表明,给予感情往往是得到感情的一个先决条件。历史已经为我们提供了很多例子,讨人欢心的人通常政途坦荡。通常是通过培育感情和友谊,才可能穿透秘密的铁幕,获得教化。在传统的商业做法中,与老板的女儿结婚是通向成功的阶梯。我们知道,在教育方面,无论是教导还是学习一门技能都需要耐心。而这种耐心可能就是教师和学生之间感情的产物。如果说现代医学和心理学的进步证明了什么东西,那一定是健康的个性发展有赖于早期生活中所获得的感情。无论是疾病还是健康,给予和得到感情的能力都可能带来尊重,对宗教礼仪的爱可能也会塑造一个虔诚的声誉。

尊重常常是累积的,一项荣誉为另一项荣誉铺平道路。尊重是获得所有满足与快乐最重要的推进器。在许多社群里,作为一个受尊敬的家庭成员是一项不容忽视的政治资本。将重要信息局限在拥有团体中较高地位的人群中是很常见的。企业不会忽视能够获得尊重的商业机会,还会定期为董事会增添声誉。名誉对于获得最好的医疗护理,或者是对技能的提升而言,并不是无关紧要的。情感的流向沿着等级的界限,这是很典型的。绕过等级而为爱结婚所产生的兴奋就能说明这一点。中产阶级在道德上更胜一筹的想法在我们的文明里根深蒂固。

做善事而产生的声誉是典型的可以累积的。在政治竞技场里,一个有操守名声是一项特殊的资产,比如在改革的浪潮中。只要提及教化本身,我们知道,想要进入影响国家安全的敏感地带,其先决条件是拥有一个值得信赖的声誉。道德行为是一种普遍承认的执业前提,比如法律行业和医疗行业。甚至于个人的生理以及心理健康,在一定程度上也取决于对操守的考量。举例说明,很明显,对于现代医生来说,罪恶感(通常是为假想的行为)通常是损害个体健康的一项极为重要的因素。一种坚定的品格能够激发爱与尊敬。通常来说,“坚定的性格能激发爱与尊敬”。

将价值作为扩大他们影响范围的基础。我们还可以把类似的例子延伸到从个人计划到集体行动,到家庭、邻居和更大的群体的活动。〔14〕 然而就目前而言,我们的目的仅仅是为了指出上面介绍的各类价值可以用来描述社会过程中所有人类活动。

---

〔14〕 所有专业倾向于将他们的理论概括到包括所有的社群。人类学家们专门研究部落和民间社团;社会学家和历史学家专门研究有文字记录的社会。心理学家都集中在能够学习的生活形式的特点。特征的生活形态。考古学家依靠非文字的残留物来建立过去的文化。例如,参见 PERSONALITY IN NATURE, SOCIETY AND CULTURE (Kluckhohn, Murray & Schneider eds. 1953); TOYNBEE, A STUDY OF HISTORY 12 vols. (19341961); THE DAWN OF CIVILIZATION (Piggott ed. 1961); BROWN, SOCIAL PSYCHOLOGY (1965); and VANISHED CIVILIZATIONS OF THE ANCIENT WORLD (Bacon ed. 1963)。

## 价值结构

当我们为了发现每个人与每种价值之间的关系而观察任何一个社群时,我们经常会发现不同程度的不平等。[15] 比如,在世界社群中,权力应是统筹分配的,然而严重的不均等存在于联合国的成员国之间。

同样地,反差不仅仅存在于权力范畴内。由于在收集和传播信息过程中存在的障碍,世界各地不同人们享受的公共教化大不相同。在工业时代,财富似乎在很大程度上取决于对科学技术的掌握。严重的财富差距明显同技能分配的不均相关联。当我们谈及尊敬时,也存在差异,因为我们知道世界上各大人类群体(通常是种族)相互之间都有成见。当我们调查的在全球范围内人们享受的福利时,可以看到在儿童死亡率和寿命长短方面的明显差距。当我们锁定更大的群体,比如国家,而考虑其情感时,我们会发现:忠诚的人是非常狭隘的。设想正直的标准是统一的,或者商定的标准必然以同样的方式得到解释都是错误的。

将世界作为一个社群来观察,会给我们留下不平等的印象,当我们观察较小的地区时,则会加深这一种印象。所以,实际上不平等是很普遍的。当我们提到价值时,通常用"金字塔"来描述。金字塔表示:将价值平分为十分,最上面少数人掌握着十分之一的价值(每一格都代表十分之一的价值),越往下就是越多的人掌握十分之一的价值,而分享这十分之一价值的人数是依次递增的。(见图 A)

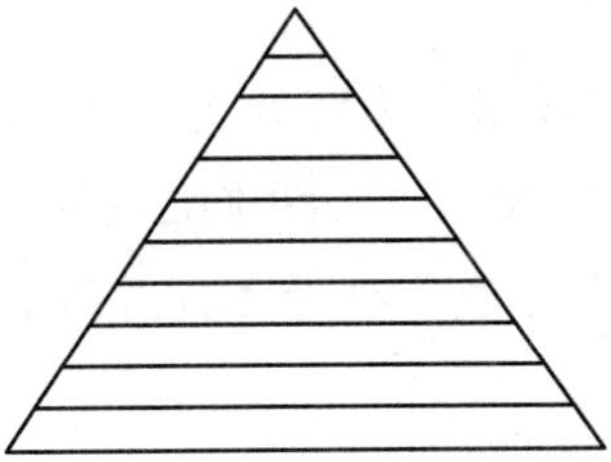

*Diagram A.*

**图 A**

〔15〕 关于公平—不公平的实用性定义的简要讨论,查见 ALKER, JR., MATHEMATICS AND POLITICS (1965), chapter 3。

在现实中,这种分配有时是接近这种金字塔的。但如果认为所有团体的社会结构要么和“金字塔”一致,要么是受到内在的力的平衡所牵引而向这个方向所倾斜,那就错了。以我们当前的知识水平,我们只能自信地说价值很可能分配不均。在每一种情况里,分配结构必须通过适当的调查方式来确立,而不是“依靠定义”来制定的。在后几章中,我们会对这些问题进行详细探讨。此刻,最管用的就是利用一个通常比较接近事实情况的图形来说明问题。(图 B)

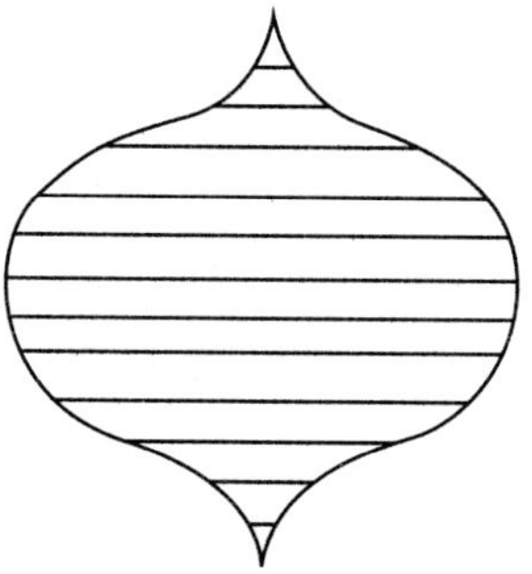

*Diagram B.*

**图 B**

这幅图让我们看到处于最底层的人也许比位于中间的人少一些。这幅图表所表现的也许和每一种价值的实际分配相一致,尽管也不一定就是这样。调查显示,在一个价值分配里占据着精英的(最好的)位置的人在另一个价值分配里也许只在中间,甚至也许可能是最差的。对于每一种价值的分配,我们将其等级分为精英、中等和最差 3 个等级(或将社群价值作为一个整体来分等级)。既然我们已将价值分为 8 个大类,每个大类又分 3 个等级,这样总共就是 24 个不同等级的价值,除非我们将这些关系作更精细的分类。

在不同领域得到的数据多少支撑了这个命题:“价值是凝聚的。”也就是说,在一类价值里有很高的地位很有可能够帮助一个人或是一个集体在另一类价值里也获得较高的地位。如果这种趋势成立的话,权力的精英将毫无疑问的变成财富的精英、尊敬的精英、福祉的精英、教化的精英和所有价值的精英。没有这个对最终趋势的预先判断,我们至少可以通过经验证明凝聚的关系常常偏离实际。[16] "一个精英"并不是"所有的精英",也就是说,这些在一种价值里地位高的人不一定在别的价值里地位也高。

## 价值的塑造与分享

就个人和集体而言,在任何特定的时间段,其所拥有的价值是被用于维护或获得更大范围价值的基础。在某一社会背景下,价值结构指明的是"谁"拥有"什么",由此来对个人或组织的潜在影响设定限制。对基础价值进行有效利用以获得更大范围价值,是一种"战略"。

社会背景是有一定形式的,因此,我们能够辨认那些对改变不同类别价值的额度和分配都极为重要的高潮事件。这些高潮事件是一种"结果",其细节会在下一章讲述。这种结果的一个基本概念是活动顺序中的准备阶段已经完成。在我们的文明中,我们关于财富习惯这样认为:当一件商品或服务在市场上销售时,就完成了"生产"。我们可以就每一种价值辨析出价值塑造的平行序列。比方说权力,竞选活动是一个候选人、候选政党或候选事件达到高潮的准备阶段。

当一种价值成型后,就能被用来分享。财富被市场化后会被"分配",因此,在生产这一活动序列中不同的参与者都会分享成果。如果收益能被积累的话,紧随分享之后是对一个价值的进一步塑造,生产者用收益进行再投资,或者是用选举权利为政治表现增值,以获得晋升更高的官位。价值的分享也许也能被享用,如将收入用于消费的目的,或者是将政治地位用于获取尊敬。(积累是就同一种价值而言,而享受是为了其他价值而放弃某种价值。当第二种价值被分为积累和消费两种成分时,这个链条就会被拉长)我们有时会将"影响"区分为结果产生后的事件,也就是价值的积累或消耗的长期影响。

---

〔16〕 "凝聚"的假设,刺激了在特定情况下研究不同结果的实证研究。通常,当一个给定的控制程度达到了一个特定值或值的集合时,探究不够用来测量未来价值获得的(趋势)倾向的大小。参见 POLSBY, COMMUNITY POWER AND POLITICAL THEORY (1963)。SKINNER, LEADERSHIP AND POWER IN THE CHINESE COMMUNITY OF THAILAND (1958) 提供在一种情况下确证的数据。

## 神秘体系和技巧

迄今为止,我们的讨论都集中在某个特定的社会背景下,一群相互影响的参与者之间的价值的形成和共享,以及利用策略操控基础价值来影响结果和效果。我们分析社会过程的模式需要在有关事件中同时(或"双重")应用到"价值"和"体系"。现在就让我们转到"制度"或者说是一种与价值过程的不同阶段尤为相关的模式。

在很多方面,制度分析中最重要的差别存在于意义突出的模式和意义不那么明显的模式之间。如果我们请教专家关于某个文明的"法律哲学",他的回答很可能是引用最重要的原则,而这些原则正是这个文明具说明性的一部分。原则的目的在于标定出一个主观愿景。相反地,如果我们的问题是"怎样扔一把矛"或者是"怎样使用制陶轮",回答多半就会是身体力行的操作。事实上,所有人类的互动都包含了不同程度的意义;因此,不同模式之间的差别是一种斜坡而非断裂带。我们使用"观点"来指代参与互动的内心活动,用"操作"来指代他们的行为。"观点"和"操作"循环发生的模式叫作"实践"。专注于一种价值的实践模式就是一种"制度"。所谓"神秘体系"是指现存于一种制度内所有的观点,而"技巧"则是指所有的操作。

实践 = 观点

+

操作

制度 = 实践

神秘体系 = 所有的观点

+

技巧 = 所有的操作

我们已经指明:我们对"法律"这词的定义是指在一个社群里的一些"权力制度"。举个例子,当我们提到"家庭法"时,我们在一种法律体系内指定了一个特殊的实践主体。实践包括观点(在最具说明性的原则方面),也包括操作(比如为了孩子的需要而从别人那获取商品时)。在一个既定的社会里,家庭法的综合解释包括所有专注于家庭关系的、稳定的观点和操作。很明显，在一个特定的时间内，在一个特别的团体里，对法律的综合描述，会将其他所有的法律实践加于家庭法律上。

神秘这一术语是在当代的观念下在社会科学中产生的。〔17〕它是用来指明或暗示没有对同意或不同意、现实或不现实的判断。从历史的角度而言，这个术语是用来指示民俗文化某些方面的，弊端是其一直具有"不现实"的隐含意义。然而，在社会科学和行为科学中，大多数术语都会被其不利的隐含意义所影响。人们也养成了根据既定的定义来选词的习惯，而不能受词汇的流行含义所影响。幸运的是这种做法是彻底植根于法律学术与实践中。对我们的目标而言，幸运的是，"神秘体系"这一术语至少有"主观的"隐含意义，这是它的优点。"技巧"常常指代的是实践行为，涉及较少的主观性，同样也符合我们的目的。

## 文化的概念

当我们仔细查看世界的社会过程时，一定会发现有些地区人们的价值和制度如此的不同，甚至和他们的邻居形成鲜明对比。这些地区包括古代文明的继承者，特别是埃及、印度和中国这些国家。"西方欧洲文明"，近年来已经逐渐在全球蔓延。对不同生活方式的全面盘点还应包括旅行者和社会人类学家所描述的数以百计的原始民族。比如在北美的印第安人就是大平原上夏安部落的后裔，自从卡尔·卢埃林与一个人类学家合作介绍了他们的法律模式以后，美国法律学者开始对夏安部落产生了特别的兴趣。〔18〕除了欧洲，在其他各洲都存在很多的原始民族，尤其是在太平洋的岛屿上。

鉴于在当代，"文化"这一术语大多用于指代社群价值和制度的独特、

〔17〕若需等效概念，参见 MANNHEIM, IDEOLOGY AND UTOPIA: AN INTRODUCTION TO THE SOCIOLOGY OF KNOWLEDGE (L. Wirth & E. Shils eds. and trs. 1936); MOSCA, RULING CLASS (1939); PARETO, MIND AND SOCIETY (1935); MERRIAM, POWER, ITS COMPOSITION AND INCIDENCE (1934); TIMASHEFF, INTRODUCTION TO THE SOCIOLOGY OF LAW (1939); 以及 WEBER, THE THEORY OF SOCIAL AND ECONOMIC ORGANIZATION (Henderson & Parsons tr. 1947)。

〔18〕LLEWELLYN & HOEBEL, THE CHEYENNE WAY (1941) and HOEBEL, THE LAW OF PRIMITIVE MAN (1954).

稳定的模式。当我们评价“独特性”时，在我们头脑里已经存有关于当代和历史上民族的知识。当文化包括一个书写系统，那么它就是文明，反之则是民俗文化。文化这一术语的延展对于现代社会科学而言是一个重要因素。在美国，人类学家克拉克维斯勒的《人类和文化》（1923）具有里程碑的意义，这本书使社会科学和心理学所有领域的学者开始注意到“文化”这一术语。这个单词很快变得流行了，因为当时广泛用于表示相同意义的关键词都有误导性的隐含意义。[19] 比如说“种族”，这一词错误的隐含意义是：文明的多样性是由于不同的生物潜能（基因）所造成的。[20] 事实上我们知道，处于同样文化中的人，生物特性也会存在最明显的差别，具有相似的生物构造的民族会出现完全相反的生活模式。另一个不尽如人意的词是“传统”，主要是因为“传统”所指的似乎完全是文化的主观方面。

如果因为行为内涵的缘故而将“习俗”添加到传统上，那么没有人能被贴上“所有传统和习俗”的标签，这样多少会有些难以处理。另一个词则是“国家”（或“国籍”），其生物或政治内涵经常会造成人们的误解。

缺乏种族特点和类似的特点，文化这个术语被人类学家赋予意义，这对我们同样也有用。该术语是专指某一个独特的社群的价值和体系。如果一个分类者认为某个团体并不那么独特，他可以将其称为“亚文化”。当我们需要一个词同时指代人和他们的文化时，“社会”这个术语便产生了。

## 个　　性

术语需要具备的另外一个重要特点是和个体有关。当人类之间产生互动的时候，他们会改变自己的行为。当一种相对稳定的模式出现时，需

[19] 参见 KLUCKHOHN & KROEBER, CULTURE: A CRITICAL REVIEW OF CONCEPTS AND DEFINITIONS (1952)。

[20] 关于“种族”、“国家”的用法，以及相关术语，参见评论 DEUTSCH, NATIONALISM AND SOCIAL COMMUNICATION (1953); KOHN, THE IDEA of NATIONALISM: A STUDY IN ITS ORIGINS AND BACKGROUND (1944); and HERTZ, NATIONALITY IN HISTORY AND POLITICS: A STUDY OF THE PSYCHOLOGY AND SOCIOLOGY OF NATIONAL SENTIMENT AND CHARACTER (1944)。

要一个词来指定。这就是“个性”这个词的作用。为了强调人类个体被社会改良的性质，当需要强调精确时，我们就具体到个人。通过采取这种方法，我们将纯粹的生物有机体和参与社会过程而被改变的人类分离开来。[21]

个性构成与价值有关，并与不同程度的塑造和分享价值的专业实践行为有关。因此，在某些情况下，也有可能根据某些价值的集合程度来分辨出不同种类的个性。因此，律师和法律学者对专注于权力的个性尤感兴趣。这样一种政治个性和以专注于财富、专注于尊重、专注于教化的人的人格是明显不一样的。当不同的文化被比较时，甚至是同一种文化的不同时期被比较时，那些专注于权力的类型在利用体系的实践方面也会表现出巨大的差异。

由于文化的定义包括了在社会过程中所有稳定的模式，因此个性模式也是文化的一部分。然而，为了强调集体模式和个人模式是相互交织在一起而构成一个共同背景这一事实，还是将“个性与文化”区分而言比较方便。

我们将包含一个特定的个性系统的观点分析如下：

个性 = 身份
观点 = 　+
　　需要
　　　+
　　期待

## 身　份

当向别人提及自己时，每个人都会使用思考或语言的符号。这些包含了一种“身份”的系统：

身份 = 自我符号
　　　　+
　　其他符号

---

〔21〕 关于自我的发展，特别参见 COOLEY, HUMAN NATURE AND THE SOCIAL ORDER (1902, 1922, 1964) and MEAD, MIND, SELF AND SOCIETY: FROM THE STANDPOINT OF A SOCIAL BEHAVIORALIST (C. Morris ed. 1934)。

自我 = 原始自我符号

+

单一(非原始)自我符号

+

多重自我符号

当我们使用“我”这个名词或是用我们的名字时,我们指的是自我的核心,是原始的自我符号。我们可以将自我划定到典型界限中,包括“美国人”或是“中产阶级”或是“我的合伙人”、“我的顾客”和相似的指代。相反地,我们将其他类型从自我中排除,如当我们提到“德国人”(外国人)和提到“我的对手”时。为了确定在一种文化当中人被辨认的程度,我们可能会将这种文化里的任何一个成员的身份系统进行分类。

当我们在一个特定的社群中辨别身份系统时,最重要的一个步骤是找出社会过程中真正的参与者。“身份”远远大于“身体”。在不同的制度网络里,就追求价值这一目的的许多方面而言,“身份”将生物意义上的个体联系起来。为了研究法学,在世界范围内,我们最好对以下词汇的含义有个统一的认识:

世界社群 = 国家(靠领土划分的团体)

+

国际政府组织

+

跨国政党

+

跨国的压力集团

+

跨国志愿者联合

+

个人

我们很容易注意到这个参与者的列表是由个人和有组织的团体组成,而将无组织的团体搁置一边。出于对法律政策的考虑,对责任赋予明确的定义是必要的;因此,我们才会不那么强调无组织的团体。当然,它们对法律分析并不是无关紧要的，因为当我们考察那些有助于解释行为的因素时，也会考虑到无组织的团体。

## 需要和期待

对任何有关个性观点的全面调查都需要考虑到自我不同组成部分的需要和期待。需求系统是由对价值的寻求所构成，而实践又被当成使这些价值具体化的方式。

需求系统 = 自己对自我的需要

+

自己对他人的需要

将“自我”作为一个整体关系到身份系统，或者仅仅是将身份系统的成分分开来。因此，对一个国家的名义而言，有各种类型的需要，比如政治独立，受到损害后的赔偿，和进入联合国的许可。事实上，需求的模式很可能涉及所有的价值和许多特殊的需求。许多需求可能会以跨政府组织、政党、施压集体或者是自治组织的名义提出。最后，人们把自己视为一个统一的整体，优先考虑某些特定的目标。

期望是一个将需求和身份紧密联系起来的系统：

期望 = 积极期望（与自己对自我的需要有关）

+

消极期望（与自己对自我的需要有关）

+

积极期望（与自己对别人的需要有关）

+

消极期望（与自己对别人的需要有关）

+

积极的和消极的期望（与别人对自己的需要有关）

+

积极的和消极的期望（与别人对别人的需要有关）

在这种背景下，“积极”这一术语是指在某种涉及的情况下，有利的自我放纵。“消极”指的是自我的损失。“期望”这一术语则被理解为所有关于某些事情的假设,无论是在过去、现在或将来。因此,如果X相信他的国家将会输了这场战争,我们就将这称为“事前期望”,因为对这件事所有的猜想可能发生在将来。如果X提到一场战争,而他的国家已经输了这场战争,我们就称为“事后期望”。[22]

## 观点和神秘体系

我们将神秘体系这一概念概括为:包括个人和团体的稳定观点之模式。这两种情况都涉及身份系统、需求系统和期望系统。

辨认出这种和神秘体系的一些特点相互影响的复杂模式也很方便。在子系统里分出特殊的元素,这些元素关系到个人和组织在解决问题的情况下对自己的认识。

神秘体系 = 信条

+

公式化规则

+

特色变量

“信条性”的宣言出现在任何一种神秘体系里,是一个肯定集体观点的最抽象命题。该命题利用了身份的基本符号,再加上对基本的目标价值的构想和对关于过去、现在和未来期望。提及宣言,下面的例子就是引用美国的政治信条:

1. 我们政体的道德权威取决于统治者的认可。

“而政府的正当权力,则系得自统治者的同意”。(《独立宣言》,1776)

2. 就权利而言,所有人生而平等且自由。

“人人生而平等,……被赋予了某些不可转让的权利,其中包括生命权、自由权和追求幸福的权利”。

(《独立宣言》,1776)

---

〔22〕 经济学家们所建议的使用方法。参见 Ohlin, Some Notes on the Stockholm Theory of Savings and Investments, reprinted in READINGS IN BUSINESS CYCLE THEORY,被一个美国经济同盟委员会(a Committee of the American Economic Association)(1944)挑选出来。

3. 政府的职能是保护这些权利。

（同上）

4. 政府的正确做法是在国家和社会不同的机构之间平衡这种职能。

“州的立法权和行政权应与司法分立，并应有明确界限；前两者的成员如能感受并分担人民的疾苦，就可以不致压迫人民；他们应在规定的期限，恢复平民身份，回到他们原来的单位去，其空缺则通过经常的、确定的、定期的选举来填补；在选举中，将按照法律规定，确定以前的所有成员或部分成员是否仍符合条件”。

（《维吉尼亚权利法案》，1776）

5. 我们的想法是不言而喻的。

“我们认为以下真理是不言而喻的：……”

（《独立宣言》，1776）

相似的信条性命题选择同样也适用于每一种我们所关注的主要价值。

神秘体系的“公式化规则”包括了通常被视为强行性的规定。《独立宣言》是一种对原则的阐述，而不是一套详细的法律制定。我们有必要借助宪法以获得美国政治公式主要提案的传统版本，并且分离那些划定州政府和联邦政府权力的重要规定；为立法、司法、行政三权分立作准备；还需要保护和官员对立的个人。

神秘体系包括“特色变量”，同样也包括对原则和构成的陈述。“特色变量”是用来装点神秘体系的基本主题的、受欢迎的传说、轶事、诗歌和其他民族文化的元素。

当我们比较不同社群的神秘体系，或者在同一个社群在不同时期占主导地位的神秘体系时，有一点很重要，分类的依据是接受这些神秘体系的人在社会结构中的地位。这样我们就会发现在上层阶级流行的神秘体系和在别处流行的神秘体系之间的差别。

神秘体系 = 意识形态

\+

对立意识形态

在许多团体中，精英、中等和最差的人之间并没有明显的意识形态的差别,同样,在许多团体中对立的意识形态并没有被系统化。当神秘体系里包含一个明确的对现有“意识形态”的拒绝,或当一个共产党执政政党抵制“封建”或“资本主义”的学说时,我们将神话称为“对立意识形态”。

构成一个人的神秘体系的稳定观点的总体,也可以被分为信条、公式化规则和特色变量。其中公式包括了人的自我系统里的“必须”和“必须不”。[23]

## 操作、技巧和资源

上述各段简要地拓展了社会过程的参与者的观点。当“操作”被当作一个整体来看待时,与神秘体系(在这里指的是观点)相对应的术语就是“技巧”。在某种程度上来说,操作总是涉及资源和人。而“资源”这一术语是用来指定一种物理环境,社会互动可以在这一环境里进行,而且这一环境还直接牵涉到某一个社会互动。

资源 = 土地(及空气)

+

土壤,空气

+

矿物质

+

能量

+

植物

+

动物

+

人

---

〔23〕“方案”一词来自 MOSCA, RULING CLASS (1939);“赞颂”一词来自 MERRIAM, POLITICAL POWER, ITS COMPOSITION AND INCIDENCE (1934)。

+

太阳系

+

银河系

+

其他星系

在既定的时代和地点对价值的寻求影响了自然环境对人类的意义，同时对当前资源的有用性（对价值而言）的期待也会影响自然环境对人类的意义。因此，在任何时刻或地点，我们的实践都是和整个社会和文化背景相交织的。在与另一个集合作比较时，是将不同类型的资源相互区分往往较为方便，一种已经是操纵的对象（“文化材料”），另一种是有潜在的可用材料（“原材料”）。

资源 = 文化材料

+

原材料

比如说，文化材料包括所有通过耕作而被改良的土壤，所有建筑物、设施，以及所有具有最终用途的商品。一组通过操纵其文化材料完成的操作可被称为“技术”。这些操作的总体，和操作的实体目标常常被称为“物质文化”。

物质文化 = 文化材料

+

技术

## 沟通与合作

当我们分析社会互动时，依据的是其最显著的元素。这些元素可以被分为两大类：“沟通”与“合作”。前者主要取决于对“信号”的使用，后者则不是。观点（“符号”）是主观的事件，它们不会被他人公开直接地审视。但社会的一个明显特征是试图建立和保持两个或多个观点体系之间的交流。观点是停留在非主观（躯体）的事件里的。因此，沟通的任何一种序列都无可避免地包括躯体行为（语言、手势）。资源环境经常卷入沟通的序列，以致该环境的某些特点会专门发挥沟通各种观点的作用。信号是一种身体事件或物质文化特点，专门用于主观沟通。合作的行为通常不包含标志性的内容——如耕耘土地，装载货物，操作锯子。〔24〕

交流 = 信号

　＋　＋

合作 + 非信号

我们使用“语言”这一术语来描述相对稳定的系统，这种系统能够传送类型多样的信息并接收很稳定的解读。很明显，语言既是信号系统，也是符号系统。〔25〕

## 结　果

制度分析使得详细分析价值结果变得可行。尽管在许多涉及结果的情况下，参与者好像是集中在具体的活动上，但进一步分析则表明非常典型的是，特别事件会被看作具有普适性。再者，有些结果直接关系到规定的形成。我们可以考虑出价和销售某一辆汽车的具体经济情形结果。卖方放弃对汽车的所有权以求换取一定数额的钱财；而买方则放弃对钱的所有权以换取汽车。

在用于分析社会过程的术语中，互动既是交流的也是合作的，因为交易涉及信号和对某项物质文化的有效控制的转移。如果对观点进行较详细的论述，我们会发现两种价值需求，一种是在于对这辆车的社会认可，另一种则是在于获得这样一种认可。期待可以让交易变得更简单，所期

---

〔24〕 参见 MORRIS, SIGNS, LANGUAGE AND BEHAVIOR (1946)。

〔25〕 参见 SAPIR, LANGUAGE: AN INTRODUCTION TO THE STUDY OF SPEECH (1921); BLOOMFIELD, LANGUAGE (1933); CHOMSKY, LINGUISTIC STRUCTURES (1957); Sapir, *Language*, 9 ENCYCLOPEDIA OF THE SOCIAL SCIENCES 155 (1933); JAKOBSON, FUNDAMENTALS OF LANGUAGE (1956); JESPERSON, LANGUAGE: ITS NATURE, DEVELOPMENT AND ORIGIN (重印于 1934); CARROLL, THE STUDY OF LANGUAGE (1953); B. WHORF, LANGUAGE, THOUGHT, AND REALITY, SELECTED WRITINGS (J. Carroll ed. 1956); M. BLACK, LANGUAGE AND PHILOSOPHY: STUDIES IN METHOD (1949) and MODELS AND METAPHORS: STUDIES IN LANGUAGE AND PHILOSOPHY (1962)。

待的汽车的性能可以通过多种方式衡量出来(如每英里耗油量,或每个轮胎能跑多少英里),而交换等价(金钱)也可以用单位(美元)衡量。我们可以理所当然的认为,卖方不会想方设法以次充好,出售质量明显比他们所宣称的差得多的产品,当然,前提是他确实对该车辆享有合法的控制权。

无需对这个例子做进一步的解释,很明显对一辆汽车的买和卖牵涉到供应、需求、期望和身份认知之间非常复杂的关系。这些观点,尽管是与具体交易相关联,也可以在被概括后应用于多种情况。我们提到了行为规范(比如说不能出现失实陈述)和对那些符合或偏离行为规范的突发事件的期望。进一步的分析带来了关于制裁的普通认同的观点,特别商品的交付被买方认为是次品时,就会产生损失性的后果。

在一些市场中,买方和卖方共同制定明确的规定以影响行为。采购员、生产工程师和销售经理会在一次会议中对性能的标准和公平市场实践的标准达成共识。他们可能会制定出对不良买家的制裁,比如诉诸商业仲裁,以获得赔偿和补偿的可能性。

为了描述决定的结果,我们区分了七种可以用于任何社会背景的功能。尽管这个例子指的是市场结果,它也同样适用于家庭和家庭事务,还有教会、医院、学校、研究机构、社团或者是政府。

“制定规定”功能是用于明确地表达对规范、突发事件以及制裁的期望。在制定规定之前,我们发现“推广”活动会被用于影响决策。也许买卖汽车的个人或团体会促进社会对公平行为标准的接受。也许还会有在市场上通过口头表达或其他渠道传播报道的“信息”活动。一些“信息”活动需要明确的、精心的策划,需要达到暂时明确市场政策、描述趋势、分析有关因素、计划今后的发展、指定和评估可替代政策的目的。

其他功能包括规定的“援引”功能,比如当一个买家向卖家提出抗议或者是启动仲裁时。对一个所谓的规定而言,“求助于法律”是一个具体情况的临时特征。它还包括使规定生效的初始步骤,例如通过一个贸易协会来设立一个部门。“适用”发生在就一个规定而言,具体情况具有最终特征而不是临时特征时。审裁庭对于解决纠纷发表意见。应用包括完成初始行为的各项步骤。“终止”结束了一个规定,当规定生效时,“终止”设法让期望产生。“评估”发生在过去和现在的活动被认为符合或偏离集体政策的目标时;它还包括分派责任。

与任何价值或任何背景相关的所有功能都包括一个“政策体系”。[26] 在某种程度上,这些功能是一个系统,调查显示了它们的联系;某一种特定功能在一个阶段的变化会使这一功能的其他阶段和别的功能都发生规律性的改变。

前面已经有暗示过功能是可以分析的,重点是强调政策对某个情形的内部影响或是外部影响。卖方和买方在大都市地区也许不仅仅可以制定都市之间的市场政策,他们还可能试图影响国家市场。

这一讨论表明了,当提及个人或组织未来行为的模式时,我们使用“政策”这一术语。政策表明了“利益”, 利益是指将会和价值需要相一致的事件。当构成利益的期望通过可以探究的证据获得保证时,利益就是“有效”的。当期望没有获得保证时,它们就可以被“假设”。如果它们有助于对有关整体结构和功能的维护,就是“关乎私利的”;而“有原则”的利益是和综合目的相一致的。因此, 一个组织的内务管理细节主要是私利的;宣布的目标,如公平贸易,产生了“有原则”的利益。当利益被分享时,就是共同的;当利益不能被分享时,就是特殊的。当相关事件是对所有方都相当重要时,共同利益就是“包容的”;当比起对整体而言,相关事件对可分辨的子组织更加重要时,共同利益则是“排他的”。[27] 共同利益的一个例子是买卖双方的持续的贸易关系;特别利益的一个例子是卖家通过欺诈获取暂时的利益,而这一欺诈性的行为破坏了市场中的相互信任。一个常见的包容性利益体现在商业仲裁的程序条款里;一个常见的排外的利益是一个子组织培养展出技巧的项目。尽管独特,这种利益与共同市场是不相融的。

---

〔26〕“系统”是科学观察者尝试解释此类他所感兴趣的事件发生的模式。将要被解释的事件用(x′)来代替,为了方便,被认为是条件的事件用(y′)来代替。如果(y′)的方向和大小发生改变会牵涉到(x′)可预测的改变,那么这个解释就是可接受的。如果(x′)对(y′)造成的影响同样能被解释清楚,那么系统分析就是完整的。通常一个系统被视为涉及在两个以上的变量或变量集中的互动程序。

〔27〕如需对这些不同种类利益的更详尽的描述,参见 M. MCDOUGAL, H. LASSWELL & I. VLASIC, LAW AND PUBLIC ORDER IN SPACE (1963), Chapter 2。

再者，功能是在不同程度上组织好的和未组织好的情形的总和。就像前面提过的，一种价值在互动的过程中塑造和分享其结构。一个大都市的汽车市场是通过买和卖的行为而成型的。如果尝试组织市场，必须使用规定创立一个正式的结构，并且制定适用于参与所有目的或仅仅是特殊目的的会员资格。[28]

一个决策过程的每项功能的可能是“分别组织”或“融合”到组织里，这些组织的主要职责是执行与两个或两个以上的功能的相关的活动。一个组织的活动的主要功能是为了履行某种职责并不意味着这个组织不进行以其他功能为特点的活动。相反地，适当的调查可能表明，在某种程度上，每个组织都会涉及适用于所有功能的活动。因此，商事仲裁员主要承担着处理请求的责任。调查表明，仲裁小组的成员同时也是决策者，因为他们要决定是否接受一个请求并继续进行审理。仲裁员可以让各种行为失效（终止功能）和按照新规定行动。仲裁员可以在进一步推进法律援用、提供关于未来市场的广泛情报，或是评估与公平行为的规章的一致性程度等方面起到积极的促进作用。

简短概要：

功能 = 信息

+

推广

+

规定

+

援引

+

适用

+

终止

---

〔28〕 在最普遍意义上，“组织”“团结”与“合作”是一种形式。合作是多元化操作的整合，团结是多元化观点的整合。无组织的事情可能成型（有序的），或是不成型（无秩序的）。

+<br>
评估<br>
利益 = 有效的　或　假设的<br>
权益的　或　有原则的<br>
共同的<br>
－包容的<br>
－排外的<br>
特殊的<br>
政策 = 内部的<br>
+<br>
外部的<br>
= 有组织的<br>
分离的<br>
+<br>
融合的

## 权威和控制

任何对决策过程特点的根本性分析都将会集中于“权威”和“控制”的关系上。“控制”是为了达到影响选择的效果。比如，在一个特定的市场，可能会有许多的买家和卖家，没有人会对政策结果实施相对有效的控制。其他市场可能是寡头政治或垄断的，因此，任何一个有组织的控制结构事实上都是由一小部分人或是由垄断者所经营的。权威是指对容许度的期望，在社群成员之间都期望决定这一功能被很好地执行。在一个非垄断的市场里，流行的假设可能是：不论有关企业的大小，一组仲裁员能够受理大部分的案子。但调查结果可能会显示仲裁员并不能达到这种期望，因为他们也许会接受小企业之间的纠纷案件，而避开大型企业的纷争。当决定和政策都是权威时，我们将政策描述为“允许的”，或者是将决定描述为“合法的”。当然，如果控制不是权威的，那它就是不被允许的；当所谓的权威不具有控制性时，它就是“虚假的”。在多数情况下，人们都不认为所谓的权威仅仅是假装的。也许一个市场的成员起初可能不会发觉仲裁机制在一定程度上只是一纸空文。因此预期的主观事件(组成权威的主观事件)会继续,尽管站在一个合格的观察者的角度来看,这种期望是错误的。如果市场参与者能有一定的清醒认识,那么坦诚的观察者会注意到各项政策和决策的结果缺少权威。

在权威的和控制性的规章中,“建制性”规章建立了一个权威决策和在决策过程中分配参与份额的程序。它定义了各参与组织的权威角色和控制角色,并且决定由谁扮演这些角色。以下介绍的其他规章是这个最综合的规章的组成部分。

“监管性”规章指的是解决私人团体之间的争议的通用原则。以上讨论的市场组织的机制并不会牵涉到某个决定中,上述市场组织不参与决策,除非争议双方向其求助。

“规制性”规章是指在私人塑造和共享行为开展的社群范围实施的规定。官方组织有权采取主动行为去维持这些限制。例如,一个军团的检查员可以被授权检查供出售的车辆,并且可以通过官方行为打击次品。

为了共同目的,一个组织可能会不断地实施“自我修正性”活动。例如,一个市场联盟,可以经营展厅设施和管理竞赛。

“制裁和纠正”规章,包括所有维持各种事件与集体政策的规范相一致的活动。这个规章的策略是为保持一致性的行为增添价值,并惩罚不一致的行为。[29]

我们列举了制裁和纠正策略可实现的六个目标:

“遏制”的措施是让可能违法者产生“遵守可能会比不遵守更好”的预期。制定规定和宣布制裁的行为本身就属于遏制。[30]

“预防”采取的是“预先阻止不符合”的措施,从这个范围而言有别于“遏制”。比如说,为了降低煽动性行为发生的频率而采取的教育活动就是预防战略。

---

〔29〕 前面所用到的类别来自 Dession & Lasswell, *Public Order Under Law: The Role of the Advisor-Draftsman in the Formation of Code or Constitution*, 65 YALE LAW JOURNAL 174 (1955)。

〔30〕 如需这些策略更详尽的讨论和说明,参见 M. MCDOUGAL & F. FELICIANO. LAW AND MINIMUM WORLD PUBLIC ORDER: THE LEGAL REGULATION OF INTERNATIONAL COERCION (1961), Chapter 4。

"修复"策略的目的是为了采取行动使侵害停止,并尽可能的使其恢复成原状。在车展中,当发现一辆车有缺陷时,巡视员会将它移走,并关闭车展,直到找到合适的车代替。巡视员的行为就是使其与原先的状态保持一致。

"复原"超越了那些要求返回遵从标准的起点的紧急措施。"复原"策略的目的是为了弥补那些不被允许的行为所造成的价值损失;包括恢复性制裁本身。当车展暂时关闭时,自愿修复也许可以通过损失工资来完成。

由于"重建"的目的是为现行制度带来根本性的变化,因此"重建"超越了"预防"。例如:消除欺诈和腐败的一大创新就是使产品社会化。或者,与之相反,当社会主义管理者变得懈怠时,就用私有制的资本主义来带替。

"纠正"的策略是旨在对违法者的人格产生深远影响(与重建相并列的目标)。诊断可以表明,违法者曾与文明社会的规范相隔绝,并需要一个机会接受集中再教育。官员和市场联盟可能会将"过时守旧的小商贩"视为这一类型,而这些官员和市场联盟的政策给这些"老古板"带来巨大压力。

必须强调的是,不能将权威的期望与已印好的规章相混淆,尽管调查可能显示一本规章手册的语言实际上是和一个背景下流行的假设相一致的。和期望有关的推论的基础是很多的,也许是依靠系统性访谈和对行为的私密观察,再辅之以对媒体交流的内容分析。

普通参与者同科学的(法律上的)观察者之间角度观点已经被划分开了,参与者的观点是"传统的",为了科学目的的观察者的观点是"功能的"。可以假设在一个具体情况中,我们会发现传统的观点和功能的观点是不同的。举一个例子,之前我们已经暗示过了,有资格的科学家所做的研究也许会证明当下存在于市场联盟中的权威的形象是虚假的。

权威和控制的任何过程都是一部分是"官方的",一部分是"非官方的。"官方的过程是在组织里进行的,获得授权为会员说话。反之,非官方的活动是政策活动,即便是由官方从事的或由官方指挥的,也不能被认为完全是权威的(并且因此受到否定)。

我们可以在“正式的”和“非正式的”的互动之间做一个更具包容性的区分。正式的关系符合例行程序,无论这一程序是由官方或非官方参与的。

我们当前的讨论可以概括如下:

政策 = 允许的
权威
+
控制
不允许的
不权威
或
假装的权威

政策规定 = 规范
+
突发事件
+惩罚

制定的规章 = 建制性的
+
监管性的
+
规制性的
+
促进性的
+
制裁性的(和纠正的)

制裁的目标 = 遏制
+
预防
+
修复

+

复原

+

重建

+

纠正

分析的目标 = 传统的

+

功能的

官方的

+

非官方的

正式的

+

非正式的

## 社会秩序:公共秩序和公民秩序

任何社会制度都必须是稳定和创新的,因为内部环境和外部环境不会完全僵化。有关政策问题在于如何保持平衡,以迎合内部和外部世界的挑战。

内置的能锁定并制裁偏离共同规范的行为的规范性行为维护了稳定。科学的观察者可以观察到用消极制裁来处理偏离行为的预期,这些行为也确实如预期般被处理。“道德”是这样的:规定是权威的和有控制性的,它们同样是被高度支持的。从另一方面而言,“反道德”是被公认的偏离道德的行为模式,但在预期中,它们还是会发生。规范是被许多社群成员所强烈支持的;然而,人们发觉,违反者还是不能被完全杜绝的。“权宜之计”是一种文化特点,既不是道德的,也不是反道德的。

文化特点 = 道德

+

反道德

+

权宜之计

社会的文化特点(或一组亚文化)是参与者希望其所有的或一些属于该文化系统的成员可以参与的行为。许多行为,虽然是被强烈鄙视,但在人们的预期中还是可能发生。勒索几乎是遭到普遍指责,但我们还是理所当然地认为勒索会发生。因此,“反道德”行为必须被化作文化的一部分。就其发生的意义而言,它们是正常的,并且也存在于供文化成员娱乐的期望之中。

将反道德和严重违反道德分开来是很重要的,没有人会预见后者的发生。在某些孤立的情况下,它是被视为“非人性的”(如某些完全远离文化的事情)。因此,在某些文化中,谋杀政治的、家庭的以及教会的权威是非常不可思议的,而且也没有已知的先例。每一种文化都有自己的模式,这种模式可以被改变,尽管这种改变会被温和地否定。在工业文明里,创新的节奏是被对发明的支持和用时兴的消费品代替过时老旧的设备的做法所鼓励的。

无论突发事件有多少,每一种文化都有一个包含社会秩序的基本的框架。

社会秩序 = 道德

+

反道德

社会的“技术”与社会秩序的规定相纠缠。举例来说,只能在宗教仪式允许的小范围内食用屠杀的动物。否则,屠夫和吃不洁食物的人将会受到惩罚。相反,一些技术模式完全不会受到复杂的制裁。当技术免受制裁时,我们使用“工艺”(technics),当受到制裁是,就是“技巧”(techniques)(尽管这几个术语具有相似点,不要被混淆技巧指的是所有操作)。

技术 = 工艺(免受制裁)

+

技巧(涉及制裁)

在现代文明中，从技巧到工艺的转变是最常见的变化。（“技术化”）我们在有些情况下会认为，现代生活不安全的来源是科学解释和工程操作渗透到我们文化的每一个领域。社会被原子化，社会秩序日见堕落。

对任何社会秩序而言，都是将剥夺权利作为对现有规范的挑战者的消极制裁，而剥夺权利程度的大小是关键点。在市场中，事例调查可能预先揭示出：就各种规范而言，在所宣称的制裁和实际适用的制裁之间都存在显著差异。销售员关于汽车竞争任何特别不利的评论都会激起协会的成员激烈的反感。但是愤怒的话语可能会使事情结束。另外，多次无法按期交货可能会导致被驱逐出协会，并且损失去展览空间和赛车之类的设施。这些制裁将被普遍认为是对商业冒犯者施与的严厉的剥夺性行为。根据制裁行为的严厉或温和，可以将任何社会秩序分为“公共秩序”与“公民秩序”。[31]

公共秩序和公民秩序的区分可以被用在对传统的机构应用功能类型上，如地域性的机构被称为“当地政府。”对所有地方法令的研究可能表明，违反者很少会被严重处理：如失去工作或被社会抵制，或被普遍漠视。虽然这种制裁可能发生在社群里。如果劳动者违反规定同时拥有两份工作，在一个高度工会化的城镇，他可能会发现他有必要收拾东西并离开。一个拒绝自愿为当地慈善捐献的店主会突然发现他的客户都不见了，邻居们对他也不再友善。从功能的角度讲，更准确地说，工会或运动委员会是公共秩序的一部分。在社会各界的眼里，非官方组织运用的权力可以是权威性并具有控制力的。

我们使用“法律”这一术语就是指代权威的和控制性的决策，在任何社会背景下，它们都是社会秩序的一部分，无论是区域的或多元的。传统上我们说：国际的、国家的、地方的法律体系；但在多元的单位内区分外部或内部的法律，比如家庭或教会，虽然不太频繁，但也并非鲜见。在每种情况下，都可以根据制裁的强度来辨别是公共秩序还是公民秩序。出于比较的目的，一个科学观察者可以使用“绝对”标准而非“相对”标准，其

---

〔31〕 如需进一步讨论，参见 Lasswell, *The Public Interest: Proposing Principles of Content and Procedure*, V NOMOS: THE PUBLIC INTEREST (Fried rich ed. 1962)。

结果是一些社会秩序被认为是没有法律体系，或者是另一个极端，被认为有极端基本的公民秩序。因为我们不可能就定义达成普遍一致，所以重要的一点是使用分类，使其能够涵盖任何背景下的所有可能性。[32]

## 最大化假设

为了指导人们进一步了解政策过程，我们使用最大化假设，断言政策的选择将会产生净值的利益。假设为阐释那些用于解释实际结果的臆测提供了高度概括的模板。臆测最终需要用到社会科学家和行为科学家可以使用的所有研究方法。

假设最大化需要的是人类对常识（常称为“直觉”）的理解。我们通常会想当然地认为人们会尽量选择让他们过得更好的行为，而不是他们拒绝的其他选择。如果 X 考虑改善自己的健康状况，我们就能理解为什么他去了医院，而不是待在岗位上工作。如果他的病是肺上的，他去被认为在治疗胸部疾病方面具有良好信誉的医院，也就不足为奇了。

许多政策的结果并不是给予真正的选择；它们对选择的可能性有严厉约束。受害者的行为就是传统的例子，他们放弃金钱，希望能保住性命。这项政策选择是相当狭义的定义（“你的钱或你的生命”），以及严重的经济价值。政策的选择被狭隘地定义（“你的钱或你的生命”），严重的价值损失也受到威胁。我们按照不同的选择对回应者的开放程度区分不自由和自由的程度，同时也牵涉了价值享用和价值损失的程度。科学观察者能在“自由”和“高压强迫”之间划分界线，但必须强调的是，无论是就怎样的公共秩序和公民秩序制度而言，结果都不是“非此即彼”，而是“或多或少”。

强盗的威胁是来自对受害人的外部环境强制性限制。然而，许多限制是内部的。

想想律师有工作要做，想保持清醒时，但却在继续他混乱的狂欢；或

〔32〕 关于这一主题的说明和发展，参见 M. MCDOUGAL, H. LASSWELL & L. CHEN, HUMAN RIGHTS AND WORLD PUBLIC ORDER: THE BASIC POLICIES OF AN INTERNATIONAL LAW OF HUMAN DIGNITY (1980), Chapter 16。

者是在试图控制自己情绪时,却不合时宜地抨击反方律师,或是虽然宣称有学术兴趣,但却从未有时间写完一篇学术文章。我们可以说,对采取明智行动的要求,是被激烈的、强迫的、压倒自我防御的需求所干扰。现代精神病学往往是能够解释这个自我的弱点,用于对付从人的潜意识层面涌出的、矛盾的冲动。例如,由于饮酒产生的暴行,通常与一个不被承认的,对于失败和羞辱强烈的恐惧相联系。焦虑所产生的情绪非常不利于个人的意识平衡,以至于在那个时刻,狂欢似乎是最具吸引力的选择。用失去自制方法对付反方律师可能来源于:由于输了一场旨在捍卫职业尊严的、令人绝望的战争而产生的怒气。对要保持外在镇静而产生的焦虑偶尔会变得不可承受,此时发脾气似乎更有利。对学术成果的没完没了的拖延可能来自强烈的和不完全的对害怕贫穷的承认, 其结果是:当其不再为了赚钱,而转向为学术研究,焦虑水平就会开始上升。

习惯性行为通常是符合最大化假设的,也没有引起对矛盾冲动的感觉。当我们意识到:在过去相同的情况下,作出这样一个回应能够成功时,行为就变成习惯性的。正如我们所意指的,认知行为会瞬间发生,几乎意识不到。

最大化就是"最优化",意思是:价值享用和价值损失成均势相平衡,已达到有利的期望。在一些情况下,政策强调积极的方面,努力使"获得每张可能的美元,每个可能的荣誉,每种可能的权力"的要求变成现实。通常在意识层面上,假设最大化很少被极力地体现,人们对于非全面性的成功已经感到满足。[33] 政策目标被保守地解释为避免损失而非获得积极的收益。

假设的最大化,同样适用于对人的个性或团队的角色的分析研究。团队相对而言专注于主要的价值,特定的个人,尽管没有完全沉浸于团队生活,可能也会在特定的情况下扮演着不同的角色。集体政策使参与者的期望和要求得以生效,他们有效地塑造了政策。发现活跃的精英成员考虑的视角比普通大众的期望、要求和身份更具影响力,这并不令人

〔33〕 参见 SIMON, MODELS OF MAN: SOCIAL AND RATIONAL; MATHEMATICAL ESSAYS ON RATIONAL HUMAN BEHAVIOR IN A SOCIAL SETTING (1957)。

惊讶。

在复杂的组织中,一般来说,最大化的过程是高度减弱的和微妙的。常见的经验和研究在认识这两者的差异时,是一致的,这两者是:军队和民事官僚主义宣称的目标以及在各种地方,各种层次,成为决策过程一部分的实际目标。分析的来看,一个组织是由各种情形组成的网络,在网络里或在网络之间,交流和合作的行为一直在继续。在特殊情况下,输入成为焦点。输入可能以信息的形式出现,也可能是人员和资源。这些存在的观点为输入的处理提供了指令,参与者有了基本价值来处理有影响性的结果。

调查能够解释在一个组织里,几种类型的人将自己认同于整个组织的程度,和接受现有意识形态肯定的价值要求和期望的程度。然而,在许多情况下,当同对特定领导人、派系或组织单位的忠诚度相比较时,包容的身份仍然是相对薄弱的。[34]

许多组织在做决策时,中间人士或普通身份的人参与度很低。水系统的操作留给了工程师,除了在危难时刻。另外,一些组织不能成功运营,除非中间人士或普通人士对组织意识形态的态度非常积极。一个极端的例子是游击军,他们的目的是把国家从外国压迫者手中解放出来,或是完成社会的革命性重建。在这种极端的情况下,死亡主要不是被视为幸福的一种损失,而是视为一种有力量的行为,一种为新兴事物的成型助产的行为。为了实现价值最大化,也许要将基本自我从属于集体自我;为了包容性的人类利益,要将排外的自我价值要求和期望,无论作为整体还是部分,放在不显著的位置。[35]

在前面的讨论中,我们将最大化假设呈现为关于法律知识的解释性

---

〔34〕 关于组织理论,参见 SIMON, ADMINISTRATIVE BEHAVIOR: A STUDY OF DECISION-MAKING PROCESSES IN ADMINISTRATIVE ORGANIZATIONS (2nd ed. 1957); MARCH & SIMON, ORGANIZATIONS (1958); BLAU & SCOTT, FORMAL ORGANIZATIONS: A COMPARATIVE APPROACH (1962); ETZIONI, A COMPARATIVE ANALYSIS OF COMPLEX ORGANIZATIONS (1961); and WALDO, THE ADMINISTRATIVE STATE: A STUDY OF THE POLITICAL THEORY OF AMERICAN PUBLIC ADMINISTRATION (1948)。

〔35〕 参见 HMS, THE UNITING OF EUROPE: POLITICAL, SOCIAL AND ECONOMIC FORCES, 1950 - 1951 (1958) and BEYOND THE NATION-STATE: FUNCTIONALISM AND INTERNATIONAL ORGANIZATION (1964)。

的、科学的任务。它仍然同阐明目标的任务相关。当我们提出目标问题("我应该要什么?")时所面临挑战是制定最大化的价值。为了避免混淆,后面的问题必须明确地同科学任务区分开来,这种科学任务就是探索什么观点会致使个人或组织恪守任何政策,无论这些政策是奇怪的或容易理解的。

## 社会变迁

当我们细看任何地方,或任何时间的社会过程时,一个基本问题是变化的性质和变化程度。变化出现在价值形成和价值分享,以及制度实践上。一些变化修改了"结构",一些变化使结构保持完整而改变了"功能"。结构转变表现在价值形成和共享的模式上,(优先权的改变,或是分配从宽到窄、从窄到宽的改变,)或基本制度上(在神秘体系或技术上)。如果结构变化是彻底宽泛的,方法是激烈的,我们就说它们是"革命性"的发展,因为可以认为它们带来了新的社会秩序。而其他的创新是"改造"。

对于任何改变,我们注意的是它的首次亮相(起源的轨迹)和它扩散或收缩的路径和区域。在检测"发明"、"传播"和"限制"的总量时,考虑整个世界社群,和地域性或多元性团体,这是很有用的。在西欧文明中,我们特别意识到罗马法律的影响,它的一些特点被广泛的推广。[36] 揭示"部分合并"(和"部分拒绝")的许多形式是有启发性的,通过这些方式,发明得以扩散或受到限制。[37]

社会变迁(特定的环境下):

价值塑造 = 积累

起始水平

\+

纯粹的结果

分享 = 享受

---

〔36〕 参见 W. BUCKLAND, A TEXT-BOOK OF ROMAN LAW (1964 ed.)。

〔37〕 关于进一步的讨论,参见 H. LASSWELL & A. KAPLAN, POWER AND SOCIETY: A FRAMEWORK FOR POLITICAL INQUIRY (1950), at 282 - 284。

使用每一种价值

获取非积累

影响

（分配范围从窄到宽，或反之）

（优先权保持不变或变化）

制度 = 发明

+

传播

（完全或部分合并）

+

限制[38]

最独特的创新，无论关于整个文化的或者是关于特定制度的，都可按照其全球意义进行安排。这就是法学的历史（趋势）任务。这对于揭示制度变化的序列是领先、尾随还是伴随价值优先权、价值数量以及价值分配的变化，尤为有用。当我们把关于趋势和制约因素的知识用于设计未来发展可能的进程时，一个直接的贡献就是进一步阐明目标，以及对政策选项的发明、评估和选择，即为前后关联的、以问题为导向的法学所做的贡献。[39]

【翻译：董 皓；审校：陈 磊】

---

〔38〕 如需更详细的大纲以及说明，参见 H. Lasswell & A. Holmberg, *Toward a General Theory of Directed Value Accumulation and Institutional Development*, in POLITICAL AND ADMINISTRATIVE DEVELOPMENT（R. Braibanti ed. 1969），载本卷附录。

〔39〕 一般方法的一个陈述是 H. Lasswell & M. McDougal, *Legal Education an4 Public Policy: Professional Training in the Public Interest*, 52 YALE LAW JOURNAL 203（1943），载研究的一个附录。这篇文章重印于 H. LASSWELL, THE ANALYSIS OF POLITICAL BEHAVIOUR, AN EMPIRICAL APPROACH（1947）and M. MCDOUGAL & ASSOCIATES, STUDIES IN WORLD PUBLIC ORDER（1960, 1987 有新的介绍）。

CHAPTER 02 >>

# 第二章

# 特定的价值制度过程

## 价值制度方法

在结束了对*人类*通过*制度*建构利用*资源*以追求*价值*的初步探索后，我们将为读者展现社会过程的细节部分。然而，作为进一步的初探，至少对一些考虑因素进行评论并非多余。这些考虑因素会影响到我们所采用的重要的学理分类选择。[1]

一项关于社会与行为科学的研究指出每一个学科对于“价值”和“制度”的语义是存在区别的，即便这种区别通常很模糊。例如，价值的用语包括诸如“意愿”、“欲望”、“需求”。在依照惯例的使用中，一些术语形成了习惯性的用法。重要的一点是，“价值结果”的概念

---

〔1〕 有关特殊价值方式的描述性图表便于查询有关权威性决定如何调整在每个特殊过程中的相互关系，以及与每个过程相关的政策在关于其他过程的权威性决定中应当如何考量。在 HUMAN RIGHTS AND WORLD PUBLIC ORDER; THE BASIC POLICIES OF AN INTERNATIONAL LAW OF HUMAN DIGNITY (1980)(见附件)的第三章中，我们提出了一个全面概述的开端，在必要情况下，它可被扩大至有关八种特殊价值组成中任何一种的权威性规定的细节疑问。这些价值过程被应用于描述整个的公共秩序。在该书第五章中，对任何必须做出特定决定的所有的或者单个的不同的价值组成，我们提出了理论上和程序上的相关建议。本书的第五章在这点上有异曲同工之妙。

本章中价值组成的描述性图表仅在一些语义层面有建议性的意义，其包括了每种过程的相关政策，而非在实现全面性或者完全的系统化。

为不为人所熟知的新情形所做的研究提供了指引。例如，经济学家对于财富有一个广义的概念，不论他们着眼于采矿的重工业，或者发达工业社会的银行业，或者是小农社群的捕鱼、狩猎和日常的采集工作，都能够识别“生产”、“分配”、“投资”与“消费”的行为。这就像社会科学观察者运用权力，尊重和其他价值的理论模型一样。[2]

“无缝之网”的比喻贴切地描绘了社会过程的延续性。然而，从那些生活在其中人们的角度来看，生活远非“无缝的”。在时间的长河中，各种事件的发生都标志着一个高潮时刻。诸如出生、事故、疾病、死亡，入学、考试、毕业，恋爱、求婚、结婚与纪念等。如果我们按照每个特定个人或者集体的要求编列出“优选事件”，那这些条目会多达成百，上千，上万。法学理论的研究范围也会广泛到足以囊括每一种当代与历史的文化。

考虑到不计其数的具体价值需求，采用一种术语少且涵义明确的分类法显然是必要的。从涵盖我们所列的价值的八个方面来说，简明是一个主要的考虑因素。对特定分类的选择部分程度上取决于内涵表达的便易。对不同信息分类使人了解社会科学的主要领域的研究范围。分类能够将混淆最小化，并用于在任何时间任何地点实现对社会过程的广泛性描述，因为有专题著作和摘要可供参考。

我们可以创造出独特的术语以指明每一价值制度的每个阶段。毫无疑问，这些独特的术语能够用于减少对文献的混淆。高度化区分的用语在以一种能被充分解释的方式引入时是最容易被理解的，而这需要足够的时间和空间。我们建议在任何特定的时间仅仅引入少量的术语。以下是我们在每一过程中区分价值过程和最终结果时所使用的术语列表：

| *价值* | *结果* |
| --- | --- |
| 权力 | 决策 |
| 教化 | 知识 |
| 财富 | 交易 |

〔2〕 有关经济分类，参见相关标题在 the ENCYCLOPAEDIA OF THE SOCIAL SCIENCES (1930 - 1935); and in the INTERNATIONAL ENCYCLOPAEDIA OF THE SOCIAL SCIENCES (1968)。

续表

| 价值 | 结果 |
|---|---|
| 福祉 | 生命力 |
| 技能 | 表现 |
| 感情 | 真挚 |
| 尊重 | 声誉 |
| 操守 | 正确性 |

“决策”一词指明与法学理论有最深利益关系的权力过程的结果。如前所述，有代表性的决策包括普选、立法机关投票、陪审团的裁决、法院的判决以及战争中的胜败。在学术界，有一些学者专家关注决策学，特别是法学家、政治学家和研究国际关系的学者。[3]

另一组活动的最终结果是获取和传播“知识”（教化）。典型的结果是报纸、杂志、图书的出版与阅读，广播电视节目以及电影。在从事这方面的专业人士中有大众传媒和研究公民教育的学者。研究活动本身积累了关于人类与自然的新知识，这些新知识反过来又被社会学家所研究。[4]

我们将财富的结果称为“交易”。交易包括给予与获取信用，购买与销售消费产品，提供与获得就业。经济学家们致力于这些过程的研究。[5]

典型的福祉的结果是给予并获得医疗、人身攻击或人身保护的行为。

---

〔3〕 关于法学，政治学，国际关系的历史，参见 BODENHEIMER, THE PHILOSOPHY AND METHOD OF THE LAW (1962); SABINE, A HISTORY OF POLITICAL THEORY (rev. 1950); and WRIGHT, THE STUDY OF INTERNATIONAL RELATIONS (1955)。

〔4〕 MANNHEIM, IDEOLOGY AND UTOPIA; AN INTRODUCTION TO THE SOCIOLOGY OF KNOWLEDGE (L. Wirth & E. Shils eds. and trs. 1936); SMITH, LASSWELL & CASEY, PROPAGANDA, COMMUNICATION, AND PUBLIC OPINION; A COMPREHENSIVE REFERENCE GUIDE (1946); and BUTTERFIELD, THE ORIGINS OF MODERN SCIENCE (1949).

〔5〕 参见 ROLL, A HISTORY OF ECONOMIC THOUGHT (3rd ed. 1956); ROB BINS, AN ESSAY ON THE NATURE AND SIGNIFICANCE OF ECONOMIC SCIENCE (1932); and HARROD, THE LIFE OF JOHN MAYNARD KEYNES (1951)。

医学界和社会学家们探讨这些关系。[6]

在技能方面有代表性的结果("表现")是律师职业协会制定的职业标准,或者是参加考试和评阅试卷。一些社会学家和经济学家与职业教育者共同研究与技能相关的活动。[7]

付出与得到情感("真挚")方面的典型结果是朋友之间,父母与孩子之间,丈夫与妻子之间的互动。显示或者隐瞒对某个团体的标志的忠诚也是上述一种结果。人类学家和社会学家对于家庭和社会中的其他小团体现象进行专门的研究。社会心理学家探讨团体的团结。[8]

在涉及尊重("声誉")的结果中,我们引用在餐饮、教育和与住所选择有关社会歧视的存在或缺失为例。相互尊重可能会或者可能不会参与任何社会互动。这些阶级与阶层现象由社会学家和人类学家进行探讨。[9]

与操守相关的结果是由宗教组织设定的道德标准以及对特定的个人行为的谴责或赞扬。该结果为责任分配和树立责任意识找到了许多理由。历史学家,研究宗教与习俗的社会学家集中于这一研究领域。[10] 不论在价值分析还是制度分析中,对结果事件的确认都是关键的一步。一

---

〔6〕 关于人口和健康, 参见 SOCIAL AND PSYCHOLOGICAL FACTORS AFFECTING FERTILITY 5 vols. (Whelpton& Kiser eds. 1946 – 1958); and POPULATION THEORY AND POLICY (Spengler & Duncan eds. 1956).

〔7〕 有关教育学, 参见 EDUCATION, ECONOMY AND SOCIETY (Halsey, Floud& Anderson eds. 1961); and EDUCATION AND POLITICAL DEVELOPMENT (Coleman ed. 1965). 关于优秀的标准, 参见 S. LANGER, FEELING AND FORM; A THEORY OF ART (1953); and WIMSATT, JR. & BROOKS, LITERARY CRITICISM, A SHORT HISTORY (1957). 关于职业的研究,参见 the special issue on The Professions, 92 DAEDALUS (1963), PROCEEDINGS OF THE AMERICAN ACADEMY OF ARTS AND SCIENCES, Boston; A. CARR-SAUNDERS & P. WILSON, THE PROFESSIONS (1933); and T. PARSONS, STRUCTURE AND PROCESS IN MODERN SOCIETIES (1960).

〔8〕 参见, 例如, *Introduction* to AFRICAN SYSTEMS OF KINSHIP AND MARRIAGE (A. Radcliffe-Brown & D. Forde eds. 1950); and MURDOCK, SOCIAL STRUCTURE (1949).

〔9〕 人类学家在民间社会对社会结构的研究促进了关于阶级和阶级的文明社会组成研究。背景知识参见 MODERN SOCIOLOGICAL THEORY (Becker &Boskoff ed. 1957); SOROKIN, SOCIAL MOBILITY (1927); and WARNER, MEEKER AND EELLS, SOCIAL CLASS IN AMERICA; A MANUAL OF PROCEDURE FOR THE MEASUREMENT OF SOCIAL STATUS (1960)。

〔10〕 参见 LOWIE, PRIMITIVE RELIGION (1925); and HOBHOUSE, MORALS IN EVOLUTION(4th ed. 1923)。

旦选定了一个广义的结果,描述在前结果、结果以及后结果的每一阶段所需的体制实践是可行的。我们曾提到,决策是给予,隐瞒、拒绝或接受在很大程度上会影响整个社会环境的某种互动的支持(包括对挑战者可能的剥夺性制裁的使用)。牢记这种定义式模型,研究权力形成和分配的科学观察人士搜寻符合要求的结果性事件。在这种分类法中,最相关的事件是能够从参与者的角度来定义某种情况的预期。〔11〕

在既定时间的预期趋势可能表明参与者假定权力受到威胁。从科学观察者的观点看,这并非问题的终结。他有双重视点:一种是直接参与者所持的传统观点;另一种是在以测试其有效性的数据为基础对传统的预期加以评估时得出的观点。观察者的研究结果可以证实或者证伪主流的观点。教化结果的广义概念指的是使与过去、现在和对将来的预期有关的信息可被获取、保留、拒绝或者接收的一种终极互动。当确认结果事件后,也就可以确认前结果和后结果事件并描述具体实践。在谈到财富的交易,或给予、保留、拒绝或者接受处理资源(或可处理资源)的主张时我们提到了以上观点。在认定这些最终的交易之后,我们才可能发现财富的形成与分配过程中的前结果和后结果事件以及处理经济制度的细节问题。用类似的程序也可以描述其他价值结果(声誉,生命力,表现,真挚,正确性),并在任何情形下可以确认互动之前与互动之后(制度实践)的情况得以确认。

社会背景的八大价值模型为搜寻相对特殊的价值形成与共享的情况提供了一种工具。这些情况的具体模式组成了每一种制度。通常有必要特别注意某种价值的边界情况和界定该价值主要的有组织和无组织的结构。为科研的目的考虑,在将某个边缘区域或多元化集团认定为某个价值情形的一部分之前,最好对互动的频率设定一个最小限度(在前结果或者后结果层面)。对"临界频率"的选择应当至少可以揭示在既定社会背

〔11〕 请注意,"事件"(event)这个词指的是"多方面的结果"作为一个整体,或者其中任何一个部分。结果是"主观的"或者"非主观的";并且在任何情况下它们都可以由社会过程中的行为人作为合适的指示性参考。反实证性参考指标不适用于上述指定资格。更多讨论,参见 Lasswell, *Person, Personality, Group, Culture*, 2:4 PSYCHIATRY: JOURNAL OF THE BIOLOGY AND PATHOLOGY OF INTERPERSONAL RELATIONS 533 (1939), reprinted in LASSWELL, THE ANALYSIS OF POLITICAL BEHAVIOUR, AN EMPIRICAL APPROACH 195 (1947)。

景中，特定的结果会受到影响并得以实现。当需要用到术语时，我们利用下列用语确认时间和空间的配置以区别不同的价值：

| *价值情形* | |
|---|---|
| *权力* | 竞技场 |
| *教化* | 论坛 |
| *财富* | 市场 |
| *福祉* | 所在 |
| *技能* | 店铺 |
| *感情* | 圈子 |
| *尊重* | 舞台 |
| *操守* | 法庭 |

如果国家的竞技场被定义为包括一个既定的国家领土内的决策，很明显，这些决策会受到国际互动行为的影响；而这些相互作用受到国际决策的影响，反过来又会影响国际决策。作为稳定权力过程的一种方式，传统意义上"界限"的确立旨在区分权威的国家的、跨国的和国内领土的"范畴"。不论是有组织的还是无组织的，任何有互动影响力的集合都算作是一个竞技场。

有必要指出的是，当我们依据预期来定义竞技场，市场或者另一个价值情形，那么价值过程就不是"完全主观"。相反，我们很难认为任何互动都仅是个观点问题。所有的行为都是由实际操作和观点构成的事件序列。[12] 在 B 受到 A 的观点影响之前，A 必须通过词语和动作的实际操作来表达观点，B 必须执行必要的实际操作来理解 A 通过实际操作进行的表达。简言之，所有的互动都是沟通的与协作的。因此，不可避免地会包括主观的和非主观事件。

以比较为目的，任何价值情形都可根据影响结果和后结果事件或"效果"的"参与者"，"观点"，"基础价值"和"策略"被加以认定。归纳如下：

〔12〕 前面所提到的"做法"（practice）指的是"具体操作"和"观点"，它们是"符号"和"标志"的基本形式。"机制"（mechanism）是有要素展示出来的"惯例"（routines）。

| 价值情形 = 参与者 | |
|---|---|
| | + |
| （前结果， | 观点 |
| | + |
| 结果， | 基础价值 |
| | + |
| 后结果） | 策略 |
| | + |
| | 结果 |
| | + |
| | 影响 |

一种区分不同价值情形的方式是列出在形成和分享某种主要价值中特别活跃的个人和团体。和通常一样，传统的参与者和科学观察者的观点会存在一些差异。例如：一个政治组织的普通成员可能不会知道该组织的事务秘密且有效地受到外国教会、政党或者商业公司的影响。具体的个人和团体可能会也可能不会被正式地认可作为一个特定有组织的竞技场成员。在国际政治竞技场，比如，尽管一些强有力的政治组织的存在及对决策的影响是不争的事实，但是它们不能够被“认为”是“政府”。在法庭诉讼中，正式的角色可能被分配给“法官”、“陪审团”、“原告”、“被告”、“双方的律师”、“证人”、“法警”等。这些用语未能穷尽试图通过在新闻发布会上提出报告或者试图影响案件结果（如，提供辩护资金）的所有参与人的名单。显然，任何关于司法领域的综合性研究也不仅仅局限于法庭内或者具有正式身份的参与人的相关问题。一般情况如下：

| 参与者 = 价值塑造者 | |
|---|---|
| | + |
| （个人与团体，无组织的或有组织的） | 价值分配者 |
| | |
| | 非正式角色 |
| | + |
| | 正式角色 |

我们的价值—制度过程的模型突出基础价值和操纵策略对结果的影响。战略家们利用他们掌握的基础价值，容忍地或剥夺式地影响其他人

的地位。前者的目的是要更改目标个人或团体在预测或实现目标价值方面的优势过程中的预期。以上结果也有可能将服务于实施影响者的目的。当然,在价值被剥夺的情况下,对当前或最终不利的看法也将会激发与影响者所希望的反应一致。

宽容的策略是提供积极的收益,或者在不可能获益的情况下防止损失。因此,如果国际政治竞技场的潜在盟友不能在获取外国领土时得到帮助,他至少可以得到保护,不至于失去已有的领土。剥夺的策略是使其蒙受损失,如果不可能的话,防止其获利。例如,在总统竞选中从另一方候选人那里吸引忠诚的代表是不可能的。但是阻止候选人赢得不那么忠诚代表的选票则是可行的,除非在副总统候选人提名上已达成了协议。根据说服与胁迫的程度,宽容的策略和剥夺的策略是可分的。这里所说的说服与胁迫的程度指的是对影响目标的净选择自由。

| 策略 = 价值宽容 | |
|---|---|
| | (提供收益) |
| | (防止损失) |
| | |
| | 价值剥夺 |
| | (利用损失) |
| | (防止收益) |
| | |
| | 说服—胁迫 |
| | (纯宽容—剥夺) |

被设计来影响结果的前结果事件的特点和时机决定了策略的不同。在开始时期,参与者可以掌握几种基础价值。但是,他可能没有资本来以他认为最合适的方式实现他的目标。例如,他可能有相当大数目的一笔钱在手,他可以用这些钱发动一场运动以影响立法。这笔钱必须转化为一个由称职的秘书、宣传专家和律师组成的团体。简言之,最初的基础价值必须用于"集合"资本—特别是为这一大规模项目所要求的技术和教化。一旦完成资本集合,策略的任务就是"处理"这些资本以达到希望的结果,比如一部特殊的立法。所有实施"功能"的运动团体表现为以下几种类型:准备演讲,撰写简讯,等等。

策略＝集合

+

处理

不那么明显的是,不论采用何种价值,众多重要的策略分类是建立在“机制性”的特点上的。一个有重要意义对不同策略的区分在于该策略主要依赖于沟通还是协作。前者强调信号,后者则强调非信号。

在沟通策略中,我们将“外交手段”和“意识形态”区分开来。前者是一种精英人物对精英人物的沟通;而后者则是精英人物对大众的沟通。在协作策略中,“军事”或“经济”手段(武器,生产工具)是主要特征。

以上提到的四类策略在外交(对外)政策中是众所周知的。将这四类策略扩展至内部事务也是适合的。当律师试图越过法官、陪审团和法庭观众来直接与公众接触,不难令人想起意识形态策略。显然,在上诉法院进行的辩论接近于外交策略,因为一个关键的决策者,一个成员,是策略目标。在许多地方,内部政治并非完全独立于有组织的暴力,并且包括利用这些相对粗暴的手段,如贿赂与联合抵制。

策略＝传达

外交

+

意识形态

+

协作

军事的

+

经济的

当依据所有的价值和基本的机制来进行分类,这些机制便可以被概括为“符号”、“信号”、“行为”和“物体”。

根据对个体行动或同盟的不同依赖程度,我们可以区分不同的策略。

策略＝孤立

联合

每一个塑造和分配价值的结果事件可以在原则上以互动行为为单位

予以衡量。或许值得强调的是,“互动行为”而非孤立行为是有关的。权力和财富方面的专家提供了建构可行的衡量单位的线索。一张“选票”是一个权力结盟的单位,“价格”是表征财富交易的手段。由于结果是互动,所以它们由“沟通”与“协作”的部分组成。一个互动可以被以上提及的基本机制构成的单位衡量,包括“符号”、“信号”、“行为”(躯体运动)和“物体”(除了信号的其他资源)。人们还记得,沟通是由科学观察者从信号推测的陈述组成。信号指的是“符号”事件(主观性)。而信号本身是非象征事件的一种模式,特别是针对符号事件中的沟通任务。“行为”是躯体的运动或者是身体的活动而不是信号。“物体”是资源和环境的物理特性而不是那些适应环境的信号。

让我们考虑一下一张“选票”意味着什么。一般而言,权力塑造在支持与不支持的“结盟”中最终完成。选票是支持或者不支持的单位陈述。最高法院的一名大法官知道自己有权投出 9 票中的 1 票,这种安排可以总结为 9 票对 0 票,5 票对 4 票,等等。出于某些目的,通过计数在多数或者少数法官意见中的明确引用频率而添加强制指标是有用的。在一些权力竞技场,支持或者不支持的意见可能没有被法院合适地记录在册。但是,“意见等同”可以通过各种协作的互动被确认为支持的或者不支持的。A 可以自由选择与 B 交战或者与 B 站在一边;A 的行为强度可以被认为是在相关的战争阶段所用的人力和武器的一小部分。

市场交易在“价格”中被衡量,这与投票一样是混合模式。在某些情况下存在明确的要约、承诺和对身体活动如劳动时间或者物体如数英亩土地的控制权的转让。交易成为货币单位和产品单位之间的一个比率;我们可以把这种流动描述为,例如以多少钱每吨转让 100 万吨钢材的要求。市场强度的结果可以进一步通过记录变化看出其特征(500 万股票上涨 1 点)。

在衡量知识流动方面,我们文化中的参与者没有类似投票和价格那样所被一般认同的单位。目前,尽管存在许多部分衡量“资讯性”的方法,例如,一些天文学书籍在一定时期内出版,读者量达到了 400 万。我们通常有可能也很容易地创造出某些单位,以在一个既定的时间内以一定的方式描述“事实陈述”。一个粗略的指标是在一个既定的时空内(如在一个给定日期出版的书籍)针对某一专门事实陈述的行数(每行10个字)。我们可以通过描述相关时期内的非信号行为来总结资讯结果的强度(在上述包括了人力和器材的投入的书籍出版中所暗含的观点)。

福祉的单位("有益健康")比起表述事件更有可能包括非信号,尽管后者在一定时期内与心理健康的评估密切相关。面谈笔录或者心脏病检查(和等同物)能被认为是有关健康、安全和舒适的陈述。

技能结果("手艺")是卓越的操作水平。通常它可以简单地用来描述"每次试运作的成功"。原则上,所有适格的量度是实际履行与标准之间的比率。

情感可以被认为是一种表述("友情")或者一种其他等同物,如对爱情的公开表白或漠不关心(例如,通过行动和物体诸如一件礼物)。一个可行的尊重单位("区别")突出一个沟通的表述(或等同的表述)。倾慕或轻视的举动都可作为明确表述等同的适格的衡量单位。正直是可作为"道德"表述或者等同行为的衡量单位。

目前,我们仅仅提出的基础价值的指标或量度是符号(信息)、信号、行为和物体。这种模式可能是特定的或者复合的。

| *价值情形* | *结果变换系数* |
|---|---|
| 权力 | 结盟(投票) |
| 教化 | 资讯性 |
| 财富 | 价格 |
| 福祉 | 有益健康 |
| 技能 | 手艺 |
| 情感 | 友情 |
| 尊重 | 荣誉 |
| 操守 | 德行(责任) |

我们推迟考虑社会过程中后结果事件("影响")。

## 背景分析

我们在当前对具体情况进行分析时,应当全面地认识到所有的价值都可能参与其中,这一点是很重要的。有时候参与的程度太低,以至于调查者认为忽略一个特定的价值是合理的。但是,使用社会过程的全面“模式”(“图谱”或“图像”)的一个优势是它将引发对可能被忽略的连接点的注意。*理论图像为集中者考虑某个特殊细节的意义时起到督促和指引作用。*

考虑一下法院判决结果的情况。如果A公司败诉并被要求缴纳罚款,这不仅仅是失去财富的问题。如果公司被判有罪,这从某种角度可以理解为一种道德谴责(丧失了正直的德行)。如果公司因为自己的行为或者自负被嗤之以鼻,这就是一种尊严的丧失。如果公司被要求对政党的资金赞助进行限制,这可能是权力的丧失。争论该问题的决策起初可能被认为是对公司管理技能的一种反应。如果决策切断了内部市场资源和政治信息的进路,结果就是失去教化。这场争论可能会使顾客和雇员以及市民大众丧失忠诚度(情感的丧失)。如果公司高管被认为超龄并且在心理上不能胜任,这可以被描述为一种消极的福祉。[13]

这里列出的方法与引入现代社会过程研究的主要改革方向是一致的。例如,在19世纪,对神秘和技能的比较研究以“形式主义的”方法为主导。根据它们的“形式”相似处我们可以进行比对,有学者感到当他进行这样的比较时已经完成了他的使命。不满的人类学家们却激烈地打破了这一传统。

我们可以通过观察其如何处理一个文化细节,如关于部落起源的神话来理解这一新方法。形式主义的方法将审查所有部落起源的神秘的内容,并且根据它们在情节里表现内容的相似度进行分类。譬如,所有记载部落源自于地下并且在一定的时间和地方来到地面的故事应被归为同一类;描述部落与太阳的一种特殊关系,如果社群成员在特定的时间内举行仪式,太阳会牵引着自己穿越天空的神秘也应被归为同一类。

人类学中功能主义的改革者认为有必要仔细审查整个社会环境以发现神秘在各个社会人们生活中所起的作用。在A社会实证研究指出起源的报道很少被提到;当它被提及的情况下,也是以祖辈讲给子孙的随意的

---

〔13〕 相关讨论,参见 Lasswell, *The Interplay of Economic, Political and Social Criteria in Legal Policy*, 14:2 VANDERBILT LAW REVIEW 451 (1961)。

床头故事的形式出现。与此不同，在B社会，神秘可能是一种被严守的秘密，仅仅在偶然的大型的仪式性场合才被传承。更进一步说，在B社会，神秘被用于合理化长者干涉和调节部落纠纷。功能主义者主张，按照合适的方法，“相同的”情节在A社会和B社会可能是完全不“相同的”。

现代研究人员已经大规模且卓有成效地利用功能主义方法，重新审视社会模式。例如，法律研究从研究在具体社会语境中各个具体项目（“合同”，“侵权”，“犯罪”，“身份”）的互相依存关系的田野调查中获益。在一系列著名的著作中，马凌诺斯基（Bronislaw Malinowski），布朗（Radcliffe-Brown）的作品，还有他们的同时代的学者、学生和同事的作品，经常被引用。[14] 另一结果是在工业社会中实际操作的法学理论研究得到促进。其重点被口号化，如“活法”运动。[15]

需要明确地说明的一点是我们的方法是在功能主义的传统范围之内。然而，我们做了一些重要的修正。一个主要的修正是对社会过程图谱或模式的使用。这种图谱或模式应用了*简明且广泛的价值分类*。因为未能利用这种模式，功能主义学派调查者的调查报告的实用性已被减少。诚然，在当下的研究情况之下，每个学者都有自由来观察他所能够观察到的文化模式的功能作用。这样产生了一系列对文化模式充满极其敏锐的洞察力的优秀论著。尽管如此，这些成果都存在一个共同的局限。譬如：当他们未能指出由一种礼仪舞蹈引起的一种“政治”功能，这是否意味着该舞蹈和政治功能没有这样的联系，或者是实地调查人员忘记去寻找这种联系？由于功能主义者通常没有受过训练来利用一个明确且广泛的价值过程模式进行研究，所以我们不能够假设他们能够详细考虑到所遇到

---

〔14〕 Malinowski 的一般理论可见 A SCIENTIFIC THEORY OF CULTURE (1944). 也可参见 RADCLIFFE-BROWN, STRUCTURE AND FUNCTION IN PRIMITIVE SOCIETY (1952)。For background see LOWIE, THE HISTORY OF ETHNOLOGICAL THEORY (1937). 有关前形式主义方法，参见 FRAZER, THE GOLDEN BOUGH (1894)。

〔15〕 关于“生活法”运动，参见 EHRLICH, FUNDAMENTAL PRINCIPLES OF THE SOCIOLOGY OF LAW (Moll tr. 1962) 和以下 NORTHROP 的研究：THE MEETING OF EAST AND WEST, AN INQUIRY CONCERNING WORLD UNDERSTANDING (1947); IDEOLOGICAL DIFFERENCES AND WORLD ORDER; STUDIES IN THE PHILOSOPHY AND SCIENCE OF THE WORLD'S CULTURES (1949); and THE TAMING OF THE NATIONS; A STUDY OF THE CULTURAL BASES OF INTERNATIONAL POLICY (1952)。

的每一个类似问题的细节。他们的研究中对"相似"模式的重要性的对比的有效性被大打折扣。[16]

## 传统的与功能的分析

我们再次强调两个相互关联观点的不同。每当分类被应用于具体情况是，我们必须区分传统的用法和以比较为目的对用语的特别含义。在我们的文明中，每个社群都有当地的制度，如"政治的"、"政府的"或者"法律的"。他们确定"商业"或"经济"制度；并且可能对不同"社会阶层"使用不同名称。

如果我们采取当地的用法确定权力制度，而不论它在传统上被称为"政府的"或者被归类为被称为"商业"的经济制度，就不能实现有效比较的目的。我们不能这样做是因为我们的主要目的远远不止对语义用法的研究以及对相互作用*过程*中的区别与可能性的探索。如果过程有差异，相似点将会得到完全的描述，基本的用语必须有稳定的定义以便在任何环境下都能适用。譬如，八种价值模式就像是带有十字叉的瞄准器，为描述细节提供了参照框架，不论在任何特殊的具体的情况下。[17]

我们确定，功能性观念与传统观念的对抗在任何国家可能都是对政策的一个主要科学贡献。让我们在此考量一些功能性与传统观念存在分歧的研究的例子。几年前一个法学教授和一个经济学家合著的《现代公

〔16〕 价值制度分析的重点已经集中在当共同性（intercommunity）以及共有资源（community-resource）是注意的焦点时所流行的一些问题。脑力劳动的分工包括资源方面的专家（地理学家），社会与文化传播方面的专家（人类学家，考古学家，历史学家）。关于面对这些学科发展的问题，参见 PENNIMAN, ONE HUNDRED YEARS OF ANTHROPOLOGY (1935); COLLINGWOOD, THE IDEA OF HISTORY (1946); JAMES & JONES, AMERICAN GEOGRAPHY: INVENTORY AND PROSPECT (1954); and CHILDE, PIECING TOGETHER THE PAST: THE INTERPRETATION OF ARCHAEOLOGICAL DATA (1956)。

〔17〕 对于 8 种价值的一般性说明细节，参见 Lasswell& Holmberg, *Toward a General Theory of Directed Value Accumulation and Institutional Development*, in COMPARATIVE THEORIES OF SOCIAL CHANGE (Peter ed. 1966), reprinted in POLITICAL AND ADMINISTRATIVE DEVELOPMENT (Braibanti ed. 1969). For an application to a specific case, *see* HOLMBERG & ASSOCIATES, VICOS (1966); Lasswell, *The Emerging Policy Sciences of Development: The Vicos Case*, 8 AMERICAN BEHAVIORAL SCIENTIST 28 (1965); and PEASANTS, POWER AND APPLIED SOCIAL CHANGE: VICOS AS A MODEL (Dobyns, Doughty &Lasswell eds. 1971)。

司与私有财产》(*The Modem Corporation and Private Property* ,A. A. Berle, Jr. and Gardner C. Means)对现代公司和私有财产进行了研究。[18]部分美国社会的经济学理念认为是最优的经济选择是由那些拥有生产工具的人所做出的。进一步说,美国的工业社会由私有者掌控运行。伯利(Berle)和敏斯(Means) 研究了现代企业(非金融的)的控制并且认为政策并非在所有者的手中,而是在那些并不拥有财产的经理人手中。换言之,我们经济中绝大多数财产的特征形式是在一种与传统所预想的不同的经济秩序下运行的。我们目前的目的不是评估调查结果,而是简单地引用传统与功能性对抗的案例。

另一个实例与政党有关。在20世纪早期,德国、法国和一些其他国家政坛有一大批社会民主政党。一个名叫罗伯特·米歇尔斯(Roberto Michels)的社会学家调查了这些社会民主党派的内部运转情况。他写道,社会民主党的事务掌握在自我存续的寡头政府手中,而非普通老百姓手中。他的一本著作名为《政党:当代民主寡头政治趋势之社会学研究》(*Political Parties; A Sociological Study of The Oligarchical Tendencies of Modern Democracy* )。不管存在多少保留意见,毫无疑问的是米歇尔斯成功地对传统概念进行了质疑。[19]

作为第三个例子,我们讲到对美国司法机构的调查。当今美国人关于警察和法院持有两派截然相反的观点。一种强调他们的诚实与公正;另一种的认为他们腐败与歧视。"犯罪调查"从来没有呈现过完美的一面。但是,从另一个方面,这些调查确立了当前理想与现实两方面存在差

---

〔18〕 BERLE & MEANS, THE MODERN CORPORATION AND PRIVATE PROPERTY (1939). A follow-up study is THE CORPORATION IN MODERN SOCIETY (Mason ed. 1960).

〔19〕 Michels 是与 Mosca 和 Pareto 一起重点研究有效权利 effective power. 参见 MICHELS, POLITICAL PARTIES, A SOCIOLOGICAL STUDY OF THE OLIGARCHICAL TENDENCIES OF MODERN DEMOCRACY (E. & C. Paul tr. 1915); PARETO, MIND AND SOCIETY (1935); MOSCA, RULING CLASS (1939); MEISEL, THE MYTH OF THE RULING CLASS: GAETANO MOSCA AND THE "ELITE" (1958); SERENO, THE RULERS (1962); and ROBERTO MICHELS' FIRST LECTURES IN POLITICAL SOCIOLOGY (De Grazia ed. and tr. 1949)。

异的局限。[20]

法律职业的责任,特别是教学研究方面,为评价法律体系提供了智力引导。作为社会过程的一个部分,相关的法学理论应当运用作为与社会过程互动的一部分法律过程的综合性的功能性图谱进行研究。运用这张图谱,我们可以看出过去相关论著的明显不足。因为我们有机会论证,现存的知识缺口将在某种程度上归因于专业人才的盲目,而社群必须依靠他们的报告提供的关键信息。由于传统的法学理论概念不足以为社会提供一个切实可行的法律框架,我们当前面临的一个巨大挑战就是设计并且运用一个普适且可行的理论和实践的统一体。[21]

## 语言的问题

勾勒出一个在社会过程中有效的且可传授的法律图谱并非易事。假设该图谱是有效的,我们在传播方面就面临一个艰巨任务。每一个受过训练的专业人士都曾付出上千小时以获取被同行业所认可的进入专业领域的基本技能。在很大程度上这些技能是语言的技能。它们包括对成百上千专业术语的掌握,以及它们如何被定义的基本知识。关于同行和受教的外行将如何使用这些专业术语的相对稳定的预期已经建立了起来。如果假设某个法律实务人士、教师,或者研究人员是相对成功的,对于他来说掌握新的术语、定义或者思维模式似乎并没有什么纯利益。毕竟,成功是通过精通既定的语言秩序而获取的。有什么必要通过投入必要时间获取对一个法律体系中看似新颖,但有争议且未经测试的法学理论的理解能力而危及未来呢?

毫无疑问,新的论述方式都是很难被理解与评估的。在某种程度上,

〔20〕 Michels 是与 Mosca 和 Pareto 一起重点研究有效权利 effective power. 参见 MICHELS, POLITICAL PARTIES, A SOCIOLOGICAL STUDY OF THE OLIGARCHICAL TENDENCIES OF MODERN DEMOCRACY (E. & C. Paul tr. 1915); PARETO, MIND AND SOCIETY (1935); MOSCA, RULING CLASS (1939); MEISEL, THE MYTH OF THE RULING CLASS: GAETANO MOSCA AND THE "ELITE" (1958); SERENO, THE RULERS (1962); and ROBERTO MICHELS' FIRST LECTURES IN POLITICAL SOCIOLOGY (De Grazia ed. and tr. 1949)。

〔21〕 如在第一部分中的论述。

这种情况的发生是因为在其形成早期思维和传达的过程没有引起足够的重视。[22] 尽管词汇是被教授的，但是它们很少作为现象被研究，而这些现象的基本原理应当是每一社会受教育成员知识技能的一部分。因此，对于受教育者来说，掌握相对较新且系统化的论述方式就更加困难。他们习惯于以他们个人理解的涵义取代新术语或者定义的创造者所意指的涵义。“话语的专制”确实是一种微妙的专制，因为就其他人想说的话贸然得出结论的做法就是无形的专制。[23] 内在的涵义是使用的剩余；它们的专制是通过对交流网络中收到信息的及时筛选而实现的。

我们法学理论的方法的一部分是在每一明确或潜在的论述中强调语言的重要性。一系列信息可以在阐述中得到分析。许多表述具有我们所认同的符合语法规则句子形式。但是句子与陈述又不尽相同。当人们考虑在一个长句中有多少个陈述可以被表达时，这一点就显得尤为明显。甚至一个简短的符合语法结构的表达可以不只传达一个表述：“汗流浃背且尴尬的法官怒视提出新反对的律师。”简单的分析产生出以下五种表述：一名法官在流汗；他很尴尬；他怒视；律师提出了反对；他之前至少提出了一次反对。

目前我们仅在此提起对表述分类的三种模式的注意。我们的参照框

---

〔22〕 一些当代的教育承诺运动大大地改善了这种状况。如教育学技能的相关运动的引入已经促进了诸如逻辑和数学等复杂工具的掌握程度。参见早期的运动（“Whiffenproof” and “equations”）由 Laymen E. Allen 发明。

〔23〕 Stuart Chase 通过强调 THE TYRANNY OF WORDS（1938）对语言缺陷的认知做出了贡献。他的理论建立在很多基础之上，如 OGDEN & RICHARDS, THE MEANING OF MEANING: A STUDY OF THE INFLUENCE OF LANGUAGE UPON THOUGHT AND OF THE SCIENCE OF SYMBOLISM（10th ed. 1949）. 其他介绍包括：HAYAKAWA, LANGUAGE IN ACTION（1941）; GARDINER, THE THEORY OF SPEECH AND LANGUAGE（2nd ed. 1951）; HARRIS, METHODS IN STRUCTURAL LINGUISTICS（1951）; HOCKETT, A COURSE IN MODERN LINGUISTICS（1958）; MEILLET, LINGUISTIQUE HISTORIQUE ET LIN. GUISTIQUE GÉNÉRALE（2. v. rep. 1948－1952）; MORRIS, SIGNS, LANGUAGE AND BEHAVIOR（1946）; and Morris, *Foundations of the Theory of Signs*, 1:2 INTERNATIONAL ENCYCLOPAEDIA OF UNIFIED SCIENCE（1938）. On symbolic logics, *see* COPI, SYMBOLIC LOGIC（1954）; QUINE, MATHEMATICAL LOGIC（rev. 1951）; and REICHENBACH, ELEMENTS OF SYMBOLIC LOGIC（1947）。

架区分了*句法，语义，语用*。[24] 句法分析指的是在考察一组表述中的部分时，这一表述的形式特征。例如，一个句法主张表述 x 与表述 y 相矛盾。但没有提及在 x 与 y 表述中主张的真实内容。能够确定的仅仅是逻辑上的困难（矛盾）。如果我们说一个表述指的是县法院大楼，我们的评论就是在语义层面，因为这是外部指示物的问题而非组成表述的形式上的连接点问题。如果我们称一个表述将会被观众误解，这个分析就是语用性的，它把交流认为是起因或结果（在此种情况下，即是对观众的影响）。

当我们在一篇短篇报道中读到“税款不应当用于宗教教育目的”，而是“应当由政府直接提供公共基金拨款以赞助神学院”，我们为表面的矛盾感到吃惊，因为我们很有可能假设“公共基金”包括税收收入。这种判断就是句法的，因为它是随着一系列相互联系的表述中评价词语的意思而定。如果注意到这段话的作者明确地表述将神学院排除出“宗教教育”，这个判断就应当被修改。但是这会引发另一种麻烦。尽管我们同意任何特定的个人都能够按照自己的意愿定义一个词语，但这样的定义却可能被认为是难以理解的，因为一般情况下宗教教育被假定为包括了神学的学习。这种评论是就“语用”而言的，因为它估计到了这一定义可能具有的交流效果（观众的混淆）。作者在该报道中同意，当可能出现混淆时，根据一些预期的有利条件，他愿意付出代价。他可能会提起之前有关“神学院”和“教会学校”区别的评论。根据所引用的资料，如果学校要求学生信仰神，这些学校就被称作“宗教的”学校；如果不是，那就被称为神学院。作者可能主张，因为神学院是进行研究的而非精神上的信仰，它们得到税源的资金支持是合适的。它们并非在进行“宗教教育”。然而，评论人士怀疑在被定义的涵义内，“神学院”是否存在于我们的文化中。讨论转向了“语义”，转向了有关所使用的词语目的推断，在这种情况下，指的是一定教育机构的业务。一个被提出的问题不能用定义解决，也与语

---

〔24〕 参见 ULLMAN, SEMANTICS: AN INTRODUCTION TO THE SCIENCE OF MEANING (1962); CARNAP, INTRODUCTION TO SEMANTICS (1942); CASSIRER, THE PHILOSOPHY OF SYMBOLIC FORMS (R. Manheim tr. 1953 – 1957); and B. WHORF, LANGUAGE, THOUGHT, AND REALITY, SELECTED WRITINGS (J. Carroll ed. 1956)。

用无关。潜在的意思是明确的。只有实证调查才能决定该主张是"现实论"还是"虚构论"。

从句法、语义、语用的角度学习如英语或俄语等任何"自然语言"都是可能的。我们也有可能研究所有的特殊语言,或者更准确地说是用以上的方式研究所有的论著体系。[25] 我们可以在任何时候与任何法域从这些角度对美国法进行分析。[26]

人们从习惯上认为法律论著很大程度上是从句法的角度来说的。诚然,诸如律师和法官说什么方面的矛盾问题还是很突出的。然而,还是存在一些关于证据可信度的问题,这些问题都是语义方面的。每一位辩护人都意识到陈述案件中的战术问题,并实用主义地预估该种类型的沟通将如何影响法官和陪审员。

如果我们认为诉讼是一种逻辑*或者*经验的调查就忽略了诉讼的区别性标志。以社群司法系统名义发言的法官必须考虑到所有的价值,包括考虑逻辑和证据的重要程度。显然,法庭是决策者强制剥夺价值或者赋予参与者价值宽容的竞技场。司法竞技场很大程度上是一种进行交流的过程,而这种交流更倾向于通过供我们自行支配的所有类型的援助以进行调查。简言之,司法领域中这种相互作用可以归纳为以下几点:[27]

---

〔25〕 对一项很有争议的研究,参见 F A. KORZYBSKI, SCIENCE AND SANI1Y: AN INTRODUCTION TO NON-ARISTOTELIAN SYSTEMS AND GENERAL SEMANTICS (3rd ed. 1948). 这种研究推荐给美国早期法律现实主义的学生。参见 Korzybski' 思想的特点, M. BLACK, LANGUAGE AND PHILOSOPHY, STUDIES IN METHOD 221 (1949)。

〔26〕 参见 MELLINKOFF, LANGUAGE OF THE LAW (1963) 总结了不同时期英国和美国的法律术语 summarizes legal terminology in England and the United States at various periods. It is not analytic. *See also* LEVI, AN INTRODUCTION TO LEGAL REASONING (1950); Williams, *Language and Law*, 61 LAW QUARTERLY REVIEW 71 (1944); and BENTHAM, THE THEORY OF FICTIONS (Intro. C. Ogden 1932)。

〔27〕 关于更多的细节, Lasswell, *The Value Analysis of Legal Discourse*, 9:2 WESTERN RESERVE LAW REVIEW 188 (1958)。

| |
|---|
| 双方提出的主张： |
| 需求陈述(d[1]... ；如我要求法庭把死者的资产判给我) |
| 身份证明陈述（i[1]... ；如我是 x 的合法继承人) |
| 事实—组成(预期)陈述（e[1]... ；如我在唯一的合法遗嘱性质的文书中被提到) |
| 双方的辩解理由： |
| 事实—组成陈述(所有的陈述可分为“需求的”和“非需求的”两类。“事实—组成”是“非需求”的同义词。) |
| 身份证明陈述（i[1]... ；如我是 x 的合法继承人) |
| 预期陈述(这一类包含过去,现在和将来的参考资料。)（e[1]... ；x 死于 1956 年 1 月 15 日) |
| 需求陈述[d[1]... ；如,依相关规范要求,我的主张比反方主张更加符合有关规范(特别是法律原则）和证据(事实—组成陈述的重要性)] |
| 法院的回应(容许或剥夺)： |
| 双方提出的主张 |
| 需求陈述（如法院指示把死者的资产被转移给原告或被告) |
| 双方的理由 |
| 事实—组成陈述 |
| 身份证明陈述[如法院确定原告(被告)是 x 的合法继承人] |
| 预期陈述[如法院接受原告陈述（被告）是真实的] |
| 需求陈述 |
| 原告(被告)的主张比另一方的主张更加符合有关规范(特别在法律原则方面) |

毫无疑问,在司法竞技场中应用语言的最显著特点是,它在一个被作为权威所接受的语法的参照框架下进行。在我们的法律体系之下,法官应当以与法律原则一致的方法断案。当然,我们不希冀一个法官承认他决定无视“法律”。当他无视一系列值得尊重的先例时,我们假设他会主张他的判决符合更加权威的法规。由于诉讼的双方对于决策者都怀有这样的期待,他们试图将自己的主张较之相对一方在语言文字上以更加贴近法律的方式表达出来。法律规范的关键标志决定了在争议中被强调的语义和证据方面的标志。如果“疏忽”和“合理注意”是一个天平的两端,

有关发生什么事情的陈述则与明示或者暗示的疏忽行为与非疏忽行为的定义息息相关。法官必须决定谁的定义因为其在语义层面的正确性可予以接受,以及谁的证词在语义上是清楚的并且是实在有效的而予以接受。

实际上这种评估比单独的类别分析更加具有前后关联性。在决定认为一个定义是否在语义上是合适的时候,如果有可能,法官会考虑实用主义的观点,一个定义对于外行(陪审员,一般社群)来说不应当是难以理解的。

司法竞技场的语言,甚至在规范层面,不总是停留在法律规范的严格限制之中。当事人经常游离于"法律技术性"之外,并且援引未包含在法律中的权威标准。这些标准可以是"神的旨意"或者"自然";或者是诸如"计划经济"或"暴力危险"的权宜主义价值。尽管假定约定俗成的主张没有在法律规范的范围内,这种方法主要存在于句法的层面。

法学理论语言在法律程序中扮演着怎样的角色呢?首要的一点在于一个实用的法学体系区别于传统的法律体系。为便于参考,我们谈到某一特定社会竞技场的方言是一种"最接近的"或者"直接的"语言。法学的论述是"关于语言的语言"。与分析语言学一样,它是一种"元语言"。[28] 第一部分的讨论很清楚地指出,我们认为一个完备的法学理论体系包括相当于五种智识任务的五种陈述;关于目标,趋势,环境,预测,选择的陈述。任何法学理论体系的构想是经得起检验的句法的内部规范,与外部相关的语义分析,是对"因果关系"进行的语用研究的检验。

在社会过程中,很明显,法律的直接语言可能成为一个社会权力过程的一部分。另外,法学理论体系以典型的教化的形式发展。如果它们变得有影响力,就会最终影响权力价值和制度(以及所有其他价值过程)。

由于本书是在法学理论领域的应用,并致力于展示在社会中法律的综合图谱,因此有必要介绍很多关键术语。为了使读者更好地把握观点,我们对于想表达的术语之意思做出充分的具体说明。我们的初衷是在获

---

〔28〕 关于分析的种类,参见 CARNAP, INTRODUCTION TO SEMANTICS (1942); and WITTGENSTEIN, PHILOSOPHICAL INVESTIGATIONS (1953)。

取特殊含义的上下文语境中提出定义，直到能清楚地看到它们可应用于描述的具体情况。因此，一般的顺序是从简短抽象的定义开始到具体的界定的定义。这意味着我们在必要的研究范围内，尽力介绍尽可能多的*可操作性定义*。[29]

我建议我们有时应通过完全抛弃可识别的关键词，以摆脱围绕着普通词语周围的流行涵义的光环，并在相应之处提出无意义的音节。不幸的是，无意义并非始终无意义（就像有意义并非始终有意义一样）。音节开始于每一个交际语境的含义，并且可能偏离原来的定义赋予给它们的内涵。如果我们将“Alpha”作为一个关键音节并定义为一种权力关系，就可以肯定地预测“Alpha”的含义可被迅速理解为“权力”，这对我们也没有额外的好处。总的来看，采取“保守”的立场保留语言工具是经济的，尤其是因为语义复杂的传播很可能使得词语使用者试图通过引入新的术语避免曲解已有的定义以解释他自己的定义。自然科学的经验告诉我们没有必要认为从日常语言借词以指派给小心而特别的定义是禁忌。科学家们达到了足够的自律，可以忽略这些词语的外在内涵。谈及“热”或者“光”的物理学家并没有觉得因为这些词语取自日常谈话而感到在工作中遇到障碍。

## 以下各节的内容设计

以下各节将放大我们在每个社会过程中确立的价值—制度的图谱。

接下来的讨论是有选择性与摘要性的，我们倾向于考虑到出现在与被每一个价值所强调的特殊环境有关的关键词组有关的问题。除为了适应具体问题的轻微改动，相同的设计将适用于每个价值制度。

第一，是对定义的介绍性讨论。其中有对不同的结果如何能够被确认的初步描述。

第二，我们将特别探讨参与者和他们的观点。价值的结果对于那些

---

〔29〕 由于 BRIDGMAN, THE LOGIC OF MODERN PHYSICS (1927). 这篇著作的出现，“操作型定义”的概念获得了很大反响。

人相对来说尤为重要,也就是说,哪些人强烈追求范围价值的结果?他们的需求,认同和期待究竟是什么?

*第三*,我们将充分描述价值情形,从而提出如何识别其局限性。

*第四*,我们将对参与者提出的基础价值进行简短的讨论。

*第五*,我们将仔细审查一些作为工具应用于基础价值管理的主要策略,这些策略可以最大化利用我们寻求的结果。在查看了个体参与者面临的问题之后,我们考虑了从所有前结果行为的相互作用而产生的总体模式。

*第六*,我们将分析价值结果及影响。我们在这里同样区别了对特定参与者的影响以及在价值累积或享受方面的总体影响。

## A节 权　　力

### 引　　言

被我们称为"决策"的权力结果的显著标志是一种预期。这种预期包括对政策的挑战者的严重的剥夺和对政策支持者给予高度宽容。我们主要关注社群环境,因此着眼于对整个社群有显著影响的特定竞技场。在将这一概念应用于"传统的"被特定的社会成员所认可的政治制度时,我们发现,"实用性的"分析将证明,如果要将一个社会环境和另一个社会环境进行有效的对比,就有必要对社会现象进行重新分类。

让我们接下来考虑到通过国家立法机关进行,被习惯地称为立法行为的情况。立法投票是一种权力结果吗?假设几乎所有的立法者想当然地认为法令(现在由政府长官签署)将对一国内的所有人都适用,更进一步说,偶犯者将被重罚(也就是说,他的十分之一的资本将被政府拿走),我们会毫不犹豫地(至少暂时)将该法令归于权力结果的一类。相比之下,假设当立法者以适当的形式接受采访时,几乎他们中所有人都同意说一个特定的法令并不重要,使法令通过只是为了促进一个有影响力的立法者的政治前途以取得连任,如果每人都同意不应将资金拨付用于执法,并且没有人由于选票而改变他的任何政策,那么很明显,从功能的意义上讲这第二个法令就不应该暂时归于权力结果这一类别。

在所引用的案例中,我们假设没有人否认在通过法令时立法机构是在其权力的范围内进行的。在法学理论语义的层面,第一个法令是“法律”;它是“权威性的”且“有控制力的”。由于有关其执行力的期待,第二个法令是正式权威却缺少控制;它是“虚权力”。如果一个独裁者通过一场武装政变颁布了法令,我们假定其颁布法令的权威不为广泛接受,因此将该颁布法令的行为称为“裸权力”。

**权威与控制**

由于这些概念的基本特点,我们将进一步探讨具有权威性和控制力的权力。

| |
|---|
| + 权威 + 控制 = 法律 |
| + 权威 - 控制 = 虚权力 |
| + 控制 - 权威 = 裸权力 |

(“裸权力”和“虚权力”是“不完全”权力;“无权力”是“无权威”,“无控制”)

尽管控制的事实比起权威的事实更难查清,但是却能被清楚地区分。没有人会混淆如下各句子的明确涵义,这些句子旨在区别权威与控制:“这个镇子的镇长是多克斯(Joe Doaks),但是老板是布朗(Tom Brown)”;“国王当政但是他并不统治”;“国家有美国式的成文宪法,事实上却由继任的军事独裁者统治”;“表面上这个国家是为所有人利益统治的社会主义国家,实际上是一个驻军—警察为少数人利益而统治的国家”;“议会民主是为财阀统治剥削无产阶级的面纱”。

当一个人以调查谁是实施控制和权威的人以及如何实施为目的而进行调查时,采访、直接的观察以及即将在此描述的其他方法就成为了有力的依据。将要探索的问题(1)关于“规则”(即法规)内容的期待;(2)当规则的内容应用于代理的情况下,规则与行动之间的关系。

我们经常能发现利用法令的语言组成的规则内容不能总适用于事实。这些差异发生在部落社会也发生在文明社会。正如马利诺夫斯基

(Malinowski)写道:

我们发现真正问题不是在于规则的枚举,而在于其运行的方式和方法。最具有指导意义的是,我们发现了需要采用既定规则来研究的生活状况,利害关系人如何处理该状况,社群在很大程度上的反应,以及履行或者忽略规则的结果。在对传闻的实地考察中,所有这些可以被称为规则的原始体系的文化背景,与对被民族志学者通过问答的方式取得并记录在册的虚幻的当地法的重述同样重要,如果不是更重要的话。[30]

在使用合适的观察方法后，马利诺夫斯基发现对野蛮人是“沾满习俗”的这一想象与事实远远不符。他重述了前面的观点以驳倒这一说法:

野蛮人……拥有对传统和惯例的深厚崇敬,是对他们命令的自觉服从。他“盲目地”、“不经意地”、“自发地”通过“精神惯性”带着对公共选择或超自然现象惩罚的惧怕遵守着这些传统和惯例;或者通过一种普遍团体情绪——如果不是团体本能的话,来遵守它们。[31]

科研人员发现规则与发生存在不同程度的一致性。如果他们想要把有关模式划分为“权威性的”和“非权威性的”,就必须在某处“划出界线”。这是出于方便的考虑而不是原则。科研人员为此要选择某种最低频率的一致性。(如果一致性未达到这种频率,规则的权威是建立不起来的)

有时我们很难确认谁有权做出决策。关键点在于“秩序”是否已确定,这比起仅仅缺少公开的反抗更加复杂。在秩序存在的情况下,可变性实际上是有限的。甚至“完全的”权力在获得建立后,也是在一定范围内运作,并且上升到具有到习惯、自然法、神法,甚至基础规则语言等措辞的分量。实际运用的概括性概念对于一个有序的“决断”(will)是不可或缺的,因此所有的决策都体现了非人格因素。当一时的兴致受到有实质性的程序的约束时,我们认为这个决策是客观的。公正存在于一个特定类型的,如果不是所有的,社群成员中。

---

〔30〕 MALINOWSKI, CRIME AND CUSTOM IN SAVAGE SOCIETY 125 (1926).

〔31〕 MALINOWSKI, *supra* , at 9 – 10.

当我们调查一个具体情况时，如果用一个具有代表性人群为例，我们会发现我们的信息提供者对谁在所有可能的情况下，在可以预见的未来是决策者表示同意。这在表面上解决了“谁控制”的问题。但是我们必须查明这个决策是否将会以合乎程序的形式做出。是否存在着容易被理解的程序呢？例如，是否存在普遍适用的规则？是否存在适用于决策者的必要继承（招募）标准？

接受面试以确立有关权威性期待以及履行的事实的证人小组可能在他们内部自行进行分类，特别是当发生革命性变化或者临时的危机时。一个明显拥有支持措施的武装集团可能已经获得了许多有效控制基础。这个专门小组会报告，旧的统治者们仍然被绝大多数人认为是适格的统治者。甚至在新的统治者结束公开抵抗之后，如果在“井然的秩序”（公正）中没有普遍的信任，他们的权力就不可能得到确立。

要注意我们对权力关系的定义完全是描述性的，并且没有将该问题与“因果关系”要素混淆起来。定义指出将被确定的期待的格局，然后将它们与实施情况联系起来。面试会是一种方法，通过它我们发现（1）几乎每一个人都假设社群中绝大多数人认为现在的官员是合适的决策者，（2）大多数在适宜的情况下做出的决策事实上被认为是合法的并且有效。

在为了描述的目的而采用一个相对狭窄的定义后，科学观察者能够集中精力在“因果关系”上。因此我们会提出分析性的问题：在什么条件下一个确定的秩序开始形成，加强或者失去它的权威和控制？大多数分析者会假设，在众多因素中，当得到来自相当多的积极情绪（强烈的需求）的支持，某一新体制就得以确立。通过区分描述性定义（在预期方面），解释因果关系的理论与偏好陈述，有可能以最低限度的不确定性对现象进行调查。

毫无疑问，我们显然不认为权力和政府一定局限于发生于正式的“组织”内部的事务。两个武装组织会认为他们自己独立于外部的权威与控制。然而，他们却可能默示地坚持一些共同的规则内容。例如，他们不会在他们区域内共用的泉水里投毒。人们认识到，相应的制裁（在这种情况下表现为严重剥夺）将适用于任何水源的投毒者。

一个组织是一个稳定的被认同的塑造与分配多种价值（或者一种价

值)的专业化团体。没有人否认美国参议院或最高法院是这样组织的:进行(与权力有关的)专业的活动;专业化被社群所公认;在上述情况下参与的是全职事业(在理论和事实两方面)。

按照这种模式,我们可以辨别出政治过程中在所有方向上都被遮蔽活动。社会人类学家称在一些民间社会"不存在政府",意思是说没有一个中央的权威,没有行政机构,没有确立的司法制度。例如,福特斯(M. Fortes)和埃文斯普里查德(E. E. Evans-Pritchard),以及他们的同事研究了非洲民间文化中的政治体系,并且描述了一系列文化,他们没有在其中找到本地的政府。[32] (在肯尼亚西部 Logoli,在黄金海岸的北方领土 Tallensi,以及苏丹南方努尔人)。在一些爱斯基摩人中不存在公共司法,甚至对于谋杀案亦是如此。与被杀者关系最近的亲属会对杀人者或者其亲属以武力复仇;如果实现不了,就把复仇的使命传给下一代。我们被告知,社会对这种模式的行为有积极需求,并且在未分化的爱斯基摩人社会,武力复仇的义务依然存在。尽管是无组织的,就谋杀而言这远非是一个以"无格局"形式运行的社会。相反,尽管没有专门的警察、法官、监狱,或刽子手,在上述民间社会中,对如何处理谋杀等问题的观点和行动都相当明确。[33]

我们发现在上述社会中没有反剥夺格局,用以迎接严重剥夺带来的挑战。比如,可能并不存在如何处理偶尔性违反既定生活方式的概念。[34] 文化的传承中没有明确阐明个体的或者集体的抵抗方式。

### 政治体

"社群"一词用来指称一定领土界限内的互动。[35] 如果这种互动达到一定程度的稳定性和频率,我们就称其为"社会"。如果一个社会的组

---

〔32〕 AFRICAN POLITICAL SYSTEMS (Fortes & Evans-Pritchard eds. 1940). 特别参见 Radcliffe- Brown 的序言部分。

〔33〕 参见 STEFANSSON, MY LIFE WITH THE ESKIMOS (1913) and HUNTERS OF THE GREAT NORTH (1922)。

〔34〕 在 COOPERATION AND COMPETITION AMONG PRIMITIVE PEOPLES (Mead ed. 1937).

〔35〕 它也会用来指称一个功能性群组内的相互决定。

成以塑造和分配价值为目的，关键词就是“政治体”。在探索任何政治体的过程中，有必要谈谈人类学家研究一个陌生社会的方法。假设一个科学观察者看见一些本地房屋和土地的组合。从当地人的观点出发，这个村落是否是一个单位呢？他们是否被“确认”为一个在和平与战争时期共同行动，一同缴税或者举行共同的仪式的团体呢？通过信息提供者，人类学家可以得知，作为一个局外人，他所认为的一个村庄其实是两个被当地居民认为非常接近的村庄。（如果他是住在双子城圣保罗—明尼阿波利斯，或者是没有看标识就试图确定洛杉矶的边界，他在这方面就已经准备好了）

或许人类学家发现，A 村自己的所有成员享有一个共同的名称，而对 B 村用另一个名称。这种村庄名称的使用界定了与“非我”相关的自我界限。一个人关于身份的表述并不一定意味着他同意或者不同意指称的事实。通过日常经验我们知道，人们通常以家庭、邻居、职业、种族、国家甚至与这些有关的羞耻感认同自己。我们在“非需求”中对身份进行分类，同时限制“预期”的种类以使得各类别协调存在。[36] 其结果是：

| |
|---|
| 观点 = 需求 |
| ↓ |
| 非 - 需求<br>身份认同（身份） |
| ↓ |
| 期待 |

住在 A 村的享有共同身份标志的所有人并不一定意味着 A 村是一个政治体。设想在中国有个孤立的小村庄，一个强盗索要粮食并威胁说不给就对村民加以人身伤害。假设该村子确实是处于强盗的势力范围

〔36〕 对进一步讨论，参见 LASSWELL, WORLD POLITICS AND PERSONAL INSECURITY ch. 2（1935, 1965 with new introduction）, *World Loyalty* , in THE WORLD COMMUNITY 200（Wright ed. 1948）, and *The Threat to Privacy* , in CONFLICT OF LOYALTIES 121（MacIver ed. 1952）. *see also* GUETZKOW, MULTIPLE LOYALTIES: THEORETICAL APPROACH TO A PROBLEM IN INTERNATIONAL ORGANIZATION（1955）; and INTERNATIONAL BEHAVIOR: A SOCIAL-PSYCHOLOGICAL ANALYSIS Pt. I（Kelman ed. 1965）。

内。难道强盗和他的随从成为了包括村庄的政治体的一部分?我们的回答是否定的。所有村民认为他们从属于抢劫的裸权力。我们假设他们不想这样继续下去。强盗带着他的战利品迅速消失是理所当然的。村子的“我们”继续排斥诸如那个强盗和同伙的“其他人”。

现在让我们把上述情况变得复杂一些。强盗和他的同伙在邻近的山上下来,继续从村子中要求供给。这给人的印象是,一切事物的新秩序开始在这里形成并继续。对日常生活的认识进入“我们的”共同决策的图景中,这包括部族首领的需求。新的事态逐渐被纳入由整个社群分享的自我符号中。尽管规则还处于开发阶段,政治体以这种方式开始建立起来。

在大多数我们所知道的情况下,其他因素的存在或迅速增加成为稳定局势的手段。强盗会说出他拥有权力的正当理由。他可能声称他和他的同伙将会“保护”村庄免受袭击以换取供给。社群成员会最终接受这种关系,辨称“终究是我们的人赶跑了其他的人”。共同敌人的特点得以被形象地阐述为:他们是“野蛮人”,而非中国人;他们是美“帝国主义者”而不像我们;他们是“外国鬼子”。野心勃勃且富有想象力的强盗自诩为“天堂派来的侍者”或是“秩序的恢复者”。他不仅会开始处理出现在村庄里其他强盗与居民的矛盾,也会处理居民之间的矛盾。他会以“正义和道德”之名而这样做。根据一般原则,每个家庭的义务会被事先编纂成册。(那些占有四分之一英亩作物的村民被要求贡献出三分之一的庄稼,而少于此数的将免除一些,仅支付五分之一的庄稼)关于强盗头子勇敢和慷慨的故事四处流传。受欢迎的讲故事者和歌者在战争中,在爱情里以及在餐桌上赞美领导者的勇敢。这些都成为了“我们”社会生活的一部分。

一个政治神秘体系以此种方式得以阐述,正如前文所提及的,这种方式可以从以下三部分进行分析:

1. 信条。对权力的普遍行使提供全面的正当性。例如:提供“保护”和“天堂的意愿”。

2. 公式化规则。例如有关基本义务的安排。

3. 特色变量。赞美统治者的民间故事与仪式可以归于这一类别。

在发展成熟的情形下,第一是“哲学”,第二是“法律”,第三是该体系的普遍知识。支持权力安排的神秘体系是意识形态。

由于政治生活中领土边界的重要性,应当对社群的划分给予一定的关注。当我们对世界政治竞技场进行考察,根据超级权力、较大权力或中级权力,以及小权力的分类确认领土单位并不难。人们通常用“国家”这个词来指称那些具有稳定的内部决策过程以及最低程度的不受外界控制的自由的领土单位。[37] 这是一个语境分析的重大发现,虽然它可能会为某些目的而进行“非此即彼”的分类—特别是在确定权威界限的过程中—但它与“或多或少”的分类法更为相关。如果这些差别可以被理解,那么以下就是显而易见的,即“权威”可以为各种目的有不同的定义,而非对社会过程的基本事实带来暴力。同样的考虑也应用于诸如“国家”等术语,亦可以在任何政治体的讨论中加以合适地强调。

大量文献都有助于对领土或者多种族进行分类。通常被否认的是,在本土的村落或团体层面有关领土的预期具有重大意义。人类学家中路威(Robert H. Lowie)对该问题有特别的兴趣。

路威想表明在发达社会被称为“国家”的现象的雏形在所有的原始社会都出现过。他反对原始社会是“氏族连结”,随着都市文化和帝国的发展氏族连结被打破时国家才最终出现的观点。在市民社会生活中,路威强调民间社会生活中社团的角色而非家族关系。因此,他更加认同多变的身份证明而不是亲属关系。路威主要在邻近的基础上提请对认同的注意(例如住所很邻近)。这样的认同(和我们社会中有关“国家”的所有符号一样)引出了对一个共同地域的关系。路威调查了几个不为人熟知的民族,得出的结论是,国家的雏形(“领土”)是曾经存在的,因为有证据证明有邻近认同的存在。这一证据包括如下现象:

对于澳大利亚的迪瑞人(Dieri)来说血统是以母系决定的,但是婚姻

〔37〕 关于背景,参见 BODIN, DE LA RÉPUBLIQUE (1576, McRae & Knolles tr. 1962); D'ENTRÉVÉS, NATURAL LAW (1951); JELLINEK, ALLGEMEINE STAATSLEHRE (1900, 3rd ed. 1919); KRABBE, THE MODERN IDEA OF THE STATE (1922, German original, DIE MODERNE STAATSIDEE, 1919); COLLINGWOOD, THE IDEA OF HISTORY (1946, 1956); and DEJUVENAL, ON POWER (rev. ed. 1952)。

是父系的,因此在一个地区联合起来的男人并非相同的图腾制度的家族成员。每一个家族以最年长的男性成员为头领,而领地的团体也有一个与图腾家族相同或者不同的首领。种族中等级的首领供职不会在当地,除非他展示出特殊的才能。那时,领土单位与家族单位共存并且独立于家族单位。

在美拉尼西亚人(Melanesians)中,Buin 的父系亲属从他们的母亲那里得到他们的亲属关系,因此定居地中包括了许多母系家族的成员。但是从政府的角度,地域性的团体很重要,例如,在战争事务中;明显不足的是,首领的传位不是在亲戚中,而是由父亲到儿子;而这在领土单位中是通过村规民约确定的。

在许多部落中,对于领土权利的极度戒备作为一个特点受到关注,存在于一些文化仍然十分原始的部落中,例如维达(Vedda),(美度)Maidu,沙斯塔(Shasta)和汤普森河流域的印第安人(Thompson River Indians),并在更高层次上存在于萨摩亚人当中。[38]

显然,功能性团体和领地的团体之间政治上的互动情况是无限繁多的。

**法律与公民过程(公共秩序,公民秩序)**

现在我们将更加明确地关注在世界范围,或是任何地域的或多元的社群内的法律和公民过程。也许是提醒人们注意是定义策略的时候了。当然,"法律"是所有法学理论体系和许多文化中的关键性标志。

首先要指出的是,我们对这一词提供一个"指派的"定义。我们旨在从所选的社会互动的角度去理解该词意。任何一种优先的或者意志类型的传统涵义将被归于一类。通过区别指派的定义和那些标准的定义,我们减少了由标准化定义的不确定导致的混淆。

在所有法学理论的传统中肯定都没有这种方法,这些传统中的一些试图为他们特定价值目标而垄断"法律"一词。

---

〔38〕 LOWIE, PRIMITIVE SOCIETY 393 – 394 (1925). *See also* LOWIE, THE ORIGIN OF THE STATE (1927).

我们的观点是我们的目的在于澄清,而非混淆。这一点将会在价值目标一章中得到充分的讨论。我们并不是要将“法律”的标志提升到永恒的善的层面:作为一种规则,在建立一种公共秩序中的关键问题是“哪一种法”,而不是“有法”或者“无法”。在这一方面,我们应该毫不含糊地证明,我们的目标是尽可能广泛地实现人格尊严。法律的权威和控制的定义使得我们能够辩明那些被当地人认为是合法的,但却无法达到我们所提出的人类尊严之公共秩序这一概念的最低标准的制度。

假设我们更加详细地审查权威与控制的边界。回到强盗和村庄的案例中:假设强盗主和他的同伙们住在山上俯瞰村庄,同时修建一个城堡。进一步假设对于任何一方来说,真实的情况是对于村庄的敲诈建立在更深刻的任何事物上而不是简单的胁迫。假定强盗主在敲诈问题上完全保持不断变化的状态,并且拒绝适用任何明确的规则。因此,对强盗主和他的同伙而言,不存在“自己对自己的限制”。试想一下,居民开始认为事情的现状无限期地存续下去,或者他们甚至通过抱怨是由于其社群忽略了传统的仪式、神、不满的祖先或者神秘的大自然而导致了这一切的发生,他们不得不屈从于此。作为科学的观察者,我们必须承认纯粹的专制统治现在被法律的尊严所虚掩吗?

当然不是。我们对权威的定义不仅仅是一个既定的社会成员中流行的期待问题。我们最终的兴趣在于比较所有的社会,以此为目的可能有对任何一种文化的保有者的意识经验之外的东西进行区分的必要。一个明显的区别,也是一个对人格尊严而言根本的重要因素认为法律在某种意义上是对恣意的限制。我们同意一些人的观点,他们认为对恣意妄为的“自我限制”应被视为是最低限度的秩序,该秩序以权威为外衣来掩盖赤裸裸的控制力。

这是把法律解释为“秩序”的关键点所在,也是法学理论和实践中一个反复出现的主题。[39] 秩序这一概念的核心是,存在一些关于*什么*是决策者的需求以及*如何*需求(包括决策集团如何充实自身)期待的稳定性

---

〔39〕 正如在法学理论中的许多法律概念,这是在 CAIRNS, LAW AND THE SOCIAL SCIENCES (1935)中的一个有效组成部分。

(某种程度上缺乏可变性)。

当控制集团在"法律的框架内"谨慎地做出一个行动决定时,上述区分的重要性就显现出来了。或许一些村庄的强盗掌握了这一技术。但是出现了一个更新更大的案件。当纳粹德国的盖世太保扩大了他们的控制范围时,狄尔斯(Diels)和(希姆莱)Himmler 支持希特勒对合法性"迂腐"的坚持。所有的巧妙构思都用于掩盖盖世太保的肆意妄为。一名在普通法院监护下的囚犯曾被正式地转移到盖世太保手下加以讯问(未能回去),而不是将他立即杀死。同样地,文件通常不会被盗或被毁:它们仅仅是被盖世太保从警察局借去以作"研究"之用。面对一条规则被另一条取代,盖世太保实际上提前对其行动免责的做法使得真正的法治秩序变得无效,而这一行动如果不被免责,就会被认为是犯罪的。认识到这些事实后,人们就会,而且一直以来都在否认纳粹的统治规则实际上是法律。[40]

纳粹以另一种规则废止一种规则的做法已为比较社会制度的学者所熟悉。马林诺夫斯基(Malinowski)谈到"行之有效的回避制度",他发现,这在特罗布里恩群岛上是和乱伦一样严重的一个问题。他认识到"当地人有着对水、草药和石头进行的一个由咒语和仪式组成的奇妙制度。当这一制度正确运作时,它对于消除家族乱伦是非常有效的"。[41] 他逐渐地发现了这种实际有效的禁止制度区别于人们表面生活的深刻重要性。[42]

关于权威期待的讨论准确指出了科学观察者如何确认一个政治体中的各种成员不受多变性影响的自由度的问题。该讨论进一步强调了观察者对定义和应用多变或规范行为标准的责任。不同科学观察者通常会用不同指数来描述各类政治体。尽管如此,批评性地分析定义和数据可以

---

〔40〕参见 FRIEDRICH & BRZEZINSKI, TOTALITARIAN DICTATORSHIP AND AUTOCRACY (1956); NEUMANN, THE STRUCTURE AND PRACTICE OF NATIONAL SOCIALISM: BEHEMOTH (1942); 与 LOWENSTEIN, POLITICAL POWER AND THE GOVERNMENTAL PROCESS (1957)。

〔41〕MALINOWSKI, CRIME AND CUSTOM IN SAVAGE SOCIETY 80 (1926).

〔42〕特罗布里恩群岛案参见 Malinowski 的 ARGONAUTS OF THE WESTERN PACIFIC (1922); CRIME AND CUSTOM IN SAVAGE SOCIETY (1926); and CORAL GARDENS AND THEIR MAGIC 2 vols. (1935)。

缩小所知的分歧部分。当今世界的一个持续性问题是通过暴力方式建立的强制性体系是否以及在多大程度上变化为合法的体系而非裸权力。

由于我们完全遵从社群期待的基本角色,更多人会将注意力放在出现于描述个人和集体期待体系的推理与程序问题中。

通过强调主观事件,我们使公众了解许多未经审查的假设。我们社会的惯例允许法律人或者外行人引用书面文件作为“法律”。再经考虑,这一观点是明显站不住脚的。“法律”肯定不是纸面上的文字。潜在的意思是,文本中的词指的是分发给社群成员以及将来和潜在的决策者期待的主观事件,结果是个人和集体的政策按照这些期待才得以制定与评估。实践中的法律界人士习惯于拿许多文件进行对比以尝试做出有关权威的和控制期待的推理。他们也会超越文件,在司法庭、办公室、社团以及私人家庭流传的口头惯例中寻找。

当法律被定义为“权威的”与“控制的”决策,很显然,决策的法律组成包括一个特殊类别的制裁,也就是严重的剥夺。或许这点“定义的”重要性是值得强调的。但这并不意味着政治体的合法代理人只起草拟定严重剥夺条款,或积极适用这些规则。这种类别上的问题是:尽管适用于严重消极制裁的情况偶有出现,但是概率很小,我们是否理所当然认为这种制裁事实上即将或者已经得以施用?

当我们审查社群范围内的结果中某一决策过程的一些功能时,我们对参照系进行了说明。这也是我们最为关注的一点。比起在我国经常使用的三个词(“立法的”,“行政的”,“司法的”),以下七种类别提供了更为灵活的分析工具。简述如下:

*信息*。收集,处理,以及传播与决策相关的信息。

*推广*。政策选择方案的积极宣传,增加需求强度的期待;主动采取确保制定规则的行动。

*规定*。制定一个同时具有权威性和控制力的社会政策。

*援引*。从规定角度来说的事件的临时界定;实际应用的开始。

*适用*。社会规则与特定社会互动的关系以及令规则发挥控制的实效。

*终止*。终止曾经有效的权威的规则与安排。

*评估*。对过去的决策和确保假设目标的决策过程给予充分调查；包括提出实现目标与归责的新方法。[43]

尽管信息与评估行为密切相关，为了减少在没有充分区分二者的情况下产生的混淆和关注不足，二者需要被分开讨论。评估指向与政策目标有关的过去的事件。另外，信息包括了计划且着眼于未来。简言之，规定和终止功能通常紧密相关，我们将证明重要的问题依然模糊，尤其在国际竞技场层面，除非对他们的独立性给予充分的重视。

尽管以社群范围为参照框架，任何消极的剥夺比起严重的剥夺相对轻微，我们将“法律过程”和“公共秩序”与“公民过程”与“公民秩序”区别开来。

规定过程 = *法律过程*（公共秩序）规范

+

偶然事件

+

严厉制裁

+

公民*过程*（公民秩序）规范

+

偶然事件

+

轻微制裁

一个政治体的公共秩序包含价值塑造和分配的基本格局，与基本的实践一起受到法律秩序的保护并得以实现。

公民秩序的基本特点受到相对轻微的制裁所保护；而在公共秩序中，制裁相对严厉些。由于制裁变化从一个极端到另一个极端，我们大概会发现公共秩序总是互为补充或者得到公民秩序的补充。

---

〔43〕对于早期的讨论，参见 LASSWELL，THE DECISION PROCESS：SEVEN CATEGORIES OF FUNCTIONAL ANALYSIS（1956）。决策过程的经典版本是 MONTESQUIEU，DE L'ESPRIT DES LOIS（1748）。亦参见 HAMILTON，MADISON & JAY，THE FEDERALIST（1787－1788）。

社会秩序 = 公共秩序

↓

公民秩序

**权力的维度**

作为对更多细节分析的进一步准备，我们提请大家注意一些权力的维度。[44] 如之前所指出的，决策行为（例如，权力过程中的最终事件）的范围由战场上的胜利或投降到一个和解的达成。权力的维度包括：

权力的总额 = 影响力

\+

范围

\+

领域

权力的"影响力"是在做出决策过程中参与的程度。一个影响力的标志是参与者在最终结果方面在"结盟中"所占据的位置。于是一个做出决策的一方赢得多数或者少数；更准确地说，一方的影响力可以被描述为控制所有或者部分的选票。通过考查前结果事件中的一个参与者的角色，我们可以做出更加精确的估计。如果我们比较一系列的决策，可以发现

---

〔44〕 关于所提到的政治科学领域的定义以及带有权力价值和制度的法学理论，参见 CATLIN, THE SCIENCE AND METHOD OF POLITICS (1927); MERRIAM, NEW ASPECTS OF POLITICS (1925); LASSWELL, POLITICS: WHO GETS WHAT, WHEN, HOW (1936, with "Postscript" 1958); ESSAYS ON THE BEHAVIORAL STUDY OF POLITICS (Ranney ed. 1962); VAN DYKE, POLITICAL SCIENCE: A PHILOSOPHICAL ANALYSIS (1960); and BUTLER, THE STUDY OF POLITICAL BEHAVIOR (1958). On power dimensions, *see* Dahl, *Critique of the Ruling Elite Model*, 52 AMERICAN POLITICAL SCIENCE REVIEW 463 (1958); Simon, *Notes on the Observation and Measurement of Political Power*, 15 J. OF POL. 500 (1953); Bennis et al., *Authority, Power and the Ability to Influence*, 11 HUMAN RELATIONS 143 (1958); Goldhamer&Shils, *Types of Power and Status*, 45 AMERICAN JOURNAL OF SOCIOLOGY 171 (1939); ESSAYS ON THE SCIENTIFIC STUDY OF POLITICS (Storing ed. 1962); DAHL & LINDBLOM, POLITICS, ECONOMICS, AND WELFARE: PLANNING AND POLITICO-ECONOMIC SYSTEMS RESOLVED INTO BASIC SOCIAL PROCESSES (1953); HYNEMAN, STUDY OF POLITICS (1959); and T. BECKER, POLITICAL BEHAVIORALISM AND MODERN JURISPRUDENCE: A WORKING THEORY AND STUDY IN JUDICIAL DECISION-MAKING (1964)。

参与者 X 比起其他任何人更有机会成为一个成功结果的“发起人”。或许 X 作为一个参与者,其支持是决定性的,在这种意义上,他一旦做出承诺,就有足够多的其他各方就后续做出承诺以达成结果。因此,X 的位置是“关键的”。

政治影响力 = 结盟

+

开始

+

中枢

权力的“范围”覆盖了受到结果控制的价值。这在某种程度上是由考察决策的当前和长远影响而揭示的。例如,A 立法的实施指向政府的结构(权力),针对贸易流动(财富),针对医疗保障的提供(福祉),或者针对其他价值。在这一基础上,我们可以进一步总结权力积累或享有其他价值而使用的权力的程度。我们会评估权力作为影响结果的基础被行使的程度—决定性结果之前的行为。例如,政治任命可能被用于有必要的获得有利投票的交易中。

权力的范围 = 直接结果

+

最终影响

+

基础价值(成本)

权力的“领域”包括权力所针对的人(地域性的,多元化的)。

除了权力的影响力、范围和领域外,有必要详述过程中“强制力”的程度。我们概括人与价值之间关系的最一般术语是“影响”。当某个人控制绝大多数权力、财富、尊重和其他价值时,我们认为他是有影响的精英分子中的一员。严格地说,权力一词为一种关系之用,在此关系中高度的强制力是事实存在的或是潜在的。当被允诺或受到威胁的价值对那些受影响的人们极为重要,而其他方案对他们而言又太昂贵的时候,影响的目标就受到胁迫:它们就处于一个片面的权力关系中。活跃的权力状态总是在紧张状态中,因为大量的鼓励和限制引起了一些压力。当有关强制力的程度很低时,我们称之为“选择”而非“决策”。

强制的定义包含鼓励和限制。正如马基雅维利(Machiavelli)指出的,爱所扮演的角色和恐惧一样重要。[45] 当个人通过“忏悔”的方式面临一个拯救爱人的机会时,失去爱人生命的损失比忏悔中失去地位或者福利的损失更大。或者记录员办公室谦卑的职员有机会得到100万美元,墨西哥的某个牧场人员“忽略”了一个土地契约上有关石油权利的短语。拒绝一笔大的横财是一种严重的损失,也是对真正选择的否认,这可以算作是负面制裁。

以下术语可以来命名相对的自由选择的情况或者与每一主要价值相关的完全强制:

| *价值* | *选择* | *强制* |
|---|---|---|
| 权力 | 协商 | 服从 |
| 教化 | 教育 | 灌输 |
| 财富 | 交易 | 定量配给 |
| 福祉 | 玩耍 | 苦活 |
| 技能 | 艺术性质 | 奴役 |
| 情感 | 爱 | 卑躬屈膝 |
| 尊重 | 体贴 | 行礼 |
| 操守 | 道义自由 | 道义服从 |

在描述政治过程中的参与时,自由度跨越了整个范围:

| 参与 = 劝说 | |
|---|---|
| | + |
| (自由度) | 强制 |

当描述权威或者控制的关系时,参与者在“合作”,或者“上级”“下级”方面的程度,即就决策范围与领域而言,正式或有效的影响力的程度,

---

[45] N. MACHIAVELLI, THE PRINCE 47－50 (Bergin tr. and ed. 1947).但是著述的名声以及此书的“马基雅维利主义”在于其武力和欺诈角色的坦率承认。

有所不同。在有关社群的意义上,调整原则可能是“立体的”。在这样的情况下,我们称之为“集权”或“分权”。

调整原则可以沿着非领土线延伸。当一个特定种类的所有成员受到平等的对待,我们称之为“多元化”,正如当年的宗教、种族或经济团体处在同一地位上。就相同种类的团体或个人不平等而言,虽然没有常用词可以精确地表达这一意思,我们称之为“垄断”。有必要提到的是,不论平等与否,个人的行为在某种程度上都被以压制成相同的模型。如果这种压制的程度高,我们称为“组织化”;如果低的话,称为“个体化”。当一个政治体的社会过程受到政府的高度控制,我们称其为“政府化”。相反的是“去政府化”(或“自由主义”)。

在任何地域性的或者多元化的背景下,权威或者控制的水平可能会在一个单一的组织机构或者个人的手中,或者可能有多个组织或个人参与其中。在美国,我们习惯想到三权分立结构(也是相互协调的)中联邦层面的“分权”(议会、总统、最高法院)。就一个或者很少的参与者(或许多的)在一定的层面行使权威或控制而言,这就是“集权”;反言之就是“分权”。

权力是权威的且具有控制力,在这一意义上政治体的决策过程受法律引导,因此我们称其是一个“政权”而不是一种“统治”(在有效控制的意义上)。政权在对主观决策的法律限制的有效范围内会有显著的不同。在程度较高时,我们认为政权的公共秩序是“司法的”;在程度较低时,它则是“特权的”。

与相关个人和团体所追求的其他价值相比,在某些社群中权力则是一个极其重要的价值。我们称此为“政治化”;反之则是“去政治化”(de-politicalization)。

总结:

| *协调* | *主次关系* |
| --- | --- |
| 分权 | 集权 |
| 多元化 | 垄断 |
| 个体化 | 组织化 |
| 分散 | 集中 |

续表

| *协调* | *主次关系* |
|---|---|
| 司法的 | 特权的 |
| 去政治化 | 政治化 |
| 自由主义化 | 政府化 |

在此,我们集中讨论有助于比较分析的权力过程的特点。

## 参 与 者

第一步是审查权力的“塑造者”和“分配者”。这是对专门在一定程度上掌控权力的团体与个体的分类问题。世界社群或者其部分中的每一个成员多少有点受到权力的影响并且力求影响权力的结果。当前的重点是相对专门的权力活动。

### 社群

即便是粗略地扫视整个世界,我们发现它并非一个组织严密,包罗万象的政治体。与此相反,世界上存在着竞争的公共秩序。本研究并不旨在为当前的国家事务提供一个全面的解释。然而,我们可以提前或在后面的讨论中提出一些看法。以下的论点涵盖广泛,是对最大化假设的一个应用:*至目前为止,有效权力的掌控者一直期望通过继续维持一个分裂的世界而非通过赞同统一付出代价以获取利益*。权力方面的期望风险被认为过高(更不必说其他价值了)。就此而论考虑当代世界最突出的单位,即民族国家。

#### 单一民族国家

民族国家是当今政治舞台上的一颗新星。“民族”是一个权力单位与文化单位的组合。当“西方国家体制”取代了欧洲的封建制度时,在现代国际事务的演变过程中就出现了一个重要的转折点。从它的起源地欧洲中心,新的国家制度已经在全球蔓延开来。今天,民族国家在国际法上被习惯地认为是一个正式的权威(及平等)单位。尽管对有效控制方面之事实的考察显示许多民族国家还很弱小,有一些比较强大。在正式权力(权威)的语言中“国家”是最高的领土权力(“主权”)。我们所指的主要权力是大国拥有的有效控制(“最高权力”)。[46]

一份国家形式全面的详细目录应当将“帝国”区分出来,因为这些国家并不关心民族感情,或是致力于证明某一些社群成员的最高权力凌驾于其他社群成员之上。例如,就后者而言,有关精英人物可能声称自己是在“民族”、“种族”或者其他特征的基础上“被选中”而获得公开授予的统治权的的人,从而自圆其说。[47]

亚国家社群:省及大城市区域

亚国家社会是典型的围绕在城市中心或农耕区一带。最小的人口单位,如村庄,通常被视为最初的实体。[48]

政府间组织

在缺少一个统一的公共秩序的制度下,政府建立了许多跨越民族国家的“特殊目的”组织。亚国家社群也有许多为多种特别目的成立的有组织的渠道。

一份国际组织的清单包括联合国的组成部分,例如安全理事会、联合国大会、经济与社会理事会、托管理事会、秘书长、秘书处以及国际法院。除此之外,还有一些专门机构,如国际劳工组织、粮食与农业组织、国际复兴和开发银行、国际民间航空组织,联合国教育科学和文化组织、世界健康组织、国际电讯联盟、万国邮联,以及世界气象组织。

在区域层面代表性的组织有:北大西洋公约组织、欧洲煤钢共同体、欧洲支付联盟。(在实践中,以上提到的一些“全球性”的组织更准确地

---

〔46〕关于民族国家制度,参见 BOZEMAN, POLITICS AND CULTURE IN INTERNATIONAL HISTORY (1960); ROSECRANCE, ACTION AND REACTION IN WORLD POLITICS (1963); KAPLAN, SYSTEM AND PROCESS IN INTERNATIONAL POLITICS (1957); DEUTSCH, NATIONALISM AND SOCIAL COMMUNICATION (1953); and K. WALTZ, MAN, THE STATE, AND WAR: A THEORETICAL ANALYSIS (1959)。

〔47〕参见 SCHUMPETER, IMPERIALISM AND SOCIAL CLASSES (Norden tr. 1951); and WINSLOW, THE PATTERN OF IMPERIALISM (1948)。

〔48〕一部综合性著作是 HUMES & MARTIN, THE STRUCTURE OF LOCAL GOVERNMENT THROUGHOUT THE WORLD (1961)。

被认为是区域性的)[49]

美国联邦政府通常使用授权模式来管理被认为是跨越部门及法院组织的标准计划活动。这类传统的机构制定标准并适用特殊的规则,例如洲际商业委员会、联邦贸易委员会、联邦电力委员会、证券交易管理委员会,以及联邦通信委员会。显然,委员会被用来整合同类的活动。其他长期的项目也以类似的方式解决,例如田纳西河流域管理局。

类似的安排出现在州、县、城市和地方政府。专门机构常常对涉及多个机构合作的事宜进行管理。洲际协定用以设立新的结构;但是许多制度被用于保证地方各部门的工作协调一致。

通过引入正式的或者专门用于每一个社群的决策过程各个功能的所有结构,已有的格局就能得以存续。然而,在处理权力过程结果时提到这些参与者,将更加便于我们进行对比。

### 阶层

无论在社群价值范围中它的排位如何,也不管在其任何价值中的位置(精英人物、中层精英人物、普通成员),一个社群背景下的每一社会阶层从某种程度上说参与了权力过程。考虑到当今的国际社会结构,通过考察民族国家中精英人物的组成以及通过对这一阶层在国内与国外的相对影响力具有代表性决策结果的研究,我们就可以尽可能准确地界定权力阶层。[50]

---

〔49〕 关于联合国,特别参见 CLAUDE, JR., SWORDS INTO PLOUGHSHARES (2d ed. 1961)。*See also* G. MANGONE, A SHORT HISTORY OF INTERNATIONAL ORGANIZATION (1954); G. BEBR, REGIONAL ORGANIZATIONS; THEIR FUNCTIONS AND POTENTIALITIES IN THE WORLD COMMUNITY (1951); and L. WHITE, INTERNATIONAL NON-GOVERNMENTAL ORGANIZATIONS; THEIR PURPOSES, METHODS, AND ACCOMPLISHMENTS (1951).

〔50〕 WORLD REVOLUTIONARY ELITES; STUDIES IN COERCIVE IDEOLOGICAL MOVEMENTS (Lasswell& Lerner eds. 1965); LIPSET, POLITICAL MAN: THE SOCIAL BASES OF POLITICS IN THE MODERN WORLD (1960); POLITICAL CHANGE IN UNDERDEVELOPED COUNTRIES: NATIONALISM AND COMMUNISM (Kautsky ed. 1962); LERNER, THE PASSING OF TRADITIONAL SOCIETY (1958); THE ROLE OF THE MILITARY IN UNDERDEVELOPED COUNTRIES (Johnson ed. 1962); TRANSITION IN AFRICA: STUDIES IN POLITICAL ADAPTATION (Carter & Brown eds. 1958); LEADERSHIP AND POLITICAL INSTITUTIONS IN INDIA (Park & Tinker eds. 1959); and DAHRENDORF, CLASS AND CLASS CONFLICT IN INDUSTRIAL SOCIETY (1959).

在许多社群中我们可以通过对正式的与非正式格局的描述得到一个可接受的决策过程的图景。很常见的是,处于权力顶峰的某个人在政治问题决策中有最大的影响力。他可能是行政长官(不是国家的正式领导,而是有效的管理者;不是国王,而是总理)。在第二个权力圈中的是可以直接接近顶尖人物的主要的个人(与机构)。在美国可能包括内阁的成员(与联邦机构的主要负责人)、参议院和众议院中主要政党的领导人(与大多数重要委员会的主席)、政党的最高领导人(在野的或者现任的)、职员的主管、最高法院的法官、不论职位高低但掌握机密的总统助理、主要出版商与积极的大众传播媒体所有人、大多数人口众多的州的州长们和最大城市的市长们、商业(金融,商业,工业)、农业、劳工及其他私人机构的最具影响力人物。权力的第三圈既包括那些第二圈中的代理人、主要顾问和助理,也包括具有类似职能职位影响力较低的人(例如人口少的州与城市的州长、市长们)。这一权力圈囊括了不足以进入第二圈中的国家强制机关最重要的官员及高级职员。

第四圈可以由在联邦机构中较低层级的人,加上那些在地区事务或者美国社会的多元化活动中扮演重要角色的人组成。这一权力圈包括许多联邦政府办事处的负责人、重要地区办公室的领导、中等规模企业的经理、国家社团的中层经理和区域社团的最高经理等。

如果我们要把基层联邦法院和州法院的法官纳入我们的权力圈,巡回法院和地方法院无疑属于以上列出的第三个权力圈,一少部分杰出的人士与审判人员在第二圈中。

以上的讨论足以表明一个大规模多元化的社会权力结构这一任务的复杂性。[51]

---

〔51〕 在选择高层,中层以及低层有关权力的阶层方面的研究可见如下: MILLS, THE POWER ELITE (1956); MATTHEWS, U. S. SENATORS AND THEIR WORLD (1960); J. Schmidhauser, *The Justices of the Supreme Court: A Collective Portrait*, 3 MIDWEST JOURNAL OF POLITICAL SCIENCE 1 (1959); BENDIX, HIGHER CIVIL SERVANTS IN AMERICAN SOCIETY (1949); SCHLESINGER, HOW THEY BECAME GOVERNOR (1958); VIDICH & BENSMAN, SMALL TOWN IN MASS SOCIETY (1958); and AGGER, GOLDRICH & SWANSON, THE RULERS AND THE RULED; POLITICAL POWER AND IMPOTENCE IN AMERICAN COMMUNITIES (1964).

### 利益集团

一个利益集团有关于一个价值需求的共同期待,并且不同于社群或阶层。尽管社会或阶层追求"利益",我们需要一个词以指代不包含在阶层或者社会范围内纵横交错的特定的观点统一体。

### 权力

*政党与政治秩序*。政党是由19世纪政府为调解政府和由普选、识字率提高和人口增长而产生的大量选民间的关系而演变发展起来的一种制度。我们选取了政党的三个显著标志:一个全面的政纲;在选举中提出的一个候选人名单;依靠劝说以代替强制。前两个特点使政党和强权集团脱离开来,而后者又将其与一个"政治秩序"区分开来。由定义可见,机构通常被称为是传统意义上的党派。而依照我们的定义,党派另有他意。美国的民主党或者英国的劳工党毫无疑问是完整意义上的政党。一个"党派"在选举中提出一个候选人名单,然而,把自己限制在一个问题(例如"单一税")是功能意义上的强权集团。政治秩序在外观上是教条主义的在方式上又是,因为他们不能真诚地服从民主政党的制度规则。像德国魏玛共和国时期的国家社会主义劳动党似乎有时遵守了议会的规则。但是最终这被认为是一种假象,因为其目的是为了获得斗争策略上的优势以结束政党制度本身。在1917年10月后,布尔什维克曾与有着共同社会主义和革命传统的其他党派合作;但不久,布尔什维克就垄断了合法性。

显然,政治秩序与政党有时是跨国的,有时限于一个民族国家之内或者在一国的某个区域内。[52]

*压力集团与犯罪团伙*。我们已经把压力集团从党派和政治秩序中区分出

---

〔52〕 有效的政治秩序,党派与强制集团定义有不同。参见 M. DUVERGER, POLITICAL PARTIES, THEIR ORGANIZATION AND ACTIVITY IN THE MODERN STATE (B. & R. North trs. 1954); OSTROGORSKII, DEMOCRACY AND THE ORGANIZATION OF POLITICAL PARTIES (1902, F. Clarke tr. 1970); MICHELS, FIRST LECTURES IN POLITICAL SOCIOLOGY (A. de Grazia tr. 1949); HODGKIN, AFRICAN POLITICAL PARTIES (1961); and SARTORI, POLITICS AND POLITICAL PARTIES (1970)。

来,但是它与其他私人社团的界限并不是很清楚。正如我们所定义的,施压活动是由没有设立针对宗旨的专门机构的社团进行的。另外,我们可以充分地区分并列举在压力集团的所有调查中有关组织中负责施压活动的部门。最重要的一点是专门通过和平手段来影响特定决策的活动。这一资格要求令我们将压力集团与使用暴力和胁迫的"团伙"区别开来。压力集团与团伙不是跨国运作就是在一国内运作。[53]

除了权力以外

值得重申的是所有团体—进而所有利益——定程度上涉及到政治。我们最终讨论并非专门针对权力价值的团体。[54]

### 个性团体

所有政治过程中的参与者由个体构成,单独讨论这一类问题似乎多余。然而,研究指出个性因素影响社会选择进而影响社会角色的选择。[55] 我们将专章来讨论这些结果。

---

〔53〕 关于进一步讨论,参见 KEY, POLITICS, PARTIES AND PRESSURE GROUPS (4th ed. 1958); ODEGARD, PRESSURE POLITICS (1928); MECKLIN, THE KU KLUXKLAN: A STUDY OF THE AMERICAN MIND (1924); SCHATLSCHNEIDER, POLITICS, PRESSURES, AND THE TARIFF (1935); and INTEREST GROUPS ON FOUR CONTINENTS (Ehrmann ed. 1958)。

〔54〕 在"强制集团"中研究的团体并没有高度组织化的与决策机构紧密相关联的运作活动。然而,它们会间歇地主动活动并且经常发展详细的强制目的结构,即使这一团体的主要目标价值并不是权力。参见 MARTIN, THE ROLE OF THE BAR IN ELECTING THE BENCH IN CHICAGO (1936); ZEIGLER, THE POLITICS OF SMALL BUSINESS (1961); ENGLER, THE POLITICS OF OIL (1961); PINNER, JACOBS & SELZNICK, OLD AGE AND POLITICAL BEHAVIOR: A CASE STUDY (1959); GARCEAU, THE POLITICAL LIFE OF THE AMERICAN MEDICAL ASSOCIATION (1941); and STRONG, ORGANIZED ANTISEMITISM IN AMERICA (1941)。

〔55〕 对于相关研究,参见 H. ZINK, CITY BOSSES IN THE UNITED STATES: A STUDY OF TWENTY MUNICIPAL BOSSES (1930); ROGOW & LASSWELL, POWER, CORRUPTION AND RECTITUDE (1963) IDENTIFIES THE "GAIN" AND THE "GAME" POLITICIAN; H. EYSENCK, THE PSYCHOLOGY OF POLITICS (1954); LASSWELL, POWER AND PERSONALITY (1948); LANE POLITICAL LIFE: WHY PEOPLE GET INVOLVED IN POLITICS (1959); MAZA, NEUF MENEURS INTERNATIONAUX: DE L'INITIATIVE INDIVIDUELLE DANS L'INSTITUTION DES ORGANISATIONS INTERNATIONALES PENDANT LE XIX ET LE XX SI ? CLE (1965); A. GEORGE & J. GEORGE, WOODROW WILSON AND COLONEL HOUSE: A PERSONALITY STUDY (1956); F. GREENSTEIN, PERSONALITY AND POLITICS (1969); and A SOURCEBOOK FOR THE STUDY OF PERSONALITY AND POLITICS (Greenstein & Lerner eds. 1971).

## 观　点

任何社群的社会过程中,我们都可能找出关于权力的象征并且估量它们的强度。例如,在一个民族国家的领土内,相当大比例的人口可能没有民族认同感。这是一个在拉丁美洲、非洲和亚洲部落的共同发现;在许多村民认为“政府”是外来的压迫者的农村也是如此。尽管他们会意识到他们被认为是国家成员的事实,数百万不合群的人可能拒绝把自己与精英人物提出的价值需求联系起来,或者是把自己与过去或将来的政治体联系起来。

人们通常会发现有民族认同感的人可能会更加积极地关注其他身份未来价值的所在。他们对自己的祖国或者出生的省份,所属的教会或“民族”有着强烈的残余身份认同。除了这些共同身份体系,政治行为还可能会受到特定利益集团的影响以达到任何对整体关注完全消失的程度。

每一个政治团体的神秘体系都是通过所有相关的内部生活以稳定成员行为的手段。对于偏好理性的人,理论体系为政策决策提供了清晰的引导。有关公式化规则澄清了义务与责任的结构,以及制裁的配套设置。对于年轻人和没有抽象思维天赋的成年人,赞颂带来了格言、告诫、警告、英雄和恶棍。从整体考虑,一个团体的神秘体系是一张图谱,可能被每个个体自觉遵守的图谱,或者在自觉遵守不足的情况下提出即将采取措施。[56]

政治神秘体系可能会导致强大的技术团体的成长。这些团体的角色是定义并应用神秘体系,并且对其做出进一步的详细说明。在一个已形成的工业社会中,大学里设有政治哲学系、法律系和历史系。教师们致力

---

〔56〕有关详细论述,参见 LANE, POLITICAL IDEOLOGY: WHY THE AMERICAN COMMON MAN BELIEVES WHAT HE DOES (1962); MERRITT, SYMBOLS OF AMERICAN COMMUNITY 1735 - 1775 (1966); LASSWELL, POOL & LERNER, THE COMPARATIVE STUDY of SYMBOLS (1952); ALMOND & VERBA, THE CIVIC CULTURE: POLITICAL ATTITUDES AND DEMOCRACY IN FIVE NATIONS (1963); DOWNS, AN ECONOMIC THEORY OF DEMOCRACY (1957), (ideology and uncertainty); and BAUER, POOL & DEXTER, AMERICAN BUSINESS AND PUBLIC POLICY (1963)。

于在每一个教育层面传达赞颂,同时使优秀的学生掌握信条与公式化规则。[57]

政治制度中权力的角色在不同的时空差异很大。普鲁士已建立的意识形态严重以权力积累为导向。似乎只有行使权力才使得普鲁士人摆脱斯拉夫人统治的魔掌,或是避免对一些西欧国家的依赖。夹在东方与西方的无人地带之间,普鲁士人所具有的历史性眼光决定了普鲁士在包括拯救欧洲基督教方面的使命;这可以被认为是要求越来越多的权力。[58]相比之下,在瑞士,权力通常不是权力积累的一种方式,而是保护当前权力的方式,同时促进对财富与其他价值的追求。[59]

无论我们考察的是参与政治的个人或团体,一个关键问题在于,权力是否是为了追求权力的一个范围值,或者权力被认为是可以保护并扩大其他价值的一个基础价值。

## 竞 技 场

当互动过程中的参与者有了他们的关系受到决策结果显著影响的期待,一个竞技场就出现了。

### 军事与民间竞技场

可以将一个军事领域通过暴力的期待(极端强制力)描述为解决冲突的方式。相比之下,民间领域拥有非暴力争端解决的期待。宽泛地说,世界社群仍然是一个军事领域,而一些民族国家为他们的成员提供了民间领域(后者中的主体会间断性地垮掉)。[60]

---

〔57〕 在工业社会部分的任务是发展潜规则的制定者和传播者。参见 EDUCATION AND POLITICAL DEVELOPMENT (Coleman ed. 1965); and COMMUNICATION AND POLITICAL DEVELOPMENT (Pye ed. 1963)。

〔58〕 参见 DEUTSCH & EDINGER, GERMANY REJOINS THE POWERS: MASS OPINION, INTEREST GROUPS, AND ELITES IN CONTEMPORARY FOREIGN POLICY (1959)。

〔59〕 参见 DEUTSCH & WEILENMANN, COMMUNITY FOR DIVERSITY: THE POLITICAL INTEGRATION OF SWITZERLAND (1966)。

〔60〕 "暴力的期待"受到持续的战争事实和暴力革命的支持(权力结果);也受到和战争有关的公共和私人媒体的支持。这些参考不能说明"阴谋"的结果(如通过军火商)。参见 LASSWELL, WORLD POLITICS AND PERSONAL INSECURITY (1935, 1965 with new introduction), at chapter 3, *The Balancing of Power*; *The Expectation of Violence*。

承认暴力的可能性并不能使人们能够预测战争爆发甚至战争不久即将再爆发的日期。然而，关键参与者的观点，特别是那些在公共政策中负有责任的参与者被期待所着色；这对于铭记战争的教训具有深远意义。

### 建立并维护一个竞技场（构建过程）

社会参与者之间的互动可能是以不规则的低频率发生，以至于我们试图规范这种状况，却缺乏对相互关系的意识。在很多历史情况下，我们可以追溯到在一个领域中建立稳定的期待的详细步骤。转折点出现在有影响力的参与者认为缺乏有效的权威会造成不必要的高昂的代价。这确实是长期且不稳定的过程，通过这一过程"法律和秩序"在美国前沿社群得以巩固；更普遍而言，整个国际法的历史深刻地表明许多在这方面的尝试也取得了一定的成功。[61]

要建立一个竞技场，就是要坚持发展一个有足够规律性可以被接受的共同的规则。在民间社会、文明社会的关系中，或者民间单位与国家间的关系中，稳定的一个关键因素是使人们建立这样一种预期：违反规范会付出高昂代价，受到惩罚。不论哪些规范是被认为是具有惩罚性的，它都有赖于主要参与者的主动，而非依靠那些获得授权为整个领域采取行动的专门机构的影响力。[62]

一个明确的契约在建立某个竞技场的过程中有时会扮演很重要的角色。美国人会回忆起"五月花号公约"、联邦条例和联邦宪法。很显然，关键点不在于"纸面上文字"的创造，而是对关于领域决策过程观点相对及时且持续的稳定化。正如我们之前所强调的，它不是书面的章程而是有

---

〔61〕关于世界统一的开始，参见 TER MEULEN, DER GEDANKE DER INTERNATIONALEN ORGANISATION IN SEINER ENTWICKLUNG 3 Vols.（1917 – 1940）; and SCHIFFER, THE LEGAL COMMUNITY OF MANKIND（1954）。

〔62〕关于这些观点，参见 MCDOUGAL & FELICIANO, LAW AND MINIMUM WORLD PUBLIC ORDER; THE LEGAL REGULATION OF INTERNATIONAL COERCION（1961）。当消极的报复成本被认为很高时，互惠的积极机会似乎特别有利；即使不足以建立一个无所不包的有效的公共秩序体系，共同利益超越了特殊利益。参见 STEINER, LEGISLATION BY COLLECTIVE BARGAINING（1951）; and DAHL & LINDBLOM, POLITICS, ECONOMICS AND WELFARE: PLANNING AND POLITICO-ECONOMIC SYSTEMS RESOLVED INTO BASIC SOCIAL PROCESSES（1953）。

重要意义的主观思想和行为的有效流动。

从这一分析延伸开来的是,建立一个竞技场并非“一蹴而就”,没有一劳永逸的事情。因此,也不应该将某个特别重要的步骤得以采用的时间认定为某个领域建立的时刻。“建立”并非“起源”的同义词;在一定程度上,建立是一个持续的过程,某一领域的基本格局被引进、遵循与修正。在宪法获得批准之时美国的民间领域还未建立起来。纵观美国历史,民间领域通过对政治过程的操作与众多观点的整合而得以建立和重建。[63]尽管当今事件的全部意义在很长一段时期不是很明显,这一领域每天都在被建立或者被解体。形成的基本权利制度使得如下问题可以得到答案,诸如:谁在何种情况下在哪一领域影响什么价值,通过什么程序,会得到怎样的结果?因此,建设的过程与构建过程相同,这一点不难理解。更进一步而言,谁希望获得授权做出这样的决策?简言之,谁控制着?谁同时拥有权威和控制力呢?

世界竞技场的军事特点影响着由非国家团体在进行跨国运作时建立的政党团体。拥有真正政党制度各个国家的社会民主党、自由党和国家自由党并未整体在国际领域内活动。随着更多区域的而非普遍的例外出现,西欧、英联邦以及南北美的政党并没有紧密合作。这在 19 世纪甚至 20 世纪并非总是事实;实际上,政党之间国际合作或隔离的此消彼长是现代政治的一个显著事实。在某些情况下,世界范围的革命运动试图使它们在一般或者普遍选举权存在的各处变得有效。几乎没有例外,这些运动逐渐由全球统一拯救方案转向松散的联盟机器。这些机器以每一个国家象征和地方诉求之名在各国领域争取支持。尽管第二国际社会主义党召开了国际会议,当 1914 年战争的考验最终来临时国际社会主义土崩瓦解。除了教条主义的和被激怒的派系以外,社会主义政党选择支持军事征收、征兵以及被认为是国家安全所必须的其他措施。正是这种胜利民族狭隘主义的壮观场面使得列宁和其他少数派的领导人们可以将失望

〔63〕 参见 M. McDougal, *The Application of Constitutive Prescriptions: An Addendum to Justice Cardozo*, 33 RECORD OF THE ASSOCIATION OF THE BAR OF THE CITY OF NEWYORK 255 (1978), reproduced as an appendix to this study。

的、被击垮的、疲惫的各民族对普遍主义的需求大量作为资本。[64]

国际压力集团和团伙也在他们的竞技场反映出国际竞技场的军事结构。[65]

我们必须提起对"一般的"与"特别的"*竞技场*的关注，前者包括许多的价值目标，后者却很少。很显然，联合国尽管主要致力于权力，它仍是一个一般的多目标领域；许多相关的组织致力于具体的价值目标。[66]

由于任何一个有权力过程进行的稳定环境都是一个竞技场，有可能在亚国家、国家、国际层面确认一个巨大的有组织和无组织的网络。此外，由于最重要的决策领域强调领土状态，多元化的情况是不能忽视地理位置的重要性的。[67]

### 承认与排除

当一个竞技场足够稳定到被认为已建成时，它对参与的团体和个人适用各种承认或者排除措施。在一个领域的成型阶段，参与者们可能会在没有普遍接受的规则引导或批准的过程中出现或消失。如果我们追溯当今国际政治结构的根源，我们注意到欧洲共同体统治的领导者一度认为他们自己是一个欧洲人与基督教国家的大家庭。珍惜基督教世界传统

---

〔64〕 参见 FAINSOD, INTERNATIONAL SOCIALISM AND THE WORLD WAR (1935); ULAM, THE UNFINISHED REVOLUTION: AN ESSAY ON THE SOURCES OF INFLUENCE OF MARXISM AND COMMUNISM (1964); and ROSENSTOCK-HUESSY, OUT OF REVOLUTION (rev. ed. 1938)。

〔65〕 有关所有水平领土与多元化趋势之间的张力("产生影响的")，参见 LEISERSON, ADMINISTRATIVE REGULATION: A STUDY IN REPRESENTATION OF INTERESTS (1942); LASKI, STUDIES IN THE PROBLEM OF SOVEREIGNTY (1917); FESLER, AREA AND ADMINISTRATION (1949); WOOD, SUBURBIA; ITS PEOPLE AND THEIR POLITICS (1959); WOOD & ALMENDINGER, 1400 GOVERNMENTS: THE POLITICAL ECONOMY OF THE NEW YORK METROPOLITAN REGION (1961)。

〔66〕 参与者是以上提到的。这里相关的部分是互动结构的稳定化。参见 WHITE, THE STRUCTURE OF PRIVATE INTERNATIONAL ORGANIZATIONS (1933) and INTERNATIONAL NON-GOVERNMENTAL ORGANIZATIONS; THEIR PURPOSES, METHODS, AND ACCOMPLISHMENTS (1951); NICHOLAS, THE UNITED NATIONS AS A POLITICAL INSTITUTION (1959); and GOODRICH, THE UNITED NATIONS (1959)。

〔67〕 民族情感是如此重要以至于国际卡特尔或者其他非极端主义的团体国家中的社团通常组织松散。像罗马天主教会，拥有等级化证政体性的私人组织必须对另外一个分离的世界存在的民族情感做出让步。参见 SCHWARZENBERGER, POWER POLITICS (2d rev. ed. 1951); and ELLIOT ET AL., INTERNATIONAL CONTROL IN THE NON-FERROUS METALS (1937)。

的统一体,“基督教首领”在一定程度上进行集体行动试图从异教徒手中夺取圣墓并且保卫西部免受来自中亚和北非的侵略。欧洲国家的领导也松散地联合起来反对“篡位者”,特别是反对农民反叛者。尽管这个“体系”有参差不齐的外沿,实际上它代表着一个相当广泛的习惯上与传统上的惯例。在探索、贸易、殖民以及工业化的年代里,这一欧洲体系无处不在。

许多争议出现于一个新的民族对民族的家庭申请“承认”之时,其理论的支点是“认同”。一个统一认同的实践是存在的这一观点是站不住脚的。非常常见的是,仅从短期的外交权宜之计方面考虑给予或拒绝正式认同。然而,不容忽视的是实际的结果遵从一个“认同的仪式”;比如,在大背景下更容易获得进行跨国诉讼或者其他官方竞技场的进路。[68]

我们注意到与承认和排除密切相关的是*进入的程度*可以从各种参与者那里被授予或者撤回。进路会得到限制,也可以是短期的或者特别目的的参与,而非为了所有目的全体成员的参与。

### 内部与外部竞技场

虽然一个团体的内部与外部领域必然是互相联系的,但是有必要对内部与外部领域进行区分。尽管国际社会整体以军事性为特征,一个现代民族国家的内部领域则可能是民事的。考虑到实践中的对比,令人惊讶的是国内的政治与外国的政治存在着不同程度的差异。在某些情况下差异往往消失,例如当革命性的分裂促成内战时。民间领域分裂为支持与反对革命两派。如果之前的状态得以恢复或者新的一套制度得以巩固,这种分裂状态又会逐渐消失。或许组成单位的边界将被重新划定。关于一个领域的期待和需求持续地与身份的概念相互作用,从而改变所有参与权力过程自身制度的局限。[69] 在政治相互作用的任何层面都可

---

〔68〕 尽管通常在更有说服力的情况下,具有较低包容性的领域面对承认与认同的问题与国际社会的挑战相当。

〔69〕 内部领域和外部领域决策相互贯通,在不同程度上相互影响。参见 THEORETICAL ASPECTS OF INTERNATIONAL RELATIONS (Fox ed. 1959); SNYDER, BRUCK & SAPIN, DECISION-MAKING AS AN APPROACH TO THE STUDY OF INTERNATIONAL POLITICS (1954); WESTERFIELD, FOREIGN POLICY AND PARTY POLITICS (1958); and COHEN, THE PRESS AND FOREIGN POLICY (1963)。

能存在一些领域，有必要区分相关的内部与外部领域。类似的功能性的区分的相关性并不亚于对领土的设定。

## 基础价值

某一权力竞技场的参与者对权力和其他价值至少有一定程度的有效控制以此来影响内部与外部的决策。我们强调过的事实是权力并不必然是赤裸裸的权力施加；相反，它可以是可信的并且受到一致同意。可信的期待可以被用以巩固和扩大有效的控制。值得注意的是一个具体类型的正式权力可能比起其他制度具有一项优势。例如，正式的否决权可能使得一个参与者在冲突中获胜，而其对手刚刚取得主要权力。移除的权力通常重于提名或任命的权力或者与它们相当。美国司法系统的历史已经证明了作为剩余权力方式的审查权力的重要性。两个官方机构的权力相等并不必然意味着有着相同的控制；也不意味着保证同样的权威将无限期地延续。在英国，能否在上议院和下议院之间争得首要位置最终取决于谁的权力更直接来源于人民。

经验证实了这样的规律，除非有效的要素紧紧围绕着正式权力且积极捍卫其法律的解释，否则权力的授予就毫无意义。在一个基本的先决条件下，即如果某个竞技场内强有力的要素觉察到他们的地位能够被保护或者得到改进，一个形式上的主张就可能上升为有效的控制。由此得出，当试图预测一个政体中未来权力构成的相对分量时，科学观察者就要分析那些支持每一传统政府部门“正在兴起的”与“正在消亡的” 的团体。[70]

在一个对基础价值的控制迅速变化的社群，政治动荡几乎是必然的结果。人们很少会要求对下述情况下的时局作出预测：国家在战争中战败时，或固定收入阶层被通货膨胀毁灭时，或者在新一代财阀通过操纵“黑市”获得了能见度时。当这一切发生在一个几乎没有现代工业的国

---

〔70〕 关键因素是认识到严厉的剥夺可能带来无效率。相同的因素正在改变着共产主义权力的政策。有关分析，参见 Lasswell & Sereno, *The Fascists*: *The Changing Elite*, in WORLD REVOLUTIONARY ELITES: STUDIES IN COERCIVE IDEOLOGICAL MOVEMENTS 179 (Lasswell& Lerner eds. 1965).

家,一个由一帮向往白领生活和专业工作的毕业生组成的国家,重大的转变可能是更加微妙的。[71] 结果是引起不满者争论的积聚。从这样一个受过部分教育不满且胸怀抱负的年轻人阶层走出了大批反对党派的鼓动者和组织者。[72]

尽管民族国家形式上平等,但没有人会受到误导以为有效的控制在整个世界社群平等地传播。例如,显然民族国家的力量范围从接近于零到帝国主义霸权。[73] 从它们对于国家政府的依赖中可以预言出政府间国际组织可获得的基础价值受到了严格的控制。这些组织依赖国家机关的短期资助并且被限制发展独立的资源。到现在为止,还没有一个国际组织取得稳固的资源基础。

当我们考察国家与当地政府的记录时,似乎在任何时候一个"特殊目的组织"都是财政收入的贡献者,它的独立性仍然没有像可能预料到的那样立即增强,反而有可能被削减。国家垄断行业(烟草、火柴、盐、邮政服务)所产生的收益都被收于国库。通常它们被困扰并被抽干直到它们在自我防卫中变为落后的、官僚的,并且逐步被废弃。在国际社群中,多年来国际组织对一些强权的表面服从一定程度上是因为资金的不足以及在非工业国家技术专家的短缺。

实际上,对任何国际组织对强权的服从都不必太看表面。许多由更大网络掌控的活动很少进入外国官方的视野。它们所做的通常与相对较小的同类组织直接相关。这些组织的专业人员致力于知识的增长,或者改进培训和实践的标准。至少一些教化或技术方面的专家认为他们是在为全人类提供服务,这并非少数情形。他们把视线从单一国家的狭隘立场移开,得到了一个"国际公务员"的视角。世界一些地方的许多个体与

---

〔71〕 参见 EDUCATION AND POLITICAL DEVELOPMENT (Coleman ed. 1965)。亦参见 the studies of Nazi, Fascist and Communist elites in Lasswell& Lerner eds., *op. cit.*, by Lerner, North, Schueller and others。

〔72〕 有关革命行为理论,参见 LENIN, WHAT IS TO BE DONE? (1902); C. MALAPARTE, COUP D'ETAT; THE TECHNIQUE OF REVOLUTION (S. Saunders tr. 1932); and GOODSPEED, THE CONSPIRATORS: A STUDY OF THE COUP D'ETAT (1962)。

〔73〕 对于国家权力的大概估量,参见 FOUNDATIONS OF NATIONAL POWER (Sprout & Sprout eds. 2d ed. 1951); and KNORR, THE WAR POTENTIAL OF NATIONS (1956)。

团体带着尊重、忠诚和道德热情重新审视国际组织。[74] 这些“不可估量的事物”增加了各个政府间国际组织的资产。我们注意到这些组织遇到的一些阻力成为他们成功获得人类能量与理想主义的直接原因。由于各国政府对其国民的“分裂的忠诚”抱有怨恨,诸如尊重、操行和情感等不可估量的价值就不是不可混杂的有利因素。

在不同的环境下,对于政党来说最重要的基础价值也不同。[75] 在人们普遍感到深切不满的期间,当意识形态因素起主导作用时,在很大程度上就会牵涉诸如操守与教化等价值。当用一种可行的综合的观点来审视历史时刻,一个激发大众道德感的方案能够为大众的忠诚情感提供一个焦点。另一个政党聚集的动机是对尊重的大众需求。政党也能够在财富、福祉、机会获得和技能锻炼的方面提供实际的利益。

在和平年代当不满处于低潮时,出现在政党活动中的价值更加被限制在个体利益的范围内。对公共事务普遍的漠不关心为操纵国家“机器”的职业政治家们谋取了便利。然而,忠诚继续为权力提供一个重要的基础,因为在前期危机阶段中受到党派支持的团体强烈维护他们的忠诚。忠诚的方向与强烈度的差异经常与区域界线相一致,或者一个政党会依靠一个强大的阶级基础,正如当英国的保守党由拥有大量土地的绅士和他们的仆人组成时,自由党则吸引了商人和制造商。文化和民族中继续存在的差异穿破了英国两政党的界限(曾经把爱尔兰政党强拉入议会)。德国、意大利和其他国家的天主教政党穿过了阶层界限,从社会的每一个阶层吸引成员。政党可以结束有关国家与政府结构和功能冲突的情况。特别是在19世纪,共和主义者质疑君主主义者,不同信仰的君主主义者也相互质疑。[76]

---

〔74〕 有关进一步讨论,参见 Alger, *Personal Contact in Intergovernmental Organizations* , in INTERNATIONAL BEHAVIOR: A SOCIAL-PSYCHOLOGICAL ANALYSIS 523 (Kelman ed. 1965)。

〔75〕 改变政治资产的一部精妙研究是 NAMIER, THE STRUCTURE OF POLITICS AT THE ACCESSION OF GEORGE III (1929)。另一篇有巨大影响的分析是 HOLCOMBE, POLITICAL PARTIES OF TODAY (1924)。

〔76〕 这种相反方向因素在政治中产生循环的趋势曾是系统的政治学从开始研究以来的一个主要概括,更多内容,参见 SOROKIN, SOCIAL AND CULTURAL DYNAMICS 4 vols. (1937 and 1941)。

随着选民的成长和建立大众传媒的资本积累，金钱在政党的对抗中扮演了前所未有的重要角色。[77] 工党往往依靠工会的财政，而“右翼的”政党求助于商业公司。所谓的农业利益往往被证明是与处理谷物、纤维、水果、蔬菜、肉类、皮革，与其他土地耕作的直接产品的经济利益；还有相关的抵押贷款。

当一个国家有“战利品”传统，执政党比起它的对手在许多方面处于更加有利的地位。对赞助、政府合同、税收管理以及司法的控制给掌权的政党提供了许多有影响力的工具。当然也有消极因素的积累。这些积累主要来自失望的部门，利益寻求者以及由客观考虑影响的人们，或者受一国外交、经济和意识形态地位中被认为是为“更坏”转变影响的人们。压力集团和其他志愿社团至少对他们用来作为追求首选事件基础的所有价值有一定程度的控制。[78]

## 策　略

控制基础价值以影响权力过程结果所采用的策略依赖许多因素，其中重要的因素之一是关于权力过程本身的期待模式。当从基础价值方面进行评价时，每个参与者都用自我图像进行操作，或相对强大或弱小；每个参与者都抱有这样的期待，前结果和结果行为将主要是强制性的或者说服性的；每个参与者认为其他参与者可能是盟友，同时可用的策略工具能够被用来争取理想的净结果。

### 特殊策略

我们能够根据“寻求的目标”、“主要应用的工具”以及“辅助的方式”

---

〔77〕 关于现代政治中的金钱，参见 OVERACKER, MONEY IN ELECTIONS（1932）; HEARD, THE COSTS OF DEMOCRACY（1960）; ALEXANDER, MONEY, POLITICS AND PUBLIC REPORTING（1960）; SHANNON, MONEY AND POLITICS（1959）; and MCWILLIAMS, ILL FARES THE LAND: MIGRANTS AND MIGRATORY LABOUR IN THE UNITED STATES（1942）。政治中最全面的“物质”因素指的是作为生产方式功能的社会结构。

〔78〕 控制中的技术是所有政治生活中的重要基础。特别在利益团体中尤为重要，因为它们中的许多缺少其他的资产。有关这些组织可获得的技术专家的最新情况，参见 MILBATH, THE WASHINGTON LOBBYISTS（1963）; KELLEY, JR., PROFESSIONAL PUBLIC RELATIONS AND POLITICAL POWER（1956）; and CHERINGTON & GILLEN, THE BUSINESS REPRESENTATIVE IN WASHINGTON（1962）。

方便地归纳国家政策策略上的实践。

外交策略旨在领导人之间达成协议；其特别手段是谈判；其辅助手段包括经济、军事和意识形态方面的手段。[79]

意识形态的策略以影响大集团的态度为目标；其特别的手段是媒体传达；其辅助手段是外交的，经济的与军事的。[80]

经济策略以影响财富地位和政策为目标；其特别手段是用于生产或消费的资源；其辅助手段是外交的，意识形态的以及军事的。[81]

军事策略的目的是影响战斗力和政策；其特别手段是破坏性武器；其辅助手段是外交的，意识形态的以及经济的。[82]

---

〔79〕 参见 THE DIPLOMATS 1919 – 1939 (Craig & Gilbert eds. 1953); NICOLSON, THE EVOLUTION OF DIPLOMATIC METHOD (1954); SATOW, A GUIDE TO DIPLOMATIC PRACTICE (4th ed. 1957); IKLÉ, HOW NATIONS NEGOTIATE (1964); DIPLOMACY IN A CHANGING WORLD (S. Kértesz& M. Fitzsimmons eds. 1959); and MURTY, THE INTERNATIONAL LAW OF DIPLOMACY: THE DIPLOMATIC INSTRUMENT AND WORLD PUBLIC ORDER (1989)。

〔80〕 参见 MURTY, PROPAGANDA AND WORLD PUBLIC ORDER: THE LEGAL REGULATION OF THE IDEOLOGICAL INSTRUMENT OF COERCION (1968, 1989 with new introductory essay and new title, THE INTERNATIONAL LAW OF PROPAGANDA: THE IDEOLOGICAL INSTRUMENT AND WORLD PUBLIC ORDER); PROPAGANDA IN WAR AND CRISIS (Lerner ed. 1951); SPEIER, SOCIAL ORDER AND THE RISKS OF WAR (1952); THE MANIPULATION OF BEHAVIOR (Biderman & Zimmer eds. 1961); SCHEIN, COERCIVE PERSUASION: A SOCIO-PSYCHOLOGICAL ANALYSIS OF THE "BRAINWASHING" OF AMERICAN CIVILIAN PRISONERS BY THE CHINESE COMMUNISTS (1961); DAUGHERTY & JANOWITZ, PSYCHOLOGICAL WARFARE CASEBOOK (1958); and LIFTON, THOUGHT REFORM AND THE PSYCHOLOGY OF TOTALISM: A STUDY OF "BRAIN WASHING" IN CHINA (1961)。

〔81〕 参见 BAILEY, THE POLICY OF THE UITED STATES TOWARD NEUTRALS 1917 – 1918 (1942); GORDON & DANGERFIELD, THE HIDDEN WEAPON: THE STORY OF ECONOMIC WARFARE (1974); WU, ECONOMIC WARFARE (1952); LISKA, THE NEW STATECRAFT: FOREIGN AID IN AMERICAN FOREIGN POLICY (1960); MONTGOMERY, THE POLITICS OF FOREIGN AID (1962); THOMPSON & PADOVER, SECRET DIPLOMACY: ESPIONAGE AND CRYPTOGRAPHY 1500 – 1815 (2d ed. 1963); GARDNER, STERLING-DOLLAR DIPLOMACY (1956); and BENNETT, GERMANY AND THE DIPLOMACY OF THE FINANCIAL CRISIS, 1931 (1962)。

〔82〕 HART, THE REVOLUTION IN WARFARE (1947); CLAUSEWITZ, ON WAR (0. Jolles tr. 1943); GARTHOFF, SOVIET MILITARY DOCTRINE (1953); OSGOOD, LIMITED WAR: THE CHALLENGE TO AMERICAN STRATEGY (1957); SPAINER & NOGEE, THE POLITICS OF DISARMAMENT: A STUDY IN SOVIET-AMERICAN GAMESMANSHIP (1962); and STEWART, ORGANIZIING SCIENTIFIC RESEARCH FOR WAR: THE ADMINISTRATIVE HISTORY OF THE OFFICE OF SCIENTIFIC RESEARCH AND DEVELOPMENT (1948).

成功的外交行为依赖于与其他手段的合作,正如一个联盟在军事成功,经济扩张并积极宣传的时候进行谈判。谈判可能试图处理一个具体的问题,达成一个持续却有限的协议,或者达成一个永久而广泛的协议。积极的参与者可能会有所不同,有的权力来自通过区域的"半国际",有的来自全球合作。在持续的手段中,调解、调和、仲裁以及联盟中或组织中的合作行为是可取的。这些组织可以是多目的的,像联合国;也可以是单一目的的,例如致力于一种特定价值的国际组织(如财富)。

在国家政策的目标中,经济目标通常占据优先地位。经济策略会有助于国家安全,例如,通过贮存关键物资。和所有政策手段一样,在与其他有影响的手段合适地联系起来时,经济策略最有机会获得成功。一场极度不适时的海军或者空军的武力炫耀可以通过敦促人们贮存关键物资而干预经济目标。不当的外交安排会阻挠通过一般的贸易渠道获取供给。一个非常不适时的广播能够导致谈判的暂停。

意识形态的策略必须牢记以下几点:

意识形态策略 = 保留对政策的外交支持

+

获得并保留同盟

+

与中立者保持友好关系;阻止对敌人的帮助

+

划分敌人

大众媒体是特别的渠道,通过它可以传播信息给大众。当与其他政策手段联合起来,信息是最有效的。例如,军事进攻或明显的物资短缺,或是向外国领导秘密提出(条件)。

同样的,军事策略手段在与全部政策工具协调使用时最为有效。当配合了公共强调其重要性,外交提议以及经济诱导,我们就可以迅速实现"实力地位"。

从他们地位上的脆弱性出发,大多数政府间国际组织认为有必要把外交作为他们的首要手段。外交的要约与反要约特征可以在公众的视野外秘密地交换。对于一个国际组织来说,从事宣传是很冒险的,因为在这一手段上的支出会受到政府成员的质问。由于众多的经济资源不在手中或者被严格地监控,经济手段就很难发挥作用。更不用说在军事资源中适用这一点了。

两党制中的参与者与一党制政治秩序中的参与者相比掌控着更为灵活的策略。[83] 在两党竞技场中,个体与团体通常可以以较低的成本来回移动,发挥他们的流动性。"独立的"投票人占据着权力天平的一端;于是,政党策略家就寄希望于那些未表态人的支持,同时又在传统的基础上保有与政党行为一致的坚强核心(或者,更准确地说,是对良心内在化要求的回应)。当"没有问题"时,即在社会没有在"根本问题"上出现分歧的时候,就是进行策略演习的最大机遇。(从政治的角度来讲,只有当人们强烈地感受到问题的存在,或者出现严重的冲突时,这一问题才被归为根本问题)在"宪法上的"或者"道德的"问题没有到岌岌可危时,政治策略是"权宜主义的","有原则的"差异进入了背景之中。政党难以从中得到区分,并且在社会组成方面有一定程度的增长(双方政党都希望获得所有团体的支持,从而不受约束的团体可以产生分歧或者把机会从一个出价人一边转向另外那边)。

在多党制中,"中心"被那些愿意做交易的"独立"人士占据。"极端的"党派往往移向中央,通常留下一些处在交易之外不很灵活的小团体。

甚至在"秩序"达到垄断权力之前,"政治秩序"的策略就应该从政党的政策中显著地分离出来。让我们从这点来考虑共产党与其他手段宣传上的相互联系。应当区分以下三种大概的情况。*第一种情况*,政党没有追随者也没有组织。*第二种情况*,政党组织强大到能够与其他组织结盟的程度。*第三种情况*,政党的处境被认为是掌握权力的合适时机。例如,匈牙利与捷克斯洛伐克首要的宣传任务是获取足够的支持以在一般的当

---

〔83〕 比起政党领域中的政党,多极分析的格局对于国家领域中的国家产生更好的结果。参见 KAPLAN, SYSTEM AND PROCESS IN INTERNATIONAL POLITICS (1957); K. WALTZ, MAN, THE STATE AND WAR: A THEORETICAL ANALYSIS (1959); RIKER, THE THEORY OF POLITICAL COALITIONS (1962); and A. WOLFERS, DISCORD AND COLLABORATION: ESSAYS ON INTERNATIONAL POLITICS (1962)。

地与国家的议会制度和管理过程中开始充当谈判的角色。[84] 这一点通过对工会与其他私人团体的渗透得以实现。第二个任务出现于政党强大到足以加入同盟且能够与同盟在任何一个政府层面开展工作之时(包括对渗透到与公共秩序和信息有关的部门所做出的努力)。第三阶段伴随着通过在一个"合法构架"内的政变从而掌握并巩固权力一同到来。[85] 一般而言,在第二阶段最重要的多功能性是需要处理的宣传活动,因为有必要在经常互相抵触的任务中保持平衡,包括形成独特使命意识,鼓励潜在敌人(包括同盟)自满的任务,把注意力转向共同敌人的任务,以及分化的任务。在这一时期,这些主题如"俄国政策最终落实"对于和平"共处"真诚合作一样有用。第三阶段是那么微妙也是更加残酷的,因为它涉及恐怖的传播,往往与暴力行为紧密联系。[86]

虽然一个共产主义秩序把(思想)传达视为是权力的臂膀,在苏联,我们并不应假设思想被认为比"实质的"事实如财富与暴力,乃至稳定的外交事务更为重要。政党的理论告诉我们人民群众的思想是曾经实质性力量的印记,改变群众观点的唯一方法是通过改变社会环境的实质性事实。实际上政党可以通过说服力获胜。因此,适当的策略是掌握物质资源从而在诸如书本、期刊、指南等有形的要素中获得逻辑起点的策略优势。即使在没有共产主义者的国家,局部的优越性可以体现在聚会中。例如私人家庭的学习小组,在其中大家可以运用政治知识与信仰的相对垄断。招募新人加入党派不仅仅是说服的问题。个体会逐渐参与到活动中来,这些活动如果被透漏,他们在工作机会方面就会受到歧视,甚至生命和自

---

〔84〕 参见,例如,KORBEL,THE COMMUNIST SUBVERSION OF CZECHOSLOVAKIA 1938 – 1948 (1959); and KURZMAN, SUBVERSION OF THE INNOCENTS (1963)。

〔85〕 一个官方与政党行动的组合型策略是现代政治的特征。参见 BLACKSTOCK, THE STRATEGY OF SUBVERSION (1964); BLACK & THORNTON, COMMUNISM AND REVOLUTION: THE STRATEGIC USES OF POLITICAL VIOLENCE (1964); and MODERN GUERRILLA WARFARE (Osanka ed. 1962)。

〔86〕 掌握权力的团体和党派往往依赖于将它们带向权力的策略,在最近的革命活动中,特别是在共产主义者领导的一次革命中,一连串的事物可以被研究以发挥其优势。参见 LEITES & BERNAUT, RITUAL OF LIQUIDATION: THE CASE OF THE MOSCOW TRIALS (1954); THE GREAT PURGE TRIAL (Tucker & Cohen eds., with notes 1965); Z. BRZEZINSKI, THE PERMANENT PURGE: POLITICS IN SOVIET TOTALITARIANISM (1956); and WOLFE, THREE, WHO MADE A REVOLUTION, A BIOGRAPHICAL HISTORY (1948)。

由都会有危险。因此政党的核心影响力通过恐吓、说服以及积极的刺激逐渐发展起来。

在一个真正的政党制中，不管是两极的还是多极的，党内的派系斗争可以运用的策略或多或少与该党与其他政党互动的策略一致。派系的领导人总是试图保护他们在党内的地位，而非采用促进组织政体竞争力的政策。[87]

大多数调整与作为决策过程中无止境的互惠链的一部分的外交手段有关。为了给政党日常活动做个备忘，我们复制了一个著名美国商人在日常生活一天的日记记录，他也花费大量时间在他的政党事务上：给 X 的信，推荐 Y 作为县委接待员办公室的助理；签署支票，以帮助消除上次大选遗留下的赤字；会见 B，由于 L 的优势地位，敦促他接受党派对县级司法长官的提名而不是法官的提名；赞成 N 的假释如果他找到一份稳定的工作并且远离公众的视线直到他的定罪被遗忘；打电话给议员 P，祝贺他反对未决的宪法修正案的演说；为议会寻找可能的支持而邀请州长 Z 参与周末的狩猎之旅；聘用一名法律秘书起草提交给福利委员会的草案；安排另一名秘书为议员关于税收修订起草一份演讲稿；接受与意大利人社群为哥伦布日晚宴的演讲安排；与一家当地报纸出版商讨论一系列关于城市规划委员会的文章。最终这个公民在他的政党内被委以重任。这是他为公民与政党多年服务的结果，其中直接的外交谈判发挥了比他的财富贡献或者他的偶尔露面宣传更加重要的作用。

在派系斗争中，结果有时会通过代表个人或问题的有力宣传而获得。经济刺激（或压力）会有显著的效果；在政党会议中，人身威胁有时也能发挥重要作用。

在“政治秩序”中，阴谋要素是十分重要的无法更改的事实，因为每个人都可能举手反对他的兄弟。例如，共产党中两面派的历史并非从斯大林开始。列宁对他直接的政党同僚就曾擅长运用“两面的”策略。在早些的《火星报》（Iskra）时期，他依靠秘密渠道获取私人与个人的信息并且进

〔87〕 迄今最引人注目的有关派系与政党如何能够吸引政策制定者的注意从而削弱整个制度的研究，可参见 LEITES, ON THE GAME OF POLITICS IN FRANCE（1959）。

行了党派的秘密调动。记录指出列宁总是秘密从事被政党否定的活动。列宁还私下鼓励通过抢银行，伪造和类似的行为募集资金。

由于一个强制组织通常能够在一定竞技场内实施控制的程度达不到专制或垄断，说服就成了强制政策最适应的手段。还有广泛的外交运作，特别是在压力集团的领导人与官员当中进行的外交运作。他们能够彼此间在许多场合以礼相待，特别是当有助于建立一个对未来支持的期待时，通过对他们并不关心的事务给予“帮助”。这种“圆木滚动”的方式，也是一种对所有团体有约束力的互惠链的形式。

金钱经常直接被使用以达到一个理想的结果（包括并且达到彻底贿赂）。从最广义的角度，贿赂行为可以被定义为以公权力谋取私利。[88] 这当然不是一个特定的法律目的的定义，也不是充分限定使其易于从这一丑陋词汇的范围内排除许多无可指责的有利因素，这些有利因素毫无疑问是私有的，并且是由公共信任所引起的。很有可能责任的缺失来自于有利因素的意图并没有严重影响做出决定的可能性。（一个小例子是从政党工作者那里接受资助以改善生活状况的乞丐投票反对他的诽谤者以维护他的道德）。成功行贿者的手法是要调整薪酬以同时满足欲望和良心。“可允许的”宽容数量是相当大的；向喜爱的慈善机构捐款，为选民提供奖金，授予某个受人尊敬体弱多病父亲一个荣誉学位，为妻子在医院董事会谋得一个席位，一个给养子的实习机会。所有这一切的实现都需要技巧而远不是显而易见的粗俗，如在打牌时佯输使得公共官员获利，或者故意忘记一笔贷款。

如果当前的分析在形式上穷尽了所有的策略手段，我们应当考虑价值宽容与剥夺的平衡以最大可能使得每一类参与者获得理想的结果。我们还应当考察说服与强制的有效性，以及提议隔离或联合的情况。

**总体互动（权力平衡）**

随着国家单位通过在国际竞技场使用策略追求权力或安全，决策的

---

〔88〕 相关阐述，参见 W. M. REISMAN, FOLDED LIES: BRIBERY, CRUSADES AND REFORMS (1979)。

形成作为一个整体受到了特殊的影响。权力平衡与所有的政治是分不开的,无论是在民间领域还是军事领域;然而,两个领域都具有以上描述的特点。在国际领域,虽然本质是军事的,平衡过程受到参与者相对力量的影响。[89]

随着国家单位通过在国际竞技场使用策略追求权力或安全,决策的形成作为一个整体受到了特殊的影响。权力平衡与所有的政治是分不开的,无论是在民间领域还是军事领域;然而,两个领域都具有以上描述的特点。在国际领域,虽然本质是军事的,平衡过程受到参与者相对力量的影响。

权力格局 = 多极的<br>或<br>多元极的<br>或<br>两级的<br>或<br>单极的

在存在许多大致相等的权力时,这一格局就是多极的。这相当于西欧在出现民族国家之前那段时期的格局。当少许实力大致相当的权力出现时,欧洲的政治格局变为了多元的。在更近的时期,伴随着美国与苏联取得支配地位,格局转向了两极化。如果一种权力最终占据世界,或者在国际事务中扮演着支配性的角色,这将是单极的例证。或者随着世界回归到多极格局,两极格局会过去。

在多极与多元级的情况下,平衡的过程通常通过在组成或再组成联盟过程中高度的流动性加以区分。让我们考虑一下 19 世纪的世界竞技场。如果某一参与者的领导人(如法国)得出结论认为普鲁士是最具威胁的权力,为了减少威胁,他们并试图通过达成一项外交同盟从而阻止普鲁士,或者在一场可能的战争中将其打败。在改善外交同盟的过程中,法国

---

〔89〕 On the analysis and history of polarity in the world arena, *see* Fox, THE SUPER-POWERS (1944); and W. LANGER, EUROPEAN ALLIANCES AND ALIGNMENTS, 1871 – 1890 (1950) and THE DIPLOMACY OF IMPERIALISM, 1890 – 1902 (1951).

的精英人物和英国与俄国的精英人物发展了积极的关系。作为对逐渐增加的环境“威胁价值”的回应，俄国的领导人企图阻止或者通过提出反诱因，使用威胁，甚至诉诸于战争使同盟破裂。部分政策旨在通过发展友好关系组织一个反同盟（比如，与奥匈帝国和意大利一起）。显然，权力结盟中的变化改变了它所在的运行关系背景。这种情况以蓄意与非蓄意改变所估计的每一权力当前的安全地位与前景的方式发生了。反过来，这也刺激了领域中每一个独立的权力从而令其隶属于一个或者其他的敌对同盟（或者试图保持不受约束）。

如果权力平衡过程进行地很完美，就不会有战争，因为通过战争追求国家政策的潜在成本总是会高于继续实行非战争政策预计的净所得。这样，通过非战争策略的边际获利期待总是超过通过战争的边际获利期待。但是我们知道，事实上战争总会发生。现实反映出导致战争期待原因的因素的确认问题。[90]

例如，我们知道如果战争被认为是对维持国内支配地位所必需的，精英人物可能就会去冒战争（或者战争威胁）的风险。这一策略不限于专制统治：民主制度中的国家领导人借用“战争恐慌”以期望赢得选举。[91] 即使在这些情况下，一个“完美的”平衡过程可能使得成功的机会变小以致只有头脑最混乱的人会选择在一场无望的冒险中毁灭他们自己和他们的人民。

在权力平衡系统的平稳运作中，一起复发“冲突”的源头在于情报的失败。例如，没有能成功收集信息并适当评估发生在国内外社会变更中斗争效力的重要性。这一因素相关的安全政策的评估是相当复杂的，这一点无需争论。除了在获取与权衡信息过程中的情报失败，在政策选择范围内还可能存在创造无力。如果社会变更将在国际竞技场内以保留权力地位相对不变的方式推广，伟大的创造力是必需的。在现代民族主义，产业主义与民主使将要被考虑的因素变得复杂之前，欧洲的统治者们已有了评估权力，以及某一权力未来增长补偿所有损失的共同标准。如果

〔90〕 参见 ASSWELL, WORLD POLITICS AND PERSONAL INSECURITY (1935, 1965 with new introduction), at chapter 4, *The War Crisis*; *The Demand for Security*。

〔91〕 参见 INTERNAL WAR: PROBLEMS AND APPROACHES (Eckstein ed. 1964)。

X 的统治时期通过联姻获得 K 的领地，那些将受到 X 扩张威胁的人们会在联姻前通过得到相等的利益获得补偿，这可以通过联姻或割让的方式实现。当农业而非工业成为财富的主要来源时，土地的多少则是评估权力的最简单易行的单位，同时辅以考虑对于非常富饶或贫瘠的土地（矿产、沼泽）的津贴，贸易的活跃程度，和土地地理位置是否近便。尽管权力平衡能够在军事领域运行多年，不稳定的情况仍然没有变化，而且会持续如此。

| | |
|---|---|
| 无战争的再结盟 ＝在结果被正确评估时 | |
| | 战争评估的强度 |
| | + |
| | 其他影响战争有效性的 |
| | 意图与实力的正确评估 |
| | + |
| | 在“补偿”中应用的共同的评估标准 |

如果“冲突的”失调累计以至于一个权力被认为是普遍的威胁，一个相应的权力组合发展起来以阻止它的扩张，大同盟可能就会认为斗争是必要的。这就是传统意义上的“权力平衡”，也就是说，对所有地位的潜在威胁被一个构成反威胁的同盟所抵消。在这一意义上，“权利的平衡”阻止了拿破仑的法兰西、威廉的德国、希特勒的德国。

实际上，当不那么引人注目的调整正在发生时，“权力的平衡”也在运行中。同盟固守陈规而不改革，这是由“冲突的”困境而导致的危机信号。随着危机的发展，它*在领土的范围内普遍化*同时使得所有的权力加入一个同盟。危机同时通过吸引每一权力内的组成团体在功能上普遍化，寻求整合他们的忠诚或者激起颠覆。随着危机增强，所有国际竞技场内的权力倾向于把它们自己编制在两个敌对并且相互怀疑的由两大最强权力建立的两个主要同盟中。这两大同盟旨在形成一个*围绕与被围绕*的格局，正如当德国与其他中央权力在第一次世界大战中被协约国联盟的陆海军力量所包围。在第二次世界大战中，尽管结盟是一个主要的重要战略目标,但是德国与日本没有能组成联合军事力量。每一方被盟军力量孤立地包围起来。这些极端的模式是任何权力平衡过程中潜在的结果,在这一过程中对地位的争夺导致了*对抗*、*渗透与夹击*。当两大权力支配这一领域,所有权力对一方或者另一阵营的承诺往往变成了"一劳永逸"的,而不是"暂时的"。

有时民族国家的内部竞技场是一个公民竞技场,因为普遍的期待是政策能够以不诉诸强制力的方式得到制定与实施。但是,在特殊的内部危机时期,内部结盟近似于两极格局,最终国家可能被一分为二。美国内战前的政治斗争即为一例。随着关于奴隶制扩张的斗争变得更加激烈,一派观点在南部形成,而另一派则位于北部与东部。随着奴隶制的支持方或反对方加入了他们最认同的阵营,出现了内部迁移。一种隔离格局的形成为 1861 年后国家分为一个"被包围的南方"与"包围中的北方"铺平了道路。(包围圈包括了封锁)类似的隔离发生在当国家沿着经济阶层的界限被明确划分时。当地政治的结盟是最明显的(例如,东柏林四分之一的工人阶层反对西柏林的富裕地区)。如果在产业工人支配工业城市与城镇的情况下危机加剧,国家就分裂为"工业中心"和与其对立的"农业省份"。

在国际危机时期,结盟通常较少遵循隔离模式。有更多不同观点的人员交换;古代的地理遗产变化不明显(如美国的地方主义的例子)。当暴力的期待在内部事务中消失时,政治竞技场的多元化继续发展到进一步细分应该不会改进参与者价值地位的地步。

我们认为英语国家主导的政党制度是两极的。在欧洲大陆主要格局一直是复合的(多极的,多元极的)。有关差异得以在相关国家长期存在。许多因素可以用来解释这一状况。在美国,对有效管理者,即总统的直接选举有利于两党制。因为只有一个候选人可以当选,大家普遍认为选民如果支持少数派,就是将"丢弃他的选票"。虽然英国议会制形式上不是以选举一国的首脑为基础,这一制度同样倾向以两党制的规则运行。原则上,内阁不会倾向于做出一个对全体选民没有吸引力的改变。总理与他的主要同僚们能够手握解散内阁的鞭子,以其不确定性及代价,凌驾于"后排席位"的异议者之上(甚至也可以是前排席位)。对行政权力的恐惧如此之深地印在法兰西的传统中。第三共和国与第四共和国都没有找到用以结束法兰西内阁流动性的可行的方式。只要与个别代理人相关，“让政府垮台”的成本是微不足道的。实际上,他通常能够在混乱中获取一个内阁席位。

在政党竞技场的主导模式是两极的地方，“第三”政党通常是要么衰败要么或者成功变为“第二”或甚至“第一”大党。在自由党受损的情况下,工党在英国完成了壮举。在美国,我们必须回到一个世纪以前共和党替代辉格党的时候。阻碍创设新党派的程序壁垒总是存在,这在一定程度上解释了鲜见的政党更替。但是最重要的一点似乎是占优势的两党制对公共舆论和意见变化趋势作出反应方面所具有的弹性。〔92〕

各种政党制度显示出对一个涉及“有原则的”差异的长期危机的特别适应模式。在组织结构层面,多党制比起两党制更容易反映出新的趋势。一个新的政党通常进入国家竞技场并且提出新的问题与方案。通常,两党制通过在党内产生小集团以适应新趋势。如果危机不减轻,分裂可能会暂时地导致“第三”或者“第四”政党的存在。以这种方式,一对新的具有支配力的党派最终出现,在提议被双方都接受之前,其中的一个政党至少要拥护一系列相对新颖的主张(或者永远存在异议)。

多党制政通过逆转通常的政治组合循环使得“向中央吸引”被转变为“向末端吸引”的方式对长期的严重的内部危机作出反应。以这种方式，两个敌对同盟的立场相互对立,并且“中心”由于区分频率的降低而弱化。如果危机好转,同盟建立者会再一次开始由末端向中心移动。

内部派系结盟的情况比起政党之间的关系更为复杂。除非存在共同接受的敌人与机遇,否则政党内的派系可能增加,并且联合行动的潜力被大大地侵蚀了。这是在政党框架内多元化与分散化的极限状态。如前所述,原则上不存在对特殊的需求与认同的数量限制。这些限制可能在社会过程中出现,因为参与的真正单位不是生物意义上的人类,而是一个共

---

〔92〕参见 BENTLEY, THE PROCESS OF GOVERNMENT (1908); TRUMAN, THE GOVERNMENTAL PROCESS (1951); HERRING, GROUP REPRESENTATION BEFORE CONGRESS (1929) and PUBLIC ADMINISTRATION AND THE PUBLIC INTEREST (1936); and GROSS, THE LEGISLATIVE STRUGGLE: A STUDY IN SOCIAL COMBAT (1953)。

同的观点;观点的数量可能超过“身体”的数量。

制度通常在不引起国内报纸头条注意的情况下经过多年才能适应它们的使命。然而,在狭义的划定范围内,意见的流动与退去,包括专门的与非专门的,都可能有长期而明显的来龙去脉。核算方法的问题、新兴股票的意义、新型商业票据的可接受性、最有效率的联邦程序、教育中的视觉辅助用具的功效、青年与老年身体处罚的适宜性、适当的交通票价、禁烟的最可行方式、在办公室非正式着装的适当性、夏令营对孩子们的效用、婚假与家务机械化的效用;这些例子涉及到成千正在进行的调整中的一小部分。每一问题的分析都会说明来自压力集团不同程度的影响。由于我们的社会并没有给压力组织或施压运动提供完全的登记(一个企业或许是不可行的),压力的平衡不像政党或政府结盟那么容易被理解。

在最后平衡以不同的方式被推翻之前,许多问题的“赞成”与“反对”意见达到了一个相当稳定的水平。奴隶制问题在美国公共生活以多种形式再现,支持与反对奴隶意见的核心持续了很长时间。妇女的选举权、禁酒以及其他许多问题在数十年间仍然活跃,并且供养了某些反压力集团。

## 结果与效果

决定性承诺是军事或民间竞技场的高潮事件,例如,依赖于相关说服或强制程度最终投票与或斗争。结果包括对给予、保留、接收与拒绝支持。效果是受到结果影响的后结果事件。我们可以从特别参与者或总体参与者的角度来考察结果与效果。[93] 在价值方面,某个参与者的地位有起有落;总体价值分配的模式可能会也可能不会保持稳定。事件能够被归纳为与它们相关的政治制度:一些制度变强或变弱;一些制度完全消失或首次出现。如果我们采用一个政治变更的偏好模式,就有可能显示出进展的程度。无论是特别的还是总体的结果,都将可能在决策过程的功

---

〔93〕 分析扩展到关于对每一决策水平特殊文化、阶层、兴趣、个性和危机水平归类的研究,既包括国际的,国内的也包括亚国家的。一些参考,参见 VAGTS, DEFENSE AND DIPLOMACY: THE SOLDIER AND THE CONDUCT OF FOREIGN RELATIONS (1956); GILPIN, AMERICAN SCIENTISTS AND NUCLEAR POLICY (1962); and JACOBSON & STEIN, DIPLOMATS, SCIENTISTS AND POLITICIANS: THE UNITED STATES AND THE NUCLEAR TEST BAN NEGOTIATIONS (1964)。

能方面有所不同（信息、推广、规定、援引、适用、终止、评价）。[94]

**特定影响**

如果我们从不同的角度进行归纳，一国权力地位的变更通常以不同的方式出现。一个最简单的权力量度是一国一定时期内在同盟中的地位。多久 A 国获取一次联盟的胜利？多久失败一次？多久未做出承诺（与获胜者一起）？

我们可以根据涉及问题的竞技场范围来划分 A 国加入的同盟。多少国家正在相互作用？它们互动到怎样的程度？（如它们应用基础价值的程度如何）什么价值意义是由决策转变的？（例如，领土与人民的转变）

我们也可以根据前结果的作用来分析国家对决策的影响。例如，国家制定的最终获得接受的政策。以这种方式小国家往往能够通过创设可以被接受的解决方案以发挥出很大的作用。前结果分析同样引起了对一个国家可以扮演的关键角色的注意。一些问题如果得到正式承认，其他人就会接受。

我们可以依据国家在追求政策目标中的基础价值来分析其政治上的成功与失败。追求什么目标？什么是政策获益于损失？以怎样的代价与风险？在危机环境下，当国家政策致力于进行反侵略战争时，这些问题可以得到清楚的答案。如果侵略一方撤出并支付赔款，国家就成功地阻止了一次严重的，如果不是全部的，权力损失。战争中的财产损失是最直接的代价。

世界政治竞技场中的政府间国际组织似乎没有权力做出规定性的决策。但是研究证明国际组织正式提出的多边条约被大多数民族国家批准，甚至在没有获得批准的情况下，这些条约仍为国家法庭所接受。外国政府部门、法院和其他官方机构会把条约草案的规范认为是国际法；法律评论人可以引用草案（和准备性讨论）作为已建立的对国家行为的预期的

---

〔94〕 无论是国内的或是国际领域的，法律人主要普遍且关注的决策结果当然是这七种不同种类的决策结果或“决策作用”。各种决策以及它们在一个社会的建制性构建过程中如何被解释的具体区别也不同，详细论述参见 M. MCDOUGAL & W. M. REISMAN, INTERNATIONAL LAW ESSAYS (1981). A still further exposition will appear in a forthcoming publication。

最好证据。

在受大众欢迎的政府获胜的政治体中,注意力集中在评价政党与同盟的权力方面。压力集团的资料比起政党资料更难获取,因此更少有研究评价压力系统或团伙中个体成员的影响。

**总体影响**

在世界竞技场内关于政治的总体影响的最主要问题在于,参与者的数量是否有大幅度变化,或者权力分配的格局被更改。现代社会经历了一场从*多极*到*多元极*到两极的全盘变更;并且曾有过许多普遍的单极的或是多元极回归的预示。宣称任何明确的顺序"不可避免"是没有理由的;事实上,区域的历史实际上揭示了每一个能够想象到的延续。中华帝国设想自己作为一个与文明等同的世界性的国家。在"困难时期",该帝国瓦解并让路于"斗争国家",并最终再次统一成一个具有威权性和并且控制力的号称领土统一的政权。

在一个国家的内部决策过程的任何时期可能会经历权力分配的实质变化。公共秩序可能向前发展或着远离更强大的权力分配(民主—寡头政治—独裁政治;独裁政治—寡头政治—民主;民主—独裁政治;独裁政治—民主)。

从制度方面对国际竞技场的分析记录了对敌对模式的支持度上的变化。我们已经提及了社会变更创新的、扩散的和限制性的特征,并在这一方面强调国际革命运动的作用。[95] 政治神秘体系和技术模式的构成要素以不同路径扩散。例如,"国际主义"的标志可能从"社会主义"中分离出来,然后与身份的"国家的"标志相结合而传播,并且有影响力的精英人物可能从党派组织者和鼓动者变成军官、管理工程师和公务员。当代世界的一个主要问题是"极权主义"是否扩散,在何处扩散,并且已经扩散到何种程度;是否极权主义的词汇正被使用于特定的环境下以产生革命的或反革命的结果。更普遍而言,是否任何可以确认的公众秩序体系正在

---

〔95〕 参见 REVOLUTION IN WORLD POLITICS (Kautsky ed. 1962); ARON, THE CENTURY OF TOTAL WAR (1955); and ARENDT, ON REVOLUTION (1963)。

国际领域向普遍性发展？[96]

在国际竞技场内威胁和机会的分配会极有可能对党派体制的未来有意义深远的决定性影响。已经有足够的例子说明，例如，两党体制可能在多样的环境下让位于一党，多元极或多极格局（无论顺序如何）。一个有关垄断体制（政治秩序）的未解决的问题是，在何种情况下（如果这种情况存在的话），垄断体制将被一个真正的政党制度替代。

是否有可能设计一个政权塑造和分享的一般模式，原则上可用于每一竞技场？必须注意的是所有的前结果的活动都是导致最终结果的预备项目。任何一个参与者能给予自己的，或任何其他人的，所有支持是领域内可获得的潜在的权力存量的一部分。国家 A 的权力所得包括从其他领域参与者处得到的支持。就投票涉及的问题而言，一个科学观察者能够算得上是对 A 的支持的投票，对所有采用相同方式表态的人的投票，减去反对（未提交的）投票。关于通过斗争解决的问题，一个人能够算得上支持 A 的盟友（由集中化程度来衡量）减去敌人和做出承诺的国家（也由集中度来衡量）。一个科学观察者也会注意到没有经过公众冲突阶段而发生的权力上的变化。在一个特定的时期，国家 A 可能根据授权在人口或财产贡献比例方面的自动变化的规定，悄悄地在各个组织获得更多的投票。当规范平静地施用时，国家 A 可能也将失去在某些组织的选票。我们进一步注意到，每一个人在很多问题上获得社群的全力支持。（无人反对或者不做表态）。

一份总权力结果与净权力结果的平衡表对于在任何选定的时期的任何总体权力影响的评估都是必要的。我们把权力的积累当做被改变的支持或是公众秩序体系的支持或非支持，尤其是建制性的制度。支持的失去不难衡量，因为在退出方面的积极的努力可能正在进行中，或者革命性的活动也可能动摇民心。我们推荐的模式能够适用于世界社群的任何竞技场：第一，总结该领域的建制性实践，第二，描述强度，在此强度下这些

---

〔96〕 *See* SETON-WATSON, NEITHER WAR NOR PEACE: THE STRUGGLE FOR POWER IN THE POSTWAR WORLD (1960); Parsons, *Polarization and the Problem of International Order*, in PREVENTING WORLD WAR THREE (Deutsch ed. 1963); and ULAM, THE UNFINISHED REVOLUTION (1960).

实践在一个选定时期的开端获得支持;第三,总结在此时期获得的净支持;第四,最后描述支持强度的特征。[97]

| 权力结果(在选定的时期) | |
|---|---|
| 总额 = | 成功的建制性问题支持的差额 |
| | - |
| | 不成功的建制性问题支持的差额 |
| 净额 = | 总结果 |
| | + |
| | 支持建制性关系的非问题性改变 |
| | - |
| | 不支持建制性关系的非问题性改变 |
| 权力影响 = | 建制性关系的最初支持 + (或 - ) |
| | 净结果 |

通过恰当的改进,我们提出分类可能被用作描述任何社群的权力过程,包括外部的和内部的,无论在任何研究中完整性和精确性都是必要的。结果和影响的研究能由多个种类的、在各个国家内部竞技场的参与者的总体影响构成。[98] 同样的,我们也可以在决策与后决策阶段描述所

---

〔97〕 For amplification, *see* Part I, Chapter 4, *supra*.

〔98〕 参见,例如 DAHL, WHO GOVERNS? DEMOCRACY AND POWER IN AN AMERICAN CITY (1961); Miller, *Decision-making Cliques in Community Power Structure*, 64 AMERICAN JOURNAL OF SOCIOLOGY 306 (1958); WAHLKE ET AL., THE LEGISLATIVE SYSTEM, EXPLORATIONS IN LEGISLATIVE BEHAVIOR (1962); COMMUNITY POWER SYSTEMS (Janowitz ed. 1961); CAMPBELL ET AL., THE AMERICAN VOTER (1960); CARROLL, THE HOUSE OF REPRESENTATIVES AND FOREIGN AFFAIRS (1958); ROBINSON, CONGRESS AND FOREIGN POLICY-MAKING: A STUDY OF LEGISLATIVE INFLUENCE AND INITIATIVE (1962); NEUSTADT, PRESIDENTIAL POWER (1960); TRUMAN, THE GOVERNMENTAL PROCESS; POLITICAL INTEREST AND PUBLIC OPINION (1951); Dahl, *The Concept of Power*, 2 BEHAVIORAL SCIENCE 201 (1957); McRae & Price, *Scale Positions and "Power" in the Senate*, 4 BEHAVIORAL SCIENCE 4 (1954); March, *Influence Measurement in Experimental and Semi-Experimental Groups*, 19 SOCIOMETRY 260 (1956); URNER, PARTY AND CONSTITUENCY: PRESSURES ON CONGRESS (1952); POLITICS IN THE AMERICAN STATES: A COMPARATIVE ANALYSIS (H. Jacobs & K. Vines eds. 1965); ZEIGLER, INTEREST GROUPS IN AMERICAN SOCIETY (1964); and SCHATTSCHNEIDER, THE SEMI-SOVEREIGN PEOPLE (1960).

有其他的在政治过程中的参与者的内部和外部竞技场。[99]

【翻译:曹　晴;校对:陈　磊】

## B节　教　化

### 引　言

不管人类面对怎样的政策问题,他们需要获得可靠的、关于过去及对未来批判性预测的信息。论及过去,两类信息具有关联性:趋势的描述,条件性因素的分析。言及未来,涉及两项智识活动,第一项活动即在思考者不拟干预以修正事件的基础上,预测发展的可能进程;[100] 第二项活动关乎政策的替选方案。假设未来拟受经深思熟虑的干预的影响,我们所面临的挑战就在于评估如某替代政策被通过,既定结果会出现的可能性。

一旦教化无法逃脱地被卷入每一问题,以下情况就很容易被视而不见,即教化本身是目的,进而,它更多的是一个范畴,而非一项基础价值。在城市文明中,很多人将教化视为主要目标孜孜以求,并对应着谋划其职业。

### 参　与　者

我们的文明已认识到,顶级的科学家、学者为自身追求知识,或至少他们真心实意地依其所能为自然和社会科学的进步做出贡献。[101] 在欧洲,教化于何时成为多数人所追求的主要价值我们尚无从得知。是否早期的编年史记录者乃受好奇心的驱使,方试图构建信史的体系;又或者他

---

〔99〕 参见,例如, HOVET, BLOC POLITICS IN THE UNITED NATIONS (1960); ALKER & RUSSETT, WORLD POLITICS IN THE GENERAL ASSEMBLY (1965); CLAUDE, SWORDS INTO PLOUGHSHARES (2d ed., 1956); Haas, *Regionalism, Functionalism and Universal International Organization*, 8 WORLD POLITICS 238 (1956); and BAILEY, THE GENERAL ASSEMBLY OF THE UNITED NATIONS: A STUDY OF PROCEDURE AND PRACTICE (1961)。

〔100〕 诚然,干预涉及程度问题。主观行为的反应无需视为干预;然而,即便此对发展进程并无直接影响,反应行为却可创造、维持并改变期待,该期待提供了决策及行为的基础。

〔101〕 参见 B. BARBER, SCIENCE AND THE SOCIAL ORDER (rev. ed. 1962)。

们所主要关注的系其他的目的,如历朝历代的纷争,此亦无法明晰。在19世纪的欧洲,历史教育成为一项职业无需过多论证。[102] 然而即便在那个年代,历史因服务于其他目的,如国家独立、无产阶级革命之需,而陷于永远的危险。可以毫无疑问地说,直至20世纪,并无多少学者专一地致力于关于历史及社会真理的追求。[103]

然而,唯利是图也好,党派纷争也罢,大众媒体的操控者和撰稿人中的多数人可能对新闻收集与传播就是有着强烈的事业心。[104] 对于此中的小部分人而言,他们的挑战在于促成教化。然而,无法否认关于时政的信息典型地更多地取决于价值而非好奇心。新闻对于精英者而言总是至关重要的。在所有的古代文明中,雇用间谍提供对手的情报就是惯常被使用的方法;基于政治的考虑,对地方群众进行监督以期及时发现反动传言,并先发制人地阻止煽动性言论。[105] 为皈依而实施的传教活动通过牧师和信徒网络获取信息并受其指引。[106] 数世纪以来,企业家通过情报人员网络提供的市场短缺与盈余信息,并锁定原材料与具有前景的生产技术。[107]

---

〔102〕 参见 FENER, THE SCIENTIFIC INTELLECTUAL: THE PSYCHOLOGICAL AND SOCIOLOGICAL ORIGINS OF MODERN SCIENCE (1963) 就科学家和学者的方向提供了一些概述; HASKINS, STUDIES IN THE HISTORY OF MEDIAEVAL SCIENCE (1924); SINGER, FROM MAGIC TO SCIENCE (1928); Merton, *Science, Technology and Society in Seventeenth Century England*, 4 OSIRIS pt. 2, 494 (1938); NEUGEBAUER, THE EXACT SCIENCES IN ANTIQUITY (2nd ed. 1957); and NEEDHAM, SCIENCE AND CIVILIZATION IN CHINA (1954 - 1980), especially Vol. 2。

〔103〕 参见 GOOCH, HISTORY AND HISTORIANS IN THE NINETEENTH CENTURY (2nd ed. 1950)。

〔104〕 记者的观点很少被研究,有关观点见 ROSTEN, THE WASHINGTON CORRESPONDENTS (1937); and CORNWELL, JR., PRESIDENTIAL LEADERSHIP OF PUBLIC OPINION (1965)。

〔105〕 参见 DE GRAMONT, THE SECRET WAR: THE STORY OF INTERNATIONAL ESPIONAGE SINCE WORLD WAR Ⅱ (1962); and SINGER, THREE THOUSAND YEARS OF ESPIONAGE (1948). In KAUTILYA, ARTHASASTRA (Shamasastry tr., Fleet 进行了介绍并作出注释, 4th ed. 1951), an Indian classic for princes, methods of surveillance are explicitly discussed 有关印度君主的经典作品,明确讨论了监督的手段。

〔106〕 以下文献提供了有关线索:LATOURETTE, A HISTORY OF THE EXPANSION OF CHRISTIANITY 7 Vols. (1937 - 1945)。

〔107〕 参见 EHRENBERG, CAPITAL AND FINANCE IN THE AGE OF THE RENAISSANCE: A STUDY OF THE FUGGERS AND THEIR CONNECTIONS (Lucas tr. 1928)。

我们重申，政治的、经济的或其相关决策和选择必然指向未来。关于过去趋势与条件的知识是不够的，积极地预测未来是不可或缺的。在所有的社会形态，小至简单民间团体大到复杂城市文明，预示或预测都发挥着作用。我们所熟悉的宫廷占星家，当他们将自身的悲观演化为不受欢迎的预示时，他们为自己的鲁莽自食恶果。当占卜者未尽注意乐观地预言伟大胜利却无法得到证实时，他们自己就成了牺牲品。[108]

任何公正且权威的调查均显示，尽管社群中的多数人在自然科学、艺术上并不专业，但他们构成了对所有的发现均保持警觉的公众群。他们深知获取信息与提供信息的重要性。[109]

犹如现代社会中科研与报告所占据的突出地位，为储存以及恢复储存的知识倾其毕生的人多于直接参与科学进步或动态情报活动的人。信息管理人员的数量（图书管理员、教师）超出了科学家和记者。[110]

一般而言，学生与观众、听众和读者作为新闻及预测的受众一样，扮演着累积知识的接收者的角色。

在强调重点方面的不同令以教化为导向的人，和专注于细部并很少关注大环境的人得以区分，我们会在有关技能的讨论中就此进行详述。传统而言，被教化的人具有“哲学的”见解。然而，我们不会用教化的分类将伦理的或宗教的偏见纳入其中；此时我们连同操行一并考虑。教化意指期待，而非需求；然而，当教化作为一种价值予以追求时，期待本身便成为需求的目的。

总之，教化的参与者包括：

构建者 = 科研人员

（科学家、学者）

\+

记者

---

〔108〕 参见 D. PRICE, SCIENCE SINCE BABYLON (1962); and L. THORNDIKE, A HISTORY OF MAGIC AND EXPERIMENTAL SCIENCE (1923 – 1958), especially Vols. 1 and 2。

〔109〕 有关非专业人士的角色，参见 STIMSON, SCIENTISTS AND AMATEURS: A HISTORY OF THE ROYAL SOCIETY (1949)。

〔110〕 参见 LEIGH, PUBLIC LIBRARY IN THE UNITED STATES (1950)。

+
预言家和预测家
+
存储人
(图书管理员、作者、受教育人)
+
分享者 = 科研、新闻的传播者
+
累积知识的学习者
+
时政报告的观众、读者和听众

## 观　　点

强调教化为价值范畴的人或团体通过创制神秘体系以指导自己所作所为,或为其所作所为正名;这些法则可能或可能不能成为业已建立的社会意识形态的部分。[111] 例如,科学的神秘体系会受到来自世界各个角落的持续攻击。在现代社会,始于16世纪的系统的实证科学方被普遍认可,且在今日加速发展。科学主张的与众不同之处不在于它对普遍的基础知识的贡献,而在于这一主张为来自不同文化的僧侣、先知、神秘主义者、神学家所推动。凭借天文学家、物理学家、化学家以及其他影响力正处于上升阶段的科学家之名,法则强调的是想象与筛选想象的实证方法之间的联系。对于人与自然的结构、功能的想象可能孕育于冥想。但是,想象不会立刻被接受为自然的科学图景或社会过程的一部分。即便人类对最终可验证性不抱任何怀疑,并穷尽毕生以求经验的验证,想象仍需等待宣判,直到获得足够的数据以证实该主张,且该主张所描绘的想象图景比竞争对手更富于逻辑、更为简明。构成科学法则的观念为适当的活动所补充。该活动包括"技术"的构建与教化的分享等。每一科学领域均需

〔111〕 参见 E. SHILS, THE INTELLECTUAL BETWEEN TRADITION AND MODERNITY: THE INDIAN SITUATION (在社会和历史方面的比较研究, Supp. 1 1961)。

适用于中心任务的实体设备,每一专业均需特别的观察与数据处理的模式。[112]

科学神秘体系的原则构成是系统的、实证的研究的理论。科学神秘体系的公式化规则包括了知识求索过程中的行为规范。某些规定清楚地表明了普遍适用规范的可能事件,亦表明了对偏差(符应)个案的认可。显然,公式化规则用于解释以期实施原则的行为。由此,科学家将发明创造与同行分享是其应有之意,以此区别于江湖骗子;作为秘密真相的缔造者,科学家非为趋名逐利亦是其应有之意。[113] 我们希望科学家能完全公正地对待所获的数据,且忌妄加宣称某一理论模式已经被完全证实。随着公之于众的成就增加,显赫的名字成倍出现,科学特色变量会多得令人惊叹。与此同时,持续的全球性不稳定因素,失业以及通货膨胀常常引发不安,而这些可能转化为针对科学事业的对抗因素。

记者和通讯员自有一套神秘体系,其信条强调任何与政策相关的重要事件的新闻的及时性、可靠性和代表性。公式化规则对那些能够有效体现原则的行为进行了描述。例如,某一富有争议的规范要求所有的新闻或评论间彼此能予以明确地区分。在新闻报道的赞颂中有这样一些自由言论的英雄人物,他们成功地避开了审查并为个人或集体决策提供了大量重要信息。[114]

## 场　所

场所现已发展成为对个人或团体进行社会和资源环境情况介绍的一部分。我们在完成任何智识任务的过程中都必须对环境进行考察,并明

---

〔112〕 参见 HANSON, PATTERNS OF DISCOVERY: AN INQUIRY INTO THE CONCEPTUAL FOUNDATIONS OF SCIENCE (1958)。

〔113〕 对于专业机构或非正式情绪而言具有可操作性的科学标准总是在剧烈变化,这在一定程度上是源于有关科学和科学家的概念的缓慢性、试验性、混乱性和矛盾性。例如,16 世纪物理学家帕拉塞尔苏斯的个人风格用"bombast"(意为夸夸其谈)一词丰富了人们的词典,该词源于他名字中的"Bombastus"。CASTIGLIONI, A HISTORY OF MEDICINE (Kumbharr tr. 1946).

〔114〕 以下文献提供了当前符号专家和受众中规则的线索:DUNCAN, COMMUNICATION AND SOCIAL ORDER (1962)。注意以下文献提出的建议:A FREE AND RESPONSIBLE PRESS: REPORT OF THE COMMISSION ON FREEDOM OF THE PRESS (1947) and REPORT OF THE ROYAL COMMISSION ON THE PRESS (1947-49)。

确赋予其作为价值容忍和价值剥夺的来源的特征。典型的例子包括:大众媒体在权力、财富以及相关价值处于优势地位环境下活动。[115] 验证环境的过程亦包括为科学目的而对情势进行研究。科学反馈可能变革或遵循各地科学家所共有的稳定的现实图景。某些场所主要致力于"监管"。通常监管活动和场所相联系,作为有关环境设置的行为的开始,场所亦与信息相关联。此外,有关联性场所的教化包括指向年轻一代或团体新成员的信息的传播(教育)。

**监管**

所谓监管是指观察或报道时政,该行为指向群体所生活的环境以及该群体本身指引。图 A 表述其行为:

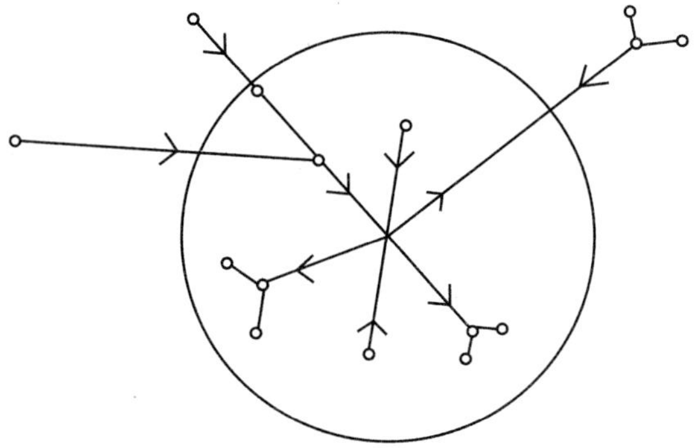

**图 A**

大圈代表任何群体。大圈外的小圈与指向圈内的箭头相连接,代表居住于故土之外的群体成员所获取的原始信息的回流,即其在外域所见所闻的信息回传。如若大圈指代某一国家,小圈则指代其驻外信息收集机构的记者,官方驻外办事处的官员,服务于政党、出版机构或私人社团的信息收集者。除前述专门人员外,小圈亦可代表各类非正式信息采集

[115] 参见 READER IN PUBLIC OPINION. AND COMMUNICATION (B. Berelson & M. Janowitz eds. 2nd ed. 1966), especially selections from C. Cooley, G. Mead, R. Park, and E. Sapir. Other collections of theory and research are by D. Katz (and others) and W. Schramm。

人，如学生、游客等其他临时人员。[116]

图 A 中某些小圈代表着信息来源向中心汇集。它们代表了处理本地事务的观察者所做的报道。他们提供发生在群体内的整个事件的素材。如若 A 是美国，小圈则包含了所有报纸、广播和电视记者，通常还包括所有杂志存在实质利益的撰稿人，信息服务和内参撰稿人及内幕信息持有人。军队中自愿代写家书者亦可归为此大类。

每一群体都承担着自我监督与监督他人的双重功能。通常而言，信息唾手可得，不管人们对于信息的需求何时确立，场所都是在人类活动的大背景下孕育而成。在前沿阵地，听众期望过往的商客或信差提供消息。在更为复杂的社会，听众紧紧围绕着大众或专业媒体。[117]

监管活动中所使用的信息模式千差万别。某些情形下，进来的信息网络在某中心点汇合，进而继续聚集。为国家决策者服务的秘密情报机构便属此情形。与此相反，某些进来的信息网络由中心点向外发布，信息得以迅速地传播到较信息的收集人更为广泛的多数人。典型的模式即大众传媒，如出版社，其将信息集中到中心点，然后再向外发散。模式的千差万别在交际网络中均可发现。某评论员可能立马获得大众芳心，然而某报告人可能迎合的只是某一听众，但这一听众可能正是总统。当对于媒体所传播的消息的内容与其无关时，听众或许无动于衷。当听众既是媒体的参与者亦是听众时，他所承担的就是双重角色。（有时，政府和商店的内刊成功地承担着在短时间内向所有人获得信息，进而对所有信息保有高度关注的角色）

---

[116] 参见 DAVISON, INTERNATIONAL POLITICAL COMMUNICATION (1965); CLEVELAND, MANGONE & ADAMS, THE OVERSEAS AMERICANS (1960); BAUER, POOL & DEXTER, AMERICAN BUSINESS POLICY, THE POLITICS OF FOREIGN TRADE (1962); SARGENT, THE REPRESENTATION OF THE UNITED STATES ABROAD (1965); WEIDNER, THE WORLD ROLE OF UNIVERSITIES (1962); and MATHEWS, REPORTING THE WARS (1957)。

[117] 有关新旧混合参见 SCHRAMM, MEDIA AND NATIONAL DEVELOPMENT (1964); DOOB, COMMUNICATION IN AFRICA (1961); KEESING & KEESING, ELITE COMMUNICATION IN SAMOA (1956); and BERGER, THE ARAB WORLD TODAY (1962)。

### 相互作用

某一群体总是试图依据为整个群体所感知的问题解释现实的信息供应。当 A 国得到的情报需要用于决策制定之时,这一过程在世界事务中尤为明显。毋宁说反应可能是积极的,不如说是消极的;甚至出现了在外交、经济、军事或政策意识形态方面没有作出任何反应的情形。

在民主社会,国家活动的相互作用通常是一项令人惊叹的大工程。因此,在作出最终妥协之前,唇枪舌剑可能持续数天,数周、数月甚至经年。1917 年和 1941 年美国向德国开战前,经过大量的口头的、书面的讨论便是一个例证。除了不同主张的游说人,还有那么些美国人,他们单独地参与到推广活动中。因而加入战争的反应是逐步形成的。

图 A 中某些小圈涉及具有关联的群体对关于外部世界的信息的反应。一定程度上,论及未来的新闻报道会经编辑的润色。作为一种手段,新闻报道依据过去的经验进行解释。如果报道在更大范围内被同化,一个群体有时能在政策上达成一致。在图 A 中,一些线段指向中心或从中心向外指向便属于一种相互作用,而非监管活动,当这些线段从社群的次级领导或普通人员指向中心时犹是。涉及对外政策相互作用的最终行为有可能成为从 A 国,尤其是从 A 国的顶尖政策制定者传播出来的,并可能被送往驻外机构以指导他们如何行事。[118]

内部政策的相互作用遵循相同次序。除非有备而来,源自 A 国内的且流向中心点的(或直接经其他个体或小的次级中心点)信息内流并不会立刻引发反应行动。如社群反应的相互作用涉及某种持续了较长时间的

---

〔118〕 相关研究见 THE SECRETARY OF STATE (Price ed. 1960); LANE & SEARS, PUBLIC OPINION (1964); MCCAMY, CONDUCT OF THE NEW DIPLOMACY (1964); and RUSSETT, COMMUNITY AND CONTENTION: BRITAIN AND AMERICA IN THE TWENTIETH CENTURY (1963) 谈及议会、国会和其他整体过程的官方和非官方的参与者的回应性。又参见 ROSENAU, PUBLIC OPINION AND FOREIGN POLICY: AN OPERATIONAL FORMULATION (1961); ALMOND, THE AMERICAN PEOPLE AND FOREIGN POLICY (1950); KATZ & LAZARSFELD, PERSONAL INFLUENCE: THE PART PLAYED BY PEOPLE IN THE FLOW OF MASS COMMUNICATION (1955); and COHEN, THE PRESS AND FOREIGN POLICY (1963)。

合作。[119]

## 教育

建制性的、公共的、民主的社会传统作为教化的过程得以传播。年轻人和陌生人被告知群体的历史或传奇。在图A中,某些连接圈与圈之间的线条并不指回中心点。这些多代表教育中所使用的网络。这些圈和线段通常代表非以中心为导向的,通常发生于家庭、学校与邻里间的过程。[120]

尽管上述例子与监督相关,但相互作用及教育几乎与新闻无关,科研亦然。监管可能是学术的或社会科学的计划的部分,又或者监管以物理的环境为目的(如"国际地球物理年")。相互作用则需要以趋势、科学解释或政策的预测为凭据陈述原始数据。相互关联的活动利用累积的知识,加入教化的知识储备。教育以传播和学习为辅助手段吸取存储的知识(书本、受教育的人)。[121]

新的教化场所不断显现,旧的场所逐渐消失。某些场所不存在组织。当组织出现时,依据等级不同,成员的参与可能需要正式的批准。

非组织化的场所主要是指语言社区,包括操同一方言的人群。自然语言是教化的重要工具,且尽管新词经常被创造,语言的主要结构性特征

---

[119] 在集权国家中,接收、交换和解释政策信息的重要性的过程被尽可能的牢牢集中掌握。公共陈述的"真理价值"从属于政府—政党独裁者所认定的权力价值。例如,参见 YU, MASS PERSUASION IN COMMUNIST CHINA (1964); CHEN, THOUGHT REFORM OF THE CHINESE INTELLECTUALS (1960); and INKELES, PUBLIC OPINION IN SOVIET CHINA (1950)。

[120] 参见 MERRIAM, THE MAKING OF CITIZENS: A COMPARATIVE STUDY OF METHODS OF CIVIC TRAINING (1931); INKELES & BAUER, THE SOVIET CITIZEN: DAILY LIFE IN A TOTALITARIAN SOCIETY (1959); MEHNERT, SOVIET MAN AND HIS WORLD (1962); and HYMAN, POLITICAL SOCIALIZATION (1959)。

[121] 参见 MEARNS, THE STORY UP TO Now: THE LIBRARY OF CONGRESS 1800 – 1946 (1948); THE LIBRARY OF CONGRESS, INTERNATIONAL SCIENTIFIC ORGANIZATIONS; A GUIDE TO THEIR LIBRARY, DOCUMENTATION AND INFORMATION SERVICES (1962); and BERELSON, GRADUATE EDUCATION IN THE UNITED STATES (1960)。联合国教科文组织(UNESCO)有大量的事实搜集和公布节目。

总是超出意识控制的范围。[122]

有组织的场所的简单解构：

用于构建的场所 = 科研机构、大学

+

新闻收集机构，

秘密的情报机构

+

预测服务机构

+

图书馆、博物馆、动物园

及植物园，保护区、

为机器处理的编码信息

用于分享的场所 = 大众及特殊传媒

+

教育机构

+

信息服务的订阅者

主要的非组织化场所：

语言社区

## 基础价值

需特别指出的是在追求教化结果的过程中每一价值都得到运用。有鉴于知识的图谱是逐渐累积的，教化通常是一项基础价值。作为知识的培育者，知识的重要性随着科学与学识的增长得到体现。曾几何时当字母表以及其他纷繁复杂的符号系统被创设时，知识便大量地积累。[123]

---

〔122〕 参见 PEI & GAYNOR, A DICTIONARY OF LINGUISTICS (1954); and STUDY OF THE ROLE OF SECOND LANGUAGES IN ASIA, AFRICA, AND LATIN AMERICA (Rice ed., Center for Applied Linguistics of the Modem Language Assn. of America, 1962)。

〔123〕 参见 CHILDE, MAN MAKES HIMSELF (1941); and S. MASON, A HISTORY OF THE SCIENCES (rev. ed. 1962)。

鉴于我们将在后文谈及教化和其他价值间的相互作用,现仅就此简单举例。[124] 众人皆知权力之于知识构建与分享的影响,例如,在战争危机时和处在极权制下时。诸多因素只有在使用社群强制力时方可获得。[如法庭传票(subpoena power)就是很好的例证]

现代通讯技术的革命凸显了财富作为教化基础的作用。我们可以详细阐明技能,尤其是在物理学、生物学和行为科学方面的技能作为知识的工具已经获得大规模完善。此外,精神意义上的福利显然也在促进或限制可靠知识的发现方面扮演着某种角色。当代精神病学和相关领域的发展显示认知的系统性扭曲可能来自于人格的内在冲突。(同样有证据表明正直、情感和尊重这些价值也影响知识的形成和共享)[125]

## 策　略

### 特殊策略

特殊策略为某一场所成员所适用,将对教化结果产生具体的影响。策略被用以完成各类目标,并作为一个独立的基础价值或协同其他价值管理教化。[126]

依据价值构建和价值分享,前文针对目标进行了分类。显然,通常意义上,教化属于基础价值,可(以为其他参与者放任或剥夺的方式)进行管理,可放弃或可保留。

不管所求结果为何,在终点事件发生前,必然发生系列事件。例如,我们注意到目标需与恰当因素相结合。某一科研项目需要理论模式、研究规划、专门人才、实验室或野外工作的仪器设备、工资基金等诸如此类

---

[124] 参见 J. NEF, WAR AND HUMAN PROGRESS; AN ESSAY ON THE RISE OF INDUSTRIAL CIVILIZATION (1950)。

[125] 尽管没有必要从这些方面进行研究,有关科学家和科学的历史强调了在不同情况下这些价值的作用。宗教(操守)、教化和技能的前科学形式的作用和用于科学目的的有关财富、社会地位(尊重)、个人关系(情感)乃至矛盾个性的强度(负面福利)的事实同样明显。参见 ROOTS OF SCIENTIFIC THOUGHT (Wiener & Noland eds. 1957)。

[126] 参见 CAPLOW & MCGEE, THE ACADEMIC MARKETPLACE (1958)。为了维持事业和项目的完整性,并实现其他目的,学者个人和有组织的结构会与所有的机构进行互动。参见 LAZARSFELD, THIELENS & RIESMAN, THE ACADEMIC MIND; SOCIAL SCIENTISTS IN A TIME OF CRISIS (1958)。

的事物。上述提及的因素超越了教化,包含了诸如财富和技能等价值;实际上,任何价值都可适应于教化。一旦这些因素结合起来,处理过程将成为一个次级目标,其包含了例行的数据收集、数据安排和数据解释,以及人员管理和外部关系等。[127]

所求结果可能更多的是价值分享而非价值构建;换言之,获取或管理价值的方式是分享教化,而非进一步地积累教化。当教化作为其他价值的基础时,可被分享。[128] 对于以勒索(获得金钱)为目的的信息使用便是一个令人印象深刻且具颠覆性的例子。而为提升尊重或正直而使用宗教经典中的知识则是值得称颂的范例。

于此,强调管理教化为进一步获取教化的基础的策略足矣。构建的策略,包括科研、报告、预测和存储,以及分享的策略,包括发布、学习和评论的例子不胜枚举。依据参与者(有组织的,无组织的)和目标的不同,这些均可予以区分。

### 教化流中的极性

当我们检验某场所前结果阶段的相互作用的流动时,我们得到的是一幅极性(众极、复极、两极、单极)的聚合图景。一个真正具有竞争力的场所需满足以下条件:参与者依据对他们在教化中的净利益的计算发布信息和对未来的评估;存在为汇聚评估和信息的临时联盟;在该场所非依个人或某些参与者的强制力,而是依据其技能及所付出的努力作为基础决定信息的获取水平。例如,有时具有竞争力的场所由位于国都,诸如华盛顿或伦敦的记者团的成员提供。某记者提供信息以换取他认为相当的其他新闻题材。作为数名记者联合商议的结果系制定出针对该具体新闻

---

〔127〕 一项促进研究的重要策略是在培育学者和科学家的自我引导。参见 HOFSTADTER & METZGER, THE DEVELOPMENT OF ACADEMIC FREEDOM IN THE D. S. (1955); and MACIVER, ACADEMIC FREEDOM IN OUR TIME (1955)。有关记录的技巧,参见 S. BRADFORD, DOCUMENTATION (1950); and NETT & HETZLER, AN INTRODUCTION TO ELECTRONIC DATA PROCESSING (1959)。

〔128〕 参见,例如 GARCEAU, THE PUBLIC LIBRARY IN THE POLITICAL PROCESS (1949); and WILSON, PRESSURE GROUP: THE CAMPAIGN FOR COMMERCIAL TELEVISION (1961)。

题材的临时安排。如若某记者在指定时间内未能提供相关信息，其失手或可归因于缺乏解释相关线索的技能或仅是懒惰。

然而，记者团可以多种方式偏离某种具有完全竞争力的模式。通过用尽所有基础价值，随意掌控信息的获取或对竞争者施以阻碍，工作联盟可以变得相对长期。如若联盟为数不多，且无一联盟可控制所有资源，那么所有人均承受巨大风险。某联盟今日得势，对其竞争者视而不见。然而，三十年河东三十年河西，明日可能又是一番景象。坦率地说，由于职业、声名又或地位卷入其间，如果没能抢先发布新闻，对参与者而言，除了教化还有更多的价值受到影响。在该情形下，通过在重要事件中给予某人以保护，以减少价值剥夺的风险的动机强烈。（如若教化依赖于强权的期待占据着优势地位，此谈及的场所俨然成为竞技场，或已经被政治化。或可曰，假设信息的获取与传播涉及极端的价值剥夺，且该假设皆为众人所接受。甚至在真正具有竞争力的场所，如果个人参与者无法获取特定信息，则可能遭受严重损害。然而，一般而言强权的使用在教化的获取和传播中并非举足轻重，该期望值是不会改变的。作为“场所”的一种，聚合情形的定义亦不变）[129]

尽管所有人均因他人的努力而感岌岌可危，然而，限制竞争，则无人可居优势地位。此关系的例证可见于敌对的特工中。这些特工通常基于相互利益从事有限的信息交换，以满足其重要听众为目的而展开工作。对于某个特工而言，拥有与其对应的另一特工更加方便其工作，他甚至不必为此作出新的秘密安排。有时，当每个特工都视自己为服务于自身的专家，进而，每个特工都可为任何人雇用时，这一关系便发展到了极致。（“双重间谍”无需为更换主顾烦恼，他可迎合所有的客户，且客户之间并不知晓）[130]

## 结果与效果

### 特定情况

以展现个人参与者的教化变迁为目的，特定的结果可公开质询。从

---

〔129〕 J. Gunther's 的小说，THE LOST CITY (1963)是有关“二战”之前的越南，它生动地反映了在一个重要城市中外国记者之间所建立的互惠期待。

〔130〕 有关对双面间谍的担忧和事实，参见 N. LEITES, A STUDY OF BOLSHEVISM (1953)。

涉及因素着手较为便利。

言论的种类 = 科研报告
+
新闻
+
预报
+
存储
+
向媒体披露
(研究、新闻预测)
+
教学报告
(检索)
+
教学披露

传播者可被视为新素材(上表前三类)的源头,以及新素材的储备以为后用。类似的源头存在于教育传播过程中(包括教师和从知识的一般储备中选取的二手资料)。因为结果涵盖了信息的获取、新消息的发布,是故对结果的研究包括听众向当今媒体和教育媒体的披露(关注度与理解力)。[131]

当影响施于发布消息、删减或修正其前结果形式的过程时,该影响亦是有效的。然而,当那些准备广播、杂志、报纸的最后定稿的编辑们发布、删减或修改通讯社文稿时,对于影响的评估必须集中在该前结果阶段的事件内。依据事件顺序间的关联,方有可能发现对消息予以公布(或作出

〔131〕 参见 DITZION, ARSENALS OF A DEMOCRATIC CULTURE: A SOCIAL ISTORY OF THE PUBLIC LIBRARY MOVEMENT IN NEW ENGLAND AND THE IDDLE STATES FROM 1850 TO 1900 (1947); MCCAMY, GOVERNMENT PUBLICAONS FOR THE CITIZEN (1949); and CAMPBELL & METZNER, PUBLIC USE OF THE BRARY AND OTHER SOURCES OF INFORMATION (1950)。

删减和进行修改)的始作俑者,以此确定在某一序列中,何人发挥了关键作用。[132]

**总体**

要确定累积的效果,我们有必要在社群期待体系下或更为有限的背景下,对什么可用于传播(或什么被传播)进行评估。

某些结果属于选择的规定阶段。针对规定的思考涉及科学的研究。对于以教化为导向的科学家而言,多数具有普遍性的理论可能是对"描述性知识的追求"。这是用一种过于简练的方式,总结在任何特定时间内被接受的规范性期待全部规则。该规则不仅指"知识的追求",还指"以知识之名接受所有与特定偶然性事件相符合的主张";换言之,由专家指导的实证调查的查证程序。例如,受爱因斯坦相对论启发而作出的假设,事实上经受了在天文学家中负有盛名的偶然性事件的检验。基本的教化立法的合法因素包含了对标新立异的否定:如若你不接受与这些偶然性事件严丝密合的规范,你便是蒙昧的。

在教化规则的制定中,有可能区分某些与权力过程的建制性规范具有等效性的功能。后文将再次议及的建制性权力结果,其修正了针对"由谁决定何事如何处理"这一问题的观念和操作。在科学部门,与此相对应的结果表述为"何人如何知晓何事"。不那么神秘的是,于特定时期的科学中流行的建制性规定,以及由科学领域决断的验证程序。最为典型的例证便是科学的创造性对教化的建制性惯例的贡献。[133]

智识结果是以事实为表征的陈述,该陈述作为理论模型或数据被提出。推广性结果包括站在对立面的替代性解释,例如,"宇宙扩张"与"宇宙稳定"或"宇宙紧缩"模型。我们把上述内容提交至规定。类似于成文法,而非建制性要求,科学的主张替代了重要理论创新的细节。某项创新

---

〔132〕 进一步讨论,参见 PIMLOTT, PUBLIC RELATIONS AND AMERICAN DEMOCRACY (1951)。

〔133〕 科学发展的转折点是以新的理论模型和观察和处理数据的新程序为标志。例如 WOLF, A HISTORY OF SCIENCE, TECHNOLOGY AND PHILOSOPHY IN THE 16TH AND 17TH CENTURIES (2nd ed. 1951)。

运用科学的规定临时地赋予具体事件以特征。当该特征最终被接受时，方可论及实施的问题。通过依知识进步的最高宗旨进行评估，评估性结果总结在某特定时期与科学活动的流动中业已发生的变数。科学家对于各个领域发展的快慢速度了然于心，并在专业会议或出版物上展开自我评价。终止性结果包括对错误的纠正，例如纠正皮尔当人（Piltdown）乃史前人化石（骗人的把戏而已）。

提及爱因斯坦，我们多少把注意力转移到了自然领域，而偏离了建制性结果，显然该结果与社会领域相关联。任何特定时刻，社会的期待体系涵盖了涉及社会过程中参与者的基础的“自我—他人”的影像。例如，假设存在一个居于优势地位且以后亦将在国际舞台上持续地占据优势地位的联盟。回流信息可轻而易举地针对该基本期待提出质疑，此意味着当最优的验证程序被使用时，即便是盛行的观点亦无法得到确认。此时勿需强调的是，众多的日常信息流是非建制性的，而是在业已建立的一套期待体系中平稳地流动。[134]

当我们从科学研究转移到新闻和预报时，就会出现某一使得验证问题复杂化的新因素。在特定时间对于现实的描述中，如果不是多数，至少也有很多科研陈述是为真正的科学家一致同意并接受。如果不是多数，至少也有很多新闻陈述属于被评价了的人间万象。有资格和有技能的人不是为了可信度才对其进行系统地选取。如果我们通过比较各种报道或动用有学识的专家组来评估新闻报道可能存在的现实主义，那么新制度就是必要的。[135]

这一情形与预测和预示活动相同，只是问题更为复杂。然而，鉴于预言家们亦有成功或失败的预测记录，因此比较预言家们的优劣也并非完

---

〔134〕有关研究，参见 Kriesberg, *Dark Areas 0 Ignorance*, in PUBLIC OPINION AND FOREIGN POLICY (Markel ed. 1949); HERO, AMERICANS IN WORLD AFFAIRS (1959); and BUCHANAN & CANTRIL, HOW NATIONS。参见 EACH OTHER (1953)。

〔135〕非现实性的陈述所带来的累积性影响会导致大规模的个人或集体误解。参见 ECHEVERRIA, MIRAGE IN THE WEST: A HISTORY OF THE FRENCH IMAGE OF AMERICAN SOCIETY TO 1815 (1957)。

全不可能。[136]

一定程度上,通过分析科研、新闻和提供预测的媒体的受众的曝光度,该问题的范围变窄了。[137] 曝光度用以衡量信息的可获得性。显而易见,特定领域的科研工作者需要及时地获取来自世界各地的合格的调查员所取得并认可的科研结果。鉴于新闻和预测未来的受众面临决策或选择,理想地说,他们亦需要为获取合格的、具有代表性的资源做好准备;而代表性是指其他参与者的观点。[138]

关于知识的储备,下列标准平行适用:依据资源合格度以及其代表性,我们为了所有的目的而储备科研、新闻以及预测。

我们似乎有可能在上述七项科研活动(制定规定的活动、智力活动等)的结果之上,高屋建瓴将上述分析推而广之,并运用到新闻和预测以及包括教化在内的储备活动。

关于科学知识流动所引发的一个重要问题是在特定时间段、特定科研领域的创新水平。知识的积累可以通过对科学期刊(或他们的等效物)的分析进行评估,也可通过交流体系的对于发明创造的普及程度予以鉴别。

---

〔136〕 参见 HOVLAND, JANIS & KELLEY, COMMUNICATION AND PERSUASION: PSYCHOLOGICAL STUDIES OF OPINION CHANGE (1953); HOVLAND, JANIS & OTHERS, PERSONALITY AND PERSUASIBILITY (1959); HOVLAND & OTHERS, THE ORDER OF PRESENTATION IN PERSUASION (1957); HOVLAND & OTHERS, EXPERIMENTS ON MASS COMMUNICATION (1949); and ALLPORT & POSTMAN, THE PSYCHOLOGY OF RUMOR (1948)。

〔137〕 参见 WAPLES, PEOPLE AND PRINT: SOCIAL ASPECTS OF READING IN A DEPRESSION (1937); WILSON, THE GEOGRAPHY OF READING (1938); WAPLES, BERELSON & BRADSHAW, WHAT READING DOES TO PEOPLE (1940); KLAPPER, THE EFFECTS OF MASS MEDIA (1949); THE GREAT DEBATES: BACKGROUND-PERSPECTIVE-EFFECTS (Kraus ed. 1962); BERELSON, THE LIBRARY'S PUBLIC (1949); SCHRAMM, LYLE & WHITE, THE PEOPLE LOOK AT TELEVISION (1963); and LAZARSFELD & KENDALL, RADIO LISTENING IN AMERICA (1948)。

〔138〕 进一步讨论,参见 E. SHILS, THE TORMENT OF SECRECY: THE BACKGROUND AND CONSEQUENCES OF AMERICAN SECURITY POLICIES (1956); HILSMAN, STRATEGIC INTELLIGENCE AND NATIONAL DECISIONS (1957); WOHLSTETTER, PEARL HARBOR: WARNING AND DECISION (1962); KENT, STRATEGIC INTELLIGENCE FOR AMERICAN WORLD POLICY (1949); RANSOM, CENTRAL INTELLIGENCE AND NATIONAL SECURITY (1958); DULLES, THE CRAFT OF INTELLIGENCE (1963); and WALDO, THE RESEARCH FUNCTION OF UNIVERSITY BUREAUS AND INSTITUTES FOR GOVERNMENT RELATED RESEARCH (1960)。

创新性 = 理论和实验程序的根本创新
(科学知识) +
较低创新性

如前所述,涉及新闻质量的主要问题亦是创新性和代表性。

新闻质量 = 创新性
(高 - 低)
代表性
(包含 - 不包含)

以下是一张高度概括的具有普适性的图表,其意图是为了归纳发生在特定阶段的总结果和净结果在教化方面的变化,亦是为了总结这些变化对总价值累积(或不良累积)实施的影响。因为不存在最优结果的假设,聚合流是一个"稳定—不稳定"的,而非"发展的"的模式。评价标准系最低标准。

教化的结果

总结果 = 新闻报道,科研报告,预报,存储的知识,
媒体披露的信息,教学报告中披露的信息

净结果 = 以上信息或知识所期待增量或减量;
原始储备知识的最小减量

教化的效果

原始知识的积累
+
报告的初始水平(所期待的信息量)
+
预报的初始水平
+
媒体信息披露的初始水平
+
教育报告信息披露的初始水平
+或 -
净结果

制度的结果变化 = 参与者

构建者(科研人员,等等)

+

分享者(传播者,等等)

+

观点

神秘体系:

信条

+

公式化规则

+

特色变量

+

场所

有组织的,非组织的

监督

+

相互作用

+

教育

+

基础价值

教化

储备的知识

+

传播网络

(人员、惯例

区域、根据地)

+

其他价值

+

策略

· 汇集

+

处理

## C节 财 富

### 引 言

我们所指称的在追求财富过程中参与者主要从事的,以及在交易过程中他们期望最大化其所得的情形,其根本上是经济的情形。该交易可从两个角度予以描述,一是强调有形过程(货物),二是强调交易中涉及的"权利主张"。以有形角度为出发点,交易的意义在于它标志着交易过程中或指向再生产的一环(当把面粉卖给面包店时),或指向消费的一环(当面包卖给最终的消费者时)。在一系列生产或消费的有形阶段,个体和群体的权利主张有可能转让或无法转让。

除非存在大量的货物及权利主张转让的惯例,否则在识别既定社会的"市场"和"交易"方面,毫无意义。我们设想在太平洋孤岛上有一个完全与世隔绝的家庭,不难想象这个家庭需要采集或种植以满足吃穿用途的食物或原料,并充分利用或建造掩身之处。假设,所有活动都按照为大家所接受的传统模式进行。科学的观察者能从中解析出许多特征,这些特征业经发展用以描绘复杂的工业经济。例如,他可遵循用于生产或消费的日用品流转的思路,因为现如今作为食物的庄稼的一部分摆到了餐桌上供人食用,另一部分则留作下次耕作的种子。我们认为,在该情形下,这种区分不是自觉动机或部分家庭间交换行为的结果。恰恰相反,所有活动都发生在传统规范的框架内,对于需要留下多少用于耕作,由谁耕作多少,何时以及如何耕作等问题,在任何人的头脑中都是清清楚楚的。在我们设想的情景中,没有人会把财富视为人类远大志向的可实现的目标,不存在因为要求明显高于用以维持惯常生活水平所必需的盈余而发生的财产积累。没有必要思考对于财富的“权利主张”从丈夫手里传给妻子，或者由父母传给儿女。例如，食物分配作为一项活动，不能单独予以考虑，它需要在对财富的各类主张中进行平衡。实际上，我们所面临的是环环相扣的“相互依存关系”。

自给自足的家庭模式，运行流畅，不费思量；但是它所描绘的图景不过是凭空想象的情景而已。甚至在小型的原始社会，家庭在很大程度上属于自给自足，然而，考证的结果是这些家庭仍无法逃脱因对财富主张不同权利而织就的纷繁复杂的网络。因此，“交易”的概念开始被用于某一有益的分析意图。在交易中，“互惠”作为交换的一种形式，或多或少源于“相互依存关系”。不管传统观念对于普通体系中的主张与反主张的界定的事实如何，实地调查显示，不确定的富余可用来交易。某一家庭可能主张使用为另一家庭“所有”的土地。家庭 A 也可向家庭 B 索要诸如犁耙之类的工具，或者请 B 每月为其劳动数日。作为提供这些生产要素的回报，家庭 B 期望得到 A 种植的三分之一的庄稼作为回报。尽管有时针对细节问题会有争论，但很有可能该交易未经过多的讨价还价便达成了。

我们所指称的情形，是指在该情形下，不存在以财富本身为目的的有意识的积累财富的需求，且不存在明确的“经济化行为”。家庭所作出的无非是不超出传统惯例所要求的需求或让与。例如，家庭 A 的成员不会进行调查，看看在除了 B 的土地之外是否还有可供他们使用的更为肥沃的土地，或者他们是否可以少于三分之一的收成换取更为肥沃的土地。尽管如此，科学的观察者发现，发展到一定程度，经济原则就开始适用。在这个意义上，经济原则的适用是无意识的，即使当个体已经开始思考成本和收益问题时，他自己也并不知悉。如家庭 A 同在为家庭 B 和家庭 C 所有的土地上劳作，C 的土地更为肥沃，不言而喻，A 会慢慢停止使用 B 的田地，并压低对 B 的回报。但有一个事实不会改变，即在意识层面上对财富的重视程度不会蓄意地最大化。然而，既然可针对财富提出主张或反主张并被认可，我们所面对的就是互惠关系，而非相互依存关系。

如某家庭的货物被用来与商贩从其他家庭取得的货物进行交换，问题就将复杂化。尽管讨价还价相当费时，食物在依据传统一致所达成的标准化比例的框架内实施物物交换。商贩必须坚持他的主张以获取足够的货物来维持其在交易中的消耗标准并实现盈余。他学会如何经济化地开展经营活动，并将其作为维持或增加盈余的手段。也许家庭 A 的成员最终将参与到物物交换的交易中来，他们不仅仅是为了获取新的消费产品，亦是为了通过拥有更多良田，或使用更富效率的犁耙，从而提高其作为生产者的地位。

当“货币”被使用时，问题更为复杂。货币作为交换的中介，因此并无必要与特定货物或服务相关联，亦无必要在任何特定时间满足特定需要。一旦使用货币，人们就有可能推迟就某一影响被让与特定物的主张作出明确选择。坦白地说，货币的使用便利了交易，支持了财富的经济化。我们所期待的乃是，货币工具至少能如今日在可用的未来仍能维持汇兑的尊荣。

根据交易模式进行分类，我们可享互惠，在此互惠关系中财富的主张与反主张依惯例被提出，尔后最低程度的议价过程参与其中；其间还需通过交换和使用货币，该过程通常包含了讨价还价，甚至就汇率都进行了约定。

如图所示：

| | | |
|---|---|---|
| 交易 | = | 互惠 |
| （超越相互 | | 或 |
| 依存关系） | | 交换 |
| | | 或 |
| | | 货币 |

## 参　与　者

对于任何在西方欧洲文明中成长的人而言，财富作为主要的价值范畴的观念已被认可。因此，这种模式不具有普遍性的观念几乎难以被接受。此无需赘述，如在既定文化中，作为一个完整的关联价值的财富几乎完全缺失，并非意味着物质的目标从未被使用过。简单而言，目标作为获得更多物质事物的手段而非刻意追求之。当财富成为目标，消费不仅被推迟，资金都被用以增加未来资金的供应。

因某些具体职业与权力相伴，我们特别注意到财富和权力间的纽带关系。在某些历史背景下，政治化组织的社会已把财富被作为主要价值追求之。至少存在那么两个时期，贸易国家在地中海地区占据着显赫的地位。约公元前500年，商业城邦出现于小亚细亚、希腊在意大利南部及西西里的殖民地、锡巴里斯、萨迪斯、米利都、科林斯和迦太基等地。大约2000年以后，在公元1500年，在欧洲更为广泛的领域，出现了类似的发展。他们是吕贝克、威尼斯、佛罗伦萨、纽伦堡、热那亚、安特卫普、里昂、巴黎以及其他几个城市，这一时期是他们的纪元。第一时期商业城市的繁荣在地中海帝国崛起后走到了尽头。第二时期为国家间合并所侵吞。在以上两个时期，对作为价值范畴的权力，以及为获取财富和更多权力的权力的追求尤盛。

随着19世纪和20世纪初的商业扩张，经济目标开始占据优势地位。学者指出无限征服的强烈欲望，残存着远古时期帝国的烙印，故不可与现代工业社会的"帝国主义"相混。通过宣称获得必需的原材料及市场乃备海军和陆军的军需，让后者扩张的理由显得颇为正当，进而所获的原材料及市场促进了国民收入的增长。

当论及财富包含于国家政策的主要目标之内时，并不当然意味着以和平的议价策略为手段，排他地实现经济目标。曾经存在一些海盗国家，而在主要权力大国的历史上的某些时期，航海技术在财富的攫取中占据重要地位。除了海盗，陆地上亦有劫匪，他们靠打劫商队，抑或抢夺商镇及村庄为生。再如，资源开发的政策导致了对共有资源的占有，如橡胶。种植园和采矿场的运作通常是在暴力和胁迫的气氛中组织建立起来的。

在财富过程中，根据财富构建是属于价值范畴还是基础价值的程度，赋予参与者以不同特征。

参与者 = 财富作为价值范畴

或

财富作为基础价值

另一个根本区别

参与者 = 生产者（构建者）

\+

消费者（分享者）

从整个过程的角度而言,财富的构建涵盖了引导和包含为消费提供产品的所有活动。显然,此意味着于财富生产而言,产品不存在更进一步的结果。于最终使用者,他使用产品、享受产品;与其说此乃财富,不如说此乃价值的放纵。汽车一旦进入最终消费者手中,它可被用于炫耀(尊重)、示爱(情感)、身体的放松(福祉)、探险(教化)、从事选举活动(权力),或开着去教堂(操守),又或者去参加比赛(驾驶技术)。如汽车用于上下班或原材料的采购,此交通工具便成为生产要素,在一定程度上不再是严格的消费品了。

根据参与者在经济制度中所扮演的角色进行分类不无裨益。在既定社会,没有人必须等到存了足够的钱才购买消费品,此以为我们所认可。试图通过赊销的方式购买已成功地改变了传统观念。在某些情形下,惯常的做法为,在以中间商盈利为目的开办的销售点购买产品。如消费者合作社成功地进入此领域,他们至少可以改变经济生活的某些既定的惯例。

参与者 = 规范的改革者

(经济规则和技术)

\+

规范的遵守者[139]

## 观　点

在发达工业经济体或力争实现现代化的经济体中,各类经济规则非常明晰。这些神秘体系乃信条、公式化规则以及特色变量的体系,规范经济体系(如财富过程)实际运作,并证明其合理性。在现代社会,普遍认为主要的竞争存在于资本主义、社会主义以及合作体系之中。[140]

根据资本主义盛行的规则,允许私人所有制和生产管理的分离促进了所谓的资本积累的经济过程。因为企业家承担着无法向市场提供实实

〔139〕 对适用于特定问题的法律的探究当然需要更加全面和细致的分类(与在权力和教化部门所采用的分类类似),从而描述在生产和消费的诸多方面的参与。

〔140〕 以下文献讨论了资本主义经济、社会主义经济、共产主义经济、法西斯主义经济和社团主义经济。W. LOUCKS & J. HOOT, COMPARATIVE ECONOMIC SYSTEMS (4th ed. 1952).

在在被购买的产品的风险。企业家在实际能从购买者身上获取的和为完善生产要素业已支付的总数之间,保有一定盈余被认为是合理的。

从理论上而言,该盈余可分为两个要素,一是管理工资,用以弥补作为管理者的企业家的整体贡献;二是利润,或风险补偿。应提供更优服务的市场之需,利润盈余的更大前景成为添置设备的动机,或曰最终应消费者之需添置设备。私人利润(和损失)系统为收入分配提供机制,收入精确地反映了个人在生产中所做贡献的重要性。

资本主义范式包含被认为是教义在实践中得以实施的必需的规范。例如,以逐利为目的经营的企业,其"低买高卖"的自由显然不必受到法律或其他安排的过多干预。

资本主义最普遍的图景强调的乃是该体系内最优的生产效率,寻求的乃是避免偏离了真正准则的显而易见的失误。

社会主义神秘体系采取了不同于传统的被称之为资本主义体系的现代模式。社会主义的基本教条是"生产为用,不为利"。因此,从私人所有者手中夺取诸多生产要素的管理权,并将其作为整个政治体的职责。社会主义经济为授权政府官员事先拟定的生产计划,政府官员有权决定在既定时期内需要什么,由谁生产,为满足计划配额需要什么设备。而非交与竞争各方猜测购买者会购买什么的"非理性"市场。收入按需分配,而非按在自由市场的地位进行分配。

社会主义规则所提出的范式可明确规范为必须以使用为目的进行有效生产,并且鼓励个人把自身利益融入到整个体制成功与否的关注中去。

鉴于要把工人从失业的噩梦中解放出来,因失业被认为是深植于收入不平等、生产"无理性"的资本主义体系之中等观念,当代社会主义的特色变量乃社会主义者的经济。

合作经济规则的影响力远小于资本主义和社会主义。合作经济亦自我标榜为经济为用,非为利。生产和盈利的主动性均把握在消费者手中,他没有让渡权力给政府以计划所有活动;消费者属于社会,他可以为其主顾展开竞争。多数时候,他根据收益分享利润,成立管理委员会聘用或解雇员工。而有能力的管理者和生产者被报以优厚待遇;然不允许生产设备的自由采买。较社会主义体系,合作经济体少了些许"政治"或"官僚"

的元素。

## 市　场

不管何时只要存在交易的期待,且当财富积累(至少足够维持再生产的设备)成为目标,市场便孕育而生。因此,市场可发轫于非正式的场合,如在校学生为获利买卖邮票;又或者以高度组织化的形式隆重登场,如现代股票交易市场。

现代社会经济举足轻重,因此财富的构建与分享过程已成为好几代人的科学关注对象。在服务于理论的模型中,经典的图景乃通过恰当策略以影响结果,实现利润的最大化。尽管此模型符合多数现实场景,当价值而非财富承担着重要的,尽管是次级的角色,或者于参与者心中获得了同等重要的地位时,我们可把此类情形功能性地归类为"竞技场",而非"市场"。根据追求结果的异同,市场与竞技场在释义上程度不同,故我们仅涉及个别此类模式。

"指令型"经济指权力为财富的基础情形。当指令型经济体出现富余庄稼、马匹和战俘,且不将其付之一炬或斩于刀下之时,该经济体便可脱离简单地掠夺,从而构建在一个更为久远的基础上。定期索要供品增加了当地土匪或帝王的收入。在许多情况下,变化都是按照以下顺序进行,即从一个原始的指令经济转变为更接近市场经济的经济模式,从奴隶制转变为农奴制。

"军国主义型"经济依赖于高度发达市场经济来为以强制力为主要策略的政治权力提供必要资金。古代军国专制统治的许可,令商镇或商路得以繁荣,一定程度上农业贸易亦然。相同政策已为封建经济所效仿,尽管权力日趋专门化,政治权力仍在众多统治者间分配,这些统治者同时得到了来自受养人经济的和政治的服务。在西欧封建时代,尽管困难重重,工匠和商人仍得以延续,日本亦是如此。小封建郡主要变身为"王",其使用的典型策略乃联合当地商人和工匠反抗敌对的郡主。在许多情况下,他们亦借助对抗冥顽不灵的当地传教士及僧侣的手段来获得中心教会权威的支持。

"卫戍型"经济中的权力被放大,涵盖了在指令型和军国主义型经济中留给市场支配的多数活动。因自给自足乃卫戍经济的主要目标，是故无必要与外国人进行交易（很少或没有国家间市场）。资源按需分配；非权力性的使用降到了最低。日用品及服务根据消耗量配给供应。

处于包围之中孤立无援的驻防部队是该“卫戍型”经济最为贴切的例证。

我们论及“监狱型”经济乃成员中发号施令的中坚分子为数不多之时，中坚分子与普通成员间存在着巨大的等级差异。最极端的例证就是由狱监们（和警卫们）组成的中坚分子团体所管理的集中营。显然，所有的暴力经济体都不是亦无必要成为监狱型经济体。

暴力经济 = 军队的经济指令

或

军国主义型

或

卫戍型

\+

监狱型经济

所有权力型经济都不必然归属为暴力类型。例如，可假定由私人垄断或由国家垄断分配生产资源。尽管权力被用于资源的分配，亦不必把经济体朝着战争方向引导。为说明此新类型，我们可参考“官僚主义的”或“垄断的”经济，这些经济亦包含了在现代工业技术中适用的“公司”构想。（最为熟知的实例乃为达到把决策控制权掌握在政府手中的目的，多元的教条甚至都被用以宣扬其正当性）然而，该公司模式不应与中世纪城镇的结构相混，商人和工匠的“垄断”受到依据传统交易惯例，具体而言，如质量、价格等的规制。城镇经济乃互惠型经济。

官僚主义经济 = 政府的

或

私人的

## 基础价值

依照资源的物理特性或就某产品生产者提出的已被认可的主张，生产者自由支配的经济资产可依目的予以分类。

生产要素 = 物理资源

+

原材料

+

文化材料

+

人力资源

经济学家所做的传统分类如下:

土地

+

资金

+

劳动力

+

企业家(企业家精神)

后一列表与文明体制关联太过紧密,以致无法服务于比较研究的目的。土地分类便是此限制的最好例证。在多数目的项下,无法区分"土地"和"资金"。如若我们把土地识别为"对原材料的权利主张"(尚未加工的物质资源),我们便可将资金视为"文化材料"(经加工的物质资源)。这些概念的使用与第一个生产要素的列表相符。实际上,该传统的区别并没有被尖锐地刻画出来。在诸多论述中,这些术语更多的是接近"权利主张"的表述,而非物质特定的表述。持有土地阶层所获取的收入直接与"不动的"生产要素挂钩。相反地,恰恰存在那么一个阶层,该阶层的收入来源于诸如货物储备此等可"移动"的资产。在对土地进行分类时,存在着该术语是否包括了平整土地、排污、筑路、围栏、建仓、挖井、盖磨房等诸如此类的"改良"等诸多不确定性。这些改良经常被称之为资本,是故混淆了土地持有阶层与商人、生产者、银行家的身份,他们亦可被表述为"经加工的"生产要素。

只要土地所有权相对不可流转,土地持有阶层在这个社群中便会不可一世，因此考虑作为生产主要操控人——地主的想法不无裨益。但是在现代工业经济中，土地和其他财产间的流动性差异被降至最低，是否有必要维持此区分都令人怀疑。

当我们意欲强调物质（技术）的区别时，引入一种多元的区分法胜于坚持旧的二分分类法。显然，如考虑将土地视为来自于“相对未经加工的物质资源的服务集合”，原来旧的二个分类要为多个分类所代替。休闲度假村的运营商与气候和阳光具有巨大的关联性；诸如此类通过无以数计的“服务的集合”实现：狩猎者与野生动物，牧羊人和丰满水草，农民和土地的物理化学属性，道班工人与地形，飞机与大气空间。

传统列表中最为狭隘乃是“企业家”（或“企业家精神”）此要素。在私人企业经济中，企图在生产单元的建立中、在人力与物理的结合与运用中，以及在最后获取剩余利润（或损失）中找到掌握了主动权的人不难。犹如在法则讨论中即将提及的，企业家的功能不能与管理的功能相混淆，因为管理在所有生产体系中都存在。理论上“管理工资”在利润和损失总额被分配前就被扣除了。

尽管企业家的角色在私人所有制和生产工具的管理中相对特殊，但在利润和损失的分担上并非如此。例如，社会主义经济要么为特殊的信托承担利润或损失，要么对此利润损失视为不见，一概混同到国家财政的总账中去，要么通过税收或借贷掩饰净亏损。

在发达工业经济中，某些特定情景下企图把企业家的功能剥离出来更为困难。众多新型商业活动并非通过企业家开办，而是通过大型公司聘请企业的头头脑脑们作为专门的管理人员。当工业体系相对简单时，人们较少把利润和损失从该经济体剥离，工厂的头头脑脑们担当替罪羊或英雄的角色的能力更为显著。现代责权分离的后果是整个群体较所有者—执行人承担的风险更加明晰。当管理人和投资者为减少漏洞找到出路时，工人阶层就通常不得不独自承担非属于自己的责任了（如公司要消减规模或整体解散）。因此，对工人持续增长的需求就与此等兴衰变迁（或由工业直接导致的，或由政府引发的）较好地隔绝开了。

进入生产要素的收入（“权利主张”）传统分类如下：

收入要素 = 租金（地主）

+

利息(资本家)

+

工资(工人)

+

利润(企业家)

实践中,收入可能或不能被专业化为上述要素之一的“生产单元”。与传统分类紧密关联的是独立的工人、土地所有人、投资者,或(在我们的经济中)企业家;或房地产所有人的辛迪加财团,投资信托,又或合伙。于生产单位而言,更为典型的乃对卷入诉讼以协调交由市场处置的产品的准备过程中人事和物质的纷争。

在任何个人或群体可能以生产者的身份进入市场前,参与者作为生产要素可能已经被认可。此仅意味着该主张在实践中得到接受。任何能以消费者身份进入市场的人便拥有对金钱或产品可转让的权利主张。

在具体情形中,参与者进入市场的愿望与能力更多地依赖于经济要素。此等附条件的实例大多为非正式的。下列法律词汇的简短列表乃一种贯穿于我们文化中的权力与财富的暗示。

| | | | |
|---|---|---|---|
| 公司 | 债权人 | 抵押人 | 债券持有人 |
| 合伙 | 所有人 | 抵押权人 | 专利权人 |
| 雇主 | 卖主 | 地主 | |
| 债务人 | 出租人 | 股票持有人 | |

当然,所有价值都可能制作一张更为详尽的列表,包括财富本身可作为基础价值服务于财富的过程。

## 策　略

### 特殊策略

当我们运用经济活动的最大化假设,会涉及“经济化”问题。经济化,就财富而言,便是在被期待的净收益的基础之上运作的。基本经济策略包括就资源或产品的“保留”或“让与”的权利主张。交易中,每一遵守基本策略的参与者保留其对自我资金的让与的权利主张,直到他可能获得就作为回报得到的资金的净收益。当就某一生产要素主张权利的人保留其对该物质或人力资源的权利，且直到他们获取他们所期望的最高竞价时，此与最大化的假设相符。当生产单元的政策制定者尽可能少地支付整个运营所需要的要素，并最终将其产品卖给最高竞价者时，他们的运作参照的乃是与经济化原则相符合的方式。消费单元的制定者则尽可能少支付，以换取更多所需要之物，亦属于最大化其地位的方式。

经济最大化策略的结果可在下述实例中予以总结，该实例假设就同一产品拥有众多生产者和买方，且不存在强制力的使用，各方的选择均建立在自愿改变的基础上：

首先假设，所有的 A 产品的部件均以高于生产成本的价格销售。假定消费者愿意以通过市场交易能得到的价格或近似的价格购买更多部件。鉴于销售价格高于成本，生产商从中可以获利，因此 A 产品的生产商扩大生产。新的 A 产品生产商进入市场的情形亦有可能发生。如无法迅速增添所需设备或得到专业化的技术，将导致 A 产品的成本增加。此时鉴于更多 A 产品进入市场，消费者便可降低他们所期望支付的价格，直至成本以下水平。当产品 B、C 和 D 的性价比优于产品 A 时，他们便对消费者更具吸引力。由于产品 A 的生产者减少原生产计划，他们可能转而生产产品 B、C 和 D。如果一直生产产品 A 的某些厂家不能将产品 A 的成本保持在受市场青睐的价格水平以下，他们将面临停产，或至少停止产品 A 的生产。

我们已经指出上述实例可能依次发生，同时有必要强调诸多情形亦可改变此情形发生的顺序，甚至初始便介绍的基本假设亦可被改变，亦即，可假设多数生产商和消费者是活跃的；又即，可假设在非与交易相关的过程中使用强制力。又如，虽我们一直使用“生产成本”的表述，但如何假定计算此成本的方法呢？根据使用方法的异同，商业企业家或管理人员（或观察力敏锐的科学家）的具体计算不一。前文提及“假设消费者愿意购买更多部件”。此乃生产商（或观察者）的推断。然而，在不同情形下，尽管销售价格高于生产成本，但是生产商也不能指望能够卖出更多，例如此日用品款式可能被认为过时了，或者基于临时紧急情况（如地震后更换窗户）引发的额外的需求。尽管生产商 X 可能认为他有能力扩大产品 A 的产量且能盈利，但他也确信对产品 B 的需求存在更多盈利。因为设备要求专业化，掌握技能的劳动力的短缺，新的生产商进入该领域也许有着万般的不情愿。在我们列举的实例中，我们可以假定：如按原来的价格消费者也许买得少一点。但是所有无法预见的偶然事件（无法为生产商和消费者所预见的）均可能出现。开始或许仅是个时髦物件，以后可能成为消费者所追求的生活水平的必备品。即便原来的假设都是对的，当消费者所支付的价格走低至最高生产成本生产者（边际生产者）的生产成本以下之时，提供给市场的总量上不会马上发生变化。也许生产商会说服自己，需求会再次增加。因此，他们可能作出即便是亏损也要继续生产产品 A 的决策，以期望如继续生产产品 A，能改善他们具有完整产品线（从 A 到 D）的市场。

显然，将生产单位或工厂纳入策略参考的范围，比把针对保留或让与资源的权利主张进行成本与收益比较后作出政策判断纳入到众多广泛的分类中予以考虑更为合适。在交易中保留或让与权利主张是一项选择，需要就事实作出特殊考虑与估计，此颇为复杂。以下列举的尽管并未穷尽所有，但可视为具有代表性的具体问题。

金融：缴入资金的规模多大？资本构成如何？资本性负债如何归类分配：普通股、优先股比例如何？可接受的利率为何？股息多少？中长期信贷安排如何？多少现金余额？应支应付是多少及谁应为此承担支责任？信贷期限多长？

*产品研发*：产品研发资金占多少？具体产品开发又占多少？研发范围如何确定？研发哪些产品？

*生产*：在何时何地生产何种产品及产量如何？使用何种原材料或劳动力？使用何种设备及需要要花多少钱？

*采购*：需要何种材料、设备和土地？或买或租？成本如何？哪个供应商？

*劳动力*：以何种代价在何种工作条件下从哪找？对于工会必须采取什么政策？健康政策为何？培训、奖惩办法和程序为何？

*服务*：组织内外分别需要组织何种专业型活动？涉及法律的、金融的、工程的以及其他专业呢？

*顾客和销售*：说服谁以何种价格在何时购买何物？通过何种促销手段？

*竞争关系*：为应付竞争对手需要开展何种具体活动(如广告)？与竞争对手联手开展何种活动(诸如市场的分配，工艺的许可使用)？

*与政府的关系*：鼓励与企业相关人员的政府参与度为何？目的为何？如何与立法、行政、管理部门或机构的展开联系，如何与司法部门打交道？目的为何？

*公共关系*：通过何种方式、为何目的参与公共事务？更为具体的是，如何处理与教会、性、年龄、宗教、城乡、文化及教育群体的关系？

*组织和政策*：制定及执行决策的框架为何？利害关系人、董事会、高层、中层及中心管理和现场管理等的作用为何？补偿政策为何？健康安排为何？奖惩办法为何？

**总策略**

市场所有参与单元的活动促进了生产的流动。在某些单元功能有效运作前，必须依靠某一框架，在此框架内他们各自的活动可被计划和执行。所有现代经济体都利用货币的某种形式，因此，货币乃市场框架内颇为重要的模式。

货币经济要良好运行，必须有一个*稳定的货币单元和适当的货币供应量*。我们需要谨记的是，通过印制大量超出需求的毫不值钱的纸币，将导致扰乱经济生活的突发性通货膨胀。又或，为生产目的也好，消费目的也罢，我们不能忘记大萧条时期货币似乎一文不值的情形。当检验货币体系时，我们第一次注意到计价货币不过是用以作价的符号单位而已。在有组织的社会，该计价货币由最高政治权力命名。我们之所以称之为"符号单位"，因为其并不存在有形的对应物。(在英国英镑有货币对应物，但是旧币几尼就没有)

从计价货币角度而言，我们可以说货币有着固定不变的价格(比率)。例如，当金银成为货币时，特定重量和精度的价格从计价货币角度而言总是保持不变。但从其他日用品角度而言，此货币单位的购买力可能并非是稳定的。价格固定，是故货币对于承担表述为计价货币的功能，对于储备再生购买力不无裨益。严格来说,货币不仅仅是能以某不变价格转手的资产,它亦可用以支付债务;但它是唯一拥有该双重特性的资产。

就计价货币而言,如实行某些特定安排,货币的价格可以固定。货币必须要以特定的价格被广泛接受。国库愿意以固定价格接受以某些物品支付的税收形式或用其兑换政府证券,这构成了维护该物品的货币地位方面的重要因素。另外具有决定性的一点是该物品作为法定货币的命名。(承担可被接受为支付目的的职责)(债务到期,债务人支付债权人以法定货币,就不再支付利息,同时解除了债务人的托收成本)为了保护所有货币形式的固定价格可以采取很多方法。惯常方法乃保有非货币附属担保品的储备,如金条、政府债券等,其目的是为了增强社群在货币间平衡的可兑换性方面的信心。在美国,为保护银行偿还能力的措施就是保护货币,因为多年来商业银行活期存款均为该主要及货币。严格意义上说,这些存款都是银行欠存款人的私人债务。

通常,在货币框架以外,货币经济中的自由市场有赖于*反对*(市场中多级或复级的)*垄断*,*维护竞争*的措施。[141] 这些措施远远超出了为防止暴力、胁迫或欺诈而制定的简单政策。即便不存在不法行为,以生产为目的(以及以提高生活水平为目的)的市场潜在性也可能会受到阻碍,从而损害自由竞争市场。(通常,限制乃源于生产中使用的资源的物理特性)"自然的"垄断是供给的物理局限性,如它们为少数人掌握,这些垄断者会从当地社群榨取比例不当的收益,同时亦可在任何地方转让其资本。因无法降低边际单位成本价格,生活水平就降低了。消费者向垄断生产商让渡的多余部分来自于提供近似成本的日用品或服务的生产者,这便削弱了"消费者投票权"在引导经济活动流动性方面的作用。正如亚当·斯密在《国富论》中所言,有竞争性的销售者集合起来开始密谋限制贸易为时不晚。[142] 自由市场的问题是,进入市场的大门永远是敞开的,是故制

---

〔141〕 进一步阅读,参见 M. MASSEL, COMPETITION AND MONOPOLY: LEGAL AND ECONOMIC ISSUES (1962)。

〔142〕 "同一贸易领域的人们很少会面,哪怕是为了娱乐或是消遣,而且他们的谈话最终会谈到针对公众的密谋上,或如何想方设法提价。" A. SMITH, AN INQUIRY INTO THE NATURE AND CAUSES OF THE WEALTH OF NATIONS 128 (Cannan ed. 1937).

造垄断的因素有可能被控制。然而,限制竞争的密谋广为传播,有必要实施社会干预以瓦解它们;或者,当无法实施社会干预时,社会规范或管理可用政府作出的“集体性”选择来取代买卖双方议价过程中“累积的”选择。

除了充足的货币供应量和反垄断保护,自由市场还需要一个有能力抵消在商业水平上过度波动的框架。尽管个人可能作出理性选择,但市场中各类偶然事件的积聚也会引致整体匮乏。如财富过程在均衡生产的高水平下运行的话,此意味着各自选择必须为共同选择所补充。当社群政策的目的是为了维护自由市场体系时,一个永恒的现实问题是去发现为实现所期待的结果的联合行动。

该问题可表述为期待一词。市场策略依赖于对参与者可获得的替代性行为过程的结果的期待。如期待的流动性支撑着一定量的选择,这些选择的累积影响用以维持和扩大生产及消费,同时避免强烈波动,此情形最佳。然而,诸多情形下,市场调整超出了此标准,正如我们在前述例子中讨论过的涉及产品 A 的调整。高利润可以刺激期待暂时地涌向市场,从而引导价格走低至边际生产成本。另外,低利润的影响在一定程度上修正期待至市场供不应求和盈利机会丧失。

犹如操控轮船内置设备,有时经济调整的任务就是找到可以置入系统内部的自我调控的装置。其应对异常轻微的偏离既定航线的反应是,系列制动会通过启动系列包括超出预设航路在内的变化,然后调整该偶发事件,最终把轮船带回既定航向。经济体系包含了人类在观点以及规范日新月异的背景下的期待。通过成文法,我们委派政府官员在具体的偶然事件出现时以特定方式行事。因为那些被明确预见的偶然事件通常背离了期待而发生在完全不同的背景下,是故该成文法并不必然能达到预期结果。19 世纪 20 年代的通货膨胀性扩张带了新制度的发展,此发展修正了经济学家和官员们在以前扩展和紧缩基础之上作出的期待。借助股票,市场投机成为巨大漏洞,从而催生了更新的力量。

干预并非那些完全不可能强化经济生活中的自我调控过程的内置式安排,然而干预计划必须留给小范围的判断与即兴事件以余地。

随着人们对商业循环的现象的认识,并制定出能把波动控制在适度范围内的方法，现代贸易和工业实现了共同增长。20 世纪，商业活动的非常规性引起分析性的关注。[143] 为应对周期而制定的明智策略依赖于澄清商业体系所具有的整体性的科研，此已得到认可。经济学家所描绘的图景已变得愈发广泛且详尽。美国杰出的学者有已故威斯利 · C. 密契尔，他创办了国家经济研究局并指导其工作。密契尔的周期概念有别于众多相关现象。年景有好有坏绝不是工业经济所特有的，因为在农耕社会收成不好也会依据气候变化的周期每隔一定周期发生并导致灾害蔓延。商业周期在私人企业比较显著。然而，企图作出社会化经济体可避免由于短缺和剩余所引发的非常规性的结论是不正确的。商业周期不可同市场生产的涨落相混淆。周期是涉及足够多的经济活动以致可用以描述整体特征的波浪起伏。在周期的某一阶段，在众多活动中发生扩张，伴随而来的是普遍的紧缩；然后复苏进入下一周期的扩张阶段。尽管已经开始复苏，但其节奏仍无法把握，亦不存在严格的阶段性。“商业周期持续的时间从 1 年到 12 年不等；它们不能按照具有与各自振幅相近的类似特征被划分为更短周期”。[144]

然而，商业周期运行的同时亦存在一些具体周期。通过对季节性差异的修正，以及跟踪经济活动从谷底到谷底和从波峰到波峰的过程，我们可在任何系列的经济数据中发现该“具体周期”。某些具体周期的运动可能会倒转为更盛行的模式。下述总结描述了典型的发展轮回，在美国该轮回似乎组合成为一个商业周期。

让我们从萧条的谷底出发观察事件的发生。在扩张的第一阶段，其特点是生产上涨；就业和货币收入亦然；日用品价格、进口、内贸、证券交易也是如此。事实上，除了债券投资收益和破产，每个系列均向上运动。在第二阶段，该大范围的增长势头持续，尽管在某一点——债券市场的交易开始下挫。在下一阶段，债券价格接近债券销售；换言之，在第一个扩张的前半段下跌的长期利率开始上扬。在扩张最后伸展阶段，金融部门的下滑相当普遍。股票交易和股价下跌；到目前为止由于商业失败导致

[143] 有关简要评论，参见 W. MITCHELL, BUSINESS CYCLES, THE PROBLEM AND ITS SETTING 3 - 11 (1928)。

[144] BURNS & MITCHELL, MEASURING BUSINESS CYCLES 3 (1946).

的一直处于缩减状态的债务开始上扬；证券发行和工程合同减少；银行存款的营业额放缓；纽约银行的借入款项，尽管不是银行内部的，开始减少。

相反的发展不久就覆盖了整个经济体系，下一阶段商业周期是第一阶段的紧缩。生产、就业、日用品价格、个人收入、商业利润——事实上，几乎每一过程……都在下跌。当然，由于商业失败带来的债务持续上扬，这仅仅是萧条蔓延的见证。长期利率也保持上涨。但是在下一阶段，债券价格下跌的势头停止了；也就是说，长期利率的上涨就此打住了。更为重要的是，商业失败带来的债务开始下跌，这标志着面临清算危险的商业公司已经度过了最困难的阶段。这些利好的发展在下一阶段得到加强。股票市场和价格复苏；商业运行，证券发行和工程合同增多；货币开始更迅速反弹，甚至货币支付总额扩大。不久以后扩张覆盖到生产、就业、价格、货币收入和内贸。但这只是普遍扩张的初始阶段——我们匆匆的步伐又回到了商业周期的起点。[145]

在回顾上述事件所描绘的影像的基础上，有一个问题更加明晰，即为什么某些特定因素在人们为识别可决定周期的条件并提出的常规化策略提供确定基础方面所做的努力中占据突出地位。尽管某些理论显而易见，但因其太不完整以致无法提供政策指导。例如，我们可以说周期取决于"过度乐观"和"过度悲观"，因此获取利润的机会通过该体系被积聚夸大，而后又被积聚忽略。无人怀疑该被夸大了的期待的发生。然而，除非该理论能够解释乐观主义和悲观主义的基础，否则它对于寻求控制就提供不了多少帮助。例如，悲观主义是否是最终消费者所掌握的购买力的单元的一种功能，以致市场无法吸收通过支付所提供的支持利润期待的价格。如答案是肯定的，那么，既然对于成千上万的商铺而言，调整都是随意或独立发生的，那为什么会产生周期呢？在无意中就推动了过分投资的经济体系中，此系特定体制惯例的问题吗？有人认为技术性因素乃信用制度，该制度通过扩大贷款鼓励投资而非消费。贷款被扩大至某一节点，即担保物被过度使用，当谨慎与悲观情绪不断扩散且被强化时，清

[145] W. MITCHELL, WHAT HAPPENS DURING BUSINESS CYCLES, A PROGRESS REPORT (1951). 所引用的段落来自于引言部分，第 xvii 页和第 xviii 页，作者为 Arthur Bums。

算便突然而至。另一种分析的思路是抓住迅速增长的成本作为关键因素。当信贷充裕且风险资本富足时,商业管理少了些许针对成本的关注,成本可能被忽略或者各类会计方法和公司重组等就被隐瞒了,这就使得债务在经济体得以广泛蔓延,同时给经营中有利方面施加了压力。

不管这些解释的最终意义为何,它们提出通过使用各式策略,如个人的和团体的,官方的和私人的,以改善他们在周期不同阶段的地位。

诸多用以确保自由竞争市场的完好的货币的、反垄断的或稳定的保障措施取决于非传统意义上的"经济的"制度。[146] 显然,在社群大背景下,专门适用于生产和财富分配的制度必须得到其他制度的支持并于其他制度相呼应。[147] 此点上我们虽未制作一张完整的清单,但仍可举出些许例证。显而易见,权力的制度必须维护其效率,同时对于私人订立协议的自由也要予以尊重。这就需要确保在强制力下拥有足够的自由度,允许工人拥有一份真正的工作选择,允许投资人在有竞争力的投资机会中进行选择,允许卖方、买方和消费者作出多重选择。针对私人订立协议的法律制度的安排应该相对简单和明晰,执行机制应迅速且公正。

## 结果与效果

### 特定情况

我们暂时可以从产品的可获得性和退出市场的价格方面来描述生产单元的结果。详细的分析则需进一步评估收入和支出。一旦与此评估或多或少地联系起来,关于未来明确的假设便出现在该图景之中。例如,我们要评估建立某厂的现实意义就需要关于过去成本信息和关于未来的假设。任何对现实意义的计算取决于更多地假设在稍欠激烈的市场上资产可被任

---

〔146〕 下列文献试图把经济和法律—政治分析更紧密地结合在一起。N. CHAMBERLAIN, A GENERAL THEORY OF ECONOMIC PROGRESS (1955); and M. McDOUGAL & D. HABER, PROPERTY, WEALTH, LAND; ALLOCATION, PLANNING, DEVELOPMENT: SELECTED CASES AND OTHER MATERIALS ON THE LAW OF REAL PROPERTY (1948).

〔147〕 有关美国,参见 J. HICKS & A. HART, THE SOCIAL FRAME WORK OF THE AMERICAN ECONOMY: AN INTRODUCTION TO ECONOMICS (rev. ed. 1956)。有关经济发展和文化改变,参见 W. ROSTOW, THE PROCESS OF ECONOMIC GROWTH (1952); and TRADITION, VALUES AND SOCIO-ECONOMIC DEVELOPMENT (R. Braibanti & J. Spengler eds. 1961)。

意处置，而非在市场萧条时每个人都试图在同一时刻将其股票兑现。

在概括任何生产单元的有效性时，我们必须考虑众多种类的产品价格和货物信息。然而，如果认为经济的判断仅仅依赖于这些信息亦是不正确的。除了评估经济要素间的相互作用，一方面，还有必要评价货物与价格间的关联性；另一方面，政治的以及其他的社会发展都需要予以考虑。

以预测次年石油贸易所涉及的因素为例。我们可以从惯常的统计途径获得关于近期趋势和过去季节性波动的信息。但是这并不足以宣称“如果需求要素增长了十个百分点，各类石油的价格将随之有不同比例的上涨”。决策必须建立在对需求流变具体预测的基础之上。因此，如想就货物和价格的未来走势作出精密估计，简直就是要对整个社会背景进行评估。以下列举了在预测货物和价格实际序列时需要考虑的某些布局特征。

外事：战争的可能性及战争恐慌对国家的影响为何？在外国那些将影响他们战时政策性短缺的内部变化以及对美国商业的影响为何？

立法：各级政府可能影响税收或涉及商业的其他政策的立法变化为何？

行政：所有层级的可能以影响商业的（诸如财政政策）的行政变化为何？

司法：影响商业的法院判决为何？

技术：对商业产生实质性影响的科学技术的新发展为何？

只有在上述框架内才有可能开始就某一生产单元的效率作出判断。把利润、损失和成本等各种比较考虑进去，可使这些评估更为现实和精准。例如，依赖于不可能再次重演的“发横财”的收益必须得从其他途径剥离出来予以单独考虑。老顾主的回头率或升或涨，投诉和退货是否增加，或者是否存在可能取代老产品的新产品的传言等，这些考虑不无裨益。以上这些技巧表明，有很多方法可以评估某一金额的重要性。

### 总体

很多方法都可用以描述作为生产、销售、消费、储蓄和投资体系的经济体的功能。基于政府政策对作为整体的世界经济的深远影响，通常，累积的经济事件被概括为权力的总和。在我们的概念中，国家既是一个竞技场也是一个市场。

国家财富

以国家为单元的财富清单使用两套标准，此两套标准在不同程度上是相互平行的，一个是国家物质特征（R），另一个是对已被提出且接受的资源和产品的权利主张（C）。国家是一个“主张单位”，在此意义上，国家对在其境内可再生资产的财富主张程度各异的控制权，同时支持其成员就其境外的财富主张权利。企图描绘一张国家财富的宏大图景的想法不再是个新鲜事。那些关于什么应该纳入，什么又应该剔除的无法解决的争议反映了该财富清单所服务的目的数众。不存在一种单一的方法以概述国家的财富，这一点已经愈发明确了。如财富主要被视为一种权力手段，且战争为人期待，资产评估的重点将会被放到那些促成战争的努力上。如试图描绘一个生产潜力的图景，则需作出国内外是和平的（同时在制度上没有重大变化）假定，其结果将会与前述以战争为目的概括相异。如目的是为了预测在既定经济结构中（如农业集体化或自给自足）生产变化的可能影响，所描绘的图像又会不同。以下列举了一些分类，这些分类出现在近期由经济学家或政府官员所列清单之中。

国家的生产性资源和设备 = 位于其境内

为该国家居住在

境内的公民所有

境外的公民所有

+

为居住在

境内的外国人所有

境外的外国人所有

+

位于境外的

为该国家居住在

境内的公民所有

境外的公民所有

财富单元分类如下：

Ⅰ. 终端单元

1. 私人单元

(1)消费家庭[包括独立的个人和集体户人口；不包括(2)和(3)]

(2)农业家庭

(3)其他自主经营的家庭

(4)私人集体

2. 公共单元

(1)联邦政府

(2)州政府和地方政府

Ⅱ. 中间单元

1. 商业公司、合伙、互助社、合作社

(1)银行

(2)其他金融机构

(3)交通及通讯

(4)电力和煤气

(5)制造业和矿业

(6)城市房地产

(7)贸易、服务、和其他杂项

(8)农业

国家财富清单既可缩小分类亦可扩大而涵盖多数分类。下表列举了最小化－最大化范围。

被估算的国家财富＝可再生有形资产

（最小化） 土地（地表）

外国净资产

（最大化） 消费者的半耐久性资产和易腐资产

底土资产

军用资产（按补充兵员可替代成本）

在最小化范围内具体项目的评估如下：

最小化国家财富评估 = 可再生有形资产

建筑物

非农用

作为住宅的

非为住宅的

采矿的（地下）

农用的

机构的

政府的

\+

设备

生产者的耐用品

消费者的耐用品

\+

货存

私人的

家禽

庄稼

非农产品

共有的

\+

货币黄金和货币银子

\+

土地

私人的

农场

其他

森林

+

共有的

+

外国净资产

评估可再生有形资产的一个步骤就是追溯到原始资本支出和剔除成本或价格变化后累积的年度折旧。这样就得出“重置资本”的数据。首要问题是折旧提成的大小:在会计实务中直线折旧法和曲线折旧法之间是有区别的。因为,“土地”这一物质资源是无法“再生的”的资源,评估的基础是(市场)时价或基期价格。

尽管我们可以像界定物质的土地(地面)资产一样,总结出一个资源的分类,官方通用的次级分类并非仅仅是“物质的”,如果该词隐含了无关人类使用之意的话。很多分类将技术特征与某些服务于人类的具体功能相结合。

土地(农用和非农用用途)=耕地

牧场和山脉(无森林覆盖)

森林和林地(不包括湖泊等)

“服务性”区域

军事区

高速公路和马路

公园

城区

农场机器建筑物

禁猎区

可通行的铁路

农路和小径

机场

稍具地表用途的土地

只要“底土”资产具有相关性,此资产就能被概括为如“吨”这样的有形单位,或折旧成本这样的货币单位。专家针对多数重要底土资源的评估具有很大的不稳定性,谨记此点颇有裨益。

国家财富清单作为一种方法,用以总结可能被利用的财富以作为未来国家财富使用的基础,恢复应对各类不测的策略。在思考国家未来财富形势之时,该一整套策略问题便与资源的平衡相关。

部分的问题是,了解资源的优势以及有效地实现资源的专业化。存在诸多针对自然资源的较突出的国家专门化评估,有了这些自然资源某国家便可称之为富足了。这一列表中还包括非再生资产,诸如智利的海鸟粪、康沃尔和马来群岛的锡,以及南非的钻石。某些资产曾经以可耗竭的形式存在,但亦可能通过恰当的培育方法得以再生。刚果的生橡胶、加拿大的毛皮兽、西北部的鲑鱼均系此类的代表。通过这些例子,可以非常确信的一点是,财富政策取决于很多方面。有时一个原始团体追求的不比个人或家庭的发财致富更多。而另外一些时候,来自于资源的收入已转化为国家的长期利益。在某些国家,林地的使用首先是个人开采,其次才是更为长远的自然保护区的策略。

某些国家一直遭受自然资源(从现代技术的角度)匮乏的境遇。尽管在某一经济体内可能存在原材料和资金设备不足,但此状况有可能得到改善。例如,交通的便利可能刺激旅游业。也可以为那些意欲逃离政治的不确定性和沉重赋税的资金提供一个避风港。全新技术可把莠草变为能够赢利的纤维,把废弃地变成采矿场。借助宗教或其他休戚相关的情愫,国家可为与适用于现代技术的所有发展机遇提供充足的资金。

有时(我们仅是描述性地论及),一个活跃的外国市场的额外资源就是人类本身。有很长一段时期,非洲的某些地区曾是奴隶贸易的商品供应商。在"殖民主义"时期,有了当地酋长的全面配合,非洲、太平洋诸岛以及其他全球"人口过多"的地区的土著民为种植园提供了廉价劳动力。通常,世界上相对贫瘠的地区提供了熟练劳动力,与此同时企业家们则涌向了繁华的中心区域。此讲述的不过是苏格兰和新英格兰故事中的一部分。当与故土的纽带还没有被完全切断时,家乡的经济就从汇款中,从绵绵不绝的成功人士的返乡潮中获益。

接下来要讨论的"策略"属于前一部分被描述为累积策略的部分。我们之所以把它放在这里是因为就国家财富清单的讨论使得某些特定问题变得更为清晰。

显然,如某国买进的日用品和服务比卖出多,便需通过各种方式弥补赤字:通过黄金等汇兑可被接受为货币的形式;或通过资金交易,通过借贷的形式弥补赤字。在此情形下,赤字的弥补被推延至未来某一时刻。在个人和私人企业中,交易系形形色色的各类独立安排,黄金往返运输的成本由于居间机构的加入被保持在最低水平,此类机构冲抵了某些权利主张,仅仅是装运那些以结余账户为必要数量的黄金。当交易受到严格监督时,尽管缺少些许自主性,尽管有可能卷入外交事务,但得到的结果是相同的。

国民生产总值和国民净收入

脱离了国民经济表现这一大图景,经济政策的制定人就无法正确地解释支付平衡的重要性。在描绘该宏大图景时,考虑国民生产总值和国家净收入至关重要。国民生产总值(GNP)可被认为是来自于从事生产的国家各个单元的累积总收入,或者是累积总产量。该两种方法都系描述同一个事物。如我们从考虑收入着手,得到的是累积总数,该总数是把所有生产单元获取的收入相加,再减去支付材料及服务的部分后得到的。(尽管没有减去厂房和设备的折旧;这也是为什么提及此数据时表述为"总的"而非"净的")

国民总收入 = 所有生产单元获得的收入

−

所有生产单位支付

材料和服务的部分

国民净收入 = 国民总收入

−

厂房和设备的折旧

−

支付的非直接商业税

通过加减特定项目,再调整净收入至累积个人收入支付;减去未分配的利润和公司利润税,因为此项目不会发放到个人手中,同时加上熟练工收益,失业救济收益以及其他转移支付。(这些都是转移支付,因为它们代表的不是现时段收入接受者对生产的贡献)

累积的个人收入支付 = 净国民收入

−

公司利润税

−

未分配的利润

+

熟练工收益、失业救济收益、

社会保障

和所有其他转移支付

如果从个人收入中减去个人税，便得到了所有个人可支配的收入。该可支配收入要么是存了起来要么就是花掉了。

累积可支配收入支出 = 累积个人收入支付

−

个人税

−

存款

如把支出看成一种输出而非一种收入（以最终消费为目的的现时输出货币价值），支出的部分就是 GNP 的组成之一。如消费超出了现时输出量，该超出部分显然一定来自资金的消耗。把 GNP 看成输出，需要给支出项目加上私人团体所有的总资本积累，包括厂房建设、生产者的耐用品（如设备），商业库存的净增量和针对外国的权利主张的净增量。（鉴于未减去厂房和设备的折旧，总私人资本积累这一表述前面也用过）最后，加上在此期间政府采购货物及服务所产生的支出，便得到 GNP 的输出量。

国民总输出 = 最终以消费为目的的现时输出的

货币价值（同累积可支配收入支出）

−

私人总资本积累

−

政府用于采购货物和服务的支出

事实上，通过强调整体中不同的方面，和为不同目的提供有用的信息等，计算国民收入的方法有很多。鉴于现代工业经济中货币的重要性，以下列出了各类关系的对比，用以强化货币的地位及提供与整体货币政策相关的信息。

(1)　国民收入　=　累积净输出的市场价格

×

净输出的实际数量

(2)　=　个人生产要素收入

+

商业收益

(3)　国民收入　=　生产要素的平均市场价格

×

生产要素的物质使用

(4)　=　(平均)货币量

×

货币的收益流通速度

(5)(平均货币量)　=　净输出的平均市场价格

(M)　(P)

×　×

货币的收益流通速度　净输出的实际数量

($V^Y$)　(T)

(6)$M V^Y = PT$

最后一项乃著名的货币量公式，它说明了货币和输出之间的关系。它表明货币量如何与其他主要经济指标之间相互作用。如果货币量减少了，其他指标必须弥补，或者可以降低价格，这样输出被购买了，而剩余实际量增加了。随着货币量的增加，其他要素必须弥补或者实际市场价格要下跌，而净剩余的实际量可能增加。或者，如果货币的收益流通速度降低，除非削减货币量，否则价格将下跌。如果净输出的实际量增加了，其他某处必须弥补否则价格就会下跌。如预期未来会有盈余，市场价格可能走低。

当把货币估价置于那些不会在货币交易中出现的项目上时,将引发诸多问题。于美国而言,“实物所得”一直被予以临时的归类。

实物所得的类型 = 实物收益,诸如住房、食物
和医疗服务
+
家庭自产或采集的食物
和其他家庭生产的通常用于销售的初级产品
+
在消费单元内由个人提供的其他实物;
家庭主妇,其他人等
+
所有的或使用的耐用品服务:住房、
其他消费者耐用品
+
亲戚朋友赠送或捐赠的非货币,
包括借用他们的耐用品
+
来自于其他不可直接作价的私人机构的实物,
诸如健康服务或私人诊所、公园、音乐会、
慈善机构等实物救济
+
来自公共机构的实物救济
+
来自公共机构的不需要以考核的方式
取得的实物等,学校、公园
以及公共诊所的服务

在以物物交换和互惠方式补充货币交易的经济体中,比较收入和财富长期以来为现时的一些方法(完全脱离了对经济体整体生活质量进行估计的初衷)所低估了。

货币供给

在现代经济中货币现象相当重要，因此有必要更细致地讨论那些影响宽松或紧缩货币供给政策的因素。

在现代工业社会，如美国，货币量由活期存款和银行外的流通货币组成。

货币供给 = 活期存款

商业银行

中央银行（等，如联邦储备银行）

银行外流通货币

流通中的中央银行钞票

流通中的国库货币量

实施宽松或紧缩货币供给政策的机构构筑了经济体的货币体系，在工业经济中，典型机构包括财政部、中央银行和商业银行。美国财政部发行小额纸币和硬币以满足小规模交易的支付需要。财政部会同中央银行亦发放票据。商业银行和中央银行提供活期存款业务。存款系银行债务，此债务在银行用这些存款进行资产支付、结算非货币债务，或者在兑现股票持有者的权利主张时产生。（从法律角度而言，它们属于银行接受消费者的一项新的对价时所产生的合同义务。实际上，它们又是进入消费者分户账目的信用记账）

货币体系的每一部分都能用资产负债表的形式表现，可根据下列公式制作资产负债表：

资产 = 债务

\+

资金账户（资本净值）

资产可界定为“准备金”，用以偿还货币机构负债或赚取收益。负债可以是“货币或非货币形式”。前者可被描述为货币系统（公共货币系统）外的债权人的定价负债。非货币负债系系统外与系统内债务所有的可变价格债务。合并财政部、中央银行和商业银行的资产负债表，我们便得到了整个系统的货币负债情况。

货币系统的货币负债 = 净现金资产

+

净收益资产

其他负债

净资本账户

货币供给是公共货币系统在负债平衡时其手头货币量的数值。货币供给的变化可被分解为放宽项和紧缩项。

| 放宽项 | 紧缩项 |
| --- | --- |
| 增加现金资产 | 减少现金资产 |
| 增加资产收益 | 减少资产收益 |
| 减少非货币负债 | 增加非货币负债 |
| 减少资本净值 | 增加资本净值 |

货币系统主要通过购买证券或放贷来增加货币供应量；通过收回投资或终止贷款以紧缩货币供应量。货币系统愿意创造货币方面的变化转变为货币系统愿意买卖证券方面的变化。

流通速度作为一种货币单位是指单位货币在既定时间段内的周转次数。就美国经济中各类参与者而言，货币的流通涉及各类经济单位，如家庭、农场、工业公司、商业公司或合伙以及其他人等，联邦政府、州及地方政府、银行和美国货币基金、人寿保险公司、其他保险公司、证券及房地产公司及其他人等，及余下的其他人。根据交易类型，可区分为：现金利息、现金红利、净、包工头的分期付款、总租金、顾客资金流量、房地产转移净支付、收税、退税、保险费、保险收益、公共目的支付。概括如下：

国家货币流量 = 国民生产总支出

+

其他生产型交易的净收入

+

净转移支付或净收入

+

从事金融活动赚取的净货币

或预付给其他金融活动的净货币

政府部门

在自由经济体中，政府和经济体的含义通过各类渠道的使用得以表现，此渠道的范围包括从完全在社群控制下的渠道到各类私人渠道。例如：

经济部门　=　政府
私人商业
私人消费者
私人非赢利事业

经济活动的分析应包括在各个部门相关作用下业已发生的波动。

前文所讨论的经济活动的结果和影响通过总结在财富机构中的结构性转变，最终可得到修正。该结论将用于解决每一经济体的法则和技术。需提请注意的是有关制定财富政策过程的情形，可以参考涉及市场行为的期待的形成，把该立法活动与信息（通知的）、推广、援引、适用、评估和终止等活动联系起来。[148]

## D节　福　　祉

### 引　　言

当参与者所期待的主要结果涉及安全、健康和舒适时，当结果是在与这些利益紧密相连的前结果阶段的活动中实现时，社会过程对于福祉这一价值来说略显专业化了。

尽管人类期待免受疾病和伤害，希望推迟死亡的到来，渴望感受生命的活力，这些都已得到认可，但是显然在不同的时刻不同的地点，这一价值的重要性却有所不同。每个回顾思考着人类战争史的人都会对以战争

---

[148]　以下文献首先对健康过程的权威规定进行了研究，M. McDOUGAL & D. HABER, PROPERTY, WEALTH, LAND: ALLOCATION, PLANNING AND DEVELOPMENT: SELECTED CASES AND OTHER MATERIALS ON THE LAW OF REAL PROPERTY, AN INTRODUCTION (1948, 2nd ed., 1981 by M. I1cDOUGAL & L. McDOUGAL, III); and M. McDOUGAL & M. ROTIVAL, THE CASE FOR REGIONAL PLANNING, WITH SPECIAL REFERENCE TO NEW ENGLAND 1947)。该研究，如果是全面和系统的，将会扩展到法学院课程中的许多传统科目中。

形式或以其他个人或集体暴力形式来表达的对人类安全的漠视印象至深。[149] 我们也知道，自杀是日本人或其他文化所共有的特征。文明进程中亦不乏这样的例子，如有人会渴望殉道，会不厌其烦地煽动殉道的情绪。当然，还会把自笞和其他酷刑视为苦行的方式。这些例证清楚地证明在诸多个体或团体的生命中，福祉乃从属于其他价值。

我们注意到渴求福祉与破坏福祉并非互为排斥。[150] 我们通常认为谋杀、残害或者影响他人很少是其目的本身，当它不时发生时，它不过是实施这些行为的人一种“病态的”表现。例如，每个人都会认为强迫性谋杀犯是一种精神错乱，而不是完全“人性的”。攻击他人的福祉（或者甚至是自己的福祉）被认为是典型地为其他价值服务。因此，在战争和革命中捐躯成为追求和捍卫权力的副产品。为防止工业事故而采取的保护措施经常与挣钱的压力相伴而生。“激情类犯罪”可能与情感相关联。为宗教或政治信仰殉道者为大家所熟知，尽管都是些令人扼腕的人士，亦有为科学殉道之人（例如，无畏于自身肉体为致命辐射所侵蚀的人）。新闻记者和摄影人经常过于接近危险以致无法幸免；我们多数人都能理解他们乃是受到职业和自尊的激励。那些赴藏登顶被冻死之人亦然，又或者从事跳伞之人亦不例外。

无需论及太远，我们正注意到这样一个事实，人类有一种至深的表现为杀戮及残害行径的破坏性欲望，它们是人类固有的原始习性的一部分。福祉既是积极价值又是消极价值，此看似自相矛盾，因此某些性格要素倾向于顽强地活着，某些要素则来自于放弃生命的圆满。[151]

尽管，此观点已经为合格的科学家通过不同方式论及。生物学家认为，人就是一种肉食类动物，和所有动物对待它们猎物一样，尽一切虐待之所能，或抓挠、脚踢、牙咬，或抠、撕、推、压、砍、扔、打。在人类婴幼儿时

---

〔149〕 参见 WRIGHT, A STUDY OF WAR 2 Vols. (1942); VON HENTIG, THE CRIMINAL AND HIS VICTIM (1948); and RICHARDSON, THE STATISTICS OF DEADLY QUARRELS (1960)。

〔150〕 参见 E. DURKHEIM, SUICIDE, A STUDY IN SOCIOLOGY (J. Spaulding & G. Simpson trs. 1951); and A. HENRY & J. SHORT, JR., SUICIDE AND HOMICIDE (1954)。

〔151〕 这一点适用于所有价值，此外，对于财富、权力和其他价值的全面系统阐述会涉及自我剥夺和容忍的需要。

期所表现出来的破坏性冲动的特质反复地提醒着我们关于人类与福祉之关系的互为矛盾性。[152]

## 参 与 者

在社会过程中我们大致可以在专事福祉结果构建之人与主要目的为福祉结果分享的人之间画一条界线。尽管略显多余,我们仍要强调每个人对于福祉追求之深之锲。尽管很容易辨别那些与健康有着断断续续联系的刻意所为,事实上,维系健康正常运转的整体日程显然不是时断时续的。在一日中的任何时刻,我们都有可能觉察自我的状态或评估他人的状态。我们会有脆弱、不安、厌倦和恼怒;更为特殊的是,我们可能时而兴高采烈时而沮丧消沉,又或活力四射。

在一定程度上,每一个人都是连续的自我和他人福祉的构建者和分享者。鉴于劳动作为一个整体而被分类,我们还是有可能区分主要从事福祉构建的专才。例如:

积极的构建者 = 管理者(监护人)<br>
+<br>
治疗师<br>
+<br>
防预人<br>
+<br>
消极的构建者 = 破坏者

监护人包括了所有照看体弱病残之人。显然,治疗师是寻求治愈(或减轻)病痛之人。[153] 在现代社会,防预人在预防个体和集体灾难方面愈发重要,他们中多数都活跃于公共健康与娱乐领域。

---

[152] 然而没有遗传信息表明另一个人作为敌人的特点。此外,我们应想到历史上最早出现的原始人是素食动物,并在其他强壮的动物(如狮子)之后通过食腐而开始吃肉。参见 H. Lasswell, *The Social and Political Framework of War and Peace*, in 7 UCLA FORUM IN MEDICAL SCIENCES, "Aggression and Defense; Neural Mechanisms and Social Patterns," Proceedings of the Fifth Conference on Brain Function, 1965 (C. Clemente & D. Lindsley eds. 1967)。

[153] 参见 THE STUDENT PHYSICIAN (Merton, Reader & Kendall eds. 1957)。也参见 W. MENNINGER, PSYCHIATRY IN A TROUBLED WORLD (1948)。

因新旧立法之间紧张的较量，我们颇有必要强调改革者与遵从者之间的对比，此分类着重强调的是科学和非科学的途径。

参与者 = 创造者

强调科学

+

强调非科学

遵守者

强调科学

+

强调非科学

## 观 点

在数量繁多的社会神秘体系中，我们所熟知的不过是涉及安全及身心健康的信条、公式化规则与特色变量。死亡、伤残和疾病在人间世事中分外突出，所以其重要性深植于法则和与个体生命息息相关的普遍性概念。如认为传染病是对那些以整个社群为攻击对象的超经验人士的惩罚，治疗和预防这些传染病的问题便与集体宗教生活交织在一起。科学在渗透到预防与治疗的技能中世俗化了人类的观念，且令那些有关福祉的断言受到实证调查挑战。在一些根本的假设上，某些民俗文化中的教义与现代医药非常吻合。[154] 身心的关联可以被明确地诊断为精神障碍，或心理疾病。

当宗教的或玄虚的期待成为潮流时，健康的规范会被详尽地制定，遵不遵守都是自愿接受或集体实施的。现代对于思维的原始(潜意识)过程的研究表明每一阶段想象都是影响行为的重要因素。[155] 对婴幼儿时期

---

〔154〕 参见以下文献中的详述，DEVEREAUX of MOHAVE ETHNOPSYCHIATRY AND SUICIDE: THE PSYCHIATRIC KNOWLEDGE AND THE PSYCHIC DISTURBANCES OF AN INDIAN TRIBE, Smithsonian Institution, Bureau of American Ethnology, Bulletin 175 (1961); and CULTURE AND MENTAL HEALTH: CROSS CULTURAL STUDIES (Opler ed. 1959)。

〔155〕 参见 Kolb, Disturbances of the Body-Image, in AMERICAN HANDBOOK OF PSYCHIATRY Vol. 1 (Arieti ed. 1959); and SCHILDER, THE IMAGE AND APPEARANCE OF THE HUMAN BODY, STUDIES IN THE CONSTRUCTIVE ENERGIES OF THE PSYCHE (1935)。

想象的调查发现了伴随身心事件产生的自发关注。除非能洞察此关注的源头，否则人们无法解释有关残疾的原因、治疗与治愈的自我创造出的观念的蓬勃发展。这些通俗的赞颂 miranda 与受大家欢迎的良药紧密地捆绑在一起，且深深地制约着科学的方法。理解这些关联的出路就是检验那些为我们个体所适用的规范。这一点扫一眼医药箱便知，抑或从某人对付普通伤风感冒或从抑郁中复原便知一二。

## 福祉状况（生存环境）

“生存环境”（habitat）通常是指适于居住的环境。我们把这一措辞泛化为包括每一影响福祉的持续相互作用（人与人；人与自然）的情形。在描述福祉情形时，非常有必要区分参与者在既定情形下关于福祉的观点和我们作为一个科学观察者的观点。不管是专业领域或者是世俗领域，如何辨别具化为“健康”或“疾病”（缺陷）的过程存在诸多混淆。

对人体内部环境因果关系的重要性的发现乃是通过许多途径得以实现，确诊和克服用以调节机体功能性紊乱的治病因子的受到医学关注亦是其中之一。有时，细胞连同胃壁不适，就出现溃疡。科研把此与酸碱平衡被破坏的分泌物联系起来，这些分泌物接触到胃壁，可能就是溃疡的根源。溃疡的研究引发了一项发现，即从事导致如焦虑，或需要克制怒火和愤怒等“内部的”反应等职业的人群发病率高。这类人群是社会结构的组成部分，在此构架中，他们被要求避免直接发泄冲动情绪，被要求对其所从事的事务承担巨大责任。例如，的士司机和商务专员需要面对非一般的压力，失去自制力于他们而言并不适宜。显然，机体的应激反应导致分泌物的分泌超出消化过程所需要的量，于是机体处理能力负担过重，便发生了损害。

在社会过程中，人类相互作用的影响在某些例证中非常突出，如由于战争、暴动、私人争斗、鲁莽驾驶，诸如此类。一些类似但并非如此明显的例证在“心理—生理”医学等领域逐渐凸显，以致一些“病灶性”功能紊乱,一旦单独在局部和生理上被发现,即可与社会背景对号入座。[156]

在"社会—生理"(如此表述最为贴切)领域的发现使得健康与疾病的概念更为精准。[157] 只要存在一个专门的细胞或细胞束参照框架,细胞损伤就已经成为一个病理学的标准,过去,病理过程则尽可能地被描述为在细胞、器官或身体里按一定顺序发生的病变。把社会过程纳入该框架,老的参照框架越来越不适宜于解释在促成细胞、器官或身体损伤的系列事件中的重要致病因子了。例如,通过确定和控制社会中那些"积压于内的愤怒"的功用,有可能推断出或解释某些疾病。但是在更为老套的关于疾病解释或治疗的"机械的"概念中,并没有诸如"功用"这一分类的空间。当相关背景所涵盖范围被放大且被加以区分时,智力性工具为参考社会过程的分类所补充。(价值的)"学习"分类已经被纳入专门用来描述各种诸如"酸碱平衡"或"二氧化碳"交换或"新陈代谢"等关系的词汇中了。

有证据显示,科学地解释健康和疾病绝不仅局限于涉及生理平衡的事项,还有必要考虑社会环境。长期以来医生已习惯性地诊断某个器官可能是健康的,尽管某些具体的细胞已经收到损伤,然而除了些许钙化,循环系统作为整体的运行状态良好。判断某些器官或系统模式是健康的或者是患病的,显然取决于对相互作用的事件的整体环境的评估。根据它们在整体环境中的重要性、解释性的细节表明,行为性的或病灶性的残疾未来是可予以区分和解释,也有可能结合检查生理—社会综合的背景予以治愈。除了涉及个体细胞、器官、系统或身体外,还广泛地涉及诸多其他因素。

---

[156] 参见*Psychosomatic Medicine* , Part 5, in AMERICAN HANDBOOK OF PSYCHIATRY Vol. 1 (Arieti ed. 1959); GRINKER, PSYCHOSOMATIC RESEARCH (1953); and F. ALEXANDER, PSYCHOSOMATIC MEDICINE; ITS PRINCIPLES AND APPLICATIONS (1950)。

[157] 以下文献回顾了有关想法, in RIESE, THE CONCEPTION OF DISEASE, ITS HISTORY, ITS VERSION AND ITS NATURE (1953); Redlich, *The Concept of Health in Psychiatry*, in EXPLORATIONS IN SOCIAL PSYCHIATRY (Leighton, Clausen & Wilson eds. 1957); *also* SZASZ, THE MYTH OF MENTAL ILLNESS (1961)。

## 基础价值

“健康是可以买来的”，这一口号强调了福祉作为基础价值的财富功能。当我们获知富人会活得久一点，会少遭受一些损伤时，我们不感奇怪。当听说福祉取决于是否可以花钱购买到的最好治疗时，亦无人诧异。那些轰轰烈烈取得成功的公共健康运动，也取决于是否有足够的资金解决排污问题，安装通风设施，建立家庭监护或类似服务体系。

但显而易见的是，财富与福祉之间的关系夸大了其相对重要性。例如，技能是一项非常重要的基础价值。除非科学或技能的知识在握，否则再多的钱都会坐吃山空。[158] 在一定程度上，当考虑到健康是可以买来的这一道理适用于知识的扩展时，上述关于技能和教化的言论是符合逻辑的。通过投入大量的经费进行肺结核或小儿麻痹症或痨病的研究，需要做大量的工作以集中技能，需要做大量的工作以终结这些疾病带来的威胁。然而，在短时间内，富裕阶层的境遇并不会比贫困阶层好到哪里去。在印度，好几个世纪以来，佝偻病是一种富贵病，其原因多是为了保护皮肤颜色的纯度（此被视为一种优越性的标志），富裕阶层的孩童没怎么晒太阳。恰恰相反，穷人家的孩子就不会得这种病：他们至少有大把的机会暴露于阳光之下。还有一个例子就是关乎文明社会的神经症性障碍。还有证据显示那些渴望成为中产阶层的人承受了更多的压力和压抑，比起较低阶层的人来说，这种渴望使得他们更容易产生神经性过敏。[159]

例如，就权力价值而言，上层社会的地位不会自动地带来更为优越的福祉。看看斯巴达（和其他国家）的贵族阶层便知，这些贵族在永无止尽

---

〔158〕 在社群中分享某种程度的教化显然是必要的。参见 PAUL, HEALTH, CULTURE AND THE COMMUNITY; CASE STUDIES OF PUBLIC REACTIONS TO HEALTH PROGRAMS (1955)。

〔159〕 有关中产阶级的压力，参见 LASSWELL, WORLD POLITICS AND PERSONAL : NSECURITY (1935, 1965, with new introduction), at chapter 10, Personality, Culture and Politics; The American Case; Allinsmith & Goethels, The Role of Education in Mental Health, Monograph Series No. 7, Joint Commission on Mental Health (1962); HOLLINGSHEAD & REDLICH, SOCIAL CLASS AND MENTAL ILLNESS: A COMMUNITY STUDY (1958); and FARIS & DUNHAM, MENTAL DISORDERS AND URBAN AREAS (1939)。参见 GOLDHAMER & MARSHALL, PSYCHOSIS AND CIVILIZATION (1953)。

的军事行动中一个个地被干掉。在有些文化中，居于顶尖权力地位的人特别容易为政变或反社会的暴动人士所谋害。在哲学处于一种意识形态的专业化变动时期，法律和社会科学无法提供一种优越的、安全的职业。

这一观点同样适用于操行高尚的人士。那些被视为代表某一社群精神或先验价值的人士被号召起来与某些异教徒对抗。牧师过去经常被要求面对那些渗透到古罗马帝国的部落首领们。在危机时刻，“旧式家庭”面临亦同样境遇，因为居于主导地位的市民会被要求代表其社群去和地头蛇谈判。

此例证的主旨就是为了表明上层阶级的地位是与制约他们获得福祉的体制惯例相关联，甚至财富都不可视为是那把打开安全、舒适或健康之门的钥匙。

显然，福祉与众不同之处在于福祉本身。这一点恰恰为与此相关联的基因序列构成所说明，该基因序列对于个人的意义仅是近来才略知详细。基因产生影响的机制是通过生化酶的作用来实现的。例如，眼睛、头发、皮肤的颜色、它们的颜色由存在于眼瞳、头发或皮肤的色素（黑色素）的数量来决定的。众所周知，黑色素是由一种氨基酸（酪氨酸）通过很多特定基因所决定的生化酶所控制步骤而合成。上下代间颜色的稳定性取决于生化酶。有缺陷的基因意味着颜色产生的顺序无法触发。于是就有了“白化病”。[160]

构成个人福祉基础的诱因不限于该个体肉身躯壳内。个人潜在的健康（和免予灾难的自在）亦依赖于他所处的（社会和生理）环境的现实诱因以及既定时间段内有效环境构成的累积。[161] 例如，在该环境中存在何种食物、细菌、身体的伤害（碰撞和刮擦的加害者）以及他们如何影响福祉？暴露于这些环境中又是如何修正日后其所面对的相似环境下易患病的体质？

---

〔160〕 以下文献对基本机制进行了介绍：HANDBOOK OF PHYSIOLOGY（Magoun ed. 1959）。以下文献生动地提出情感对于健康是至关重要的：BOWLBY, MATERNAL CARE AND MENTAL HEALTH（1952）。

〔161〕 参见 WADDINGTON, THE NATURE OF LIFE（1962）; and BIOLOGICAL ORGANIZATION（Waddington ed. 1959）。

相同观点亦可适用于群体。例如,群体的何种诱因影响出生死亡率,影响疾病与突发事件的敏感度,影响对有效救治的期待?在群体社会环境(同时也在自然环境)中何种诱因有可能影响未来的福祉,同时又是何种因素的综合的结果?一个人尽皆知的例子便是西方国家的医疗服务,这些西方国家间或暴露在来自于未建立现代医疗制度的世界各个角落的流行性疾病的风险之中。

## 策　略

### 特定策略

在多数社会体制中,影响福祉的措施与其他并未予以单独考虑的日常生活的惯例纠结在一起。当相互性模式盛行时,就没有必要深入地探究策略或环境详细结构的细微区别。

在我们之中,存在一种不同的福祉策略,通常涉及治疗与预防间的平衡。治疗的任务是,通过减少疾病、治愈损害、克服缺陷以及延缓死亡等,治疗现存的对于理想状态的偏离。预防的目的在于以减少未来对理想状态偏离的可能方式来管理现状。从"纯粹"的意思来看,福祉策略是以确保最佳整合状态(从生理学角度来说是健康身体状态中对于损害缺乏意识)为目的应对身体以及思想的掌控。

在福祉策略中常常隐藏着诸多矛盾体。除非入侵者为"预防性"机制所停止,否则紧随其后的便是更多的死亡。(但是这里有一个问题,对未来意图及可能性的预测是否有赖于作为成功预测者的人类思想的不可靠性程度)[162] 另一看似矛盾的论点在于新的维持生计的资源被发现前,如果婴儿的死亡率突然降低,人口的相对增加有可能破坏福祉。[163] 这就有一个问题,即在研究控制诸如癌症这样的致命性疾病方面究竟该花多少

〔162〕 参见 SINGER, DETERRENCE, ARMS CONTROL, AND DISARMAMENT: TOWARD A SYNTHESIS OF NATIONAL SECURITY POLICY (1962)。

〔163〕 参见 THE POPULATION CRISIS AND THE USE OF WORLD RESOURCES (S. Mudd ed. 1964); W. THOMPSON, POPULATION PROBLEMS (4th ed. 1953); P. Cox, DEMOGRAPHY (1950); and INTRODUCTION TO MAL THUS (D. Glass ed. 1953)。

钱,又有多少钱该用于改善多数患病者的医疗等其他形式的健康服务等。[164] 所有的这些综合性策略都需要在一套相互关联的机制中就治疗性和预防性之间做出权衡和考虑。

除了以预防和康复为目的的策略外,在我们的文明中还存在一些用于达致威慑、恢复和重构的相互关联的计划。以威慑为例,当暴露于与性活动相关的传染性疾病的危险中时,有赖于有保护措施的成员间信息的传播。当流行病爆发时,需要特殊的策略以控制局面并尽可能地恢复其原始状态。通过改变(在群体和个人中)造成福祉剥夺的基础结构,重构计划的重要性超越了预防策略。

策略亦涉及交流、合作以及资源的改变等综合因素。心理分析的精神病治疗,连同它所依赖的长时间观察,就是一个交流的过程。[165] 在群体康复中,合作的因素最为明显。[166] 资源的改变包括调整在环境中可获得的水的化学特性,或减少水中所携带的侵蚀性或其他传染性物质。[167]

### 福祉的极性

在诸多情形下,福祉活动导致了竞争性或限制性模式的创新。当某情势具有竞争性时,策略是自由选择的结果,同时参与者业已有权控制作为福祉基础的价值。相反的模式则是将此基础价值掌控在某些可以通过强权保护他们地位的人手中。

福祉活动引发了几个趋向于被描述为与权力相关的竞技场分配的领土区分模式的表现形式。但是有时这些活动与人无关,例如放火焚烧害虫巢穴、或者为消灭害虫进行周而复始的活动。当敌人包括某些人时,模

---

〔164〕 参见 MEASURING BENEFITS OF GOVERNMENT INVESTMENTS (R. Dorfman ed. 1965), especially H. Klarman, Syphilis Control Programs, at 367 and R. Mack & S. Myers, Outdoor Recreation, at 71。

〔165〕 参见 Psychoanalytic Therapies, in AMERICAN HANDBOOK OF PSYCHIATRY Part 10 (S. Arieti ed. 1959 - 1966)。

〔166〕 参见 POWERMAKER & FRANK, GROUP PSYCHOTHERAPY: STUDIES IN METHODOLOGY OF RESEARCH AND THERAPY (1953); and THE FIELDS OF GROUP THERAPY (Slavson ed. 1947)。

〔167〕 以下文献提出为了健康利益而利用自然环境的根本重要性: SEARLES, THE NONHUMAN ENVIRONMENT (1960)。

式不可能仅严格地局限于场所,而是涉及充分且严格地以权力为分类的制裁。以驱除虱子为目的划定居住圈的努力,或为强迫接种疫苗所做的努力,都能轻易地转化为充分而成熟的战斗。处理属于私人所有的感染传染病的牲口或动物的努力,则需要通过一些诸如威胁入狱、罚金或其他惩罚的手段来执行。当麻醉剂的走私犯成为目标时,有关区域就不能再被较简单地划分为包围区和被包围区,尽管这一基本形式可能会与大量当地的场所重复,诸如图书馆、五金店,但"鸦片巢穴"和其他次中心却会被锁定或关闭。

当需要进行卧底工作时,渗透多于包围(至少作为一种对包围行动的准备)成为一种模式。

当生化战争出现在国家精英人物的台面上时,竞技场和福祉所在的一致性便完成了。[168]

## 结果和效果

### 特定情况

由于要求建立和应用一套诊断性标准,是故,描述个体福祉活动结果的任务相对清晰。

社会—生理医疗方式的增长,使得结果较以前更为明显,健康或病理学的概念趋于规范。这有赖于被称之为"健康的"生理和社会环境的发现。由此,基础的立法依惯例由任何有能力的社会成员来处理:在评价某一模式卫生与否时,应把所有的社会的、表征的、行为的偶然性予以综合考虑。

在诸多案例中,包含在立法中潜在的否定性制裁不再是其他人群的温和的反对意见。通常其情形更为严重,甚至会导致对某一危险情形的错误诊断,紧随而来的便是包括对诊断医生的惩罚在内的消极后果。

更为具体的是,适合福祉的标准有哪些以及它们如何与居所地相关联?当然,生理学意义上的完整性是定义的一部分。物质环境的效果是

[168] ROSEBURY, PEACE OR PESTILENCE (1949); ROSEBURY & ASSOCIATES, EXPERIMENTAL AIRBORNE INFECTION (1947); and ROTHSCHILD, TOMORROW'S WEAPONS (1964).

不卫生的,或者是促进了那些削弱或破坏身体完整性的人类活动,社会因素影响对这些物质环境的选择,从而就把社会过程带入到了疾病过程。例如疟疾就是和蚊子联系在一起的,蚊子与无排水的土地,同时还与具有人类血流特性等相关联。

免受内部破坏性冲突的自由是另一基本标准;进而,破坏性对于单个人或被考虑的人群的行为必然存在意义。此判断有赖于对社会情境中角色要求的检验并确认破坏性行为作为对焦虑的一种对抗性解释。焦虑——人类行为研究中的基础分类之一——是指极端痛苦的内心体验。这是一种病理性的恶劣心境,是富有攻击、或意欲逃逸或处于麻痹的一种矛盾冲动的混合体。针对焦虑的对抗可能仅仅取得部分成功。焦虑的严重发作可以通过压制得以避免,但其代价是经历一些有损害性且有意识的意象或情绪,或者沉迷于无法控制的公开行为模式。

如上所示,当判断健康或病态既可以以群体也可以以个体的方式作出时,这一观点就更为明确了。当诊断个体时,他整个生存的范围均需考虑。同理,在确认病态时,考察整个群体到群体现象至关重要。在市民和公共秩序体系下,涉及非损害行为的两大主要定义的策略是公开的:(1)用以描述源自于作为病理性内心冲突的偏离的所有形式;或者(2)用以描述源自于作为病理性内心冲突的偏离和遵从的所有形式。显然,后者更可取,因为它涵盖了所有自我评估的可能性,这有可能导致作为整个情形的部分病理学的具体立法功能的发现。而任何关于人类可以免于冲突或最终从焦虑的体验中解放出来的假设都是没必要的,也是不现实的。尽管如此,在怀有允许个体或群体思考关于可获得性政策的选择的希望中,以确保解决相对不因焦虑而感染的冲突,这一目的仍然合理。当予以恰当评估时,很多关于公共和市民秩序的立法可能被感知为焦虑的制造者而非提供解决问题的现实能力。

### 总体

在任何社群中,业已建立的标准也可能用以描述死亡率和发病率的状况，或有可能用以在特定的交叉部门获得相对公正的描述。[169] 在科学分析模型的指导下，我们有可能就各种意欲影响结果的机制的影响力进行评估。很多事物几乎整体上都居于物理科学和技术的范围之内，但是当人们试图评价公共健康运动、城市区域重建，或是源自国家主义的、革命主义的，或宗教运动的新乐观主义的重要性时，会涉及许多学科。

很多结果或前结果事件的关联性均颇为容易确认。然而，通过使用简单的描述性方法，某些涉及福祉的诱因也只是部分可见。在这里，我们提及改变关于人类的生命和死亡的观点。尽管灾难的死亡人数并未显示此倾向，但是通过检验有关健康、偶发事件和舒适等立法正在发生的强度的改变，有时仍有可能期待某些潜在反应为年轻一代所掌握。在这类极端案例中，由于战事爆发而引发的流行病在不同的时间或区域消长。但这些并不意味着我们已获知如何使用深度观察或检验使得这些诱因得以被发现。然而，毋庸置疑的是我们正朝着这一方向前进。

此时，最为主要的一点是强调在福祉的、规则的、技术的建制性模式中寻求潜在的，同时亦是实际的、变化的重要性。[170]

### 积累与享受的平衡

某些日常的报告数据与特定时间段内任何描述福祉的积累（或享乐）具有相关性。以下总结了所参考信息的种类：

福祉 = 初始阶段的总人口

减去死亡人数

加上出生人数

加上和减去疾病人数

加上和减去受损害人数

---

〔169〕 例如 SROLE ET AL.，MENTAL HEALTH IN THE METROPOLIS：THE MIDTOWN STUDY（1962）；and GURIN，VEROFF & FIELD，AMERICANS VIEW THEIR MENTAL HEALTH（1960）。有关全球角度，参见 PUBLIC HEALTH IN THE WORLD TODAY（J. Simmons ed. 1949）。

〔170〕 以下文献对与某种疾病相关的观点和操作技巧在专家和新手中的分布进行了有趣的探讨：VIETH，THE HISTORY OF A DISEASE（1965）。Hendin 在 SUICIDE IN SCANDINAVIA（1964）中指出在挪威负罪感是一项关键因素，在丹麦是"对被抛弃的过度敏感"就，而在瑞典则是"早期的母婴分离"。

加上和减去有残障人数

加上和减去焦虑人数

加上和减去舒适人数

此外,我们有必要注意涉及健康、偶发事件和舒适度之间交互的动向。在涉及其他价值时,福祉作为价值,其消长意义重大。诚然,例如在战争和混乱的阴影下长大的年轻人更倾向于反战——如果和平的追求是可能的——然而这些年轻人的后代,正逐渐“厌倦了”和平,正个人英雄主义般地再生活于战事和革命之中,更倾向于群体的自负,这是事实吗?不管答案如何,它表明对于福祉结果和影响的评估部分地取决于交互的数据。

倾向于福祉的诱因(初始阶段与嗣后阶段的比较) = 不利的报告

关于死亡的

(总而言之,在战争中、在危险活动中)

\+

关于疾病、残障、损害的

\+

关于非舒适状态(疼痛,等)

\+

有利的报告

关于死亡的

\+

关于疾病、残障、损害的

\+

关于非舒适状态

在某不可知的程度上,关于福祉剥夺的有利报告承担着“宣泄”的功能,强化了有利于积极福祉结果需求的因素。(这是悬疑小说,尤其是犯罪侦探故事和剧目的既定功能)。不得不承认,在此类事件中科学知识显得如此微不足道。

广义上总结福祉结果和影响需要在价值积累和享受之变数的总和中

加入专属于安全、健康和舒适的政策过程分析。这一总结可用于评估任何针对该部门社会过程的总体规范和技术维度的假设性持续影响。

## E节 技　能

### 引　言

在技能情景这一专门章节阐述了在某项活动中实施习得技能的熟练程度。本章意欲将诸参与者作为一个相互制约的群体予以讨论。我们论及技能"工作室"(atelier) 时与"竞技场"(arena)同义,代表了专属于权力价值的情形。工作室这一概念被用以取代艺坊(studio)或店铺(shop),因为英语中这些词的内涵太过具体。

### 参 与 者

在其他关系中,我们使用技能这一概念涵盖了学生—教师和制作人—评论人的独特关系。[171] 显而易见,尽管评论人就绘画或建筑的绘制或构建的每一步骤并不具有完备的知识构架,他依然可以通过分析与最终结果相一致的构成要素,针对最终结果作出评论。[172]

如某评论人通晓为了完成某项工作而必须解决的技术问题,大概就会产生新的观点。进而,如某评论人知晓某一客体的多种用法,他可能也意识到该新情形,则在此情形下风格模式可辨,亦可作出训练有素的评判。

由于技能经常被作为其他价值的基础来使用,故人们常常忽略了其也可作为一个独立价值存在。即便是匆匆一瞥人类的发展,亦可凸显在个人职业生涯中,技能的习得与运用这一无处不在的角色所承担的作用。

---

〔171〕有关教师,参见 LIEBERMAN, EDUCATION AS A PROFESSION (1956); LIEBERMAN, THE FUTURE OF PUBLIC EDUCATION (1960); BESTOR, THE RESTORATION OF LEARNING (1955); and KOERNER, THE MISEDUCATION OF AMERICAN TEACHERS (1963)。

〔172〕有关具体研究,参见 S. LANGER, FEELING AND FORM: A THEORY OF ART (1953); L. SCHOCKING, THE SOCIOLOGY OF LITERARY TASTE (B. Battershaw tr. 1966); and I. RICHARDS, PRACTICAL CRITICISM: A STUDY OF LITERARY JUDGMENT (1929)。

正是因为初生婴儿相对处于一个不完备的状态,所以数年后人类的反应才可变得如此多样。从人的早期到后期,每个人都经历着技能的习得或丧失。人类最初的才能太无差别且不协调,如果没有获得新的技能,即使在最简单的社会中,这样的个体也无法生存。我们谈及的技能并非指那些感官的敏感度或行动的反射能力,或出生婴儿所具备的,或以成熟肌体形式出现的相互作用的内部脉络。技能是在历练中习惯的模式,通常成为人类活动的主要目的。我们没有必要去学习感知响亮而出其不意的声音,或者明亮而耀眼的光芒,也没有必要去学会咀嚼、吞咽、消化和排泄的原理;亦无必要学习手的抓握和膝盖的弯曲的原理。然而,这些模式都在经验中得到不同程度的修正。习得的整合方式指导着感官的、内部处理的或外部表征的程式。

技能的习得(和训练)既是一个价值的范畴又是一个基础的价值。通常认为人类属于具有充分利用工具的无限能力的动物;或换言之,人类被赋予了创造性的好奇心或驱动力,以对每一可获得的元素进行新的安排。这些再安排服务于无意识且超越其自身的目的。因此,在初始阶段技能作为有利于其他价值的手段被习得,最终内化为整体个性,从而初始的目的退居为次要地位。个体可能参与生产技术的完善过程,甚至在必须作出经济牺牲时;或者其毕生最大幸事可能就会是成为新近发掘的高尔夫球场上或音乐会上的生力军。

为了分析的方便,我们有必要将*革新派*与*守旧派*两者区分开来。重要的革新派创立新的模式,这些模式迟早会为作为判断熟练程度和水平的普遍规则被采纳。[173]

我们针对分别专注于构建和分享的参与者作了一个区分。

| | |
|---|---|
| 构建者 | =优秀的习得者 = *革新派* |
| 学徒 | 基层的发明者 |

---

〔173〕 教化和技能中的创造性,尽管不同,但彼此紧密相关。许多聪明的创新者都无法在高水平操作的不同维度上把他们的工作与人类或自然的全面图景相联系。参见 CREATIVITY AND ITS CULTIVATION (Anderson ed. 1959); WERTHEIMER, PRODUCTIVE THINKING (1945); BARRON, CREATIVITY AND PSYCHOLOGICAL HEALTH (1963); and STEIN & HEINZE, CREATIVITY AND THE INDIVIDUAL (1960)。

+

大师（提供帮助）建设性评论家

+　　　　　　　　　和鉴赏家

实施者　　　　　　　+

　　　　　　　　　　*守旧派*

分享者　　　　　　= 实施者

　　　　　　　　　　（非以技能为目的）

## 观　点

有关技能的神秘体系澄清了具有不同程度确定性的技能概念。在任何情形下，教义会为具体规则模式实现完美的理想主义振臂欢呼，亦会为具体规则模式实现从混沌到有序，从不完整到完整的运动高唱颂歌。很多时候，如果不是所有的文化，某些技能所表征的模式被认为如同大大地超越了对成就的普通期待那样超乎寻常。例如，戏子、舞者、画家、编织工、陶工，在通常情形下，因屈从于等级制度，其地位被贬得很低。然而，那些优秀的表演者被视为上帝之子，或被视为无法描绘的自然力量的掌控者，并赋予相应的待遇。

与技能相关的教义刺激了很多独特的、专为制作人、评论人、教师及学生量身定做的模式的形成。如果人们认为一系列规则和操作能激发起超越经验的危险力量，那么宗教仪式和庆典就需自始至终按部就班的完成。

众多技能妇孺皆知，因此特色变量成为流行文化的风向标。[174]

---

〔174〕 已经有许多学者关注到对各种技能专家的自我和他人形象的探索。参见 EIDUSON, SCIENTISTS：THEIR PSYCHOLOGICAL WORLD（1962），该文献比较了艺术家和非艺术家；及 RANK, ART AND ARTISTS（1932）。有关职业的观点，参见 A. CARR-SAUNDERS & P. WILSON, THE PROFESSIONS（1933）. 又参见 L. WILSON, THE ACADEMIC MAN：A STUDY IN THE SOCIOLOGY OF A PROFESSION（1942）；B. JAFFE, MEN OF SCIENCE IN AMERICA（1944）；K. Krastin, *The Lawyer in Society-A Value Analysis*, 8 WESTERN RESERVE LAW REVIEW 409（1957）；BLAUSTEIN & PORTER, THE AMERICAN LAWYER-A SUMMARY OF THE SURVEY OF THE LEGAL PROFESSION（1954）；CARLIN, LAWYERS ON THEIR OWN（1962）；and SMIGEL, THE WALL STREET LAWYER：PROFESSIONAL ORGANIZATION MAN?（1964）。

## 技能情形(工作室)

在很多社会里,某些极为复杂的活动(从一个旁观者的视角)并不能吸引足够的注意,并被冠以名称或成为教学和训练的目标。诸如语言指令,人们自然而然地就熟练了。

我们通过考察某项源自远古时期的活动,便可知悉技能模式的意义所在。制陶手艺并非是唾手可得的技能,而需要钻研与努力。从手艺人的视角来看,制作陶器本身是一套可以传授并展示给学徒的活动。相应地,制作过程亦可能为学生所学习和掌握。即便是在某些初级文明中,我们亦能找到证据证明,对于评价陶工手艺的标准超越了陶器本身为祭祀所用和日常生活所用的实用功效。那就是,陶工可以根据自己的喜好,并为满足自我需求对陶器进行设计和制作。对于陶器的质地、配色原则构成了与产品有关的风格的标准;这些标准区别于陶器作为日常用具的功能。评价器皿作为盛凉水的容器的有效性与器皿的风格无关。然而,对于陶艺人手艺的评价却有赖于器皿的外在设计与制作。人们根据适用于祭祀的标准来评价器皿,这也不是一个关乎风格的问题(而是一个关于操守的问题)。某些与产品有关的要素在外在要求设定的基本框架内得以成型,但是这些要素的安排同时成为特定表述和技能标准。

如前所述的陶艺人创造风格的标准可类推至每一具有风格考虑的物体的评价标准中,[175] 在该语境下,风格和品位同一。我们以口头、戏剧、诗词或散文的形式认知风格和品位的标准。在建筑、雕塑、绘画、锻造以及很多其他活动中都可发现类似适合审美评价的客体。其共同点就是超然程度,此乃根据结果性事件的构成所进行的考察的结果。

很多情形下会出现新的技能。有时批判会刺激对类似模式的新认知。还有神秘事物模仿的情形。独创性可能最终成为国内外所接受的创新,因

---

〔175〕 耶鲁大学的 Robert Thompson 考察了评论人在评论约鲁巴人艺术品时所使用的明确标准。出于经济或其他外在目的,这些规则大相径庭。参见 R. THOMPSON, THE FOUR MOMENTS OF THE SUN: KONGO ART IN TWO WORLDS (1981); and *Yoruba Dance Sculpture: Its Contexts and Critics* (Ph. D. diss., Yale University, 1965)。

为活跃的想象火光经常创新地把参照框架中的一些因素整合在一起。[176]

## 基础价值

当我们思考那些令个体在技能方面提升到登峰造极的熟练程度的基础价值时,还应该考虑技能本身(建立于其他技能之上的技能),不管其形式是强烈、质朴且未经雕琢的才能,或为手艺人千锤百炼的结果。某些技能依赖于初期水平的呈现,并于随后几十年时间里维持在较高的水准。音乐人的才能便属此类,数学或其他一些抽象才能亦然。关于神童的书中一些伟大的音乐家、数学家和诗人的名字俯拾即是。然而,那些依赖于对自然和社会的结构有稳固认知的技能掌握较慢,通常在职业生涯的后期才能产生。运动能力在人的青壮年阶段达到顶峰,转而进入缓慢的衰退过程。[177]

如技能通常建立在技能之上的论述完全正确,那么,认识到某一才能被发现并被加以培养的外在环境的重要性非常有必要。大量资料表明前述那些突出的才能有可能因为没有"伯乐"而逐渐消磨殆尽。恰恰相反,某些并不突出的才能通过训练达到了很高水准,只是因为该技能被发现并在一个激励的环境中成长。那些在家族中得以代代传承的技能与其说依赖于与生俱来的才能,还不如说是因为其对悉心且坚定的后天培养的机会唾手可得。[178]

我们没有必要举例说明每一价值都是其他众多价值潜在的基础,包括某些技能被高度专业化以构建和分享该价值本身。[179] 然而,依据影响

---

〔176〕 与其他领域相比,艺术上的创新对于研究者来说更具吸引力。参见下文 GOMBRICH, THE STORY OF ART (1950), 下文谈及第一座宏伟的哥特式教堂: ABBOT SUGER ON THE ABBEY CHURCH OF ST. DENIS AND ITS ART TREASURES (1946)。有关背景, 参见 BARNETT, INNOVATION: THE BASIS OF CULTURAL CHANGE (1953); and LEHMAN, AGE AND ACHIEVEMENT (1953)。

〔177〕 教育机会是获得进一步发展机会以习得并运用技能的基础,因为教育提高了政治的、经济的和一般意义上的有效性。参见 DOBBS, EDUCATION AND SOCIAL MOVEMENTS, 1700 - 1850 (1919)。

〔178〕 参见 HANDBOOK OF APPLIED PSYCHOLOGY 2 Vols. (Fryer & Henry eds. 1950); and BAUMGARTEN, THE PSYCHOLOGY OF HUMAN RELATIONS IN INDUSTRY (1950)。

〔179〕 有关教育机构在输送技能和品位方面的作用,参见 COMPARATIVE EDUCATION (A. Moehlman & J. Roucek eds. 1952); and N. HANS, COMPARATIVE EDUCATION: A STUDY OF EDUCATION FACTORS AND TRADITIONS (1949)。

技能的习得和训练的特征，简单地审视划分技能的方法颇有裨益。把生理过程作为某一技能的要素的条件来考虑，则：

技能核心 = 感知
（生理过程） +
内心的过程
+
动作表述

某些活动依赖于对视觉、听觉、嗅觉、味觉或者其他感觉器官的优化。其他模式主要与心理活动相关，例如记忆力，想象力以及推理能力。有些把身体视为一个整体进行调整，或者就仅具体运动区域进行调整。（例如，摔跤和针线活就是这么一组相反的实例）[180]

传统的分类方式是根据习得的难易程度来划分技能模式。以效用为出发点，传统中把操作分为"熟练的"、"半熟练的"和"不熟练的"。

技能习得 = 难
+
中等
+
易

此处需要分析的主要问题是，在什么程度上技能与发出命令的个体的个性结构相关。对抗变化的强度与这些因素参与度相关。例如，骑兵有多不情愿败给熟悉坦克操控技能的士兵。

技能和个性 = 中心
+
外围

[180] 参见 GARDNER, EXCELLENCE (1961); HULL, PRINCIPLES OF BEHAVIOR (1943); GUTHRIE, PSYCHOLOGY OF LEARNING (1935, rev. 1952); SKINNER, THE BEHAVIOR OF ORGANISMS (1938); HILGARD, THEORIES OF LEARNING (1956); and ESTES & OTHERS, MODERN LEARNING THEORY (1954)。

## 策　　略

### 特定策略

与技能相关的策略问题主要是可训练与不可训练之别。不断重复是否能提高技能的水平？众所周知，重复通常能够提高技能的水平，或至少使其免于质的衰退。然而，在某些情形下，重复并不必然会有结果，甚至无法阻却衰退，就像运动员"元气殆尽"或工人过度疲劳一样。尽管意欲区分某一特定主体（即人类个体）的精神物理学特质及构成特定文化的特征并非易事，我们仍能够就不同类别的技能建立起某些关于技能习得与训练的普遍原则，例如死记硬背。[181]

### 技能的极性

在技能所依赖的基础价值可被普遍取得，且没有强制的抑制力作用于整个过程的情况下，技能习得与训练的竞争模式就存在于既定文化之中。

稍后我们通过分析专业和职业群体的努力，以解释相关的限制因素。

## 结果和效果

### 特定情况

一份个人展示技能熟练程度机会的清单可以为我们提供描述文化中被忽略的有关方面的数据。在美国，我们可以为每一主要价值制作这么一份清单。

目前，我们不应仅停留在拟定科学研究计划的层面，而应就某些已经开始着手研究并能指明技能准备的结果的主要模式提出建议。首先，我们得提及*正规的测验*。某些学术性的职业，例如法律和医药，这些职业考试需要超强的记忆力并要求良好的解决具体事务的能力。当某项成果可以从创作个体剥离开来时，人们方可能就该成果作出公正的评判。音乐

---

〔181〕 例如，参见 KORNHAUSER WITH HAGSTROM, SCIENTISTS IN INDUSTRY: CONFLICT AND ACCOMMODATION（1962）。

曲目，建筑蓝图或者油画均属此类。如技能无法与个体相剥离，唯有通过*测验*来进行评价，例如歌唱家的演唱会。有时亦需要对*团队工作*进行评价，类似情形通常与某些专业乐队、乐团和运动团队相关联。

更为微妙的是*前测试阶段的剔除*，每日交付出版商、编辑或生产商的文学作品和设计数以千计，尽管评价的标准综合了市场评价等因素，但是关乎审美的规则却是最终结果的一部分。

我们也区分涉及专家和行外人的不同评价结果。专家和外行人所适用的评价标准的差异令诸多表达形式风格得以存在。“殿堂艺术”与“草根艺术”并行不悖，流浪艺人、街头艺人以及草根表演人在历史进程中亦扮演了重要角色。[182]

在都市文明演进过程中，评论家以一种独特的社会类型出现。当他在努力为审美的标准唇枪舌剑时，当他徘徊于专家和行外人之间时，他的地位几乎总是模糊且颇不稳固的。作为一个规则，评论功能的实现与某些优势专业或职业相联系，而此专业或职业乃个体为实现经济独立的依靠。当评论家一味秉持其内在标准，他的受众范围相当狭小。如针对纯粹审美的思考为政治或其他因素所稀释，评论家亦失去其独特性。然而，通常的可能结果是他能够做出为人接受的个人转变，即成为权力的代言人或政治的鼓吹者，或者他因秉性所驱为利益奔走呼吁，则最终成为教师或传教士亦未尝不能。

**总体**

如把技能情形视为一个整体，我们就有可能及时总结出在既定的跨部门内任何群体的通用技能水平标准。

技能水平 = 初级水平<br>+<br>改进

---

〔182〕 在流行文化被普遍接受方面，日本的印刷品是一个很好的例子。参见 MICHENER, JAPANESE PRINTS: FROM THE EARLY MASTERS TO THE MODERN (1959). MASS CULTURE: THE POPULAR ARTS IN AMERICA (Rosenberg & White eds. 1957)。例如大众文学、动画、电视、广播、广告和流行音乐。

－

衰退

论及技能水平,即所有人有能力达到的既定熟练程度。其技能表征可以通过恰当的测试予以评估,国家或国际社会亦可提供合适范例。技能远非我们头脑中"工作"技能那么简单,我们所关注的技能超越了财富并涵盖了所有价值。

基于某些目的,对受训人员的储备量进行评估颇有裨益。该评估以推定需要维持教师和学生定量的人均数的方式作出。

技能存储 = 技能水平

－

正在教授和学习的技能

在某个既定间隔期,该余额可能是负数,因为某些高技能水平的保有人可能全部投入到了教学中。例如,新的仪器设备投入使用需要一个准备阶段以储备足够的技师投入教学,而此时学徒的水平又远不能满足操作之需,雷达检测器便是非常典型的例子。[183]

作为政策的导向,技能习得场所的确定非常重要。人际间的技能模式如下:

技能习得 = 家庭

玩乐群体

学校

其他环境

我们有必要了解在既定阶段事实技能的实际水平。该水平受到可获得的机会以及激励机制的影响

技能实施(与喜好) = 可期待的就业机会(个人)

－

[183] C. GRATTAN, IN QUEST OF KNOWLEDGE: A HISTORICAL PERSPECTIVE ON ADULT EDUCATION (1955),概述了成人教育史,提出在维斯帕先皇帝时期,"哲学家"被逐出罗马,他们被分为(1)非教师哲学家,(2)教授,(3)公众讲师,(4)大众货街头哲学家。更多关于成人教育,参见 adult education, BRUNNER & YANG, RURAL AMERICA AND THE EXTENSION SERVICE (1949); MORTON, UNIVERSITY EXTENSION IN THE UNITED STATES (1953); and OWST, LITERATURE AND PULPIT IN MEDIAEVAL ENGLAND (1933)。

未期待的就业机会(个人)

－

失业

－

强迫性就业

如从每一参与者的角度思考技能的实施,从就业人数中减去未期待和强制性就业人数,就有可能得到就业机会(和机会评估)的最近似值。(强制性就业包括强迫服务)尽管很多人并不喜欢自己的工作,但个人所能选择的范围甚至比其所期待的要更少。相对较大规模的失业可能是人们最不愿见到的。在失业人员中盛行的观点可以通过恰当的问讯的方式予以确定。〔184〕

当然,技能的实施也可从其他视角予以评估,例如诸多从事社会消极就业(如刑罚性活动)的人对他们所从事的活动的喜好。

技能实施(与喜好) ＝ 可期待就业(个人)

－

社会消极就业

－

未期待就业(个人)

－

失业

－

强制性就业

当我们考察技能在追求过程中对社会的影响时,源于对技能的热爱程度而产生不同的观点让我们印象深刻。技能的实施存在一定的客观性,从有限性的角度来看,该客观性可使个体从积极的、广泛的社会参与中分离。在掌握技能的过程中,适当的超然是必需的。个体必须能够遵从一个循序渐进的过程,必须能够发现那些构成技能实施的安排与再安

〔184〕 关于工作对工作者的重要性,参见 S. DE GRAZIA, OF TIME, WORK AND LEISURE (1962)。

排的要素。一旦知悉这些要素，在依据要求对各个构成因素进行永久的再安排的评估标准对某行为进行评估中，就暗含了强烈的自我满足，这时，个体已经进入到了一个能够吸收个体的能量世界，使个人从人与人之间的依附中断奶。该技能不具人格的影响，在诸如艺术家、工程师以及科学家中尤为明显。

对直接涉及人的反应的职业人而言，技能的非人格化影响相对比较微妙。某些职业要求具有客观性，例如外科医生的诊疗、律师涉及争端，政客面对竞选，演员面对观众，或者记者追求“人类利益”。对于法律人而言，该职业人经常表现得冷酷且缺乏同情心，他们在面对痛苦时不得拭泪，面对激烈的纷争时需保持冷静头脑，甚至在某些急需帮助的时刻无法采取迅速行动。外科医生则具备一整套应对流血断骨等情形的娴熟技能及经验，他们与法律人面对流血和断骨的反应截然不同。法律人在面对争端当事人时需要的是专业的冷静头脑，有可能在进入法律院前就已形成。政客这一职业需要学会自然而然地用华丽的词藻表达政见，需要权衡不同策略对其职业生涯的影响。训练有素的教师亦知道他的个人教学风格对于其他人学习兴趣的影响。

在我们的文明中，高技能水平个体的客观性因人而异。然而，具有少量且简单技能的人与具备良好技能的人的差距并不必然很大。同时，很多职业人整体上来说也并未全身心地投入其职业，他们的大部分，如果不是全部，角色仍然是普通人。

要考察技能对社会的整体影响，就有必要考察相对数量有限的专家群体在市民社会中所承担的作用。某些重要的技能与治疗活动相关，与祈祷风调雨顺的庆典活动相关。据说，某些庆典活动需要具有超自然力量的医师或宗教舞蹈的表演人。[185] 实施治疗活动的有效许可证书可能有赖于一套通过具体程序习得的特定经验，如催眠的过程。人们曾以为所有的“野蛮社会”成员都信奉教义在字面上的真实性，信奉他们所实施程序的超自然效能。然而，有证据表明，某些医师和仪式的主持人拥有不

---

〔185〕 有关洞见，参见 VILLASENOR, TAPESTRIES IN SAND: THE SPIRIT OF INDIAN SANDPAINTING (1963); SON OF OLD MAN HAT: A NAVAHO AUTOBIOGRAPHY (Dyk ed. 1938); and KLUCKHOHN, NAVAHO WITCHCRAFT (1944)。

同观点,尽管他们不会与其同行就此进行广泛探讨。甚至他们自己都把这些视为“骗人的把戏”,这些把戏的最终目的无非是提供一种谋生方式,以及为那些遭遇困扰需要消除疑虑且易受影响的老妪或不经事之辈提供心灵慰藉。以此方式,他们的作用类似于我们社会中牧师,尽管那些牧师们不再相信对他们所公开信奉教义的忠诚,但毫无疑问,这并不妨碍他们去拯救那些受伤的心灵,并不妨碍他们为疾病和孤独带来曙光,以及为公共秩序所做的贡献。

当论及医师客观性的根源时,我们可能会发现他的老师曾经是一个超然的典范,接受训练的人知道可以得到优良结果的情形,哪怕仪式没有按照普遍的期待进行。例如,尽管医师在实施催眠阶段失败了,病人没有进入完全昏睡状态,但病人可能已经得到了能够治愈的信心;尽管过程并不完美,但在随后的治疗中,病人可能已经具有类似印象。众所周知,超自然的力量经常无法控制。但当结果依赖于参与者的态度时,医师可能希望承担这么一个骗人的角色。这一观点,类似于我们社会中某些催眠师或夜游症的治疗师,他们保有他们所专长的某些现象的秘密,但他们中亦无人能在每一次治疗过程中控制结果。某些表征可能不实,但没有扭曲基本的信仰和自尊。

当一个技能娴熟的操作者开始感知演员、角色和观众的区别时,他就养成一种观念,能够使其把自己当成一件道具,以致能将个体与剧中扰人情感相剥离。其他的人类被理解为操控的目标,仿佛他们是设备中的零件。一旦实现高水平的超然,并在需要时运用之,则该技能娴熟之人已经在自我和他我间形成了巨大的沟壑,这一沟壑超越了两个人彼此站在峡谷的两边能够通过喊叫进行沟通的宽度。

通过改造技能专业的封闭世界,个体或者群体从平凡世界的压力中得以脱身。从另外一个角度来看,那些活动的实施构成了技能,活动产品成为技能结果的例证。关于这些活动的规则参考了某些“本质”特征,在一定意义上,这些特征创制了关于整体元素内部安排的规范。在这一现实的图景中,我们有可能把人弱化为元素地位,并以动态模式进行安排。

作为某项技能设计中被操控的元素,外行人对这一被动的角色地位心存不满。与此同时,艺术家、科学家和管理人的客观性倾向对于观点的形成则起到了促进作用,从而整体上扩大或优化了文明的规则和技术。显然,技能对社会的影响不单单取决于技能构建与分享的模式,还取决于在社会情景下与其他价值之间的关系。关于“为艺术而艺术”或者“为博弈而博弈”的分离的观念典型地受制于大量出现的针对尊敬、福祉、权力、财富以及每一人类目标的关注。

【翻译:严　蓉;校对:陈　磊】

## F节 情　感

### 引　言

由情感价值所主宰的情形是参与者主要的期待是诚恳、忠诚以及其他正面情感,甚至他们的缺点,都会被给予和接受。当权力或财富是起主要作用的价值时,我们使用“圈子”一词,就像在其他情况下使用“竞技场”或“市场”一样 。圈子有主要的和次要的,因为其可能由足够少数的人组成并享受面对面的关系;或者相反,涉及很多人以至于不可能与每个人有直接联系。显然,一个人交流的圈子范围从直接环境中最亲爱的成员到最疏远和包容一切的群体。当其他人类对他们漠不关心时或者当他们被讨厌时,这些人就被剥夺了情感。值得注意的是正面和负面的情感都可以针对相同的目标。(这是一个矛盾的现象)

### 参 与 者

由于人类交流大多涉及情感,大多数人在情感的形成和分享方面几乎不会将全部的时间都花在对参与者的特定化上。由于对这种价值的给予和接受通常被性所复杂化,并且因为性行为通常会引发冲突,所以文化通常详细地界定其在表达或保留情感时可以扮演的适当角色。[186]

---

〔186〕 参见 BEACH, HORMONES AND BEHAVIOR (1958); and C. FORD & F. BEACH, PATTERNS OF SEXUAL BEHAVIOR (1951). Concerning sexuality, 参见 THE ENCYCLOPEDIA OF SEXUAL BEHAVIOR 2 Vols. (Ellis & Abarbanel eds. 1961); and Mead, *Cultural Determinants of Sexual Behavior*, in SEX AND INTERNAL SECRETIONS 2:1433 (Young ed. 3rd ed. 1961)。

在整个社群的背景下,人们经常被发现某些个人在情感过程中的作用是显著的。这些是流行的追寻者。大众媒体引导了对于演员和其他人物的普遍情感;然而,这些活动通常是经济或政治行为的附随。

地域性和多元化的群体参与到自发和有引导的努力中去形成聚焦于“自己”和“他者”标志的情感方向和强度水平。[187] 积极的表达厌恶的活动不仅仅与权力竞技场相连,尽管世界竞技场中国家间的历史性结盟已经使国家间形成了长期的对彼此的正面或负面的情感。

## 观　　点

与其他价值相同,情感在每个文化中有其自己的规则和技术。如上文所提出的,与情感有关的原则的一个功能是稳固允许性行为存在的环境。从生理的角度,两个人之间的性行为可以被视为处理再生腺体产物的一种共同的手段(即不必然涉及对于相配合的人的爱)。爱应该超越性这一原则在实践中引入了一个较生理健康更复杂的内容。如果一个伴侣被爱,该人的态度会得到与其伴侣自己态度同等的重视,且性行为是一个关于同意和相互关系的问题。

每个社会在其价值系统中分配给情感的地位似乎都不同。无论在成人层面这种差异有多大,对于情感的需求如此深刻地根植于人类婴儿的要求中,以至于缺少情感可能会是毁灭性的。除非该婴儿得到持续的照顾和精神上的关爱,否则真正的人类个体性不可能得到发展。[188] 生存的强烈愿望减弱,不被爱的婴儿显示了远远高于那些活在情感环境摇篮里的婴儿的患病率和死亡率。[189] 重要的一点是婴儿需要比日常的生理关心多得多的关爱。除非提供基本营养和保护的由母亲身体形成的封闭外壳在出生时被一个与由人类组成的包围着的壳所代替,个体会被阻止获

---

〔187〕 参见,例如,SELLITZ ET AL., ATTITUDES AND SOCIAL RELATIONS OF FOREIGN STUDENTS IN THE UNITED STATES (1963); and WEDGE, VISITORS TO THE UNITED STATES AND How THEY,参见 US (1965)。

〔188〕 参见 M. MEAD & M. WOLFENSTEIN, CHILDHOOD IN CONTEMPORARY CULTURE (1955)。

〔189〕 参见 A. FREUD & D. BURLINGHAM, WAR AND CHILDREN (1943) and INFANTS WITHOUT FAMILIES (1945)。

得向一个人的状态的完全转变。由子宫到医院病房的巨大转变对生物体的适应施加了可怕的负担。从一个过滤水的生理机能向呼吸空气的生理机能的变化是突然的。必须要吮吸而非消极吸收直接供应给消化系统的营养元素。新的感知渠道在出生后以不同的速度开启。例如，视觉取决于开始几天中结构改变的完成。

刚被暴露的机体受到来自环境的一连串新刺激。我们可以详细列举来自其他人类的、触及婴儿的生理刺激。情感冲动导致皮肤、声音和热量的接触；并且从早期开始，婴儿所包含的这些构造对哭和笑作出反应，这是他们所有的主要手段。放纵之包容的恒定性自发参与了情感的表达，尽管一个正面的结果可能部分或全部被违背了中心目标的特定行为所抵消（正如当传统上关于育婴的破坏性模式令得对当前这批新生儿中的一部分遭受死亡时）。

所有文化的神秘体系和技术都提供了信条、公式化规则和特色变量标准化了那些有资格成为正面和负面对象的人的种类以及可以被允许参与的合作的范围。这些关系根据性别、年龄和在环境中被赋予了重要性的其他变量得到了阐明。爱针对的是自然以及人类。这甚至在关于人类、动物、植物和无机环境之间缺少清晰界限之原始假设的任何重要痕迹已经逝去的文明社会中也是正确的。阐明爱的神秘体系的组成部分总是试图消灭性对象来支持对于自然以及朋友、同伴信仰者，或一些其他识别种类的无性化维系。在中世纪的欧洲，女人的性爱由骑士制度所引起的浪漫之爱的复兴所约束。对不被允许的（或边缘的）性对象和性行为的热爱在自恋、同性恋、鞭打、兽交等的意识形态中是被赞赏的。

## 情感情形（圈子）

情感在主要和次要的情形（圈子）中都会被表达。情感是针对个人的密友或是确定的某人所处的群体。后者范围从直接环境中受爱戴的成员到街坊、地区和全球。[190] 情感并不总是正面的或仅是漠不关心。情感还可能是负面的，用以表达为对个体和群体的厌恶和敌视。如果更复杂一

---

〔190〕 参见 SCHACHTER, THE PSYCHOLOGY OF AFFILIATION (1959)。

些,我们知道正面和负面的情感可能会被引导向同一个目标,其意味着,例如,主自我的象征可能会是爱与憎之矛盾态度同时发生的客体。亲密的朋友可以是矛盾情感的客体,同样个人所属的有职业协会、政党或国家亦是如此。

我们可以通过观察实验研究的方式来描述情感的圈子。最近社会学和心理学调查已经使用了几种揭示主要组别中合意范式的方式。数年前由 J. L. 莫雷诺(J. L. Moreno)发展起来的社会计量学的程序,已经适用于一系列广泛的情形,包括那些适合于狱囚、同学和邻居的情形。[191] 例如,这个方法私下要求一个组里的每个成员基于环境的选择,根据他们的愿望将他们的号友、室友、工作伙伴或隔壁邻居归类。结果可以呈现出关于群体情感范式的几个观点。例如,每个人的地位可以根据其被作为其他人第一、第二(或其他)位选择的次数来描述。在 11 人的一组中 A 和 B 的地位可能会有具大差异。

被选择的次数

| 小组成员 | 第一 | 第二 | 第三 | 第四 | 第五 | 第六 | 第七 | 第八 | 第九 | 第十 |
|---|---|---|---|---|---|---|---|---|---|---|
| A | 6 | 2 | 1 | 1 | | | | | | |
| B | | | | | | 1 | 1 | 1 | 3 | 4 |

如果我们将一组的特征情况与另一组相比,我们可以发现 X 组有一些成员得到了高评级中的最大一部分,而 Y 显示对任何名字几乎都没有关注。我们可以进一步来分析每个参与者给予和获得的评级。A 成员只可以将其最爱给一个人,尽管其被 6 个人选中。他自己的选择不一定落在那些和他一起取得高评级的人身上。事实上,X 大多数成员的选择可能显示出与那些选择了他们的人之间几乎没有相互关系。在 Y 中,相反,可能有“两人组”或“三人组”相互给予了第一和第二位的选择,然后才给予那些分散的人。这种特征表明一个组被分成很多小圈子。在一些组

〔191〕 参见 MORENO, WHO SHALL SURVIVE? FOUNDATIONS OF SOCIOMETRY, GROUP PSYCHOTHERAPY AND SOCIODRAMA (rev. 1953); and THE SOCIOMETRY READER (Moreno ed. 1960)。

中,清楚的是存在两个派别,其成员相互给予高的偏好评级而给其他人低的偏好评级。(这个结构可以是“三极”或“多极”而非“两极”)

如果程序被修改而允许个人指出正面、不关心和负面的偏好,则特征会变得更明显。结果可能使得第一种方法中所得的低选择被解释为不在乎或厌恶。在这个基础上,一个人可以更有自信地谈论普遍态度的“强烈程度”。

有关情形可以通过扩大小组成员被要求进行选择所参照的一系列环境得到进一步区分。小组成员可以根据在不同游戏中作为同伴的吸引力,或者作为一个代表全组的工人委员会成员的吸引力来被评级。结果可以被用来分析来反映选择是否不同或者仍然相同。在前一种情况下,结果可以被暂时理解成小组成员的联系是如此紧密,以至于缺陷可以被忽视或否认。

一个更直接的方法在保密的基础上是对每个人进行面试。例如,一个医学咨询专家,可以引导出关于好恶的自由评论。他可以了解到关于秘密喜好的声明,或者是对厌恶的表达,这种厌恶如此强烈以至于令人想不到还有什么比谋杀更温和的事情。自我厌恶可能会很严重以至于自杀似乎是唯一的出路。在这些情况中,我们透过可以使用的材料来为合意的比较范式构建一个更绝对的和不那么相对的规模(正面的,漠不关心的,负面的)。然而,科学观察者必须总是将整体文化背景纳入考虑。例如,对于自杀来说,不论其结果,在一些文化中较另一些文化中被视为不那么极端的行为。

根据直接询问获得的结果来对一组的成员进行区分,我们可以通过使用更间接的参数对其进行补充。如果一些人气味相投,我们可以预见他们在不被要求时成为另一个人的伙伴。[192] 因此,一个工作组的合意结构可以通过观察一起度过“空闲时间”的人来评估。在午饭时间,A 和 B

---

〔192〕 关于分组的调查,参见 W. WHYTE, STREET CORNER SOCIETY (1943); ARENSBERGER, CULTURE AND COMMUNITY (1965); BLUMENTHAL, SMALL TOWN STUFF (1932); CAUDILL, THE PSYCHIATRIC HOSPITAL AS A SMALL SOCIETY (1958); CHAPPEL & LOON, PRINCIPLES OF ANTHROPOLOGY (1942); and MAYO, THE HUMAN PROBLEMS OF AN INDUSTRIAL CIVILIZATION (1933)。

可能几乎总是一起吃饭。A、B 和 C 可能总是下班后聚在一起。同样的观察也可以在士兵、学生、大学教员或任何制度机构的参与者身上进行。一个立法机构的成员在楼上或楼下成群地聚在一起。观察者可能会注意当人们在日常生活过程中见面时他们之间交流的合意性。问候可能会是温暖和友好的，或者是漠不关心和敌对的。一些人有戏谑关系，并持续交换或多或少非真实的冒犯言论。除根据一个文化里典型参与者理解的方式来描述两个人之间交换的手势和话语之外，细致研究还必须做好准备来将个人的偏差行为考虑在内。通过一个再次发生的情形来观察 B，就可能清楚其生硬的"你好"其实是一个友好的问候。[193]

很多在估算情感关系中有用的参数与那些被用于描述尊重的参数有密切关系。在一个人因为服务社群而受到仰慕的同时，信息提供者可能会说他们其实并不喜欢那个人，他是一个"态度冷淡的人"。或者，与表达尊重一起的可能是对一个"伟大人物"表达喜爱的强烈个人声明。在涉及正面情感的情况下，人们会指望自己和另一个人之间的界限不再重要，而直接的个人联系将受到高度珍视。尊重关系涉及一个预期，即自我相对于另一个人的位置会被维持在一定的距离（不论优等、劣等，或是平等）。在正面情感中，划分人们的界限被自发地漠视；因此，存在无拘束的对好恶的表露。漠不关心是缺少靠近另一个人以及享受无拘无束地交换私人态度的需求。厌恶不仅仅是缺少正面情感，而且是倾向避免公开任何私人态度（除了可能厌恶之外）。厌恶不总是与摧毁他人的冲动结合在一起，因为回避可能就足够了。但是，在很多环境中，毁灭性的倾向可能和厌恶混合在一起，这样就有了攻击目的的方法，不是回避，而是刺激另一个群体离开，或者终结他。攻击的生理组成成分暗示了福祉价值；压迫性明显的情景就涉及权力。当性行为与情感混合在一起时，生理组成成分是福祉价值的一部分，不论其涉及的行为是否有害。

对于情感的次要目标，直接询问的方法可以提供相关的参数。例如，通过对国家抽样，我们就能评价令国家和世界中其他大的群体高兴的情

---

[193] 参见 Lolli, The Cocktail Hour: *Physiological*, *Psychological and Social Aspects*, in ALCOHOL AND CIVILIZATION (Lucia ed. 1963)。

感。为了呈现相关情绪,我们可能通过很多不同的方式提出问题。一个人可能被要求想象他对成员资格可以自由选择。作为评估态度强烈程度的进一步的基础,一个调查对象可能会被要求将国家分为“喜爱的”、“不关心的”和“厌恶”,或者他可能被邀请根据他对这些国家在规范标准方面之声望的判断(例如在与其他国家交往中遵守法律的意向,在外交和其他外国关系中达到操守之高定义的倾向,取得其他国家尊重的可能,或对启发增长和实质进步作出贡献的习惯)来将国家进行等级排列。频繁给予他们自己国家高级别和低级别可以暂时被认为显示了对国家本身具有矛盾情感的态度。在保密的情况下,人们可能试图确定“反对自我”和“支持自我”的评价的范围。每个人可能会被要求考虑在一系列可能的偶发事件下,包括一场漫长且失败的战争中,其与国家之间的关系。对于科学观察者而言,一个最重要的问题是在何种条件下将会为了其他民族或群体的利益对一个民族进行情感保留。受益的对象可能要小于该民族(地区或区域),或者可能是另一个民族,或者是由所有“自由民族”组成的一个新的且更大的政治实体,或者是作为一个整体的世界。

被识别的国家目标的相对地位不仅被国家间感情的再分配所影响,而且受到所有替代性的非国家身份标志的兴起和衰落的影响。给予宗教主要忠诚、遵循宗教领袖(其不一定是国家领导人)实际劝告的人数可能会增加。主要的忠诚可能会进入职业和工作。在乱世,情感可以从国家或世界性标志中被保留,且集中于更小并更直接的圈子。例如,家庭。非常自我中心的个性可能会对所有大群体的吸引力作出消极的反应,并且在隐秘的个人的世界里活动,在这个世界里每个人都会反对其他人。[194] 正面和负面情感在任何个性中的分配可以参照“自我”和“非自我”的对象进行归纳:

---

〔194〕 关于相关研究,参见 ALLPORT, THE NATURE OF PREJUDICE (1954); BETTELHEIM & JANOWITZ, DYNAMICS OF PREJUDICE (1950); CHRISTIANSEN, ATTITUDES TOWARD FOREIGN AFFAIRS AS A FUNCTION OF PERSONALITY (1959); HANDLIN, THE UPROOTED (1951); RACE PREJUDICE AND DISCRIMINATION: READINGS IN INTERGROUP RELATIONS IN THE UNITED STATES (A. Rose ed. 1951); ISAACS, SCRATCHES ON OUR MINDS (1958); ISAACS, THE NEW WORLD OF NEGRO AMERICANS (1963); and MORRIS, THE TWO-WAY MIRROR (1960)。

情感 = 主自我
(正面 [“我(主格)”,“我(宾格)”……]
负面) 其他自我
(包括在“自我”中;政党,国家……)
其他自我
(不包括在“自我”中;其他家庭,政党……)

在这之前已经指出关于人或群体的神秘体系是自我(与非自我相关联)最普遍的形象。因此,该神秘体系包括了识别、需要和期待,以及信条、公式化规则和特色变量被详尽阐述的根本观点。[195] 在评估任何情感范式时,一个任务是估计关键的标志和主张提供对喜爱感情进行高度提炼之陈述的程度。我们用以下术语论及一个情感化神秘体系(或意识形态)的组成部分:

(情感化的)意识形态 = 信念
信仰
忠诚

“信念”这个术语指出了真正拥护者情感方面的所有偏好和决心。我们非常清楚意识到这么一个事实,即拥护者常常接受那些真实性无法被证实的关于过去和未来的解释。“信仰”被用于针对这种情况的表述。对这种情感的识别是“忠诚”。[196]

## 基础价值

人们通常承认“爱孕育爱”这个在某种程度上富有情感的格言。很多情况下都证明该格言强调了爱本身作为更深入情感的一种基础的重要角色。情感的流动沿着文化允许的方向持续进行,其结果是除爱的自然

[195] 进一步的讨论,参见 H. Lasswell, *Future Systems of Identity in the World Community*, in 4 THE FUTURE OF THE INTERNATIONAL LEGAL ORDER (C. Black & R. Falk eds. 1972)。

[196] 参见 CANTRIL, THE POLITICS OF DESPAIR (1958); LASSWELL & BLUMENSTOCK, WORLD REVOLUTIONARY PROPAGANDA; A CHICAGO STUDY (1939); POTTER, PEOPLE OF PLENTY: ECONOMIC ABUNDANCE AND THE AMERICAN CHARACTER (1954); and S. DE CRAZIA, THE POLITICAL COMMUNITY: A STUDY OF ANOMIE (1948)。

表达之外的很多价值参与了特定社会中实际存在的圈子的建立过程。[197]

有时，令人费解的是，对与情感没有明显关系的价值的控制程度增加了个人成为情感关注对象的合格性。[198] 在不试图提出一个最终答案的情况下，称人类被创造出来拥有爱的“过度能力”对于现在的目的已经足够了。不仅对婴儿和儿童的观察强调这种倾向的重要性，对各种年龄阶段的人的仔细研究也证实了这一点。已经被证实的是，人类个体有远远超过相互抑制之体系所通常允许宣泄的性能力和性冲动，以及由此体系构成的文化。当我们考虑人类爱的能力所产生的更广泛生物学意义，我们立刻发现爱超越了对寻找新伴侣的需求。显而易见的是，人类生存取决于比交配和繁殖多得多的东西。生存之道与合作形式相联系，从而使得相对较少数量的婴儿能够活下来。[199]（少量，是与兔子、鱼和其他种族相比）显然，爱的功能使得人类更容易在社会中生活在一起，并且更容易参与到固定团体所要求的多重角色中。

有观点认为被人类情感宣泄的不确定性会妨碍生存。甚至性对象在人类偏好中也没有被精确确定以至于人们采用了截然不同的满足的模式。[200] 不确定性与种族延续之间可能存在一个促进性而非负面的关系，因为多

---

〔197〕 参见 BARGHOORN, THE SOVIET IMAGE OF THE UNITED STATES (1950); NOVAK, THE FUTURE IS OURS, COMRADE (1960); LERNER, AMERICA AS A CIVILIZATION (1957); BELL, THE END OF IDEOLOGY (1960); and BEARD & BEARD, THE AMERICAN SPIRIT: A STUDY OF THE IDEA OF CIVILIZATION IN THE UNITED STATES (1942)。

〔198〕 我们将“家庭”(family)归于“情感”(affection)这一类作为检验具体情形的第一步。然而，在很多社会，其角色远不如权力或财富价值来得重要。关于“亲属关系”(kinship)和“家庭”(family)的很多功能，参见 WESTERMARCK, THE HISTORY OF HUMAN MARRIAGE (5th ed. 1921); and HANDBOOK OF MARRIAGE AND THE FAMILY (H. Christensen ed. 1964)。倾向将法律原则和家庭在美国结合起来的做法包括 A. JACOBS, CASES AND MATERIALS ON DOMESTIC RELATIONS (1933, 3rd ed. with J. Coebel, 1952)；以及 F. HARPER, PROBLEMS OF THE FAMILY (1952)。

〔199〕 参见 Clarke, *An Examination of the Operation of Residential Propinquity as a Factor in Mate Selection*, 17 AMERICAN SOCIOLOGICAL REVIEW 17 (1952). Propinquity is highly important。

〔200〕 例如，参见 KRAFIT-EBING, PSYCHOPATHIA SEXUALIS (1947); MARMOR, SEXUAL INVERSION: THE MULTIPLE ROOTS OF HOMOSEXUALITY (1965); BECKER, OUTSIDERS: STUDIES IN THE SOCIOLOGY OF DEVIANCE (1963); BIEBER & OTHERS, HOMOSEXUALITY (1962); CORY, THE HOMOSEXUAL IN AMERICA (1951); RECHY, CITY OF NIGHT (1963); BENJAMIN & MASTERS, PROSTITUTION AND MORALITY (1964); and CLINARD, SOCIOLOGY OF DEVIANT BEHAVIOR (1957)。

种可能性使得利用生物体表示情感能力来巩固整个社会过程。确实,一个对性行为模式有严格要求的社会使人的情欲的本质得不到表达。但是这些是特殊问题,如果没有我们上面提到的过度能力,就没有对能用于整合人类制度(家庭、国民或教会)的“社会凝聚力”的大量储存。

阿尔弗莱德 C. 金赛(Alfred C. Kinsey)博士对于性领域人类行为多样性做出了突出的开拓性的证明。[201] 考虑一下一个如射精这样基本的反应。美国 30 岁以下白人男性射精的平均频率是每周 3.3 次。但这一数据掩盖了个体差异。一些男性已经数年以来完全没有射精,包括被描述为明显生理健康但 30 年内只射过一次精的人。其他人在很长一段时间里保持了一周 10 次、20 次或更多次的平均频率。对法律职业者来说应该很满足于了解到一个被定性为“学识渊博且富有技巧的律师”的男人已经 30 年超过每周 30 次了。差异的秩序是数千次。

当我们考虑其他与性反应联系的数据时,也会出现完全同样的情况:性欲反应和性高潮的年龄,未成年性派对(同性恋的、异性恋的、动物的);未成年性高潮;青年行为;性老化,性无能,手淫,梦遗,等等。

在细节上我们尚不知道人类全部性欲(充满爱意)性质和性行为之特定范式之间的关联。不论最终被发现的关系为何,我们已经清楚生理性征并不吸收个人所有的性爱能力,也并不必然切断在其他领域的性爱表现。确实,“高尚化”(sublimation)这个概念作为替代物而言效力似乎是值得怀疑的(除了在特殊环境中)。如果我们要根据现有知识做一个陈述,最重要的发现似乎是在性领域的完全表达趋向于释放每段人类关系中的情感的(和其他的)表达。

## 策　　略

### 特定情况

情感策略最纯正的例子牵涉给予和保留充满感情的表达,以便将自我的情感地位最大化。让我们考虑一下在涉及超过两个人的关系中的合

---

[201] 参见 KINSEY, POMEROY & MARTIN, SEXUAL BEHAVIOR IN THE HUMAN MALE (1948); KINSEY ET AL., SEXUAL BEHAVIOR IN THE HUMAN FEMALE (1953); and GEBHARD ET AL., SEX OFFENDERS: AN ANALYSIS OF TYPES (1965)。

意策略。最主要的操作问题是去评价何时强调正面和负面的东西是最有效的。强调正面情感是呈现一个自我的惹人爱的形象(因为一个人爱另外一个人,或是因为其他惹人爱的特质)。强调负面情感可能导致将展现一个令人讨厌的对手。一个一般原则可能是:负面方法可以被用来取得快速结果,而正面方法则是巩固持久态度的更为合适的方式。

合作和交流方法都可能通过更改注意力集中的焦点来影响反应。一个群体中情感的分配是以其成员的特征为条件的。因此,如果我们影响一个群体的构成,我们很有可能影响整体的合适性。如果群体是由来自不同文化的成员组成的,早先的观点可以被认为继续成立。然而,环境因素会改变偏好。如果我们没有将一个大的群体按部门、宗教和道德的界限进行划分,个人化的反应可以更迅速地表达他们自己的观点。因此,一个工作队或军队的适合性可能被影响而与将适合性与异质性的比率相联系的发现一致。调查显示人们对少数人因素的渗透可以容忍不进行厌恶的表达,并且不会有歧视的行为。这种类型的线索被来自多种文化背景而在美国重新定居的移民所遵循。渗透的技巧通常使得少数人得到地位和工作,而不会引发对其他工人或专业人员的剥夺性行为。[202]

反对一个共同敌人的共同行为是赋予环境因素超越群体成员间否定性偏好的机会的典型方式。“人们团结起来*反对*,而不是支持”这一格言表达了积累的智慧,无论是在论及一场由陌生人介入而平息的家庭争吵,或者一些参与对抗来自贫民区的入侵帮会的少年帮会;或者一群民族联合反抗对权力平衡的威胁。

在选择要共同实施的行为时,我们要避免突出差异的古老界限。例如,在娱乐时段组建队伍时,作为常识,要避免将南方人置于一边儿北方人置于另一边的风险,除非这些身份区分在所考虑的群体中已经完全失去了重要性。

---

〔202〕 参见 Williams, *The Reduction of lntergroup Tensions*, Social Science Research Council, Bull. 57 (1947); WAGLEY & HARRIS, MINORITIES IN THE NEW WORLD (1958); TENSIONS THAT CAUSE WARS (Cantril ed. 1950); WORLD TENSION: THE PSYCHOPATHOLOGY OF INTERNATIONAL RELATIONS (Kisker ed. 1951); and KUNEBERG, TENSIONS AFFECTING INTERNATIONAL UNDERSTANDING (1950)。

若没有一些沟通的措施,合作行为将无法实施。并且,巧妙运用沟通可以加速和强化希望的合作结果。通过提前强调其在帮助抵制一个共同威胁中所起的作用,人们可以做很多事情来减少新来者到来时负面反应的可能性。沟通可以预见到陌生人那些最有可能引发负面反应的特征,并提供一个利于理解的背景。手段之一是解释新来者是如何倾向于理解当地人的独特性。在这个方面,一个潜在的相似性是:双方都是陌生的,而不仅仅是一方。友情的标准表示可能是不同的,正如一个群体若非被正式引见,就习惯于忽略一个人,而另一个群体的成员假定没有微笑即暗含厌恶。从文化角度界定的情感暗示的知识减少了误解,并使得人们在最少延迟和误解的情况下对友情进行表达。

促成对统一的正面情感扩大参考的因素可以被概括为:

| | | |
|---|---|---|
| 扩大的正面识别<br>(对 X 组而言的 Y) | = | 对于共同威胁的<br>注意力的共同焦点 |
| | | + |
| | | 与 X 分享的价值<br>通过与 X 一起行为<br>对价值可能获得的<br>关注的共同焦点 |
| | | + |
| | | 价值的共同经验<br>通过与 X 一起行为而防范 |
| | | + |
| | | 价值的共同经验<br>通过与 X 一起行为而增加 |

推而广之,这些种类可以被理解为涵盖了所有涉及合作或沟通的情形。如果 X 的成员表达了对 Y 的喜爱,这是一个 Y 被 X 宠爱的经历。如果与 X 的成员有联系,他们在 Y 看来似乎是可爱的人并向 Y 提供了表达和接受喜爱的机会,则 Y 就得到了情感,因为情感表达本身就是其最终结果之一。

在前述暗指的负面情况下，可能从一个大的实体认同中退出，并转移到一个更小的群体。或许X所保护的价值对Y并不常见，且X的价值获得似乎不被Y所共享。X方面会收回可能对关于Y的正面情感的表达，个性的表现也不再被视为是可爱的。因此，与行为和对另一个人或较小的团体感觉相关的替代性选择更有吸引力。

在我们相互依赖的世界中，我们尤为注意扩大认同的范围。通过情感策略和方法所实现的东西受到在一个群体的联络范围突然扩大时更改反应的某些因素的影响所限制。我们有足够的机会来观察到，当社群成为交通和交流中心后，一个常见的结果是直接或间接的联系会突然增多。汽车和电话的出现加剧了成千当地邻里中的适应问题。

一个问题摆在那些在很短时间内要面对很多陌生人的人面前。就包括了受到正面和负面评估的自我和其他形象的普遍倾向而言，总是需要吸收新事物。对于自我的了解在增加，并且自我专注成了调整过程的一个标志。对于旧事物的再确认是维持一种完整感觉的手段，而期待正被调整以适应一个新的视野；同时需求的范式被重新塑造。这些机制产生了本位观念，其通过强调自我旧的界限来表达。在这个世界社群中，在扩展世界联系的当下，本位主义在加剧的民族主义的表面矛盾下展现出来。我们已经描述了"自我参考效果"，其表面看起来是这样同时与表象下继续的自我扩张倾向相抵触。[203]

### 情感的极性

在对权力和福祉的研究方面，把注意力转向产生于两种价值的地域范式尤为重要。最明显的结盟出现在存在共同威胁时，并通常服从于一个正在包围或已经包围的设计，同时总是有包括了直接对峙的敌对表现。群体成员的地域隔离主要是所发现威胁的一种功能。小群体的成员分散开来希望躲避被发现，然而对大群体而言，这是不适宜的。一个延续的社

---

〔203〕 与主要圈子有关的身份在生活中的先后顺序在 FOOTE & COTTRELL, JR., IDENTITY AND INTERPERSONAL COMPETENCE（1955）中被概述。又参见 Lasswell, *Future Systems of Identity in the World Community*, in 4 THE FUTURE OF THE INTERNATIONAL LEGAL ORDER 3（Black & Falk eds. 1972）。

会情形中缺少恐惧的一个重要后果是更少进行分组这一做法的增加，一堆相互重合的圈子的建立。在社会过程允许自由选择个人同伴的情况下，结果是联系的纵横交错，其净效果是在整个体系中制造了极大的稳定性。（然而，这取决于当我们检查各种社群政策问题时在细节考虑中所作的一个重要保留。个人对私人事务的自我吸收可能会弱化社群的主张）

## 结果和效果

### 特定情况

我们可以通过使用已知的研究手段描述个人对于获得情感的努力的结果。

### 总体

*情感的积累*

我们可以通过审查合意和忠诚的参数来为整个社群作出一个在情感倾向和实现方面的改变的大致清单。

社群内 = 合意性的增加

（以前时期，现在）

家庭形成

+

社交活动

（俱乐部、小集团）

−

合意性的减少

家庭瓦解

+

有记录的冲突

（人身侵犯、个人诉讼等）

+

忠诚的增加

社群活动的志愿者

−

忠诚的减少

违反社群服务义务

（卖国贼、逃犯等）

社群之间 = 正面承诺的增加

通过其他人

\+

针对其他人

\-

正面承诺的减少

通过其他人

\+

对其他人

我们可以通过所有社会和行为科学的所有方法来揭示与情感相关的观点。

情感的制度

在任何特定时期，关于情感的规则都会变化，这些规则可能包括了求偶和婚姻、友情，以及对社会中每一种地域群体或多元化群体所承担的忠诚责任的重大改变。与这些变化同时发生的是其他决策功能（信息、推广、援引、适用、评估、终止）的改变，这些改变对情感的形成和分享产生了影响。

当我们考虑情感价值的整体影响时，我们被其稳定的作用所吸引。[204] 整个社会中，个人与其他的相对稳定的情感网络相联系是普遍的。此外，文化范式本身指引情感的目标。信仰、忠诚和信念的维系与基本神秘体系和技术的内容相联系。[205]

---

〔204〕 一个相关研究，参见 MARCUSE, EROS AND CIVILIZATION: A PHILOSOPHICAL INQUIRY INTO FREUD (2nd ed. 1961)。

〔205〕 识别超越家庭的群体在 H. Lasswell, *World Loyalty*, in THE WORLD COMMUNITY (Q. Wright ed. 1948) 中被检验；以及于 H. Lasswell 中，同引文 203。又参见，F. HERTZ, NATIONALITY IN HISTORY AND POLITICS (1944); K. DEUTSCH, NATIONALISM AND SOCIAL COMMUNICATION (1953); M. GRODZINS, THE LOYAL AND THE DISLOYAL (1956); and INTERNATIONAL BEHAVIOR: A SOCIAL-PSYCHOLOGICAL ANALYSIS (H. Kelman ed. 1965)。

意识到情感作为一种影响力的重要性是很重要的，其作用在于通过将客观的事物个性化来消除人类僵化的交往模式。“什么是朋友间的宪章”这句最时髦的俏皮话不仅暗示了一套私人交易，而且暗示了破坏正式和系统化趋势的一种自由和轻松的态度。革命性的大变动似乎是由大规模的情感收回和再安排所准备的，尽管通常这种情况发生的节奏较慢（直到最终危机产生）。人类情感的活力通常被视为是对极权主义体系的一种威胁。在早期阶段，我们可以对这样一种状态的精神结构作如下描述：正面的影响被认为会流向顶部；负面情感向低处和向外流动。这样一个体制中的统治阶层生活在一种担忧的状态中，并将个性理解为颠覆的一种征兆。这其中产生出了将威慑作为维持秩序的一种手段的持续依赖。由于其个性化的倾向，正面情感被带有如此多的恐惧而遭到审视，以至于体制最终会被迫摒弃正面影响的支持，并被迫与任何种类的正面情感开战。基于此，才引发了将情感转化为标尊重、操守或政治附属性的标准化表现的努力。毫无疑问的是：专制是情感的敌人。

## G节 尊 重

### 引 言

当从参与者的角度来看最重要的事件是给予或保留认同时，这一种情形被特定化为尊重价值。[206] 尊重价值的“舞台”与权力的场所或教化的论坛或财富的市场含义相同。这一指称并非像莎士比亚暗指社会是一个舞台那样包罗万象，因为我们仅仅谈论给予或拒绝认同。

---

〔206〕 在 M. McDOUGAL, H. LASSWELL & L. CHEN, HUMAN RIGHTS AND WORLD PUBLIC ORDER: THE BASIC POLICIES OF AN INTERNATIONAL LAW OF HUMAN DIGNITY (1980) 中，我们处理的是一个与尊重有关的稍微广泛点的概念。那本书中我们认为，尊重可以被有效地视作有关参与（进入到）所有价值过程的选择自由的相互尊重。在本节中，我们将我们之前的概念原封不动地保留在了“承认”（recognition）这个概念中，并更少对价值地位和参与进行涉及。为了详细阐述一个更加全面的“尊重”过程，以及规范这一过程各种特征的权威性决策的（包括跨国的）流动，我们将会涉及上述的人权著作。

## 参 与 者

人类渴望名望、荣耀、赞美、信誉——一个为人熟知和令人尊重的名字,这是最常见的有关人类总体描述之一。个体和群体所要求的具体结果在细节上是不同的,对局外人而言这些模式通常显得很奇怪。但是一个生活在希望被“注意”中的人——不论是被领班服务员或是通过百老汇路上收报机纸条的显示——和一个要求其集体标志——旗帜、国家元首——应该受到适当仪式尊重的成员所构成的群体一样能被理解。

当下对人类的研究已经,如果有的话,证实了和种族中任何代表成员的敏感自我有关的具有民间智慧的谚语。儿童发展理论已经利用尊严——他人的尊严、自尊——这些描绘人类特征的关键事实和因素,并辅之对特性的考察,来解释遵守行为。

就教化而言,给予或保留的尊重与生活结构充分地结合在一起,以至于除了在极端的情况下,总是不易于区分将尊重视为一种机会而非基础价值来追求的行为。然而,当我们检查任何一个社群的社会过程,很少会难以识别高度专属于积极(或消极)尊重的结果范式,或很少会难以发现那些相对更加重视改进个人、家族或其他身份地位的社群成员。

尊重的塑造者参与到那些为了诸如授予荣誉等终极事件奠定基础的前结果活动。积极认同的接受者是社群安排的客体并由此增加了其作为潜在尊重给予者的可能性。正如我们在讨论“舞台”时所要详细指出的,每个社群自身都分成了若干社会阶层,有时是种姓(后者在尊重系统里有固定不变的地位)。

## 观 点

某些社会以其神秘体系为特征,这套规则使得一个社会阶级永久地归属于特定家族的成员。另外一些社会宣扬的是人类平等的规则,意即为,并非指身体或精神衡量中的算术意义上的平等,而是指得到作为一个人的基本尊重这种待遇的适格性,同时也指享有培养潜在才华这种机会的适格性,直到这个人可以为共同利益作出重大贡献。

固守种姓的社会使得那些自身永久存在并受尊重的精英之优越性得

到合理化的神秘体系,几乎必然受到生物学或伪生物学含义的玷污。出生的事实作为进入一个家族结构的门槛是生活残酷的现实,并且优秀之真实或虚假的标准被归因于有影响的亲属群体的后裔。已经确立的学说常常会包含一套关于部落、国家或王朝起源的权威陈述,其被认为会对后裔主张永久接受高度尊重提供合理性。有时,传说将家族或地位与超验的人物(上帝)或神秘的自然事件联系在一起。需要被强调的东西往往并不比古迹复杂。一个生物学的隐喻可以在社会中以这样的方式被运用,即将最受尊重的种姓等同于的最具价值的人,并将下级的种姓分配给地位较低的人。

认可顶端社会阶层之重要性的教义经常尽可能地为一个传统种姓的自我宣传服务。"贵族们"可能不会主张家族等级的特有美德,但是,他们通过声称作为个人他们在头脑和身体方面的优秀遗传来提出生物学上的杰出证明。这些"超人"视他们自己为,且他们也被别人当作神秘的、有魅力的、占有优势地位的人物。种姓和固守阶层的社会中所传播的特色变量参与了受到欢迎的视觉化和戏剧化的详尽阐释。对分层社会中行为进行规定的公式化规则通常制定出几乎让人难以相信的细节,涵盖了社会交往中每一个被预见的场合。不论制裁是否正式地被援引和使用,其为人类关系设定了一种风格。平等主义体系的规定可能缺少详细的说明,并将很多场合留给自发性。

## 尊重的情况(舞台)

作为一个"开放"而非"封闭"的社会,美国社会大多数重要的尊重关系是无序的。毕竟,美国人不是严格按等级划分的,并且某个等级的每一个成员都属于一个封闭的团体。

然而,即使没有法律规定来定义一个阶层,社群的成员总是会根据他们在一个尊重阶层系统中的地位对他们自己和别人进行归类。在某些文化中,阶层体系是正式化的等级,有时人们会被划分成不同种姓。(在后一种情况下,个人不得改变其出生时所属的地位)

在传统的观念中,社会阶层可以被定义为社群中最大的群体,其成员认为他们自己有权并实际地接受相同的特征。[207] 经验表明在某个特定社会,即使个体会有升有降,但阶层划分是相对稳定的。在某些文化中,有证据表明尊重结构在过去数个世纪中有所改变但变化不大。

由于尊重的差别是主观的评价,我们可以通过寻找人们本身的想法来发现某个社群阶层系统的特征。通过获得直接口述证据,我们可以了解基本的种类并与特定操作参数相联系。作为一个科学观察者获得某个文化特性的方式,是将交谈的方式、服饰的风格以及其他众多的项目与证据描述的阶层系统相联系。

显然,要获得关于社会阶层结构令人满意的图景,需要实地研究。在美国,W. 劳埃德·华纳(W. Lloyd Warner)启发和指引了对于这种形式的调查的兴趣。[208] 华纳借用了一些人类学家进行原始社会研究所使用的种类和程序来分析工业文明。例如在一份具有代表性的调查中,问题是要描述一个南方小镇的阶层系统。3 个现场调查员实地花了 18 个月。这些调查者进入到这个社群,将其作为在黑人和白人阶层中占据较高地位的(并且,当然地认为,黑人与黑人比,白人与白人比)特定个体所"被选定的"阶层同伴。他们在发起人的指导下通过参与社区生活学习如何对另一个阶层进行行为,同时他们也被引导进入每个阶层内部。新来的人了解到特定的人不会被平等对待,而是要被当作下等人。在有的地方,一个人"经不起被看到"过着"快乐时光"或者甚至进行崇拜而不丧失地位。

实地研究的第一步是确定在社会中从"顶端"到"底层"分布的一系列个体。名单通过采访被不断完善。实际中,任何人可以指出他所认为的处于最顶端、最低端或"在中间"的某个个人或群体。通过直接观察和采访,可以逐渐确定那些地位得到认同的人的名单。对这些处于上级的、下级的或平等地位的个体进行的详细研究达到了描绘他们意识形态和公

---

[207] 可能需要注意的是我们这里是在传统的意义上使用"阶级"(class)这个词,指称的是社会成员的主观性。从社会科学家观察的立场上而言,这个词可以被用以指代社会价值分配中的个人或者群体的地位。

[208] 参见 WARNER & LUNT, THE SOCIAL LIFE OF A MODERN COMMUNITY (1941) and THE STATUS SYSTEM OF A MODERN COMMUNITY (1942)。

开行为的目的。[209]

当我们考虑存在新的阶层类别出现或旧的类别消失的可能,很显然正式和非正式的过程都有可能被牵涉在内。[210] 在美国早期,社会差别是由法律专门确定的。人类奴隶制度增长到这样一种程度,即在其被法律终止前需要一次大的灾难,同时完全的清算有待完成。

尽管尊重关系(舞台)最重要的方面已经被标准化为阶层和种姓,没有已知的社会将积极尊重(例如荣誉)或者消极尊重(例如嘲笑)与这些差别进行完全一致的对应。在一个社会阶层的范围内,两个或者更多的人可以自由地设立与尊重有关的持续和特别的关系。几个相互配合的人可以将某人作为荣誉的特定对象或是鄙夷的对象来关注。英雄大多数时候受到其崇拜者在言语、手势和体态方面的卑躬屈膝。英雄—英雄崇拜者或傻瓜—嘲笑者的关系会发展超出一对或一小群的范围直到一大批参与者被牵涉其中。

根据尊重进行没有阶层的分组会破坏阶层的界限。事实上,在一些偶然情况中,甚至于一个奴隶或被排斥的人可以变成社群的英雄。或者,一个地位高的个人可能会干蠢事然后在多层次的支持者面前失去支持。蠢人可能会寻求出名(注意)而不问随之而来的鄙夷。

利益分组切断了阶层的界限(或不必然包括所有阶层成员)。[211] 一个利益群体潜藏于所有社会互动中。如果(在阶层中或跨越了阶层的)关系变得稳定了,利益群体就成为了事实。其可能通过或可能没有通过正式组织来使其持续下去。当声望通过一个严格的机制进行了分配,其表现为可以称 K"真的在每个方面都非常了不起——对于 Y 阶层的成员而言"。

---

〔209〕 参见 J. DOLLARD, CASTE AND CLASS IN A SOUTHERN TOWN (1937), A pioneer in the measurement of respect was Bogardus, 参见 Bogardus, *The Measurement of Social Distance* (1928), reprinted in READINGS IN SOCIAL PSYCHOLOGY 503 (Newcomb & Hartley eds. 1947)。也参见 WARNER, MEEKER & EELLS, SOCIAL CLASS IN AMERICA; A MANUAL OF PROCEDURE FOR THE MEASUREMENT OF SOCIAL STATUS (1949)。

〔210〕 参见 LEY, SIM & LOOSLEY, CRESTWOOD HEIGHTS: A STUDY OF THE CULTURE OF SUBURBAN LIFE (1956),来了解当代生活中尊重差异的一些更微妙的表述。

〔211〕 参见 Bell & Force, *Social Structure and Participation in Different Types of Formal Associations*, 34 SOCIAL FORCES 345 (1956)。

概括来说：

| | | |
|---|---|---|
| 尊重 | =平等 | =对 |
| 兴趣 | + | + |
| 情形 | 上级， | 小群体 |
| | 下级 | + |
| | （英雄—英雄崇拜， | 大群体 |
| | 傻瓜—嘲笑者） | |

## 基础价值

在这一点上，我们只需重申所有的价值都是影响尊重结果的潜在资产（或负债）就足够了。[212]

## 策　略

### 特定策略

管理尊重所涉及的根本策略是给予和保留的某种结合，与处理其他价值基础相同步。某个策略（和技巧）的适当性取决于要想得到的结果。就此而言，价值积累和价值享有之间存在一个重要的子分类。在先于结果存在的目标中，收集和处理的舞台是非常重要的。

如果目标将影响构成一个有效尊重公式化规则的主要观点和运行，与集会舞台相关的策略性问题可能是非常难控制的。让我们考虑一下一个寻求改变整个社群歧视的低等阶层或种姓群体的成员。作为策略家，他们必须询问，通过从中层和上层阶层（或种姓）人们那里保留传统的承认，可以实现多少目标。看起来似乎实现不了什么；事实上，领导者可能会估算出沿着这条路上任何当前所进行的尝试都可能以完全失败而告终，因为较低地位群体的太多成员从智力上和情感上被纳入了已经确立的社会秩序中。他们不但不会抗议他们的从属性，还可能默许并以此为荣。下意识抗议的任何激动情绪可能被自动地抵制了，而没有在内部冲

[212]　关于权力的使用，参见 FUCHS, THE POLITICAL BEHAVIOR OF AMERICAN JEWS (1956); WHITE, PRESTIGE VALUE OF PUBLIC EMPLOYMENT IN CHICAGO (1929)；以及 WHITE, FURTHER STUDIES OF THE PRESTIGE VALUE OF PUBLIC EMPLOYMENT (1932)。

突的意识层面留下任何痕迹。显而易见,领导者的一个主要任务是改变有意识的观点并修改关于很多——如果确实不是全部——低身份人的个性体系。[213] 只有以这样的方式,才能在关于取得所追求之革命性结果的任何承诺的层面上积累一笔财富。

实际上,似乎最适合目标的偏好在某些高等和中等地位人群里的分配较在地位较低的人中分配更广。这些潜在的资源必须在其变得有效前被聚集起来。因此,最早的动因之一可能循着私人的(甚至秘密的)交流渠道。例如,可能会组成"研究委员会"。在地位较低的群体能够实现向保留他人尊重的自我约束时,他们可能需要通过从上层地位的人那里接受尊重的经历来进行一次巨大的重新调整的过程。

如果财产聚集的形式使得有效的行为得以被实施,那么问题就从聚集转移到处理。例如,一旦研究小组的网络建立起来,那么关于其计划的问题就会显露。

在策略方面,人们寻求的结果是通过价值制度的条款被设计的,其也是有时效性的。在某个地区,例如,完全废除歧视的结果可能被认为是一个非常长期的目标。在实现目标前,可能需要持续多年的运作。

### 尊重的极性

审视尊重活动的整体流动,主要的范式显示了开放或有限竞争的相似形式。当下面的条件满足时,尊重的"舞台"被归类为竞争性的:参与者根据计算的得失(以认同的形式表现)互相付出或保留认同,那些作为社群中尊重基础的价值就广泛可得(即不是处于少数人的强行控制下)。

#### 竞争模式

如果一群拥有各种偏好的陌生人遇到了使他们有必要进行合作的问题,一个竞争范式就大致形成了。这种情况大致形成于沉船后的遇难者之间或是边境村镇间。需要强调的是不仅要存在一个普遍问题,而且要有适当的偏好。如果一些高度有序的偏好被带入了情形中,一个竞争范

[213] 就管理抗议行为的精心策略所作的概括参见 OPPENHEIMER & LAKEY, A MANUAL FOR DIRECT ACTION: STRATEGY AND TACTICS FOR CIVIL RIGHTS AND ALL OTHER NONVIOLENT PROTEST MOVEMENTS (1964)。

式会立刻瓦解或永远不能开始。试想每个人承认其来自同样非常令人满意的社会,并承担他们之前的职责,就不会出现竞争关系。或者设想每个人都倾向为最高权力而斗争,并期望权力的赢家努力将自己的意志强加于每个人。重申一次,不可能存在稳定的竞争关系。

但是考虑到与竞争关系兼容的倾向,沉船的遇难者可以基于对一个明确的共同目标的认识而相互靠近。每个人试图做看起来与目标一致,同时也在他个人能力范围内的事情,并从他的同伴那里获得允许来做这些事。让我们假设每个人对他自己采用和对别人相同的尊重标准,且表达了对一个做得不错的工作不加偏袒的赞赏。在这些情况下,群体会自然形成,以表达对一个应该获得尊重的成员的承认。(如果某个人设法到达事故现场并救出一些财物,或是爬上一个危险的山峰去调查地形,或是发明了一种方式从当地的水果中制造出提神的饮料,向其敬酒是合适的。即使有生理残疾,一个人也可以通过机智诙谐的音乐选辑来提高每个人的士气)在这些情况下,发起尊重行为的联盟和从中受益的人总是在变化。挑选出来用以承认的行为是高度多样化的,尽管其是按社群的共同目标被评估的。

即使当参与者与所建议的相比不是那么和睦时,一个竞争模式也可以存在下去。几乎每个人在拒绝承认那些没有达到期望的人时都会表达相同意见。当荣誉被授予时,可以通过不理睬一个违反者来表达不尊重,或者使用羞辱、嘲笑和藐视。

有限的竞争

曾经确立的竞争模式可能会消失,且显然竞争可能永远无法获得立足之处。社群重要的基础价值,包括尊重,可能会被集中到少数人的手中。可能仅有少数家族会因为尊重的标志而被求助,他们可以从每个人那里收到这样的标志。那些处于较低尊重位置的家族希望从顶端的少数几个家族而非剩下的社会成员那里获得承认的标志(或者他们假定从人们那里收到的尊重取决于从少数人那里获得的承认)。顶端的家族可以使用很多策略来制造出给予其他人的极大尊重。一个最普通的策略是形成“距离”。当典礼极为复杂时,他们可以变得遥不可及,就算是能看到他们,也是在最庄重的场合。即使他们可以被接触到时,也可能有很详尽的礼仪。顶端有声望的人可以忽视其他人的存在，不注意他们直到进行完适当的礼节。仪式的方法可能会复杂到这样一种方式，即接近的人被要求按代表下等人的方式进行表现。他可能被要求低着头，或者甚至在地上爬行。其也可能需要特别的衣服，可能是粗布和蜡木，意味着在有尊贵的人时对自我的羞辱。或者个人可能像他还是孩子时那样被带领，并得到护士般的照顾。通过增加对比的方式，德高望重的人的举止可能是高傲的，衣服是奢华的，侍者是众多的，且质物背景是华丽的。

一旦地位高的人屈尊地看了一个人或聚集的人群一眼，距离可以通过客观行为来维持。因此情形会被"按种类"而不是以"个人"特征为基础得到处理。例如，在典礼的一个指定时刻，人群的欢呼可以通过元首的一个细微的手势得到回应。给予对一个人的欢迎是根据其群体的权力地位，或相关标准。

这些操作的关键是这些高威望人从两个方向上撤退：远离和高于。因此他们的住处可以远离人群在一个被栅栏、墙、壕沟、树林环绕的城堡里。城堡可以在城外，犹如凡尔赛在巴黎城外。或者地点可以在一个不可进入的山上的要塞或是隔绝的小岛。此处"高于"这个词总是指物理高度。但是其要被理解为人类自我相对评价的一个象征。因此一个在上的地位可以通过向下倾斜的坡度来表示，正如令人尊重的地点是一个坐落在山谷谷底洞穴中的坟墓，以及一个典礼的高潮是当德高望重的人物从听众中走来并从斜坡上走下。[214]

一个非常受人尊重的人物有可供其自行支配的一笔库存巨大但重要性相对较小的承认行为，这些行为可以被用来维持尊重的通常流动或是增加该流动。对一个人、一个群体或一家企业的利益最微不足道的证据可以有这种效果。礼物可以从最微不足道的标志到最珍贵的物品而有所不同。

在单极的系统中，关于尊重最经济的策略要求建立一个位阶体系，据此尊重通过标准的方式被授予。可以通过使用仅凭时间推移而获得重要

---

〔214〕 在"反应建模"（response modelling）和"反应对比"（response contrasting）之间已经根据演员对其观众的行为进行了区分。参见第二章于 LASSWELL, LEITES & ASSOCIATES, LANGUAGE OF POLITICS: STUDIES IN QUANTITATIVE SEMANTICS（new ed. 1965）。

性的承认的标志建立位阶。一个位阶体系使得顶端的人物可防止在被接受的等级之外的组织进行“未经授权的”尊重分配。如果个人在任何地区从其邻里那里赢得了尊重，他们就立刻被保留在授权体系内并被给予等级作为标志。通过这样的方式，可以防止一个单极体系的瓦解，例如可以通过将很多小的尊严金字塔融合成为一个存在于公认等级之外的令人印象深刻的结构。

在某些方面，把位阶的体系描述成一个“轨道的”而非“等级的”体系要更为精确，形象化的代表是离中心一个或多个恒星距离逐渐递减的同轴心的环或是带。

## 结果和效果

### 特定情况

一个特定参与者对尊重进行保持或增加之努力的结果可以被描述成留意那些最终认同被给予或接受的情形。每个文化都有很多此类型的终极范式。总结一个社群中尊重结果为人熟知的最简单的方法是将对其他7个价值制度过程依据对它们的通常理解分别进行描述。每个过程包括给予或接受尊重的专门情形，当其被视为一个整体时，该社群的尊重结构就呈现出来。

就权力而言，不难确定将荣誉分配给生者和死者的场合。我们想到授予给平民或军人的勋章和头衔，以及与表彰公众人员有关的仪式。在纪念日上有给祖先和英雄死难者的贡品；有雕像揭幕、街道受洗、建筑中牌匾安放、大厦落成或被命名的特殊场合。除了表示敬意行为的流动之外，还有一些消极的行为，例如掌掴卖国贼的雕像（一个著名的例子发生在中国）、嘲讽过气的演讲者，或通过游行的方式进行奚落。除了发生一个特定时间段里的言语和姿势，也可以估算特定起声望功能的“人工制品”的数量，例如公共纪念碑。

在商业机构内，很多场合被特定化为尊重这一价值。雇员因服务的时间长短而得到荣誉。新商店开业会专门有公共剪彩仪式。高管在周年庆典上相互夸奖。第一百个顾客受到热烈欢迎。在那些广告和销售存在的场合，一个最主要的行为是试图将富有声望的气氛赋予一个产品的所有权来提高潜在顾客的尊重收益。

在我们的文化中,在阐述典礼和仪式方面有关操守的制度特别多,在这些场合教徒和专业人士会得到尊重的待遇。教会组织对那些参与服务或向特定目的贡献时间、金钱和精力的人给予非常多的荣誉。

与技能相联系,授予荣誉是一个主要的活动,如在奥林匹克比赛中那样。“兴趣”技能提供了很多可授予荣誉的场合。

在朋友中和家人圈子中,尊重老人或个人的场合是常有的。仪式适用于所有家族成员过生日的时候以及职业生涯的其他转折点上。当然,消极的给予也在标准的惩戒方式之中,特别是对羞辱的使用和对嘲笑和藐视的表达。

对个人、部落和其他群体的健康奖励属于将尊重与福祉联系的方式。为了减少意外,积极的动因可能会通过声誉标志和表彰的形式得到运用。

教化的体制提供了很多机会来给予思想家、记者、编辑、老师和读者这些参与了很多有关情形的人以荣誉。

### 集合

某段特定时期内最重要的结果通过改变尊重的规定和修改社群的尊重结构来改变已经确立的秩序。更有甚者,这种价值的重要性——相对于其他价值——可以被改变,并且尊重积累和享受之间的平衡可以变化。

通过分析明确的规范,观察诸如基于个人优点而非超出其控制的特点来给予人们承认的需求正在上升(或下降),我们将会发现表明尊重的规定已经改变的部分证据。我们还可以在明确的规范之外考察运行中的规范,从而获得进一步的证据。

#### 阶级体系

社群的尊重阶级体系是过去行为的主要结果。其为将来努力提供了框架。我们上面说到,有能力的面试官可以通过要求个人根据上层、中层或者底层社会地位来描述他们自己(和他人)。为了具体化基础的概念,我们审查了一些已经被报道的阶层简况。

洋基城是一个新英格兰的社群，其居民据称承认 6 个社会种类。[215] 两个最高的阶层占了社群百分之三的比例。更具体的情况：

| | |
|---|---|
| 最上 | 1% |
| 次上 | 2% |
| 中上 | 10% |
| 中下 | 29% |
| 次低 | 33% |
| 最低 | 25% |

最上层的是“旧家族”。他们出生即处于现存的阶层中。每个家族的血统都可以追溯到上几代，且已经占据与现在有关的地位有一段时间。这些人从事收入颇丰的工作，通常是大商人、金融家或是更高级行业的成员。他们继承了财富，并且财富已经在家族中积累很长一段时间。理论上，家族的财富追溯到洋基城航海贸易时代，那时商人和成功的船长在榆树成行的希尔街（Hill Street）上建造了伟大的乔治之屋（Georgian houses），并且逐渐形成了被认为适合他们地位的生活风格。构成上等阶层中较低地位的新家族通过新工业（鞋子、纺织品、银饰）和金融而出现。上等阶层的人非正式和正式地形成了社会派别和排他的俱乐部。男人隔周在餐饮俱乐部聚会，而女人属于小的俱乐部或是庭院俱乐部。男人和女人都参与了慈善组织，并且通常都是主教派和一神论教派的成员。

次低阶层由“贫穷但却诚实的工人”构成，他们通常具有半熟练的技能或没有技能。最低阶层是“采蛤屋中的下等洋基人”并且有着懒惰和好吃懒做的坏名声。

根据华纳和其同事的研究，阿勒格尼（Alleghenies）西边的大城市和小城市的阶层结构更多地显示出 5 个而非 6 个阶层。比方说，琼斯维尔是一个中西部的小镇，主要满足的是周围农民的需求，并拥有一些小的工厂。上层（“400 人”）有旧家族和新家族的一部分，但是旧家族还未强大到给人们留下充分深刻的印象而仅仅是处于一个协同地位。在普通人的

[215] 参见 WARNER & LUNT, THE SOCIAL LIFE OF A MODERN COMMUNITY (1941)。

层面上，道德上可确认的因素是挪威的路德教教友和天主教的波兰人。天主教的爱尔兰人和德国人已经被更一般的人所吸收。琼斯维尔的数据是：

| | |
|---|---|
| 上 | 3% |
| 中上 | 11% |
| 中下 | 31% |
| 次低 | 41% |
| 最低 | 14% |

很重要的是，琼斯维尔镇最下层的阶层要比洋基城少得多，反映出缺少来自国外的新人和将人口从附近农民中分出来的工厂条件。

**表 1 《社会阶层的社会视角》**

<table>
<tr><td>最上层</td><td></td><td colspan="2">次高层</td></tr>
<tr><td>“旧贵族”</td><td>最上</td><td colspan="2">“老贵族”</td></tr>
<tr><td>“贵族”，但不“旧”</td><td>次上</td><td colspan="2">“贵族”，但不“旧”</td></tr>
<tr><td>“善良、受尊重的人”</td><td>中上</td><td colspan="2">“善良、受尊重的人”</td></tr>
<tr><td>“好人”，但为“无名小卒”</td><td>中下</td><td colspan="2">“好人”，但为“无名小卒”</td></tr>
<tr><td>“波兰的白人”</td><td>次低</td><td colspan="2">“波兰的白人”</td></tr>
<tr><td></td><td>最低</td><td colspan="2"></td></tr>
<tr><td>中上层</td><td></td><td colspan="2">中下层</td></tr>
<tr><td>“社团”“旧家族”</td><td>最上</td><td>“旧贵族”<br>（更古老）</td><td>“衰落的贵族”<br>（新些）</td></tr>
<tr><td>“社会”但非“旧家族”</td><td>次上</td><td colspan="2">“认为他们了不起的人”</td></tr>
<tr><td>“那些应该是上层的人”</td><td>中上</td><td colspan="2">“我们是贫穷的普通百姓”</td></tr>
<tr><td>“没有很多钱的人”</td><td>中下</td><td colspan="2">“比我们更穷的人”</td></tr>
<tr><td>“被瞧不起的一批”</td><td>次低</td><td colspan="2">“被瞧不起的一批”</td></tr>
<tr><td></td><td>最低</td><td colspan="2"></td></tr>
</table>

续表

| 次低阶层 | | 最低阶层 |
| --- | --- | --- |
| “社团”或“有钱的普通百姓” | 最上 | “社团”或“有钱的普通百姓” |
| | 次上 | |
| | 中上 | |
| “因为他们有点钱而地位上升” | 中下 | “高高在上的人”但非“社团” |
| *“贫穷但诚实的普通百姓”* | 次低 | “试图抬高的势利小人” |
| “好吃懒做的人” | 最低 | *“就和无名小卒一样好的人”* |

来源：Allison Davis, Burleigh B. Gardner, and Mary R. Gardner, *Deep South* (Chicago: University of Chicago Press, 1941), p. 65.

在对南方腹地一个小镇的研究中，上文提到过，据报道白人中有6个阶层体系。[216] 表1包括了普遍应用于指明主要阶层并为每个阶层所使用的确认标志。

前文完全是解决白人阶层的社会体系。一个对于黑人阶层的类似分析也是可能的。在阶层划分“完美”运行的情况下，所有白人成员相信他们优于所有。跨越是不可能的，因此种姓间的流动不可能发生。

当个人能够根据自身的价值上升至高等的尊重地位时，我们将一个社会称为是流动的。当然，其暗示阶层种类本身被理解为个人价值的综合体。一个流动性社群的例子是美国东北部一个小镇，调查者得出的结论是那里只有两个社会阶层。[217] 分界线似乎在于那些愿意为共同利益承担一些责任的和不愿意这样做的人之间。总的来看，这似乎成了一个个人选择的问题，也就是说很多不如其邻居富有或在小镇的历史中根基较浅的个人可能会被接受为负责任的群体的一部分。如果采用这份报告，个人价值是社会结构最重要因素的一种情况就非常明显。

积累和享受的平衡

如果我们考察积累和享受尊重之间的平衡，就会发现很多重要的矛

---

〔216〕 参见 DOLLARD, CASTE AND CLASS IN A SOUTHERN TOWN (1937); and A. DAVIS, B. GARDNER & M. GARDNER, DEEP SOUTH; A SOCIAL ANTHROPOLOGICAL STUDY OF CASTE AND CLASS (1941)。

〔217〕 参见 G. HICKS, SMALL TOWN (1946)。关于比较，参见 C. WITHERS (J. West pseud.), PLAINVILLE, U. S. A. (1945)。

盾。一些个人和群体似乎通过“储蓄”和“投资”来获得更多的尊重,而另一些人使用他们的尊重地位来增加他们对于其他价值的控制。一个“旧家族”的成员可能会几乎完全致力于新的尊重标志的积累,扩大家族仪式和小圈子仪式的范围和复杂程度,并增加“家族形象”。与此同时,同样社会阶层的其他人可能会用他的名声作交换来成立新的工商企业或是从地方事务转而涉足民族或国家政治。尊重积累的速度并不是必然会被这样的冒险所妨碍;在任何情况下,尊重是附带发生的。

通常而言,尊重措施(括号中的内容给了关于细节的一个大致说明)如下:

尊重措施 = 容忍
言语提及
(关注、崇拜)
+
手势、姿势
(恭敬的举止)
+
标志
(荣誉徽章、制服)
+
对获得其他价值没有歧视
剥夺
言语提及(藐视)
+
手势、姿势(藐视的举止)
+
标志
(不光彩的标志、制服)
+
歧视性地拒绝给予其他价值

以下表格关注的是与尊重积累的一个摘要有关的数据:

参与者 = 形成者 = 尊重标准的设计和提供者

= 分享者

结果

个人和群体 = 容忍(承认)

针对其他人

\+

来自其他人

剥夺(歧视)

针对其他人

\+

来自其他群体

\-

剥夺

针对其他群体

\+

来自其他群体

效果

开始的尊重地位(个人的)

\+

净结果

开始的尊重地位(集体的)

\+

净后果

一个时期的制度改变需要对专属于尊重政策的几个结果进行分析。

尽管很多规定在没有计划和得到充分认识的情况下就产生了,但一些规范在制定前则经过智力讨论和吸收建议并经过详细说明,并且以前的范式在经过一段时间持续被忽视或不被运用,接受评估并被终结。例如,一个礼仪作家可能会声称握手而不是亲手才是合适的——即使手属于一个伟大的女士——规范在实践中就立刻被更改了。这种解决方法可以在对很多国家礼仪调查的最后出现,并且在吻手者、握手者、触手者——以及那些提倡采用一个礼节性鞠躬的人之间经过长时期的争论之后出现。过往的使用可能已经充满了形式的规范和实际的规范间的矛盾,因此,对新规范的接受终结了旧的规范。所有这些规范来自公民秩序内部,除非公共秩序要试图对那些顽固遵循接触—托起—亲吻一整套礼仪的人强制进行严重的剥夺。

很多专属于尊重的情况关注于其他结果而非规定。如果一个尊重的舞台被确立——不论通过技巧还是明确的相互配合——参与者可以参与到承认各种个体和群体或者将其排除出舞台的活动。这是那些寻求尊重授予者之角色得到承认并强调"排他性"的群体进行的主要活动之一。

| | | | |
|---|---|---|---|
| 结果舞台 | =规定 | = | 无组织的 |
| | 仪式的标准, | | + |
| | 礼仪,荣誉 | | 有组织 |
| | + | | |
| | 其他 | | |

## H节 操 守

### 引 言

对责任进行评判的情形就特定化为操守。依靠有关文化中的词义,评判可以通过对和错、好和坏、有责任或无责任、道德或不道德、体面或不体面的概念而清楚地作出。我们已经用泛化的"法庭"这一术语来指代所有这些评判的情形,尽管该术语存在与政府的一个部门相混淆的风险。

在我们的文化中,一个有关操守情形的基本例子是有关道德词语交流的争辩。较正式的是某些兄弟会和宗教组织实行的"批评之夜",其设想每个人都用有关操守的术语来对他人(或者他自己的)行为进行描述。(此外其他标准也可能被援引,例如尊重和品味,或者合法性)天主教堂和犹太教堂发表过很多关于操守的评判,民间团体的纪律部门也有过类似做法。

要证明真正操守的存在,必须克服一些困难。所有通常在规范意义上使用的术语会汇聚到一起,而不管一个具体环境中最重要的价值为何。

词语“无教养的”或者“粗鲁的”可以被用来描述有关品味的问题。然而，在很多争论中，“无教养的”或“粗鲁的”是一个用以加强对所谓违反礼仪行为明确不满的词汇（操守的一个问题）。

更进一步的问题是操守的判断通常会以模糊的规范形式来表达。如果要解释清楚，一个规定性的表述需要包括规范所涉及的各种情况以及制裁。在通常的情况下，整个顺序并没有被明确，而是浓缩在了短语和词语中。

当人或行为模式根据社会重要性被定性时，定性者是在作一个复杂的表述。作为符号化的缩略，表述作为规则是模糊的。如果沟通者的意图含义与下列基本种类符合，我们会毫不犹豫地将该描述作为对操守的表述来接受：“我确认下面事件应该发生：X 消除了这种事件发生的可能性，或者增加了可能性，我将第一种情况中的 X 定性为坏，将第二情况中的定性为好。”考虑下这些例子：X 在网球比赛中进行拦网并成功地穿越了对手击中底线。评论说：“好。”但是这可能不是一个操守的表述：如果评论员没有确认运动员*应该*拦网成功。我们通常将语境中的这个词语理解为只是表示对技术应用表示尊重的一个标志。但是观众深陷于体育之中的现象并非不常见，以致他们认为所有的社会价值总是处于高度不稳定中。“好”可能远远超出对异常完美表现的自发赞美。观众可能正在表达对运动应该这样做这一事实的赞同，特别是在一场大赛的前夕。从这个角度而言，就涉及操守价值。

我们需要一个类似的分析来确定例如“那是一个不合法的行为”这样一句话的含义。如果沟通者是说在他的判断中，行为与法律公式中的规定性表述相矛盾，他所做的只不过是显示他作为一个熟知事实和公式的律师所具有的技巧。但是如果表达的人坚信法律应该被遵守，其作出的就是一个有关操守的表述，同时也是一个技术的表述。

对操守的评判通常与超越社会过程的表述，并与上帝旨意或无法用其他经验化描述形容的实体有关的表述交织在一起。作为犹太教与基督教共同传统的十诫属于那些历史上为人们熟悉的重要操守范式。

我们是否能把我们定义为操守的“对社会责任的判断”更加明确化？我们正在讨论的是*对不止一个自我的价值地位进行考虑的需求，因此是将几个价值和自我纳入考虑的需求*。这种需求的创造（通过给自己以及给他人)是一个有着很多不同称呼的经历,包括“道德之必要性”、“应然的经历”、“道德的意义”,以及类似的叫法。当一个人仅关心基本自我或其他7个基础价值时,他就不会作出一个操守的判断。一个被充分解释的操守判断是这样一种需要,即将一个作为参考的全面框架运用到大于自我(ego)的那个扩张的自己(self)。进行操守判断的人不仅评估具体的环境,他考虑部分和整体之间的关系。于此就有了以下的词语,“优点”、“道德水准”、“美德”。[218]

## 参 与 者

任何社会环境中操守的塑造者是那些被认为致力于形成或例证特定文化之道德和宗教规则的人。在我们的文化中,我们想到牧师以及从事类似事务的没有被那么正式定义的角色扮演者。[219]

塑造者还包括了鼓励和带领文化群体的反传统的领导者。[220]

## 观 点

在我们的文化中,对于操守的需求常常被这样的做法所掩盖,即将操守表述为其他社会价值的基础,并且用声称超越社会范畴的价值来描述它。前者的例子是《穷查理年鉴》(Poor Richard's Almanac)中成堆的家常格言,其中的道德行为总是被推崇为一种在商业中取得领先地位的手段。超经验化的言论是宗教和玄学中的独特内容。[221]

在某个语境下的操守价值的重要性通过使用个性研究的集中化方法所获得的数据得到最为令人信服的体现。通过这样的研究,道德评判的

---

〔218〕 参见 A. HOLLINGSHEAD, PSYCHOLOGY AND ETHICS: A STUDY OF THE SENSE OF OBLIGATION (1949); and ADKINS, MERIT AND RESPONSIBILITY; A STUDY IN GREEK VALUES (1960)。

〔219〕 关于牧师和类似的道德专家的社会和个人起源,参见 FICHTER, RELIGION AS AN OCCUPATION [the priesthood] (1961);THE MINISTRY IN HISTORICAL PERSPECTIVES (Niebuhr & Williams eds. 1956);W. HERBERG, PROTESTANT, CATHOLIC, JEW;AN ESSAY IN AMERICAN RELIGIOUS SOCIOLOGY (1955);以及 POPE, MILLHANDS AND PREACHERS (1942)。

〔220〕 VON HENTIG, THE CRIMINAL AND HIS VICTIM (1948).

〔221〕 参见 WACH, TYPES OF RELIGIOUS EXPERIENCE: CHRISTIAN AND NONCHRISTIAN (1951); BRIGHTMAN, A PHILOSOPHY OF RELIGION (1940); and JAMES, THE VARIETIES OF RELIGIOUS EXPERIENCE (1902)。

地位和罪恶感的普遍化被熟知。[222] 一些文化声称没有植入罪恶感，尽管它们成功地传播了“戒律”。例如，对禁止吃猪肉或禁止乱伦的遵守可能会被我们同福祉和力量联系的恐惧所制裁。能否说与戒律有关的行为完全是自私自利的？在部落或平民社会主要自我和其他自我组成部分之间的差异不像在我们个人主义的、多样化的和流动的文明中那样的显著。与图腾相连的期望和需求既是个人的也是集体的。诚然，当庄严的禁令被违反时，灾难降临于家族群体或整个社会。对于保护社会的需求与自己（self）对自我（ego）身体完整性进行保护的需求融合在一起。

进行集中的研究来描述个体或者集体的判断并不总是可行的。但是，通过使用不是那么全面的方法有可能得到一个对操守范式可行的理解。我们可以分析公共渠道可得的操守原则形成或运用的主张。这些主张可以基于“明白的内容”，即词语在字典里的通常含义得到归类。我们已经提到一个事实，即在我们的语言中，例如“对”和“错”、“好”和“坏”、“负责”或“不负责”、“道德”或“不道德”、“体面”或“不体面”这样的词语属于那些经常被用来表述操守的词语。

与操守有关的信条通常对操守组成的基础有广泛的关注。当我们考虑法学理论的目标时，解决这些问题是我们的任务。这些对操守组成的规定的一个特征，犹如社会进程中每个领域的规定那样，是对制裁的表述。假设 X 违反了一个规定，就社群而言什么行为是合理的？提出该问题预设了一定程度的文明，在这其中不同的智性生活得到高度进化。作为共同体验，违反一个认可度很高的规范会造成社会成员的剧烈不快，其行为本身必须得到处理。如果 Y 认为 X 正在违反操守准则，很可能 Y 会要求对 X 进行剥夺性制裁。同样，很可能该要求的情感层面显示了愤怒、义愤、自我操守性和攻击性的结合。这些属于“处罚之要求”的组成部分，其在对制裁的比较研究中划出了一个引人注目的轮廓。

---

[222] 关于罪恶，参见 J. FLOGEL, MAN, MORALS AND SOCIETY; A PSYCHOANALYTICAL STUDY (1945)。操守有时要求通过引起社群决策制定者的行动来建立一个偏好去惩罚自我。参见 F. ALEXANDER & H. STAUB, THE CRIMINAL, THE JUDGE, AND THE PUBLIC: A PSYCHOANALYTICAL ANALYSIS (G. Zilboorg tr. 1931)。技巧有时被滥用来实现一个下意识的战胜权威的需要，并同时通过冒着被揭发和惩罚的风险来满足操守的要求。参见 KURZ, FAKES: A HANDBOOK FOR COLLECTORS AND STUDENTS (1948)。

现代精神分析学通过关注源于人格的特征加强了我们对于原始反应的理解。其他人违反一个规范的特征性行为会引起一个要进行同样行为的强烈的冲动需求。然而,规范已经被内化于个性体系中,因此有供其支配的与良知有关的所有自动资产和策略。反抗的趋势在循规蹈矩者的驱动下不断地被抵消,因此,内在的冲突是强烈的。在冲突消减的机制中,一个最原始的机制是离开自我来投射消极的特征,因此,另外的某个人被认为拥有不被接受的特征。预测到外部的违法者会因激起反抗的情绪而被指责不需要详细的分析,他将被当作一个麻烦的持续诱因而遭到攻击。显然,惩罚是一种机制;更准确的说,是多个机制的融合。

为解决与制裁有关而产生的所有问题提供指导,简单的惩罚是不够的。如果一个目标以及制裁的后果是减少社群中无意识的冲突,可以主张制裁的措施应该留给无意识冲突方面的专家,其最了解减少内部冲突所需要的政策。然而考虑到人们面对规范被违反的情况所遭受的压力,似乎制裁政策不可能被委托。社会神秘体系承认违法者本人应该被给予一定考量,因为行为可能超出了他的控制范围。事实上,违反者可以被视为由一些其他来源所发出的巫术所利用的无助的工具。

由于反对积累成为对于惩罚冲动的单纯的、自发的表达,原则的复杂性在增加。这样的发现可以采用鼓励程序复杂化的形式,例如"严峻的考验",其设计出来是为了允许对抗的力量影响最终政策。在世俗的文明中,一个教化式的制裁政策要求对未来的估计应该是以全面价值目标为基础的。[223]

## 操守的情形(法庭)

一个操守情形的边界在于社群之规定不被知晓或者被认为没有约束

---

[223] 参见 RICE, ON THE KNOWLEDGE OF GOOD AND EVIL (1955); DEWEY, QUEST FOR CERTAINTY (1929); PERRY, GENERAL THEORY OF VALUE (1926); C. STEVENSON, ETHICS AND LANGUAGE (1944); and SANTAYANA, THE LIFE OF REASON (1905)。

力。[224] 如在我们讨论参与者时曾提到,发现全部的时间专门用于那些主要致力于操守的制度并不令人惊讶。[225] 通过直接询问,可以了解就操守阶层而言,某个特定群体如何认识其自身的划分。[226] 可以通过内容分析的简单程序,就能在国家中识别"圣人"和"魔鬼"的极端例子,而"中间过渡角色",即使被仔细审查,也可能没入无区别的一堆人中。[227]

## 基础价值

为了当前的目的,我们有充分的理由来强调文化和个性因素对作为操守基础的价值之可获得性的影响程度。照例,操守是其自身扩展和维护的重要基础。[228] 再者,所有的价值潜在地都可作为基础。

---

[224] 社群有时为了宗教和道德的原因而形成,事实上,帝国可以为了这个同样清楚目标而建立。参见 NORDHOFF, THE COMMUNISTIC SOCIETIES OF THE UNITED STATES (1961); NELSON, THE MORMON VILLAGE; A STUDY IN SOCIAL ORIGINS (1930); SRINIVAS, RELIGION AND SOCIETY AMONG THE COORGS OF SOUTH INDIA (1952); and WERTENBAKER, THE PURITAN OLIGARCHY (1947)。

[225] 参见 P. MOBERG, THE CHURCH AS A SOCIAL INSTITUTION: THE SOCIOLOGY OF AMERICAN RELIGION (1962); BOULARD, AN INTRODUCTION TO RELIGIOUS SOCIOLOGY (Jackson tr. 1960); CLARK, THE SMALL SECTS IN AMERICA (1949); SIMMEL, SOCIOLOGY OF RELIGION (Rosenthal tr. 1959); and NIEBUHR, THE SOCIAL SOURCES OF DENOMINATIONALISM (1929, 1960)。

[226] 参见 Sellin, *Culture Conflict and Crime*, Bulletin 41, Social Science Research Council (1938); TAPPAN, CRIME, JUSTICE AND CORRECTION (1960); THE PROBLEM OF DELINQUENCY (Glueck ed. 1959); COHEN, DELINQUENT BOYS; THE CULTURE OF THE GANG (1955); and VOLD, THEORETICAL CRIMINOLOGY (1958)。

[227] 参见 W. GOODE, RELIGION AMONG THE PRIMITIVES (1951); *also* B. MALINOWSKI, CRIME AND CUSTOM IN SAVAGE SOCIETY (1926)。

[228] 参见 Carlin & Mendlowitz, *The American Rabbi: A Religious Specialist Responds to the Loss of Authority*, in THE JEWS 377 (Sklare ed. 1958); SCHNEIDER, RELIGION IN TWENTIETH CENTURY AMERICA (1942); ABELL, THE URBAN IMPACT ON AMERICAN PROTESTANTISM (1943); EBERSOLE, CHURCH LOBBYING IN THE NATION'S CAPITAL (1951); Davis, *A Study of Protestant Church Boards of Control*, AMERICAN JOURNAL OF SOCIOLOGY 418 (1932); BLISS, THE SERVICE AND STATUS OF WOMEN IN THE CHURCH (1952); K. & C. George, *Roman Catholic Sainthood and Social Status: A Statistical and Analytical Study*, 35 JOURNAL OF RELIGION 85-98 (1955); MARTINSON, MARRIAGE AND THE AMERICAN IDEAL (1960); ANDREWS, PHILANTHROPIC GIVING (1955); RELIGIOUS EDUCATION (Taylor ed. 1960),调查了背景、方法、管理和新教徒的机构、天主教和犹太教的宗教教育;以及 THE STUDY OF RELIGION IN THE PUBLIC SCHOOLS, American Council of Education (Brown ed. 1958)。

# 策　略

## 特殊策略

“纯正”形式的操守策略利用操守作为获得一个更好的操守地位的基础。在我们的文化中,作为一个涉及个人评价直接相互交换的精心设计的策略,操守可能是8个价值中较不经常考虑到的。一个市场中利益的最大化无疑使得根据给予和索取来对人类关系进行清楚地计算有了必要。同样的演算适用于权力,并至少适用于那些教化或尊重是处于危险中的主要结果的很多情形。但是操守一般被认为较“我对A说你好,如果你对B说我好”这样的方式不那么私人化。事实上,对于在我们文化里成长起来的很多人来说,将这样的评价作为不同程度受制于有意识管理和无意识管理的事件流进行检验的想法令人震惊的。然而,这个概念会在一些环境里以长篇大论的方式出现,有如在争吵以妥协结束时,A同意承认B关于X的道德的看法是正确的,而B同意承认A对Y的道德的看法是正确的。操守目标并往往成为正式或非正式外交手段的赌注。通常,人们要么是直接收回所说的话,要么是不加声张对将整个事情不再考虑,从而收回于不道德行为的指责。多年以来人们已试图将他们自己或家庭的一些成员从丑闻的影响中撇清。

### 定位责任之手段

我们已经分析了操守策略最基本的方面,即形成或保持美德的重要特征,以此来增进自我操守的净值。在将策略运用到具体情形中时,两种手段尤为重要。第一是关于定位和影响用以表述权威性学说的责任,第二是在具体案例中解释该学说的责任。

因道德或其他原因被接受为权威代言者的人发现通过对等级学说和上诉程序的系统化来巩固其地位是经济的。强制可能正式或非正式地增加了遵守为适当情况所解释的权威学说的需求。通过这样的方式,竞争被限制或消除了,因此,基于操守的原因被实际质疑的机会就很小了。

### 确认和调查之手段

我们可以通过确认或调查来实行操守的策略。确认旨在填充规范性的范式,调查旨在揭示与规则考量无关的世界结构。由于社会和个人的关系总是既包括了规范性又包括了规则性的观点，因此与确认和调查有关的策略性和手段性的问题总是存在。

一个策略若超过限度，会吞并另外一个策略而造成对群体或个人生存的损害。确认姿态可以变得僵化、教条、忽视事实并藐视通过观察可获得的东西。另外，当研究的方法变得过于繁缛、不相关联且在指导冲突之诉求的解决标准方面有所欠缺时，其可能无法存续。[229]

在主要依赖确认策略的情况下，下列智力活动会得到强调：

1. 证明所有可接受的规范性陈述与现存的意识形态类型是协调的。这个方法对于执业律师、伦理学家、销售商、宣传员和每一种特殊倡议者来说都很熟悉。[230] 例如，如果被接受的观点正在转向于废除死刑，确认策略就要坚决主张该政策与根本原则相一致。智力上的努力是进行"合理化"而非探究所推荐的制度对所有价值的可能影响。当既成观点是反对死刑时，确认策略就要证明该政策与真正的意识形态原则相冲突。

2. 证明（一个可接受的种类中的）所有过去和现在的事件代表了意识形态的基本观点，而所有不被接受的事件从反面提供了确认。例如，人们可以主张所有现代历史的困难可以追溯到西方人没有能够按照某个宗教信条的要求来生活。任何可被称作令人钦佩的人或事都被归因于服从了经历了现代各种宗教分立后仍存在并要求人们遵守的内容。

3. 证明所有的科学发现都和意识形态体系的基本事实相适应。这个方法被文明社会和尊崇科学的历史新时代所保留。在西欧，个人的尊严曾一度仅在宗教方面是具有合理性的。更近一些时候，民主的捍卫者通常要表明科学的发现证实了他们对于普通民众的信心。同样的方式，民主观点的反对者将科学的结果理解为证实了"平等"的不可信。[231]

4. 证明所有关于未来高度可能性的主张都已经被意识形态的系统所

---

〔229〕 关于操守规范和正当性问题的详细知识是对很多规范长久化起必要作用的教化和技巧价值。参见 NIEBUHR, WILLIAMS & GUSTAFSON, THE ADVANCEMENT OF THEOLOGICAL EDUCATION (1957)。

〔230〕 参见 DURKHEIM, PROFESSIONAL ETHICS AND CIVIC MORALS (Brookfield tr. 1957); and NIEBUHR, CHRIST AND CULTURE (1951)。

〔231〕 参见 WHITE, A HISTORY OF THE WARFARE OF SCIENCE WITH THEOLOGY IN CHRISTENDOM (1955)。

预见。在证明乐观的(或悲观的)预言与“被适当理解了的”意识形态的潜在预言是一致的时候,意识形态系统的代言人总是不真实的。例如,马克思主义者已经遇到了恩格斯和马克思所作的、已显然和随后的实践相矛盾的、多得令人尴尬的预言。因此,很多人才已经开始从事维护马克思主义“潜在”真理的任务。[232]

5. 证明所有可接受的政策替代性方案在意识形态中被提出,并证明不被接受的政策替代性方案事实上与其宗旨不一致。显然,这是所有就很多公共措施之“合宪性”进行争论的人的惯用手段。

在另一个极端的是当调查策略被极端倚赖时的智慧性表现。

1. 假设尽管要追求各种各样的目标,但尝试确定一个自身统一的系统却不重要。

那些对一般目标感到不耐烦,并忙于从一个特别“案例”到下一个特别案例的实证主义者即是这一观点的显著例证。对美国法学教育一个典型的评价是,学生被训练来处理一个特定案件的原则性和程序性问题,但对法律过程的总体结果却不关心。这常常被称作美国文化整体上的一个特征,带有其“不可救药的实用主义”和对政治和社会政策领域系统化理念的怀疑。通常的主张是,成功面对了极权主义挑战的行为被非极权国家的人民所缺少的共同理念、信仰和忠诚所冲淡。对美国来说,其传统的对观念的不信任使美国在为反极权扩张运动提供智慧性和道德性的领导来有效动员各种力量的方面处于不利地位。

2. 将过去的事件视为独立的突发事件,其对一个综合价值目标的重要性未被承认。

将过去事件的每一个环节当作一个特殊的“案例”来处理产生了的一个结果,即知识积累的潜能被忽略。因此,美国市场上货物价格和质量的经济集中的重要性可能被极详细地研究,但对经济集中在以下方面的全

---

〔232〕 当关于未来的主张明显与事件相冲突时,调整的问题是尖锐的。参见 FESTINGER, RIECKEN & SCHACHTER, WHEN PROPHECY FAILS (1956)。On the symbol mechanisms, 参见 Leites & Pool, *Interaction: The Response of Communist Propaganda to Frustration*, in LASSWELL, LEITES & ASSOCIATES, LANGUAGE OF POLITICS, STUDIES IN QUANTITATIVE SEMANTICS chapter 12 (1949, 1965)。

部影响却很少有认识或者认识来得很晚，这些方面包括工作关系的合意性，或者个体和大社会间的潜在联结，或是声誉源自工作或职外活动的程度，或是个人对公民义务承担的意愿。因此当人们预测经济趋势时，可以不去评估那些“负面影响”。

3. 因为没有注意到目标价值和趋势间新兴的差异，继续进行对科学或政策没有什么影响的科学研究。

美国的政策领导者突然意识到在“二战”中全球不同领域文化方面的合格专家的匮乏对国家安全有极大重要性。学者和政策制定者忽略了一个正在将美国带入全球政治领域的具支配性地位的，显而易见的趋势，而放任事态发展下去。如果这些需要过去被预见到并且得到满足，科学完整性就不会遭受损失了。相反，如果研究被不同文化的更广泛的知识所丰富，而不是狭隘地关注对欧洲时期和地域的有限选择，关于比较法和社会的学术和科学理论会变得更加先进。

4. 忽视评估综合环境中未来发展主要可能性之任务。

对人类未来的很多矛盾的假设在过去的150年里是普遍存在的。然而几乎没有学术或政策来综合评估这些潜在问题。这使领导者和被领导的人在很大程度上对于近期的主要发展没有做好准备。这方面最显著的例子可能是20世纪的马克思主义和自由主义运动。两个意识形态体系不可避免进步有着共同的期待。这一乐观的观点受到“一战”以及最终“二战”爆发的有力打击，灾难明白无误地指向了全球范围内巨大和矛盾的势力的运行。当一个负面环境的打击降临时，过分乐观主义就可能带来过分悲观主义。

5. 未能根据一系列足够全面的标准来评估政策。

失败来源于不愿意将社会过程视为一个整体，并明确价值和目标。一个通常的例子是在住房、交通、医疗和教育设施非常匮乏或工资水平及工作条件浮动很大的偏远地区开设一个新的工厂，不但在一个分厂的工人和管理人员中造成了安全危机，而且在整个社群中造成了安全危机。这样一个政策对人类影响的重大性通常是显而易见的，但是却被排除在政策计划者的注意之外。在很多情况下，即便是对整个政策只有初步的考虑也会表明提前进行说明将防止总体上的误解或甚至能从容面对使严重的剥夺。

### 操守的极性

不同操守标准的竞争总是成为聚集众多宗教、国籍和文化的贸易中心常见的模式。贸易的通常目标是提供一个供参考的动因和体系来评价行为是好还是坏。商人们自己的规范标准常常受到冲击,但他们总是避免称他人不道德。对于具有一些意识形态的人而言,这是一个需要重视的问题,尤其是对改变他人宗教、政党或者文化的拥护者而言,他们将布道的需要融入整个世界,并向异教徒、被误导的人、无知的人进行布道。劝说他人改变的需求不是文化的一个普遍范式;事实上,对于拥有某个传统的人而言,更经常会觉得他们的优越性是其他人所不能达到的。对这种人而言,一些形式的"容忍"不会涉及太大的成本,因为其缺少动因来对局外人发展一个"对原罪的确认"或者关于无知和盲从的确认。

人们通常发现商人会避免纠纷,并且一般对潜在顾客采取容忍的态度。就顾客所持有的无可非议的标准而言,他们的诚实会得到赞扬,并且他们也会尽力不说触犯其自己道德概念的话。[233] 商人学会了忽视很多挑衅的话,或者凭借智慧和幽默将其置于一边。其也学会了,如果被逼迫得太厉害,如何做出一个反击以赢得机会来将其他的良知和其本身分离开来,并能够更宽容地运用基础原则。[234]

当外交家、老师、医生和其他专业人员接待国际客户时,他们有特别的动机来保持使对人和措施在操守方面的评价的竞争状态。[235]

在那些具有多元化背景的人口和不存在强制隔离的新地区经常出现

---

[233] 关于商业更阴暗的一面,参见 SUTHERLAND, WHITE COLLAR CRIME (1949);和 CRESSEY, OTHER PEOPLE'S MONEY (1953)。

[234] 政客,犹如商人,可能避免操守的对峙,如果对峙妨碍了实在的好处。参见 DOUGLAS, ETHICS IN GOVERNMENT (1952); and GRAHAM, MORALITY IN AMERICAN POLITICS (1952)。关于建议的规范,参见 CONFLICT OF INTEREST AND FEDERAL SERVICE: THE ASSOCIATION OF THE BAR OF THE CITY OF NEW YORK, SPECIAL COMMITTEE ON THE CONFLICT OF INTEREST LAWS (1960)。

[235] 参见 THE ETHIC OF POWER: THE INTERPLAY OF RELIGION, PHILOSOPHY, AND POLITICS (H. Lasswell & H. Cleveland eds. 1962); and ETHICS AND BIGNESS: SCIENTIFIC, ACADEMIC, RELIGIOUS, POLITICAL AND MILITARY (H. Cleveland & H. Lasswell eds. 1962)。

相对竞争的情况。一定程度上,“熔炉”在变化中的美国边远地区的运行是有效的。事实上,鉴于新教徒和天主教传统对宗教事务的支配,将美国视为一个限制而非自由竞争的例子才更准确。[236]（在某些问题上,例如奴隶制的扩大,国家在对和错的问题上变得两极化了）

在一个单极布局的操守结构中,如果受到质疑,标准会得到压倒性的确认,且不同意见会被羞辱。这种统一性没有言语的意义而是专制主义的排他性特征。我们从新英格兰巫术幻象的历史中,以及很多其他案例如群体和暴力团伙行动的历史中可以发现,“精神传染病”可以产生流行行为,其会如任何专制主义那样对不同意见暴力相向和无法容忍,且都是借尊重之名。[237]

## 结果和效果

对于确认或调查之策略的强调的平衡以微妙的方式影响社群和个人的智性生活。让我们仔细考虑下沟通。在确认盛行的情况下,词语和短语展示了源自规范性假设(偏好或决定的象征)的详尽阐述。另外,调查依赖常识性的假设,并培养对事实性术语的使用(期待的象征)。

详尽阐述两个策略所用的词汇是不一样的。确认采用“说服性的定义”并使用充满情感的词语;调查强调不那么生动而更技术化的术语。前者鼓励辩论和诗歌;后者更具述说性且更加平淡。诗歌的语言在暗示方面很突出。但是暗示也可以通过故意的掩饰来培养。当意识形态的冲撞在创新性对非创新性的确认策略中被表达时,掩饰性的(伊索式的)语言被青睐。[238] 通过间接性的方式就有可能向听众群中更多有洞察力的成员传达很多微妙差异。怀疑甚至直接的拒绝都可以通过词语和短语的熟

---

〔236〕 参见 A HISTORY OF THE ECUMENICAL MOVEMENT, 1517 – 1948 (Rouse & Neill eds. 1954); DE S. BRUNNER, THE LARGER PARISH: A MOVEMENT OR AN ENTHUSIASM? (1934),其调查了合作的教会。关于传教任务在中国的失败,参见 V ARG, MISSIONARIES, CHINESE AND DIPLOMATS (1958)。

〔237〕 参见 GINGER, SIX DAYS OR FOREVER? TENNESSEE V. JOHN THOMAS SCOPES (1958),其描述了对教演化论的高中老师的审判。

〔238〕 参见 STRAUSS, PERSECUTION AND THE ART OF WRITING (1952); and LEITES, A STUDY OF BOLSHEVISM (1953)。

练选择来巧妙地暗示。所有的修辞手段必须为了这个目的,例如用模糊的赞美来进行谴责,通过过分强调显而易见的事来作为表达嘲笑的一种讽刺手段,另外对没有解决的矛盾置之不理。

当主要依靠确认时,很多机制被用来提高受青睐来源的权威性。有时候来源是在很久远的过去,并且丰富的术语发展起来为传达和彰显时间上的优先性所使用。在其他环境中,重点可能被放在个人主观经验的强烈程度上。当权威机构依赖了直觉被假定的深度时,词汇暴露了情绪、感觉和分离的神秘状态对其的再次支配。但是相反,调查的策略通常并不试图增加围绕一个来源的光环,而是依靠陈述的描述性证明。当权威性被建立在古习俗和直觉上时,对情况的积累和援引强调的是学术,或者至少是学识。

确认的最显而易见的策略性结果是严格性。[239] 包含了关于一个系统假设的关键术语被情感光环所包围,只有忠诚的人才能感知这些情感。相反,在一个调查策略中所使用的最初术语则没有光环,因为人们已经承认可能存在很多起点(甚至是无穷的)。由于赋予关键词语太多情感,确认的系统倾向于在使用术语时强调重复性,这是一种可以导致演说被仪式化的行为。基本的假设很容易就僵化为教条。即使对将关键原则进行相互联系的更有逻辑的手段的发现也可能遭受抵制,这可能是因为在对基础主题进行重复的仪式化的方式中投入了太多感情。一个调查策略普遍的变化是朝着系统内部一致性改进的严格化,与一开始被引入来控制术语和称述的程序规则相一致。尽管确认的策略通常要求相互关联的理论形成链条,但链条中链接间相互的紧密联系通常不是通过为了控制主要术语而制定的操作规则,而是通过信仰、信念或忠诚这样的连续性行为被确定的。调查乐于接受探索和创新,甚至到达了这样一种地步,即对那些推翻了旧概念的概念,或者那些推动基础理论之大规模再设计的人提供赞美之辞。确认怀疑或拒绝接受探索,或者把新颖归为基于超验力量

---

〔239〕 抵制对可能的变化进行关注的研究可能来源于担心一些尊重损失的"教权主义者"(clericals),或者来源于"原则的"(doctrinal)反对者,其反对供制度生存的"花招"(tricks)。参见 O'DEA, AMERICAN CATHOLIC DILEMMA: AN INQUIRY INTO THE INTELLECTUAL LIFE (1958); FURNISS, THE FUNDAMENTALIST CONTROVERSY, 1918 - 1931 (1954); CROSS, THE EMERGENCE OF LIBERAL CATHOLICISM IN AMERICA (1958); and CARTER, THE DECLINE AND REVIVAL OF THE SOCIAL GOSPEL (1954)。

的眷顾而被公开的一个偶然事件。

这个将我们带到了两个策略在个人还是非个人、超验还是以人为本的后果上进行强调的另一个矛盾。在该问题上,表面的矛盾出现了。在确认依赖直观的情况中,存在对个人内心生活的强调。在这些情况下,语言不仅是情感性的也是表达性的,因为其不仅表达了情绪,而且声称要对公开的密切关系提供说明,包括在解释行为之前的准备性事件的细节。交流者的自我被强烈地感受到,并且主观性事件的生动性可能通过确信的或感情强烈的语言被阐述。在调查是支配性策略的情况下,个体情绪和感觉的作用被削弱,强调转到了对智慧性经验剩下的指定性部分。(科学的假设是独特的结果)

个人和非个人之间的矛盾没有穷尽相关关系的复杂性。确认的策略经过处理抛开过分专注于人类及其对寻找供参照的超验框架的担忧。超验的语言声称超越了社会过程的价值而到达了超自然和形而上的层面。调查的策略也是根据抽象化的非个人渠道所确立从而来探求普遍的知识。但是,基于抽象理念应该受制于观察的纪律这一要求,调查以人为本。超验的体系可能试图让人类恢复原有状态,其通过设定一个超验的意图,该意图为人类利益服务,且人类在其中有一个评判的位置。

在总结有关操守的竞争策略的结果时,我们已简要地提及下列后果:

| *确认* | *调查* |
|---|---|
| 规范性假设<br>说服性词汇<br>　　情感性<br>　　暗示性<br>　　(辩论,诗歌,掩饰) | 描述性假设<br>技术性词汇<br>指称性<br>明确性<br>(说明,散文,揭露) |
| 权威性来源<br>(古习俗,直觉,学识)<br>确定<br>严格<br>　教条化<br>　重复<br>　仪式化<br>　个人的<br>超验的 | 描述性证实<br>试验性的<br>灵活性<br>　假设<br>　创新<br>　实际性<br>非个人的<br>以人为本的 |

【翻译:曹　晴、严　蓉、高鹏程;审校:陈　磊】

CHAPTER 03 >>

# 第三章

# 个性:个性之动态

人类对自然的认识,近年来发展迅猛,已经分散了人类在对认识自己方面取得的显著成绩的关注。这个行为科学和社会科学已经引发了一场非常可观的对人性和社会传统图像的重建。[1] 对法律体系的研究或管理绝不能忽略这样的事实:人类的参与,这是极为重要的。本章主要是涉及一个关于个性的普遍观点;紧接着就是分析对何人而言,核心价值是权力。[2]

个性是一个社会成员作为个体所展现出的主要特点。因此,在描述个性时,有必要考虑到每一种关系,公共的和私人的。一个陌生人,通过观察庭上的法官可以

---

〔1〕参见 DOLLARD & MILLER, PERSONALITY AND PSYCHOTHERAPY: AN ANALYIS IN TERMS OF LEARNING, THINKING AND CULTURE (1950); H. EYSENCK, THE STRUCTURE OF HUMAN PERSONALITY (1953); LEWIN, FIELD THEORY IN SOCIAL SCIENCE; SELECTED THEORETICAL PAPERS (Cartwright ed. 1951);以及 PERSONALITY IN NATURE, SOCIETY, AND CULTURE (Kluckhohn, Murray & Schneider eds. 2nd ed. 19563)。

〔2〕人们可能注意到,个性动力学的知识,以及个性和社会过程的相互关系的知识,可以增强在所有各种各样与决定和对决定的调查相关的智力任务中的表现。这种知识可以帮助澄清在社群过程用于表达与特殊问题相关联的人的尊严的政策。对于决定趋势的研究而言,它可能有助于预测在社群过程中引发同类政策的事件方面的问题社群过程。它可以负担的多重预先倾向的因素,这些因素与环境因素一起影响特殊的决策或是决策的流向。预先倾向因素影响决策的这一知识,也许可以增强在对未来决定以及后果的预期中的现实主义因素。对个性的探寻同样可以有助于在社群内,对价值分配长期后果决定的不同的选择的评估。

对其形成一个初步的认识。当法官是在正式的、社会的,或礼仪场合时,这种对法官的认识可以在某种程度上得到验证。但是在缺乏更私密的信息时,人们对做出最终论断会比较犹豫。对人际关系的稳定性而言,幸运的是:人们在循环发生的情况中(比如在法庭)所扮演的角色只有些许的差别,就算有所不同,通常也是以可预见的变化方式。虽然大多数情况下,我们与别人的接触中,只能揭示别人一部分的个性,但仅仅观察这些情况,我们还是能和别人相处得非常好。

但是,即便对于这样的经验法则,也会有明显的例外。如果我们所依赖的人突然变得与他的性格不符并宣布辞职,或者是自杀,或者是重新去开创一个全新的职业,这样,我们就会感到完全出乎意料,并且使我们的计划遭到搁浅。因此,出于很多目的,充分考虑他与陌生人、熟人、知己打交道时扮演的角色,以及他如何与自己相处,从而对一个人做"整体"评估是很重要的。

对人类行为科学的研究改进了个性综合评估的有效性。作出此类评价的压力事实上是巨大的。一个经常发生的问题是如何对待那些违反社群合法标准的人。我们要抛弃一名青少年罪犯或是将成年罪犯视为"无希望"的吗? 或者是我们提供处理方式使罪犯最终再次融入政治体? 当我们考虑到社群的决策者时,涉及个性的问题也浮现出来了。假设我们有权提名或任命法庭中的一员或是军队里的一名官员,我们真的可以依赖他的正直与真诚吗?

当我们像总统顾问一样评价司法体系最高职位人选的未来行为时,一个有用的方法就是考虑那些要求我们做的判断的性质。尽管我们并不指望消除所有的不确定性,但随着科学程序的改进,我们可以减少这些评价中可能出现的错误。举个例子,考虑以下这个在很大程度上虚构得案例。这是个典型的需要考虑到所有可用资料才能被评估的陈述:

如果获得任命,法官将继续支持社会保障、教育、就业、科学研究和发展。他会为广大受众说话和书写,以这种方法令自己成为被总统提名的人。如果真的被提名了,他将是一个鲜明的竞选者。但如果被选上,他将是一个失效的管理人员,倾向于将太多的问题留给他人,忘记要"坚持到底,有始有终的完成工作"。他在行政上的松弛会在上层政府滋生小团体,产生间接控制体系,并最终导致腐败。他会嫉妒和自己同年龄的人,并且在身边安插的都是在职业上完全依赖他的年轻人。有时他会感到沮丧和沮丧。然后他会由于过度饮酒而变得无能,或者是过度依赖一些其他事物成瘾。由于他交到朋友的速度很慢,失去密友对他而言是极大的打击。他和社会之间的鸿沟会越来越大,这是因为在他的性格形成期多种多样的竞选活动已经让位于对狭小、有限的圈子的依赖。

如果我们在行为科学方面的发展比较先进,就能设想法律学校的申请可以被筛选,这是一种保障,任何对法律教育有责任的人都将这种设想视为诱人的。我们可以依靠选择性的学生入学考试。这些测试能高度预测申请学生的才能和动机所适合的法律实践或公共事业的类型。对于有利于成功的因素的集合(在公司法、征税、劳工管理、家庭问题、刑法、教育、研究和写作方面,在政治生活方面,或者是在当法官方面),教育家会变得很精细。

虽然心理学和社会学的科学能够为我们提供宝贵的方法和结果,但它们距离通往全知的道路还很远。在不久的将来,毫无疑问,测试、面试和侦察程序会比过去的好很多。但是还是会有人误认为,从长远而言,行为科学的主要贡献将会在预测的领域。洞察、自我理解、选择的自由是非常重要的。如果我们对关于他人的科学文化知识对他们保密,我们就可以经常有效的预测他们的行为。但如果我们和他们分享这些知识,情况就会发生变化。当人们发现他们过去是怎样表现的,在将来类似的情况下,他们就会经常改变行为。洞察行为本身就能够导致变化,也许是在一个出乎意料的方向。由于我们能够更加科学地把握个性动态,就能预见一个双向的过程。可预测性也会增加。然而,在一个未知的程度,可预测性作为洞察及选择的结果将会被抵消。

在评价将来之前,我们有必要考察现存于学者和科学家之间的个性的概念。我们要辨别一个人的特点和个性的特点。[3] 一个人的个性特征是长存的。当我们将他视为一个整体来评价,并尽可能多的考虑其社

---

〔3〕 有关探讨,参见 MEAD, MIND, SELF AND SOCIETY: FROM THE STANDPOINT OF A SOCIAL BEHAVIORALIST (C. Morris ed. 1934)。Mead 提出的对自我成长的一个特别详细的解释是 Natanson, THE SOCIAL DYNAMICS OF GEORGE H. MEAD (1956)。

会角色时,我们用个性来描述这个个体。假设我们发现法官先生 A 在与他争吵的律师面前发了脾气,这是一个个性特质吗?也许答案是“否”:我们可能已经在开庭时多次见到该法官,在此之前他从未发过脾气;答案也可能是“是”:在某些情况下,我们已经看到了法官变得急躁,并且在审讯时教训律师。

进一步的区别是指个性特征本身的排序。一些特点可能是个性系统作为一个整体的小结果;另外一些特点则非常重要。法官发脾气可能暗示一个人是在巨大的内在压力下工作。在避免人际交往时,或是由于“害怕心烦意乱”而拒绝阅读矛盾的意见时,被隐藏起来的保持侵略性的和破坏性冲动的努力就会显现出来。每个案件都可能引起自我控制的斗争,一场避免“勃然大怒”和使高等司法职务蒙羞的战争。另外,对整个个性的考察可以表明,脾气爆发,甚至努力保持自控,是相对孤立的现象。在前面的例子里,个性特质是核心的;在后面的例子里则是次要的。

决策者的作用有多大作用?这种核心地位如何影响行为?一个以权力为中心的个性背后有怎样的发展历史?决策是怎样被直接指向共同利益的?

这些都是和我们尤其相关的问题。本章就是为处理这些问题铺垫了基础。其直接的目的是勾勒出一个个性的总体概念。我们会在性格和才能之间划分出一个广阔的区别。性格体系包括人追求的价值结果,以及人所能支配的所有的个性资产的程度。才能是潜在的能力。我们应该看到,个人在形态学或生理上的特性也是决定价值观点和能力的因素。简而言之:

个性体系 = 性格体系

+

才能体系

性格有两个基本的层面:自我系统和强度系统。如前面所提到的,当我们能描述他的观点,并估算他能调动自己个性资产的程度时,我们就知道了一个人的性格。当他能掌控绝大部分的这些资源时,这个人就能以高的强度来追求他的目标。

个性体系 = 自我体系

+

强度体系

自我体系是由与这个人的基础价值相关的观点组成的[4]。它是一种重要的要求、期望以及身份识别的模式。一些自我体系都集中在对个性产生巨大影响的某个单一的价值上。各种价值中的其他体系则是多种多样的。政治性格是属于前者的类别：一个以政治为中心的体系是围绕着“使用权力来追求权力”而组织的。对以政治为导向的个体而言，所有人都为其提供了扩大权力的机会。他利用了可以支配的所有人，并成为同盟，或是依赖比他强大很多的任何人。执政的期望是人际关系依据权力稳定下来。在最极端的情况下，政治人士就他的自我而言想法是很排外的，为了扩大权力，他可以牺牲家庭、党派，或其他人以及其他团体。[5]

当个人体系的组织所围绕的中心价值是尊重而不是权力时，这个人就会以任何事情来换取人们对他卓越的认同。他对小的或假想的怠慢很敏感。他怨恨任何接受到掌声的人，因为他觉得只有他自己才有资格得到这样的掌声。虚荣的人看待所有事情都只考虑自己，并且要求不懈的保证来支持他的自尊心，他就是以这些方式破坏人际关系的。

对任何以情感为主要价值的人而言，他们通常都有种反常的能力使自己全面的参与到社群生活。在极端的情况下，每种人际关系都是性邀请或性侵犯，个人着迷于实际的或想象的性方面的成功。（并不是所有将自己沉迷于性的人首要关注的都是情感。他们可以用性作为展示阳刚或建立一个浪漫声誉的方法。在前面的例子里，主要价值是幸福，在后面的例子里则是尊重）以感情为中心的人在选择对象时并不一定是混乱的，相反他可能会对某一个人产生全然的热情。

个人体系可能会专注于培养操守。整个职业生涯成为永久的对自己

---

〔4〕 参见 LASSWELL & KAPLAN, POWER AND SOCIE1Y: A FRAMEWORK FOR POLITICAL INQUIRY Part I (1950)。

〔5〕 参见 LASSWELL, POWER AND PERSONALI1Y (1948, 1962); PSYCHOPATHOLOGY AND POLITICS (1930, 1960 和“补充说明：30 年之后”)；以及下一章，*infra*。

或他人正确和错误的判断。在这个个性模式展现出的多样性里,我们提到两个问题:一个是人自以为是地叙述别人的缺点;另一个则专注于个人或公众对过失或错误的忏悔。

其他的价值也为个人体系提供了有力的参照。在专注于商品(财富)的人中,结果之一是吝啬。当福祉是主要的价值时,对身体的礼拜占了主导地位。一个人可能长期关注阳刚,反过来形成了对自己健康过分担心的恐惧。当技能价值提供组织架构时,无论是何种特殊的技能,"为艺术而艺术"都成为了典型的观点。当人们首要关注的是教化时,一切都让位于学识、科学,或成为一个"熟悉内情者",其"依靠耳朵生活"。

对于科学目的或管理目的而言,绘制出和我们相关的人的个人体系是十分有用的。图 1 显示的是在职业生涯的任何一个特定横切面中,自我的结构。里面的圆圈 $S^1$ 代表的是组成自我的基本自我元素。这是"我"(包括主格和宾格)是个人的经历。其他的圆圈($S^2$、$S^3$……)代表的是组成自我的其他要素,包括代表其他人的符号,例如家庭成员,政治团体,或国家。这些就是自我的"特性",也许还包括数以百计的独立个体,以及大量的团体。"V"型线代表了八种价值,我们之所以画出这些线条,是为了表明在每种组成自我的元素中,对各种价值需求的重要性。例如,在家庭这个圆圈内,给予和接受情感可能占据了十分重要的位置,但是当财富几乎是唯一的价值时,在商业关系(股东之间)中,给予和接受情感就只是无足轻重的。(但这并不是一定的,因为重要的尊敬和爱戴的机会也许会与工作、法院或办公室相关联)与法律职业相联系价值的需求在不同人身上体现的差别会很大。某个律师将他的职业生涯视为获取权力的垫脚石。另一个律师从业者则很满足于来自其他律师和法官的尊重。在价值的列表中,财富可能是激情的三分之一。

E 线条代表的是"期望",包括:在每种组成自我的元素中,对价值位置的乐观和悲观的预测。"期望"这一术语的定义是包括所有的假设,无论是关于过去、现在或未来。因此 E 模式是一个律师的期望,包括对过去事件的认识以及未来的估计。

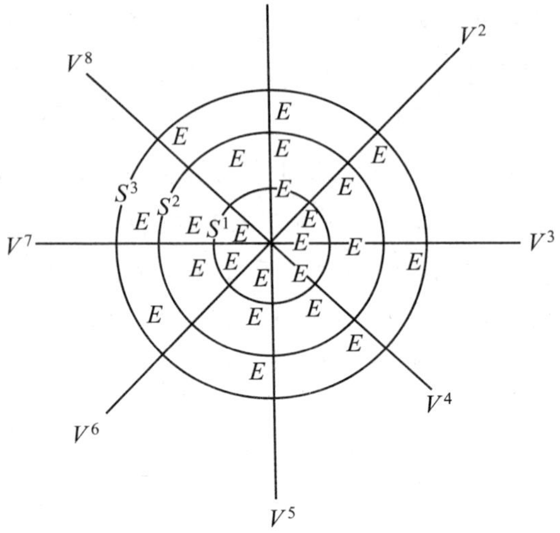


**图 1　自我体系**

除了包含个人体系的观点，我们还有必要考虑，整个个性这一资产在自我这一方面能够自由支配的程度；或者相反，考虑这种资产消耗于内在冲突的程度。强度系统要么是由个人所支配，要么是与之对立。[6] 在关于内在冲突最突出的情况下，个人是杂乱无章的，并脱离普通生活。一些精神病院的患者是出于昏迷的情况，基本需求需要别人照料。也许有意识的生命是积极主动的，但内容却和适应性表达相去甚远以至于需要别人照顾。有些人比卧床不起的人或哑巴更活跃，虽然他们连简单的生活条件都无法满足，即使在一个安静的农业村庄。

在这些情况下，我们考虑到了，这并不是器官缺陷的问题，因为从体检中，我们并没有发现无能的依据。在他们控制个性行为的努力中，矛盾的冲动形成了一个僵局。（当然，患者的孤僻与消沉被归因于器官缺陷。但是我们目前关注的人是器官完整的，虽然在“功能”上有所缺失）

并非所有遭受严重的内在冲突的人都是如前面例子中那样呆滞迟缓。个人身体上也许可以积极主动，但不是以社会满意的方式。他也许

〔6〕 术语“强度”是用来取代“能量”的，因为后者在物理学中有着更精确的含义。“强度”已经包含了“能量”的许多特征，比如对障碍的持久反对。但在给定的时间段，同样持久的强度可能会和符号解释相互关联，这将在很多年里，许多情况下为行动指明方向。

会日以继夜的唱歌跳舞,不与任何人联系;或者是无止尽的雕刻,所刻的东西也不给别人;或者是积累纸和布的碎片,一截一截的绳子和鹅卵石,但没有交流的意义。

这种混乱达到了如此程度,以至于其他人已经处于这个人疯狂破坏的危险中。或者是这个人可能在自杀的边缘。(在这些情况下,我们指的仅仅是器官完整,但个性体系的功能却迷失方向的情况)

从一个正式观点来看,强度可分为个人体系“有助的”元素、“冲突的”元素或“一致的”的元素。后者是指的是这样的情况:从事的这样或那样的行为对自我的主要模式没有影响。

性格体系 = 强度体系 + 个人体系

有助的

冲突的

一致的

事实上,一个人繁忙、充满活力并不表明他是没有内在冲突。整体系统的对立元素可能并非在僵局中结束,而是在极度活跃中,其功能是捍卫自我,抵抗被冲动所淹没,导致走向相反的方向。尽管个人体系是有意识的,但强度体系并不完全如此。模式或程度都不会被个体所认识。事实上,人们可能会被禁止感知它们,或者是要极度困难才能认识它们。一个无意识元素占支配地位的例子是梦游。梦游者会在没有醒的情况下作出复杂的行为,并且在醒后不记得做过什么。这确实是人在脑震荡之后,或者是在醉酒或催眠的状态下,会做的事情。在现代社会里,我们也意识到,并且重新重视这样的事实:在整个行为流里,只有一小部分的行为在任何一个特定的时刻里都是有意识的。

现在我们转到个性系统的另一个主要组成部分(除了性格),才能系统。天生的能力是靠遗传的特点,后天能力是大部分是靠经验,两者间有基本的区别。对这一点,我们并没有很详细的来关注,而是将才能系统视作为一个整体。个性的观点和强度不断地同才能系统相互作用。

人体组织有利用器官自身所产生的信息来协调从环境里接受到的信息的方法,也有利用肌肉动作器官协调手边所有的信息的方法。最基本模式是反射弧。这是用一只手在眼睛前面挥动来体现的。对受体,信息

(神经冲动)传到大脑的神经并且反射到眼睑肌肉。其结果是眨眼。只要是在适当的刺激发生的时候,这种循环的重复本身是自动的,除非有特殊条件的干涉。〔7〕

参与到这个反射弧实验的细胞可用显微镜看到。每一个细胞,看起来就像一个独立的、封闭的系统。神经细胞是拉长的长线,可以使神经纤维一直从脚趾到达后背中间的脊髓。每个纤维的横切面都不到千分之一英寸,即使它有几英尺那么长。纤维成束状运行,使身体的各部分与人脑相连接。一些神经是从皮肤开始的、携带着冲动的感觉(输入)神经,比如说会传输到大脑。其他的是动作(输出)神经,将冲动从大脑传到肌肉。每个输入纤维都通过身体的某部分和其外端相连。成千上万的纤维给大脑带来一个信息流,告诉大脑整个身体发生了什么事情。

神经细胞的内部的包围它的液体是有区别的,传导依靠的正是这一点。细胞壁的功能就是维持这一区别。只有当有了这种区别(这一区别取决于界限的存在),我们才能找到所谓的电荷现象存在的证据。一个刺激,比如对视网膜的一束光,会引发一个微小的电火花,然后是火。一个神经冲动以每小时200里的速度传递到身体所有的神经纤维。

笛卡儿将身体比作钟表,在他那个时代,这是最好的自我调节系统。现在我们有一个大的自我调节装置的兵工厂,因此可以作更多有趣的对比。〔8〕蒸

〔7〕反序的自动化程度,不应被过分强调,正如几年前,Dewey 在 The Reflex Arc Concept in Psychology, 3 PSYCHOLOGICAL REVIEW 357 (1896). 中讨论的一样。作为强调一个复杂行为模式的方法,其建议采取"TOTE"模式来表述行为的单位。如果"不协调"发生在包含一个行为的事件顺序中,一个循环就会发生在使用的另一条道路上。图表:

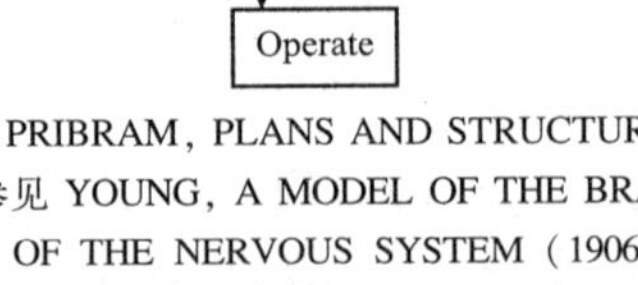


MILLER, GALANTER & PRIBRAM, PLANS AND STRUCTURE OF BEHAVIOR 26 (1960).

〔8〕关于基本的形式,参见 YOUNG, A MODEL OF THE BRAIN (1964); SHERRINGTON, THE INTEGRATIVE ACTION OF THE NERVOUS SYSTEM (1906); PAVLOV, CONDITIONED REFLEXES: AN INVESTIGATION OF THE PHYSIOLOGICAL ACTIVITY OF THE CEREBRAL CORTEX (1927); PENFIELD & ROBERTS, SPEECH AND BRAINMECHANISMS (1959); HEBB, THE ORGANIZATION OF BEHAVIOR, A NEUROPSYCHOLOGICAL THEORY (1949); W. ASHBY, DESIGN FOR A BRAIN (1952); 和 CONTROL OF THE MIND (Farber & Wilson eds. 1961)。

汽机的球形调速器和冰箱的调节器就是常见的例子。它们使蒸汽机或冰箱保持于某种特定的状态,这也是生物机体在做的事。生物机体的生命包括调节的行为,倾向于将身体保持在某个特定的状态。一言以蔽之,这些调节的行为使其还活着。每当有一些变化,无论是身体内部的或是身体附近的,就会有一个反射循环参与到恢复现状的行动中。每个反射行为都是一种调速器,使身体的某些部位运行的快些或慢些。

近年来,工程师设计了许多自动调节装置。[9] 其中最引人注目的是方向仪和距离分辨器,以导弹和可操作火箭达到其最高水准。调节装置在于使导弹瞄准目标。直到最近,是否瞄准枪都还依赖于枪手。瞄准系统首先由相对较粗糙的、送回关于目标信息的计划所组成(也许从一个气球上)。适合的范围是利用一把计算尺在纸上计算出来的,并且用手操作枪。在那个时候,人们发明计算机制以接收信息,自动计算角度,以及把枪对准目标。从这个阶段,它仅仅是在这个机器内部安装用于接收、计算和瞄准的仪器的步骤,这样才能跟随目标。

后来的创意赋予机器记忆的功能。机器可以通过诸如记忆卡的方式把其成果储存起来,供今后使用。目前我们正在以机器模仿一些最引人注目的生物体的功能。我们完全不知道大脑执行的记忆、回忆任务的精确的方法。因此对基本理论的考虑可以使我们为在这个令人迷惑的领域里取得科学成果而做好准备。

我们可以通过建立一个连续的过程来储存,或者是以印制在一张卡上的方式来储存信息。我们所需要的是一种安排:发送消息,最终回到起点,然后再送出,如此循环。信息有可能以这种方式储存:将一条信息转化成由点和线组成的代码,就像电报一样,然后通过电线将其纽黑文传送到芝加哥,然后从芝加哥到旧金山,从旧金山多伦多,从多伦多回到纽黑文。如果有必要,这一过程会持续数年。

我们可以合理地假设大脑采用这两种记忆系统。一些循环线路可以

---

〔9〕 关于在维护一个系统中的自治原则,参见 NEUMANN, THE COMPUTER AND THE BRAIN (1958); N. WIENER, CYBERNETICS (1948); and ATTNEAVE, APPLICATIONS OF INFORMATION THEORY TO PSYCHOLOGY; A SUMMARY OF BASIC CONCEPTS, METHODS AND RESULTS (1959)。

将记忆携带的足够长久,以允许神经纤维的大小和其他特点发生轻微变化,在大脑中打印出新的模式。脑震荡或其他冲击打乱了对受到冲击前发生事情的记忆,这是关于这种类型的时间进程的有力象征。过去的记忆也回到了最初。我们可以将最近期知觉视作为打印一半的。

在写这本书时,现有最好的计算机器有几千个阀门。但是人类的大脑则有150亿之多。对于大脑而言,值得注意的是,它产生极少的热量,并且在很狭窄的空间密集的运行。以我们现有的技术,一个巨大的建筑需要很多的阀门,尼加拉瀑布所有的水都不够使这些阀门运转或是将它们冷却。

一个关于个人的神经纤维的显著事实是,它仅仅携带一份信息,或者根本就不携带。这就意味着:如果信息(以所有音调和每一种颜色为例)要传送到大脑,必须有一个特殊的通道。因此,身体的表面配备了数以百万计的神经末梢,每只眼睛的视网膜中心都有将近一百万的神经末梢细胞(视锥细胞),每个细胞都和一种神经纤维相连。

当我们检查大脑时,我们发现大脑的150个亿细胞被分到几个主要部分里。位于脊髓上的髓质,包含了调节内部功能的中心:如呼吸,心脏的活动,肾脏,血液的含糖量等等。这个髓质的反应依赖于来自少数资源的信息集合。

大脑的另一个部分是下丘脑,位于靠近头部中心的地方。一部分控制温度,也可以调节食欲、活动或疲倦。我们现在还不清楚关于下丘脑的一切,但我们发现,当它被昏睡症这样的疾病干扰时,想康复的人就会容易变得残忍和有侵略性。

我们所做出的大部分的细微反应,都依靠大脑皮层,大脑皮层的大部分细胞在大脑里。[10] 皮层接收到来自触觉、视觉、听觉等感觉神经的信息。在一些特殊的条件下是外科医生有可能监控对这些细胞的刺激,其结果是病人会经历一种基本的 感觉类型,如光和声音。连接大脑各个部分的"大脑皮层的联络区" 同样会受到刺激,并且可能似乎会产生更复

---

〔10〕 参见 CEREBRAL MECHANISMS IN BEHAVIOR (Jeffress ed. 1951); PFEIFFER, THE HUMAN BRAIN (1955); and SIMEONS, MAN'S PRESUMPTUOUS BRAIN: AN EVOLUTIONARY INTERPRETATION OF PSYCHOSOMATIC DISEASE (1962)。

杂的感觉和记忆。但是，大脑额叶——对于人而言大脑最特别的一个部分，在前面描述的情况下受到刺激时，是一个安静的区域。我们已经发现大脑额叶的一些部分可以去掉，而且人类也不会因此丧失能力。但是我们仍不能确定这样做了以后，更深或更远的结果会是怎样。我们会注意到，个人并不像以前那样注重精细，并且会沉溺于曾经避而远之的粗糙的表达。

记忆的一个最让人疑惑的特点是所谓的概括。[11] 例如，有证据表明，小白鼠也能区别三角形和方形，即使这些形状的大小与它们所熟悉的大小不同。这表明，这些图形首次暴露的残余并不存于任何一块特殊的皮层中。K. S 拉什利（K. S. Lashley）阐述了小白鼠大脑皮层被大面积破坏，并没有损害它们区分这些方形和三角形图案的能力。[12] 对成年动物而言，失去相当大一部分的大脑皮层，很少或者不会减少它们学习的反应，或者是降低学习能力。另一方面，猴子幼崽失去了大面积的皮层后，一开始并没有显示出缺陷的迹象，但当它们长大后，却不能正确地学习。这意味着大脑皮层提供大量的组织，使之能够学习，因此，一旦已经习得了基本规则，就算是皮层的小部分也可以将它们付诸实践。如果想要解释为什么削减皮层后，可以不被破坏的反应，我们就必须假设这种效能。

当我们想象人体机体内神经、大脑和肌肉内部组织的图片时，我们意识到了一个人基本问题。针对身体复杂的内部结构，我们也许会问外部刺激如何能够入侵内部的活动。即使在睡觉时，只要没有显著的外来侵入，就会有证据表明有持续的庞大的脑电活动。成年人正在睡觉或昏迷状态下的脑电图显示出大的慢波，其规律同婴儿的大脑中所显示的一样。显然有一个重要活动的组织，即使在没有外来事件的情况下也在保持。内部循环是怎样被打破，使有机体受到环境的影响？举个例子，对于成人，我们看到与周围世界的长期互动。醒着的成年人的脑波是扁平的和不规则的，并依靠不断涌入的感官刺激。但即使是成年人每天有几个小

---

〔11〕 In context in Lashley, In Search of the Engram, in PHYSIOLOGICAL MECHANISMS IN ANIMAL BEHAVIOUR, 4 Symposium of the Society for Experimental Biology 4, 454 (1950).

〔12〕 参见 Lashley, *The Mechanisms of Vision: IV. The Cerebral Areas Necessary for Pattern Vision in the Rat*, 53 JOURNAL OF COMPARATIVE NEUROLOGY 419 (1931)。

时返回到婴儿的组织。在婴儿特殊的模式里,睡眠和昏迷时,很明显皮层细胞相互之间保持协调。

成人活动更精确的描述方法是,任何经常的、反复的刺激导致了一种"细胞集合"的缓慢发展,一个分散性的结构,能够像一个闭合系统那样简单的运动,将便利提供给其他这样的系统(通常有一个特定的电机便利化)。一系列这样的闭环系统是一种"位相序列"或是"思维过程"。每个集合的行为可能由前一个集合所引起,由一件感官活动引起,或二者皆有(后者是事务的正常状态)。这些活动中,其中一个对下一个提供的主要便利是"关注"。正如D. O. 赫布(D. O. Hebb)所指出,前面描述过的两种形式的内部组织并没有耗尽有机体所有的活动。[13] 组织混乱的模式有:因有机体内部出现的失调(新陈代谢被破坏)或者是由不符合中心过程(目前)的感官活动引起的。如果失调是短暂的,我们可以称它为一种情感;如果是慢性的,则是一种神经衰弱或精神失常。

在婴儿时期,组织发生的一个显著特征,是缺乏目的性的活动。当感官的刺激扰乱脑电图基本模式时,其结果是干扰性的而非支持性的。很多时候,大脑皮层的节奏不与肌肉组织的活动一起进行,或是与杂乱的活动一起进行,加之迟缓的,效率低下的学习。婴儿只能迟缓地、低效率地掌握这些循环的干扰,并将其变成为支持性的行动。当然,这是组织的成熟模式。这种模式的习得非常缓慢,其特点顶多算是非常有效的学习(突然的"洞察力")。组织的这两种模式并没有很清晰的分界,因为我们已指出,成年人每天都有一部分时间会退出与环境的主动接触。

在某些方面,人类发展最引人注目的特点是,一开始是缓慢的学习,但最终能获得快速学习复杂关系的能力。正如拉什利(Lashley)所说:"对不同的动物在学习方面的比较研究,并没有证据表明进化对简单习惯的形成速度带来任何改变。另一方面,训练的极限和复杂习惯的形成随着进化阶段发展也在提升。"[14]

---

〔13〕 D. HEBB, THE ORGANIZATION OF BEHAVIOR, A NEUROPSYCHOLOGICAL THEORY (1949).

〔14〕 Lashley, *Learning*: *I. Nervous Mechanisms in Learning*, (学习:学习中的神经机制) in THE FOUNDATIONS OF EXPERIMENTAL PSYCHOLOGY 536 (Murchison ed. 1929).

关于对人类组织的解释,提供了一个启发性的图像:系统的各部分以怎样的方法相互关联。在最早期的时候,皮层是脑电活动的一个漩涡,与身体的其他部分或即时环境不完全相关联。所提供的资料要么是零碎的要么是被忽略的。只有像饥饿或压抑这样显而易见的干扰才能成功入侵大脑的自主生活。也只有在那个时候,才和身体的肌肉组织建立重要的联系,并开始了大脑与身体其他部分和与环境整合的任务。

与社会环境的互动中,大脑皮层的孤立性是渗透的和改良的。由于饥饿刺激所产生的皮层泛滥造成了烦躁不安的状态,只能进一步借助环境才能有所缓解,更特别的方式是通过其他人的援助。典型的一系列事件,在大脑皮层里开始于饥饿收缩,结束于摆脱烦躁不安的状态,是蕴涵社会过程的行为模式。烦躁不安的满足(dysphoria-gratification)的主观序列发生了,它们逐步变得和指代身体以及其他人的身体的图像有所不同,并且和指代互动发生的环境的图像也不同。情绪的弥漫的主观性,期待、要求以及身份的指代的主观性和一系列事件变得同步,包括身体和其他人的主体性。混沌的出现是有序的,直到它们成为行动。

“行动”这个术语是关于人类行为的一个关键字。当我们提到社会过程的参与者的行为时,我们是从一个特殊的角度来观察这一系列事情。“行为”指的是在他所处的环境内,行动者所做的行动的。这是“在某种情况下的行动者”。由于我们专注的实际社会过程,我们主要关心的是人与人之间的相互影响。仅仅在其修改价值观和体制的意义上才涉及“资源”。

我们使用“行动”这一术语,来指代在与行动者本身相关的情况下的一系列事件。当一些人使自己适应一种常见的情况时,一个行动就变成集合性的。行动者同环境(行为的实施者和互动者)的相互联系,证明我们说“一系列事件”是合理的。“事件”这一术语要么可以用来指主观的,要么可以用来指非主观的。因此一个“事件”是一种想法、一种感觉、一种知觉,或一种电火花。

更具体地说,这一行动是在任何事件序列中,一个行动者在某种处境中表达自己。我们将这些表达认为是事件在经历“冲动”和“主观性”后的最后阶段。

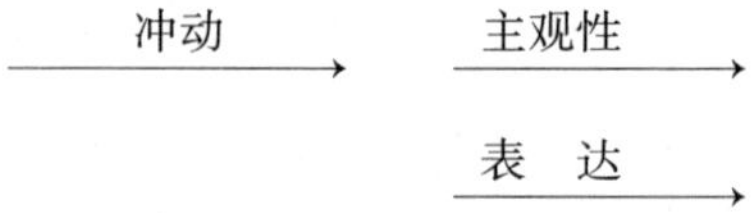


**图 2　一个完整的行动**

这些代表“主体性”和“表达”的线条被并排画出来，表明它们可能会出现在同一个时间，而事实通常也是如此。“冲动”这个词是用来表达事件的序列在主观性之前已经成型了。有些行为是“不完整的”，如四肢自动的肢体动作，没有明显的主观性的痕迹相伴。在区分事件顺序这一活动中，最简单的是考虑在社会过程中，一种相互作用的结果阶段。比如说握手就是一种尊敬的结果。表达阶段包括对手的管理，主观性是与结果有关的需要，期望和身份。冲动是在会发展为主观性和表达的强度之前的动员。当一个主观的目的出现时，将这一行动视为开始，这是很方便的做法，但这并不能否认以下观点：在“冲动”的层面上，也存在相同的预备动员。

在描述一个行动（或一种互动）时，我们依靠的是在顺序里，主观和非主观成分的指标。在管理我们主观性时，我们可以在主观的范围内，或是结合非主观的因素。例如，为了感到愉悦，我们会刻意的回忆我们爱的人或是过去的成功的场合，或者是我们使用麻醉药。在科学知识的这一阶段，教条地将大脑放在相对身体而言至高无上位置，或是将身体放在相对大脑而言至高无上的位置都是无用的。不同观点可以是最有效的被当作假设，而不是信条。例如，有人宣称：所有的主观事件都可以“还原”为非主观的事件，如电子干扰，这些人完全是在说他自己的信息。（假设“可原性”指的是对主观的事件的描述完全可以由非主观的方法来代替）他无法证明这一论断，武断的提出将来会是怎样的就是用神经神话代替调查探究。一些“理想主义”哲学家的这种无望取胜的行为可能也被注意到。如果他们确认身体是一个过去思想的陈腐痕迹，就很有必要评论这些构想尚未被证实；如果确认主观和客观事件是一个不可抗拒的力量的表现，那么，同样的结论也能应用。

前面的讨论为以下的认识提供了基础：有些冲动在大脑中开始，战备水平始终存在。行动序列的开始也许位于身体其他部位，比如说在血液中血糖含量减少和饥饿的最终体验的例子。例如低血糖和最终的经验的饥饿。或起源点可能在身体外面,为当视觉刺激达到眼睛,神经冲动沿着感觉纤维从眼睛到大脑,这些都是图中的冲动事件。

当人们提及人类行为时,时常会引用到"无意识"。在图中哪里包含了无意识?最简短的回答是无意识的事件是冲动阶段的一部分吗?[15]

在个性这一背景下,检查任何行为或是即将完成的部分行为时,三种关系可能发生:便利,冲突以及和谐(最后一个在微不足道的程度上暗示相互影响)。特别重要的是冲突,它们发生在冲动、主观性和表达的不同阶段(图3)。

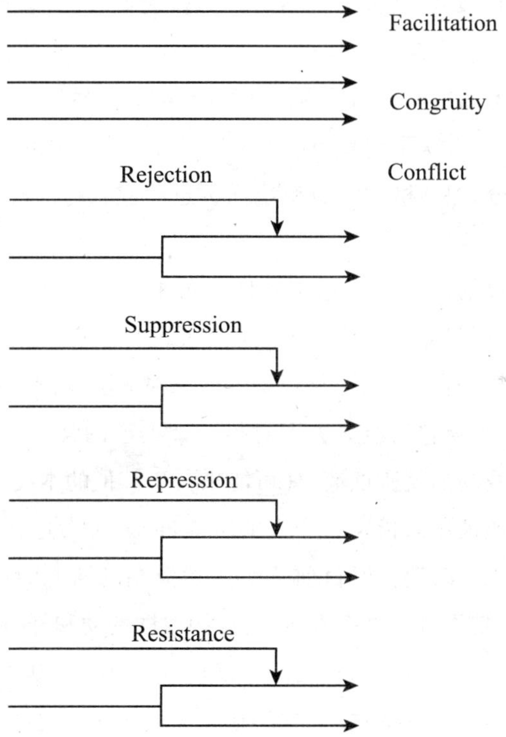


**图3　一项行为的背景**

〔15〕 西格蒙德·弗洛伊德是大脑无意识层面最具开创性的贡献者。参见 THE STANDARD EDITION OF THE COMPLETE PSYCHOLOGICAL WORKS OF SIGMUND FREUD (Strachey tr. and ed. 1953)。以下提到的机制是基于弗洛伊德的工作,虽然他们不依靠采用整个精神分析理论。

当冲突是在主观性阶段的后期才被解决时，我们提到“拒绝”，比如说当我们决定在晚饭前再散步一小时。（在这个例子里，假设在这两个选项无论选了哪一个，都不会伴随很明显的兴奋）。在我们的图表中，抑制被放在早期阶段，指的是感情激动、结果还不确定的冲突。压抑图中位于冲动和主观性的边界之间。有必要追溯到幼年时期来寻找最佳例证，因为压抑是一种解决严重冲突的机制。

对于一个给定的个性，如果我们考虑将行动完成的渠道和干扰的渠道视为一个整体，可以方便地把它们分成三组：自我、超我和本我（运用精神分析的术语）。自我被视为包括所有的行动渠道，沿着这些渠道，事件才能进过主观性和表达。超我包括阻止冲动的直接表达，也阻止在该行为的最后阶段增加情不自禁的强迫的所有渠道 。最后，本我包括冲动的初始阶段，和所有否认了超我表达的渠道。正如我们之前指出，个人系统是自我的一部分，但性格的潜意识层面促进了它，或是与它产生冲突（或者二者是协调一致的）。

所有的图表都是过分简化的，本图也过于笼统。因此，我们应该断然声称，虽然超我障碍存在并且改变了冲动渠道和强度，但是在严重限制感出现时，用“本我”这一术语还是很不方便。根据图表，本我的渠道是一个被拒绝的表达，因为它已经失去了对另一个渠道的强度。或者是因其提供的强度被超我的强度所抵消。（可能来自于其他的本我渠道的阻塞）这个词通常很方便被用来指定一个人的本能冲动，不考虑在超我和自我的水平上随之而来的改变。但目前这幅图是极端的情况的提示，在这些情况下，本能生活是不可以直接表达的，比如说性冲动和侵略冲动的产生。

在和另一个人的行动和实践作比较时，我们确定“基本单位”，以及这些单位所表现出的安排的模式（“机制”或“风格”）。这些单位是“符号”或“非符号”的事件。符号组成了“观点”，也是一个实践的“主观性”。非符号单位是一个实践的“操作”，或是一个行动的“冲动”和“表达”阶段。

符号可以分为两个大类：“情绪”和“图像”。一种情绪是刻画了整个主观事件的漫反射状态（“沮丧”，“兴高采烈”等）。图像是一个主观事件的组成部分（比如我们提到的“感觉”、“想象力”）。

当我们描述神经网络或信息“比特”的传输时，非符号单位（“身体事件”)或“器官”或“动作”。“信号”是非符号单位,它们专注于 在符号事件之间的调解功能(“沟通”),也正是以这样的事实为特征。“动作” 是与“合作”相关的非符号单位。信号逐一发生在人与人的互动之间;神经器官(或器官的组成部分)在身体内执行等效角色。

在描述机制时,相应的,我们也要呼吁人们关注一种行为或一个实践“完整性”以及所表现出的冲突、便利和一致的程度。就完整性而言,比较的一个重点就是环境参与的程度。我们用“内在化”来指代环境参与很少的情况,如在一个僧人打坐时。如果环境是积极的参与,比如在辩论中,我们所用的术语则是“外表化”。在目前的语境中,我们已经开发了这些关于个性的类型,但它们同样适用于在任何社会形势中的相互作用(如在本章中将要提到的“文化”)。

机制　　　　内在化的
(个人的　　　符号(主观性)
集体的)　=　　情绪
　　　　　　　图像

+

非符号(身体的:冲动,表达)
　器官
　动作

+

外表化
信号(沟通)
　语言
姿势(语言的等价物)
　　　　　　　非信号(合作)
　　　　　　　动作

机制
(个人的
集体的)　=　　便利(或一致性)

+

冲突

拒绝

压抑

抑制

抵制

由于对个人(和团体)精神和身体幸福的高度重视,我们必须仔细考虑疾病(和缺陷)同健康(和能力)之间的区别。在讨论福祉这一价值时,这个要点已经被预计到了。对事件的评估,比如病理学的(简称"病态")或健康的(卫生的或"滋补的"),取决于评判员对福祉标准的定义。获取对器官能力相关标准的广泛认识并不难(包括神经警觉性)。但是,在福祉中,参与的不仅仅是身体的完整,标准的制定必须在社会过程这个大框架内。

因此,病理学已经超出了"身体"和"精神"的偏差,同样还包括"社会"偏差。如果一个人缺乏身体或心理能力,我们将它形容为"病态的",包括导致内在冲突的无能。指出这种冲突的观点是,如果一个人生来就很健康,或者是远离对器官的伤害,但还是表现出明显的无能,内在冲突就是取决于社会过程的经历。大部分归咎于社会互动的混乱通常被称为"功能的"而不是"器官的"或"病灶的"。

在评估无能力的时,主要问题是哪些执行的准则能够适用,特别是在例如复杂的城市文明中,社群、阶级和利益之间都有存在分歧的规范。几乎在所有的例子中,都有参照标准,除了一些极端的例子,比如说严重的器官缺陷。当我们试图鉴别一个混乱的人时,有能力的评估者是寻找他自身或别人的毁灭性的程度。如果一个群体的价值取向是非常病态的,问题是相似的。科学观测者探寻破坏性承诺的极端程度,即使这种做法是该团体公共秩序的一部分。

病态过程 = 破坏性(自己的,其他人)

+

身体的无能

心理的无能

社会精神的无能

(价值和实践的内在矛盾)

在指代行为混乱的术语中,常用的是*精神错乱*的和*神经质*的。[16] T精神错乱这一术语指的是牵涉到中央集成的严重干扰。当一个人昏迷不醒了,几天或几周都不能照顾和满足自己的基本需求时,我们很容易承认这个人生病了。在其他情况下,进食模式和清洁模式可以保存下来,但是所有涉及环境的都会引起幻觉。(比如号称可以用声音来密谋除掉某个人)。神经质的人没有受到那么多的中央集成的干扰,此外导致某些症状的神经质并不会对身体表现出很严重的伤害。神经质的人经常承认想要摆脱他们的这些症状,即使是相对温和的干扰(如偶尔失眠、肠胃不适,荨麻疹其他皮肤失调,以及反复头痛,等等)。

用一个术语来指代所有具体的、有限的功能缺失,是很有用的。因为用这个词并不暗指干扰的程度足以令某个人被划分为病人。据我们所知,每个人都有或多或少的严重的早期发展问题的遗留,对训练有素的眼睛而言,这些遗留揭示了大量的功能缺陷。它们是*并列*的。[17] 弗洛伊德虽然没有用到这个词,但却在关于日常生活精神病理学通过叙述和解释的梦想、在发音中的错误或是在词汇选择上的错误等,推广了这一概念。[18]

当我们研究一些较为严重的疾病的案例时,让我们印象深刻的是,患者患病的程度取决于一个或是少量的机制。一个机制是基本单位的模式,主要集中于主观事件或动作表达,或是内在化和外表化的程度。

一个例子是*躁狂抑郁症*或精神病干扰的周期性组。该狂躁症的主要特征是,通常用兴高采烈的方式说话,语速经常很快。明显的兴高采烈的情绪之后通常是严重抑郁,然后再是另一个兴高采烈的情绪。

在这个循环组里,明显的特征是"感情"(情绪)。另外一个重要的临床类别将位于明显情感和图像内容之间的差距放在重要的位置。*精神分*

---

〔16〕 参见 AMERICAN HANDBOOK OF PSYCHIATRY 2 vols(Arieti ed. 1959 – 1966)。

〔17〕 在区别中,参见 Harry Stack Sullivan,他提及"情绪与欲望失调"来指代当"其他同胞真实的特点"看起来有微不足道的重要性的情况。THE PSYCHIATRIC INTERVIEW 125 (H. Perry & M. Gawel eds. 1954).

〔18〕 S. FREUD, PSYCHOPATHOLOGY OF EVERYDAY LIFE (1914).

*裂症*,之所以这样命名,似乎是因为其在心情和思想之间的分裂。当一个小男孩刚刚杀了他的祖母,他提到这件事时,没有兴奋,没有懊悔,或其他健康的人在祖母去世时应该有的感觉。

是某些图像的突出,而不是情绪使这些术语目前适用于指代其他一些严重的疾病,或是前面提到的分支。例如,当这个主题阐述自己的伟大或他人的邪恶,用阴谋反对他。我们提到的精神分裂症中*偏执狂*这一群体,("亲我"的主题是通常是浮夸的和无害的偏执,"反他"的主题是迫害群体,通常表示一个更危险的人)。

某些常用的类型指的是公开的行为。我们说喜欢攻击的、敌意的、咄咄逼人的行为或倾向,或者是胆怯的、谄媚的、温柔的表现。在动作表达这一层面上,是焦虑不安的或滞后的抑郁症。前者会不停说话,四处走动,哪怕他们谈话的内容充斥着他们和这个世界是多么悲惨的断言。

在神经质的模式中,类似的标准可用于诊断的目的。举例来说,有*歇斯底里症*的人是容易分心的、缺乏深度和持续的情感,容易发生轻度转换症状(精神经验及状态变为躯体症状)。我们的文化中的民间文学提供了大量女性歇斯底里患者的影像,比如连续过度流泪,被美丽的风景搞得心烦意乱,或是患上"神经性偏头痛"的人。强迫症的形式是大家都知道的,缺乏幽默、迂腐地关心琐碎的事情,以及重复都是显著的特点。尽管强迫和强迫症不会总是相联,但他们日常行为的表现通常是与强迫观念密切相关。精神病患者常抱怨恐惧和忧虑,许多以前关于精神错乱的书籍也花费大量笔墨枚举恐惧的对象。恐惧名义上的来源可能最终证明了和神经质困难没有深厚的关系,此外,如今存在一种简化临床标签的趋势。随着人们认识到焦虑的重要性,并将其作为身体失调的沉淀物,现在人们倾向于承认患有神经疾病,(特别是强调"精神—身体"的失调)的人比以前更多。

在精神病患者和神经病患者的案例中,大范围的研究工作力图揭露深埋于荷尔蒙系统,以及组成有机体的形态或心理的成分中的失调。在"冲动"的层面上证明困难的存在,并不意味着不健全仅仅是由于遗传因素。环境的压力可能在学习的早期阶段会产生深层矛盾来应付社会背景

当把我们把它们同个性发展联系来看时,这些多种多样的表现就变

得更好理解。为了调查的目的,通过事业线而画的横截面数量是巨大的。[19] 但对于许多任务而言,在操作时作一些简单的划分是很有用的。

个性发展阶段 = 婴儿

+

童年

+

少年

+

青春期

+

成年早期

+

成年中期

+

成年末期

由于个性系统是面向社会过程里的其他人,在这些阶段里的主要区别是社会化。因为它在社会互动中至关重要,对语言掌握占据了战略地位。我们将婴儿时期视作掌握语言的能力已经成熟的时期。童年的后期阶段,标志着将少年分为直接依赖照顾的和有能力成为一个同龄团体的成员的。少年时代标志着对同龄群体的相对完整的关注。青春期是和青春期身体变化的发生以及对周围成人的扩大的需求相连的。在早期成年这个阶段作为社群的成员,身体和社会责任是从社会中获得的,并且由个人所承担。[20]

尽管在他们习得语言的 1 个月甚至 1 年里,婴儿都是不同的,现代研究的一个卓越发现是:声音是以固定次序出现的。这个声明不包括语言

---

〔19〕 例如,沙利文(Sullivan)在"青春期前"、"青春期早期"、"青春期后期"与"少年"和事业线后期阶段之间作了区分 CHILDHOOD AND SOCIETY (1950). 在 CHILDHOOD AND SOCIETY (1950)中,埃里克森(Erikson)提供了一张"婴儿"和"童年"的可区别的图片。

〔20〕 相关研究,参见 L. CARMICHAEL, MANUAL OF CHILD PSYCHOLOGY (1946); and R. HAVIGHURST & H. TABA, ADOLESCENT CHARACTER AND PERSONALITY (1949)。

阶段"丫丫学语"的时期。将"丫丫学语"的时期排除在外是合理的,因为这个孩子回忆不起在那个时候可能发出的声音。他仿佛是神经肌肉器官放松,而事实也可能是他发出所有的声音会出现在任何一种语言里。但是没有留下痕迹,因此,当他开始在认真学习语言时,他必须重新习得它们。在"丫丫学语"这个阶段之后,随之而来的往往是儿童开始用自己的舌头练习音素(基本音)之前的"哑巴"阶段。婴儿的第一个声音是元音"a";而大约在同一时间了。他们学会了辅音"m"。一个"a"打开嘴巴;而"m"则关闭它。库尔特·戈尔德斯坦(Kurt Goldstein)建议:不要将这些作为孤立的动作来理解,而是作为牵涉整个生物体的部分的活动。[21]"a"的作用表达了生物体转向外来世界的刺激对象的倾向。在说这个元音时,还伴随其他属于同一方向的动作,同时发出:睁开眼睛,伸长手臂,或多或少的将整个身体转向外部世界。另一方面,"m"术语相反的方向。它是一个回撤的动作,属于这一类动作的还包括闭眼,皱眉头。

朝向环境或远离环境的倾向列举了行为的一种基本原理。初级的反应差异是很大的。同样的原则也体现在声音的次序上。"u"与"a"相比,发音时较窄,与"o"相比则较圆。差异较大的口、鼻辅音随之出现,如"p"和"m"。唇齿音出现在相对立的一组里("o"和"t")。因此形成对比的声音和动作总是一起发生。事实上是词义相反的单词往往会被一同习得("是"或"否")。

罗曼·雅各布森 Roman Jakobson 通过对比以下很多语言的习得以确定婴儿的发声存在特定顺序这一 A. 格里高尔(A. Grégoire)规则:瑞典语、挪威语、丹麦语、斯拉夫语、俄语、波兰语、捷克语、赛波克语、保加利亚语、印度语、德国语、荷兰语、爱沙尼亚语、日语。戈尔斯坦 Goldstein 表示:在瓦解中语言特征的损失出现在相反的顺序。[22]

当一个孩子与他的同龄人玩耍,我们可以将其视作童年后期阶段的

---

〔21〕 参见 GOLDSTEIN, LANGUAGE AND LANGUAGE DISTURBANCES, APHASIC SYMPTON COMPLEXES AND THEIR SIGNIFICANCE FOR MEDICINE AND THEORY OF LANGUAGE (1948)。

〔22〕 在 LANGUAGE AND LANGUAGE DISTURBANCES 35f (1948) 中, Goldstein 评述了 Grégoire 和 Jakobson。

开始。在这个阶段,和家庭权威关系迅速而果断地确定下来。同样,在这个阶段里,身体和个性的发展也让孩子做好准备寻找扩大新的体验。他濒临超越被照顾、被保护的范围,并且扩大自己的独立自主领域。矛盾发生在是继续停留在之前安全的沟槽里还是开始超越它们。矛盾表现在很多方面,特别是在新机遇面前退缩,还有依旧和原来圈中的关键人物密切联系。在这个阶段,恋母情结的矛盾必须被解决,否则,将会出现发展失调。这个恋父恋母情结的矛盾来自于孩子对待异性父母有特殊的爱的倾向。[23] T 冲动的强度来自于生理的成熟和成长,也来自于强调在新的处境里,将身体接触作为获得慰藉的手段。任何对有身体接触需求的满足的干涉都和强度一起并肩作战。但是如果下一步的发展进行顺利,针对干涉他的父母的敌意一定会被成功的压抑(用父亲来举例),个性的能量被解放,去做其他的任务。尤其是当需要这些能量来提升自己的社会化水平时(通过获取适合社会的观点和技能)。

在青少年时期,年轻人变得越来越有效地参与同龄群体生活,在玩的过程中获得适应社会交际能力和价值。在许多文化里,当青春期的生理变化发生时,需要个体在社群里扮演更多的成人角色。青春期是相对快速转承担成人的责任的时期。

什么是用于解释说明人类行为一般的选择性和方向的统一原则?我们通常会采用“最大化假设”,它肯定人类行为是在寻求最大限度的放纵与损失。在社会和历史科学中,这一原则以各种形式用于解释人想要做什么。至今仍有很多情况似乎公然违抗任何人类试图最大化他们的价值立场的想法。还要考虑一些引人注目的令人困惑的病例。尽管很多情况看似与人类开始试图将其价值定位最大化的想法相悖。让我们考虑一些突出的并且让人迷惑的例子:

> 一个受雇主和社会尊敬的银行出纳忽然鲸吞了一大笔钱,并且笨手笨脚地留下了很多踪迹,等于直接告诉别人他的方向。是否在任何

---

〔23〕 这是弗洛伊德的经典区分。大多数“非正统”的精神分析学家和行为科学家采用改良后的概念。在 BAKAN, SIGMUND FREUD AND THE JEWISH MYSTICAL TRADITION (1958, 1965)中,提供了一条弗洛伊德对这一准侧依恋的证据。作者认为,性倾向,在一些形而上的意义上说,是男性的。

意义上可以说，这个出纳在使自己的价值最大化？

一个家庭主妇，同样也是个母亲，在邻居和丈夫看来很幸福，她突然拿起屠刀割向自己的喉咙，只是为了剥夺自己发声的权利。这是价值最大化？

一个深受尊敬法官，也没有已知的财务麻烦或其他问题，他故意走向悬崖边缘，猛地往下跳，成功地结束了自己的生命。

一个14岁的模范青年，父母去世后由溺爱他的祖母抚养长大，他却用斧头将他祖母杀死。他不知道自己为什么这样做。这是价值最大化的行为？

问题在于最大化假设是否能够引导我们研究这样的问题。让我们考虑在什么情况下能够解释上面引用的矛盾的例子。

线索隐藏在无意识和焦虑的概念中。我们也许并不能够解释在一个人的个人体系和他个性中无意识层面之间的严重的不和谐。以下的假设可以说明哪些东西参与进来了：在意识层面上，Y急切的渴望成功，也渴望着在他法学院的同学中，取得最优异的成绩。但他发现对他而言，学习和考试都是一件极其困难的事情。可能是在无意识层面上他渴望成功的强烈的野心和行为的早期标准（包括表现谦虚、或是依靠别人帮助他而不是依靠自己的努力）之间存在着冲突。与首要标准相连的内疚和与从属相关联的羞愧是极其不相符合的主观事件。于是Y往往会自动将它们完全排除在清醒的意识之外，一旦它们浮出水面，他又会感到紧张和不安。Y的行为是和最大化原则相一致的，因为他在忍受强烈焦虑时保护自己，如果他承认某些冲动，他就会体验到这种焦虑。

焦虑在人们的生活中和在社会过程中的功能极其重大，应该对其进行更广泛的讨论。之前，我们提到过在解决矛盾的冲动时，焦虑所扮演的角色。[24] 可以回想起，压抑发生在焦虑状态存在时，更具体地说，当碰撞冲动导致一种难耐的不适、压力和紧张状态时。为了逃脱烦躁不安，个人

---

〔24〕 关于焦虑，参见 HORNEY, OUR INNER CONFLICTS: A CONSTRUCTIVE THEORY OF NEUROSIS (1945); O. FENICHEL, THE PSYCHOANALYTIC THEORY OF NEUROSIS (1945); 和 MASSERMAN, BEHAVIOR AND NEUROSIS: AN EXPERIMENTAL PSYCHOANALYTIC APPROACH TO PSYCHOBIOLOGIC PRINCIPLES (1943)。

也许会以禁止某种冲动的完成和优先考虑其他人来面对危机。此外,防御系统还将再次建立来抵御内在危机(阻力)。如果压抑完全成功了,被压抑的冲动的强度会自动选择适合成功行为的表达途径。如果压抑并不那么成功,就会采用其他的防御,基本上所包含的代替途径至少要能够防止在清醒的意识下,压抑的冲动被完全公开地表现出来。

我们之前说过,大脑的基本器官在出生时的构成使得外界干扰只有在达到极端的力度时才能侵入脑脊髓系统闭合的线路,并开始大脑和身体其他部分整合的过程(在社会过程里最终和其他身体和大脑整合)。很有可能这些早期的影响都是焦虑事件。当然,在那时我们的确无法接收到来自婴儿的口头报告。但是总体的表现可以被观察到,可供直接研究学习的临床表现和解释相一致。婴儿为自己冲动的强度(比如说饥饿)感到不安,或是由于身体外部环境而引起的不适(比如说疼痛)感到不安,这些情况经常被描述,但没有哪的描述能比这里的描述更生动:"这个孩子因为窒息而着招架不住了,他的眼睛被泪水模糊了,他的耳朵听不见了,他的喉咙痛,肠子也在绞痛。"这种高涨的内在冲动促成了弗洛伊德所谓的"本能的害怕"。[25]

更狭隘的定义,焦虑反应可以限制为一种反应,表现为婴儿和母亲之间相互作用。当外界刺激侵入大脑,并提供了急躁不安事件的原型时,原始的抗议就开始了。就我们的目的而言,将焦虑这一术语限制到学术的事件上的确是很方便的。更具体而言,限制到在婴儿—母亲的关系中,由于成人这一方面失败的经验而对婴儿造成的严重的恐惧。这种失败源自于母亲要积极应对婴儿的需要这一任务所引发的焦虑。我们推测,每当婴儿有隐藏的恐惧和仇恨时,母亲不能够以一种对婴儿安全至关重要的方式来回应。这是种剥夺的经验,婴儿的反应是学会带着被拒绝的预期来接近人类关系。[26]

---

〔25〕 参见 H. LASSWELL, POWER AND PERSONALITY 160 (1948), 引用 Joan Riviere 和 Sigmund Freud。

〔26〕 关于母亲—婴儿的相互关系,参见 SULLIVAN, THE INTERPERSONAL THEORY OF PSYCHIATRY Chapters 4 – 10 (H. Perry & M, Gawel eds. 1953). 最有可能的,平衡的和详尽的理论是 SPITZ, THE FIRST YEAR OF LIFE; A PSYCHOANALYTIC STUDY OF NORMAL AND DEVIANT DEVELOPMENT OF OBJECT RELATIONS (1965)。

在事业线的任何一个横截面上所得到的焦虑很有可能被接下来的时期里不断上升的需求所重新激活。社会化过程需要抛弃日益成长的婴儿时期,儿童时期,少年时期以及青春期。满足的具体形式在早期阶段都是会社会容忍,但不久之后便会遭到反对,反过来,必须被放弃。这是真正早期摄入营养、清空膀胱和肠道的模式。它适用于连续的、更加严格的、符合正直和礼仪的通用的标准。婴儿迟早要放弃这个奶嘴,甚至是放弃母亲宣称的永远的照顾和关心。任何顽固坚持一个早期的反应模式都是一种"固化",任何持续恢复早期的反应模式都是一种"退化"。对不断成长的人而言,需要的是"进步"。

当我们在平衡条件下考虑的职业路线时,我们可以是在特定的人际关系或是总的人际交往的环境下对其进行描述。在前面的例子中,我们检查了"自我和母亲"、"自我和父亲"、"自我和兄弟姊妹"、"自我和同龄人"等的关系。在任何时期,我们都注意到任何关系倾向于稳定的趋势,所以,举个例子,放纵与剥夺的平衡在母亲与孩子之间围绕着一个准确的模式波动。这个平衡位置可能包括周期。例如,在敌对之后就是和解。当我们将人际关系模式视为一个整体来探索时,我们也许可以说明影响平衡的关键的因素就是焦虑。因此,当母亲部分地表达了她个性里敌意的驱动力之后,就引起了焦虑,并用内疚的情绪来促进过分放纵的过程。这个孩子同样也或多或少的表现出本我和超我成分的周期放纵。

因此,在任何一个特定的时代,个性可以作为自我、超我以及本我的平衡来理解,焦虑是一个倾向于维持现状的成分,除非不安紧张变得十分严重。在压力的情况下,之前相对稳定的模式会被改变,并且获得了新的平衡。成长的过程是一系列的结构转变。从个人的角度来看待环境,我们可以根据个性体系的成分来分析它。一个较年长的姐姐,作为一名护士,她可能扮演父母超我的需要的支持者角色,这通常符合社会习俗。其他"淘气"的孩子可能提供时机,并让本我的动力以反抗习俗的方式表达出来。(如执行一个非常严重的鞭刑)对这种情况清醒的认识会持续地影响结果。因为它可能是显而易见的,在意识的层面上,一个给定的行为准则会或者不会增加放纵跃于剥夺之上的机会。有意识地觉察、规划、探索及回忆的过程作大体上是作为进步的因素来进行的,因为它们了扩大人对环境的经验。只有在瞬间发生的情况下,或是在极端病态情况下,个性中的焦虑才会如此猛烈的运转,导致新的学习是完全不可能的。

我们将成功地整合一个相对稳定的内部环境的人描述为成功的个性。这意味着成熟的人都有能力保持相对独立不受当下外部环境的影响。不成熟的人很容易被自己所处的环境所击倒,并且有一个小的战略储备,为应对放纵和剥夺的流向。另一方面,完整的性格会在可用的选项中挑拣,力争调整它们以适应他的基本目标。成熟的人是可靠的,因为他有稳定的个人体系可以依赖。

性格最华丽的展示发生在面对困难时。就此而言,研究人类如何应对极端剥夺的环境是最有意义的。纳粹集中营,不仅是针对身体上歼灭敌人的政权的机构,同时还在于掠夺受害者的自尊心。纳粹的目的在于更大的破坏性,而不是躯体上的灭绝,因为他们试图以剥夺信心、完整性的方式来破坏对手的权威性和名誉。在饥饿、疲劳、身体暴行和恐惧的压力下,囚犯被“软化了”,他背叛了自己的同胞囚犯,以此来换取免除处罚和得到更好的食物和关怀的承诺。但如果还有良知的碎片存留,这个背叛了自己理想的囚犯会被囚禁在自己的心灵地狱,在那里,自我轻视完成了道德败坏的工作。除非身体上的恐惧被精神上的恐惧变得完整,被折磨的身体至少还可以保持个性的内在完整。除非身体的损失能导致性格混乱——从内部到外部攻击的完成,——纳粹进攻的根本目的就没有达到。我们可以用同样的观点来描述任何一个复杂政权的警察的行为。破坏身体的某个部分是不够的,而是要打破自我尊重的这一核心,自我尊重才能使反对意愿继续存活下来。

内部环境的稳定意味着一些回应的潜力被排除在外,因此,变革的可能性减少。从远古时代开始,个人就变得只专注于范围更加局限的环境。每一个被淘汰的选择都促成了一套新的系列专业化的情况。循序渐进的专业化过程是和所有生命形式的生命周期性协调一致的,同时也解释了从一个大的集合体的角度而言,比如说生物学种,为什么需要大量的个体来增加新的专业化发生的可能性,以此来使整体长存不朽。

正如我们指出的那样,达到成熟个性的可能性在于怎样应对焦虑。这不仅仅是一个应对儿童突发焦虑的问题,还涉及成人的。简而言之,即在任何人际关系情况下发挥作用的焦虑因素。当弗洛伊德将焦虑的意义引进到现代精神病学和心理调查的中心时,他忙于治疗精神病患者。在很多情况下,他让病人回忆一些受创伤的事件,在这些事件中,焦虑产生的冲动已经被强烈的压抑了,通过这样的方法,他成功地治愈这些患者。这些症状的由于是压抑所引起,尽管压抑大体上是成功的,但却是不完整的。因此,替代的活动(症状)被用来作为一种保持不相宜的冲动不被完全暴露出来的手段(或在公开的行为)。如果病人长期忍受了焦虑足以记住创伤的事件,洞察力足够消除这些症状,并且重新夺回对自我能量系统的控制。这是可能发生的,因为成人的自我系统已经坚强到足以面对以前的冲动,并且能够以刻意的接受或刻意的回绝来处理。在任何情况下,性格的整合都能复原,自我的目标价值能够与其他人相和谐,并且能够掌控个性的资源。

正如病人原先表现出来的一样,压抑的行为似乎发生在紧张的、喜剧化的情况下,有两个简单的例子:

第一个:某个病人会有突然的、几乎是不可控制的冲动抓住一把刀子杀死他的妻子,而他由衷地相信自己深深爱着妻子,于是这一病人找到了医生,希望医生能帮他解救出来。当他有可能承认自己曾经试图压抑(只是取得了部分成功)一些对妻子的敌对冲动时,他就痊愈了。这种敌意是孩童时期孩提时期嫉妒的复活,而在那时他并没有正确的处理这种嫉妒。由于这些冲动只是被个性的防御机制部分的控制住,它们间接的表现在杀人的强制力上。

第二个:一个律师患上严重的头疼,而且头疼变得如此频繁、如此不合时机,以至于他的律师生涯也处于危险中,因此,他寻求治疗。这些困难消除了,随后,这个病人承认他是在担心自己的性能力,这一担忧引发了他童年时期在年长的竞争对手面前的胆怯。这种回忆的行为和"重新经历"这些回忆的片段后,随之而来的就是症状的消失。

不需要更多的例子进一步澄清这一观点:创伤性观念依靠的是扎实的临床经验。出于同样的原因,随后几年在对临床心理学和普通心理学的研究和治疗中,它开始被改变。[27]

许多病案对治疗的反应并没有揭示出创伤事件。当被公开时,许多创伤事件并没有产生持久的减轻痛苦的作用。并不是一个局限性事件的理论,而是持续的适应过程的概念看似涵盖了大部分的事实。这两种理论并不矛盾,而是指明了互补的发展路线。

在心理分析的文学中,对恋母情结的概括和我们所注意到的趋势相和谐一致。起初,一定的年龄段的男孩和女孩对异性父母表现出浓厚的兴趣表现出来,就像在下一阶段的发展可以成功的尝试之前,需要一个颇具戏剧性的压抑的行为。对压抑的创伤性事件的强调已经让步给了对掌握相关冲动的更加渐进的过程的认识。

无论怎样,焦虑的概念持续在个性成长和个性偏离的理论中占领奠基石的地位。性格的具体模式和强调建立防御以对抗焦虑的机制相关联。对这些机制的审视为研究任何一种个性提供了一套工具。[28]

鉴于在行为中干涉的巨大重要性,存在充分的机会来进行*补偿*或是用一种满足来代替另一种被封锁的满足。大量的模式都是互补的。一个特殊的例子就是*反应形式*,它和正在被封锁的结果完全相反,比如当温和是对残酷的直接反应,或是自大是对自我轻视的直接反应时。“*升华*”这一术语时常用于指明互补的满足建立的如此坚定,很不容易被瓦解。但升华也曾时常被赋予降低其作为描述性词汇的有用性的含义。它暗示:较之原始的对满足感的追求而言,补偿更为理想,并经常以这种方式增加一个规范标准。由于用法的模糊性,存在放弃使用这些术语的趋势,除了在以坦诚规范的感觉说话时。*代替*是一个对不相关的想法和图片产生的影响的附属品。比如当把爱从一个活的孩子转移到一个宠物身上。*累积*

---

〔27〕 精神分析提供了一种综合的行为理论。但它最初是作为一个临床方法。参见 S. FREUD, A GENERAL INTRODUCTION TO PSYCHOANALYSIS; A. COURSE OF TWENTY-EIGHT LECTURES DELIVERED AT THE UNIVERSITY OF VIENNA (J. Riviere tr. 1935); 和 O. FENICHEL, THE PSYCHOANALYTIC THEORY OF NEUROSIS (1945). 在美国,学术心理学主要是实验性的,并且面向学习的理论。参见 E. HILGARD, THEORIES OF LEARNING (rev. ed 1956); and HANDBOOK OF EXPERIMENTAL PSYCHOLOGY (S. Stevens ed. 1951)。

〔28〕 参见 A. FREUD, THE EGO AND THE MECHANISMS OF DEFENSE (C. Baines tr. 1937)。

是一个反应的扩大,代替了一个被封锁的无意识行为。首次行动的强度增加到第二次行动上。这有助于解释巨大活力之源,正是因为有了这种活力,许多补偿性行为,特别是反应形成,才能得以实施。和逃跑的冲动相连的强度也许会变成英雄的自信和勇气。

当机制是*分离*时,人们在察觉到有关的图像时,就不会体会到适当的情绪。这被称为*冷酷无情*。比如当一个人无法为亲密的、珍爱的朋友的死而感到哀悼时,并且"没什么感觉",或者是当一个士兵承认他暴露自己的危险,却对此完全无动于衷时。在后一个例子中,一种无法识别的想死的冲动往往是冲突的根源。

"*分裂*"机制是将画面分开,一个或几个接收正面影响,另外一个或几个接受负面影响。所有儿童表现出的这种模式和父母以及父母的替代品相关。当一个人病了,饿了或是感觉寂寞了,"好妈妈"就会过来,"坏妈妈"则把孩子摆在各式各样不舒服的位置上,将其留在黑暗中,或是没能及时出现。童年的民俗传说充满尖锐的"好"与"坏"的对比,就像坏巫婆和好心的仙女,坏的狼和好的狗。好妈妈最初的形象,也许是在反复暴露乳头和乳房,以及食物、温暖、拥抱和语言的循环模式的基础上,通过婴儿形成。

这为我们带来人类行为中最显著的三种机制,也就是*识别*,*全力投入*和*规划*,它们在婴儿和儿童逐步巩固自我模式中起到非常重要的角色。识别是在一个外部对象上的自我模化,无论是从依靠结合而变得喜欢这一外部对象的意义上而言(积极识别),或是从通过拒绝不喜欢这一对象的意义上而言(消极识别)。有意识的模仿并不是这里所说的模式。据观察,当敌意被压抑时,和其他对象相关的自我体系会被最积极的扩大。在成功的压抑之后,以识别为目的的强度看起来变得可用甚多(比如当一个男孩压抑对父亲的仇恨时)。

*全力投入*在于将自我视作一个外部对象那样来对待,可能发生在其他人做的自我评价被接收和采用时。在冲动的行为上,不利判断的结合是引起 、产生和加强压抑和抑制的主要因素。"全力投入"可以被渲染为:当一个孩子在学习"行为准则"时,对自己作出了口头评价、警告、认可和责备。

*投射*是将外部对象视作自我的一部分那样来对待，比如当孩子鞭打狗制造混乱时。对责备的投射是制止焦虑的最基本方法之一，这种焦虑是与严厉惩罚的恐惧相联系的。

一些机制指的是表达方式，而不是主观性的阶段，虽然主观的事件在一定程度上必然会涉及。当一个公开的行为被不断重复，以当做保持无意识的冲动受控制的方法时，我们认为它是*强制性的*。强迫是日常生活中许多小惯例行为的线索，比如当人们只有先穿某一只鞋，否则就会感到强烈不安时。强迫的一个特殊形式是*解除*，也就是以象征性行为的表演，来补偿假定已造成损失。有些洗手的仪式就属于这一类别（麦克白夫人）。

*强迫*就是在主观层面上的重复，是保持部分已被引起的冲动能够被控制的方式。很多时候，祈祷的既定模式被人们接收并改变成强迫性的用法。但是所有年龄段的人们在特定的冲突情况下所发明的强迫都表现出其独创性。

*合理化*同样定位在主观的而不是表达的阶段，举例而言，比如说对痛苦的享受，会表现成为除了追求放纵的例子之外的所有事物。然而，通过分析，很明显，如果行动的无意识层面在清醒的状态下被完全意识到，这个时候所忍受的焦虑并不像与痛苦相连的孤独那样受到高度评价。

我们还没有对“*躯体化*”下定义，尽管它经常被提到。躯体化指的是以身体不适应的一部分来减轻无意识的紧张。这是身心失调的病症里重要的机制，发生在当“躯体化”通过严重干涉身体机能的方法表现出来时。

感觉迟钝（连同*幻想*和*幻觉*）是一种直接影响到人与他的环境之间关系的机制。当感觉器官的功能丧失到它们已经无法传导来自环境的刺激时，这机制就是躯体化。但是，当感觉中存在干扰时，其他的反应就会参与进来。在一些例子中，刺激被封锁了。事件看不到，听不到，闻不到，或是注意不到。或是那一部分准确的感觉被扭曲成为一个错觉。当介于所谓的感觉和刺激之间的关联变得微不足道时，我们就会提到幻觉。

对许多用途而言，按照一种机制来描述个性是很方便的，它们特别依赖这种能将由内在冲突产生的焦虑保持在可控范围内的机制。除了按照主导价值，或是按照接近强度体系的程度来将自我系统分类之外，注意力

还会转向对特殊机制的依赖程度,这种机制的职能是捍卫一个可以容忍的焦虑水平。概括而言:

| | |
|---|---|
| 防御机制 | (拒绝,抑制,压抑和反抗, |
| 对抗焦虑 | 见之前的表格) |
| 补偿 | 强迫 |
| 反应形成 | 消除 |
| 升华 | 强迫 |
| 取代 | 合理化 |
| 积累 | 虐待狂 |
| 分离 | 受虐狂 |
| 分裂 | 躯体化 |
| 识别 | 感觉迟钝 |
| 投入 | 错觉 |
| 投射 | 幻觉 |

正如之前所解释过的一样,防御机制是一系列的主观和非主观事件的基本单位。我们注意到某些模式对象征性活动给予了特殊重视,其他的模式则是重视动作表达,还有另外一些模式重视的是环境的导向。

个性机制绝非限于那些在面对由内部冲突产生的焦虑时,发挥重要作用的东西。对于科学和政策这两个目的而言,很有必要重视这些主要角色是在其他环境中的机制。与解决问题的挑战相关联,我们区分了目标澄清、趋势描述、条件分析、预测,以及备选项的发明、评估和选择。当我们面对这五种任务中的一种时,所出现的机制是和我们直接相关的。位于不同复杂性层面上的问题重视机制的独特排序。

关于机制的分析有助于检查行动(或互动)的每个阶段。例如,最后一个阶段也许可以被划归为一个价值放纵或是剥夺。进一步而言,在可比条件下,一种能够指明是更期待价值放纵反应或价值剥夺反应再次出现的标准方法也是很有用的。当相对放纵时,这个行为就被*加深*了;当价值被剥夺到一个会导致它消失的程度时,这个行为就会被消灭。

一项有关优先结果的行为的终端阶段,无论是放纵还是剥夺,都被延伸到前结果阶段的评估。因此,通过*普遍化*,结果归咎于一个既定的模式,这一模式和所有被注意到的特征有关。因此,首先发生在冲动阶段的诱因被当作放纵或剥夺的指标,放纵或剥夺将发生在一个特殊行为完成之后。

原则上而言,我们应用之前的方法可能可以分析所有的反应,并且也可以解释为什么一个行为的任何之后跟随的是一个而不是另一个子阶段。例如,被成功压抑的冲动,是如此的胶着,以至于被压抑的和压抑性的系统不会继续贯穿于主观性和表达之中。因此,处理这两个系统的能力被稳定下来,这对于压抑的成分是有利的。新的形势可能会威胁到这一僵局,以增加破坏"阻力保持"机制力度的方法,和以支持期望出现的方法,对僵局而言,一个选择有可能引起净价值的满足。最终,观点和冲动组织的修正也许会发生,允许把抑制先搁到一边,并且把反断言直接指向威胁的目标。

总的来说,个性是在社会过程中,用来参与对人开放的、整个范围的情况的素质和能力的一个相对稳定的系统。个体大脑皮层最初的孤立被来自于社会环境(在势不可当的程度上)价值放纵和价值剥夺所改变。在努力使净值结果最大化的过程中(在有效的能力范围之内),每个人开发出一个相对稳定级别的价值成果,并且掌握在相关环境中,适合社会过程的制度实践。在冲动中产生的内在冲突,和对抗焦虑的防御机制相交汇,在每种个性系统里,防御机制的构成模式变得与众不同。作为一个社会背景中的参与者,这个人明显不仅仅是外部主动性的被动目标。他有影响别人价值放纵和价值剥夺的潜力,有帮助新的价值优先权发展的潜力,有建立新的价值塑造和价值分享的潜力。

在对个性动力学的考察中,出现的最有意义的一点,不是所谓的一个实体(个体)和另一个实体(社会)的对抗。无论一个婴儿或一个儿童都不是与其他球碰撞的一个台球,更不用说一个成人。相互作用就是过程中的相互渗透。表面的界限——我们称为身体的皮囊——在社会互动中总是被没完没了地重新定义。

个性发展固定在每个参与者的内在生活中,价值和实践的冲突和便利发生在社会背景中。因此,每种个性的一部分和周围社会环境的一些因素相结合,和个性的其他部分相对立,因为它们的同盟伙伴是不同的。

因此，最基本的对抗并不是“人*对*社会”，而是“人和社会”对（在便利的条件下）“人对社会”。

位于个人个性的环境和一个团队的环境之间的平行是如此贴近，以至于这些在集体社会过程的讨论中已经详细解释过的种类，同样也能用作对个性体系的分析工具。在一个特殊个性的情况下，比起那个人所参与的团队的普遍价值实践模式，价值实践模式也许被完全不同的安排好。因此，一个国家传统的社会过程也许包括选举的、立法的和相关的安排，在这些安排中，许多市民参与的都很少。每个个性系统开发自己的决定和选择过程，它们自己的公众和社会秩序体系。考虑内部公共秩序：有些问题牵涉到的对自我要求，以达到不同的价值结果；当感觉到自己缺乏对策时，结果可能是严重的自我剥夺，以强烈的道德谴责、痛苦的屈辱等等的形式。调查可以使科学观测者们说明，特殊个性的基本结构何时能得到巩固。它可能发生在矛盾被解决的时候，并且是通过在对意识评估开放的、允许的政策选择范围内建立超我的限制来解决的。

当按照在总体条件下参与的程度来评估时，在个性体系中，最重要的力量成果是压抑的、抑制的和抵抗冲突。这些冲突引起了焦虑的急性烦躁不安。因此，焦虑是一种一个人面临的最基本问题的诊断指标。总体条件是有关联的，就像严重的剥夺。

在对个性结构和功能的勾勒中，依然存在对人的生物结构基本特点的回归，其持续的重要性为人类物种提供了一个挑战的暗流，经常还有慢性失调的暗流。人类进化产生了一个大脑——一个拥有无可比拟的复杂结构和功能的大脑。还原到最简单的关系，我们可以在进化的故事里确定以下的序列：

| | | | |
|---|---|---|---|
| 脑干 | 小脑 | 大脑<br>内部 | 外层<br>皮层 |

脑干以用预警冲动喷涂大脑皮层，以及沉降允许睡觉的方式调节意识。小脑是行动和平衡的调节器，而内部大脑是感觉（情绪）的沉淀器，并且保持身体的生理状态。大脑皮层觉察到身体的外部环境，用在体细胞内产生的序列来协调外部产生的序列，参与到符号（情绪和图像）的加工

和选择,最终朝向社会和自然环境。

最早的行为序列是由一部分进化的脑干调整的,这些序列发源于身体内一些地方,并且指导局部的调整过程。由于很多部分被添加到脑干的发展中,引进的和互相影响的身体区域和器官被扩大。当整个有机体移动或保持一个静止的平衡状态时,小脑进化到能调整有牵连的身体过程。不止是位置的关系被牵涉进来,因为热量、循环、新城代谢和其他功能的大的改变同样在进行。这些体细胞的前后关联的特点的相互关系开始要求一个有特色的结构,内部大脑。它能为迄今为止所进化成的所有最高、最近、最复杂的脑部结构提供广泛的关于总体身体状态的证据和主动权。

大脑皮层的意义在于它为复杂的模式添加一个潜在的可能性,而这在大脑创新的早期水平是完全不可能的。在大脑皮层层面上发生的主观事件被严重的地域和时间的限制变得相对松解,限制在脑干、小脑或大脑内部。例如,在脑干,通过神经的输入沿着已确定的,几乎不改变的路线传输,直到输入被沉淀。而大脑皮层则不是这样。在连接一个冲动和最终表达的序列中,巨大的变异是可能的,而且并不是不寻常的。包含着完全清醒的意识的符号事件可能指的是当下之后(或之前)的 1 天、1 年、一辈子,或者是远离目前轨迹 1 里、1000 里或数以亿计光年的假设的事件。这些参考的事件也许被视为威胁,并且当作威胁来对待;并且机制被迅速唤起,加速心脏,改变呼吸,或是改变荷尔蒙分泌。同样的,如果这些远程事件被视为放纵的机会,机制可能会动员身体立即采取行动加速脉搏,抑制消化,修改腺行动。总之,人的“武断的大脑”继续发出内部指令,就像威胁和机会是即刻紧迫环境的一部分,因此,需要逃跑或战斗或爱的即时准备。大脑皮层在刺激了过度的准备之后,受到很大程度的控制,然后它继续阻拦该躯体已经准备好了的行为表现形式,留下重新调整后的余波以应付过剩的化学、电力和肌肉动员。

在意识的层面上“武断”的大脑皮层以预先处理焦虑的方式来行动,在身体运作的层面上,大脑皮层以预先处理损耗的方式来行动。在本章中,我们反复提及的冲动的矛盾未必是由和个人的即时外部环境密切相连的行动的主动权所产生的。相反,压力和焦虑可能由结构性矛盾所沉淀,大脑的演化已经固化于每个人的生活。

当我们考虑面向人类公共和公民秩序的政治问题时,很明显,在某种意义上,生物学已经注定了人类性格要面对—也许最终成功应对—身心系统内产生的不和谐。

【翻译:董　皓;审校:郑业鹭】

CHAPTER 04 >>

# 第四章

# 政治个性

我们在这里研究的主要目标是以权力为中心的个性。每当参与者希望强加或者正在强加严重的剥夺于彼此时,权力关系就包括于人们的事务中。当一个社群在政治上被组合起来,通过法律来解决强制,这表明它是根据一系列权力和控制的安排进行管理的。经由盘点参与者所担负的几个角色可以对决策过程进行有益的描述。在政治角色的扮演与一个特定个性为核心结构之间存在或强或弱的有许多种类型的联系。如果这种联系是强的,我们就得到了政治个性。如果这种联系是弱的,则另一种人格结构就会介入,不论该角色的政治声望如何。[1]

自有古典希腊思想以来,在西欧的传统中政治和性格的联系就是一个主要的问题。[2] 可是至今却很少有对该领域的研究。政治学者和法律学家虽然很好地注意到了政治角色的多样性,但通常却很少去思考该多种

---

〔1〕 本章和下一章将围绕着政治和个性的相互关系以及这种相互关系所产生的结果对于公共秩序的影响。该调查是再次为了共同利益而制定和适用法律提供必需的关于各种思维工作情况的知识。

〔2〕 参见 JAEGER, PAIDEIA: THE IDEALS OF GREEK CULTURE 3 vols. (Highet tr. 2nd ed. 1943); *also* JAEGER, THE THEOLOGY OF THE EARLY GREEK PHILOSO-PHERS (Robinson tr. 1947)。

角色的扮演与个性结构及其发展之间的联系。[3]

政治专门化的普遍描述最通常是作为政党研究的一部分来进行。这种情况的出现有几个原因。正是在研究政治个性时,现代政治学者们开始书写国家、州和地方内部政治活动事实上(作为区别于形式上的)权力的这些事实。19世纪一些大规模的现代政党组织将没有正式授权而又经常在运作的"老板"的角色引到了突出的位置。值得注意的趋势是,即便是拥有民主理念的大规模的政党依然是将权力集中于一个来自公众领袖、组织活动的关键赞助人和党的常任官僚等相对少数精英人物的手里。在具有政党活动高度分散特征的美国,领导人被引到了突出的位置。权力集中的欧洲社会民主党,尤其是德国,将权力集中的趋势公开化。奥斯特罗果斯基(Ostrogorski)和洛厄尔(Lowell)(等等)的早期著作给领导人以突出的位置。米切尔斯(Michels)在另一方面是分析社会党影响力的杰出贡献者。[4] 学者们的注意力逐渐转向欧洲以外的那些事实上领导权但明显非正式的地区。在拉丁美洲的政治活动中,领袖("Caudillo")是一个广泛公认的角色;1912年革命后的中国,军阀("war lords")则是突出的。

当高等院校政治学院系的数量和规模开始增加,实地调查研究的重要性开始被认可的时候,在美国对于公众领袖、老板和改革者的研究也在加快进行。"改革者"在这个国家比在其他地方更加突出,尤其在市政事务中,经常以效率和法律施行的名义对严重不平等的条款展开斗争。这里改革者被描绘成为完成特殊理念的角色,然而另一方面,公众领袖和老板却主要无区别地是以他们的公众声望和与正式或有效的权力关系为基础的。不管他们是公众领袖或组织者,改革者们经常被夸张地描绘成互

---

〔3〕 忽视对人性解释模型的最大例外情况是 HOBBES, LEVIATHAN (1651)。近来恢复心理强调重要推动力的是 WALLAS, HUMAN NATURE IN POLITICS (1908)。

〔4〕 参见 M. OSTROGORSKII, DEMOCRACY AND THE ORGANIZATION OF POLITICAL PARTIES (1902, F. Clarke tr. 1970) 和 DEMOCRACY AND THE PARTY SYSTEM IN THE UNITED STATES; A STUDY IN EXTRA-CONSTITUTIONAL GOVERNMENT (1910);又参见 A. LOWELL, ESSAYS ON GOVERNMENT (1889), GREATER EUROPEAN GOVERNMENTS (1918); 和 R. MICHELS, POLITICAL PARTIES; A SOCIOLOGICAL STUDY OF THE OLIGARCHICAL TENDENCIES OF MODERN DEMOCRACY (E. & C. Paul trs. 1949)。

相不能和睦相处的狂热者。毫无疑问,谈论个性品质会引起对他们怎么这样行事问题的一些关注,但这通常被缺少研究支持的主观意见所排斥;没有东西被用于激励严肃的调查研究。

可是,政党研究确实将其研究兴趣指向"草根"。当然,实践中最有益的实地调查研究通常是在像纽约或费城这些大都市的不长草的人行道上进行的。调查勾勒出选取领导人和政治俱乐部的领导及其成员,这些在巨大政党机器里的"齿轮"们的画像。[5]

公众人物在政党的上层活动里具有高度的可视性。新闻工作者或历史学家在这方面做了大多数的工作,但在联系特定生活历史细节与一般政治参与理论之间他们却没做什么努力。充其量这些被使用的概念只是一个老于世故的门外汉运用常识对待问题的看法罢了。

"舆论"领域是和政党研究紧密联系在一起的。政治保守人士和律师和法官们对"民众"的研究激发了对舆论的调研。前者指望让受大众欢迎的政府失去信誉;后者面对如何解决这些经常地与情绪广泛交织在一起的违反公共准则行为问题。当民族主义和无产阶级的运动范围扩大时,他们引发了对"集体运动"的检验。政治领导权的研究强调在公众人物和他的听众之间相互作用中的"非理性"因素。"鼓动者"或"革命者"在社会抗议运动影响下变成一个被日益关注的议题,行为中的这种"非理性"因素就像"暗示性"(与催眠有关)与"潜意识"(最初为哲学家和文学人士的强调)一样。[6]

纵观这几十年,"官僚主义者"始终是公众尊重、嘲弄和抱怨的对象。

---

〔5〕 参见 FORTHAL. COGWHEELS OF DEMOCRACY (1946); GOSNELL. NEGRO POLITICIANS, THE RISE OF NEGRO POLITICS IN CHICAGO(1935); PEEL, THE POLITICAL CLUBS OF NEW YORK CITY (1935); SALTER, BOSS RULE: PORTRAITS IN CITY POLITICS (1935); 和 W. MUNRO, PERSONALITY AND POLITICS: REFORMERS, BOSSES, AND LEADERS, WHAT THEY DO AND HOW THEY DO IT (1924)。

〔6〕 参见 COMFORT, AUTHORITY AND DELINQUENCY IN THE MODERN STATE (1950); MCRANDLE, THE TRACK OF THE WOLF-ESSAYS ON NATIONAL SOCIALISM AND ITS LEADER, ADOLF HITLER (1965); ZITTA, GEORG LUKACS' MARXISM-ALIENATION, DIALECTICS, REVOLUTION-A STUDY IN UTOPIA AND IDEOLOGY (1964); THE CASE OF RUDOLF HESS: A PROBLEM IN DIAGNOSIS AND FORENSIC PSYCHIATRY (Rees ed. 1948); GILBERT, NUREMBERG DIARY (1947); 和 WOLFE, THREE WHO MADE A REVOLUTION (1948)。

尽管如此,在管理形态上却很少有认真的调研。[7] 随着压力集团和其他自愿团体的成长,"压力集团官僚主义者"开始出现。"理事"或"常任秘书"经常被当作"游说者"和"筹划者"。最近出现的是"宣传者"或"公共关系"人。

在解释历史上成功的军事人物和解决军队领导权的训练问题上,人们已经持续地做出了尝试。政治学者或法律学家在这方面做得很少,即便在平民社会里他们倾向于避开对暴力专家的直接检视。因此站在法律和秩序一边的警察和在另一边的凶手都被忽视或留给了法医学和犯罪学。

现代政治学和法学文献里虽然包含了相当大部分的对政治参与的一般描述,但这个话题绝不是该领域学者的主要兴趣。政治学系强调政治哲学、公共法律和政府比较。这种对已有的政治活动的实际调查已开始引起不少对于在成熟政治角色和个性结构或发展之间建立一个有意义联系的可能性的怀疑。

政治究竟是同一性质的活动吗?美国有成千上万的人是郡、镇、城市、州和联邦服务的公共官员和雇员。"政治"包括政党的和数百个全国性压力集团的委员会和工作人员,以及与公共信息媒体有联系的记者和评论员。当我们考虑全球所有的国家时就很清楚,那就是政府和政党人员的总数大概是非常巨大的。如果我们再估算上在所有的时间和地点与政府有联系的全部人员,大数累计可达几百万。分析家可以很好地提出,怎样才能在像亚历山大大帝这样的世界征服者和地方政府缓慢的办事员们之间得出一个公分母。

如果我们记住"传统的"与"功能的"定义之间的区别,那么对共同要素的研究就不会被认为是荒谬的。当它包含政府机构全部人员时,"政治"这一术语是从传统意义上讲的。另一方面,功能概念确认一个社群中最重要的决定是"政治的",不论是由个人做出的或者是出自一般所认为的政府。传统决策结构和功能结构在有些社会里表现出非常大的不同。重要的决定可以被政党老板或商业公司、工会、教会及其他非官方组织的

---

〔7〕 参见 PYE, POLITICS, PERSONALITY AND NATION BUILDING (1962)。

头头们做出。为了指出功能意义上的政治精英人物,有必要调查实际决定的产生和执行,找出谁的声音是控制性的。在一个给定的期间里,我们发现存在一个典型的由那些作最后决定的团体领导和追随者组成的主要权力模式。〔8〕 在危机时,功能上的决策程序的角色通常由具有把自己价值强加给别人特征的人物来扮演,这听起来至少是可信的。这显然是我们在考虑这些关注权力的人时所要找的联结。当我们将成人的个性与那些早已失去的结合在一起获得成功时我们建立一个发展的联系。证明这样的选择顺序是个问题,即在"理想的"案件里,从家庭、同龄伙伴和邻居所提供的初级圈子的行为到成年后的行为的排序。图式如下:

| | | |
|---|---|---|
| 强调在初级圈子的权力<br>+<br>扮演政治角色 | (导致) | 强调在二级圈子的权力<br>+<br>扮演政治角色 |

上述概括的政治个性的概念不应从"绝对"意义上解读。它应相对于一个或多个相关的群体来做出。每一个人将被用来和在(诸如)家庭、伙伴团体和社会阶级中权力最集中的个人作比较。这种方法提倡密切联系一个给定的社群或历史时期的具体资料,并避免在对*同质政治*给出一个如果大体适用于一些极端案例的定义时出现曲解。譬如,门外汉和专家们一直对一些知名政治人物和病态个性之间的相似之处印象深刻。〔9〕巴伐利亚的路德维格(Ludwig of Bavaria)是一个经典的案例,这个疯子统治者是明显的精神不正常,他射击人靶的嗜好困扰着宫廷。晚期罗马皇帝以卡利古拉(Caligula)的名字作证明为病历记录者提供一个现场活动。这些人都是疯子,还有他们拥有着统治地位。但是建立一个"疯子皇帝"的理论模型作为标准政治人并不会带来益处。了解那些在各种各样的时

〔8〕 参见 STUDIES IN THE SCOPE AND METHOD OF "THE AUTHORITARIAN PERSONALITY"-CONTINUITIES IN SOCIAL RESEARCH (Christie & Jahoda eds. 1954); LASSWELL, POWER AND PERSONALITY (1948 and 1962); LANE, POLITICAL LIFE (1959); J. DAVIES, HUMAN NATURE IN POLITICS; THE DYNAMICS OF POLITICAL BEHAVIOR (1963); D. ABRAHAMSEN, MEN, MIND AND POWER (1945); 和 E. SPRANGER, TYPES OF MEN; THE PSYCHOLOGY AND ETHICS OF PERSONALITY (P. Pigors tr. 1928)。

〔9〕 参见 LANGE-EICHBAUM, GENIE-IRRSINN, AND RUHM (1928) 和 C. BLUEMEL, WAR, POLITICS AND INSANITY (1948)。

间和地点都扮演着杰出的政治角色已足以自信地说有很少的妄想型精神分裂症的例子在他们中间。使用戏剧性和罕见类型是一个将努力描绘和解释出现在决策过程里人物多样性的研究视线转移开的办法。[10]

同时,如前所提的,政治人的一个充实的构想必须选择足够于避免将每一个政治角色的扮演者与同质政治等同。我们已经通过强调权力作为一种价值和社会环境中功能定义上权力角色的选择的相对重要性来介绍过这个选择性的要素。我们指出功能意义上成熟"政治人"的观点 :

政治人获得想法:

强调对权力的需求

+

期望权力对价值结果施加决定性的影响

+

以公共利益名义证明权利的正当性

+

获得足够至少是有效的最低限度政治参与的操作能力

我们坚定认为这是有用的,即考虑以权力中心的人以援引与他人共有的价值观来证明自己的正当性,而不是简单地声称以他的意志来支配。一个已确立之秩序的意识形态是一个符号库,在这里政治家能够把自己当作党的发言人勾画派别、国家、邻近地区、区域、宗教或一些其他团体。当一个政治家采取反对既定秩序的姿态时,反意识形态可能有用。当然在面对面的情形下,成功的操作者必须能够比用意识形态符号更多的各种策略去赢得支持。他也迎合他同伴们的如同表现在直接人际交往中无意识的冲动。然而,符号管理能力对于超越那些赤裸裸的权力可以被成功运用的相对短暂和有限情况的角色扮演是必要的。

理论模型既强调期望又强调需求。它规定强调权力是与关于权力的重要性作为全部价值基础的基本假设相关联的。我们很清楚这些期望可以被那些无法符合其他具体要求的个人所接受。例如,权力的外在表现

---

〔10〕有关讨论参见 E. ERIKSON, YOUNG MAN LUTHER; A STUDY IN PSYCHOANALYSIS AND HISTORY (1958); 和 THE GOD THAT FAILED (Crossman ed. 1952)。

对一些人可能显得如此可怕，以至于他们从所有决策活动和社会交往中退出。作为政治人需要一些外在表现。这或许与运作能力最为明确相关，为此我们规定在指定适用*同质政治*之前必须获得有效性的一些最低标准。虽然我们不坚持成功，但我们的确需要对想象中的权力更加关注。

该定义没有特别指定共同价值观必须被“真实地”援引。因此我们承认这种可能性，即政治人可能是高度自我中心的。（自我中心是指这个人建立他的期望和需求首先考虑自我。这里是“我”，不是包含在识别系统中的家庭或国家的“我们”）

政治人的功能概念排除这些“陷入幻想的精神病患”、“孤独的攻击性”和“早期的自杀”。精神病有多种形式，当他们都涉及对人的深深伤害，但并不是全部的受害者都陷入到排斥全部与人接触的自我关注中。对在刺激下的婴儿的生存失败已引起注意；他们将攻击性转向自己。孤独的有攻击性的青年人或成年人有时从一个工作迁移到另外一个，并从一个人群转到下一个。他们总是中断这种联系，因其不能够控制住破坏性的冲动。作为一个恶棍，虽然他可能获得短暂的超越别人的优势，但这很快就会消失。这种“精神变态者”被从*同质政治*中排除，因为他在参与决策过程中缺失持续性。[11]

最好地洞察孤独攻击性人的发展的形成因素来自于对“无法矫正”的研究，尤其是艾克霍恩（Aichhorn）、雷德尔（Redl）和相关人员的研究。[12]在以“那些恨的孩子”为主题的底特律试验中，孩子被暴露于异常严峻的和连续不断的排斥。总的说来，这些孩子和那些成长为政治家孩子的不同出现在身份识别的领域。从最初那些恨的孩子就得到不足的感情支持，从而在一个无情且敌意活跃的世界里始终感到孤独。让我们考虑下列被雷德尔引用的案例来作为对孩子会被暴露于什么的提醒：

*安迪*（*Andy*）在收养家庭度过他生命的第一个5年。他不时被他作为

---

〔11〕 进一步解释，参见 CLECKLEY, THE MASK OF SANITY (2nd ed. 1950)。

〔12〕 AICHHORN, WAYWARD YOUTH (1935); and F. REDL & D. WINEMAN, CHILDREN WHO HATE; THE DISORGANIZATION AND BREAKDOWN OF BEHAVIOR CONTROLS (1951). *Also* Redl, *Group Psychological Elements in Discipline Problems*, 13: 1 AMERICAN JOURNAL OF ORTHOPSYCHIATRY 77 (1943)。

职业妓女的祖母欺骗,那里他看到了包括变态的成年人的性关系。这个祖母虽然给他许多过度的满足,但是当她不高兴时剧烈地殴打安迪。6岁他被带去与他的父亲和继母一起生活,并成为他继母的苛刻和无爱意的目标。安迪的父亲被这个女人控制,完全不能给予这个男孩任何保护,这使他希望在家里与他"自己的"父亲有一个更好的生活的幻想破灭。

*拉里*(*Larry*)是一个未婚母亲所生的,并且在一个慈善机构里度过他的头两年,他的母亲只是偶尔去那里看他。2到5岁时拉里被从一个寄养家庭转到另一个。间或他与他的母亲在他外祖父母家一起生活。6岁时拉里的母亲嫁给一个比她老得多的男人并把他带到了这个新家。这个继父严重酗酒、野蛮和粗俗。一开始拉里是这个继父过度虐待狂的对象。他被严重地踢打,被扔进家门口的排水沟,被锁在柴房几个小时没有食物。这个继父经常手里拿着枪恐吓要杀死他。他冷漠的、无能的母亲没有给予他保护。

*丹尼*(*Danny*)在5个兄弟姐妹中排行第二。其父母经过多年的痛苦冲突最后离异。他父亲酗酒、虐待、滥交,在酒醉时野蛮地对待整个家庭。其母亲对待丹尼也长期充满敌意,称他"脾气和父母一样",并且断言他像他的父亲一样。这个母亲说她希望她的孩子都是女孩。仅有的另一个男孩年纪小很多:丹尼野蛮地对待据此恨他的兄弟姐妹。

[底特律试验是被奥地利的奥格斯特·艾克霍恩(August Aichhorn)试验所激发的一组项目。给问题孩子建立居所,并且除了一些最低限度的预防措施去阻止损毁和谋杀外,科研人员很少有干预]

假设一个孩子从环境中得到足够支持去体验爱和关心,这个对以后的性格形成显得尤其重要的成长阶段就是恋母情结时期。应该记得前一章性格发展简要描述的在这一时期孩子与家庭权威的关系经历相对快速和决定性的结晶。这是一个孩子的身体和性格发展已经准备好为他拓展活动领域的时刻。他处在他的呵护者的眼前视野的边缘,由此扩大活动和独立的空间。在这一点上在倾向于待在旧的和更安全的行为规范里与走出去超越它们之间冲突爆发了。这种冲突在许多方面背离其本身,尤其是通过逃避新的机会、并与在原先的圈子里的关键人物保持紧密的联系。除非恋母情结的冲突被解决，否则成长变会出现扭曲。[13]

当孩子成功地达致这种冲突时，一组新的目标被采用来代替直接身体接触和持续保护以及监护的需要；同时也代替破坏性地消灭对手的需求。通常这些新目标涉及更广泛的人类范围和在时间和空间上更多的对象。具体来说，它们包括复制行为的成年人模式和分享玩伴的儿童亚文化，即存在于与成人世界的接触中但又与此有区别。通过引导精力朝着不断前进的目标，这个孩子能够保持控制他的破坏性倾向和预防以内疚和恐惧为主的焦虑不安的严重危机。一旦成功度过恋母情结时期，个性就能得到了较大的加强，并且能够以加速度获得这一社群的文化。

未能顺利解决恋母情结冲突将引发离经叛道，尤其在涉及权力的关系中。一个经常的反应是变得极其胆小、温顺和服从权威人物。在男孩中这可能导致其放弃男性的角色，把自己重塑成为一个柔弱对象。另一个可能是叛逆。抓住隐约感觉到的困境的破坏号角的年轻人是反叛的，他们宣称自己有攻击性是为了控制住他们去完全屈服于权威的冲动。后者可能被无意识地解释为表明像包括男子汉的牺牲精神。叛逆有许多种程度，例如不断地显示和威胁使用武力、保持经常好斗的姿态、沉溺于没有前兆的发泄或发怒和用不可想象的举止间接地攻击他人。慢性反叛的情形看来可以归入上面提到的无法矫正者。但是叛逆者的敌意是不同于一个未能得到充分的爱去建立起自我爱的想象的孩子的。虽然这叛逆的孩子获得最初圈子中至少一个成员的相当满意的积极的认同，但是在恋母情结阶段无法维持或取得与权力目标的这种关系。这个小组出现“可爱男孩”枪手，他迷住了许多人，并与帮派（典型含有反对“法律和秩序”的一伙兄弟的组织）成功地保持相对稳定的关系。

对*专制的个性*的研究得出了以权力为中心的人们在恋母情结期间成长的重要性。[14] 以对“成见”的调研作为开始，原来的项目扩展它的范围，直到它成为对理解政治个性的一项主要贡献。成见被定义为一种“对

---

〔13〕 建议应用于政治学的是 R. MONEY-KYRLE, PSYCHOANALYSIS AND POLITICS-A CONTRIBUTION TO THE PSYCHOLOGY OF POLITICS AND MORALS (1951)。

〔14〕 参见 T. ADORNO ET AL., THE AUTHORITARIAN PERSONALITY (1950)。

外围群体的敌意"[15]的形式,并因此含有损害目标的意愿。权力关系也因而被涉及,由于参与者希望强加或实际上强加相互的严厉剥夺。进一步讲,成见的定义被缩小到"在人际关系中针对整个群体或其个体成员的一种敌意方式,并给予它的拥有者满足不合理的特定功能"。[16] 强调态度的不合理这一点意味着这是很肤浅的见解。一个核心的、而不是非主要的功能必须在整个个性系统中进行。[17] (在分别出不合理的见解中一个方便的可操作的指引是固持"什么时候被暴露于事实")有成见的人有不同程度的以权力为中心的个性。他的个性是这样的结构以至于他在全部的圈子中的敌意有相对的恒定水准,或者连续不断地显露出这种态度。这表明目标比个性系统的内在节律更不重要。不仅是犹太人,还有黑人;不仅是种族集团还有他集团都有可能被用作目标,例如国家、政党和压力团体。

成见(或专制)个性被进一步地研究。通过在家庭状况中找出重要的因素,恋母情结期间,或更更常见的是焦虑的强烈程度和时间,被高度重视。艾尔思·弗伦克尔·布朗斯维克(Else FrenkelBrunswik)的著作尤其指向在全部可理解的文化里至少在一些婴儿和儿童的早期生活中能够被发现的活力。用不断增加的精确度来确定何谓"在生命中太严重、太突然或太早"所产生的压制应该是可能的。在这些因素刺激性的影响下,特定的以"专制"人格为特征的活力被激发。这些将破坏性的冲动控制住来减少焦虑的主要机制看来是观念强迫和强制。一项特别令人信服的结果是

---

〔15〕 B. BETTELHEIM & M. JANOWITZ, DYNAMICS OF PREJUDICE: A PSYCHOLOGICAL AND SOCIOLOGICAL STUDY OF VETERANS (1950), Chapter 1.

〔16〕 N. ACKERMAN & M. JAHODA, ANTI-SEMITISM AND EMOTIONAL DISORDER 4 (1950)。

〔17〕 参见 ACKERMAN & JAHODA, ANTI-SEMITISM AND EMOTIONAL DISORDER (1950); B. BETTELHEIM & M. JANOWITZ, DYNAMICS OF PREJUDICE; A PSYCHOLOGICAL AND SOCIOLOGICAL STUDY OF VETERANS (1950); Frenkel-Brunswik, *Tolerance of Ambiguity as an Emotional and Perceptual Personality Variable*, 18 JOURNAL OF PERSONALITY 108 (1949); Rokeach, *Generalized Mental Rigidity as a Factor in Ethnocentrism*, 43 JOURNAL OF ABNORMAL AND SOCIAL PSYCHOLOGY 259 (1948); Perlmutter, *Some Characteristics of the Xenophile Personality*, 38 JOURNAL OF PSYCHOLOGY 291 (1954); and Brodbeck & Perlmutter, *Self-Dislike as a Determinant of Marked Ingroup-Outgroup Preference*, 38 JOURNAL OF PSYCHOLOGY 271 (1954)。

孩子们对一项要求他们遵照模糊指令的测试的反应。焦急的孩子不能够忍受不确定性,且明显地局促不安。他们习惯依赖于作为控制内部冲突手段的简化了的思维和表达。

在对“专制个性”的研究中进行的广泛比较简述如下:

……一个本质上分等级的、专制的、剥削的父母子女关系易于保持到对于一个人的性伴侣和一个人的上帝权力导向的、依赖剥削的态度,以及完全可能达到一个政治哲学和社会观念的极点,即除了绝望地紧紧依附于那些看起来是强壮的和轻蔑地拒绝那些跌落到底层的,没有给任何东西以空间。内在的编剧同样地自父母子女二分法延伸到性别角色和道德价值观的二分法概念,以及到社会关系的二分法的处理,就像陈规旧套和圈内圈外裂痕的形成所特别表露出来的。因循守旧、僵化、压抑拒绝和随之而来的一个人的弱点、害怕和依赖性的突破在其他方面都是相同的基本个性模式,它们可以在个人生活以及对待宗教和社会问题的态度上被观察到。

另一方面,有一种主要被慈爱的、基本平均主义的和宽容的人际关系赋予特性的模式。这种模式包含家庭内部的态度,对待异性的态度,以及宗教和社会价值观的内在化。这种基本态度的结果表现为更大的灵活性和给予更真诚满足的可能性。[18]

比内在化或外在化影响更复杂的过程涉及政治的发展。在允许与政治角色扮演相协调的外化形式中,操控的才智也很重要。完全进化的*同质政治*可以被视为一个集体价值观的典型。因此某种程度的自我编剧是必须的;这事实上是一项复杂的成就。除了同感,它取决于出众的智慧的才能。[19] 这些才能并不需要先天的脑力模式,虽然它们必须被激发和组织起来。它们表现为早期获得的依经验提高的问题解决模式。譬如,对团体活动是一个问题的认识和解决模式的捕获将被列在才能中。这种才能可以经由一个大家庭的成员学会预测和指导年小兄弟姐妹的培养而成。一些家庭的责任是如此的区分等级,以至于当一位年长的成员离开

---

〔18〕 T. ADORNO ET AL., THE AUTHORITARIAN PERSONALITY 971 (1950).

〔19〕 同感变化的重要性是一个优先主题在 LERNER, THE PASSING OF TRADITIONAL SOCIETY (1958)。

家时一个新的"较年长者"被安排接班。当然我们必须承认认为团体活动成为一个问题这并不是为大家庭培养人专有。譬如,一些"独生子"在一个男孩营里的同龄伙伴中顺利进入领导角色,这说明独生子女可能较完全沉浸在一个更大团体里的人能够更加全面地意识到个人之间的相互调整。现今对于这些能力更好的决定因素的认识相对较少。

除认识到集体行动是一个问题外,个人在早期可能获得政策导向方法的其他特征。指导共同行动要求发现能被团体接受的目标。明显地,成功的领导者通过学习解释言语的和公开的信号培养*预测能够被接受的行动方针的能力*。这种推测给予一个孩子对团体成员关系变化趋势的警觉,并培养影响这些趋势因素的意识。此外,具体能力是在发明和评估适合于团体问题的政策过程中实现的。

在每一个社群中的儿童亚文化受到极大关注。这是一个在集体行动中提供实践的世界。只有在例如那些引起"孩子恨"的情况下,一个孩子才真的失去加入这个亚文化的机会。在这里每一个个体都去学习预测他人的行为,并评价涉及他人的行为的成功或失败。大多数亚文化的内容是游戏。这游戏是全部后续志愿协会形式的原型。值得注意的是一个游戏有开头也有结尾。问题出现在游戏的开始、进行和结束阶段。这孩子在不同的时期必须担任评判整个过程的裁判员、和专注于取胜的选手的角色。这无疑是孩子所经历的最有价值的体验之一,它逼真地引入了积极的领导权角色。[20]

与游戏有关,人们已经发现可以在游戏者中的*通才*与*专才*之间找出一个有效的区分。[21] 例如游戏小组的成员认识到个人的勇敢并发挥专业弹子射手的熟练才能。但是小组活动的进行——玩哪种游戏或小组在哪里集合——乃是一些选择,在这些选择里同一个人专门扮演主要角色,即使他可能不是出色的执行者。通才的作用相当于后来的领导职能。我

---

〔20〕 领导在女孩中的实证研究是 JENNINGS, A STUDY OF PERSONALITY IN INTER-PERSONAL RELATIONS (2nd ed. 1950)。

〔21〕 参见 在儿童游戏小组里"领导"和"专才"之间的赖宁格区别;在青年运动中"统治者"、"教师"和"传教士"的温克勒 · 赫尔梅丁认同。(In LASSWELL, PSYCHOPATHOLOGY AND POLITICS 231 [1930, 1960 with Postscript]).

们注意到即使在游戏小组里,领导者也不一定是最权力导向的孩子。一些小组排斥那些试图把他们自己强加于全体成员的个人。可是,游戏小组的构成差别很大。即使在同样的游戏场,虽然没有任何人被允许去压制成员,但事实上一个人可能被一个以权力为中心的少年巧妙地控制。

当我们集合许多研究者收集的各方面证据时,我们是有可能得出勾勒一个以权力为中心的人的可用概念的。一个一般性的论点是,在社会过程中*强调权力胜过一些其他价值已经出现,因为权力的使用已经克服了接触其他价值观的局限性*。因此在最广泛的意义上,权力是一种防御。当按照所有的或任何的价值观来评估时,个体求助于它希望于克服对自己的低估。当无权力价值观未能消除缺陷时,希望是聚焦在权力上。同时,当人们接受其他价值观取决于权力这一期望时,对权力的追求更大地隐现在个性体系里。当我们在设法解释为谁寻求权力(特别在最初的自我)的自我成因时,一个论点似乎是,极端自我中心的固执反映出一个早年时期提供不足感情支持的环境。

下列相互关系的论点概括出一个以权力为中心的人的成长过程的理论

通过使用权力防御实际存在或即将发生的价值观的严重损失,政治人格开始形成。

*期望*:自我价值定位(低)在假定任何实际的或即将发生的损失上被认为是脆弱的。无权力价值被评价为可能是不成功的防御和提升自我地位的方式。相反地,权力的使用被视为相对成功的。

*需求*:成功助长使用权力的要求或者把追求权力作为一个主要的目标。

*识别*:自我的界限取决于早年时期得自环境的容忍。当早期的支持脆弱时,自我中心最明显。在所有情况下,基本的最低限度的支持对维持个体生存和活动是必要的。

*运作能力*:该人具有获取这些能够得到在决策程序中至少是最低程度参与的策略的才能。

应该指出,反权威的态度在所有程度上存在,并可能在以后被修正或推翻。越来越多的权威角色被压给个人,他喜悦的流露大部分通常来自于他在家庭、生意、党派或其他团体中所扮演的决策功能。当年纪被尊重,时间的推移产生出超越社群中年轻人和较少经验的成员的某种优势。早期敌意的具体目标消失,新目标似乎不那么严重。值得记住的是,由于以后的成长趋向于矫正早期的不足,固守的发展路线并不一定是一成不变的。

有证据表明个性的成熟可能经过很长时期。这在如格鲁克斯(Gluecks)的对犯罪生涯的前沿研究中被指出。[22] 他们报告了那些仿佛超越早期所受社会困扰成长的个人的生活史。虽然他们所处的环境与其他罪犯没有明显的方式不同,但是这些人表现出把握自己,并执行一系列详尽又专业的调整使他们融入社群。相比之下,许多人没有显出成熟的趋向。在早期生活中突出的分裂特征继续没有停止。

为了理解许多问题,有必要越过恋母情结阶段推进到甚至是更早的时期。有证据表明作为痛苦难忘事件的结果,在恋母情结和青春期发展阶段之后更复杂,一些个性发展自生的憎恨周期。这种周期在很少试图给其赤裸裸的要求披上可与他人分享外衣的高度自我中心个性的案例中尤其明显。因此理查德·兰德(Richard Linder)描述为"无因造反",他们经常的破坏性行为被追溯到早期生活中演变来的个性周期。[23]

在人类毁灭性的研究上克莱因(Klein)女士进一步的诠释有着特别的影响,其中对权力的需求有部分的表述。根据克莱因女士的解释,婴儿被内部冲突恐吓是如此的强烈,以至于妄想和抑郁状态并不少见。婴儿和儿童寻求外界的支持来对抗这些危机的不幸,只有当在最初圈子里的人表现得可信任和提供真实的安全时,他们才能够发展一个强大和一贯

〔22〕 GLUECK & GLUECK, CRIMINAL CAREERS IN RETROSPECT (1943).

〔23〕 LINDNER, REBEL WITHOUT A CAUSE; THE HYPNOANALYSIS OF A CRIMINAL PSYCHOPATH (1944). 通常参见更多的 P. TAPHAN, JUVENILE DELINQUENCY (1949); A. HOLLINGSHEAD, ELMTOWN'S YOUTH, THE IMPACT OF SOCIAL CLASSES ON ADOLESCENTS (1949); 和 W. RECKLESS, THE CRIME PROBLEM (1950)。

的自我系统。[24]

声称权力活动始于生命的最早开端是有意义的。婴儿的行为是明显地“全或无”。他们是完全睡着，或非常安静，或非常吵闹。一旦情况有什么不对，全部的机体采取行动。辨别力的成长和反应的渐进是逐步获得的。婴儿的“运动风暴”似乎是对成人为了把意愿强加给别人而任意地使用最严厉制裁的功能应对。正是在这广义视角上，我们可以说全部人生来都是政治家，并且一些人永远没有超越它。

我们以权力为中心个性的发展理论由剥夺经验开始，这意味着焦虑、不幸和不舒服。由于全部人类经历不同的时机和焦虑的强烈程度，如果是为了指导搜寻片段，有必要使我们的假设更加具体。

在寻找联系成年前的发展与成年角色中，我们关注成年前的接近于成年价值观和体制的倾向状况。探究不同年龄时期的个体在人际关系中容忍和剥夺的平衡是可行的。关键问题成为：从一种价值观而不是另一种而言，剥夺是否更有可能促使权力的调整？从每一种价值方面来说，什么是“严厉的”和“温和的”容忍和剥夺？

福祉：在任何社群中，我们希望能够发现主流的惩罚方式，那些由家长和保姆用于处理孩子的、儿童用于相互对待的和儿童用于寻找对付年长者的。“严厉”的程度可以从社会角度进行评价。

情感：在任何社群中，我们希望发现情感的证据，那些可能被保留作为在上面提到的三组关系（成人 > 儿童、儿童 > 儿童、儿童 > 成人）中的纪律措施。

操守：特别在我们的文化中，就“坏的”（“顽皮的”等等）而言，我们相当熟悉强烈剥夺的标准模式。

---

[24] Klein, *The Development of a Child*, 4 INTERNATIONAL JOURNAL OF PSYCHO-ANALYSIS (1923); *Early Stages of the Oedipus Conflict*, 9 INTERNATIONAL JOURNAL OF PSYCHO-ANALYSIS (1928); *Personification in the Play of Children*, 10 INTERNATIONAL JOURNAL OF PSYCHO-ANALYSIS (1929); *The Importance of Symbol-Formation in the Development of the Ego*, 11 INTERNATIONAL JOURNAL OF PSYCHO-ANALYSIS (1930); and THE PSYCHO-ANALYSIS OF CHILDREN (1932). On Klein, in general, *see* KLEIN, CONTRIBUTIONS TO PSYCHO-ANALYSIS, 1921 – 1945 (1948). *See also* ISAACS, INTELLECTUAL GROWTH IN YOUNG CHILDREN (1930) and SOCIAL DEVELOPMENT IN YOUNG CHILDREN, A STUDY OF BEGINNINGS (1933).

*尊重*:嘲弄(伴随着姿势)是在早年使用的一种剥夺方式。

*财富*:拒绝给予有权使用物品和服务(基本相当于财富)通常是标准的纪律措施的部分。

*技能*:技能的获取也可以被阻挠(如停止各种形式的比赛)。

*教化*:拒绝给予教化,如当关于身体的好奇心得不到满足时,或者是那些在父母之间发生的事情。

*权力*:一旦拒绝给予被视为严重的、并且当重要的行动要求试图被解决时,权力介入到全部的关系中。

针对"剥夺"在一个以权力为中心的人的最终发展中作为一个促进的事件,我们认识到研究对象个体的观念和在特定文化情形中的共识之间有区别。在积极的防御中,"自我的自我"的不良估计似乎最有可能促成效果。虽然群体(父母或孩子)关于纪律的特定行为的适当性的共识可能近乎完整,但是我们可以发现在具体的案例中一个所谓的被剥夺的目标并没有这样理解。我们的假设涉及的*剥夺是来自一个自认为被剥夺的人的立场*。通常该假设断言*遵从价值观的剥夺作为积极防御的理由是最重要的*。更具体地说,这适用于*操守*、*尊重*和*情感*。在福祉、财富、发展技能的机会或者好奇心的满足(启蒙)方面的剥夺是较次要的,除非这些发生在负罪感的、嘲笑的或失去爱的背景下。该假设宣称任何价值观的严重缺失引起在权力方面的防御。因此自我权力地位的低估强调获取权力的重要性。该一般假设包括指这种精神受创伤的环境如与自慰倾向相联系的严重的负罪感,或者该孩子被人取笑的一个片段(可能因为身体的或精神的缺陷),或者对于在家里被继父或继母或另一个小孩替代的愤怒的刺激。

由于被剥夺感并不总是伴随着积极的防御,因此我们有必要解释什么时候条件肯定地而不是勉强地符合。让我们用这些词组确切地阐述假设性的解释:*如果积极防御即将发生,剥夺必须不能是势不可当的,以至自信被毁灭*。否则,我们看到的是退缩到进入幻觉。自信是*通过期望有一种更好的价值立场的可能*而得到维持,*并且这种可能性部分取决于自我采取的积极措施*。如果一些关于自我未来位置的乐观性没有被保持,这时反应可能比退缩到幻觉的时候更具有决定性,因为一个个体可能将他的侵略性转过来对付自己并自杀。这种行为是一种在社会进程中继续寻找获得一个更有利位置的权力的绝望行为，尽管最大可能是一种积极的矛盾。

防御的积极努力并非必然在权力意义的。正如上面所述，一个假设是*如果剥夺仅就权力而言被理解为是借助权力，权力将被行使的这种可能性增加*。但*如果过去无权力方式成功了，权力措施可以不被采用*。依赖引诱、奉承和行贿可以被指望得到结果。*如果在相似的情况下*（尤其在就近的过去）*权力的成功使用使得援用权力的机会增加*。

前面关于以权力为中心的人的发展理论的重述是对政治人概念在以下方面的详细阐述，即*私人动机代替公共目并且以公共利益的名义使之合理化*。我们现在谈到在初级圈子里如同被引导到二级圈子里的权力需求，以及在公共价值观的名义下被正当化。（我们已经用更少的"诊所的"术语来替代"代替"和"合理化"，并且我们使用自我"防御"来替代低的自我评价）这使得在一个给定的社会过程中"公共目的"是权力的制度模式更加清楚。

依靠积极的防御来对付剥夺，而不是退缩、孤立的侵略或者自杀，已被通过参考过去成功中幸存下来的自信，和当下暴露于不具压倒性的剥夺来解释。诉诸权力而不是非权力，已经与一个个体在当前情况下遭遇到的同类于在先前环境中的权利的相对成功相关联。最后，自我系统的综合性是与从早期环境中得到的支持有关。当支持不足，性格的结果就是以自我为中心。更具包容性的自我系统取决于出现在初级圈子的正面认同。

如果这些构想试图将不断增加的明确性与个性的成长相联系，那么研究项目就必须指向任务。表1给出了问题范围的一些指示。

标题"发展周期"指从出生（或怀孕）到成人期的每一个主体以经历分界的功能分类。当前讨论提出的假设主要是关于婴儿期和童年期（第二个被理解为恋母情结期）。

"环境"是指一个主体在社会化过程中的事件，依据价值和制度分类（一个完全综合的提纲也包括"资源"）。环境在任何时间断被描述为容忍（+）或剥夺（-），这取决于主体感知它的方式。在个体获得使用语言的能力之前,环境如何被感知的全部现行估计取决于其他运行指标(如公开地哭喊)。在语言被掌握之后,通过回访(使用或不使用催眠术或麻醉品的协助)感知可以被确定。任何给定主体的感知可能与给出这些环境模式(如同容忍或剥夺)通常解读的文化(或亚文化)共识有关。在对成年前的环境进行分类时,一种文化的成年模式是最重要的,因为发展研究的目标是去阐明步入成年环境的年轻人的倾向。更具体地讲,研究政治个性的目的是试图发现在成年前年岁中的核心个性的演进对于成年角色选择上的选择性影响。[25]

将被注意到的是"制度"在提纲中是"按照传统"命名的。在当地使用的术语被用于指明一种互动情况。我们所讲的"家庭"、"学校"等不会考虑所指的一个事实上占支配地位价值观的情形是情感或是教化。同理,"少年法庭"、"管教所"或"警察"通被称作"政府的"而不评定他们实际强加或期望强加严重剥夺的程度。(功能的重新分类出现在研究的最后集中阶段)

*Table 1*. The Development of Political Personality

PERIODS OF DEVELOPMENT

Infancy

| *Environment* | | *Responses* | |
|---|---|---|---|
| *Values* | *Institutions* | *Kind* | *Level* |
| Power ±<br>Respect ±(-)[1]<br>Rectitude ±(-)<br>Affection ±(-)<br>Wealth ±<br>Well-bcing ±<br>Enlightenment ±<br>Skill ± | Family ±<br>School ±<br>Government ±<br>(and others conventionally named) | Assertion<br>Submission<br>Hyperaggression<br>Isolated aggression<br>Fantasy<br>Suicide | Conscious($C^1$)<br>Available to Consciousness($C^2$)<br>Unconsciousness($C^3$) |

Schema as above plus PREDISPOSITIONS acquired in preceding period

Childhood

⇓

Schema as above plus PREDISPOSITIONS acquired in preceding periods

Juvenility

⇓

Schema as above plus PREDISPOSITIONS acquired in preceding periods

Adolescence

⇓

Schema as above plus PREDISPOSITIONS acquired in preceding periods

Adulthood

⇓

* The symbol(−)indicates areas where severe deprivation is of greatest significancc for the development of power-centered values.

〔25〕 要进一步讨论,参见 Lasswell, *The Selective Effect of Personality on Political Participation*, in STUDIES IN THE SCOPE AND METHOD OF "THE AUTHORITARIAN PERSONALITY"—CONTINUITIES IN SOCIAL RESEARCH 217 (Christie & Jahoda eds. 1954)。

由于极端的剥夺涉及权力(功能定义),有必要给“严重剥夺”作一个单独类别以记录在尊重、操守和其他临时分类中价值观的变化。只要一个个体参加一个控制强迫的有组织的团体,权力剥夺可以排除成员资格、投票、适任公职的形式(或失去提名、选举、立法提议、行政建议、法院案件)。

在根据“制度”(传统意义上)记录容忍或剥夺的模式时,我们开始揭开文化的功能意义。

我们应该从两个视角来描述“反应”:参与之团体的立场,和根据具体人的全部个性。第一个描述关于“角色”的行为,第二个则是就核心个性而言。我们当然认为从不同的视角来评估依附于相同反应的意义有着巨大的差别。[26] 司空见惯的是,“胆小”的孩子们想象他们正在以很有侵略性的方式表现,然而从游戏团队的观点来看,他们却相当的顺从。当我们参照个性分类反应时,有必要区分至少三个层次:$C^1$,是指对所涉及的想法完全有意识;$C^2$,表示不在清醒认识的中心,但用一些努力可以被程式化;和$C^3$,意指该想法是无意识的(因此在它可以变成$C^1$或$C^2$之前需要克服焦虑)。

这些区别是必要的,因为关于政治个性的假设必须在厘清有意识与无意识关系的相互作用的方向中不断地被完善。从角色分析的方面来说,例如“孤立的侵略性”的人并没进入与他人之间的持久关系中。人类交往的中断往往是由于无法忍受挑衅。从个性角度看,强加于别人的要求是如此的强烈,以至于扮演政治角色的技能既不用获得也不用练习。通过把它视为针对作为被损害目标的早期自我感知的一种防御,我们的假设解释了权力需求的强烈程度。即便是可忍受程度的宽容,不通过威胁也无法获得。

---

〔26〕 就社会化语境研究,参见 HYMAN, POLITICAL SOCIALIZATION (1959); VERBA, SMALL GROUPS AND POLITICAL BEHAVIOR (1961); Lewin, Lippitt & White, *Patterns of Aggressive Behavior in Experimentally Created Social Climates*, 10 JOURNAL OF SOCIAL PSYCHOLOGY 271 (1939); Stagner, *Attitude Toward Authority-An Exploratory Study*, 40 JOURNAL OF SOCIAL PSYCHOLOGY 197 (1954); GREENSTEIN, CHILDREN AND POLITICS (1965); Easton & Hess, *Youth and the Political System*, in CULTURE AND SOCIAL CHARACTER: THE WORK OF DAVID RIESMAN REVIEWED (Lipset & Lowenthal eds. 1961)。

"高度侵略性的"反应指在持续的群体关系中的角色。它是"恐吓的"或"挑衅的"行为,不至于从正常的社会中引发对个体的排斥。它往往与对更强的人"顺从的"反应联系在一起。个性结构已开始依赖于权力,通过较孤立的精神变态者更加不同的行为取得一定程度的成功。

## 鼓 动 者

如果我们给各式各样的政治类型开发模型,就可以更详细地考量上面所述之政治人的综合模型。[27] 鼓动者的鲜明角色是通过姿态、言语和文字使人们激动。[28] 有经验的鼓动角色的扮演者,如同受过训练的演员,可以达到如此的掌握激情以至于当他扮演爱、痛苦、愤怒或任何其他情感时,他能够用客观现实来观察。但在生活的早期年岁,情感被充分感受和表达是很典型的。模仿的艺术伴随着学习和实践。实际上,高度掌控在演员或鼓动者中并非不可避免。鼓动者可能无法随意地对自己以客观的姿态做试验。"真实"的内心态度经常为一个亲密的对象或一个重复的准则代替。不确定性孕育出魔力;同时众人皆知的是听众的反应并不确定。

鼓动性角色的有感染力的情绪对于最适应它的个性结构是一个线索。共同经验告诉我们,一些人特别依赖于其他人的情绪反应。除非是在一个兴奋的关注氛围中,否则他们就会感觉空虚、失爱、弱小和无价值。如果要避免或者缩短消沉,可感觉的和及时的反应是必要的。这种情感依赖并不表明这人的内在生活是丰富或深刻的。相反地,它可能是令人吃惊的单薄。除非他们在观众面前有充分的声音,否则生活似乎显得单

---

〔27〕 个性、角色和文化背景的相互作用的线索可以从以下获得 ROSENBERG, BUREAUCRACY, ARISTOCRACY AND AUTOCRACY-THE PRUSSIAN EXPERIENCE, 1660 - 1815 (1958). 参见 CHAPMAN, THE PROFESSION OF GOVERNMENT (1959)。

〔28〕 参见 LASSWELL, PSYCHOPATHOLOGY AND POLITICS chapters 6 and 7, *Political Agitators and Political Agitators-Continued* (1930, 1960 with *Afterthoughts*: *Thirty Years Later*);又参见 EDINGER, KURT SCHUMACHER-A STUDY IN PERSONALITY AND POLITICAL BEHAVIOR (1965).

调乏味和缺少意义。他们没有一点资源可以让自己觉得高兴。[29]

产生渴望兴奋回应的人格结构有几种类型。歇斯底里的机制允许角色扮演情绪多元化,因为歇斯底里的毫无定式施加了较少的限制于爱和恨、得意和消沉、自大和谦卑的投射。但是一些个性却更局限于其情感诉求范围。在多萝西·帕克(Dorothy Parker)的经典言论里,它们涉及从 *a* 到 *b* 情感的全部范围。它们大部分依赖于其他焦虑解决机制而非如投射、困扰和冲动等歇斯底里。在鼓动者中区分"迫害者"和"谄媚者"的角色是平常的事情。前者擅长于恶语抨击;后者则有积极情绪。出于多种目的,根据它们最适合在观众中激发的情感(不论是娱乐、憎恨、严肃、兴奋、热情或其他),对鼓动性的类型进行分类是方便的。

迫害鼓动者从政治活动的特有破坏性中获得重要性。迫害类型用此平台或报纸专栏作为控制回归,使他能够在强烈的象征主义中沉溺于敌意想象。他特别喜欢的主题夸大威胁的重要性,并攻击任何声称代表合理的理由。当我们研究鼓动者的私密生活,我们有时观察到迫害角色的更深层意义的直接证据。譬如,怯场可能会出现在公开露面的预期里。可能有一个准备阶段,在此期间怒气的"泵送"对于指责的异常兴奋是一个必要的序幕。在蔑视的狂欢之后引发数小时的反高潮。当兴奋的心情衰退时,则可能在强迫性社交、性行为或酗酒中寻求安慰。所有这一切的意义在于,对依赖反应的斗争只是取得了部分成功。

## 管 理 者

现在我们转向那些履行管理角色者。管理者的生活的主要通过持续性和事实性来区别。因此,"天生的"管理者有一个不同于鼓动者的发展历程并不奇怪。在典型的管理程序中,许多防御来自反对情绪化。任何大的管理操作工作大部分都在受影响的人们的视线之外运行。观众的角色被流"进"和流"出"盒子的文件流进一步减少。当有关的当事人到场,

---

〔29〕 要进一步探讨,参见 D. RIESMAN, THE LONELY CROWD; A STUDY OF THE CHANGING AMERICAN CHARACTER (1950)。

他们通常是一个小组委员会会议的部分。决策者可能会通过把责任归咎于权威规则和先例而为自己解围。

一些个性有足够的变化以顺利调整鼓动性或管理性的角色。可是,鼓动和管理之间潜在的不相容因经常发生出色的鼓动性人物发现难以适应管理的责任而被指出来。同样地,负责需要公共支持运作的有才能的公务员也经常未能采用给广大观众带去信心和信念所必需的夸张手法。

不同于情绪依赖于观众的反应,有效管理者的相对独立性表明应从比鼓动者更好的综合性格人物中招募管理者。但管理角色里有很大的异质性。一些包括同质于鼓动者的工作任务,如一个大使应该是使他自己被广大的公众感兴趣。在中高层级上,大型组织的官员不能精明地忽视公共关系。[30] 然而事实依旧是,当这些在管理角色中的变异被认识到时,每一部大的管理机器要求都许多限制和重复操作的执行。显而易见,机会给予安全而不是基于冒险的激动人心的成功。还必须指出,管理操作并不一定与健康的人最为适意。重复性对那些不喜欢情感表达和设法用无感情的规则控制住内心敌意的人有吸引力。自发性和创新性二者都不被鼓励。

奥托斯珀林(Otto Sperling)称他分析了20个官僚主义者,发现大多数有强迫性神经症。[31] 在这些案例中,最重要的动机是无意识的虐待狂。但他评论心理变态型可能将自觉虐待狂伴随着危险的后果带进官僚职业。一个病人被报告通过编造其工作所要求的数字挽救了他自己的工作。(他应该做水的化学和细菌学的分析)

斯珀林还认为,缺少移情作用的精神分裂症患者可能会将官僚机会变成对他人的剥夺。他举了一个非移情、狂热型、遭受了他父母财政困难的贫穷劳工的孩子的实例。在4年里他开始工作、但晚上继续接受教育并最后学习法律。他没有时间进行人际交往,但却专注于从他自己童年

---

〔30〕 详情参见 LASSWELL, PSYCHOPATHOLOGY AND POLITICS chapter 8, *Political Administrators* (1930); 和 ROGOW, JAMES FORRESTAL-A STUDY OF PERSONALITY, POLITICS AND POLICY (1963)。

〔31〕 Sperling, *Psychoanalytic Aspects of Bureaucracy*, 19 PSYCHOANALYTIC QUARTERLY 88 (1950).

感觉如此强烈的经济限制中解放劳工阶层这一理想。社会民主党给了他一个市政管理的工作。他较高的智力带来了快速进步直到他成为一个部门的主管。在家里,他虐待被他认为笨的妻子,并且对孩子们不耐烦。他想当然地认为在他的部门里每一个人都是社会民主党人,并坚持要全体人员同他一起进行政治示威和五一节游行。由于他的大多数雇员是皇帝的忠实支持者,也不认为自己是劳工阶层的成员,他们非常痛恨他们的上级。对被迫与低级阶层一起游行并加入工会的愤怒导致他的一名雇员变成了纳粹党员。这是这个人的面貌特征,他对公众在明白他们自己利益时的迟钝不耐烦。他把他们最大的利益放心中,但碰到的是消极抵抗,并真正地感到委屈的是人们不理解他。由于他害羞且无法有说服力地表达自己,他依靠命令,这产生了不愿遵从和激烈不满。

法官的角色是典型的管理。许多手段可被用于在他自己和受他决定最直接影响的个体之间保持情感距离。他可以退缩到不受感情影响的规则和先例的丛林中,或者求助于上级主管。

与争端解决有特别关系的是这些性格特征尤其适用于担任仲裁员、调解员或斡旋者。[32] 他们在协议的边缘地带发挥重要作用。例如,在世界政治竞技场,暴力的预期永远潜伏在背后,并且如果当事方认为这意义关系到他们的权力地位时,任何争论的重要性被夸大。在这种微妙情况下,维持和平最有希望的手段是调停而不是裁判。这不仅在国际竞技场,在国内政治当类似情况发生时也一样,同时只有伴随着当事方的同意解决办法才能有效地适用。在许多宗教和其他志愿组织里,纪律问题一般而言是说服争论的当事方同意不诉诸整个社群机制,这也是对的。男人和女人有继续的需要,他们的特殊礼物是同意的再造。

调解员或仲裁员的个性要求是耐心细致,因为有效执行这一角色的人必须倾听争论,不能过分介入,并被激起焦虑而无法控制。保持冷静和

---

〔32〕 参见 LASSWELL, POWER AND PERSONALITY 65 (1948 and 1962); WEYRAUCH, THE PERSONALITY OF LAWYERS; A COMPARATIVE STUDY OF SUBJECTIVE FACTORS IN LAW, BASED ON INTERVIEWS WITH GERMAN LAWYERS (1964); FRANK, LAW AND THE MODERN MIND (1930); 和 Engle & French, *Some Psychodynamic Reflections Upon the Life and Writings of Solon*, 20 PSYCHOANALYTIC QUARTERLY 253 (1951)。

给出能够找出各方合理要素的证据是必要的。他必须不断地搜寻共同的目标和途径。目前我们不能很有把握地说“自然的”调解员是如何产生的。有迹象表明,成熟的调解员被招自那些早年在家里扮演着调和角色的人。他们对争议双方当事人负有责任,努力争取恢复平静,从而避免失去控制或变成对两边父母的反叛。

当然我们不能够假定外交官的功能(作为一种专门的管理形式)保持不变。传统上,外交在世界竞技场中的一个功能是预先阻止争议,并给无法阻止的纷争带去和平协商的结局,这无可争议。但是外交的许多功能随着世界政治格局的变换而改变。当这个大使是一个带着特殊协商任务的偶然访客,该角色并不足够稳定以去建立一个候选人所准备的职业生涯。因而,基于个性的自我选择不是一个因素。当该大使开始永久性地代表君主,该功能就包括保持将摩擦减至最低机会的复杂礼仪。虽然公众政府增加,但外交功能保留着许多在君主个人之间交流时期的时代特征。该任职特别吸引那些对权力着迷的人物,但对于那些不敢越雷池一步的人除外。

那些被卷入军事生涯的个性类型同样地与不断变化的军事活动范围一起波动。[33] 随着现代化国家士兵的专业化和军队与技术的扩增,军官与人身危险的直接联系被减弱。对于负责人员策划和指挥的高级官员,有关生死风险的生动现实已经变得遥远。另一方面,致命的任务继续给予步兵作战单位和其他全部作战人员,在那里敌人被认为是人而不是地图上的一个点。在工业国家里,城市生活已经将狩猎和其他直接参与的屠杀减至最低,屠杀被归入是一个比以前情况更加突然的经历。同时,空中和导弹战争的扩展带来了风险的社会化,战线后方的城市平民与军事人员的危险趋于等同。结论是,在近代军事力量的上层对暴力作出直接调整的问题已经减少,然而对于城市居民一般而言却是在增加。因此在军事力量的相对底层,一个在杀人冲动与屠杀快乐之间的直接连结更有可能被发现。我们往往在战斗机飞行员、坦克军团和伞兵之中发现“冷酷

---

〔33〕 可以找到提示在 JANOWITZ, THE PROFESSIONAL SOLDIER (1960); HUNTINGTON, THE SOLDIER AND THE STATE (1957); 和 THE NEW MILITARY; CHANGING PATTERNS OF ORGANIZATION (Janowitz ed. 1964)。

无情的"风险承担冒险者。

在现代政治警察部门已经变得复杂、并依照大规模组织的模式特点进行了重组。然而在整体上没有一种真正代表这种部门的人格类型,虽然一些类型在特殊分支中脱颖而出。譬如,集中警卫队和酷刑队招募的新兵往往来自于虐待狂暴徒。在较高的组织级别上,残忍的快乐比奉献于一个人或者理想显得较为次要。这种较高级别为更加客观无情的类型提供领域,在这里人类痛苦的现实是遥远和抽象的。

各种角度的心理成因的知识并没有使我们能够预见到为敌意或积极感情具体化的特定目标。在可持久态度的形成中,具体的冤屈可能是关键。当沙皇的警察杀害列宁的兄弟时,他们并没有忽然地制造出一个职业革命家。但是这种心灵创伤对于列宁从事政治生活的时机确实有着重要的影响,特别是在他献身于共产主义事业的强烈程度上更是如此。

某些发展类型表明可指明的动机模式在相当明确的行为模式里可能达致高峰。请考虑这样的人,他们因把体面的人拖入到不道德或犯罪行为中而获得强烈的满足感。冒犯者可以是一个行贿者,通过贿赂法官和腐化一个先前诚实的政治家而获得特殊的快乐。冒犯者可以是一个敲诈者,他对密谋毁掉一个牧师或教师或其他一些既定秩序维护者而乐在其中。或者,一个骗子可以因使一个在社群中受尊敬的人的妻子或女儿丢脸而得到特别的高兴。这些人很可能不无得意地在想"每一个人都有他的代价","无论如何这一切都是一场闹剧"。许多那些从事"信心游戏"的人发现,对他们来说一个莫名其妙的兴奋在于赢得他人的信任和让他人留在困境里。该策略的迹象是,通过点燃然后毁掉父母和兄弟或姐妹的希望,获得因对被想象或夸大的错误进行报复的幼稚的快乐。专业间谍作为职业的一个诱人特征是有机会去诱惑和背叛。例如,女人可以对男人表现他们的敌意。男人中有唐璜(the Don Juans),他上瘾地重复表演针对那些支持因更喜欢他们父亲而从没被原谅的母亲的替代者的复仇戏剧。从现代分析的角度,这些侵犯行为正在给予那些必定会被道德和法律的荒谬新"示范"所抑制的良知的残存力量以奇怪的赞扬。

## 知识分子

当我们根据个性需求考虑政治哲学的主要形式时,会发现一些广泛的联系。导向哲学与倾向宗教的知识分子之间的对比经常被勾画出来。用另一种方式来表述,该区别是在那些或多或少关注“逻辑”的人们之间。我们也讲诗人和印象派画家对逻辑学家和法规编纂者。一方面是热情的肯定式;另一方面是冷静费力的说教式。通过思考卢瑟和加尔文(Luther and Calvin)或者卢梭和洛克(Rousseau and Locke),这种对比可以变得很明显。[34]

在那些因一个理由被感情地认同,和那些被更加松散地(智力上)联系在一起之间,有一个发展的重要特征。前者意味着付出、放弃、结合和变换。后者更加有代表性地适用于一个信念的闪现、一个新想法的把握、一个新观点的掌控。第一种倾向是比较地易于接受的和被动的;而第二种是专用的和积极的。赫茨伯格(Herzberg)在他对哲学家研究里沿着这条路线进行了区分,此外还有荣格(Carl Jung)。[35] 几乎不需要说明的是,在这所述的意义上,美国法理学家的智力生活的普遍主题是哲学的而不是“宗教的”。

## 政治活动对个性的影响

如果转去考虑扮演积极政治角色对个性的影响,我们所面对的就是一个已经受到相当草率对待的题目。当然,有一些关于权力腐化影响的

〔34〕 参见 Kligerman, *The Character of Fean Facques Rousseau*, 20 PSYCHOANALYTIC QUARTERLY 237 (1951); Heidenhain, *Rousseau, F. F. Personlichkeit, Philosophie und Psychose*, in 117 GRENZFRAGEN DES NERVEN UND SEELENLEBEN (1924); Lasswell, PSYCHOPATHOLOGY AND POLITICS chapter 4, *The Criteria of Political Types* (1930); FROMM, ESCAPE FROM FREEDOM (1941); 和 A. GEORGE & J. GEORGE, WOODROW WILSON AND COLONEL HOUSE; A PERSONALITY STUDY (1956)。

〔35〕 参见 HERZBERG, THE PSYCHOLOGY OF PHILOSOPHERS (1929), who discusses the lives of thirty famous philosophers, 和 JUNG, PSYCHOLOGICAL TYPES (Baynes tr. 1923, rev. tr. Hull 1971). 通常参见 THE BASIC WRITINGS OF C. G. JUNG (de Laszlo ed. 1959)。

著名论断，尤其是阿克顿勋爵（Lord Acton）的。[36] 一个对权力对个性的影响的系统研究也许可以将这种可能发生在个体权力地位内的变化归类。譬如，在权力地位中的变化可能是突然和巨大的。一名不起眼的警卫变成罗马皇帝。一位美国总统在投票选举中被击败，并静静地回归到私人生活。世界政治的考量使大国在巴尔干半岛建立一个新王朝或者废除一个在近东的统治家族变得适时。失败和革命结束了一个在几个世纪里曾经参与欧洲命运的王朝的统治。或，上天遗弃了一个在中国已经持续了500年的王朝。

这些突然的变化是如何影响个性的呢？我们回想弗洛伊德（Freud）描述的无法承受成功的人的类型。在这个经典的案例中，儿子继承父亲成为有罪的牺牲品，因而意志消沉，完全不能够去应付其职位的责任。让门外汉较少感到困惑的是那些当失败时垮掉（或自杀）的个体。但并不是每一个人，那些被迫下台的，或那些支持一项失败事业的，都会搞垮自己。如果我们更近地看看那些毁掉他们自己的人，就会发现一个不健康的继续存在的破坏性根源来自早期发展的扭曲。随着失败，自我防御破碎，除了一个去杀死弱小和无信用的残存自我的疯狂决定外，什么也没有留下。

不应该被忘记的是，政治学关心价值观更甚于权力。突然的转变发生在关于友情、爱、荣誉和道德的要求。某些最困难的对积极政治生活的适应牵涉到一个人的早年朋友。当职业生涯扩大时，感激的要求必须被超越，因为一位旧的密友太不能胜任以致无法接任他决心要做的工作。或者一个困难的政治局面使得抛出法官或大使馆的职位空缺给予政党司库的提名人成为有必要。对友情更多微妙的干扰产生于在有限预算的时间里持续不断的责任压力。私人联系为了他们自己的缘故必须被减至最低，并且他们往往显得简短、冷静和敷衍了事。被遗弃的朋友对于那些拒绝他们所付出的人的自然不满。这些态度被一股针对成功的朋友和对手的嫉妒潜流进一步复杂化。

---

〔36〕 该论断“权力导致腐化，绝对的权力导致绝对地腐化”被许多书本引用作为著名的语录。原本地，它包含在一封给曼德尔克赖顿（Mandell Creighton）主教的信里，日期是1887年4月3日。参见 LIFE AND LETTERS OF MANDELL CREIGHTON 373：23（1904）．该论断被批判性地评价在 ROGOW & LASSWELL，POWER，CORRUPTION，AND RECTITUDE（1963）。

当这个政治家有很好整合了的个性、并且能够对他的老熟人送出真实的热情时,做出这些调整是很困难的。但是当其个性中有怪癖时,人与人之间的关系就受到被夸大的压力和紧张制约。一个恶性循环开始,以致感觉到老朋友的失望或怨恨的政治家可能首先遭受到(不被爱的)孤独的害怕或罪恶感的侵袭,然后他通过使自己再次确信,老 X 总是有些愚蠢,或者新工作的职责太重要而不能顾及小的私人问题,从而强烈地将这些感情推到一边。随着时间的推移和职业的继续,越来越少的人被他"理所当然"地当作真正的朋友。政治的无情算计需要不断评估友情的实用性;许多旧的密友出现在借方:政治的理性算计方式往往包含每一个人际交往,没有人能够超脱。新的替代最初圈子的老成员并没有产生一个新朋友的小圈子,而是"同谋"。最有权势的人可能被切断来自自然的人际交往而滞留在顶峰。这类顶层人物常常转向这样的插曲,不假思索地满足那些远不能与他们同等的,和那些在社会意义上是"被加害的对象"的个体(如奴隶、幼童和仆人等)。

权力的战略和战术众所周知地涉及与行为的早期准则不同强度的冲突。操守冲突引发罪恶感;达致罪恶感可以有多种方式,包括抑制和反应形成,因而自责被抹掉,沮丧情绪被从意识中驱除。虚张声势和老于世故的态度经常取代它们的位置。

一个经常出现的关于政治调整的问题是令人沮丧的理想主义。普鲁士腓特烈二世是一个最初被定在较高道德水准上的愿望与"国家理由"侵蚀效果之间冲突的典型案例。腓特烈的全部经历尤其富有启发性,因为它显示了主要建立在背叛基础上的被夸大的理想主义的无常。作为一个青年,腓特烈对他的父亲有着许多的反叛,倾向"文化"而非"野蛮",穿着、讲话和姿态追随巴黎朝臣的形象而不是一个父亲般训练教官已确定的继承人。年轻的腓特烈所担忧的是,在安全上升到王位之前等待时机是不够的。在针对他父亲的敌意挑衅戏剧中,抗议的神经质元素出卖了它自己。终于他成功地带给他自己和朋友们报应性的惩罚,在潜意识层面上这正是他所要求的。当这报应到来时,腓特烈最亲密的朋友被杀害,腓特烈被置于管制之中。最终,腓特烈停止了他的姿态,答应条件。他这么做伴着内心的痛苦,结果是他的权力实践被标上许多破坏性的特征。

他的最后政治遗嘱是一本反理想主义的手册。这是一个父亲形象烙在儿子上的生动实例，因为这父亲已经将他的专制性格印在了天才的腓特烈身上。[37]

除与令人沮丧的理想主义有关的问题外，政治还面对着令人沮丧的有调整问题的暴徒。我们正在谈论的是以权力为驱动的个体，那些蔑视软弱和使自己坚定地骑着粗暴的铁蹄越过他人的人。在政治成就的较低水平上，这种个性可能是不能被容忍的，因此他们加入精神错乱不适应环境的人的流浪队伍。在较高水平上，这些类型变成以自我为中心的暴君，他们以恶魔般的执意和激烈去仇恨和毁灭。被对消除恐惧的贪得无厌的需求渗透着的这种人格结构阻止他们得到来自获得掌握权力的完全满足。如果胜利似乎证实了无敌的幻想，那么它们同时证实了一个对人类潜在的蔑视。自我的软弱和空洞是复发性空虚的体验。暴君蔑视成千上万或上百万被他的手法所欺骗的人。他们像愚蠢的傻瓜一样攻击他，这些人理应得到他们的低能所带给他们的一切。由于对他认真对待，他们丧失了任何要求自己被认真对待的主张。

在许多政治情势中都有无限放纵的机会。良知和早期理想结合限制绝对统治者和英雄人物。限制未必完全有效，甚至在他们的潜在影响被这种如魔法行为的反应形成所泄露时。他们偶尔有可能突然进入到狂乱的自我放纵和十足的破坏性（如在亚历山大大帝的生活）中。或者，我们遇到一个被感官享受拖垮的精疲力竭的统治者，因为自己的软弱无能而使用残酷的行为去发泄憎恨和藐视。（这是相当熟悉的形象，绝对的统治者在一个传统约束的社会里，他的差错被认为是塑造万物命运的神秘力量之不可测意志的部分。在一个更加民主和世俗的社会里，个体自主的张力是通常太大以致不能允许专制的行为）

在许多政治情势中一个突出的特点是暴力的期望。我们指的是作为企图暗杀或"殴打"结果的死亡和受伤的危险。对死亡的恐惧释放出许多防御机制，在一个身体的勇气受到赞赏的社会里，鲁莽是年轻活力最富特

---

〔37〕 特别参见，*Frederick the Great*，in MEINECKE, MACHIAVELLISM-THE DOCTRINE OF RAISON D'ETAT AND ITS PLACE IN MODERN HISTORY Chapter 12 (D. Scott tr. 1957)。

征的表现。但是鲁莽是对于个体不能承认的胆怯的过度补偿。鲁莽意味着胆怯被否认。

危险的幽灵对于那些正在对强烈的破坏性倾向进行斗争的,和那些用偏执的机制倾向于对付他们的人,有让人消沉的影响。当环境提供一个实际的确认时,怀疑的内核可以被美化成巨大阴谋的想象。预警般的残酷将环境歪曲到一个令人畏惧的威胁,开始呈现出理性政策的色彩。

当我们研究任何政治实体的成功政治家时,我们被一个独特类型的现象所打动。在大型的公众政府里,例如美国,有经验的政治家有许多共同之处。在任政治家的一个职业特征是对新闻的敏感,因为在许多事情上他习惯于生活在瞬间的选择中。政治依赖于有来源获得对手计划变化的通知,或任何有可能修正他的意图和能力的因素的情报。独特地依赖于对即时事件的感知有助于一个对于社交和联欢的夸张渴求。他可能进行不必要的社会接触,这并不是因为它们给出更好的信息,而是因为它们允许这个政治家去社会化他的焦虑。

忍耐不确定性的能力是老练的政治家的一个标志。当外部环境突然使他"脱节"时,政治家所依靠的与闲话流言调和的安全程度变得简单。他被空虚的感情所困扰。作为避免长期消沉情绪的一个手段,他很有可能被逐回到欢乐的麻醉状态。

在像美国这样一个政治实体里,政治生活的一个突出特征是尊敬的给予和接受。在政治家间的交流被镶嵌上尊重和钦佩的宣言、无数的感情和尊敬的姿态以及永不停流的赞扬和衷心的致意。这种互惠浴式恭喜的功能是相当明显的。作为一个公众人物,政治家是被批评和辱骂以及奉承的目标。在阳光突现般的热心大众的支持中间,政治家感到心灵天气可以是没有通知的变化。明天到来一场批评的阵雨和挫败的寒风,但是后天可能标志着更新的公众热情的曙光。这种要求尊敬被满足的不确定性使政治家易于在自我强化中合作。他们组成一个潜在的不被爱的和潜在的拒绝的伙伴关系。牧师、演员和编辑分享不确定的公众关注的聚光,并因此演化出一个相互消除疑虑的准则。

在民主国家里政治就是如此,以至于政治家经常改变立场,因而危及个人关系。超越距离的变化,合作从长远来说是明显可能的。通过在任何时候保持相互尊重和幽默的礼节,路径被开放给新的同盟。

不像对于许多其他职业的新手,所有这些对于年轻的律师来说更加显而易见。法律学生习惯于辩论和异议,而不会失去情绪控制,这是受过法律训练的人在政治生活中所享有的一个有利条件。他变得熟练于定罪模拟。

经验丰富的民主政治家是一个联盟的工匠。除非裂缝在政治实体内变得非常深,否则政治家们能够做出工作安排,其结果是融入社会组织中。有经验的政治家学会去生存也让别人生活,学会去喜欢和被喜欢。即使一个具有很强破坏倾向的个性也可以通过政治历练成熟成为一个更加合群和富有热心的人。但是,当问题是结构性的且需要一个全面的观点,这些狭隘的战术家就可能失败。

经常地出现在活跃的政治家间的征兆表明了政治家对于尊敬的关注。例如在美国有酗酒。同样也有偏执倾向,通过一个扭曲的方法证明了人类反应的极度重要性。

我们已在描述切合民主竞技场的政治家。他们是宽容的专家,倾向于根据许多价值取向修正他们的权力。[38] 在相反的一极是专制的政治家。对于专制者和狂热者而言,不存在对共同人性的预期。有的只是“朋友”和“敌人”,原则上这条鸿沟是不可逾越的。

## 权力中心个性在政治精英者中的地位

在简要浏览政治情势对个体的影响之后,是时候去在一个更加系统的方式上检验个性和刻画各系统精英人物所特有的个性和角色之间的适应水平。这些水平是在积极的政治生活中发生的个人偏好与重塑之间的相互作用中演变的系统。如同我们已经指出的,政治人在作为一个整体的社群的背景下,或是在其中选择的次设置,都是“相对的”。在一些社会里,权力不是一个主要的价值;相反地,强迫性人际关系的运用处于最低

---

〔38〕 进一步解释,参见 Lasswell, *Democratic Character*, in THE POLITICAL WRITINGS OF HAROLD D. LASSWELL 465(1951);和 LANE, POLITICAL IDEOLOGY – WHY THE AMERICAN COMMON MAN BELIEVES WHAT HE DOES 400(1962)。

水平。然而,当我们研究这样一个社会时,我们希望发现一些人较他们的同伴相对地将重点放在强迫别人上。发展的假说试图去说明这种不同,以及那些从在像我们这样一个文明的权力角色中挑选出的个性。

通过使用一个多元价值模型,我们能够澄清一个较过去那些已经习惯的更加有差别的关于这些联系的思考方法。譬如,从以权力为中心的人中招募的政治家在一个给定的背景和时间里,在多大程度上是积极的?他们在多大程度上来自那些以财富、尊敬、操守或其他一些价值为主体价值观的个性?

在全部的政府类型中和全部的危机(或非危机)时期,政治家通常从以权力为中心的人物中招募或自我招募,这样建议是有吸引力的。但这也是极其令人怀疑的。请考虑美国,这个可以被描述为在世界政治竞技场里有巨大权力,拥有相对民主的制度,以至于政府里的活跃决策人物是按照这样的程序选择的,即在这里,社群的大部分被涉及且必须被考虑。譬如,当我们研究总统时,我们对他们职业生涯里许多价值观的长处印象深刻,不论我们想到华盛顿、杰斐逊、林肯、罗斯福或者是威尔逊。只有用最富于幻想的过于简单的方式,我们才能够对这些人分类——即使杰克逊——像这样由于对权力的热望和对它的获得或应用时完全的冷酷无情所消耗。下述假设可能被进一步的研究证实:当*比较自由的制度存在的时候,大型现代政治组织的领袖们倾向于将权力作为同等的或者是其次的价值观*,与其他诸如尊重(受欢迎)、操守(作为公共利益仆人的声誉)和财富(一种谋生之道)等价值观一起。纵然这些领袖们相对于他们的许多同事而言是以权力为中心的,但专注于权力的程度还远不足以使他成为狼人(homo lupus)的政治人的形象。臭名昭著的是,这些老板们更倾向于关心私人财富,而非是以权力作为他们的首要目标价值。

另一种假设适用于相同类型的社会:*强烈地以权力为中心的人往往被归属于比较低级的角色*。(a)*这是最可能符合那些在面对面的关系中重视强迫扮演的人*。在手工劳动者中,许多个体有动辄争吵和身体格斗的癖好。这一等级成员所允许的角色为破坏性的冲动提供了许多直接的发泄途径。我们发现压迫者们存在于流动劳动力,和负责工程施工、伐木、采矿、收割及其他类似团队等较低管理层级中。他们常见于海岸工作人员、陆军军士长、卡车司机、警察、消防队员和运动员中。我们从那些在白领活动或相比其期望更加谦虚的职业里失败的人中,发现了个性好斗的个体。当我们在现代工业社会领导权金字塔中向上爬时,必须与他人保持联系的次数降低了专横的有效性。

(b)*这对依赖于强迫性机制(“专制个性”)的以权力为中心的人物也可能也适用*。强迫性设定了对个体参与政治的适应能力的限制。有固执个性的年轻人发现在政治里前进的灵活阶梯比由标准专业和职业提供的更加通常的步骤更少适意。在官僚机构里不是顶级职位,而是限定的、规定的和牢固的位子才是他们要适应的一个角色。借助于由管理套路提供的巩固,他们能够抑制其破坏性的冲动不至于在直接的人际关系中混乱地释放。竞选公职或设立新项目的危险对强迫性特征施加了巨大的拉力。

强迫性特征的僵化提出了关于在一个极权主义的工业社会里招募顶层精英人物的重要问题。[39] 即使在这样一个制度很好地建立起来之后,它也是充满着恐怖和威胁的特点。难道“极权主义个性”真的能够比其他类型更好地忍受不确定性?这看起来是最不可能的。更可信的是,那些相对很少发生内部冲突的人比较自由地来对环境做出现实的评价。强迫性的人更加适应于管理等级制度内的适合位置。十有八九,他们会迫切地准备着按他人的意图和能力去扭曲他们自己的看法,以获取政策制定的较高级别。鉴于这些思考,请考虑以下假设:

*在工业化社会里,一个已确立了极权主义制度的顶层领导们是招募自“专制个性”的,这是不大可能的。*

一些现代的极权主义政党招募好斗的年轻人,目的是为了抓住和引导他们的能量,而不是避免在体制外留下潜在的对手。在这些年轻人中有一些虐待狂的个体们,他们对弱者残酷,对每一个人挑衅。如果他们不

---

〔39〕 参见 NEUMANN, THE DEMOCRATIC AND THE AUTHORITARIAN STATE (1957); *Dicks*, *Personality Traits and National Socialist Ideology*, 3 HUMAN RELATIONS 111 (1950); MEHNERT, THE SOVIET MAN AND HIS WORLD (1962); MCCLOSKEY & TURNER, THE SOVIET DICTATORSHIP (1960); Haimson, *Three Generations of the Soviet Intelligentsia*, in IRON CURTAINS AND SCHOLARSHIP (Winger ed. 1958); 和 Dicks, *Observations on Contemporary Russian Behavior*, 5 HUMAN RELATIONS 111 (1952)。

能够控制住他们的内在冲动,或者如果他们缺乏面对复杂任务的才能,他们最终可能成为监狱看守者、警察酷刑者及诸如此类。如果他们才能足够,且抑制住虐待性和挑衅性冲动的不恰当的表现,他们可以上升到负责的领导集团。那些坚定而自信,有竞争力而非虐待狂的,和那些具备了必要的才能的人,可以被期望爬上领导层。

在一些成规里,对一个精英人物的训练意在切断其与家庭、朋友和其他伙伴身份认同的全部联系,并制造一个统治政治秩序和国家的完全可靠的工具。切断早期的身份认同对高度自我中心主义的人来说是容易的。可是完全认同整个政党,对于自我中心主义者来说更加困难,在极权主义国家这可能成为一个分裂和因此最终虚弱的源头。*如果他们内在冲突的解决没有依靠极端的强迫性,自我中心的个性有可能在极权主义制度里抬头*。这似乎有可能,一个*基本健康的个性对抵抗政治生命的不确定性是必要的*。这意味着在最初圈子里,婴孩和儿童必须能够从至少父母一方(或保姆)得到足够的爱和关心去发展自己的正面形象,以及获得给予和接受消除焦虑的感情的经验。这意味着这类顶级领导们在发展上与内向的、孤立反社会的或固执冲动的类型不同。他们潜在的对于世界的认识并不认为这世界是唯一的权力竞技场。

本系列的最后一个假设是:*在已确立的民主或极权主义制度里,顶层领导人往往从这些并不是主要倾向于权力的人中招募;可是,相当程度的自我中心也是一项资产*。

如果我们在最有利的条件下对关于个性和政治的假设进行调查研究,合作和时机是重要的。合作意味着社会科学家和心理学家的团队在一起工作。选择时机的意思是说这样安排的研究人员团队在个性和政治参与之间变换联系的重要性可以通过时间来描述。当角色中关系变化时,人格结构的选择性效应很可能呈现不同。譬如在危机情形下,鼓动性角色与司法角色比较而言,其重要性方面可能上升;或者,政治警察角色在损失其他管理活动的情况下获得提升。以权力为中心的人受到新职能的吸引。同时,青春期、少年期和更早期的模式可能正在经历改变。因此,社群可能形成强调每种情形下权力潜能的更多的个性。由于词语的意思持续在变化,对角色的解释也在变化,因而必须不时再校正测试。

和心理学家有着紧密联系的政治学家麦康瑙希(John B. McConaughy)在南卡罗来纳大学进行了一项前沿的研究。[40] 本罗伊特(Bernreuter)问卷被发给170位南卡罗来纳州议员中的18位,用于和那些得自该州的成年男性的一般标准作比较。得出的结果表明政治领导人稍微较少神经质,更加自给自足,并显然更加外向;不过他们也有些微较多的支配欲。G-A-M-I-N因素的吉尔福特—马丁(Guildford-Martin)问卷调查指出,南卡罗来纳的政治领袖对于公开活动比普通人有更多的通常压力。同样地,他们也显然比普通的男性居民更有阳刚之气;他们显然比一般人更加自信(和更少自卑感)。在爱德华兹(Edwards)未做标记的法西斯主义态度测验中,这些议员比那些爱德华兹所描述的人更少法西斯主义。C-R观念调查显示南卡罗来纳的政治领袖明显地比普通大学人员更加保守,但比起对南卡罗来纳人口进行有控制的抽样调查范本则并没有太多的保守性。

麦康瑙希(McConaughy)的研究指出了在科学家中间合作的方法路径,以便能够逐渐地通过时间对理论进行检验(和再检验)。选择一个"立法团体",作为南卡罗来纳传统上定义的权力机构的部分,这便于与其他政府组织进行比较。最后,这些研究能够扩展到商业、教会和其他机构(像传统意义上认同的)。

## 政治个性研究指引

我们可以通过选择者的直接面谈获得关于政治选择和选择者的一些最有价值的资料。在下面数页中我们使用了与琼斯(Jones)长期访谈的节选,他被提供了一个法官职位并决定接受。这些引用是根据为了清楚表达涉及选自全文的重要组成部分的内容组织的。琼斯对这一职位做出什么*反应*?在当时的情形下哪些*环境因素*是有影响的?有哪些*先验倾向性*因素解释该反应?

---

〔40〕 J. McConaughy, *Certain Personality Factors of State Legislators in South Carolina*, 44 AMERICAN POLITICAL SCIENCE REVIEW 897 (1950).

在研究个性时，我们没有逐字逐句地提取当事人关心的证词。另一方面，当然我们也没有忽视它。我们是把它作为进一步访谈其他人和运用其他相关研究方法进行调查研究的出发点。最大化的假定表明琼斯必然会接受该任命，因为就全部的价值而言，他期望比拒绝该任命有更好的境况。可是，问题不是“通过定义”断定假定是真的，而是发现路径来显示它如何适用于琼斯。挑战来自于获取的资料是确认（或不确认）由一般假定引发的假说。

需求陈述明确了琼斯所寻求的价值结果，并给予他拥有的具体选择方案以评估。期望陈述分为两个类别：关于将来和过去的事实断言（事件之前，*事前*期望；事件之后，*事后*期望）。我们根据自我参与的成分编排需求和期望。为了使报告在可处理的范围内，只有四个部分被提及（主要自我、家庭、律师所、少数群体）。我们可能应该继续包括政党、行业协会、俱乐部、教育机构和这些琼斯识别他自己的类似圈子。另一个总体的简化也被做出。我们仅引用积极的陈述（容忍而非剥夺）。

该访谈资料以下列纲要的方式报告：

A. 反应：成功的抉择（法官职位的选择）在涉及其他的供选方案里特征。

1. 对价值的需求。

a. 主要自我。

(1－8)权力、财富、尊重、教化、情感、技能、操守、福祉。

b. (c, d, ...) 次要自我成分（例如家庭、事务所、少数）

(1－8)如上。

2. 事前期望（关于将来价值位置）。

a. 主要自我。

(1－8) 如上。

b. (c, d, ...) 次要自我成分。

(1－8) 如上。

3. 事后期望（针对过去位置）。

a. 主要自我。

(1－8)如上。

b.（c，d，...）次要自我成分。

（1－8）如上。

4. 关于选择过程的陈述。

a. 可评估的。

b. 可设计的。

B. 环境因素。

1. 对价值的需求。

a. 在公开和半公开媒体上的关于一般价值或关于抉择者的具体陈述（主要自我、其次自我因素）。

b. 在私下渠道里相当于上述“a”的陈述。

2. 事前期望（关于将来价值位置）。

a. 公开和半公开（如上）。

b. 私下。

c. 秘密。

3. 事后期望（关于过去价值位置）。

a. 公开和半公开。

b. 私下。

c. 秘密。

（注意该大纲受限于传播流）

C. 先验倾向性因素。

1. 对价值的需求。

a. 主要自我

（1－8）权力、财富、尊重、教化、情感、技能、操守、福祉。

b.（c，d...）次要自我成分（例如家庭、单位、少数）。

2. 事前期望（关于将来价值位置）。

a. 主要自我。

（1－8）如上。

b.（c，d...）次要自我成分。

（1－8）如上。

第一部分是在考虑和选择法官职位时,琼斯做出的需求和期望的陈述:

A. 反应。

1. 对价值的需求。

a. 主要自我。

权力。“我对权力比对其他任何事情更感兴趣。”

(财富和其他价值省略)

b. 家庭。

权力

“我想建立一个政治朝代。”

c. 事务所。

权力。

“我想看到我的事务所成为政治上最有权力的因素之一。”

d. 少数。

权力。

“我想看到我的少数群体发挥像其他任何同样规模的少数派一样多的政治影响。”

2. 事前期望(针对将来价值位置)。

a. 主要自我。

(1)权力。

“法官职位会使一个人在地方、州或甚至是联邦层级上的政治发展成为可能。在私人执业上,一个人不可能几年时间里在政治上获得一个相同的位置。”

(2)财富。

“虽然法官的工资比我在最好的年份里赚到的少,但它更稳定。”

(3)尊重。

“在可预见的将来,法官职位比我在私人执业所能成就的任何事情更加受到公众、律师协会和我的朋友们的尊敬。”

(4)教化。

“法院处理许多我想要更多了解的有趣和重要的事情。执业将可能变成更加专业化。”

(5)情感。

“在法院工作,我可以更多地待在家里和享受家庭。”

(6)技能。

“在我有足够的技能成功地去赢得上级法院的任命之前,我需要下级法院的经历。”

(7)操守。

“比起积极的执业,在法官席位上我可以较少地在那些我认为对的事情上妥协。”

(8)福祉。

“与继续积极的私人执业相比,法院工作的紧张度将较少,因而对我的身体健康更好。”

b. 家庭。

(1)权力。

“我的兄弟渴望进入政界,而我在法官席位上的声望将比我在外所做的任何事情更有助于他。”

(2)财富。

“现在经济前景更加有保障,我可以在城里一个更合意的地方给家庭建一栋更好的房子。”

(3)尊重。

“毫无疑问,家庭将得到更多的社会尊重,并且我的妻子将如愿被邀请去参加俱乐部活动。”

(4)教化。

“我将更加处于内线,知道当地发生什么事,在州和国家的层级上亦是如此。”

(5)情感。

“家庭比起现在要做的招待活动要少,主要因为我将有较多的时间参加;并且妻子和孩子们会很高兴。”

(6)技能。

“将会有更好的机会使孩子们进入最好的学校。”

(7)操守。

“家庭将不再有这种污名,即有时被迫加入我作为有些相当臭名昭著人物的代理人的活动中。”

(8)福祉。

“我们可以计划较正常的度假,这对全家人的健康都有好处。”

c. 律师事务所。

(1)权力。

“我在法官的位置上将加强律师所成员在政党和公共事务中的政治分量。通常认为法官职位证实高级合伙人的内部操作,并且他们将比以前更加得到重视。”

(2)财富。

“事务所将不会失去我的特定客户圈子及减少收入。客户将被留住。这一任命的消息会吸引新的业务。”

(3)尊重。

“事务所受尊敬的地位将得到提升,尤其是如果我取得好的名声。这将有助于消除自某一丑闻以来一些已经被传播的谣言。”

(4)教化。

“只要不违反我的职责,我当然可以获悉引起我注意的高级合伙人知道的许多事情。”

(5)情感。

“我的离开将缓解所里的嫉妒,因为Z现在将确信他可以发挥更大的作用。这将使得人际关系更加开放和容易。”

(6)技能。

“在法官席位上一些年以后,我将更有资格去担任一个顶级职位。”

(7)操守。

“当有一个合伙人被任命为法官时,事务所的道德地位将得到提高。”

(8)福祉。

“稀奇的是,我的离开将改善事务所的健康,因为有可能委派新的初级合伙人去帮助承担工作重担而不用疏离我的老对头Z。”

d. 少数。

(1) 权力。

“我是少数群体的一个成员并活跃于教会事务,而且我的任命将实际上迫使对方政党提名我的少数成员担任公职。”

(2)财富。

“我将强调给我的人在接受涉讼财产管理人和全部其他司法支援方面一个突破。”

(3)尊重。

“由于我是我的少数群体最早在该地区取得相对高公职的人之一,因此与少数群体有联系的每一个人将觉得他自己的地位在世人眼中得到提升。”

(4)教化。

“我们广泛地介入诉讼,并且我可以合法地看到背景资料是否对教会的政策制定者有用。”

(5)情感。

“我确信许多对我和我派系群体有保留态度许多少数群体成员将是真诚地友好的。”

(6)技能。

“重要的争议可能会到达法院,因而我最有可能应该去注意的案件是支持少数群体在这国家里的通常地位。显然,我可以从法官的角度上帮助提出问题和给出判决意见。”

(7)操守。

“我确信从我少数群体里走出的公众人物的不道德名声可以被在法官席位上的出色形象所抵消。”

(8)福祉。

“通过现有法律的更好地执行,我的人们在社群的许多地方的可怜的居住状况可以借助许多方式得到改善。我可以在这些状况的改善上发挥一些影响。”

3. 事后期望(针对过去价值位置)。

a. 主要自我。

(1)权力。

“该法院的一些前任成员在政治上已经攀升到更加重要的职业如大城市的市长、州长、更高一级法院的成员。”“近些年没有人直接从私人执业进入到政府里的高级职位。”

(2)财富。

“法官的工资正在稳步地增长,并且比起立法和行政机构的工资较少地收到公开的政治攻击。”

(3)尊重。

“法官被邀请去参加许多仪式表明社群的羡慕。”

(4)教化。

“最近这些时期,一些涉及商业规范以及公民自由问题的有趣案件已经提交到法院。在私人执业里,我正在介入到越来越多的税收技术性问题。”

(5)情感。

“法官在任期内一天只要工作数小时,因此有更多的时间留给家庭和朋友。在最近几个月我几乎没有一个晚上与妻子在一起而没有被干扰。”

(6)技能。

“高一级法院的任命通常给予那些有下一级法院工作经验的人,因为重点被放在了经验和技能上。”

(7) 操守。

“法官对于操守有更高的声誉。我经常为我的取巧感到内疚。”

(8)福祉。

“我想法官比那些积极执业的人活得更长。”

b. 家庭圈子。

(1)权力。

“当名字与重要的政府职位显著地联系在一起时,在政治上成功的机会会增加。”

(2)财富。

“过去我的收入经常波动,我很不愿意为房子承担大笔的抵押。”

(3)尊重。

“法官的妻子和整个家庭通常受到更好的俱乐部成员的欢迎。”

(4) 教化。

“我非常了解的X法官是一个对于公共生活的趋势和人物消息最灵通的人士之一。”

(5)情感。

“我妻子经常抱怨我没有挤出足够的时间给予在家庭聚会上的社交生活。”

(6)技能。

“法院成员的孩子们进入最好的私立学校从没有任何的麻烦。”

(7)操守。

“最近几年有好几次,当我的妻子和孩子们听到我被批评为一个‘罪犯的律师’时,他们有内疚感。”

(8)福祉。

“我的医生已经说过我应该轻松些。”

c. 律师事务所。

(1)权力。

“事务所的高级合伙人经常显示出在许多政党和公共事务中好像有重要的权力因素。但他们已在输给Y事务所。”

(2)财富。

“我已经习惯了我特定圈子的客户与其他事务所成员一起合作。”

(3)尊重。

“有好几年了,有位前任高级合伙人卷入丑闻往往被提及。之前之后,良好的记录几乎被从记忆中抹除。”

(4)教化。

“事务所这几年从高级合伙人与几位法官的亲密和非正式的关系中得益。关于此没有不合法的事情,但内部评估就避免了几次错误。”

(5)技能。

“当一位高级合伙人退出时,我们时常感到单调乏味的年轻人可以因被赋予了更多的责任而获益。”

(6)情感。

“Z和我在事务所的年轻成员眼中是对立的,因而在许多事务所政策的问题上人们有一个‘选择站边’的趋势。”

(7)操守。

“这一特定席位的声誉在许多年里都是好的,事务所已将一项任命看作每一个与新法官有联系的人的道德证明。”

(8)福祉。

“事务所私人执业的工作量变得如此之重,以至于一些高级合伙人正在出现紧张情绪。”

d. 少数。

(1)权力。

“一旦一个少数群体的成员被一个党派任命到一个重要公职时,另一个党派将跟进这一势头。”

(2)财富。

“这几年,我的少数群体的律师们在担任涉讼财产管理人和其他形式法院的指派中已经赚到一些小钱。”

(3)尊重。

“我们经常地听说那些少数具有相当知名公共职业生涯的人。”

(4)教化。

“在教会诉讼中,一些迟延源自于缺乏关于好坏时机的内部信息。”

(5)情感。

“我被一些认为我忽略了服务该群体并太专于注推进我自己职业的少数群体成员冷淡地对待。”

(6)技能。

“在这个国家里,法律原则的一些要点没有与少数群体问题联系起来被激烈地争论过。”

(7)操守。

“恶劣的社会和经济条件已产生许多的不法行为和犯罪问题。”

(8)福祉。

“我的人们花最高的租金得到最简陋的窝棚;并且这些房子通常是不卫生和不安全的。”

4. 关于选择过程的陈述。

a. 可评估的。

“我并不费时间来拿定我的主意。事实上已经决定接受了。”

b. 可设计的。

“我征求许多人的意见并在一定时间里推迟我的回答。”

B. 环境因素。

1. 对价值的要求。

a. 在公开和半公开媒体上,一般性的或关于特定之选择者的价值陈述。

对权力的需求。

“一个活跃的选战在那时正在媒体上进行,并且有编辑敦促居民去参与积极的政治活动并从老套政治家们手中拿回权力。”

(其他价值省略)

b. 私下途径的陈述内容相当于上述的“a”。

对权力的需求。

“我被许多朋友和熟人亲自告知他们想要我去接受这项任命并在政治上晋升。”“不仅是我的兄弟还有其他人催促我通过接受这项任命来帮助整个家庭的政治景观。”“事务所的成员说他们希望我能接受,部分地因为它能够使我的原事务所显出增加的实力和声望超越了它的主要对手。”“我总是被来自少数群体组织的代表团催促去接受这项工作。”

c. 暗中做的陈述(来自抉择者)内容相当于上述“a”。

对权力的需求。

“我事后知道很多,我根本不必要担心这一职位邀请的诚挚性。主要的老板知道我并需要我。”

2. 事前期望(关于将来价值位置)。

a. 公开和半公开的陈述。

关于权力。

“经常被指出的是，无论谁今年进入这一席位都将可能很快有在政治阶梯上迈上几大步的机会。”(其他价值省略)

b. 私下陈述。

关于权力。

“我的兄弟说如果我接受这法官席位他可能得到巨大的帮助，因为他可以有被委任为一个党派委员的机会。”

c. 秘密做的陈述。

关于权力

“我事后听说我的教会举办一个特别的会议祈祷我能够做出正确的决定。”

3. 事后期望(针对过去价值位置)

a. 公开和半公开的陈述。

关于权力。

“媒体持续关注的重点，是州长的数目，他们来自于这个特定法庭。”

(其他价值省略)

b. 私下陈述。

关于权力。

“代表团来告诉我正义将被持续下去，直到我们的政治地位足够强大到阻吓我们的敌人。”

c. 暗中陈述。

关于权力。

“高级合伙人有许多在政治上已成长起来的年轻律师榜样，但他们没有对我提到，因为他们认为我应该以为他们正要设法排挤我。”

C. 先验倾向性因素。

1. 对价值的需求。

a. 主要自我。

权力。

“自从我可以记住成为一位重要政治人物以后我总是向前看。”

“从我在法学院的最初几天起我一直梦想成为一名法官。”

b. 家庭。

权力。

“我来自早年的最大志向是看到我家庭的全部成员在政治上活跃和成功。”“我想要我的家庭有一位法官,越快越好。”

c. 事务所。

权力。

“我从一开始就觉得我们事务所应该不断提供法官和其他顶级公职人员的来源。”

d. 少数。

权力。

“我作为一个年轻人去拿到我们的首个代表提名。”

2. 事前期望(关于将来价值位置)。

a. 主要自我。

权力。

“我经常在想老师在小学里说的,律师总是这些在人类事务上留下巨大标志的人。”(其他价值省略)

b. 家庭。

权力。

“我父亲和姐姐经常预言我的兄弟或我有一天会成为总统,并且我也时常这么想。”

c. 事务所。

权力。

“很早我就认识到事务所的政策是鼓励有志向的年轻职员和合伙人在公共事物中变得活跃。”

d. 少数。

权力。

“我们的教会经常遇到麻烦,因为当地的业主能够运用政治影响力来阻止我们的购买。我经常想如果我从政,我就可以全部改变这点。”

3. 事后期望。(针对过去价值位置)

a. 主要自我。

权力。

“阅读摩西、所罗门和其他带给人们法律的人的生活时,我经常被激励。”

(其他价值省略)

b. 家庭。

权力。

“我们从不被允许忘记我们家庭财产的失去是因为我祖父与一位比他更有政治影响力的人争吵,政治是真的有关系。”

c. 事务所。

权力。

“事务所是由两个带来自己业务的有牢固政治联系的律师组织的。政治总是看起来极其重要。”

d. 少数。

权力。

“给予我们年轻人以深刻印象的,是一些来自于我们政治上没有防备的迫害。”

我们再次强调访谈只是方法之一,通过这一方法资料的获得可以被用于研究抉择和抉择者的个性。对于一些章节里其他那些强调理论形成和资料管理的科学程序的方法,应该给予关注。

【翻译:郑业鹭;审校:王　超】

CHAPTER 05 >>

# 第五章

# 政治文化

人类社群的文化，不管是作为一个整体或是其组成部分，都包括价值构建和共享的基本制度。社会文化的政治成分包含神秘体系和权力技巧。这一概念比指代权威及控制决策的法律秩序更加宽泛。然而，它却不比公共秩序广泛，后者包括法律秩序所保护或实现的所有价值过程的基本特征。简言之，政治文化专于权力过程。

对文化的全面审视要求不仅只对具体模式进行识别。那些细节是如何作为一个整体相互关联的？简言之，它们是如何构成一个系统的？对一个社群的文化进行分析这一问题，与对一个人的个性的分析是近似的。两者都研究政治文化最合适的起始点是在将被描述之社群中按惯常理解的权力过程。由于起作用的权力过程并不必然与本地称之为政府、法律或政治的制度相同，只有采用适当的调查方法之后，我们才有可能比较有把握地谈论某一特定的政治文化。最终，传统观点可以为该系统起作用的一面所补充。

现在我们的重点只是偶然地放在可执行的实证研究方法上，该方法最终能使科学的观察者将起作用的东西从政治的传统模式中解脱出来。为了涵盖影响及制约决策过程的最重要因素，某一特定文化的科学模式要超出决策过程的专业常规。制约因素包括所有与权力部门互相作用的价值制度部门的特征。例如,家庭和学校的社会化功能影响成年人决策,因此被认为是政治文化的一部分。

为了分析的完整性,我们必须注意到社会的每一个价值制度部门都可被选作为进行详细说明的参照系。[1] 在这一背景下,我们可以通过搜寻那些对质疑者可强行实施重要决策,如必要,通过适用由决策者决定的最严厉的剥夺,来确定权力结果。例如,教会可通过把那些信仰不忠的人逐出教会来确保其教义规定有效力。教会的政治文化不但包括该机构之决策过程、而且包括在其他社会部门中影响决策的因素。因此操守制度的政治文化大概包括其在其中发挥作用之更大社群决策过程的特征。

我们当前的关注焦点是涵盖一切的政治文化。作为一个自我规制的系统,政治文化在权力和其他价值之间,以及在各制度之中,都保持着一种特有的关系。比如,当权力开始支配财富或福祉时,文化可能组织起来以致产生一个相对的运动来矫正平衡。同样地,集权的趋势可能产生出一个回应的制度性运动来恢复分权。

称政治文化是一个系统,意味着一种期待模式支持了一个适当的决策流程。根据最大限度假设,我们推断实际的决策是那些从社群之有效目标价值方面评估被期待能带来最高"收益"的。文化涵盖了观点,包括能使事件在价值方面被认同和解释的那些观念。

为使政治文化变得稳定,有必要一代代地铸造个性,使下一代能够并

---

[1] 在形成性格时期暴露于一种文化的人发展了特有的个性特征。相似地,每一个价值制度成分趋于塑造一个可预测的个性模式。参见 B. Malinowski, Culture, 4 SOCIAL SCIENCE ENCYCLOPAEDIA 621 (1930); R. LINTON, THE CULTURAL BACKGROUND OF PERSONALITY (1947); E. CASSIRER, ESSAY ON MAN (1953); and ANTHROPOLOGY TODAY: AN ENCYCLOPAEDIC INVENTORY (A. Kroeber ed. 1953). 关于国家(或大群体)特征的概念参见: Inkeles & Devinson, *National Character-The Study of Modal Personality and Sociocultural Systems*, in 2 HANDBOOK OF SOCIAL PSYCHOLOGY 977 (Lindzey ed. 1954); and M. Mead, *A Study of National Character*, in THE POLICY SCIENCES: RECENT DEVELOPMENTS IN SCOPE AND METHOD (D. Lerner & H. Lasswell eds. 1951). 关于美国参见 A. DE TOCQUEVILLE, DEMOCRACY IN AMERICA (H. Reeve tr. & H. Commager ed. 1947); G. ALMOND, THE AMERICAN PEOPLE AND FOREIGN POLICY (1950); G. GORER, THE AMERICAN PEOPLE-A STUDY IN NATIONAL CHARACTER (1948); A. KARDINER, THE INDIVIDUAL AND HIS SOCIETY (1939); and D. RIESMAN, THE LONELY CROWD; A STUDY OF THE CHANGING AMERICAN CHARACTER (1950)。

愿意步入成熟决策者的角色，并与该系统之基本特征相协调地行动。[2] 这样，政治思想意识得以持续。这另外还意味着当下舆论在思想意识倾向和现状的信息流动之间一贯并有效地调停。在这一章里我们将顺次阐述个性的塑造、思想意识的稳定以及舆论的培养。

## 宪政与性格

最早全面阐述了一国宪政与个体公民性格之间联系的，是柏拉图的《理想国》。[3] 在那些因其深度和精湛见解依然给读者留有深刻印象的段落中，柏拉图预言了弗洛伊德的理论，并全面概述了社会决策制度与给予个体特征被专门标识的制度之间的相互依赖。其基本之见解可为这一假说所表达：*宪政之稳定性依赖于铸造性格（或个性）的适当形式*。一般认为这些因素是包含许多其他因素的一个更大平衡的一部分。但特殊之处在于个性是宪政稳定的一个重要特征。在某种程度上，公共秩序的稳定促进了统一类型的、与政权相和谐的个性的出现；相反，一个新形式的个性的出现便利了公共权威和控制系统的最终修正。

柏拉图并没有混淆公共秩序与公众的冷静，或是断言后者是稳定调节性格和宪政的必要条件。他特别指出，战争对于延续某些宪政安排是必要的，因为如果没有战争的挑战，建立在武装基础之上的权力机构就有可能会解体。更普遍地，*每一个政治制度都纳入一些技巧，这些技巧必须被足够频繁地利用以维系训练和奖励的系统；此系统保存了相关技巧并保护它们不受损失*。在这个意义上，适当的危机（或挑战）是任何宪政所预设之平衡的一个基本特征。

如果在某一时期达致了稳定，也不能想当然地认为这一系统在塑造适于宪政延续的个性上将会成功。在成功塑造个性之后，失败也可能发

---

〔2〕 参见 ALMOND & VERBA, CIVIC CULTURE: POLITICAL ATTITUDES AND DEMOCRACY IN FIVE NATIONS (1963); S. LIPSET, POLITICAL MAN-THE SOCIAL BASES OF POLITICS (1960); THE POLITICS OF DEVELOPING AREAS (G. Almond & J. Coleman 'eds. 1960); and S. EISENSTADT, THE POLITICAL SYSTEM OF EMPIRES (1963)。

〔3〕 参见 THE WORKS OF PLATO 4 volumes (B. Jowett trans. 1937), especially Vol. 2: BK. VIII, *The Republic*。

生。在许多方面这可被认为是经典作家最伟大的洞见。柏拉图明确承认错误的教育可能改变社群主流的“精神结构”,并以这种方式导致宪政从内部解体。错误教育导致的失衡并不能自动被矫正,而缺少矫正会削弱宪政的生存机会。柏拉图前所未有地清晰指出了社群教育制度对国家作为一个整体有效运转的重要性。在家庭及学校里发生的事情,创造了一个信任、信仰和忠诚(除了传递运作能力)的持续系统,该结果在成长中的一代变得成熟并加入决策过程时维持或削弱了国家。

在哪些情况下,主流的教育系统一旦与国家的政治需求相和谐了,就会变得混乱?柏拉图的答案是:*混乱在父子关系之间发生*。更普遍地,失衡的影响被认为是老一代与继承一代之间关系的衰败。“父亲”(老一代)指的是所有在社会中具有权威(和控制)的个人,不管这个人是实际上的父亲或是父亲的代理(如老师)。

再进一步,我们质疑这种混乱是如何开始的。柏拉图将责任归于老一代。他可能已经选择了其他假定,例如新兴一代遗传结构里的规则或随机的变化,或是作为年轻人彼此相互作用结果的新标准的出现。(当然,柏拉图并不参与对国家平衡起作用的“外部”因素,如消灭老一代或是与其他文化交往的影响。他也不考虑那些如社会结构中的改变之类的“内部”平衡中的因素。他只密切留意那些“个性对个性”的关系)

假设混乱始于老一代,问题就在于如何识别困难的本质。假设*负面事件的连锁反应始于父亲为了一个理想太过于凭冲动行事*。换句话说,老一代改变了理想与现实之间(在行为的符号模式与公开模式之间)占优的关系,这背离了已确立之秩序。更具体地说,柏拉图将重点放在对已确立之理想的过分遵从上。但为什么呢?将重点放在过分遵从上,其他的可能性便被推向一旁,如理想的削弱或抛弃。在考察这一问题的某些点上,考虑其他选择是必要的。

假设父亲夸大了理想,柏拉图断言年轻人拒绝仿效其父亲,那么国家的社会继承从一代到下一代会变得更加错误,直到决策过程被自我修正,宪政系统被改变。关键的假设是:*成长的一代从已确立之行为理想的背离,直接随着老一代对一个与已确立之理想的过分遵从的背离而变化*。

但分析继续深入。柏拉图建议不仅要留意背离发生这一事实,还要解释其趋向的原因。在这点上的一个观点可这样表述：*年轻一代向一个不同的方向背离老一代*。比如，回应开始向另一个移动以达致理想，而不是复制过分强调已确立之理想。（最终质疑这一假设并将其与其他选择进行权衡是重要的。比如，为什么年轻人不画一张已确立之理想的夸张的漫画？）

为了解释在政治平衡中产生的张力如何引起宪政变化的循环，数个假设被提了出来。比如，从荣誉政治开始，柏拉图谈到了主流价值被尊崇的一种社会形式。当稳定的时候，荣誉政治要求热爱荣誉的性格。如果不试图详尽地定义荣誉政治，我们可以说关键的决策是由那些认同整体福利的人做出的，他们寻求为之服务而不关注其个人价值。荣誉政治者尊重其自身，并乐见可敬之人组成的社群平静地尊重他以作为回报。他尊重所有其他谦卑从事公共事务的人。但是，柏拉图写道，热爱荣誉的性格可能被夸大，正如当老一代将重点放在一个适中或是即将退休的生活模式时。年轻的荣誉政治者于是更喜欢抱负。很明显“抱负”包括寻求积极机会去获得公众关注的想法，以及在决策过程上发挥决定性的影响力。然而，柏拉图说，有抱负之人的儿子因太无私而拒绝家长式的理想，并且他更喜欢钱。依次地，守财奴的儿子鄙视他的父亲，因为其在追求财富中放弃了那么多的快乐；他变成被柏拉图口中的“民主人士”，被认为是相对自我的和欲望“过多”而自我放纵的（比如为了物质的满足）民主人士的儿子被认为是超越了过多欲望的教化、任凭自己沉溺于“不法”的欲望，这在专制宪政里达到顶峰。

其对暴政本质进行澄清的尝试相关，柏拉图以其深邃和独创的方式探索了潜意识。这让人回想起被作为柏拉图式个人精神国家概念的一部分介绍的，是其中渴望的、精神的和推理的部分。追求金钱的寡头反映克服精神和推理部分的欲望。“民主”人士是在精神的渴望部分中发生的斗争的结果。专制的极端是自我放纵的最终界限。专制个性所乐见的欲望的本质潜伏于每一个人中，其能够被梦想的解释所发现。在梦里灵魂摆脱掉理性加于其上的限制，人类最野蛮的部分被唤醒，暴露其个体本身并不知晓的本质的部分。柏拉图指出欲望与一个人的母亲有关，其他一些混杂，从与偶像的性交往到各种各样的性变态，以及谋杀，也是潜意识的。

无需将柏拉图关于个性的三重划分与更新的思想逐条等同,就可清楚发现这一设想仅进行一处修改就大致上等同弗洛伊德的。正如由弥德(G. H. Mead)和库利(C. H. Cooley)研究出来,并且被我们的分析中揭示出来的那样,修改是在本系统之内。[4]

当柏拉图谈及精神的性格时,他指的是一个人尽管有些自我,但仍能足够认同社群作为一个整体并由国家支配其意志。在柏拉图的设想中,寻求财富的人被认为是低价值的,但他足以被家庭所认同,比如,为了积累可继承的财富。这样的人远不是全然自私自利的,即使他没有直接服务作为一个整体的国家。相反,“民主人士”被描述成是专注于自己的快乐,因此可被称为是自私自利和放纵自己的(或更准确一些,自我放纵的)。专制性格是极端自我的,其在表达毁灭性的和低级的冲动时非常不受限制。当自我系统有效控制了个性的大多数精力,并使其代表不同和自觉支持的价值而发挥作用,推理成分就取得了胜利。

尽管亚里士多德片面化或软化了柏拉图的一些思想,他也完全认识到宪政对适当类型的性格的可能依赖。[5] 他在这方面最有价值的分析强调了一个运作良好的民主(不同于柏拉图意义上的)对所有“财富的礼物”中中间条件的人的依赖。他注意到特权阶层和下层社会的无法性,认为确保宪政稳定性的最佳途径是去教化公民。公共产品要求公共官员去掌控“热情”,政治组织的成员能够认同并愿意支持那些拥有适当纪律的官员。

在适用经典模式于当代政治分析的问题时,我们必须比起初更加鲜明地阐述个性发展的观念。[6] 根据现有知识我们主要强调如焦虑的作

---

〔4〕 参见 G. MEAD, MIND, SELF AND SOCIETY: FROM THE STANDPOINT OF A SOCIAL BEHAVIORALIST (C. Morris ed. 1934); and C. COOLEY, HUMAN NATURE AND THE SOCIAL ORDER (1902, 1922, 1964). 又参见 THE SOCIAL PSYCHOLOGY OF GEORGE HERBERT MEAD (A. Strauss ed. 1956)。

〔5〕 参见 BARKER, THE POLITICS OF ARISTOTLE (1946); and W. JAEGER, ARISTOTLE: FUNDAMENTALS OF THE HISTORY OF HIS DEVELOPMENT (R. Robinson tf. 2nd ed. 1948)。

〔6〕 参见 Child, *Socialization*, in 2 HANDBOOK OF SOCIAL PSYCHOLOGY 655 (Lindzey ed. 1954); Froman, *Personality and Political Socialization*, 23 JOURNAL OF POLITICS 341 (1961); and Easton & Hess, *The Child's Political World*, 6 MIDWEST JOURNAL OF POLITICAL SCIENCE 229 (1962)。

用,以及区分成年之前发展的更多阶段。我们将基本重点放在个性结构上,其在由婴儿及其保姆组成的生命最初年月中被塑造。当代的解释赞同柏拉图将发展失败的最主要责任放在老一代身上。如果母亲对其婴儿是不友善的(由于她在此关系中的焦虑的驱使),婴儿的反应也是焦虑的。如果婴儿被成年人忽视,他可能根本上就失去了对生命的勇气。或者,如果婴儿存活下来,他在建立一个强烈被爱和被珍惜的自我形象中也可能没有一个积极、有爱的关系的经验以接纳基本的自尊。结果,只可能有很少的社会化,或两个主要发展过程的任何一个:一,由于其破坏性,孤立、好斗的、无法维系与他人持续的联系;二,几乎完全地离群、不活跃、自我中心主义导向。

当与至少是基本圈子的部分的整合已经实现,且焦虑处于可控范围之内(且积极并入确定的成分已实现),基本的社会化就已经发生了。即使在面对随后严重之剥夺,个体从已曾被爱和被珍惜过的基本经验中获取勇气继续进行下去也是可能的。基本的预期是先前已曾发生的会再次发生。

如果儿童成长的足够成熟以进入恋母情结期,就必须克服一套新的产生焦虑的因素。恋母情结期的特征是活动范围的扩大,其将儿童带入更大的接触圈子,因此更加独立于主要人物。这里,长辈的行为再次对年轻一代的发展具有决定意义。如果老一辈对儿童扩大其经验范围的尝试感到焦虑,就可能会在其发展道路上设置上障碍(如被一个过度保护的母亲)。儿童成长中的优点和自信可能被其基本群中最强势的人物(在我们文化中这典型的是父亲)所怨恨,结果是儿童的成长受到了妨碍。与同性父母的冲突在这个时候特别敏感,因为通过直接身体接触得到满足的需求非常强烈(部分地是对与新环境相关的不确定性的反向满足)。除非儿童能够完全应对与权威人物有关而产生的焦虑,否则形成中个性的结构就可能被扭曲。完全应对意味着压抑对约束人物的破坏性冲动,并将个性用于接纳这些人物的首要性格这一任务。如果焦虑不能被有效地处理,它们仍然会是麻烦的问题。个性扭曲始于使用自觉生命的各种防卫应对扩散着的焦虑。

解决恋母情结问题就是去提高克服青春期冲突的可能性。很明显青少年时期处于成人期的开始阶段,它要求在某一特定文化中扮演与成年生活不一样的角色。年轻人在初级圈子和次级圈自都扩大了其经验的剧目。假如老年人的焦虑被这些新关系所激起,他们所使用的克服焦虑的方法将使年轻人的调整问题复杂化。

到这点上我们已假定我们明白断言某一特定社会的教育实践是稳定的意味着什么。这一检验大概是结果的一致性。在一个理论上是完美的稳定平衡模式中,有资格扮演成年人角色的年轻人准备着以与其前辈相同的方式行事。也就是说,基本的素质一代代下来可能都是一样的,由此来支撑宪政系统。当它们能够通过使新兴一代以与宪政相符的方式履行成年人职责,以此来解决代际间的焦虑时,教育制度就会变得稳定。

在个性方面制造一个统一的结果,并不意味着教育系统的细节是固定不变的。相反,一个统一的结果依赖于适应基本样式于具体问题。在社会化中起作用的有直接交互的两个系统:成年人对儿童(及反之);儿童对儿童。

我们目前处在一个回到背离的起始点,以及考虑对当下理想过分遵从的位置。我们推定在一个大规模的现代社会,没有焦虑的个性在成年人中基本是不存在的。事实上,我们可能对所有历史情势和文化做出同样推断,但这不能在可得之证据基础之上被满意地论证。在任何情况下,典型成年人的个性包括于其自身内的焦虑的种子。焦虑在整体平衡中占据了可识别的位置。更具体些讲,焦虑是在平衡中两个相对的转换的函数:第一,当感情本能(冲动)模式占优时;第二,当超自我(良心)因素占优时。焦虑是在个性系统开始恢复其特有平衡关系之前必须达到一定强烈程度的马达。[7]

焦虑是如何与理想的夸大相连的?每当违背理想的趋势增强(在本能冲动中),焦虑也随之增加;作为应对焦虑的一个方式,理想将会明显地被恢复甚至是被夸大。

前述分析涉及的是一个单一个性系统的平衡,其表明夸大应被理解为是超过平衡的模式。这一分析没有解释在成年人行为中集体变化的发

---

〔7〕 参见 MAY, THE MEANING OF ANXIETY (1950)。

生。然而,关于焦虑的假设可被推及至任何数量的人。当 S''及其他人觉察到 S'违背其理想,会引致 S''及其他人的焦虑,并导致动员和表达剥夺 S'的冲动,以消除对 S''及其他人的内部平衡的威胁。这些剥夺被期待施加理想于违反者之上(经常通过超过其标识来夸大模式)。

在一个特定社群里被期待和要求的遵从模式,构成我们所认同的"道德"。"反道德"是那些违反道德、但却被期待发生的行为的形式(如赌博是反道德的,但一定量的赌博可能是被接受的)。当子群 G'违背了道德、且子群 G''觉察到了这一违背,G''为寻求降低其焦虑便施加剥夺于 G'之上,这再强加甚或夸大了道德。

这一分析指向的是成年人。让我们假定上面提及的最初背离(在达致理想中的懈怠)引起了年轻人的注意。他们自身暗示了两种主要的可能性:第一,已经部分接纳了理想模式的年轻人面临着一个偏离的模式,他开始经历焦虑;第二,这个年轻人还没有接纳这一理想类型,他开始接纳新的版本。假设用来恢复理想的夸张反应为暴露于最初背离的年轻人所觉察。此外,还假定其受制于意欲重新强加理想的剥夺措施。我们建议有焦虑反应的年轻人现在重申理想作为消除焦虑的方法。但非常天真、将背离作为理想开始的年轻人面临被剥夺,这不被其自身产生之焦虑支持。假定即使来自于成年人的剥夺在强迫表面的遵从中成功了,*发展中的个性对理想承诺的强烈程度被削弱了*。(核心位置变为次要位置)结果是提高了懈怠在年轻人成熟时履行成年人角色中发生的可能性。这意味着本能冲动和反道义的对比程度的增加,其要求为再强加理想付出更多努力,这提高了夸大的可能性。

这也意味着在前面的分析中,核心个性取向中的改变最可能在青春期前、而不是在成长中一代的年长成员中发生。那些最初暴露懈怠的青少年将可能带着焦虑回应。在更早时期的相似暴露促成的焦虑较轻,因为超自我还没有完全接纳已确立之模式,且背离之模式遇到较少的内部抵制。(当未成年人在其同龄人中分享新标准时,这些发展得以加速)

如果理想模式*因运转修正时保留符号而被削弱*,这一情势将进一步变复杂,以致很容易归咎于"伪善"。此外,如果对懈怠的答案是夸大的符号重复(在公开遵从中没随之有太多改变),倘若理想将在理论和实践中被恢复,致力于有活力的康复活动将是必要的。这种努力不但增加了夸大的可能性,而且增加了强迫之剥夺的可能性;结果是破坏了下一代中理想的核心位置。

分析指向的是“成长中的一代”这一概念中的模糊性。例如,在青少年和未成年人之间做出区分是很重要的,因为上面所提及的周期性变动的时机可能导致未成年人尚未带着与其前辈(现在是青少年)相同的热情来接纳旧的理想。当未成年人以接纳一个懈怠模式开始,并随之进入对这一理想的批评,他们可能在对待后一(以确立了的)理想时变得机会主义。那些在懈怠和重新被迫接受时期是青少年的年轻人可能经历最大的内部冲突。从他们身上我们期待发现遵从夸大理想的最引人注目的例子。其中一些将可能继续容忍对拒绝恢复之理想和寻求新模式所必要之紧张。

关于“成长中的一代”一个更大的模糊之处发生于承认决策过程中的重要立场。教育在进入成人期后也没有结束。这一理念必须被扩展至包括新的活跃的掌权者的形成。如果整个政治系统将在性格形成方面被评估,探究所有政府组织的遴选程序就是必要的。当掌权者和神秘体系没什么改变,且教育的整个过程塑造的性格类型支撑了宪政秩序的基本特征时,一个系统就是稳定的。这意味着焦虑与平衡中的其他因素相互关联,以致它们阻止了对系统的背离。

让我们考虑一下在董事会任命新总经理的这样一个典型工作场景里的焦虑因素。两个群体的倾向将影响遴选:一是那些对做出任命有直接话语权的;二是那些尽管没有正式选举权但有可能为前一群体的人所考虑的。假定这样的情况:业已退休的领导人通常被(这两个群体)认为其在与其他公司关系中,以及在公司内部与同事和下属的关系中,是刚愎自用的。假设遴选者中的一个因素是:(1)那些一想到被一个单位认同便会产生焦虑的人,这个单位在与其他单位交往中缺乏一个强势的形象;(2)那些除非同事对他采取积极态度,否则就会产生焦虑的人;(3)那些除非公司的方向掌握在一些能够“挡开”雇员的人手里焦虑才活跃的人;(4)那些一想到被一个公司认同,焦虑就被激起的人,该公司对其他公司表现了一种专横的姿态(或他们公司的上级对同事和下属都很专横)。必须被再次提及的是，焦虑是一种无意识的反应（比如，其可被参加观察者的投射测试、面试、或详细查看等所估测）。当我们谈及一个稳定的焦虑水平时，我们是在确认焦虑是在一个特定社会中被清晰地分配。（不仅成功的候选人必须符合理想类型，焦虑所伴的做出选择的程度也是文化的“标准”）

当今的变化太过迅速和广泛、以至于我们无法自信地识别在民主或极权社会里的任何短的期间是一个“稳定的”期间。因此我们不能简单地证实一些将宪政系统的连续的循环影响归因于个性因素的理论。我们能做的最好的就是去检验发生于已经工业化的或正在工业化之中的权力的有限但相关的顺序。

检验*任何个性系统能使自身永存的程度*是在可行之研究范围内的。这种调查可针对家庭，或是政府或私人组织里的决策者。在家庭中父母的个性相符或相对；问题在于确定儿童的个性结构。当我们谈及机构或部门的领导时，重点是被选为副手、助手和同事的个性的群组。

在现有知识的基础上，我们可以提出若干假定来指导进一步调查。比如，*强制的个性和焦虑神经似乎特别倾向于在他们自己的印象中创造（或遴选）其他的*。此外，*很好协调的个性可能复制自己*。但在后一个建议中有一个需要考虑的重要限制。协调得很好的个人如果确定是服务于一个自觉的目的（一个自我目的），他就能够在没有被干扰的情况下与多种个性结构一起工作。这表明互相协调的个体可能使协调之家庭永存，即使当他们无法在其活跃的组织中选出协调的继承者。

另一个变动发生于当焦虑深深内在化了的时候，结果发生身体的“转化”，个体在身体上丧失能力。这*可能起作用以减少焦虑在他人身上产生的程度*。在家里这促进了被较少焦虑驱使的儿童的发展。当我们与缺乏共鸣、冷漠并孤僻的人交往时，对儿童的影响可能使他们往相同的方向歪曲，甚或提高一代的“精神分裂者”施加类似解决办法于其子女之上的程度。如果有精神分裂症的父母被外部化，并且盲信中表现出缺乏共鸣（就像教条主义要求对某人意愿无异议地遵从），结果就更加不确定。*狂热者*带着巨大的热情和坚持侵入他人的个性。*这导致了多种的防卫动机、其并不必然通过狂热的形式进行回应*。答案可能是自觉经验的压抑和抑制

(引起了冷淡、强迫、转化;一般来讲,影响的贫困化)。*表达一些不同影响的专横个性,很可能没有相同的对其他人极有害的影响。它们可能刺激两个相对类型的出现:被动好斗的和专横的*。当面对一个武断和情绪化表达的父母时,儿童有更多机会获得自我优点,因为对这个儿童个性的侵入是相对不深(除了那些也拒绝感情的虐待狂类型)。

另外一个变量是*对两个对立类型的偏好*,例如在本能冲动和超自我冲动都被允许获得满足时发生。如果本能冲动的成分通过对好斗的年轻人放任地行为而容许一个潜在的附庸,这或许可通过超自我对苛刻、严厉、死板个体的偏好而抵消。这导致在一个组织以及家庭中的冲突。

上文将注意力转移到个性对制度的影响上,并指向了那些可能影响在社会的某特定部门或是整个社群过程的趋势的因素。比如,思考一下在行政机构中招募具有非常显著的个性形式的结果。可以说*官僚主义与强制类型是相匹配的*,一个官僚主义的社会结构偏好强制的东西。然而,在从一个多样化和流动的社会结构转化到一个更加区分等级和专业化的系统的过程中,在竞争的统治集团上层里的权力斗争有利于更有适应能力的个性的兴起。就煽动性角色在动员支持某特定组织时的有用性来讲,与统治集团是综合的和统一的时候相比,高层位置可能倾向于更不僵化的类型。一般来讲,煽动者和官僚主义并不混同。煽动性的角色,尤其是在演说的时候,关注听众即刻的和普遍的情绪反应。即便有经验的煽动者也可能稍微情绪化,但许多煽动者在每一个问题上都是非常忠于既定立场的。基本导向可能非常自私自利和有破坏性,或为争取读者的支持而表现出严重依附性。专业的煽动者可能与官僚主义类型一样刻板,只是他依赖一种而不是其他的策略。一个关键的不同似乎在于一个个体能够产生共鸣的程度。成功的“暴民煽动者”必须知道其他人的情感状态并对之加以利用。另一方面,在行政关系中,“个人的”因素能够被轻描淡写。

激起共鸣的能力似乎包括一个受控制的回退的有意过程,使煽动者能够让其冲动的生活发现相对无意识的、用与听众倾向一致的语言的表达。在解释厄恩斯特·克里斯(Ernst Kris)的艺术中我们可发现什么被包括在内的线索;克里斯详细展示了画家、雕刻家和作家的创造性想象是怎样达到他们所依赖于其上的经验的内部。[8] 华丽的言辞是艺术的一种形式,在其中部分地回退使演说者协调了对听众的紧张程度。

与煽动者密切相连但不相同的是专业的知识分子。具有创造力的学者、科学家和艺术家的不断的自我修养,与煽动的艺术是相协调的。那些太过内向而不能在仿效有感染力的演讲者之后将其自身戏剧化的人,可扮演知识分子的角色。在日常生活打斗中的胆怯与远大理想是并行的,这是很平常的发现。实际上知识分子生活的具体惯例可能与官僚或煽动者一样被内心焦虑所严密地管制。

在知识分子中可进行这样一个主要的区分:那些采用他们自己的确定及独立概念的人,和那些乐于将其个人特征融入所有周围的更高级符号的人。这个对比似乎与相关之学说的明显内容没什么关系。区别之处在于学说所发生于其中的视角。但是,有时对比体现在明显的内容或类型中。冷静、客观、系统化的知识分子经常被拿来与活泼、感性有活力且主观的哲学家、神学家或律师进行对比。经验主义研究表明在智力上惯于孤行专断的人来自那些反抗受抚养人冲动的人中。受抚养的个体是最乐于自信地依赖于代理母亲的善意。

我们已经指出了官僚主义对强制和正规知识分子们的吸引力。特定环境下统治集团的实际历史也被其中的暴力和恐怖程度所深刻影响。例如,在警察国家,恐怖通常造成从风险中大规模退出(因此从积极的政治中)。规范不是直率、无畏、卓著地参与决策。“权力真空”在好斗的少数派能专于应对社群强迫时产生。消极的挑衅被培养,意味着通过显得忠诚、值得信任、胆小甚或是值得同情,引起保护及其他容忍的模式得以被适用。很明显,这些角色为一些人格结构扮演时比其他的带有更少的张力。

但上层掌权者的任务如何呢?焦虑在卫戍—警察国家是那样的强烈和连续,以至于人们认为只有那些本质上协调的个性才能够生存是有道理的。他们必须充分控制自己以避免过度猜疑,或者不能认同他们能够

[8] 参见 Kris, *On Inspiration: Preliminary Notes on Emotional Conditions in Creative States*, 20 INTERNATIONAL JOURNAL OF PSYCHO-ANALYSIS Parts 3 and 4 (1939) and EXPLORATIONS IN ART (1952)。

为一般目的所依赖之同盟。正确地判断他人需要经验,也需要有共鸣。

在近代历史上,卫戍—警察国家的引入进展得非常迅速,以至于很明显不是个性因素在其中发挥了关键的作用。然而,这并不能使排斥宪政和性格互相依赖这一经典理念显得合理。认为性格的渐变可能破坏宪政系统的稳定性不是没有道理的。我们提到上面这些转变可能在官僚机构产生,并且可能被"强制的"类型迅速完成。

显然,对人类生命的科学研究已经再次将性格和宪政的关联带入它们在经典思想中的突出位置。柏拉图的分析以假定权威的稳定系统开始。后来他认为现行宪政所要求的性格不能通过一个不确定的未来来塑造。关于个性形成的当代研究已深深地融入发展过程,结果是强调了比在原来理论中描述的"理想的夸大"更多的不和谐原因。下面的主张可能被用作进一步调查的起始点(序号仅是为了方便起见)。

1. 宪政的稳定性依赖于铸造性格(个性)的适当形式。

2. 性格铸造中失败的首要原因在老一代而不是成长中的一代中。

3. 达致理想性格中的懈怠促进了焦虑,这在恢复理想的努力中得以释放。理想因越过平衡位置而被夸大。

4. 成长中一代建立理想的承诺的热情被懈怠和夸大削弱。最初接纳懈怠模式为其理想的年轻人并不是非常认同被夸大的版本。最初接纳理想模式并随后体会了懈怠和夸大模式的年轻人,他们最早的认同受到了干扰。

5. 当标志被保留或夸大,而公开行为被修正时,一种理想模式的转变就受到干扰。

6. 稳定和"完美"的权力转移发生于家庭和社群的决策机构中。

7. 如果教育和选择实践欲通过时间取得统一结果,焦虑程度就必须被保持在一个稳定、适中的重要水平。

8. 在家庭和其他机构中使自身永久存在的个性系统在程度上各有差异。

9. 这些形式的个性似乎高频率地使自身永存:强制的、焦虑神经过敏的、精神分裂的(带有超然状态)。

10. 协调的个人使协调的家庭永存,即使他们经常无法在其他组织中选择协调的继承者。

11. 狂热者(精神分裂的教条主义者)导致了其他人中多种的防卫机动,其不必然表现为以狂热形式作出回应。

12. 表达多种影响的专横之人可能使消极的好斗的和专横的模式永存。

13. 一些个性表现了对以下对立类型的偏好,一个主要诉诸个性的本能冲动成分,另一个则诉诸超自我。

14. 选择某些个性类型的趋势促进了制度的变化。

15. 官僚主义似乎与强迫相辅相成。

16. 在人群对政治过程有影响的地方,煽动性角色招募那些感性的和能够积极参与的个性。

17. 正规化的知识分子发现等级系统是适宜的。

18. 恐怖有利于专横的少数来填补其他人从危险中退出而留下来的“权力真空”。

19. 在动态工业社会中自由政府和自由企业最适宜的需要(只要他们关涉性格)未被充分理解,现在需要对此进行研究。

## 政治意识形态

政治文化的稳定性有赖于对已确立之意识形态的支持并将其适用于新环境。[9] 如果一个政治文化要保持生机,其就必须尽可能地获得整个意识形态中的每一个成分的支持。每一个价值制度都有其专门的特征。在美国我们谈及经济学中的自由企业思想,对尊重的“人权”导向,对教化

---

〔9〕 参见 R. LANE, POLITICAL IDEOLOGY; WHY THE AMERICAN COMMON MAN BELIEVES WHAT HE DOES (1962); M. SMITH, J. BRUNNER & R. WHITE, OPINIONS AND PERSONALITY (1956); T. ARNOLD, THE FOLKLORE OF CAPITALISM (1.937); McCloskey, *Conservatism and Personality*, 52 AMERICAN POLITICAL SCIENCE REVIEW 27 (1958); and ROKEACH, THE OPEN AND CLOSED MIND (1960). 以下文献提供了具体的案例研究: B. BERELSON, P. LAZARSFELD & W. MCPHEE, VOTING: A STUDY OF OPINION FORMATION IN A PRESIDENTIAL CAMPAIGN (1954); and R. REDFIELD, A VILLAGE THAT CHOSE PROGRESS; CHAN KOM REVISITED (1950)。

方面自由表达的需求，对浪漫爱情和一夫一妻制家庭的信仰(情感)，对发现和教育天才的关心(技能)，对个人责任和基督教的维护(操守)，以及对延长生命和减少痛苦的愿望的信心(福祉)。对美国文明的详细考察能在前述之上增加许多内容，其中一些与我们已经讲到的是不相符的。这样一个调查在某些情况下将显示重要的相对意识形态的存在。(例如，在政治上民主并非被普遍认同)

一个思想的系统要成为一种意识形态，其被至少是最低数量的决策所援引是必要的。假定这一要求达到了，下面的假定关涉对意识形态的政治使用：

*在决策的时候，意识形态为胜利的同盟所引用、以在结果中获得默认。失败的一方依次使用意识形态来质疑这一决定、决策者，或决策过程。*

这一论点在如诉讼中被确认。最高法院的大多数都使用一种司法意见来支持一项决定。判决意见的首要任务是去把判决结果与宪法中的权威语言联系起来。但通常判决意见不限于此。大多数可能超出宪法之文本，引用政治原则，甚或政治上的特色变量。结果可能在自由企业、基督教及其他非政治意识的元素(在实用的意义上)方面获得正当理由支持。同时，失败方诉诸同样的标准来攻击大多数。由于我们只是提及那些一种意识形态被彻底坚守的情况，意识形态作为一个整体并没有受到攻击。(反对者必然会抱怨“误解”和“程序错误”)既然援引一般原则的判决并非无可挽回地终结，法庭的多数和少数所实际上处理的不只是直接的听众。

*对一种政治意识的支持者而言，最重要的角色是提供一套指示使每一个人都能迅速并经济地一起行动。*一个很好协调的国家或政党的成员具有简洁的沟通途径来启动、指导和停止行动。有许多词汇可以有助于清楚地描述当前形势。通过暗指集团历史上敌人的最微弱气息，可以识别出潜在的敌人。当公民教育取得成功，领袖和其追随者就有了思考和讲话基本工具的共同遗产。

意识形态为其追随者提供了一个全面的参照系。它澄清了整个或其部分所寻求的*目标价值*。目标的陈述比具体的立法需求更宽广，其可能被详细制定入一个源自神学或玄学前提的复杂系统。除了确切地说明目标价值，意识形态还提供*过去趋势*、*条件要素*和*未来发展*的情况。（最全面的意识形态超越人类历史，在宇宙中描述人的位置）一些观点关涉*替代之政策*。因此一个意识形态的参照系包括了基本的*规范性*和*说明性陈述*，以及这些可被称作“规范模糊”的歧义的观点。目标和供选方案的陈述大多都是规范性的；趋势、条件和预测之描述大多是说明性的。

意识形态系统的关键符号和成语是情感依附的客体。符号集中并具体化了有助于社群团结的一连串经验。它们是信仰、信任和忠诚的焦点。（信仰是偏好和决定，一个体系的信徒令其带有了感情色彩。信任是关于事件表述的、无法在资料基础上被令人信服地展示的、具体化的感情。忠诚是认同的情绪化）

关键的象征符号出现于由一个传播行为所提供的环境。分析这样一个环境的重要问题是：是谁带着什么样的意图发起这一行为？说了什么？通过什么途径？对哪些听众？有什么样影响？对第一个问题的回答取决于对传播者主观性的观察，或直接地（通过内省），或间接地（通过外在证据）。对第二个问题即关于信息的回答，要求说明传播过程中所使用的有形手段。这种说明需要根据符号所被理解的一些语境来做出。因此我们可将英语设为解码语言并依此来说明符号。当我们说明途径的时候也描述在信息传递中所使用的符号。但我们是从其心身特征（听觉的、视觉的、及类似）方面看待它们。在识别听众时我们包括了那些理解信息的人，这要求评估受众的主观性。在对听众所产生的效果中，有置于感知上的解释。要注意的是，当我们指明传播者的意图、信息的内容、“听众”的感知和听众的解释时，我们是在说明“含义”（象征性的事件）。当其是一个关于途径的问题时（非象征性事件），我们说的是符号。既然神秘体系是标准化解释的一个模式，首要的参考就是主观性的事件。然而，符号模式通常专于传播神秘体系这一任务。这些符号经常代表此类规则作为一个整体或其主要成分的一部分。每当这些符号与规则的一些特征具有物理上的相似，我们就谈到图标。根据一个规则的最重要及经常重复的成分，我们指明“关键”的象征或符号及其相关的符号模式。

我们可以在阿拉斯加部落的图腾雕刻和面具中找到图标符号之特别

清楚的例子。此文化的这些相对固定的特征对社会每一个成员都有含义。图标外形化了神秘体系的主要思想，描绘了在一代代传下去的传说中出现的动物。在古代文明中图标符号扮演了一个几乎同样显眼的角色，不管我们想到的是埃及雕刻里的神鹰、中国的龙，或是中美洲的蛇。在佛教和基督教的世界里，艺术家擅长描述死亡之外生命的恐怖与欢愉，因此将神学的思想带入到世代连续的日常生活中。

关键符号在社会生活中最普遍的功能或许是去为传播提供经济的暗号。这样一个暗号是促进素质在教育过程中组织起来的一个因素。对一个暗号的承认同样取决于在个体发展的成型阶段标准化了的观点。在词汇是暗号的地方它们通过产生被广泛共享的观点来"引发"共同反应。在美国历史早期，基督教的圣经和经典文学为殖民地和各州受过教育的领袖在动员和指导集体行动中提供了一个词汇的宝库。羞辱和赞颂的语言是指导在内部或外部事务中表达敌意或友善的方式。其中一些用语提及"自我"或"其他"（"其他"可能是政策形成及实施的敌人或"盟友"，不管是否包括选民、立法者、行政人员或法院）与关键词语符号和标识相比，图标在社会过程中投下相对适中的形象，不论这里是否有与快速出版方法有关的写作符号。但书面符号受早期的图标形式影响，其经常被用作制造图标（以交叉形式的安排）。出版技术典型地包括对图案和字母的使用，结果"圣经图片"就可大规模地获得，这使得圣地、大建筑物、纪念碑、和标记扩大了其图标功能的影响。

一个有趣的问题是，在传播中使用的诸多符号中的哪一些发挥了特别重要的作用（哪些被详尽描述于图像中）。尽管我们通过检视符号的形式特征（风格）可得到些启示，但关键性的上下文则更可能是更重要的决定因素。关键性的上下文指的是，例如，诸如在形成期间的事情之类在一种文化（或亚文化）发展中的基本事件。基督教十字架赫赫有名的部分原因无疑应归功于其设计上的简单，其素质彰显于各种对这种设计的文化中。但最重要之因素是耶稣受难像。同样地，佛教世界里树的重要性部分归功于其可辨认性和天生的仁慈。但决定性的是与该宗教之历史创始人相关的事件。

符号的精心制作在不同时期遵循有规律的发展（或循环顺序）。这些运动从具体到抽象(或反之),或从静止到动态(或反之)。有时主要的趋势是从凝聚到增殖(或反之)。出现的不寻常的事实是,在一些符号创造的媒介里累积的结果耗尽了一个特定形式主题的潜力。埃及工匠发现了能够做出对称设计的 17 种模式。直到 1924 年一位数学家才证明没有其他对称模式存在。[10] 然而,关键上下文的作用再现于每一个调查中,因为当注意力被放在某一特定社会所寻求的主流价值时,制度实践的首要模式就与其价值相联。与当目标是互惠的时候相比,当国家的统治者寻求将其意志强制施加于整个社群,结果就是鼓励非常不同的符号系统。

对关键符号进行慎重详细的阐述在形成历史记录的发展中发挥了显而易见的作用。如果我们从对一些操作具体情况的不完整洞察中判断,即使是市民社会里模式的演化也不是完全脱离自觉叙述地进行的。当然,选择者已经熟悉了的“能想到的”模式的范围限制了选择的行为。超出合理怀疑建立真正新奇的情况几乎是不可能的。

做出行为的人、知识分子和社群中普通老百姓共同揭示了意识形态关键标识和成语。不管专家如何深奥地理解“生命、自由和追求幸福”的含义,这样一个陈词滥调能够起到一个统一的作用。

将柏拉图的神秘概念译为“高尚的谎言”,产生了太多混淆,以至于强调柏拉图在其《共和国》中提出之“创造”的虚构而不是欺骗的本质是有价值的。受制于真实性检测,小说并不是被适当制作的,因其许多意义都是比喻的。当社群里的成年人在一个主要神话的真实性上被分化的时候,他们在证明的是已经开始了的解体。我们知道许多层次的“现实评论”都能和谐地保留于同一个家庭圈或同一个政治体内,因为一般说来在对含义的辨别上,从童年到成熟有一个顺序的进展。神秘体系统一了经验,激励了奉献于社群的目标价值。从这些规则里产生出政治的基本词汇,包括大量的隐喻和典故。神秘体系对创意艺术家是用不完的财富,是在空间和历史中连接社群的纽带。我们一定不能认为神秘体系是完全静止的,即使是在具有永久聚居地的民间文化里。这一点带着特别的力量

---

〔10〕 有关对称性,参见 WEYL, SYMMETRY (1952); and FRITSCH, LEFT AND RIGHT IN SCIENCE AND LIFE (1964)。

适用于我们迅速变化时代的政治社会。在重新解释神秘体系的任务上无法跟上社群观念的改变时，政治体的连续性处于濒危状态。重新解释神秘体系是，也必须是，一个连续的过程。为了团结，重新解释有责任避免见到“拘泥字义者”和“符号论者”之间的破裂性的冲突。“拘泥字义者”坚持神秘任何部分的真实性；相反，“符号论者”主张一个更比喻的概念。

很明显如果一个意识形态系统的实质要持久，该系统必须不能表现出任何细微的刚性。同时必须对细节进行修正。在刚性和灵活性之间最适宜的平衡是一个持久的模式。对那些操控意识结构的人可用之基本策略包括证实和审查(如我们在讨论操守时所发展出的)。核实行为填补了规范模式的细节，而审查被趋势、条件和影射所先占。由于社会和个人生活几乎总是包括规范的和说明性的考虑，在核实和审查之间需要一直保持平衡。一个策略被过分执行就会耗尽另一个策略，进而损害整体。一些假定如下：

*当刚性占优时，领袖及其追随者的关注焦点提前具体化以至于新的情形被忽视，且情势被误解为是之前已经经历过了的例子。*教义、仪式和“合理化”的功能在于施加一个像信仰、信念和忠诚一样刚性的知觉框架。但是过分依赖审查的结果是通过发展一个缺乏解决政治问题标准的社群，去鼓励引起分歧的社会过程。过分的固定妨碍了国家调节统一了的和确定了的少数人的威胁。令人并不感到吃惊的是，证实之策略为所有时期的独裁政权以及危机时候的更受欢迎的政权所喜爱。有利于审查策略的条件里包括这些：低程度的危机；受欢迎的政府；多种多样的文化传统；技术上的扩张；和对科学调查的尊重。

我们将会发现意识形态革新最显著的例子与一个特定历史时期的世界革命运动相关。我们称一个运动在满足以下两个测试时就是革命的：在主流意识形态里有重大改变；在主流社会结构里有重大改变。因此它包含了两个尽管可分但相互关联的成分：关键象征符号和陈述的模式，以及运作的模式。当一个特定模式引入了对世界性转变的要求，并且实际上在这个方向取得了实质性进展，我们就将其归类为是世界革命性的。当代主要的世界革命模式都是兴起于反意识形态，这些反意识形态在宣传过程中在一个或多个国家取得了意识形态的地位。[11] 这种政治发展已不再在单一国家之内统一全球；在早期扩张阶段所要求并预测的变化范围与后来被影响之变化分离开来，这也已经逐步地被承认。因此中心（反思想意识成为意识形态的地方）的世界革命模式与时代的世界革命模式并不一致。

当我们审视近代时，至少，我们对部分吸纳（因此部分拒绝）和限制最初革命中心里的改革的重要作用印象深刻。各自环绕于 18 世纪法国和 20 世纪俄国的国家里的统治者，通过吸收包括于中心模式里的一些关键术语、论点和运作来保护自己。因此被挑战的政权来保有其支持者是可能的，否则那些人就会转为挑战者。将一个时代作为一个整体来回顾，我们看到的是一个扩散和限制的双重过程在起作用。最初革命模式的一些细节正朝着世界性的接受（如废除封建特权）移动，而同时最初模式也在经历着修正。修正的结果，是位于中心的政权倍力乐起初时被理想化了的规则。

我们可以称掌权者在革命中心的地理范围的限制是*地域的*，对革命最初愿望的修正是*功能性的*。在某种程度上功能性的改变是*复活*（比如，复活一些旧政权的官僚主义）。但有些改变是意识形态或社会结构方面的革新。一种类型的功能性限制拒绝继续存在的中心掌权者的要求，他们要求以其最初宣扬的革命使命的名义发言，宣称最初的幻想已经被背叛。另一个功能性限制以一个新的社会类别反对旧的（例如，以“种族”对“经济阶级”）。[12]

前面几页解答了在考虑政治意识的权力角色中的一些问题。每种意识形态都是一个各组成部分之间，以及与其他政治意识关系之间的动态平衡。政治意识也与*非政治意识*相互作用。*政治意识成分从非政治意识中吸纳的速度取决于怀有非政治意识的群体的政治影响*。在一个自由社

---

〔11〕 参见 LASSWELL & BLUMENSTOCK, WORLD REVOLUTIONARY PROPAGANDA-A CHICAGO STUDY (1939); and WORLD REVOLUTIONARY ELITES, STUDIES IN COERCIVE IDEOLOGICAL MOVEMENTS (Lasswell & Lerner eds. 1965)，尤其是第二章 *The World Revolution of Our Time: A Framework for Basic Policy Research*。

〔12〕 同上。

会,每个群体都有些影响力,都可能被认为在创造或维护多数同盟中是重要的。如果一个反意识形态在一个非政治机构中发展,其不太可能通过赢得权力联盟来获得接纳,因为那些认同已确立之意识形态的人通常比其对手更有政治力量。

为了根据最大化原则解释意识形态的修正,我们提议*最小改变的假设*。一个本地掌权者调整外部压力的突出例子是西方文明对日本、中国和其他亚洲国家的反应。西方意识形态的一个主要特征是基督教信仰。基督教对非基督徒最大的影响有如下这些特征:

*完全接纳*:以竞争对手的教义为代价适用基督教的教义,以其他基督教组织为代价扩展基督教会,用耶稣教言使公共的和私的行为相和谐。另一方面,什么是最小的影响?

*完全拒绝*:拒绝接受基督教义,拒绝组织基督教会,拒绝改变人民的行为以使其符合基督教规则。

我们明显在讨论一个部分接纳和部分拒绝的例子。众所周知、日本人、中国人、缅甸人和其他变得完全认同基督教义、组织和行为规则的,只占其人口的极小比例。但没有疑问的是,基督教对许多其中的不认同它的人是有影响的。

评估基督教对亚洲的影响需要回答以下问题:在什么时候,在什么社会阶级(及忠诚)的哪些人中,基督教用下列的形式获得了最大的影响:(1)相对地完全接纳,(2)通过再证实促进防卫,(3)通过部分接纳进行防卫,(4)通过独特之本地符号和实践的创新进行防卫,(5)通过非基督教特征的外国文化的创新进行防卫,(6)通过用意识形态的、外交的、经济的或军事的(警察、非正式的)手段直接攻击来进行防卫,(7)通过容忍来进行防卫。

在西方文明优势的挑战下,东方社会的掌权者开始与前面所构想出的原则相一致地行事:当弱点的不断增长引致了改变的意愿,统治的那群人采纳他们认为是最小代价的(在他们的基础价值方面)革新。实质性的革新比控制或统治的意识形态里的改变要温和的多。

当他们最初遭遇了欧洲文明、感受到这一新趋势的巨大力量时,日本的许多领袖都乐于接纳基督教的东西。他们最初认为基督教是通往西方权力的线索,因此打算成为基督徒。但当他们仔细检视了西方之后,他们开始发现在意识“独石”中的龟裂。一个人的基督教并不总是其邻居的基督教。因此日本人变得稍微不倾向于接纳西方的宗教模式,而更倾向于选择欧洲文明中科学的和实质的东西。与最小改变原则一致,日本人及其他掌权者们转向实质转变的领域,使其社会结构和意识形态相对较小地受到影响。

在一些情况下最小化原则能解释在绝对方面可能非常重大的意识形态改变的原因。当一个国家的统治阶级从内部受到威胁,或分解成竞争对手的碎片,且外国人介入的时候,在获得外部支持上就有激烈的竞争。在这些危急情况下,就会产生修改其自身重要特征的意愿。这类因素解释了在中国产生相对较大的意识形态改变和在日本产生更温和的革新的原因。〔13〕 通式可以这样写:*政治统一,最小的意识形态转变;不统一,最大的转变*。这与普遍假设是一致的,因为大的改变也发生于政治统一的条件下,如果统治集团确信改变对维护政权是必要的。

所有这些都支持这一论点:对神秘体系的接纳发生于维系或延长权力的预期中。更结论性地:规则追随权力。那些感觉自己在变弱的因而感到紧张;大规模紧张是一个动态的政治因素。教条的模式扮演了较不积极的角色。它们在其激发的权力期待的基础上被评估。这与这些预期是一致的:日本人能够保留一个高度狭隘的意识形态,而一个分裂的中国广泛借鉴其周围环境中更强有力的部分。

## 政治舆论

政治文化的稳定性取决于保持关于当前问题的一定程度之舆论,该舆论正确地评估了政策比较路线之适当性,同时却停留在意识倾向所规定之参照系内。政治舆论在一些社会是不存在的。但在所有社会中,不管其是被一个人及其顾问,还是为广大选民所制造,都有起作用的舆论。

---

〔13〕 有关中国,参见 WRIGHT, THE LAST STAND OF CHINESE CONSERVATISM-THE T'UNG-CHIH RESTORATION, 1862 – 1874 (1957) and *From Revolution to Restoration-The Transformation of Chinese Ideology*, 14 FAR EASTERN QUARTERLY 515 (1955)。

我们强调公共舆论是因为它在一个民选政府根深蒂固的更大社会中所起的作用。公共舆论是集体行动的几个相关形式之一。当其容许对政策问题有争议的要求产生时,一个群体是以公众角色行为。当我们概略地思考一个集体行为时,很自然会谈及伴随着具体化和最终完成的最初之紧张状态。(这让我们记起我们在前文将个体行为特征化为始于冲动、经历主观和表达的阶段)

集体行为 = 初始张力 →具体化　完成

公共舆论产生于紧张状态,通过讨论达致供选方案的缩小和决策的最终具体化。当我们追溯舆论形成的具体案例,我们会发现尽管紧张状态可能是广泛的,但必须做出具体的行动,以启动使行为变得相关的过程。如果社群中一个无名小卒在潮湿的街头滑倒、摔跤并摔断胳膊,不满的累加程度并不被可觉察到地影响,当然,这个人可能会对此意外感到愤怒或不满。但自从其获得一套在其文化中被认为是适当的模式,他就渴望对付这种类型的意外。因为这绝不是一个闻所未闻的人类体验。相反,每一个人在孩童时期都经历过身体的擦伤或摔伤,并学会如何通过控制其疼痛和脾气来应对。一个成年人可以完全实事求是地对意外作出反应,以至于在人类关系的日常过程中很少发生变化。

但个体的这种内在化并不对类似意外中的所有受害者都是这样。一些个性是非常不稳定地组织着,以至于任何身体上的丧失都引起在要求完美和要求看到并讲出关于自身身体状态的事实之间最尖锐的内部冲突。坦率承认身体缺陷是如此的烦扰,以致一个人可能通过运用最简单的心理机制来寻求其冲突的缓解。受害者可能责怪他人,而不是对其自身的愚蠢或笨拙发脾气。或许这比起那些对不保持其人行道于更好状态的人们的模糊指控,也好不到哪里去。尽管在这个情况下的反应比第一个例子更为外部化,其对国家层次的不满意可以忽略不计。

但是,反应可能更加外部化。假设受害者是一个退役老兵,他已经因为神经病学的原因而被赶出他接受治疗的医院。这个意外的受害者可能声称他感觉头昏眼花,结果滑倒在地。他可能抱怨头昏眼花是其医院本应治疗的症状之一,他明显是被过早"丢了出来",因此这表现了退役军人管理局的"无效率",如果不是"腐败"的话。他可能从其当地的伙伴,以及从家人、雇主、牧师、律师、保险机构、银行出纳、理发师、杂货商、电视修理工、加油站员工、房东、医生及其地区的其他人那里得到很多的支持。这可能在他所参与的组织(退伍老兵、兄弟及教会)的会议上被广而告知。当地的报纸可能报道,当地电台或电视台的评论员也可能评论。谴责退役军人管理局的决议可能在当地被通过。

即使这一外部化的程度可能也只是公众意见之大海上一不显眼的涟漪。确实,从表达对另一个人困境的同情中获得的满足,可能增加在邻里层面轻微但积极的幸福,以至于没有进一步的外部化发生。

但是,假设这个国家成千上万的退伍老兵被从医院送了出来。再进一步假设许多的事故发生,这让老兵们震惊地发现他们的身体条件比预期的要差。一个人在上楼小跑的时候会心悸。另一个人在捡或拍篮球的时候再无法进入最佳状态。一些人不能在机器面前像过去一样站得长久。其他人发现他们的妻子不如以前一样对他们满意。一些人发生了驾车意外,或是发现他们无法像以前一样没有丝毫醉意。偶尔,一个老兵完全地垮掉,突袭他人或举止疯狂,拒绝工作或承担任何责任。随着无数的此类事故在农场和乡村城镇、小城镇及大城市的邻近地区(东南西北)广泛传播,不满意程度(至少是与对老兵的医疗保险负有责任的联邦机构有关联的)在整个国家提升。倾向在被组织起来的过程中,有可能通过集体行为表达。在美国外部化的途径已准备就绪。这里存在一个压力集团的国家网络:老兵组织可提出重新组织退役军人管理局的要求。压力集团的"外部"环境将通过决议、公众新闻稿及类似形式达致。医生、护士和公共卫生官员的当地的、地区的,以及全国性的组织都卷入到这一论战中。报纸和其他大众媒体接受改革的呼声,或是支持维护事情的现有状态。在劳动力效率和税收花费也有关联的基础上,商业的压力组织也变得活跃起来。因为其许多成员关涉其中,工会也加入论战。致力于诚实和有效公共管理的公民组织要求至少对事实进行一个彻底的调查。政党结构被带入这一行动,尤其是在如果反对党领袖见到有指责当现任官员的机会时。

一些集体行为严重缺乏前文勾勒之顺序。[14] 共同目标成为社群成员关注之焦点,但立刻行动并不产生后果。这意味着只有期待是被影响的;或如果影响要求的话,他们太弱了以至于没有发起讨论。我们在这些例子中讲的是"公共关注",而不是公共舆论。

另一个老兵是针对赞同或否决的集体表达,而没有要求采取行动。例如,一个电视听众可能批评一个节目,但是没有要求处罚表演者或是禁止这个节目。我们在"集体态度"类别里包括了爱好的正常表达。一个纯粹仪式的行为,如对死者的悼念服务,也属于这一情况。

集体行动更进一步的形式是"群"的形成。一个群共享对集体行为的要求,其中的参与者怀着巨大的热情、一致同意和对分歧意见的不容忍提出这些要求。在这个群中一致同意的程度是压倒一切的,以至于不允许进行争论。这样一个场合可能是在欢迎一个国家英雄时。当然没有通情达理的人会想开始辩论其政策的明智性。尽管公众经常变成群,群却很少冷静下来变成公众。当我们考察公共舆论的伟大国家表达的构成时,我们通常发现在不同地区、城市、邻区和家庭的"群"和"公众"之间存在变动着的边际。舆论沿着集体过程在不同的点上具体化是很普遍的。通常那些下决心的人增长了对分歧意见的不容忍,并将他们的追随者转变成具体化了的群。[15]

"行动中的群"是"暴民"。其公然地带着巨大的热情、一致意见和对反对意见的不容忍行为。尽管我们习惯于认为暴民在破坏性地行为,在我们的文明里破坏就是表象,他们也可能为上帝堆积礼物,怀着巨大的兴奋维系国家。信仰的复兴运动者创造了一个群,然后将其转变成一个拯救"罪人"的"积极的群"。

最后,我们注意到集体行为在"恐慌"发生时完全崩溃。在恐慌中人

---

〔14〕参见 HEBERLE, SOCIAL MOVEMENTS; AN INTRODUCTION TO POLITICAL SOCIOLOGY (1951); M. SHERIF & H. CANTRIL. THE PSYCHOLOGY OF EGO-INVOLVEMENTS, SOCIAL ATTITUDES AND IDENTIFICATIONS (1947); CANTRIL, THE PSYCHOLOGY OF SOCIAL MOVEMENTS (1941); and LEBON, THE CROWD (1895,后来诸多版本)。

〔15〕参见 RUDE, THE CROWD IN HISTORY (1965) and REVOLUTIONARY EUROPE, 1785-1815 (1965)。

们试图自己摆脱困境,而丝毫不考虑他人。在恐慌中个体忘记他对自我之更大的部分负有责任,退化到完全地全神贯注于基本之自我,狂乱地进行自保。

集体行动的形式可以被归纳为下列的主导:

期待需求 = 公共关注

偏好 = 公共情绪

仪式

意志

有争议的 = 公众舆论

无争议的 = 群兴奋

行动群(暴民)

在社群中不断重复进行的集体行为导致稳定的"关注群"、"意见群"、"公众"和"群"。巴黎的关注群包括经常听到巴黎的每一个人。意见群包括偏爱巴黎的酒、女人和音乐的每个人,但这些人不指望影响巴黎的政策。那些被认为对有争议的政策有影响的人属于巴黎公众,不管他们在这个城市生活或选举,还是"通过支票选举",以支持政治运动。在大众传播的今天,存在一个属于巴黎人的群,但其并不亲自现身于这个城市,这种情况是可能的。

一张世界地图将表明一些首都城市有通向国际社群的关注的世界性通道。一个城市"主要关注区"的一项便利措施就是其传播的通道。如果我们标绘在一个市中心出版的报纸的流通,参考来自于其他类似城市的报纸,城市 A 的主要区可能被界定为包括了所有其报纸有流通的社区,其流通至少等于如 A、B、C 等大都会的报纸。我们可用同样方式来标绘来自这些中心的电台和电视台的报道范围。城市 A 的"次关注区"能通过描述传播频道内容的分布被测量,这些频道参考了 A,或素材的发稿地源于那里。我们发现在任何给定时期关注结构都表现出巨大的稳定性。

作为意识形态和当前情势之间的中介,编辑、评论员和其他具体化意见的人扮演了一个特别积极的角色。社论撰写者的稳定化功能以数种方式体现出来。对社论和新闻媒体里关键意识形态符号出现频率的研究表明其在前者中出现的频率更高。意识形态规定了对新闻进行详审的基本内容,以及为此目的而使用的主要类别。[16]

当集体行动在通过模式连续结合在一起的更大整体上相互关联时,我们就说这是“集体运动”。集体运动可专注于一个单一的价值制度领域。因此政治运动涵盖从改革和反改革到革命与反革命的范围。在经济运动中,存在影响商业令其倒退的投机性狂热和失败主义的情绪。近代历史中的一些最突出的运动,如反对奴隶制度的十字军东征,曾试图将人类从歧视中解放出来。以追求操守为中心的运动有时也会横扫宗教福音的国家或地区。碰触文明启蒙的运动曾呼吁自由的媒体和自由的公共学校。数不清的艺术和科学宣传是影响技能的运动。与友情和爱情有关的运动有许多剩余财产以俱乐部、行会和专门小圈子的形式留了下来。在众多福祉运动中,现代心理卫生运动是其中最重要的。[17]

对集体运动(其中的许多都已持续了数代)的研究导致一个与个体或集体行为基本模式非常相似的分析方案。重点是放在“动乱”,以及运动相对自发的详尽阐述和蔓延,伴随着标准化和自发性的失去。当意识形态这一术语作为最低限度宣传行为的结果、被用来指其所坚持的一些想法时,变化有时被描述成从“意识形态”到“表达方式”的历程。

集体运动 = 动乱→自发的详尽阐述

有计划的标准化

这类的结果出现在,诸如有时在动乱时期以闪电般速度传播的革命运动中。如果这一运动没有夺得政权,它仍可能以政党或压力集团的形式存在,其最终接受已确立之秩序的主要纲领,并“背叛”在世界事务中进行突发变革的最初构想。宗教运动经常按着同样的顺序。在许多情况下始于领袖招募一小撮非常用心的门徒,狂热的崇拜伴着淳朴的信仰而传播。当成功来临,其数量和地位提高,门徒就变为一个“机器”,一个简单的信条就变成宗教理论。对虔诚的遵守变得坚硬,从而要求严格遵守的

---

〔16〕 以下文献反映了现代社会中明显的操控领域。PIMLOT'T, PUBLIC RELATIONS AND AMERICAN DEMOCRACY (1951); BIOGRAPHY OF AN IDEA: MEMOIRS OF PUBLIC RELATIONS COUNSEL EDWARD L. BERNAYS (1965); OGILVY, CONFESSIONS OF AN ADVERTISING MAN (1963); and ROSTEN, THE WASHINGTON CORRESPONDENTS (1937)。

〔17〕 但是参见 MEERLOO, THE RAPE OF THE MIND; THE PSYCHOLOGY OF THOUGHT CONTROL, MENTICIDE, AND BRAINWASHING (1956)。

仪式和典礼。

许多运动的历史体现了自发性和标准化交互的阶段。在自发性阶段运动是在神秘体系和教义的个体附着里新近生效。

在自发性和深思熟虑之间的相应区别贯穿了历史和文化时期的划分。

我们已经讲过舆论形成的行为在意识倾向和事件当下之间协调。公众舆论使事情保持原本的作用，只是动乱减少了吗？或者，它会带来或多或少政治文化大规模的重新调整吗？

集体行为或运动的效果 = 情绪的重新调整

值得注意的是，有多少政治生命是处在两个差不多稳定的时期之间的一个极度活跃期。“它变化得越多，就越是维持原状”。这个意见导致了政治是个没有终点的循环的观点：悲观主义—乐观主义—悲观主义；战争—和平—战争；暴政—法制—暴政。

大萧条时期抗议运动的宣泄功能是个例子。共产党在美国城市发起了许多运动，如组织抗议中的群众的紧张。他们是失业者委员会的主要组织者，这些人反对驱逐令，攻击公私救济机构，致力于无休止的集会、示威及相关活动。

当国家政府采取的措施改变了经济版图，值得留意的是 1931 年、1932 年和 1933 年的激烈行动没有给共产主义或社会主义，或是临时组成以应对危急的新组织，以永久意识附着的形式留什么标记。国家政府的政策无疑是对失业和贫穷挑战的一个反应。但反意识仅从大萧条中些微获益。选举社会主义者或共产主义者到当地的、州的或国家的职位几乎是不可能的。反对政党是比政党更靠近压力集团的清楚表达的余党运动。

抗议舆论的宣泄作用不能被低估。即使当人们有一些可自由处置的东西，他们能相互尊重、确保公正和彼此友善，这一般来讲是对的。通过将破坏性冲动从主要自我移开，他们朝着如“资本主义制度”或相关口号这些集体目标促进了福祉。任何人都可通过宣布一个积极、自信的计划及参加集体活动来变得认可一个更大的自我，并从近乎自杀的沮丧、麻木的冷淡、酒醉、好争吵，以狂野的性行为中解救出来。声称穷人至少可以互相喜爱，这经常被当作是不必要的讥讽。但事实是在这些评论中不需要用一种讽刺的语调。当人们在悲痛时他们彼此求助,这并不是让人吃惊的发现。如果不是,他们有可能转向求助自己。从最早开始与社会联系,一个小孩就学会期待从其母亲和保姆那里获得感情及营养上的支持。在人最深的渴望中,是去发现一个完美的伙伴以步入"好母亲"的角色,其形象在生命的最初几个月就被发展。"理想运动"的特征在不同文化、阶层、个性和时期中都差异巨大。或许最理想的形象就是"妻子母亲"、"完美兄弟"、"无穷智慧的圣人"和"神职人员"的形象。形象可能与任何身体性的特征相分离,或可能与性期望与激情相融合。任何程度的渴望独立、控制、兄弟般的平等都可能表现为理想。当逆境来临,"理想中的他人"经常不在身边;但求助他人的行为就再次发生。结果是产生人类社团的新模式:友情的新圈子,尊敬的新阶段,操守的新法庭、教化的新场合、权力的新竞技场、技能的新工作室和聚焦于个人财物和健康的新形势。

我们已讲过这些社团如新。但是,在出现的大多数归类中识别主流社会结构的相似边线是可能的。失业委员会结果被证明是从在同一街区彼此认识的邻居中、从同一住处的成员中、从同一工厂的工人中,和从同一政治社团的成员中被招募的。新兴模式在某些方面是新奇的,部分是通过他们的目录,部分是通过改组人事和行动日程。但如果危机变弱,紧急模式不再被期待能有结果,就会返回到生活的老一套。作为危机的一个后果,可能不存在组织的可见之标识,或是在质疑时刻出现的标语。

损害其再调整功能而夸大公共舆论的宣泄作用,将会是一个错误。如果危机持续,许多再调整将开始,因为临时的权宜之计变成深嵌于变化中的社群实践。发明、接纳,或拒绝的过程任何时候都起作用;紧张和动乱可围绕形成和分享价值的新模式而具体化。政治文化因此部分地或全部地被改变。

公共舆论在一个特定环境中的重要性在当其与服从和执行的有关倾向被检视时得以澄清。[18] 公共舆论可能要求或反对新的权威立法。它可能要求或多或少的服从和或多或少的执行。倾向的模式包括:

〔18〕 例如,中产阶级在政治体中的比重增加时,刑事立法也会增加。参见 RANULF, MORAL INDIGNATION AND MIDDLE CLASS PSYCHOLOGY-A SOCIOLOGICAL STUDY (1938, 1964); 又参见 the Introduction by Harold D. Lasswell。

(1) 已废弃的模式。要求所有的车辆点亮蜡烛的法律可能只是存在于书本上。由于技术的转变,没有人认为这条规定会再次被援用。

(2) 逐步废弃的模式。一项法律已经不再被援用好多年,即使是在私下的争论里,但不得不承认它仍有很小可能再次被使用。

(3)落伍的模式。规定没有被遵守,但偶尔被援用,甚或被执行,尽管普遍让人觉得吃惊甚至震惊。

(4)具有不同程度的执行活动及允许或不允许的不服从的模式。(不符合及执行)

(a)许多不服从结合着执行中的很少努力,和

(i)不服从被允许(通过全体居民,或通过被隔离在特定地区的人们);通过权力阶层,或

(ii)不服从不被允许(如上)

(iii)执行被允许(如上)

(iv)执行不被允许(如上)

(b)许多不服从都结合着执行中的很多努力,和

(i),(ii),(iii),(iv),如上

(c)很少不服从结合着执行中的许多努力,和

(i),(ii),(iii),(iv),同上

(5)完全符合而在执行中没有努力的模式。对被谈论之行为有实质上的一致同意,差异并不重要。

在社群政策的环境下,公共舆论可能兼起政治内在化或外部化行为的作用。如果有为外部环境考虑及相互作用的退出,公共舆论可能完全专注于为控制在内部的本地决策而斗争。相反,虽然公共舆论可能直接侵犯内部竞技场,决策仍然具有广泛的外部反响。一个舆论可能直接对其他国家的决策起作用。

此外,公共舆论的一个特定行为可能意味着纯政治活动的增加(不管是在内部还是外部竞技场)。政治不活跃可能被归入仪式化、分散和私有化。一个仪式行为将文化精确地留在其之前被遵守之处。分散意味着使用的除了政治机构之外的所有集体行为。私有化包括前面提及之模式以外的个体或小团体的行为。私的行为是破坏性的或非破坏性的。在破坏

性的行为中,有自杀、身体机能丧失、孤独症空想及减少的能量产出。

政治行为 = 外部化

\+

内部化

非政治行为 = 仪式化

\+

分散

\+

私有化

破坏性的

孤独症空想

\+

躯体化(包括减少的能量产出)

\+

自杀

非破坏性的

外部政治领域的粗暴拒绝有时增加内部政治行为的相对重要性,以及各种各样的非政治行为。在这种情况下我们讲到社群反应的普遍内部化。(例如,这可能连同战争一同发生)内部化的政治行为可能有高度的破坏性,正如一个战败国家陷入到政党和地区试图消灭掉对方的国内冲突。类似的,一些被从狩猎和牧场驱逐出去的平民社会已经通过陷入混乱而完成毁灭。

在外交事务里一个突然、巨大和表面上看来是决定性的剥夺有时候将引起高度仪式化的符号处理。政治或宗教的狂热崇拜攫取了社群的能量。集体的幻想重复了“失败原因”的“创伤”,重申国家的不公正,并崇拜国家的英雄。[19] 幻想可能有更向前的转变,预言共同原因的最终证实。美洲印第安人在斗争失败的后期,在他们部落里广为传播的迷信中,是复仇白人的幻想。

---

〔19〕 以下文献对仪式中的重复性模式进行了分析:Cazeneuve, *Le principe de Repetition dans le Rite*, 23 CAHIERS INTERNATIONAUX DE SOCIOLOGIE 42 (1957)。

在外交事务中每一个危机的结尾，都有一个回归更私人事务而不是内部政治的强烈趋势。家庭、商业企业，或一些其他机构通常已被忽视、需要被妥当安排。这些是在战争结尾的“飞向隐私”。

当然，私有化是个更私人的问题。失败方的领袖可能会自杀，或屈服于非常虚弱的身体或精神疾病。他们可能忙于毁灭性的性狂欢活动，或用酒精及其他药物毁灭自我。或者他们可能寻求地理上的隔离，在那里自我意识能够在沉思和独居活动中得以恢复。

在代表胜利文明的人把巨大的剥夺强加于其上时，有许多关于平民社会组织混乱的著名例子。[20] 没有反驳之主张的模式显现出有任何成功的机会；战争是不可能的，敌人对法术是刀枪不入的。鉴于其对劫掠力量的无能为力，该文化的旧仪式被废弃。没有足够的乐观被留下来，以发明或采用一个新的崇拜，这种崇拜能使希望的火花保持着，并能保存对社会继续存在所必需的忠诚、信心和信念的核心内容。受到更大自我的耻辱、贫困和挫败所打击，个体将其破坏性转向自我的更小成分，直到主要自我被纳入。屈服于冷漠、为疾病和醉酒蛊惑，旧文化的不快乐的承载者无法吸纳新的（在许多情况下，其将不会容许任何的包含物）。一些太平洋岛的居民减少可能与旧社会所暴露的残暴剥夺有关。太多价值被突然地破坏，以至于其他的自我毁灭行为无法回应。[21]

在一种文化的倾向里起作用的舆论的存活包括两套考虑因素：

生存 = 融合

+

适应

一个社会要被融入就必须准备好迎接该环境日常范围的挑战，而不损害其整体的统一性。损害可能是采取与派系冲突一样的形式，其从社群生活离间了重要的一群人。一些社会已经持续了很长时间，尽管其中

---

〔20〕 就有关背景，参见 SCHAPERA, GOVERNMENT AND POLITICS IN TRIBAL SOCIETIES (1956)。

〔21〕 就有关机制，参见 Greenson, *The Psychology of Apathy*, 18 PSYCHOANALYTIC QUARTERLY 290 (1949); and ESSAY ON THE DEPOPULATION OF MELANESIA (Rivers ed. 1922)。

存在一些冷漠或敌意的因素(如家族中的血亲复仇)。或敌意集体可能非常好地取得平衡以至于他们将不会容忍一个强势的中心决策过程。尽管从已确立之秩序中"收回费用",社会也可存留持久。

但是活跃或潜在的解体因素使社会无法很好地准备不曾预料到的紧急事件的挑战。一个弱化的中央机构可能无法处理一个上层继承的争端。属地主义可导致招致垮台的内战。我们已经见到了一些情况,在其中裂痕是很明显的以至于在环境里相对小的变化就会带来巨大的文化转变。例如,在夏威夷人文化中的内部裂痕是非常深的,以至于白人传教士和商人不用太多努力就迅速引发了深度的转化。[22]

对一种政治文化优势的简要评估,评价了神秘体系(意识形态的或反意识形态的)鼓励该文化参与者的优点的程度。如我们已经说明了的,一个人以一种给定模式参与可能有三个层次:有意识的、前意识的和无意识的。接受或拒绝可能在许多词语内被陈述($C^1$)。或者科学的观察者可发现在这一点上没有清楚表达的陈述。但是,观察者可能成功地推断一个观点,即该文化中的参与者是乐于同意准确描述其立场的。(这是前意识的或是 $C^2$ 类别)无意识导向说明起来可能有些困难,因为这里有对承认此模式正确的"抵制"。(这些无意识或隐蔽的模式是 $C^3$)因此美国人激烈地反抗由不同观察者提出的对国家特征的解释(尽管不是结论性的,其提高了真理在这些陈述中的可能性)。一个详细目录可能要求:

| 政治文化 | | |
|---|---|---|
| | 由……支持 | 绝对多数 $C^1$ $C^2$ $C^3$ |
| | | 勉强多数 $C^1$ $C^2$ $C^3$ |
| | 或 | |
| | 由……反对 | 众多的少数 $C^1$ $C^2$ $C^3$ |
| | | 寥寥的少数 $C^1$ $C^2$ $C^3$ |

---

[22] 以下文献涉及内部冲突和竞争性身份模式的重要性 ISAACS, THE NEW WORLD OF NEGRO AMERICANS (1963) and INDIA'S EXUNTOUCHABLES (1964). *参见* G. SIMMEL, CONFLICT AND THE WEB OF GROUP-AFFILIATIONS (K. Wolff tr. 1955); and WORLD TENSION; THE PSYCHOPATHOLOGY OF INTERNATIONAL RELATIONS (G. Kisker ed. 1951). 以下小说生动地描述了对真正信徒的最终审判: A. KOESTLER, DARKNESS AT NOON (D. Hardy tr. 1941)。

社会的融合与对不平常挑战的适应性是相分离的。经常发生的情况是一个极好融合了的文化无法迎接环境中的突然变化所带来的挑战。有时候这些社会变得非常专业化,以至于它们缺少能提供对新情况进行现实考量的视角和运转能力。例如,爱斯基摩人非常好地融入了一种特殊环境;但如果这个环境被工业文明的侵入所改变,其文化就受制于其有时无法控制之张力。

我们将挑战分类为外部的或内部的,自然的或社会的。外部挑战包括新的和好斗的威胁,像一个强壮的敌人。当挑战是内部的时,它可能意味着一个累积失衡的过程已经提前发生了一段时间。环境的挑战可能采用气候变迁的形式,或包括像地震、潮汐和流行病一样的毁灭性事件。

一种政治文化要保持稳定,最大化的过程必须导致能保留基本文化特征的舆论。没有"内置"程序能带着足够盲目的无意识行为以完成一个主要目的而加于政治制度之上。可以在一个体制系统中建立一个掌握方向的安排,该系统为答复一个特定的暗示模式而引起了一个不变的反应结果。这个暗示能够被高度准确地做出。例如,一个特定度数的气温。什么时候去集中、聚集或分散、托付或撤回这一问题,可以被笼统地回答。但视觉的、听觉的和其他知觉现象(它们被识别为"一定程度的集中要求分散")太多样和可变了,以至于不能在事件之前被详细具体化。

支持一个政治制度的稳定的构造可能产生于替代的连续。代表政党和权力的国会中的农业集团可能势力变弱,但是劳动集团可以对其补偿。从社会立法中获益的期待可能减弱,但是对从财政政策变化的政治结果中获益的期待可能增加。总的来说,对维系一个政治活动稳定状态的期待可保持同一水平。政治的动态平衡是集团身份、需求和期待的一个变化着的构象:当在社群生活中获得支持时,以及当意识完善和有效舆论相配时,这种平衡得以加强。

【翻译:王　超;审校:郑业鹭】

*Jurisprudence for a Free Society*

*Studies in Law, Science and Policy*

# 自由社会之法学理论

## 法律、科学和政策的研究

Harold D. Lasswell
[美]哈罗德·D·拉斯韦尔

Myres S. McDougal
[美]迈尔斯·S·麦克道格尔

著

王贵国 总审校

下

法律出版社

Jurisprudence for a Free Society: Studies in Law, Science and Policy
By Harold D. Lasswell, Myres S. McDougal

*Jurisprudence for a Free Society: Studies in Law, Science and Policy* was originally published in English in 1992. This translation is published by arrangement with New Haven Press.
英文原著出版于1992年。此中文版的出版得到了原著作权人New Haven Press的正式授权。

著作权合同登记号
图字：01-2013-4741

**总 审 校：** 王贵国

**副总审校：** 王　超　王　楠

**审　　校：** 陈　磊　关文伟　沈　伟　王　超
王贵国　王　楠　杨　帆　郑业鹭

**译　　者：** 曹　晴　陈　兵　董　皓　高鹏程
高华超　谷　冉　关文伟　慕子怡
覃华平　涂　识　王　超　王　楠
王书成　严　蓉　郑婷婷　郑业鹭

# 目录

## 第一部分



## 第二部分 社会过程背景

## 第三部分



## 第四部分　自由社会中的决策结构

# 第三部分

CHAPTER 01 >>

# 第一章

# 价值的澄清

## 引　言

本章以及接下来的四章将探讨在应对个人或集体问题时必须要考虑的五个智识任务：

价值与目标的澄清

趋势的描述

制约因素的分析

未来发展的预测

政策的设计、评估及选择[1]

要对一般法律哲学或某一既定的公共秩序体系的目标进行澄清，首先要有令人满意的方法。对方法的思考在通过对我们所建议的以人类尊严为目标的具体讨论中得以体现。最后，我们还要思考，为什么传统的衍生理论体系并不能对个人或集体的智力劳动作出令人

---

〔1〕 价值澄清既要将价值条款内容规范的实证特定化又要与特定选择的例子相关联。这五项智识任务的紧密联系已经在第一部分第五章中进行了阐述，而且在第三部分的所有篇章里，我们充分利用了第二部分中的理论结构。内容规范实证的特殊化以及那种内容对特殊实例的初步关系有必要重点调查其他任务的表现。这些任务的表现对于任何在特殊实例中的理性选择来说都是必不可少的保证。M. McDOUGAL, H. LASSWELL & L. CHEN, HUMAN RIGHTS AND WORLD PUBLIC ORDER; THE BASIC POLICIES OF AN INTERNATIONAL LAW OF HUMAN DIGNITY (1980)一书第五章，用略微不同的表述提出了一个更为简单的模式。

满意的指引。这里所指的智识任务是对任何综合法律哲学都不可或缺的。

不同的价值在同时满足两套相互关联的准则时得以澄清。这两套准则,一套与*内容*相关,另一套与*程序*相关。就内容而言,关于偏好与抉择的评述必须要结合背景。这些评述将社会过程作为一个整体来描述,并且指明谁为说过什么负责。程序准则在澄清者的主张经过全面的、面向问题的有序思考后得以满足。

对目标的表述必须涵盖社会过程,即澄清目标的功用在于为每一类可预见的情况提供一定程度的指引。没有理解人类彼此之间无法摆脱的相互依赖性,就无法对社会过程中的价值与价值之间、机构与机构之间进行评价。每个人都对社会有影响;反过来,每个人也都受到其他人的影响。除非每一位参与者,无论是个体或者群体,都对整个暂时的局势有明确的方向感,否则理性选择就是不可能的。在权力过程中的决策者不断地应对所面临的诉求以社群平衡。没有明确而全面的定位,结果就会非常难以捉摸。

人类必须"找到"自身价值的说法是引人误解的。如果这一说法有意暗示个体从未有过价值需求,那是不确切的。从最幼年起,我们每个人都被如潮水般的冲动所控制,通过行为产生相应的事件以实现价值结果的最大化。对偏好事件的优先排序以及对特定常规的具体说明,在自身倾向与环境之间的不断相互作用中形成;更具体地说,与文化、阶层、兴趣、个性以及危患水平等特定环境因素相互作用。

当一个人年长到能够将价值目标问题作为一个理论性的问题提出时,他已经累积了多年的经验对价值取向驾轻就熟。用概括性的语言提出该问题的行为恰恰证明了特定形式的文明社会对思想理念的假定的深刻影响。面对这一问题并与此问题相抗争所从事的一系列活动,其发生与结果虽然并非全部,但是在很大程度上已被事先调定。

这些考量有助于解释为什么对价值取向的深刻改变相对不为寻常,而是典型地发生在一些特定人群中。他们或是被暴露于异常广泛且相互冲突的社会形态,或是其人格受到内心冲突的撞击。从一种思想理念自动地转变到另一种思想理念的具有戏剧性的显著的例子相对罕见。乔达摩从一个富有的王子转变为以冥禅和教导为职,就是这些例外中的一个。我们知道马丁·路德(Martin Luthur)与魔鬼(Devil)的斗争,以及记录在案的众男众女在对自身概念、需求和期待的新体系的自我认证充分发育成熟后达到宁静之前的那种混沌状态。对经历早期的斗争后最终接受正统观念的思路的认可是某些文化体系的一部分。例如,在我们的文化中,我们长期以来预料青少年在他们"成型"之前会有一些"极端主义"。

我们文化中相对比的另一种思路,正如存在于其他文化中一样,讪笑或逃避因寻找职业感、身份感而带来的波动。深陷论战以及内心紧张对人是一种严峻的考验。绝大多数的人一旦面临考验都会选择逃离。其中一条逃离路线就是走向约定俗成。顺便说一句,这种解决方式也许无可厚非,毕竟实利主义是以牺牲个体的创造性为代价的。诉诸各种防御机制作为防止混乱的手段。其中最通常的一种是藐视智力强度,嘲笑认真对待严肃问题的可能性。在我们这个时代,人格塑造的新学问往往打击那些扰人心扉的人和观念,正如标语"知识分子是不稳定的",或者说富有广泛想象力和生动人格的人都至少略带"疯狂"。不可否认的是那些不遵奉传统教义的人往往有些神经质或者甚至是发疯的。然而这也无济于事,因为临床医学认为死板教条通常也是"疯狂"的。

## 对价值内容的澄清

通俗地讲,价值问题是一个"应然"的问题。"在特定情况下,我(我们)应该追求什么样的价值结果?""一般而言,我(我们)应该追求什么样的价值结果?"[2]

我们对自我澄清者的首条建议是有系统地陈述偏好与抉择,其陈述应该足够概括以适用于整个社会环境。该陈述要求澄清者对观点承担直接责任;或者,相反地,对所持观点承担间接责任通过措辞用似乎是他人的自我(或者力量)来作陈述。我们推荐直接责任。澄清者发现对价值目

---

〔2〕 更多细节,参见 H. Lasswell, *Clarifying Value Judgment: Principles of Content and Procedure*, 1 INQUIRY 87 (1958)。

标的概括性陈述必须作为假设的命题通过进一步经验来评估；或者，相反地，将其作为教义主张不惜一切代价来坚持。我们支持第一种主张，条件是在评估基本规定期间，有关规定被毫不畏缩地运用于各种具体情形。当与其他人沟通时，自我澄清者有时可能掩饰其真实的主观评述；我们勉强承认那些被认为是为获取至高价值净优势所必要的掩饰行为。然而，我们不建议提供援助或者安慰给任何尝试利用掩饰或者模棱两可来逃避作出坦诚的尽管是私人的观点的其他澄清者。

前面的讨论提到背景上的澄清任务，并且提请注意自我责*任*、*试探性*和*坦白*的问题。除了满足背景标准之外，在我们的文化中，一个澄清者的阐述还必须要*合理*，这就意味着要以经验或超越经验的方式为基础。

我们毫不隐瞒将人类尊严作为至高价值目标的观点，即对发展一套系统的法律哲学以助实现该目标的重要性的判断。另一个方案是将人类尊严作为一种价值目标，利用法律作为自我选定的社会等级的一种手段，以努力巩固优越的价值地位，使之永久。

下面将会显而易见的是我们的主要目的是要发现全球对偏好和抉择的价值之间的相似性，而不是要加剧为人类尊严而辩护的各种假定之间的差异性。尤其是，我们不再强调神学或形而上学的性质差异。我们的做法强调个体自我的责任，特别是通过说明式的非教条的程序来指明人类尊严的广义概念的重要性。

前文不言而喻的是，对价值内容从背景上澄清有两个方向：其一朝着价值主张的基础；其二朝着价值陈述的说明。前者使用内容更加概括性的阐述；后者依赖更少的概括性但更具可操作性的主张。[3]

当然，我们必须明确的是超越经验的参考被归类为社会过程中的价值与超越经验的范畴明显所指的或真或假的教义之间的差异。当个人被问及他们的价值时，回答往往是他们主要关心现在的生活方式对死后生活的影响。在基督教传统中，这是关于上天堂还是下地狱的资格的问题；在佛教传统中，这是解脱还是再次生死轮回的问题。被访问者或许会进

---

〔3〕 关于程序方面的详细描述，我们建议价值的澄清，参见 M. McDOUGAL, H. LASSWELL & L. CHEN, HUMAN RIGHTS AND WORLD PUBLIC ORDER; THE BASIC POLICIES OF AN INTERNATIONAL LAW OF HUMAN DIGNITY (1980)。

一步肯定，既然社会过程中的自由制度与神圣意志兼容，他接受民主的观点和做法。

这里有一个基本区别：对关于神圣意志的传播行为是社会过程中的事件，“神圣意志本身”则是超越社会过程的。虽然用言辞对宗教或形而上学的教义进行表述是在社会过程范畴以内，但是对“神”或“宇宙”的性质所作的相对立的主张进行批判却超出了社会研究或法律哲学的范畴。法律哲学是社会过程中的一项专业活动，其所专注的是人与人之间的互动，而非超社会（超越经验）的事件。

或许一个中肯的呼吁是要引起对假定目标的伪基础的关注。伪基础依赖于对含糊指示的一些关键性标志的使用，如“必要性”把指示性与偏好性相混淆；换句话说，它混淆了“已然”与“应然”。譬如说“民主”、“种族主义”，或者其他偏好目标是“实际上必要的”（一种“合乎科学的必要”）。这种陈述方式遗漏了一个关键问题：即便承认我认识到 X 是以 Y 为条件，这是否意味着我应该偏好 X 呢？如果所建议的答复为“是的”，那么问题仍然是“应然”如何源于“已然”。

注意到对目标的选择不能完全靠参照关于过去的事实信息或者关于未来的预见性陈述来解决，而必然求助于一个向形成观点的飞跃。这就是为什么对目标的选择是特殊的智识任务之一。澄清者，当然，在过去，现在和未来多方面的事件中为自己定位。关于过去：我偏好了什么？或者关于条件性因素：文化、阶层、兴趣、个性以及危患水平对我的偏好模式有什么影响？或者关于未来：在各种各样的偶然事故下，我将可能会偏好什么呢？需要强调的是，这些话题并非肯定“应然”。即便我去年想要当法官，我当时应该想要这个职位吗？我是应该现在想要还是将来想要呢？即便我知道对父母来说法官一职很重要，但这些偏好是否应该现在来引导我？

人类尊严之目标，则断然并非作为“已然”的衍生物，即便它受影响于并充分考虑到事实经验和预测。注意，这一点也适用于收集信息的行为，以及至高目标所涵盖的其他因素。简言之：“人类尊严涵括对教化的追求；因此，就追求它。”“追求科学知识”是教化准则的具体化。随意意译，教化规定乃是：接受为真实（词语的指明意义）所有满足下列要求的陈述：由已取得必备资格的个人观察所得，经过适当的观察程序和处理过程，以及准则性和偶然性的主张。教化规定中的约束成分很简单："保持无知"——如果你否认或者无视已经通过偶发事件测试的陈述。

我们所推崇的法律哲学的目标价值本身就是教化塑形和社会分享的一部分。它们并非通过可能的法规来表现，即作为法律由有权机构编订在法典里。反之，我们向法律哲学专家们致辞，假定他们的活动属于选择范畴。我们推荐给同行们的正式内容，在完成以后，按照先前为所有规定的概述（包括法律规定）划分为三类：准则（或者一般要求）；偶然事件（或者实际关联的特殊场合）；以及制裁（或者剥夺和赦免以维护遵从）。我们的建议显然是要法律哲学家们利用他们的角色去影响权力的流动以及其他社会过程，使之与人类尊严相容。这种权力定位并不要求实施执行的知识分子接受至高目标，虽然公共秩序体系的运作可能权宜将重要的权力只给予那些坚持至高目标的人。（我们按照目前致力于智识任务的讨论顺序将在最后一章明确地处理这些问题）

构建理论上的或者形而上学的基础有几个步骤。神学位阶断言："神偏好价值 Y；我应该偏好神的旨意；我能知道（或者信仰）神关于这个问题的旨意；因此我偏好 Y。" 形而上学的方法与之相似："自然（或者历史）偏好价值 Y；我应该偏好自然（或者历史）所偏好的；我能够知道（或者感到信服）自然（或者历史）对于这个问题的偏好；因此我偏好 Y。"

当价值模式以经验为基础时则无需试图通过主观参考神学或形而上学来为主观观点辩护。该模式可以是："我偏好 Y" 或者，"我偏好他所偏好的，即 Y。"前者中的自我担当明显的责任；后者，责任被掩饰为偏好与他人取舍的结合。

当我们转向价值*说明*时涉及两种操作。其一为定义性的（*语句*说明）；其二，为具体事件的调查者提供与其立足点相适当的操作指引。（后者为*语义*澄清）

提供语句澄清是要根据根本性定义明确说明澄清者以为显而易见的内涵。我们认为"根据定义"奴隶制与我们人类尊严的概念相矛盾。奴隶制与价值分享相矛盾。至于其他说明，由于言及特定的且须与本土环境相结合来理解的模式，容易被不适当地"根据定义"而确定。例如，我们应该选择21岁还是18岁作为最低投票年龄?

大致的要点为,有些说明指向的是终端平衡,即我们所希望的使社会过程向之运行的理想局势。当我们考虑中期或者短期局势时,对潮流的了解和计划倾向的预测是理性判断所需要的基础。因此,制定分阶段的短期目标是一个复杂的问题,需要充分利用所有解决问题的技巧。与特定环境相时宜的目标是根据情形使用的策略所能产生的受偏好的事件结果。五年计划的目的是澄清目标;产生那些终端事件的步骤则是可以取舍的政策。严格地说,中期和即期目标,以及为实现它们而采取的“策略”,都是“目的”(作为所寻求的“可以取舍”的一部分)。

另一种说明行为是从不同深度的立足点来考量以澄清目标。关于人类和自然的科学研究不断地介绍新的有关理论形成、数据收集及处理的程序。例如,心理分析程序,使得对个性或者群体的非意识及完全意识的分析成为可能。心理分析采用的根本程序是密集的对“自我与其他”的观察。通过深度程序取得的发现使先前剩下的长期目标的特征能够得以澄清。

总之:

通过说明来澄清目标 = 语句的(通过定义)

+

语义的(通过立足点)

澄清的程序

前面的内容强调澄清目标的内容,强调基础和说明的双重运动。这些操作有很大的关联性。不过,从我们的立场来看,它们很可能在我们的文化中受到不成比例的关注。问题的另一个层面——也是我们所强调的层面——是对程序的处理。我们已经看到,内容的澄清是通过有系统地陈述来引导一个问题解决者对什么是值得我们思考的问题作出选择。例如,我们说“追求人类尊严”,那么现在我们就应该具体说明在研究任何社会环境时应该追寻什么。当程序得以澄清时,化成公式的陈述便指引问题解决者选择对相关内容引起注意的次序。对五项智识任务的认识有两个目的:其一,指明应当注意什么问题;其二,提示考虑内容的顺序。

从程序上讲,我们对人类尊严的观点绝非因冲动或轻率而恣意行事。

认识到我们的教养使我们暴露于个人自由的理念，本书的作者们刻意将注意力集中在相反的学说上；尤其是，对侮辱人类尊严的主张。我们从比较追求侮辱人类尊严而非人类尊严的社会后果着手。我们控制自己去设想社会过程稳定于某一价值分享的层面，从广泛的分享——我们所倾向于赞成的——到狭隘的对社会生活收益的参与。

在考虑这两种目标概念可能导致的结果时，我们着重于目前所掌握的关于过往趋势和条件因素的知识。我们也充分注意到所有可能影响我们判断的其他因素。

种族主义的目标相对比较容易评价和否决，因为对目前所掌握的科学知识的研究显示种族主义残暴地夸大种族群体间身体方面的差异，特别是当他们与解决问题有关系时，并且贬低人类物种作为一个整体以及所有大量的子群体共有的显著的相似性。强调差异是错误的：变异对智力或体力习性的影响是相对肤浅的。[4]

种族主义的扭曲是如此怪诞以致他们怎能被任何人严肃地对待？这个问题不能通过调查那些在杜撰种族优越为主导的环境中成长的男孩和女孩或者男人和女人的角度来处理，因为这些人的问题并不太难解释。更关键的是，那些在混合的传统中成长的人被促使狂热和夸张地肯定种族主义的动机。这里，我们再次不予考虑那些因权宜而非坚信的拥护者；有关的对象不是那些玩世不恭的人，而是真正的信徒。例如，纳粹主义的一些主要理论家回应的是匿名的内部困难的压力而非对人类特征的描述。

这类分析性的信息，虽然有关联，但不能对侮辱人类尊严的目标或有的后果作出结论性的评估。或许种族主义阶级的理由比其拥护者强。因此，要对问题进行思考，并对一个平稳运行的社会之成本与收益进行评估，其中许多社会成员注定终身属于低等阶层。基于未来社会动力的考量，把平稳运行的社会体系是否可能的问题放在一边，如此否定创造性机会将毫无必要地耗尽共同价值储备，这在我们看来是确定无疑的；而且我

---

〔4〕 关于这个问题的发展，参见 M. McDOUGAL，H. LASSWELL & L. CHEN，*supra*，at Chapter 9，*Claims Relating to Racial Discrimination*。

们看不到否定目标的正当性。

我们被人类的创造潜能深深打动。尽管对位居权贵的个人所积聚的才能的培养有明显的优势,以及对处于较差社会地位的社会成员有强大的阻碍,显而易见的是,高度创造性所必需的潜力广泛散播于全人类。给个人提供让其才能成熟的机会(以一种非否定性的方式)乃为人类全体的价值创造培养巨大的潜能。

对"才能"的可操作性定义因创造性的多样化而调整。社会称赞的创新者——至少回顾起来——设定新的可能影响到每个价值制度过程的准则。结果屡屡使先前被忽视或否定的倾向和能力得以承认。人类尊严的目标一直向创新敞开大门——用说服的策略散布到整个社会过程的环境中去。

上面不经意地提到一个事实,我们故意暴露我们的信念使其受考验于更宽阔的经验环境中。我们用与检验他人信念一样的标准检验我们的信念。

除了弥补我们接触的西欧文化美国式的爱好自由的训诲以外,我们并不忽视早期和后来养成的对阶层的态度;也不会不考虑再证实或偏离民主的特殊利益。更不会不审查我们的个性体系在不同成长阶段中许多无意识的成分。

我们注意到,譬如,我们原来的观点是在对未来自由满怀希望的思潮下作出的。然而,应当明确的是,我们现在的观点并不捆绑在危机结果是"牛市"还是"熊市"上,无论促进人类尊严的体系未来会胜利或失败。我们并非将对未来的预测置之度外,而是将它们视为与策略和战术有关但非基本的目标。

假如我们成长于势不可当的反民主环境,我们的观点也许不可避免地与那种环境下势不可当的偏见相一致。虽然如此,我们并不认为这是"不可避免的",毕竟人的性格充满动力,至少会导致有些人否定他们之前所接触的规则并找到或者创造一种相反的意识形态。

对于冲动地和恣意地提出目标假定后为自我辩护而固执己见的情况我们并不陌生。我们强烈反对屈服于这样的解决办法。我们的观点是用目标澄清程序使所有被提议的价值假定暴露于全面的审查中。总之:

目标的程序性基础 = 与对手目标一同审查

+

趋势描述

+

条件分析

+

计划

+

替代性方案

或者

任意性主张

(并避免接触对手目标)

至此,何谓用程序给目标假定打基础应已明了。我们使用和赞赏以经验为基础的基本观点。我们丝毫不愿隐瞒给假定打基础从经验上讲是一个复杂和严谨的过程。或许,最显而易见的是它强调一系列连续的以时间为序的事件。当我们提到目标价值时,我们不止谈论终端状态;我们推荐通过一系列活动变更初始的倾向储备以供思想者研讨其问题。初始的视角,不是作为终结性的启示被重复再三,或不顾未来经验而盲目捍卫;而是作为今天朝向总体合成的最优方向。可以推测,随着事件的发生,视角本身也可能演化。

关于时间在探索价值目标中扮演的角色隐含于知识传统的传递者所采用的程序。乍看,这是对时间最大的藐视。根据多种神秘主义流派,他们始于中伤时间的短暂面容而提升对追求永恒的(无时限的)真理的热爱。不过,当我们仔细观察神秘主义者时,凸显的问题是:他们通过什么程序去追求?一个典型的目的是要为个人与“比他自己更大的东西”即“通常经验以外的东西”相接触的时刻做准备。这项任务被理解为是通过培养对最终和高潮事件的接纳能力来克服感官和常识上的障碍。相信他们享受过神秘主义经验的人们或许会这样描述:“看到神的脸”或者被充满难以形容的庄严和贯穿力的蓝光所“照亮”。

我们所推荐的实证性程序强调个体通过持续性的准备以分辨比过去

接触过的更为综合性和更加小心谨慎地考虑过的情况。这一点的重要性可以更好地被理解,如果我们将程序性途径称为调查的态度,并且将其与辩驳和争论相对比。我们用辩驳和争论来指代一种思想意识和一种力求防御和传播而非再研磨或者再详细说明其根本假定的沟通策略。我们毫无疑问地认为,辩驳和争论在很多社会情形下都是可以采用的合法的策略。(在美国律师看来,相信其他的方法是毫无意义的)我们还认为,辩争有助于调查和辩论。然而,目前情况下,我们所强调的一种途径的主要角色是使冲突居次要地位,并且鼓励尝试性和开放性的思考与搜索基本定位有关的事件之方方面面。当神秘主义者中的一种主要意见为肯定“精神锻炼”的德行并且不信任“闲谈”时,我们的意见与其部分一致。在法律哲学史上,正如通常的西方思想史,注意力都给予“内容原则”而非“程序原则”。因此,思想家们往往全神贯注于系统化的练习,如对假定、规则、定义以及命题等作公式化的陈述。重点没有放在发现能增加经验信息和拓宽个人基本前景的程序上。

几种现代趋势创造了一个与运用定义,这一过于频繁地被查询所取代的,不同的更为开放的途径。在最近的几十年里,逻辑分析技术取得了非凡的进步。大多数西方国家在“数理逻辑”、“逻辑实证主义”或者“普通语义学”中至少有一位创造性领袖人物。更新的逻辑技术在精确方面能够走多远?阿恩·纳斯(Arne Naess)报道的一项研究与此问题有直接关系。[5]他对现今学术团体代表中所通用的一些定义进行严格的分析。正如可能为人们所预见的那样,暴露出很多意义含糊不清(以及自相矛盾)。今天很多学者都在质疑向这个方向进一步推进所需要付出的努力和代价是否值得。这类情绪引起超乎寻常的自发自愿地去考虑理性可以通过“根据定义所得的真理”之外的其他方法得以改善的可能性。可供选择的程序或许,通过限制决策者,可以提高其在具体情况下对相关要点的

---

〔5〕参见 NAESS COMMUNICATION AND ARGUMENT, ELEMENTS OF APPLIED SEMANTICS(A. Hannay tr. 1966)以及 INTERPRETATION AND PRECISENESS (1949)。又参见 NAESS, CHRISTOPHERSEN & KVAL0, DEMOCRACY, IDEOLOGY, AND OBJECTIVITY; STUDIES IN THE SEMANTIC AND COGNITIVE ANALYSIS OF IDEOLOGICAL CONTROVERSY,(1966)。

理解和权衡能力。

随着该讨论的展开将会显而易见的是我们非常相信用其他技巧和经验补充定义和论辩技巧的重要性。我们认为这些补充性的技巧和经验对训练那些分析或者直接影响决策的参与者的创造性和责任感有必不可少的作用。神秘主义者指靠精神锻炼使其自身适合接受光明。现代版的精神锻炼是通过同样地深思熟虑地培养从多方面解决问题的途经以发现参与社会过程的各种实际有效的可能性。

与此相连进一步提起注意的是，许多传统的神秘主义者采用孤僻的、以自我为中心的方法来解决教化的问题。随着自然科学特别是社会科学的发展，不断探索的个人可以更为直接地去理解他人的思想、感情和行为；以及去探知他自己与这些事件之间的时空和相互依赖的关系。对模型的制作，数据的收集以及对现代科学的处理策略，有选择地适用于全球范围之内，能够给体验世界的自我提供一个更加包容和现实的影像。对以受启明的目标为导向的探寻并不非要经过孤僻的、个体的或是小集团的程序。

## 对人格尊严的部分说明

在前面的讨论中，我们或许不经意地传达了这样的印象，人格尊严的假说是少数人的信念。就可以信赖的明了的内容而言——这对于解释该论点来讲已经足够——全球政坛精英们已经致力于使世界公共秩序与人格尊严和谐之目标。[6] 尽管《世界人权宣言》遗留了很多东西没有讲，但是分析起来这个文件明显地就各类价值塑型和共享提出了暂时的详细说明。具体来说：

1. *福祉*。该宣言承认“生命、自由和人身安全”的权利并禁止“酷刑”、“残忍的”和“不人道的”待遇或惩罚。还有“休息和闲暇的权利”以

---

〔6〕 在前注 M. McDOUGAL，H. LASSWELL & L. CHEN 书第四章，*权威决策的全球构建过程(The Global Constitutive Process of Authoritative Decision)*，立场得到发展，在主要的人权公约中《世界人权宣言》的内容被扩大并细化，并且已经成为国际习惯法，建立起一种权威的综合性的全球人权法案。

及通常的“社会保障”。

2. *情感*。该宣言载明“有权婚嫁和成立家庭”并与他人友好交际（“和平集会和结社”）。同时，还有权享有国籍（“国籍权”）。

3. *尊重*。宣言第一条确认“人人生而自由，在尊严和权利上一律平等。”“人人有资格享有本宣言所载的一切权利和自由……不受任何分类区别”。显然，不得有“奴隶或奴役”，并且“荣誉和名誉”不得受攻击。

4. *权力*。宣言维护“参与治理其国家”的权利，“在任何地方有权被承认在法律前的人格”，以及“有因受侵害得到适格的国家法庭的有效救济的权利”。公正审讯的标准与受庇护的权利都被列举。还有对“社会与国际秩序”的权利。

5. *财富*。“财产所有权”以及维持本人和家属的“健康和福利所需的生活水准”的权利都得到了承认。

6. *教化*。有“主张和发表意见的自由”以及“通过任何媒介和不论国界寻求、接受和传递消息和思想”的权利。

7. *技能*。“工作、自由选择职业的权利”以及“免于失业的保障”的权利都得到了承认。还有，“人人都有受教育的权利”以及“自由参加社群的文化生活，享受艺术，并分享科学进步及其产生的福利”的权利。

8. *操守*。肯定“有思想、良心和宗教自由”的权利。“人人对社会负有义务”，并且没有破坏他人自由的权利。

已澄清目标的任务是持续地提醒社会过程的终极状态。预先察看能增强对现实的领悟并为将来的政策提供方向。

我们不认为目前的陈述是毫无遗漏的。相反，我们将其视为对社会平衡的全面复杂性的部分指示。这一指示将与人类尊严的需要相融合。

在讨论对目标的澄清和对替代性政策的最终选择之间的关系时，我们强调，越是将对背景的考虑与理想的终端状态相隔离，详细的叙述就越是变得混乱，由于需要更多的消息来区分不同形势的缘故。显然，我们对澄清目标的讨论面向的是那些对降低或消灭社会过程中自相矛盾的影响力感兴趣的人。我们想当然地认为，在某些情况下考虑目标价值的影响将分裂某一明显的共识，并带来许多先前未曾怀疑的歧见。面对人格尊严的具体解释，譬如说，一些个人或许会发现他们依然苦于错误的想法。

他们毕竟不是自由的朋友。从我们的角度看，这样的洞察是一种收获；误会下产生的民主主义者不是长久的资产。

十之八九，最突出的有创造力的差异并不涉及那些衷心忠诚于“超级种族”的人。主要的辩论一直以来并将继续与民主党人围绕详细说明问题展开。文字和言语确实能够给他们自己带来最变化多端的解释。恰当地用圣奥古斯丁（St. Augustine）的话来说，“为宣告好意，片言只语就足够了。给好下定义，则需要很多的话。”〔7〕

为进一步把确定性归于根本目标，我们现在对每项价值进行描述。〔8〕“人格尊严”这一表述是就目标而言最为抽象的目标术语。概要的第二层次包括被选择用于指明适宜的价值分配模式的术语。“人格尊严”被定义为“共享的权力、教化、财富、福祉、技能、情感、尊重以及操守。”既然某种程度上的分享发生于每个人类互动中，“共享的价值”将被理解为“宽泛的而不是狭隘的参与”的缩写。

还有关于内涵一定要述说清楚。“共享”传达两种含义，其一为“分配性的”，其二为“塑造性的”。关于分配性含义是指对控制价值结果的参与，根据平等或者不平等的程度来描述。塑造性的含义暗指既定的可供分享的价值的数量是可以增加的。一般而言我们支持更高层次的结果，因为我们既关心整个蛋糕的尺寸大小也关心每块蛋糕的大小比例。（任何对这一建议的限制都将会随着分析的继续进行而得以显现）

对社会过程的分析表明价值塑造和分享是通过相对专攻于各种价值制度的实践来展现的。因此为了明确说明，有必要选择一些术语来作为可以接受的价值共享的证据上的制度安排。制度分析的基本种类——神秘体系与技巧——必须作为进展中的定义的主要术语。在最大可能的程度上，我们在试图使什么样的规则模式稳固下来呢？什么样的技巧模式呢？在与人格尊严相协调的公共秩序体系内观点和操作皆与神秘体系相顺应。第三个层次的术语是“制度性的习惯”，虽然它们传达了人类尊严

---

〔7〕 Lasswell 脚注，未找到。

〔8〕 更详尽的论述及这些基本推荐在措辞方面略微不同的表述，参见 M. McDOUGAL, H. LASSWELL & L. CHEN, *前注3*。应该强调一下对这些价值高水平的评论，无论在辞令上如何表述，都一定要通过其他相关知识任务雇用方面和特定的选择例子相关联。

与任何具体情形构成的事件更接近的含义,这些术语将最终需要选择更多的详细的操作索引。目前任何规定操作索引的尝试都将会不顾蒙受提前退化的危险,以及分散对所推荐的目标最为重要的中心概念的注意力。现时的目的是提供足够的细节使未来的情况得以承认,无论将来的特定习惯可能会有多么奇怪。最终细节——无论是否通过口头访问、由旁观者或参与者观察行为、"灵异"现象所得——将依赖于文明的进化。

我们在记述神秘体系时,只有一些要点会被涵盖。然而,这些要点将会勾勒出一个与人格尊严相符的综合性的观点。由于观点必须从沟通与合作(行为)中推断,我们能对所说的和所表现的动作内容作详细说明的必要性引起注意。人格尊严的观点是为了每一个结果前、结果和结果后的情况特征而进行定义的:参与者、形势、基础价值、策略、结果、影响。这些目标观点在特定情况下得以实现的程度取决于对它们的表述和操作与基本定义相符合的程度。

对目标价值进行澄清,并不是要去建立一个没有冲突的乌托邦。终结状态的目标模式了无意义,除非它勾勒出的理想价值制度模式事实上得以实现。尽管如此,所有主观的和非主观的事件是否与假定的理想完美契合其实并不重要。与概率相关联的模式承认过程中参与者之间的相互作用,包括与完美之间的差异。当然,该模式必须要求所有差异都能通过把根本特征相互协调的做法成功地得以克服。尽管存在这些限制,有必要强调的是,特定模式远非一成不变。相反,安装于系统中的规定是开放式的,就制度创新而言。事实上,创新的确会被保持在一个非常高的水平,因为传统的对教化和技术的限制都被淘汰了。

## 共享的权力

我们从把共享的权力涵括于至高无上的人格尊严概念的价值目标开始。在我们使用"民主"(以广泛的权力共享为特点的社群)这个词汇之前,哪些关系必须盛行?简单地说,控制性和权威性的权力在下列要求得到满足的范围之内得以共享:

**参与者**

1.0 政治神秘体系偏好普遍参与的决策模式。

1.1 与此相协调的沟通由信条、公式化规则和特色变量组成。

所有人都肯定,人民是权力的最终来源,并赞同可表达大众民意的程序。人们可以直接按照政策问题行事,或者选择承担责任的官员。

1.2 事实上,对决策的参与是广泛的。这个命题指向的是行动。公开的参与最多发生于,如非全部,成熟的人们对社群问题具有充足的兴趣并参与解决。

显然,我们可以从两类数据中推断正确的观点,其一为沟通总结,其二为行为实证。如上所述,科学的观察者需要这两类数据来对与神秘体系相一致的观点分配(或者对这些主观性的强度)作出最终的判断。经验表明,通过单独地分析言行所得的影像相互不会一致。因此,具有资格的投票人去参加投票的比例也许很高,但是秘密访谈或许会质疑民意表达的效率。我们的目标模式所指明的是对有效的广泛参与普遍存在信心,且该信心有经验证实。经验使我们了解到有资格人士进行高频率的投票只会偶然发生。尽管如此,秘密访谈可能会表明,每当选民们振奋活跃时,普遍的民意被相信为是真实有效的。在目标情况下,只要适当的高频率我们就感到满意了,如果所有流行指标作为一个整体来考量表明真正的共享。

**竞技场**

2.0 政治神秘体系偏好有组织的和无组织的竞技场,其中权力被广泛地参与,并且持续的观点和能力都与权力共享兼容。

2.1 表明的偏好:

2.1.1 有组织的优先于无组织的竞技场,当无组织的竞技场暗中破坏或者有暗中破坏共享的权力的危险时。

2.1.2 公共秩序的竞技场优先于公民秩序的情况,仅仅当压迫无法避免且因此必须由政治实体垄断时。

2.1.3 *构成性的*领域与涵括性的和排他性的权力利益相适合。

这些利益依赖于参与权力互动或高或低的程度。对利益的调整指导安排详细的竞技场模式使优势获得优化,按评估建议,一时倾向这个方向、一时倾向那一个方向。例如:政府化——私人化、区域化——多元化、中央化——非中央化、集中化——分散化、团队化——个性化、持久的——临时的。

2.1.4 *除建制性的公共秩序竞技场*按照或高或低的权力互动与涵括性的和排他性的利益相适应外,对详细模式的最优化安排也与包容性的和排他性的利益相适应。[9]

2.2 公开的操作(行为)与表明的偏好相和谐。

**基础价值**

3.0 政治神秘体系偏好接近基础价值以影响权力,根据作为人类以及作为对共同利益的贡献者的个别优点。

3.1 表明的偏好:

3.1.1 根本的权力平等分配给每个个体。

根本的平等对维护个人完整和作为整体的系统完整都是必要的。

3.1.2 其他价值分配的程度与它们对维持个人权力根本水平的重要性相当。

3.1.3 对个体与权力结构的分配要求服务于共同利益(扣留更多的除对任务必不可少以外的权力)。

这是对由于过剩的权力造成的特殊利益而采取的预防措施。它带有对超过共同利益所需的权力,特别是涉及竞技场结构时的预先警告性的假设,无论是包容性或排他性的权力。因此反对任何方向的权力过剩:政府化的——私人化的、区域化的——多元化的、中央化的——非中央化的、集中化的——分散化的、团队化的——个性化的、持久的——临时的。

3.2 公开的配给与表明的偏好相和谐。

---

〔9〕 关于这些概念的进一步解释,参见 M. McDOUGAL, H. LASSWELL & I. VLASIC, LAW AND PUBLIC ORDER IN SPACE (1963),第二章。这些概念是由 M. McDOUGAL & W. BURKE, THE PUBLIC ORDER OF THE OCEANS:A CONTEMPORARY INTERNATIONAL LAW OF THE SEA(1962 第一版,1987 年新加绪言论文)一书中提出的。

**策略**

4.0 政治神秘体系偏好运用非胁迫性的操作来影响决策。操作必须被充分利用来维持高水平的政治倾向以积极参与权力过程。

4.1 表明的偏好：

4.1.1 使用非胁迫性的策略。

4.1.2 调动充分广泛的联盟，来维持高水平的政治参与。

4.2 公开的活动与表明的偏好相容。

**结果**

5.0 政治神秘体系偏好使用最少的胁迫，维持基本的公共秩序的价值制度模式，并实现优化优先价值的决策。

5.1 表明的偏好：

5.1.1 几乎不依赖胁迫来维持共同利益的实践结果。

5.1.2 根据并不断用行动证实公共秩序体系之根本特征的实践结果。

5.1.3 其决策促成优化优先价值的实践结果。

5.1.4 反映对先前阶段的理性表达与基本目标相和谐的实践结果。

5.1.4.1 澄清目标，说明趋势，分析条件，计划发展，以及制定替代性政策的情报结果。

5.1.4.2 调动注意力和对共同利益的可能政策之需求的宣传结果。

5.1.4.3 使一系列公共利益规范、意外情况和处罚制裁的总体预期具体化的规定结果。

5.1.4.3.1 将目标与工具性规范相互区分的规定。

5.1.4.3.2 可能性阐述之内容与程序足够充分以致能对相关情形作出确认。

5.1.4.3.3 制裁是为了适应以下目标：

5.1.4.3.3.1 对偏差的威慑。

5.1.4.3.3.2 恢复偏差之前的形势。

5.1.4.3.3.3 复原偏离期间被剥夺的的价值。

5.1.4.3.3.4　通过减少挑衅和增加主动的迁就同时保持于公共秩序体制以内来防止偏差。

5.1.4.3.3.5　对尽管具有标准教育机会,但却不能够或者不愿意遵守公共秩序要求的偏差个体的矫正。

5.1.4.3.3.6　模型实现时则无须重建公共秩序除非可能当新的生命形式或者遇到外形社区时。

5.1.4.4　在具体情况下迅速提供临时性影响的激发性结果。

5.1.4.5　在具体情形下给予充分的和最终的影响的适用性结果。

5.1.4.6　结束对共同利益相对没有贡献的规定,并将预计的该规定处于权威和控制性时所产生的要求进行最有利于共同利益的配置的终止性结果。

5.1.4.7　总结公共秩序体系政策的实际成效和责任分配的适当程度的评估性结果。

5.2　与明示的偏好相协调的公然操作。

## 其他共享的价值

对权力的具体说明是我们首要的参考框架,对其他价值则不如对权力的描述详尽,而且将包括对其对手价值的解释和要求相互结合的实践。我们将回顾,所谓公共秩序是通过权威来强制执行社会过程中非官方的公民秩序的利益,而人类尊严之公共秩序的一个目标就是要削减公共秩序的角色,同时也要完成转换而不损害共同利益。[10] 权力竞技场是根据评估预计收益之净价值优势而接受、反对和调整特定制度性项目之需求的一种机制。

正如权力所暗示,价值分享的搜索标准从神秘体系方面开始,因为必须对通信和技术操作的流程进行评估以确定在任何具体的情况下所达到的符合程度。

---

〔10〕 关于这些综合区别的发展情况,参见 M. McDOUGAL, H. LASSWELL & L. CHEN, *supra* note 3, at Chapter 16, *The Aggregate Interest in Shared Respect and Human Rights: The Harmonization of Public Order and Civic Order*。

## 共享的教化

教化在满足下列条件范围内共享:

### 参与者

1.0　教化神秘体系侧重于在教化过程中总体参与的形式。

1.1　与此相和谐的沟通由信条、公式化规则和特色变量组成。所有这些都证实,将会接受不受约束的途径去获得教化,除为了公共利益在某些情况下可以有必要地推迟;且专业于教化的机会将被提供。

1.2　参与教化过程在事实上是总体性的。

### 情形

2.0　教化神秘体系赞成人们广泛地参与教化,且支持与适合于教化的共享的观点和能力。

2.1　表明的偏好为:

2.1.1　作为范围价值而专业于培养教化的情形。

2.1.2　作为贡献于公共利益目标的基础价值而专业于培养教化的情形。

2.1.3　作为范围和基础价值而专业于传播教化的情形。

2.2　与这些表述相协调的公开运作。其涵盖的情形很多样,例如,科学研究和报告以及收集和传播新闻。

### 基础价值

3.0　教化神秘体系赞成以人的价值和能力作为基础价值来影响教化的路径。

3.1　表明的偏好为:

3.1.1　使得以接触所有的至少是根本性的最起码的关于目前社会和自然现实的主要轮廓的教化,包括潜在的对其自身的洞察。

3.1.2　通过激发个人或组织获得资格来提供专业的知识和其他基本需要以支持向教化作贡献的努力。

例如，慷慨地将初次资助自动授予有资格的人和组织，然后对再申请进行严格审查；可以提供大量的探索性的设施。

3.2　与这些表述相协调的公开操作。

## 策略

4.0　教化神秘体系赞成使用贡献于增长和传播知识方面的策略。

4.1　明确地偏好：

4.1.1　相信那些有最强烈的动机观察所参考的事件，并采用最准确的程序来进行观察、记录和报告的最有资格的观察者直接观察所得的陈述。

4.1.2　相信那些有最强烈的动机作出推论，并且可以通过评估最适宜于具体情况的方式倚赖最可靠的信息来源的最有资格的观察者间接观察所得的陈述。

4.1.3　接受最经济地说明现象的条件因素之相互作用的解释模式，包括用最多种类的方法获得的数据（实地观察、实验、塑造原型等）。

4.1.4　接受由最有资格的人用最多种类的程序（批判性的推断等）评估后最好地幸存下来的对未来发展的估计。

4.1.5　提供与经澄清的公共和民间秩序的目标假设，以及与政策的具体目标，明确相关的资料。

4.1.6　当信息来源或许会影响其阐述之可信度时，要披露该阐述的信息来源。

如果给出有关利益和能力的事实则无需揭露其个人身份。将经编辑的社论与新闻陈述相区分就是这样一个例子，通过这种手段把注意力引向阐述来源之目的。

4.1.7　真实——不是欺骗性的——阐述。

4.1.8　理性——不是非理性的——阐述。

那些不相关的，无关紧要的，和相互矛盾的都是非理性的代表类别。在寻求确认和使非理性无效时一些可以提及和可供预防的措施包括，排除、将影响平等化以及分享对阐述有决定性因素的理解。

4.1.9　当某集团内的成员们故意针锋相对时，使用有条理的程序作为一种增加理性判断的可能的一种方式。

4.2 在评估和散播阐述时公开使用偏好的策略。

4.3 公开操作与表明的偏好相协调。

### 结果

5.0 教化神秘体系赞成有效的信息储存与积累——对于已经满足战略测试的信息——以及可否获得对信息的弥补。神学鼓励追求人类及大自然的根本知识，作为人类发挥其创造潜力并扩大在追求所有价值中的选择范围的一种方式。

5.1 表明阐述与神秘体系相协调。

5.1.1 专门从事关于自然和人类之基本情况方面研究的机构都是对知识的成功贡献者。

5.1.2 传播信息的机构在社群范围的背景下成功地实现了信息共享，与专家们所富有的复杂的科学经验同等。

5.2 公开操作并与表明的偏好相协调。

## 共享的财富

财富在下列要求得到满足的情况下可以得到共享：

### 参与者

1.0 有关财富的神秘体系强调为每个人提供至少基本的最小化的经济利益的重要性，以及专门从事生产的机会。

1.1 与神秘体系相协调的沟通由信条、公式化规则和特色变量组成。

1.2 顺应神秘体系的经济公开操作。

### 情形

2.0 财富神秘体系赞成这样的情形：最广泛的可能的范围内的人类和自然资源都被吸引到一种相互依赖的生产网以及总体上可共享的利益。

2.1　明确的偏好：

2.1.1　世界经济作为一个整体相互依赖，无论在哪里发生都能够自由地吸引有生产潜能的因素。

2.1.2　分散化发展的政策，在所有主要地区都获得近似相同的生产能力，从而阻止逐步将自己转化为潜在的，文化上和政治方面的寡头以垄断和控制发展。

2.2　与神秘体系的要求相一致的有组织的和无组织的活动。

**基础价值**

3.0　财富神秘体系赞同按照一个人的价值和能力来分配经济财产。

3.1　明确的偏好：

3.1.1　获得的机会，再加上经济财产上的基本的平等分享，进一步赞赏生产性的贡献。那些要求参与生产的人都被一个名副其实的有竞争性的程序所鼓励。

3.1.2　最初的个人或集团资本来源方面的津贴在总体上有利于鼓励新产品和新程序。

3.1.3　对资本资源的使用达到前述第2.11部分中所提及的区域之间的平衡。

3.2　公开操作与神秘体系的要求相一致。

**策略**

4.0　财富神秘体系支持为产品因素而进行招标时使用的自由竞争的策略。

4.1　表明偏好：

4.1.1　自由结盟、自由表达接受或者反对雇佣、投资、工艺流程或者商品。

4.1.2　根据实践来调动生产因素的自由，这些实践与超越经济增长目标的结果相一致。下述实践在总体上或者综合起来被视为是适格的：资本主义的（个人对资源的控制；企业所期待的利润或损失）；社会主义的（公众对资源的控制；公众共享的利润或损失）；消费者合作社（资源在个

人手中被平等地控制；利润和损失都针对于消费者）。（可以创新的实践）

4.1.3 生产性策略按照最有效的程序提供最广泛的商品与服务以最经济的生产性资源来选择市场上最具有竞争力的价格。（注意到这些标准都是被适当的会计方法所引用而非机构生产中的实践）

4.2 公开操作与神秘体系相一致。

**结果**

5.0 财富神秘体系强调一直膨胀的生产力具有提升消费标准的可能性，以此来扩大财富开放给个人的选择范围；同时也强调等级收入的重要性。

5.1 表明的偏好：

5.1.1 向目前增长率最低的产品投资（将任何人口变化纳入考虑范围之内）。

5.1.2 考虑到对目前每个人的最低基本收入的要求都足以提供有保障的和有趣的生活，而无需受雇佣于财富生产活动中。

5.1.3 保持产品增长所需的经济活动机会。奖励有效益的竞争活动。采取支持层次性模式并阻止社群分化为“富裕”和“贫穷”的政策。

5.2 操作与神秘体系相一致。

## 共享的福祉

福祉在下列条件得到满足的情况下可以实现共享：

**参与者**

1.0 福祉神秘体系偏好于对福祉程序的总体参与。

1.1 与这一方面相和谐的沟通由信条、公式化规则和特色变量组成。确认所有可获得的机会是为了安全、健康和舒适；并且提供具体的创造福祉机会的活动。

1.2 操作与神秘体系相协调。

## 情形

2.0　福祉神秘体系支持这样的情形，安全、健康、舒适都在最大的可能性范围之内得到满足。

2.1　表明的偏好：

2.1.1　专门培养有利于安全、健康和舒适的能力，倾向在组成世界社群的所有地区都相互平等。

2.2　公开的操作与神秘体系一致。

## 基础价值

3.0　福祉神秘体系支持根据个人价值与能力而获得福祉的路径。

3.1　表明偏好：

3.1.1　对于患病者、受伤者以及残疾人进行适当的照顾。

3.1.2　防止疾病、伤病和残疾的方法（设备与态度）。

3.1.3　减少导致自杀、谋杀、民间暴力的动机和战争的导火索。

3.1.4　向最合适生命肉体与精神活动进步。

3.1.5　向延长寿命进步。

3.1.6　向消除痛苦进步。

痛苦的建设性功能在于提示某些地方出问题了。一旦完成了该信号提示功能，痛苦对福祉的贡献便得以终结。因此，明确的目标就是要实现健康，而非诉诸承受焦虑的方式。

3.2　操作与神秘体系相一致。

## 策略

4.0　福祉神秘体系鼓励使用以最低净成本完成目标的策略。

4.1　偏好：

4.1.1　通过令人信服的方式获得个人和集体安全、健康和舒适所需的合作。

4.2　战略与偏好相一致。

**结果**

5.0　福祉神秘体系强调实现高水平的安全、健康与舒适的重要性;相似地,它科学地解释何谓完美。

5.1　偏好:

5.1.1　意识到使传统信条、公式化规则和特色变量受制于科学方法的重要性,及其对建立福祉神话的紧密支持。

5.2　操作与观点相一致。

## 共享的技术

技术在下列要求得到满足的情况下可以被共享:

**参与者**

1.0　技术神秘体系赞成获得并运用社会上接受的技术的普遍机会。

1.1　与该观点相一致的沟通包括信条、公式化规则和特色变量。它们都强调每个人潜在的才能,并接受发现该才能和使之在非破坏性的实践中成熟的重要性。

1.2　操作性活动与表明的偏好相一致。

**情形**

2.0　技术神秘体系赞成培养、发展和发挥整个社会的才能的情形。

2.1　表明的偏好:

2.1.1　教育机构可以胜任于对整个世界社群的技术发现,并且也能胜任于为进一步教与学和参与公共文化秩序方面的最低最基本的能力的要求。

2.1.2　教育机构承担为个人利益或者被视为非常重要的公共利益提供先进的和特殊化训练的任务。

2.1.3　为了发挥技术和获得整个世界社群卓越性的情形。

2.2　操作与观点相协调。

### 基础价值

3.0　技术神秘体系支持对进一步发挥技术产生影响的提供给个人和团体的建设。

3.1　偏好：

3.1.1　为个人和团体提供作为世界公民所应掌握的最关键的基本装备和技术及其使用动机。

3.1.2　为发现和获取先进的、对社会有贡献的技术提供机会及其使用动机。

3.2　操作与观点相一致。

### 战略

4.0　技术神秘体系支持以自由选择的方式来管理技术。

4.1　偏好：

4.1.1　对技术的管理要使涉及其中的控制者或目标者满意。

4.2　操作与神秘体系相协调。

### 结果

5.0　技术神秘体系赞成获得技术与维护的水平要实现人类潜力的最佳效果。

5.1　偏好：

5.1.1　依靠发现新颖的人类潜能来发展获得技术与运用的新水平。

5.1.2　根据个人爱好和社会需要来维持已有技术的高水平发展。

5.2　操作与观点相一致。

## 共享的情感

情感在以下要求得到满足的情况下可以共享：

### 参与者

1.0　情感神秘体系强调每个人都加入友善的关系，包括对人类的共同的忠诚的愿望。

1.1　沟通赞成支持共享的情感的信条、公式化规则和特色变量。

1.2　对家人和亲密的圈子内，以及集体的操作都与目标相一致。

## 情形

2.0　情感的神秘体系赞成那些成功地保持和调动对人类的忠诚并与亲密或友好的个人关系相结合的情形。

2.1　明确地偏好：

2.1.1　忠诚于人类作为先进的生命形态及其特有的创造性和敏感性。

2.1.2　培养家庭以及其他人与人之间的友善的情形。

强调人类多方面的潜能，以及在适宜的情况下能够实现一种开放和友好的方式的事实。

2.2　操作与观点相一致。

## 基础价值

3.0　情感的神秘体系赞成让所有人获得自由的环境，在这种环境里有足够的情感来提供一种自信的基础去爱自己和他人；并且保证对朋友和家庭伴侣方面的自由选择。同样也支持对世界社群识别标志有积极感情的组织。

3.1　明确地偏好：

3.1.1　协助那些能够爱自己和他人的人格结合在一起的社会化过程。

3.1.2　在选择朋友和伙伴来组成家庭方面允许自由的集体性政策。

3.1.3　组织积极感情的实践，特别是在年轻人之间，朝向包容性社区的识别标记。

3.2　在每一个水平上都与操作相一致。

## 策略

4.0　情感的神秘体系强调使用那些使不友善的关系无效或者防止

其出现的战略。

4.1　表述的目的为：

4.1.1　不挑拨的行为。

4.1.2　对于有所冒犯的警惕；以及对自我迅速行动来弥补过失的要求。

4.1.3　在弥补受损的人际关系中给予机智的协助的意愿。

4.1.4　完全认识到性与爱之间的密切关系，并且只有在自由选择的基础上关心性关系。

4.2　与神秘体系相符的操作。

**结果**

5.0　情感的神秘体系赞成流畅的选择，在这些选择中，施与并接受积极的爱；并且将忠诚投向包容的身份标志。

5.1　偏好的表述为：

5.1.1　仅仅由那些真诚关爱的人来塑造儿童的环境。

5.1.2　整个社会的主要圈子中保持友好的关系。

5.1.3　世界社群的组成因素之间维持友好的前景。

5.2　操作与观点相一致。

## 共享的尊重

尊重在下列要求都得到满足的情况下可以共享：

**参与者**

1.0　尊重神秘体系赞成全体参与尊重过程的模式。

1.1　沟通与信条、公式化规则和特色变量相协调。所有的个体都确认每一个个人都被赋予作为人类的根本尊重，以及附加的尊重，即在对公共利益进行贡献方面的奖赏。

1.2　操作与观点相一致。

### 情形

2.0 尊重的神秘体系支持一个世界社群,在其中,尊重与人类尊严的根本性标准相和谐。

2.1 偏好表述是为了:

2.1.1 基于功绩价值而非社会等级的社会关系。

2.2 操作与观点相一致。

### 基础价值

3.0 尊重神秘体系赞成赋予每个人作为人类的根本性认可,并且根据对公共利益的贡献情况来分配对其尊重的价值。

3.1 偏好的表达是为了:

3.1.1 多余的协助将会给予那些必须克服经常被当做不尊重之来源的障碍的人。

3.2 操作与观点一致。

### 策略

4.0 尊重神秘体系支持积极的而不是消极的管理战略。

4.1 偏好的表达是为了:

4.1.1 提供豁免而不是剥夺尊重。

4.1.2 尊重结盟作为保持活跃的尊重倾向性的一种方法。

4.2 操作与观点相一致。

### 结果

5.0 尊重的神秘体系支持能够提供贯穿整个社群的高水平的自然尊重成果。

5.1 偏好是为了:

5.1.1 在最大的范围之内对选择自由进行认可,包括对人们隐私权的保障。

由于大多数关于隐私的要求受制于那些了解隐私思想和行为的人的

领悟力，所以对隐私的要求或许会作为一个公共的人物形象被共享而减损。

5.1.2　按照基本人格和个人对公共利益的贡献的标准来分配尊重。

5.2　操作与观点相一致。

## 共享的操守

操守在如下标准得到满足的情况下可以得到共享：

### 参与者

1.0　操守的神秘体系要求每个人要去获得一种责任感，代表自由社会通过个人或者集体的途径行事。

1.1　根据他们与人类尊严概念的一致性及兼容性，沟通对实践的评估提供支持。

1.2　行为与信条、公式化规则和特色变量要求相一致。

### 情形

2.0　操守的神秘体系支持这样的情形，在该情形下，一个包容性的共识优先于符合并促进人类尊严的特定行为模式。

2.1　偏好的表达是为了：

2.1.1　与人类尊严一致的特定模式包括用于和平解决不同模式间差异的程序。

2.2　个人和集体性行为与神秘体系相一致。

### 基础价值

3.0　操守神秘体系支持广泛的机会去获得根本性的操守取向，正如人类能力所展现的那样。

3.1　偏好的表达是为了：

3.1.1　与操守相关的社会化实践的持续性评估，以及按照结果对于实践的修正。

3.2　操作与偏好相协调。

### 策略

4.0　操守的神秘体系支持强调沉溺于剥夺并采用纠正优先于惩罚性的措施的战略。

4.1　偏好的表达是为了:

4.1.1　在可能的时候通过奖励的方式获得对操守规则的遵守。

4.1.2　意识到当这种遵守由于过错或者缺乏机会而变得不可能时,纠正措施是合适的。

4.2　行为服从于规则。

### 结果

5.0　操守的神秘体系支持关于人类尊严要求方面的高水平的统一,它以个人责任感为基础,并因此规定将集体化剥削最小化。

5.1　偏好的表达是为了:

5.1.1　个人对行为负责。

5.2　操作与观点相一致。

## 派生的评论

既然我们没有详细阐述人类尊严作为一种超越人类社会目标之基础的不以经验为转移的方式,或许提供一些关于在跨经验主义的程序中所涉及的更进一步的提示,并且说明为什么我们将工作交给其他人这一问题将会更有帮助。我们通过不断派生来理解这一操作,它以神学或者形而上学的名义使对社会价值的阐述正当化。在西方文化中,人类尊严通常是来自于关于上帝意志的基督教理论。具体操作是这样的:“我珍爱人类尊严:上帝珍爱人类尊严:我应该珍爱它因为上帝珍爱它。”这些主张以不同的方式被重新排列、压缩和阐述:“我应该接受与上帝意志相一致的社会价值;上帝珍爱每个灵魂的尊严;我珍爱人类尊严。”“上帝赐予人类以尊严;我珍爱人类尊严;我应该珍爱它因为我自己的尊严以及每一个生物的灵魂都是上帝的赐予的礼物。”在这些问题里,不计其数的阐述用事实说明了合乎规范的模糊不清的实践、对偏好精简之后的维护、决心与义务以及对过去、现在和未来的参考。鉴于对基督教思考、崇拜和经验的广泛积累，一些术语和词组已经在很多领域都能成为基督教的整个背景的象征。“人类尊严”正是关键象征中的一个引人注目的例子，该象征的特色内涵深深根植于整个的传统之中。

这些派生的操作遵守逻辑模式，因为它展示了一种可以从一个更为大众的一般性陈述中推导出来的较为小众的主张。这是一个“应该”（要求）的理论，在这一理论中，假定偏好和与社会过程相关的义务都必须符合神的意志。如果最终参考的关键性象征是“自然”而不是“神”，那么逻辑模式仍然是一样的。对于“那一个神”（有很多的神）或者对于“那一种超凡能力”（有很多种超凡能力）同样也是这样的。

当派生思考的模式具有逻辑性时，它至少展示了一种特征，通过这种特征我们能够将其与其他关于逻辑的运用区分开来。关键条款（或者条款体系）不服从于实证规范。对“神”或者“自然”最终的暗示并不受制于根据数据所做的修正。派生系统都是“超经验的”。他们都被视为“超凡脱俗的”观察。他们主张给所有“相信”的人传播“终极的真理”。相信是“信仰”的一种表现。它是证实的一种行动，这种行动用某种无法名状的（神秘的）方式使个人能够“脱离了人类和社会的束缚”，并飞跃至另一个“星球”。最终真理是不受经验主义研究工具之最后展示所影响的。如果术语使用的是“假定”而被用来遵守经验主义的证据，并且打算根据描述证据的公式化经济模式的任务来修正基本的概念，我们不得不进行“科学的”而不是“派生的”思考。

派生体系不能通过描述哪些术语能够用于关键假定的简单测试而从科学之中区分开来，我们一定要发现“是谁对什么人说了什么话，并怀有怎样的目的”。引人注目的区分在于这些命题是否关于目前已知的超越经验主义方式之描述的真理。如果神的意志被描述为一系列关于观察性事件（而且没有提出针对超越真理之主张）的假定，那么系统是“科学的”，虽然使用了“神”这一词语。在这样的情况下，“神的意志”是一种假定的方便标记，这种假定经过科学的数据收集和处理方法在一定程度上得到了确认。这与“科学知识的现状”这类的术语是相一致的。即便当“神”这一术语并不出现，这一系统也有可能是派生的，而非科学的；而且甚至当使用“科学”一词来命名该系统的时候,情况或许还是这样。如果允许个人展示关于超出观察范围之外的宇宙方面的“教化”,那么系统就是派生的。“教化”或许是这样的,宇宙是“完全守秩序的,完全决定好的”(因此完全是“科学的”)。任何关于“不确定的”主张都因此而被拒绝为“完全错误”而不是“或许不能够发现”。有绝对确信的证据表明了宇宙的形象被视为不同于某种开放供大家修改的可定的假定。在派生的沟通方式中,没有试探性调查的空间。因此,在理论中发现的“世俗的”或者“宗教的”象征标志不能告诉我们该体系是否是派生的。在做“传统性的”和“功能性的”用途两者的区分时,我们会把沟通者的意图考虑在内。用传统性术语来讲,我们假定任何以“神”之名义的理论都是派生性的并且每一个以“科学”为名义的“命题”都是经验主义的调查。然而,用功能性术语来讲,这或许不能被定性为真实。

为什么我们不强调派生性思考的特点呢?我们正在寻找不同宗教信仰和哲学传统的人们之间的运行关系。正如前文提到的,我们并不擅自对基督教、犹太教、印度教、佛教或者伊斯兰教之间的主张下结论,并给它们贴上表扬其部分真实或者特别贡献的标签,因为只要我们内心所想,每一个理论都能成为放之四海皆准的完全真理。具有不同信仰和哲学理念的人们往往要证明他们在社会价值方面能够实现很大程度上的一致,而不考虑超出价值来源之外的一些因素。我们通过强调价值,来关心迅速便利的协议以及行动,这些价值通过说明“它是什么”,而不是通过批评目前的正义或者创设新的逻辑派生体系而获得。

是否不强调就意味着派生性思考被假定对社会不会造成影响?当然不是。不对犹太教、罗马和希腊天主教、新教、文艺复兴、休谟的怀疑论、康德的理想主义、马克思的唯物主义以及近期很多维也纳学派逻辑实证主义者的理论与哲学、巴斯德理论或者存在主义者方面的学说的进展进行评估,就不可能对西欧文化的趋势和条件进行严谨地思考。这些名字是西欧文化理论框架之内的连续性、范围及多样性的标志。不对孔子思想、孟子思想以及其他早期先哲的思想流派进行分析就直接去评价中国文化,这同样也是不可思议的。对于东亚和南亚以及非洲部分地区来说,历史上的构造因素必须要包括印度教、佛教以及伊斯兰教的思想。在这个相互依赖越来越强的世界里,这些传统的理论(及与之相关的模式)都一定要充分地纳入思考体系之内。由于我们的最终目的之一就是在全球范围内促进世界大同,所以我们打算在成百万的已经进入主要的人类历史派生系统时代的现代人之间展开进一步的和平合作。出于这样的考虑,我们宣布个人停止以宗教或者其他形而上学体系的名义而进行宗教信仰的转变,并且宣布加入那些准备接受个人人格的和那些可以对很多实际的特定要求方面达成共识的人的行列。

人类的故事充分表明,如果假以同样的神学或者哲学理论,所有的社会价值或者制度都会得到支持。在那些领导者公开支持基督教作为国教的国家里,很多方面的实践行动都将会在天主教的名义下变得公正,尽管他们缺乏与我们认可的人类尊严之概念相适应的一致性或者兼容性。例如,在圣经中先哲提到的人类奴隶制的衍生物残余:难道耶稣不是为了人类而死,使那些次于人类的物种(包括"不完全是人类"的物种)排除在外吗?在那些信仰印度教或者佛教的人当中,种姓制度或许可以以人类尊严的名义而得到合理的解释:所有的物种看起来都在进行缓慢的进化,通过不计其数的世代,以达到精神的完美。在这个过程中,他们根据其当时的优点和缺点来享有或高或低的地位。与广袤无限的宇宙时间相反,没有东西看起来似乎值得去调整社会歧视的体系。

在每一种传统的社群范围之内,真正的信仰者为了代表一种新兴价值的目标和制度,通过将教义转换为一种有利因素的方式,正在重新定义这派生系统理论。在过去,欧洲经历了封建社会的衰落,以及对神学和形而上学的重整来提供针对后续政府与社会之形式的制裁方式,绝对的独裁专制,或者有限的独裁专制,还是由人民共同选举的政府。如今,全球各地联系日益紧密,古时社会结构形式和观念无不让位于工业系统。把旧有的理论——无论它们是否能够在市民社会或者工业文明中有所体现——引入自由方面的现代事务范围是十分重要的。

非常重要的一点是,我们的程序与偏好的专家关于派生系统的方式是平行的。神学家和哲学家不会梦想他们的价值(包括真理的观念)会屈从于社会大众的投票。我们也不是这样的。我们对人类尊严的关心是一种假定,我们不试图去改变这种假定。我们对选择负责,不论是否能够得到公众的支持,我们依然坚持社会价值的概念。我们既不放弃对其他人类根本价值的责任,也不把主导其他人价值的责任包揽到我们自己身上。强加给他人不符合我们的处事原则;相反,我们仅作推荐。我们谴责那种与人类尊严终极要求相违背的强制手段,并主张这种手段在某种情况下仅仅作为保护自身说服过程的方式。

派生体系在分散解释这些原因之前都是特别敏感的:所有的逻辑(句法的)系统在与经验主义相关的视野里都是模糊不定的。与"逃逸条款"相关的派生系统通过激发这些超越自然的"更高真理"使他们能够跳过那些不方便的信息。作为对派生系统形成制约的多项解释的一种提醒,我们简要地审视一些人类最重要的神学和形而上学体系的发展历史。在同样理论模式的支持下已产生对相反社会结构的诉求。一些重要思想学派的奠基人已经对最起码的神学和形而上学进行了探讨;其他的也已经探究出了庞大的体系。在前一种情况下,对理论的重新解释已经成为一种相对简单的模式。

## 儒　　教

儒教的发展历史是对相对缺乏跨经验主义假定理论体系重新解释中比较经典的案例。孔子的理论中几乎没有涉及天意的内容。自然的概念也是含糊不清的,几乎没有包含关于哲学的起源内容:"苍天在上,大地在下,这就是宇宙的秩序。"[11]孔圣人将宇宙视为一种持续变化并不停演进和发展的物质。[12]

关于人的本质,孔子对这一问题的阐释同样模糊不清。人的本质是善还是恶,这一问题很难找到答案。他认为,人性是恶的;但是他对分析人性恶之哲学依据方面几乎毫无兴趣。然而,当把人类视为完美之时,[13]孔子却不遗余力通过创造政策理论来推崇这一假设。将宇宙视为

〔11〕 LIN MOUSHENG, MEN AND IDEAS 36 (1942).

〔12〕 参见 POTT, CHINESE POLITICAL PHILOSOPHY 35 (1925); cf. WILHELM, CONFUCIUS AND CONFUCIANISM 151 - 152 (1931)。

〔13〕 *例如*,参见 L. CHICHAO, HISTORY OF CHINESE POLITICAL THOUGHT 52 (1930)。

一种日臻和谐的状态，他得出了一种"应然"的结论：人类应该通过自身教育和自我实现将其与自然和谐共融。[14] 孔圣人似乎在假定一种自然的社会秩序——通过父母与子女、丈夫与妻子以及其他社会参与方来实现正当的社会功能。[15] 知识和道德规范是道德的前提条件："人不接受教育就无法知悉道德规范。"[16]和谐的家庭关系能够为整个社会的和谐奠定基础。人际关系的指导规范与已有的制度相一致。这种观点源于"礼"这一概念："与已有原则、规则或者习惯相一致。"[17]理想的政府是封建制的，是一种升华为具有知识与道德品性的贵族阶层，以取代通过武力手段来进行统治。[18] 孔子为了支持一种理念而往往诉诸实践，他确信，历史证明了这一体系与和谐的自然秩序之间的一致性。特殊情况下，当这种金字塔形的结构被认为需要与或高或低的层级要求保持一致的时候，孔子也偶尔会援用一种派生性的命题。[19]

孔子所创立的松散式的教学方法为开放性的人才培养打开了广阔的天地，无论是派生主义的还是经验主义的。中国哲学家中，他最具影响力的继承者在哲学领域进行了一些相对简单的修改并继续以实践为指引。孟子和荀子修改了孔子关于人性模糊不清的观点，并确认了相反的理论。孟子倾向于一种更具有决定性特点的宇宙形象。根据这种观点，人类历史被认为是一种周期性的和进化发展的过程，在这个过程中，压迫与混乱、和谐与仁爱都构成造物主关于自然进程计划中的一部分。[20] 孟子认为"人性之善也，犹永之就下也"[21]"如果你让……（人）跟随其最初的本质来发展，那么他们都将是善的。"[22] 荀子构建了一幅世界图景，在他的构想中，人们根据其固有的和公正的本性来自由地安排他们的事务。[23]

---

〔14〕 参见 WILHELM, *前注*12，第 144 ~ 145 页。

〔15〕 参见 L. YUTANG, THE WISDOM OF CONFUCIUS 146 (1938)。

〔16〕 参见 L. YUTANG, THE WISDOM OF CONFUCIUS 146 (1938)。

〔17〕 POTI, *前注*12, 第 42 页。

〔18〕 L. YUTANG, *前注*15，第 6、11、198 页；cf. CHI CHAO, *前注*13, 第 44、50 ~ 52 页。

〔19〕 参见 LIN MOUSHENG, 前注 11。

〔20〕 LIN MOUSHENG, *前文*, 第 57 页。

〔21〕 L. YUTANG, *前注*15, 第 276 页。

〔22〕 L. YUTANG, *前文*, 第 280 页。

〔23〕 LIN MOUSHENG, *前注*11, 第 57 页。参见 DUBS, HSONTZE, THE MOULDER OF ANCIENT CONFUCIANISM (1927)。

但是人的本性是恶的。[24] 因此荀子宣称这些基本的恶性一定要由贵族组成的政府采取的严格的控制手段加以限制。政府仍然被推定为封建主义的,其控制需要进一步的加强,但不是通过集中化,而是通过对人们在社会体系中的适当地位之仪式主义的限制来进行,"礼"是要被严格执行的。[25]

广泛的调整理论产生于封建秩序的国家被一种集权的、官僚的国家所替代的时期。在派生主义传统中所具有的各种各样的因素都在变更中被重新安排。董仲舒[26]详细论述了孟子提出的神学理论,认为相对立事物的相互作用而规范天意以一种仁义的方式进行发展。季节更替、人类生命由出生到死亡的阶段等例子很好地说明了宇宙平衡的概念。作为天意的次级组成元素,人类历史和制度都是根据大设计的原则而得以解释。朝代的更迭被解释为天意发展的一种表现。他以与以往体系相反的综合性词汇来看待朝代更迭的问题。作为上天安排的一种工具,天怒是统治者在立法方面唯一的限制。长幼有序的要求能够让每个人都顺从中央机关的意志。因此,作为普遍绝对秩序的"礼"反映在人们之间的"礼"。董仲舒如此崇尚至上的王朝中央集权,以至于他追求并成功地获得了皇帝的信任,皇帝因此而罢黜百家,独尊儒术。[27]

荀子创立的一种非孔子的学派崇尚相似的社会价值和制度。把"人之初,性本恶"作为出发点,法学家把政府定义为依靠暴力手段的高效运用来维持社会秩序的机构。[28] 军事组织具有很高的优先权,因此,对知识的追求被有权机关视为一种潜在的威胁。[29] 因为自然允许人类在其邪恶天性的范围之内掌控自己的命运,所以与这套体系相关的社会事务

---

〔24〕 LIN MOUSHENG, *前注*, 第 50 页。

〔25〕 L. CHI CHAO, *前注*13, at 63 - 72; cf. LIN MOUSHENG, *前文*, 第 44 ~ 59 页。

〔26〕 关于董仲舒理论的最好英文总结是由 LIN MOUSHENG 撰写的,前文第 134 ~ 149 页。

〔27〕 关于支持中央集权的新儒家思想的历史性论述,*见* FITZGERALD, CHINA 153 - 155 (1935). 董仲舒思想中内在的黑格尔思想的进一步发展可以参见王夫之理论的表现,仍然可以追溯到孟子关于国家发展周期的理论——但实质上,用发展的眼光来看,国家结构存在的现实是合理的,也就是说,存在的就是合理的,反之亦然。参见 also LIN MOUSHENG, *前文*, 第 200 ~ 214 页。

〔28〕 LIN MOUSHENG 关于这一思想提纲进行了一种良好的简要描述,见前文,第 103 页至第 120 页。

〔29〕 *例如*, *见* FITZGERALD, *前注*27, 第 78, 93, 100, 103 页; cf. CHIANG KAI SHEK, CHINAS DESTINY 273 (1941)。

并没有绝对的自然性关联。

## 佛　教

乔达摩(Gautama)所创设的教义具有很多道德性因素,并且与孔子思想有很强的一致性。但是其对宗教和神学中关于来生的教义却带来了巨大的转变。乔达摩宣称他在人类主要教化者中是独树一帜的。他并不打算去证明存在一个为了解释人类和宇宙为目的的统一的系统。相反,他明确反对为获取宇宙知识之关键而存有的任何企图。乔达摩认为关于终极本质问题的思索是一种毫无益处的追求,[30]而且容许不同众神的共存。通过对人类受苦的普遍性分析,乔达摩变得如此具有强势,以至于他的主要关切是提出减轻痛苦的方式。将传统的佛教描述为“心理的、逻辑的和道德的”也算恰如其分,[31]而且为了突出教义的极度灵活性。[32]

佛教的派生体系产生于造物主存在的唯一性以及因果报应是人和宇宙之间连接之角色的基本告诫。世界以持续性变动的形式展现出来,在这一过程中,不变性对于神灵或者人类来说都是不可知的,而变化却是现实的本质。[33] 在这一概念之下,所有的现象都是永久进化的宇宙整体暂时的表现形式。[34] 为了将整体的任何一部分看作是真实的,那么这就意味着失去唯一的真实,这是宇宙变化永恒不变和整体的进程。为了能够表明信仰看出一个“东西”,并且为了在宇宙的背景下强调这一问题的重要性,就要求对正在发生的和将要发生的事件,用心灵的眼睛去识别被扭曲的真实形象。[35] 产生和灭亡的不断变动表现了宇宙因果关系的必然性。“诞生的任何东西,逐步产生和组织起来的东西,包含它本身都是解散分解的必备条件。”[36]有组织的增长是所有事物发展的形式。在外部

---

〔30〕 ELIOT, HINDUISM AND BUDDHISM 212 (1921).

〔31〕 S. RADHAKRISHNAN, INDIAN PHILOSOPHY, vol. 1 (1923), at 353.

〔32〕 例如,见 NORTHROP, THE MEETING OF EAST AND WEST (1947).

〔33〕 S. RADHAKRISHNAN, *前注*31, 第 357 页。

〔34〕 S. RADHAKRISHNAN, *前文*,第 367 ~ 368 页。

〔35〕 S. RADHAKRISHNAN, *前文*,第 369 页。

〔36〕 Majjhima Nikaya, I 32 as quoted in S. RADHAKRISHNAN, *前文*,第 370 ~ 371 页。

世界的很多事件都被认为是以统一先行的形式而引发。但这样的外在是靠不住的。根据乔达摩的观点,我们的自我意识告诉自己是个人意志而不是外部因素决定了我们的行为。相同的力量作用于每一个地方。这种力量就是因果报应,它作为唯一的真实,整个世界依照其发展运行。

苦难,这一伴随着眼泪的人类命运,是由信仰真实本身而引起的。[37] 从苦难中解脱须依靠此种短暂的损失和因此而不真实的自我感受,以及对自己的坚持。[38] 一个人或许会通过将自己与"独一无二的感受"或者*涅槃*[39] *的*外部宇宙变化相结合的方式而完成这一行为。因此,苦难的消失是随着自我的消灭而到来。[40]

我们很容易就能理解为什么这样的理论在每一个方面上都能够做到如此周密,因为表面上的矛盾是到处存在的。该理论宣称通过重生,人类身份才保有其持续性,这一过程必须根据*因果报应*法则下所获得的功过善恶。与此同时,人们认为不存在完全真实的自我和灵魂。[41] 该理论否认任何宇宙方面的最终知识,同时,确认宇宙的变化作为其永恒的特点。尽管否认了自我的真实性而欣赏自我的灭亡,但它并不是建议去自杀、不进行生育,或者甚至通过谋杀或战争去协助消灭过剩的自我。相反,超越性的图景被认为是给非常不同的生活行为政策选择的辩护。例如,激情就是短暂和邪恶。[42] 因此,培养激情的行动是恶的,而遏制激情的行动就是好的。暂时的渴望被重生惩罚。[43] 救济方式是通过跟随"正确的观点、正确的动机、正确的话语、正确的行动、正确的生活、正确的注意力以及正确的关注点"的八重路径去"停止那种渴望"。[44] 经典的佛教提出了

---

〔37〕 *例如*,CONZE, BUDDHISM 18 - 20 (1952)。用佛教的心理自我分析产生五蕴(易腐物质堆)。*参见*CONZE,第 107 页。(1)物质(我们的身体和物质财产);(2)一种感觉;(3)一种参与;(4)一种冲动;(5)一种有意识的行动。

〔38〕 *例如,见*ELIOT,*前注*30,第 206 ~213 页。

〔39〕 S. RADHAKRISHNAN, *前注*31, 第 448 页。

〔40〕 CONZE, *前注* 37, 第 18 ~ 20、24 ~ 25 页; cf. V. BHATTACHARYA, THE BASIC CONCEPTION OF BUDDHISM(Calcutta,1934)。

〔41〕 S. RADHAKRISHNAN, *前注*31,第 389 页。

〔42〕 S. RAOHAKRISHNAN, *前文*,第 383、419 ~420 页。

〔43〕 *例如*,参见 ELIOT 著, *前注*30, 第 198 页:"(佛陀)的说教似乎是在说贪爱,对生命的渴望,是不同血统之间的纽带,但是它并没有使用这样的表述方法。"

〔44〕 参见 CONZE, *前注*37, 第 43 页。

一个对救赎问题的高度个性的解决途径,不依赖僧侣或者特殊神灵,[45]而且避免引用统一来源的恩惠;[46]乔达摩的关于"用勤勉完成你自己救赎"的告诫适用于每个人[47]。

乍一看,佛教对宇宙中人的形象的描绘为人类尊严的发展进步之正当性与合理性提供了一种根本性和综合性的支撑。所有人在因果报应法则面前是平等的,而且遵循同样的自我完善之目标以求功德圆满,获得真正的教化。[48] 但是,佛教的派生也往往会被解读成是在支持某种社会制度,由于这与人的尊严相互矛盾而必须被反对。有时候,在为种姓体系的辩护上会出现问题,在该体系中,由一个集团主导重大的社会决策。可以认为,人类生为更高级的种姓是对往生积善行德的一种奖励。低级的种姓,相反,就是根据*因果报应法*则对往生从恶的惩罚。[49] 因此,每一件事情都是具有前因后果的,而且必须要根据上天的安排而进行。这就很容易理解一个权威体制是如何能够从佛教中找到一种自我辩白的方便工具。还有一些附加的优势在于,那些生而为统治阶层的人或许不会对政治有任何兴趣,也不愿参与世俗事务的管理。他们或许是从职业生活中引退并向佛祖进行虔诚的朝拜。这种替代性方式对于官员来说很有吸引力,他们失去了权力并因此而有时间进行沉思。

相反,假如问题是使用佛教派生来鼓励人们积极参与社会改良,个人探求救赎[50]的相对"贵族的"隔离在某些情况下已经通过僧伽(Sangha)[51]之类的运动而中立化了,这是就集体救赎的方式而言的。[52]

---

〔45〕 S. RAOHAKRISHNAN, *前注*31, 第 355 页。

〔46〕 S. RAOHAKRISHNAN, *前文*,第 425 ~ 426 页。

〔47〕 CONZE, *前注*37,第 16 页。

〔48〕 S. RAOHAKRISHNAN, *前注*31,第 355 页。

〔49〕 *见*RAOHAKRISHNAN, *前文*,第 437 ~ 438 页。封建制度的日本接受佛教来自于这样的理念,佛教是一种"能够非常好的保护国家"的宗教。参见 BENEDICT, THE CHRYSANTHEMUM ANO THE SWORD 58 (1946)。

〔50〕 这往往是在智慧方面压力上所展现出来的压力,这种智慧是在所谓的宗教经典注释的"老智慧学派"中体现的救济的一种方式。参见 CONZE, *前注*37,第 89 ~ 118 页。

〔51〕 佛教禁欲主义在特征上在某种情况下几乎是一种社会教养院。*例如*, Nesaki & Saunders, Buddhism, 3 ENCYCLOPAEDIA OF THE SOCIAL SCIENCES 32 (Seligman ed. 1930)。

〔52〕 "新智慧学派"注释中界定的关于怜悯同情的强调和成就的转移,成为印度教一神崇拜后期发展的中心教义。参见 CONZE, *前注*37,第 119 ~ 160 页。

## 天主教(罗马)

在西方世界里,几个世纪以来罗马在基督教教义的解释中都被奉为首要地位而几乎没有受到过任何反对,而且在当前的基督教和非基督教的理论体系中,罗马仍占据着最主要的位置。西方的神学被圣托马斯·阿奎那赋予了最为系统的和有效的形式。他研究并发展了亚里士多德的重要理论,马克思后来说已经完成了黑格尔的唯心主义:他把他的继任者举在头顶上。圣托马斯把亚里士多德变成一种神学的侍者。起初,亚里士多德是一位形而上学家和科学家;而且其贡献主要是在科学领域。有节制且适度地提出形而上学理论反映了一种不断求索的态度。在这一过程中,跨经验主义命题会由于对研究数据独创性的过分要求而自身得到摈弃。在我们对世界的感知当中,我们甚至会认为亚里士多德几乎完全是科学家而不是形而上学家。如果这种解释是可以接受的,那么他的"形而上学理论"将会变成最合理的在当时他的理解能力之内的宇宙假说。亚里士多德的阐述将不是"派生物",如果他没有将他们视为超真理的经验主义的改良。

亚里士多德将"*自然*"一词挑选为最符合整体背景的形而上学术语。我们将大自然看作是事物的本质,它们自身就是运动的渊源,或者另一种情况,作为所有自然物体运动的渊源、生长万物的起源。[53] 自然的原则具有三重属性:物质,也就是说,仅仅是一种可能性;匮乏,也就意味着,通过假定概念和形式而丧失可能性;以及最终的现实,即凭借所谓的"这一个"。[54] 自然内在的程序因此包含了关于朝向最终实现之形式的物质运动。"形式"的最终实现是由"最终原因"而决定的,"最终原因"构成了所有事物在本质上的终结。[55] 所有事物都迫切地达到自我实现的目标。[56] 这种实现的过程从属于万物在宇宙层级的和谐,在这种和谐中,每一个物

---

〔53〕 METAPHYSICS, 4,1014 b.

〔54〕 参见 PHYSICS I, 7; METAPHYSICS, Z, 3, 1029 a. 20; and DE ANIMA Ⅱ, 1, 412 a, 8。

〔55〕 PHYSICS, Ⅱ, 3, 194 b, 20.

〔56〕 PHYSICS, Ⅱ,8, 199 b, 15.

体都发挥着独立的作用,都是为了整体情况的改善而做贡献。程序对于动物组织各个部分的功能来说都是类似的,在这些动物组织中,个体的终结和宇宙的终结相和谐。[57] 这种渗透在自然功能中的秩序被用来支持同一条件下的因与果之间规律性和统一性这一结论,[58]这种统一性反过来又被认为由万物之中的“最终起因”所决定。[59] 自然被认为是不留任何漏洞的东西。[60]亚里士多德确信,在自然范围之内向着由“最终起因”所决定的终结进程是一种仁慈的程序。该“最终起因”被描绘为“永久的、最好的”。[61]

使用什么词汇来描述由“最终起因”所决定的终结呢?亚里士多德有时候说是“神”。终结像被无法抗拒的吸引力所激发的行动一样展现出来;因此终结或许被认为是一种生产运动。[62] 对于最终事实来讲,终结是保持其静止性的原动力和第一位的原因。[63] 同样地,它施加了一个必然的发展模式并规定了发展过程中应遵循的秩序。然而在这个过程中,它并非作为所有现象一种“有效的”缘由,而是作为自然发展中内在的“首要原则”。[64] 第一和“最终起因”在亚里士多德的宇宙形象中通过毫无意识设计而展现出来。

人类的形象在本质上是从整体的轮廓中派生而来。它的好处是实现了适于整体每一个组成部分之终结。当然,坏处是跟适于人类的终结不相容。亚里士多德确认人类的终结是通过履行以及积极实践其特殊潜力而完成,这就是人类本质中的理性因素。[65] 他的道德任务是其人格的完善发展。[66]

显然,跨经验主义主张的亚里士多德系统能够很容易地适用于支持

---

〔57〕 DE MOTU ANIMAL., Ⅱ,703 a, 30 f.

〔58〕 DE GEN. ET CORR., Ⅱ, 10, 336 a 27–28.

〔59〕 DE PART. ANIM., Ⅰ, 1,639 b, 14,22.

〔60〕 PHYSICS, Ⅱ, 8, 290 a, 31.

〔61〕 METAPHYSICS, Book, 7, 1072 b.

〔62〕 METAPHYSICS, *前文*。

〔63〕 METAPHYSICS, *前文*。

〔64〕 METAPHYSICS,*前文*。

〔65〕 ETHICA NICHOMACHEA, V, 7.

〔66〕 ETHICA NICHOMACHEA, *前文*。

相反的价值和不相容的制度。这种宇宙系统和各种社会制度之间的“相似性”能够变成一种正当的理由。宇宙和军队的等级性可以相互比较，重点在于当单独运作或者作为部分的秩序进行运作时，好人或者最好的人的概念能够被解读为具有一致的合理性。在军队，好人被列入优势地位或领导者的行列；更有可能的或许是后者。[67] 同样，在家庭中，所有人或许都会被认为是发挥着与其本质相适应的功能，从等级最高的人对于共同利益的最大贡献到奴隶和牲畜的“随机性”运动。所有的都被视为是一个终结的秩序。如果需要为奴隶制度或者主人权力的因素进行辩护，则可以通过提出自然的“实然性”并将其转变为一种社会的“应然性”。或者通过强调自然的等级性，是其和谐的设计使事物内在的自然倾向得到贯彻执行。允许低级的人为更高级的人服务，让所有人都根据通过故意行动而定性的预定结果进行活动。[68]

另一方面，假定问题是要从亚里士多德关于民主制度的系统中得到支持。所有事物的完全性都是宇宙模型的公理。人的完全性或许被假定为在自然框架下所固有的东西，进而要求演变社会形式。在这样的社会形式下，最有利的机会存在于潜在的和显而易见才能的实现。如果社会机构都把职业留给天才，那么社会将变成一个开放的社会，但与其他原则下地位的分配不相协调。当然，亚里士多德公认的偏好是为了构建一个由自然贵族管理的，探求文化、保持阶层内部政治平等性的小而稳定的社群。[69] 他对奴隶制问题的处理方式是没有结论的，因为他认为在理论上正当的制度为奴隶的充分发展提供了最好的机会，这些奴隶的终结取决于与奴隶主的附庸关系。[70] 但是，仅仅法律上的奴隶是什么？“在厨房女佣就没有文化”的评论是没有依据的。

当圣托马斯重构亚里士多德的理论体系时，亚里士多德的目标要远比证明系统对于一个有限数量的重复解释与基督教神学教义相一致的脆弱性更为远大。如果对亚里士多德理论的派生性和科学性程度存有疑

---

〔67〕 METAPHYSICS, Book, 10.

〔68〕 PHYSICS, 11, 8, 198 b.

〔69〕 POLITICA, Ⅱ Ⅰ.

〔70〕 POLITICA, Ⅱ Ⅰ, 6.

问,毫无疑问任何关于圣托马斯意图的东西,绝大多数都是派生的。以唯一真神的名义,一种超经验主义的形象从为了人类价值和制度所开具的无所不包的药方中被塑造出来。首要的受益机构就是罗马天主教会。宇宙模式的细节通过与大多数详尽阐述的佛教关于宇宙设计的概念充分的竞争展现出来。而且呈现的正式结构取决于说教的形式。

圣托马斯并不热衷于改变亚里士多德对宇宙图景的塑造,而达到使它成为一种永无止境的科学调查任务更有效的工具。相反,他对消灭任何其中能存在的试探性的因素非常感兴趣。现在的关键措辞变成了被描述成为十全十美的、完全自由的、提供原动力的以及"最终起因"的"上帝"。但是,"上帝"不仅如此。他是所有存在物的首要渊源,〔71〕以及所有现象的"有效起因",持续地控制和主导着所有事情的发展脉络。〔72〕这一具有威慑力的角色是如此具有全面性,以至于我们可以声称"这里偶然的发生了什么事情,既包括自然的事情也包括人类事务,都是由一种预先注定的起因而来。"〔73〕原因是神的"天意"。〔74〕上帝以赋予万物其各自特点的方式来决定它们的终结。〔75〕所有的运动因此都与上天的计划相一致。

圣托马斯接下来介绍了允许从系统中派生出来"应然"阐述的最大化。在确认了所有源自于上帝的活动的限定性之后,神灵现在被描述为纯粹的善良。因此,所有指向良好的东西都最终指向了上帝自己。〔76〕

宇宙被认为是根据完美的尺度而进行安排的:"越高级的东西,其力量也就越强大,它也就越统一而深远。"〔77〕因此,神灵的影响遍及天堂和地狱。〔78〕天意向宇宙这一个整体提供了其为宇宙每一个组成部分所安排的终结。上帝"分别给予所有存在事物以其合适的条件;并且维持每

〔71〕 AQUINAS, SUMMA CONTRA GENTILES, Ⅱ Ⅰ, 1.

〔72〕 AQUINAS, *前文*。

〔73〕 AQUINAS, SUMMA THEOLOGICA, I, Q. 116, Art. 1.(所有的引用,除非另有说明,都来自 PEGIS, BASIC WRITINGS OF ST. THOMAS AQUINAS [1945].)

〔74〕 AQUINAS, *前文*。

〔75〕 AQUINAS, SUMMA CONTRA GENTILES, Ⅱ Ⅰ, 1

〔76〕 AQUINAS, *前文*, 第 17 页。

〔77〕 AQUINAS, SUMMA THEOLOGICA, I, Q. 57, Art. 2.

〔78〕 AQUINAS, SUMMA THEOLOGICA, I, Q. 103 – 116.

一个事物的本质符合秩序及维护其应有的权利。”〔79〕在必要的系统范围之内不容许任何例外的存在。“外部法律”所显示出来的神的理性一劳永逸地为所有事物分配适当的功能。〔80〕

由上天所创造的人在系统中的地位是根据其在履行上帝已决定之终结的本质而行动。由于神按照自己的形象创造了人类，故人类是具有理解能力的物种。〔81〕根据人类的理性本质，人们“通过理解和爱”来追求与上帝关系的紧密性。〔82〕归根结底，他成功的实现在于获得了上帝的知识，尽管这种知识必然是不完美的，因为完美只能在将来才能实现。〔83〕甚至人类有生之年所能掌握的知识不是依赖于人的本质，而是取决于神的额外恩惠。〔84〕人类的价值缺失源于自人类起源就存在于人性中的“原罪”。〔85〕因此，人类作为整体展现出持续性的根据上帝的意志而来的*因果报应*惩罚。同时，上帝被认为是给予了神灵的恩赐——尽管是非实质性的——授予了相当于参与分享神之本性的机会。〔86〕反思人类的造物主，人类在对被规定为禁止的和允许追求的事物的选择过程中被赐予了“自由意志”。〔87〕尽管这种“自由意志”被认为仅在上帝预先决定的范围内才具有可操作性。“上帝应当预先决定人类，这是合适的。因为所有的事情都是天意……一种上帝的理性创造，他有能力获得永生，并受上帝指引朝着他本来的方向发展。这一方向的具体模式由上帝掌握。”〔88〕即使“人类注定要通过上帝的意旨才能够获得永生，但允许一些人偏离这一目标同样也是上帝意旨的一部分；这就是所谓的*排斥*。”〔89〕由于人类自由选择的具体范围没有被明确界定，这就为将来解释的多样性留下了广泛的空间。不像是加尔文，其立场需要我们马上去检测，圣托马斯“假定不是

〔79〕 AQUINAS, SUMMA THEOLOGICA, I, Q. 21, Art. 1.

〔80〕 AQUINAS, SUMMA THEOLOGICA, I－Ⅱ, Q. 93, Art. 6.

〔81〕 AQUINAS, SUMMA THEOLOGICA, I, Q. 93, Art. 6.

〔82〕 AQUINAS, *前文*, at Q. 93, Art. 4。

〔83〕 AQUINAS, *前文*。

〔84〕 AQUINAS, SUMMA THEOLOGICA, I－Ⅱ, Q. 109, Art. 1.

〔85〕 AQUINAS, SUMMA THEOLOGICA, I－Ⅱ, Q. 81, Art. 3.

〔86〕 AQUINAS, *前文*, at Q. 112, Art. 1。

〔87〕 AQUINAS, SUMMA THEOLOGICA, I, Q. 83.

〔88〕 AQUINAS, *前文*, at Q. 23, Art. 1。

〔89〕 AQUINAS, *前文*, at Q. 23, Art. 3。

上帝去审视"上帝安排的所有细节。上帝对微观世界和宏观世界进行管理的"永恒法"被发展成一种更具宽泛含义的表达,例如"神圣智慧的样本"。[90] 其目的是让上帝的本质更加容易被理解,而非意图揭示一个可以厘清所有历史事件的公式。但是,"永恒法"是由"自然法"而来的,自然法包括"人们根据其本性而需要遵守的规则",[91] 在人类所有行为的塑造中,自然法构成了一种道德命令:"自然法规定了所有的道德行为:因为每一个理性自然而然地支配着人们按照道德规范去行动。"[92] 人类法律反过来也是从"自然法"中派生而来的。[93]

在圣托马斯描绘的永恒法和自然法的宇宙图谱中,很明显存在一个触及人类制度的多样的和反面的派生空间。假定问题在于向奴隶说明奴隶制度的合理性。进行这类派生的方式可以通过阿奎那自身的工作得到解释,其关键术语似乎是"次级从属"。神圣计划要求无条件地接受等级制度的权威。[94] 这甚至要求对源于人类种群成员的病态灵魂进行适当的惩罚。人类被命令要以谦卑的态度去接受,而不论上帝凭借其高深莫测的意志对其剥夺了什么。"物质财富的损失,或者甚至肉体本身的伤害,是一种在灵魂救赎方面有益的处罚方式。因此,没有什么能够使一个人因为原罪而逃脱上帝或者人类的惩罚。"[95] 圣托马斯告诫奴隶们要遵守奴隶主的指令,因为上帝的恩典不在于对肉体的解脱,而在于对心灵的释放。[96] 从本质上来说,人类是一种社会性的物种,但是社会生活在没有管理者的情况下是无法运行的。[97] 因此,人类社会被适当地认为是预

---

[90] AQUINAS, SUMMA THEOLOGICA, I－Ⅱ, Q. 93, Art. 1.

[91] AQUINAS, SUMMA THEOLOGICA, I－Ⅱ, Q. 94, Art. 3.

[92] AQUINAS, *前文*。

[93] AQUINAS, *前文*, at Q. 95。

[94] 朝着圣托马斯描述的最终利益的进化,已经被适当的命名为"一种终结的建筑构造分类系统"。*例如*,参见 TROELTSCH, THE SOCIAL TEACHING OF THE CHRISTIAN CHURCHES, vol. 1 (Wyon tr. 1931), at 273。

[95] AQUINAS, SUMMA THEOLOGICA, Ⅰ－Ⅱ, Q. 87, Art. 8. (该译本来自 J. RICKABY, AQUINAS ETHICUS [1896].)

[96] AQUINAS, SUMMA THEOLOGICA Ⅱ－Ⅱ, Q. 104, Art. 6. 有意思的是,直到今天,这种神圣的论证仍然被天主教发言人热情地进行推荐。*例如*, MURPHY, ST. THOMAS' POLITICAL DOCTRINE 73－75 (1921)。

[97] AQUINAS, SUMMA THEOLOGICA, I, Q. 96, Art. 4.

期的神圣模式的一部分,在这种模式中神灵要求人们服从等级首脑的意志。人类社会根据人自我实现的程度而发生发展,最终构成了由一个人掌握最高权力的一种金字塔结构。[98] 每个人都追求在其所归属的社会群落中实现自我,而且也追求其自身集合性的终结;这反过来归属于更高级别的共同利益,而且符合神圣设计最广泛的和谐。[99]

在中世纪和随后的时代里,人们很容易直接依赖圣托马斯的"通过神权"或者僵化的社会分层体系理论来证明政府存在的正当性,但该系统同样可以通过其他方式进行解释。圣托马斯承认在不能削减的最低"价值"的展现中,人们获得了选择他们领导者的权利,即使该权利很容易失去。[100] 如果价值用于衡量参与政府的程度,那么很多权力的运行模式都可以供大家批评。由于价值力求朝向好人,这一概念暗示了宇宙之外以及宇宙的目标。因此,国家真正的目标被定义为通过父亲般的训练来诱导人们走向地球上安宁,[101] 而且要实现上帝决定好的超自然的命运。[102] 由于神圣教会是作为神授终结的有权解释者,[103] 教会一定是该国家的顾问。实在法如若不是从自然和永恒中引申出来,就不能成为法律。因此,有可能会被拒绝服从。[104] 因此,反抗暴政(尽管我们强烈建议过激的行动仅仅在面对的确过分的情况下才能够采取)是正当的。[105] 除非情况显示,所有的革命者都触犯了对受托当局进行暴动的不可饶恕的罪过。[106] 国家权力被认为受到永恒法和自然法的制约。由于个人受到自我实现的引导,创始者一定不能被打压。[107] 国家负责保证提供每个个体根据其生命中条件和状态有权获得的必需品。[108] 个人财产应当在"管理与分配"

---

〔98〕 参见 AQUINAS, DEREGIMINE PRINCIPIS。

〔99〕 *例如*,参见 AQUINAS, SUMMA CONTRA GENTILES, Ⅲ, 98. 圣人指出,亚里士多德关于秩序的例子属于家务事范围之内,并且接着又扩展到了统治者下属的户主之间的协调。

〔100〕 AQUINAS, SUMMA THEOLOGICA, Ⅰ - Ⅱ, Q. 97, Art. 2.

〔101〕 AQUINAS, SUMMA THEOLOGICA, Ⅰ - Ⅱ, Q. 95, Art. 1.

〔102〕 AQUINAS, DEREGIMINE PRINCIPIS, Lib. I, Cap. 14.

〔103〕 AQUINAS, *前文*。

〔104〕 AQUINAS, SUMMA THEOLOGICA, Ⅰ - Ⅱ, Q. 95, Art. 2.

〔105〕 AQUINAS, DEREGIMINE PRINCIPIS, Lib. 1, Cap. 6.

〔106〕 AQUINAS, SUMMA THEOLOGICA, Ⅱ - Ⅱ, Q. 42, Art 2.

〔107〕 AQUINAS, SUMMA THEOLOGICA, Ⅱ - Ⅱ, Q. 104, Art. 5.

〔108〕 AQUINAS, DEREGIMINE PRINCIPIS, Lib Ⅰ, Cap. 13.

一种“外界利益”的情况下受到尊重。然而，关于“使用”，圣托马斯认为“人们不应该将外界的利益视为其独有，而应该将其视为公共财产，并做好准备与需要的人一起分享。因此，基督的使徒说：让世界上富裕的人进行施舍是容易的，并以此与他人进行沟通。”〔109〕托马斯主义者的法律概念可以发展成为一套宪法标准体系。它代表那些朝向上帝的宇宙体系中有利于完全自我实现之政策。官方的天主教理论继续谴责主权来源于人民的主张，因为上帝被认为是人类所有权力和主权的至上来源。〔110〕

## 加尔文主义

加尔文主义的神学以严谨的形式提出了上帝的本质。约翰·加尔文并不认为须通过展示上帝拥有人类的属性来“证明上帝之于人的合理性”，例如对人类仁慈的意图。相反，加尔文确认最高的道德在于服从上帝的意志。人类适于遵守命令，而不是提出质疑或者进行理解。“哦，人类，你是对上帝意志提出质疑的人吗？人类是否应该向其造物者提出，你为什么这样造我？就像是陶艺工对待泥土那样……作为世界的法官，你怎能制造如此之不公平？”〔111〕

一种源于神权的类似军队的等级制度，通过对天使、人类和动物，以及对魔鬼“永生烈火”下无生命的物体的命令，从最高端对宇宙进行着控制。上帝的一系列命令或上帝已先决的必然性控制着他们的一举一动。上帝所有的工作，都是完美的；〔112〕所有的事件都由秘密顾问进行管理。“任何事情都是基于上帝的了解和他的意旨而发生。”〔113〕上帝对天堂和

〔109〕 AQUINAS, SUMMA THEOLOGICA, Ⅱ－Ⅱ, Q. 66, Art. 2. (J. Rickaby ed.).

〔110〕 Pope Leo XIII; encyclical－*Immortale* I（其官方英文摘要及随后的通告都可以在 HUGHES, THE POPES′NEW ORDER, 1944）。关于 Aquinas 在政策科学术语中的解释，参见 D. D. Granfield, *Toward a Goal－Oriented Consensus*, 19 JOURNAL OF LEGAL EDUCATION 379 (1967)。

〔111〕 CALVIN, INSTITUTES OF THE CHRISTIAN RELIGION, Book IⅡ, Chap. XXIII, sec. ⅠV.（本次讨论中统一使用美国第七版 The John Alien1936 年译本）。

〔112〕 即便在神创的魔鬼中，也是可以看到完美。Book Ⅰ, Chapter XⅠV, sec. XVⅠ：“但是由于魔鬼是由神创造的，我们必须要强调这一邪恶，我们将这一邪恶归于他的本质，不是由于神的创造，而是由于它自己的堕落。”

〔113〕 Book Ⅰ, Ch. XVI, sec. IV.

人间的管理是通过他的“天意”而得以进行。[114] 他没有消极地从天堂观察“地球上发生的事情”;相反,他在“掌管着宇宙的舵柄,并且对所有事件进行着规制。”[115]

人类的地位相当于卑微的士兵,要对最高指挥官绝对服从。服从为善,反抗为恶。但是上帝完美的手工艺品中怎么会有“罪恶”呢?加尔文回避了这一难题而指出,不服从最大的犯罪其实是逐步实现完美计划中的一部分。“上帝不仅仅预测到了第一个人的堕落及其后代对他的毁坏,而且还通过他自己的意志对所有事情进行了安排。”[116] 人堕落的前前后后都是被每一个具体的“神圣旨意”所“预先决定”。“原罪”成为“自然……世代堕落和腐败”的惩罚。[117] 剥夺了“良好作品的自由意志”,[118] 人类变得完全依赖于上帝的恩典。那些被“选定”的,在其“来生”中当接受上帝的恩典与救助的许诺时可以摆脱人性固有之罪恶的人可以获得拯救。[119] 很明显,“恩典”和人类的价值没有任何关系;它是上帝无偿的恩惠。“信仰”和“好作品的自由”跟随“恩赐”并且都是经过了上帝“选拔”的外在表现。[120] 这些单靠人类自身行动是完成不了的。[121]

加尔文主义的世界图景和提倡的人类行动模式之间存在什么样的关系呢?对整体堕落和宿命论的强调是否意味着人们没有挽救死亡、自杀或者极端禁欲主义的替代性方式,直至放弃的那一天?未必。援引加尔文教义来代表对人类事务的积极参与是非常具有可能性的。如果一个人想信仰上帝,那么信仰的誓言本身就是一种“恩典”的确凿证据;而且对于良好作品的喜悦又是一个人在“被选拔”中的对外表现。的确,放弃追逐救赎和好的作品标志着两种诅咒。使注定的堕落和非难加以平衡是在人

---

[114] Book I, Ch. XVI, sec. I Ⅱ.

[115] Book I, Ch. XVI, sec. IV.

[116] Book I Ⅱ, Ch. XXIII, sec. VII.

[117] Book Ⅱ, Ch. I, sec. VIII.

[118] Book Ⅱ, Ch. Ⅱ. sec. VI.

[119] Book I Ⅱ, Ch. XXIV, sec. 1:“神有效的教会了他的选民带来他们的信念……这些被选定的人……他认定他们为自己的孩子,而自己是他们的父亲。”

[120] Book Ⅱ, Ch. Ⅱ, sec. X; Book I Ⅱ, Ch. XXIV, sub. sec. X; and Book I Ⅱ, Ch. XXIII, sec. XII;“保罗宣布我们选举的结束,我们或许可以领导一个神圣的不受谴责生活。如果选举的客体是生活的神圣,那么它应该……清醒的并且激励我们高兴的去接受它……”

[121] Book Ⅱ, Ch. Ⅱ and Book Ill, Ch. XXIV, sec. XVI.

类贵族作为一个神圣的选举单位的内在潜力。[122]

事实上，证明诸多行为模式正当性的跨度范围是如此之大，以至于加尔文认真地提出对个人解释自由的实际限制。他宣称那些主要涉及"心灵与人之精神"的个人伦理道德处于教会管理的监护之下。[123] 但是，教会管理和世俗管理的范围分别是怎样的呢？就教会管理而言，它有可能在证明专制体系正当性时援引基本的世界观（和由加尔文所推导的理论）。随着人类堕落的腐败，"公民政体"变成"同样为人类所必需的面包和水，阳光和空气。"[124] 由于所有的权力都是来自上层，[125] 国家通过其自己的神权进行统治。[126] 统治者"受命于上帝，获得他的权威……完全是上帝的代表，并作为上帝的使者而行事。"[127] 在抵制一个统治者的同时而不抵制上帝，这是不可能的。[128] 统治者或许不会传递出道德情操的印象，但这并不必然减损其作为神圣意旨代言人的权威："人哪，如果我们被一个残酷的王子进行惨无人道的虐待；如果我们被一个穷奢极欲的人进行贪婪的掠夺；如果我们被一个懒惰的人所忽视；或者如果我们的虔诚被一个没有信仰的、该受天谴的人进行政治宗教迫害——让我们首先想一想我们曾经对上帝的冒犯，上帝必将通过以上非难来责罚我们。"[129]

如果问题表明除了专制政体可以由加尔文主义推导出来，那么将有很多种解释的方法。教会的神圣权利不容亵渎。如果政府超出了其正当的管辖权限，人们就可以拒绝服从。[130] 加尔文在日内瓦的继任者在国外遭受着同一教徒们的迫害，他们减损了必须服从统治者的这一信条，而鼓吹革命正义和"主权在民"的观点。圣巴塞洛缪（St. Bartholomew）的《大屠杀之夜》所刻画的"无神论"被认为是穷尽了向已有权威寻求救济的所

---

〔122〕 Book Ⅱ, Ch. VI, sec. IV; Book IⅡ, Ch. XXIV, sec. VIII; and Book IⅡ, Ch. VII, sec. VI.

〔123〕 Book IV, Ch. XI, sec. I and Book IV, Ch. XX, sec. I.

〔124〕 Book IV, Ch. XX, sec. IⅡ.

〔125〕 Book IV, Ch. XX, sec. IV.

〔126〕 Book IV, Ch. XX, secs. IV, V.

〔127〕 Book IV, Ch. XX, sec. IV.

〔128〕 Book IV, Ch. XX, sec. XXIII.

〔129〕 Book IV, Ch. XX. sec. XXIX.

〔130〕 Book IV, Ch. XX. sec. XXXII.

有方式。[131] 英国的清教徒运动认为抵抗暴君就是对神的顺从。加尔文最初的解释或许可以在这句顺口溜中得到总结:“国王由神任命;而该死的是那些敢于抗拒或触摸神之受膏者的人。”约翰·诺克斯(John Knox)将其指责为只不过是对加尔文教教义的异端扭曲和纯粹的俗化:“现在,所有人共同的信条是,我们一定要服从我们的国王,无论他们是好还是不好;因为上帝就是这样规定的。但是在对上帝、他的英名以及法令的亵渎之后,将会有可怕的报复。”[132] 作为援用加尔文和圣经之名的各种解释的提醒,我们或许也可以举出长老会,公理会,平等派和掘地派。

作为早期长老会一部分的教会和国家的贵族观念往往迫切要求建立一个新教国家信仰并强制镇压异端学说。[133] 独立公理会公开谴责“利用权力来强迫宗教培植教会,利用法律和刑罚来进行教会统治。”[134] 仅仅教会成员有资格赋予个人成为“基督之下的国王、牧师和先知。”[135] 平等党人从上帝的自然法中得出了个人财产权的概念,[136] 而掘地派肯定了对个人权利的解释,即将个人经济活动限制在分享共有产品之份额的权利之内。[137]

## 德国唯心主义和马克思的决定论

在现代的西方历史中,最具气势和影响力的跨经验主义体系已经取代了形而上学中传统的术语和概念以及神学的定义。现代文明的世俗化

---

[131] TROELTSCH, Vol. 2 THE SOCIAL TEACHING OF THE CHRISTIAN CHURCHES 629 0Nyon tr. 1931).

[132] THE WORKS OF JOHN KNOX, vol. 4 (Laing ed. 1846 – 1864), at 496.

[133] Osgood, The Political Ideas of the Puritans, 6 POLITICAL SCIENCE QUARTERLY 1 (1891), at 12.

[134] Osgood, *前注*46,第 13 页。

[135] HANBURY, Vol. 1. HISTORICAL MEMORIALS RELATING TO THE INDEPENDENTS, OR CONGREGATIONALISTS: FROM THEIR RISE TO THE RESTORATION OF THE MONARCHY A. D. 166021 (1839 – 1849); cf. also TRACTS ON LIBERTY IN THE PURITAN REVOLUTION 53 – 63 (Haller ed. 1934).

[136] 参见 PEASE, THE LEVELLER MOVEMENT (1916)。

[137] 参见 BERENS, THE DIGGER MOVEMENT IN THE DAYS OF THE COMMONWEALTH (1906); cf. BERNSTEIN, CROMWELL & COMMUNISM (1930)。

倾向从德国唯心主义和马克思主义决定论中表现出来，例如，在体系中直接确认人的价值而不诉诸跨经验主义来源的“完全一样的再次确认”。我们将康德和黑格尔视为德国唯心主义的典型代表，并指出马克思是如何“借鉴”黑格尔思想的。

康德的“哲学革命”是通过检查人类知识本质的方法来处理形而上学的问题，而不是从形而上学的形象直接过渡到知识的特性描述中去。对数据的感悟被分成两个等级：第一，以经验为依据的，这是*后验的*、或然的知识；第二，创造性的、推理性的、假定性的，这是一种*先验的知识*，被视为绝对的和无条件的。前者是指感官的数据，他们依赖于经验的证明。后者，包括了空间、时间、物质和因果关系的概念，对每个人来说都是一样的。[138] 当个体正对后验的知识进行个别性发现的时候，绝对的先验知识通过“先验主体”被整体性的记录下来。[139] 康德描述的世界景象有一个秘密的设计，其一部分是机械论的，牛顿理论框架下的宇宙。[140] 同样存在一个没有定义的“道德理由”，它推动人们沿着克服其固有邪恶的进化之路发展。[141] 在前者领域中，康德认为，人是完成其存续过程中每个阶段任务的主体。在人的内在自我境界中，人类被推动着去克服邪恶。康德没有认为后者的力量是对自由的否定，反而认为它是自由的应有之义。在为道德奠定了个人责任的基础之上，康德并不是在经验性事件的自然秩序中确认个体的自由，——而是在目的王国之中，它由纯粹的理由支配并因此通过个人的理性因素而自由地参与其中。[142] 与此同时，康德主张“责任”、“利益”和“自由”对所有人来说都具有一种完全一致的根本性意义。通过这种方式，他恢复了“超验主体”给予我们关于空间、时间、物质和因果关系中的道德境界的统一性。尽管康德并没有在感官世界的范围

---

〔138〕 KANT, CRITIQUE OF PURE REASON (Smith tr. 1929). *See* generally WENLEY, KANT AND HIS PHILOSOPHICAL REVOLUTION (1910).

〔139〕 与“公共自我”概念相类比，参见 NORTHROP, MEETING OF EAST AND WEST 199 (1947)。

〔140〕 关于康德形而上学理论发展的详尽论述，参见 DEWEY, GERMAN PHILOSOPHY AND POLITICS 3 - 45 (1915)。

〔141〕 参见 KANT, IDEE ZU EINER ALLGEMEINEN GESCHICHTE IN WELTBURGERLICHER ABSICHT (Leipzig, 1922)。

〔142〕 参见 KANT, KRITIK DER PRAKTISCHEN VERNUNFT (Leipzig, 1922)。

内将“先验道德自我”的概念与“先验自我”的概念相类比,但他还是以“责任”、“正义”以及“利益”等单独术语的名义完成了同样的目的。

理性被描述为绝对的、作为目的本身而存在。因此,根据他的理性,人即为目的本身。[143] 据说,人类理性根据普遍规律和与之相伴的自由创造了行动意识,这被解释为人类对需求的默许意愿。[144] 行为正确性标准是普遍性的:“按照你们自己的行动指南去行动,即通过你们的意愿而使主观意识原则变为一种普遍规律。”[145] 规范这一任务的道德法被视为是绝对的、必要的而且对所有事物都有约束力,这些事物都因其理性能够“自由地”参与到必要情形之中。[146] 这种意志作为一种绝对的终结(好的、公正的、合理的)而倾向于必要的行动并被绝对命令所表达出来。[147]

我们目前对康德的兴趣主要在于黑格尔对其理论的修订。在对先验科学自我和先验道德自我的正式认知之间的鸿沟上搭建起桥梁并不困难。一旦架起了这座桥梁,个人自由将在所有领域中从属于统一性。通过先验自我系统,还是通过国家或其他公共秩序的系统更加密切相关的实体替代而向个人传播知识的理念之间只存在一步之遥。黑格尔迈出了这一步。

康德关于现实的抽象概念被转化为一种名叫“世界意志”的充满活力的原则。宇宙是世界意志的外化。历史正是在命题、对立和统一这三个主旋律中对这一本质的展开进程。人类作为绝对理念的部分外化,只能抓住部分真理,并且只能得到部分满足。坚持部分真理始终为一种相对原则留出空间,且二者的综合体现了更高层次的发展。辩证的过程由世界意志的逻辑所决定,它通过肯定、否定和综合的方式应用于普遍存在的每个发展阶段。每一个缺乏绝对性的观点都包含着被对立因素所破坏的

---

〔143〕 KANT, FUNDAMENTAL PRINCIPLES OF THE METAPHYSICS OF ETHICS, section Ⅱ (Abbott tr. 1955), especially at 55 – 57.

〔144〕 KANT,前注。

〔145〕 KANT,前注; cf. FIELD, MORAL THEORY 15 – 36 (1921).

〔146〕 例如,参见 DUNNHAUPT SITTLICHKEIT, STAAT UND RECHT BEI KANT (Dessav, 1926)。

〔147〕 KANT,前注 143,第二部分,包含了以下语句:“人性和几乎每一种理性的本质的原则,其本身就是一种终结”,这不是从经验中借用过来的……它必须……从纯粹的理由中跳跃出来。Cr. *generally* CASSIRER, KANTS LEBEN AND LEHRE (Berlin, 1921)。

种子。所有的存在都不具有稳定的状态,这种不稳定性是由世界意志所决定的三元运动造成的。[148] 因此,理性是由现实构成的,而现实又是由理性构成的。[149] 黑格尔把国家视为现实的一种鲜明的例证。它是理性的化身,“在形式上是普遍的,这种形式的核心原则就是思想。”[150]个人所承载的重要性仅仅作为国家的一部分。[151] 国家和个人都是宇宙发展中的一抔黄土:“在世界意志运行的过程中,它们特定的决定性的原则推动了州、国家和个人的出现……当他们的意识限定在此并且他们都专注于自身的世俗利益时,他们在其职责范围之内始终没能意识到自己是世界意志的工具和组成部分。”[152]

在马克思的理论体系中,用以替代“理念”的“物质”是什么属性呢?它是一种具有自主性、目的性、自我实现性的现实的东西,因此和黑格尔的思想体系无法区分。用马克思的话说:“对于黑格尔来说,思考的过程是现实的创造者;现实仅仅是思想的外在表现。然而在我看来,思想只不过是物质在人脑中的转移和反映”。[153] 在熟悉的三元运动当中,物质成为所有发展和进步的源泉,而并没有借助其他外在因素。思想依赖于物质现实,并从物质发展过程中获得其有效性。[154] 物质是对立统一体,其“内在矛盾”的不断斗争带来了运动。[155] 对立统一被认为是一种科学的发现,[156]这一点可以从“数学:加和减;力学:作用力与反作用力;物理学:

---

[148] 关于黑格尔思想的一个良好的摘要,见 GOAD, GUIDE TO PHILOSOPHY 404 (1936).

[149] 参见 HEGEL, PHILOSOPHY OF RIGHT 216 (Knox tr. 1942)。

[150] HEGEL, 前注,第172 页。

[151] HEGEL, 前注,第164 页。

[152] HEGEL,前注,第217 页; cf. DEWEY,前注 140, 第 108 – 112 页. 关于马克思主义的黑格尔思想基础的更为详尽的研究, 见 HOOK, FROM HEGEL TO MARX (1939)。

[153] MARX, CAPITAL 873 (London, 1930).

[154] 马克斯·伊斯曼建议与万物有灵论在该理论的考察中进行类比。见 EASTMAN, MARXISM, Is IT SCIENCE 65 (1940):“……如果你想创造一种社会主义的秩序,只有一种途径去完成它,而且那就是说服你自己,客观世界的内在规律是为你而创造的。如果这种态度远离了祈祷者,那么它在方向上也就远离了初始的根源。”地方的物质主义在每一个条条框框上都坚持其希望,而不是在他们背后的精神上进行坚持。否则,那将与任何其他的泛灵论哲学无异了。见 EASTMAN, MARX, LENIN AND THE SCIENCE OF REVOLUTION(1926)。

[155] *例如*,参见 CONZE DIALECTICAL MATERISLISM 51 – 52)1936。

[156] MATHRIALISM AND EMPIRIO CRITICISM 252(1927).

正电和负电”等例子中得到证明。[157] 恩格斯认为,当我们观察正处于自然变化中的事物时,其对立性会十分明显,而且“我们立刻会陷入矛盾之中”。[158] 但是“对立面”的含义并未被界定。[159] 进一步讲:

> 每个生物体在任何时间都是不变的和变动的;它每时每刻从外部世界的物质中汲取营养并摆脱其他物质;它身体里的细胞不断地进行着新陈代谢;在一个或长或短的时段里,物质本身将得到完全的更新,而且将会被物质的其他分子结构所取代,从而使得每一个生物体都总是保持其自有特征而又不完全是它自己。另外,我们从一个更为细致的调查中发现,作为一个对立面的两个极端,肯定和否定既对立又统一,它们虽然完全是对立的,但又有互相渗透融合的一面。而且……在相似的物质中……因果的概念仅仅在适用于个案时才有效;但是一旦我们发现个案与宇宙整体有普遍联系的时候,它们就融入了彼此……因此,当下的结果或许将是未来之原因,反之亦然。[160]

在阐明了宇宙的根本规律之后,“本质上的飞跃”这一概念就得到了发展。这是在经历了逐渐变化之后质的飞跃,通过这些例子为你进行解释。如果这种态度是远离祈祷,它同样也是远离其原始的蒸发、冻结及相似状态的方向。事物新的性质取决于物质的内在倾向,它在经过一段时期的量变后会突然发生质的变化。[161] 恩格斯将这一辩证体系的主要“规律”总结为“量变引起质变的规律……:对立面相互转化的规律;否定之否定的规律。”[162]

人在宇宙中的地位被描述为物质及物质发展的主体。群体生活的主流模式被认为是去发现他们在个体头脑中的反映,从而构成社会意识。群体生活的标准根据对食物的物质要求而定。生产方式被宣告为理解人

---

[157] 伊斯曼引注的列宁的注释,见前注 154,第 45 页。

[158] ENGELS, ANTI – DUHRING 137 (1935).

[159] 关于对立面抽象考察的有效批判,参见 MCFANDDEN, THE METAPHYSICAL FOUNDATION OF DIALECTICAL MATERIALISM 116 – 117(1938)。

[160] KARL MARX AND FREDERICK ENGELS, SELECTED WORKS IN ONE VOLUME 412 (1968),该论文由恩格斯从其三章专著 ANTI – DUHRING 中重新撰写而来。

[161] 参见 A TEXTBOOK OF MARXIST PHILOSOPHY,列宁主义哲学研究院整理,280 – 310 (Moseley tr. and Lewis rev. tr. 1937); cf. ENGELS, ANTI – DOHRING 78 (1935)。

[162] ENGELS, DIALECTICS OF NATURE 26 (1940).

类行为和动机的关键。[163]

当把形而上学的对立原则运用到人类社会中时，它将以社会阶级的方式进行发展。“从古至今人类所有的历史，都是阶级斗争的历史。”[164]阶级的出现是生产方式的要求。阶级冲突始终围绕着对生产工具的占有与丧失展开。这些冲突在以不断改进的综合为目标的三元运动之中显现。因此，例如资本主义，一方面对于其前身来讲是一种进步，而另一方面也注定要走向自我灭亡。正是那些在资本主义生产过程中组织起来的无产阶级辩证地推动了资本主义社会的消亡：“剥夺剥夺者”。[165] 无产阶级革命的目的就是通过获得对生产力的控制，并组织一个集体主义经济模式的方式来实现其“本质上的飞跃”。[166] 可以预见的是，无产阶级专政将会把生产工具转化为公有财产并使“无阶级社会”变成现实，这一过程也将伴随着“国家的消亡”。[167]

道德规范是从新兴历史阶段产生而来的必需品。“好处”是这有利于新生事物的成长，而它的“坏处”是加强了旧事物的力量。开明的无产阶级先锋队最优良的品质是对世界革命进程具有充分的了解，并完全致力于它的实现。对于历史发展真理一贯正确的解释者就是政党。

马克思主义被做了很多不同的解读并已经在社会主义运动的各个分支中得到了充分的论证。当主张保持该系统的根本原则的时候，伯恩斯坦却将德国引向了修正主义的道路；[168] 考茨基在其有生之年和列宁争辩“无产阶级专政”的思想。[169] 托洛茨基对“永久革命论”引人注目的重构成为反对苏维埃领袖解释的工具。

---

〔163〕 参见 MARX & ENGELS, COMMUNIST MANIFESTO (Ryazanoff ed. 1930)。

〔164〕 MARX & ENGELS，前注，第 25 页。

〔165〕 参见 MARX, preface to his Critique of Political Economy, reproduced in part in the Algernon Lee edition, THE ESSENTIALS OF MARX 181 (1931)。

〔166〕 参见 A TEXTBOOK OF MARXIST PHILOSOPHY, *前注*161，第 312 页。

〔167〕 参见 MARX, POVERTY OF PHILOSOPHY (1936); cf. ENGELS, ANTI – DOHRING (1935)。

〔168〕 参见 BERNSTEIN, DER REVISIONISM US IN DER SOZIALDEMOCRATIE (1909)。

〔169〕 参见 KAUTSKY, THE DICTATORSHIP OF THE PROLETARIAT (Stenning tr. 1964)。

## 从内部进行的重新解释

我们已经就过去和目前最重要的一些形而上学或者神学派生的理论体系从结构上进行了简短的阐述。正如我们在提纲中所陈述的,这些体系均已经成为,或者能够成为与人格尊严之要求相一致的政策力量的来源。作为劳动分工中的知识分子,我们乐意将这项工作留给各个思想体系的支持者和倡导者去完成。

【翻译:高华超;审校:杨　帆】

CHAPTER 02 >>

# 第二章

# 对趋势的描述

## 引　　言

无论社会环境如何，关于过去（近期或远期）的关键问题是：变化是朝着还是偏离实现价值目标的方向？我们已经最大可能地推测了人类尊严的首要目标，现在需要回答的主要问题是价值是否越来越丰富、越来越被广泛地分享，以及体制是否适应基本目标的要求。[1]

我们将趋势进行盘点归纳就会发现其与政策的相关性是明显的：趋势知识揭示偏好和事实之间的一致或差异的程度。它使一个政治和社会过程的参与者准确地定位其在体制创新、体制扩散和体制限制序列中的位置。从法理角度看趋势的考察是综合性的学术调查战略的一部分。它造成知识上的差距，特别是将人们的注意力指向了相对较大的政策重要性的差距上面。

---

〔1〕 本章作为拉斯韦尔文件资料中发现的最后的草案只有轻微的变化。不幸的是，许多脚注或其他引文未能找到。本章的一些筹备工作由已故的里奇波特大学教授理查德阿伦斯完成，他的论文现在已经散佚，无法获得。然而，这一草案展示了由拉斯韦尔推荐的关于做出在更广泛的社会活动中施展行动的发展趋势调查方法。据观察，美国法律现实主义者通过坚持对同类政策参考的事实类别方面案件的说明，极大地改善了我们以权威性决定描述和评价过去趋势的方法。当政策科学家的理论和程序被添加到现实主义者那里时，描述的更为全面性、准确性和相关性成为可能。上面的简短论述可以参见第一部分第五章。

这种方法的含义*并不是*说每一个学者或科学家都应该将自己暴露在一个大型知识脉络中,并且相应地指导他对研究课题的选择。我们清楚地认识到要使人们对历史、史前历史和自然秩序的信息储存做出令人印象深刻的贡献达到高潮的动机具有多样性。从未来的角度来审查过去的关键在于我们在物理学家、生物科学家、社会科学家和人文学科专业学者提出的观点中作出选择时总是需要*某种*指引。政府机关、公立和私立大学和私人研究基金会必须在作出理性选择前勾画出整个知识地图;而且对政策目标的参考是用于判断的防御框架。

## 世界背景

显然,我们必须考虑整个世界社群的全景,倘若政策问题(如果有的话)是应该而且能够被用来加强对人类尊严的最起码保障的普遍公共秩序。[2] 对于其他问题——如地方项目或者城市或地区重建,其相关的背景有更多的限制,尽管有许多理由表明淡化特定都会区与全国或全球的包容性结构之间的相互作用可能是一个错误。对于执业律师,迫切的问题可能是为某一客户服务,该客户希望在其死后将其财产请求权转移给其家庭成员。如果遗产是没有法律争议的并且是本地化的,家庭成员人数很少并且都可以找得到,那么法律工作者们的工作完全是重复性的例行公事。但是关注客户潜在利益的律师,可能会通过将潜在捐助者的注意力吸引到更大的经济和社会环境下来极力帮助其客户,这种经济和社会环境是人们所期望的转变得以进行的背景。考虑到长期通货膨胀的环境,以及对于间歇性衰退的调整,家庭安全服务可能会考虑那些迄今总被忽略的社会、政治、财务和法律的可能性。

通过对世界图景的强调,我们强调每一个法学理论和专业实践问题

---

〔2〕 为了更全面、更系统地发展这个主题,参见 H. Lasswell, *The World Revolution of Our Time: A Framework for Basic Policy Research*, in WORLD REVOLUTIONARY ELITES; STUDIES IN COERCIVE IDEOLOGICAL MOVEMENTS (H. Lasswell & D. Lerner eds. 1965) and WORLD POLITICS AND PERSONAL INSECURITY (1935, 1965 with new introduction). 又参见 M. McDOUGAL, H. LASSWELL & L. CHEN, HUMAN RIGHTS AND WORLD PUBLIC ORDER: THE BASIC POLICIES OF AN INTERNATIONAL LAW OF HUMAN DIGNITY (1980)。

的背景之间的相关性。我们的主张是,每一个与社群行动相连接的角色,包括法律顾问的任务,如果放在整个社会过程的大框架中进行考虑,将会得到更好的执行。

由于法学理论和积极决策的政策问题涵盖了人类关注的所有范围,从一个更完美的世界秩序的巩固到未来的法庭陈述议程,我们应当广泛承担表征人的经验的主要特点。这个框架必须是简洁的和未完待续的,它有助于将我们这一代以及将来一代的问题转变为可理解的观点。我们致力于人类尊严的首要目标;如果我们要看到我们在提到它时的立场,人类经验的流动必须在一个被认为比昨天或前天的事件更广泛的参考框架内进行考虑和分析。对价值形态和制度趋势的考察将会解释我们期望拥有的和我们事实上拥有的之间的显著差异。[3]

毫无疑问,人类自由的任何胆怯的挑战者会在这个整体框架中找到很多冷却他们热情的东西。但是从另一方面来看,许多信誓旦旦的人,尽管最终成功的希望很渺茫,可能会用一个更广泛的视角来看待问题并找到对未来信心的新的来源。

很难说,但是必须指出的是,与广泛的特征一样,许多正在消失的条件规格将会被进行更详细的展示和介绍。

## 文明与民俗文化

人类史前及过去的历史中,主要重大事件的关键是将文化的前文明和文明阶段相分离。人类成为地球上的一种可识别的物种大约是在五十万年前。将人类种群的开始时间准确地定位在原始人类形式的时期并非易事。事实上,将人类与高级猿猴进行区分是很困难的;他们有很多共同点,因为人类的文化继承尚未开始积累。早期的人类既没有火也没有金属;他们没有驯养的动物或者植物;他们沿着轨迹的哪一个转折点开始将手势和口语结合而成为连贯一致的标志系统,从而达成“语言的奇迹”,这

〔3〕 我们推荐的关于更基本的承诺的概述,见前注 M. McDOUGAL, H. LASSWELL & L. CHEN。

也是不明确的。

但是,我们可以提供关于人类早期状况的一些概括;而且我们应当看到,它们不仅贴合人类的过去,而且符合人类的现在。没有理由怀疑人类的居住和迁徙都是以一种相对较小的氏族规模来进行的。不管他们是否收集果实、树皮或者植物的根;或收捡捕鱼和学习打猎。在数万年的原始人类生活规则下,人类发展成了一种微小的、独特的、平行的文化。它们有三个方面持久的重要意义:一种是狭隘的自我认同(氏族或部落);对跨氏族部落冲突的预期,特别是当有陌生人参与的时候,将通过暴力的方式来解决;自我(以及氏族成员)对自我提出的牺牲自我的狭隘身份的需求。这是狭隘综合征。

一个历史的转折点似乎发生在不久的过去,也就是说,在过去七千年来,其中约5%的时间,可识别的*智人*已经现存。其中关键的发展是城市的出现,与这项出现相伴而生的是广大专业化的标志、符号、运动和文化的物质,我们称之为文明。这一巨大的飞跃与人类的生理无关,因为人类的大脑在他的存活期中没有实质性的调整。改变的是文化,而不是大脑。

即使只是部分盘点也足以说明为什么城市的出现是革命性的(城市似乎是在同一时间出现在尼罗河流域、底格里斯河和幼发拉底河流域,以及印度河流域)。城市标志着可以维持生命的人数在明显增加。进贡或者税收制度促进了资本货物的集中化累积,而同时经济的专业化使得大规模发展外贸成为可能。全职专业人士现在能够投身到为市场或者许多机构进行的商品和服务生产之中。国家的出现是因为领土组织将居住关系而非亲属关系作为集体认同和集体义务的主要基础。此时,写作的艺术开始出现,以及相伴而来的拟订记录、法律法令的用语和官场用语。该政治体在新的和相对客观的背景下,为了权力、财富、荣耀和宗教而剥削的新的富余的统治阶级应运而生。(在功能意义上,宗教通常是精英阶级为了永久竞争或者与武士以及官员进行和解的权力形式的一种)不朽的公共工程诞生,促进了决策精英所追求的目标。扫盲、教育、学术和科学紧密地交织在一起;早期的文明见证了算术、几何学和天文学的开端。

每一个制度性发展的故事都是相同的。关于权力、财富、技能和教化,视觉证据是压倒性的。我们不难推断,为了更大的却又是狭隘的单位的利益，忠诚情绪激烈地调整其方向。象征性和物质性的分化使得多种环境成为可能，我们可以看到，在责任的自愿接受的意义上，操守应运而生。尊重安排经历了很大的修改，特别是通过对尊重的目标的改变。在这方面，由劳动分工细化而培养的新技能发挥了作用，经常克服了传统的偏见。然而，在富国和穷国之间有了一个巨大的鸿沟，尽管困难但在某种程度上由于幸存的亲属关系而得到了某种缓解。奴隶制度的目的——可能它的起源较早——往往是在迄今为止人们无法想象的规模上剥削人的劳动力。至于福祉方面，一个突出的事实是受到专业化和一体化成果的支持的人数得到了急剧增加。但是，与此同时边境贸易、对外贸易和对外战争也为新疾病的传播和扩散提供了渠道。

显然，我们生活在一个人类正在逐渐地和极其痛苦地适应复杂的社会环境的早期阶段。人类的文明前遗产预示了人类的未来。因为狭隘综合症——包括对暴力的期望和狭隘牺牲的道德——继续将人类的条件特征化。从来没有任何一个政治组织将已知的全部世界完完全全地控制在自己的范围内。中华帝国逐渐湮灭在广大的亚洲内陆，而且从不激励自己去征服那遥远的高山险阻的南亚地区。从亚洲内陆向欧洲的壮观的爆发，其对近东和东方仅仅是短暂的控制，最多不过将冒险王朝的宝座建立在已有的王朝的基础之上。强大的罗马帝国从未横穿南亚到达过中国；而且从不巩固其在欧洲北部和东部边远的立足点。“世界国家”只有在地区主导的错误意识下才会出现。

由于城市的出现和对人类生活方式的新模式的巩固，历史的特点是相互矛盾的原型案例，以及文明与史前文明社会之间的冲突和包容。新的社会形态出现了。一个社会形态的名称标志了其价值的基础和范围，并且采用多种策略来影响即时成果以及实现远距离的效果。

## 多种社会形态

在领土方面，主要的区别包括帝国、城邦和民族国家。帝国的主要标志，是多种不同文化的人聚集在同一个规则下。在少数情况下，尤其是中华帝国——一个庞大的地域处于同一屋檐下，一个民间社会的异化组合被纳入到一个包罗万象的文化之中。要成为中国人就要接受一种生活方式。它主要不是一个生物学上的问题,而是一种观念和操作技能方面的问题。

大帝国是历史的压印机,它将民间文化融入文明的单一框架中,将定居型农业社会转化成为对更大市场进行生产的农民社会,并放弃或淡化早期传统的明显特色。有些大帝国在塑造一种具有包容性的生活方式上取得了某些成功。在中部和南部的非洲,正如在南部亚洲和中亚的许多地方以及南美洲,没有一个有效地运作能够带来相对完全的嬗变。

大部分城市国家都是从事海上运输、内河运输或者陆路贸易的贸易中心。当一个占主导地位的大都市或腹地广大的城市中心网络,在整体文化上达到一体化,通常意义上的认同就典型地合并成为一个对更大的自治的要求,更充分地进行表述,这就创建了一个民族国家。地中海世界的历史中曾经有两个时期被城市国家所主导(公元前 500 年和公元 1500 年)。民族国家通常将城市中心与一个庞大的通常是农业导向型的腹地结合在一起。

许多稳定的帝国都是由专门的官员和军官运作的庞大的官僚国家,他们毫不迟疑的采用强制性的措施来保护自己免于叛乱和分裂的危险。有证据表明,从资源技术问题中产生的集中化是对于某些官僚专制主义的存在至关重要的条件因素,即对水的控制。除非得以妥善照顾,否则灌溉工程和洪水防御工程设施将会解体,并且最终导致灾难。如果中央政府成功地把水资源放在自己的直接管理或调控之下,就集合了对于生产的持续的压力要求以及对公共工程进行保护和对系统进行不断维修和改善的资源(和服务的义务)。结果,总是存在的挑衅强化了中央权力机构为了社会秩序而作出的强制策略。官僚专制主义,无论存在于尼罗河流域、底格里斯河和幼发拉底河流域,或者印度河流域、黄河流域,或者其他地方,所遇到的类似的问题大都以相同的方式得以解决。

城市精英的集中化和文明化的角色往往被吸收了部族忠诚既存力量的分散势力所阻碍或者最终打败。或者,部落的秩序因为吸收了通过掠夺氏族血缘纽带的村庄或者城镇的力量而变得混乱。官僚主义的标准技术是指派一个地区的政府官员,然后频繁地在不同地区之间进行调动,以防止产生地区官僚裙带关系。但是帝国远非一台能够顺利运转的机器。通常一个帝国通过征服行为而扩大其疆域,通过赐予房产的行为以奖励其盟友和辅佐者。允许庞大的土地所有者在当地势力逐渐根深蒂固,中央政府也因此而往往危及了自身。地方土地寡头可能会成功地削弱部落遗迹,并且巩固强有力的区域秩序;他们可能会使得中央权力变得无效。当本地的寡头被征服者所保留,行政长官和百姓之间联系的强烈纽带可能最终会唤醒分裂的倾向。

封建社会的这种现象往往与中央权力的薄弱和内乱联系在一起。封建主义是建立在保护给予和接受之上的一种社会结构。在欧洲边界之外封建时期是闻名的,特别是在日本;此外还有中国、古老的美索不达米亚和伊朗、印度、拜占庭帝国以及俄罗斯。封建主义的高妙的表征如下:

它是政府的一种策略,基本的关系并不在于统治者与主体之间,也不是在于国家与公民之间,而是在于领主与附庸之间。这就意味着政治职能的运作依赖于数量有限的个人之间的协议,而且政治权力被视为一种私有财产。鉴于个人的接触对于封建政府的重要性,而且它往往是在这种接触比较容易和频繁的地方层面上最为有效。因为政治权力是个人性质的而非机构性质的,所以只有相对很少的职能分离;军方领导人通常也是行政长官,行政长官通常也是法官。军事职能在大多数封建社会中是处于突出地位的,尤其是在封建社会的初期阶段。英雄时代私人军队的存在预示着封建体制的增长是可能的……

封建社会中履行政治职能的并不必然是那些最早获得权力的贵族,而是——除非是一个失败的经验——那些最快被认可为贵族的人……

封建主义和地产之间的联系隐含于一个形容该机构的词语,即"*feudum*"或者封地,通常(并不总是)指的是一块土地。但是……这个词的出现远晚于事实……[4]

西欧民族国家的巩固以及现代商业、工业、金融、科学和技术的迅猛崛起,在很大程度上得益于货币经济的空前发展。用货币来代替物物交换促进了劳动的分工,加快了生产、贸易和投资的发展;并且促进了为寻

---

〔4〕 FEUDALISM IN HISTORY 4 - 6 (Coulborn ed, 1956).

找买家和原材料而进行的经济扩张。在工业革命加快这种变化之前,商业革命已经促使早期的社会形态解体。为销售而进行的生产,而非为生活或者为满足封建主义需要而进行的实物支付,松弛了已建立的旧秩序中的互补关系。金钱利润的可能性减弱了原有的通过城镇行会强制实施的法令。土地寡头成为了市场上的资本主义生产商,并且被令人厌烦的封建主义清算所容忍。由于机械动力被应用于生产,而且劳动者都集中到了城市的工厂,社会的构成有了大幅的变动。

迁徙到城市的农民为新企业提供了廉价的劳动力。同时,每个人都面临着生活各个领域中的重大问题的调整——健康、教育、恋爱、婚姻、住房等。如果农民留在土地上,他往往通过暴力革命从一个农奴转变成为一个独立的地主、承租人或无地劳动者(无产阶级)。在民间社会中,农村是用于农业用途的一种协调单位。大块土地一般分配给公共设施,正如在公共用地上劳作是一种义务。公共农作物是提供给所有人的,或者分配到寺庙或更大的部落单位。随着国家叠加于部落之上,中央当局一般保留了农村制度。然而,当地的地主(和放债人)可能会干预中央政府和农村之间的关系。当现代化出现后,大量的私人土地主被消灭,村庄也发生了急剧的变化。在非社会主义国家,社群财产和私有自留地都被转化为独立的财产,使得无依无靠的人(或者贫瘠土地的所有者)变成了租房者或者劳动者。社会主义革命国家的政府转化为普遍的业主,而且对农业采取集中化的管理。在部落社会已经能够控制他们自己的现代化进程的地方,则能够保留农村的多样性,以及长期家庭“租赁”和集体土地之间的传统平衡。

如果欧洲文明在全球的扩张是急骤的,那么殖民主义的崩溃就是瞬间的事情,使得处于转型期的社会从乡土阶段步入文明时期。在殖民势力允许当地地主和商人继续存在的地方,这些社会阶层中具有影响力的人物的亲属能够接受外国的培训或者至少到外国的学校进行培训。一个能够呼吁独立并且最终能够提供过渡领导者来填补由于殖民权力的消失留下的空白的较高的行政的、专业的和工业阶层的出现为填补因殖民地权力消失后留下的空白提供了过渡期的领导者。有时候殖民权力和当地文化之间的鸿沟非常巨大,以至于提供或者寻觅主管现代化建设的新的社会形态出现的机会变得极其渺茫。民间社会有影响力的大多数领导者都没有做好准备的地方,当地领导者通常是来自于较低社会阶层掌握了工业化文明碎片的人。这种情况下的权力真空导致了社群向传统冲突路线进行分裂,特别是因为当地因素很可能会获得来自外国利益的支持,无论是采矿、种植、教会、政党或者其他方面。

下列用语将便于提示所附带提到的社会形态。该列表的目的是要提醒人们被频繁关注的组成人类社会的一些民俗的、文化的以及过渡期层面的问题。这些识别标签表明至少涉及一种主要的专业价值。

*权力*:长官、长辈、皇帝、官员、公务员、领主、诸侯、国王、总统、立法委员、选民、党员、压力团体的成员、政治秩序成员、大会会员。

*财富*:地主、农民、商人、手工业者、独立农场主、承租人、劳动者、工厂工人、文员(白领)、监事、经理、企业家、投资者、工程师。

*教化*:预言家(预兆,占卜者等)、哲学家、学者、科学家、新闻记者、新闻编辑。

*技术*:魔术师、教育家、门生、教授、学生、硕士、学徒。

*福祉*:医药学家、巫师、护士、医生、外科医生、中医、药理学家。

*情感*:母系亲属、父系亲属、配偶的兄弟姐妹、配偶、部落成员、邻居、乡亲。

*尊重*:主仆、高中低种姓成员、高中低阶级成员、高中低等级。

*操守*:巫师、牧师、信徒、邪教、妓女、普通罪犯。

这些词汇在我们当中使用的是它们传统的意义。在许多具体的案例中,详细的考察不仅会展现每个案例的多重价值模式,而且还会大幅度地重新分配其主要价值。例如,巫师或祭司在很多法令中往往掌控着很多严重的集体制裁;因此被归入权力这一分类中。操守规定的违反者(例如普通罪犯),当他们作为严重制裁的对象时,也属于权力范畴。此外,另一个事实是,主人和奴隶的关系可以被定义为奴隶不仅在名义上而且在事实上处于社群政策的保护之外而在主人的严厉命令之内。

在总结价值目标的趋势之前,即使寥寥数笔勾勒出的该框架也需要提及我们特别关注的两种体制模式的流动与衰退,其一特指为信条,其二为公式化规则。

## 普遍与狭隘原理

前文明社会的理论体系是稳固而狭隘的。每个氏族部落都认为他们自己的生活方式优于其他任何氏族部落。他们可能认为只有自己才是真正的人类而其他氏族部落并非完全真正的人类。比如,“内格罗人(伊图里林)将生物分为四个等级:人,俾格米人,黑猩猩和其他动物。”[5]

城市文化和文明的出现,开始了将狭隘的自满替换为一个数量更为有限的自我恭维神秘规则的缓慢过程。作为自我主张和巩固的策略,早期帝国依赖于宗教符号。最通常的模式是提升当地统治集团在各地方神殿神中作为首席神的地位,在这种方式下,其仍然作为其所征服的城市和部落尽职服从的典范。文明社会从民间社会中继承了世俗和神圣精英之间冲突的雏形,这曾经是帝国和国家之间战争的主要线索。部族社会统一的神秘规则是跨越帝国和万物生灵的,从这个意义上来看,超人类的人格化被假设为提供了教化的基本模式,同时社群的法令得以制定。教化图谱的事实假设是规范和制裁的组成部分。原始社会所有有影响力的支配者都将其作为他们所作所为的理由。影响力,像往常一样促使战争领袖的产生,似乎主要专门地与政治权力联结在一起;医药学家,与健康福利联系在一起;或者僧人,关注对社会公众有核心影响力的那些仪式。尽管各部落社会的结构具有相对稳定性,但是这些制度的运作之间没有摩擦这种观点却没有令人信服的证据支撑。

将对外部世界的影响也考虑在内以后,对生活相对孤立的那些当代部落的深入研究证明了张力和创新的存在,尤其是揭示了精英人物之间的紧张和压力。当领袖或僧人对中央神秘规则提出了不同的解释时,谁将占据支配地位这个问题绝对不是一个定论。

在文明社会,解释或者修正学说的主体部分的斗争反复地使处于敌对阵营的首领和神职人员联盟;或者创造复杂的权力平衡以抗衡针对对手阵营的首领和神职人员。我们可以从埃及的历史中找到一个戏剧性变

---

〔5〕 Lasswell 脚注,没有找到。

化的实例。该典故的主人公是阿曼四世,第十八王朝的成员,统治于公元前14世纪。他将埃及的首都从底比斯这个被称作“阿蒙的城市”迁移到埃及中部的一个城市,现在被称作“埃尔－阿玛尔纳”。法老在这里建造了阿顿宫和皇家宫殿;贵族和官员们购置了大量的地产。我们所知道的关于阿顿宫的一个重要方面是“对所有国家所有生物的普遍的珍爱。对埃及以外生命价值的认可,这与古王国与中古王国所表达的宗教狭隘主义完全不同。”[6]阿顿他自己因为其“个人魅力”而远突出于其他法老。但是上面提到的革命最终以失败告终;并且这位法老被其继任者诬蔑为非法统治。

神教对手之间发生冲突时,每一种诉求的排他性都使得斗争加剧。熟知欧洲基督教和穆斯林世界之间的对抗,或者基督教不同分支教徒之间的流血冲突——奇怪的是这种冲突被称作所谓的宗教战争——的人是不会错过问题的重点的。

随着相互竞争的各文明中心的兴起,形而上学而非神学教义开始在政治上发挥其重要作用。在希腊和罗马时代蓬勃发展的神秘教派似乎起源于近东。其中有些教派的人格象征意义被剥离,并且将形而上学概念和实证概念融合为神秘教派发展的深奥理论。

普通神秘规则的形成,对世界开放的认知,已成为文明社会与民间社会或者文明社会相互之间进行斗争时,或者文明社会内部发生裂变时的一个象征性的趋势。当我们探究这些学说相互竞争的系统的起源时就会发现很多都是以宗教导师比如达摩或者耶稣作为起始,他们都拒绝将宗教作为政治目的利用,虽然宗教在这方面透露出这种趋势,或者是穆罕默德,他被作为教学和布道的副产品的公共事务所缠身。

神秘规则历史上的转折点是对单一神教的发明,这种独一真神教义宣扬的是“在我之前,你不可有别的神。”这种发展经常被归因于犹太教,并且被一些学者称之为重大的历史灾难。因为它将不容忍和排外的原型

---

〔6〕 Lasswell脚注,没有找到。可以参考 J. BREASTED, A HISTORY OF ANCIENT EGYPTIANS (1908), A HISTORY OF EGYPT, FROM THE EARLIEST TIMES TO THE PERSIAN CONQUEST (1920), and DEVELOPMENT OF RELIGION AND THOUGHT IN ANCIENT EGYPT。(Lectures Delivered on the Morse Foundation at the Union Theological Seminary [1912])

替代了上面提到的相对宽容的例子。基督教的某些趋势似乎超越了犹太民族主要派系的狭隘部落主义,并且将古老的传统转化为一种更易于变化和传达的宗教信仰。哲学家们发现他们与神学家格格不入的几率与政治家接近,因为事实上,医药家、行政长官和僧人三者之间的斗争在城市化的文化背景下仍然在继续。在中国,世俗主义的布道者很早就能够在政治首领或者政治家面前找到自己的用途,其所导致的后果是中国的政治意识形态并不像近东和欧洲那样与神学交融。

欧洲政治进化已经从一个支配重点转向另一个重点,具有复杂的特点。高度墨守成规的教条预示着世俗主义的出现。随着君主权力的不断上升,斗争的第一个战线是成为疆土上最大的土地寡头,另一个战线则是遏制罗马帝国的权力。罗马法的学者通过废弃文摘作为原则以及使用先例来巩固世俗在君主制和民族国家中的地位。天主教—新教分裂势力在不断变化的权力平衡中支持国王(和议会)的地位。

18 世纪的革命高潮中法国提出了一种带有哲学和法律色彩的普遍性原理。随后在世界舞台上发挥主要作用的仍然是世俗的教义,即使它们不再强调法律主义而是使用哲学、经济和种族的语言。

## 普遍与狭隘公式化规则(法律体制)的对抗

在今天来看,普遍化的教义在相互之间的斗争中都是遍体鳞伤。显然,这点同样适用于作为一个整体的世界社群的权威法令,或者是已经融入到各种文明中的法律公式体系。后者体制相互之间的影响也是毋庸置疑的,而且在今天仍然保持着有力的(如果有限制的话)摇摆变动。

当今世界舞台上仍然有很多公共秩序体系并没有融入到完整的普遍体制当中,这也许是值得回顾和注意的事实。此外,世界政治领域在过去从来没有融入到一个普遍公共秩序的有效的运作体制之中。古时被错误地普遍称作国家的城邦经常长时间的失去他们所声明行使的这种有效优势。例如,在中国,一个旧的王朝土崩瓦解之后,新的王朝权力和控制归位之前往往伴随着一段“争雄”时期。

确实,曾经存在的一个部分统一既定地区的独立实体的国际体系,这就是在菲利普时期的马其顿共和国和城邦国家灭绝之前希腊世界的状况。美国殖民者惊奇地获悉伊罗奎邦联在新世界的复杂结构;事实上,在原始民族之间曾经有过许多的区域安排。

过去文明所留下来的强制性遗产是它们所制定的法令(比如西班牙、葡萄牙、荷兰和法国)。19世纪德国在政治、经济和学术方面的崛起对德国法典产生了特别的影响(比如日本)。

每一个拥有长期演变背景的欧洲国家都部分地经受住了罗马帝国的铁蹄,并且根据文化倾向和不断变化的现代趋势解释修正了自己的法律体系。普通法体系比如英国法这种古老的根源是最明显的,它被带到了所有的英国法影响占据主导地位的地方。亚洲或者非洲的古代文明都同样地抵制了来自外部的全面渗透,并且保有早期公共秩序中许多鲜明的特征。

这种情况在整个伊斯兰世界也是存在的;并且在印度法、缅甸法和东南亚体系的生命力中均可以反映出来。共产党时代之前中国法规的变化往往是表现在中央立法的措辞上而非日常生活行为上。

许多传统和现代派体制的死亡丧钟是由1917年布尔什维克革命以及随后共产主义在中欧、东南欧、中国和西藏的延伸所敲响的。当今世界另外一个过渡性的运动是伴随着袖珍国家的崛起,它需要国际认可并且要求以与当代法令相融合的方式修改在民俗文化方面的遗产。

## 人类与环境间不断变化的平衡

价值和共享方面以及制定实践方面的长久变化,从与人类资源环境相关的背景下来看,便是可以理解的。人口普查使得我们能够描述世界社会过程参与者的人数上升的趋势,并且能够描绘人类栖息地不断扩大的现象。从历史长河来看,人口增长一直处于缓慢状态,直到近代人口增长才呈加速曲线类似于爆炸的模型(表1)。

最近几个世纪以来,自然资源基础仍然相对比较稳定,它受制于陆地和海洋之间的平衡以及气候(包括冷却和加热循环—冰川和冰川衰退)的长期变化。知识的累积已经逐步地调整自然环境的特点使之朝着人类差异化需求发展;因此,环境一直在改变其作为潜在的原材料供应的重要性。在这个过程中,一些资源永久地枯竭了(比如某些金属和动物物种)。另一些资源,尽管在某一时间严重枯竭,但之后则受制于其替代品和对其更加均衡地使用(例如木材)。

**表 1　世界人口估计:公元前 8000 年以来的增长**

| *年份* | *世界总人口(百万)* |
| --- | --- |
| 公元前 8000 | 5 |
| 公元前 5000 | 20 |
| 公元前 1000. | 100 |
| 公元 1. | 200 |
| 1650 | 545 |
| 1750 | 728 |
| 1850 | 1171 |
| 1950 | 2700 |
| 1963 | 3218 |
| 1967 | 3400 |
| 1980 | 4477 |
| 1990 | 5333 |

资料来源:奥尔,白人的困境和联合国社会统计汇编,1967 年;美国人口普查局汇编。

人类已经稳定地征服了很多的地理障碍——水、沙漠、山脉 ——今天我们正在开创太空时代。

我们周围的宇宙空间是非常宏伟的,并且已经影响了人类的期望。我们正处于熟悉空间格局的开端阶段,图 1 对解释这个事实提供了直观的帮助。其中所指明的连续领域在自然界当然是找不到的。他们为眼睛和想象力的指引提供了一个参考框架。如果一个人在地球上或者临近地球的任何一个据点开始,在任何一个方向向外扩散,空间环境似乎以不断后退的范围包围我们。

这种光学印象按照星球图画序列得以部分保留。从地球向外移动,每一个星球都被选择成为包含于作为整个空间的连贯的子系统环境的一部分。幸运的是,我们附近的宇宙环境是通过有序排列的主要特征来组织的。随着我们将视线放在第二、第三、第四和第五个星球时,我们就会提醒自己每一个新的星球的直径是之前一个的直径的1000倍。用英里来表达,第一次飞跃从92万英里开始,这充分提供了地球和太阳出现的一个框架,然后到9亿2千万英里,大到足以包括太阳及其内部行星。地球是太阳系的第三颗行星(水星和金星是前两个);火星和木星在我们之后;有虚线的箭头指出了随后范围的中央附近的地方,用来作为理解之前所出现的所有部分。事实上高潮点或者圈是而且必须是极大地夸张了其出现在本页的应有的规模。第三个星球创造了一个"空"的印象;这准确地表明,我们的太阳系和行星卫星不接近任何类似的系统。

另一个1000倍直径的飞跃将我们再次带入一个拥有相对显著特征的领域。第四个星球将我们带入了银河系中我们"管辖区域"邻近的恒星附近。其中最近的一些通常被人们称作阿尔法半人马座、天狼星、Proeyon和61天鹅座。另外1000倍直径将我们带入到整个全景中,我们的恒星系统存在于银河系中这样一个大约由2000亿颗恒星组成的铁饼状聚集体。我们的太阳距离星系所旋转的中心大约有3万光年(一光年大约是6万亿英里——6后面12个零——这是光以每秒18万6千英里的速度运行一年所经过的距离)。我们分布在第四个星云上,像是从猎户座星云中心伸出的一只手臂。

下一次飞跃必须将我们带到当地的星系星团上,它围绕着一个目前未知的引力中心,如果我们将第五个星球的球面直径由6扩展到20,由此产生的数字(20 × 153,000)约为300万光年,并把我们带到了仙女座,它是我们的双胞胎星系,它包括麦哲伦云罗盘座,狮子座(1、2、3)和小熊座的特征。

星云过后,我们下一步行动是我们宇宙星系的本地中继星系,它是以处女座方向为中心,我们的星团就是从中发现的。如果我们将星球直径6乘以260,可以得到的参考框架结果大约是800亿光年,它将带着我们经过英仙座、厄萨梅杰一号,靠近双子座。

最后一个领域是种评述而非延续;它显示当一个观察者从"靠近"他

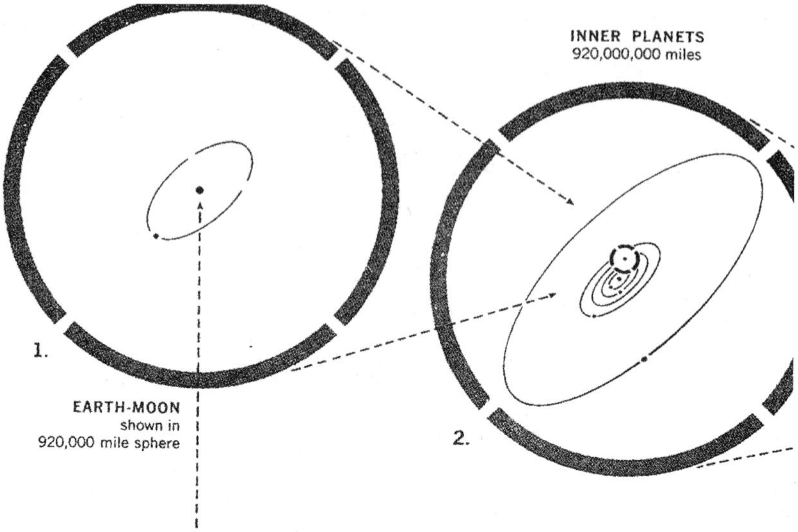

# MAN'S SPACE ENVIRONMENT

The diameter of each successive sphere from 2 through 5 is a thousand times as long as the sphere before it. The spheres are solely for ease of reference. Sphere 6 is 20 times the diameter of 5; sphere 7 is 260 times the diameter of 6.

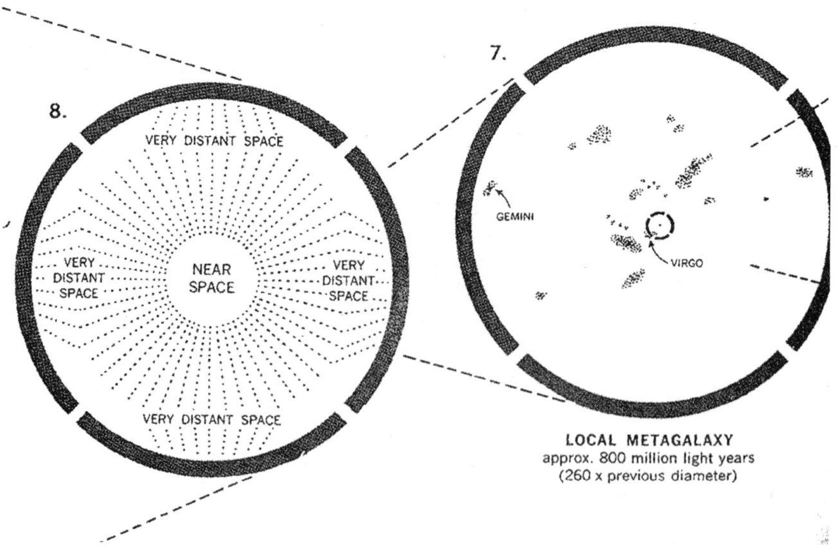

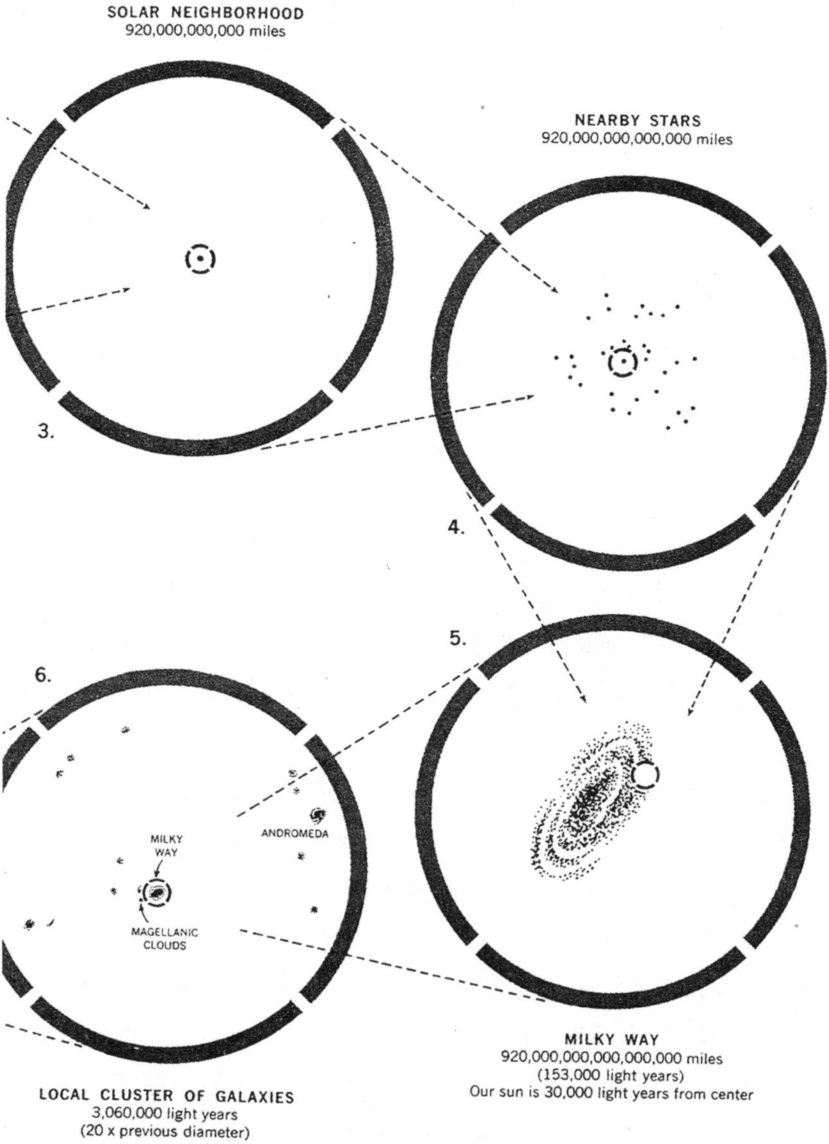


*Drawn by Charles Staurovsky.*
*Adapted by permission from drawings by Matt Greene in The Universe by David Bergamini and The Editors of Life, and from drawings in Guy Murchie, Music of the Spheres.*
*Reprinted from Law and Public Order in Space (1963).*

的空间开始,他可以一直保持着向“非常遥远的空间”的运动。这整个结构目前尚不清晰。

人类空间环境的上述概括是建立在从最初文明成形阶段就开始积累的知识之上的。16 世纪科学革命在西欧开始加快节奏。知识和技能多于人口繁殖以及生产力和动力的提高。随着人类之间的交往变得更加频繁,基本观点开始摆脱狭隘和限制。狭隘综合征,以及其内在的自我膨胀和预防性的破坏性,正在慢慢地被国际社群过程中的相互依赖所瓦解。忠诚逐渐变得更具有包容性,古代的尊重和操守的观念也在不断地变化。

## 对价值共享的需求日益统一

作为将刚刚过去的和即将发生的未来事件作为焦点的手段,我们回顾过去两个世纪中与人类尊严相关的趋势。这个时期标志着在世界生活中呈现的爆炸式发展的迅速崛起。在本节范围内,我们计划总结两类数据。第一类与阐明对价值共享的需求有关;第二类则关于价值需求在事实上的实现。

对广义而非狭义价值共享的需求的日益统一表现在很多方面。[7] 历史学家已经谈到了“平民的崛起”、“民主革命”、“封建主义的衰落”,以及“工业化和民主的兴起”。在这里几乎没有必要强调的是,该运动在世界不同地方的变化程度是不一样的,并且随着时间推移而不断地表现出高潮或者低潮。在创新、扩散和限制性的研究所提供的参考框架中,值得注意的是,这种首先在西方欧洲文明中表现出来的主要趋势,已经渗透到了这个地球上越来越多的地方,尽管欧洲扩张过程中对世界其他地方造成了破坏性的影响,以及在欧洲曾经发生自我毁灭性的复辟和倒退。

这种趋势的一些证据可以在官方的章程——宪法、基本法律和条约中找到。这种权威性话语的出现表明有效权力的拥有者用语言维持他们的地位。之后我们将这些官方和非官方的声明与相符和不相符的事实进

---

〔7〕 简短、通俗的介绍是在 M. McDOUGAL, H. LASSWELL & L. CHEN, 前注 2, at Chapter 1, Human Rights in Comprehensive Context。

行简要对比。在目前情况下，用一些数据来为价值需求的方向和密度提供参考依据。

## 权 力

*1. 对公众参与政府的需求非常重要。*

18 世纪中期，人民主权观念对政府“神权”观念提出挑战。用穆勒的话，“在欧洲几乎没有一个王位不被自由和改革的国王，或者自由和改革的君主，更奇怪的是，自由而后改革的教皇所填充；在腓特烈大帝、凯瑟琳二世、约瑟二世、彼得利奥波德、本笃十四、庞巴尔甘加内利和阿兰达的时代，那不勒斯的波旁王朝乃自由主义者和改革者。”[8]

一个世纪之后，在 19 世纪中期，专制继续衰落。在 1800 年和 1880 年之间欧洲公众压力催生了三百多种不同的宪法。[9] 甚至在专制统治下，人民被正式认为是主权的来源。例如，在 1852 年，拿破仑三世，在经历了一次政变后，被宣布为“上帝的恩典和国家的意志而成的法国皇帝” 而且新宪法宣告了人民的意志是所有国家权力的来源。

在 20 世纪中期，公共权力分享的标志被绝大多数的国家宪章所引用（不管是什么样的有效权力事实）。几乎一致的是，人民被指定为主权权力的来源。以下为这种特点的例证：

*(1)俄罗斯苏维埃联邦共和国*宪法（根本法）：

“第一章 *社会结构*”

“第 1 条 俄罗斯苏维埃联邦社会主义共和国是由工人和农民组成的社会主义国家……”

“第 3 条 俄罗斯苏维埃联邦社会主义共和国的一切权力属于由苏维埃所代表的城市和国家的劳动人民。”

1937 年宪法在 1949 年修订。

*(2)土耳其*：

“第 1 条 土耳其国家是一个共和国……”

---

〔8〕 MILL, CONSIDERATIONS ON REPRESENTATIVE GOVERNMENT 24 (1862).

〔9〕 J. GARNER, POLITICAL SCIENCE AND GOVERNMENT 507f (1935).

“第 3 条　主权有限制地属于国民。”

1924 年通过的宪法。

关于法律确立普遍成年普选，见 1942 年 12 月 14 日第 4320 号法律第 7 条。

*(3)印度*：

印度宪法（1949 年）

（该宪法秉承*美国*宪法的传统。）

*(4)中国*：

“中华人民共和国”的宪法类似于捷克斯洛伐克、保加利亚等国家的宪法。

*(5)巴西*：

1946 年通过的宪法。

“第 1 条……一切权力源自人民，并应以其名义行使。”

*(6)日本*：

1946 年 11 月颁布的宪法。

从序言：“政府是人民的神圣信托，其权力来自于人民，由人民代表行使权力……”

“第一章　第 1 条　皇帝应当象征着……全体人民，他的地位来自人民的意志，主权权力属于人民。”[10]

对民主的需求是针对许多具体的制度性程序的，它与绝大多数法律是一致的，并且对法律的实现至关重要。这些要求尤其包括普选。直到法国大革命时期表决才被认为是自然权利之一。但是这种主张并非在任何地方都被接受，即使是人民主权的主张。（在美国直到 1850 年成年人普选才在所有州获得了认可，但是奴隶和外国人仍然被排除在外）“一百五十年前财产资格根深蒂固，但现在他们几乎已经陷入了停顿。除了在

---

〔10〕参见 PEASLEE, CONSTITUTIONS OF NATIONS (rev. 4th ed. 1974); and CONSTITUTIONS OF THE COUNTRIES OF THE WORLD; A SERIES OF UPDATED TEXTS, CONSTITUTIONAL CHRONOLOGIES AND ANNOTATED BIBLIOGRAPHIES (Blaustein & Flanz eds. 1971 – ); also DARESTE, LES CONSTITUTIONS MODERNES (1928); and DODD, MODERN CONSTITUTIONS (1909)。

美国有少数残余，以及南非联邦当地人有财产资格，普选才是通常规则。"[11]

*2. 虽然民族独立运动并不总是在组建受民众政府时达到高潮，民族主义是一种对不受外界干扰的自由的需求。因此，对权力分享的需求也包括其中。*

现代民族主义思潮迅速增长与对内政的民主需求上升是一致的。[12]

## 教　化

*1. 对公众获取信息来源的不断增长的需求以及对信息和观点的自由交流的需求反映于官方和私人的声明中。*

《法国人权宣言》提供了对未来需求的经典参考：

思想和意见的自由交流是人类最宝贵的权利之一。每个公民都享有言论与出版自由。（第 11 条）。

18 世纪法国以外唯一一个规定了保护个人言论自由的国家是美国：

国会不得制定任何法律……剥夺言论或新闻自由。（美国宪法第一修正案）

在随后的一百年中大约有十二个国家的宪章紧随其后。二战以来，几乎每一个被新的成文宪法所充斥的国家宪章都提出要在一个更大的规模上实现教化的共享。即使是在集权国家，不管其审查多么严厉，也不能采取这一趋势之外的立场。苏联认为：

为了劳动者的利益和为加强社会主义制度，苏维埃社会主义共和国联盟公民的下述自由受法律保护：

---

〔11〕 H. GOSNELL, DEMOCRACY, THE THRESHOLD OF FREEDOM 30 (1948). 参见 WOYTINSKY & WOYTINSKY, WORLD COMMERCE AND GOVERNMENTS, TRENDS AND OUTLOOKS (1955), at Chapter 13, Elections and Parliaments。

〔12〕 关于早期表现，参见 Y. M. GOBLET, POLITICAL GEOGRAPHY AND THE WORLD MAP (1955), as depicted in COMPARING NATIONS, THE USE OF QUANTITATIVE DATA IN CROSS – NATIONAL RESEARCH 514, 516 (Merritt & Rokkan eds. 1966)。参见 WOYTINSKY & WOYTINSKY, WORLD COMMERCE AND GOVERNMENTS, TRENDS AND OUTLOOK 632 (1955)。

(一)言论自由;

(二)新闻自由;

(三)集会自由;

(四)街头游行、示威的自由。

[苏联宪法(1936年),第125条]。

最后,《世界人权宣言》第19条:

人人都有有意见和言论自由的权利;此项权利包括持有主张和意见而不受干涉的自由,通过任何媒介和跨越国界寻求、接受和传递信息和思想的自由……[13]

*2. 对于基本教化工具的需求值得注意的是它所表达的普遍性和强度。*

对知识的需求和对社群民间制度和历史至少应有的初步认识已经势不可当。在中世纪晚期和现代文明早期它就已经与个人主义的骚动密切相关,特别是在宗教和教会事务中。由于欧洲改革运动势力增长,他们试图通过对拉丁文圣经的正确解释将圣经传播到整个英联邦。大量顽固的压力通过利用新的机遇——在一些雄心勃勃的人中压力无时不在,并得到不断增加的心怀不满的人的滋养——导致对识字的传播是与教化最息息相关的技能。个人主义的新呼声在很多运动中表现出来。有识之士开始在人类社会之前为改革教育新局面而焕发光彩。极大丰富的教育思想获得了流通。约翰·弥尔顿写道:"因此,我要求一个完整的和慷慨的教育,它使人适合公正地、有技巧地和大度宽宏地执行所有公共的和私人的关乎和平和战争的职务。"[14]

我们绝不能认为,英国以及其他国家的公共教育之普及总是能够得到约翰·弥尔顿的慷慨远见的支持和辩护。据历史记录,舍布鲁克子爵曾在通过1867年改革法案时发表了乖张的言论:"我相信你们绝对有必

---

〔13〕 世界人权宣言的引文,参见 UNIVERSAL DECLARATION OF HUMAN RIGHTS, 1948年12月联合国大会通过第217号决议,United Nations Doc. A/810 at 71 (1948)。

〔14〕 MILTON, ON EDUCATION, THE TRACTATE OF EDUCATION WITH SUPPLEMENTARY EXTRACTS FROM OTHER WRITINGS OF MILTON 55 (Ainsworth ed. 1928).

要劝说我们未来的主人学习他们的文字。”[15]

我们已经发现,如果没有强制性的要求,那么为所有人提供一个最低的基本要求是很难取得迅速进步的。英国在1876年开始实施小学义务教育。法国直到1882年才得出一个类似的强制入学制度。同一世纪欧洲其他国家也出现了有关义务公共教育的例子。如今,公立小学义务教育在世界各地司空见惯。不同形式规定的义务教育几乎在每个国家都获得了通过。

在发展全球公费教育的过程中变得明显的是,“越来越多的私人和宗教学校退出历史舞台,公立学校在社会团体中的重要性不断增加。”[16]随着时间的推移,越来越明显的是,需求的目标不再局限于基础教育水平,而是扩展到了中高等教育。因此越来越多的国家采用了不同形式的中等义务教育。越来越多的关于国家对个人从业而非基础研究的补贴的条款被制定出来。事实上,我们可以这么说,“当今存在的一般情况已经在许多不同地区引发了对真实平等地接受中等教育的普及运动,甚至赞成对所有人普及中等教育。”[17]尤其是在社会革命或民族主义运动试图克服“落后”条件的国家,成人教育和扫盲普及已成为国家首要的目标。

《世界人权宣言》第26条:

人人都有受教育的权利。教育至少在初级和基本阶段应当是免费的。初级教育应属义务性质。

*3. 对获得科学和学习的需求,以及对培养经实证检测的人与自然的知识的机会的需求,正在迅速扩大。*

特别是自16世纪以来,科学知识一直被高度评价。该需求的普及显示于图2。(图未找到)

## 财 富

*现代科学和技术普及的突出特征是切断了旧的联系,以及以分享整个社群生产的经济利益为公然目标的新方案和政策的增长。*

众所周知,私人资本主义迅速发展的初始阶段(比如英国),给以往的

---

〔15〕 参见SYLVESTER, ROBERT LOWE AND EDUCATION 118 (1974)。

〔16〕 C. MERRIAM, THE MAKING OF CITIZENS 274 (1931).

〔17〕 UNESCO, FREEDOM AND CULTURE 81 (Introduction by J. Huxley 1951).

经济体制市场限制造成了大量冲击。其所实施的新的生产组织方式剥夺了个人,即他们作为一个附庸,一个家庭(或家族)成员,甚至作为一个邻居所应有的最低的经济安全。新经济成果的特色是依靠工厂劳动取得的收入而谋生的城市化工人,他们要经受周期性的失业、业务操作重新定位、技能过时、意外事故致残以及疾病和年老等种种风险。小单位的业主往往被较大的竞争性企业或者垄断性企业排挤到一边(并且经常濒临经济崩溃)。固定收入和储蓄受到通货膨胀和货币升值的挤压。消费者以及工人、投资者和管理者发现自己经常会遇到新的和有趣的商品,但是同时也会经常抱怨危险和伪劣的商品和服务。随着工业化将整个世界吸引到它的活动网络中,古老的文明和民俗文化面临着不同程度的混乱的利诱和剥夺。

在工业化的快速发展和不均衡的发展情况下,人类事物中最强有力的因素似乎是“经济”,这个词被用来形容包括与生产服务中的物理能源利用有关的智力、技术和控制因素。这也难怪,财富以及所有似乎与之相关的事物在世界各地人们的价值需求中占据了核心地位。

从漫长的历史角度来看,从不富裕走向富裕并不是什么新鲜事。但是历史上对财富的关注,包括对经济进步的兴衰,从未像今天这么普遍、长久或者强烈。

一些表达需求的口号在法国大革命中被称之为“经济”问题。但是它们对那些在内涵上更具“政治性”和“道德性”的需求仅扮演了一种从属的角色。有关经济利益的需求的大量增长,被最快地反映于工会、消费合作社和以“经济”方案(和名称)为主的政党的增长。

19世纪的最后十年,代表了更广泛的社群参与经济利益的立法大量涌现于西欧国家。

尽管18世纪的民族国家宪章不包括对纯粹的个人经济权利的保障,除了那些可能通过模糊的国家权力而立法创建的“普遍福利”。20世纪的宪法趋势,则为制定出一个精确的经济权利法案做了一定的准备,包括工作、休息和老年赡养费等权利。[18] 共同财富的事实与神秘规则之间的差异并不当然地不利于对这种日益增长的需求的权衡。

需求日益统一的进一步证据是前国际联盟盟约。所有会员国承诺“为男人、妇女和儿童无论是在自己的国家和在他们的商业和工业的关系扩展到所有国家而努力取得和保持公正和人道的劳动条件……”[19]一些新的国际组织致力于类似的政策。布雷顿森林体系所采用的《国际货币基金协定》宣布了一个共同决议“继续……促进和维持……所有成员的高水平的就业”。[20]“联合国粮食和农业组织宪章明确地宣布成员国的目标是“为了促进共同福利;由……提高在各自管辖范围内的人民的生活水平和营养水平,从而……(贡献)促进世界经济的不断发展”。[21]

## 福 祉

*1. 官方和非官方对疫情控制的需求在世界规模上的日益统一,和总体健康的普遍提高,绝大多数已经很明显。*

表 2 展示了官方对福利所表示的关注的里程碑式的进展。

然而,在人们对药物和其他有毒“化学品”和“生物制剂”的使用的关注度上,这里有一个非常重要的反倾向,作为损害“敌对”人民健康的手段。

*2. 对福祉需求的日益统一用承诺的方式来表现,以遏制鸦片(和其他损害精神和身体健康的来源)的使用。*

有关鸦片和其他毒品的跨国协议在表 3 中显示。

*3. 对健康保护的理念近来已经扩展到包括个人尤其是儿童的身心完整。*

现代医学已经促成了对“身体”和“精神”状态相互依存关系的普遍

---

〔18〕 例如,the Soviet and Mexican constitutions, reproduced in INPUSTRIAL LABOR OFFICE, CONSTITUTIONAL PROVISIONS CONCERNING SOCIAL AND ECONOMIC POLICY 173 – 179, 362 (1944).

〔19〕《国际联盟盟约》第 23 条(a)条。

〔20〕《国际货币基金协定》第 1 条第(二)款。

〔21〕《联合国宪法粮食和农业组织》序言(1945 年版)。又见欧洲经济合作组织(巴黎,1948 年 4 月 16 日)建立在成员国对“他们的经济系统是相互关联的,其中每一个成员的繁荣依赖者共同富裕”的明确肯定上。

认知,并且对童年经历的重大影响给予了较大的关注。旨在保护母性和健康的宪法性法令的分配表现于图3(图未找到)。

*4. 尽管停止有组织的暴力运动作为一种公共政策工具旨在影响对共享的所有价值的塑造,最明显的价值是生命本身。*

反战情绪表现于图4(图未找到)。

## 技　　能

*1. 日趋统一地提倡按平等条件获得将潜能成熟地转变为对社会有用的技能的机会。*

**表2　健康和安全关注权威数据**

<table>
<tr><td></td><td></td><td colspan="2">联合国<br>在世界卫生组织主持下加强信息交换<br>“福利国家”<br>在新西兰、澳大利亚、英国、瑞典、挪威等国启动全民健康保险</td></tr>
<tr><td></td><td></td><td>英国 -1911 年<br>启动强制性失业保险<br><br>德国-1889 年<br>启动养老金<br><br>德国-1883 年<br>启动工人健康保险赔偿计划<br><br>德国-1870 年<br>启动疫苗接种、卫生事宜国家公共卫生执法</td><td>其他国家<br>其他国家如意大利 -1919 年、奥地利 -1920 年等通过强制性失业保险<br><br>其他国家<br>例如丹麦 -1891 年、新西兰 -1898 年、英国 -1908 年等通过养老金<br><br>其他国家<br>如挪威、法国、丹麦,英国(1890 年)、西班牙、瑞典、美国等通过对工人的赔偿医疗保险方案</td></tr>
</table>

续表

<table>
<tr><td></td><td></td><td colspan="2">联合国<br>在世界卫生组织主持下加强信息交换<br>“福利国家”<br>在新西兰、澳大利亚、英国、瑞典、挪威等国启动全民健康保险</td></tr>
<tr><td></td><td></td><td>英国<br>启动市级卫生守则<br><br>法国<br>在拿破仑三世时期启动国家资助疾病保险。<br><br>欧洲大国－1851 年<br>启动巴黎国际卫生合作会议</td><td>其他国家<br>全球政府卫生机构管辖扩大发展—疫苗接种、卫生、药品和食品检验等。例如英国：1875 年公共健康法，卫生部监管的 1918 年产妇及儿童福利法（1919 年）<br><br>其他国家<br>例如，1903 年、1907 年、1912 年、1926 年、1938 年、1944 年、1951 年国际卫生发病率会议</td></tr>
<tr><td>由英国的“济贫法”立法所代表的分散状态的行动</td><td>英国－1802 年<br>启动童工劳动限制，其他国家紧随其后</td><td></td><td>其他国家<br>世界各地的童工劳动限制</td></tr>
<tr><td>1700 年</td><td>1800 年</td><td>1900 年</td><td>1950 年</td></tr>
</table>

**表 3　国际公司：国际条约意见涉及的一些独立国家**

| 年份 | 涉及国家数量 | 国家总数 | 年份 | 涉及国家数量 | 国家总数 | 年份 | 涉及国家数量 | 国家总数 |
|---|---|---|---|---|---|---|---|---|
| 1913 | 5 | 59 | 1930 | 50 | 73 | 1947 | 59 | 77 |
| 1914 | 13 | 60 | 1931 | 49 | 73 | 1948 | 59 | 82 |
| 1915 | 14 | 60 | 1932 | 50 | 75 | 1949 | 60 | 85 |
| 1916 | 15 | 60 | 1933 | 50 | 75 | 1950 | 62 | 85 |

续表

| 年份 | 涉及国家数量 | 国家总数 | 年份 | 涉及国家数量 | 国家总数 | 年份 | 涉及国家数量 | 国家总数 |
|---|---|---|---|---|---|---|---|---|
| 1917 | 15 | 60 | 1934 | 51 | 74 | 1951 | 63 | 85 |
| 1918 | 15 | 67 | 1935 | 54 | 74 | 1952 | 64 | 86 |
| 1919 | 15 | 70 | 1936 | 55 | 74 | 1953 | 64 | 87 |
| 1920 | 31 | 75 | 1937 | 55 | 74 | 1954 | 64 | 90 |
| 1921 | 33 | 75 | 1938 | 59 | 74 | 1955 | 65 | 90 |
| 1922 | 34 | 76 | 1939 | 59 | 75 | 1956 | 66 | 93 |
| 1923 | 37 | 75 | 1940 | 60 | 75 | 1957 | 67 | 95 |
| 1924 | 40 | 75 | 1941 | 58 | 72 | 1958 | 70 | 96 |
| 1925 | 43 | 75 | 1942 | 58 | 72 | 1959 | 70 | 95 |
| 1926 | 45 | 75 | 1943 | 58 | 72 | 1960 | 70 | 113 |
| 1927 | 45 | 73 | 1944 | 58 | 73 | 1961 | 75 | 117 |
| 1928 | 46 | 73 | 1945 | 58 | 73 | 1962 | 80 | 124 |
| 1929 | 49 | 73 | 1946 | 58 | 75 | 1963 | 83 | 126 |

**表 4　国际合作:在国际鸦片条约涉及的国家的百分比**

| 年份 | 百分比 | 年份 | 百分比 | 年份 | 百分比 | 年份 | 百分比 |
|---|---|---|---|---|---|---|---|
| 1900 | 4 | 1925 | 57 | 1938 | 79 | 1951 | 74 |
| 1913 | 9 | 1926 | 60 | 1939 | 79 | 1952 | 75 |
| 1914 | 21 | 1927 | 61 | 1940 | 80 | 1953 | 73 |
| 1915 | 23 | 1928 | 63 | 1941 | 81 | 1954 | 71 |
| 1916 | 25 | 1929 | 67 | 1942 | 81 | 1955 | 72 |
| 1917 | 25 | 1930 | 69 | 1943 | 81 | 1956 | 71 |
| 1918 | 23 | 1931 | 67 | 1944 | 79 | 1957 | 71 |
| 1919 | 22 | 1932 | 67 | 1945 | 79 | 1958 | 73 |
| 1920 | 41 | 1933 | 67 | 1946 | 77 | 1959 | 74 |
| 1921 | 44 | 1934 | 69 | 1947 | 77 | 1960 | 62 |
| 1922 | 45 | 1935 | 72 | 1948 | 72 | 1961 | 64 |
| 1923 | 49 | 1936 | 74 | 1949 | 71 | 1962 | 64 |
| 1924 | 53 | 1937 | 74 | 1950 | 73 | 1963 | 65 |

资料来源:国际联盟和联合国条约汇编。

现代商业和工业的扩张打破了传统社会秩序对人才的发现和发展的巨大需求的障碍,我们已经处理了对教化的需求,并且指出对作出知情的公众舆论所必要的知识的宣传。与此紧密相关的,尽管并非同等重要的,是不再以获取技能为主。当然,在通常情况下,重点被放在了适合谋生的技能之上。但是这种特殊价值绝不是排他性的。有时候压力足以打破处于危险中的有关主要价值的特权。但是这种主张的最全面的形式是被以人类内在天赋的名义及其所表现出来的完善其才能的悟性所推进。

作为对民意变化的提醒,我们可以回顾特威斯特(Twist)牧师针对穷人教育的言论:"如果这些建议的计划者是严肃的,这足以回答他们对提高较低阶级的智力水平的计划,倘若切实可行,那会将整个社群置于一种不寻常的兴奋状态,而且他们最好要考虑这些阶层对他们与其上级平起平坐这种荒谬想法的处理,关于他们改善心智的权利,可能实际上与那些蛊惑人心的革命疯子计划教导人们其实是人为的便利而非上帝的意志驱使他们劳动和被剥削一样会对公共和平造成危险。"[22]

随着当代工业社会的进步,新的团体不断地参与到要求获得技能的机会的运动中。因此,不足为奇的是,英国牧师特威斯特在 1882 年的观点被英国基督教教会领导人 1941 年的观点所正面反驳:

每个儿童,不论其种族或阶级,应该享有适合其独特能力发展的接受教育的均等机会。[23]

*2. 日趋统一的对维持充分和稳定地运用社交技能的机会的需求。*

亚当·斯密强烈地表达了保护技能应用自由的请求,并特别提到了新兴自由私营企业市场的结构:

阻止他用他自己认为不伤及邻居的适当的方式实施力量和灵巧度是一种对最神圣的财产权的侵犯,也是对工人的还有那些可能倾向于聘用他们的雇主的公正自由的明显侵犯。[24]

同一世纪法国大革命推广的口号是"任人唯贤"。

---

〔22〕 A. D. LINDSAY, 1 THE MODERN DEMOCRATIC STATE 135 (1947).

〔23〕 LINDSAY,同上,第 136 页。

〔24〕 SMITH, AN INQUIRY INTO THE NATURE AND CAUSES OF THE WEALTH OF NATIONS 122 (Cannan ed. 1937).

然而，这些需求只有在从早期社会制度分层中解脱出来的社会背景下才得以表达，只有在中上阶层成功地扩大了其范围，降低了传统贵族的地位时才能实现。对每一个社会制度中较小阶层的进步进行阻止的限制现在受到了某种程度的攻击。其中一个棘手的领域包括官方行政职务，长期以来被贵族及其家属所垄断。随着上层中产阶级的出现和新的团体对社会形态垄断的挑战就产生了行政壁垒。对低收入群体、妇女、教会成员、种族和宗教少数群体的限制降低了。19世纪，残疾人士也可以承担政府职务。这一趋势在本世纪得以继续，尽管在纳粹时期曾发生畸变。战后时代的每一部宪法都旨在保证每个人不受歧视地获得国家的行政服务，《世界人权宣言》申明：

……每个人都享有平等获得该国公共服务的权利。（第21条）

在私营部门就业领域，工人们依靠工会来获得和保护他们的工作。雇主们对工会会员的歧视引起了劳动者积极的集体行动。第一次世界大战结束的时候，新的国际劳动组织宪章申明“结社自由原则”（即工会）以及“职业和技术教育的组织”在世界范围内获得认可是“迫切需要的”。

自从经济的周期性波动开始影响就业的供应，劳动者们就提出了抵制大规模的失业和保障持续技能和实施高水平就业机会的政策。今天，“消灭失业”、“为所有人工作”、“高层次的生产性就业”和“充分就业”属于公共生活中的独特的和专利性的口号。苏联对其疆域外的公众的呼吁大多建立在“苏联没有失业问题”的声明上。类似的问题出现在纳粹运动最强有力的宣传中。如今，几乎每部战后的宪法都力求保证个人的“工作权利”。本着这一精神，《世界人权宣言》规定：

人人有工作的权利，自由选择就业的权利，有权享有公正和良好的工作条件并享受免于失业的保障。（第23条）

*3. 需求日益统一的一个引人注目的证据是少数人对限制的攻击。*

对艺术的创作潜能被频繁地认为遭受到戏剧和其他表达形式的限制。不仅是个人艺术家被拒绝培养和锻炼其才能的机会，而且创造性的总体水平也因此而受到威胁。创造型艺术家的艺术品味和社群趣味总是格格不入。当一项裁决试图去阻止大多数人“粗俗”（乏味）的喜好，或者否认大多数人接触“高雅”趣味所认为的必要的作品时，冲突往往就会发生。在近代,对上层阶级文化修养的抗议越来越广泛,受强调的是“民间艺术”与大众口味的活力。

## 情　感

*1. 需求日益统一的明显性表现在对自由选择婚姻(包括离婚)以及自由选择朋友的重视。*

西方工业文化的扩张削弱了传统家庭体系的稳定,并且引进或者加强了个人按照其偏好处理初级组织关系的诉求。家庭不受任何干涉目前也是该趋势的一部分。《世界人权宣言》规定:

任何人不得由于种族、民族或者宗教而对他的……家庭……男人和女人……加以任意干涉,都有权婚嫁和成立家庭。(第12条及第16条)

目前正在进行的重要性总结如下:

由于婚姻本身塑造于当代生活,对配偶关系中伴侣作为个人的价值而非外在价值的重视蔚然成风。这意味着感情即将成为成功婚姻的绝对重要因素。[25]

*2. 需求日益统一采取了声明享有与他人结社自由的方式。*

《世界人权宣言》规定:

人人有结社自由的权利。(第20条)

用这种方式,意气相投的人可以越过直接的主要范围去组织他们之间的关系。并且建立一系列的连锁关系。社会兄弟会即是这类社会关系中的突出例子。自由结社的自由使得由于财富(或者情感价值以外的)共同利益而最初联结在一起的个人能够获得更长久的组织,以及通过共同的活动来加强他们之间的团结。

*3. 当代世界社群认同的积极情绪的范围已经扩大;对团结大团体,直至并包括整个人类的需求已有所增加。*

世界社群不断变化的认同范围在现代民族主义中表现出来。这意味着代表民族国家的种姓、阶级、宗教和狭隘地区意识的弱化。近代,世界

---

〔25〕 E. R. GROVES, MARRIAGE 26 (1941). *See also* W. F. Wilcox, *The Divorce Problem, A Study in Statistics*, STUDIES IN HISTORY, ECONOMICS AND PUBLIC LAW (1891). 第71页起(1891年版)。

政治格局往往将民族国家置于极权的阴影中,并且激化了超越国家忠诚的稳定模式。扩大进程的一部分是将重点的重建放在“文明”以及“人”(作为整个人类的符号)之上,而非世界社群中较小的国家组成部分。虽然上述几种模式所确定的各种集团在当代历史中有着动荡的命运,但是全球互动关系以压倒一切的趋势将扩大世界事务中主要认同的范围。

对一个有组织的世界社群的需求在19世纪得以迅速扩张很久之前就已经出现。如但丁提出的“大同普遍主义计划”,法国亨利四世的“大设计”,以及格劳秀斯提出的建立国际仲裁和全球调解制度的建议。1815年一些重要国际政治代表大会的召开是由政府合作创建国际机构的前兆。随着世纪向前推进,世界各国相互依存所产生的健康、卫生、商业、战争与革命方面的区域性问题频繁地成为全球关注的问题,大量新的机构应运而生,比如国际邮政联盟、国际度量衡局、国际鸦片委员会和国际红十字会。20世纪初,特别机构之上的国际组织的概念取得了一定进展。国际仲裁越来越被接受(至少在口头上)作为解决争端的国家政策,并且于《海牙公约》中取得了永久形式。国际常设法院、国际联盟和联合国组织在我们这个世纪都被接受为“永久性的”。

与官方机构的发展相伴而生的是跨国私人专业机构的扩张。这可以从国际法研究所、国际商会和国际科学组织大家庭那里得到证明。

着眼于国际和平的宪法性条约在第一次世界大战前是非常罕见的。而在第二次世界大战后就变得很普遍了。对战争的宪法性限制趋势在非战条约后的十年非常显著。1929年多米尼加共和国的非战条约是一个特例:“本宪法制定的权力未经首次提出仲裁不得宣战。”[26]第二次世界大战后,对于“主权”权利的各种限制在宪法文件中可以找到。最具有深远意义的是日本,不仅放弃了战争作为主权权利,而且禁止招募发动战争所必要的陆海空三军,并且声明“国家交战权将不被认可”。[27]

当今世界社群对忠诚的需要比以往更加强烈。联合国教科文组织宪章的序言中指出:“随着人类的智力和道德的巩固,和平必须……被树立,

〔26〕 多米尼加共和国常宪法99(1929年版);参见Deener,(Comment) *International Law Provisions in Post World War II Constitutions*, 36 CORNELLL. Q. 505 (1951)。

〔27〕 日本宪法(1946),第9条。前注10,第307~317页。

如果其不被放弃。”产生这种趋势的动机是很多的，但是并不排除对共同危险感觉的相互认知。

## 尊 重

*1. 日益统一的对尊重的需求表现在人们对诋毁其作为人类正式成员的敏感度上。*〔28〕

对于那些被他们的征服者或者传统的优越社会阶级的成员作为“非人”进行诋毁的人们来说，人类尊严最珍贵的表现之一是他们的诉求作为基本平等的文化建立符号而被接受。这就意味着种族标志、特殊伪装和尊重称呼的前缀的略去（例如“先生”），或者是因为上级在场而不能踏上人行道等欺辱的行为将被消除。犹太人反侮辱的运动代表了各地少数种族的广泛运动。尽管存在着耸人听闻的反复，特别是在德国，该趋势一直在朝着一个方向延续。

*2. 统一表现在对所有价值最低需求的不断增加，不仅是尊重的象征；而且包括在个人价值基础上对额外价值的需求。*

需求的第一部分是与福祉、生活水平、教育等相关的“全民最低限度”。第二部分是不歧视原则。

许多零碎的法律制定，最终导致了新近的国际宣言。第一次世界大战后在国际联盟主持下缔结的少数民族条约旨在为新国家的少数民族裔提供法律保障。有时也可通过国际法庭为受到损害的个人提供救济。对人权进行详细保护的条款表现在第二次世界大战后于 1947 年 2 月 10 日签署的五个条约当中。〔29〕 从那时起，有利于人权实施的国际声明就不断地被制定。每一个声明都试图在更广泛的范围内保护个人价值。经济和社会权利，例如“工作权”、“休息权”、“健康权”、“教育权”和“社会保障权”被加入到由《美洲人权和义务宣言》（1948 年波哥大）、《世界人权宣言》等所宣称的传统的自由中。此外，官方的关注以及共同尊重的日益增长，也在 1948 年波哥大第九届美洲国家国际会议的决议中表现出来。它

---

〔28〕 参见 M. McDOUGAL, H. LASSWELL & L. CHEN, 前注 2。

〔29〕 参见 Kertesz, *Human Rights in the Peace Treaties*, 14 LAW AND CONTEMPORARY PROBLEMS 627 (1949)。

建议司法委员会“准备一个草案来规定保障人的权利的美洲法院的创建和运作”。对于人权的国际保护的经典关注表现在联合国宪章所规定的成员国应促进“普遍尊重与遵守人权和基本自由,不分种族、性别、语言或宗教。”[30]

## 操　　守

*1. 对通过个人或联合行动实现人类尊严的理想的责任感的需求一直在增长。*

当我们仔细观察每个人对其行为符合人类理想尊严的需求的波动的历史,我们就会注意到频繁的周期性。在18世纪,“人权”被哲学家和公关人员所宣扬,他们为法国大革命时期迅速进行的调整铺平了道路。当民主制度最终在法国稳固下来,“人权”变为主导意识形态而非挑战性意识形态。在过去一个半世纪许多国家相继在较小的规模上出现:第一,对人类理想尊严的支持的快速增长;第二,社会经营机构迅速再调整时期;第三,社会治安新系统之理想价值的巩固和传输。

*2. 神学和其他跨国经验学说被援引来代表人类尊严的次数越来越多。*

基督教神学的立场一贯支持人的尊严来自上帝,而自然与社会秩序是由上帝的意志所确定的观点。实际上,人的尊严往往被神学家和教会官员作为否定自由体制的合法性解释。随着民主化运动的传播,教会在很多国家变得不再与维护旧秩序那么紧密相关。神学教义往往更频繁地被支持流行规则的有组织的宗教的发言人所援引。佛教、其他宗教神学和教会传统都部分地重新定义了其对社会活动的支持。

马克思主义理论是一种世俗化的理论,其中对物质决定历史进程的概念扮演了之前上帝的角色。虽然马克思主义的形而上学最初是由代表更广泛的价值观所援引的,但是它后来被适用于已经确定的政客们的政治目的而对其体系作出权威性的解释。当共产主义和社会主义浪潮在俄罗斯取得了胜利,马克思主义神秘规则的权威被用来证明以莫斯科为中

---

〔30〕 例如,见《联合国宪章》第55条第(三)款。

心的权力政府的正当性。“民主社会主义”在其他国家倾向于保持说服力层面的需求,而不是作为一个主要的宗旨性的强制方法。

*3. 全人类责任意识的增长可以普遍通过地区、国家和跨国方案的正当性来体现。*

西欧文明继承了罗马帝国和基督教教会的普遍观点。因此,“民主革命”的早期阶段在世界各地都以人类的名义来进行。国家需求起初被保持在一个各国人民之间的平等的普遍框架内,它宣扬的口号是“世界的联合”以及“人民的议会”。

在以后的几年可以看出,那些国内享有流行政府的民族一旦面对“非基督教”文化民族时,可能会将它们自己转变为资本主义权力。帝国主义的梦想,也使用普遍的措辞。他们设想自己发挥的是历史上的“基督教化”、“文明”的作用;或在一些情况下,它们拥有对世界的掌控权。

*4. 对指挥——在越来越大的程度上——和在“世界刑法”运动中可以找到的民主正直观念的需求日益增加。*

我们在这里提到的是与“世界刑法”相一致的鼓动运动和权威表述。这种推广活动主要诉诸正确与错误的判断标准;他们援引操守价值作为改变权力运动的基础。我们以同样的方式在法院和外交活动中找到对“民意”和“人类良知”的呼吁。这就表明对正直标准正在形成的共识之有效的行为控制必须在一定程度上依赖基础价值理念。

这种背景下的探讨是如此重要因此我们再花些篇幅叙述如下。

*(1)日益统一的需求表现于世界范围内正式承认刑事制裁制度的运动。*

尽管我们将海盗作为“人类公敌”进行惩罚,19世纪早期的世界坚决否认国际刑法的存在。那时国际规则的违反者只对其对国家利益造成的损害和直接受影响的国家负责。世界社群其他成员在这些案例中没有自己的立场。这可以被认为是一种“法律”问题:

没有任何国家可以随便违反其他国家的法律,从而对任何其他国家造成伤害。但是,如果确实如此,这被理解为是一种对受损国家的伤害,而不是针对所有受约束或有权采取救济措施的国家的伤害。[31]

第一次世界大战的结束带来了深远的和决定性的改变。尽管责任委员会的美国成员继续坚持传统上对国际刑法的否认,[32]《凡尔赛条约》和“违反国际道德极刑”委员会以及德国最高法院认可了个人违反国际法的普遍刑事责任。[33]

第二次世界大战结束后的发展准确无误地对这种旧传统作出了摒弃。1945 年杰克逊法官,代表四个起诉国家,以及另外十五个支持国,[34]根据国际法在国际军事法庭展开了对纳粹分子的审讯,这一行动得到了联合国决议的正式认可。

*(2)对各国单独应对共同犯罪的平行措施的需求日益增加。*

对惩罚的普遍化需求有助于削弱领土管辖权至上。对属地管辖权之必要性的肯定,其实早在 14、15 世纪的意大利法学家已经开始建立一种对“流浪者”被逮捕的任何地方的任何罪行进行审讯的除外原则。[35] 16 世纪法国的察撒尼斯(Chassaneus)写到,法院有权在其管辖范围内的任何地方逮捕持有赃物的偷盗者,而不管偷盗行为发生在什么地方。他认为这种权力并非来源于当地法律,而是普遍的世界法,“*在其中好像认为他不应该被以我们的习惯而应被普通法所处罚。*”[36]虽然在一般情况下领土管辖权的至上地位仍然不受干扰,越来越多的建立在普遍管辖权基础

---

[31] LeJeune Eugenie, 26 Fed. Cas. 832, No. 15, 551 (C. C. D. Sess., 1822).

[32] S. GLUECK, WAR CRIMINALS, THEIR PROSECUTION AND PUNISHMENT 86 (1944).

[33] *Judicial Decisions Involving Questions of International Law*, 16 AMERICAN JOURNAL OF INTERNATIONAL LAW 721 (1922).

[34] JACKSON, THE CASE AGAINST THE NAZI WAR CRIMINALS, OPENING STATEMENT FOR THE UNITED STATES OF AMERICA BY ROBERT H. JACKSON AND OTHER DOCUMENTS (1946). 参见 Ex PARTE QUIRIN, 317 U. S. 1 (1942)里所提出的个人可以成为国际刑事法主体的主张。

[35] F. MEILI, DIE HAUPTSACHLICHEN ENTWICKLUNGSPERIODEN DES INTER - NATIONALEN STRAFRECHTS (Zurich, 1908) p. 6. (Major periods of the development of international penal law)

[36] CHASSANAEUS, CONSUETUDINES DUCATUS BERGUNDIAE FEREQUE TOTIUS GALLIAE, p. 433, also quoted in F. MEILI, *op. cit.*, pp. 10, 11. A similar right of jurisdiction is also occasionally asserted in behalf of a state in this country provided only that the thief came from another state and not from abroad. *See* 4 B1. Comm. 305.

上的允许刑事诉讼例外的情形也得以发展。因而,与格劳秀斯同时代在弗兰德地区的 Burgundus,设想了一种情形,在这种情形下主权权力可以要求另一个国家对潜逃到其境内的本国罪犯启动刑事诉讼程序。但是,他对这种对域外犯罪进行起诉的行为设置了一定的限制——"犯罪之暴行有时候比其应受之惩罚更甚",并坚持对犯罪事实位点法的应用。[37] 格劳秀斯认为主权权力不仅包括惩罚危害国家和平的犯罪,而且包括那些违反自然法和国家之间法律的罪行,这种罪行发生于国家疆域之外,而且其行为损害到了其他国家。[38]

在现代,对于各种形式的犯罪造成的共同危险所不断扩大的共识导致了更频繁地援引普遍管辖权。早期对海盗这种作为"危害人类和全人类"的罪行认定树立了经典模式。[39] 作为人类的公敌(*hostis humani generis*),海盗已被宣布不受任何国家管辖权范围的限制,逮捕地与其犯罪地在哪里无关。[40] 随着时间的推移,这种普遍管辖权的模式扩展到越来越多的实施全球操守观念、受制于普遍管辖权的犯罪种类。自维也纳会议以来,工业国家的国内立法致力于像打击海盗行为一样镇压非洲奴隶贸易行为。[41] 例如,1820 年,美国法律规定美国公民或居民在交通运输中从非洲运送奴隶的船舶应被认定构成海盗行为。类似的规定体现在 1824 年的英国法[42]和 1831 年的法国法之中[43]。

到了世纪之交,贩卖白人奴隶被添加到普遍的罪行清单。越来越多的民族国家开始规定对犯罪的惩罚而不论其犯罪地在哪里。[44] 正式的

---

〔37〕 BURGUNDUS, AD CONSUETUDINES FLANDRIAE, Tractatus 5, number 8.

〔38〕 DE JURE BELLI AC PACIS, book 2, chapter 20, 40: "Sciendum quoque est, reges et qui par regibus jus obtinent jus habere poenas poscendi non tantum ob injurias in se ……sed et ob eos quae ipsos peculiariter nontangunt, sed in quibus vis personis jus naturae aut gentium immaniter violantibus." book 2, chapter 21, 3: Penalties are similarly attached to offenses "quibus alia civitas aut ejus rector peculiariter laesus est."

〔39〕 Manro v. Alimeida, 10 Wheat. 473; U. S. v. Furlong, 5 Wheat.

〔40〕 U. S. v. Palmer, 3 Wheat. 610; U. S. v. Klintock, 5 Wheat. 144; Clair v. U. S., 154 U. S. 134; The Marianna Flora, 11 Wheat. 1; Fifield v. Ins. Co. of Pa., 47 Pa. 166,86 Am. Dec. 523.

〔41〕 参见 Q. SALDANA, LA JUSTICE PENALE INTERNATIONALE 320 (1923), in Hague Academie de Droit International, 10 RECUEIL DES COURS 227 (1925)。

〔42〕 5 Geo. 4 c. 113.

〔43〕 SALDANA, op. cit., 第 322 页。

〔44〕 例如,见 1903 年《瑞士刑法典》第 7 条;1903 年 4 月 3 日《法国刑法典》第 334 条修改案。

动力开始于1902年在巴黎召开贩卖白奴国际会议所作出的决议:

缔约各方承诺对运输犯罪作出惩罚并且将对这些犯罪行为的惩罚措施扩展到另一国家之领土。[45]

20世纪初,贩运毒品、淫秽出版物[46]以及伪造一国货币都在民族国家国内立法中被认为受到普遍管辖权的管制。[47] 如今(根据当代国际协议条款)种族灭绝为普遍管辖权的适用提供了进一步的理由。

通过发展国际引渡机制,对"国内"犯罪的官方镇压措施得到了进一步的国际化。为了达到防止犯罪的目的,国家之间已经越来越频繁地适用引渡制度。1800年之前几乎没有制定引渡条约。一个开创性的例子是英国和美国于1794年签署的规定对谋杀和伪造实行引渡并惩治的《杰伊条约》。到19世纪中期,对非政治性罪犯的引渡条约在工业化国家已经很普遍。越来越多的民族国家签订了双边条约,以促进国际犯罪分子的移交和引渡。到20世纪初,引渡多边条约已非常普遍。一系列的多边公约也得以签署,如1902年蒙得维的亚公约、1911年加拉加斯公约、1933年蒙得维的亚公约以及1935年危地马拉公约。

引渡制度的理由和范围逐渐得到发展和扩大。早期条约列出了少数的具体犯罪。因此,1794年《杰伊条约》规定的引渡仅针对谋杀罪和伪造行为。在1842年英美条约中扩大了罪行名单,包括谋杀、蓄意谋杀、海盗、纵火、抢劫、伪造和殴打。1891年英美条约则包括26种犯罪。当今的引渡条约通常都规定了双重犯罪原则。[48]

*(3)日益统一的需求在代表打击犯罪国际行为的跨国压力集团的诉求中得以明确表达。*

民间骚动成功诱使许多欧美国家政府于1872年在伦敦召开国际刑

---

〔45〕 引自SALDANA, op. cit., 第325页。

〔46〕 参见Convention de Geneve, Prot. 31, III, 1924.

〔47〕 例如,《瑞士刑法典》第7条。另见《打击伪造货币国际公约》,国际联盟条约汇编第371页,日内瓦,1929年4月20日。*See*, *e. g.*, Swiss Penal Code, *supra*, Art. 7. *See also* International Convention for the suppression of Counterfeiting Currency in CXII TREATY SERIES OF THE LEAGUE OF NATIONS, p. 371, Geneva, April 20, 1929.

〔48〕 参见M. O. HUDSON, CASES ON INTERNATIONAL LAW (1937) pp. 408 - 419。

罚会议。[49]这项运动的发展是迅速而深远的：

各国都任命了与会代表，将近有一百人参加了第一届大会。出于各国的这种努力，成立了由与会各国代表组成的刑罚和监狱委员会。该委员会的办事处和秘书处设于瑞士的伯尔尼。其宗旨是推动全球在刑罚领域统一标准的谅解和采纳。为实现这一宗旨所实施的第一个实践活动是对五年一次召开国际刑罚和监狱代表大会达成协议。代表大会已经在伦敦、斯德哥尔摩、罗马、圣彼得堡、巴黎、华盛顿、布拉格、柏林等城市召开，最近一次是在海牙……[50]

20 世纪的大部分时间里有着至关重要作用的是国际统一刑法局，它维持了刑事责任普遍标准在全球范围内的广泛采用，与此同时还建立了国际刑罚新理念的深入研究和实验方案。在第二次世界大战后国际统一刑法局的影响远没有被削弱。该机构促使联合国人权委员会为阻止整个世界社群监狱系统内残忍和有辱人格的问题而展开调查。[51] 在其他场合，联合国机构在有关青少年犯罪研究报告方面也会征求国际统一刑法局的支持[52]（为社会事务部）。

国际刑法协会也进行了类似的活动。越来越多公众支持的国际犯罪学学会等民间组织对开展和普及世界各地的文化和跨文化的犯罪调查发挥了重要的作用。

*(4)日益统一的对永久性的国际刑事司法法庭的需求。*

除了 16 世纪由阿亚拉教皇所倡导的进行国际刑事审判的国际刑事法院，[53]建立一个永久性的国际刑事法庭直到 20 世纪才得到重视。

事实上，过去三十年间国际刑事法院的具体理论已经得到了很大的发展。在此期间，其影响力已毫无疑问。它的第一个明显表现是在第一

---

〔49〕参见 INTERNATIONAL PENAL AND PRISON CONGRESS, PRISON AND REFORMATORIES AT HOME AND ABROAD, BEING THE TRANSACTIONS OF THE INTERNATIONAL PENITENTIARY CONGRESS HELD IN LONDON, July 3 – 13, 1872 (Pears ed. 1872)。

〔50〕Current Notes, 41 JOURNAL OF CRIMINAL LAW AND CRIMINOLOGY 653 (1951).

〔51〕参见 D. N. Doe. E/C. 2/231 at 110 – 112。

〔52〕同上。参见 D. N. Doe. E/C. 2/224 at 86。

〔53〕参见 A. LEVY, Criminal Responsibility of Individuals and International Law, 12 UNIV. OF CHICAGO L. REV. 313 (1945)。

次世界大战后。国际刑事法院建立在违反战争法责任以及《凡尔赛条约》所隐含的侵略战争的理论上。[54]

1934 年,南斯拉夫国王亚历山大和法国外交部长 Barthou 向国际联盟建议起草一份有关打击恐怖主义的国际公约。[55]随后设立国际刑事法院审理恐怖分子的公约草案得以起草。[56]

1948 年,种族灭绝罪公约提出了建立国际刑事法庭对民族国家内的种族灭绝案件的审判管辖权的设想。

*(5)日益统一的需求表现在对更广泛的团体进行消极制裁的目标上。*

"公司"和"国家"已经在很多诉讼活动中成为当事人,并且产生了很多棘手的问题。当代,使整个社会所制定的标准有效的这种需求导致了一系列相关和并行的发展。

越来越多的群体已成为工业革命以来社会制裁的目标。在工业革命以前存在的发展集体责任的障碍在这一过程中早就被克服。[57]

在国际关系中,国家被拟人化,并已经被迫承担广泛的法律责任。例如,19 世纪和 20 世纪已经产生了很多保护处于外国的本国国民的国际规则。在增加的措施中,官方和非官方行为的替代责任在当代背景下被民族国家所承担。由此产生的法律责任已被正式定性为具有"公民"的特征。[58] 对日益增长的建立国家刑事责任的需求已经得到越来越频繁的承认。早在 16 世纪,阿尔贝里科·金泰利(Alberico Gentili)(1552 至 1608 年)就主张国家因其主权不法行为应承担集体刑事责任的学说。[59] 强加刑事责任的需求直到 20 世纪才得到世界的关注。1926 年的国际刑

---

〔54〕 第 227 条和第 231 条。

〔55〕 参见 *Societe* des Nations, V. Questions Juridiques, 1937, V. 10, Articles 2 and 3。恐怖主义被定义为,对国家的公共财产的蓄意破坏,蓄意行为,"危及市民的生命,"和对这种行为的任何企图、图谋、煽动。

〔56〕 参见 Societe des Nations, V. Questions Juridiques, 1937, V. 11.

〔57〕 早期反对企业的责任,例如,仅保留历史的兴趣。曼伍德爵士在 1688 年的声明旨在强调在随后的态度变化:"除了上帝没有人能够创造灵魂,但是公司是由国王建立的,因此企业可以就等于没有灵魂。"(Tipling v. Pexall, Bulstrode, pt 2 233).

〔58〕 Cr. Wright, *International Law and Guilt by Association*, 43 AM. J. INT'L. L. 746, 748 (1949).

〔59〕 A. GENTILE, DE JURE BELLI LIBRI TRES, I. XXI (1598) Carnegie Endowment: Classics of International Law, Vol. II (1935).

法协会布鲁塞尔公约经过投票表决承认了根据国际法对发动战争的国家所应当承担的刑事责任提起控诉。[60]

在整个工业社会中,个人责任已经通过在实践中不断增长的集体制裁而变得突出。因而,一种替代性的"他人行为刑事责任"与在法律监管下对"滋扰"的镇压越来越频繁地联系在一起。关于打击他人"刑事"阴谋来替代"刑事"责任被赋予了广泛范围。"刑事"以及"民事"制裁越来越多地被实施在公司以及非法人团体身上。[61]

*(6)在共同文化框架下呼吁最低限度个人责任的运动中所表达的日益统一的需求。*

国家元首在越来越大的程度上已经被夷为普通凡人职责,在国际司法发展中像其他人一样承担责任。

虽然1815年维也纳会议将拿破仑作为世界和平秩序的扰乱者,因为其违反了国际法,而对其提出控诉,但是却没有向他施加任何负面的法律制裁。流放的法令被作为一种明确的"政治"行为。没有证据表明官方考虑了任何根据格劳秀斯和瓦泰尔的法律理论体系对实施处罚的可能性。[62]

然而,1918年,第一次世界大战后盟军对威廉二世的控诉建立在国际法个人责任的理念上。《凡尔赛条约》第227条提出了威廉二世因违反国际责任和神圣条约而应承担的法律责任。这并不是由"政治"法令所实施,而是由对手的司法程序所实施。责任委员会对美国持不同政见者宣布,国家元首刑事控诉豁免原则不能对与国内法不同的国际法上的刑事控诉造成障碍。

1945年纽伦堡国际刑事法庭根据国际法上所确认的罪行对纳粹战犯进行审判。对"国家行为理论"没有提出任何辩护。杰克逊法官在开幕致辞中表达了犀利的观点:

---

〔60〕 参见 H. WEBER, INTERNATIONALE STRAFGERICHTSBARKEIT (Berlin, 1934) pp. 40–42. *See also* VESPASIEN V. PELLA, LA CRIMINALITE DES ETATS ET LE DROIT PENAL DE L'AVENIR (Bucarest, 1925) p. 22。

〔61〕 对于文档,参见 Arens, *Nuremberg and Group Prosecution* (1951) WASH. UNIV. L. Q. 327, 338。

〔62〕 参见 F. BAUER, DIE KRIEGSVERBRECHER VOR GERICHT (Zurich, 1945) p. 35。

战争的结束……向胜利的同盟者提出了这样的问题,即国家上层领导人是否应当承担法律责任。

该……法庭的宪章表明了一种信念,即法律不仅应当约束普通人,统治者也应当包括其中。正如首席法官库克(Coke)将国王詹姆斯放在"上帝和法律之下"。[63]

## 价值参与的有效实现

当我们将对需求的考虑转向对有效价值的实现趋势时,情形并不是那么的确定。但是,通过证据可以得出这样的结论,在过去的两个世纪中最重要的运动正朝着更全面的人类尊严价值的实现方向发展。正如明确提出的需求,偶尔有戏剧性的方向逆转,无误的滞后发生在不同的地点和时间。减少这种反潮流的程度并无益处;相反,一个科学或开明的政策的本质要求,是对相关变化的实际认知。

如上所述,所有数据都表明了趋势特征所推断的理由。反迹象在当它们需要得到关注时被提出来。这样做的目的之一是要提出重大的历史潮流问题。所有的说法都被认为是需要进一步调查了解的假设;他们不是教条式的信念。[64]

## 权　力

*1. 有关选民规模的实际大小、选举次数、以权力共享的形式进行投票的信息事实上已经得到确认。*

据估计根据美国宪法举行的第一场选举仅有占人口3%的选民参加了投票。这在某种程度上可以解释为,一半成年男性公民被剥夺了当时生效的财产资格。一个半世纪以后,当时该国几乎在成年男子普选基础上的(被保留给黑人)占总人口的15%的选民前往投票站。1860年公众利益是如此之大,总统选举中占合格投票84%的选票将亚伯拉罕·林肯

〔63〕 JACKSON,前注34,第70页。

〔64〕 用于评估目标实现程度的各项指标也可以这样说。

送入了白宫。

19 世纪英国选举权改革导致了引起国内外广泛关注的荷马斗争。但是,我们回顾这段历史时就会发现仅有占人口少数的人参与了这次斗争。1832 年改革法案使得英国选民人数翻了一倍,虽然合格选民的比率仅从占总人口的 2% 上升到了 4%。1867 年改革法案使得选民人数增加了 50 万人,仅占总人口的 8%。选民在 1884 年又翻了一番,新的比例是 16%。而财产限制直到世界大战时才消除(1918 年,1928 年)。

在法国,大革命的普选由 1814 年和 1830 年的高财产条件所取代,并且在 1848 年得以恢复。在西方列强中,普鲁士将最顽强的财产限制应用于权力分享。结果是占选民人数 6%、支付了全部税款 1/3 的选民所享有的代表权与支付相同金额的占选民人数 3/4 的选民享有的代表权相同。1848 年比利时宪法修正案仅允许 2% 的人参加选举,直到 1893 年普选才建立在一个比较宽广的基础之上。

一般来说,选举权的扩大降低了参加投票的选民的比例。虽然一些选举斗争吸引了有资格选民的 90%。收入较低的群体相对于中上层群体通常较少被组织(工会和类似组织),而且他们从自己的活动范围得到的选举压力也相对较小。这种差异适用于全国大选,它很早就表现出适用于城市的政治。Tingsten 在 1911 年将瑞士巴塞尔的选民根据职业分为三个社会阶层,然后发现第一阶层的 77.5% 参加了投票,第二和第三阶层的投票率分别是 71.1% 和 66.8%。[65]较低阶层的投票动力相对较低这一点在欧洲和美国的许多城市的选举中得到了证实。

在一些民主团体中,强制参与所强调政治选票的重要性。这其实已表明在选举中 90% 或者更多的数据并非例外(苏联、捷克斯洛伐克、澳大利亚等)。

当今投票的实践变得如此重要,以至于专制主义也要通过"选举"来仿效其表象。在组织反对党、弹劾政府的选举宣传甚至是投反对票时所缺乏的自由表明"选举"一词是不适用的,正像"全民公决"可能被标准化

〔65〕 参见 H. TINGSTEN, POLITICAL BEHAVIOR; STUDIES IN ELECTION STATISTICS (V. Hammarling tr. 1937) and THE PROBLEM OF DEMOCRACY (1965)。

而减少来自误报所造成的混乱那样。

*2. 除了选举,另一个权力共享是行政的共享。*

考虑到全球作为一个整体的历史进程,行政中最引人注目的变化处于权力结构的顶端。18 世纪,权力顶点被皇帝、国王以及享有家族特权的人所占据。而现在,几乎没有王朝的存在了,即使存在,君主也仅有形式上的而非实际有效的权力。最高权力由经选举产生或者掌握政权的"总统"或者"总理"所享有。

选举权的扩大是一个缓慢的进程,旧社会形态已经相对成功地在立法机关、行政机关和其他政府机构本身得以保持。表 5 显示了英国议会的成员招收贵族后代的比例。

**表 5　权力分享的嬗变:英国内阁的社会阶层构成**

| | 内阁成员父辈社会阶层的比例:(%) | | |
|---|---|---|---|
| 时期 | 贵族 | 中产阶级 | 工人阶级 |
| 1830 - 1868 | 54 | 46 | 0 |
| 1868 - 1874 | 47 | 53 | 0 |
| 1874 - 1880 | 58 | 42 | 0 |
| 1880 - 1885 | 57 | 43 | 0 |
| 1885 - 1886 | 69 | 31 | 0 |
| 1886 - 1892 | 60 | 40 | 0 |
| 1892 - 1895 | 67 | 33 | 0 |
| 1895 - 1902 | 42 | 58 | 0 |
| 1902 - 1906 | 47 | 53 | 0 |
| 1906 - 1914 | 37 | 58 | 5 |
| 1914 - 1919 | 32 | 63 | 5 |
| 1919 - 1922 | 14 | 81 | 5 |
| 1922 - 1924 | 50 | 50 | 0 |
| 1924 - 1925 | 16 | 26 | 58 |
| 1925 - 1929 | 43 | 57 | 0 |

续表

| | 内阁成员父辈社会阶层的比例:(%) | | |
|---|---|---|---|
| 时期 | 贵族 | 中产阶级 | 工人阶级 |
| 1929 – 1935 | 11 | 22 | 67 |
| 1935 – 1937 | 33 | 56 | 11 |
| 1945 | 38 | 56 | 6 |
| 1945 – 1951 | 0 | 40 | 60 |
| 1951 – 1955 | 31 | 69 | 0 |

资料来源:W. L. 盖茨曼:《英国的政治精英》,1963 年。

如果我们考察大型工业国家立法机关的职业组成,我们就会发现,这些机构表现出更多的多样性而非正式性。一些工人、少数农民和商人也包括在其中。但是占据支配地位的还是雇主、管理人员和专业人士。如果实际代表的数字与成年人口的比例成正比,就可以得出这一结论。图 5 显示了英国议会中这些数据的比较。(图未找到)

民主理论并不要求选民们根据自己的形象选择代表。较大的比例失衡并不一定意味着自由受到了限制。社群团结的力量如此之大以至于选民能够对在目标价值和期望与他们自己的经济宗教和其他事物的背景完全不同的人选充满信心。在许多政治实体中,律师通常是过度作为代表的(数字比例)。例如,在社群高度团结时,以及法律界人士被认为应当拥有那些对社群价值目标实现有用的技能时,即是如此。

社群团结在决定代表性质时的重要性被财富的中心冲突或者对尊重歧视和其他价值的摈弃所表现出来。在 20 世纪 30 年代的大萧条中,满目疮痍破坏了经济阶层之间的社会团结。在纽约州和宾夕法尼亚州这些工业化的州的立法机关中律师的比重大幅下降。在某些情况下分裂主义情绪可能会增加,分裂主义集团可能会觉得很难从自己的成员当中选择出强大的代表;代表的选择可能会根据出身而非选区而定。如果分裂主义继续的话,这种团体可能会创造出一种他们成长所在的“技术阶级”,通过招募分裂分子来执行特殊功能。19 世纪早期的劳工运动接受了很多中上层收入人士作为他们的领导人。例如,罗伯特·欧文和弗里德里希·

恩格斯都是富裕的制造商,卡尔·马克思来自一个小商人的家庭背景,虽然在很大程度上他的生活是依靠他的朋友恩格斯的援助。随着各政党和工会的扩大,更多的工厂工人通常要选择其他的产业工人来代表他们自己。同时,这个过程被"劳动官僚"的增长所削弱,他们的子女可以接受更好的教育,将自己的事业建立在政党和工会的服务之上,并且将自己的地位保持在"劳动中产阶级"。每当工党在工业和农业劳动者之外寻求支持时,结果是"老"中产阶级(店主、小农户和佃户、和工匠)以及新的"城市"中产阶层(白领文职、分管理人员、管理人员、专业人士)为他们提供支持。

在像美国这样的大型工业国家中,选举权扩大化的结果是给政党机器和"获得选票"并且通常充当将私人财富换为政治权力的"诚实的经纪人"的老板们提供强大力量。随着流行普选的出现,上层阶级往往从选举产生的职位退休。但他们从政治活动完全退休的风险太大。他们仍然继续间接地参与政治活动,尤其是那些融资政党和压力集团。而且值得注意的是,与在战争期间一样,在金融危机时期,这些顶尖的商业和社会精英会退后一步参与到直接的政治活动中。

## 教　化

提供一般的教化一直是近代一个突出特点。描述这种趋势的各种指标有,受聘在基础水平上教授基本科目的老师,以及从事与历史和社群(以及全球)社会制度直接相关的教学。其他有关指标是在校儿童的比例,以及对小学和公民教育花费的钱。教化实现的最方便快捷的指标是识字程度。众所周知,识字是以前进入上层阶级的一项技能。或者,如果上层阶级拒绝了"文书"的学习,阅读和写作都被限制在专门的集团内。许多国家的文盲率几乎是未知的,而且在一段时间内是微不足道的(如挪威)。另一个极端是在一些民族中,他们社会的传统结构中社会上层和中产阶层之间有一个明显的断裂,他们参与的是世界文明和底层的民俗文化(直到最近,这种情况在亚洲、非洲、中美洲、南美洲和大洋洲仍是普遍的)。

*1. 今天,对对抗文盲是一种公认的政策问题。这导致了世界各地识字的人所占的比例的不断上升。*

日本在1883年引进了强制性教育。到1900年日本"几乎完全消除了文盲。"[66]在拉美国家要求给数百万文盲大军提供教育的轰轰烈烈的运动直到20世纪才取得重大进展。"一个巨大的扫盲运动"在大多数拉美国家正在如火如荼地进行着。例如,墨西哥法律就有要求每个墨西哥人学习或教导阅读和写作的条款,否则就要支付罚款。这项运动的意义是深远的:"总统和他的妻子都受到教育。一万套课本免费地出版分发。在一年内有超过1亿人受到教育。"[67]另一个关于当代扫盲突出的例子是土耳其。凯末尔(Kemal Ataturk)政府执掌权力后,即对消除文盲展开了前所未有的运动:"在随后七年内,两千五百万男性和女性参加了民间学校,其中有超过一半人学会了阅读。到1935年,估计有30%的成年人能识字。"[68]

在俄罗斯,1897年识字的人不超出总人口的22.3%。1920年已经提高到31.9%。今天文盲已经不再是一个问题。苏联的报道说:

革命前不到32%的俄罗斯人识字。从革命到第一个五年计划时期(1932~1933年),斯大林宣布苏联90%的人能够阅读和写作。[69]

*2. 公众教育在越来越大的程度上已被用于政治灌输,从而为政治神秘规则的广泛共享服务。*

自法国大革命以来,各国越来越依赖于它们的公立学校对公民在历史、哲学、政府和国家社会制度方面的培训制度,"发展了公共教育制度的国家或多或少地公开和明显地培养未来一代对国家有利的态度"。[70]

"鼓和小号"历史成为公民教育的主要内容,因为重点被放在军事活动和"以经济和政治发展为代价的"剥削上。一位观察员指出,在大战之前,他所旁听的普鲁士各小学64节历史复习课中,48节讲述的是关于统治者和他们作为战士的行为以及所开展的运动。在法国,道德和公民

---

〔66〕 Lasswell脚注,未找到。

〔67〕 同上。

〔68〕 同上。

〔69〕 同上。

〔70〕 Lasswell脚注,未找到。可参见C. MERRIAM, THE MAKING OF CITIZENS, A COMPARATIVE STUDY OF METHODS OF CIVIC TRAINING (1931); and E. CUBBERLEY, A BRIEF HISTORY OF EDUCATION, A HISTORY OF THE PRACTICE AND PROGRESS AND ORGANIZATION OF EDUCATION (1920)。

教育采取了很多努力来证明陆军和海军沉重财政负担的正当性。孩子们被教育为什么他们应当而且应当心甘情愿地缴纳税收以保持战斗力量。[71]

在所有极权主义国家教育体制从属于政治灌输。非常典型的是,美国的学校中越来越多地强调民族主义。(一个迹象是为了避免所谓"非美国"的教科书而作出的努力)

*3. 扫盲运动与现代科学技术的互动创建了一般通信媒体。*

书籍和报纸、电影、广播和电视是主要的新工具。

在许多方面接触大众传媒最可取的指数将是有多少个小时花在阅读、收听或收视上;而且这将需要按人口类别进行划分(城乡、性别、年龄、收入、教育程度等)。这种信息并不容易收集,因为本世纪初期并没有进行定期性的调查。知识之间的差距尤其明显,特别是当我们考虑不同观众对有关公共政策(新闻和评论)问题的直接评论的关注时。当我们对大众传媒的内容进行考察以发现与公共政策更直接的联系时,这项任务变得更加困难。比如,报道不同种族的人的相对频率是多少?何谓有利陈述与不利陈述之间的平衡?

*4. 在某种程度上可以获得普遍存在于人口中的各个组成部分的公共教化的直接信息。*

使用简短采访来确定信息水平和意见分配起源于美国。研究结果强调,即使在拥有强大的传统大众政府的国家,也只有相对很少的一部分人对公共事务有充分的了解。(例如)编辑、牧师、银行家、律师因为周围人对他们所寄予的期望而熟悉当前的事务,并担任翻译和顾问。在产业工人之间,个人可能会因为对国家和外交事务的熟悉而获得声誉,如果他们经常谈论这样的问题,并在许多地方用到他们旅行和工作的经验。虽然公共事务和教育年限之间存在着某种联系,但并非是决定性的。在一些社会中贵族认为他们对公共事务拥有更高深的认知和洞察力。农民和小城镇的人可能会屈服于这种优势。然而,民主运动催生了新的要求和新的组织。

---

〔71〕 Lasswell 脚注,未找到。

*5. 尽管从拿破仑时期到第一次世界大战时期压倒一切的趋势是朝着共同的教化，许多种类的障碍限制了信息和评论的自由流通。*

战争危机不可避免地加强了各国政府采取管制新闻的措施；在相对安宁的年代大众政府的趋势是取消政治限制。其他体制则长期地对信息和宣传的结果感到担忧（沙皇俄国是特别警惕的）。在工业化国家公共出版物的材料如此之多，事先审查制度被认为是不切实际的。因此事后审查制度成为占主导地位的技术（与对违例者的惩罚措施）。随着两极对立的增长，在极权主义国家之间和在世界其他地区，审查障碍达到了前所未有的高度。

审查措施（正式或非正式的）是由政党、压力团体和其他私人团体以及个人开启的。除了刻意通过的政策，还有反映文化轻率习俗（“禁忌”）的障碍。城市仍然是自由主义的避难所，这主要是因为在其范围内出现的亚文化的多样性。

## 财　富

现代科学和技术的拓展，改变了所有的工业国家和社群的纳入世界生产和交换系统的生产和消费水平。工厂的生产系统中创建了全新的经济集团：工业打工仔、上班族、工头、分管理人员、技术员、工程师和经理。现代生产利益在许多方面是共享的：如通过提高工资，减少工作时间，推出新商品和服务，降低消费者的商品价格，增加社会保险和公共服务。

1. *也许最显著的经济利益共享的结果是减少赤贫的数量。*

由社会调查员所描述的“贫困线”在不断提高，因为消费的整体水平在上升。尽管对有效消费实践作出估计仍然存在不确定性，所有迹象表明人口以及工业国家的人均生活水平大幅提高。英国的一项研究得出结论认为，1913 年普通人在实际商品社会的富裕水平是 1801 年社会结构中具有相同社会地位人的 4 倍。[72]

由于英国是现代工业发展最活跃的中心，看看在英国发生了什么事是非常有趣的。对大多数打工仔而言，物质福利的最重要的指标是收入

---

〔72〕 Lasswell 脚注，未找到。

的规模和规律以及价格水平。英国工资在1815年和1850年之间下降缓慢,但比零售价格下跌得更多。不过,仍旧存在着大萧条和饥荒时期。在接下来的四分之一个世纪的时间里工资比物价增长得更多,1875年后,价格的大幅度下跌没有影响到工资的上升。1900年以后的工资几乎停滞不前,但是却存在着价格的上涨,包括一般的劳工骚动。在战争中迅速上涨的工资率在战后并没有被完全取消。

德国和法国是欧洲大陆上两个主要工业国家。德国在1850年后资金和实际工资增长了,特别是1875年以后,但1900年以后的价格上涨抵消了收益。工资增长的滞后以及通货膨胀带来了普遍的痛苦。然而,到1929年实际工资超过了战前的水平。法国工资的历史是相似的,1880年至1900年工资没有上涨。一般来说,提高的生产率、工会组织和繁荣时期已经在更高的货币工资中反映出来。无论是大萧条或价格上涨都削弱了民众的实际购买力。

美国经济显示了其拥有比其他国家更具优势的现代工业的发展潜力。直到最近,美国人民才相对从军备负担中解脱出来。由于西部运动的发展速度,国家的迅速增长也超过了欧洲社会的旧形式。没有封建贵族限制社会经济变革的步伐;也没有结转封建的文化模式能够检查一个"中产阶级"的社会发展。从种姓和阶级的旧系统的角度来看,美国已成为"一个阶级"的社会,包括高中低三个阶层(非工业化的南部除外)。

在农业方面,工时产量的增幅包括两个步骤,用机器来代替手工工具,以及引进电动机械。第一步以镰刀被割草机所替换、手工收割被收割机所替换,以及锄头被耕田机所替换为标志。第二步则是拖拉机和卡车的引进。这两个变化都伴随着产量的大幅增加。据美国农业部估计,在1830年使用步犁、耙、手播种、镰刀和连枷生产每英亩20蒲式耳小麦需要50~60人的劳动时间。半世纪后1英亩20蒲式耳小麦只需要8~10个人的劳动时间。劳动力节省高达85%之多。这些劳工的节省并没有被机器的额外成本所抵消。在农产品的主要群体中,生产成本在19世纪后半期降低了50%,尽管农场工资率上升了4倍。

自1900年以来农业机械品种的增加和机械动力的广泛使用带来了额外的劳动经济。例如1939年,只需要3~4个人的劳动时间来生产一英亩小麦——底部刚犁、拖拉机、10 英尺的串联圆盘耙、12 英尺的联合收割机和卡车。美国农业作为一个整体，在 1900 年和 1939 年间每个工人的产量增加高达 90% 。

1830 年后从事农业劳动人口的比例呈稳定的下降趋势，与此同时，人均食品消费量稳步增加。在 1870 年占劳动人口 70% 的人从事农业，到 1940 年这一数字仅为 18% 。

在采矿方面，本世纪之交时生产革命特别突出。将美国矿产行业作为一个整体，一个人在 1939 年 1 小时内的生产量是 1902 年的 3.67 倍；在石油和天然气部门这种增长是以前的 5 倍。资本要求并没有按比例上升，所以生产总成本下降。

当我们转向制造业，其工业增长也是非常显著的。从内战到本世纪结束，一些制造引入了机器大生产。生产力的最显著的进展是在鞋和纺织品制造行业。到世纪末的时候，一个工人可以生产出的鞋子是以往的 8 倍，生产的棉线是以往的 74 倍，生产的格布是以往的 80 倍。相应的是在每单位产量劳动成本上的降低，鞋子从每双 4.60 美元降到 60 美分，棉花从每磅 87 美分降至每磅 2 美分，格子布从一码 20 美分降至 1 美分。

将美国经济作为一个整体，每年每工时的产出自 1900 年以来每年增幅很可能超过 2% 的平均值。农业、采矿、制造业和公共事业率高于贸易和服务活动。在本世纪头 40 年人口上升了 75% ，而每天的工作时间被缩减了 1/3。

*2. 值得强调的是，人均消费量的增加并不是吃饭穿衣人口减少的结果。*

不仅世界总人口已在前面的一个多世纪以来以极快的速度在增加；工业化国家的增加也是非常显著的。英国人口从 1840 年的近 2700 万人在一个世纪后增长到了 4700 万人。美国的增长则是从 1700 万人增长到约 13,000 万人，差不多是之前的 7.5 倍。人均收入在同一时期在这两个国家上升了 3 ~4 倍。日本的工业化(1870 年至 1930 年)伴随着以上的数字和人均消费量增加了 100% 以上。

3. 生产水平的提高和消费并没有解决团体和个人之间的收入差距问题。

例如，在 1929 年，美国的收入约等于排在其后面最富有的六七个国家的总和。一个惊人的类似的情况出现在当把美国各州的收入进行比较时。纽约州的收入相当于排在其后面3个或4个主要的州的总和。[73] 将个人(和公司)收入在不同时期进行汇总时,其分布与国家和民族之间的差距几乎完全相似。这些都与帕累托的收入分配法近似一致,他认为较大的收入被相对较少的人享有。我们发现从最大的收入开始降至较低收入,较低收入人群在增加。这些关系的生动性可以用很多方式展示,其中最有名的是帕累托曲线。如果我们通过对数字代表的收入在各层次和各层次的收据进行编号,结果将得到一条直线分布("曲线")。这条直线在任何一端都并非严格保持不变。[74]

*4. 该曲线是在金钱收入方面,其并非旨在描述"实际收入的差异"。朝向平等的趋势是不以货币收入计算,而是在社会资源和服务品种多元化的选择上。*

劳动已经变得不那么艰苦,而且工作时间也在减少;作为一个消费者,每个人可以选择的种类也在显著增加。

## 福 祉

*1. 在现代,在战争中失去的生命呈增加趋势而非降低,尽管在许多方面都存在针对这一人身安全和人类生存的威胁作出的热切呼吁。*

与此同时在人口中,各行各业的人,无论是军人还是平民,均分担这种风险。这个"风险社会"有很多我们已经注意到的权力分享。

*2. 虽然战争作为对生命的一种威胁依然存在,在对疾病和缺陷的控制,以及在减少各种事故方面我们已经取得了显著的进步。*

流行病越来越少见。一个典型的例子就是霍乱。在过去30年来亚洲和非洲部分地区已经成功地控制了霍乱。在这个地区产生并随后无一例外地蔓延到欧洲,有时还伴以暴力的流行病,已成功地在源头上得到控制。

在疾病流行地区,发病率显著下降是随着现代药物的增加而出现的。

---

〔73〕 参见 SNYDER, CAPITALISM THE CREATOR: THE ECONOMIC FOUNDATIONS OF MODERN INDUSTRIAL SOCIETY 35 (1940)。

〔74〕 关于1867年、1910年和1926年美国收入分配数据,见 SNYDER 前注,第319页。

例如,在印度因霍乱而死亡的人数在1892年至1896年间为444,000人;随着人口的不断增加,死亡人数在1932年至1937年为135,000人,在1947年死亡人数为82,699人。

在世界各地,卫生条件和医疗服务的改善使得现在的婴儿享有比他们的先辈更长的寿命,同时如今活着的人们的寿命也得以延长。[75]

## 技　能

*现代科学技术的迅猛发展,带来了技术革命,对每一个行为模式产生影响。*

让我们思考一下农业。农业生产转型的出现,是通过对新知识的发现,这反过来又增加了进一步推进和应用知识的专家的数量。农业实验站制定了农作物轮作改良系统。通过对植物的化学研究、针对不同的土壤和农作物的肥料配方的发展,以及土壤保护方法的改善,土壤肥力得以提高。通过喷洒除尘、隔离和饵料的使用,以及对"自然天敌"的发现和进口,在植物病害防治方面已得以改善。育种产生了更多生产性和抗病性的植物和动物。动物营养则一直依赖有关粮食价值和平衡定量性质的新知识。

采矿业生产力的增长一直依赖地质学、物理、化学及相关工程专业的进步。新的专业已经出现,如黄金和白银开采中的氰化过程,钢铁生产平炉法,泡沫浮选铜矿,铝、铜、锌、铅精炼的电解过程;铅氯化中加入锑和钙等。

所有形式的生产都已经受到应用和发展科学技术的影响。电力、石油、内燃机、移动电源、核能:所有这些都已经或正在出现。

用于处理大量物质资源的技能的大量展现在某种程度上与组织和人类关系中所产生的新技能相并行。专家们已经发展了"物物关系"、"人人关系"、"人与物的关系"等用语。例如,手工制造厂是一个空间的概念,要执行的操作必须要经过选择,操作序列须经过决定,操作位置必须

[75] 参见S. SWAROOP, INTRODUCTION TO HEALTH STATISTICS, FOR THE USE OF HEALTH OFFICERS, STUDENTS, PUBLIC HEALTH AND SOCIAL WORKERS, ETC. (1960)。

固定。从原料进厂、生产加工再到产品出厂必须要遵循这些操作流程。对于每项操作,必须要考虑机器(或其他工具)的速度、规模和其他重要特征,而且操作必须要由人来进行。这些都是必须放入装配线进行规划的细节。除了这些活动,装配线还包括其他一些活动。这是一个获取、训练、奖励、惩戒和释放劳动力、工程师和管理人员的问题。还有对记录的制作、维护和咨询;以及新产品和新业务的研究和开发。在工厂外还要有一些协调,比如:原材料、机械和配件的订购;在必要的公用服务(水、光、电、交通、通信)上的规定;信贷、投资、专利或租赁许可证、销售金额的取得;订单的获得;税务机关债券持有人、股东、客户、员工之需求的调整。

与工业生产紧密相关的技能仅表明了对新材料、能源和经营模式的发现导致增加了的一些模式。我们将所有业余时间技能收集起来,使得依靠图纸工作的人们能够进行组成现代文明的各种不同寻常的操作。

我们总结的一些主要趋势如下:

*1. 技能培训的一个衡量标准是社会制度中发明的上升与下降。近代科技发明呈上升的趋势。*

*2. 新兴的生产模式往往是越来越多的劳动力从农业转移到非农业技能,以及工业技能在整个世界社群的迅速传播。*

通过技术进步取得的生产力的增长,趋于提高工业效率,体现在打工仔在1896年至1929年中工作效率增加了5倍。在适当的时候,生产传统手工艺品的行业越来越多,并经过系统性的再改造,被引入到资本日益集中的机器生产。在这种情况下,技术辅助大军崛起,它包括接受过培训的处于管理层的人,和参与日常工作的广大工人。[76]越来越多的人类活动领域被机械化。据观察在这一方面,"技术进展情况的具体特点,是将机械的使用扩展到新的领域,这导致节省了巨大的人力和畜力……技术进步在当今时代从来没有这么普遍过……技术进步的步伐可能超过以往任何时候……"[77]

个人手工业经济被大机器生产所替代,取而代之的高度重复性的工

---

〔76〕 76Lasswell 脚注,未找到。参见 A. LINDSAY, 1 THE MODERN DEMOCRATIC STATE (1947), especially at chapter 7, *The Industrial Revolution*。

〔77〕 Lasswell 脚注,未找到。

业任务“剥夺了手工技能”。“从长辈继承下来并且经过多年的学徒期才逐步变得完美的对许多领域的个人技术的应用”[78]被趋于标准化和专业化：

为了结合生产经营计划的流动性和操作的连续性，工厂制度往往倾向于在最终产品的特定零件上集中变化……使得该产品的其他部件……完好无损。这个问题通过零件的标准化和互换性原则得以解决。同样的标准件可用于不计其数的不同的产品，每个产品可以通过改善一些零件而不用改变其初始设计来改善。这一原则——在手工业时期是完全陌生的——在刺激专业化方面取得了进一步进展。[79]

但是，在这种标准化和专业化的过程中，现代机器工具实现了生产能力的不断扩大。因此可以证明，当代“机器工具与之前所设计的机器相比大大提高了生产力——相当于 1900 年的 9 ~ 14 倍，比 1936 年也提高了 33% 到 50% ”。[80]

随着国民经济的逐步工业化，我们很快会发现，制造过程不仅满足了新的需求，也越来越多地接管了“经济发展早期阶段农场和家庭的功能”。[81]

在这种情况下不可避免的是，“当代工业国家的进步标志着劳动力从农业向非农业的逐渐转变，以及制造业雇佣和国民产出份额的增长。”[82]

新科学技术的格局已经改变了社会的技能结构，使得技术人员和分管经理成为突出的劳动力。对于整体的这一小部分，工作机会不断变化并且能够提供运用技巧的极大满足。现代技术发展为成熟的生产技能的潜力巨大且具有多样性。

同时，劳动力中属于重复性工作的一小部分可能会从工作中获得很少的满足。但是，这并不意味着他们是技术进步的“受害者”，因为工时的减少

---

[78] WOYTINSKY & WOYTINSKY, WORLD POPULATION AND PRODUCTION, TRENDS AND OUTLOOK 988 (1953).

[79] WOYTINSKY & WOYTINSKY，同上，第 988 ~ 989 页。

[80] WOYTINSKY & WOYTINSKY，同上，第 1148 页。

[81] WOYTINSKY & WOYTINSKY，同上，第 1048 页。

[82] WOYTINSKY & WOYTINSKY, WORLD POPULATION AND PRODUCTION, TRENDS AND OUTLOOK，第 1016 页。

可以让他们有更多的时间来提高和改善自己的技能。这在先进工业经济中成千上万自由活动(曾被叫作“业余爱好”)的飞速增长中有所体现。

“近年来,对暴力的预期和对战争破坏性的公认促进了各个领域技术的进步,这似乎与成功的进攻或者防御相关。新的技能在国家之间迅速地传播,无论国家大小新旧。‘战争,’当我们回顾的时候,‘总是伴随着技术效率的进步’。在战争中,新生产的融资甚至是信贷通胀都没有多大问题。在现代战争中每一次生产设施的改进都会促进交战国家地位的提高。而且在战争时期对提供各种工业和农产品的国家的需求几乎是没有止境的。技术进步的速率因此是不受限制的。”[83]

无论其动机是军事的还是经济的,或者仅简单地表达为人类能力之倾向的创造性,世界工业化的发展过程中战争是可有可无的。而且因为机器工具的重要性,机器生产和设备传输可以如预期的那样被迅速和普遍地提供。例如,我们注意到机器生产和设备传输在 1948 年到 1950 年之间的美国、英国、爱尔兰、法国、比利时、荷兰、丹麦、瑞典、挪威、芬兰、西德、波兰、捷克斯洛伐克、瑞士、奥地利、意大利、苏联和日本等国家中几乎以同等的速度上升。

可以这样来描述现在的展望:

机械和运输设备行业都有对老据点的发展以及在世界其他地方建立据点的展望。欠发达国家将我们的机械化文明作为西方国家更高生活水平的象征。他们渴望达到这种水平。因此几乎在各处,工业化的驱动力都必然会在强度和速度方面有所增加。

虽然机械和运输设备行业都是制造业中最为复杂的分支,它们的增长和在世界各地的传播均在合理的预期内。受到政府为了实现自给自足,或者仅仅是觉醒国家的更大的经济独立而提供的热切支持,这些行业将部分地得到公共基金的资助,部分地得到私人资本的资助。主要是外国资本,但也包括国内的投资。技术技能和知识,现在属于出口商品,是可被利用的;此外,这些国家正在努力培养自己的国民。就机械和运输设备行业的进步对欠发达地区社会福利和经济独立的贡献而言,它也将有

[83] Lasswell 脚注,未找到。

助于世界经济和政治的稳定。虽然旧的工业化国家将被剥夺对这些行业的部分产品的出口,他们将受益于这种稳定性,而且使更容易感到饥饿和不满的邻国数目越来越少。从长远来看,由于对机械及运输设备类型更精确的国外需求,这样的发展甚至可能有利于这些行业的老据点。同时,西方生活水平的提高将会继续加大对必须提供机械和传输设备的生产手段和各种商品的运输的需求。[84]

当我们研究这些复杂、专业和相互关联的行动的空间分布时,我们就会立刻注意到他们陷入运输和通讯线路所连接的中心和亚中心设计中,并分为密集或稀疏发达地区。将全球作为一个整体,科学技术活动"斑点式"的分布特征确认了网络格局。如果我们想到的是组成整个工业时代的特殊操作的全部领域,从某种意义上说是熟练的人越来越熟练,而不熟练的人越来越不熟练。这些大的中心在科学研究和工程进步之上相对更重要。解释的重点应放在分布于全球的技术水平的提高上。在世界各地的亚中心和地区,构成技能社会的概念是在不断变化的,所以昨天的新奇在今天看来是属于常规的和无名的艺术。如果我们对冰山被理所当然化的部分以及藏在普通关注之下的部分都进行考虑,那么其在水面以上的高度看起来也就不那么令人印象深刻了。

*3. 世界范围内工业技术的扩散伴随着包含多样性的有关品味的新传统。*

我们通常从制片人、作家、作曲家和表演者的角度来考虑技能。然而,相关的模式并不为以后所形成的价值的享有所垄断。对于用适用于价值的准则进行规范的享受行为是一种技能(或者,在这方面使用更频繁的词汇:品味)。不仅琴键前的钢琴家适用于他自己对这种乐器的表演准则;观众中同样可能有音乐家或音乐学者,他们拥有自己的审美标准。每一个操作者都严格按照"内在"的标准,这种方式意味着由零部件组成的模式。如果我们从这个角度来看钢琴音乐,我们关注的是敲击乐器本身发出的声响。这些声音可能会像"哆来咪"这么简单,或者像协奏曲那么复杂。在乐谱的范围内,钢琴家演奏出不同的音高、音色和节奏。音乐的

---

〔84〕 WOYTINSKY & WOYTINSKY,前注 78,第 1173 和 1175 页。

独特判断与这些构成整体的元素的组成有关。

当我们审视技能或者品味的趋势时,我们必须要分析它们的多样性或者风格;风格在这个背景下是一个形容元素组成的词语。相对稳定和不变的社会表现出变通的品味。宗教法规是被经验所固定的,不管风格的理论是否为社会文化的一部分。(阐明理论本身是一种可能在一些文化中找不到的模式)品味标志着不断的变化是社会关系改变的典型。因此,我们可以毫不奇怪地发现,品味的积极冲突是现代工业化带来的特点。

如果我们要求新品味模式更具规范化,我们就会想到一些术语(或者运动)。在绘画、雕塑、诗歌、小说、建筑、室内装修风格的传承中是否有共同的特质?一个关键似乎是对"描述性"的抵触和"非客观"的增长。法国印象派通过采用崭新的视角震惊了同时代的人。虽然画家坚称,逃离工作室的柔和光线,他们获得了一种自然的光度和颜色,建立超越有限的公众本身知觉的新模式仍然需要很多年。画家往往较先捕捉到新的技术的可能性,如"立体主义","抽象派",甚至"达达主义条款",它们的创新扩大了艺术家和观众之间的距离,这些观众"知道他们喜欢什么",并在欣赏一幅完成的油画时喜欢确定一个喜欢马或者牛,或者一个家庭的朋友。随着"非客观性"的增加,分裂也在增加。在很多领域,旧传统的守护者从这些名词所代表的新词语中看不到拯救"不知所云的宗教"的必要性,如毕加索、勋伯格、乔伊斯以及亚尔启本珂(Archipenko)。他们所承认的是,他们经常被看作高尚品味的丑陋歪曲者。

但是,当代文化革命在多样性的变化中仍然是统一的;这种统一是工业社会的传统品味。这种"描述性"最初被拒绝,因为较早时期的艺术形式越来越多地与机器时代的变化不相协调。乡绅和贵族在这个世界上不再是领先人物,领先人物是科学家、工程师、经理、办公室文员或者工厂的工人。除了新城市的崛起,更重要的事情已经发生。新世界所产生的印象被赋予了不同的感觉。经验处在一个新的发展步伐上。马车被机车、汽车代替,最终被飞机所代替;高速度与加速的改变"歪曲了"视觉印象。新材料改变建筑物的显著结构的特点,使得功能拥有数百种可以被接受的模式。随着越来越多元化的金属和织物的出现,新的纹理以及成分也属于艺术家的范围。最终，现代商品技术采用了新的形式，近年来改变了大部分产品设计或生产或消费的目的。这样，早期图像为新的“国际风格”让路。工业国家正在逐步地调整使其整个文明与新科技研究配置相适应。

## 情 感

1. 个人对保护和维持融洽的情感关系的要求越来越得到法律的认可和保护。

(1)最引人注目的发展之一是在离婚现有理由中增加了不同形式的“虐待”。

在整个中世纪及以后的一段时间，在罗马天主教的影响下婚姻是牢不可破的；唯一的救济是采取司法分居的形式。绝对的离婚是不允许的。英格兰宗教改革后的几个世纪只授予少数几个这样的绝对离婚和那些只能由议会通过的特别行为。直到 1857 年随着离婚和婚姻诉讼法庭的设立，绝对的司法离婚在英国才成为可能。通奸在当时是唯一认可的理由。在大部分普通法和民法法系国家，一些新的离婚理由通过成文法和法官制定的法律得到承认。“虐待”的演变对我们的讨论有特别的启发。

“虐待”最初被解释为施加肉体伤害。斯托韦尔(Stowell)法官提出的一个典型的传统观点：

如果不伴随着身体伤害，精神情感的创伤，不论是实际的或者仅是威胁性的，都几乎不被认可。严厉的脾气、任性的礼仪、语言粗鲁、缺少有礼貌的关心和照顾，或者偶尔迸发的热情，如果他们不危及人身，那么就不构成法律上的虐待。他们无疑是婚姻状态中的不道德行为，而不是无辜的，当然由于虐待有悖于能被法律救济东西……司法法院不能提供所有人类生命苦难的治疗方法。[85]

对比斯托韦尔法官的意见，现代决策的趋势是专门针对“治疗……苦难的人的生命，”至少“苦难”是由配偶之间的“精神虐待”所产生的。因为明显的虐待而被判决离婚的情况越来越多，尽管没有公开的身体暴力

---

〔85〕 Lasswell 脚注，未找到。

或暴力威胁。心理痛苦也因此被确认为享有与身体暴力同样的司法救济。这个领域对司法救济日益增长的需要在早期的案例中是这样被描述的:

一个丈夫可能在侮辱和屈辱烦恼的过程中实行各种形式的恶意,最终摧毁了他的妻子的生命或者健康,即使这种行为可能并没有伴以正面或者威胁性的暴力。是否因为实际或者威胁性的暴力并不构成虐待,所以他的妻子在这种情况下就不能寻求婚姻法律的救助呢?对这个问题的答案似乎是很简单的……法院对此干预解散了这种婚姻关系……[86]

在采用这一规则的美国,实质上是在与民法法系中教会的影响趋势一致的情况下决定,"由于苛刻和羞辱的语言或行为举止所进行的虐待或者不忠……拒绝合理的婚姻性交,过度的性要求……为允许其他家庭成员受虐待或配偶的其他侮辱,和不涉及人身暴力的其他原因而判决离婚。"[87]越来越多的地区完全认可虐待构成离婚的理由,即使仅造成精神痛苦没有身体上的效果。

*(2)越来越多的对儿童福利的社会关怀,导致越来越多的对子女抚养权、父母对子女职责的司法监督。这就让极其不和的亲子关系有序的救济方式。*

普通法和民法法系在早期发展过程中都规定父亲对子女有合法监护的权利。到19世纪末期,这种惯例被大幅度地修改。越来越多的当代法庭会首先考虑到儿童的福利。考虑到儿童的利益,父母的监护权甚至要屈从于外界要求。司法解释:

至于父亲对其未成年子女的监护权,从一般意义上来讲是存在的。但是,父亲的权利不是绝对的,绝对的是未成年子女的利益:法律推定其利益是根据对他的自然保护和照顾,包括抚养和教育。因此,当法院要求为未成年人享有其父母而非他人的监护权提供援助时,将考虑到所有的情况,以确定是否符合未成年人的真正的、永久性的利益;如果未成年人

---

〔86〕 Lasswell 脚注,未找到。参见 W. GOODE, WORLD REVOLUTION AND FAMILY PATTERNS (1963). For older studies, *see* E. MOWRER, THE FAMILY, ITS ORGANIZATION AND DISORGANIZATION (1932); and E. GROVES, MARRIAGE (rev. ed. 1941).

〔87〕 Lasswell 脚注,未找到。

有足够的判断力,也将参考其个人的意愿。这将不受任何不必要的限制,并尽可能谨慎地按照未成年人的福利处理父母的职责。[88]

有鉴于此,我们对离婚时抚养子女的权利不一定判给无过错方就不足为奇了。

青少年法庭数目的增多表明政府监护权(*parens patriae*)的进一步实施,这些法庭有权自由裁量“将那些犯罪的、不独立的或者有过失的儿童的监护权”赋予(适当)的人士或机构或改造学校。

*2. 个人越来越被视为与较大的团体等同,并忠诚于较大的团体。*[89]

*(1)或许最明显的例子是由国家替代当地社群的联合。*

不同群体认同意识依赖于在某种程度上的人际联系(而非孤立)中维持某种文化。对认识产生分歧和对现有与其有关的独特的身份的第一感,隐含在与不同群体的接触过程中进行的对比。因此,更加相互依存的世界中更多的接触会带来全球范围内相似性和差异性的发现。由于对权力行使的关注,世界舞台上社会团结的模式倾向于与权力模式相平行。在一个从多元化向多极化发展的世界中,忠诚不断在扩大的单位内聚集。福瑞德瑞克·L. 舒曼(Frederick L. Schuman)对此作了总结:

15 世纪到 20 世纪之间出现的所有后民族主义……产生于冲突之中……在对荷兰西班牙统治的长期战争中,荷兰民族主义取得了全面胜利。瑞士民族主义产生于与奥地利的冲突之中。瑞典通过与俄罗斯和波兰以及德国的斗争而成为一个民族。美国的民族主义产生于革命战争……意大利民族主义作为共同抵抗外来侵略和与奥地利冲突的结果为意大利赢得了统一。德国在早期通过“解放战争”将普鲁士人、巴伐利亚人、斯瓦比亚人等转化为德国人,并且通过与丹麦、奥地利和法国作战而成为一个统一的国家。爱尔兰、土耳其、日本、印度和中国的民族主义同样是反对外来统治者、外来入侵者或跨越边界冲突的外来敌人的产物。[90]

---

〔88〕 Lasswell 脚注,未找到。

〔89〕 如需进一步讨论,参见 H. Lasswell, *Future Systems of Identity in the World Community*, in 4 THE FUTURE OF THE INTERNATIONAL LEGAL ORDER (C. Black & R. Falk eds. 1972)。

〔90〕 SCHUMAN, INTERNATIONAL POLITICS, THE WESTERN STATE SYSTEM IN MID-CENTURY 283 (1953).

*(2)各种跨国机构作为流行的忠诚的焦点成为民族国家的对手。*

现代国家文化的演变加强了特定的倾向,这乍一看似乎与国家的独特性完全不符。兹纳涅茨基(Znaniecki)指出,尽管各民族国家的侵略行为继续“通过经济、政治和军事团体机构支持外来文化的保守的种族中心主义和消极评价,但是,几乎每个社会都在不断努力使得知识分子领袖和团体致力于其他社会文化的创意产品……文化之间的目的性、合作性逐步交流;最后,作为一个多民族的共同世界的文化创意产品,超国家的理想开始出现。”[91]

人们对“知识领袖”之间的团结早已熟悉:

……最早和最知名的旨在促进不同国家之间文化的跨界交流的组织是国际大会,不同国家和不同领域的专家和学者定期召开会议,传达学习的新成果,并认真地讨论这些问题。这种大会最初由自然科学领域——物理学、天文学、化学、生物学和医学的专家启动。随后迅速地扩展到其他领域——民族学、历史学、心理学、哲学、经济学和社会学。随着日益专业化而导致的进一步分化成倍地增加。[92]

同样被熟知的是个人之间所建立的跨国团结,通过艺术、法律和宗教的共同兴趣而联合起来。也许不太为人熟知的是从商业、动物保护和覆盖“人类努力的各个领域和角落”的共同利益而衍生的团结。

几乎在每一个实例中跨国团结这种形式的创建,一直由私人国际组织的形成所证明。后者自18世纪末期以成倍的速度增长。其活动强度在整个世界社群中的增加可以通过以下这些数据来说明:

1850年至1859年这十年间,由私人国际机构举行的会晤多达18次。在本世纪头10年的人数上升到接近1000大关,在1914年第一次世界大战爆发时,会议召开的速度超过了前面的十年。当时的国际组织的缺陷令其在1914崩溃,并导致事件正常过程中断。第一次世界大战结束后这一活动逐渐恢复,并且得到进一步的扩大。[93]

---

〔91〕 Lasswell 脚注,未找到。参见 F. ZNANIECKI, *infra*。

〔92〕 ZNANIECKI, MODERN NATIONALITIES; A SOCIOLOGICAL STUDY 156 (1952).

〔93〕 Lasswell 脚注,未找到。参见 L. WHITE, INTERNATIONAL NON - GOVERNMENTAL ORGANIZATIONS; THEIR PURPOSES, METHODS, AND ACCOMPLISHMENTS (1951)。

紧跟着个人表明他们愿意参与国际合作项目的意愿，各国政府也开始寻求共同的国际合作和责任范围。因此态度有所转变："1875 年之前，任何政府提议召开国际会议肯定会被怀疑有着不可告人的目的；1920 年以后这种态度……已经大大地减弱。"[94]

这种确保联合的优势作为法治的政府行动的不同形式的驱动力当然早在 1875 年就已经开始。早在 1794 年，英国与美国之间缔约的《杰伊条约》重新接受了将国家"主权"利益让渡给国际仲裁决定的原则，从而促进了国际仲裁在整个工业化世界中的使用。

特设仲裁协议中增加了补充措施，对条约的所有悬而未决的分歧进行仲裁。1855 年之前，"有 3 个这类条约在运作。1865 年和 1894 年之间谈判了 30 个条约，随后的 10 年谈判了 50 个条约，1905 年和 1914 年之间谈判了 123 个条约。"[95]

随着常设国际组织的设立，国家"主权"主张遭到进一步侵蚀，而国际权威则受到支持，这些国际组织包括 1899 年第一次海牙会议时创建的常设仲裁法院（尽管对仲裁的机构化并没有赋予其任何强制力），在第一次世界大战后建立的国际常设法院（有权审理并决定提交给它的任何争端，并就国际联盟主管的任何事项提供咨询意见），国际联盟（享有通过国际制裁机制惩罚破坏和平的特定授权）和联合国（提供类似的授权）。

区域合作进一步证明了更大范围的团结日益可得。例如，自第一次世界大战到第二次世界大战期间拉丁美洲与美国之间的合作发展模式，显示了前所未有的共同目的：

致命的事件……（珍珠港）在这个半球所产生的行动和政策的团结，是英联邦国家仅仅能够赶上而肯定不能超越的。更重要的是，英联邦国家没有正式的政治统一，没有共同的语言和文化背景，西方世界国家在危机时刻的表现就好像他们是属于一道的，事实上他们在共同的危险面前确实是一道的。[96]

---

〔94〕 Lasswell 脚注，未找到。

〔95〕 Lasswell 脚注，未找到。但参见 W. & E. WOITINSKY, WORLD COMMERCE AND GOVERNMENTS, TRENDS AND OUTLOOK (1955), at chapter 17, International Cooperation.

〔96〕 Lasswell 脚注，未找到。

加强参与集体防御区域项目的类似的例子是1947年的《里约热内卢条约》和1949年《北大西洋公约组织成立北大西洋国际社会公约》。

## 尊　重

*1. 种姓和阶级的障碍正在让位于日益均等的个人机会。*〔97〕

虽然18世纪主要工业国家从官方认可了奴隶制度，但在今天无论从理论上还是从实践上奴隶制度几乎没有任何拥护者。1771年的司法行动，推翻了英国的奴隶制度，1778年苏格兰采取相同的方法实现了相同的目标。美国独立战争后，奴隶制度和奴隶运输贸易呈聚集的趋势。但到了19世纪末，黑人奴隶贸易在全球范围内几乎绝迹。

农奴制和劳务偿债已被逐步淘汰。在西欧，封建秩序的解体反映在农奴制这种建立在地位和使用权基础上的制度的消失。例如，在英国，上层阶级借助于有悖于奴隶制的利益的大规模"圈地"破坏了该制度。随着奴隶制的崩溃，留存的地位受到忽视。法院消除了奴隶封建制的最重要的遗迹。18世纪工业化到来之前，农奴制的消亡就已经完成。在法国，类似的发展高潮通过1789年革命对封建残余势力的破坏而达到高潮。轰轰烈烈的法国大革命和拿破仑的军队破坏了中欧封建社会的生存形态。由于地理隔绝，俄罗斯逃过了这一发展的全面影响。但是到了1861年，俄罗斯就推翻了农奴制，解放了农民。

个性发展的其他障碍也倒塌了。例如，从18世纪开始，犹太人的解放开始取得重大进展。即使是像1753年佩勒姆犹太人法案（Pelham's Jew Bill of 1753）这种消除犹太人在英国入籍的障碍措施，一年后就因为反对声四起而不得不废止。然而，犹太人解放正式实现是在18世纪美国和法国的革命宪章中。在英国和中欧于19世纪实现了正式的解放。东欧犹太人的解放在20世纪才正式完成。但是在20世纪的德国，一个突然的社会倒退消除了对犹太人的保护。

---

〔97〕全面的文件和具体的细节，参见M. McDOUGAL, H. LASSWELL & L. CHEN, HUMAN RIGHTS AND WORLD PUBLIC ORDER: THE BASIC POLICIES OF AN INTERNATIONAL LAW OF HUMAN DIGNITY (1980), especially at Part III, *Trends in Decision and Conditioning Factors: Claims Relating to Respect*。

*2. "残酷和不寻常的"惩罚已逐步被民事审判所淘汰。*

早期时代的暴行是由施加非死刑惩罚例如鞭打、切割、操控和死刑惩罚如烧、煮、吊、扎等所体现。直到"在18世纪末期(英国),死刑(仍然)是超过160种罪行的受戒刑罚。"尽管在1530年英国成文法中不再有"罪犯应被煮死"这一经典形式。[98]

首次在威廉与玛丽统治时期得以实施的对"残酷和不寻常惩罚"的禁令开始保护那些地牢中的罪犯,他们可以从"残酷"和"不寻常"的惩罚中主张一种不明朗的"自由"。如果没有其他方式的话,戴镣铐的囚犯开始从身体刑罚的豁免中寻求隐含的受尊重的权利。

18世纪时被认为是极其严重的很多被处以死刑的犯罪是现今世界上绝大多数人无法想象的。在英国"判处死刑的罪行下降到七种。"[99]在美国大多数地区已达到大致相同的水平,而且这种趋势在世界其他地方是相当的。此外,世界社群中虽然占少数,但是越来越多的国家,包括美国在内,已经废除了死刑。

笞刑,作为以体罚为主导的系统退化后的残余,已迅速下降并被废弃。监禁已取代了较早的体罚制度。革命前的法国于1670年制定的法典提到最多的是监禁。

监狱改革的趋势已经日渐远离了采用惩罚的办法,可以1797年新泽西州监狱大门上的题词作为标志:

劳动、沉默、忏悔……一个新的改造办法,留意特殊的方式,留意每个罪犯的特有问题。[100]

自本世纪之交以来的观点认为,一种新的趋势是"暗含剥夺自由的司法判决的数量的减少",以及减轻传统的苛刻的监狱纪律的运动。在越来越大程度上,传统的处罚的延续取决于按照高度敏感社会接受的标准,它们既不过分有辱人格也不令人震惊。因此,使用从手腕到脚踝的镣铐,已在西方世界下降为"残酷和不寻常的惩罚"。

---

〔98〕 Lasswell 脚注,未找到。

〔99〕 Lasswell 脚注,未找到。(编者按:拉斯韦尔的预测已证明是有根据的。死刑已在英国废除)

〔100〕 Lasswell 脚注,未找到。

*3. 在专制的(部队-监狱)政府所主导的权力中会返现与上述内容相矛盾的趋势*

法国大革命以来大规模军队的形成往往对平民百姓带来某种形式上的更大的军事统治。因此旧的等级制度和种姓等级的解放并不一定意味着等级限制的解放。往往由国家战争机器等级接管。国家军事实力的增长为工业世界蒙上了阴影:“军队的规模在当代往往表现在绝对规模和人口比例上。”越来越多的“人口的大部分在从事战争动员工作。”[101]战争时期国民生活军事化是不可避免的:

以前占人口1%的动员就是大量的,现在却有超过10%可以调动,其中1/4可能一次性地出现在前线。但是,每10%的被动员的人口即需要动用余下的大部分成年人提供必要的持续运作。因此,不是1%的人参战,而是其余的从事其在和平时期的贸易或农业职业的,全部工作人口必须致力于直接战争服务。[102]

这就要求“战争工作的国家化”,“政府职能延伸到控制经济和公共舆论。”在这种情况下得出在危机中“军事国家往往成为极权国家”这种结论是不公平的。而个人,不论士兵还是平民,必须放弃自己的身份和独特的要求:在个人与国家的关系中,国家将优先于个人利益。[103]

“人道主义考虑”抹杀了这一规则,传统上被视为“文明与野蛮之间的战争的根本区别,”是非战人员“处于敌对行动的范围以外”。由于对吸收每个人参与到民族战争中的努力,加速了现代武器的破坏力,“非战人员”已成为军事行动的合格目标。因此,人口中“战士”和“非战人员”之间的区分界限越来越模糊,而且往往难以辨认。

实际的政治压力产生于现代世界对个人产生的巨大的冲击力,并限制了战争与战争之间以及处于战争时期的选择。现代对平等的尊重的进步受到现代对组织团队化的进步的威胁;其结果还未有定论。蒂博尔·门迪(Tibor Mende)以下这些生动的话语中描述了“个人的丧失”:

工业社会复杂的传播网络已经使公民陷入了意想不到的危险和非自

[101] Lasswell脚注,未找到。

[102] 同上。

[103] 同上。

愿的义务。迄今只有那些边远地区如西藏、秘鲁高原，或者非洲的一些部落地区，逃离了这种情况。但是，只要这个传播网络是分散的，个体就只有越来越少的机会站起来反抗组织的新力量……

直到今天，强迫遵从的霸权还笼罩着本世纪中叶的人类。[104]

我们可以从其对个人尊严的重要性的角度，以另一种方式来描述现代大规模工业化的许多挑战。与真实威胁相混合的是对一种情形的怀旧因素：其中个人经常想象自己是自由的，因为他曾位于边远地区，可以不用顾及他人的存在而自由迁移。不过，这种本地迁移的自由相对很少，而且这种很少的自由受限制于较大的以及当地的必要的合作或者附属关系，即如果要逃避饥荒、瘟疫和战争。“多元参与的理想”，而非“无政府”的理想，提供了对个性的多元化表达。不过，这些导致在人类事务中使用战争和其他强制措施的机构可能无法受到社会其他方面力量的有效的制衡。

## 操　守

对操守规范重新定义和与新规范行为一致性的趋势不像其他价值观的转变表现得那么清晰。在这种分析中，操守被认为是使个人和社会的行为与人类尊严相一致的责任感。我们通过洞察涉及的问题以及对理想目标的自愿承诺得以分辨与我们的定义最完全相符的责任模式。

即便是在一个相对自由的社会的大多数人中，完全达到这个标准的只是少数。当规定的标准规范与理想目标在口头上相同时，接受的压力是巨大的。因此，社会化的过程恐怕并不能质疑发展中的个人与优先目标之间形成一种深刻的个人的关系，而非一种肤浅的不作承诺的关系。

*1. 鉴于所收集到的除了操守之外所有价值体制的趋势的证据，操守极有可能也表现出对符合人类尊严要求的趋势。*

我们不愿意讨论到此为止。我们也有可能认识到将明确指出一套世界性的包容的规范以实际影响行为的趋势。在全球范围内出现了越来越多的承担全人类责任的“世界公民”。

---

〔104〕 MENDE, WORLD POWER IN THE BALANCE 49 – 50, 55 (1953).

*2. 恐怕对许多引发西方欧洲文明成员之间的道德正直的社会惯例的日趋统一至少在今天还是相对罕见的。*

最明显的例子,也许是寡妇对亡夫的陪葬,缠足女孩,人吃人,猎头,奴隶贸易(和奴役),私刑。

*3. 全球道德和宗教领袖之间重大的智识交流日益增多。*

合一运动已经吸引了罗马天主教、希腊天主教徒和其他传统信仰的代表们的积极参与。例如,佛教大师与西欧信仰之间的私人联系也越来越多。目前人们也正努力弥合共产主义和宗教之间的差距。当然,许多不同的“原教旨主义”的传播则体现出违反人类尊严规范的趋势。

【翻译:谷　冉;审校:杨　帆】

CHAPTER 03 >>

# 第三章

# 对条件的科学审视

## 引　言

第三个解决问题的任务是发现和分析制约因素，以解释社会过程中的相互联系。通过制定必须包含在法律和社会的综合模型内明确的条件，科学研究的结果反作用于目标的阐明。通过精确定位影响选择的可变因素和通过显示影响怎么被施加，科学结果影响了对趋势的进一步考量。对条件的研究为规划未来事件和评估政策选择做准备。[1]

目前的讨论主要包括两个主题：科学工作之理论建设的鲜明特征，经验主义的观察立场和做法。对理论构建的分析使得许多此前各章所指的社会过程中描绘的选择变得明晰起来，使得五个智识任务的研究秩序井然。社会过程的大纲用“通过机构利用资源寻求价值最大化的参与者”的话说是一个非常广义的人类互动的概念图。它揭示了社会中法律科学研究的复杂层面。该大纲对权力的过程的法律进行定位，说明获得权威和控制专门机构是如何与拥有赤裸和虚伪权力的机构进

〔1〕 更多关于科学任务的决定的相互关系的讨论，参见 H. Lasswell, Current Studies of the Decision Process: Automation versus Creativity, 8 *The Western Political Quarterly* 381 (1955).

行互动的,以及任何关注权力塑造和分享的机构如何与社会过程中的各种价值和机构进行互动的。

如果科学调查全面地和连续地被用于描述和分析世界社群或团体的公共秩序,信息在任何指定的时刻便可被用以阐明所有有效参与者在决策过程的政策决策。在有效权力广泛分布的政治制度中,科学研究结果使详述人类尊严之目标和当事件展开时引入具体修改成为可能。当与首选目标的差误被作为特定重点时,趋势信息将包括过去和现在事件的系统知识。从整体发展趋势及要素的知识可以规划未来状况。结果,政策的发明和评价以及承诺的任务都可以被放入详细的知识框架里,包括对创造力条件的认识。[2]

决策过程的每一个阶段将被组织利用以促进对社会的累积教化。政策预期将考虑科学地估计净利价值容忍和各种可能的政策选项。不仅聚合方面的问题,而且具体案件的处理,都可以通过使用可提供此问题的知识程序来处理。无论决策者于政治体的角色是情报官员、推广者、立法者、援引者、适用者、评估者或终结者,他都将在一个信息框架下按适合手头的问题的时机运作。在接近人类尊严目标的政治体系中运作,每个决策者的倾向都将受社会化过程影响,使他能够完全致力于公共秩序的首要目标。

尝试总结当前的科学知识或者提供技术指导这种难以完成的任务并不在本章的范围内。讨论是有选择性的。本章目标是促进对关系科学立场和做法的选择和决策的理解。我们关注的是对科学的独特技术及对决策及其环境的检验,包括其自身。

我们从考虑法律和社会过程的假说、模型或者图谱的形成开始。由于理论上的设计是为了指导事件描绘者,第二部分的讨论涉及可以获得和处理数据的经验主义方法的范围。

勾勒观察的主要程序时,重点在于对社会中的人的科学研究的突出特点,这是科学家在自己作为与他所从事的过程中发挥的样本作用。当

---

〔2〕 这一主题在下列文献中得到了进一步发展:M. McDOUGAL, H. LASSWELL & L. CHEN, HUMAN RIGHTS AND WORLD PUBLIC ORDER; THE BASIC POLICIES OF AN INTERNATIONAL LAW OF HUMAN DIGNITY (1980), at Chapter 5.

“自然”是经验主义的调查对象时,社会过程中的科学观察者对事件的主观描述与项目更加充分相关。在对所有现象的研究中,“感知”这一主观事件最终必须主要依靠数据。愈发常见的是,采用有形工具来扩大潜在观察的领域,并协助选择似乎是最可靠的观点。由于在描述社会过程所要求的数据很多是主观的活动,只有在观察者审查自己的情况时才能够进行直接描述。自我观察提供了许多其他人的主观性的推论。自我观察者有评估他自己的角色如何影响他人的反应的特殊任务。对一个社会学家最有价值的方法,比如调查,使得他有必要具有在汇报他在观测领域的影响力的能力。

社会学家发展出一项与每个活着的人的角色不可分离的专业任务。每一名参与者在社会过程中对自己和别人进行某种程度上的观察是必要的。执业律师、法官或立法者都可能有机会增加社会的基础知识储备。但无论如何,他不可能逃避科学家的首要活动,因为不以自己和他人的事为参考的生活是不可能的。这些参考可能影射特定的事件:“法官今天上午急躁”;“我确信这个案子没问题”。这些参照可能作为一般性的命题:“当案件拖延时法官总是很恼火”;“案件的关键时刻是当对方律师忽略了最重要的一点时”。

每个人都在观察;每个人都总结原因和结果,往往区分于对偏好的肯定及描述性陈述。当涉及测试某个一般声明的描绘是真实还是虚假时,每个人都部分地成为了科学家,因此都会考虑对该一般声明提到的事件的有效记录的问题。

这部分地暗示了每一名律师或法官都是法学学者的断言。他对前因后果,对法院和其他决策者将怎样在各种各样的情况下行动有一般性的期待。法学理论的科学成分认真考虑这些实践性归纳,并且通过记录数据和分析做法来规制它们。

我们并不指望每个参与法律过程的专业者都有助于科学法学理论。我们只是预言年轻一代的律师和其他决策者将比从前承担这样责任的人要多很多。他们将记录观察结果;他们将提议和帮助法律过程的理论模型的系统化。他们中许多人会支持在法学院、律师协会和政府的科学活动。

未来律师是否有助于法学理论的成长？正如任何预测那样，他们将继续影响法学理论，特别是通过科学方法和研究结果来渗透社会。在法学院里，未来的从业人员受到他们的老师们的深入和永久的法学理论的影响，这些老师反过来反映了不断变化的法律和社会方法。不幸的是，许多法律院校对教育的影响是负面的。由于未能引起学生对重大的理论和研究的注意，他们影响了学生的法理观。

现代的法学家和决策者将继续受到我们的文明中对人类事务的思想和情感的重要性的深化认识的影响。个人的观点一直由一般观念所强调。一般观念却缺乏创造一个有洞察和理解力的渐增体的技术；理论引导的技术正是由现代社会和行为科学所提供。

因为理解力和观察力所具有的根本意义，我们可以深化该讨论内容。目的之一便是为了给读者在了解自身与他人时提供更加具体的框架。这样，读者便会习惯于作出自我批评的假设，因为审查其所依据的推论的根本依据是可能的。读者还面临着一个典型的科学挑战，即如何认识与人类行为的一般理论相关的特定事件。同样的情况现在已经呈现在我们面前，即从实际的自我观察和科学方面的双重视角进行审查。通过这种方式，我们就可以评估最重要方面的科学视角的意义，即是在自然和社会过程中产生的自我认识。

在过去的四百年里，科学不断扩大的公信力形成了对于文献的大量解释。坦率地说，在此意义上，其中的一些文献几乎是为了通过特别定律证明科学的适当的象征意义而写。其中的利害关系并不总是微不足道。这部分是声望问题。同时，物质形式的奖励可能包括各种形式的奖学金，科研捐赠，以及从国库或私人资金中提供的其他酬金。

这些不断扩大"科学"定义范围的努力已经得到了试图对该词进行限制的回答。一些科学概念已变得如精密的实验室仪器一样复杂。为了在与其他智力活动比较的过程中，促进对某一分支的使用，各种口号可能被引入到争论中。纯粹的理论可能被用来反对实践中的应用，就如"实验性"相对于"非实验性"，"理性"相对于"经验"一样。"科学"可能作为"哲学"、"历史"或"工程"的对立面而出现。

我们必须决定是使用限制性还是包容性的科学概念。对此可能使人回想起高度的科学技术概念其实是相对近期才出现的。早前的一些定义主要用于描述普通规范与特殊规范之间的区别之争。最近，各种定义的出现反映了科学家之间的竞争。因为从总体上看，我们更关注于先进的知识，而不是某个特殊群体的志向，所以我们倾向于赞成广义的解释。描述性的解析模式并不是从某个哲学家或访谈者的大脑中突然出现的。科学的观点是逐渐出现的，并且仍在不断发展，直至形成一个前后一致相互联系的世界观。

让我们介绍一个初步的定义：*"科学"这一术语是指通过观察获得的经过核实的系统化的一系列假设，且他们并非显而易见的常识*。科学是社会中专业化分工的一部分，在很大程度上与教化有关。通过使理论符合观察获得的数据，科学得以发展。它有系统地编纂常识，也不断地产生新的发现。对于人类间相互关系的科学的认识是为了制定和评价社会过程的相互作用过程中的不变性。

也许解释"科学"的含义的最为经济的方式是对不符合其含义的定义给予否定。科学结论是不应存有偏见的。面对客观的公式产生的数据，对于科学机构来说不同的偏好与各种各样的情况有关。例如，观察者可能会作出这样的报告，即他在实验过程中对散发出的气味是"感到厌恶"还是"没有感到厌恶"。有的偏好也与科学家在他的头脑中制定的下一步的工作内容有关。他可能最终决定研究癌症而不是血友病，因为他认为癌症对社会的危害性更大。同时这两方面的调查研究可能会相互结合。但是在科学研究活动中，这是背离因为自身偏好影响科学研究结果这一特别要求的。因此，科学结论通常坚持"是"而非"应该"的这种说法。同时专业科学家们认为，除非会影响描述性研究的完整性，必须尽一切努力防止因为自身偏好而产生的偏见。理想的做法是使持相反偏见的个人在收集和分析数据后得出相同的结论。

科学结论不是直观的，凭直觉是指超越经验的权威来源可以作为根据而予以接受，即使通过观察发现其结论是矛盾的。直觉这个词往往被用于在精神状态较为松弛的情况下所闪现的洞察力。例如将一个瞬间的设想产生的富有成果的假设变得更加明确。科学家可能会非常高兴，并对其设想很有信心，认为他的假说会被实验所证实。但有自身原则的科学家并不会以主观预期的事件代替证据。但是，自律并不是一件简单的事。我们知道，儿童在学习过程中已经逐渐开始了解幻想和事实之间的区别，但即使是成年人，这一认识过程也往往还是不完整的。在历史发展进程中，整个社会对科学的态度的发展是非常缓慢的，同时也是不完整的。如果一个人以今天人类对于科学的观点来看阿格内勒斯（Agnellus）、拉维纳（Ravenna）主教等人在19世纪中叶，为了弥补其生活中与圣人的差距所写的东西，可能会觉得非常可笑。

> 在那里我还没有发现这些主教的任何历史，也没能与上了年纪的人交谈，也无法通过观察古迹或从任何其他来源获取有关信息。在这种情况下，为了使历史的发展过程不会出现断层，我在神的帮助和兄弟的祈祷下，自己填补了这部分空白。[3]

仅就圣奥利安（St. Aurelian）而言，阿格内勒斯所写的内容是为了避免生命过于短暂，“我将在神的帮助下，勇敢地作出宣告，而这是人类智慧所无法了解的。”[4]至少，阿格内勒斯足够坦率地对他的信息来源进行了划分。

科学活动不是随机进行的。它系统化地发展，无论是否通过观察形成了对理论结构的初步认识，也不论这项技术是否与研究员所研究的领域相关。创造性思维富有成果地在秩序井然的头脑中的产生，如同飞机在小型飞机场疯狂地飞行。每个小学生都知道有关牛顿和苹果的故事，很多小学生也都遇到过苹果掉落的情形，但却错过了发现创造天赋的机会。牛顿的思想专注于探索与发现，并能够通过表面普通的事件将起初的设想不断地完善与发展。我们或者能够通过这一事件联想到笛卡儿以及有关飞行的原理。有成千上万的人都看到过爬行动物爬行以及飞机飞行。只有在头脑中已做好充分准备的笛卡儿才能够发明坐标系。显然，科学发现的道路既不是源于笛卡儿发现的蜘蛛，也不是完全依赖于牛顿发现的苹果。而主要是源于他们有条理的、思维开阔的头脑已经为进行发明创造做好了充分准备。

---

〔3〕 3G. COULTON, MEDIEVAL PANORAMA, THE ENGLISH SCENE FROM CONQUEST TO REFORMATION 439 (1938).

〔4〕 COULTON，同上。

前面已经提到,科学结论相对于常识而言不是那样容易理解。正是这一点将可以获得的知识有条不紊地进行分类后,与经过周密准备而得到的成功的发现相区别,而那些获得巨大成就的物理学家在重新塑造了这个普通人所组成的世界时,往往对这些感到苦恼。我们对地球的初步印象的修正不早于我们了解到太阳系比地球体积大得多。科学家的目光已经开始注视外太空的领域,直到发现在这个星球上生命不再是迄今为止唯一的主导。事实上物理科学不仅在纠正人们的常识,亦在通过科学的快速发展来研究人与社会。例如,在 20 世纪已经发现了对于做梦的合理解释,以及心理障碍对身体疾病的影响。

科学不仅限于通过运用测量技术来确认一个命题。生理学家坎农(Waiter B. Cannon)赞同化学家刘易斯(Gilbert N. Lewis)这样的言论,他说:"我并没有足够的耐心试图通过各种测量手段来确认科学结论,这只是它的工具,也不会遵循除了达尔文,巴斯德,或克库勒之外,任何科学家对科学的定义。"[5]坎农就此还增加了哈维、菲尔绍、巴甫洛夫、谢林顿和其他许多人的名字。列文(Kurt Lewin)通过提供有效的服务为其他身为心理学家的朋友们带来益处,以提醒他们不是所有的数学形式都能够通过一定度量衡来定量计算的。举个例子,在拓扑学领域,解决方法并不是通过测量,而是通过"包含在内"或"排除在外"这种关系来表述。列文建议发展"拓扑心理学",并以此作为让他的同事们从探求结果的障碍中解脱出来的方法(当探求只限于对标题的检测时)。[6] 当然这一点并不是否定测量的效用,而是要警示那些夸大度量衡作用的思想。

另一点是,以自我观察为基础的结论未被排除在科学之外。人类的一个主要活动是用语言来表达自己的情绪、情感、形象和思想。科学所关

---

〔5〕 CANNON, THE WAY OF AN INVESTIGATOR, A SCIENTIST'S EXPERIENCES IN MEDICAL RESEARCH 36 (1945).

〔6〕 参见 LEWIN, FIELD THEORY IN SOCIAL SCIENCE, SELECTED THEORETICAL PAPERS (Cartwright ed. 1951), DYNAMIC THEORY OF PERSONALITY (1935), PRINCIPLES OF TOPOLOGICAL PSYCHOLOGY (1936),是这一概念的代表并能够测量心理承受能力,CONTRIBUTIONS TO PSYCHOLOGICAL THEORY (1938), and RESOLVING SOCIAL CONFLICTS (1948)。*以及*LEEPER, LEWINS TOPOLOGICAL AND VECTOR PSYCHOLOGY, A DIGEST AND A CRITIQUE (1943)。

注的问题是,在什么情况下,这些主观的情绪会出现。在收集这些数据的过程中,需要按照既定的步骤进行观察。接受测试者可以通过自己的感受选择按下按钮(按钮的选择项主要有"是"、"否"、"沮丧"、"高兴"、"愉快"等内容)。或者接受测试者也可以通过日记的形式进行自我观察。"自我觉醒"是现代西方文明中的一个主要特征,因此自传文学在文化中占有十分重要的地位。就如布兰德斯(George Brandes)针对波义耳(Boyle)所评论的那样:

> 很多不同年龄、不同地域的男性都喜欢战争和旅行,还有女性和艺术,但对于现代的波义耳来说,最独有的特点和与众不同的地方是,在他兴致勃勃地做完一件事后,便会想到自己有足够的能力去审查自己的行动。他不断地观察并反省自己,也可以说不断地为自己把脉。[7]

这些文献成为发现历史以及进行历史研究的重要来源。

一个更为普遍的问题是,科学不是仅局限于"用语言来表述非语言的东西"。有观点认为,科学结论必须始终与现实中所发生的物理事件相关,并要求所有的"心理"现象必须"减弱"为生理现象,才可以成为真正的科学。这也就是说"用语言来表述非语言的东西"是不足以作为科学依据加以使用的。这将排除如对"友好"或"敌意"这类词语在加深群体间危机作用时的变化的研究。在某些方面不愿承认这些问题在科学调查中的有效问题,主要是因为存有偏见。很多最为重要的科学方法的研究者们获得的早期训练主要在数学、物理或化学方面。因此,他们假设那些最重要的数据只能在这些学科的实验室中加以收集。当观察到实验室中的现象后,他们通常会彻底忽视对语言的表述。当一个生理学家研究狗体内血液的化学成分时,他可能会忽视狗的叫声;同样的如果他依此来观察人类的话,就可能会忽视个人主观性的语言。

"物理主义"偏见的逐渐消失是科学工作经验不断扩展的结果。人们普遍认识到,文字形式是合适的研究主题,而所使用的方法可以通过统计

---

〔7〕 G. BRANDES, Vol. 5 THE MAIN CURRENTS OF NINETEENTH CENTURY LITERATURE 223 - 224 (1924).

变得更为可靠。很多在最初进行构想时属于非语言形式的问题通过修正,变为必须包含用语言来描述的因素。这适用于,例如,对人类血液的研究。根据线索,可以通过这种途径而不是别的途径均衡地对环境进行探索,随着向前发展可能会发现这一问题可能会有好的发展或是会有不好的发展。这种因素是“身心”治疗方法的一部分。显而易见,对词汇的学习是研究社会过程中必不可少的。

有人持有这样的观点,即科学将复杂的现象变得简单化。按照这种观点,生理学就成为一门科学,即血液已被“简化”为化学或物理名词。当然,没有人怀疑将复杂过程作更为简单的理解是一个重要的进步。比起发现电力的正极和负极之前,现在能够更好地对细胞膜的渗透加以理解。但是,对科学与“减量化”行为的识别会导致无效分类的结果。因为如果减少到最低水平是原子(或亚原子实体),那么原子或亚原子物理学不再是一门科学,因为没有什么现象的范围是可以继续变小的。(如果例外地允许标签贴到非可还原性的学科上面,那么亚原子物理学仍可以被保留为“科学”。但是,这种纯粹的口头上的胜利并不值得拥有)科学研究是以完善解释程度为目标,而不是“归纳主义”。

可以指出的是,科学并不是仅仅依赖于实验的学科。有的时候,“科学”这一术语会否定缺少实验室证据支持的结论。这种用法不包括天文学,也对其没有任何有用的目的。实验程序存在于科学工具中,而作为科学工具,进入到一个整体当中并没有任何优势可言。

即使没有明显的因果关系,命题也可以是真实的。另外还有一种“互补”原理。因果关系概念的历史表明了对于基本事项采用教条主义的危险。实验力学的早期胜利创造了可以通过科学努力实现的新领域,并且因果关系的概念变成了所有科学的理论模型。例如,在描述自由落体问题时,该模型便取得了很大的成功。通过描述在一个交叉的下降部分的自由落体的位置,随后降落的位置可能被正确地预测。时间间隔可通过钟表加以记录。物体可以被度量(通过刻度指针进行读取)。因此,在形成该问题的概念时,可以得到精确的指标;在任何截面出现的现象可以通过力的作用导致最终结果而得到充分解释。难怪人们要将因果关系看成是科学解释的最好的裁判者。

直到近年来,作为传统解释的因果关系的不足之处才开始暴露。在实验物理学中,它在记录各种现象时已不适应现有的方式,并且以这种方式预测未来事件发生的可能性,同时使之具有专门性与确定性。使之能够为特别现象的预见和对未来事件的把握提供程序中的某种记录。不过,尽管存在“跳跃”,结果仍然可以预测。因此,对于可能性考虑采取了对于偶然事件的因果分析的方法。由于科学只能适用机械因果关系的教条主义的方式,现在已经不再适用,新的思维和谈话方式成为必要。由普朗克(Planck)等人提出的互补原理,主要是为了概括物理学家普遍的工作方式。因果关系开始作为相对更普遍的事件顺序的思维方式的特例出现。该观察者将自己置于一系列后续事件中。观察者的观点和行动,旨在改进其在各类工作中的操作方向。显然,这需要通过对过去的观察来推出未来事件(在未来可以观察)的模式。该因果关系模式适用于一系列其操作指标始终处于对外检控的事件。根据定义,不可能有任何的误差。但是,一些亚原子的运行过程不能因误差的描述而被充分放缓。虽然处理以后的状态可以通过比较“跳跃”前后的现象分布进行预测。唯一可行的程序是,一个状态的分布将被后一个所承继。

社会科学必须有其特殊之处。也许其最重要的贡献不是进行预测,而是给予选择的自由。如果有人告诉我们,在核轰炸后的特定条件下,将发生核裂变,我们也认可这些调查结果,并对我们未来的计划作出相应的调整。另一方面如果我们被告知,在一个特定社群的对于就业现状的研究显示,妇女被雇佣的情况与其工作职责成反比,我们不认为这种关系有必要在将来的实践中实现。如果这种关系已经引起雇主的注意,选择的方法可能会被修改,以使后面的对于就业情况的研究得出不同的结果。社会科学关注的是形成以及分享价值的过程,而随着其所关注的焦点的变化,这些活动也在发生改变。对于过去获得认可的社会过程中的规律性的报告扩大了参与到未来过程中的人们的选择范围,从而扩大了他们改变过去的惯例的自由。选择的自由意味着,在某种程度上这可以区别于对社会过程之外的事件进行科学研究的自由。在接下来发生的事件中,过去的规律将被假设为会在未来继续发挥作用,而选择是在有限的范围以内的,自我要能够适应这种变化不大的环境。凡涉及社会关系的选择范围，就不仅指自我对于环境持续的适应，也指对可能出现的新路线的适应。

## 理论建设

### 类别的选择：初步设想

第二部分开头概述的关于社会过程的包容性模型扩大了本文中有关法律过程的背景性方法。要记住的最重要的一点是，每一个细节都是整体方案的一部分，都受到其他部分相互之间的影响。因此，任何一种概念如果不能将法律置于这样的社会环境下，是不足以完成确定并描述制约因素的科学任务的。包容性模型作为重要的图谱，能够被用来为了专门的调查而对任何可能想到的互动进行定位。

我们已经谈到这一点，即任何可选择类别的事件可以作为对 R 的回应加以解释，这个解释成功地说明了 R 的发生伴随着对 R 预先加以识别的因素 P 和环境因素 E。如果这个问题是为了解释在何种条件下所作的决定背离了权威的预期，R 便是“背离权威的决定”。这可以说明，当对他们的倾向中包含指定的特征，如文化、阶级、利益、人格等因素时，决策者可能会制造 R 因子。这也可以表明，这种反应最有可能是在环境 E 因子包含了关于参与者特定特征部分的决策需求时发生。

需要解释的决定可能属于对整个过程进行评价的功能。在美国和其他一些国家，法院显然是在具体案件中法律规定的适用者。因此，我们的讨论将最终集中在法律过程的司法方面。

正如前文中所指，社会过程中的任何变化似乎都与决策过程的变化相互作用，并且可能被选出用于科学研究。此外，很明显，除非最重要的变化经过了科学的调查，否则决策过程就不会得到充分的调查。正如我们将会看到的，新的变化不断地被发现，这也影响了已经探索出来的各种要素；在各种各样的情况下，这些变化可能会修正之前所观察到的相互作用的序列。

为了某些用途，孤立地调查两个因素而使“其他因素保持不变”是可行的。有时,E 或 P 因子的影响是可以被描述的,对之前其功能受 E 或 P 因子影响的 R 因子也可以在一定范围内加以研究。因此,如果法官无视政府权威(在时间点 1 的 R),他可能会有拒绝之后的权威倾向(在时间点 2 的 R)。而对后来其他法官的反应中偏差的报告可能成为因子 E。

如果仅依靠自身加以维持,任何 R、E、P 因子的组合都可以被称为一个系统。事先决定的事件也进入了 E 和 P 因子所在的系统内,这一系统是维护 R 因子的(一种决定的模式)。因此,我们可以从相互作用的所有功能的角度来描述某个法律体系(相互作用意味着每个决策的水平继续适当的倾向,同时进入其他职能所处的环境)。

根据这种观点,对关于各种因素的巨大变化的说明可能会影响最后的结果。结果可能会很明确,为什么很多关于社会和法律过程的科学分析的重要贡献是从"对要素的认识"中培养出来的。很多学者使他们同时代的人和接班人完全意识到之前没有意识到或忽视了的因素。当我们研究近几代学术的主要地标时,这是很明显的。很多人对"资本主义"对法治社会的影响进行了探讨,如马克思·韦伯和卡尔·莱纳,他们都进行了深入的研究。[8] 现代工业资本主义的惩罚方式的冲击经过了汉斯·胡希(Hans Ruesche)[9]的调查。对于犯罪人与法官,心理因素的重要性得到了弗兰兹·亚力山大(Franz Alexander)和斯托布(H. Staub)的分析[10]。在证词中强调心理因素是最早的现代行为科学对法律过程的贡献之一。

如果我们考虑到社会科学这个整体,我们可以多举出超过现在很多倍的例子。举例来说,威廉·格雷厄姆· 萨纳(William Graham Sumner)出版了一本民俗方面的书,留下了社会分析的语言的印记。[11] 他列举了"民俗"和"道德"的很多例子,这些思想的工具因此而变得能够被普遍理

---

〔8〕 参见 MAX WEBER ON LAW IN ECONOMY AND SOCIETY (Rheinstein ed. & Shils tr. 1954); and RENNER, THE INSTITUTIONS OF PRIVATE LAW AND THEIR SOCIAL FUNCTIONS (Kahn – Freund ed. & Schwarzschild tr. 1949)。

〔9〕 G. RUSCHE & O. KIRCHHEIMER, PUNISHMENT AND SOCIAL STRUCTURE (1939).

〔10〕 F. ALEXANDER & H. STAUB, THE CRIMINAL, THE JUDGE, AND THE PUBLIC; A PSYCHOLOGICAL ANALYSIS (G. Zilboorg tr. 1931).

〔11〕 SUMNER, FOLKWAYS: A STUDY OF THE SOCIOLOGICAL IMPORTANCE OF USAGES, MANNERS, CUSTOMS, MORES, AND MORALS (1906).

解。威廉·杰克逊·特纳(William Jackson Turner)整个学术生涯都用于调查美国历史"边界"的印记[12]。虽然特纳没有通过适用于比较历史的方式来定义概念,但"边界"所达到的概括程度也是其重要的工作成果。关于"统治阶级"的概念(政治精英)也由多位思想家提出,特别是加埃塔诺·莫斯卡(Gaetano Mosca)[13],其思想具有重大影响。同样地,由于卡尔·马克思(Karl Marx)、艾伯特·索雷尔(Albert Sorel)和卡尔·曼海姆(Karl Mannheim)等人所进行的概括,"意识形态"和"神秘体系"的概念已渗透到学术界[14]。弗洛伊德(Sigmund Freud)所提出的"无意识"概念,特别是"超我"和"身份"的概念的影响范围非常广泛,扩大了人们对即刻意识控制领域之外的行为因素的了解(除非存在用于发现这些因素的其他方法)。[15]

每一个学者的发现都对知识的发展作出了重大贡献。然而,目前的重点问题是使隐约感知的因素变得可见的行动似乎构成了最为重大的影响,如果这些因素确实可以被注意到的话。通过使更多学术界人士能够感知社会和法律过程的显著特征,对决策研究的重点和那些自身倾向受到研究影响的人所作出决策的广度和深度同样发生了变化。

## 句法和语义的理论维度

一个科学理论记录了科学想象的飞跃,这种飞跃的方式历久弥新,从而令想象能够与观察数据相匹配。有时这一理论会作为理解的辅助手段而转化为机械模型,就像玻尔发现分子结构的设想一直处在不断变化的状态时那样。许多(如果不是绝大多数的话)引导实验性物理学的等式仅

---

〔12〕 TURNER, THE FRONTIER IN AMERICAN HISTORY (1920) and THE COLONIZATION OF THE WEST, 1820–1830 (1906).

〔13〕 MOSCA, THE RULING CLASS (1939). Cr. MILLS, THE POWER ELITE (1957); MEISEL, THE MYTH OF THE RULING CLASS: GAETANO MOSCA AND THE "ELITE" (1959); and SERENO, THE RULERS (1962).

〔14〕 参见 MARX AND ENGELS: COLLECTED WORKS (Dixon & others trs. 1975); SOREL, REFLEXIONS SUR LA VIOLENCE (1908); and MANNHEIM, IDEOLOGY AND UTOPIA; AN INTRODUCTION TO THE SOCIOLOGY OF KNOWLEDGE (L. Wirth & E. Shils trs. 1936) and MAN AND SOCIETY IN THE AGE OF RECONSTRUCTION (1940)。

〔15〕 参见 THE STANDARD EDITION OF THE COMPLETE PSYCHOLOGICAL WORKS OF SIGMUND FREUD (Strachey tr. & ed. 1953)。

仅存在于数学符号中，在机械模型中设想这些假说往往是笨拙无望的。与当代物理学的规制理念相比，大多数引领调查进入社会过程的理论还处于一个较低的抽象水平。

一个科学理论是一个按照句法作出的陈述。关键的变量是一系列大量的专门术语，这些专门术语是在与其他词汇的联系中定义出来的。当操作性的指引是明确、详细的时候，即当一个指标被选择从而获得站在最有利的位置来解释现象的观察者的承认时候，这些专门术语就包含了语义学上的含义。例如，在说明一个有关政治过程的理论时，我们会提出像“要求”、“期望”与“识别”这一类词语。当提及任何具体事件时，这些词是很难理解的，除非我们搞清楚在收集第一手观察资料时它们如何被使用的。在这类操作性的定义完成之前，语义并没有被正式纳入该系统。

理论家们一直在试图通过观察事件偏离或符合他们的模型的方式来更好地理解世界。例如，在研究天体运动时，人们可能会提出它们是按“圆周”运动的假设。人们就通过把“圆周”与其他曲线和非曲线的形式区别开来而赋予“圆周”这个词语的含义。而通过将“圆周”这个词运用于直接观测天体的结果中，它也有了操作性的含义。很明显，这种圆周和其他同类物体运动的轨迹之间的联系是非常相近的。但也有明显的差别。如果系统而详细地审查这种差别的话，科学家们也许就能认同椭圆相较于圆来说是一种更合适的形式的可能性了。通过逐次近似计算法，科学家就会重塑他的理论，以使它成为对过去观察更加经济的总结和对今后研究的指导。

在科学活动中使用的结构通常是用头脑中现存的数据来组织的。但是，科学发展的历史表明这种相关的计划往往是为了本身的缘故而被凭空设想出来的，这种梦想也许有一天会在观察领域得到认可。这一点尤其在较高层次的物理学和化学上凸显其正确性。这些领域往往能够有效使用那些不以实验为目的的科学家所构建的模型。（非欧几何学是个著名的例子）

近些年来，随着拟设法从数学传播到其他领域，句法系统的本质变得更加清晰。例如，很明显，最抽象的一些关键术语必须依然是不可定义的。否则，在痛苦的循环之上，任何定义都不可能存在，因为任何定义都应有起点。如果我们希望建立交流关系，那么就有必要引入听众们明白易懂的未经定义的表述。（当然，原则上说，没有哪个术语是不可定义的）在每个古老的智力活动领域，并不缺乏用以表达的合适的文字。相反，一系列通俗的术语其含义可能不断发生变化。我们结合以下关键词，来考虑法学理论和政治学之间的平衡与冲突：法律、正义、秩序、权力、权威和主权。那些意图使用具有稳定指示含义文字的人，应当自我构建一套术语体系，或者采用一套确定的定义体系。

经常有建议说学者们应当聚在一起对一整套标准的含义达成一致。个别学者有时候会提供一系列有关专门术语和定义的材料给他们的同事。显然，只有当某个学者团体被赋予某种约束力或者当某一领域已不再发展时才有可能保持这种一致性。要注意的是，在专制的环境下，一致性的程度比表面看起来的要低得多。一套地下的伊索式语言得以形成。事实上，有效的共识能在没有强迫而且对术语存有很大的差异的情况下出现。从与公认语言保持一致性的战术上的需要中解脱出来，人们逐渐认识到，为了能够从根本上进行交流，他们必须积极寻找普遍参照系。为了寻求合理的对应，而将专业术语、定义和例子统一起来就成为了标准做法，而不是假定每个人都用同样的方式来理解词语。为了表达得更清楚，讨论的范围逐渐形成，而含义仅在狭窄的限度内变动。

也许通过从各方面通盘考虑一个众所周知的假说将有助于检验法学理论研究中的句法和语义。现在我们感兴趣的不是显而易见的真相或者理论的错误，我们真正感兴趣的是理论构建过程中的正式操作。亨利·梅因爵士写了一本所谓从身份到契约的历史发展趋势的书[16]。该书中的语句似乎想指出一种趋势。它也可以被理解为一种科学的命题，如果对“历史”这个词的定义包括在社会过程中的条件因素的话。如果我们为一个可行的研究做一个假设，我们要考虑以下这点：从身份到契约的变化就像频繁出现的个人主义角色的函数一样。

---

〔16〕 MAINE, ANCIENT LAW, ITS CONNECTION WITH THE EARLY HISTORY OF SOCIETY AND ITS RELATION TO MODERN IDEAS (1906). 又参见 FEAVER, FROM STATUS TO CONTRACT: A BIOGRAPHY OF SIR HENRY MAINE, 1822 - 1888 (1969)。

| | 1 | 2 |
|---|---|---|
| 1 | 集体主义 | 身份 |
| 2 | 个人主义 | 契约 |

这个表通过纵轴和横轴很好地展示了该理论的知识结构。可以肯定的是,集体主义(第1列,第1行)与身份(第1列,第2行)是正相关,而个人主义与契约(第2列,第2行)是正相关的。该假说不仅肯定了它们之间的关系,而且认为它们之间是一种决定性的关系。如果社会从第1列第1行移动到第1列第2行,它将会从第2列第1行,移动到第2列第2行。此外,如果社会A是在第2列第1行中的话,那么反应R至少可以认为是第1列第1行的诱因弱化的部分结果。E因素没有明确地被包括在本表格中。

表中的四个术语是作为句法语言理论的一部分被引入的,人们并没有对他们提供操作性的指标。在这些操作性的指标被提出以前,这一理论中的概念在任何观察领域内不能确切地与具体事件挂钩。但是,直接从关键类别就跨越到指标几乎是不可能的。过渡项必须包含在内,它们也是句法结构的一部分。

让我们简单地用两个词组来解释“身份”的含义,我们可以称之为“无约因”的“传统的义务”。“契约”是由“承诺”和“约因”构成。稍加思索即知,尽管这些表达相对于专有名词来说要相对具体些,但他们对于数据收集这一目的来说还是不够详细。

因此,接下来的步骤便是要引入更多的具体定义。假设“约因”是指“对财富主张转移的记录”。假设关于什么将被认为是“财富”,“主张”“转移”和“记录”这些是明确的,这对研究人员来说就能作为可操控的指引。研究员可以很容易地将这些数据句子(初级观察句子)描述为:“一美元在A和B之间的转移”。

在用“约因”作出“承诺”之前来约定各种主要问题出现的最小频率是非常必要的。调查员可以选择说:在文本最终进入“合同”之列以前,所有产量的1/10必须通过承诺并给予对价来处理。

抽象性阶梯的每一层都包括变量或指标。如下表：

| | | |
|---|---|---|
| *一阶变量* | 以合同为例 | |
| *二阶变量* | 承诺 | 约因 |
| *操作方法* | 财富记录 | |
| *最小频率* | 所有年生产量的10% | |

在许多科学调查中，在使最主要的关键术语与具体的事件相连之前，有必要引入多层级的变量。

关键的句法词直到科学家对其作出定义时才可以有参考语义，这一点从形式意义上来说虽然是正确的，但是在任何时候，法学理论研究中没有哪个词汇是完全没有语义的。此外，在当今最重要的假说中有不少是在一个模糊而主观的阴霾中发展起来的，在这种阴霾下关系是模糊不清的。即使看得见一些光点，调查人员也可能会把它们当做多余的而停下来并指定所需的操作指标。定义可能会被推迟直到下一个创造性的灵感经过审慎评估并暂时被认为貌似合理而被采纳。

总之，凡是有点研究头脑的人，他们解决复杂问题的办法（如果有这样的办法的话）通常是不会走形式主义道路的。但是，形式主义的工具对于更好地使汇聚的想象和混杂的经验更加与现实相关联是必不可少的。有时，一个高超的想象必须和描述实际情况这一任务绑在一起。亨利·梅因爵士的概括确定了一种趋势并且表达了一系列重要的暗示，这些暗示到目前为止都未被很好地理解。

为什么不放弃一般定义而用索引变量来进行专门运作呢？一般概念的作用在于指导对具体指标的选择。作为一项规则，操作性指标必须与当地情况相关联。如果一个词汇在通常来说本该更具包容性的意义，但是调查员采用了偏狭隘的定义，那么结果就会不理想。除了狭义定义带来的混乱外，重要的一点是研究人员必须立刻通过扩大定义重新吸纳原来被排除在外的含义。例如，假设我们把“财产索偿”这个词的含义限制在只能通过书面文件提出的索偿上，问题马上随之而来，即我们应该把通过口头或者一系列的行为来确定的索偿称为什么？如果我们继续将这些情况排除在“财产索偿”之外，则是毫无益处的。一般性的定义可以指导本地相关的操作指标与之相匹配。

我们前面已经说过,在一个自由的环境下要求统一的定义,这简直是一种奢望。同时,我们也强调了通过功能性术语来促进传统体系的比较研究的重要性。我们所说的法学理论体系就是为这个目的而设计的。该术语的定义参照了社会过程,并对参与者、观点、环境、基础价值、策略和阶段(结果、前结果、后结果)这些词语进行种类的划分。有了这些工具,我们能够出于比较的目的来处理传统法律体系中的所有关键词和决策过程中的所有活动。当然,一些基本术语还未被定义。我们讲的"互动"就像演员的动作一样,是互相影响的;但无论是"动作"还是"演员"都未被定义。正如上文所指出的,任何系统的术语体系出于周全的考虑,都必须经常使用一些为下定义而设计的词汇。

"定义"和"规则"是允许对主要词汇进行互相操控的方式表述。它们建立起一个框架以估量平衡性、一般性和相类似的性质。

"命题"是这样一种表述,通过观察资料来判断其是被核实或者未被核实。当现有数据不足以进行判断时,我们就将"命题"称之为"假设"。当现有资料的可信度较高时,我们传统地称之为"规律"(虽然所谓"可信度"到底是个什么程度并没有一个明确的定义)。严格来说,如果它们还没有通过操作指标来与特定问题挂钩的话,我们应该将一组假设称之为"假设图表"。

我们讲的"假设"是在不加以证明的情况下假定其为正确。最大化的假设是一个实例。根据这个假设,所有答复都被认为是预期的满意的结果。

介绍这类假设的作用就在于促进假说的形成。在一个选择性原则缺失的情况下,事件必须被假定为是随机发生的。这种最大化假设并不违反常理,也不需要被解释为与任何科学数据相矛盾。有了这种因最大化假设所广泛公认的框架,每一个选择(故意或过失)都能被发现。社会学家们可以想像这样的情况,即在该情况下,一个既定的答复可以给个人或者组织带来福祉(就任何价值形式而言)。最大化假设也可以被视为一种假说,而不是臆断。由齐普夫(Zipf)提出的"最小努力原则"具有如此的普遍性可以被视为等同于最大化的假设[17]。因为如果努力被解释为成本(对价值的剥夺),则在保证最低净成本的情况下可以实现价值最大化。齐普夫成功地发现了以前从未被发现的大量存在于社会现象中的规律。但对该规律的解释有时似乎依赖于辩证的智慧,并使得该原则的普遍性饱受争议。将这一命题作为假设是很少有争议的。

## 平衡模式(模型与系统)

我们已经通过解释作为E和P应变量的R术语,介绍了平衡关系的基本概念。严格地说,R始终处在由E和P决定的一个平衡的位置,随着它们的转变而转变。运用这一点处理"合约"和"个体特征"之间的关系,即通过运用我们制定的假设,使对合同义务的依赖程度与流行的个性特征之间相平衡。

理论模型与代入系统中的一阶变量有很大不同。亨利·梅因爵士的概括(我们为了现在的目的已经修改了它)是一个"双变量"模式,或者,换一种方式来说,该模式是"一个因素,一个结果"的模型。这种模型是社会科学中最典型的一种。

然而,这并不是所有理论形成的模型。

代替两个一阶变量的可能性有更多。例如,我们可能会重新修改关于合同的假设,直到它成为一个更全面的理论。毕竟,我们实在难以相信,诉诸合同的频率的所有变化可以参照已在讨论中提到的变动中频率的一个因素。而更可能是许多因素在不同的情形下共同作用的结果。

虽然目前还没有对该理论的描述,但至少我们可以提醒人们注意许多专门针对各种价值的制度性实践可能会影响对合同自由的运用及需求。与*财富*相关的实践活动特别关注这些方面,如:不断增加的对外交易量,货币供应量,对外制造销售量,积聚资本的需求。在与*权力*相关的实践中,可以考虑以下做法:以金钱代替劳务负担,以罚款代替暴力或监禁;降低对有息贷款的严重的负面制裁,由政府采购原材料来作军事准

---

〔17〕 ZIPF, HUMAN BEHAVIOR AND THE PRINCIPLE OF LEAST EFFORT; AN INTRODUCTION TO HUMAN ECOLOGY (1949).

备。与*技能*相关的做法有:增加公共教育水平,提高人们的文化水平,设立多种形式的职业和法律院校。扩大媒体作用的教化有:增加新闻频道和相关的书籍,对科学思想的传播。针对操守的做法有:传播新教教义及其伦理,其中包括鼓励节约,稳定的工作习惯,增加资本积累与投资。增进人们之间相互情感的做法有:使离开家园和很少能与亲人相见的人融入到大的团体中去;由个人而非其家人选择婚姻对象;鼓励公众福祉机构对个人进行援助,以取代由家庭内部形式提供的援助;鼓励孩子更加有进取心。与福祉相关的实践有:使生活更加舒适,方便和安全,使人们有机会享受更多的商品和服务,以及更多崭新的、令人兴奋的体验。与对个人尊重相关的实践有:赞同新的消费模式以及新的生活方式。一个关于平衡的多因素理论在详细指明赔偿、便利或冲突之间的相互联系时可能得到很大的发展。经详细说明的这些关系可能会在各种各样的因素作为整个系统的一部分时,实现且保持一定的位置。通常这就称作"平衡位置"。

在有关平衡的格局中,应用最大化假设的指导思想是,面向个人或团体,平等给予政策选择的净优势。这意味着每个选择者试图以某种方式实施自己的行为,从而使在任何时候他所能获得的政策都保持同样的吸引力(或没有吸引力)。如果所进行的任何创新是为了改善自己的地位,那么很明显,平衡尚未实现。

反映个人生活状态系统中的典型的行为过程体现出了遵循发现原则以平衡预期价值后果的意义。在一个近乎完美的假设系统状态中,个人对自己的要求进行具体界定,以作出他们认为符合其在社会中的地位的适当的举动。上午的任务也许是参与捕鱼,并用另一半时间赶往接下来的集体仪式,到了下午,任务可能会是去打猎,并因为同一目的放弃一半的打猎时间。人们放弃捕鱼,开始打猎,即使他考虑过继续进行之前的活动(捕鱼),因为没有完成猎物供给的责任所带来的损失将远远大于可从捕鱼获得的更多好处。受身份约束的人们的行为轻易地落入一种模式,而此模式正如与可获得替代选择的期望结果均等原则所预期的那样。在一个自由社会中,个人可以在更为广阔的范围内选择自己希望参加的活动。他可以自由地用鱼与其他猎人交换,并通过非正式的讨价还价确定其交换的价格比率。在这种情况下,他的行动遵循和谐与平衡的原则,因为他通过权衡发现,继续捕鱼所获得的好处大于立即停止这项活动并进行其他活动所付出的成本与收益。

当我们在集体活动中适用该原则时,必须特别注意那些在决策过程中起着最关键作用的人。在任何特定期间内,上诉法庭可能会受理的有关上诉复审请求的数目基本相同。最大程度上的假设表明,对于法官来说,受理更多(或更少)的案件可能会产生较少的净优势。要受理更多的案件,便要求他们花更长的时间工作或减少用于每个案件的时间。为了延长工作时间,可能会导致他们劳累过度。而减少花费在每个案件的时间,将会使法官因司法公正的下降而产生内疚之情。事实上,可以在具体情况下对这种假设进行调查。目前,我们只关注将最大化假设应用到具体情况中的方式。

## 观察和处理数据

### 案例、相关性、实验、原型

#### 案例研究

随着观察者对需要解释的现象的观念的改变,理论也一直处于变化之中。社会科学领域的原始工作经常表现为探索陌生的情况,并且为了解那些需要研究但知之甚少的关系指明途径。

对具体案例进行研究是熟悉任何文化的决策过程的最佳途径。由于“知情人”遵循对活动到结果施加影响的顺序,并且通过随后的一系列影响,“知情人”的工作前景可以为“局外人”所知。知情人对“谁如何参与”以及结果会怎样有一组预期;并且如果要进一步研究的话,对生活的事实进行足够的了解对于选择一个有重大意义的问题具有很大的优势。案例学习是研究与教学的重要工具,并且通过对社会科学领域发展的回顾也表明了对具体决定进行研究的依赖。主要的推动力在于将法律教学的案例方法从纯粹的教学方法拓展到研究领域以及许多新兴领域。例如,工商管理学院看到了企业决策考虑具体案例的效用。材料围绕人事、财务、制造以及企业家所面临的其他问题来编撰。学习政府管理的学生,尤其是学习公共管理的学生,就已经准备对联邦或地方政府机构所采取的具体措施进行案例学习展开合作;政治历史学家、政治科学家和法学家也开始对各种措施的立法史进行研究。

当然,“案例”之间存在巨大的差异。在法学院的教学当中,“案例书”的主要重点在于(且将继续是)上诉法院的意见,对事实背景的考虑最少。随着越来越多的人认识到仅通过上诉法院的意见来识别一个案件的缺点,许多案例书正在被修改,要将法院的意见与实际情况更加紧密地融合。因此,案件摘要中的摘录被更多更自由地使用,这不仅仅是为了在法庭面前展示法律技术问题的范围,而且也为了展现争端的事实背景。将案件放到事实趋势和条件因素的背景下的做法正变得越来越平常;总之,是将法院的回应作为环境和预先倾向因素的结果来加以展示,而这种环境和预先倾向因素只能从心理和文化背景方面加以掌握。

由于案例学习是使陌生人了解法律过程的一个有价值的手段,因此从案例学习获得的研究很快就会达到收益递减点。当你已经学完了少数概括社会立法、军事拨款等方面的历史案例,一个新案例所增加的内容将会微不足道。你很可能会被描述性的细节噎到,而未能形成一个知识体系。可以借助案例提出的问题有:法官的回应具有怎样的代表性呢?论据和证词具有怎样的代表性呢?双方当事人具有怎样的代表性呢?导致争议产生的事实情况是怎样的典型或非典型呢?结果又具有怎样的典型性或非典型性呢?当有关典型性的问题被提出时,案例报告的局限性就变得更加明显。除非背景已被取样,否则没有人知道如何将具体的事件置于整体关系中。

如果要评估案例的代表性,我们应该如何进行呢?这里必须达到两个标准:(1)为达比较目的有系统的分类;(2)表明具体实例与其背景之间关系的程序。[18]当我们阅读某个具体案例报告时,我们不能够确定:被省略的部分是否是因为观察者认为其无关紧要而将其省去,还是被遗忘了。如果有人告诉我们X法官曾经是一名州检察官,我们能否依据Y法

---

〔18〕 当然要参考价值过程的示意图以及各种智识任务。

官未能报告其工作经历而意味着他没有类似的经验呢?

作为将进一步的纪律引进复杂配置研究的一种手段,使用一种理论模型往往是有益的,这种模型与独特的、但具有比较价值的具体案件的特征保持紧密的联系。请思考一下马克思·韦伯(Max Weber)研究法律和资本主义的相互联系的方法。在《社会中的法律与经济》一书中所使用的最为独特的工具是对“法律”与“资本主义”的“分析模型”。[19] 第一步是建立资本主义的复杂形象。虽然不必在此停下来详细说明韦伯所选择的特征,我们至少可以提及“前后一致地使用资本会计”、“对经济活动的理性导向使自由市场中的交换成为可能”以及“对技术生产的经济价值的投资”。在掌握资本模式的情况下,韦伯搜索了与资本主义有历史关联的一类法律,并选定了19世纪德国的法学理论,其特征是“理性”和“正式”,而非“实质性”和“非理性”。这些区别、“理性”、“正式”——大致相当于“一个概念法学理论”或者更为通俗地称为“老虎机法学理论”(slot machine jurisprudence)。在已经建立了资本主义与概念法学理论之间的假设联系以后,韦伯着手研究其他国家的资本主义经济。我们不能说其结果证明了这种方法充满信心的正当性,至少像韦伯所表现出的那样,因为他最终不得不承认这种“理性”和“正式”事实上并不是“资本主义之母”,即英格兰的法律体系特征。他十分牵强地说道:“……英格兰在众多国家中达到了资本主义的最高峰,这并不是因为它的司法制度,而恰恰相反。”[20] 由于英格兰的法律制度同资本主义一起传播到了它的殖民地,韦伯的假设仅可被适用于极为有限的历史格局。

但是主要的一点是韦伯建立的“分析模型”是对法律和资本主义进行学术研究的一个重要的初期阶段。它是该过程中的一个里程碑,即本世纪初的知识分子通过该过程形成了现代制度的形象。但是今天,科学进步依赖于不同的理论模式和观测程序。韦伯相对静态或者结构性的概念需要转化成适合“过程”分析的用语。在相关情况下,在“或多或少”而不是“或者—或者”的条款中有所变化的因素需要被确定。

---

〔19〕 WEBER,前注8。

〔20〕 WEBER,前注,第231页。

### 相关性研究

随着从对案例发展到对相关性的研究,方法将更为定量化和具有统计性。对案例的研究通常包括定量信息,但是在探索性调查中,被调查的单元与其他研究可能未必具有可比性。在统计相关性之前,必须明确界定具体单元,并在所有的数据收集程序中使用该单元。

人们通常认为,任何想象得到的关系都可能偶然会发生,但所依赖的相互关系则必须超过可能的几率。对一批数据的评估使人们看到几个方面的问题。通常而言,问题是如果下列条件成立时,结果将会偶然发生的可能性:*每个观察者*都在连续的观察中报告了同样的现象;*所有的观察者*都报告了同样的现象;观察和记录这些相同现象的*所有程序*都一致(或者因常数的变量而不同);任何变量 X 的*所有变动*都预测了所有其他变量的正常变化幅度(即,X 说明了所有其他受影响的变量的一个正常的变化量);全部相关事件的*所有样本*都围绕一个定量波动。

### 实验研究

每个从事科研工作的人都期待他可以发明一种将实验应用于他的问题中去的方法的时刻,因为一个正式的“完美的”实验计划使得观察者可以随意控制所有的因素。无论需要解释的是什么反应,环境和预先倾向的因素可能依次不同,或者可能为了揭示工作中的变量而得以结合。如果要解释的反应不是一个单一的变量而是一个多变量的系统,实验的设计可以适应于揭示系统内(内生因素)和系统之间的相互关系以及外部因素(外生因素)的任务。

完整的实验方法可以解决物理科学领域中许多问题,因为观察者可以自由控制每一个因素。如果我们诉诸虚构的全能,并且想象我们能够对决策构建过程中涉及的变量行使完全的控制权,那么实验的重要意义就可以被最令人信服地实现。让我们把讨论限于政治犯。问题是要确认或者驳斥这一假设,即法院对罪犯实施的剥夺的严重性将会根据法庭对有关被告人对国家安全构成的威胁的严重程度所怀有的期望而改变。如果在具体的案件中探讨这一假设,有些定义则是必要的。我们可以将“对国家安全的威胁的严重性”解释如下:如果罪犯获得帮助的外国力量很强大并且是敌对势力,那么该行为的严重性就非常大;如果协助的力量虽然具有敌意但较弱,威胁就较小;如果该外国国家是一个同盟国,那么造成的威胁就更小。你将会注意到:这些解释适用于一般的最大化假设:它是假定法院力图将国家安全最大化,并且在世界政治舞台上的国家安全受到有关武器情报泄露的威胁(这里所讨论的罪行)。此外,还假设法院理所当然地认为对政治犯剥夺权利与社群政策相协调。

如果要调查该理论体系,我们必须寻找适用完全相同的正式规定的案件,区别仅仅在于行为人所获得帮助的外国势力方面。如果法院施加的剥夺的严重程度直接根据上述界定的威胁的严重性而变化,那么我们的假设就成立。原则上讲,这一假设关系是非常简单的:

| | | |
|---|---|---|
| 法院的回应 | 严重 | 轻微 |
| 政治犯罪 | 严重 | 轻微 |

我们首先让法院面对一个罪行,不论严重或者轻微,并且将结果记录下来。假设我们是万能的,下一步是要清除对第一个案件的记忆,并且继续记录第二个案件,使得它们在各个细节上都完全相同,仅仅在严重程度上保存与第一个罪行的区别。双方当事人是一样的,证人是一样的,并且除了予以帮助的外国势力的名称之外,罪行也是相同的。即使是听众也是相同的,并且他们的行为也和之前一样。新闻界的新闻和编辑报道和之前完全一样(除该外国国家名称以外)。法官在家或者在俱乐部无意中听到的言论和之前完全一样。我们万能的控制使我们确保两个案件之间相隔的时间没有以任何方式改变法官。即,他们没有学到任何东西,也没有忘记任何东西,但一审除外。案件处理过程中的心情也是完全一样的。

假定结果正是我们假设预测的那样,但司法的严重性或轻微性是出于宗教评价的结果而非权力评价。法院可能会认为某一罪行比其他罪行的危害小,因为该协助势力的代理人与法官有同样的宗教信仰。

为了控制这一因素,我们再一次利用我们的万能,并且除了清除先前案件的记忆之外,我们改变了法院的预先宗教倾向。通过改变代表外国势力的官员的宗教背景,我们可能得到相同的结果,尽管其他的所有情况都不变。让我们假设该结果与我们假设的一致。这样就完全让我们满足了吗？不是的，因为我们可能会想到这样的可能，即我们的结果依赖于有关法官个人野心的期望。如果一系列案件中涉及最强大的敌对势力很严重，任何人都可以预见对该罪犯施以严重的剥夺将会受到欢迎。在涉及同盟的案件中，可能会预见到一些对其严重性的批评；因此，寻求人们欢迎的法院会倾向于罪行的轻微性。显然，如果我们的全能是要涵括法院所有的预先倾向以及所有可能影响结果的环境特征的话，我们的确就必须无情地运用神奇的控制力。

在应用完整的实验方法的过程中我们已经假定过的不可能干预的数量是与在物理和化学的大多数研究问题中可以很容易被有效控制的程度存在着显著的差异。我们可以一遍遍地使用相同的水，而不用考虑取消水对于早期实验的“记忆”。

然而，认为自然科学中的实验拥有对每个问题中每个变量的完美控制是错误的。在一个实验中使用的同样的植物、动物、组织或者细胞可能在另一个实验中被破坏，且无法修复。即使是未受损害的，生命过程也可能通过“学习”而被修改，以至于它们不能再回到原始实验的最初状态。非生命过程往往受到内在的“时间之矢”的影响，它在如此长的时代过程中进行，或者引发一个持续的转化，以至于该过程必须被看作是不可逆转的。

我们已经习惯于这样一种观念，即实验程序可以被适应于特定的环境条件，而不会失去它的许多独特优势。实验可以在“匹配的”组成部分上进行，而不是使用相同的人或物。豚鼠、白鼠品系和其他实验动物被认真地培育，从而令人们可以详细地了解它们的基因构成。当把实验动物置于实验环境中时(因此学习的预先倾向可以一致)，将学习机会(或者完成的水平)的影响等同于下列通常规则是可能的。在研究人类行为的过程中，许多因素可以达到平衡而没有太大的困难，例如收入的规模、在校年限、学业成就以及职业经历。通常情况下可以证明列出的因素清单以相同的方式起作用，因此是可以互换的，或者可以被其任何组成部分所代表(以学费为例，可能与收入和其他许多项目相关)。然而，我们必须指出，我们想象的万能对罪行、罪犯、法官、陪审员、证人、律师和司法过程的其他参与者所行使的控制的程度只是大概的，在实际情况中并不能够被复制。

没有两个完全相同的人;或者即便如此,在同一个人的生命中也没有两个完全一致的事件。该观点一旦作出,将无法产生任何操作上的结果:为了生存,我们必须在一个"近似"而非"完全"一致的世界中发挥作用。许多设备已经被设计出来用以减少观察的不确定性。一个战略就是将"实验"组(A)与"控制"组(B)加以比较,B的预先倾向与A尽可能接近。对A的环境进行变化而不对B进行。如果结果存在差别的话,那么该差别将归因于实验中所进行的变化。尽管这是有道理的,但是该解释并不能完全令人满意,因为有可能令人信服地影响结果的因素还没有得到控制。但是这些未得到控制的因素在我们最为关心的背景中可能产生很少的后果。如果我们增加实验组和控制组的数目,差别保持不变,那么推论就是假设的因素没有什么意义。

在对社会过程中的法律进行学习时经常遇到的一个问题是在实验条件下获得的何种程度的研究结果才能被有信心地转移到一个"现实世界"的背景中。实验技术使我们有必要处理某些被简化的情况。因此,研究结果只有在它能够表明——或者有令人信服的理由相信——额外的因素并没有明显地影响结果的情况下,才能够被转移到"现实世界"的复杂情况中。

在试图在复杂的背景下重复进行实验设计的过程中产生的一些问题是由"指标的不稳定性"造成的。我们已经对特定的指标与应该说明的概念之间的关系受制于环境因素的观点进行了评论。由于分类视角和操作惯例可能会年年有所不同,实验中使用的指标也可能有些过时。差别也可能存在于不同的文化背景中。[21]

### 原型

对实验的讨论揭示的既是这一策略对于知识进步的优势也是其对社会和行为科学的局限性。一个重要的问题是是否可以设计出某种方法来

---

〔21〕 更多讨论,请参见 H. LASSWELL & A. KAPLAN, POWER AND SOCIETY; A FRAMEWORK FOR POLITICAL INQUIRY (1950), at xx, xxi。

对案例研究、相关性以及实验的使用予以补充。原型构建就是这样一个策略。

尽管原型法与案例法的关系十分紧密，但也可以有效地将两者区别开来。案件历史数据通常被理解为摘要和对访谈者控制之外的情形的比较。之前提到的对许多判决的研究属于这一类。这也同样适用于对相关性的研究；所描述的情形超出了访谈者的控制范围。原型法与实验共有/相同的是一个*受人为操纵的*参照系而不是*预期的*参照系。启动一个原型就是引入一个新的元素配置，这些元素的条件和结果可以被公开查询。这也是实验方法的特点。

原型构建与实验的区别在于科学观察者对事件的顺序所施加的控制程度。原型构建还处理制度上的实践，而没有必要“将它们拆卸”成对其相互作用进行调查的元素。在“实践”之间进行比较。

相同点和不同点可以通过以小组为单位进行实验研究而展现出来。例如，在一个实验室的环境下，有五个作为实验对象的小组，可能对他们都提出相同的问题，他们得到指示要求使用不同的程序来解决这个问题。有些组可能被告知只能与一名官员进行沟通；其他组可能被允许自由交流，或者按照规定的其他有限的咨询模式。我们并不指望研究结果可以完全转移到政府或者企业的政策机构，尽管预计结果会使人们了解到在决策中沟通安排所起的作用。例如，实验室的研究结果可能证实这种普遍性，即如果每一陈述必须由主席来安排的话，那么决策过程就会遇到挫折(以及不佳的表现)。在“现实世界”中复制这一研究或许是不可能的，因为参与者的观点并不具有足够的可比性。对“报告主席”的要求可能在对有关“真正的”委员会各成员间的议程进行非正式的事先咨询以前就受到挫折。如果出现新的问题，委员会的业务可能会被故意停止，直到私人谈判得以恢复。

一个有关原型构建的例子是维柯思(Vicos)项目，它涉及一所美国大学与秘鲁政府之间的一项任务。[22] 该倡议由一名美国人类学家提出，涉及租用政府地产的顶尖人物的传统角色。长期存在的假设是印度居民有义务在老板的田地里工作一些日子。这名人类学家所关心的是有引导的改变；他为了修改相对孤立的和不发达的农业社会的决策过程而寻找以理想的策略理论为形式的教化。这些修改是为了创造一个解决内部和外部问题的现实的、分权的过程。所以，最重要的目标是在该人类学家退出地产界之后，通过改变人们可以管理的各自事物这一方式中所参与的人们的预先倾向从而向人类尊严的实现前进。

革新之前、有引导的变革年间以及之后维柯思的预先倾向都被记录下来。这些数据在社会变革理论背景下会被频繁地评估；具体的创新过程受到对项目预算的反馈信息、趋势说明和科学发现的影响。这样做的目的是学习如何至少将社会成本推进到一种稳定的公共秩序中去，其制定结构是民主的，并且决策制定者习惯于寻找并使用对有关问题有启发性的信息。

维柯思项目不能被划归为实验，因为需要控制的变量没有在项目开始之前就被明确地标出来，也没有从一开始就对关键概念给出操作定义。事实上，所有原型构建的一个显著特点是它对于背景的*临时的*、*即兴的探索方法*。如果需要正确评价一个原型，必须在介绍阶段已经实现*后*才能进行严格的评估。只有在主要决策制定者之间已经对该项目达到了十分显著的接受程度时，这一新的制度上的做法才能与其他做法相比较（例如旧的做法的持续或者对另一套安排的创新）。在完成介绍阶段并且充分建立起证明试图估计其影响的正当性的原型之前，要指明必须达到的思想方面的认可的精确程度从来就不容易。在维柯思项目中，当社群中一

---

〔22〕 关于细节，请参见 Lasswell & Holmberg, *Toward a General Theory of Directed Value Accumulation and Institutional Development*, in POLITICAL AND ADMINISTRATIVE DEVELOPMENT (Braibanti ed. 1969), originally published in COMPARATIVE THEORIES OF SOCIAL CHANGE (Peter ed. 1966); Holmberg & Dobyns, *The Process of Accelerating Community Change*, 21:2 HUMAN ORGANIZATION 107 (1962); Lasswell, *Integrating Communities Into More Inclusive Systems*, 21:2 HUMAN ORGANIZATION 116 (1962); Lasswell, *The Emerging Policy Sciences of Development: The Vicos Case*, 8 THE AMERICAN BEHAVIORAL SCIENTIST 28 (1965); and DOBYNS, DOUGHTY & LASSWELL, PEASANTS, POWER AND APPLIED SOCIAL CHANGE: VICOS AS A MODEL (1971)。

些主要的老人开始相信提议的革新至少值得一试时，介绍阶段即告结束。提议的科学家不需要在该领域经过这样一个介绍阶段；他已经决心接受该项目可能产生的价值。

人类制度依赖于支持的观点；因此只有当制度性实践已经获得了相当程度的支持时，才值得对它们进行比较学习。倘若首先没有获得对权力分享的重要支持，那么报道“民主失败”是没有意义的。另外，将对一项创新的评价推迟，直到它已经完全融入到社会的政治文化中也同样毫无用处。作为问题的一部分是要探索一种策略，从一些有利条件着手、在获得足够的支持后而变得稳定起来，从而可以评估其给所有的价值制度造成的影响。还应当说，第一个“启动”阶段可以被视为一个有用的科学问题。然而，除了初步的处理方式以外，维柯思原型并不是处理整个问题的这一部分，因为其目的是为一些支持变化的朋友提供一种完成变化的策略，且该策略可以从对社群生活的诸多影响的角度来进行评估。

原型构建将*科学家的自我评价*明确地展现出来。一项处于介绍阶段的创新的一部分是寻找一些关键的支持者，他们的性格与行为一致。维柯思项目的领导人物（已故的 Allan Holmberg）不只是致力于人类尊严的语言；他的性格激发了大家对他的仁慈和以平等为导向的方法的信任。

由于原型包含很多独创性和不确定性因素，我们无法断言它从一开始就采用最合适的策略。创始人可能会采用错误的程序，进一步的思考或者更多的知识最终将会表现为基本概念的不幸变形。因此，该方法的部分挑战是在项目过程中摒弃并适应。当已经试过一些原型后，问题可能得到充分的澄清，从而进入真正实验的设计阶段。

然而，另一种意外情形不得忽略。由于原型使用的是制度上的做法，它们很可能被纳入权力舞台，在那里，它们成为政党或压力集团的目标。在主要是受到有关教化的引导的革新被稳定下来之前，科学的要求可能必然让位于政治上的迫切需要。当这种情况发生时，谈论原型就不再正确了。假如这种情况持续下去，在某种程度上，它成为一种“*干预*”，*即表明一种行为，其对于强权要求的妥协几乎抹杀了社会科学家对局势的控制*。

假设科学与政治之间的互相渗透有作为社会过程中相互作用的成

分,那么可以预计,许多"混合"类型的情况可以被确定。政府(传统意义上的)授权研究并为研究提供经费这一仅有的事实并不必然地意味着执行该项目的科学家参与了缺乏理论兴趣的活动,或者依赖于数据收集与处理的陈旧的模式。在由政府直接赞助许多公共卫生、教育、法律、行政以及经济发展领域的研究项目的时代,不能理所当然地认为官方的接触总是会导致腐败,或者所有非官方的项目自动地拥有科学价值。

我们对各种各样的观察和处理数据的方法——案例研究、相关性、实验、原型构建——的审查,已经表明在实际研究中,这些表面上看起来迥然不同的程序其相互之间的联系是多么的紧密。调查的一种综合策略与情报和评估的决策职能有关,通过鼓励它们各自发挥促进作用,将这种相互联系考虑在内。我们已经看到,案例研究发挥着一种不可或缺的探索和熟悉的功能。相关性展现了一幅有关变量之间如何相互改变的精美画面。实验使得寻找更多的基本的相互决定因素成为可能。这样一来,"现实世界"被过度简化了,因此需要类似原型构建的方法使得制度性的做法相互比较起来更为接近。假如精心设计的实验简洁精确,实验方法是一种激发理论模型以及发明新的模式和测量仪器的方式。如果"真实情况"的结构被充分地加以说明,那么有必要将这些测量仪器定位于社会和政治过程中的战略要点上。有关物理事件的相似点是由气象站网络提供的,这些气象站通过提供预测所需的信息和相互决定的理论模型所需的数据,同步地发挥着不可或缺的作用。

## 深入和广泛的观察

当我们研究的对象是社会过程时,可能会在涉及某一观察领域时采取几个"角度"。当已经证明通过其他方法也能够得到相似的结果时,我们对任何观察者、工具或程序所获得的结果所具有的信心就会增加,反之,一个持续存在的差异会使我们从一种角度转移到下一种角度来揭示结果。考虑到我们对权力研究的关注,采用一种划分观察角度的体系显然很重要。

三个似乎重要的特征是:*控制*、*复杂性*和*持续性*。控制是指观察者对现象的影响。研究埃及早期王朝的当代历史学家没有可能去影响(控制)

他们所要说明的遥远的事件。同样,一个当代的记录者也不能对所发生的事情施加影响。因此,数以千计的观看电视审判(或听证)的旁观者中的一名科学观察者可以不采取任何改变程序的行为。进一步区分"收集者"和"旁观者"是有益的,因为旁观者有可能使某一收集者不能进行观察,而收集者必须依靠情况的"意外"残留。即使对当代事件的观察者也可能是收集者,而不是旁观者,例如当他对他从未见过的个人或团体的最近的行为加以评论时。我们不忽视这样一种事实,即历史学家可能会修改他们想要描述的人的行为。

我们已经区分了那些不能影响他们所说明的事件的观察者的两种角度。而在那些可以影响事件的观察者的角度中,也要区分两种:"有参与的观察者"和"访谈者"。

"有参与的观察者"是指在他所研究的人们的生活中起到积极作用的人,尽管他不向他的伙伴们展现其科学意图的全貌。最为极端的例子是为了研究监狱生活而去坐牢的访谈者,而囚犯认为他是真正的犯人。有所参与的观察者的方法已经被用于研究小城镇、医院、压力集团、政党以及其他许多委员会和各种多元化群体的生活。"访谈者"和他的研究对象之间的关系可以完全坦诚,调查对象不仅知道他正在为了科学的目的而被研究,而且还有可能了解结果将被怎样解释的智能结构。(一个例子是当一个受过专业训练的精神病医生被另一个精神病医生调查的时候,或者当一个具有丰富经验的已经成为管理者的研究工作人员成为有关管理观点和行为科学调查的调查对象时)

显然,参与者与访谈者之间的关系在许多方面有所不同。宣布研究某一社群的实地工作人员可能会深入参与到日常社会生活中,他们被完全接纳为邻居和朋友。这种情况在社会人类学家研究民间文化时会发生。统治者或许能充分了解由他任命编撰该政权之官方历史的"编年史者",尽管他可能并不知道该历史学家会使用什么样的参照标准来补充其常规编年史的记录。(最终结果可能与统治者的期望相去甚远)

至于控制,我们根据观察者在其领域或研究中所施加的积极或消极影响的程度来对观察的角度进行分类。访谈者和参与者是主动积极的;收集者和旁观者是被动消极的。当然,在实践中,这种纯粹的分类仅仅是大概的,并且会相互渗透。

观察的角度根据运用的工具或程序的复杂性会有所不同。如果一个外行可以被迅速地教会进行某种操作,那么该角度就是“简单的”。当必须经过培训或需要设备时,就变成“复杂的”。“专业对话”是前者的一个常见例子,例如当我们让法律专业的学生就专业课题去调查其他法律专业的学生、或者律师协会的成员或法官时。几乎不需要额外的教导,因为这些学生了解法律术语,并已具有各种各样的专业能力。(外行访谈者所需的特殊训练大多与记笔记或者操作其他记录设备有关)另一个极端主要出于探索法官、律师协会成员或者罪犯的个人生活史或职业生活史的目的而进行的长时间的心理分析访问。访谈者除了接受过基本的大学教育、医学和心理学培训之外,还必须已经进行过数年的心理分析研究。

对于准备一般或特殊能力的测试,或者一般或特殊脾气、性格和体格的测试而言,同样高的专业要求也必不可少。测试是根据某一给定对象在一个团体中的相对位置而对其进行描述的简洁方法。然而,测试是建立在一个有关理论假设和复杂方法的基础上的。如果问题是要设计一个测试,使我们可以将个人分为“专制”或“民主”,第一步是将定义为人—观察者的定义—的人定位于其中之一或另外一个,或者介于二者之间。接下来的程序是设计出可以有效区分这两类群体的问题(或非问题的调查)。测试不仅是用来将对象分类(通过排序或缩放),而是为了获取数据以确定适宜有关假设的研究中使才能或特征处于正常状态的因素。每一个因素必须按照指定的方式通过有效的测试来检测。如果科学问题是要研究何种程度上的“专制”是“智能”(定义为处理抽象事物的能力)的一种功能,就必须制定出有关智能的适当测试。这同样适用于“性格特征”、“气质”或“体型”,如果这些作为调查对象的话。指导研究的一种方法从回应需要解释的测试开始,并调查所测试的各种项目之间的联系以及所有其他可能的测试结果。交互表将揭露各种项目获得的分数达到何种程度时可以形成一个群集。这些群集可能被标记为“因素”。被报到的是所有不同测量方式得出的结果之间如何相互联系;这种相互联系确立了一种有利于寻找与统计相关的能力或特征的推定因素。当然,这种探求也可能是不成功的,因为统计结果可能是统计操纵所得。另外,群集可能会指向重要组成部分或反应可能发生的决定因素,从而加快研究。特别是,因子方法被很好地运用于表明是否"一般"或只是"特殊"因素在起作用。例如,在若干"能力"或"性格"测试中的表现可能被部分解释为是由于一个一般智能或性格因素的出现。如果群集更加特殊,则没有一般的因素可以解释其结果。因为涉及的程序非常复杂,对测试的制定和解释需要经过专门的培训。

观察的角度根据观察者和他的领域所接触的时间长短而进行分类。詹姆士·布莱斯(James Bryce)已经研究美国联邦很多年;相比较而言,有些有关美国观点的研究在几个小时内就完成了,与所选定的每个样本的直接采访调查只有几分钟。布莱斯依赖的是任何受过教育的外行人都可以使用的调查方法,从这一意义上而言,他的程序是相对简单的。[23] 相比之下,系统性的简要采访调查程序则是复杂的。

社会科学家采用的角度可以通过两种原则加以融合运用:团队合作与集约化。梅戴尔(Myrdal)关于黑人在美国的地位的报告被认为是许多资深观察者共同努力的成果,他们总结了大量现存的数据,并加入了对新情况的研究。[24] 团队合作使将所有方法集中于一个问题成为可能。分工可以使动机和技术与综合研究计划的要求相协调,该研究计划是由倡议者准备的最为复杂的程序和理论模型建议。投票调查就是一个突出的例子,因为个别访谈者可以在一个相对短的时间被培训完成其工作,尽管整个操作设计有赖于更为复杂的技巧。专业对话可以被引导使外行访谈者所作的报告能够比外行通常所作的记录贡献更多有意义的数据。(例如,无意识的姿势可以被详细地记录)

对某个情形不断地加强研究能使理论模型随着新的配置的出现而被调整。案例方法可以被用来获取"知情人的"观点,并使研究集中于那些不"显而易见"的问题。随着调查的继续进行,新的观察仪器可能会被采用以符合情形的要求。将部分初步结果公布可能会打开一扇新的大门。

通常而言,如果观察的角度是长期的、复杂的、积极的,我们称之为

---

〔23〕 BRYCE, THE AMERICAN COMMONWEALTH 2 vols. (rev. ed. 1931 and 1933).

〔24〕 MYRDAL, AN AMERICAN DILEMMA: THE NEGRO PROBLEM AND MODERN DEMOCRACY (1944).

“深入的”;如果它们是简短的、简单的、被动的,我们称之为“宽泛的”。

总而言之:

| | | |
|---|---|---|
| *观察角度*<br>*控制* | 深入的<br>积极的 | 宽泛的<br>消极的 |
| | ——访谈者 | ——收集者 |
| | ——参与者 | ——旁观者 |
| *复杂性* | 复杂的 | 简单的 |
| *持续时间* | 长期的 | 简短的 |

我们如何校准通过这些方法所获得的结果呢?请思考这样一种假设,即政治犯招募于有“嫉妒”个性的人中。尽管未经测试,我们仍可能明确地给出会话中所谓“嫉妒”的情形。由于适用于任何人,可以使用经选择的索引以提供有关陈述的概要并且记录下陈述的频繁(和重点):“他是一个有小许才能但有极大特权的人,”“我看见你给他的时间比给我的多”(等等)。科学观察者或许在接受上述这些陈述作为研究中关键概念的适当指标的意愿上有所不同。原则上,这并没有什么区别,因为如果另一个研究人员想要使用新的定义,是有可能用上述说明得到的结果来校准他的结果的。因此,当最初的定义被运用于分析情景时,如果在100个研究对象中有30个被描述为嫉妒的人,经校准的研究可能显示有25个人通过第二次详细说明后被分类为嫉妒的人。通过缩小或扩大适当的不变因素,在与最初的定义相协调下进行的任何研究可以与第二次说明相关联,反之亦然。

### 采访者和参与的观察者

#### 采访或参与的角色

采访或许是关于社会中人类的主要信息来源。采访是与有关人际关系的系统知识的一种接触。关键的问题是:谁将被采访?如何能够得到配合?如何为了获取信息进行采访?

为了使采访适合研究目的,我们不断修订我们从早年起就已经熟悉的一种有关人际关系的模式。从某种意义上说,人类的存在是一个很长的采访系列,其中,我们不断地变换着采访者和被采访者的角色。然而,人类之间的日常关系和由专家进行的采访调查之间的相似性不应该被过分地强调。例如,专家计划对他所看到的和听到的进行有条理的记录。他制定了明确的采访调查理论,并按照他自己的文化对普通人进行培养,该培养程度远远超过了外行人客观的水平和能力。自律水平比在传统商业或政治角色中要高。如果需要有效地调整采访者的行为,以适应获取数据的目的,科学家就必须克服非常广泛的无关的冲动。

人类学家对现代意识到的以采访调查作为研究方法的重要性作出了极大的贡献。为指导研究"野蛮社会"的英国学者而编写的"注释和查询"是早期的一本技术手册。用典型的英明的方式,马利诺斯基(Malinowski)将注意力集中于1922年的《西太平洋上的航海者》中采访者的采访艺术上。但是并不仅有人类学家对方法文献做出了贡献。不屈不挠的社会调查采访者,比阿特里斯(Beatrice)和西德尼·韦伯(Sidney Webb)出版了他们在编撰工会主义历史以及许多其他主题的经历中所获得的启示。[25] 连同1927年的《欧洲和美国的波兰农民》,社会学家Thomas和Znaniecki引起了人们对监督自传作为一种研究手段的方法的重要性的关注。当代,医学史开始依赖更为复杂的调查采访技巧,尤其是将其作为一种精神分析的结果。在需要认真研究的商业领域,职业面试是最初级的活动之一。[W. V. Bingham和B. V. Moore,《如何面试》(1931年)]在许多方面,最具有激励性的采访是在Elton Mayo和他的同事们的指导下进行的,他们研究了工业领域中人与人之间的联系。[26] 采访同样被用来加深我们对政治家、法官和律师的个人生活史的了解。对儿童心理的研究也广泛地使用采访,目的是为了充分了解年龄、才能以及人格结构的不同层次。

第一个问题——采访谁——主要取决于采访的目的。当需要的是相

〔25〕 WEBB & WEBB, METHODS OF SOCIAL STUDY (1932).

〔26〕 MAYO, HUMAN PROBLEMS OF AN INDUSTRIAL CIVILIZATION (1933).

对客观的信息时,则可以方便地谈论“来源”对象。“个案”对象则是那些从其获得更多个人信息的人们。假定我们正在研究的是健康和烈酒条例在康涅狄格州的执行情况。我们需要有关各种团体认为哪些事实违反该条例以及违反的程度、执行官员的精力和诚信等信息。我们从与该条例有不同程度的联系的群体中(例如公共卫生官员、警察、药剂师、私人医生、编辑)选出一些样本,对其进行调查。尽管我们主要是为了获得他们对通常情形的证言而接近这些提供信息的人,但我们从另外一个角度也对他们感兴趣。我们想要评估那些影响他们证言的因素。许多假设可以被制定出来,用以解释为什么一个采访对象将重点放在执行的失败上,而另一个却强调成功。我们预期政党或办公室派别的成员对法律执行的状况采取一个更为乐观的观点,而不是相反。我们预测接近生存边缘的商人比那些舒适富裕的商人,会对公共效率和公共道德持有一种更为悲观的观点。即使当我们开始进行采访的主要目的是查明客观事实时,我们也可能获悉采访对象的政治倾向,并了解他的经济地位。因此,从不同程度上,我们将每个采访对象都既作为“来源”,也作为“个案”。

在寻找来源时,我们希望定位于“知情者”。如果我们熟悉某个社群的社会结构,作为一种常规,我们可以毫不拖延地确定处于有利地位的采访对象。执业律师在确定各种事件的证人方面拥有十分丰富的经验,记者、侦探以及信贷专家也同样如此。然而,这种智慧和创造力在发现“知情者”时却很少出于科学的目的而被利用。

在选出了需要采访的对象之后,接下来的问题是如何获得配合。这涉及唤起被采访人的期望,即同意接受采访比拒绝采访能使他得到更多。在美国,人们普遍接受这样一种观点,有用的信息可以通过采访调查获得,配合的极大意愿可以通过许多渠道实现。如果公共目的是清楚的,并且主办者是负责任的,那么美国人一般都会贡献其时间和经验。这种对公共教化的关心是一种价值,并常常很有意义,足以打开所有的大门。其他价值也会被涉及,例如尊重和情感。当自己的观点被认真地对待时,人们就会愉快,并往往乐意说服朋友同意被采访的请求。奖励可能具有强烈的政治性,例如当愿望是要攻击或为目前的公职人员进行辩护时。有关采访对象的广泛的经济利益的观点或许足够促使他们参与。在其他时候,依靠以费用或馈赠为形式的小型的经济诱因或许有效。操守往往是一个有说服力的因素。改善恶劣条件的希望会争取到对少年的恶习、犯罪、虐待,令人反感的监狱条件,拒绝司法,或者警察部队或法官中的腐败进行研究的志愿的帮助。改善健康条件的前景是一项有力的诉求。具有特定技能的人(无论是执行者还是批评者)常常可以被招募来进行有关他们能力领域的项目的采访。

通过分享结果可以促使并维持合作。进展报告、事先披露暂时的结果以及对结果的联合审议都是成功的做法。这些程序在与个人、项目或专门机构进行联系时是十分重要的,它们必须依赖于执行可能会持续数年的研究项目中的自愿合作。这是"行动研究"的一个特征。

科学访谈者必须充分认识到在某些情况下,个人的合作可能是危险的这一事实。当结果可能使强权的个人或集体处于不利地位时,尤为如此。作为一种规则,科学工作是与警察工作相分离的,后者会不断呼吁保护和保证担心受到暗杀、抵制或其他严重侵害的证人的安全的措施。总是有这样的情况,当某人进行了有关自身的个人披露时,他就冒着一定风险。他可能对采访者的自由裁量判断错误;或者记录可能因为文书的错误或被盗而被不情愿地公开。

考虑到这种潜在的损失,事先就材料的使用制定明确的协议通常既适宜又体面。一个项目的严格的科学目的并不取决于对个人身份的披露,因为它寻求的是一种普遍联系。国家经济研究局的经济学家在报告他们有关利润水平的研究结果时不需要指出私人企业的名称,因为研究的目的是描述利润总额(按照综合分类,例如工业活动和投资规模)。

或许最为棘手的是那些在个人病历中发现的细节(尤其是通过心理分析方法得到的)。很难想像个人的病历一旦被公开不会使该对象受到嘲笑和轻视(或者甚至可能使他遭受法律诉讼)。科学家受过训练用不带感情的而暂缓用外行人的标准来衡量人们可以想到或报告的任何事物。这种使研究对象免于遵守某一文化的通常规则的做法是因为教化价值所具有的重要性。据推测,人际关系迟早将从准确的自我认识中获益,而无论对于风俗习惯而言是多么地让人震惊。对这些信息的获取原则上只限于社群中那些已经通过专门训练以使用材料作为验证系统的科学假设的数据而做好了准备的成员。从长远来看,要求并获得保密信息的专家必须负责任地行事,否则他们将会被不断增多的大失所望的调查对象的群体排斥出局。从社区对教化的关注的立场看,完全不可能同意由那些为了其他目的而亵渎科学的不负责任的人来干扰科学过程。

许多安排已经被成功地用来使采访对象相信将会采取预防措施使教化与其他价值之间实现恰当的平衡。在许多例如美国国会图书馆、华盛顿特区以及与大学、诊所以及福祉机构的医疗、心理学和社会研究项目有关的机构都已经建立了用于保存保密文件的储存库。

隐私的范围因文化、阶级以及时间的不同而有所区别。事实上,我们并不是很了解这些范围的准确界限。从科学的角度而言,这里的问题是要确保无论在匿名问题上作出怎样的让步,都不会歪曲最后报告中所传达的印象。

问题出现在采访资料的公布中,因为通常有必要修改所说的内容。细节不得仅按字面意思对待,而是应作为一般类别的例子对待。但是每一个变动的细节,无论其看上去多么微不足道,都可能会在某种程度上改变数据的涵义。例如,假定你正在对一个偏远的西部司法辖区联邦法院的法官进行私人采访。可能直到很多年过去了以后,该材料才被公布,但是即便这时,匿名也必须得到尊重。假设我们形容该采访为某联邦法官的经历。这在很多目的上都是令人满意的,但它却造成了数据的贫瘠。假设我们想要调查某特定时期的大法官们是否因他们所处国家的不同地区而彼此有所不同。如果区域标识被删除,公布的资料就不能被利用。又如另外一个例子。假设这个法官来自于一个中等条件的农民家庭,他的家庭在他 14 岁时从爱荷华州搬到了加利福尼亚州,并在那里,从耕种谷物转变成了种植柑橘类水果。为了匿名者的利益,我们或许不想说出爱荷华州和加利福尼亚州的名字。出于大多数目的,称该法官住在美国中西部的一个小型谷物农场上并不会构成对其传记摘要的损害。但是我们是否要说在他 14 岁时,他家变成种植柑橘类水果呢? 如果说的话,这将明确地指向加利福尼亚州或佛罗里达州,再与其他细节相联系,便会清晰地识别该法官。

当我们考虑采访的行为时,主要要维持获得结果所需要的激励水平。

假设我们考虑要进行有关执法研究的一系列采访。假设采访的时间将会从一个小时到三或四个小时,并且将几乎不会有重复采访或与同一个采访对象不断接触。在这种情况下,任务就是要迅速地取得信任,并让采访对象立刻进入富有成效的交谈。假设采访由一名律师安排,他称与一所大学法学院有联系的一个朋友正在进行有关执法的研究。这或许足以提示采访对象描述他自己的经历。但是接受采访者更可能会有所保留。如果采访对象缺乏任何主动性,那么采访者应立即解释其意图并选择那些适合赢得理解与合作的言辞,这一点是十分重要的。采访者必须使他的角色十分清楚,从而使采访对象头脑中不会存有任何迷惑。例如,如果被采访者完全没有接触过与法学院有关的研究,他可能会贸然断定采访者是在从事某个政府的项目,抑或甚至可能是"华盛顿"的特工。如果采访者冷静并且确定地说出他计划出版一本有关美国法律执行情况的书,那么结果就可能是他所希望得到的:真实的出版这一想法表明他既不是特工也不过于匆忙。

但是,最近有关"揭露"性的书籍的宣传可能是个不好的策略。一个较好的方法或许是某人将要去教授法律,并希望得到一些有关法律如何真正运行的实际的东西。如果采访者既是律师又是专家的话,那么一位专业人士足够谦虚地学习一些东西的想法或许会给人留下更加深刻的印象。对"实践"而非"书本知识"的兴趣在美国占有较大的分量,在非专业团体中尤其如此。降低保留的关键点是提出可以被对话者理解的自己的一个形象,并使对方积极地认同这一形象。所有方法中最古老的一种是暗示相互可以被接受的朋友、熟人、地方和活动。显而易见的是,有些采访者可以通过使用一种热心的、友好的、坦诚的举止给潜在的采访对象留下深刻的印象(这里的"举止",显然是指由面部表情、示意动作、声音共鸣以及对短语的选择等构成的一种模式)。但是不能理所当然地认为这普遍都会消除敌意。在许多农村地方的农民中间,任何健谈的陌生人都会被人们带有怀疑的眼光看待,他们会用这种怀疑来迎接图书销售人员、冒牌艺术家或城市滑头。在接近这些潜在的被采访人时,表现出一个认真的、矜持的、客观的、实事求是的自我形象是较为明智的。

如果采访对象滔滔不绝地讲述与采访目的无关的内容时,就要用得体的语言打断他，从而暗示一个更有用的讨论主线。一种令人尊敬的策略是通过提及他人、或者通过援引其他地方发生的事件来打断他。

采访通常会受到采访者控制之外的干扰，他们可能会在办公室遇到电话铃响，或者助理们的不断打扰。客户和当事人可能会进来；如果地点是在家中，妻子、家人或邻居可能会出现。问题是要估量第三方对采访资料的质量的影响大小。同伴的出现可能引发一种受约束的情绪，这会表现为迅速地变换话题。第三方有时可能会激发答问者，开拓其思维，或使之回忆起更多相关的细节。敏锐的采访者会留意特定类别的第三方的出现是鼓励还是拟制主要受访者的征兆。

有技巧的采访在一个确定但又灵活的操作计划中进行。采访者事先想好主要的问题，作为组织结果和评价结果所围绕的要点。其中一个问题是是否对采访对象进行问卷调查抑或凭记忆问问题。在某些领域，前者作为程序对认真的采访者是适当的，表明他已经彻底全面地思考了这一问题，并下决心要获得精确的可比较的结果。例如，簿记员和财务人员或许会期望采访者当着他们的面填写一份调查问卷或者留下文件由被采访者完成后交回。

除非一份正式的调查问卷是调查对象所尊重并期望的，可以使用更为灵活的方法。问题可以不经过引述某一文件而被提出，并可以按照看上去易懂并且用让调查对象感兴趣的方式措辞。这样一来，采访者与受访者的关系就更容易成为一种友好的交流模式了。

通常，将"棘手的"问题留到采访的后期阶段是明智的，这时信任的纽带已经建立起来。除非是非常特殊的一种采访，处事得体的陌生人不会一开始就询问采访对象的性生活或监狱记录。在安排话题的顺序时，如果不是按照逻辑顺序的话，那么按照心理学的顺序则是较为理想的。尽管它们之间有逻辑联系（抑或甚至是出于这种联系），话题可能与情感不相容，为了在采访中维持甚至从情感上取得进展，避免出现连串的"棘手的"话题是明智的，即使那些问题是紧密相连的。然而，要使新的观点看上去与之前的观点有可以理解的联系，某些逻辑的进展也是非常重要的。

当然，这并不意味着必须彻底避免显著的差异。而是差异需要维持在与将来的采访过程中有关的期望值的框架内。例如，在看上去认为严格执法的可取性理所当然之后,采访者可以突然改变他的口吻,询问人们是否真的认为烈酒流过未经许可的龙头有很大的关系。结果可能会反映出被采访者在整个问题上存有的矛盾心理。在"情绪"以及明显的信念上有系统的变化可能会诱发表面上的和接近表面的观点被更为广泛地揭露出来,反之展现的观点则较少。如果口气一直是严肃的以及迂腐地围绕执法问题,反应就会比当采访者允许自己运用幽默和机智时变化得少。这种富于变化的方法的一个陷阱是,个性灵活的人会附和采访者,而无论他的语气如何变化,这时就不会揭露出调查对象的"性格"以外的更多信息。

在威胁调查成功的危险中,一个危险是信任突然破裂后紧随着的恐惧和内疚。众所周知,"陌生人的心理"经常引出最特别的坦率。不论是在吸烟室或酒吧或在船上,人们会向一个全然陌生的人吐露心声。这在不出名的采访者身上时有发生,只要他对采访对象所说的内容采取一种宽容的态度。但是被采访者极大的坦诚有时会造成态度的逆转,采访者会突然被受采访者充满敌意与警惕地对待。许多名人在极端的自我暴露和躲在隐秘洞穴中的愧疚的边缘摇摇欲坠。当设法获得爱和安慰时,他们还是十分担心如果他们允许自己依赖别人的爱与赞美的话,可能会受到的伤害。片刻的启示促使良心危机的发生,其中自我被"背叛"妻子或搭档(或仅仅是自己的过去)的私密的内疚感所困扰。富有技巧的采访者学会在这些突发的启示在达到一种尴尬的披露深度之前将其切断。然而,如果被采访者显示出其为已经说过的话而感到内疚的迹象时,一种缓解这种情形的有用的方式是有意识地强化自我肯定。有时这可以通过联系其他人已经告诉过采访者的同样"丢脸的"事件(不指明该人),并赞扬他所表现出来的很大的帮助与责任感。一般而言,有能力的采访者会计划维持一种允许"不掉眼泪的披露"的亲密水平。

与采访有关的一个技术问题是获得准确的记录而不打断采访对象的回答。除有一些例外(上述提到过),一个更为"自然的"谈话过程是由不记录笔记的采访者维持的。但是完整的采访记录要花上几个小时,因此削减采访后的记录量是十分具有诱惑力的。一些采访者在一边谈话一边进行速记方面很成功。这可以通过把注意力集中在采访对象身上而不是放在笔记本上而悄悄地(而不是偷偷地)进行。一种重要的新工具已经以轻型便携的记录设备的形式被引进。美国国际特许经营协会中的被采访者通常都希望进行记录。但是采访者常常会发现自己有必要在采访之后凭记忆做记录。

在做记录的过程中,有些重要的简单规则。首先是要尊重"从他们自己嘴里出来的"东西。十分重要的一点是要善于聆听和接收采访对象使用的准确的词语和短语以及有特色的创新和言语错误。当关键词是书面用语的时候,某一特定的采访记录的意义就会大为提高,这是因为许多反之不会被注意到的联系就会显现出来。不是释义、而是书面文字提供了有关各种各样的象征模式的传播的重要信息。例如,具体教派、秘密社团以及政治派别的不断增大的影响力可能通过对具体的陈词滥调的注意而被确定。

在简要采访的技巧中,问卷可以积累起最为丰富的知识。问卷采访通常都很短,由一系列简短的问题和答案组成,答案在被采访者在场的情况下被记录。对影响回答的E和P因素已经事先进行了许多研究。例如:问题的措辞如何影响受过不同教育程度的被采访者的回答?问题被提出的顺序如何影响结果?处于上层阶级的采访者对上、中、下层阶级的回答者的答复具有怎样的影响?中层阶级的采访者又对按阶级分类的调查对象有怎样的影响呢?同样,下层阶级的采访者的影响呢?采访对正在其中进行的集体行动期间有什么影响呢?(例如,选举的早期、中期和高潮阶段)采访者不同的方法风格——扩展型的、实事求是型的、或者可变型的——带来的影响又是什么呢?

我们现在转到与参与的观察者而非采访者有关的一些问题。参与者的角色为了科学的目的在许多种情形中已被作为假设。采访者已经进行了社区研究,他让邻居都清楚地知道他正在进行一项研究。但是对具体的问题仍然含糊不清,并且在许多案例中,社区的成员有这样一种感觉,即正在调查的是另外一种事物而不是采访者实际的目的。从参与者使被采访者身上形成了自我意识这种程度上而言,他正在建立一种采访关系。最大的区别是当人们不知道他们正在被调查时,并且把观察者视为正在履行该文化所常见的一种角色。这发生在观察者对自己的计划保密的社区研究中。类似的关系已经从在监狱、医院、学校、志愿团体、政府机构等内部进行的研究中获得。(科学家与情形之间的联系就好像是侦探,只是目的有所不同而已)

在完成参与者-观察者的项目时,主要的危害是做记录。有时,扮演一个该文化背景下认为可以包括做记录内容的角色是有可能的。因此,董事会的成员可以记笔记,而不会引起担心。或者速记员、机要秘书或助理都可以这样做。对很多工厂的运行的监督者可以填写表格,其中有些是官方的,有些是与研究项目有关的。有时在不被调查对象知道的情况下就可以做记录,尽管这会带来事与愿违的危险。实地调查员会安排立刻将它们的笔记从调查现场传出去,以减少意外暴露的危险。

也许做记录或者披露正在进行的情况有违正式或非正式的规定。在有关陪审团评议以及许多其他存有正式和非正式保密要求的情况下,的确如此。

当过去的事件在发生很久之后被描述,人们回忆的易错性又再次加以证明。报告的真实性可能含有自我记录的可疑性。

**长期顿悟访谈的特殊作用**

与人们互相交往的通常惯例具有最大差别的调查是弗洛伊德(Sigmund Freud)发明的"正统"心理分析方法。[27] 该程序最初是作为一种治疗方法被想出来的,但是被证明尤其对研究富有成效。弗洛伊德总结归纳出来的规则虽然经历了无数次的修改,但是经典的程序仍作为主要的方式,由延续这种严格传统的人进行"训练"分析。

必须将弗洛伊德的技术程序与他的人格发展理论相区分。理论要根据对旧方法的新应用以及其他方法而获得的新数据而作出修改。

为了当前的目的,弗洛伊德长期顿悟访谈在某些细节上是值得加以讨论的。弗洛伊德发明了一种使用头脑的方法,这可以慎重地被用来弥补逻辑思考的局限,并加深自我理解。自由联想的方法并不局限于医生的临床问题。在日常生活中也可以将它作为提高法官、律师和门外汉的

---

〔27〕 参见 FREUD,前注 15。

理性思维的一种方式而加以使用。

我们对心理分析的兴趣在于该程序是观察自我和他人并因此获得对影响其作出决定的倾向因素更为现实的理解的一种特别深入的方法。通过研究对心理分析的解释所基于的推论,我们会比平常更为小心地仔细检查人们行为的细节。许多结论都可以转移到办公室、法院、委员会会议和集会。存在许多对客户、证人、合作伙伴、书记员、对方律师、法官和陪审员的暗示评价。[28]

通过考虑心理分析的科学基础如何能够更为坚固,我们进行了有价值的科学思考。与其他活动相比,联谊会的一些鲜明的特征十分突出;我们能够更好地判断不同的调查方法对人们互动领域的适应性。[29]

在分析访谈的情况下,访谈对象被引导畅所欲言,允许谈论他头脑中出现的任何东西。即使是今天,在心理分析法变得广为人知的几十年之后,让外行人接受这一规则并去实践仍然十分困难。主要的困难来源于那些与自动阻止许多自我冲动相同的避免在完全清醒的情况下直接地自我表露的因素。在人的一生中,人们总是处于学习如何符合文化期望的过程中。该过程包含了不停的实践,很多的"无价值的"、"琐碎的",或只是"不相关的"凭意识的想法和感受除外。一种由对充沛的精力和敏捷的动作的后天的抑制结构支持着这些排除。该结构是过去敌对冲动之间相冲突的结果,例如向父母挑战的愿望,以及通过接受约束而赢得爱和情感。在这些严重的冲突中,孩子们通过压制或抑制攻击倾向而使问题或多或少地得以成功解决。抑制结构一旦建立起来,就会在阻碍完成冒犯行为的冲动方面顺利地运作。在有充分意识之前,阻碍就会发生(抵抗)。然而,在某些情况下,如果行为已经完成,抑制结构或被削弱或被置于一边,使得个人能够完全明白他所寻求的目标的性质。有时,这些启示的时

---

〔28〕 关于深入的说明,请参见 H. LASSWELL, PSYCHOPATHOLOGY AND POLITICS (1930, 1960 with *Afterthoughts*) and POWER AND PERSONALITY (1948)。还可参见 H. LASSWELL, THE ANALYSIS OF POLITICAL BEHAVIOUR: AN EMPIRICAL APPROACH (1948)。

〔29〕 对当代发展的讨论,请参见 M. EDELSON, PSYCHOANALYSIS: A THEORY IN CRISIS (1988);又参见 the review of Edelson in R. Wallerstein, *How Can We Know if It's True?* NEW YORK TIMES BOOK REVIEW, February 26, 1989, page 36。

刻与严重的冲击和恐慌相伴,使人们无法通过纳入爆发的冲动来修改自我的意识形象。这可能会导致从自我发现的焦虑中获得安慰的激烈的解决方案。一种结果或许是将侵略的冲动转向自身,从而导致自杀。或者抑制结构可能会被重新实施,可能以更加强制的方式。不受欢迎的冲动可能不会减少它们的强度,尽管它们已经从意识中被除去,带来的结果是他们能够以伪装的形式加以表达。因此,有人可能会如此深信他的邻居是意图杀害他的敌人,以至于陷入昏迷,并不再照顾自己。在这种情况下,这个人被认为病得很严重。

然而,不通过经历此种灾难性的危险而获得对自我结构的理解也是有可能的。在心理分析访问中,一个目标是使调查对象有可能在不遭受损害的情况下持续地对其增加理解。

心理分析的经验似乎支持这种观点,即有些人格发展得如此之好以至于自由联想不会产生可预见的不舒适的证据,即使其坦率地处理自身的每个冲动、幻想、回忆、或猜想。与此同时,调查对象表现出回应的正常合理的变化性,既不十分超脱,也不过于严肃、轻浮或消沉。这一类的健康人士不会使童年和婴儿时代早期发生的严重冲突重新对其发生作用。他们如此好地融入当前的生活以至于他们没有任何动机沉湎于过去未被清算的残余中。

我们不能十分确信地说,这类健康人士是如何根据文化或阶级而加以分布的。我们的人口样本太不完善以至于不能承认这种普遍性。我们知道在寻求医疗帮助的人中这些对象十分少见。但是,当然,这并没有告诉我们社群中不是病人的那些成员的情况。经历培训分析的实习精神病医生或社会科学家几乎总会发现随着他们童年时代的神经症的后遗症得到解决,他们会在治疗上受益。这大概是一种相对普遍的状态,至少在我们文化的中上阶层是这样。

那么,证据是深刻顿悟可能不会伴随着难以忍受的焦虑。轻度焦虑是可以不用担心地被接受的,这一事实表明即使是在心理分析谈话的情形之外,人们也有可能获得无风险的顿悟。

但是在我们考虑何种程度上人们可以“采访自己”之前,让我们考查一下传统关系中发生的深刻认识。从一个经历过心理分析的人的角度来看，我们发现他可能会回忆起一些自我披露的重要时刻。经常回想起的是这一经历是在对采访情形以及自身行为不断增长的不满之后进行。这类描述中的一种如下（对一个私人谈话的改述）：

> 我非常惊讶地发现我嫉妒我的弟弟。我总是想象我为他出色的成绩感到自豪。当我在经历了一段对分析师不断增长的埋怨的时期后，才逐渐了解到这点。我发现我将面谈访问的时间推后到越来越迟。我常常不知道从哪里着手，并因不能更快地进步而感到烦恼。有时，我会头脑一片空白，全然不知道要说什么。即使是我的梦也变得寥寥可数。有一天分析师问我是否愿意将时间调回到之前那样。我说"是的"，但是却感到愤怒。我发现自己在想分析师胆敢为了方便他的宠物而调换我的时间。第二天，我第一次谈论了自己的不满，突然涌现了有关在家过圣诞节和节假日的大量回忆，在这些时候，我感到被轻视。这就像一头骡子踢了我一脚那样，猛然使我意识到我总是对父母有一种暗藏的敌意，因为他们对我的弟弟有所偏爱。我感到发现"真实"的自我是怎样地让我觉得很丢脸。我对分析师的不满顿然消失，并发觉自己比以前更渴望看到我的弟弟。

顿悟的经历通常是在经历了是否接受事实的一段长期的挣扎之后获得的。另一段引述如下：

> 我的分析过程中的一个转折点是我终于可以向我自己和分析师承认，我对法庭上来到我面前的人遭受到痛苦而感到愉悦。这一点是在我不停地提到最近的一个案件中的被告人的妻子的痛苦时发现的。我不能将她的画面从我脑海中除去。她总是在现场，天天都坐在同样的位置上。我不能说她是个非常漂亮的女人，但是她引人注目并且有教养。大多数时候，她显得苍白和紧张，并总是看上去很孤独。有一天，分析师打断我，说我明显是因想到她有多么痛苦而感到一些满足。我骂他是混蛋，但接着就承认我最好思考一下那些我最初不相信的东西。我尽力尝试，却找不到想到这个不幸的女人时的愉悦的痕迹。我开始想许多曾在我面前出现过的其他的可怜人物。我感到想同情地哭泣，并向分析师抱怨如果他感到我喜欢看人们受痛苦，尤其是如果他们在我的法庭"之下"时的话，那他的想法是没有

基础的。对“之下”这一词的奇怪使用引起了分析师和我自己的注意。但是我觉得它除了指每个人都坐得低于我之外,不意味任何其他东西。这个词不停地回荡在我脑中,我很惭愧地发现我想象着自己有整个法庭那么大,数百人跑来跑去地哭着向我请求。在这样的事情发生了一段时间之后,我发现我看到这些人承受痛苦而感到愉悦或者甚至使他们不快乐的这样一个事实,的确是有些意义的。

这些报道对调查对象经历顿悟的方式给出了一些提示。那么从善于分析的观察者的角度看又怎样呢?从科学的观点来看,分析师可能为探索对接近顿悟、内容、时机以及对顿悟的反应的预先迹象而提出问题。访谈者有责任指导其自身的行为从而使被访谈者免于遭受多于其可以承受的焦虑。他还有进一步的责任即保持足够的紧张气氛促使调查对象思考他提出的问题。因此,心理分析师必须预测受访者对潜在的顿悟方式的回应,以决定是否加速或放缓谈话过程,并选择相应的方式已达到目的。

这并不意味着有资格的心理分析师在采取行动之前要有意识地演练这些选择。有经验的访谈者已经具有了一种辨别语义的能力而不用停下来详细说明,不寻常和不确定的时刻除外。除非访谈者已经掌握了职业工具以至于按照最少的反思行事,否则他还不是一个熟练的分析师。尤为重要的是理智不应当干预分析师针对具体对象的总方向。治疗精神病的经验所累积的知识的一部分要求与受访者保持密切关系。如果分析师允许自己全神贯注于他所得到的回答的理智化,他的成功就会受到威胁。这样一种全神贯注很有可能影响分析对象从分析师那里获得线索。这些线索可能意味着分析师对全面密切关系的撤回。这种撤回带来的是对另一个人的人格的剥夺性攻击,因为它意味着对他的情感和智力状况的专注的撤回。撤回就是拒绝尊重,它也可能被解释为收回感情。在情感和尊重被要求为权利的案件中,它甚至可能被认为是一种不道德的行为。可能关乎对幸福的剥夺,意思是要求(无意识地)分析师提供保护以避免自我毁灭。对密切关系的干扰也可能被视为笨拙、缺乏技巧的证据。可能会牵扯到权力,例如当调查对象提出强制性的要求分析师放任其行事,或要求其承受成为表达杀人冲动的目标的后果时。对材料的要求可能是混杂在一起的,尤其是如果分析对象很敏感于得到值得他为之付出的金钱的话。

那么,分析师习惯性的理智化可能会破坏密切关系,甚至使分析对象再也不接受访谈并无法与自己和解。因为分析对象可能会仿效分析师撤回到客观并发展他自己的理智化,并运用理智推迟或无限期地延缓容忍冲动,然而自我系统的分裂要被有效地重组和再生,必须发生一定程度的冲动。

理智化只是可能干扰分析师的使病人顿悟的若干反应中的一种。访谈者可能会过分纠缠于对象的情感需要中。这种“过分密切”提供了如此多的满足以至于分析对象失去了继续承受和克服焦虑的动力。过分纠缠不仅仅表现在感情上,而且还表现在长期地承受和容忍的程度,这使对象将分析师作为一种侵略目标加以利用。某种程度上,这种利用与分析是分不开的,问题是要将它们控制在富有成效的范围以内。心理分析师的任务是继续他自己的分析,并将它作为保护自己避免成为对象的无意识的敌意的一种工具,这可能导致内疚感,并且只有在采访者充当被分析对象替罪羔羊时才会受到约束。

对密切关系的培养是如此重要,以至于可能要在诱导一种尚不完全理智的方法上加以强调。许多“直觉”心理分析学家因他们在患者身上取得的成功而被称赞。他们往往不能背诵比教科书更多的理论要点,但是他们似乎能够提出使调查具有创造性所必要的刺激或保证。凭直觉的治疗专家是与冷淡却在智力上有天赋的分析师有区别的,后者不能使他们的患者足够充分地参与到调查中来以获取比表面的结果更多的东西。

探讨这些问题时的关键词具有极大的模糊性。如前所述,像“密切关系”(或“移情”、“反移情”、“阻抗”)这样的词并不容易界定,尽管可以从反面加以描述。从分析师方面看,要涉及允许自己全面并深入地关注患者传递出的每一个线索的意愿。这些线索得到非习惯性理智化的回应,从而培养出“自发性”。但是这种自发性存在于一个有纪律的框架内,该框架不仅由分析师的基本人格,而且还由他的专业训练和经历所决定。它不存在任何混乱、无政府状态或任性。从他们十分迅速地与其他人形成密切关系的角度看,许多门外汉具有极高的直觉。很明显,将访谈者与外行相区分不是为了密切关系的功能,而是为了利用密切关系获得作为培养对方洞察力的手段。“直觉的”外行可能会感到对方的需要和倾向,进而为了自己的目的加以利用,而很少考虑对方的长远利益。最为极端的例子是有焦虑驱动型人格的人,他们对他人无意中提供的线索过于敏感,并作出有关内疚感的正确推断,进而为了权力、金钱或其他价值而加以利用。很明显,除非与明智的善心相连,否则密切关系也没有任何美德。

人们如何防止对访谈的歪曲?一种诚实的科学态度是必要的,这表明愿意将每个假定都当作一种临时的假设看待,而不是不可挑战的信条。探究性的态度是不可与模糊相混淆的。比较而言,探究性的头脑在主要的假设上是清楚和明确的,尽管这些关键假设要受制于探索真理过程中作出的重新解释。

科学的方法必须通过明确的假设加以实施。有些理智化是必要的,即使冒着在某种程度上降低与调查对象的密切关系的危险。一种被采用的科学方法会明确地处理确定的问题:正在接近顿悟的预先迹象是什么?哪种顿悟?对顿悟的反应将会怎样?(被访者冒有多大的不能承受的风险?)

让我们从访谈者的立场上更为详细地考虑这种情况。他所关注的语言和非言语的活动。非言语的活动是指那些有形的肢体活动,它们是一种文化载体所司空见惯的姿势。语言、姿势和其他活动是访谈者据以得出结论所依靠的三大要素。

访谈者的任务是将他关注的事件置于合适的场合之中。这些事件与过去、现在和未来相关;并且未来在某种程度上取决于访谈者本人的所作所为。我们可以用下图来考虑这些关系:

| | | | | | | | | | | | | | | | | | | | | | | | | |
|---|---|---|---|---|---|---|---|---|---|---|---|---|---|---|---|---|---|---|---|---|---|---|---|---|
| | | | | | | | I | | 5 | | | | | | | | | | | | | | | |
| | | | | | | | | | - | - | - | - | - | - | - | - | - | - | | | | | | |
| | | | | | | | | | | | | | | | | | | | | | | | | |
| | | | 1 | 1 | 1 | 1 | 1 | 1 | 1 | 1 | | | | | | | | | | | | | | |
| S | | 3 | | 2 | 2 | 2 | 2 | 2 | 2 | 2 | | 4 | | | | | | | | | | | | |
| | - | - | - | - | = | - | = | - | = | - | = | - | = | - | = | - | = | - | = | - | - | - | - | → |
| O | - | - | - | - | - | - | - | - | - | - | - | - | - | - | - | - | - | - | - | - | - | - | - | → |

| | | | | | | | | | | | | | | | | | | | | | | | | |
|---|---|---|---|---|---|---|---|---|---|---|---|---|---|---|---|---|---|---|---|---|---|---|---|---|
| | | | | | | | I | | | 5 | | | | | | | | | | | | | | |
| | | | | | | | | | – | – | – | – | – | – | – | – | – | – | | | | | | |
| | | | | | | | | | | | | | | | | | | | | | | | | |
| | | | | | 1 | | 1 | | 1 | | 1 | | 1 | | 1 | | 1 | | 1 | | | | | |
| S | | | 3 | | | 2 | | 2 | | 2 | | 2 | | 2 | | 2 | | 2 | | | 4 | | | |
| | – | – | – | – | = | – | = | – | = | – | = | – | = | – | = | – | = | – | = | – | – | – | – | → |
| O | – | – | – | – | – | – | – | – | – | – | – | – | – | – | – | – | – | – | – | – | – | – | – | → |

I、S 和 O 行表明了事件的先后顺序，包括了“访谈者”、“访谈对象”和“其他”人员（能够影响访谈对象的人员）的职业。重叠的行（标识为 1）代表访谈的时间和访谈事件发生的顺序。它们之间单独的行是关于“相互访谈”的事件，即访谈之间所发生的事件（标识为 2）。标识为 3 的那行涉及访谈对象在接受访谈之前的生活中的事件（“访谈前阶段”）。标识为 4 的那行涉及访谈之后将要出现的结果（“访谈后阶段”）。序号 5 记录着访谈者当场的所见所闻，他需要努力将之置于我们以上描述的合适的场合中。为了指明访谈者试图理解他眼前事件之时可能想象存在的其他可能的途径，我们在将来部分细化出了 S、I、O 行，这可能使得该图标略显复杂。

分析者得出的一些结论是“内在访谈”。他试图预言今后将发生什么；他也可能介入并变更。假设他某天正聆听调查对象说话时，这位病人在沙发上坐了下来但并未马上开始说话。如何解释此时的沉默呢？对于当时剩余的时间而言，沉默又预示着什么呢？一种假设是沉默表明对访谈者的强烈的敌意。沉默意味着破坏了访谈对象滔滔不绝地说话这一规则：除非访谈对象说话，否则访谈将受到阻碍。因此，沉默是强加于访谈者的一种对权利的剥夺（或者，更抽象地说，是整个访谈的情景）。在某种程度上，访谈对象自己同时也受到伤害，因为他不能尽快获得成功，而这可能是花费不菲、痛苦不幸的。

基于这种对敌意的假设，访谈者可能会得出一些预测（然而，他可能不会当场与访谈对象交流）。一种预测是访谈对象将可能公开表示不满。访谈者可能估计敌意来自于对其他病人的妒忌，这转而源自于他们早期生活中的一种倾向。但是,访谈对象可能会洞察但不会试图逃离调查,这个推论的根据是什么呢?访谈对象以沉默为限已经有意撤退:他是否会有所犹豫并逃离当时情景中的压力和紧张呢?访谈者可能否定这种可能性,因为近期调查中访谈对象所提供的材料表明他正在享受心理分析的满足感。访谈者基于何种理由来预测访谈对象的敌意与妒忌有关呢?这一推论可能基于下列诸多零星的理由:尽管对弟弟的赞扬有所夸张,但看起来这两兄弟并未通过书信或访问而联系紧密;居高临下地评论他之后的病人或其他在大街上等候的病人;毫不客气地对才华横溢、地位上升的同事说三道四,暗示他不过是运气比较好而已。总之,这些碎片可能差强人意,但科学性的问题在于是否有可能概括性的阐述可适用于上述行为的假设,即他的倾向包含有妒忌的嫌疑,以为权威对他有歧视。

我们暂时沿着下述途径来考虑这些假设:那些在访谈早期表现出适度妒忌的访谈对象能够在基本不被打扰的情况下产生顿悟(这些访谈对象与那些没有表现出妒忌或已经开始表现出强烈妒忌的人形成对比)。如果该假设有待确证,那么有必要详述什么是"适度","表现出妒忌","访谈早期","顿悟"和"打扰"。例如,有必要详述表现出妒忌的最低的频繁性。妒忌可能表现为诸如以下陈述:声称其他人受到不公正的优待,尤其是访谈对象的竞争对手。妒忌的强度可以通过此类陈述的频繁度和重点强调得以展现。对反映其感受的用语的选择、强烈的感情流露和颇具表现力的姿势都能突出该重点。能够确定地说,访谈的"早期"是指最初的几个月内,而且"访谈"是一种分析者积极介入的访谈(即,在早期阶段提供一些解释)。在极端情况下,破坏性的反应即意味着彻底中断访谈(甚至自杀)。

对顿悟访谈的透彻的研究还处于初期阶段。到目前为止,对于任何假设的真实性的描述大多还是基于专家们对所有经验的解释意见,而并非直接来自于公布的数据。如果我们能够沿着下述途径来概括总结现有的知识,我们将会精益求精:"表现出适度妒忌的上述假设是完全正确的,除了极端情形;在精神病的情况下这似乎得不到确证。"

得出明确推论所要求科学训练能够揭示出被忽略的假设。当然,如果低估了这项工作的复杂性,那就大错特错了。技术进步在一定程度上使解决这种问题得到简化,譬如录音技术的进步。除了录音之外,也可能追踪访谈过程中的一些心理波动。这项试验的优点在于,借助访谈者无法通过感官获得的数据来不断改进先前的判断。有理由期待,至少一些内心反应与可视的外部反应相结合,与完全依靠其中任何一种相比,将更具有辅助判断和预测未来的用途。

如果我们关注从访谈者的角度来辨别顿悟事件,这些潜在的可能性将会更加明朗。一项明显的标准是访谈对象的*直接证言*,他说他已经认识到关于自我的新的东西。然而,经验事实表明此类陈述可能被改变,尤其是在焦虑程度较高时。如果在上述访谈对象能够记住诸多妒忌实例时,大量的*准确材料*能够立即出现,那么这种被观察到的主张的可信度将会提高。进一步的陈述将会附有*感情证据*,随后伴有*焦虑程度的降低*并享受一种新的自由。如果访谈对象一味单调地说他仅仅发现从别人的痛苦中取乐,这种观察的深度将会大打折扣。当消息灵通的智者仅仅从逻辑假设中演绎出貌似合理的结果时,他们也可能声称他们已经进行了深入观察。尽管并不需要具有彻底的经验事实来作为顿悟的保障,冷酷无情则意味着仍然存在问题,并未实现客观性。客观性通过对于自身的彻底的重新评价得以实现。影响无意识的抑制力可能是最为成功的方法,人们据以保护自身免于焦虑,进而再次努力直接处理好爱恨情仇。观察分析的核心问题宛如冰川的融化,就像人类在孩童时期那样学会自己去适应环境。

另一项真实的标准是在认可一项构想前与之*作不懈的斗争*。在某些分析中,当分析者提出一种新的解释时,否定论是一种自动的反应。如之前指出的那样,当访谈对象被突然压制时他并不必然地产生有意识的痛苦,尽管这经常发生。在访谈对象尚未准备好之前,分析者可能会错误地作出一种解释。可能不会有"确定的原罪",也不存在对所谓线索的有意识的了解。保护人们不被顿悟的缓冲反应可能如此强烈,以至于至今无法取得任何进展。唤起访谈对象对某些看起来与解释相*冲突*的材料的注意,这通常是一种有效的用来检验一种新观点是否站得住脚的方法。

即将到来的顿悟经常给事实蒙上一层阴影。有证据表明在完全了解冲突之前总是让人*忧心忡忡*。既然许多冲动和矛盾总是存在的,因此访谈中表现出来的一些表面现象并不容易被解读。这类似于一阵风或一潭水，既有漩涡也有逆流，主流显得模糊不清。表面之下是更深层次的活动。离表面不远经常存在特别的冲突，所以分析者要在访谈对象对此问题有任何思考之前就能发觉将要发生的事情。访谈者正确地预测到访谈对象从别人痛苦中获得的隐蔽的满足感，这种推论链就是很好的例证，来说明如何从分散的访谈中获得成功的预测。

总的来说，如下

顿悟标准 = 证言

+

确凿材料

+

情感退却后的影响

+

接受认可前的拒绝

+

超越反对意见

+

上升的全神贯注

所有在系列访谈中发生的事件都能被解释为一种顿悟或类似于顿悟。访谈者习惯于将当前情况与潜在的顿悟一起考虑，并将当前情况几乎视为一种最终版本。一种通常的类似情况就是回忆。回忆的内容涉及对过去事件的陈述。这是众多访谈的突出特点，尤其是因为养成了那种广为接受的传统，即访谈对象被认为是在讲述自己的生活历史。我们经常认为访谈者首先关注性生活的细节，以至于最初的话题可能追溯性生活的过程，指明谁主动、想和谁做什么。（实际上，在访谈时，这些关于先前适当礼仪的概念消失殆尽）广泛说来，回忆是一种顿悟的间接方法。"间接"一词意味着许多直接的途径都是开放的。经验表明，无节制的回忆能够被用作替代并遵从顿悟。例如，当访谈对象几乎意识到他从别人痛苦中获得的不正当的满足感时，他投入到对他母亲的仁爱的冗长的故事情节中，也许会致力于他服务的公共社团组织的活动之中。当然，很明显他的回忆就是他自身仁爱的例证(这与他紧密联系)。它们构成了对下述“指责”的不言而喻的反驳:他自己的意识表明他事实上从他人的不愉快中获得了满足感。

在进行顿悟的过程中,一旦访谈对象的回忆走向高峰,那么回忆的创造性功能尤其得到较好的例证。在此阶段,回忆使得个人进行自我改善。他截取与整体相脱离或扭曲的部分经验并将它们适当排序。在冲突驱动型的性格中,这是从所有经验中获得的一种最大的满足感,因为这产生一种能治愈经验碎片的统一感和连贯性。这是一种接受自己过往的最终行为,过去的事件得到认可、理解和评价,而非否定或歪曲。通过“时间连带性”的行为,个人穿越排干了表达个性潜在活力的航道,重新获得与之紧密相连的目标。回忆行为并不是“纯粹的思想”活动。

回忆之外,我们来谈下*想象*。我们可能称之为幻想,不过,该术语用作其他目的更为便利。想象是一种对事件没有准确时间、地点定位的陈述。梦就是属于这一类(也包括白日梦,作为未来的计划安排)。想象类似于一种尚未达到的顿悟。对于访谈者的敌意有时通过想象其所剥夺的权利而表现出来。可能是一次荒诞的演说,或着假装荒唐可笑,或被卡车撞倒。暗示通常是不明确的:梦中国王或其他权威人士被送上断头台。病人有时会有生动的白日梦,如分析者决定终止访谈,然后再要求其恢复正常。或者被访谈者将会对访谈者的健康状态有所警觉并询问其是否能够继续访谈。

第三种接近顿悟的方法是对一般陈述、争论或分析的推理。访谈对象推测一个主题而非提供与其个人相关的回忆和想象。然后,像回忆一样,所有理论并非都不适用。对于大多数而言,这向对自身更宽容、更超脱迈出了坚实的一步。但推理并不总是先于顿悟过程。某个访谈对象会发现他难以继续在分析中立足,这时会产生对心理分析的科学特征的突如其来的忧虑。这种推测(涉及一个完全合法的话题)将会排除所有新的材料,或者拒绝解释现有的经验碎片。很明显,当这个访谈对象对心理分析了解更多时,将会更好地作出决定。

接近顿悟的方法 = 回忆

+

想象

+

推理

顿悟的方法能够基于其他标识而不限于在访谈之中使用的言语表达。任何行为的细节都可能富有启发意义,包括身体动作和言语。

*表达方式*尤其具有启发力。我们已经评论了沉默,它的“轰鸣声”远胜于言语。焦虑的增加经常被表达方式的改变所暴露。每分钟吐词数量的改变可以表明个人正越说越快,这是一种“黑暗中鸣笛”的方式。不愿意“坦白承认”可以通过加快语速以至于听众无法听清楚而表现出来;或者,相反,可以通过低声细语和含糊不清的措辞来表现。在恐惧的压力之下,声音可能提高八度,变得底气不足、尖锐刺耳甚至高亢。音调可能恢复为孩童似的令人愉快的基调,尽管个人给分析者发出的信息表明,不要因为他将表达的憎恶而进行报复。向其他方向急剧摇晃可能增加音量并流露出生气的语调。各种各样的表达错误变得越来越多,诸如结巴、口吃、发音错误和音调错误等。

有时,焦虑的增加可以通过姿态和步伐的改变而显示出来。当病人接受访谈或离开时,他显然会放慢速度,或者甚至开始步履拖沓。平时正常的直立姿势可能变为悬臂弯腰。或者这种改变可能在一段时间内朝另一方向。竖直的脊柱也开始四处依靠。访谈对象变得活动过度,就像在追赶火车一样。当个人意识到压抑的性冲动时,他们经常提前透露给善于观察的眼睛。一个轻微摆动臀部的访谈对象突然开始夸张地扭动着身体前行;由此毫不奇怪地,除了对他自己而言,发现此时强烈的同性恋成分已被扰乱。反之,一个多年来妥协于活跃的同性生活的访谈对象开始减少他臀部的晃动,并在第一次开始流露出异性幻想之前就会增加他步伐的稳重性。

*头部*活动的变化对未来的趋势提供线索。访谈对象在每个阶段中产生阻抗时将表现出高度的规律性,这是一个两步走的过程。第一步是在过程中抑制任何头部活动。通常,五至十分钟的间隔中访谈对象会左右摆动头部。第二步始于访谈对象每隔两三分钟就开始摇头。在顿悟的高峰期过后,她逐渐回落到五至十分钟的运动规律。另一个病人很明显地

抬起下巴,让她鼻子抬高在空中,这种情况多见于狂想症状之中。随着下巴的抬高,访谈者预计在短时间内将会给他和其他所有分析者带来讽刺和嘲笑。

脸部表情尤为丰富,是“四两拨千斤”的效果。当然,眼睛是最突出的部分。对于医学心理学家来说,当访谈对象不愿意或不能够与访谈者眼神交流时,这是相当失败的,可能在处理一个神经过敏者。如果访谈对象处于压力之中的话,他们在上下班时经常眼神迷离(通常,在一些情景中可以预见人们的眼神消失在相反的地方,他们试图以目光压倒心理学家。)对于即将到来的情感危机最敏感的部位是眼皮,它们与眼部的水分状态紧密相连。随着威胁感的增加,眨眼的节奏略微变化。突如其来的惊讶会产生顾虑,导致迅速眨眼。虚弱和绝望的感觉经常产生无声的哭泣,这反应于流泪的器官机制中(这可能导致迅速地眨眼睛)。随着焦虑的增加一些访谈对象可能产生无法克服的冲动,以睡觉为借口从当前情况中全身而退。他们抱怨眼皮很沉,观察者也会发现眼皮下垂。正如我们所知,焦虑不安的状态经常被充满血丝的眼睛所暴露,这种眼神会反映出循环系统的境况。其他诸如“模糊的”或“清晰的”眼睛不容易被客观地确证(那些言辞可能涉及由泪腺湿度决定的印象)。

一些访谈对象的额头和眉毛看起来从未改变。然后,观察者经常可以通过传统的“汗珠”来发现紧张和焦虑程度的变化,它们可以反映出循环系统受到的刺激。或许可能“面无血色”,这是一种高度紧张、心脏活动被抑制的表现。“皱眉”经常可以暴露出焦虑的神情(一种温顺的侍从的典型标志)。相反,“深锁双眉”更典型地表明高度集中和愤怒。我们的一些极为顽固的、坚持不懈的、感情矛盾的访谈对象通过将“痉挛”变为激烈的举动来传达出一种暴风骤雨般的敌意。痉挛经常涉及眼部肌肉(超越个人控制地迅速收缩和放松)。总的来说,痉挛看来似乎是为了抑制敌意。

鼻孔在压力之下也会有所反应。恐惧所带来的压力可能会使鼻子黏膜干燥(此类反应影响分泌物,进而引起普通感冒或轻微的鼻窦感染)。作为嗅觉器官,鼻子经常涉及性的气味或排泄物。事先关于这些话题的无意识的干扰很可能在鼻孔的神经分布中暴露自己。

嘴巴和舌头的活动几乎和眼睛一样有用,能够给外部观察者提供焦虑程度的线索。中国人进行过一个古老的观察，关于恐惧如何阻止唾液的分泌，以致“嘴唇干涸”。（一种原始的荒谬的侦查方法要求访谈对象咀嚼并吞入干冰。有罪的一方被认为是最惊慌的，并会比他的对手处理较少的干冰）在我们的文化中，妇女比男性更可能会以颤抖的嘴唇来反应自身的软弱（这是哭泣系统的一部分）。许多其他原始的口头形式可能在压力的冲突下重新起作用。早期形式之一是吮吸，经常表现为舔嘴唇。依赖感和无助感传统上表现为张嘴。在我们的文明中有个传统认为嘴唇红润表明“获得快感”，细薄、紧锁、没有任何光泽的嘴唇则意味着残忍和自私。分析观察确证了至少部分上述广为接受的解释。很明显，当人们处于开朗、热心的状态时，他们自我很放松。在冷酷的情绪下，他们经常紧锁嘴唇并会咬或用舌头挤压它们。在调查积累憎恶的阶段，发现访谈对象在咬舌头或嘴唇变色并不奇怪。同样，与传统相一致，嘴角通常会耷拉。微笑是尤为令人感兴趣的，因为特别重要的一点是微笑表明婴孩的社会化。从早期还是婴孩的时候开始，每个人都有微笑的反射动作，这是对环境的回报或回应。微笑是感情上的满足感；在一生之中它也会服务于其他消极的目的。因此，微笑可能用于防止被剥夺而非仅仅是回报宽容，正如在“谋求好感”的场合中，微笑是为了贿赂他人而防止被惩罚。在焦虑的顶峰，许多人都会发出谋求好感的微笑。

脸颊和下颌经常被用以解释影响。身体很多部位都会羞愧，尤其在脸颊之上。脸红的反应经常涉及性欲、羞愧或内疚的焦虑心情。例如，当一个人听到色情故事时多年以来都会有脸红的倾向，尽管他受到的是无意识的刺激。事实上，他在讲故事比赛中却不会脸红。在分析中，几乎可以确定的是，一些涉及性欲的话题将会使此人脸红，但当他最终发现他被期待在公开场合羞愧后这种反应就会消失，而无论他如何联想到性器官也无济于事。另一个访谈对象显示出他全神贯注地考虑攻击和内疚的问题，他每隔五分钟左右就会停下来咬动自己的下颌，以至于访谈者几乎能听到他牙齿互相叩击的声音。下颌肌肉的伸缩有特别的含义。这类咬牙切齿和不断磨牙的反应并不稀奇。

*肩部*活动可能在某种程度上不同于涉及姿势和步伐的整个躯干的运动。在某些文化中耸肩是拒绝承担责任的标准化姿势。肩并肩被认为是

在逆境中加油鼓劲的标志。在访谈对象愿意承认他将拒绝承担在分析中的责任时，他可能会迅速耸耸肩膀。

在几乎每次调查中臂膀和手的活动都至关重要。在调查的最初几个小时里，一个自律和顺从的访谈对象依靠在沙发上时几乎不会有任何手臂活动。突然他开始坐立不安地向四周伸开臂膀，并在一段时间内保持这种活动，他开始第一次承认他有多么讨厌几乎每个人，承认他多么想令每个人都感到震惊，包括访谈者在内。在他达到这种放纵程度前，他进行了部分类似的举动。他反复地摩拳擦掌并展现他前臂的肌肉。他用拳头敲击沙发。在一段时间内，与他早期自我力量爆发倾向不同，不是通过敲打他的头部、胃部或者他拳头握的东西表现出来。访谈对象也会对访谈者进行报复性地夸张其恐惧和虚弱的心情。在交谈过程中，他经常将手保护性地放在生殖器官上。当临近结束并可能知道正发生什么事情的情况下，他的焦虑又通过下述多种方式表现出来：过多的手掌流汗、啃指甲直至流血、用手深入鼻子挖鼻孔直至出血、挤压脸颊上的粉刺直至疼痛难以治愈。他开始因现实或想象的愤怒在身体许多部位抓挠，尤其在肛门周围。除了特殊情况，另一个访谈对象将不会观察到他的动作。他认为自己是宽容和易相处的，但他的言语已经提供足够的信息表明，他对他与妻儿的关系鼠目寸光。在访谈者看来，他明显是吹毛求疵、迂腐、假正经和爱管闲事。他经常细说当今年轻人不负责任并开始晃动食指。在最初的几个小时内，如果他靠在床上并晃动右手的食指，就可以清楚地预计将要发生什么。

访谈对象在沮丧的时候会呼吸缓慢，几乎没有足够的空气来支持发音。突然，她开始深呼吸，虽然很慢，说话语速或频率却并未变化。但在几次调查后，随着她呼吸的各种改变，她发现她对生活的冷漠的重要因素在于，她将自己想得过于早熟并部分死亡。令她惊喜的是，她并未死亡而只是习惯于三十多岁女性律师的生活。她重新振作的方式深受目睹她母亲死亡痛苦的影响。但这些回忆直至她自我发现之前并未出现。

*腿脚*的活动有时会泄露访谈对象矛盾的趋势。那些手脚活动颇具表现力的年轻男士依然会存在令人感兴趣的腿部姿势。在活动最频繁时，他会做出许多不完整的射门动作。那个将自我想象为濒临死亡的女士对

生活毫无激情，对性生活也没有任何兴趣。她经常有性经历，但主要是服从纠缠不休的朋友，因为她无法从中获得满足感。她从未有过性高潮。在一系列的调查中，她开始感悟到对性生活的强烈欲望。但在这完全成为有意识的活动前，访谈对象在沙发上抛出了一次交易。她经常抬腿并让裙子落下，并不断附加有节奏的身体活动。她毫不知情这些意味着即将到来的性生活欲望。

尽管在通常情况下无法观察到*肠胃和生殖泌尿系统的*细微反应，但一些迹象仍是可以看到的。在访谈对象担心食物和人身安全时，预兆性的辘辘声相当明显，因为他经常打嗝。很明显，访谈对象会在访谈后的用餐时间迅速吃掉很多食物。观察资料显示，他在早年以同样的方式来克服焦虑。一位访谈对象在产生阻抗时会大量喝水，然后可以时常在卫生间中放松自己，从而打断调查。频繁排尿是阻抗和恐惧的迹象。（在战斗中膀胱和肠胃失禁是一种明显的综合症）便秘（或者至少是抱怨）通常为拒绝给访谈者“提供”任何信息的标志。他们同样会将此阶段理解为一种冲突，要么拒绝向权威“屈服”，要么加速妥协。

在人们处于压力中时*皮肤*的反应通常尤为明显。我们已经提及脸红和出汗，经常也会发痒。不正常的皮肤斑点、鸡皮疙瘩、粉刺和痱子同样也是典型的症状。

在日常访谈中，观察到的各种变化取决于访谈对象的证言而非对访谈者的直接感知。然而，变化可能如此明显而无需任何证言。访谈对象可能会“失聪”，或者至少无法记得访谈者的评论。有时访谈对象的耳朵会突然被蜡封住。视力问题也可能变得明显，访谈对象可能会换一副眼镜。在某些访谈阶段（通常是在访谈后期），访谈对象可能会津津乐道于他清晰的感知能力，并反复评论视觉印象的清晰度、听觉的敏锐度、嗅觉的灵敏度以及由内而发的丰富感觉。好像他在压抑的房间内度过了一生，完全与自然隔绝。这些访谈对象珍惜充满活力的感觉，将之作为从分析试验中获得的美妙记忆。

观察者的预期任务经常被情景*再现*的现象所简化。例如，在一系列访谈中，访谈对象开始表现出越来越复杂的身体反应。他开始将手放入嘴巴，跷起二郎腿并左右摇晃脑袋。这种情况每隔两三天就更加细微地反复出现，直至有一次该访谈对象彻底崩溃并像婴孩一样哭泣。然而，这确实使他一点一点地回忆起他在卧室摇篮中惶恐地看到父母性交的情景。这位成功律师所遭受的许多相当细微的神经过敏综合征正是受此类"关键经历"所影响的。有些访谈对象经常在睡梦中说话，如婴儿时那样，或当着访谈者的面重新体验诱奸、死亡或其他灾难的场景。

上述提及的几乎所有活动都能被肉眼所观察到。事实上，它们是所有人提供给他人的线索。然而，人们在无观察意识时典型地会"忽视"这些迹象。（虽然如此，我们可以看出，此类线索或多或少地被完全无意识地回应）在研究人类行为时，主要的目标就是完整地认识到这些线索。

在有计划地记录超越肉眼观察的身体变化时，可以研究这些感知的过程。测量工具能够追踪心跳、呼吸、皮肤传导性等其他波动。通过在脚底或手掌附加电极的持续追踪方法，能够获得皮肤传导电流的各种变化。电流直接随汗腺分泌物而变化，这可以发现机体的紧张状态。同样可能对脉搏、血压和呼吸系统进行持续性的观察记录。这些能够通过可利用的工具来记录的所有生理变化并不能够被穷尽。

在某种程度上，警察的工作已经依赖于上述描述的那些程序。现代测谎技术（"测谎仪"）已经被利用来对呼吸、血压和皮肤传导性的非自愿变化进行持续性的记录。因为欺骗是一种有意识的状态，它完全不同于顿悟访谈所旨在揭示的无意识的过程。但顿悟访谈同样也会偶然提供欺骗性的数据，因为访谈对象经常承认在某些情况下他们未向访谈者透露他们的所思所想。对于大多数人来说，要想克服欺骗的反应并不容易，因为他们已经学会依靠"双重谈话"作为保护自己免受外界伤害的工具。很明显，揭露有意识地隐藏的信息并不是一种顿悟行为。但是，发现为何要欺骗的重要原因确实是顿悟的一项贡献。

我们可以通过下列术语宽泛地描述达致有意识顿悟的顺序：

紧张——→焦虑——→顿悟

紧张是作为行为前意识阶段的术语。在此背景下，焦虑近似于有意识的顿悟，尽管并非顿悟本身。严格来说，焦虑经常被限定于强烈反对的有意识状态。此类极端焦躁的瞬间是完全与身体器官不相容的，而且，为了减少焦虑的自我保护确证了理性目标的重要性。在很大程度上，状态良好即意味着避免焦虑。(除了我们已经认为是让人焦虑的焦躁不安的事件外,焦虑这个术语应延伸至所有其他缺少顿悟的有意识事件)

在宽泛的意义上说,我们能够将这些导致顿悟的事件分为以下几类:

前顿悟模式 = 内部躯体

+

自闭

+

外部化

内部化模式对外部环境的影响最小。它们包括诸如快速或缓慢的生理循环运动,呼吸和消化的改变,等等。自闭型活动是指没有明显涉及外部环境的活动。另外,外部化的活动涉及外部环境;它们拖延或拒绝观察。在调查中下述活动属于外部型:取消访谈,迟到,早退或去其他地方(如卫生间),脱离主题的谈话。我们将访谈对象的沉默和随后发生的生理活动、自闭活动归为内部型。(在某种程度上,沉默阶段的自闭活动能够从随后的证言中确证)

关于顿悟研究的一些可能性(包括言语性的和非言语性的)可以归为两种情况。访谈对象自愿同意加入分析理论和方法框架内进行的访谈,他们知道将保存记录,也知道将会追踪被选中的生理变化。我们选择了12 位访谈对象,其中仅有一个难以忍受特殊的情景。(事实上,没有对他们进行任何暗示,即使是在最为反抗的时候)(唯一的例外被证明是一个具有极端怀疑心的人,他起初自愿参加是因为错误地认为他将在一个强大的"秘密"组织任职)

第一个例子是 A,这个人格外依赖躯体变化来保护自己免于焦虑和顿悟。根据最初的计划,分析者扮演了相对积极的角色,基本不提供解释。即使在这种情况下,除了 A 以外所有的访谈对象在试验过程中都获得了一定程度的顿悟。(在所有情况下,他们都是健康的或轻微神经过敏的人;但都没有严重的神经过敏或精神病)对于 A 而言,他可能也花时间来玩扑克。作为一个他自己轶事的听众,他在调查中同样获得了满足感。他通常滔滔不绝地谈论回忆,尤其是那些近期发生的事情和天真的梦想和白日梦。也花时间进行低程度的推理。总体印象是他是一个死板的、自满的、无意识苛求的、专横的人，他没有任何“灵魂深度”。然而，在一些场合中，喋喋不休和琐碎平凡并不完全是自我防卫的成功手段。此时就出现了躯体反应。紧张最轻微的表现就是转换话题。他要么语速加快并滔滔不绝，要么变得无精打采。（在日常生活中，他说他总是找点事干或者就睡觉）他会经常抱怨头痛、眼睛痛或瘙痒。他在意外事故中受到的伤害很轻微。当他的刺激给意识增加额外的压力时，经常会出现这些抱怨。

冲动—恐惧—内疚—躯体—自我惩罚模式的例证如下：A 想象他在访谈过程中被禁止谈及性交行为，尽管事实上并没有规定禁止此类行为。然而，在自愿接受这个规则后，A 还是违反了它。他违反了两三次，尽管他会涉及这个话题，不过他会迅速地转移到其他话题中去。虽然如此，最终他的阴茎发痛而迫使他必须去请教专家，也使得他一时之间没有违反禁止性交规则。A 的皮肤传导曲线的显著特点是“放松”的程度（如果放松意味着更加抵触电流）。即使在 120 次访谈之后，程度仍在改变，所以阻抗程度也在不断攀升。

访谈对象 B 与 A 存在表面和深层的不同。可以迅速将 B 确定为轻度焦虑的类型。他对环境尤为警觉，并能迅速察觉冷漠、反抗或感兴趣。B 欢迎接受访谈调查的部分原因在于他是一个测谎技术的专家，并渴望看到结果是否与他自身携带的测谎仪相符。事实上，参加访谈时他在精神上就持一种保留态度，他说他不会揭露迅速出现在自己脑海的任何事，但他会进行一些故意的欺骗。当他在感情上已经开始乐于自我透露时，他才说出了自己的保留态度。无意识的紧张程度正在加剧（这可以从下述事实中看出，即 B 最终以工作压力为由而开始打断访谈）。曲线表明皮肤的电流传导程度与 A 的形成鲜明对比。与“放松”或不断抵触电流不同，B 的皮肤的电流传导程度在开始几天越来越低。并且在余下的五十次访谈中一直维持这样的水平。同时，脉搏的成像也令人感兴趣（特别是因为检测欺骗的流行方法在相当大的程度上依赖于对心跳或血压进行解释）。心跳反应并不能够像皮肤传导性那样，显示出个体访谈之间程度的明显变化。然而，在访谈期间经常会有显著的变化。例如，高频率的脉动可能会降低直至趋于平静。这与有意识的欺骗行为的结束有关（这在访谈中也是被承认的）。最初陡然上升的频率显示出说出或缄默的有意识的斗争点。(在这个访谈对象身上,存在强烈的爆发趋向,以了解可以从皮肤传导性程度的增加预测到并到目前为止仍在不断受到压制的新信息)[30]

作为研究感知的指南,我们不仅要考虑顿悟的一般形式,也要考虑与价值有关的变量以及与每个与价值相连的具体实践。研究的目标在于发现关于每项价值的有意识的和潜意识的观点之间的联系。部分问题在于追踪无意识的信息变成为顿悟的先后顺序。无论是否持一种有意识的态度,要么被个人无意识的潜意识所直接支持,要么被潜意识要素所部分反对。一张可能的形式核对表(指出自我沉溺或剥夺):

| *价值* | *最初* | *潜意识* |
|---|---|---|
| | *有意识的* | *模式* |
| | *观点* | |
| 福祉 | +S | -S |
| | -S | +S |
| 财富 | +S | -S |
| | -S | +S |
| 权力 | +S | -S |
| | -S | +S |
| 尊重 | +S | -S |
| | -S | +S |
| 情感 | +S | -S |
| | -S | +S |
| 教化 | +S | -S |
| | -S | +S |
| 技能 | +S | -S |
| | -S | +S |
| 操守 | +S | -S |
| | -S | +S |

〔30〕 先前讨论的详尽细节,参见 H. Lasswell, Verbal References and Physiological Changes during the Psychoanalytic Interview: A Preliminary Communication, 22 *PSYCHOANALYTIC REVIEW* 10 (1935)。

根据顿悟理论，病人有必要在他放弃错误的解决措施之前再次叙述恋母情结的矛盾（这并未得到成功的解决）。这种情景再现部分涉及分析者，他是权威专家因而能够轻易激发个人对待权威的态度倾向。在一系列的访谈中，访谈对象将展示过去应对难以解决的恋母情结问题的所有方法。这种情况简单说来：访谈对象作为孩子无法压制他攻击性的倾向；但因为他太弱小而无力解决他父母的争吵，所以他对其他孩子变得更为富有攻击性。这种解决方式并不令人满意，因为家庭权威施加了严格的剥夺。下一种解决方法是表现出温顺的外表并在意识中排除反抗的想法；但这种希望人们关爱并帮助他的间接表示反抗的方法最终走向破灭。在访谈的情境中，分析者就是第二种策略中假象的目标，也是最后的发展对象。分析者将确定变为迅速成功的希望。访谈对象看起来已准备、愿意并能够与之合作，从而提供大量回忆性和想象性的信息。但不会发生任何作用。不存在任何显著的顿悟瞬间。我们推定这位分析者将会失望。作为一个经验丰富的访谈者，要推测哪里出错了并开始让访谈对象知道他的动机。

有时候，上述矛盾以并不复杂的形式存在。一个访谈对象首先会大量吹嘘他的家庭生活。但其实他在压抑一种对存活几率的悲观估计。在其精神生活的边缘他秘密地担忧着一个姑母，她经常将纸撕成碎片并迅速烧掉（以及他在州精神病医院看望姑母的记忆）。另一位病人首先将自己描述为毫无精力的人，他是生命短暂的先祖的后代。尽管如此，这个访谈对象的回忆可能表明他已经享受了完全健康的人生。随后我们可能发现这位访谈对象对自己的预期生命特别乐观（虽然是在潜意识中），而那些过于担心自己健康的抱怨其实是用以安慰溺爱自己的母亲的一种策略。

一个访谈对象可能从一开始就企图给访谈者留下他很富有的印象。最终可能出现他其实受自己可能会变得贫穷的鬼念头所驱动。另一个访谈对象开始就抱怨生活是多么艰辛，要想出人头地是多么不容易。然而，他可能暗自认为自己生活是多么安逸，而且他是多么精明地去隐藏一切。（标榜贫困可能是“隐藏”的一部分，这从他兄弟提供的模式中无意识地学来）

在所有的价值观中都能发现类似的矛盾。各种情况下,访谈者通过观察对价值的强调程度和价值模式中存在的矛盾,都能发现原型的线索。例如,将自我描述为不可救药的罪人的人可能对他人适用假装圣洁的标准,来批评他们的傲慢与自大。

在特定的文化、阶级、利益或性格类型中,顿悟的次序想必表现出的标准因价值观和个人的不同而变化。对每项价值的实践也是如此。

心理分析访谈显然提供了众多机会来获得与人格发展的全部历史相关的数据。通过核对访谈材料的矛盾,我们有可能探索人格成长的综合理论。心理分析法的一项重要假设在于,如果一个孩子不能成功地克服恋母情结的矛盾,那将会带来各种各样的后果。无需深入调查,恋母情结的矛盾据说就出现在四岁左右,其特征在于对位于孩子和母亲之间的父亲产生强烈的敌意。当孩子成功克服此矛盾时,仇恨就会减少,向父亲学习知识和其优秀品质的动机就也随之释放。如果只是部分地克服了矛盾,就仍会多次偏离方向。如何为分析以确证恋母情结的假设为目的的访谈做记录呢?如果对此点进行观察,访谈对象可能会诉说调查之外生活中各种各样的困难。他可能因不合理和攻击性的行为而与同事和朋友相处不好。如果访谈者能够使访谈对象认识到他正向他人释放仇恨和恐惧的话,那么他们就能直接面对恋母情结的矛盾。

除了在访谈中直接表态之外,访谈对象提供的回忆在理论上说应该能证实上述渐进式的假设。回忆也可能以相反的顺序出现(尽管在不考虑时间因素的前提下,在诸多调查中具体细节可能比较零散)。

第三种可能证实数据的方法是*想象*,它大概会遵循回忆中表现出来的相通曲线。梦想和白日梦随着调查的深入而与早期(“深入”)主题发生联系。

推理的论题和方法已经毫无疑问地与发展顺序产生联系,但另一条证据线索更为完整,更具说服力,与分析方法也更为协调。

从每个接受长期访谈的对象的立场看,获得对自身的顿悟是最有意义的经历。在每一次成功分析的末尾,人们将以更为现实的态度来对待他的过去和未来。在对“未经审视的自我”进行最小化干预的情况下,他能够理清自己的目标。心理学分析的过程是提供自我完善策略的重大步骤,这使得人们逐渐体验到苏格拉底式的箴言并开始“了解你自己”。

心理分析法的科学方面在于有责任来改善程序,这部分取决于对人格理论的完善。在理论内容和顿悟所依赖的程序之间存在无止尽的相互作用。原则上说,每次访谈都提供与其对文化、人性的心理学分析法相关的数据,都会展示形成价值和分享价值的整个过程和其他相关的实践和人体机理。当众多关于观察的假设在统一的模式中呈现出来时,结果就是一种广泛的理论。无论理论具有多大的包容性,概念术语要求具有可操作性的定义。相关的标记必须在访谈者的注意范围内获得。我们在上文中已有所提及,并且通过综合性的描述进行了总结概括。

以一种超级图表的方式来对此问题进行总结,我们能够检验下述综合性的假设,即调查可以分为四组数据,它们之间相互确证,反过来也能描述个人职业的发展顺序:

| | | | | |
|---|---|---|---|---|
| $D^1 D^2 D^3 D^4 \ldots$ | $In^4$ | $In^3$ | $In^2$ | $In^1$ |
| | $Re^4$ | $Re^3$ | $Re^2$ | $Re^1$ |
| | $Rm^4$ | $Rm^3$ | $Rm^2$ | $Rm^1$ |
| | $Im^4$ | $Im^3$ | $Im^2$ | $Im^1$ |

*D* 是关于访谈对象在职业中的显著发展。*In* 意味着观察事件,并表明调查中顿悟的顺序与事件的原始顺序相反。*Re* 代表情景再现,涉及访谈对象在访谈者面前的态度。*Rm* 代表过去的事件(根据明显的内容)。*Im* 代表想象。

信息材料能够根据价值—实践的分析并按下述方式进行统一,即对顿悟的陈述根据价值和具体类型的种类来进行划分。情景再现、回忆和想象(包括推理)同样适用。早期的恋母情结所产生的敌意能够被归为福祉和权力,因为考虑到了孩子渴望施加的剥夺的强度。

顿悟的出现意味着现有的平衡状态正遭受结构性的改变,一种新的平衡类型也已浮出水面。访谈提供的信息能够以平衡术语来分析,它与并不复杂的代表性情形相关。(这在访谈对象不同的事业阶段都能实现,正如在访谈记录中描述的那样。这通过访谈本身或访谈的代表性情形同样能够实现)

通过长期的心理分析访谈获得的结果能够通过其他诸如催眠术和药物等方法得以补充。他们可能事先将阻碍顿悟的心理结构告知给访谈者。也可能利用药物或催眠术来揭露影响发展的经历,使得分析者能够满怀信心地加速实现顿悟。这些方法同样可能用以减少对顿悟的抵触,暗示病人他们应该更加充分地参加访谈。

我们现在开始试验,并利用加速顿悟的几组方法。在主要的访谈者和群组之间可能存在诸多不同,可能委以主导性的角色,也可能将他降职为人微言轻的建议者。

我们同样广泛利用短期顿悟访谈,其结果也往往令人满意。所有情形中的问题在于发现谁从哪种方法中获益最快也最持久。

### 旁观者和收集者

关于旁观者的问题我们本应没什么好多说,因为先前对访谈和参与者观察的讨论中已有所涉及。可能对于旁观者来说最重要的问题在于使他们投入到自己的角色中去。通过当场记录,旁观者会呼吁关注他的存在并可能将自己转变为一名访谈者。例如,一名在法庭做记录的旁观者能够使其他旁观者、法警甚至是审判庭成员兴奋起来。

我们已经设计出了适合于各种具体情形的多种设备。例如,当警察讯问嫌疑人时,旁观者可以通过单面透视镜得以隐藏起来。

历史学家或收集者的特殊技术,以事先并未计划的残垣废墟为基础来确定历史事件的时间和地点。该定义的第二部分就相对不那么重要,因为历史学家已经对他们的程序持自我批评的态度,并故意试图改善他们留给未来学者的遗产的质量。一个显著的例子就是注明“来源”的调查记录,诸如涉及与上次战争的主要决策有关联的个人。同样可以肯定的是,一些训练有素的历史学家过去已经准备了资料,而且他们与那些进行宣传活动的特殊请愿者划清界限。对于解释真相的执著追求决不是一些现代西方国家历史学术所独有的。

推断历史事件的技术在文学作品中根据所使用的遗迹类型和批评原则来进行分析讨论。勤奋和想象被用作认知未来的信息资料。对于语言(语言学)、文字(古文书学)、文件(外交学)、签章(印章学)、钱币(钱币学)、度量、邮票(集邮)和考古的研究都对历史有直接的贡献。在“史前”阶段(这个术语是指书面记录存在前的事件),考古学是方法和结果的重要概览。因为考古学意味着古老地发掘、检验,以及各种石器间的相互关系。陶器是从远古保存下来的珍贵遗产,它们经常与用石头、骨头或其他耐用的材料制成的工具和武器相伴。地理学提供知识来鉴定各种土层和岩石层的年代,进而根据器具出土的层面来确定它们的年代。作为科学进步的副产物,测定年代的各种方法层出不穷。例如,在西南方向树木的年轮被证明是有用的,因为年轮记录了树木的生长。碳原子的半衰期是精确的时钟,近期这被发现并用以解决测定年代问题。识别各种材料的物理和化学方法都被证明其存在实用性。例如,通过观察分光镜下的油画布或色素可以识别出真迹和赝品。手稿只能通过类似的方法确定大致的年代,因为在某些年代之前一些材料尚未被使用。

在确定时间顺序时出现的问题在于如何从空间分布的模式来解释信息。通常适用的最简单的规则是“时间直接随范围变化”。已经确证的一个具有说服力的假定是,如果模式 X 的分布比模式 Y 更为广泛,那么 X 就比 Y 年代久远。这条规则以坚实的常识性观察为基础。在文明的中心更可能出现新颖的观点;但许多观点在“落后国家”却无法成功地得到确证。虽然如此,在众多富有活力的中心,新观点正不断地取代旧观点,以至于因循守旧的概念只能在远离时尚、流行和基础革新的范围内苟延残喘。因而新观点尚未完全占据整个时代。

这条规则看似合理,但它却无法在所有情形中都被认可。迅速发展的文明总是不断地抛弃旧模式并进化出新模式。只有新模式才会被用于最广泛的交流、贸易、旅行和其他活动。许多旧模式的贡献在于作为发展出新模式的纽带而提供服务。

记住这些可能性后,我们将发现*最老旧的模式将比随后出现的模式分布得窄。它们可能存在于接近于创造性文化中心的相对封闭的环境中*。可以说不是在城市,而是在乡村;如果不是在新的郊区,那就是在古老的村落;如果不是古老的村落,那就是远离交通公路的古镇,可能是在山区,或者是贫瘠之地,或者是无人关注的荒岛。(当然,如果一种模式以先前模式为先决条件,那就不存在任何问题)

随着对人类历史的不断研究，我们发现明显的“基本”模式很少存在，就算曾经存在过不止一次的话。曾经存在的模式的传播证据是不断积累的。通过地球上所有人类交往的证据的不断增加，这点越发显得合理。

适用单个发明方法确定的最为有力的假设认为，传统意义上的“法律”首先在城市创造，然后互相借鉴。基于此目的，法律被定义为用以规制行为而特意制定的规则。难以令人置信的是，在城市兴起前就出现了法律制定。如果在小型民间文化中规则受到了挑战，挑战者将会受到处理，或者，通过非正式制定的规则的方法来作出调整，并将此问题视为发现旧有规则是否适用的机会。另一方面，城市中互相交流的人们的数量增加了，并且凸显出了互相交流的人们的素质倾向。即使人们接受同样基本的概念，仍会不断地出现新的行为问题。权威变得分散、被操控并富有意识。

## 权威的、有控制力的决策过程

### 关于权力的假说

关于此点，我们通过直接关注解释权威的、有控制力的决策过程的任务，就能轻易总结出这种科学方法的主要特征。在整体社会过程的背景下，在凸显并分享权力的专门部门中，这确实属于法学理论的领域。最优化的假说为形成具有权威和控制力的假说提供了强有力的指导，因为对于任何存在于大量事件之中的现象而言，都是“人们”通过“制度”影响“资源”从而来追求“价值”。假说告诉我们，如果这种条件性因素的科学分析想要成功，就必须通过归纳法来考虑每个问题的变量，这种归纳将价值满足感的预期和实际的能力在大小和方向上的变化联系起来。言外之意是每个公共体系或城市秩序都能通过由富有影响力的决策者所作出的一系列预期而得以稳固，通过维持其稳定性而非各自行事，它们的情况将变得更加良好。类似地，当有效的参与者不再希望通过培育稳定来改善境况时，不稳定的局面就会出现。

很明显，我们可以通过经验性的信息来得出并确证很多有用的归纳，但不包括与预期的明确联系。我们出于多种目的都能发现有些种类的决策是受天气决定的(资源环境的一个特征)。例如,在某些领域中,如果天气恶劣,那么财产犯罪案件的数量就会增加。或者,两国军队间的敌意行为或许将加速第三方的介入或减少敌意。

然而,如果我们要考虑非主流情形,最终仍必须直接处理预期的变量。例如,研究可能证明特定财产犯罪的趋势可能会改变。如果我们究其缘由,最优化的假说就会鼓励形成具体的假说。例如,潜在罪犯的动机可能被削弱;也就是说,他们不再通过违法行为获得像以前那么多的利益,也或者可能是成本和风险的增加,也可能是需求不再那么迫切。研究可能确实会证实这些相当明确但不完整的假设。当进行调查时,知情人员可能会同意随着执法技术的改善,风险确实已经提升;或者,因为对收入保障的增加而对于钱财的需求有所降低。

在其他因素不能解释剩余的一组情况时,科学的观察者并不总是认为有必要将"预期"的变量作为最后一种求助手段。如果在一开始他就考虑到了参与者的预期,那么他将通过合理地设计使政策与相关结果保持前后一致。例如,就特定的刑事犯罪而言,科学的观察者可能会考虑几个相关的参与者:收入较低、间歇性失业的男性;易于受社群掌权者批评的警察;或者受"纵火"、"盗窃"等类似行为影响的保险公司。这种反应可能导致提出假设认为,那些受一系列既定的财产主张行为影响最大的人将会在实施犯罪行为时最为积极,相反则会减少这种可能性。这可能会导致科学家关注被选中的群体:一些有组织犯罪的头目,各种警察;保险公司经理,向警局兜售装备的推销员,福利官员,公民协会的秘书等。总之,社会过程图谱需要解释社会法律问题的创造性的方法。

科学家的问题表明一个既定的变量究竟是"不独立的"还是"独立的"。如果"赞同改变"是有待解释的反应,那么它就变成不独立的变量,因为科学家已经将他的任务定位于识别变量发生的条件。如果问题在于"赞同改变"是否会刺激进一步的革新或产生不利于改变的"后冲"效果,那么"赞同改变"同样可被视为一种"独立的"变量。

社会过程的基本图谱以其程序间的相互作用为特征,这也意味着每一个变量都可能是不独立的或独立的。所以,从观察者的立场出发,特定背景下任意两个互相作用的变量都能构成一个“系统”。系统的细枝末节即是互相作用的惯常程序。科学观察者通常运用着多个系统，因为他们很清楚在任何研究领域中，必须关注影响其他变量的主要变量。

现在，我们应当考虑一些决策过程的系统模式。首先，我们必须中肯地指出，在执行法学理论的科学任务中，是如何采用“控制型”和“沉思型”的立场的。站在这两种立场上观察同一领域，科学家们可能会产生关于特征的新的假说。沉思型的方法开始于对反应的解释，并寻找它的原因和结果。控制型的方法始于假定已经获得反应并在合适的时空条件下寻找引起反应的因素。这种方法对于所有在决策过程中扮演积极角色的人来说都是适宜的，而无需考虑所获得反应是否是智者计划在政治纲领中加入的新政策要点。存有争议的法律文本，或者其他决策的结果。控制者认为自己就是获得反应所在环境的一部分；他激发了反应者的倾向。因此，我们可以认为反应（R）是由两组不同的条件因素（E，P）决定的。（倾向性这个术语是与主观性相关的因素的缩略：个人或群组反应的准备状态；环境这个术语涉及一系列的事件和生理资源的状态，后者的特征将会影响到状态）[31]

沉思型的方法允许观察者扮演“独视眼”的角色，因为他只观察反应而不引出一系列的事件，但必须根据合理的起因和结果来解释最终结果。沉思型的观察者与控制型的相比，更少涉及激起反应。

指出两种方法的不同没有任何益处，因为它们各自的优点可以互补。控制型的方法旨在实现政策目标，因而会设计一套策略来动员构造能决定结果的因素。控制型的方法适合于自身的原型构造，它与制度性的实践发明和管理有关。就基础变量而言，沉思型方法的制度性变量随后将会被重新定义，这适合于试验性或交互作用性的问题。适合于 R、E、P 三者的因素可以多种方式系统化地区别对待：R 可以作为 E 和 P 的功能；先前的 R 可被 E、P 用以解释另一个 R；前者的 E 或者 P 可被视为一种 R。在许多科学研究中，R、E、P 的标记符号提供了一种便捷的方法，来展示相

〔31〕 许多科学发现当然可能有助于理解环境因素。参见 M. McDOUGAL, H. LASSWELL & L. CHEN, HUMAN RIGHTS AND WORLD PUBLIC ORDER; THE BASIC POLICIES OF AN INTERNATIONAL LAW OF HUMAN DIGNITY (1980)。

关假说的形式结构并指明科学观察者的出发立场。例如,亨利·梅因(Henry Maine)爵士的“身份到契约”理论就从R演变为P和E。[32] 弗雷德里克·杰克逊·特纳(Frederick Jackson Turner)的“边境”假说就始于E;[33]特洛尔奇(Troeltsch)和韦伯(Weber)对“资本主义”的解释就突出强调P。[34] 阿诺德·汤因比(Arnold Toynbee)对历史的研究的目标在于将“文明”解释为一种复杂的R。[35]

我们简单考虑下弗雷德里克·杰克逊·特纳强调环境影响的“边境假说”。特纳试图阐述美国“西部”的边境条件对美国文明带来的影响。直至1890年为止,“西部”仍有相当广袤的未开发领土,但最终被移民开发。根据特纳的理论,美国社会的基本特点就是随着边境的开发而得以进化。该理论认为,在全新的环境中,人们被迫依靠个人价值;他们无法再依靠祖先的权力。因此,美国式个人主义的兴起是以牺牲自欧洲传承而来的传统等级式实践为代价的。西部延续着美国式的观念,即土地就是个人改变其命运的机会。自信、乐观、知识和运气都明显地融入美国式的观念。只有在边境地区,宗教、宗族和其他限制障碍才会消弭,“大熔炉”才能变为现实。崭新的经历孕育了平等主义的传统,这使得美国与欧洲相分离。

特纳假说的成功是即刻的并且是伟大的。研究美国文明的任一方面的学生都会发现他们的专业知识都与这种基本解释相适合。例如,美国人对政府的态度与欧洲传统的倾向形成鲜明对比,欧洲政府看似会吞没个人并危及社会生活的多元化。在西部边境社会中,不存在有组织的政府。探险者、猎人、游牧人和移民不受西海岸中心的法律约束。随着“公共正义”理念为综合法典奠定基础,公共秩序的机制就在边境地区逐渐形成。

---

〔32〕 参见 MAINE, *前注*16。

〔33〕 参见 TURNER, *前注*12。

〔34〕 参见 TROELTSCH, PROTESTANTISM AND PROGRESS; A HISTORICAL STUDY OF THE RELATION OF PROTESTANTISM TO THE MODERN WORLD (Montgomery tr. 1912); and WEBER, THE PROTESTANT ETHIC AND THE SPIRIT OF CAPITALISM (Parsons tr. 1930)。参见 TAWNEY, THE ACQUISITIVE SOCIETY (1920) and RELIGION AND THE RISE OF CAPITALISM (1926)。

〔35〕 TOYNBEE, A STUDY OF HISTORY 12 vols. (1934 – 1961).

特纳的假说已经在上半世纪中得到修正,这点不足为奇。正如最初所言,这不涉及基本的定义和问题。例如,什么是边境?该理论是否声称所有的边境都对人类产生同样的印迹?或者,这些影响是否会因新环境中个人、群体倾向的改变而改变呢?经再三考虑,美国边境能够被视为构建诸多值得单独检视的特征的地方。例如,美国西部不受权力平衡的束缚,因为它不被俄罗斯或普鲁士等邻国包围。因此,在整个19世纪中,这片广袤的地区就有可能保持高度的分散性。美国边境地区人口稀少,只存在具有原始"古老文化"的部族,而没有通常的欧洲式文明。美国的印第安人相对容易地被视为低等的应当被消灭的边境种族。他们没有武力反抗"基督教文明"的传播吗?因为美国西部不属于茂密的热带雨林地区,树木和河流都比较稀少,温暖的欧洲的农业技术带来了令人满意的西部生活。印第安人无法用茂密的热带雨林作为障碍来自我保护(除了佛罗里达的米诺尔人,他们确实打败了侵略者)。

特纳明确强调环境因素的假说是一个成功的例证。相反,特洛尔奇—韦伯的假说则强调素质性因素。特洛尔奇和韦伯都试图解释欧洲社会对于资本主义的不同反应。他们指出新教伦理起决定性作用,因为它格外强调个人的责任,责任意味着鼓励努力节俭并促进商业发展的实践。

这个假说把一座图书馆变为现实。有益于特洛尔奇—韦伯的概念成功的一些因素并不晦涩难懂。例如,它似乎将宗教置于现代工业社会具有再生作用的重要地位。19世纪得益于世俗化的进程,已经见证了宗教信仰的衰弱。在人类发展中"物质"因素的主导地位似乎得到商业、科学和技术发展的维系。两个完全不同的学者现在看来获得了同样合理的论证,即就算在欧洲"物质化"的演变中,宗教观念仍得以延续。比较宗教学或神学的学生被一个大胆的观点所折服,这个观点尤为强调他们被专业认同的制度的声望。同时,"物质主义者"受到令人惊讶的反攻。"科学社会主义"否认宗教不仅仅是"上层建筑"吗?典型的马克思主义者认为特洛尔奇和韦伯的假说是"反革命的",并且通过骚乱促成了新理论的威望。

随后的学者重新界定并限定了最初的概念。他们发现了惊人的"例外"(在天主教教会或天主教家庭中),并基于科学目的对其进行评估。

无论它如何修正,这个假说仍然是调查意识形态和非意识形态要素在社会过程中相互作用的旗帜。

阿诺德·J. 汤因比的《历史研究》提供了一种分接点在于回应的理论例证,因为作者关注的是"文明"。这个理论部分关注在多种 P 环境中对 R 产生影响的 E 要素。汤因比谈到了环境的"挑战"。明显的假说是环境的最优化安排是有助于文明进步的。他引用了一系列的案例来支持其主张,即"在缺乏艰苦的环境和超越艰苦的环境之间能够发现最具刺激性的挑战。"[36]他指出在罗马帝国发展的关键时期,其自身的环境受到一次极大的打击[仅在维爱(Veii)胜利后的第五年罗马军队在阿利亚被击败]。这个挑战同时遇到无法预期的有意图的能量爆发。汤因比指出,除了罗马之外的其他势力都比较容易获得权力,但在每种情况下有挑战性的环境都是成功的先决条件。但当环境格外艰苦以至于回应变得高度专门化的时候,灾难也能够推翻君主。在追求生存的过程中,适应性变得如此微妙,并且在范围上也受到诸多限制,以至于几乎没有能量来作出额外的贡献(例如,像爱斯基摩人那样)。

汤因比的研究勾勒出一种关于影响文明的素质性、环境性因素的理论框架。例如,当处于长期严格纪律约束下的人们突然进入到高度宽容的环境中时,他们经常变得懒散并自我放纵。对于汉尼拔(Hannibal)军队在卡普阿(Capua)地区所发生的事来说,这点可能至关重要;汉尼拔军队在进军意大利的非凡的、令人激动的战役后,在卡普阿地区因安逸的生活而丧失了斗志。一种不使人放纵的环境,或一场较少剥夺性的战役将减少士气不高的结果。

我们已经用特纳、特洛尔奇—韦伯和汤因比的观点来使人理解科学调查者发现的令人惊讶的诸多要点。每一种主张都部分成为一种解释理论,都应在考虑 R、E、P 要素的背景下进行阐述。原则上说,科学观察者探索的每一种情况都能被扩大至内容更为丰富的背景之下,直至最终通过适用各种理论形成的程序和收集、处理的各种数据,将整个社会过程和大量的要素都考虑进去。这种法学理论的构建方法展示出了现象有多重

〔36〕 TOYNBEE, A STUDY OF HISTORY, 卷 2, 第 260 页。

功能的特征:它们是无法穷尽的,不仅是因为富有想象力的观察者在不断地发现新的变量、新的相互决定的方式和新的观察程序,而是因为社会过程永远不断向前发展。因此,我们可以利用新的事件来构建更庞大的推论基础。因为任意两个具体细节之间的关系都是组成部分,都会受更庞大的构建影响,对任何横截面上获得的信息储备总是可以重新评估的,而无论评估是否猛烈。因为,逐渐显现的是,当我们描述剩余的智识任务时,我们不应当期待关键的科学操作提供与其基本技术不相适应的结果。确证的知识总是一项关于过去(近期或远古)的陈述;而且,通过科学描述和分析而获知的未来活动,与今天确证的知识也将被作为补充或被再次考量。

通过使用我们提出的法学理论,有可能为指导科学试验提供内容丰富的理论框架,这也是其他问题解决型方法的目标。对于那些善于解释决策过程的人和那些善于为权威的、有控制力的决策者提供其所需要的对知识流动的指导的人来说,上述蓝图具有诸多功能。该法学理论的蓝图包括整个社会过程。它是具有*选择性*的,因为它强调权威性和控制力。鉴于蓝图是具有选择性的,它可能有助于避免人才和其他稀有财产重叠造成的浪费;*它可能会推进受到不成比例的忽视但具有相关性的研究;而且它可能会加速前景光明的理论和技术在整个领域内的传播*。

为法学理论提供所有简明扼要的、百科全书式的相关理论、程序和结论结果已经超出了本书的预期范围。然而,我们能够提供一份关于促进创造性研究的不完整的主张清单。随后的篇幅概括了我们已经提及的假说,而且,在诸多案例中它们已经得到了经验研究的证实。这个概括总结是根据我们关于权威的、有控制力的决策过程的构建模式(或者说是元模式)中所识别的诸多要素来组织安排的。正如先前指出的那样,一位科学的观察者可能会将他的努力集中于细微或宏大的竞技场;他的方法可能是集中的或广泛的;他的关注点可能是全国性的、跨国性的或者是纯国内的。预期变量可能未被包括在特定调查者的项目内,该调查者或许更倾向于局限的生理或行为的变量。当前的清单尽管琐碎,但强调"观点"变量,因为它们与最优化假说提出的挑战密切相关。先前的讨论强调了适于任何种类观点的标记体的综合特点,任何旨在将科学工作限制为对"简单的"、操作性的标记体的变量研究都将导致自我挫败的结果。

必须牢记的是,我们研究的构建性决策模式涉及参与者、观点、职位、基础价值、策略、结果和效力;参与者利用权威和控制力,努力获得预期的纯价值满足感。综合性蓝图可以因具体问题的要求而进行周密的设计,它的相关性可以通过一系列假说的形成而得以体现。[37]

1.0　参与者。参与者是首先*形成*或分享权力的个人*或群体*。区分参与者的大多数假说确实以观点、基础价值和策略的形式存在。然而,下述假说强调的是参与者最为普遍的特征:

1.1　随着社会背景变得宽泛或狭窄,参与者人数会增加或减少。

1.2　参与者的多样性随着社会背景的多样化程度的变化而变化。

1.3　形成或分享权力的专业化程度直接取决于在社会化进程中对权力价值的相对强调的程度。

1.4　领导人员的更替不能比普通成员频繁(p. 157)。我们注意到这个假设简单地提出了一个经常性的差异,并没有详述这个差异改变的条件。

1.5　领导人员的更替与他的知识和普通成员的差异成相反的变化(p. 157)。

1.6　群体的渗透性与其影响成相反的变化(p. 61)。"渗透性"是指成为会员的难易程度。如果该群组成员平等地与其他人群分享权力,那么假定就预期会员可以来去自如。如果该群组的权力没有与其他人群平等地分享,该群组的会员数将相对稳定不变。

1.7　一个阶层在它为社会高度迫切的需求做出更多贡献时,它就会谋求最高权力(p. 207)。例如,该假说预计,如果国家高度重视财富,那么财富的控制者将会成为权力的控制者;如果权力受到极端追捧(如战争时期和受战争威胁的时期),防御和进攻的专家将成为权力精英。

2.0　观点

2.1　预期(包括注意力)

2.11　一种情境中参与者的注意力会集中于对剥夺和宽容的预期最

---

〔37〕 下面的许多假说,最初来源于 LASSWELL & KAPLAN, POWER AND SOCIETY; A FRAMEWORK FOR POLITICAL INQUIRY (1950)的观点。数字标注的假说直接从此书引用。

大化的根源（p. 253）。

2.12 P在权力享有者间流通的政治符号与权力事实更具一致性，而非象征统治的符号（p. 110）。该假设认为，与政治精英和他的精英竞争对手或非政治精英的交流相比，精英集团内部的交流更为现实。

2.13 一个群体（乐观主义者—悲观主义者）公开预期的I∶D比率随着下列因素的变化而变化：

（a）控制预期符号的人能够获得的与预期相关的证据；

（b）该群体的士气；

（c）群体内外潜在支持者的观点；

（d）控制涉及竞争小组符号的小组自身的权力地位；

（e）对自我放纵或剥夺的强烈程度（p. 108）。

2.2 需求

2.21 在特定环境中提出需求的频繁程度随着该环境中价值重要性的变化而变化（p. 18）。

2.22 政治符号的冲突频率和强度随着政治形势的迫切程度而变化（p. 244）。

2.23 既定政策的团结程度随着群体关注支持那些政策的考量因素的程度而变化（p. 143）。

2.24 如果意见具有高度争议性，并且处于少数地位的时候，更可能达成一致性意见（p. 38）。

2.25 意见的一致性随着使用相应观点符号的频率的变化而变化。（综合意见的一致性程度就是总体上分享意见的程度）（p. 20）。一种"意见"即是一种需求，因为需求被定义为"偏"和"意志"。

2.26 群体的士气随着它的流动变化而变化。群体的士气是其成员参与的程度（p. 34）。群体的流动是群体成员变化的程度，这独立于群体规模大小的变化（p. 35）。

2.27 需求陈述的扩张直接随着需求冲突的程度而变化，并且与包括扩张的需求在内的群体预期的影响和群体预期的内部冲突成相反的变化（p. 105）。假说认为，如果需求在政治环境中受到挑战，那么它将扩张至期待获得同盟成员的支持；如果因疏远了新的同盟或削弱了同盟精英支持者的内部地位而丧失了支持网，那么这种扩张就会停止。

2.28　随着活动中原则性利益的满足，或者预期的满足受到拖延，权宜性的利益变得更为明显。[群体的权宜性利益是那些群体运作（结构和功能）具有工具性价值的利益。它的原则性利益是那些为了满足群体团结一致的利益]（p.42）。

2.29　在群体期待广泛支持而不强调原则，或者期待获得它的需求而不需要广泛支持的情况下，原则性利益就让位于权宜性利益（p.44）。

2.3　认同感

2.31　在与具有同等或更高程度的意识的其他群体冲突时，群体意识会开始增长（p.46）。

2.32　一群人认同其他人的可能性随着共享需求的数量和强度的变化而变化（p.19）。

2.33　认同感随着合作而变化。（合作是各种行为的整体。操练场上的士兵基本没有差异性；相反，流水线上的工人可能进行诸多不同的操作。我们在第二种情形中来谈论合作，而非第一种情形，尽管那也包括一系列的行为。各种各样的行为必须互相支持）（p.29）

2.34　群体的倾向随着下述因素而变化：(1)一致性观点的强度和他们倾向的整合程度；(2)通过个人合作来获得预期价值的困难程度（p.33）。

2.4　神秘体系

2.41　在具有稳定社会结构的社会中，意识形态是一致性的意见问题，而非观点问题（p.123）。

2.42　意识形态的统一化——形成、颁布和接受——是其他观点和非象征性（“实质性”）统一体的功能（p.124）。

3.0　竞技场

3.1　竞技场包容性和多元化包容性随着社会背景包容或分化的变化而变化。

3.2　关注（预期）区域的变化、需求和认同感先于组织上的变化。

3.3　根据规则的实践主要由统治者对维系、扩大权力最为经济的方法的预期来决定（p.189）。这种观点适用于统一或分裂、广泛或有限的参与、集权化或分权化、集中或分散、垄断或多元化、管制或个人化之间的变化与平衡。

3.4 当服从统治可能成为明显的剥夺时,统治者就会改变统治(p. 190)。

3.5 随着危机的持续,统治权力在范围或分量上会有所增加(p. 244)。

3.6 权力群体分化为等级(p. 205)。

4.0 基础价值

4.1 权力的形式相互依存:一定数量的权力形式是其他形式的权力的必要条件(p. 92)。

4.2 权力的总量会趋向增长,直至受到其他权力享有者的限制(p. 94)。

4.3 卑微的权力地位意味着价值地位的卑微(p. 96)。

4.4 权力和影响的形式具有胶合性:它们之中的一些形式会趋向于获得另一种形式(p. 97)。

4.5 处于不同价值类型的个人或群体的地位可能会与他人相似(p. 57)。

4.6 接受政治学说的权力结构的依赖性随着讨论中的权力的范围和分量的变化而呈现出相反的变化(p. 122)。

4.7 当控制力和权威(有效的、正式的权力)同时在手,削弱其中之一就会导致对另一者的削弱(p. 138)。

4.8 随着裸权力在分量、范围和支配力等方面的增长,它可能具有正式的形态(p. 140)。

4.9 政权体系形式的增长是缓慢且渐进的;但却会迅速并突然的倒退(p. 138)。体系形式在权威和控制力上有所差异。

4.10 上层权力精英在处理人际关系的实践中可能更为娴熟,而非在决策部门之中(p. 203)。因此,顶级的权力精英在没有接受科学教育或培训的情况下也可能就如何利用科学作出决策。

5.0 策略

5.1 对于特定的参与者:

5.11 策略的选择受结果层面上实现目标所不可或缺的权力的影

响,也受参与者用以直接影响结果或争取他人(分化对手,保留或赢得同盟,使不相关人员中立)必要支持的基础价值的影响。

5.12　就利用基础价值来实现经济、效率的政策目标而言,策略的选择需要根据价值利益(成本)和可能的风险进行明确地评估。

5.121　符号 - 丰富的策略更偏好于资源 - 丰富的策略。例如,外交和宣传更适合于经济、军事的政策工具。

5.13　参与者可利用的策略范围受参与者与潜在的盟友和对手们达成目标并实现策略的紧迫性的限制。

5.131　参与者可能会沿用他们认为是最近用以对付他人或他人对付自己(或其他人)最为成功的策略。

5.132　参与者可能再次使用他们认为是获取权力的先前策略。

5.14　那些认为自身地位已经迅速提升或恶化的参与者容易走向谨慎或冒险的古怪极端。

5.15　对特定的策略或策略性工具情有独钟的参与者更可能利用它们作为政治体特别的而非共同的利益。

5.2　综观参与者

5.21　在持续性的军事竞技场下,参与者们趋向于分化为环绕的、包围的群体(p. 252)。

5.22　在市民竞技场下,参与者趋向于松散(而非分化)(p. 253)。

5.23　单极的权力平衡类型更可能走向文化差异或同质的极端(p. 255)。

5.24　两极的权力平衡类型更可能变成分配其他价值和制度的两极化模式(p. 256)。

5.25　随着预期暴力的增加,平衡进程趋于(范围)扩张和(功能)普遍化(p. 259)。

5.26　防止暴力的平衡过程的必要条件是:(1)在早期阶段,权力的变化是可衡量的、可看见的;(2)在平衡过程中,它们是在参与者之间可分配的;(3)评估的过程是感情化的(p. 259)。

6.0 结果

6.1 由特定参与者所感知

6.111 对维系权力的需求和预期在未来持续存在:如果结果如预期和需求那样;在其他价值范围内,如果地位如所预期和需求的那样。

6.112 维系权力并招致损失和风险的需求被减少了:如果损失和风险比预期的高;如果就其他价值范围而言,地位比需求和预期的低。

6.113 扩大权力和增加义务和风险的需求被强化了:如果损失和风险比预期低;如果从其他价值范围内获得的回报比预期的少。

6.12 如果权力地位得以改善:

6.121 改善权力地位的需求和预期持续存在:如果结果与需求和预期相符;就其他价值范围而言,地位与需求和预期相符。

6.122 改善权力地位并招致损失和风险的需求减少了:如果损失和风险比预期的高;就其他价值范围而言,如果地位比需求和预期的低。

6.123 需求和预期被改变了:如果损失和风险比预期和需求的高;就其他价值范围而言,如果地位比需求和预期的低。

6.2 综观结果

6.21 如果稳定的公共秩序得以整合、维系:

6.211 如果具有控制力的参与者希望通过支持公共权威(注意到控制是现实的或潜在的)来获得权力和其他价值上的满足感的话,那么就需要有延续性。

6.212 当具有控制力的参与者认为在缺乏紧密联系时损失和风险将比预期高时,权威和控制力之间的紧密联系在未来是需要的。

6.213 当具有控制力的参与者认为当前联系涉及的损失和风险比预期的高时,权威和控制力之间宽松的联系是需要的。

6.22 即使涉及不稳定性,也需要革命性的公共秩序体制:如果具有控制力的参与者认为目前的联系涉及较高的损失和风险的话;如果在一段可能的动荡时期后,可以预期替代措施会带来较低的损失和风险的话。

7.0 效果

观察“结果”(6.0)在既定的横向层面上概括了未来权力的变化和倾向。这些权力结果显示出权力变量因素的互相作用,且并非仅有权力的变量因素才与权力有关。虽然如此,非权力变量因素本身并未得到描述,权力变量因素对它们的影响也未予以评估。这就属于“效果”的范围。

7.1　权威的、具有控制力的决定对每个价值在制度环节中的增加或减少发挥持续性的影响。

细致的分析需要对促成结果所相关的观点和能力进行详细描述。我们需要注意,在决策过程中相同程度的活动并不必然导致它们对诸多价值在制度环节中产生成比例的影响。这取决于 E 和 P 因素的方向和强度,而非仅仅是权力。(更多的市场立法并不必然改变市场。)7.1 对效果作倾向的概括;因此,它假设科学分析已完成,如果是具有包容性的,将需要对最优化假说提出的假设进行确证。

7.2　裸权力的决定(无论是否由官方或非官方的管理者作出)增加、减少或对每个价值在制度环节中发挥持续性的影响。例如,有组织的犯罪(涉及官方的、非官方的个人和组织)可能会增加他们对市场的控制程度。

上述一一列举的假设能够在多个方面得以强调,并服务于法学理论的目的。例如,我们必须能够识别权威和控制力的循环性变化或结构性变化。循环的典型特征在于短暂的偏离之后,一种模式又重新开始。权力的观察者将循环的早期变化误解为结构的永久改变,或误解为预示着神秘体系和技术的根本性变化,因而不断地受到误导。研究的的问题在于发现变化倾向的强度是否正在减少,或者有利于恢复的倾向强度是否正在增加。如果对利益期待导致一些权力享有者作出一致的行为,其他权力享有者对预期的变化结果可能会恢复早期的情形。因此,通过自我循环不断地再次达到平衡状态,而且这种循环也是整个平衡状态的特点之一。动态的结果是政治过程自我稳定机制的典型的一部分。

就此点而言,只有当提示包括许多种类的循环波动时,才具有一定的可行性,而且那些提示只有通过合适的研究方法才能被发现。极端强调权力之后可能是相对地不强调权力;反之亦然。决策制度可能以振荡的节奏改变(规律的或不规律的)。循环可能存在于民主和独裁之间(或者专制和民主之间);也可能存在于集权化—分权化—集权化之间,集中—分散—集中之间;统治—反抗—统治之间。存在改良后的循环,诸如在美国城市政治中所观察到的那样:“效率低下和犯罪:改革的需求:改革:效率低下和犯罪”。更加具体地说,政治观点的结果所涉及的个人、党派和纲要可以用以下术语来描述:“支持:反对:支持”。而且,政治变化具有广泛的轮廓,可以总结如下:“革命:反革命:革命”,或者“战争:和平:战争”。

在现代社会,以诸多“党派”为基础的专制展现出一种“清除型循环”。这已经被分析如下:执政党扩张,并且不断淡化其成员的意识形态;党派精英被修正主义倾向所挑战并开始驱逐成员;执政党再次扩张。

我们已经指出科学分析的任务并不完全是对循环结果(趋势)的记录。循环是重复发生的反应结果;因此充分的解释必须将R与适当的E和P因素联系起来。期待什么样的变化来产生循环,并带来政治方向的改变呢?有时突然发生的条件从某种意义上说是教化失败的一种,因为信息过程没有将相关信息带给那些能够迅速抵制发生最初偏离的人。只有当情形不再处于平衡状态时,才能补充遗失的信息,而且至此才会需要相当大的努力来恢复最初的关系。“犯罪循环”可能就始于这种不显眼的方式。针对个人和财产的犯罪的增长可能是缓慢的,警察和媒体的报道可能只是例行公事,而无视变化的趋势。只有当犯罪率居高不下时,社群中潜在的权力享有者才意识到这种情形,才感到受威胁。一种类似的初起阶段可能把“领袖规则”带入市政当局。不会产生任何非正常争议的问题进而导致市民组织去警示他们的选民。一位新党派的首领通过处理交通案件、批准住宅法的变化、减免赋税或获得政府采购合同,来增加自身话语的分量。从领袖处获得利益的个人并不宣传他们的利益;因此,在领袖地位牢固确立以前几乎不会泄露任何信息。在此阶段,通过巨大的努力可以再次恢复先前的权威和控制力的平衡状态。

当无法恢复先前的模式时,我们认为这是一种*结构性*的而非循环性的改变。因此,一个新的犯罪活动水平变成永久性的;新集中在一位首领手中的权力得到无限期的维系。(在具体情况下,这些改变可能*并不是*结构性的,因为他们可能是一段较长的循环期的结果)一些结构性变化最好能够被描述为变化的“微量积累”:治安部门由于容忍犯罪而变得永久腐败;检察官认定精力过盛将会毫无希望地危及他的政治生涯。与“休闲和娱乐”利益息息相关的商人可能会相信在广泛开放的城镇他们的境况将会更好。大众传媒可能是由乐意自己生活得好而反对激进改革的居住在外地的所有者来运行。

当然,结构性的变化可能进入涉及地区、国家或整个文明社会的革命性和根本性的阶段。社会的等级结构可能已被取代封建农业或游牧经济的现代工业所修正,从此意义上说,“微量积累”尤其可能已经出现在此类敏感的危机时期。或者,在外交事务中长期的屈辱使得统治阶级及其意识形态丧失了信任;而且,一些煽动性分子在获得外国帮助攫取本国权力的名义下,可能已经吸收了新的意识形态。

适用于革命性反应的最优化的假说,当它们被寄希望屈从于纯收获的巨大差异而不是非革命性的改变时,就会导致我们期待革命性的活动。我们有必要利用合适的手段来观察这种情况,并用以估量产生支持革命的期待对各种因素的相关影响。下列陈述与上述革命情形的特征息息相关(尽管并非所有在每个情形中都必然相互作用):

神秘体系

- 掌权者对其恢复权力的能力丧失了信心。
- 掌权者就面临的问题不能适用一套对其目标价值的共同解释。
- 掌权者失去了对其他有关价值的权力评估。
- 掌权者首先在面临内外挑战时错误地估计了自身的力量,其后未能及时分享权力以避免不可调和的敌对。
- 掌权者的反对派增强了其获取权力的能力的信心。
- 掌权者的反对派就面临的问题适用了一套对其目标价值的共同解释。
- 掌权者的反对派通过避免将挑衅行为扩张到导致其被彻底毁灭的程度(当足够强大时才攫取权力),准确地评估了自身的力量。
- 掌权者的反对派保留了其对权力的需求。
- 普通成员对掌权者掌权的能力丧失了信心,并对其自身能力信心大增,同时支持掌权者的反对派接手权力。
- 普通成员对掌权者在意识形态中宣称的目标丧失了信心,并接受了反对派的意识形态。
- 普通成员就如何将反对派的意识形态价值适用于当前情形发展出了一套共同的解释。

- 作为一种获得自身价值的方式,普通成员要求掌权者的反对派掌权。

普通成员正确地估计了自身的力量,而且没有挑起对手破坏性的反攻。

技术

已经确立的政治结构功效有限:

- 信息功能不充分地向掌权者介绍和评估情况所需的现实策略。
- 宣传功能是迟缓的、混乱的或不切实际的(怪癖的、挑衅性的、无说服力的)。
- 规定、援引、适用和终止功能是迟缓的、混乱的或者不切实际的。
- 评估功能不充分地向掌权者介绍过去政策的效力。

掌权者的反对派用以制定和执行最高政策的政治结构是富有成效的。

普通成员的政治结构的功效显著。

这里有必要对权威和控制力的模式之相关性再多说一句。我们已经利用了诸多修辞手法来指导正在观察社会现象的全方位的和基础性的研究。图表 A 将扼要地总结一些更为一般化的公式。

关于社会过程中(包括权力)参与者的反应中最具包容性的假设是,同等效力(或者无差)原则。按照该前提,一个参与者对于他的价值地位将会维持与现实同等的预期。

**表 A　稳定的权威和控制**

| | | | | | | |
|---|---|---|---|---|---|---|
| 参与者<br><br>精英<br><br>中层精英<br><br>普通成员 | 预期的权威和控制力制度将会带来对价值的宽容<br><br>要求制度得到支持<br><br>向那些支持制度的人证明自身 | 在支持体制所必需的职位中发挥作用 | 控制支持体制所要求的基础价值 | 适用发挥基础价值效用的策略 | 获得相关决策<br><br>信息<br>推广<br>规定<br>援引<br>适用<br>终止<br>评估 | 在整个社会化进程中维持权力制度所需的效果 |

这个假设，当适用于权力时，对表现追逐权力的强度可以作下述解释：在追逐权力中任何改变都不被预期来实现价值利益。如果比这更为强烈，将会失去其他价值；如果比这较为弱化，将可能随后失去权力和其他价值。

在社会过程中是否存在使我们能够得出关于社会权力更替之基本主张的任何变量因素呢？这种主张基本没有确定性，这是一种合理的态度。然而，我们已经提供了一些基本的概括。我们记得，弗洛伊德认为社会过程是文明的自我毁灭过程。他的理论认为，将社会情景所需的模式融入其自身的个人将会经历剥夺；必定会放弃自发的满足感。文明的复杂程度越高，获得宽容的成本就越高。因此，人们就会逐渐撤离文明，并引发接受－反对文化的基本循环模式。

其他假说是以人类生物学之不一致性为基础的。据说这些不一致性使得人们受制于因控制社会或自然环境的复杂性而不断增加的成本。例如，人类的大脑已经高度发达，大脑皮层与早期大脑的构成密切相关，这对于器官组织完整、平稳地发挥功能密切相关。

在此阶段就没有必要再深入这些推测了。在回顾研究权威和控制力的可利用的理论方法后，下一步就是集中关注决策的情形，这也是关心美国法律和社会的人们所最为关注的。

## 对司法裁决的研究

在总体上勾勒出权力过程并提供了与之相关的一些假说、模式的清单列表后，在完全系统化和全面性的方法中，下一步我们将把目光转向对具有代表性的地域性和多元化的情景中的每个结果作细致的考量。空间限制可能阻碍了这些可能性。然而，我们有必要来集中关注决策过程，即适用，这也是美国的法学家们最为关心的。在适用法律过程中，我们主要关注司法裁决；在判决结果中，我们主要关注上诉法院，最高法院是它们的顶级。长远来看，我们可以小心地预计，每个社会过程的理论和每个经验性调查的工具都将与这种非凡的制度产生联系，多年以来，它的特点引发了大量的文献。

我们不会急于详细描述对最高法院的调查。我们的目的在于通过提供一幅司法过程的试验性的图谱，采取必需的准备性的步骤，来对司法裁决的传统制度进行科学研究。这个图谱介于先前对权力过程的描述和所选择的用于调查的司法竞技场的特性之间。司法过程必须表明社群决策者的最终决策行为（R）如何受权力过程和更广泛的社会过程中的环境（E）和倾向（P）因素影响。图表 B 为此提供了指引。

利用这种对一系列事件的素描，科学观察者受到寻找变量因素的挑战，那些变量与其他涉及决策结果的变量之间存在明显的相互作用。结果根据决策者的努力来进行描述，他们或宽容或剥夺参与者及其主张，他们也可能提供象征宽容或剥夺的陈述事实的理由以及由当事人提供的理由。如果他们给出了意见，那么他们的行为方式就值得研究，不仅因为他们自己的目的，也因为这是影响（或预示）未来的变量。

*结果前*的事件包括了所有与社群决策者最终反应有关的事件。

（一）*前竞技场*事件是先于社群决策者（无论是警察还是司法官员）介入的事件。

1 *促成性事件*是在前竞技场阶段发生的事情，它们使被授权作出最终决策的人们注意到最终发生的或社群引起的事件之间的区别。

**表 B　司法裁决**

| | 前结果事件 | 结果事件 | 后结果事件 |
|---|---|---|---|
| 前竞技场<br>促成的<br>初步的<br>同步的<br>其他 | 竞技场<br>内部竞技场<br>参与者<br>事实概述<br>赔偿主张<br>合理理由<br>同步竞技场 | 竞技场<br>内部竞技场<br>承诺（＋，－）<br>理由（＋，－）<br>意见类型<br>同步竞技场（＋，－） | 竞技场<br>价值<br><br>制度 |

2 *初步事件*包括制定计划并进入正式竞技场和诉讼。

3 *同步事件*非常类似于促成性事件和初步事件，但是，社群决策者并不能关注到诸多要素。

4 *其他事件*是指那些可能与历史、科学研究的某些阶段具有相关性的事件。例如，它们可能是用以解释 1.1、1.2 和 1.3 这三类事件的潜在的区别要素。

（二）*竞技场*事件在决策者介入到宣布决策这段时间内发生。

1　*内部竞技场*事件是指那些直接影响社群决策者和可能会给结果带来某些影响的事件（例如法庭）。

（1）*参与者*。法院是直接介入争端的一个主要参与者。另外，还有双方当事人和他们的律师、证人以及法庭的旁观者。参与者可以是个人或*组织*，如果是组织，就可能是*非政府*组织或*政府*组织。如果是政府组织，则是一个*政治性的组织*或*专业性的组织*。前者是指有组织的社群，原则上可能是全国性、跨国性或区域性的。当政府组织不具有国家权威时，他们就是专业性的；他们发挥着具体的职能。专业化的政府组织在区域上可以被分为跨国性的、全国性的或地区性的，或者也可从功能上定位（一般而言，也可分为立法、执法或司法机构；我们将之分为信息、推广、规定、援引、适用、终止和评估）。

*间接*参与者是指那些法庭之外的成员。（同步竞技场事件）

（2）*事实概述*。当事人主张并概述产生争议的事实，并描述争议的过程，因为社群决策者介入了。法庭会维持复杂的程序直至结束。有时对事实是没有争议的。当然，经常是存有争议的；可能每一方都会向法院提出最有利于本方诉讼主张的事实版本。因此，在最广泛的程度上说，我们可以（并且有时也确实）将当事人提出的事实主张认为是它们试图为自身提供正当理由的一部分。但是，传统做法是区别对待事实与陈述；而且在任何情况下他们都将在"正当理由"内分别归类。我们在此赋予他们同等的地位。（在研究最高法院案例时，在分析者拿到审判概览时，我们指导他们去概括事实。我们认识并强调说，无论如何这都是一种被认可的事实信息的满意来源，因为它们是由科学的观察者描述的。不仅是具体的诉讼参与者，所有的诉讼参与者都可能隐瞒、歪曲或忽视事实信息，而它们对于在不同的环境中对司法过程进行科学的比较不可或缺。而且，事实是用"日常使用的语言"来概括的；这意味着我们尚未使用仔细定义的语言来确保用语所具有的相对含义。我们最终将有必要描述基本分类中的促成性事件，这些分类被用来指明整个社会过程）。

(3)主张。[38] 主张是由当事人向决策者提出的,要求其采取对当事人或社会环境中的其他参与者的价值地位做出产生决定性影响的行为。我们从三个主要方面来界定主张:处于危险之中的价值(或多个价值);所涉及的社会过程的阶段和特征;决策者介入的程度。

A 处于危险之中的*价值(或多个价值)*可以分为下述八类:权力、教化、财富、福祉、技能、情感、尊重和操守。

B 价值程序的*阶段和特征*是指推动价值改变的发生率。当事人提出主张要求决策者采取行动;但是,所意欲产生影响的关键事件是在法庭外发生的。分析价值过程的最为全面的描述可以被描述为:参与者、情形、观点、基础价值、策略、结果和影响。这种主张的分类仅有一个例外。"观点"即是例外。决策者并不被寄希望能够直接影响观点;他们能够通过其他价值的形成和分享来试图施加影响。因此,主张也受到类似的限制。所有以参与者、情形、基础价值、策略和结果等术语进行分类的主张首先都与价值的*形成*("积累")相关。"享受"意义上的价值分享是根据效果进行分类的,因为我们假设价值必定在享受的可能性出现之前(而非进一步的积累)得到积累。

a 参与者

我们根据参与者的角色对主张进行分类,这些参与者是基于所有目

---

〔38〕 为了给法学院学生和偶尔的专业化活动提供迅速概览,一位作者经常适用下述简单的模型。

I. 引起争端的事实(被一位无利益关系的观察者所见)。相关的"事实"包括具体的促成性事件和他们在社会中的广阔背景。这些或许可以用价值和价值阶段来组成。

II. 当事人的主张。

A. 与引发争端相关的事实的主张。

不同的当事人当然会存在不同的事实版本。

B. 与相关政策有关的主张。

这些或许通过不同的权威来源和价值、价值阶段来组织。

C. 与赔偿相关的主张。

不同的当事人在社会程序中要求法官或其他决策者干预的内容。

III. 决策者的反应。

A. 相关事实的选择。

B. 适用政策的选择。

C. 适当赔偿的选择。

需要强调的是,将可能明显出现至少三种不同的事实版本、政策和赔偿。无利益关系的观察者、当事人和决策者可能存在巨大差异。

的（或排除）参与社会过程所必需的。

b　情形

在获得完整的参与者地位后，他们将会主张参与（或被排除）具体情形。此外，还存在对获得互相作用的新情形进行认可的主张，或者否定的主张。

根据上述种类的主张，我们可以将八种价值的主要特征概括如下。例证只是建议性的而不对所有可能性穷尽列举。主张与基于所有目的的参与有关，与进入具体竞技场和新的相互作用的情形有关。

*价值1：权力*。1.1　在政治背景中（诸如单一民族国家的世界体系）承认具有完整成员资格的主张；1.2　基于有限目的被准入特定竞技场的主张；1.3　认可构成特定竞技场的主张（例如，一个新的国家联盟）。

*价值2：教化*。2.1　主张被接受为一个擅于收集和处理信息（例如，大众媒体）的论坛的完全的参与者；2.2　主张部分参与；2.3　主张被接受为擅长获得并处理信息的网络。

*价值3：财富*。3.1　主张作为生产者被为市场认可；3.2　主张被认可为基于部分目的而进入市场；主张被认可为市场结构的构成者（例如，谷物交易所）。

*价值4：福祉*。4.1　主张完全参与涉及心理完整性的情形（例如，认可为一个安全服务的提供者，例如警察，健康，例如照顾、治疗、安慰，例如麻烦事）；4.2　主张部分参与福祉结果的形成过程；4.3　主张被认可为构成影响福祉的相互作用的竞技场（例如，民防区域）

*价值5：技能*。5.1　主张认可作为参与特殊技能活动的有完整资格的参与者，并获得他们活动的机会（例如，参与设置并适用活动标准，并获得学习、教授、批评和适用的机会）；5.2　主张部分被认可；5.3　主张构成形成活动的技能网（例如，专业、职业）。

*价值6：情感*。6.1　主张获得情感环境中具有完整成员的资格（例如，家庭，友好的社会）；6.2　主张有限的参与；6.3　主张确立专门形成情感价值的网络。

*价值7：尊重*。7.1　主张作为阶级或等级体系中的某个社会阶级或等级，或作为一个个体成员，被接受；7.2　主张在有限的基础上进入一个

授予（或保留）尊重的情形；7.3　主张确立一套阶级或等级的体系，或专于形成尊重的另一情形。

*价值8：操守*。8.1　主张在某种情形下获得完整的成员资格，该情形以强调阐述、适用负责任的行为（例如，宗教派别）标准为特征；8.2　主张有限的参与；8.3　主张确立一套互相作用的专于形成操守的网络（例如，一个新的宗教派别）。

c　基础价值。3.1　主张控制作为价值形成基础的价值。主张可能是排他性的或包容性的控制。排他性的主张：继任国家可能对先前国家的银行储备提出要求。包容性的主张：一个国家可能要求进入其他国家根据国际法都有权进入的公海。3.2　主张加紧或放松下述限制，即利用价值作为影响任何范围价值的根据（例如，有人声称财富仅用于再投资，不为教化目的而进行研究）。

d　策略。这种主张涉及利用价值去形成价值的具体方法。

4.1　一套策略与收集、适用基础价值进而达到预期目的的操作有关。我们这里谈及的是有关集合和处理的策略。

4.2　另一套价值涉及适用价值时的技术，这在追求结果时或是宽容的或是剥夺的（伴有一定程度的风险）。我们将之命名为I－D策略（宽容－剥夺）。

4.3　*工具性策略*通过强调对象征性的或资源性的成分的依赖程度，从而贯穿了八种价值。策略性的和意识形态性的工具依赖前者；经济型和军事性的工具依赖后者。尽管以价值术语来描述所有的策略是可行的，但出于诸多目的将工具分为四类的方法更为方便。我们没有必要根据适用策略而引起的变化程度来对主张进行区分，因为这些方面所涉及的都是非策略性的种类（例如，主张使“参与者”的数量和特征彻底改变，或改变“情形”的边界）。

4.4　最后，我们来谈下涉及聚合模式的一种策略，它是由参与者在社会环境中相互作用而产生的。这种聚合模式能够按参与者的数量以及控制程度来描述。这种极性模式可以用多极性、多极化和两极化等术语加以描述。广泛说来，随着策略之间相互发生影响，这是一个关于结果环境具有“垄断的”或“竞争的”特点的问题。从这种综合观点来看，*极性策*

略是相互作用的。

现将涉及策略的主张概括如下：

4.1 涉及收集和处理策略的主张。

4.11 收集：用以形成价值的涉及劳动力、资源和价值体系之资产的主张。

4.12 处理：与将收集的资产变为进入价值形成过程中之最终形态所用的方法相关的主张。

4.2 I－D 策略的主张（包括风险）

4.21 提供利润（给自己或他人）：主张给自己或他人带来具体形式的价值利益。（所有价值都可能有所涉及；自身作为整体可能会提出主张；或者一种具体组成。）

4.22 防止损失（给自己或他人）：主张防止价值地位被削弱（以一种具体形式）。

4.23 强加损失（给自己或他人）：主张强加一种被削弱的价值地位（以一种具体形式）。

4.24 阻碍利润（自己的或他人的）：主张阻碍一种价值利益（以一种具体形式）。

4.3 与工具性策略相关的主张。

4.31 外交性的：主张与他方协商，富有影响力的领导者。

4.32 意识形态性的：主张与富有影响力的领导者之外的人交流。

4.33 经济性的：主张利用商品和服务去影响群体的反应。

4.34 军事性的：主张利用破坏工具去影响反应。

4.4 极性策略。

4.41 垄断性的：与鼓励垄断相关的主张，或通过减少数量，或通过增强实力并超越风险程度（即垄断的风险）。

4.42 竞争性的：与鼓励竞争相关的主张，或通过增加数量，或通过削弱威胁竞争单位的实力。

e 结果

某些主张在结果阶段与实践相关；其他与具体结果相关。

5.1 与实现目的、履行承诺的方式相关的主张。

5.11　信息:涉及获得、处理和传播信息的程序的主张。

5.12　推广:关于选择、规划和宣传政策的提议程序的主张。

5.13　规定:与陈述一般规范、偶然事件和批准文件的准备、指定和颁行工作相关的主张。

5.14　援引:关于评估、认可(或反对)和执行建议并诉诸规定的主张。

5.15　适用:与根据规定筛选、认可(或反对)并执行具体问题的最终处理建议相关的主张。

5.16　终止:与评估、撤销和执行废除规定相关的主张。

5.17　评估:处理评估政策活动的调查、评价和出版的主张。

5.2　涉及具体结果的主张。

5.21　信息

5.22　推广

5.23　规定

5.24　援引

5.25　适用

5.26　终止

5.27　评估

f　*效果*

直至此点为止,该纲要已经处理的涉及形成价值结果的主张,包括价值积累。我们可以便利地单独考虑价值分享作为享受的意义的主张。这种类型与上述等同,只需作适当修改。

6.1　参与者

6.11　主张被认同为同一价值的最终享有者,如下:

6.11.1　权力:政府服务的最终收益。

6.11.2　教化:有权享受信息制度的服务。

6.11.3　财富:最终消费者。

6.11.4　福祉:获得安全、健康和舒适。

6.11.5　技能:享受技能的创新。

6.11.6　情感:享受家庭或友好制度的果实。

6.11.7 尊重:有权享受声望。

6.11.8 操守:有权享受宗教或伦理制度的服务。

6.2 情形

基于完全享受的目的而进入情形的主张对于既定价值种类来说是相对专业化的;基于有限的享受而进入;确立新的相互作用的情形。在后一种情况中,可能涉及新的消费者团体的地位。

6.3 基础价值

6.31 主张对个人或群体价值享有完全的控制力。

6.4 策略

6.41 主张获得价值形成者所喜爱的价值。

例如,相关主张如下:消费者关注价格和由生产者控制交易的其他方式;个人关注警察提供的保护和其他日常生活所需的政府服务(与制造公司或正式官员的具体要求有所区分)。

6.5 结果

6.51 主张以享受价值的目的而交换价值

对于所有产品、服务的最终使用者或占有特定地位的最终使用者来说,都存在优先权或限制。例证如下:

6.51.1 权力:主张所有公民都应被允许获得国内警察的保护;一些官员可能给予较多(或较少)程度的国内保护。

6.51.2 教化:主张每人都被允许接受信息;但是更多的人获得更好的教育。

6.51.3 财富:主张总体上每个人都应被允许如他所愿的那样在经济交往中消费货币收入;但要求商业经理或工人有一定的存款。

6.51.4 福祉:主张所有人都被允许去购买、消费酒精产品(除了少数人)。

6.51.5 技能:主张居民可以免费进入摄影和艺术展览馆;但那些具有专业知识的人可以基于享受目的获得更多权限。

6.51.6 情感:主张所有儿童都获得情感;但老人必须受特殊照顾。

6.51.7 尊重:主张所有人都应被赋予基本形式的尊重,除了一些传统的社会底层。

6.51.8 操守:主张每个教会成员都有权参与宗教仪式;但某些种类的成员开放更为完整的宗教仪式。

C *决策者介入的程度*是指社会决策体制中参与方式的范围和特点。这是第三种主要的主张种类,其他两种分别是指"处于危险之中的价值"和"社会过程的阶段和特点"。简单来说,有关介入程度的主张可能是:

C1 建制性的:决策者和程序都得到识别。

C2 监管性的:当事人可能诉诸法院并在和解时中断。

C3 规制性的:社群作为一方当事人要求遵守公共秩序之法典的指导。

C4 自我修正性的:社群管理一项作为争议一方的持续性的事业。

C5 矫正性的:社群作为一方当事人,对于那些违反社群规定的人进行制裁或者隔离,不论其教育能力和机会。

(4)*正当理由*。这包括当事人为了支持某要求提出的所有主张。当事人自我认同为"受益者"或者不是;最终是法院的责任来认可或拒绝这些被提出的自我认同。正如上文所指,关于促进性事件的事实主张是有可能影响决策者的。现在本部分主要关注的是这个论点的作用。

这个论点首先可根据所援引的价值的主题进行分类。权力价值可以分为两个主要的部分:"权威"和"控制力",前者包括所有种类的"法律技术"。文明价值包括"形而上学"类型的"超经验"式要求,如果明显的内容是指定的,或常规性的模棱两可的(例如,"自然法")。"神学"的要求被划归为"操守"。

为了支持一项论点会引用各种各样来源的资料。资料来源可以根据价值体制背景进行分类。

我们在摘要和口头论点中已经颇具逻辑性地详细阐述了论点;主张的类型可能被(专家)分析,用以揭示结构中的漏洞。

事实主张可以获得证言和物证的支持,它们可以通过强调证词的程度进行检验。

一个案件的整体印象能够根据明确的技能标准来评估。技能能够积极夸大个人的优势或缩小个人的弱点;或考虑对手的弱点和长处。概括而言：

①正当理由的价值分析

②援引资料来源的种类（在美国）

a　宪法

b　最高法院

c　其他联邦法院

d　州法院

e　外国法院

f　行政官署或机构

g　制定法

h　条约

i　类似的权威文本

j　法律专著、期刊文献、法学家的观点

k　立法历史

l　其他官方权威

m　法学家和材料（根据价值制度背景的分类）之外

③正当理由的逻辑分析

④证言和物证（强调）

⑤案件概览（技能）

（5）*决定*是决策者作出的价值承诺（宽容或剥夺）。一些决策者（如最高法院）会附加其意见。通常，一些包含观点的陈述会概括争议的事实。其他陈述会概括正当的理由。法院可能引入新的事实主张，即不由当事人提供陈述，而决定认可或拒绝他们。法院可能引入新的论点并对之作出反应。总之，我们可以说，除了宽容或剥夺以外，当事人（此处是当事人）的价值主张，决策者同样会宽容或剥夺其所有具有事实主张或正当理由的人。

①*决策者的承诺*。描述一个（多个成员所作的）决策的第一步是注意多数意见的组成，如果有，也要关注少数意见。我们也必须关注同一群体内成员的单独意见。

②*决定的正当理由*。我们以检验当事人提出的正当理由的同样方式

来分析最高法院的意见。我们必须关注对*证言*或*物证*的认可或反对。决策者提出的论点可以根据主题和援引的价值标准进行分类。必须描述*资料来源的类型*。也会对*正当理由的逻辑分析*进行检验。

意见的风格。我们研究大法官意见所展现出来的风格。这大体上等同于诉讼参与者进行案件概述的技术。风格这一术语有多种意义而不仅仅是指“漂亮的书写”,它是指信息构成要素的合理建构。因此,它包括判决意见中的用词和对陈述的选择和布局。

2　*同步竞技场*事件在具体争议所发生的竞技场外出现。它们可能包括影响结果的事件(例如,宣传活动)。其他事件可能具有科学价值,因为当潜在的利益相关人员不参与案件听审时,对案件本身没有积极的影响。

(三)*后竞技场*事件。在此对后竞技场事件作简单的评论。就最近的判决而言,大多数关于后竞技场效果的陈述必定是明显可被预测的。但是,年代久远的判决仍具有值得研究的悠久历史。没有人会质疑,相关影响的指示之一就是随后对作为“先例”的引注。然后,我们有必要中止最终判决,直至将整个社会背景都考虑进去。(我们不久将会回到这些问题)

我们来概括一下最为广泛的种类解释清单,将它们用以解释司法以及其他社会过程。

a. *文化*。简单来说,我们是指通过文化,普通的模式将在社群内盛行。“南部各州”、“西部欧洲文明”或者当地居民即属于对此宽泛的使用。我们假定,人们所作所为的一部分就是他们过去(和现在)受文化(和亚文化)影响的结果。

b. *阶级*。阶级是在社群背景下以一种或多种价值术语来界定的上层、中间或下层的社会地位。

c. *利益*。一个群体的利益跨越各个等级,或者包容性逊于任一等级。

d. *性格*。个人与自身或他人相处的基本模式。

e. (危机或内部危机的)强度。有可能对以前所有的种类进行再分类。但是,单独强调危机强度是合适的选择。

我们要记住,涉及社会过程的最一般的模式是“人们利用资源并通过实践(制度)来追求价值"。上述种类都旨在处理被相互作用调整过的所有事件。此外,我们可以将*资源*和*人力*称之为变量因素(从传承的本质意义上看,且在它们被相互作用调整之前)。

【翻译:涂 识;审校:杨 帆】

CHAPTER 04 >>

# 第四章

# 关于未来发展的预测

## 引　　言

我们准备思考涉及问题解决的第四个智识任务。假定目标价值已经明确,两种趋势和制约因素已经得到初步研究,下一步就是展望未来。尽管在旁观者看来,未来就像时间的车轮一样只会往前而不会有任何变化。这种看法将在下一阶段讨论解决问题的思维时得以改变,那时未来的各种可能性将以一种动态的姿态得以展现[1]。

防止目标承诺的扭曲效果未必是沉思分析法的最小优势。我们已经强调了明确的价值导向的重要性,并且目前的观点绝不会削弱倾向和决心的意义。但是,我们必须承认有一些危险因素与“意愿”和“动力”有关,特别是自我欺骗的危险。每个坦率的思考者都承认他可能会屈服于“一厢情愿式的想法”。即便是经验丰富的职业律师,在数十年面对因公和因私的争议后,可能会发现他们自己受制于偏向客户利益的热情。确实如此,一些辩护律师发现如果他们要最大程度地发挥辩护的功能,他们必须培养一种“战斗心理”。但是在意识

〔1〕 本章将进一步阐述第一部分第五章所涉及的非常精确的陈述。

边缘,律师们依然相当清楚地意识到把每个对方当事人都想象成阴险的是多么荒谬的事情。然而每个律师都可能有意保留这种非正常的调节思维直到案件结束。他在借鉴一种原始魔法的心态,这种心态要求他根本不能去思考某些事情,即便这样做将承担灾难性的风险。

预测性思维作为一种方法是故意暂缓作出判断。这种思维方式将一直持续到一套包含各种个体的综合体系出现在注意力的中心位置为止。在这些个体形成的过程中,一定要避免分心。

这种战略性预测不是要断然地取消评估标准,或者在某个特定时间完全忽视这些评估标准。相反,问题是要将判断的积极因素限制在教化标准之内,并推迟以操守、情感和其他价值标准作出评价的时间。将思考未来作为思维方式的一种辅助形式,是为了允许思维评估将来可能发生的各种设想的可能性。

以一个旁观者的姿态来看,思考者通常能够对被忽视的未来突发事件作出预测,并且最终发现可能会影响基本策略。比如,越来越多的情形表明律师关于一个案子的整个理论可能被最高法院断然否定,而警觉的律师可能会采取截然不同的方法来避免失败。

预测性思维独特的研究对象是一种广泛的趋势,而不是某个特例。明显地,与目标确定有关的恰当的问题是与事件类型以及总量有关的问题,而不是与某些特定事件有关的问题。同样,当我们思考未来的时候,相关的问题是关于某一类别的未来事件。预测性思维的作用是提出一套概论评估,并且与之有关的社会环境中显著的特征不能改变或者只能朝着设定的方向改变。

当我们致力于构建彰显人类尊严的世界公共秩序时,很明显我们关于未来的主要的问题是发展方向的问题。在下一代的社会,未来的发展是更有可能朝着各个机构分享权力、财富以及其他价值的方向发展,还是更有可能背离这种方向呢?世界发展的综合背景是这样的场景,即在这个背景里所有的组成部分都受到影响,每个次社群和团体也与该背景互相影响。

当学者们被问及对未来的思考时他们总是感到特别不自在,这个并不难理解。学术活动的目的之一就是要减少不确定性,扩大对已获证实的观点的继承。比如,历史学家寻求的是对文献真实性的评估,科学家探索的是对根据理论模型预测出的事件进行充分证实的程序。很多学术传统的捍卫者都乐意将他们认为是“记者、预言家以及先知”的人排除在外。

学者们不愿意讨论未来的部分原因是其中涉及的政治风险。在对未来进行辩论时,科学家和学者们就直接进犯到决策过程了,因为对未来进行评估是立法者、国家统治者、业务主管或者私人经理在作出决定和进行选择时不可避免的一个步骤。对未来的阐释是行使权力和发挥影响力的一种工具,这是千真万确的。可以这么说,由于政治家们具有太多的利益因素,以至于他们无法承受任由科学家和学者们传播关于未来言论所带来的后果。政治家们迟早会被迫试图控制这些言论,从而危及到科学和学术的可靠性。

许多决策者对未来事件的陈述极端敏感,这一点也不奇怪。一些古罗马皇帝将几乎所有的占星家从罗马或意大利予以驱逐——除了他们自己御用的,因为这些占星家太随意地预测皇帝的死亡。我们了解到,在查理曼(Charlemagne)的继任者即虔诚者路易(Louis the Pious)统治时期,没有大领主,只有占星家。甚至在16世纪初期,像巴塞尔这样的城市都有自己的占星家。现代社会的诸多事件也证实了统治者对未来预测的重视程度,以及预测者可能招致的严重后果。我们知道在1504年,Giovanni Bentivoglio的儿子Ermete下令将Coeles杀害,原因是Coeles预测Ermete将死于一场战争。独裁统治者们的特点是他们会对他们认为重要的所有言论,包括预言,采取有效的独裁手段予以控制。毫不奇怪,他们的信条是认为自己的统治具有辉煌的未来,而敌人则不可避免地遭受屈辱。即便是民选的政府在战争和灾害期间也会限制“失败性”的言论。

在当今社会,对未来进行预测的自由也仅仅限于那些民选政府统治的地区。这就引发了对亲民主学者的一个特殊问题,这些亲民主的学者明确地得出结论,即对“自由世界”的展望是严峻的或者是无望的,那么他们应该不计负面效果地传播这些观点吗?

事实上,这个问题不可能像前面段落暗示的那样清楚明了。合格的自由的学者提出的关于未来的陈述不会采用“必然性”这样的字眼,也不会以扰乱社会的方式传播。有能力的学者和科学家知道关于未来的各种命题其实就是被已故的罗斯福总统叫做“不确定的”陈述。从技术的角度讲，未来是“可能的”，而不是“必然的”。后者更合适用于宣传而不是探究。既然合格的能自由表达想法的学者关于未来的陈述是“有条件的”，那么他们就不一定要留下一种压抑的效果。他们详细说明这些条件，在这些条件下不受欢迎的结果出现的概率会降低，而受欢迎的结果出现的概率则能够增加。可以这么说，在探寻未来发展的坑道中，这些科学家和学者摸着石头过河，增加了成功的机会，而不是让探索行为搁浅。应及时看到，更有可能的是“或然性”而非“必然性”。

除去政治风险和干扰外，问题仍然是预测性思维是否有可能以一种自觉的方式进行。任意的和印象派的因素能否保留在最低限度内？答案是肯定的。通过指导探索者利用已有知识对未来进行推测，从而修正他们的关注焦点。

有两种系统性知识可以利用。第一种指的是趋势，第二种指的是制约因素。因此在考虑未来事件时，第一步是对到目前为止的关于变化的系统性资料进行思考。目前每种价值体系都是研究客体，由此可以得到能够展示很多具有重要意义的场景的趋势曲线图。尽管没有必要提供一个精心制作的数据库，但一些特定的标准仍然是有用的。

福祉：出生率，道德，发病率，事故

财富：国民生产总值，包括生产，物价水平以及生活标准

权力：投票权和非投票权，投票支持执政党，投票反对执政党

教化：学校教育，大众报刊的传播，大众传媒项目的听众

技能：受雇用机会，能力水平（等级，优胜）

情感：家庭构成，协会成员

操守：教会活动情况，共同犯罪

尊重：不同阶层和不同种族之间的通婚情况

当趋势曲线延伸到未来时，注意力就应当转移到冲突可能将要发生的某个地区及某个时段。下一步要评估可能影响冲突解决方案的各种因素的比较力量。通过对“科学法则”进行推断从而对“趋势”推断结论予以补充的做法是恰当的。以现代化的传播为例，若以投资金额来衡量，则可能与政府民主化进程的方向正好相反。

对科学知识的检验通常会导致这样一个挑战,即在勾画未来发展蓝图时会将一些被忽视的因素加以考虑。经常有可能回到成堆的流行知识,并发现一系列事件,当对这些事件进行推测时,将使各种预期更加清晰。研究可能表明经济现代化对民主的影响因经济发展水平的不同而有所不同。在早期阶段,分权可能出现,接着权力集中在寡头政治家手中,在经济发展到更高水平时,分权有可能加强。

以目前的教化水平来看,可能性评估很明显因为缺乏系统的信息而有失准确。虽然近年来取得了进步,但是在检验成堆的智力成果时,人们不可能意识不到还有一些知识上的空白限制了推论基础。

从某种程度上讲,利用非系统的知识补充这些空白是实际的做法。由于我们取得的根据大量的实验和关联性研究而得出的量化信息和科学总结的资格是有限的,我们在对"流行的"和"有条件"的知识进行研究时,一直被过分严格的标准束缚了手脚。使用如此苛刻的标准来限制对未来的推论基础是比较极端的做法。如果不合格的知识被漠视的话,那么很多对于过去和近来最富启发性的研究成果也将被忽视。比如,历史专著的撰写通常是通过案例研究的方式进行的,人物的刻画是根据重要的史料完成的。定量细节可以包括在内,但是数据可以在主要是从经济学层面考虑问题时予以提出。

量化的迫切性对我们积累人类知识和社会知识做出了重要贡献。比如,仅仅在几十年前在人口学和经济学领域,就操作指标的不精确性而言,几乎完全是"定性分析"。大部分历史信息都是通过案例分析的方式予以记录的,一些诸如储蓄和投资这样的基本过程只是模糊地予以处理。现在我们意识到我们关于整个经济的描绘,特别是经济增长的描绘,是存在空白的。然而大量的合格的与理论体系明显有关的资料随时可得。争议性问题得到了比以前更清楚的描述,一些不确定知识的灰色领域也得到了研究和关注。

但是,我们必须指出定量分析研究的兴起不能取代判断。相反,精确性的作用在于提醒场景解释者注意他们提出观点的基础是脆弱的还是可靠的。对数据既不能过分迷信也不能忽视不理,它应当用于对一个完整的历史时期、整个社群或者全体人民这样复杂的对象进行分析。在大背景和细节之间来回不停穿梭的过程中，在基于个案关联性以及实验的分析中，一种探索的心态特别能够构建出关于过去和未来事件具有启发性的画面。

背景分析值得进一步探讨。如果我们对社会进程较大的轮廓予以仔细观察，我们对社会的细微发展的解释就越有把握。我们的经验经常肯定这样一个观点，即细节的相关性而不是细节的大量性起重要作用。一个具有悠久历史的例子是：如果我们寻找一个高原，我们能够通过眼睛扫视山坡和峡谷的轮廓；我们也可以费力地利用探测工具从任何一点开始探测，并且绘制这个地区的地图。因为我们的目的是要找到一个高原，眼睛比探测工具来得快多了。当通过更加快捷的方式就能把轮廓看清楚时，堆砌一些细节就没有必要了。一旦这个高原被发现后，问题可能会随之改变：我们那时可能需要精确的测量数据。

也许一个更合适的例子是关于航海的。如果问题是划着一只独木舟沿着一条不熟悉的湍急的溪流顺流而下，还要避免撞到岩石，航海家的视野必须覆盖河道比较大的轮廓，然后必须迅速地将注意力转移到最有可能和最具危险性的特征上去。航海家没有时间仔细观察岸边或船尾岩石的形状。解决政策问题也是如此，如果新情况的大方面能够得到关注，对任何特殊的细节也就了然于胸。

不要扯得太远了，我们重点强调"较大轮廓"的重要性。整个县市都惊讶地发现它们正在面临水资源短缺。然而如果将某个地区或者将整个国家的地下水位作为一个整体来看的话，我们会发现在遭遇干旱的很久以前对这种迫在眉睫的威胁就应该予以警惕。即便是谨慎的预测有时也能预料这种危险的迫近。类似的，某个行业或者某个工业化城市可能也将面临衰退而在之前却意识不到这样的先兆。然而，一定的工程管理学知识能够帮助预测危机出现的时间。新的建筑材料，新的纤维，新的着色程序：所有这一切都已经显山露水。

政策顾问的责任之一是着眼于客户的利益，对整个形势从大的方面观察。考虑到地方和地区、地区和国家、国家和世界有着千丝万缕的联系，因此没有合理的理由不把世界政治进程作为一个整体去思考。当我们这样思考时，非常重要的是将我们所处的时代与过去和将来结合在一起思考,必须对世界的变革予以考量。

对预测性思维的主要特征总结如下:

预测 = 在特定背景下的互动(社群,群体,人格)

+ 未来发展

+ 系统性知识、趋势、推理程序

+ 制约因素、非系统性知识、案例研究

## 发展结构

预测性思维包括许多特殊的方法。我们强调思维的发展模式与世界范围内的社会和历史进程有着特殊的联系。发展的思维的主要特点,我们将在下文更加详细的描述:

发展的思维 = 选择性

(集中于主要模式)

+

交叉跨界性

(介于过去和未来之间的结构)

在之前关于预测的整体讨论之后,我们认为思维发展在内容上是承接的,并且它包括各种各样的推理规则的运用。

假设我们的时代会从资本主义走向社会主义这一马克思主义概念摆脱了教条主义,体现了科学真理。我们将会有一个发展的思维结构。一些术语所指的是未来社会关系(如社会主义)的一种假设情况。另一些术语所指的是过去一些有交叉性的事件(资本主义)。通过把过去——未来刻画为一个复合过程,从一种形式到下一种形式,从而使得对这期间的事情进行分类成为可能,朝向新事物发展或者重复旧事物。显而易见,任何与新事物一致的是"进步的",任何与旧事物一致的则是"反动的"。

脱离开这种自我服务式的"必然性"的声明,很多人认为关于我们这个时代的建议性的假设可以在一些文献中找到。例如中国哲学家冯友兰预测,和宗教体系相比,未来将是哲学体系占据支配地位。[2] 汤因比的一个理论是:真实的情况看来是,在民主和工业化领域,普遍主义的驱动力是如此强大以至于这些动力必将势如破竹,迟早会在世界范围内运作领域起作用。[3] (这一表述与汤因比通常的思想相比,更接近于"必然性"的声明)

我们已经呼吁重视从民间文化到文明的过渡;并且如果我们确定文明将会出现并将占据主导地位,结果将会是一个发展的结构。如果我们使用亨利·梅因的分类法假定当今社会正在从"契约"向"身份"转变(扭转之前的趋势),我们将会有另一个例子。[4]

为了将误解保持在最低限度,我们应当注意经常使用的"循环"的概念,以及在目前环境下被明确的使用惯例。

我们承认把人类生活解释成永无止境的一系列循环是久已确立的知识传统,这种循环论观点还得到了我们日常生活的一些基本经验的支持。人类从出生就在向死亡迈进,谁也无法忽视季节的轮回,或者白天黑夜的交替。睡眠和醒来,行动和休息永无止境——或者还有很多其他这样交替的行为。

循环理论的权威性除了来自日常经验的确证之外,学者和科学家也支持这一理论。中国人关于"阴"和"阳"的观点,以及恩培多克勒(Empedoclean)思想中的"爱"和"恨"的想法都是古老的例子。总结最近一个时期的思想 ,一位现代作家说,"所有的进化都是从复杂到明确清晰,从分散到聚合,然后再回到之前的状态。生命是一个不断集中和扩散的过程。这是时间本身的收缩和舒张。交互变换的这种趋势驱动着宇宙。"[5]

---

〔2〕 FUNG YU-LAN, A SHORT HISTORY OF CHINESE PHILOSOPHY (Bodde ed. 1948).

〔3〕 TOYNBEE, Vol. 4 A STUDY OF HISTORY 180 (1939).

〔4〕 MAINE, ANCIENT LAW, ITS CONNECTION WITH THE EARLY HISTORY OF SOCIETY AND ITS RELATION TO MODERN IDEAS (1906).

〔5〕 G. HEARD, THE ASCENT OF HUMANITY 260 (1929), cited in TOYNBEE, 1 A STUDY OF HISTORY 197 (1934).

圣·西蒙写了“有机的”和“危急的”周期;[6]我们当代的最伟大学者的一种见解认为历史是文明的集群,经历着不断重复的时期,这其中的思想和圣·西蒙的思想相仿。[7]

循环概念包含两种截然不同的思维模式。第一种模式以“阶段”的形式出现,并且列举出据称将按顺序再次出现的有限数量的模式。第二种模式则是一种复杂得多的智力活动,这种智力活动只有在作为平衡各种互动因素的变化概念得以彻底搞清楚时才会出现。循环也会出现在平衡状态下,因为对各种参与因素的平衡可能开始往一边倾斜,然后再回复。在一个发展相当完善的平衡理论体系中,有必要超越出现和再次出现这样简单注意方式。这种波动必须以特定的因素群予以解释,这种特定的因素群推动着整个模式向一个方向发展,并最终再次将其复原。

当我们研究一般历史学家的专业工作时,一个令人惊讶的事实立即出现了:他们几乎都毫无例外地使用了阶段理论。实际情况是很多理论家都向所有研究某个历史时期社会进程的学生们推荐平衡模式分析方法。经济学家帕累托就是一个例子,当他涉足一般社会学和历史学的研究领域时就使用了平衡模式分析方法。然而有趣的是我们发现帕累托并没有践行他所倡导的理论,因为他关于一般社会学的四本专著都包含了对历史的节选,并没有论述平衡体系是如何运用于整个历史时期的。[8]并且这种情况是相当典型的,因此一般历史学也很少支持平衡分析。

当研究对象是部分进程而非全部进程时,平衡模式取得了绝好的成果。帕累托关于经济过程的研究就是一个典型的例子。[9] 确实如此,在

---

〔6〕 参见 THE POLITICAL THOUGHT OF SAINT - SIMON (Ionescu ed. 1976), HENRI SAINT - SIMON, SELECTED WRITINGS ON SCIENCE, INDUSTRY AND SOCIAL ORGANIZATION (Taylor tr. & ed. 1975), and HENRI DE SAINT - SIMON, SOCIAL ORGANIZATION, THE SCIENCE OF MAN AND OTHER WRITINGS (Markham tr. & ed. 1964, originally published, 1952)。深入研究参见 SHINE, CARLYLE AND THE SAINT - SIMONIANS, THE CONCEPT OF HISTORICAL PERIODICITY (1941). TOYNBEE, A STUDY OF HISTORY 12 Vols. (1934 - 1961)。

〔7〕 TOYNBEE, A STUDY OF HISTORY 12 Vols. (1934 - 1961).

〔8〕 V. PARETO, THE MIND AND SOCIETY; A TREATISE ON GENERAL SOCIOLOGY 4 Vols. (Livingston ed. and Bongiorno & Livingston trs. 1935).

〔9〕 参见 PARETO, MANUAL OF POLITICAL ECONOMY (Schwier tr. and Schwier & Page eds. 1971)。

经济学研究领域利用平衡概念进行研究取得了特别显著的成果。

我们在考虑这些差异时显然可以汲取方法论方面的教训。明显地，阶段方法为面对大量尚未被分解成各种互动因素资料的研究者提供了一个初始方位，这些资料已被或者可能被不完美地测量。相反，当具体情况足以使研究人员仔细研究特定的一系列互动因素并进行量化时，平衡模式能取得丰富的成果。

汤因比提供了一个令人惊叹的例子，关于在人类历史上适用重复出现的各阶段计划的例子。然而他没有为任何一个时期提供明确的、穷尽的相互作用的一系列因素的清单；并且他很少使用度量。取而代之，汤因比依赖截选的内容，用以表明他的阶段理论。相反，当帕累托处理经济研究的限定问题时，他提出一系列清晰的影响供给和需求的因素，并举例证明表明选取的因素相互关系的平衡等式如何与可获得的数据相符。

从科学的角度看，发现阶段本身并不是一种"解释"。问题是构建相互作用的规则，用以解释被称之为"阶段"的平衡位置，并解释连接的顺序。

阶段概念是平衡分析的起步。在识别重要的平衡因素取得成功进展之前，这个起步可能花费很多年——甚至几个世纪。

我们的结论并不是说因为阶段理论不"科学"而应被抛弃。我们可以引申的结论是在有可识别的标准的环境中，阶段理论是最合适的工具。如果事实不能以一种承认完全适用平衡思想的形式获取，这种"阶段"的思考是有意义的。

发展结构，是次序模式，并不表明在各种层面上达到暂时稳定的明确的平衡。思维的发展模式对于学者或者决策者是很重要的（在不断变化的过去——未来事件中研究发展方向的人和关注在平衡模式的框架下还没有被量化的构成形式的人）。如果世界历史进程被令人信服地描述为一个变量的动态平衡，也许就没有运用发展思维的必要。只要变量的终极名单不能被研究人员接受，并且准确的数据找不到，这一方法运用的选择性重点将会发挥创造性的作用。

对于发展式方法的肯定性的质疑是笼统的：考虑到所有因素，在我们所处的历史阶段世界社会的发展进程中最重要的因素是什么？很明显就是在诸多方面的挑战。引导寻找迄今为止被忽略的一些征兆,而这些征兆可能最终被证明是这一时期的主要革新。这个问题也引导通过暴露假设的突发事件限制想象,从而冻结现有知识——这有时会破坏最初迎合的想法的可信度。质疑的是“我们的历史时期”。但一个时期是多久?不同跨度的跨部门的严格评估是一种非常重要的智力活动。

进一步的评论与揭露阻碍进步的僵化思想的任务有关。对于任何一种思想程序有用性的测试并不限于评价所讲的内容是真理或谎言。可喜的是当未来成为现实时,我们可以看到期待的“行李标签”。但是一个不受欢迎的访客入侵——根据预测预期抵达——也许永远不会出现。他们的不出现可能会“反驳”预测,虽然进一步的研究可能表明,该预测是导致自身“失败”的一个主要因素。从决策程序的整体角度评估,不确定性可能意味着映射对于洞察力和理解力的影响,因而是创造性的。

构想或详细考虑发展结构所涉及的规则可能会成为重新定义现在的期望结构的重要因素。这在学者中达成了共识:任何时代的任何人物或任何年龄的任何人作为历史必然的重要线索,是以所作出的抉择为基础的期望形式提供的。当伯里(J. B. Bury)追溯思想进程时,从最早期到19世纪的高潮,没有人怀疑他当时正在解决一个根本性的问题。[10] 在西方社会,我们的未来观已经被千年前的期待所渲染。这导致了很多的政治运动,弗莱尔(Hans Freyer)称之为“世界末日数学”,其中“千年帝国”是最近的一个例子。关于失去自信导致的社群崩溃效应,最有效的描述是瑞维斯(W. H. R. Rivers)在他的“人口灭绝的美拉尼西亚”理论中作出的。[11] 瑞维斯抛弃了传统的解释,比如新疾病的肆虐和从西方新引进的毒品,他认为当地居民完全失去信心是人口灭绝的关键。他认为新来者违反圣地规则而不受惩罚,通过反驳传统文化中主教的期望,制造了巨大的徒劳感。涂尔干(Already Durkheim)深入研究自杀——发展的普遍主题的黑暗面——指出在一个群体中有积极的生活分享,对于每一个个体

---

〔10〕 BURY, THE IDEA OF PROGRESS; AN INQUIRY INTO ITS ORIGINS AND GROWTH (1920). *See also* CARR, WHAT IS HISTORY? (1961).

〔11〕 参见 ESSAYS ON THE DEPOPULATION OF MELANESIA (Rivers ed. 1922)。

继续生活下去的重要性。[12] 可以肯定地说,科学、学术的声音,和常识交织在一起确定了人类命运希望和绝望的意义。

考虑到期望的意义,审视我们的假设是重要的,达成关于期望(合理的出现在我们的历史时代)的临时性结论也是重要的。行动的第一部分,虽然工程浩大,但却可行,因为它要求对世界上人们的现在的期望进行抽样。第二部分也不是完全没有希望。虽然图书馆里满是预测失败的例子和历史,我们不应忽略许多经过深思熟虑的预测的例子。考虑爱德华·吉本(Edward Gibbon)所说的"欧洲在未来免于野蛮人的入侵;因为,在他们征服之前,他们必须不再野蛮。"[13] 以吉本所设置的场景而言,这的确千真万确,因为攻击欧洲的人必须拥有现代科技。此外,还有托克维尔(Tocqueville)对美国和俄罗斯的未来强大的预测。

通过采取明确的处理发展结构的措施,我们已经明确展示了如何合理地对未来进行陈述,即如何增大预测的可能性,在预测可能是正确的时候,如何让一些陈述比另一些更合理。我们已经指出如何运用程序使想象力受到规则的约束。问题解决者会在解决问题的过程中对方法进行逐步修改,这在所有的处理问题的方法论模式中都是如此。在开始时,他的倾向很可能在所有可能性上作不同程度的变化,因为他关注的焦点是针对内部或外部的事件,在所有的各种事件中寻求方向。[14]

预测式思维是为了发展一种暂时的信念的"瘫痪"。我们重申其目的并不是为永远地停止判断,而是增加这种可能性:当承诺得以恢复时,选出的替代政策将对关键性的目标更加有帮助,而不是相反。

在接下来几页中,我们将提出两项关于价值观塑造和分享的假想,刻画了我们生活的这个历史时代的特点。这两种结构是潜在的世界革命的

---

〔12〕 DURKHEIM, SUICIDE, A STUDY IN SOCIOLOGY (Simpson ed. and Spaulding & Simpson trs. 1951).

〔13〕 GIBBON, vol. 4 THE HISTORY OF THE DECLINE AND FALL OF THE ROMAN EMPIRE 179 (Bury ed. 1910).

〔14〕 参见 H. LASSWELL, WORLD POLITICS AND PERSONAL INSECURITY (1935, 1965 with new introduction) and *The World Revolution of Our Time: A Framework for Basic Policy Research*, in WORLD REVOLUTIONARY ELITES; STUDIES IN COERCIVE IDEOLOGICAL MOVEMENTS (H. Lasswell & D. Lerner eds. 1965)。

发展。主要目的是让读者发现他的现状的前提,并形成自己的工作模式。阅读关于下面的类型的陈述,必然会发现许多潜在的信念,这些信念也许能,也许不能,成功地从潜在的转变为有意识的。这几页的命题可能为反对或支持本文的观点提供研究起点。

这几页对帮助观察和理解最有帮助,因此可以作为出发点,以独立审视有关趋势和条件的现有知识。未来构成的正式结构会变得很明显:作出陈述,在未来截面上描绘价值和制度;一系列的价值——制度变化被认知为必然发生,如果已知的过去和现在之间的鸿沟事实上导致了所描述的最终状态。

我们应当鼓励可能性的问题。一系列事物的发生是否可能是以现有知识为基础的?更具体地说,如果假定的结果将要发生,应当假定什么样的条件因素?在世界各地现有的倾向和环境下应当假定发生什么样的重大变化?

这些材料可以被用来作为对个性之内的倾向性进行深入研究的素材。如果一个人开始经历震惊、惊奇、烦恼、气愤、高兴、沮丧、冷漠——或者任何其他情感状态——这如何解释?例如,这是因为先前的文化条件作用吗?更具体的,这是阶级视角的反映或特定利益的反映吗?可能通过运用自由联想的技术进一步研究能够影响人作出的反应的无意识的本质吗?

这两种结构勾勒了目前两种完全不同的终端状态的人的形象。前者预测的发展进程是朝着卫戍——监狱国家的世界发展,其中一种新的等级秩序得到强化。第二种预测的发展进程是继续实现人的尊严的世界秩序。我们不打算把我们结果的预测强行加以展示;然而我们也不乐观——虽然,就像之前所说的那样,我们并不认为某种或其他结果是“不可避免的”。

此处概述的发展结构的范围,可以增加丰富的细节。事实上,这种方法模式一直面临的挑战是如何更准确地估计时间和地点,从而为后期的政策评估提供帮助。

我们已经暗示,毫无疑问应该完全明确这一点,预测性思维对继续思考目标、趋势和条件具有重要意义。无论是通过加强或削弱信念,只集中于预测任务而不影响目标承诺是不可能的。由于我们徘徊于现在和过去的影像，我们应当注意许多关于趋势和条件的现有知识的鸿沟。这样的发现可以对脑力劳动，以及修正将来的预测所需要的知识流产生重要的终极性的影响。

## 结构 A. 朝向卫戍——监狱世界

### 权力优先

就主流价值观而言，卫戍国家结构呈现的历史是从注重财富的时期走向注重权力的时期。灾难性动荡结束后，在 18 世纪末 19 世纪前面几十年，工业的兴起吸引了大量的人才投身于市场。政治家和士兵学会了军事预算的经济化，声称陆军和海军对于保护和扩展外国市场和原材料资源是必不可少的。

我们可能正在走向卫戍——监狱国家（如果不只是卫戍）的想法，自 1945 年以来已失去其新颖性，当时苏联和西方战后的分裂开始明显。托克维尔曾经说的条件越来越现实。他说："……如果……我们这个时代的国家必须建立军事政府——其结果将是一个正规、清晰、准确、绝对的政府体制，人民将成为军队的翻版，社群刻板得像军队。"〔15〕

### 对暴力的期望

到处都是暴力的影子。当我们说对暴力的期待时，意思是说重大决定将由使用或威胁使用暴力来确定。19 世纪对于进步的最大期望是把和平带给人们。这种感觉一直在增长：战争是原始的，和人类进化的主线不一致。该系统建造者，如 Comte，把军事化社会放在过去。

1914 年爆发的战争给文明世界带来的震撼是难以形容的。尽管国际形势紧张、国内事务发生阶级分裂，工业化国家的发言人都没有预测到发生如此规模的战争的可能性。战争恐慌成为了由职业政治家和出版商上

〔15〕 DE TOCQUEVILLE, Vol. 2 DEMOCRACY IN AMERICA 368 (Bradley ed. and Reeve tr. 12th printing 1976).

演的特殊游戏中的战术演习。然而,职业军人、外交家和历史学家都亲身见证了暴力冲突的可能性。在1914年和1939年的战争期间,这种期望否认了国际联盟,信心的出现可能会真正在全球范围内成功巩固公共秩序。第二次世界大战之后,东西方的分裂,在联合国之外,一直也在开展自救的生存政策。

必须明确指出,暴力的期望并不必然导致在任何特定时期爆发战争,而卫戍军队假设没有明确包括全面战争的爆发。这种结构导致的内部变革表现为缓慢的运动,可能会,也可能不会,终止全面的敌对行动。

战争是多种因素决定的,这表明暴力期望并不足以促成积极的冲突。事实上,期望的因素可能会因为本身的弱点引发公开的敌对行动。有证据表明,不相信和无视全面战争的可能性可能通过侵略结束和平。另外,在潜在战斗中相对敏感变化的期望通常会造成危机情况。当精英们开始担心他们被敌人的联盟包围或被敌人的意识形态或组织渗透时,结果可能是在"为时已晚"之前要求开战。

## 全世界革命的要求和期望

卫戍型国家的假设否认了我们时代的世界革命运动会带来人类尊严所追求的无阶级社会的梦想。分析表明1917年在莫斯科掌握权力的精英以世界无产阶级的名义,将无法通过联合体的方式将他们的控制普遍化。他们被假设描绘为继续运用他们习惯的策略,这种策略最终会巩固等级制度,而不是促成自由社会。这一结构表明,终极自由将如何被推迟或无效,如果世界依然分裂,而且如果通过武力和欺诈实现了联合,公共秩序体制将会依赖于执政党的等级。

与此相关的,首先需要考虑的是普遍革命的需求和期望造成的影响。以意识形态(排除既有权力精英的合法性)的名义夺取权力最明显的初始影响就是认识到威胁的统治集团的反击行动。其结果是推动世界权力的平衡,为革命精英的地域垄断设置了有效的限制。然而,这些反制措施可能不足以清除新的权力精英阶层,部分原因是他们从国外接收不满成分的意识形态方面的支持。

在全球政界，当权者没有什么新的方法来平衡权力，消除革命的挑战或成功地将其代言人限制在某一地域。欧洲君主国和共和国针对法国革命引燃的革命苗头的反击行动强大到足以遏制和最终击退巴黎的精英。

当我们把历史时代作为一个整体来看，可以确认基本的转型已经影响到信仰的内容、社会机构的技术以及随之而来的价值观的形成和分享。从一个“已经完成”的历史时期的角度看，我们可以区分这一时期宣扬的革命运动与这一时期变革特点之间的关系。这种分析让人考虑与法国的案件有关的以下结论：首先依靠世界革命的意识形态夺取政权精英并不能统一全球，因为它受到根据平衡进程运行的权力联盟的阻碍；革命地理中心引起的变化并没有改革（以改革为名义夺取政权）激烈；许多革命中心的行为特征被移入到其他地方，作为平息内乱的手段（通过部分采纳、部分限制的方式进行扩散）。

卫戍型结构通过确认如下命题以事实推测未来：1917 年莫斯科的精英没能通过把所有的权力归于苏维埃秩序而统一全球；革命运动中心实际发生的，并且一直持续的变化是，在许多基本的方面，和原来的信仰不同；其他地方发生着变化，部分原因是反对中心的强制统治，分享对信仰的分歧。换言之，莫斯科精英 1917 年夺取政权以之为名义的信仰不符合真实的世界革命——伟大的变革——在我们正在生活着的历史时代中。

法国情况的几个细节将澄清中心的世界革命和时代的世界革命之间的期望差距。并非引进卢梭式的财富和其他价值平等分享的社会，早些年的灾难性事件最终稳定在一个有利于资产阶级的公共秩序。君主制、贵族和稳定建立的教会的被取代，为工业阶级在保护资源的私人控制和管理的国家框架内的兴起扫清了道路。

在很多方面，莫斯科的革命是迟到完成的法国革命，因为它推翻了君主制、贵族和稳定建立的教会。但在很多方面它是创新的，因为它推翻了大规模的私人资本主义并且取代了人力和物质资源的政府控制和管理。为了迅速实现现代化和工业化，统治精英全面和持续地使用强制手段，开创了掌控全过程的一种政治秩序。内部和外部冲突引起的慢性危机，政治秩序并没有民主化；并且长期的预测是为了更有效的等级制度的巩固，专门评估针对全部政策的强制组成部分进行管理的场合和技术。不仅如此:压迫性的政治秩序的存在会刺激所有其他精英通过战略(和革命中心运用的战略相似)保护或强化他们的地位。

莫斯科模式作为在社会中获取并强化权力的手段非常诱人,在这种社会中迅速的现代化和工业化似乎依赖于强制集中的大量运用。如果当地的精英加入苏维埃,这是为了将控制权高度集中在自身的手上,从而抵御权力的战略,而莫斯科正是通过这种权力战略寻求维持苏维埃集团的优势。

在苏维埃以外的地区,苏维埃权力的政治秩序表现为推行防御战略,从外部反对军事统治或从内部进行颠覆。正如我们应当阐明的,现代科学和技术条件下外部威胁的存在将产生严重的后果。

也许我们应该弄清楚为什么卫戍型结构并不必然地支持世界战争。任何一个熟悉共产党精英意识形态的人都知道,多年以来的主题都是由于资本主义权力害怕失去其世界中的地位,世界战争是“不可避免的”。为什么我们不直接采用这些预言呢?

部分原因是我们会怀疑任何关于“不可避免”的说法。的确,未来也许是不可避免的,但我们处理关于未来的预测,这些预测不会多于或然性的主张。还有一点指出,共产主义思想经常被权威性地援引,以“共存”(“社会主义取得胜利”并不必然需要战争)为由驳斥不可避免的观点。

正如之前所提到的,考虑到敌对具有普遍性的历史(经过多年的积极战斗,最终爆发战争),我们不愿承认全面战争的可能性。

关于战争的问题,无论是全面战争还是有限战争,取决于敌对的统治者的期望模式。随着现有分析的展开,我们应当评估影响统治者的期望的各种因素的重要性。

## 军 事 化

这一结构认为军事化是理所当然的,这意味着大量的资源被集中用来准备防御外部攻击。出于管制的目的,这一个词汇可以扩展到包含所有特殊的强制集中措施。这种扩大对于强调强制集中措施的作用十分重要,即使是在这样的社会中:在各种突发事件下,都会团结在一个屋檐下,虽然社会中有很多团体和组织反对普遍的秩序。全球的统治精英发现通过警察措施抵制反抗、叛乱和分裂是十分必要的,这些措施都可以被涵盖在军事化的标签之下。

以下关系并没有被完全意识到:民主和工业化的增长是如何为当代军事化奠定基础的。如果战争只造成最低损害,民主化和工业化解散了容忍有限战争的框架。在 18 世纪,欧洲军队很小、富有纪律、集中化并且专业化。军事行动被经济需求所包围,这种经济需求并不主张为了军事目的而排除有用的成员。在政治意见交换中,国家在官僚化军队中提供贵族的高级职位,并让他们成为政府官员拥有职业生涯。通过压迫手段征召新兵,但并不指望这样的招募会有忠诚。社会的非军事因素常常持有蔑视军国主义的观点,并珍惜持久和平的期望,把和平视为理性和常识的胜利。

民主和民族主义按国家的需求把大家牵连起来,同时工业化改变了战争的技术。围绕在"帝王的娱乐"周围的限制蒸发掉了,在国家统治下,为全面战争清除了障碍。因此有限战争有演变为全面战争的潜在威胁。

## 科学和技术的普及

卫戍型国家结构的关键因素是科学和技术的未来发展方向。当我们研究 19 世纪初以来科技和政治力量的相互作用时,两个时期十分显著。初期的新发展,如铁路或轮船等,都应用于世界政治制度的普遍框架中。英格兰的统一、美国的统一和英国海外帝国,都是这些创新孕育的结果。后来,现代科学技术的净影响开始转移。它不仅成为一个改变了世界经济和社会版图的工具,而且还是占主导地位的权力极性的工具。英国曾经一度控制着世界各地最大的自由贸易区,并因此获得财富、权力和尊重。后来广阔的美国大陆提供了一种适宜大规模生产的资源。其他一些国家拥有较少的人口、较平庸的资源,开始运用政治权力以期扩大他们的"生存空间"。德国在一个世纪不是一次而是两次发动战争,先是试图挑战英国的地位,第二次试图挑战美国的地位。德国失败了;并且失败给西欧造成了巨大的灾难,以至于俄国能够壮大成为相对的一极。

这些发展肯定了关于权力平衡的各种概括。处于相互作用的不断扩大的舞台中心的各种权力开始更加专注于彼此,以至于他们的继承者有机会在外围发展。一个著名的例子是当希腊世界在自我关注的时候,罗马在西方强盛起来。当代英国 、法国和德国的敌对允许了美国、日本和其他“巨人”在中心区外的崛起。

我们可能会问什么因素能够解释为什么处于中心的各种权力不能及时地联合起来,从而防止他们的权力萎缩?更具体地说,为什么法国、英国和德国(在其他权力中)没有联合起来保持对南北美洲的控制?显然我们碰到了预测失败或精力失败,或者两者都是。这种情况可以部分地被解释,如果我们记得平衡进程中发生的一个基本反应。统治集团习惯于根据最大的可见威胁定位自己,因此把他们的精力都放在最近的和最强大的势力上面。如果我们约定俗成解释权力状态的主张,我们已经孤立了与灵活性相对的一个或一系列的因素。决策者的关注框架变得狭窄并且不现实。

为什么很久以前现代科学技术的“普及”影响没有占据上风?卡尔·马克思很快得出了这样的结论:机器会立即摒弃民族感情并把分裂的西方社会分割为对立的两个阶级。马克思描述了使用机器的统一节奏和收入(用货币而不是货物和服务表示)的标准效应。但是马克思忽略了片面的引进工厂制度的地方观念的影响。在特定地区的创新被认定为狭小地域而不是整个大环境。这个新工厂在我们“城镇”;它雇佣当地居民;通常由当地人经营管理;它经常生产当地的天才发明的当地的设备。当原材料资源不是源于当地时,非本地特色被当地的业务代表远距离地同化在狭隘的范围内。[16]

地方观念因素的力量非常大,以至于新工业化是为了适应地方、省或者国家,而不是作为一个整体的地球。到目前为止,最大的国民储蓄和国民投资都在国内,并且当资本跨越国境时,也是为了在权力平衡中符合国家的利益。当其他国家开始沿着英国的道路进行工业化时,便对外国产品的入侵加以限制。通常情况下,这些限制由当地商人提出,他们迎合了社群中新兴的民族主义。识字水平的普及、新闻界和公众政府导致更加

---

〔16〕 深入研究参见 WORLD REVOLUTIONARY ELITES; STUDIES IN COERCIVE IDEOLOGICAL MOVEMENTS (Lasswell & Lerner eds. 1965), 第二章, *The World Revolution of Our Time: A Framework for Basic Policy Research*, 特别是第 68 ~ 72 页。

重视当地而不是综合设置。加速的交通也相对促进了狭隘而不是普遍的景象。

“自我参照效应”在世界等级识别(作为现代技术统一性的必然回应)的早期预测中被忽略了。“自我参照效应”是指当一个人面临新事物时,倾向于更加重视“核心”而不是自身的“周边”特点。与这种“效应”一致,报纸或电台的兴起,对当地事务的关注度的增长超过了对遥远地方事情的关注度。每当互动的区域扩大时,关注的焦点就会一定程度上被新事物所吸引,但这迅速导致重新关注自身的事务。一个人更关注他自己的身体、衣着、举止和生活方式。主要的自我经常被想到,这就是另一种自我意识增长的说法。很明显,在更广泛的接触被完全容忍和同化之前更多的自我关注应当被审查。在自我参照效应中,我们获得一条线索以理解地方主义、民族主义和为更全面理解整个世界社群之路上的其他经停地点。

狭隘的地方主义的症状,由通过不断接触而联系在一起的无处不在的因素维持着,趋向于继续保持分裂的世界舞台,特别是要通过强制手段免于外部控制从而维持自由。科学技术设备的高效使用要求巨大的,实际上的是世界范围的,广泛适用,政治精英开始寻求扩大他们的控制权。由于这些行动得到反自信的满足,结果是世界处于一种高危险的、持续的敌对地方主义状态中。这就是卫戍化的过程。

## 政 府 化

这一过程意味着有组织的社会机构的政府化。在社会主义国家,高水平的政府化可能马上建立起来。在发达的工业化国家,公共和私人控制的混合形式被有效建立起来了,政府化采取了更加微妙和复杂的形式。最重要的一点是权力平衡,在作出有效决定的过程中摆向政府。私营工业外壳可以保留,但商业依赖于政府合同,关于生产工艺、产品规格、定价等私人的选择被集中监管。大学和学院的研究、培训设施和奖学金可以获得政府的指令和资源支持。私人住房按计划融资和规划,政府计划决定地方、城市和社区的布局。关乎人们身心福祉的设施主要都来自政府。对公众教化教育的资源落入了政府手中,结果导致政府活动在整个社会的泛滥,以及以国家安全名义对传播的限制。当个人在政府影响的价值观下失宠时,等级制度发生了;考虑到政府机构在社会上的渗透,结果是强加的社会慢性残疾。

政府的中央集权都不能只是依靠思想意识形态,无论世俗或神圣,在幸存的宗教和伦理传统中寻求支持。无论涉及到什么样的价值观,权力的重要性上升了。结果是卫戍化政体形式下的整个社会程序的*政治化*。

## 几个关于权力的问题

我们呼吁关注在巩固或保卫卫戍型国家的过程中产生的一系列问题。统治精英的战略都是遵循权力首要性原则,并取决于进一步推进或阻碍卫戍——监狱国家的基础价值。我们集中讨论一些对人类尊严特别重要的多元化的问题,讨论一些统治精英可能运用的方法以及其他手段(个体运用这些手段在权力体系的要求下寻求自我保护)。

### 感情的政治化

#### 对忠诚的征用

在权力意识的世界,政策的目的之一就是巩固趋向于一个权力系统的良好感情并且破坏趋向于敌人的良好感情。人类的感情可以通过方法加以控制,这种方法乍一看似乎是互相对立的,即诱惑和恐吓。在我们的文明概念里,诱惑是母性权力的领域,恐吓属于父性权力的领域。在实践中,父亲的替代者试图将放纵与剥夺功能相结合,从而避免恐怖的狱卒形象。

"通过恐吓的方式关爱"的心理机制已经被儿童发展的心理研究所揭示。所谓的男孩成长的恋母情结阶段展示了这一过程。男孩既爱又恨他们的父亲,并且当遇到来自父亲的强制命令时,如果他压制了自己态度中的敌对成分并通过崇拜和复制父亲的形象来释放,他便成功地处理了这一情况。后者的反应实际上比简单的自发的感情更加复杂。这其中有分离意识、心理距离意识。我们讨论的是尊重,并注意它可能因足够强烈而被称为敬仰,甚至崇拜。尊重的基本标志,正如表达中所述:"仰视"父亲,强调距离和服从。在亲切的态度中,期望是心理距离消失在融合中,可以消除任何意义上的局限性。

对于忠诚的要求在各种社会结构中各不相同。然而,在卫戍型国家世界中,差异消失了,因为每一个个体都被要求服从权力系统。忠诚成了自愿服从代表权力机构的团队。在这种体系中没有"权力脱离",并且体系要求豁免批评,这被视为忠诚的标志。

## 对家庭的破坏

国家寻求在忠诚服务的竞赛中削弱敌对团体。无论家庭多么的顺从,权力在紧急情况下经常与家庭关系相悖。在危机时,公民教育的目标是严格的,个人为了体制的良好要准备牺牲亲属关系中的义务。特别是,积极的精英,应该追随党或国家并"放弃"其他关系。

在家庭占据主导地位的地区,与亲属群体的冲突是最严重的。我们可以把经典的中华文明被称之为王朝和官僚外表之下隐藏的"家庭无政府主义"。外表换了又换,直系血亲和整个大家族的要求是永恒的。由于家庭的控制权,在中国维持没有人情味的管理十分困难。在西方,独身生活和教会制度成为割断亲属团体之间的联系的工具并且为专业组织争取总的忠诚度。即使在这里,"教皇的侄子"发挥了作用,证明家庭结构的韧性,不断地要求恢复自己。然而相对客观的管理方式被教会所发展,被皇帝改进,并被理性专制主义加以完善。

## "团队"vs."同志"

国家的另一个对手就是亲密的朋友组成的集团。同志这一集合是家人、玩伴、同学,战斗和工作成员的所有个人关系的附带结果。同志趋向于背离严格的等级从属界限,即使是在等级制度对职业人员有决定性影响的地区。这里有工作时间之外的聚会,以及回避"渠道"的私人交流线路。

在现代化的工业社会,面对面的团队已经在管理界受到越来越多的关注。一个关于工业心理学和社会学的重要研究结果是主要团体的重新发现,这由埃尔顿·梅奥(Elton Mayo)提出[17]。一系列的实验表明融洽的工作团队对工厂产量有显著的影响。

另一个重要的发展是由军方发现的,即主动和机智的作战团队必须精心地加以培育。

通过强调团队,现代社会的庞大组织在他们的命令下有可能激活人类的能量,同时防范同志群体脱离的倾向。

## 对仇恨和怀疑的管理

对暴力的绝对期望的结果之一就是怀疑。每个人都可能是军队的工具。如果今天没有与外国的威胁结盟,当他靠近敌人时会有一段感觉紧张和压力的时间。因此,应当采取更为谨慎的方法,采取警觉的态度对待陌生人甚至对熟人和亲人。

在意识形态存在分歧的时期,期待隐藏恶意是不现实的态度。但过分强调背叛的可能性是政治家的职业病,在危机中表现的更为明显。不难分清哪些主要因素促成了普遍不信任的气氛。在某种程度上,我们将怀疑归咎于任何引起和阻止敌意冲动的发泄。关于敌人意图和能力的消息为针对敌意提供了足够的挑衅。但我们手里并不是总是有直接发泄敌意的机会,部分原因是因为敌人离得很远。针对遥远的敌人受到压抑的敌意寻求间接发泄,特别是向可及的替代目标发泄。当他们自发地为自己的敌意冲动感到内疚时,人都倾向于这种反应。通过与外面的世界敌对,内疚的紧张可以在一定程度上得以缓解,因此要求反挑衅。除了这些对敌意的挑衅外,我们知道危机减少了通常新闻真实性的审查和评论自由。当内部冲动的压力一直在增长,而同时自我进程不再被支持时,怀疑的迷雾会增厚。

每个人都会怀疑,当他们意识到自己可能是或成为被攻击的目标时。如果 X 国家是敌人,如果个人 Y 和 X 有联系,无论是血统、教育、旅游或商业联系,Y 是一个合格的针对共同敌人的敌对目标。当 Y 的社会形象

---

〔17〕 参见 MAYO, THE HUMAN PROBLEMS OF AN INDUSTRIAL CIVILIZATION (1933)。

的地位低时，他的危险更大，正如当一个犹太人生活在有反犹太人的偏见的地区时。个体可能通过把目标转移到其他人身上的方法，寻求降低其成为目标的可能性。这是一个重要线索，对于解释看似矛盾的犹太人揭发犹太人，黑人揭发黑人，以及“少数”群体中的类似背叛。

在我们所考虑的这种威胁中，内疚的深渊被许多修正措施填补，随着形势的恶化，个人被驱使着去做出这些修正。如果他们对争议的问题有坦率直言的想法，当他们抑制自我时，他们会觉得内疚和自卑。如果他们有个人勇气的想法，他们恨自己不愿意去看望可能正在遭受怀疑的朋友。在某种程度上，反对自我的态度变得难以忍受，选择外部的替罪羊又可能成为最通常发生的结果。个体可能最终放弃斗争以符合自我的想法，伴随着或多或少的痛苦，放弃了欺骗和谴责的做法，这一切的名义就是：“无论如何你一定要活下去”和“我必须为我的家人考虑”。

当然政府扩大政治警察的作用会助长怀疑的气氛。

在社会等级非常严明的危机社会中，政策的主要任务之一是让仇恨的洪流通过适当渠道疏通。专制制度的心理问题相对比较简单：敌意必须从顶部被剥夺，并且改向针对外部目标或者向下针对贱民等级。一个卫戍型国家的最高领导人很可能永远保持对外部攻击的担心，作为一种缓解对当局构成危险的紧张局势的工具。在内部有替罪羊也是很重要的，责难可以加于其身，因为困难不能完全似乎有理地推给外国敌人。

卫戍型国家的概念一部分考虑了一些措施，个人可以自发地寻求这些措施以保护自己免于持续的压力（征服他们内部生活的压力）。人们可以在一定程度上保护自己，通过退出远方目标的感情或者选择离家更近的目标。

我们可以把这称为“内在的利益和活动”。政治可能被完全抛弃，技能和品位可以得到培养，尽可能远离政治生活。对于“家庭生活”最重要的是家庭和同志团体的亲人朋友圈。

退出可能伴随产生对在小圈子外的所有人的敌对化，在这个圈子里个人占有一席之地。一个冷漠或仇恨的姿态会导致在实施“上级命令”时变得残酷和不人道。

退出过程可能走向极端，切断和任何人的重要联系。“过度干预”他人生活的怨恨可能引起许多间接形式的报复;个人可能同时对自己也造成一些损害。我们提到了许多内部破坏的形式,比如致残疾病或意外事故,无意识的破坏机器和原材料,以及无意识的保留能量(本应当全力完成一项任务)。

## 性格结构

影响感情的因素对一个社会制度塑造的性格类型产生了深远影响。在一个以权力为中心的官僚社会,个人的成功取决于自己能否适应攀登阶梯。在长期危机和怀疑占主导地位的地方,一些类型的个性特别适合成功。我们用“自我中心”这个词表明个人几乎没有能力或兴趣进行自发的感情映射。成年人的生存要求变得更加明显,未成年人的训练体系也相应做出渐进的调整。当自发性被表明与该模式不适应时,通过让他们承受严重的资源匮乏,孩子们被教授怀疑和掩饰。在很大比例的情况下(虽然不清楚具体比例是多少),对幻灭的自己造成的打击的严重性会影响人格的更深层次结构。这生成了自我中心的性格,把别人当作实现自己目的手段,这些目的是通过主要的自我设想的。“单纯的类型”可以肆无忌惮地出卖他最亲密的同志和亲人;这种无依附的状态维持了永久谨慎的态度。

自我中心的性格并不总是以权力为中心,因为他可能主要关注财富、技能、教化或其他一些价值。但其实是把自己作为一种工具,是权力运行者一项重要财产。当政治作用是在一些深层次的基础上选定的时候,研究可能表明个人是由特殊经历塑造的。有证据表明,以政治为中心的角色早期受到了很矛盾的待遇,这种突然被剥夺和放纵的结合产生了一种自我形象(伴随着适当的要求和期望),这种形象预示了以后的权力机会。个人拥有尖锐的关于自我的矛盾观念,有些特点是积极的,有些是消极的。在某一层面上,他可能认为自己在所有价值取向方面都是优异的,在另一个层面上又是自我嘲笑的,认为自己是不可爱的、可鄙的、有罪的、依赖的、愚蠢的、笨拙的、贫困和虚弱的。他可能对自己施加强烈的要求,或者克服不利的特点,或者采取极端的自我剥夺的结果,比如自杀。同时,对别人的主要要求就是服从自己的目的,如果有必要,就通过强迫手段。

人与人之间的关系是被设计为斗争和冲突，强迫被接受为自然和社会状态。

和自我中心密切相关的是所谓的“权威人格”。后一类型的主要特征是非常依赖严格的技术来处理自身的内部矛盾。许多人学会了采取高度重复思考和做事的方法来处理他们的问题，这种方法运用得非常快，足以防止重新出现对自己有很多不足的一种焦虑感。权威性格的概念是由心理学家、精神病学家和社会学家作出的，他们将其作为“反犹太”歧视现象的研究起点。在为社会规范包括歧视做了适当的容忍后，似乎深层次的人格因素是过分强调接受歧视的原因。相关的调查显示，例如，那些强烈反犹太的人倾向认定自己的态度是：或者相当传统，或者是早期的恪守常规（现在认为是“反动的”）。对于已建立的秩序的挑战引起了这种人格内部的尖锐斗争，这种冲突通常是通过针对令人不安的影响的敌对幻想来解决的。一种新的权威似乎正在壮大，然而，内部关于权力的姿态认为它会与新秩序相关联。这是一种将人类关系解释为涉及巨大强迫的斗争的结果。内部秩序通过自动重复或屈从外部命令在权威人格内得以维持。显然这种人格的显著特征就是不能容忍模棱两可，意味着如果特定情况的要求是不确定的，其将承受无法忍受的焦虑。这是针对威胁目标迅速进入强迫性活动的秘密，绝对的服从权力似乎具有压倒性的优势。

虽然自我中心和权威人格特征有助于形成权力导向的人格，但政治人格并不是必然结果。以自我为中心的人的愤怒反应可能被深深地埋藏起来，以至于他们没有压迫性地对待自己或他人的重大刺激。权威人格者可能对内部的破坏性感到恐惧，以至于自动抑制机制开始防止个人在决策过程中施加重大影响，最终没能成功。

后一个项目反映了预测卫戍型国家的心理效应的重要性。极度强调权力，许多人因为直接追求权力而变得疏远。但是把放弃权力作为一个目标，就会留下“权力”真空，活跃的政治家就会加以占据。

很明显，处于向卫戍型国家转型的自由社会所付出的精神成本要远大于集权专制政体所付出的。在自由社会中，个人习惯于强烈要求自己追求竞争成就，并且在对暴力的期望相对平静的环境中竞争。人们对强制感到愤怒，求助于或适应强制是对人的尊严侮辱。在向卫戍型国家转型的过程中这些侮辱在积聚,因此强迫对过去的学习进行重大改革。这些新技术赋予反民主性格类型的人竞争优势。

#### 操守的政治化

对权力的强调伴随着具体操守标准的巨大转变,而操守在传统上重视人类尊严的社会占据主导地位。由于被规则管理的人类生活的区域扩大了,"法律尊重主义者"盛行。在自由社会,个人应该承担自我约束的责任,根据人类尊严的要求约束自己的行为。理想的目标是减少外部控制的数量,并且发展深刻的为选择负责的个人责任感。相反,更加专制的政体接管了规定"对"与"错"的法典的责任,并且只要求"服从""法律"的声音。

在现实危机的驱使下,人们可能会预期卫戍化社会的活跃精英强调消极的而不是积极的约束公共秩序,对"普通"犯罪的惩罚更加严厉,这改变了现代工业社会的显著趋势。在市场扩大、劳动力集合生产的需求扩大的情况下,伴随着民主实践的扩大——消极制裁正在逐步减少,积极措施正在增多。惩罚变得不那么严重,已经作出努力告知公众,而且在施加严厉的惩罚前要保证法规的公正性。针对犯罪预防已经采取了项目形式,通过向青少年提供新的项目以消除青少年犯罪以及其他形式的背离。随着卫戍化进程的增长,所有这些趋势都几乎肯定会被扭转。

逃避个人责任

随着社会步入了命令一致的时代,我们可以预见许多人都会自发地通过逃避责任来保护自己免于被组织化。这意味着个人将停止主动纠正他以前认为不公正的情况。他将保持安静,当良知的声音(很小)提醒他要反对对弱者的剥削时。这只是一种学习"别冒风险"的事情。

许多方法都可以用来逃避个人责任,因此减少被攻击的脆弱性。也许最好的防御就是密切关注如何合理地运用权威规则。通常情况下规则容易被"拖"着不执行,直到更高的权威机关发话,并且说已经有人承担了作决定的责任。

不行动和表面遵从的战术本质上都是消极行为。通常这些都伴随着自己的正当理由,宣称这是形势的必要性以及逆流而上的愚蠢。也有更积极的违法行为，抓住每一个机会谋求非法利益"如果你能侥幸得逞"。我们指的是各种形式的腐败，不论是受贿、勒索还是淫乱的自我放纵。

## 教化的政治化

### 审查

卫戍化进程的后果之一就是在非危机时期砍断信息流，而在自由社会，信息在非危机时期是可获得的。所有的信息都要从"安全"的角度加以筛选，以决定信息是否有利于敌人（或者，这并不总是被承认，危害精英统治者的安宁）。巨大的事前审查机制成了军事方案运行的不可分割的一部分。其结果是降低了在开明的基础上进行评估的机会。随着保密的帷幕落下，平民、立法者、私人舆论领袖都被蒙蔽了双眼。由于可靠信息来源都"蒸发"了，可能的是，有独立判断能力的人将从积极作出意见的领域退休了，把位置留给没有任何保守性可严的煽动者。

### 教条化和仪式化

如果公众教化的工具完全在活跃的精英权力的掌控之下，结果是很大程度上将公众排除在制定决策之外。远远超出了审查的范围，媒体的控制者开发了一个幻想的世界，在其中传递给大众的景象和现实没有多大关系。通过操纵这些景象，可以把大众作为一个整体，让其根据精英的战略战术思想作出反应。自由社会的双向进程被破坏到如此程度，以至于公众的反应是基本一致的表达——全体赞成或全体反对。

公共沟通的渠道变得教条和仪式化达到了如此的程度，以至于将沟通管理视为宣传问题是不合适的。媒体的内容类似于一个持续的系列布道，在其中教义得到了当前轶事的例证。如果我们用"宣传"指定一种情况，在其中矛盾是被允许的，这时考虑仪式化比宣传更为准确。

## 技能的政治化

军事化伴随着专业的、职业的和艺术的技能需要适应正在改变的形势环境。对于可以预见的未来，决定性的技能将继续涉及攻击和防御的武器，并且他们将朝着突发的、不可预见的紧急状况发展。在这方面，众所周知，严格性特别容易得以发展。这部分是由以下原因造成的：教师主体专注于一项任务的程度,他们改变自己的承诺所表现出来的不情愿,除非获得一些确凿的证据并且抛弃现有技术的优点被充分证明。

品位的获得

由于教条的范围扩大了,所有品位的细节服从于权威的批判。普通人可能认为衣服、房屋、音乐的风格对权力行使者有很小或者几乎没有实质的意义。但是获得垄断权力的人可能会从不同角度评价这些问题。警惕丝毫的反对迹象,顶端的精英和他的顾问的眼睛能迅速捕捉到微小的革新。他们认为如果微小的革新能够被正确解释,反对的蛛丝马迹可能在损害造成之前,甚至在社群意识到任何表达反对统治秩序的行为之前,就被发现。品位的标准化是一种防范出现批判的秘密语言的工具,学习了破译这种秘密语言的人可以读懂这种批判。

**尊重的政治化**

卫戍化的过程伴随着对尊重权力的服从,这一过程在社会结构的顶端和底端都表现得很明显。在顶端,我们发现对国家元首的极度崇拜,而元首不一定掌握非常有效的权力。然而,在社会制度中,需要这种象征性的高度来制造精神紧张的气氛。通过一种我们在人类行为中经常看到的相反作用,对社群成员主要自我的侮辱最终会导致对中央对象的巨大尊重;由于附属自我的降低,自我通过扩大它所屈服的对象的形象,获得间接的补偿。崇拜的来源是多样的。在某种程度上,自我似乎愿意相信(这种反作用),毕竟善良、智慧和不可抗拒的力量确实存在于某个地方。社会的低下阶层成为消极情绪的目标,针对低下层,忠诚元素中的蔑视和愤怒是直接的。反过来,正好需要一个高高在上的崇拜对象。

一些因素试图牵制一种扩大社会结构底层目标人口的趋势。战争需要人力资源,如果底层人口数量巨大,将破坏这一资源基础。高效率的军事化的需求意味着一些标准——根据价值指导"尊重流",而不考虑其他因素。这种价值观可能违反了以"旧家庭"为基础的尊重形式,并且有可能削弱民族偏见,创造荣誉的民主化。

## 财富和福祉的政治化

随着政府和私人混合的经济朝着卫戍化模式发展，如果私人渠道如同名义上所说的保存完整，那么这一过程是平稳的。随着政府扩大对市场主要元素的控制，商业组织和企业讨好政府，几乎是不知不觉中滑向了政府控制的经济体制。工业社会习惯于向生产资料的管理者和所有者提供利益刺激；并且这种安排是可持续的。当试图通过公开和坦诚的方式减少收入水平的时候，会引起严重的困难。相比而言，通过慢性通货膨胀的方式可以很容易达到相同的目标。在严重的危机中，消费水平不需要减少，因为政府可以管理投资从而防止消费水平像自由市场中那样大幅上涨。

当一般大众的生活水平已经比较低的时候，较允许提高消费水平而言，现代化和投资是可行的。可见项目的小幅增长可以维持对美好未来的憧憬，同时防止需求不便带来紧张。收入的微型差异策略可用于整个经济，从而在生产过程中在保护其他团体的小量收益的同时创造既得利益。其效果是无限期的推迟了具有广泛基础的（为了享受更好生活的）运动的形成。

失业在政治上是危险的，因为群众无所事事是对现状不满的温床。一般失业的周期性危机的灾难性影响在现代机械社会中为社会主义措施提供了主要的挑衅。在社会主义经济自我辩护的神话中，资本主义制度下失业的恐怖被生动地描述得很严重。卫戍型国家可以利用稳定就业的经济和心理优势，从而避免自我尊重的危机，当人类因为毫无用武之地被社会排斥时就会出现这种危机。

如果自动化削减了许多种工作对劳动力的需要，那么劳动力的利用问题将变得十分尖锐。和其他一些社会相比，集中的卫戍化社会具备更好的条件来制定工作日程从而解决失业危机。

部分原因是经济优势的问题，部分是社会政策问题，卫戍型国家将坚持普遍的工作义务，同时也直接服务于公共利益。

健康人口的军事优势明显足够支持预防方案以及事后补救方案所需要的激励。目前尚不清楚在新的工业时代，人口的大量增加是否有利于加强军事力量。把设置人口限制和鼓励控制出生率作为长久的稳定措施，这大概是有优点的。

## 权力与社会的层级

在一个特定政治体内权力分享整体发展的重要性归纳起来，其结论倾向于根据军事体制进行分权，并且有效权力最终集中于极少数精英的手里，这似乎变成一种自我不朽的层级（等级）。

我们已经注意到等级的模式伴随着革命体制的事实，革命试图在新秩序中将以往的上层社会因素成员排除出去。在某种程度上，集中营可以为资本积累过程提供更加廉价的劳动力，并且可以成为处理不受欢迎少数群体的一种稳定的方式。在更加古老的工业社会，集中营是一种稀有的机构（除了见诸第二次世界大战中可憎的德国行为）。然而，偏向于等级制度的趋势同样也存在于先社会主义的社会形态里，尽管是在一个更加广泛的范围之内。在一些社群中较低等级的人无法有效地改善他们的命运，并且以一种非正式的等级制度来进行巩固，尽管等级对于自由的意识形态存在极大的厌恶。

当民主机制根植于传统，或者拥有有效垄断权力的政党以民主的名义而崛起时，我们预测很多共享权力的机构将名存实亡。选举成为了全民表决，因为不存在竞争的候选人。相对于流行政府的有竞争性的公共生活来说，获得合法性垄断地位的“一党制”更加类似于政治“秩序”。压力集团被废除或者转换成为中央权力的武装，或许是一种合作体系之中。

随着武装进程的继续，权力关系开始根据等级的要求而变得透明化。个人被分为“保护者”和“被保护者”。这样，相互义务的城堡达到了社会结构的顶点。在相互竞争的条件下，这种趋势的结盟在他们达到社群组织骨架的稳定和范围之前倾向于破碎。因此，在现代的民主条件下，一个政党机器的建立者反过来以偏好的基础来支持选举。当政党制度是竞争性的时候，基于相互偏爱的集团都相对来说具有流动性。武装程序通过将所有关键军事决定集中化而建立起一种官僚机构去执行综合的军事化武装。

## 卫戍国家与警察国家

我们的结构包括这样的可能性,军事和政治警察之间展开一场集中的权力斗争。几方面优势从一开始就在军队一方。战争危机要求持续的计算和为部分及整体冲突而做准备。因此,向职业军人咨询规划与防卫计划的建议是合理的,这在很大程度上扩大了这种“暴力专家”在决策中的权力范围。然而,持续的危机打破了在拥有革命传统的精英朝向政治警察的过程中的平衡。心理战争是其中最有力的政策工具之一,因为敌人或许会被削弱,而不需要实战的武装冲突,而且稳定的两极或者三极系统或许会被打破。意识形态的不同通过每一个精英而放大以便防止另一方的浸透而侵入他的领域,而且去追求相对立的执政者及其支持程度和文件之间的平衡。当强调意识形态差别的时候,忠诚问题的重要性在很大程度上被夸大了。怀疑气氛和军队准备方面的综合性范围要求整个社群的监视。无论是谁准备以忠诚决心为基础的情报报告,都在决议程序中发挥着关键性的作用。

然而,这种次级执政者的崛起被对其活动在传统上的不受重视所克服。说也奇怪,政治警察的机会或许会通过一种平民和军事当局之间冲突的副产品而得到改进。平民依赖于他们自己的通知者去估计军队的忠诚度。苏维埃共产主义者已经精确地意识到“红色拿破仑”以及“雾月”的危险。共产党的政治局已经意识到任何类似于红军集团战士或者一个突出的将军或元帅的任何事物。有充分的证据显示高层关注的任务是防范党被一个军事队伍,或穿制服的超凡魅力的领袖所取代。

这种对红军潜在威胁敏感的结果就是极度的依赖于党的政治警察。

由于军队是一种授予保卫安全任务的组织,很明显,政治警察的功能不完全被政党垄断。在所有政府中,忠诚被理所当然地认为是安全保护的一部分,并且也通过武装力量的情报服务而得以施展,无论民间机构手中所掌握的是什么情报和反情报功能(例如内务兵、法官、国家或者国库)。

政治警察精英能够以平民或者军人的包装背后崛起;而且我们预测到的是,机遇总是偏向于警察,尽管从长期看能够预测到强制压迫专家的出现。

## 法律监控的新工具

预测政治警察集团优势的一个因素是监控新技术装置的出现。在现代社会,很多发明扩大了侦查的范围。麦克风、红外相机以及单向玻璃都是新工具;但是它们在麻醉剂疗法之外都显得非常苍白,在使用药物以及为了确认一个对象过去历史和当前展望而进行的催眠术。

从独裁者都追求减少说服性风险的角度来说,他们都是反心理学的。话语是用来灌输思想的,而不是告知信息或者提供讨论。当这些提示都通过适当的机构而激发出来的时候,灌输的理念是去训练人口以应对一个有限的"提示"词汇。把原则固化为教条,再把教条固化为仪式化的重复,对于统治者来说是一个同质性的步骤。如果简单的心理学方式能够通过减少反应的不确定性而得以实现,那么中央集权的权力精英有可能学着去利用它们。

## 意识形态的适应

我们已经强调引发驻军的功能转变。同时,意识形态的变化是可以预见的。很明显,由于神秘体系总是能够承受得起尊重,一种社会等级制度的兴起事实上是不必要预示着或者伴随着大多数抽象的自由理论的变化。然而,在世界范围内去考虑神话规则修改的可能性后果则是微不足道的,因为正合时宜的符号模式可能加速或延缓了事情的进展。当我们谈到人类尊严所有朋友的所面临的政策挑战的时候,我们应对这些问题给予特别的注意。

意识形态的适应是可以在更加细致的层面预测到的,如果我们更详细地研究世界的主要社会最近进入发展的倾向问题。1890 年的世界地图会强调各种区域化思想体系模式的程度。宗教(受崇敬的思想体系)通过基督教统治欧洲、美洲、澳洲而伊斯兰教和佛教主导着亚洲及大部分非洲的方式而分散开来。民主政治传统在基督教世界集中起来,尤其是在欧洲西北部、北美以及澳大利亚。社会主义也都集中在拥有犹太教和基督教传统的地区。在权力方面,最强大的权力存在于基督教遗产的参与者当中,英国,最强大的帝国,同样也是议会、大宪章以及人权请愿书的诞生地。从财富的角度来审视这张地图,我们发现,西北欧洲尤其是英国,是现代工业化的创造中心,并且也是科学与技术的中心。当时仍然是煤与铁的时代,而石油与电力以及核聚变时代都还没有到来。

当我们从人口和潜在资源的角度来看这张图的时候,基督教世界,尤其是西北欧洲的首要地位,对于有洞察力的人来说开始显得不确定。如果是在“人口众多”的中国和印度,更不用说非洲“默默无闻”的人口,可以激发他们自己去通过现代科技的魔杖触摸它们的岩石来获取“商业秘密”吗？对1890年世界地图进行更细致的观察,我们可以发现这个时代并未走远,因为工业化的触手已经触及到了日本以及中国、印度的多个城市。对目前在“殖民地”民族中盛行的意识形态进行更细致的说明,这些民族大部分是非白人、非基督徒、非欧洲人、非工业化的、非权力的以及非民主的(这是指出了帝国主义官僚机构之外几乎没有大范围运作的政府传统和方式)。

## “自由”和“民主”

考虑到我们时代开启的本质以及我们能够预测到的技术潜能,关于这个时代的标志和主题到底是什么的问题,我们能够预测到什么东西呢?让我们从至少是最近的过去所具有的相同形象的符号,也就是“自由”开始。朝向军事化和中央化的趋势将会伤害很多与自由概念相关的传统实践。统治者将因此把他们自己展示为充满不确定和忧虑的价值的保卫者。当行动与传统标准愈发不和谐的时候,我们期待找到在理论与行动之间存在一种反向相关。然而,这种反向相关没有必要模糊不定地继续下去。如果实现了一个稳定的卫戍系统,而且社会灵活性随着官僚化的提高而被削减,那么更明确的适应从而证明新事物状态合法有道理的新理论将会得到统治者的青睐。当统治者无惧于失去对较低层级社会的控制的时候,他们将会为了满足自我颂扬的需要而找到相对于自由等词汇来说更不具有挑战性的方法,其中一些的历史性内涵将会持续存在。但是在“自由”的符号到来之前,很长一段时间将会继续以所有主要政治理念的方式来发挥其功能,因为这对于那些痛恨内部自由(民主)而热爱外部自由(独立)的人来说是可以接受的;对于那些尽管对主张独立的新部门保持冷漠却热爱民主的人,以及所有海内外接受自由的人来说也是可以接受的。

在所有类似的情况下,“民主”将会有很多与“自由”相同的发展。世界范围内“民主”的内涵是统治者们将其为己所用以对公众愿望的同情心而展现自己的一种工具。然而必须要指出的是,在我们时代的最初阶段,以统治者们的观点来看民主是一种负面的词汇,因为这些统治者们对于自己民众要求分享权力的压力感受到强烈的厌恶。这就是传统的专制主义下的情况。然而,民主一词也确实滑入了统治者的嘴里,这些统治者们认为采取一些关于危险活跃的更广泛范围内分权的谨慎措施是明智的。例如,在南美洲的国家,成文宪法都是照搬了先进国家提供的范本。军事独裁者往往得到军事集团军官的支持,这些军官出身于地主,或者曾经与大地主进行过密切的合作。在体制转型的时候,民主的呼唤在形式上变得高度集中。随着在本世纪中的发展,为了扩大统治集团,或者至少是显得让统治集团更加开阔,分享权力的做法变得更加透明。然而,他们继续对民主理论给予一种象征性的尊重,以此作为对抗有效民主的手段。

为了推迟引入民选政府或者为了拖延对经济利益的扩大参与而使用民主象征主义,在社会主义极端分子和革命胜利者的思想里,“民主”被赋予了一种消极的含义。“民主”成为一种两面神一样的象征,面对着两条道路。“资产阶级的民主”或者“财政寡头的民主”表达了这种消极的含义,而“工人的民主”或者“民主的社会主义”强调着积极含义。1917 年在俄国掌权的统治者在一开始就对“民主”具有一种自相矛盾的态度,而且也很快地强调了这样的态度以便于为“无产阶级专政”辩护。另一个策略方面的目标是将其自己与最近的和最痛恨的对手们区分开来,这些对手们都是“社会民主主义者”领袖,而且他们也不情愿加入到新的“第三国际”。当莫斯科的统治者们无法形成一种潮汐般的革命来席卷全球的时候,这在很大程度上与通常的独裁统治在一个落后的国家夺取了权力的政变如出一辙,并且具有足够的地位在国内外担忧给予口惠而实不至“民主”。当纳粹夺权之后,莫斯科领导人意识到纳粹对“民主”的藐视削弱了纳粹在占领区宣扬的“新秩序”的吸引力。因此,莫斯科恢复了它对“民主”也就是对于1936 年宪法的重视,该宪法被认为是当代世界上最完美的一部。目前,就未来而言,不论上层人物或者反民主知识分子存在哪些顾虑,世界政治体制的分裂提供了足够的积极动机来保持活生生的“民主”作为一种关键符号。每一个独裁者都能够尝试着通过将自己展示为“真正民主”的典型来削弱对方的力量。这种“真正民主”与适当的现代化和工业化相关,并且深深地根植于世界倾向之中。

## 国家与国际符号

很多保存“自由”和“民主”有效性的因素将为国家身份符号以及其他地方范围的参考的符号的存续做出贡献。国家在世界政治体制中是一种衰落的实体,这将会随着武装进程变得更加明显。既然国家是一种情绪与利益的焦点所在,朝向巩固一个更为宽阔单位的第一步将会以一个国家优势的名义得到合理化。当然,它们将不会作为一个削弱国家系统的方案而被宣传。“国家联盟”或者“联合国”之类的词汇都是这种日趋明显的趋势的例子。但是,在当代早期的以“世界革命”的名义,通过在全球范围内对一个国家公民义务而高举“阶级”忠诚的方式来说,它也是真实的。然而,重要的是,由于对世界革命的直接期待平息下去,“地方范围的”符号显著复兴。尽管“苏维埃”相对于“俄国”来说更具有广泛性,而且“联盟”也比“同盟”更具有“终局性”,“联邦”这一词汇掩盖了苏维埃世界的构成要素。在出现纳粹威胁的时候,使用“地方范围的”符号来动员俄国人带来了对普世价值的强调频率的进一步衰落。尽管战争的结束和两极分化的出现带来了苏维埃革命方面更加内敛性的特质的复活,这种趋势通过迎合临近苏联的欧亚国家的民族情绪而得到支持。对地方范围符号的使用将会随着国家主义的形势一直持续下去,这种国家主义在“殖民地”的亚洲和非洲非常活跃。因此,一个世界“联邦”的构想有可能持续下去,直至有驻军的国家相互对峙多年,使得国家忠诚已经缩小到了州的忠诚在合众国的作用。

## 经济符号

“社会主义”、“共产主义”、“解放主义”以及“资本主义”的未来或许被苏联所建立的方法所支配,这种情况下会对“社会主义”和将会最终实现的“共产主义”之间进行区分。非苏维埃世界在一个非社会主义的民主里寻找合适的符号方面已经是张口结舌了。显然,“资本主义”一词以“人民资本主义”、“资本家”或者“自由资本家民主”等形式承认其复兴的时候已经被解释得太宽泛了。当然,没有关于“混合民主”的巧妙,即便“混合”一词暗示了公共与私人财产管理系统能够并存。“工业的民主”从没有盛行过,部分是由于农民不习惯于将自己视为“工业”的一部分,而且也是因为“工业民主”对很多商人来说暗示了不受欢迎的对管理层权威的攻击。“合作民主”与特殊机构紧密相连——消费者合作——继续在世界经济中发挥着次要作用。

但是“工业民主”一词在将来几年里很可能有令人印象更深刻的作用。这种有点“左派”内涵的词汇可能很好地证明一种优势。商业经济需要非资本家因素之间的联盟,而且能够通过能够为社会主义者和合作者所接受的方式去确定他们自己的身份而获得利益。因此,“工业民主”或许能够自己结盟起来对抗“工业暴政”。

工业民主的概念从学术角度看是一种幸运,因为它得到了大多数对目前趋势学术解释的支持。当今时代几乎每一种理论都承认基本冲突之一是由科学而引起的工业化与我们对人类自由的传统理念之间的冲突。与“自由”相关而不与有经济象征的自由相结合的术语不是时代的关键点。例如,“自由世界”表达了19世纪先社会主义政治的潜在性质,当首要术语是关于政府形式的时候,以及“共和主义者”声讨“君主主义者”的时候,还有以“自由”和“民主”的名义呼唤“宪法”的时候。社会主义政党通过不断的成功将经济特征的问题摆在政治的前沿。非社会主义因素在非经济词汇中保持活力,于是获得一种针对社会主义政党和工会领袖的反动内涵。更古老的词汇通过将其自己出借给“形式主义”的法律概念的托辞,而不是通过控制财产和收入分配的方式展现出来。“自由主义”已经成为一种推动至少一个主要经济进口项目的计划,也就是,废除国家对市场的限制。但是,主张破除关税和其他消极措施的“自由派”倾向于反对积极的政治行动方案作为处理从大规模失业和其他不安全危机所带来的需求的应对手段的工业主义的蔓延。因此,“自由主义”同样也要求社会主义者和劳动力因素中具有一些反动的色彩。随着武装进程的继续,毫无疑问，这些“经济”因素将会在世界政治的关键符号中发挥显著的作用。毕竟，获得所有参与生产的人的支持是至关重要的，而且对社会工作及收入的保护已经成为现代工业国家的一种“必需品”。

## “宗教”和“种族”

“经济”符号的上升趋势常常受到以“宗教”和“种族”名义的挑战，而且我们必须评估这些挑战在未来几年中的强度。很少有根据19世纪末的资料进行研究的学者预见到“种族”这一伪生物术语将来的力量。然而，未来可能是更准确的先兆，如果他们问：假设“法律化”的术语受到以“经济”符号名义的挑战，什么保护性战术对于使用它们的人们是可行的？显然，“法律化”的话语，可能要结合“经济”的术语，因此引进了“部分采纳”了与以前与民族国家的经济符号系统有关的词，就像在“国家社会主义”或“国家共产主义”的情况一样。分析者必须已经想到思想“功能分化”的可能性，即“法律化”和“经济”方面会包括其他关键性象征符号（或许是“宗教的”或“种族的”）的偶然性。已有充分的证据表明，在1900年，宗教在政治方面的持久力量（见证“中心”当事方）；而且显然，这是种族意识已大大超过了关于达尔文进化理论的争议。

将这种思考模式运用到我们自己的时代，我们注意到这些重要的经济术语仍然持续着，尽管对决策（“苏维埃”）的法律结构的承认使用了更加明确的措辞。“基督教”和其他宗教符号的复活到目前已经取得了有限的成功。（即便是和以色列相联系，把犹太人描述为一个“种族”群体的这种模糊的定义——一个“人种”——或者一个“国家”，一种“文化”或者一种“宗教”，这还没有得到解决。）如果基督教将其自己激发为一个统一体，它将会带来全世界范围内宗教符号的大规模的再度觉醒。例如，在民众认同伊斯兰传统的那些民族里，很多宗教统治者都感受到来自天主教或者新教徒力量的演进的统一体的威胁。伊斯兰世界的宗教领导者将不会通过抛弃伊斯兰教的方式或者通过提议一种将基督徒和穆罕默德追随者都融合在一个更大统一体之内的神学妥协的方式来进行回应；相反，通过利用亚洲和非洲民族主义和反殖民主义的优势，他们会以鼓动反对“基督教帝国主义”的方式来进行。南亚和东亚的佛教社会将会用相同的方式将自己凸显出来,从而部分回应增加的复兴伊斯兰教的压力。

苏维埃统治者们占据着有利的地位去享受作为对欧洲更大的宗教统一体的回应的不断恢复的宗教分裂所带来的好处。苏维埃领导人在利用原殖民地人民对西方世界的敌对情绪方面颇有经验。穆罕默德的追随者和佛教信徒都把注意力集中在苏维埃领导人认为自己占据有利地位的区域。苏维埃的策略是号召将所有可获得的财产都集中起来共同应对主要敌人;这包括了与社会团体一起奋斗的意愿,苏维埃领导人期待这些社会团体在未来的某个时间能够进行清算。延期清算的策略对苏联短期内获得有效控制并很快取得了胜利是成功的。

我们有理由预计(在非洲、亚洲和大洋洲的)民间文化的部落系统能够更快速地通过首先接受一个主要宗教的方式而不是通过直接适用现世系统的方式去并入到更大的世界中去。伊斯兰教、佛教和基督教的理论及主张在民间文化的神秘模式上相对于自由主义、社会主义、共产主义以及其他现世系统而言具有更多的共同点,这些现世系统大部分都产生于工业化的环境当中,倡导一个更加世俗的观点。从一个当地神灵、或神灵的听众或者超自然的事物到一神论者是要重走过去的老路,这条道路最终导致最概括和独特的现代意识形态。一个广泛宗教的部分合并将全球微观文化带入了直接参与的现代文明的主要模式之一。

在亚非的大部分地区,苏维埃领导人认为自己已经很好地适应了基督教文化。因此,苏维埃共产主义的长期战略包括了对宗教和前殖民地人民民族主义非常可观的一种让步。目前考虑到西欧的宗教形势,苏维埃的立场是更加复杂的。反宗教政策的弱化将会在西方削弱到苏维埃共产主义思想体系的特色;对它的战术使用取决于苏维埃领导人与西欧的合作。

"种族"标志或许能够被视为只具有一个地方性未来,除非卫戍——监狱国家最终以给予一个种族因素以压倒性优势的形式而得到实现。例如,"有色的"统治者或许会排除"白人"。在这种权力地位上,种族情节可能会被视为整合阶级向等级制度迈出的一个台阶。

## "革 命"

对"情操"预期的另一个方面是对"进化"的期待而不是对"革命"的期待,伴随着对"说服"、"稳定"以及"渐进主义"结果的强调。从苏维埃执政者的立场来看,任何在苏维埃世界中更加"激进"的革命变化进行的辩护都已经过去,这种观点是所有工作人员对其工作所具有的共同的典型的态度。从这种角度来看,苏维埃统治阶级的满足并不被居住在苏联之外的革命社会主义的发言人所分享,而是被那些几乎没有希望加入苏联的国家或者那些需要主要强势力量的国家所信奉。但是苏维埃领导人对于异教徒非常敏感——往往引发托洛茨基(Trotsky)的阴影——这些异教徒以"永远革命"的名义来攻击苏维埃,而且通过将苏联转变成为一场永久的战争来背叛社会主义的理想,如果不是针对全世界的话,至少也是针对卫戍——监狱国家的常住居民。

世界竞技场的结构鼓舞着在面对很多不同听众时继续使用更古老的世界革命的语言。革命行动的吸引力对于所有非苏维埃国家的和谐来说是一种恒久的威胁,这些国家的大众在任何程度上都是带有不满的。由于在苏联内部的内控交流是很严格的,"世界革命"可能是其中的一个庆典仪式和教条式的语调不加批判精神的象征。

## 结构 B. 朝向人格尊严的全球公共秩序

我们现在转向另一个结构,这一次想象一个与人格尊严的目标价值相一致的最终情况。我们使用结构 B,使其在人与社会的焦点主要是作为教化增长的结果较为彻底一些的变革。这里不会对结构 A 和结构 B 之间进行系统性的对比,一方面是因为我们考虑到在下一章进行替代性政策讨论的时候,在某种程度上将会完成这样的对比,另一方面是因为这两种介绍的目标在于展现一种方法并唤醒未来导向的想法,而不是展现我们对未来的客观评估。[18]

## 教　化

在人的周边环境的事件发生的很久之前,科学家和诗人们就希望对它们进行不同程度的预测。因此,预期的模式本身就是社会过程中的一个关键因素。在高度科学和技术文明的情况下,现有知识的各种可能性会被立即传达给科学界和公众。我们关于未来的结构假定知识将会继续积累而且总体上都是可以获得的。人类在自然和社会中的图景将会随着人类的发现和在整体相互作用中更多地使用基本因素而发生巨大的变化。

目前总体上得到公认的是,人类及其自然的居住地之间的关系正在经历着惊人的发展。人造卫星是人类向事务新秩序迈出的第一个试探性的脚步。第一个无人火箭及其装备的物体、试验性动物等都是为了完善我们关于高速进入大气、宇宙辐射、高效燃料(推进剂)、轻质高强度材料方面的知识因素;而且最后,但绝非是不重要的,观察人类对于零重力的反应。

第一代载人轨道火箭不能在空中长期运行,因为氧气、水和食物的限制。为了能够继续保持其在空中运行,有必要建立大型空间站并进行供给服务。最具有挑战性的目标就是行星,尤其是有氧气层的行星,因为它们为人类立即进入并适应该环境提供了可能。一些先进形式的生命可能已经存在,而且第一批地球的开拓者们将要面对一种非常特殊的形势。[19]

提到先进形式的生命是在提醒,很多方式都可以证明令人吃惊的发现,也就是说,人类在高等智慧生物中并不是孤单的。目前,没有确定的理由让我们能指望在太阳系中具有其他先进的生物存在于行星或者卫星

〔18〕 参见 M. McDOUGAL, H. LASSWELL & L. CHEN, HUMAN RIGHTS AND WORLD PUBLIC ORDER; THE BASIC POLICIES OF AN INTERNATIONAL LAW OF HUMAN DIGNITY (1980)。

〔19〕 参见M. MCDOUGAL, H. LASSWELL & I. VLASIC, LAW AND PUBLIC ORDER IN SPACE (1963), especially Chapter 9, *Potential Interaction with Advanced Forms of Non – Earth Life*。

中。但是,宇宙中存在着成百成千万的星系,而且人们都越来越相信,自己并不是宇宙中唯一的高等生物。在几年前的《其他世界里的生命》一书中,英国天文学家琼斯(H. Spencer Jones)通过得出“然而,宇宙中必然存在着很多其他的世界,那里可以找到合适的条件而且我们因此可以假设这样或那样形式的生命已然存在”的结论表达了这一保守的观点。[20]

生命存在的推论——以及先进形式可能出现的推论——依赖于相对于多重可能性的事实更加狭窄的考虑。太阳和星星都是由与地球相同的元素组成的,而且,除了为数不多的例外情况,地球上绝大多数含量丰富的元素在其他地方是可以找到的;同时,至少地球上储量最不丰富的元素在宇宙中总体上的储量也是最不丰富的。碳原子似乎在生命系统中扮演着特殊的角色,因为它具有独特的倾向于形成包含大量原子的单分子结构。在超高温的情况下,分子的复杂结构要么不会形成,要么会快速分解,因此精密的环境适合生命的诞生。

在气温适合的条件满足的情况下,从复杂的器官物质材料向简单生命细胞的跨越就可能发生;尽管这些步骤对我们而言都仍然是隐蔽的,但是认为这样的进程只会发生在地球上是没有道理的。一旦单细胞有机体形成之后,就可以通过很多进化途径利用环境机会的优势来维系和扩大生命的形式。

尽管我们理解与“大脑”相关的复杂性;也就是在环境影响和整个系统组成部分之间关系的内部交流系统。然而,功能不需要集中于一种盛行的哺乳动物中的器官种类中。在行星里,相应的合作可以通过一种不同的计划而达到;而且在其他动物中,次级哺乳动物种类在很多方面与哺乳动物进化而来的结果是不同的。

几乎没有疑问,先进生命形式的发现将会对盛行于地球许多民族中的信仰系统构成一种主要的冲击。我们回想起基督教教条的拥护者在发现地球相对较小而太阳相对庞大,并且太阳与地球的距离巨大时,是多么的错愕。所有这一切都被视为对人类自尊的一种打击,人类在不同的神话中歌颂自己在宇宙中占据着中心的地位。假定这种新发现的生命形式

〔20〕 JONES, LIFE ON OTHER WORLD Six (1940).

在事实上具有更先进的技巧和我们所认可的启蒙水平,从而当我们登陆其他行星的时候,就可以证明我们就是"野蛮人"或者"原始人"。一种令人不安的想法或许根植于伴随着 UFO(不明飞行物)出现的惊愕。正如美国前空军计划首脑对 UFO 调查的报告所写的那样,大概有五分之一的目击报告(在其调查的期间之内)是无法解释的,而且它们中的很多案例都是由有经验的飞行员和专家在高空热气球上报告的。UFO 似乎比我们拥有更多的空军,更能适应能量的来源,对外太空的掌握远远超过我们,而且还能建造更轻质但更结实的材料。由于这些是来自苏维埃的推测或者我们自己绝密武器的推测已被否决,唯一可以想到的来源就是另一个星球上的先进文明。

然而,对于人类来说或许没有必要将与更高级形式进行接触推迟至在其他行星上完成登陆或者建立起沟通方式才进行。作为我们解决机器问题和在实验胚胎学领域的结果,我们开始预见到革命性的变化。机器已经以比人类自身能力更快捷和更精确的方式完成了很多知识方面的任务。建立一种让机器自我修理或者甚至进行自我复制的内设程序并不是不可能的。一个被毫无疑问地被称为机器的物体和人类之间的鸿沟将会大大缩小的时代已经越来越近了。

在胚胎学领域内,有可能会发生最特别的进展。到目前为止,人类(或者一种更高级哺乳动物)的缓慢增长已经意味着在通过进化而产生新物种之前需要有一段相当长的期间,这一点可以得到正确的评估。由大量放射活动导致的进化的进展是一种可能变化的非经验主义的进化来源。然而,专家们对于这种结果的主流观点是其将对现有物种一体化产生压倒性的破坏力。

这些进展将对人类自身形象产生什么样的影响呢?人们总是认为当天文学和物理学证明了地球并不是宇宙中心的时候,这将会对人类自身评估产生一定的冲击。人们同样认为,当生物学者能够展现人类与动物王国的其他物种之间具有紧密联系的时候,现代人会感受到贬损。对无意识角色的现代发现被认为有相似的影响力。我们是否能够接受这些解释是非常值得怀疑的,尽管对于这类开创性的发展所带来的知识和情绪问题是毫无疑问的。相似的,我们或许会对"蹂躏剥夺"表达出一些怀疑主义,对此人类自尊据说是通过我们取得的科学进步而被暴露出来的。

我们的怀疑主义是基于这样几点考虑。原因之一是所有的神学和形而上学的传统,还远远没有像犹太教和基督教那样以人为中心。因此,一个毁灭性的打击并没有意识形态的前提,特别是在佛教世界。另外,不可否认的是,人类具有惊人的吸收和消化他们不能克服的困难的能力,并运用他们的头脑去发现在那种情况下所能够获得的优势。通过压抑和确定的心理机制,我们开始意识到这种关联中的根本角色。前者是一个对家庭权威无法成功表达的敌对的驱动器的放弃,而后者是一个自我改造,加上了先前否决的特征而目前接受的人。在人类历史进程中对人类苦难的观察者都时不时地感慨人们在生命奋斗中所展现出来的惊人毅力。从这个角度来看,自杀的概率确是令人惊讶的低;而且关于自我毁灭最能说明的一点是,它如此频繁发生,不是从身体的痛苦,而是把它作为冲突的结果,关于孤立、内疚和羞耻。

在所有可能的情况下,人类自我适应的解放和防震公式已经发明出来了。多年来赫胥黎(Julian Huxley)就一直说人类现在是在自己手中进行进化的。[21] 这意味着,未来的逐步开放的变化方向是得到了规划行为和动力的指引。由于我们的目标价值是在时间里不断修改的,在进化中的一个关键因素是我们所知道作为“思想承担”和“判断实践”的事件的顺序。

## 财　富

将来几年的前景非常令人看好,军费开支的沉重的要求可以和豪华的消费水平结合起来。人们普遍认识到,不受控制的人口最终能赶上任何食物供给扩张的步伐。我们认为人口数量控制将可能成为一个公共政策的问题,而且人口与食物之间的比率将会成为一种有计划的安排。

尤其是,食物供应将会在很大程度上得到扩大。海洋是有个广阔的

---

〔21〕 参见,例如 HUXLEY, EVOLUTION IN ACTION (1953) and MAN IN THE MODERN WORLD (1947). *S* 又见, HUXLEY, WELLS, HALDANE & OTHERS, RESHAPING MAN'S HERITAGE; BIOLOGY IN THE SERVICE OF MAN (1944); and HUXLEY & HUXLEY, EVOLUTION AND ETHICS, 1893 – 1943 (1947)。

而且也是唯一尚未被深度开发的营养物质来源,特别是从在海水中养殖藻类作物可能性的角度上来讲,更是如此。缺水土地在许多情况下能够通过利用淡化海水的灌溉系统得到改良。热带地区的雨林和极地的冰盖对于气候控制计划来说都是容易掌握的。植物和动物育种有可能继续提高每英亩的肉类和植物产品的产量。

未来需求的满足需要大量的能源;而且这些也都是丰富的。能源不需要完全依赖于原子反应堆,尽管原子反应堆或许会发挥越来越重要的作用。我们正处于为了各种目的而利用太阳能的门槛上。48 小时内到达地球的太阳能总量大概等于所有已知储量的煤炭、石油和木材中所储存能量的总和。使用透镜或者类似设备的机械方面的努力将毫无疑问的只能利用这些强有力能量流中很小的一部分。海洋潮汐运动中蕴藏着巨大的能量,而且不同深度的温度差异也含有丰富的能量。

未来经济中海洋作为一个浮动的矿产资源,其中的很多资源都是值得集中利用的。太空旅行中一个预期的结果就是发现很多稀有材料的矿藏,尽管人工合成材料的可能性已经给出了具有说服力的证明。在技术发展以后,海底也是可以开发利用的。

## 福　　祉

我们已经提到了人口规模在食物供应方面的极端重要性。多年以来,研究都和避孕问题直接相关。尽管目的还没有完全实现,最近的成果是非常丰硕的。

在生殖方面技术自由以惊人的速度增加了。将精子冷冻并无期限地保存在“银行”里是切实可行的。由于一个男性一次即能够提供数十亿的精子,哪怕只有少数男性达到成熟,保持人类物种的延续也是不成问题的。人工授精已经形成了一种技术。女性能够完成部分或全部传统责任,如果子宫功能从身体中移除并由孵化进行照顾。

通过选择性生育繁殖后代是值得倡导的,这可以有效地防止人类在代代相传时继承前代的生理方面的缺陷。现代医学已经挽救了大量婴儿的生命,而这些生命在人类早期或许会丧失掉。结果是,遗传学者告诉我们,破坏性的基因也成倍增加了。这意味着更多的易患病体质倾向于精神缺陷、癫痫、血液病以及内分泌缺陷、听力视力缺陷、皮肤与骨骼缺陷以及肠胃缺陷和生殖泌尿系统问题。随着我们对涉及到放射的体检程序愈加依赖,基因损害的威胁越来越大。

我们必须要为生物发展将会深刻地影响政治权力目的的事实做好准备。从任何自由之友的角度来看,一些最烦扰的可能性是尝试着通过驻军警察体制通过选择性育种和训练的方式进行阶级和等级体制的生物分级。权威的专家告诉我们,"培育新物种的成就早在四分之一个世纪之前就完成了。"[22]对专门的类型进行育种从而展示有限功能的可能性是和选择意识和性格质量的可能性一样的真实,这些都能够被认可为真正的卓越品质。高度专业化的形式可能,效果上,是为了人类分工的目的而进行播种和收获。但是,它或许会比设计机器来执行日常化的操作更加简单。

我们知道,人类的反应受到吸引他们注意力的符号以及其他进入他们血液的物质(例如药品)的影响。迄今为止人类的统治者已经为了影响行为的目的而随意地使用药物。最明显的使用已被用作日常生活中释放压力的方式,而这又不会威胁既有的秩序,同时会有助于增加公共收入。对酒精和鸦片的长期容忍就是这方面的例子。药物也被用来消除疲劳和不适(包括不足或难吃的食物),并刺激在前线的英雄气概和后方的工作。在一个更受限制的范围内,类似的特工已经适应了警务工作;特别是在侦查欺骗和诱导口供方面提供援助。只有在有限度的范围内,药品可以用来作为一种破坏或惩罚的方式去破坏反抗者的意志力、身体健康或者思维能力。尽管有证据表明控制剂量可以提高学习效率,然而对这些方式的自由使用相对来说是罕见的。毫无疑问,我们可以预测到未来为了对行为有所影响的更加灵活和全面的符号性替代品。

一种激进的可能性是死亡的废除。这已经在很大程度上被作为一种将身体分解到分子安排系统中的替代性方案而提出来。从理论上讲,替换任何不再发挥功效的模式完全不是问题。有趣的是推测最有可能采用的行动是因为这种替代方式更容易实现。老年历来被视为是一种缺乏活

---

〔22〕 Lasswell 脚注,未找到。

力的阶段,但如果生命无恙而且充满智慧的话,就也是最为成熟的阶段。如果能够保持活力,学习能够继续,婴儿期和儿童时代被看作文明原始阶段的思维浪费的逗留。人们经常想象厌倦或许是永生的敌人,而且允许死亡来破解甚至最终会被视为奖励杰出公共服务的奖品。无论人类如何选择,人类选择的范围将会扩大并将地球或者其他星球上永久生命的可能性包括进来。

## 技　能

提到使用药品来帮助学习和表现能力引出了对未来技巧的考量。社会中的“平衡技能”是与文化指示相一致的特别直观的表达方式。推测起来,世界的明天或许有能力让人类免受长时间程序性的机器服务之苦。

随着知识的扩张,我们可能期待有更好的方式使得通过个人的能力能够更好地展现出来并给予合适的鼓励。尽管随着近期测试性技术的发展,我们教育的程序仍然相对来说是偶然性的和盲目的。已有研究表明我们在给孩子提供机会去获得他们事实上已经有能力去获取的知识方面单一缓慢。例如,有证据表明,语言学习能力在事业线早期(大概四岁的时候)就达到了顶峰,而且可以轻松快捷地学习两门语言。有证据表明,任何语言学方面的技能——一种要求双方相关符号的家庭知识——能够在早期被获得。语义学的知识——密切句法系统所提到的理解力——贯穿着整个生命。推理是更高的数学和符号的逻辑能够在早期得到展示,正如可以获得牵引、绘图、示范或者舞蹈的机会一样,并且能够综合并展示音乐和诗歌的才华。科学特征的叙述性学习能够有效地展现出来,如果词汇是与整体感觉的情况相联系的,正如当胶片的展示和实践都是适当的同步一样。

一种巨大的学习障碍是内在的。人格发展的复杂程序能够导致自我设置的约束,这对于个人潜在的技能来说是一种永久性的伤害。针对儿童的科学研究已经快速地扩张;并且我们可以预测到关于阻碍或者移除关于潜能实现之限制方面知识的可证实的持续性增长。由于适用于科学技术的概念性适当年龄水平很高,民主社会中的压力将会鼓励所有既存的才能,并能够鼓励通过更高潜能而推动人类的发展。

## 情 感

有关性接触免于人口繁衍的技术性解放——通过现代科学而得以完成——为肉体兴奋创造了一个更加自由的世界。例如,针对成人之间性接触的传统反对意见已经失去了他们先前的很多论证理由。但是,鼓励不同年龄的年轻人以及年龄差距较大的人之间进行肉体接触仍然遭到质疑。

广为人知的是,爱并不是完全与性欲同步的,尽管两者密切相连。因此,或许相对于过去而言,削减与肉体接触相关的恐惧会让更多人与其他人之间实现真正的意气相投成为可能。

然而,存在一个关于将来作用的主要问题。当我们审视富裕家庭和社会历史的时候,我们常常被普遍的"自私"并且缺乏自发的为他人牺牲的意愿留下深刻印象。"自私"这一短语在很多不同问题中被道德化了;在这种情况下,暗示是相对于道德行为或者进化而言更深刻的一种人格构成。通过对人格发展的研究,我们认识到,如果想让他能够爱自己或者随后爱其他人,每一个婴儿都必须要接受到大量来自环境的情感纵容。除非对他人的有感情的驱动在持续性的人格增长中得到回报,否则结果将是在这一领域得到"防卫",这将会成为有感情人的人际关系之间的阻碍。物理科学和技术能够创造出伟大的事物;但是,除非科学知识和实践扩充到造型性的人格形势当中去,否则结果将是没有对同性质人际联盟做好准备的充满冲突的个人。这样的概念或许适合反民主的政治体制,鲜有针对民主。

## 尊 重

地球上以人为中心的崇拜在适应他们的种类从而将所有人类种族都包括进来时有一些难度。同时,科学和技术的新发展将会随着他们缩小人与其他生物形式以及相当复杂的机器之间距离的时候创造出特别的困难。是否传统的尊重实践将会扩大或者在创新的压力下进行接触是一个问题。是否在分等级而不是分歧事件中将所有事件进行某种程度的"划界"?

我们能够明确必须要进行的调整的本质是什么。在什么阶段上的权利应该被认为是属于《世界人权宣言》的范围之内呢?该宣言规定了对所有人类的最起码的尊重,这些人权是否能够扩展到生物变种或者“机器人”当中呢?

尊重危机将会假定通过相关降低个人在经济和其他方面的贡献的重要性而凸显出来。在一个自动化的世界里,超过了这些天生的(或作出)的部分的创造性能量有什么用呢?随着人类作为分子聚合体的形象越来越被广泛地接受,人类是否还会像过去一样被视为独尊的形象?或者这种趋势是否会弱化“可互换的群众”并将崇拜之情集中到更小或者更英明的圈子之中呢?

预测结果没有坚实的根据。然而,显然,在我们经历的尊重革命中所展现出的潜在驱动将可能带来新的条件。

## 操　守

一种责任的意识与同其相分离的尊重紧密相连。一个人或许会对于创造一个让更多人受尊重的社会而感到具有责任感。而且一种责任感通过个人在整个事务的背景下实现社会目标的个人需要而可以得到显现。

在这个高速转变的年代里,旧的道德规范将会在很多情况下被证明并不等同于为那些转向它们的寻求积极观点的个人提供令人满意的指导的压力。有人指出,人类至高无上的神话的塌陷将会导致依赖于“偏执狂般”行为规范的崩塌。然而,我们从过去的观察中知道特定规范经常将会以它们最开始被合法化的方式经历信仰体系的考验。因此我们或许会预见到每天的行为都将会像平时一样持续下去,通过临时的工作关系而得到修订,而新的理由将会与其他的理由相互竞争。

在主导传统是逆转作为整体的“生命”而不是扩张极端的服从于个体的“人”的生命的文明中,要求从其他行星上(或者生物实验室)获得数据的调整将会是相对温和的。但是,这些传统,出于同样的原因,在目前都最大程度地展现出与机器的疏远关系,因此也疏远了物理学家和工程师所创造的形式。

# 权　力

通过合意而实现全球人类尊严公共秩序表明,地方观念综合征所带来的世界领域的古老分歧被有效克服了。在这个状态能够发生变化之前,世界社群的有效领导人将会以根本的方式改变他们现有的观点。在当时的条件下,迄今显然,以权力精英为首的普遍制度期望会因延迟发展它所需的步骤而变得更好。即便领导层成员都在主观上是以一种更加完美的公共秩序的观点来作为让人们存活下去的必要条件,他们并不总是能够以这种方式而得到任何开放的倡议。他们都在他们领导圈的范围之内被其对手持续性地调查;而且如果他们看起来是"对敌人实行绥靖政策",或许会快速形成联盟以保护"国家安全"或者"社会主义祖国的安全"。

或许值得一提的路线是,在世界舞台上有效的权力精英们可能改变他们的世界观,进而大力完善至少是最低限度的包容性的公众秩序安排。一些偶发事件与空间相联系。随着交流沟通的扩张,人们变得更加熟悉这个星系,危机发生的可能性是存在的,如果要阻止一个新近发现的共同敌人骚扰地球,每个人都会同意团结为一个整体是必要的。

然而,这并不是理所应当的,空间飞行和空间殖民将必然克服目前的政治竞技结构。或许在20世纪两极争霸之间会通过形成一种权宜安排至少暂时性地减轻西欧的紧张局势。亚洲、非洲和太平洋岛国都被强国所瓜分;而且人们有理由相信,以苏维埃为中心和以美国为中心的世界都将会瓜分行星和卫星,而且以这种方式来进行无期限的最终较量。

当在人类其他地方进行登陆(或者接触)的时候,或许会发现生命形式属于以下这三类的一类:(A)文明程度与我们"原始"社会的水平相当;(B)文明程度可以与地球上最"先进"的文化相媲美;(C)比我们的文明要更加先进。另外,我们或许会发现,特别的行星或卫星都伴随着地球的发展而被政治性瓜分了。来自地球的探索者们同联盟的其他成员一起登陆或许会发现从开始就进行外交权力平衡的手段是非常便利的。

我们目前的结构确定了这样的可能性,即迟早可以将目前危险的分离状况转变为合意的工作整体。在沿轨道的太空探索的许多地方,为了共同防御,或防止昂贵地干扰对世界的可获得的资源潜力培养,采取共同行动是很重要的。

统一的可能性在于,可能会产生一个次级统治者,而这一变化最终改变顶级统治者前景,并使得跨国协定成为可能。

如果动员水平持续比较低足以允许老牌工业化大国维持它们相对多元化的结构,在全球的每个构成社群的决策过程中的权力的共享就是可以想象的。老牌社会主义国家可能从在资本工业的强迫投资的初期阶段过渡到降低投资率的第二阶段,并在消费品工业的发展方面增加投资。在一个政治体的决策权在地域和功能上是相当分散的时候,在复杂的联盟之间可能会有效地进行权力分享,这取决于从整个社会的框架内招募的人员持续的努力。

即使在社群,经过了高度集中和军事化的时期,强制措施可能继续被视为基本的价值取向,没有理由自我了断或者作为自己生活的理想方式。这就是说军事活动可能得以进行而不带有军国主义的态度了。

我们对于军国主义的解读并不必然地预示着在发展的一个较晚的阶段有军国主义。关于军国主义作为一个术语方面的问题,我们同意瓦茨(Vagts)的观点,军国主义作为一个术语"覆盖了每一个思考和评估的体系,以及各种感受的综合体,这些感受将军事机构和方式位列在民间生活方式之上,推动了军事意志力和决策模式向民间领域发展。"[23]

我们偶尔见到相对民主的社群,长期保持警惕,而不失去在危机开始时盛行的自由。新英格兰殖民地就是这样的例子,印第安人的出现导致了一些地方的生活模式,在这种模式中,农民将会在接到通知后就和其家人一起退休回到他的木屋中。在这些情况下谈"平民驻军"是有意义的,这让我们有能力从古代斯巴达或者 18 世纪的普鲁士体制中分离出来。平民守卫部队不是在结构 A 下考虑的一个武装警察国家的类型,因为平民守卫部队允许权力被广泛地分享,而且这也因此不作为一种等级制度而被分类。

---

〔23〕 VAGTS, A HISTORY OF MILITARISM, CIVILIAN AND MILITARY 17 (rev. ed. 1959).

我们把“平民主义”视为“军国主义”的对立面，了解了这个概念实施的平民心态和行动和决定模式，并将之推行到军事领域。军国主义把权力作为一种目标来颂扬，并在权力机构之间美化职业军人。根据我们的定义，平民主义注重权力的重要性，不是一种范围价值，而是作为一种基础价值，尽管这种基础价值是可叹的，但从它代表着个人与社会总价值的角度来看是很有必要使用这一概念的。

在共产主义政党优越理论中，平民的至高地位的传统倾向于“非军国主义军事”，在西方民主传统理论中也是如此。倾向于公民主义的进一步的因素是现代科技工业主义，它在所有高水平决策者中培养相似的方面和技巧。例如，这在贾诺威茨（Morris Janowitz）的《职业军人》一书的研究中被提了出来。[24] 他的数据显示，对暴力的管理从面对面的对抗中被分离出来了，这是广泛技术转变战争的结果之一，顶级统治者实施暴力的技巧倾向于同那些在工业社会中管理任何大范围运作的技巧一样。例如，大工业家、大银行家、大贸易联合体、大政府官僚主义者、大政党组织者都察觉到社会过程是一个复杂的、概括性的图景。他们在许多技巧上学习与专家和谐地工作；而且他们自己也得到从军事组织转移到非军事组织的协商模式，谈判和公共关系技巧都能，反之亦然。

反对方军官的“英雄类型”发现他们自己在没有边际的委员会链条和无尽的文件浪潮中处于不利地位。他们倾向于与更低级的职位而不是“圆滑的人”相隔离，并因此在内心承受痛苦。

对军事和平民职业的互相渗透更可能是对军事的事业平民化而不是对平民的事业的军事化，*除非*——这是一个关键点——社群*内部的*权力相当程度地依赖于强迫而不是说服。在结构 A 中，我们强调了区分传统的国家中已经建立完成的民选政府的因素力量，而且在大范围组织的社会中持续地使用压制可能被预示成为专制主义和帝国主义。在目前的情况下，把职业观点和技巧在保护受人欢迎的规则和带来社会权威的有效分解方面可以扮演的角色细细地讲出来是很重要的，因为地方性的与包

〔24〕 JANOWITZ, THE PROFESSIONAL SOLDIER, A SOCIAL AND POLITICAL PORTRAIT (1960).

容性的权力文化之间存在巨大的鸿沟。

我们呼吁把注意力投向一种统一的社会过程概念以及一种综合性的制裁策略所展现出来的趋势。政治体制中的制裁适用者包括军事、政治、司法和改造官员。在公共秩序的现代系统中,所有人都高度集中于运用价值的容忍和剥夺的任务当中,以此作为一种使行动同符合制定规则的手段。在世界范围内,人们普遍认为,在各种偶然的情况下,极端严肃的强制性措施是合法的;而且这些偶然情况是不变的违反(实际或者潜在)规则的行为。警察和监狱官员的惩罚角色对所有人来说都是确定无疑的。随着社会科学的发展,智识工具和数据可以有助于澄清作为整体的法律体系内的一个惩罚机制概念。[25] 在我们检视这种情况下正式命令的时候,发现"民事的"和"刑事的"规定经常都是同样严厉的也是很正常的,而且这种不同的标签也是不能自圆其说的。

就当前目的的主要观点是,对惩罚作为一种体系的认识能够成为专长于惩罚的研究和实践的综合性职业的参考框架。职业技巧包括对强迫的管理,这是一种更大惩罚任务的细分。迄今为止,专注于惩罚过程的某些阶段的各个专业将会发现一个共同身份并且成为社会中为了惩罚管理的一种理性的力量,尤其是暴力惩罚,与一个更加完美的关于人格尊严的公共秩序相契合。

【翻译:覃华平;审校:沈 伟】

---

〔25〕 有关细节,参见 ARENS & LASSWELL, IN DEFENSE OF PUBLIC ORDER: THE EMERGING FIELD OF SANCTION LAW (1961), *Toward a General Theory of Sanctions*, 49:2 IOWA LAW - REVIEW 233 (1964), and *The Role of Sanction in Conflict Resolution*, 11:1 JOURNAL OF CONFLICT RESOLUTION 27 (1967)。

CHAPTER 05 >>

# 第五章

# 政策选择的考虑

## 引　言

前面各章已经注意到一个解决问题的、政策导向法学理论的五个智识任务中的四个。它们相继处理了澄清目标、描述趋势、分析状况以及预测未来发展的问题。现在我们来讨论培养任务,或者政策的创新、评估和选择。

在社会过程整体的背景下,对在任何情况下的政策选择的考虑都可以在一个综合的目标清楚的系统提供的参照框架下合适地进行。个体通过公共秩序系统寻求个人价值目标。因此,对于任何个体来说,专注于公共秩序的观点和运作在整个人格体系中占据一个核心或者边缘的位置。集体身份的符号,当与主要的自我符号相结合,就成为了每一个参与者自身体系的一部分。集体要求符号,与更多的私人要求相结合,便是价值需求系统。集体期待的符号与其他的期待相融合构成期待系统。这些类型的观点,当与实际的倾向相结合时,便是公共的秩序和个性的实践。

对于目标的讨论没有为我们所推崇的在最广泛的范围内促进实现人类尊严这一长远目标留下怀疑的空间。很明显,人类尊严这一公共秩序的特征在于广泛地而非狭隘地参与价值的塑造和分享。法律体系的功用就是保护和实现政治体的基础价值形态和制度。

作为阐释和实现目标的手段,这五个智识任务倍加重要:它们是思想*内容*和思考*过程*的指导。在问题解决中涉及的每一个主要任务都引发一系列次要问题。

与替代性政策的考虑相结合,关注点起初在于*目标的澄清*。一个公共秩序系统的最主要的价值目标有必要从一个广泛的意义上进行表达,如果该价值目标与具体情况相结合。当一个问题产生时就表明了一方面是公共秩序系统的价值偏好和另一方面的事实上的期待之间产生的明显的分歧。可以推断出这样的后果,要么是分歧已经产生(过去的预期),要么是有可能*将会*产生(将来的预期)。问题在于如何去估量普通目标(暂时确定的)和适合于特定问题状况下目标之间的距离。

在初步阐明目标之后,主要的附随问题就是:利用何种办法使所追求的目标最大化(最优化)? 这个阶段需要迫切寻找政策选项。既然发明是创造性想象的飞跃,那么将一些当下的通过对*创造力*的研究得出的发现引入到讨论中也是中肯的。

当战略性的替代选择清楚后,重点就转移到*评估*上。采取什么最有希望的顺序? 为了回答这个问题,有必要衡量与潜在的容忍和剥夺有关的成本和风险。

最后,结束衡量和平衡,并且行动的时机成熟了。*选择*是在评估之后的累积的事项。

尽管适合于政策考虑的附随问题是真的能按顺序进行有用的检验,却并不是每一次检验都进行一次便一劳永逸。解决问题的议程是一个探索性的过程,可以自由地向陌生的领域延伸。

现有章节的观点在一定程度上是高度个人化的,强调了个人参与其在社会公共秩序系统中的角色相关产生的政策问题的方法。尽管这些考虑并未完全消失过,但将注意力集中在评估一个体系实践对另一个体系实践的整体影响的任务上时候,它们的相对重要性却大大减少。许多问题,尤其是那些与一个公共秩序系统的建制性结构有关的问题,可以通过一种相对客观的参照框架达成。在稍后的一个研究中,我们将再详细地考虑一个政治体的组织所呈现的建制性的挑战。[1]

## 目标的确定

### 一个问题的阐述

在考虑政策问题时，第一个问题是怎样将一个有问题的情景与公共秩序系统最重要的价值目标联系起来。既然我们致力于人类的尊严，接下来我们自然会讨论这个目标的问题。在进行价值阐述的章节里，已经得到了阐释，即一般的分类可以通过抽象程度较低的操作性索引进一步具体化。因为这些索引在某种程度上是概括性的，需要进一步的专门化。

结论在于，如果目标变量是与具体环境相联系的，一些*解释*总是必要的。当一个决策者使用一个清楚的共同价值系统时，该项适用任务是最不复杂的。除了将成员的共同的预期最大化为某项交流的意义而言真实解释任务之外，两个主要的运作是至关重要的：*填补*规范交流的*空白*和整合附属的或者相互矛盾的条款。[2] 在要求的价值种类和有问题的情况的特殊性之间存在着差距。整合通常要求人们当次要的不同点被发现时——甚至是迟来的——可能与首要的观念正式不相符合时，或者当他们导致不可取的政治后果时，放弃次要的不同点。

如果一个人努力去适用并非其私人的公共秩序目标，而是其他的系统，包括国家已经确立的秩序，他必须做出类似的调整。填补空白和整合所采用的条款立即成为必要。

一个完全综合的关于公共秩序在公共和公民系统的问题的形成的讨论将检查世界社群及其构成性社群在每一个价值系统的决定和选择过程的每一个阶段出现的所有问题。既然一个概括性的范围是不可行的，我

---

〔1〕 参见第四部分，以及其注释 1 下引用的多项研究成果。

〔2〕 对于这些理论的详细的发展，参见 M. McDOUGAL, H. LASSWELL & J. MILLER, THE INTERPRETATION OF AGREEMENTS AND WORLD PUBLIC ORDER：PRINCIPLES OF CONTENT AND PROCEDURE（1967）and M. McDougal, The Application of Constitutive Prescriptions：An Addendum to Justice Cardozo, 33 RECORD OF THE ASSOCIATION OF THE BAR OF THE CITY OF NEW YORK 255（1978）。

们的分析范围将限制在几个方面。

我们的主要参考对象是*美国*。除了存亡攸关的权力结果之外的价值制度部分，我们的关注点在于*决策过程*。在决策过程内，我们注重*适用*功能，而非信息、促进和规定等功能。在适用功能内，关注点仅仅在于*司法*机构中，特别是在上诉阶段。

我们审查与在适用过程中*特定的*问题有关的问题；之后我们关注于*集合性的*问题。两个政策角色被考虑：*律师的角色*，代表一个申请人；*法官（法官）的角色*，以国家的名义支持或者反对某种价值。

当我们从一个律师的角度解决政策问题时，很显然被考虑的角色是极度复杂和重要的。在某种程度上，复杂性是由将任何体系的一般分类适用于具体的案件的必要性导致的。该复杂性在一定程度上体现了辩护者个人所偏好的公共秩序体系与按照规定他理应使用的体系之间的差异。在角色理念之外，还有不同的个体需求、身份和预期。

当一个潜在的客户接触律师时，律师需要在公共秩序体系所描述的政策框架下评估客户的陈述，这对其专业来说是一项挑战。客户的境况能否保证其向法官提出正式的请求？基本要求是清楚的；事实情况必须符合公共秩序规定的偶然成分。律师无需预期结果是否会有利于诉求。他的最低限度的责任是确定可能的诉求对于法官来说是否值得认真考虑。

律师怎样进一步阐述一个潜在客户的问题取决于他融入自我系统的职业习惯的标准。可能的策略的范围是非常广的。例如，律师可以协助一个潜在客户澄清目标价值，从而选择最适合该特定境况的目标。一个价值导向的实践者至少对自身在认可他可能在阐述一个有效的利益的时候潜在的帮助上是坦白的。在社会过程中，一个潜在客户可能得到激励，因为觉察到他的目标价值和事实状态之间的不同而来找律师。客户这方面的需要可能来自税务官或债权人提起的异议。或者他可能希望在一系列的事件带来经济、政治或者其他价值方面确定的收益而来找律师。决策机构通过执行手段性的功能来提高价值。

一个负责任的律师并不一定要接受客户在阐述其自己问题时初始的尝试。初始的阐述可能是不完整的或者是令人误解的。假设客户要求立即获得一个供应商的赔偿。这种性质的要求不存在问题;它提出了一个目标和策略。有时候潜在的客户通过提出一个问题开场。假设他坦白说,"我想教训××一顿。"通过进一步的讨论可以知道该客户的重点在于要求供应商及时供货以满足生产进度表;而事实上已经发生了迟延交货。显然,所谓的教育目的并不能阐述清楚问题,不论其被解释成一种目标还是一种策略的阐述。

律师必须依靠潜在客户取得大部分关于客户情况的事实。因此,律师被置于一个困难的地位,尝试着评估客户陈述的可信度。可信度的评估一部分依靠对该客户的动机、能力和机会的判断。常识已经表明在说谎的意愿和精确观察能力方面人们的表现是非常不同的。精神病学和心理学提供了关于欺骗和无能力的表现的专业知识。因此,现代的律师最好熟悉精神病学方面的观点,作为防止被骗子欺骗的一种手段。

如果律师误解了某些严重混乱(特别是被害妄想症)的前兆,他将使自己遭受到人身危险。然而,精神病学方面的知识对于律师的主要益处并不是在例外和极端的例子中,而是在客户服务的一般过程中。律师的领域并不是进行治疗,而是帮助一个陷入困境的客户克服对现实判断的内在限制。一个敏锐的律师能够注意到客户行为中表现出的焦急的暗示。这些暗示通常有助于确立理性讨论可能的界限。与客户通过一种防止其由于愤怒做出对其利益造成不可修复的损害的方式进行交流是可行的。如果律师是敏锐的、有信心和意愿的,他经常能够使一个潜在的客户在提出冲动性的要求(如离婚、剥夺孩子的继承权以及结束其企业)时仔细思索一番。一个经常的误解认为在家庭和刑事法律中人格因素是重要的,而与其他方面的实践无关。没有一个方面的专业活动能够"逃离人的本性",正如见识广博的专家迅速地学会公司实务、劳工关系或者行政法那样。

负责任的律师能够澄清其关于客户和未来的客户的独立的政策,从而选择在发现与专门的利益不同的共同点,区分共同的和排他的利益方面提供或大或小的帮助。[3] 当律师将其整个人(以及他作为律师的角色)融入到被委任的任务中,他能够更好地帮助其他人和特殊群体阐述其问题。

当我们将注意力从律师移开,而考量法官的角色时,很明显后者在问题阐述方面有些不如前者广泛,尽管其更具有决定性。当一个争议呈递在一个法官面前时,其已经被对方律师审查过;当涉及上诉庭时,下级法院也已经对案件进行了初步的审查。作为一项规则,需要经过上诉法院同意才对争议进行扩大审查。在该初始阶段,法官可以将其问题限制到最窄,因为,他并不对诉讼请求最终是否正当发表意见;问题在于是否已有足够的依据保证他进一步关注。

即使当问题以这种方式划界,法官需要进行一种艰难的总结性解释。确定诉讼当事人所处的情境与相关规定的构成要件相符是有必要的。上诉法院有下级法院程序的记录,以及支持或者否认有关诉求的律师的提交的摘要。因此它有可能推断出该争议是由何种突发事件引发,并且决定该当事人是否被律师建议最好提起关于其所行为的请求。记录包括初始法官同意或者不同意的表示,以及做出该对策的基础。

下级法院的法官们是否清楚地阐述了问题?即,他们是否现实地在法律体系的框架内行动,选取适用于突发事件,以及接下来在司法场所出现的任何问题的法律规范?

没有对所涉的社群背景有一个全面的理解,这样重要的问题是不能回答的,即使是暂时的。假设公共秩序系统最重要的目标,在现有争议的情况下根据法官们的目标和策略,将来会有什么样的结果?

如果我们假设上诉庭法官们同意进一步调查一个特殊的争议,显然他们已经把自身置于对摆在他们面前的主要问题进行再次确定和再次阐述的必要性的立场上。由于律师之间存在争议,或者为了法庭成员更好

---

〔3〕 参见 M. Mcdougal , H. LASSWELL & I. VLASIC, LAW AND PUBLIC ORDER IN SPACE (1963), at Chapter 2, The Comprehensive Public Order: Inclusive Interests and Exclusive Interests。又见 M. MCDOUGAL, H. LASSWELL & L. CHEN, HUMAN RIGHTS AND WORLD PUBLIC ORDER; THE BASIC POLICIES OF AN INTERNATIONAL LAW OF HUMAN DIGNITY (1980), at Chapter 5。

地了解案件,有可能产生新的诉讼请求。

法庭的解释性问题与同样作为公共秩序授权代理人的律师之间的解释性问题是平行的。若一个法官的公共秩序系统的偏好与其他人所认为的官方的系统不同,问题就会产生。当他尝试着将一个一般条款与一个特殊的案件联系起来时,问题也会不可避免地产生。

与律师一样,法官可能有意要求自己扮演一个相对主动或者被动的角色。律师处于一个深入挖掘客户价值取向的位置,帮助客户达成一个理性、现实的目标。而法官则较少涉及一个争议的特定当事人,因此对公共秩序的现状的重要性的认识较少受到干扰。很多法官不采取行动而是允许律师承担所有的工作,引起他们对背景的显著特征的注意。我们提出一种要求更高的自律,支持以下司法角色的概念,即要求法官监督律师,努力评估诉讼当事人被代理时的活力和敏锐。许多情况要求法庭进行独立的询问。对突发案件了解得越深入,法官就越能感受公共秩序的目标。

上述关于律师和法官的评估倾向于描述对一个客户的特定问题,或者社群某一特定争议问题。群体问题也存在类似的问题。

某种意义上,在社会过程中一个单独的参与者的特殊问题也是一个集体问题,因为它是以公共秩序的集体体系定义的。但是将注意力引到社群现状可以从整体上进行审视,并且根据与所偏好的法律秩序是否相符来评估这一事实是有用的。

这样一种操作的框架已经在前面的章节有了勾勒,通过人类尊严的目标价值在世界社群整体被评估的程度的简单数据,补充了目标的确定;对已经影响这种趋势的一些主要因素的集合提供部分的分析;提供影响人类尊严实现的未来发展具有代表性的思路的预设。我们不可能提供更多直接处理世界社群的整个法律体系或者世界社群各个地区、国家或者地方社会的法律体系的评价。[4] 但是,即使在上述阐述的碎片的印象中,也可以作出一些重要的泛论。世界社群的法律体系不足以演进并满

---

〔4〕 该任务在前引 M. MCDOUGAL, H. LASSWELL & L. CHEN 中进行阐述。显然,这是更进一步的问题。

足保证全球安全的最低标准,更难以在价值实现方面鼓励最大抱负的实现。不仅世界社群拥有一个不完全的公共秩序体系;大部分人群继续生活在一种动员全国资源主要为了少数人的利益的法律体系中,因此与人类尊严的共同目标存在根本的冲突。即使一个粗略的对非独裁国家的审视也暴露了足够的证据,以肯定一个确定的法律系统在明显的内容上或者在有效的功能上与一个自由的人们享受将科学技术的福祉适用于人类和物质资源的特征。[5]

学者们致力于建立一种能够对解决社群的公共秩序问题承担责任的人类尊严的法学理论。非常实务的是,法学院和律师协会致力于为决策过程的搜集和评估功能作出贡献,因此能够为确立一个与公共秩序有关的法律成分的重点问题提供导向。当然,法学院和专业的协会的成员们将继续展示其在政治途径中积极参与活动的不同程度的广泛性。一些参加者停留在公开所搜集的情报和评估结果的阶段;其他一些人愿意行动并参加运动;另一部分人竞选职务或者接受全职任命的职位。在后者,公共秩序的官方喉舌可能被用来确定下一步的问题,并且动员社群资源来配合他们。

假设有一个全面的计划可供使用,若干因素直接与政策行为问题的阐述相关。在某些情况下选择可能相当简单:公共秩序可能在一个紧急事件发生的艰难时刻,或者在其边缘。"紧急事件"这一术语是对于一个活动的突然状态或者价值的潜在剥夺的恰当的表述。在许多情况下,社群成员们——特别是通常的舆论领袖——没有意识到摧毁公共秩序目标的潮流,或者在这方面存在的威胁。那些努力去管理法律体系的人的一个主要的任务就是引起公众对这些无形的发展的注意。

偏好和预期之间的差别并不总是消极的,这是由于价值实现的水平正在减弱。例如,新的技术发明,可能通过减少单位成本使提高行政运作的效率成为可能。问题可能是引起对这些实现的可能的注意。

在确定适合解决群体性问题的时序时必须部分地将社群意愿作为考

---

〔5〕 有感该主题的进一步探讨,参见 R. ARENS & H. LASSWELL, IN DEFENSE OF PUBLIC ORDER; THE EMERGING FIELD OF SANCTION LAW (1961) and Toward a General Theory of Sanctions 49:2 IOWA LAW REVIEW 233 (1964)。

虑因素。有效的行动的前提通常是强烈和普遍的要求；这取决于由推广活动补充的信息传播。

任何一位以理性的顺序组织其工作的公务人员，会实行将能够立即实现的和在更远的未来实现的目标区分开的工作方法。为了实现这些次级目标，他利用一种问题解决的方法作为内容和程序的指导。程序的一个实质特征是考虑所有的五项智识任务；在政策选择方面，该程序要求将注意力集中在可能被采取的替代目标的范围方面。将这些最重要的事件引入到注意力的中心，会导致对个人的要求、希望和身份图景的重新排序。该重新排序因此被思考的程序和思考的内容而自我控制。

一个如上述描述的程序在试图使价值最大化的背景下发挥功能。政策制定者可能仅仅将他可以适用的选择引入到其清醒时候的觉察力，并且允许从他的角度导致的再定义发生。从一个科学的立场，所发生的或许可以表述为如下：当法官 A 注意在可能的目标 $x'$，$x^2$（等等），他意识到这些目标中的一些可能在所有价值方面有不同的后果。他受到对这些后果*如果*发生的预期以及其发生的可能性所影响。

他还被实现这些目标可能需要采取的策略的成本的预期所影响。由于自我面临着 $x'$, $x$……法官发现他正在以一种同等可取或者不可取的顺序安排这些目标。如果两个或者更多的选择是同等相关的，就可以说该选择是一个无关紧要的事项。

每一个个体，无论是法官与否，当他面临着将其目标排序的问题时，都经历着一个类似的过程。他可能不了解关于解决问题的合适的程序的任何理论；虽然如此，选择的背景决定了程序。如果我们考虑一个人面临的所有的目标，很显然它们构成了一个集合。此外，科学的分析倾向于肯定按照重要性的复杂程度排序，这些目标之间是相互关联的观点。关键在于，排序并不是最好的可能，因为更深的了解可能改善结果的现实性；相反，在任何一个既定的时间内，在体系的限制里，最大化的倾向在一个结构化的体系内可能出现。

同样的解释适用于一个团体，包括任何特殊的公共秩序体系的成员们。解决问题的内部程序可能导致对目标的合理安排。在社会过程分析的背景下，强调一个未来的主张是重要的：通过自我遵守和分析，有可能提高这些安排的现实度。

## 偏好和预期之间的相互作用

目标的阐述是偏好和可能性之间的一种复杂的相互作用。当我们采纳解决问题者而非分析解释者的观点时,我们意识到发现令人向往的目标与可能性之间极大的不一致乃是人类最普遍的经历。

一个很普通的观点,要求仅仅暗示,除非有希望再次发现与其有关的问题的解决方案。近几年,新的希望已经产生,认为有一些偏好和预期之间的紧张氛围的理性解决方案最后是可以被发现的。

在选择的研究中一个值得关注的利益的汇合点通常发生在行为科学中。其被反映于政府、法律和政治专家决策的理论和实践的专著的数量上。

也许在各种方法之间最显著的不同是在阐述的程度上。经济学家是最形式化的;历史学家、政治学家和法学家是最不形式化的。在形式学家中,典型的技术是系统的(如著作),数字化(如博弈论的适用),图表式(形象化),或者逻辑的。在理论的目标上,通常认为选择者在每一个可预见的预期体系内,能够意识到他们的偏好。当对决策的描述没有形式化时,很少尝试去定义核心条款或者阐述假设。这通常以"历史的方法"或者"案例学习"的名义进行。

近几年,一个有前景的发展是在高度形式化和低形式化两个极端之间的研究的出现。例如,一些数学模型并不认为法官和行政官并不能想到他们所有的偏好和预期。另外,历史的或者案例学习方法详细地利用系统分类。

在一些案例中,形式化反映了对实验方法的依赖程度。但是,这不会永远是真的。尽管经济理论是高度形式化的,其主体却几乎与试验无关。主要的经验目的是提高时间序列,用于分析性的或者预测性的目标。

对于选择的研究设计了一些简单的程序以帮助一个律师或者法官,例如,明确一个问题的优先和预期维度。假设一个客户的目标是获得交货并且不损害其他价值,例如友谊或者平心静气。在律师的帮助下,三个目标可能出现:获得协商解决,仲裁裁决,或者法院判决。这三个目标可以用可取的方式进行衡量,即如果结果最终发生,通过排列数字(从 1 到 10)来总结最终结果的纯粹的重要性。这三个目标也可以根据发生的可能性以数字的形式(从 1 到 10)而加以分类。

| | *谈判解决* | *仲裁裁决* | *法院判决* |
|---|---|---|---|
| 可取性 | 高(8) | 中(5) | 低(4) |
| 可能性 | 低(5) | 中(6) | 高(7) |

这些数字可能是将所有相关的信息引入到选择者的注意这一程序的结果。这样,这些数字是能够使个人看到他目前的反应状态能够将他引向哪里的方法。通过进一步的考虑,他可能在选定最终目标前修正他的评估。

一个正式的可能性预测说明了给定的一系列的替代选择发生的可能性。假定没有表明一个选择优于另一个选择的因素存在。因此,如果用抛硬币的方法在“正面”或者“反面”中选择,每一个的可能性是 1/2。假定没有因素——例如硬币的重量——影响结果。骰子是 6 个面的立方体,任何一个面向上的可能性都是 1/6。可能性预测可以通过重复大量的抛掷而生效,虽然理论和实践之间的合适度不是绝对的,当使用未加铅的骰子的时候,结果总是相近的。陷阱在于——从任何想要预见到下一个结果的人的观点看来——不可能证明所有外来因素的缺乏。人们不可能“绝对地”预见是否下一个场合恰好是之前场合的重复。

这些考虑表明了为什么在诉讼上“可能性”对于替代政策的预见来说有些令人不满意。列举在每一步骤的选择的整体范围并不简单。这不仅仅要考虑到法院,而且需要从一个更广阔的背景即“干扰”的可能性进行考量。例如,一个案件在任何情况下都可以庭外和解。也可能有的判决,不是在形式上就是在事实上具有溯及力;具有溯及力的法律的可能性也很容易被忽视。(如战争等紧急事件可能极大地改变地理范围和交往的紧密程度。)

政策思考者可能并不是如本分析中暗示的那样一无所知。在政治领域,他并不是采用“是”和“否”的结果发生的可能性是相等的预期。相反,他认为过去的控制模式比新的模式更有希望发生(除非在总的布局中一个巨大的变化即将来临)。对趋势的了解可能在手边(或者通过询问可得),因此"随意"的范围就被缩减了。因此,政策思考者可能成功预见一个对于成功或者不成功的"政治犯罪"党派的简单总结。但是,基本的预期仍然存在;对未来的阐述并不是绝对有效的。

## 价值排序的效用

在特定的目标方面,建议通常是如果一个人将代表价值排序或者价值权重的价值分类按序排列,政策的思考过程就将被简化。在实践中这将意味着每一个人向未来看,将财富作为选择的第一位或者第二位,按照情况,权力排在第6位(或否)。他可能设定一个权重而非一个简单的序列,在总分100中,财富占40,权力占20,情感,比如说,占20%;在八个分类都进行这样的设定。

我们已经笼统地反对此观点,现在因何其对政策的思考没有帮助更加明显。没有理由认为,我们将会总是将财富与其他价值以相同的偏好"足迹"排序。相反,经验表明任何价值的重要性取决于其被发现的背景。为了财富而放弃操守的商人在与供应商谈生意时,在后一种情况下,可能选择操守,从而损失经济利益。

一个包含了广泛而详细的说明的简单清单,其有用性不是有助于选择一个永恒的价值等级,而是在于可以被用来作为一种方法,指导法官全面地探索每一个新问题。如果个人通过一个"立法的"决定约束自己在一个给定的与其他的数学关系下坚持其价值,文本主义就将毫无用处。如果他努力去适用这样一个程序,就能可靠地预测出他将变成一个辩证学家,学会向自己证明所有未来的判断都可以从定义价值的文字中"衍生"。这不仅需要时间;而且也将注意从背景最重要的特征上引开。

上文提到的商人,不会由于向其提示在之前的场景中其将财富排在第三位而将操守排在第二位而受影响。但是,如果他已经历过以一种尝试着转化成业务指标之根本价值的方式去思考社会后果之规范后果的话,那么他或许可以从一个更好的角度去描述自己的问题并将目标具体化。经验表明,在缺乏综合性的清单的情况下,重要的价值经常被忽视。拥有这样一个清单,加上对其重要性的理解,就会减少忽略的错误。即使必须在时间的压力下做出选择,考虑背景的习惯能够引起对一个问题的相关的分歧的注意并且减轻重要的忽略发生的可能性。

## 策略的提出

### 创造性的概念

当一个问题已经被阐述，目标亦明确，下一步就是探索适乎该情境的策略。策略是利用基础价值影响结果和效果的实践的一个序列组合。专注于策略为创造性提供了显著的机会。事实在于：无论在每一个智识任务的履行中是否包括目标、趋势、状态、计划或是替代选择，无论是否面临着一个次要的任务，创造性都是需要的。虽然如此，将特别的重点放在策略方面的创造性思维上也是有道理的，因为政策的提出是能够为创新提供丰富的和不断的挑战的智识任务的一部分。

创造性的作用是在想象中发现一条现实的路径，能够从现在引导到一个潜在的状态。指向目标的条件为趋势和偏好的事件之间留下了尚待填补的空白。提出策略就是在意识中出现一个路线图，展示怎样去完善一个起初并不完善的内容。

当代智识生活的一个显著特点是我们已经被创造性的概念预先占领的程度，以及创新能够被谨慎地培养的策略。一般认为这种趋势由社会变化的范围和广度所决定，这使得掌握将变化的成本控制在可以承受的极限内的技能变得势在必行。创造性本身是我们这个时代的一个核心标志，代替了那些在当代用法中其内涵引起反对的话语。我们曾经谈到“天才”；但是该术语提出了参加者却没有阐明结果。“想象”一词的传统意义繁多——事实上太多了以至于不能表明现实性和创新都是需要的。

确定一个法律顾问在客户的问题方面具有创造性的一些标准并不困难。对于客户来说，某种情况可能看起来是无望的困惑或者不确定的；对于某些法律顾问来说将客户半清楚的需求转化成一个能够赢得法官的肯定的法律诉求是一个无法达成的任务。当客户被具有创造性和注重实际的鼓舞重新定向时，他们看起来不一致的境地就突然消失了。门外汉对于“事实”的定义和辩护者用来在社会立法的应急条款的范围中提起诉讼的术语的差距可能是非常大的甚至是惊人的；用来向法官阐述正式的诉求的词语可能同样难以预测；用来使诉求合法化的术语可能超出了门外汉的经验。在这一点上，聪明的顾问引入到程序中的具有代表性的模式会引起对方顾问或者法官的注意，这可能会使他们感到骄傲。经过考虑后，很显然创造性也可以表现在法院的选择上，并在审判前的许多阶段或者审判阶段的策略上体现出来。

法官，接着，可能运用创造性的判断在他们面临的陈述中进行挑选和选择。或者，他们可能认识到使与某一争议有关的所有律师迷惑的暗示，这发生的频率低一些。

尽管这些调整被赞许为正是技能甚至是教化政治手段的证据，它们并不必然是法学理论的转折点。法学理论上成功的创新者改变解决问题的方法；因此，类似于金属薄板之于机床制造工业，他们被称作文明的治理工具的贡献者。他们改变了智识图景的很多的特征，可能是通过将释罪的策略从神学转化为自然主义的阐述，或者强调法官的倾向，而非辩论的逻辑模式。无论创新在多大程度上被接受，很明显在解释上会包含一些认识上的不一致之处。预期、需求以及身份的新的象征模式重新描绘了思考者们和法官们的基本观点。

法学理论、辩护或者决策上的创造性与科学上的创新思想不同，这是正确无疑的。这种不同源自于问题的本质区别；科学注重单一的智识任务，即自然和社会中的条件因素的确定和解释。另外，理论法学是一门政策科学，面对的是澄清全面的社会目标和阐释趋势、状态、计划和选择的智识任务。科学家在他们的专业角色方面需要专注于一个单独的价值（教化），在此价值范围内更进一步细化关注于发现和系统的解释。

人们普遍认为，法律上的创造性和科学上的创造性展示了同样的特征，即取代了一个全面的背景中的不全面之处。创造性是一种完成行为，重新组织一个无秩序的、不协调的或者概略性的配置。*最原创性的贡献是使一个之前未梳理的轮廓清晰*。普通的创新填补了一个已经装配的配置中的细节。在原创的科学贡献中，我们提名古典心理学或者量子论。例如，我们可以看到，弗洛伊德全面地熟悉神经心理学和临床心理学（包括催眠）中看起来不协调的概念，这些工具在临床方面的失败引起对忽略现实的可得的计划的关注。在所有的可能性中,弗洛伊德受到自由联想技术的一些文学上预期的影响,并且或许是因为他读过柏拉图的文章,他也受到影响,认为在梦境中一些性别上的无意识会很明显。但是,心理分析提出了之前并未联系到一起的程序和构想,并且取得了革命性的结果。到此为止,知识体系中未被梳理的轮廓变得清晰了。

在一个清楚的轮廓中,有三种创新,包括:*具体化*、*普遍化*或*平等化*。例如,当达尔文的自然选择观点被更详细地探索和肯定的时候,或者当共产主义学说被系统化地阐述到一个法律体系中以便实施的时候,轮廓是具体的。一个原创的轮廓可能在扩展为包括超越了其初始适用内容的各种现象的时候被普遍化。例如,生物学上的物种形成理论,可能被普遍化进而包含文化或者非生物种群的起落。最后,创新使原始的形象与其他种类实现了很大程度上的平等。一个科学理论的拥护者可能尝试着展示该理论能够解决与其匹敌的系统的某些现象。一个经济学家可能站出来提出约翰·梅纳德·凯恩斯的失业的结构性原因和经典通货膨胀理论同样具有说服力。

在法律程序中,这三种创造的模式可以毫无困难地被确认出来。创新的具体化发生在当一个规范扩展到之前被忽视的或者包含的可能性被否认的偶发性的情形。由于例外的范围广泛,承认一个规定可以和其他的条款互换(例如,在国际私法中一个经常性的现象),是创新的平等化的例证。普遍化不是如预期的那么常见。它发生在一个不完整的或者冲突的规定被一个新的能够处理之前范围的例外(可能包括增加的)的规定取代时。在种类系统和基本的建议为之前不清晰的、不确定的或者笨拙的划分的普遍化提供参考的时候,普遍化也会发生。霍菲尔德(Hohfeld)的在一个法律体系中的所有关系的八种分类的表格是这方面的一个例子。[6]

背景法学理论的一个目标是通过向思考者提供智识型工具而培养创造力,从而使思考者对于周边无论是重大的还是细小的现象了如指掌,并

〔6〕 HOHFELD, FUNDAMENTAL LEGAL CONCEPTIONS AS ApPLIED IN JUDICIAL REASONING, AND OTHER LEGAL ESSAYS (Cook ed. 1919).

且保持对一个对综合性目标的实现的持续关注。

背景的方法与当代对主体的研究所凸显的创新和现实的发现是一致的。对于综合性的强调鼓励个体将自身曝露于宗教、哲学、历史、科学和预言的所有的表面上的不协调。很显然,一般认为口头上的内容不足以提供一个现实的指导;熟悉所要遵守的程序和将形式上的模型和特定的环境联合起来的程序就有必要。背景法学理论的一个目标是在思考者们和法官们在他们的时间不一致(也包括一致)的时候保持智力的紧张。

当我们审查创造性的创新的案例时,个人的朋友和小的友谊团体的角色会凸显出来。培育一个*共振*关系并避免*抑制*作用是很重要的。对于一个创新者来说最大的利益是一个拥有同样的技术和教化程度的合作者。通常该合作者是一个欢迎超级潜力的老师,即使其学生是"超级狂妄的、带有不可忍受的虚伪的原创性",正如数学家伽罗瓦(Galois)所说的。西格蒙德·弗洛伊德在心理分析的增长的关键时期对一个老同事,弗利斯(Fliess)教授,在照料、鼓励和构想方面的依赖,在现在是有记载可循的。卡尔·马克思和弗里德里克·恩格斯在思想方面的关系有时候被低估了,尽管马克思对这位非常慷慨的提供者在经济方面的依赖广为人知。

创新者与他的社会环境的关系的反复的特点,是学生和合作者之间一种逐渐增长的"传道者"身份的循环。一个新产生的观点可能,首先,在一个初始的状态,因此如果其经过传统方式的一般评估,结果非常差,使创新者陷入毫无结果的争论或者失望。部分撤回到一个神秘的圈子使整合一个新的分歧和提高生存的前景成为了可能。

创新的职业人——律师、法官、社会科学家——可能能够使自己置身于一个相互选择的圈子,这个圈子之间的交流支持原创性的增长和巩固。这样一个发展可能最终加强整个法律体系的功能。法学院的环境是持久的友谊和合作性项目的苗床;具有活力的实践和职业会议所提供的各种社会关系的场合持续地提供可能被有效获得的机会。

## 综合的解决方案的挑战

在决策过程的每个阶段,参加者们通常生活在一种持续的有争议的氛围中,相反的请求不断被律师或者法官提出。这些冲突的请求——如果未被解决——可以通过接受一方观点,驳回另一方观点而被解决。否则,冲突可以被妥协,或者被整合。当每一方认识到其所得和所失时,就是我们所说的妥协。相反,有的方案以可以接受的形式出现,从其构成要素上双方不可能看出是“赢”或是“输”。这样一个解决方案是综合性的。一个综合性的方案有时候是在一个新的合作框架被引入到一个工业争端中达成的,原有的讨价还价的地位不再能够被识别。这也许是由于参与管理,或者利润分享等新的安排。

很多情况可以通过妥协而令人满意地解决,这是真实存在的。然而,在一个多变的世界里,新的背景的出现可能会导致冲突的激化,如果在一个讨价还价的安排中参加者试图固守习惯的参照框架,“折中取办法”,解决方案被接受的难度逐渐增加;这些方案可能比之前更短暂,因为它们很少能够满足长远的要求。综合性的考虑可能使每个人重新洞察改变情况的因素。迄今为止,前所未闻的政治思想可能通过绕过古代战争国家所确定的旧有规则而表现出创造性。

妥协和融合性的解决方案的不同可以通过家庭成功适应儿童的成长而得到佐证。随着儿童成长,父母的权力和控制力在改变。在一些暂时的平衡状态中,妥协发挥得很好。例如,我们可以理解,在家庭杂务方面每个人都要提供帮助。冲突的要求可能导致一个令人满意的值班计划表,难以融合的活动可以近似被平衡。很清楚,谁要去铺床、扫地或者打扫浴室。在这个主要的时间表中,细小的不一致也得到解决了。

然而,顺利地运行了一段时间后,抱怨和斥责可能会加剧。这时候不应当尝试去修补以达成妥协,相反,是时候进行一个创新以重新定义背景。可以分配给每个孩子一个独立的房间,其对保持和提高房间良好状态负责。关于旧的劳动分工的争吵现在看来是多余的。当新的参照框架被提出和接受的时候,看起来不分输赢。当认识到关于之前的情况的抱怨并非纸面意义上的时候,综合性的解决方案产生了。压力和抱怨的波浪型的出现被看作一个增长过程的特征。新的观点正在产生。在这些观点中,原有的妥协方案现在都成为了诱因。反过来,每一个新的平衡被认为是短暂的,即使在一段时期内微小的要求都能够通过妥协满足。随着冲突的请求的确定,冲突变成了永久性的,一个新的整合成为了必需。

综合性的概念的一个优点是它对于政策制定者和他们的顾问来说是一个持续性的挑战。随着我们的社会变得更加相互依存,它是理解和洞悉的标志,它鼓励了那些毫不犹豫地追求解决紧张和冲突的综合性的解决方案的专业人士们。例如,在"公共关系"的更加熟练的运行者中,这种方法是标准的。

例如,假设在公共关系中,一个小学院的托管人请求一位公关专家为一项捐赠募集资金。托管人可能知道雇佣一个外部代理人是争论的原因。也许这个争论被有影响力的少数人推出来,针对如何使用新的基金的问题也会迅速分成不同的派系。可能的争论可能集中在包括薪水、建筑和奖学金等项目上。有经验的公关顾问不是立即接受委托去募集资金,而是可能独立地调查整个情况。学院的目标是什么?他们有什么与众不同之处?该捐赠是否需要反映这样一个事实,即由于未能在当今世界发挥有效作用,该学院正在失去资助?是否附近有太多贫穷的文科类院校,每一个学校都在为捐助和学生而竞争?随着成本的提高,部分由于整个经济体内长期通货膨胀的影响,是否薪水是下降了,因此教育的质量在下降?学生是否使用的是越来越破旧的实验设施、图书馆和运动场?是否富裕的和比较优秀的学生以及他们的家庭正在减少对学校的尊重,并且寻求在其他地方入学?

在检查了与学院有关的目标、趋势、状态和计划之后,公关顾问可能会看他是否能够提出一系列更好的政策。他可能提出一个综合性的解决方案:放弃捐赠运动的主意,直到政策清晰,因此他们会有"卖点"。也就是说,等待着,直到一个合理的机会的计划去获得来自地区和全国范围内持续性的资助。做一些安排与地区内的其他三家文科艺术院校结盟,建立专业区分,其中在一地专注于物理科学,一地关注社会科学,第三地注重生物科学,第四地注重人文科学。安排学生在第一年接受同样的基础训练,接下来根据关注的专业领域转移到其他地方。如果有这样一个项目,就会获得一个高质量的人力资源部门和设施,学院的竞争地位也会得以保持。

法律顾问们有创造性的困难解决方案的显著机会,这并不是一个新闻。丈夫和妻子可能对于死后财产的分配存在不同意见;因此法律顾问可能以新的眼光来看待该问题而推荐替代性方案。这对夫妻可能担心一个没有远见的继承人,只考虑到将所有的财产转换成债券的优点与缺点,任命一个托管人少量地发放收入。从经济需要风险投资这一激进的角度看来,这样一个解决方案是有坏处的。可能法律顾问建议通过寻找一家声誉较好的信托投资公司来管理普通股票,向继承者提供年金。

这一简单的例子可以在法律实践的每一个部门复制一千个版本。这样一个方案的提出吸引了很多律师并使他们保持将其一生的智慧投入到他们的职业中。在一个综合性的共同利益所提供的参照框架内,有可能创造性地处理提出替代性的完整的冲突、妥协和慢性紧张的政策解决方案的挑战。一个完整的解决方案的观点本身是一个在决策过程中提高创造性前景的智力因素。[7]

## 有张有弛研究方法的使用:背景的相关性

相对而言,人们很少知道影响顶层的政策思考的原创性的因素,因为心理学上的经验性的工作经常被用于解决简单的事项,而将复杂的精神活动留待未来研究。然而,一些努力从事创造性假设工作的数学家们写出了一些具有建设性的文章。庞加莱(Henri Poincare )记述了灵光乍现的反复无常的方式,注意到复杂和迷惑性的问题的解决方案通常未经准备在午夜、在踏上公交车的一瞬间或者在听一个音乐会的时候突然而来。[8] 但是值得注意的是,这些启示的时刻是在将注意力集中在手头上的工作后的一段时间之后,也是在从事了多年的允许该问题接受正确的阐述以获取概念性的设备工作后获得的。

几年前,华莱斯(Graham Wallas)总结了可以获得的智慧,其将思考的过程分为四个阶段,即以专注研究开始,接下来依次是筹划、启发和确认四个阶段。[9] 在接下来的几年里该分析没有增加太多内容。对于我

---

〔7〕 有关进一步的讨论参见 M. FOLLETI, CREATIVE EXPERIENCE (1924)和 DYNAMIC ADMINISTRATION: THE COLLECTED PAPERS OF MARY PARKER FOLLETI (H. Metcalf & L. Urwick eds. 1942)。

〔8〕 参见 POINCARE, SCIENCE AND HYPOTHESIS (English ed. 1905), THE VALUE OF SCIENCE (English ed. 1958), and SCIENCE AND METHOD (English ed. 1956)。

〔9〕 参见 WALLAS, THE ART OF THOUGHT (1926)。

们的目标，强调阶段性地集中注意于一个问题和阶段性地从该问题中抽离出来这样一种相互替代的技术应用是非常有用的。在抽离阶段，很容易意识到启发性的解决方案。确认方案的尝试又会带我们回到专注性的分析和调查中。

从个体的观点看来，专注阶段的减弱更多地被归因于扭曲而非疲乏。意识过程最终偏离了该问题被考虑的背景，尽管该背景是不可缺少的。部分是替代性被考虑、排除或者修正的速度导致的结果。许多未察觉到的进程可能不能和其他和谐相处。当有机会深入到法官思想的更深层次的时候，我们可能会发现强烈的反应被强大的困难和成本所控制了。分析可能指出狂热的来源是一种需求，其强度在意识阶段是不被察觉的，符合该理想的行为标准的人好像一个"心算机"，迅速地解决每一个问题。任何未能符合该完美的标准的失败都会引发自卑和愤怒，部分会被压抑，但是同时也有强大到足够发现部分的在感觉方面疲惫或者厌烦的表现。当愤怒积累起来，其通过更详尽的方法表述表现出来。自尊心可能被吸引着通过批评他人的失败去保护其本身的理想形式。这个人可能开始由于沉浸在他的上司和妻子表达了对他未能提出一个"闪电"式的解决方案的失望的幻想中而被分心。反过来这激发了强烈的自我辩白，将边缘的幻想变成了其他人可怕的展示。他可能整天沉浸在他的妻子和上级是愚蠢的幻想中。

基本的观点是在意识的水平上，智识过程与整个心理不是完全分开的。当一个问题被给予持续的考虑，不确定性就会滋生，而不确定性通常会滋生对于自我胜任能力的忧虑。当压力上升，分心的事务会干扰有效的思考。很显然，从一个持续的问题中抽身的一个功能是允许心理恢复到健康状态。个体有时间将自己沉浸在恢复自信心和重建平衡感的活动中。

我们不能详细地审查人们在多种文化下通过哪些方式恢复健康的功能。补充活动大量地存在。然而，古代中国的学者型官员的生活中的显著方式可能被提及。对于自然的思考是一个主要的兴趣，导致计划耕种，精致地安排岩石、水、树木、植物和其他自然性质的物体。自然的合适性作为人类心灵经济的稳定器，已经在中华文明之外被颂扬过。人们经常颂扬自然时空上壮丽的风光,从一个角度看来邻居的、城市的或者一个地区的——事实上一个星球的众多问题,看起来似乎不是那么至关紧要的了。每天,当压力在一个年度的季节循环中和长期的生物、地理和天文运动中被意识到的时候,他们被更好地忍受。人们的眼睛看着鱼儿在阴影中滑动,或者鸟儿在天空中留下痕迹,可能会忽视自然的伟大,或者人的潜力,这是真的。但是发明依然存在。对于一个事实上拥有整体眼光的紧张的和苦恼的法官,这些刹那间的一瞥通常使他归于平静和客观。

对于中国的学者型官员,另一个缓解是通过诗歌、历史和存在于他的祖先的大量的图书记载中的反映。在这些财富的展示方面,个人的角色远不是主动的,这是十分重要的。假设一个学者本身也是一个诗人,他可以以专家的方式进行创作。在中国,创作是将文学和绘画联合起来在一瞬间进行表达。旧时学校的学者花费大部分生命练习书法,一种要求运用毛笔的肌肉具有较好的协调力的活动。学者们有将每个早上的时间用于练习书法和诗歌的习惯;很显然这种锻炼是一天的工作的安静的准备。在大脑没有反应的时候是不可能握好毛笔的;肌肉并不反应。因为书法要求精神的平静,短暂的全神贯注是需要的,直到通过一部分被形式的美丽所吸引后,他们能够重新占据。

旧时代的西方人做着同样的准备,通过宗教祈祷和朗诵圣经来应对每天的压力。在有压力的瞬间,短暂的静静的祈祷,或者回忆一段令人心平气静的诗节为恢复整体的视野带来了生机。古典希腊和拉丁文学也被用来作为旧约和新约的补充或者替代。所有的艺术——特别是音乐、建筑、戏剧——起到了使自身比较偏好的印象更加坚强的作用。

只是从表面的眼光看来打发这一切作为"逃避"。当有迟延发生,或者当一个自我毁灭的因素贯穿替代行为始终(例如当个体通过沉溺于毒品或者过度性行为),将其称为逃避是正当的。但是当宇宙更大的轮廓即将重新出现,其并不是一种逃避行为,而是一种升华。

在聚精会神之后抽身的频率预先假定的内容的信息性在集中注意观察和反馈阶段出现在注意的中心。背景法学理论的一个功能是强调过去、现在和未来与一个最主要的目标相联系的总体印象的重要性。无论现在的问题是什么——是否是专门的或者集合性的;是否是专属于决策过程的一个功能或者其他的；是否是属于学者－科学家的角色或者是执行者的角色——一个包容性的视野是作为一个清单为了在整个价值机构的过程中定位替代政策的互相作用。

作为提出的问题的提示，我们提议的理论的包容性背景的导向功能，可能对于将一些集中于社会的经济、政治内容和其他社会部门之间的关系是有用的。在决策所描述的功能中，国家的代表面临着许多经常冲突的政策建议，例如，需要或多或少的外国经济援助，要求通过多种方法将这一领域的政策与国内外的整个政治目标相联系。这类的问题已经变成了立法者、行政者、法官和其他国际公共秩序系统领域的公务人员预期范围内需要面对的。年复一年的，这些问题重新出现；这样，尽管在每一个问题中有无穷的复杂之处，个体也很有可能获得大量的现实的知识和理解。

想象这样一种情况，一个国会议员努力想要搞清楚过去的或者被提议的规定对经济过程的影响。参加者们寻求的目标是否会有效实现？例如，美国公司的海外运营是否会转向谨慎而非莽撞的扩张？市场结构和利润预测是否会有效，因此相关较少的新的中型公司就可以进入国际市场？应对企业的基础价值是否会迟延或者加剧？用来配合生产的因素是否会发生变化？（例如，是否会做出更大的努力吸引国外的资本和管理人才？）进程的战略是否有修正，例如选择更简单的设计和规定以便更多的检查？结果是否是粗糙的产品是以同样的价格出售，还是较低的价格大量出售尽管很少或者没有净利润？投资会怎样被接下来的时间段所影响？

尽管之前的问题根据经济后果而排他性地分割成几个阶段，很显然权力后果也会随之而来，开明的法官会将它们进行考量。如果国会的成员考虑怎样去投票，是在委员会中还是在议会，这样的问题是永恒的：是否我的投票，或者如果政策被采用而接下来影响政治过程的参加者的目标？（例如，认为他们受到影响的企业或者地区选择对我的提名和重新选举，或者我的政党和派别，给予更多或者更少的支持？）自由世界的联盟会更加紧密还是松弛？适用这些目标的多个参加者是否会给政治领域的成分带来变化？（例如，是否至今为止并不积极的企业联盟会变得更加活跃,因此将领域变得更加多极化？是否之前对于国外政策并不活跃的有影响力的国外企业和劳动组织充满活力的进入政治领域?)如果政治战略被用于聚集资产,会受到怎样的影响？(例如,在处理争议问题上对反对派的政治高压是否会增加?)未来的结果是什么？(例如,关于这类问题的议会行动是否会转向另一个带有更多或者更少总统和顶层政党控制的委员会？未来在政府之间是否要处理多边的而非双边的问题?)要注意这里的相互作用的分析的链条可能断裂,或者可能在未来更进一步。

前述的联系——尽管是简短的——引起对财富和权力之间相互连接的注意。在效率方面,很明显无论参与者是谁,这个考察是会开始的,财富和权力被同时考虑的。如果我们以一个企业(或者其他这类的私人团体)开始,关于范围价值的问题可以用来衡量其他价值在多大程度上占主导地位。在一些企业中,名义上是作为私人企业组织起来,可能会发现有效的政策导向来自政府(或者一个政党),目标也是政治性的(如间谍活动或者破坏活动)。通过适当的调查揭示,即使一个企业是全部由政府拥有和管理的事实也不减损其主要的政策目标是经济性的,也就是说,通过竞争手段吸引能够保持其在世界(至少是地区)市场的投资。当我们看公司运营的环境就会立即发现涉及几个市场和领域。确定资本市场、物力资源、劳动力和管理人才以及其他生产因素从哪些市场引进以及终端市场是普遍的;一个企业可能出现的各个领域包括行政媒介、法庭、立法机关、政党和压力团体,例如,其高层官员和谁进行交往,该交往正式与否。如果我们调查企业的基础价值,很明显发现权力和财富资产必须被加以考虑,因为其所有者或者管理者可能是政府政党和压力组织的重要成员。当我们转向的战略是,(包括价值和机构)的重点适用于聚集和过程。也包括结果:该公司可能与压力团体、政党或者政府政策进行"双赢"的联合;它可能成功地在市场上进行运营。显然是经济和政治上的双重的效果。

通过这些准备,我们强调了在价值类别和实践(制度)类别之间互动的创造性的重要性。两种形式的价值被用来指向同样的事情。但是价值集在整个事件中,对于导向的宗旨更加重要,因为价值的简短清单首先被用于定性背景。在这一背景下,与实践相联系的形式被使用。

考虑到任何参加者在价值塑造和分享过程——我们称之为“权力”(决策)——的位置。结果事件对于导向宗旨是十分重要的;如果在我们的争议用法中,参加者是一个法官,很明显一个典型的结果是他支持或者反对一个争议的一方(这修饰了所有通过剥夺或者放纵而相关的价值地位)。结局前和结局后的事件现在可以被确定。一个决策的结果在通过认可的选择所定义的预期所提供的指导的基础上选择的。“实践”是指在一个价值过程的几个阶段的事件类型。因此,我们使用诸如“法官”、“法庭”、“判决”、“意见”、“上诉”、“辩护”等词语。但是,请注意,一个法理上的定义可能与一个特别法典中的官方语言的定义不同——这当然使普遍参照性的法学理论系统将一个法典与另一个法典对比成为了可能。

我们已经比较了在某一特定背景中使用的和个体用于法理目的的价值-实践条款的不同,其中前者为后者提供了部分的参考。法学理论语言对于检查专家(如经济学家、会计师或者商人)通过专门术语和市场常规不得不说的内容特别有帮助。尽管在美国专业的经济学家在术语上展示了很大程度上的一致,很多通常细小的差别把他们区别开来。会计师们,在许多事项上,在某种程度上与经济学家也是不同的。

经济学家用他们的理论系统去对比他们发现的在具体的经济中占统治地位的结构实践。像“利益”、“工资”、“利润”之类的术语被定义得如此广泛以至于它们可以被用来定性任何情境下的价值分配,无论是资本主义还是社会主义。被用来定义结构的术语,例如“市场”,在一个既定的经济体中的传统语言中可能或者可能不匹配。

在这种背景下,审查关于“股利”的争议。法学家和任何法律体系的法官的任务是复杂的。他可能发现或者可能不能发现任何经济学家,或者任何经济学流派的有助于解决在实现法学理论或者一个既定的公共秩序的目标的过程中产生的问题。在领会了讲述的是什么的任务之后,随之而来的是评估定义和宣称的关系之间的关联性。

将这样的分析置于法庭的背景下:一个法官是和*官方竞技场*有交集的成员,在这个竞技场*各方当事人*提出了*请求*,该请求援引规定和证据是可以被正当化的。法官同时也与发生在官方竞技场之外的同生竞技场的事件,例如个人交往和大众媒体曝光,相互交流。当事人的价值目标超越了官方竞技场,因为他们的问题是获得一个司法结果,该结果,例如,影响他们未来在经济进程中的地位。该当事人对于法庭的事实形式的规划将会参照大概之前案件的大部分,例如,在交往中一个既定的所宣称的预期在各个当事人之间建立。一个官方竞技场可能因此成为一个政治场合,居中斡旋一个经济体系中市场上的各种事件。假设一个争议的一方在法庭前宣称一个更高的"股利支付"。在这个国家,定义"股利支付"的法律语言展示了经济理论和商业实践对于法律起草者的影响。但是,该术语,通常,并不是明白的。我们可以这样预测,在我们的法律系统中,法官应对私人争议是建立在市场参加者之间预期的稳定性能够保持的前提下进行的。一个经济学家可能分析一个争议的事实背景,推论出,从他的定义的角度,探讨"股利支付"是贴错标签的。他可能从资本理论的角度进行思考,该理论包括"利益"作为"资本"对于在生产中价值形成的贡献;他可能推断出该支付并不是归因于资本的,这是由于在商业中"成本"计算的模式(在国外运营的商业更加明显)。在国外运营的早期,在不同的外汇管制和类似的情况下,没有商业实践和经济理论是可以被标准化的。

在预期的稳定性之外,证明一个并非足够的标准(但是可能是一个重要的决策因素),一个法官可能认识到国家政策部分是鼓励私人投资去支持在海外运营的公司,特别是在现代化的邻国。关于"股利支付"(以及"成本")等法律政策对于这些国家目标接下来可能的未来后果是什么?为了回答这个问题,几类商人和专家的语言当然是多种的。法官的任务是置身于整个过程中,通过该过程,关于服务于整个公共秩序的目标的预期被标准化。

在这一点上,我们最清楚的参照是经济和政治过程。然而,我们已经回避了权力和财富之外的价值。在司法考虑的范围内去提供一个图景,描述整个社会体系,在该体系中与经济相关的法律政策是有关系的。我们将系统地阐述。

*尊重*。在这些价值过程中,几乎可以确定被法律-政治政策影响的是尊重的塑造和分享。关于产业地区转移,或者城乡发展的专门计划或者转包政策在特定地区对尊重关系的影响的问题可能被提出。对于整个美国社会,法律-经济政策的重要性是通过如下问题显示出来:尊重结构

将会怎样被影响?(例如,已经察觉到的社会团体和等级将会怎样被影响;专门用于尊重目标的组织会增加还是减少?)在尊重过程中的多个参加者所处理的财产?资产的处理?最关键的尊重结果(例如,有歧义的文字和契约的清偿)?接踵而来的尊重的累加或者其他价值的享受?

*情感*。家庭和友谊的价值被法律—经济政策所影响,这是特别明显的。考量集合性的相关活动:情感过程的结构的后果是什么(例如,增加或者减少家系单位;在以欢乐为目的的俱乐部?)为了资产的集合和它们的管理(进程)?感情的结果(例如,改变了孩子和收养的数量)?未来的围绕着情感的培养和享受的活动(例如,和后代一起)?或者为了其他目的对情感的利用(例如,为了经济利益而使用)?

*操守*。另一与法律—经济政策相互作用的社会价值是操守。下列关于法律—经济政策的影响的问题是永恒的:参加的结构在何种程度上被影响(例如,教会整合)?宗教控制对基础价值的模式是怎样被影响的?或者(组合或管理资产的)运作的策略?标准化的结果是怎样被影响的(例如,公告的规则标准;一致的水平)?未来对于公正的追求是如何被影响的?(例如,世俗化会增加或是减少)。

*技能*。法律—经济政策通常目的在于影响技能。例如,参加者的结构如何在该情况下被影响的(例如,学校的增加)?受多个参加者控制的资产是如何被影响的(例如,适格的人员是减少还是增加)?进程的影响是什么(例如,适格者是否全部被应用)?结果是怎样被改变的(例如,成功的训练结果)?在多大程度上成功或者失败会导致未来技能的累计或者其他价值的享受?

*教化*。法律—经济政策有时候的直接目的在于影响信息流动(教化)。更加专门的是,追求教化的参加结构会怎样被改变(例如,独立团体的整合)?财产控制将会怎样被影响(例如,历史知识)?进程战略会怎样被影响(例如,选择资源、记录)?结果是否改变(例如,趋势包括的综合性)?积累是继续还是其他价值被寻求?

*福祉*。法律—经济政策对安全、健康和舒适(福祉)有着重大的影响。参加结果会怎样变化(例如,更多还是更多的集合)?基础价值的模式会怎样变化(例如,具备恰当的动力和能力的人员)?进程战略会怎样被影

响(例如,依靠于毒品或是交流方法)?结果会怎样变化(例如,康复)?福利活动是否将会更进一步(康复率是否被保持)?

鉴于前述,我们能够给予更多特定的意义去肯定所有在经济领域中适当的法律政策标准需要参考整个包括公共秩序系统的价值和制度背景,在该公共秩序系统中法律秩序的任务是辩护和使之具有生产力。在对财富结果的追求或者为了财富之外的结果使用经济资产的同时,背景的方法怎样能够最有效?很清楚任务是双重的:普遍化被适用的原则的*内容*;普遍化科学的思考者或者法官能够修正自己从而达到适当的问题解决方案的*程序*。

从广泛地参加价值塑造和分享的社会过程意义上讲,基本地致力于人类尊严,和涉及法律—经济政策的具体案件之间,几个用于发明、评价和选择战略的居中的标准可以被确定。例如,一个支持在追求财富结果和评估财富工具对社会过程的选择的影响的自由选择的推定。暗含着的是一个有竞争力的社会过程,在这个过程中参加者自由引导另一个人参加进一个社会价值而非另一个价值的加强中,或者喜欢一个既定的价值而非另一个。理论模式是:在一系列情境中,从参加者的角度追求一种价值相对来说比其他价值更加显著,在此情景中,每个结果情景具有自由要约和反要约价值的特征(因此提供机会去最大化倾向的事件)。经济学家已经提出一个分析模型的解释原型,经济学家们说在此猜测性的模型中货物和服务在自由市场上寻找。动机可能是这样而导致个体参加者积攒财富;或者他可能选择消费享受。

正如我们在关于社会过程的一般图景中所显示的,这种原型模式大体上适用于价值而非财富。例如,在政治中,一个相对自由的竞技场是一个,对于高压控制的抗争,是能够令人信服地引导的,因此要约和反要约的支持对于权力的积累,或者是为了其他结果对于权力的使用是有贡献的。在不同的情境中,当对于尊重的竞争是在个体优点的基础上,并且给予和接受尊重是以包括对于尊重的地位的积累的方式进行的(或者为了其他结果使用尊重),相对的自由可以被发现。平行模式可以为了所有剩余的价值和相关的机构而构建。

根据符合或者偏离模型的程度,理论模式为描述具体的情况提供了工具。例如，一个关于自由市场或者自由竞技场的"纯粹形式"的模型，使我们能够面对任何常规的情况（例如，"经济的"或者"政治"的）；并且，当数据是通过适当的程序获得的，使我们能够发现，如果有的话，功能性和常规的背景之间的差异。

考虑一个常规商业词汇"企业"。实证地考察，按照八个价值对其进行分析。这样的程序能够弄清参加者在多大程度上追求任何一个种类的结果（财富、权力、尊重、情感等）；参加者在多大程度上通过给予或者接受价值而互相作用；参加者在多大程度上积累或者分享价值。与一个特别种类的价值享受（而非积累）相关的是，进一步分清在一个给定的时间段内加剧其他的价值（通过财富去积累权力），或者耗尽价值（用财富去获得舒适）的不同享受是非常重要的。

如果我们将分析模型适用于整个社会背景，我们发现在高度竞争的文化中，例如美国，诱因的自由作用反映随后修正了活动的总体流量进入生产（财富形成、积累）、技能的获得、福祉的提高、操守的培养、家庭和友谊关系的形成、知识的扩张、尊重的加强、政治的参与（除了财富以外其他种类的价值的形成）。

当通过相关方法适当地调查背景，明显的是参与的自由是受限制的；进一步，如果高压政治是有选择性地使用，纯粹的结果将很有可能是扩大了有效自由的情况。政府——一个社群范围的机构，其传统角色是垄断高压；并且在民主社会，它的任务是努力减少政府本身的高压角色。因此，一个法律—经济政策的标准是*在社会背景下达到最小高压政治结果的前景*。

很少人会否认，在私人（非政府）的关系中避免求助于严厉的高压手段，普遍来说就是减少高压的方法，是通过为了私人争议提供社群范围内解决与介入的当事人将争议递交到法官那里。这是政府的*监管*职能。

此外，为政府确定一个*管制*的角色是普通的，特别是从经济过程的角度。这里，直到私人争议引起了法官的注意是没有问题的。政府可能根据社会背景下的集合事件采取初始行动。用隐喻的术语，目标是为了通过社会生命的流动而切断的渠道的形成保持在决策判断的中心，并且为了在加深、加强其他的目的而行为的同时保持一些渠道相互作用。

为了法律—经济规则而将标准特殊化是切实可行的。一个主要原则是*支持限制在价值地位中的所允许的不平衡程度的政策*。允许个人陷入最低度的价值剥夺与人类尊严的概念是不相符的。最近,“保障就业”(或者防止收入减少失业)就是“最低保障”或者“底层标准”的例子。

另一个标准要求建立允许的不公平的上限(天花板)。与此相一致的是“反垄断”政策,在人们普遍意识到自由受到损害之前,将其设计成阻止缓慢的独裁将会改变自由机构的可能性。

法律—政治政策进一步要求*自我修正性*活动。与此相联系的价值效果要求政府针对政治高压中,或者对其他公共秩序系统的基本特征的破坏中,相对增加的痛苦采取持续的、高度自主行为。明显的例子包括为了维护普通的私人行为的自由免除高压政治的政策活动;对用于通过在经济交易中的时间和价值比率支持稳定的预期货币媒介的定义或者规定;对于“自然”垄断的管理。

法律—经济政策要求把法律行为*处罚性*规则和*矫正性*规则整合起来。我们将在违反规则之后,参照规定性和执行性的结果,来定义教育性的*处罚*安排;进一步,这些安排的目标是那些预期能够通过考虑风险而修正他们行为的群体。因此,*处罚*是对一些参加者制定和适用的,这些参加者通过在计算净利益的基础上决定遵守与否。当参加者不能计算这些或者不能使他们在行为上有效时,*矫正性*的问题就产生了。或许是个体未被政治体的法律所同化;或者他们由于疾病不能达到社群所预期的选择的标准水平。*处罚性*安排的目标在于*威慑*、*撤出*(或者在现有体系的框架内去除掉违反的动因),*恢复*(被破坏的价值)以及*阻止*(消除在现在的系统的框架内违反的动因)。*矫正性*任务在于重建个体的个性结构或者群体的社会结构,或者通过取消他们的破坏行为的潜能的方法管理违法者。

在处罚和矫正政策的背景下,我们将注意力集中到大规模的组织呈现的问题,这些组织的政策是一个在多种所有权、管理和债权债务利益之间的复杂作用的结果。处罚能够在多大程度上有效作用于一个组织,或者一个单独的顶层政策制定者?

我们已经涉及了一个法律秩序的监管性、规制性、自我修正性和矫正性组成部分。此外,还有寻求建立和保持一个竞技场的全面建制性规则,该领域由那些前景和基本的目标相符的参加者构成;提供一个决策角色的分配,其持有者通过适当的挑选和适格方法被聘用,为了达到必要的决策,他们被授权必需的管辖权、利用中肯的诉讼模式。在经济目标和工具方面,建制性问题是什么样的专门安排可以被用来作为参考。美国的联邦系统在刚刚建立时,寻求通过使用书面文件语言作为一个稳定关于在联邦政府和州(以及外国政府)之间"谁应当怎样作出什么样的经济决策"的预期的方式。由于对民选政府财政控制的根本特征,一个主要目的是保护国会在税收和财政拨款方面的话语权。

在现在的分析中,一个最重要的推论是经济政策在帮助达到人类尊严的重要目标方面的限制更多的是归因于用来关于社会的每一个价值-制度过程中的相应的智识工具和数据的相对缓慢的发展,而不是归因于经济学家。在现在的不发达的情况下,理论法学和其他学术性和社会性学科未能提供满足理性政策所需要的知识。

在背景的海洋中,一个航海家的角色是有选择性的;我们描绘的社会海洋的图表是选择的一个重要前提。关于分析的一个明显暗示在于,就法律和政策秩序的倾向的目标而言,结果不是中性的。一个决策的参与者可能会*拒绝考虑可能的结果*,这是真实存在的——但是如果这是中性的,它不可能与不负责任不同。任何参加者可能*努力在各方之间不偏不倚地行动*,但是如果这是中立的,就不需要将其同公正,众多社群目标之中的一个,区分开。一个参与者可能*故意*忽略他可能考虑到的后果——如果这是中性的,这就是一个骗局,秘密地支持通过忽略获得的利益。没有一个负责任的问题解决型学者、立法者或者法官——可以在基本目标方面是不作出承诺的。

要求在下一步需要考虑整体的程序鼓励选择。用在这上面的时间可能被拉长了,因为当大都市的规划者在重新描绘一个地区的地图前,要评估许多关于过去、现在和未来的不同形象。或者考虑可能是即时的——就像一个法律执行者必须对一个建议说"是"或"否"以便立即进行之前已经考虑过的反垄断措施。如果"珍珠港"事件刚刚发生,或者如果一个总统选举悬而未决,许多决策显然要考虑这样的事件;在这个过程中的重要变化并不总是如此地剧烈。

即时的行动不必是无纪律的,因为它可能被那些接触过冗长、有力和全面的"摘要"的决策者们使用。强调经济和整个政策的依赖性的一个目的是鼓励所有相关的结构性"摘要"的增长;同时因此加强在决策中的情报人和评估代理人和决策代理机构的角色。

背景性的一个重要方面在于,通过使用授权性的语言努力去预测决定的效力是有限的。更普遍的是,重点在于,立法和观点是涉及选择的相关结构的细节,这样,根据可获得的整体,受持续的再评估的限制。一个固定性的因素仍然是政策导航者;这是作为实现人类尊严而非侮辱目标的最根本概念。此外,在价值过程内的专门化总是在一个精心描述的准则和记载的适用内进行;但是为了对社群价值产生效果,决策者必须面对未来,必须根据关于专门的目标、趋势、情况、计划和选择的证据衡量未来。我们对于社会过程的分析已经显示了相对总量可以在出于理性结果和长期效果的目的的检查和预估中是怎样被通过的。

总体上,选择性存在于持续地面对传统的概念和拥有功能性价值的制度中;也存在于增加偏好价值被最佳化的可能性的行为选择中。为了这个目的,理性与评估活动必不可少,它们能提供有助于关于过去、现在和对未来的现有最佳衡量的最中肯的信息。每一个法律 - 经济政策的选择要求根据接下来可能发生的最终价值结果进行衡量。经常重复发生的问题是:为了减少或者避免偏好和未来的事实之间的矛盾,被考虑的政策选择将会怎样影响谁的价值需求和谁的集合和处理的基础价值和战略?此外,总的来说,参与的结构将会怎样被影响,并且,在结果阶段,参与者的联盟、比率、互相作用模式将会怎样被影响?最后,价值积累和分享流将会怎样被修正?

## 策略的评估

### 策略转向的顺序

对政策创新的讨论已经强调了培养创造火花的重要性,创造火花是一个启迪的瞬间,它可能引发一个行动。当一个新的可选政策出现后,下一步便是评估其重要性。这一步骤需要向参与者开放一幅策略转向顺序的工作流程图。这幅流程图必须考虑本竞技场其他参与者们的策略。

让我们将注意力集中在如诉讼、法院等熟悉的竞技场,并考虑一个试图影响最终结果的律师所面临的选择顺序。有经验的律师们会构造预测可能发生的事件进程的复杂的流程图,并作出直观的选择。作为一个出谋划策的人,一个策略家基于良好的建议,可能会为自己拟定一份有关诉讼各个相连阶段的选择的提纲。即使是最有经验的参与者,有时也会发现沿着潜在策略的路径详细阐述选择点是恰当的做法。下面的一套问题为评估政策转向提供了一个议程。它同时可以为新想法何时何地更可能取得成功提供参考。

1. 是否需求助于法庭?[请回答"是"或"否";如果答"是",请继续回答下一问题。本指示也适用于以下每个问题。]

2. a. 需求助于 A 法庭?
   b. 需求助于 B 法庭?
   c. [其他法庭。]

3. a. 需求助于 A 法官?
   b. 需求助于 B 法官?
   c. [其他法官。]

4. a. 是否要主张 $c^1$?[主张即请求法官准许(或剥夺)主张者的要求,并剥夺(或准许)其他人的要求。如果主张 $c^1$ 将会产生许多问题:以何种形式提出主张?诸如此类的问题均适用于本提纲。]
   b. 是否要主张 $c^2$?
   c. [其他主张。]

5. a. 是否需援引权威性规定 $p^1$ 以支持主张?
   b. 是否需援引规定 $p^2$?
   c. [其他规定。]

6. a. 原告是否认为自己是 $i^1$(并认为他人是 $i^{-1}$)?
   b. 原告是否认为自己是 $i^2$?
   c. [其他身份识别。]

7. a. 为了支持主张，是否需进行事实陈述 f1？（在本语境中，“事实”包括有关过去的“信息”以及诸如“不可弥补的损害”等对未来的“估计”。）

   b. 是否需进行事实陈述 f2？

   c. [其他事实陈述。]

8. a. 在审前阶段是否需要进行程序性主张（$pc^1$）？

   b. 是否需要进行程序性主张（$pc^2$）？

   c. [其他程序性主张。]

[之前提到的问题——问题 1 ~ 8——所处理的是审判之前的选择。将各个问题相联系，竞争对手和法官可能作出的各种“转向”应当可以被预计到，“反对策”转向也可以被评估到。接下来的一系列问题是将继续强调对方当事人与法官之间的互动。]

9. a. (1) 是否接受陪审员 $j^1$？[由于陪审员的身份难以预先知道，有关陪审员的选择的问题可能较为笼统，例如是否可能挑选有某种倾向的人组成陪审团。]

   (2) 如果不接受，应依据何种规定？[此项可以被细化为异议的使用等内容。]

   b. (1) 是否接受陪审员 $j^2$？

   (2) 如果不接受，应依据何种规定？

   c. [其他陪审员们。]

10. a. (1) 陈述$^1$是否应包括在开庭陈述之中？

   (2) 如果应当，它是否应出现在开头？[与顺序和形式有关的内容也要如此考虑。同时，遇到对方可能的反对时应该怎么做？]

   b. (1) 陈述$^2$是否应包括在开庭陈述之中？

   (2) 如果应当，它是否应出现在开头？

   c. [其他陈述。]

11. a. (1) 对方在开庭陈述中是否可能会进行陈述$^{-1}$？

   (2) 如果是，它是否会出现在开头[等等，同上]

   (3) 我方是否要进行反对？[基于何种理由？……]

b. (1)对方在开场陈述中是否会进行陈述$^{-2}$?

(2)如果是……

(3)我方是否进行反对?

c. [其他陈述。]

12. a. (1)证人$^{1}$是否出庭?

(2)如果是,排在什么序位?[做什么样的陈述才能应对交叉询问?]

b. (1)证人$^{2}$是否应出庭?

(2)如果是,排在什么序位?

c. [其他证人。]

13. a. (1)是否出示证物 $ex^{1}$?

(2)如果是,排在什么序位?[做什么样的陈述才能应对交叉询问?]

b. [其他证物。]

14. a. (1)对方的证人 $w^{-1}$是否可能出庭作证?

(2)如果是,排在什么序位?

(3)我方是否要反对?[或盘问证人。基于何种基础?怎样进行?]

b. [其他证人。]

15. a. (1)对方是否可能出示证物 $ex^{-1}$?

(2)如果是,排在什么序位?

(3)我方是否进行反对[或进行提问?怎样进行?]

16. a. (1)我方是否会在结案陈词中使用陈述 $S^{1}$?

(2)如果是,排在什么序位(以何种形式)?

(3)如果被对方反对,是否辩护?[如何辩护?]

b. [其他陈述。]

17. a. (1)对方是否会在结案陈词中使用陈述 $s^{-1}$

(2)如果是,排在什么序位(以何种形式)?

(3)我方是否进行反对[怎样反对]?

18. a. (1)陈述 $S^{1}$是否会出现在法官对陪审团的指导中?

(2)我方是否反对[怎样反对]?

(3)对方是否反对?

19. a. (1)陪审团是否可能作出裁定 $v^1$?

(2)我方是否反对[怎样反对]?

(3)对方是否反对?

b. [其他裁定]

20. a. (1)在陪审团的裁决作出后,法官是否可能作出回应[1]?[作出驳回判决……]

(2)我方是否反对[怎样反对]?

(3)对方是否反对[怎样反对]?

b. [其他回应]

21. [对上诉和最终结果的考虑。]

前述的问题列表,并不是对律师碰到的每一个可能想到的选择所作出的穷尽或确切的概括。其目的仅在于,当有经验的律师处理一个案件时,为预期流程图的错综复杂提供参考。

质询,是指一种决策过程中以有关的偶然事件引起参与者们注意点的技术。如果需要,此种技术可用改编自数学和逻辑学的程序加以补充。例如,在策略顺序的任何一步,都可能预见到若干主要变量或是变量群集可能会决定一个希望出现的结果是否发生,并想方设法将它们与结果相结合。

假设现有四个重要的策略行动悬而未决:拒绝和解;和解;仲裁;诉讼。可以准备一张表格,将所有能想象得到的模式引起选择者的关注:

| 策略 | 组合 | | | | |
|---|---|---|---|---|---|
| 1. | | 1 | 2 | 3 | 4 |
| 2. | | 1 | 2 | 3 | |
| 3. | | 1 | 2 | | 4 |
| 4. | | 1 | | 3 | 4 |
| 5. | | | 2 | 3 | 4 |
| 6. | | 1 | 2 | | |

续表

| 策略 | 组合 | | | | |
|---|---|---|---|---|---|
| 7. | | 1 | | 3 | |
| 8. | | 1 | | | 4 |
| 9. | | | 2 | 3 | |
| 10. | | | 2 | | 4 |
| 11. | | | | 3 | 4 |
| 12. | | | | | |
| 13. | | | 2 | | |
| 14. | | | | 3 | |
| 15. | | | | | 4 |
| 16. | 0 | | | | |

虽然只包括了 4 个因素,却可能产生 16 种潜在的策略。总而言之,策略的数目与 2 的 n 次方成正比,其中 n 等于因素的数量。

如果有 n 个因素,则有 $2^n$ 个策略。

如果有 1 个因素,则有 2 个策略。($2^1$)

如果有 2 个因素,则有 4 个策略。($2^2$)

如果有 3 个因素,则有 8 个策略。($2^3$)

如果有 4 个因素,则有 16 个策略。($2^4$)

如果有 5 个因素,则有 32 个策略。($2^5$)

在将一系列开放的转向特征化之后,策略家就可以更进一步,比较每一转向所暗示的活动。他应当花费更多时间和资源在*计划*上,还是应该立即投入积极的*实际操作*之中?

如果这些次级选择也被加以评估,那么策略家必须在价值范畴内对其加以比较。以可由他支配的基础价值进行衡量,它们将会使他付出多少成本才能对结果和效果产生影响?这种成本(或收益)必须加以考虑。策略家的基础价值可能随着超出其控制的情况的变化而变化。现有的其他案子已经证明,在诉讼过程中,法庭的权威观点可能发生改变。因此,一项普通资产——一个在法庭看来有利的因素——可能出现贬值,即使主张者的策略并无过失。但是,其他基础价值可能因策略家的操控实践而被即刻削减。

从操守的角度来讲,某些策略可能事与愿违,例如证词以一些被权威视为即使合法也是不道德的方式作出的情形。同样地,向一些政客或一位身居高位的故友求助,都可能对参与者的初始力量和感情立场造成损害。

进一步计划的成本可能影响案件的提出。因此,如果要承担成本,策略家必须评估该成本是否能在很大程度上提高获得一个有利结果的预期。就这点而言,如果有迟延,对无法控制的情况是否更有利于(或不利于)希望得到的结果这一可能性进行评估就十分重要。表格 A 是对相关问题的提示。

**表 A　次级策略的比较**

| 计划 | 价值成本 | 价值成本 |
| --- | --- | --- |
| 计划 1 | | |
| 计划 2 | (可控制的支出) | (不可控制的变化) |
| *操控* | | |
| 程序 1 | | |
| 程序 2 | | (权力,教化,财富及其他价值) |

稍后,我们会考虑若干将成本与收益(净收益)联系起来的方式。在研究过其他有关方面后,对这些方面的考察将会更加容易。

主张者对法官就争议作出的回应的期待与偏好之间相互作用,会不断影响他的策略。当然,法官的回应是一种对当事人容许或剥夺的行为,作为一种权威规范的运用,它在制度的层面上是正当的。如果原告理性地与这种形势相互联系,他将会试图预测法官的回应。原告要考虑到法官会把注意力集中于什么方面。预测的作出有赖于法官在以往相似案件中给出的有关回应和因素。

一个司法竞技场的理论模型假设促发一个特定争议的事件在法官被带入相互影响的趋势之前已经发生。因此,法官们与这些事件有着第二手的或是传闻的联系。直接当事人提出了包括依据所谓的规定性规范而采取的辩护理由，以及有关突发事件和规定性规范偶然性要素间的相互关系事实形态上的主张等请求。法官的回应既是对当事人的容许或剥夺，也是对双方已提出的主张的容许或剥夺。对以往判决的观察分析人士可能将它们概括为对一系列条件性因素的诸多回应，并对未来的序列模式进行规划（通过可能性评估，如果有 x，那么就有 y）。

因此，对一个特定规定（或规定的分类）在未来适用方面的陈述可以进行如下排列（以便分析）：

（a）如果未来

（1）事实是 f′，

（2）当事人是 pa′，

（3）主张是 c′，

（4）法官是 d′，

那么

（5）规定适用的可能性就是 *pr*′.

可能性，是指对事件（1）~（4）的预测性含意的认定。进行更进一步的分析是可能的，有时是十分有用的。例如，当事人可能被认为是参与了可能影响结果的活动的人，尽管其未出现在官方竞技场内。此外，还可能增加过去判决对法官或其他人的影响的信息。剥夺性的结果很可能降低同样回应的可能性；允许性的结果则会加强这种可能性。

由于上述概括的分析得出的一个预测是基于选择的结果会反复出现这一假设，这就需要一个评估来预测“如果”因素在事实上出现的可能性。例如，可以对从事非法活动的某些帮派在未来一段特定时间内将杀害一定数量的警察的可能性进行评估。通过详细说明影响帮派成员的判决内容的特点，这条可能性评估的链条可以得到完善：

（b）如果未来

（1）事实 f′出现的可能性为 $p^x$

（2）当事人 pa′出现的可能性为 $p^x$

（3）主张 c′出现的可能性为 $p^x$

（4）法官 d′出现的可能性为 $p^x$

那么

(5)规定适用的可能性就是 $pr^x$.

如果过去的趋势和状况被更全面地检验过,策略家就可以对由(a)和(b)得出的结果进行再次评估。争议最终经由社群过程得到裁决,程序(a)从先于争议发生的突发事件开始。在考察判决所扮演的整体角色的同时,也要注意与过往突发事件平行却并未引发一连串以审判告终的事件。一些社群官员可能已经拒绝行使管辖权。无论如何,有关以往事件的数据,可能允许预测到未来事件引发一连串以审判告终的事件的可能性。

(c)在过去

(1)事实是 f´

(2)当事人是 pa´

(3)主张是 c´

(4)法官是 d´

(5)规定 p´被排除适用(或是不成功地启用)了 $x$ 次。

对于在某一给定种类(f´)的突发事件之后发生的、可以引发规定 p 的一个判决出现的可能性,可以通过结合上述(c)项与(a)项进行预测。过去或未来效果(ef´)的可能性可以用一种全面的方式来表述。

有时候,引入更进一步的复杂性是有帮助的;但是,如果我们考虑再次分析过去的决策流,认定其“正确”或“不正确”所得到的结果,我们现在的目标就可以达到了。这些判断当然必须由评价者作出。结果显示,其判断是如何与他认为相关的过去或将来可能的判断进行比较的,其判断的差异何在。一个为争议当事人出谋划策的人将会发现,此种计算对估计其当事人所处地位是十分有用的。我们用正方形和 0 来代表判决被归为正确;三角和 b 代表判决被归为不正确。下列对以往事件的归纳可以以各种方式被重新进行,以显示预期结果出现的可能性。

(d)f´, pa´, c´, d´, p´出现了 $x$ 次

ef´(效果)出现了 $x$ 次

□出现了 $x$ 次

Δ出现了 $x$ 次。

从任何一个评估者的角度讲,当一个规定被*维持*、*驳回*甚至被排除援

引,其都有可能被正确或不正确地适用。通过对过去的事件发生进行分类,分析家发现了一种相关性的潜在分级。如果一个过去的情形与将来的判决包含了同样的竞技场,并且突发的(或相似的)事实、当事人、主张、结果和效果都大致相同,那么该过去的情形就可以被称为十分恰当。(=)这个符号可被用于表示分类人心中的恰当情形。(因此省略这个符号意味着一项判决有着边际相关性。)策略家会经常发现,做好他自己判决的记录以及做好法官判决的记录是十分有用的;一个法官未来的行为对策略家的目标而言十分重要。在后者中,我们最感兴趣的是法官(dm)。之前提到的分类和标记可以应用至任何过去的判决之中(通过对潜在的未来判决进行适当的完善):

## 一个判决

从法官(dm)的立场来看,或者从一个策略家或其他观察者(ob)的角度来看,规定得到了正确地应用□

通过维持

通过驳回

通过排除适用。

在如下背景中

事实,f

当事人,pa

主张,c

法官,d

效果,ef

在未来判决的背景中

完全恰当(=)

在一些方面相似

## 对规定的选择

我们已经从法律顾问和律师的角度进行了对策略转向的讨论,他们关注的是为其客户的利益争取能得到最有利的结果。诉讼进程使得法律顾问能在程序进行中随着进程的展开,预测选择点,并相应地制定计划。对法官而言,其作出的回应则较为被动,因为多数时间他都仅是对法律顾问的主动行为作出回应。但当最终判决时刻到来之时,法官必须决定支持和反对哪一方,并决定适用哪些规定以为达到(或正当化)这一结果。

基本上,组成法律系统的规定这一整体,是由法官在决定对某一系列特定的突发事件适用何种表达最为适当时进行处理的。当根据一项规定的偶然性成分将突发事件特征化时,对适当规范或制裁的选择也就暗含其中。目标规定可以提供最重要的指导,因为他们提请法官注意到了事实上的联系,而这种联系是公共秩序所要努力捍卫和努力实现的。目标规定指示着将会受到系统内司法行为影响的未来事件的特征。

已经强调过一点,包括规定在内的所有一般性陈述,在适用于特定事件时都需要加以解释。这种必要性不可避免地与使用通用语言有关,因为概念术语需要操作指示;尽管在某种程度上仍是抽象的,这些指示依然是特定事件的指示符。

解读的两项主要任务是*填补空白*和*整合*。从某种程度上可以说,为一个特定的事件选择任何术语,就是在填补空白。但是,填补空白的另一个含义是,由于一些目标事件只能进行模糊的预测或无法进行预测,因此解读者的任务技术就是填补任何不符之处。尽管矛盾规定的可适用性显而易见,整合的任务也要根据公共秩序整体地考虑到一种情况的特点。例如,从社群的视角看来,签订一项协议的双方当事人太不成熟,他们无法签订一份强制执行的合同;因此,法官会拒绝使当事人的预期生效。抑或是,合同订立者被认为有能力订立有效的合同,只是在那个特定的情况中,他们作出的行为被认为是违背了公共秩序;因此,法官并不强制执行他们的安排。

公共秩序的任何系统,尤其是渴望人类尊严的系统,都将系统对自身期望的稳定性,以及依据其规定作出的一致性安排作为主要的追求目标,这一论点的建立无需长篇大论。如果对权力的分配有争议,相关的法官会通过实现已经在国家之中建立的首要期待来处理这一宪政性问题。通过考察政治体的权力机关在此问题上的最早通信,并且通过确认对这一连串通信的后续谅解,大多数事项就都能得到确定。如果争议涉及法律秩序的调整型规定,法官就会通过考虑对被政府合理保留的私人交往的限制,来确定和适用公共期待。如果争议包括了政府的产业功能,法官就会试图实现对政府管理活动的适当范围和策略的预期。当争议是涉及“不法行为”或“协议”的私人争端时,法官会考虑对政府监管角色的预期,尤其是假定在公共秩序的范围内私人间的谅解是得到保护的。[10]

或许最棘手的问题是,*法官需要解读的是与国家至高无上的目标相冲突的规定,而这些目标已经在过去和最近的承诺中被权威地表述*。是否可以制定一些原则以指导发现这些表面冲突的法官?我们区分隐性冲突和显性冲突加以论述。

(1)在前一种情况下,让我们假设法律原则包括了对普遍而非狭义限制的价值分享的承诺的宽泛声明。并且,一些规定明确允许甚至是要求分享某些价值。然而,对于其他的则找不到任何规定。我们推荐这样一种假设,国家的长期目标是在人类尊严的综合目标下令所有的权威声明和谐统一。

(2)在第二种表面冲突的情况下,假设法律原则明确支持与最高目标明显冲突的实践行为。因此,涉及的是制度上的细节,而非价值分布的普遍模式。我们建议假设国家的目标是令所有特定的实践与价值目标相统一。

在考虑此类问题时,法官会谨慎地理解发生在所有动态社会系统中的清晰表达的价值目标与特定的制度实践的区别。新制度不断地改变已有制度秩序的影响,并引入影响尚不明确的程序。个人或集体的一切重要过程,都要经过目标设置与接近目标的阶段。向着期望结果或效果迈出的每一步,都可能是新一轮愿望与成就的前提。

趋势分析表明,法官有许多机会来拒绝与公共秩序系统的最高目标不和谐的规定。假设这是真的,并认同法官具有消除不和谐的职责,那么*再调整应以什么节奏、由谁来进行?*

下面考虑上诉法庭的突出问题。例如,在美国,法庭被希望以不同于

---

〔10〕 进一步的讨论,参见前注2引用的文献。

宪法会议立法机关的方式运作。这种区别可以被简单地以外行的语言表述为:立法是立法机关的任务,适用法律是法庭的任务。当上诉法院的行为超出了宪法系统规定的合理职能时,整个法律与秩序结构的政治力量在某种程度上受到了威胁,这使得其在攻击下显得十分脆弱。这种权力的考虑阻止着每一位负责任的法官公然背离已经确立的期望。因此,对下面这个问题法官没有一个圆滑的回答:法庭是否应继续适用这些规定,直到它们被立法行为或宪法修正案正式宣布无效?

尽管特定的政府机关通常专门行使某一主要职能,某种程度上讲,所有的决策职能仍是由每一个机关行使的。同时,在任何一个快速变革的国家中,权力能力都是不确定的。尽管如此,在自由运行之中也存在限制。限制是事实上正当存在的,公众和专业观点都潜在地对这一期望表示认同。当观点被一个法庭、行政法庭或其他官方机构作出的、异常"保守"或"开放"的判决所撼动,潜在的期望就会非常猛烈地突然出现。

我们现在关注的问题出现在观点已经发生变化之时,或是之前未表达过的观点变得明朗之时,尽管旧的规定尚未被正式法案所终止。当整体而不是局部发生变化时,这些变化使旧的规定被置于与最高目标不和谐的新境地,政府机构立即行动作出正式终止的情况就会尤为突出。整体的变化也包括发生在局部但在国家范围内广泛分布的变化。这也意味着在新前景中,各种多元团体将参与进来。

在一定界限内,这与对人类尊严要容忍某些实际上与理想相矛盾的规定和做法的基本假设是相一致的。当历史环境遗留下了反民主情绪的强大残存以支持特定实践时,这种容忍就能被合理化。假定某个策略依据的更多是规劝而非强制,就有理由给自主行为一个机会以达成一种更为顺从的事态。但与此同时也必须注意到,对公共秩序系统的基本目标背离的每一天,都依然是一种严重的冲突状态,这种冲突可能被国内外加以利用,培养起一种对表面上"伪善"的愤怒情绪。抛开其他效果不谈,其政治后果绝非微不足道。对上诉法庭而言,允许正式的法律技术阻隔进一步的反应力,就等于证实了对于判决程序的善意整体上的最坏怀疑。这样的政策将社群强制力置于蔑视系统基本目标的少数人的掌控之下,并将暂时的容忍变成了受保护的滥用。

之前进行的分析指向的是上诉法院法官所经历的问题,即目标规定的规范与其适用的工具规定的规范之间的冲突。另一组问题则与事实问题更为相关。法官被希望解读规定中的偶然(指事实上的)条款。将司法的作用认定为指向过去事件,尤其是指向据称促成了他们目前面对的争议的事件,是传统观点的一部分。基于我们对目标规定的分析,很明显,在最终判决被理性地作出之前,对过去事件的参考必须被置于未来发展的环境之中。当法官面对一项主张,要求禁止已经有意图实施某行为的X完成此行为,这一点对法官来说就十分明显。如果法官没有在行为完成之前介入,那么依据"不可弥补的损失"的可能性,这一主张对于法庭而言是正当的。但是所有的判决都涉及未来;所有对过去有参考价值的陈述都需要对目标有参考价值的行为准则,使得过去可以依照未来事实关系得到重新解读。

总之,我们建议在符合下列要求时,上诉法官要负责地适用规定:

(1)规定的规范成分要与偏好的公共秩序的基本目标规定的规范相协调;

(2)规定的偶然性成分(事实上的)被用以适用于争议中与目标规定的偶然性成分相一致,并且贯彻了该偶然性成分的事件。

第一个概括要求无需多加解释,因为目标规定与工具性规定之间的区别已经明确;分析已经表明,后者必须让路于前者。第二个要求也与目标规定有关,同时,向所追求的现实环境的方向推动社会进程,以此方法解决现有争议的任务,也与第二个要求相关。在考察以往事件的过程中,法官有权将未来的理念牢记于心,并在社群向着与公共秩序的目标更加一致的方向推进之时,在过去行为的分类之中认定应当受到鼓励或不应鼓励的行为。推荐的假设是,社会进程向着与基本目标相一致的方向发展,当有下列情况时也会出现短暂或中等范围的对不一致的容忍:(a)当历史条件已经创造了一种次文化或不一致时;(b)当各种期待尚未被普遍修正以符合人类尊严至高无上的要求时。

## 现代逻辑学与规定表述分析的潜在关系

寻找法律规则阐述或事实主张之间的矛盾是法律界人士必备技能的

重要组成部分，对此多加谈论似乎是多余的。然而，在近些年，对语法关系的分析已经引入了新的做法。数学分析模型渗透进入逻辑学研究领域。结果，一个长期遵从一项受尊重的甚至稍为过时的技巧的领域得到了重生。[11] 处理定义和命题的模式得到发掘，从而使得发现矛盾的存在变为可能；这些矛盾或是先前未被察觉，或是虽经敏锐分析而被察觉，却往往由于披露的不确定性特征而无法被接受。

在今天，拥有可自由支配的现代逻辑分析知识的法律界人士能够引入这些新工具，并必须准备好抵挡它们的攻击。如果他与一个打算使用每一种分心和迷惑手段的律师持有相似观点，那么他可能通过分散注意力或使声称的证明最小化的方式，抵挡住一次不受欢迎的披露。但是从长远看，毫无疑问，他最好还是设计出一个基于更坚实技巧展示的策略。

## 有关事实构成表述可信度的推论

到现在，很显然传统的阐述上诉法庭任务的模式尚不能完全令人信服。作为一种减少上诉频率的手段，上诉法庭可以被授权排除“事实”问题，而将争议问题限制在被审查争议的理论方面。但是，法庭并没有完全摆脱判断事实构成表述可信度的任务。每一个规定的偶然性成分都适用于社会过程中的事实问题。在名义上引发“规则”的争议可能在实际上取决于法官对所涉事实情况的评估。

上诉法院的法官面对的是下级法官作出的事实认定。对排除事实问题的普遍接受的理解是，由低级法官或行政官作出的事实认定并不能被公开质疑。即使这仅在上诉法庭希望将其对行政法院和低级法院判决的干预限制在最低限度的时候，这才成立；那么，讨论上述区别才似乎合理。上诉法官通常用缺乏判断力的可行规则来指导他们的审议意见。他们依赖于可接受的传闻证据所自加的程序，不听取证词，却相信原先程序的记录。他们从这灰暗的屏幕上寻找突发事件的指示，并试图权衡他们间接得出的真实影像与之前的法官们所作出的描述。当上诉法官遵从之前法

---

〔11〕 在当代英国分析法学派中可以找到许多例子。例如，参见 J. RAz, THE CONCEPT OF A LEGAL SYSTEM (1970)。

官的决定时,他们将无罪推定交给了由处于或接近原点的法官对可信度作出的判决。

现代通讯技术令重新捕捉移交法庭的原始证词的生动细节成为可能。今天,我们不仅可以录下证人的声音,还可以录下其给人的感觉,并从法官的音调判断其是否有蔑视和敌意,从而限制证人。尽管现在摄像并不是常规的报告手段,但就任何一段程序录制影像也是可行的。虽然较之字面记录稿提供了更为充分的报告,该记录却并不能通过对证人进一步询问来加以补充。某种程度上讲,上诉法院被不可避免地与"事实"隔绝开来。

无论法官直接或间接面对证人,他都会运用许多明显的或隐含的可信度标准。这些标准常常是亦明亦晦的主要与教化有关的规定,其规范组成是对特定偶然事件中的一项陈述"接受(或拒绝)为真"。一项陈述可能涉及某一唯一的事件,例如某年的2月12日亚伯拉罕·林肯出生。陈述也可能涉及一个有更多内容的事件,例如确认某一特定年份的出生率是百万分之几。两种陈述都可能被认为改变了可信度的程度。例如,林肯的生日虽毋庸置疑,但由于信息的不充分传达或加工,特定年份的出生率却不排除可能出现错误。

适用于对过去特定事件陈述的可信度标准是什么?我们立刻想到司法程序中的证据规则。但是,在目前的环境中,我们谈论的是个体的思维过程,并且,在可信度原则与证据规则之间关系明确之前,不应假设存在任何密切的相关性。独立的思考者会在作出决定的行为中履行法官、证人、辩护律师以及陪审团的职责。

由于一份陈述就是一次传达,听众中的那些挑剔成员的脑海中一定会出现几个有关的问题。我们必须:(1)通过陈述要描述的情况评估传达者;(2)通过传达进行的情况评估传达者;(3)评估接受传达的听众。

对于第(1)项,关键的问题是:(a)观察者有多大可能描述参考的事件?(b)观察者进行观察的能力如何?(c)观察者进行准确观察的意图是什么?(d)观察者记录事件的可能性有多大?(e)观察者进行记录的能力如何?(f)观察者进行准确记录的意图是什么?

对于上述第(2)项,关键问题是:(a)观察者有多大可能进行传达?

(b)观察者进行传达的能力如何？(c)观察者进行准确传达的意图是什么？

对于上述第(3)项,关键问题是:(a)听众有多大可能接收传达？(b)听众接收和解读传达的能力如何？(c)听众进行准确解读的能力如何？

在某些方面,最简单的例子是“观察自己,自己观察,向自己报告”。这种情况出现在我自省的时候,下面的想法忽然出现:“我感到消沉。”或许,我会立即否认这个想法:“胡说,我只是有一点无聊,而不是消沉。”作为我之前陈述的听众,我处于既是听众又是被提及的客体的位置。毫无疑问,随着机会的(la)自我体系的任何成分都被认为是陈述的信息来源,“我感到消沉”这一陈述恰是如此。能力如何(lb)？我不仅在假设的自我观察上有着专业能力,也许还曾就自我观察的方法受过特殊训练。因此,我进行这种情绪评估的能力很强。准确观察的目的是什么(lc)？在这个问题上可能有些疑问。“又考虑了一下”,我可能怀疑我认为我现在的活动很无聊,并有一种强烈的出去走走的冲动。所谓的消沉可能是之前建立的模式的结果:当我有一丝的消沉,便可能出去散步;无聊被跳过,“消沉”变成了一种促成行为的方式。这样,我原本想要进行准确传达的意图现在变得不可信了:它明显被另一意图,即摆脱现在的情况,修改过了。记录事件的可能性有多大(ld)？由于对自我观察的回忆是立即进行的,不存在分心的干扰。对我回忆起这么短暂的一段时间的能力不存在合理怀疑(le)。我们已经提到,想要摆脱的冲动可能有损于进行准确观察的目的。但是一旦作出了“消沉”的观察,就没有明显的意图要阻止对所谓的“消沉”进行回忆。

来到第二组关键问题,我们注意到对于传达的可能性来说不存在疑问(2a)。毕竟我是在将自己作为观众进行思考。传达能力如何(2b)？毫无问题:我还没有失去判断力或思维混乱,因此回忆的过程是有序的。至于进行准确传达的意图(2c),我们已经在上面评估进行准确观察的意图时处理过这一问题。我们否认陈述包含有所谓的观察,因为我们断定参与到准确的自我观察之中的意图受到了干扰。

假设我们从回忆之时去掉最初的自我观察,以使前面的例子复杂化。

即使采用上文对观察和记录的可能性、能力和意图进行的评估,传达的情况依然呈现出不同。不仅是原始记录在其间发生的变化,还有现在准确传达的能力和意图,都可能对现在的回忆产生影响。与此同时,我们的行为可能需要许多所谓对原始观察的回忆,因此其间的重新解读可能影响现在的陈述。

再来看第三组问题——有关听众——将它们用于主观事件,在其中之前有关回忆的理解得到评估。假设没有分心的事物,对之前发生的事情作出反应是有可能的(3a)。能力(3b)包括质疑的模式和对被审查陈述的权衡,还包括评估陈述时所依据的可用背景的丰富性。例如,我们可以从容地回想起消沉发生时我们的心境,结果或许是我们将其重新归为"无聊"并确信自己对消沉观察的不信任。我们是否打算完成对过去陈述的准确评估(3c)?作为听众对自己的进一步审查——在这个阶段是对内部传达过程的审查——可能揭示一些与准确性要求不符的少意识或无意识冲动。我们可能仍然感到厌烦,容易停止思考和公开行动。(在接下来的段落里,我们将不会重复对听众的关注,因为尽管最初的观察和回忆的开始是不同的,本质要点是不变的。)

现在,考虑一下这种情况:描述参考的事件发生在观察者的感性领域,尽管对主观意识而言他是发生在外部的。"一个人正在举起枪"就是这样的一个陈述。假设这个表述被立即进行了传达:"我看见他正在举起枪。"我是否有可能在一段时间之前就作出这样的观察呢?是的,我可能概括道:我当时正透过窗外看着街上的一个人。能力?是的:我的视力非常正常,街上光线良好。意图?我向窗外望去是为了看看天气如何,除了就我所见作出正确的报告,我没有其他意图。记录的可能性?我认为这是立即作出的,并且没有分散我注意力的事情。能力?不用怀疑我对一段这么短的时间的记忆力。记录的意图?正如上面指出的,没有冲突的意图。传达的可能性?显然有。能力?同样具备。意图?为了准确地报告。

如果我将观察环境置于更早些的时间,就会出现许多问题。假设可能性、能力和意图都足以进行准确观察,记录又如何?它是被写下的吗?向某人口头表述的吗?是否存在记录造假的意图?就最近关注的传达来看,因为我就是被回忆的观察的接受者,我的回忆在令听众接受方面不成问题。我进行可信回忆的能力可能因当时对看见一个人举起了枪进行了记录而得到了加强。我的意图仅仅是对事实的好奇心而已。当然,其他因素可能也发生作用。例如,我的意图可能发生剧烈的变化。现在我面对的,可能是在一个涉及谋杀指控的案件中作证,受到指控的是我的好朋友,他据称于某日在我办公室外向某人射击。我可能希望通过证明他的清白来帮助他。但是我现在正在评估的回忆怎么办呢?我怎么能在回忆怎样找到当时记录的同时想到这一点呢?现在我对自己进行传达的动机是否是对事实的关注?我对我朋友的在目前看来是无意识的憎恨,是否会令这成为对付他的武器?

之前的例子讨论的都是对观察进行描述性陈述的可信度,这些观察是由自己对自己作出或是对外在客体作出的。试着考虑一下由其他人作出的陈述。包括由"对我进行观察的另一个观察者"作出的陈述。无需探究细节,很明显下列各点都是符合的:可能性?是的,另一个人正在看着我。能力?如果陈述是我举起了枪,我们就必须同意他有足够能力看见一个此类的动作并识别出枪。但是如果他说我当时很消沉,这就明显超过了他所能直接观察到的范围。无论他如何地与我相熟识,并能基于对我过去行为的长期熟悉解读他所看见的。意图?除了进行准确的观察外无他。记录的可能性?如果事情发生在很久以前,有足够的可能进行日记记录。能力?当然有。意图?据我所知他进行日记记录是为了提高作为观察者的技能,在当前的例子中我可以假设这个动机。向我传达的可能性?当然有:他刚刚就这么做了。能力?当然有:他知道并能运用我的语言。意图?他想要证实他的直接观察或是他对我主观状态的推断;我认为这是一种对准确性的关心。或者:他真正关心的是我非常消沉的流言,如果我正受到消沉情绪的折磨,他想要帮助我。

下一步就是考虑"转述给另一个对我进行观察的观察者"的陈述。可能性?是的,我可能认为现在的传达者确实从 Y 收到了报告;他们相互认识并经常见面。能力?Z 完全能理解被告知的事情。意图?Z 对写作自传很有兴趣,并常常记录下有趣的对话。向我传达的可能性?很明显有。能力?同样具备。意图?从我的经历看 Z 很关心真实性,我接受在此案例中他的意图。

Y 报告的观察又如何?我们对 Y 的问题与进行声称的观察、它们的记录以及向 Z 的传达有关。因为在之前的例子中已有阐述,我们不必再重复那些标准。

进一步的变化是一份报告涉及由另一个匿名观察者转述的观察。这会导致对 Z 对我的传达的探讨:匿名是否可能是假的,这样,尽管转述给 Z,但 Y 实际上是在报告他自己的想法?

我们选取的下一个例子涉及"一个向我报告却与我无关的观察",这一观察由声称进行了观察的人(或是由从他人处得到观察结果的人)作出。他告诉我他看见 K 在某某日举起了枪。现在,让我们来考虑他作出观察、记录观察并最终向我报告观察的可能性、能力和意图。

之前的例子处理的都是特定的事件。那么一般陈述又如何?假设我的想法是这样的:"当我感到无聊时,我常常常参加体育活动,例如散步。"这是"自己与自己进行有关自己的对话"。进行自我观察的可能性是毫无疑问的。能力怎么样?之前提到的自我观察的训练表明,结论是观察能力很强。意图?也许我热衷于将自己作为研究活动中人性的案例进行观察,并尽可能观察得准确。记录?答案可能是我的屋里有磁带录音机,观察后能立即进行记录。能力?这涉及的问题是,是否谨慎地采用标准的科学程序进行记录和数据处理。意图?或许意图是为了做一件详尽的工作,但偶尔这一意图会被做其他事情的要求所取代,这样记录就会出现由于过度浓缩的报告而产生的错误。向自己的传达?可能性和能力当然具备。力求准确的意图?是的:夸大我情绪的"低潮"或行为的失常,使我可能认为自己饱受"系统错误"的困扰。

考虑一下自己对他人作出的观察:"他有暴力倾向。"什么情况使我能有机会观察 X?我是否有足够的能力对一个成长在表现性文化中的人进行观察,这样"对我而言是暴力的事情对他而言不称为暴力?"我的意图是完全为了获取真相,还是有夸大自己不悦方面的倾向?记录:我是否经常与目标处于一个可以立即进行记录的环境?能力?具备。意图?可能与之前提到的最初的观察相同,即一种特定的冲动去质疑一种有扩张性并或多或少与我不相投契的个性。传达?由于可能性和能力,对此无需怀疑。但是,我是否感到厌世,并因此倾向于在谈到某人时想到有损其声誉的事情。

转向"由他人对自己进行的观察",很明显,可信度所有的标准都是相关的。在"转述给他人的对自己进行的笼统观察",以及"由传达者进行的(或向另一个人转述的)与自己无关的观察"之中,这一论断也同样适用。

以上分析的方案:

对过去特定或一般事件的描述性陈述的可信度

自己进行,向自己报告,有关自己

自己进行,向自己报告,有关自己外的其他人

由其他人进行,有关我自己的观察

由其他人进行,有关我自己,由他人进行观察

由其他人进行,有关我自己外的其他人,由另一个人或其他人进行观察

| 1. 进行观察 | 2. 传达观察 |
|---|---|
| a. 可能性 | a. 可能性 |
| b. 能力 | b. 能力 |
| c. 意图 | c. 意图 |
| d. 记录可能性 | 3. 解读观察报告 |
| e. 记录能力 | a. 可能性 |
| f. 记录意图 | b. 能力 |
| | c. 意图 |

上述标准都与个体陈述相关,无论该陈述是特定还是一般。下一步则要根据陈述的总体考虑可信度。总体可依"主题"和"副主题"进行分类,例如"在法官采取行动之前存在的事实"和"在法官就目前争议采取行动之前存在的事实"。在形式标准的基础上,陈述可以被划分为"否认"、"证实"或其他。意在通过形式标准,使涵义更加明晰。我们可以毫不犹豫地将下列陈述归类:"他否定观察 $x^1$ 的真实性";"他支持观察 $x^2$ 的

真实性”。词语“否定”或“支持”足以表明否认或证实。政策评价者再对每一个陈述、副主题或主题加上自己对可信度的评估。

每一个证词都能被政策思考者划分为“肯定真实”，“肯定虚假”，或介于二者之间。当有人说“所有的事情都被考虑了”并作出了综合的判断，其界定依据的可能是“不确定的标准”。或者，当陈述 $x^1$ 比陈述 $x^2$ 更可信时，分类也可能同时依据“不确定的标准”和“成对比较”而进行。比较可能通过这种简单的形式或其他形式进行。例如，可以通过对每一个陈述进行评级（从 0 到 10），并记下其区别来记录可信度在“程度上的区别”；或者，可以仅仅用从 1 到 10 间的一个因数将 $x^1$ 记录为比 $x^2$ 更可信或不可信。

某种程度上，依据观察和传达的信息来源可以对标准进行详细说明。一类由“明显的陈述”构成(1)，意思是从“一般知识”，“常识”或“已有判断”出发，就能判断它们是真实或虚假的。另一类与总体上已经得到的陈述的“增长或消耗”有关(2)。新证词可能为某个特定副主题增加可信度，同时降低另一个的可信度。那些仅仅引用他人的话的“非观察者”作出的叙述，几乎不可能增加可信度(2b)。如果较之于已听取的叙述来源，新的叙述来自一个无法获得更佳观察、记录和传达可能性的观察者，那他对特定副主题的陈述也几乎不可能增加可信度(2b)。同样地，较之已被纳入陈述总体的报告而言，来自于没有更好观察、报告和传达能力的观察者的报告对可信度的增加也是很小的(2c)。此外，较之手头已有的来源，如果观察者没有更好的实施、记录和传达过去观察的意图，可信度的增加可能也会很小。

## 对过去事件描述性陈述的可信度：对总体的初步分类

主题，副主题，陈述

否认，证实，二者皆不是

对不特定的综合标准的评估

对用于成对比较的前述标准的评估

对之前可用信息来源的评估

1. 明显的陈述

2. 增加的陈述

a. 由非观察者作出

b. 由有着同样、更好或更坏的可能性进行观察、记录和传达的观察者作出

c. 由有着同样、更佳或更差能力的观察者作出

d. 由在准确性上有着同样、更佳或更差意图的观察者作出

有了之前的信息和对迫近的可信度的初步评估,澄清能将可信度划分为确定等级的方法就变得有可能了。对每一个主题和副主题(甚至是陈述)"输入"(例如"数小时的研究")后的"输出"都能加以计算,并得到一个选定的可信度等级。这一阶段的程序是采用对可信度的假设。这样,对某主题进行某个假定水平的可信度评级所产生的[数小时的研究中的]相关成本,就可以得到评估。在此框架内,我们会发现可以维持最有利结果的、经过最佳计算的研究程序。这可能意味着任何新增研究不仅可以适用于一个地方,也可以在不干扰平衡的情况下适用于另一个地方。我们可能认为这是一个"无差别原则"的例证。在任何例子中,操作都如下:

## 查明最佳可信度

指定想要的可信度水平

评估每一个主题(副主题)所需的支出(例如进行研究的工时)

分析能够均衡每一个主题(副主题)的支出-收入比的程序

决策者会不断地参与对这里提到的种类进行评估,因为在进一步研究和立即承诺之间进行抉择常常是必要的。例如之前提到过的分析的功能之一,就是将智力活动带入注意的焦点,放大意识选择的潜在范围。

## 数学和统计学方法的运用

主张或判决过程中的每一个选择或决定任务,通过采用数学或统计

学方法呈现注意力焦点集中在参与者上的备选策略,都可以得到训练。一个数学模型就是一个语法结构,为最初的假设提供明确的形式结论。统计学的作用是,为将观察领域的语义陈述适用于语法结构提供指导。在之前的章节中,对现代逻辑学在发现权威性规范的重要性方面的潜在作用,我们已经给出了示例。对逻辑学和数学之间的区别给出一个定义是没有必要的,因为在我们看来它们都起着相同的作用。它们提供普遍的系统方法,而不是解决问题的非系统的流程,在政策选择方面尤为如此。

逻辑学、数学或统计学的方法种类是无穷无尽的。由于"博弈论"在近些年的重要地位,我们将对这一方法进行介绍。但是首先,值得提起注意的是所有系统分析模型所起的作用。一个功能是让考虑中的政策选择方案明晰化;另一个功能则是比较这些方案。各种选择有哪些可取性?它们的可能性如何?一个数值可以作为让比较明晰化的方法。

政策备选方案 $a^1$, $a^2$

预估的可取性(100 - 0)

预估的可能性(1 - 0)

例如,备选方案 $a^1$ 可能用于在法院外解决争端;或者,$a^2$ 可能用于进行诉讼。在比较政策备选方案时,必须区别*即时*和*长期*价值的*容许*和*剥夺*。容许就是"收益",剥夺则是"成本"。一种可能性必须被归于这些事件。对政策备选方案 $a^1$ 和 $a^2$ 的简化比较可以用下列术语进行。

| | | | |
|---|---|---|---|
| 1. | 政策备选方案 | $a^1$ | $a^2$ |
| 2. | 最大即时增益 | 50 | 20 |
| 3. | 2 的可能性 | | |
| 4. | 最大最终增益 | 70 | 80 |
| 5. | 4 的可能性 | | |
| 6. | 最大即时成本 | 10 | 30 |
| 7. | 6 的可能性 | | |
| 8. | 最大最终成本 | 20 | 40 |
| 9. | 8 的可能性 | | |

问题出现了:是否有能指导选择者或法官的一般原则或“选择规则”?在某些不确定事件中,一条规则可能优于其他规则的适用。因此:

一个可能的原则是,选择承诺能带来*最大可取性*的*最可能的政策*。如果某一特定结果几乎是确定的,这就是一个明智的方法。

另一个原则是选择*最乐观的可能性*:选择能够产生最有利结果的政策。如果情况不是进行“恶的选择”而是进行“善的选择”,乐观性是一个看似合理的计划。

第三种可能性恰好相反:*最悲观的方案*。它考虑的是最不可能发生的事件和最不希望得到的政策。这一原则关注的是尽可能少地受到损失,而不是冒险获得尽可能多的利益。

两个最主要的标准很明显是要*最大化预期收益*,并*最小化最大风险*。理论解决方案是*最优化选择*。

即使参与者放弃了严格遵循任何原则或原则组合的尝试,我们认为一个相对系统性的方法中所包含的程序纪律有许多优势。它使得许多不可预见的事件明朗化,要求对容许或剥夺的净值作出公正的评估,包括对不确定性的忍耐。

由数学家冯·诺依曼(von Neumann)和经济学家摩根斯坦(Morgenstern)发展的博弈论,对选择理论做出了最为原创性的贡献。在一个特定的假设系统的框架内,作者们展示了某一选择在实现预期结果上较之另一选择的优越性。[12]

一般的“博弈”概念包括许多情况,作者并不认为所有情况都与其理论有关。在某些博弈中,不必考虑其他参与者的策略,因为结果超出了参与者控制的范围,除非事情发生了扭曲(或者如某些赌博设备中所发生的,在选择材料时犯了一个简单的错误,因此结果大量集中在某一方向)。某些博弈依据的是将胜利和失败同等对待的规则。某些博弈有多于两个的参与者,允许参与者为了增加胜算而结盟。有时候,这些结盟与规则相抵触,但它们被假设为不顾禁令而以不同程度的频率发生着。某些规则

---

〔12〕 VON NEUMANN & MORGENSTERN, THEORY OF GAMES AND ECONOMIC BEHAVIOR (1947).

提供了一系列确定的交会事件。另一些博弈则可以在任何时候被终止,即使仅仅进行了一个回合。

博弈中的选择与竞选职位、准备待审案件、进行投票、做出行政决定,或是在法庭上裁决争议是否存在着某种联系?扑克或象棋中遇到的问题与政客、商人和道德家的问题是否足够相似,使得在一种情况中发现的理性原则能为他处的理性原则指明方向?

重要的相似度包括:

> 未来必须经过评估以及未来是不确定的。
>
> 价值受到威胁。
>
> 结果能受到策略的影响。
>
> 人的反应必须加以评估。

这些至少是冯·诺依曼和摩根斯坦在这种博弈中最感兴趣的相似点。他们为某些环境下策略选择提供了理性标准,而这在此前一直被认为是超出理性范围之外的。例如,在提到市场中的两极模式,即两个买家控制局面(买方寡头垄断)或两个卖家控制局面(卖方寡头垄断)时,这一点是明显的。根据传统观念,只有在所有与结果有关的因素都可以控制的时候,理性才是可能的。但是这与法官必须应对的情况大为不同。因此,允许最大极值化原则适用于某些因素超出参与者控制的情况(例如两极市场)这一理性概念的使用,在我们看来是成功的。只要涉及经济理论,从古诺(Cournot)开始就理所当然地认为,当两个市场参与者彼此面对时,“理性的经济行为”是不可能的(除非这里使用的是特殊的对理性的定义)。特殊的定义要求每一个市场参与者在所有相关情况下都能预先知道另一个人将要做什么。但是这是一个伪解,更确切地说是一种回避。它是自我矛盾的,因为它应当是适用于竞争双方的。A 被假定为对 B 有充分的了解并依此行动。但 B 也被假设为依据对 A 的充分了解而行动。因此,不能采取定义中的任何理性策略,因为依据普遍原则,有关事实无法预先得到评估。

博弈论方法是建立在竞争对手总是面对不止一个策略的假设之上的。它假设另一方在选择其面对的策略时理性行动,因此每个策略的结果都能得到预先评估。

博弈论的技巧可以通过对三种博弈的考量加以理解。它们用博弈论的语言表述为：

(1)两个人,零和,2 X 2,有一个鞍点的博弈

(2)两个人,零和,2 X 2,没有鞍点的博弈

(3)两个人,零和,3 X 2,没有鞍点的博弈

(1)两个人,零和,2 X 2,有一个鞍点的博弈

"两个人"的博弈是指博弈有两个参加者。他们可能是个人,也可能是作为一个单位行动的小组;亦即他们不能再被分成新的实体,或是因改变拥护立场而变成对方成员。在自身系统不允许改变忠诚性的双方的议价活动中,情况是可以大概估计的。在两个人的博弈中,博弈论者经常考虑的是作为一个参与者的"本性",而不理会"人"这个词的传统涵义。

在"零和"博弈中,一方失去的所有东西都被另一方赢取。没有第三方能像扑克牌游戏中的"抽金"那样,得到一份利益。许多争议都与零和博弈相似,例如 A 继续使用土地的主张受到想要取得土地的 B 的挑战。

"2 X 2"的表述,意为假设每一方都只有两个策略(可选行动方案)。这个假设是最难匹配具体环境的。但是,许多问题都可以被浓缩成为选择者的两个选择,因此得以与这个假设更加和谐。

"鞍点"的要求意味着对进行博弈的双方来讲各有一个"最佳"策略。"最佳"可以计算得出来,以便用最低的损失风险使一方的有利地位最大化。有"鞍点"的博弈有一个区别于"混合"解的"纯粹"解,这个区别的重要性现在就表现出来。

那么,试想一个有 A 和 B 参与的博弈,他们有设计如下的策略：

A－lB－1

A－2B－2

更进一步假设,A 和 B 的每一个行动的结合都会令结果("收益")产生变化。让我们假设收益可以用满足程度的数字单位来表示：

如果 A 选择了策略 A－l,B 选择了 B－1,那么 A 可以得到 15 个单位的满足程度；

如果选择了 A－l 和 B－2,那么 A 可以得到 10 个单位的满足程度；

如果选择了 A－2 和 B－1,那么 A 可以得到 20 个单位的满足程度；

如果选择了 A－2 和 B－2，那么 A 可以得到 5 个单位的满足程度。

这些结果可以用被博弈论者称为收益矩阵的形式表现出来。它是一个简单的表格：

| 参与者 B 的策略 | | |
|---|---|---|
| 参与者 A 的策略 | B－1 | B－2 |
| A－I | 15 | 10 |
| A－2 | 20 | 5 |

任何一方对这种情况的考察，揭示了 B 应当一直选择 B－2 以使其损失最小化。如果 B 选择 B－2，他的损失将会只有 5，但如果 B 选择 B－1，他的损失将会是 15 或 20。因为 A 可以清楚地看到 B 将会一直选择 B－2，对 A 而言，为了使收益最大化，他很明显应该一直选择 A－1。因为 A 总应该选择 A－l 而 B 总应该 B－2，我们可以称这种博弈稳定在 A－l，B－2。每次"博弈"，A 都将不变地从 B 处得到 10 个单位的满足程度。

博弈论者将这种博弈的"价值"描述为给 A"加 10"并给 B"减 10"。换句话讲，从每轮博弈的单位数量来看，这种博弈对 A 有利。因此，A 每轮花费 10 个单位参加博弈是值得的。为了使双方地位平等（令博弈"公平"），应该安排 A 对 B 进行每轮 10 个单位的"单方支付"（即在博弈框架之外的支付）。

A－l，B－2 这两个点被称为鞍点。如果一个博弈包含着一个解，使得一方的最大损失等于另一方的最小收益，那么此博弈就被称为有一个鞍点（并且鞍点就是参与者策略问题的解）。如果存在鞍点，那么博弈的价值就是博弈在鞍点上的价值。

有鞍点的博弈非常简单，以至于博弈论者对其不大感兴趣。但是，由于大多数情况没有鞍点,就有足够多的情况使他们保持好奇。[13]

(2)两个人,零和,2 X 2,没有鞍点的博弈

没有鞍点的博弈可以通过以下的收益矩阵得到展示:

| 参与者 B 的策略 | | |
|---|---|---|
| 参与者 A 的策略 | B-1 | B-2 |
| A-1 | 20 | 0 |
| A-2 | 10 | 40 |

任何一方在每轮博弈中使用的每一个策略都没有明确的"最佳"选择。A 发现如果他为了获得可能的 40 单位(同时确保至少获得 10 单位)选择 A-2 的话,B 就可以通过一直使用策略 B-1 来避免 40 单位的损失,并因此对 A 的损失最小化。因此,如果 A 一直选择 A-2,B 一直选择 B-1,每轮博弈就会保持 10 个单位的价值。

但是,注意,如果 A 确信 B 将一直选择 B-1,A 可能会转向策略 A-1,以便得到 20 单位而非仅仅 10 单位的收益。但是如果那样的话,一旦 A 开始经常地选择 A-1,B 可能就会将其策略变为 B-2,以将 A 的收益削减为 0。这样,很明显,A 每轮都选 A-1 并不安全。

尽管如此,A 可以偶尔使用 A-1 策略;每次他使用这个策略,收益是 20 单位而不是 10 单位,这使得 A 的平均收益高于 10。与此同时,B 可能假设性地选择 B-2 以使 A 不能一直安全地选择 A-1,因此增加了 B 的损失。但是,尽管当 A 已经选择 A-1 时,B 的损失会降为 0(并且 A 的收益也因此为 0),B 选择 B-2 依然十分危险。如果当 B 选择了 B-2,而 A 选择了 A-2,B 就会遭受他的最大损失——40 个单位。

对双方参与者而言,关键问题是:他们向另一策略的"偶尔"转变应多

〔13〕 John Williams 认为在一个两个人,零和,4 X 4 的博弈中,没有鞍点的概率是 10 比 1。参见 WILLIAMS, THE COMPLEAT STRATEGYST, BEING A PRIMER ON THE THEORY OF GAMES OF STRATEGY 27 (1954)。

久进行一次? A 在多次选择 A-2 后,多久应选择一次 A-1;B 多久应选择一次 B-1? 这是博弈论最热衷解答的问题。A-1 与 A-2,和 B-1 与 B-2 选择的最佳比率是多少? 换言之,A 应进行什么比率的选择以保证他收益的最大化和损失的最小化?

显然,当博弈没有鞍点时,为了使利益最大化,一方的“最佳”行为包含了在策略之间以某种恰当的比率进行选择。这就是博弈论者所谓的“混合策略”。当一个策略在所有博弈中都是“最佳”的时候,就是“纯粹策略”。当鞍点——正如我们所见,一个参与者的最大损失等于另一个参与者的最小收益的点——存在的时候,就是恰当的。

博弈论为确定一个参与者面临的各种各样的策略提供了一个数学化的技术,以使其价值最大化和损失最小化。它进一步预防了从一方到另一方、有关某一给定博弈所使用的何种策略的信息泄露。冯·诺依曼和摩根斯坦认为,偶然的选择可以预防信息泄露,因为连参与者自己都不知道他将会使用什么策略。必须事先约定制定规则,明确使用哪个策略。如果骰子的其他面朝上将使用哪种策略。例如,可以明确如果数字 1 或 2 出现,将采用策略 x,而如果数字 3、4、5 或 6 出现,将启动策略 y。在这样的条件下,x 出现的可能性是三分之一;而 y 出现的可能性是三分之二。这被称为策略的“机会系数”。问题是怎样对这些机会系数进行最理想的选择,答案是计算每一个策略的数学期望值。因此,是优势的数学预期最终被认定为理性的,而非优势本身。

无需陷入错综复杂的获取方式,完全可以说,我们一直讨论的问题的答案是,A 应当以 6/4 的比例选择 A-1/A-2。这样,A 的收益将增加至 16。要决定在博弈的某一“轮”中的选择,A 将使用一种随机方式,使得 A-1 出现的可能性是 0.60 而 A-2 出现的可能性是 0.40。那么,如果参与者 B 选择 B-1,A 将获得预期的 0.60 X 20 加上 0.40 X 10,等于 12 加 4,即 16 的回报。另外,如果 B 选择 B-2,A 将获得预期的 0.60 X 0 加上 0.40 X 40,等于 0 加 16,即 16 的回报。如果 A 按照 6/4 的比率选择策略,无论 B 选择哪种方案,都能确定他将获得 16 的收益。

另外,B 可以确定,如果他以 8/2 的比率选择 B-1/B-2,A 将不会获得比 16 更多的利益。为了确定他在博弈中某一“轮”的选择,B 将使用一种随机方式,使得 B－1 出现的可能性是 0.80 而 B－2 出现的可能性是 0.20。那么,如果 A 选择 A－1,B 将会有预期的0.80 X 20 加上0.20 X 0,等于 16 加0,即16 的损失。如果 A 选择 A－2,B 将会有预期的0.80 X 10 加上 0.20 X 40,等于 8 加 8,即 16 的损失。即使 A 选择的是6 个 A－l 和 4 个 A－2 的混合策略,B 的预期损失仍只有 16(0.60 X 0.80 X 20 加上 0.40 X 0.80 X 10 加上 0.60 XO.20 X 0 加上 0.40 X 0.20 X 40, 等于9.6 加3.2 加0 加3.2, 即 16)。

(3)没有鞍点的两人 3 X 2 零和的博弈。

现在让我们想象一场博弈来使情况复杂化,这个博弈除了每方参与者有 3 个而不是 2 个策略外,与(2)受到相同的假设的限制。假设这个博弈是一个市场,下面矩阵中的收益数字是利润(和损失)的百分比。

| | | |
|---|---|---|
| | 策略 | |
| | 参与者 B 的策略 | |
| 策略 | B－1 | B－2 |
| 参与者 A 的策略 | | |
| A－I | 1 | 8 |
| A－2 | 2 | 5 |
| A－3－ | 5 | 2 |

A 在这次博弈中的“最佳”选择,是以 3/0/7 的比率选择 A－l/A－2/A－3 的“混合策略”。换言之,A 应当使用随机方式决定他在某一“轮”中的策略,且这一随机策略应当以 0.30 的可能性选择 A－1,以 0.00 的可能性选择 A－2,以 0.70 的可能性选择 A－3。另外,B 的“最佳”选择是以 6/4 的比率选择 B－1/B－2 的混合策略。B 的随机方式应当以 0.60 的可能性选择 B－1,以 0.40 的可能性选择 B－2。这个博弈的价值给 A 增加了 3.8 个单位的收益,给 B 减少了 3.8 个单位的收益。换句话说,A 通过按照其“最佳”选择,即 3/0/7 的“混合策略”进行博弈,可以确保获得不低于每轮 3.8 的收益。同样的,B 通过按照其“最佳”选择,即 6/4 的“混合策略”进行博弈,可以确保不高于每轮 3.8 的损失。

# 最终选择

## 背景性展望的灵活性

随着我们政策考察进程接近尾声,不妨再次将注意力转向始终强调的展望的灵活性。问题解决的背景方法没有“一劳永逸”或“自动售货机”式的操作。但一个从较宽向较窄背景特征移动的一般序列是真实存在的。在每一步之前,目标的确定,策略的发明,或是策略方案的评估,都以已经发生的事实为前提。但是最终并不一定要走这一步。向前两步可能需要后退一步——甚至更多。很少出现“不惜一切代价”争取达到一个目标的情况。即使在政治领域,也很少用“要么胜利要么死亡”来解读某种形势。即使在一个目标得到同意或假定为了工作目的后,我们也知道那些“不言自明”的限制。我们可以随着事情的发展对目标进行修正。对过去的新的信息或对未来的新预计可能为政策的整体内容带来新的视角。

在政策考虑的任何阶段,个体都可能转向直接考虑整体,受限于根据内容对任何“部分”的再评估。图表 A 和 B 对比了两种思维序列。表 A 展示了对某问题由“一般”到“特殊”的稳定的解决过程。假设一个思考行为处理一个主要问题,使得下一步能集中处理更少的内容。

**表 B　对备选方案的考虑**

| | | | |
|---|---|---|---|
| 问题的系统——→<br>阐述(目标价值与过去或潜在事件的差异) | 可由备选策略——→<br>得到的目标的具体说明 | 备选策略——→<br>的提出;评估 | 策略的选择 |

表 B 的展示有所不同,因为它的目的是更贴近思维活动的方式。该表并不表示思维的每一个“内容”都能在事件流的特定阶段得到一劳永逸的解决,而是指出此过程始终是可以解释的。

表 B 中的方框表示了从一般到特殊、从思考到决定的过程中相对重要的转变。箭头的排列表明,不论全部序列的轮廓如何,任何阶段都可能涉及整体背景。我们中的大多数都有过在我们开始思考问题时,突然一

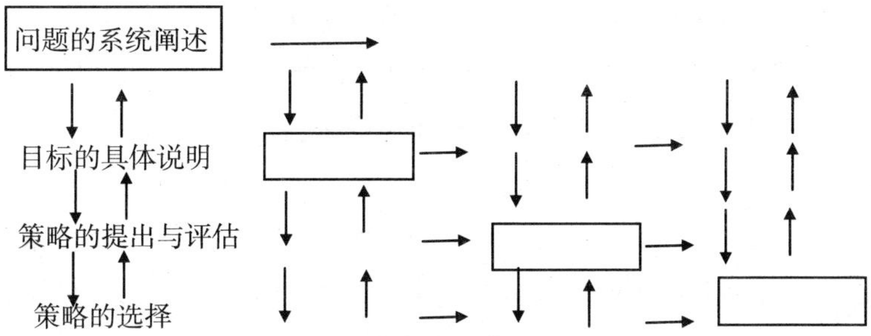


**对备选方案的考虑**

瞬间"知道答案"的经历。我们大概不能允许这种预感阻碍我们的学习和思考。同时,假装思维是一片空白、强制自己以对待不受欢迎的入侵者的方式对待有关最终解决办法的思维,也是无关的。即使经过研究和辩论,一个"闪电式的判断"可能被证明是理性而有效力的答案。

事实上,表B的作用显示出部分和整体之间的"曲径",它在每次对政策方案进行私下考虑的第三步中都会出现。

表C表述了同样的观点。每个"思维活动"都由一个步骤,或者在更大的综合体中,由包括未来和过去在内的事件序列所代表。

**表C　对备选方案的考虑**

| | | |
|---|---|---|
| 主观活动 | → → → →<br>1 2 3 … | |
| 过去对问题的<br>系统阐述<br>由其他人作出←——→<br>由自己作出←— | 现在的<br>系统阐述<br>由自己作出 | 未来对问题的<br>涉及(目标;<br>设想)<br>↑ |
| 过去对客体的<br>具体说明<br>由其他人作出<br>由自己作出 | 现在的具体说明<br>由自己作出 | 未来对客体<br>具体说明的涉及 |
| 过去策略的提出<br>与评估<br>由其他人作出<br>由自己作出 | 现在策略的提出<br>与评估<br>由自己作出 | 未来对策略<br>和评估的涉及 |
| 过去的选择<br>由其他人作出<br>由自己作出 | 现在的选择<br>由自己作出 | 未来对选择<br>的涉及 |

当描述一个思维活动时,很明显会涉及一系列主观事件,在其中任何时候进行的主观的“参考”都可能使人想起各种相互时间关系中的事件。表C中最上面的一行,从左到右依时间顺序,代表着一个问题解决者的主观活动。靠左纵向的一栏“主观活动1”,表示了参考的内容。第一个停止点是一个指向左和右的箭头。它表示即使思考者对问题暂时采取了现在的阐述,过去由其他人作出的系统阐述也正被回忆。第二个箭头指向左边,表示几乎同时,思考者(自我)正在回忆他自己过去的阐述。第三个箭头指向右边,表示未来的目标几乎在同时被想到。如果用图表表示“主观活动2”,它可能指向不同的事件,例如“过去的具体说明”,“过去的提出”,以及“过去的选择”,或是现在以及将来对这些主题的提及。

如果图表C确实被用于在具体情况中记录思维活动,就需要有空间标示大量箭头,这些箭头将每个主观活动指向一个恰当的对象。表C只显示了其中的一部分;它们表示整个背景中可能成为参考客体的许多部分。

截止到现在,我们描述的“主观活动”尚未穷尽一个活跃思想的全部工作。我们已经完全自觉地选择了例子;但有微弱自觉或不自觉的活动同样也是“思维活动”。(通过使用较早引入的概念,我们已经讨论过C1,即在清醒意识全部集中时的主观事件;我们必须加入C2,即微弱自觉的主观事件,以及C3,即不自觉的主观事件。)

表C的另一个限制是:“主观活动”并未被分成对直接环境的感知和其他活动。但是对政策考虑的全面描述必须包含两者。在某种程度上,政策考量者会比所描述的“过去的系统阐述”、“具体说明”、“提出与评估”和“选择”走得更远。他可能进行原始调查并使用观察中的所有观点和可用程序。简言之,“政策备选方案的考虑”涉及我们关心的整个背景(目标、趋势、条件及推测)。表D再一次将“对备选方案的考虑”与整体联系起来:

**表D　考虑备选方案**

| | | | | |
|---|---|---|---|---|
| 阐明目标→ | 描述趋势→ | 条件因素分析→ | 推测评估→ | 考虑备选方案→ |

这些做法的目的是重申在整个背景的“全局观念”与“细节”之间保持动态平衡的重要性。

## “仿真脑”的使用[14]

最近，决策研究受到了“计算机”、“仿真脑”和“伺服机”带来的进步的激励。在预设的限制内，“统治者”允许电子涡轮机和蒸汽机进行自我控制。轮船和飞机由依据预设航线导航的自动设备进行驾驶。制造业的机械化程度已经达到了某种程度，就连裂化装置的复杂操作都可以交由内置的自我管理系统完成。

当我们说机器解决了问题时，我们想表达什么？很明显，某些功能的发挥往往与“脑部工作”相联系。一辆汽车服务于人类的目的，从这种意义上说，它解决了问题。但是，我们并不认为汽车是电子计算机层面上解决问题的工具。其本质特征看起来是在“思维”机器中输入符号，依照指令对其进行处理，并显示输出符号。我们把数字输入计算机并得到一个结果，这个结果是由处理这些符号的机器决定的。符号被定义为意图和转换意义之间的沟通过程，其作用被解读为将观众的注意力转向某一事件而不是符号本身，从这种意义上说，符号就是一个“参照”。尤其就数码、点与线或是字母而言，在物质上看符号是经济的。当我们建造了一台处理符号的机器时，我们就提供了一系列的操作，由输入（例如点）或是整理启动，那些产生光亮或引发特定电子变化的点，将会以不变的方式与其他模式结合。

假设我们的问题是，对一个物品要价多少才能使利益最大化。为了节省大量时间和精力，一些计算工作可以交由机器完成。我们能够想象一台计算机报出一个价格，用产量偿付直接成本。为了得到这些结果，我们必须知道每个产品的成分，随着产量变化而产生的成分变化，以及每种成分的每个单位的成本。计算机能写出方程式，描述以某种特定价格生产时的投入与不同产量收回生产成本的价格之间的关系。

---

〔14〕 相关讨论参见 H. Lasswell, Current Studies of the Decision Process: Automation versus Creativity, 8 THE WESTERN POLITICAL QUARTERLY 381 (1955)。

通过使计算机复杂化，我们可以编入更多价格政策的选择。除了直接成本以外，我们可以加入营业间接成本，确定每一单位的经常开支项减少或增加后的产量等级。如果我们知道不同等级的生产所涉及的单位资本，并选择每单位预期产生的最小值，计算机也可以被调整用于计算盈利能力。

假设我们的机器已经具备上文提到的完美功能，那么我们就可以用它得到由各种因素组合得出的盈利能力。很明显，这台机器能告诉我们的不会多于我们所输入的。机器不对科技比率成分负责，也不对材料、实验室或其他被输入的生产因素的可获取性负责。我们不能依靠机器告诉我们资本单位是否会真的到来，或是否能找到市场来吸收以计算价格生产出的单位。机器也不可能判断用于计算的盈利率。

然而，在某种程度上，即使是这些限制也可以通过使用更复杂的机器被突破。我们可以将预测编入机器。这可以通过明确某一特定价格来实现，如果过去的销售曲线在某个时间点上是某某，则未来的需求便是如此。同理，我们也能明确，如果某一特定因素成分的过去价格以某种方式变化，那么未来价格便会遵循某一特定的曲线。这些因素可能包括以所有制度形式出现的信用、物质材料、技术性和非技术性劳动力，以及管理技能。

作出预测要远比由过去价格曲线作出简单推论复杂得多。价格曲线可以按（在特定程度上）非价格曲线进行处理，例如，选举中为不同政党投票、对战争期望的增加或减少、新资源的穷竭或发现，经营权或经营的激进或保守，新生产方法的流言，诸如此类。

可以引入一个更复杂的情况。政策制定者常常以不同程度的确定性对过去和将来发表评论。可能他们已经学会了依靠一个预测机制，或是1～2个“关键”指标。当机器得出若干不同结论时，可以通过引入“不确定指数”对其加以改进。当涉及未来事件时，如果附上一个高指数，机器可以被设定为统一忽略“不受欢迎”的指令。

机器或数学模型所规定的操作的最终有效性，取决于操作本身以外的评估。问题在于，要为数学控制器或机器输入与所分析的背景非常相关的符号，使方程式或自动例行程序在预测未来时，能得出比其他方式更为令人满意的结果。因此,有效性的问题涉及一个思路的两极。必须在开始和结束时作出对所描述命题的真实性的评估;而对经济性的判断则必须在选择数学或机器模型时作出。当所参考的现实成为可能时,评估就须作出改变。

理性活动的起点是对倾向事件的选择。很明显,把最初的选择交给数学模型是不理性的。但是一旦做出了主要选择,个人或小组就会做出一个“具有建设性”的选择,将所有的具体应用交给机器来完成,这些机器是依据用于施行原始假设的数学模型而构建的。这么做之后,再使每个判断链条上的每个链接,服从由所有小组成员或其代表作出的最新背景评估。机器完善到能够与人类法官进行较量的时刻正在到来。例如,可以制造一批司法机器人。可能使用一套衡量机制,用于自动指定各种事实陈述的重要性,而这些陈述基于各种各样的主张和理由,并以特定当事人的名义作出。原告和被告的律师只需按下按钮,他们的案子就会被翻译成机器的物理符号,案子便能以这种方式进行。但是这样做,可能许多案子都是“没有结果”,因为一方按下的按钮可能被对方按下的按钮所抵消。但是,从某点上讲,机器将会被设计成“随机”作出判决;即通过抽签和转轮盘的方式来进行。

有关判决机器的一个争议点是,当在某些实质问题上陷入僵局时,是否应该信任随机结果。主张自由的朋友可能会自然地分为两派,一派声称机器根据(选举所规定的)衡量机制运行足以保证权力的分配,而另一派主张这样做牺牲了太多的自由,认为自由的最高表现是在僵局出现时保持决定的功能,因而掷骰子是合理的。

依据各种数学模型对决策机器的初步试验可以与最高法院有关。在协助构建一台十分重视使不同时期历史案件得到相同结果的机器时,法制史学家将面临极富挑战性的任务。对某些法官而言,处理某些争议的任务并不困难。但模拟不重复的法庭成员,对工程师而言是一个巨大的挑战。

在法庭作出判决的同时,机器也可以进行试运行。在不提前公布选择结果的情况下,机器可以完全参与案子并对结果作出预测。这样,制造司法机器人的技术问题就能保持与时俱进,两种法庭的孰优孰劣也能不断得到对比。在各种偶然事件中,意见通过官方认可最终得到支持。

## 有关绘图室和决策研讨小组的构想[15]

选择过程的协助可参考目标、趋势、条件、预测和备选方案等有关背景。我们将概述为此目的采用绘图室的可能性,以及一个更精细的概念——决策研讨小组的可能性。两个构想都可用于任何个人或小组的政策问题的解决。它们与咨询、研究和教学有关;同样也与官员们在个人或集体在政策问题上的博弈有关。

抽样法证明,使用新媒介可能为学生、研究人员、顾问或决策者带来一幅鲜活、真实的全幅图像,这幅图像在所得结果的所有显著特征方面,都要优于单纯依靠文字,或是单独使用任何传达媒介。

复合的视听打印一体图像(AVP 图像)不仅在决策制定的技巧上,更在决策过程本身的研究上都有着重要的优势。AVP 图像参与到*对时空维度的连续意识*之中;正如我们在历史和社会科学中,以及日益在所有科学中所认识到的那样,AVP 图像是非常关键的。AVP 图像还有一个优势,就是能够得到与经验观测密切相关的抽象概念。在任何与社群政策有关的背景中,忽视作为归纳者的观察者和作为最初记录者的观察者之间的联系都是危险的。例如,对大坝的最初观察,表明其所涵盖的操作要远多于"投资"标签所表明的。在原始的影像记录中,人们可能看到仪式需要让步于自然精神,将新的神坛从其原址上移除。可能还有家庭墓地或庙宇的迁徙过程。或许旁观者认为经济成本会高于工资和原材料的现金成本,因为当工人们跑来跑去看设计(等等)时,数英里的生产速度可能都会减半。

目前的情况比以往任何时候都更加迫切地需要决策者、顾问和其他

---

〔15〕 更详细的讨论,参见 H. Lasswell, The Continuing Decision Seminar as a Technique of Instruction, 2 POLICY SCIENCES 43 (1971); Decision Seminars: The Contextual Use of Audiovisual Means in Teaching, Research and Consultation, in COMPARING NATIONS: THE USE OF QUANTITATIVE DATA IN CROSSNATIONAL RESEARCH (R. Merritt & S. Rokkan eds. 1966); and Technique of Decision Seminars, 4:3 MIDWEST JOURNAL OF POLITICAL SCIENCE 213 (1960)。

人关注以观测经验为起点的情况。在现代文明巨大发展之中的是浓缩和归纳实证数据的统计学和科学程序。堆积在最初观察者的资料语句之上的,是一层层经过不同程度概括的语句。尤其是在近些年,由于数学和逻辑学训练的水平在不断提高,这些系统的内在模式得到了巧妙的执行。但是决策者在其定位上必然是整体性的。他们必须用余光不断扫视,确保可以辨认理论航班的“起飞点”和“跑道”。AVP 图像对进行此类评估又巨大的帮助。

由于 AVP 图像能在不损失背景的情况下压缩信息,它们就成了为记忆和回忆目的而设的重要的储存和复原装置。它也同样适用于任何种类的说明性知识与整个社会之间的联系。AVP 图像提高了操作的潜在速度,使得社群决策者能在积极性最高之时获得适当的信息并对其加以考量。

许多学者和科学家忙于在机器的帮助下,适应有关信息储存与检索的新理论和新的工程专有技术。最新也是最令人印象深刻的迹象是,“工业革命”不仅改变了发电厂、工厂和厨房,并最终延伸至象牙塔中(并触及了象牙穹顶)。同样的问题也出现在机器上,这些机器是参照总结和概括数学和统计学关系的精密模型制造的。例如什么是实证背景?最初观测者关注的事件与一步步传递的、以数据和解读为形式的记录之间,是什么样的关系?在最后阶段的实证经验是怎样与起点相关联的?此时的 AVP 图像与其他时候一样,在决策中显得十分必要。

除了执行储存和检索的功能,AVP 图像还可辅助想象力。由于政策是一项在未来事件中的一个选择,想象在决策的过程中扮演着重要的角色。AVP 图像提供了足够的参考背景,与缺少此类图像的情况相比,政策制定者和执行者得以与现实保持更加紧密的联系。

也可以通过使用模拟模型对感知力加以澄清。长年以来,工程师都需要使用模型建设风洞、桥梁、大坝、发电机以及输电塔。至少有一段时间,这样的模型是一个“冷冻着的政策”,是对向临界评估开放的人力和能量的一个潜在安排。在社会政策中,主要与工程学有关的操作——例如城市或区域规划——已经习惯于将准备模型视为决策过程中必不可少的环节。但是一般而言,社会学家和行为学家在认识建立模型的优势方面就显得迟缓。这一部分是由于他们消除桥梁或发动机的"似物性"特征与法律决策或行政命令的"象征性"维度之间的理论差异的失败。然而,进行正确的思考之后,其中的相似性比差异性更值得关注。事实上,除非允许人类对机器进行指引和维修,否则机器的设计永远不会充分。设计者在设计一辆汽车、一架飞机,或是一条装配线时,必须考虑到"人—机"的结合。

法律和行政政策永远不会像它们乍看起来那样有纯粹的象征性,这是正确的。任何对最高法院判决或议会表决的综合研究都必须将这些事件置于相互作用的整体系列之中。每一次表决的背后,都存在着用策略影响结果的参与者们;而所有结果之后,都有着可能以政治、经济以及其他价值描述的、更为长期的效果。在某种程度上,整个社会过程必然是相辅相成的。

可以合理地说,在社会科学家中,政治学家和法学家在运用工程师的模型建造技巧方面是落后的,因为政治学家尤其清楚社会过程的复杂性。(不幸的是,这种解释不适用于畏惧社会背景考察和逃向形式主义的学者。)

对复杂的挑战最有希望的解决方法不是无视挑战,而要想方设法迎接它。视听技术、机器运算和模型建造领域的优势,允许一种崭新的、直接的方法呈现经选择的过去、现在和将来的众多事件。这里所指的策略不是个别的装置,而是对所有可用工具的协调适用。

更特定地说,我们如何将决策的背景要求转换为可用的术语?答案包括两部分:将决策过程作为一个整体进行抽样;根据问题调整所有可以获得的展示方式。

那么,假设我们在考虑一个关键决策研讨小组的计划,应当适用什么原则或技巧?

一方面,将一个关键的研讨小组视为一个*连续的计划*是非常重要的,其持续时间要超越参与者参与的任何小组的持续时间。对于连续性的标准把重点放在了这种操作所能提供的累积研究和学习的可能性。

另一方面是要确保研讨小组能提供一个*使被研究的决策过程作为一个整体和时间上的延续体得到呈现的环境*。这个原则是指研究客体的连续性,而不是研究行为的连续性。它强调要为研讨小组成员提供一个精心选择的环境的重要性。一个召回功能得到执行;也就是说,基本的分类被用于提醒参与者们背景的主要特点。

如果我们描述对这项技巧的一次临时适用,即对 Vicos 这个多年来作为康奈尔大学人类学系项目对秘鲁种植园的适用,这项要求的意义可能会更加明显。[16] 1954～1955 年间,斯坦福大学行为科学中心的四名成员组成了一个研讨小组,对 Vicos 的未来政策这一问题进行了分析并给出了建议。研讨小组的一个成员提供了大部分的信息。他欢迎小组为他提供一个机会,使他认真考虑在种植园问题上所面临的政策选择方案。

研讨小组使用了相同的房间来商议,他们将墙面划分为几部分,分别指代 Vicos 内部和周围社会进程的不同领域。例如,一块空间被指定为经济;另一块是政治;第三块是家庭与私人事务;第四块是安全、健康与舒适;诸如此类,直到整个社会过程都得到了分派。围绕屋子在与眼睛齐平的位置画一条线(“1954”)。其他线划在这条线下方,表示康奈尔开始干预的年份,以及康奈尔人到来之前的有关事件。中线以上代表未来。随着所有特定序列事件的信息的不断收集,一张纸片会被钉在墙上的人造纤维板上,作为对已发生事件的连续提醒。还包括笔记和文献的地图、摘要和指南。中线以上的空间用于在政策不变的情况下记录对未来的评估,以及在政策改变的情况下记录其发展。根据优选价值模式(以及具体的制度客体),未来也会具有所选截面的特征。每个截面都充当着社群的一个粗略模型。

为了便于参考,我们来谈谈上文提到过的方法——*绘图室技术*。视听设备的应用并不是关键;将视听工具作为储存、回忆和想象的连续性辅助手段的环境性使用才至关重要。

问题解决中要完成的*基本智识型任务*在这种研讨小组的讨论中被进一步深化。

(1)*趋势报告*。一份趋势报告对过去发生的一系列选定事件进行记述,并提出有关资料来源权重、可获得数据的完整性,以及其他问题。如

---

〔16〕 更多细节,参见第三部分第三章,前注 22。

果报告是定量的,此种统计问题就以抽样和呈现时间序列为形式提出此类的数据方面的问题。

(2)*科学报告*。我们使用“科学的”一词,是指为解释某一特定结果,依据理论和数据所进行的报告。这一任务可以通过案例研究、相关分析或实验完成。实践中,几乎没有任何涉及趋势的报告[上述第(1)项]是完全不与科学归纳或尝试相关联的。但是,在一个大事年表与一个表决和商业圈相互关系的时间序列分析之间,方法论的差异是十分明显的。对科学报告的讨论与所提供归纳的清晰度与所使用方法、所获得发现的确定程度有关。

(3)*预测报告*。在假设研讨小组对事件不产生影响的基础上评估未来。讨论与使用的推断方法和对一特定量评估高低的可能性有关。

(4)*目标报告*。此种报告的功能是提供一份对重要的政策目标的说明。讨论可能向两个方向进行:考虑所提出目标的基础;在制度层面详细说明目标。

(5)*政策(选择)报告*。政策报告会提出或选择一项政策,或是一系列政策选择方案以达到预想目标,同时提供对成本、收益和可能性的评估。讨论可能会引出新的政策创新,也可能全部集中于对已提出的评估的评议。

研讨小组*日程被设计为*协调一段特定期间内的小组进程,能最好地使研讨小组的目标得以实现。总体而言,研讨小组的指导性目标是为有关问题解决的所有可用手段的使用上提供技巧。

(1)*独立评估的汇集*。由于研讨小组的一个目的是将个人引向未来,日程的一个重要部分就是由研讨小组成员就未来决策获取独立评估。例如,如果将小组比作最高法院,那么可以对法院在当前阶段对请求的可能反应作出评估,这些请求包括接受或拒绝令状,或是允许原告或被告提出主张。对于更远期来说,问题是评估可能向法院提起的诉讼类型以及法院的回应。如果将研讨小组比作议会或是议会委员会,很明显要进行的评估是本次会议(和表决)可能通过的议案,以及遭到否决和重新通过的概率。在更远的将来,任务是预测在未来几年内可能通过的法规的特征。

为了便于独立判断,可以要求个人将其评估提交给研讨小组的书记员，书记员要对个人身份进行保密，直到被授权披露这些信息。

(2)*评估的考量*。书记员可以将个人的评估合并至一个报告之中，如果提前获取了资料，书记员还可以准备可视摘要。这样，在研讨小组已经注意到的累积信息提供的环境下，相互矛盾的预测就能精确地显示出来。在随后的讨论中，参与者视情况决定是否确认评估的有效性，这对每个人的预测而言是一个重要的检验。在研讨小组的最后部分，每个人都被要求提交一份修正后的评估，如果他要求，这份评估会作为成员永久档案的一部分保持机密。

(3)*评估的再考量*。当研讨小组长时间讨论一个事件时，可以让成员回忆以前的决定，这为他们提供了考虑为什么当初会作出精确或是不精确预测的机会。他们使用了什么推理依据？有什么可能的来源被忽略、淡化或是过分重视？为什么？日程上会有为这种"解剖"留下的空间。个人再一次被允许根据他的意愿成为披露法官。一份有关过去的预测和解释这些预测因素的临时科学报告，也有利于洞察力的培养。例如，夸大或缩小各类事件重要性的评估，与年龄、性别、所受训练、经历、个性及其他因素之间，都可能存在着重要的联系。有关进程的科学报告从整体上为决策过程提供了重要数据，也为当前研讨小组成员的见解作出了贡献。在有些情况下，聆听成员对过去行为报告的回应是有实际作用的，这在哪些人能够在其过去行为的基础上改进预测技巧贡献了一定量的数据。

(4)*新信息的检查*。日程要给有关趋势、预测和科学因素的报告留下空间。新信息也会作为其他报告的副产品被引入。

(5)*目标的分类与备选方案的评估*。有时，日程会将规范性因素列于其他考虑因素之前。这里概括的程序并不适用于神学或形而上学；但它们确实允许依据大致的假设讨论具体细节。其他的定义可以进行相互比较；对政策方案也可根据价值角度的成本和收益加以审查。

日程上出现的条目是适用于许多特殊目的的。比如，对相对直接的事件作出预测可能是某些研讨小组的重要特点，尽管这对于其他小组来说几乎没有意义。一个研讨小组可能有意地将其范围限制在长期事件上。在很多会议中，某个特定的研讨小组可能会处理历史趋势或案例研究，而极少把重点放在对未来的细节预测，或是严格制定的科学或政策模型上。他们常常不会试图在特定的某年中提出一个面面俱到的结构性处理方法，因为这可能需要发明新的工具以提供大量基本材料。

对研讨小组的总日程，可以采取*许多*有用的*特殊程序*。

（1）*个人与团队项目*。有足够大范围的任务是适合个人或小组工作的。个人任务可分为差异相对较大的两种：略为常规的任务；极为复杂的操作。后者可以是能导致新方法或解释的探索性尝试。

（2）*特邀嘉宾*。毫无疑问，许多研讨小组都会发现在各个阶段，邀请常规小组之外的个人参加计划都是有价值的。

（3）*政策博弈*。博弈技巧的主要目标是为从细节上解决方案序列提供实践。在博弈的框架内，可以使用许多变化。例如，可以指派几个小组长期扮演某种角色，以便他们能全面了解参与者的观点。

（4）*政策演习*。一项战争演习与一次战争博弈之间的区别在于操作实施的真实程度不同。这个区别可以推广至政策－外交、经济、意识形态的每一种方法。演习并非局限于传统的视听和口头层面，而可能需要准备精细的模型，例如广播、报纸和会议室。可能撰写戏剧性的讲稿，并像台上报告或是电影一样进行讲演。地方和区域计划可能被大规模地模仿。

（5）检验前机制。作为一种获取更多信息，并在此基础上评估政策倾向和方案的手段，可以使用检验前机制。该机制要求引入对一个给定背景的谨慎变化，这一变化要足够小范围，以免引发大规模的潜在反对，因此保留了一些“控制”小组。

（6）*有限创新*。有限创新和检验前机制的区别之处在于，此时的调查者仅致力于一项政策。创新的范围从有限的报告到参与政治学已知的所有方式。可以想象，活跃的角色与科学观测和结果分析相互结合，即使试图将科学工作与全面参与相结合的危险是显而易见的。下面是一个显然不甚全面的、对规模不断上升的参与活动的概述：（a）提供有限的对政策备选方案不带任何偏好指示的分析的观众；（b）有分析和建议的有限的观众；（c）提供若干在社群中相当特殊的分析和建议的观众；（d）给予普通观众们有关分析和建议的临时报告；（e）对政策提议进行大力宣传；（f）研讨小组参与者们竞选公职，或是凭借他们在社会上的权力使推荐有效。

## 责 任 感

一个有着高度责任感的人,不可能轻率地对待最终决定。一个人可能会,也可能不会,过于直率地表露他的感情;关键是内心的“定位”。是否判处一个人绞刑可能是个问题,因为他参与实施一个为许多道德规范所明确禁止的行为。我是谁——有责任感的人扪心自问——我是谁,是否有权进行评价?我的生活是否就此免受责难,如此毫无污点,内心如此纯洁以致我有权宣判杀死一个人?抑或是发动军队,让更加年轻的人,或是更有天赋、依然有用的人的鲜血染红土地?

当谈到生命的时候,决策的责任似乎尤为重大。但是所有的价值都能引发关键问题。观察表明,逃避承担责任的强烈倾向常常出现。我们已经了解两个极端并相反的反应。第一种反应是拖延,这很容易被“合理化”为同情、宽容和怜悯。第二种反应是对逃避决策或陷入感情纠葛的趋势的过度补偿;执行者或法官变得“强硬”且“冷酷”。

此种冲突的剧烈程度反映在作为政策的特色变量的一部分的格言和轶闻之中。人们习惯性地赞扬愿意将自己儿子处死的古罗马人,或是认为丈夫和儿子将英勇和有价值地死去是理所应当的罗马已婚妇女。此外,在无数有关“罗马为何最终衰亡”的解释中,有一种标准说法,认为是由于罗马人开始过度容忍公民义务违反者。在美国传统中,清教主义的苦行生活,即使是残酷行为,都与林肯的宽容相对立,林肯的许多宽厚行为,被认为引起了负责维护军队纪律的人的恐慌。

不幸的是,有关格言和引文的斗争并未给严肃的法官所面临的任务带来多少曙光。无论是科幻的或科学的,没有可行的程序能让他摆脱这副重担。然而,他可以通过自我观察查明和应对对于专断和逃避的过度反应。当情绪产生时,或者发现自己为对原告或被告的仇恨所支配时,训练有素的人会带着怀疑的眼光进行观察;另外,则是当怜悯之心向他袭来时。他知道那常常得到解析观察证实的残酷的说法:我们厌恶的是那些让我们下意识地想起自己所讨厌的东西;我们喜欢的是那些能下意识地唤起我们心中对自己的可爱印象的东西。(当然,一个行为的更深层次动机是对行为后果的不充分检验。作出“坏的动机,坏的行为;好的动机,好的行动”的评价的相关背景要比依据经验法则复杂得多。对无知、缺乏技巧和糟糕运气的允许是重要的;尤其要考虑到完成行动后可能伴随的一系列的后果。)

自我观察对决策者的贡献不止是对其无意识动机的整体或特殊认识。它同样将法官的注意力引向作为特定文化、阶层和利益群体的成员所获得的多种角色。自我研究提醒那些直率而能干的人们,他们对其他人的感受和想法是十分不敏感的。人们可以通过采取个人计划,来克服由于文化及其群体组成的偏见带来的错误判断。

一些个人程序有助于抑制专业人士那臭名昭著的癖好,避免他们在规则和差异的刻板外衣中故步自封,导致人性的价值——一些连门外汉都很容易认识到的价值——遭到忽视。一项职业是由知识分子进行特别从事的,我们有机会注意到通过操纵象征符号所获取的极度私人的满足。为了阐述象征性的问题,选取的职业人士应是专业人士而并非客户。

人们在认识到那些专门与上层社会成员、职业外交官、法官,及其他高级官员交往的人所形成的扭曲观点之后,往往会刻意与更广泛的阶层保持联系。这通常是通过旅行进行的,有时是匿名进行的。广泛阅读一个有着丰富多样文学作品的国家的小说,可以深化对世界上其他人的了解。

无论一个人多么愿意承担最终选择的重任且不逃避或变得麻木,一个主要的障碍就在于今天的目标价值(和具体解释)到了明天就变得不确定。相反,由于目标价值是社会过程中的事实,它们必将变化;因此,今天政策的有效性取决于最终对团体基本目标的有效解释。

对那些身处能支配未来的地位的人,以及其判断将决定性地影响国家安全和个人的人来说,这一点极其重要。试想那些为民主国家(例如美国)制定策略计划并作出承诺的人们。从某种意义上讲,没有人有权支配美国人民的未来,或者对他们的未来作出判断。在国家生活的舞台上,总统、国会、法院在宣誓就任的片刻之后,便要让位于继任者。民主地尊重其他人的想法和感受的后果是,在经验丰富的民主领导人中出现一定程度的犹豫不决。他们更经常地运用劝导艺术而非强制力来获得权力。他们清楚在时间的流逝和政府的更替中,舆论的流动性很强。他们见过狂热分子名声扫地,也见过教义预言被歪曲篡改。他们认识到任何声称为所有无论是活着还是死去的美国人说话的人,甚至是声称为大量美国人说话的人,却很少得到大众的接受。

试想,应置这些三军总参谋部或国务院计划部门有关的勤勉的官员于何处。他必须承担责任,至少是在向最终作出承诺的决策者在提出自己建议的范围内承担责任。但是他很少被提供明确的指示,他意识到没人能给他提供一幅蓝图。但是很明显,虽然有那么多的未知因素,但是他必须明确自己的观点。这就是通过趋势、因素和预测研究所得到的结果的最适当的用处。就算不能在细节上或完全准确地预知未来,至少可以认为它所预测的所有将来可能发生的事不会完全随机发生。

就目标价值而言,可获得的研究方式是能产生相关信息。在整个政治体范围内研究有关看法的趋势,并分析可能影响它们的条件。这样的行动将表明在许多社群中,主流的意识形态已深深扎根于所有社会阶层的人们当中。例如在美国,许多广泛共享的文化模式能与人类尊严目标和谐共处。在期望这些看法将会继续存在的基础上,人们可以自信地制定计划;至少,较之基础价值形态有着尖锐矛盾的社会,他们可以有更多的自信。

如果未来向着与人类尊严不和谐的方向发展,将会怎样?在即将到来的社会秩序中,决策者是否会将自己变身为一个“中立工具”?这个问题并不新鲜,因为过去在民主制度色彩趋于褪色之时,民主的许多朋友都面临这一问题。我们并不是要武断地假设牺牲是其解决之道;或是认为问题可以通过一次干脆的、道德英雄主义的劝诫得到解决。一个人或少数人面对的问题永远不会那么简单。仪式般地重复“内容”原则,或是声称“程序”原则能在危机到来时提供答案,都无法找到解决的办法。我们的观点是两套原则都由他们自己适用,因为“内容”原则产生的更多的是原则,而非解决办法;如果缺乏内容,程序就会助长逃避的行为。尽责决策的重担是两重的:适用人类尊严的原则;或者通过将它们与足够的研究所描绘的整个背景相联系的程序来适用这些原则。

## 何时停止思考并进行选择

一个令人烦恼的有关最终任务的问题是,应于何时停止思考和讨论,并着手进行选择。从某种意义上说,并没有某个停止思考开始行动的理性阶段,因为在可能增加的数据,以及在考虑特定问题时扩展背景所需进行的评估方面,是没有止境的。但是深刻的思考仅是人们活动的一部分,且受到最大化假设的制约。

在为思考设定期限的问题上,最有希望的方法与策略评估有关。我们强调过,成本(以及收益)会参与思考行为,因为"精神时刻"可能会很迷茫,在这一时刻所有的倾向都做好了表达的准备。因此,我们问自己,进一步的事实或标准陈述是否会影响我们选择的理性:如果是的话,会在多大程度上影响?没人对回答此类向自己发出的提问一无所知,因为通过不同"剂量"的证据披露、论证或思考对不久之前作出的贡献进行评估是可行的。在进行推论时,新增加的知识能对已经掌握的知识进行多少补充?是否有些问题悬而未决,且受到比其他同等重要问题更少的关注?进一步的思考是否会将推论的基础提高到与其他问题同样的高度(需要付出多少时间和其他资源)?显然,如果我们出于提高理性的目的,打算适用最大化原则,就必须平衡同等重要问题(在某一支出下)的预期收益。在各种问题中,为了进行对"空白"领域进一步思考的评估,分配"权重"是必要的。

之前提到的问题将注意力引向一种思路,即将适用微量(无差异)原则变为可能。当然,这并不能告诉我们在计算无差异水平时,其背景研究应当进行到何种程度。这是在处理决策中遇到的问题时,如何选择奋斗标准的问题。

当与"何时停止"这个问题有关时,有一点就尤为明显,即决策者不可能理智行动,而是希望将这个责任推给其他人,或是非个人的机构。作出主观承诺(而不是掷骰子)的决定本身就是一个必须由自己作出的选择行为。

## 掌握劝导和强制的方式

在上文中,我们已经关注对政策备选方案作出公正选择的问题。现在的问题是,多少公正的披露是适当的,以及比如为了博取认可,在为最终判决书写意见时可以走多远;或是在实施一项政策时,应冒险使用多少强制力。

当决策者与决定所影响之人的观点存在巨大差异时,这些问题就非常重要了。相比之下,最简单的情况是在决策者和社群观点之间没有严重分歧,或者不必要的分歧可以在影响当事人之后立即得到消除。当一个不利判决不仅会导致败诉者事业的毁灭,还会殃及他的家人、公司和其他有关人员时,这个问题就会出现在法院的工作中。举例来说,当当事人明显感到内疚和羞愧时,避免笼统的指责以使不利判决最小化的做法符合各方的共同利益。

常常有一种观点认为,职业辩护人的利益是受到保护的。如果失利一方的律师所做的工作值得称赞,对其代表客户提出的主张,法庭意见就可能给予专门和礼貌的考虑。外行可能无法欣赏一个案子中提出的出色观点(尤其当他们是失利一方时);但他们对专业辩护人的尊重不会无缘无故地削减。(出于同样原因,当律师在工作中懒散懈怠时,法庭也会通过同样的指示令律师受益。)

在许多情况下,法官需要调动起他能支配的所有说服力,以获取结果中失利者的默认,防止其混乱公共秩序。这时,使思考程序传统地位的象征意义重新发生效力就大有帮助。以社群的名义说话,有强制力支持,"法律的庄重尊严"常常需要遏制在法庭上进行疯狂攻击的罪犯,或是遏制对自由的粗暴冲击。

当被宣告有罪之人得到其他人的支持时,情况就更为严重;尤其是在当地的公共舆论也站在他的一边时。在这种情况下,试图从法庭监禁中释放罪犯可能导致混乱的爆发。当被控告之人获判轻刑,或是允许释放,即使激起了反对的社群舆论,其严重性也丝毫不减。

当剥夺没有那么紧迫和剧烈时,劝导性语言(和行为)就扮演着重要角色,能在心中留下更深远的影响。常言道,法庭意见是为败诉方律师的利益书写的。但那只是故事的一部分。当上诉即将进行时,低级法院便开始观望高级法院;而高级法院则观望着其他法官、律师界成员,以及整个社群。在美国,律师协会和法学院发行的专业杂志,即便不对判决产生影响,也会对司法文书的写作产生显而易见的影响。如果一项意见受到了广泛的指责,在将来,法官为了保护自己可能采取一种更易接受的方式解释自己的立场。由于重要律师界成员、法院及法学院之间频繁的社会接触,尽管在重要性上专业看法的压力可能有所不同,却仍是一个主要因素。

考虑到霍姆斯(Holmes)法官和布兰德斯(Brandeis)法官所强调的劝导性不同意见的传统,美国法官常常沉迷于少数意见之中,这些少数意见最终可能被称为特定判决发展史上的转折点。在这样的环境中,个人的对立似乎在法官的行为中相当引人注目,可能会破坏法庭的认可度。但是,其结果也可能会为法官们赢得尊重,这些尊重来源于他们对当前问题进行的有力而清晰的完整陈述。

正是在社会分歧时期,劝导性表述可能发挥着重要却危险的功能。这里的危险已经有所显现:对政策问题中有高度争议的观点的强烈支持,可能会破坏社会将法院作为解决争议机构的本意。公共秩序可能遭到破坏,因为如果法院被党派狂热吞噬,绝望群众中的领袖可能开始考虑用暴力方式夺取实际权力。

但是,将法院作为重要争议事项的讨论场所有其积极的一面。法院是个颇有学识的团体,它有能力澄清公共政策的目标,将这些目标呈现在趋势和环境信息构成的背景之中,对未来进行关键预测,并在公共行为中作出重要取舍。由于掌握着国家注意的焦点,法院的言论有着庞大的受众群体,并常常能接触到精英阶层中经过精挑细选、颇有影响力的人们。特别是,法官作出的判决有助于清晰地塑造国家的中长期目标。正如上文所述,在对人类尊严给予至高无上关注的框架内,模棱两可或矛盾冲突都能在没有伪善的情况下,以对整个社群的决策程序有利的方式得到解决。

在"谎言"与"真相"的对比之中,劝导性陈述的任务并未得到充分的阐述。区分对背景的"披露程度"问题更为切题。法律语言是一门深奥的语言,只有受过训练的专业人士才能理解。在大多数社会中,深奥的语言都是社会秩序的一种工具。俗民社会独有地认为,其传统中的基本原则由神秘事物束缚着,只有很高的年岁(或是与之相当的某些特征)方能洞察。这些原则往往是有力惩罚的一部分。与这种深奥语言相伴的,是普通百姓日常使用的民间语言。当专家相互谈话时,他们可以将成语作为一种易懂的行话使用。但是在向大众讲话时,深奥知识的拥有者恰恰落入了民间的方言之中,这在一定程度上是一种维持文明垄断的方式。

甚至不需要努力去做,只要涉及他们那些不那么聪明、没受过高等教育的邻人,智力超群和受过教育的人们就会讲一种相当深奥的语言。但是,如果存在着这样的机制,基于善行的目的,对深奥观点的掌握对所有人都是开放的,允许对任何组织或有资格的专家给出的深奥解释进行不断挑战,那么自由社会的要求就达到了。在一个像美国一样复杂的社群之中,连续的等级变化包括受过训练的、有经验的内行大师,也包括最年轻、等级最低,或是最没经验的社群成员。

确实,民主带来了简化的沟通。我们只得将君主国家的领袖发表的复杂而仪式化的讲话,与民主国家领袖更为简明质朴的语言进行比较。一般而言,当权力掌握在少数人手中,语言就被视为这些人永保权力的工具。当权力广泛地分化,语言就成为公开报告以及通过公开讨论、教化和宣传推进决策程序的工具。

根据本书中概述的背景方法,将劝导性语言的评估纳入了决策者考虑的备选方案之中。决策者的措辞在不同程度上影响着社会的价值和制度。决定是否去尝试劝导性的解释,以及采取这样或那样的劝导模式,是一个权衡成本和收益的问题。

这里并不是决策者用意见愚弄公众,并假装将决策建立在某些考虑之上,而这些考虑事实上并未引导决策者作出最终决定的问题。除了下文将提到的极少保留意见外,我们将推荐一项开放的且在披露决策相关依据方面十分公平的政策。吸收了包含人类尊严的法学体系的决策者,都会履行分享他对其决定及决定依据的背景之间的联系的观点的义务。

上诉法院法官尤其必须面对的问题是,对语法稳定性强调的力度。正如我们之前提到的,在阐述法律系统的基本关系时,严格遵守对定义及未定义术语的简要目录是可行的。语法术语的最高层级可以由两个或更多减少普遍性的层级进行增补。最低层级可能与经验主义研究的每个立场的操作指引有关。

在传统法律系统中,许多关键术语可能持续使用数个世纪,这已成为常识。术语 ——“侵权”、“犯罪”、“合同”、“财产”——在英美法的法律语言中已经被长期重复使用着。与此同时,这些词语义学的意思也随着制度模式的改变而发生变化。新的子类别作为便捷的工具被加入,用于指示反复发生的情况。问题在于,这些子术语在系统的关键类别中是否得到了恰当的定位。尽管常常指出系统的矛盾或缺陷,法官仍往往感到有必要保持语法的整体性。试图保卫一套传统法律规定的语法的优美的政策是否正确?

*事实上,我们确实建议严肃对待逻辑的完整性。我们还建议,全部问题解决任务的逻辑成分应被限制在背景之内。*幸运的是,如果对规定,尤其对目标规定的待确定条款给予充分的认识,这就是可能实现的。目标规定中的偶然成分中的事件是指未来的事件;较之需要处理语法问题的工作,需要对未来作出可信赖评估的智识工作可能更为耗时。

我们假设在语法和语义之间可能会持续某种程度的紧张状态。背景方法警告说,不要有任何热衷于语法工作的司法倾向 ——“由定义得到事实”——忽视对获取以对与法律系统的目标性和工具性规定相适应的事件作出可信赖评估为基础的合格建议的强调。新的语法术语可以在社会过程中的现有期望开始紧密环绕其周围的范围内被吸纳,并因此明确说明他们所指的情况。

我们并不提倡勉强放弃一个偶然过时的术语或短语的战略。恰恰相反,我们鼓励通过详细描述与这些主张最相关的主张和社群政策,积极寻求能澄清法律进程的(术语和义)种类。为得到对主张的可行分类,就要考虑大量因素。对有关强制过程的主张,有评论如下:

> 当然,正是竞争双方当事人对他们各种强制性做法的合法性与非法性的主张与反主张,对于对法律的研究有着最直接和最详细的关系。在许多不同的特殊背景中,因为正是这些对权威要求的反对主张,组成了权威法官在寻求解决方案时所必须回应的特定争议。

因此，必须将此类主张归入一类，使得质询者可以在重复发生的争议类型中，区分独立适用的政策以及独立决定的条件或解释性因素。[17]

让我们再次从背景角度强调诉求的几个方面：每一类别都应当确定一个重复性的要求，这一要求应由较为独特的一组因素所限定。之后，就可以制定有关此类主张的公共政策，因为根据决策可能对限定诉求的未来表现因素产生的影响，备选项可以得到评估。将一组诉求提升为法律系统中一个可以辨识的类别，取决于对在未来重复出现的因素的评估，这些因素决定着公共政策的中心目标与特定目的的实现。

将诉求分类与再分类这一具有挑战性的工作，可能是决策者或法律过程的研究者最重要的活动。新提议可能被纳入传统的法律惯例之中，并在采纳改变环境的公共政策方面为社群提供帮助。这是社会过程专家与法律过程专家相互影响最多的地带。作为一个习惯，社会学家最初呈现给法学家的社会过程图，并不能很好地适应权威决策者面临的智识型工作。另外，现有权威政策的制定可能在标准上变得含糊不清（同时参考社会过程中的事件、主张、因素，以及优选结果），除了使法官继续含混地使用文字外，与其他事实毫无关系。“科学”导向型专家与“权威”导向型专家之间相互的持续性作用对引发对信息不完备的认识来说必不可少，这种对信息不完备的认识增加了创造性革新的可能性。对所有在政策导向型方法框架内工作的人来说，再次考虑“主张”是一个操作策略。就此问题，我们将引证一个已在各种场合，尤其是跨国竞技场提出的对主张进行分类的说明。[18] 尽管要评估这些建议的影响还为时尚早，但列举其各种重要性还是可能的。

我们提请注意的是，这里概述的方法包括并明确了已故的卢埃林（Karl Llewellyn）建议上诉法院法官采取的思考方式。[19] 但是，卢埃林建

---

〔17〕 McDOUGAL & FELICIANO, LAW AND MINIMUM WORLD PUBLIC ORDER: THE LEGAL REGULATION OF INTERNATIONAL COERCION 36 – 37 (1961).

〔18〕 参见 McDOUGAL & REISMAN, INTERNATIONAL LAW IN CONTEMPORARY PERSPECTIVE; THE PUBLIC ORDER OF THE WORLD COMMUNITY; CASES AND MATERIALS (1981)。

〔19〕 LLEWELLYN, THE COMMON LAW TRADITION, DECIDING APPEALS (1960).

议的一项最重要的缺点是,无论过去的还是将来的,它几乎没有对探索社会过程相关特点的任务提供任何指导。但是在上诉法官处理学说和判例时卢埃林的技巧还是有价值的,并被上诉法院法官所采纳。

尽管被卢埃林所称在意见书写中的"注重实质"的概念有些模糊不清,我们仍可以用我们的语言解释相关意义。注重实质(Grand Style)与注重形式(Formal Style)的主要区别在于三个方面。第一方面是指掌握"法律规则"。第二方面与对事实构成陈述的关注有关,此陈述涉及争议产生的原始背景。第三方面与在事实上和规定上给予未来结果的关注有关。总体而言,当考察上诉法官意见的风格时:

*(1)对将一个学说的具体规则与法律系统的普遍性规定相联系的重视程度。*一个法律系统的普遍性规则,是试图通过保护和履行公共秩序系统,来寻求自身最大化的目标价值。注重实质的做法将不十分具有普遍性的规定与最高规定相联系;注重形式的做法强调的是具体规定。

*(2)对描述原始争议发生的事实背景的关注。*很明显,一项法律原理规定了(a)可能发生的事实,(b)适用的主要规范,以及(c)适用的次要(制裁性)规范。注重实质的做法足够充分地陈述了背景,为社会生活的参与者提供了辨明涉及的可能情况的线索。注重形式的做法尽量压缩线索,直到它们只剩下对术语的简单重复,而这些术语正是规定描述可能情况所使用的。

(3)*对评估所考虑的未来可能性后果的关注,尤其是对阐明由此判决认可的、对未来可能情况下的参与者有约束力的规范的关注。*注重实质的做法寻求对误解防患于未然;注重形式的做法则更为模棱两可。

法院采取了许多技术,协调(或是违背)注重实质的原则,并为有创造力的专业人士在思考判决或意见时提供足够的机会。如果将卢埃林列举的特定技术与上述三个主要标准相联系,就会变得清晰。[20]

1. 注重实质的做法需要将任何用于为维护、摒弃或修订一项不太全面的学说辩护的最高规定具体化。与尊重价值和谐相处的原则,就是顺从于已有预期,下面将举例说明处理判例的模型(数字是卢埃林书中的

---

〔20〕 参见 LLEWELLYN, *前注*, 第 77 ~ 91 页。

数字)。

(a)规则措辞的确立非常明确,不容扰乱。(1)

(b)即使感到怀疑,或反对政策,规划的确立依然非常明确,不容扰乱。(2)

(c)法院为平息律师的上诉所选择依据的一般规则。(3)

(d)判例的状态推翻了本应适用的更具普遍性的原则。(4)

(e)之前的一系列判决冻结了规则的意义。(5)

(f)之前的一系列判决冻结了可能包括新事实状态的法律概念的数量和种类。由于可以轻易地与形式主义相混合,这可以作为注重实质的做法的一个例外。(6)

(g)案件的含义或趋势需要静止。(7)

尽管在表面上遵从已有预期,下列技巧很明显也是注重形式的做法的一部分。在意见中没有任何对法官判断的详细阐述。

(h)对一项之前规定和裁决的规则不加改变地适用。(9)

(i)法院为平息案件所选择的用语不参考任何其他语言。(11)

有助于创造性的另一项原则是,在与公共秩序系统所追寻的整套基础价值目标的兼容性方面,要对特定规范和偶发事件进行详尽检查。卢埃林所列举的几个处理判例的技巧在此处颇为适用。

(j)由于原理不符合,先前的规则或特征被禁止适用(19)。"规则的原理"这个短语,是指法律秩序的一项基本的规定或者判例,至少规则的原理这个词语比判例涉及的特殊原理或规则更具有普遍性。

(k)尽管有所区别,但由于其原理可以适用,之前的裁决仍然得到遵循。(17)

(l)"判决的倾向"被详加叙述、奉为神圣,并铸就了裁决。(29)

(m)之前案件宣告的复杂情况的整个理论被接受且其使用范围超出了实际裁决。(27)

(n)如果在那之前未得到规定的原则,则从判决中加以提炼并适用。(28)

(o)从旧材料中创造新的开始:

(1)利用短暂一瞥。(49)

(2)某些法规或法律体的精华采用规则的形式。(50)

(3)对规则慎重的重新定向。(51)

(4)引进或建立一种新的构建事实的方法。(52)

(5)扩充或细分一个概念的材料。(53)

(6)引入或建立一个新概念。(54)

(7)解锁一项新原则以取代矛盾而混乱的秩序。(55)

(p)扩充信息来源或技巧的标准设置:

(1)从低等法院、行政机构、首席检察官等处获得信息。(57)

(2)对于之前的案例,可以查看摘要、记录或法院未公开的评注等。(58)

(3)利用规则的原理将规则引入新的领域。(59)

(4)基于常识作出判决和裁定。(60)

处理判例的几种模式,尽管初看似乎是将涉及的背景原则适用于整个系统,但是细致观察起来,它们仅仅是形式主义的:

(q)随之而来的是权威的漏洞:没有绝对的判例,因此也没有绝对的正确。(16)

(r)每一个简单的实在规则(或是概念)都有一个负面的孪生兄弟,它会照常得到"适用",仿佛负面后果已经得到了考虑、通告和裁决。(21)

(s)用以下方式填补权威的漏洞:没有反对救济的判例;因此有救济的"权利"。(22)

(t)引用纯粹的格言,将其奉为权威规则并予以适用。(30)

(u)引用与某一情况的原理有关的格言,将其提升为原则的基础并予以适用。(32)

(v)只消灭一条格言而不涉及更多。(41)

(w)在未知领域,决策的不必要的广泛基础适用于(语言或判例的)边缘。(25)

(x)决策的不必要的广泛基础通过语言和原理适用于一个全新的领域。(26)

(y)一个不必要的裁决被作为一项原则接受并适用,甚至加以扩展。(31)

2. 注重实质的做法要求对争议发生的原始事实背景进行细致的描述。卢埃林提供的有关技巧掌握的先例,在法官进行公正而准确的沟通(与思考)问题上,几乎没有涉及这一基础方面。问题被下面的陈述所掩盖:

区别事实;尤其是在推理经讨论后。(42)[21]

我们针对决策过程的背景方法强调的是最终任务,正如决策者参与的问题解决活动中的顶级事件一样。作为一个公共秩序价值和构造的保护者,对决策的技术基础的披露,代表着履行法律系统义务的最后阶段。坦诚的披露有助于整个国家的稳定预期,也有利于明确共同利益的目标和手段,以及整合参与者在整个决策过程的每个阶段中的情绪和形象。

【翻译:郑婷婷;审校:沈 伟】

---

〔21〕 对 Llewellyn 的进一步评论,参见 H. Lasswell, review of LLEWELLYN, in 61 COLUMBIA LAW REVIEW 940 (1961)。

# 第四部分　自由社会中的决策结构[1]

---

〔1〕 本章节是由拉斯维尔在其生病的最后阶段经简短准备重新起草而成，其首个版本是1954年第一次在"法律、科学和政策"讨论会上向学者们提供的论文。这些文章代表着为了指导"构建过程"研究初次提出的一种理论和程序构想。在构想早期，拉斯维尔与 George H. Dession 和 Richard C. Donnelly 合作，着重以国内刑事法领域为例，重点从各种不同类型"规则"的表述中吸取材料。参见 G. Dession & H. Lasswell, *Public Order Under Law: The Role of the Advisor - Draftsman in the Formation of Code or Constitution*, 65 YALE LAW JOURNAL 174 (1955); and H. Lasswell & R. Donnelly, *The Continuing Debate Over Responsibility: An Introduction to Isolating the Condemnation Sanction*, 68 YALE LAW JOURNAL 869 (1959)。在之后的著作中，拉斯维尔将研究视角转入全球社会下的国际法领域，认为"构建过程"是一个包括整体决策程序在内的综合过程，包括权威性决策的形成及其在某一社群内的建立和维持。尤其关注那些恰当的术语被选择或包装用来系统和具体地研究"构建过程"的所有特征，而不论社群规模。需要进一步强调的是，为了高效地完成对"构建过程"个别特征的研究，需要运用所有相关智识工作方法，包括假设、政策识别、趋向描述、条件检视、未来发展、评估和创造备选方案等。参见 M. McDougal, H. Lasswell & W. M. Reisman, *Theories About International Law: Prologue to a Configurative Jurisprudence*, 8:2 VIRGINIA JOURNAL OF INTERNATIONAL LAW 189 (1958) and *The World Constitutive Process of Authoritative Decision*, in 1 THE FUTURE OF THE INTERNATIONAL LEGAL ORDER (C. Black & R. Falk eds. 1969). Both articles are reprinted in M. MCDOUGAL & W. M. REISMAN, INTERNATIONAL LAW ESSAYS: A SUPPLEMENT TO INTERNATIONAL LAW IN CONTEMPORARY PERSPECTIVE (1981). *See also* M. MCDOUGAL, H. LASSWELL & L. CHEN, HUMAN RIGHTS AND WORLD PUBLIC ORDER; THE BASIC POLICIES OF AN INTERNATIONAL LAW OF HUMAN DIGNITY (1980)，关于适用于民族国家情势的一个简短而具体的研究大纲，参见后文附录4。

将要注意的是，在本部分出现的"政治的"一词被用来指权力所有的形成和分享，包括权威性的决策，"市民的"一词有时与"公众的"一词同义。在其他出版物中，"市民的"一词有更多限制性解释，不同于"公众的"一词。参见前文，第2部分，第2章，A部分，以及 M. MCDOUGAL, H. LASSWELL & L. CHEN，前文第16章。

有关新兴国家建制性问题顾问的问题，如本部分所探讨之内容的专门研究，参见 H. Wegener, *The Role of the Legal Advisor to Newly Independent African State: An Attempt at Orientation* (J. S. D. diss., Yale Law School, 1962)。

CHAPTER 01 >>

# 第一章

## 构建过程的最高原则

我们已经对五项智识任务作了适宜于以背景为导向的法学理论讨论。囿于篇幅，任何全面的、试图以选择具体情势为例展开具体层面系统研究的做法将被排除。[1]然而，在可控的有限范围内，我们借助于整体系统进行一些研究，来缩小作为整体的政策导向方法的理论陈述与检视特殊环境之间的差距。本部分涉及自由社会中的构建过程，勾勒其最高原则的初步构想，通过其实现来建立或使权力结构适于基本目标。

构建过程涉及国际社会的每一个竞技场，包括国家、跨国或次国家等竞技场；这是一个无需进一步证明的主张。在新时期，不可能忽视由于缺乏一个可兼容的公共秩序系统而产生和存在的对人类的威胁。没有什么问题比怎样实现这样一个最低限度系统更加紧迫，这个系统把强制力垄断性地控制在负责任的权威者手中，并且使尊重人类选择的基本要求得以实现。

如同所有普遍性安全问题一样紧迫，其他主要问题亟须得到解决。新近独立的民族国家正如火如荼地开展现代化和工业化建设，寻求巩固权力运行与控制的适当机制。毋庸置疑，发展中国家的宪政问题与构建和维

---

〔1〕 相关研究的细化，参见第1卷序言部分，注4。

持最低限度的世界秩序不无关联。相反，目前出现在国际社会所有层面的模糊和冲突正加剧了前述关涉每一个人的困难。

由于不断认识到将一个分立世界中的制度带入正在形成的太空时代下所可能带来的后果，促使建立有最低限度或者最优公共秩序的可兼容系统的要求不断被强化。

为什么历史上科技运用所带来的潜在利益和巨大成果，会因超政治领域现状的狭隘地方主义对抗而遭受危险呢？

接下来几章将提出发展“构建过程”的一些原则，尤其是在民族国家层面——使我们澄清的价值目标有效。这些原则是对谁而言呢？

最全面的回答是，潜在的受众包括所有现在和将来在作为一个整体的国际社会的构建过程的参与者们、或任何其组成部分的参与者们。就这些术语而言，受众看上去非常多而且无法确定。

如果我们以受众与建制性活动相关的技能和动机为元素予以分类，那么就会在某种程度上减轻前述繁多无序的第一印象。主要的受众是由国际社会最活跃的精英们构成，因此整体人口中这一部分人的比例比较小，涉及人数不多。在极权国家，行动精英们大都被赋予执政党党员身份；在非极权国家，虽然数量上较多一些，但相对于享有选举权资格的大多数人来言，活跃的精英就相当匮乏了。

通过对前述活跃精英中最具应变能力或有望成为顾问的类群的识别，受众目标可进一步地限定。在很多（如果不是大多数）情况下，顾问团包括训练有素的法学家或其他专业人士。该顾问团通常会从新闻工作者，或者官员、政治组织者、内科医生和物理学家等持续关注公共事务的人士中招募成员。

潜在受众群虽然数量多，通过前述限定亦已有所缩减，但进一步的限定是必要的。我们将注意力放在了那些效忠于人类尊严并产生有效影响的个人和团体上。因此，我们不讨论组织暴力革命推翻现存反民主体制的问题，尽管其很重要。因为我们没有预设在首选的公共秩序的阐述上形成一致意见，那么就有足够的空间去考虑许多最具争议的有关管理国家能力的问题。

## 建制性原则

分立却密切关联的两套原则与本处分析有关。第一套原则提出关于权威及控制结构的运行假设。何种结构能在实现人类尊严公共秩序的目标上起到预期的效果？如果想引入和维持适宜的结构，那么需要何种战略控制何种条件来实现前述目标呢？第二套原则是针对那些在构建过程不同阶段发挥咨询作用的人士提出的。因为他们自己就是政治领域的参与者——如果你是，也会这么做——关于他们的合理政策要求在战略选择上有助于一系列事件、连锁反应的发生，进而影响构建过程与第一套原则相匹配。

我们特别关注被期望去帮助一个发展中国家起草一部宪章或基本法的顾问的作用。作为顾问的指导而初步制定的一些原则被用来提醒他如何想起，以及想起哪些有用的原则；因此这些陈述可提供一些供他个人使用的关于内容和程序的原则。

一个可行的原则是在交流过程中寻找衡平项。顾问的部分工作任务是使用恰当语言重写基本的建制性原则，且使之契合其工作之特定领域内的所有重要参与者的主观偏好。既然我们心里认为顾问是受过专业训练的，而且大多数都是最终决策者邀请的，因此本文所提出的构想就相对抽象和系统。在发挥一个顾问作用时，沟通问题会始终存在，部分是因为参与者们的文化背景差别，部分是因为专家和门外汉之间的技术差别。

另一个原则是直接指向顾问的咨询程序的。其重申了文本原则，要求关注事实和预测形成后的发展，是思考、讨论和起草过程中的依归。接下来的段落将通过参考不同情况的有关特征来详细阐文本原则。讨论将重点关注顾问可获得信息的来源，并指出一些影响他们关键评估的考虑因素。更具体地说，顾问如何评价那些给他发挥正式和非正式作用的机遇与挑战的问题将被保留。

## 规则的顾问——起草者

顾问可以直接与制宪大会成员或立法机构交互。在评估立法机构或立法大会可能施加的影响时,顾问必须将立法者或制宪会议成员个人放置于所处社群社会结构内看待,并在相应条件下权衡其个人和观点的重要性。有时,个别人的观点可能具有极端重要性,以至于不必多地关注顾问或起草者的意见。这种情形并不一定是专制的。当存在很大危机时,社群可能会转向由一人——也许即"国父"——并且接受他关于宪政和立法内容的大体框架的建议。如果这一单个杰出人物对政策的每一个领域都有清晰认识,顾问在最后可能最多是一个起草工作的书记员。

然而,典型的情况要复杂得多,即使当一个领导者具有至高的权威。领导人可能有思想,但是繁多的事务可能迫使他很少有时间去更广泛地考虑问题。或者作为一个原则,领导者约束自身不从其优势地位中获得利益,克制希望通过激励公众的才能和意愿来行事的方式。领导者可以依靠首席顾问;顾问被认为是全知者,要么显示其政治家的宽容,要么隐藏其性格上的缺陷。

围绕首要角色或首席顾问的可能是一个非正式的顾问圈子。这个圈子形成一个智囊团,由一群能力最强、最具智慧,或是最崇拜他、并愿意为其承担不同程度个人责任的人构成。

在这个智囊团中存在的不同观点,可能仅反映在一个共同忠于领导的框架下适当表现个人抱负。在共同理念下被充分争论过的差异,可以反映哪些是亟待解决的,哪些又是领导人关注的;或者表达一个推动世界性变革想法与甘愿距乌托邦还有一步之遥相角力的个人需求。理念上的差异可以超越派系或政党,它反映了整个思想系统,无论是世俗的、或是宗教的(如当共产主义或社会主义、基督教或伊斯兰教产生冲突时)。

裂痕可能在现代市民社会文明和农耕文明培育下的族群中产生。相对于另一种文明下的偏好——这类倾向存在于领导人或首要圈子中——可能已经由传统阶层系统下的不同环境得以塑造。社会上层、中层或下层在财富、权力、尊重和其他价值中的地位可能已经被巩固形成了相对不可逾越的等级制,每一等级对应各自特定的生活方式。不同阶层或等级的差异性在各种不同的利益上表现出来,是否承认这些差异,也可能反映在政治体的领导阶层上。有些政治体特别地体现阶层或等级利益,特别是以亲属关系结成的团体,还有些政治体可能并不附着于单一团体。应当记住个性、文化、阶层和利益等诸因素在危机时代和其内部危机时期在运行上是不同的,因此在评估某一特定人对同意产生影响的可能性时,必须充分关注内部冲突和外部冲突的现实强度。

顾问 - 起草者需要*超越眼前共识而考虑其在更长时间内被遵守的远景*。当然,宪法和法律的制定者如果总是在规定社群实践的状态或是社群无条件地按其规定的方式实践,那么就不存在遵守的问题。无论是涉及复杂工业国家抑或简单社会,没有人需要被告知这些期望是不切实际的。在具有长期传统的社群里,立法者(法规制定者)具有在不同条件下处理以往遵守程度的信息。

在专家型顾问帮助澄清立法者在构建过程中的想法之前,弄清楚自己对所涉问题的观点,包括可行之解决方案的范围,是必要的。至少在顾问内心层面,他的前述判断的公正性是很重要的,部分是因为这类判断有机会通过一定方式影响情势、使之与人类尊严目标相适应,部分是因为自我认知的一个必不可少的条件是对可能出现的替代性结果在确定性程度上的认识。

## 政府权限和决策职能

因此不论影响当前或最终共识的情势如何,以政策为导向的起草顾问发现清楚判断对这类适宜安排是必要的,此类安排是关于政府权限范围和最适宜履行决策程序首要功能的结构。

构建过程不可避免地涉及这些问题,既然它需要构建清晰的安排以便权威及控制在权力过程中得以适当分配。并非在所有环境下政府行为都会涵盖整个社会过程。如果规则是专制的,那么不存在其他替代性出路。在自由体制下,政府行为必然受到约束,因为垄断结构模式势必会威胁选择的自由。

这并非暗示在自由国家里政府运作不重要。自由政策的目标是简单地使政府将所有注意力放在其所提供的框架的基本功能上,在该框架内私人选择可以在市场、家庭、学校以及所有其他制度环境中变得最为有效。自由国家寻求消除政府“多余的”和“扰乱正常活动”的运转。

因此在一个自由政治体里除了那些与权力直接相关联的活动外,政府的行政行为被保持在最低限度。更广泛范围内的治理行为——这类行为通常被称为可选择的政府功能——是自我修正。哪里的自我修正性操作存在的范围相对有限,哪里的“规制”和“监管”活动的作用就增加。构建过程包括为调节自我修正、规制及监管运作之间平衡的可信赖的程序,而且概括出每一个活动的行为标准。并为之设计特定的结构。

规制与监管活动的区别主要是因何启动的问题。在监管活动中,官方机构因私人当事方而进入事件,如当法院应当事方诉求解决私人债务人与债权人之间的争议。规制事项的启动典型地依赖于官方机构,该机构在私人选择危及基于公共秩序系统设置的最大限度时被授权采取行动。如果社群政策是保护竞争市场免受垄断损害,那么当垄断产生威胁时规管者就应当履行规制之职。

构建过程也包括设立规范和组建机构以关照矫正和制裁功能。制裁措施专门与愈发急需的公共秩序规范保持一致。当这类规范被违反,否定性的制裁通常会针对那些被认为应当为偏离规范负责的人。然而,制裁措施不总是等着处理违法,它们的目标可能是威慑、阻止或重构、恢复、改过等。进一步说,制裁可能表现为积极的和消极的两种形式。

构建过程可通过澄清普通性制裁问题和矫正问题的差别来提升人类尊严之最高目标。当违法者在生理或心理上存有缺陷,或是他们仅有不充分的机会获取公共秩序的规范时,矫正问题就产生了。当个体有能力且受到至少最基本限度的教育时,使他们为其所作所为负责任是适当的,因为他们有能力评估遵守规范或违反规范的成本得失。当他们偏离时,我们认为他们已经承担了计划风险。因此制裁的一般战略是通过提高违法成本而使之守法。考虑到欠缺的或未受必要教育的违法者的情况,特定的战略是治疗或再教育,因为目标是使没有责任能力者转变为有责任能力者。

不论政府活动的范围是否涵盖，构建过程必须规定所有决策功能的必备功能，包括信息、建议、规定、援引、适用、终止、评估等。

关于每个功能构成元素的首要问题，可以被简化如下：

1. 参与者

　　谁应该被授权参与决策过程的每一个阶段？需要具有什么样的资格？采取何种选举方式？

2. 期望

　　应该制定什么样的政策？参与者应该具有哪些期望、要求和条件？选举模式是什么？

3. 领域

　　什么样的组织应当被授权做决策？中央集权制、联合制抑或多元制？

4. 基础价值

　　什么样的决策制定权应当被授予？什么样的权威可以获得其他的基础价值？建立何种控制机制？

5. 策略

　　什么样的权威（包括限制）应该被授权而运用基础价值作为一种影响结果的方式？通过什么方法？

6. 结果

　　哪种决策模式应被授权？哪些价值可能受到影响？

7. 效果

　　对哪些有意识或无意识的效果应当负责？

在顾问—起草者考虑自己对这些问题的答案时，他可能要参考上述要素被接受和遵守的可能性。既然对未来事件的预测部分地依赖于对趋势和因素的认知，那么此时在这个问题上为前述各章中已有的对自由政府的总括分析提供一个简明扼要的概括是适当的。虽然通过已有数据仅能部分确认，科学模式为关于适宜的相互关系的想法提供了一个易懂的指引。

## 自由政府系统的平衡

对自由政府原则的全面阐述不仅指政治神秘体系的内容,而且包括与全部社会过程有关的政治过程的制度性特征。现实地思考自由政府的动态平衡需要构想若干原则,在这些原则下实现和维持一种分享权力的平衡状态。因此自由战略部分地是通过将一个要求自由权威模式化的方式来支持一个高效和持续的权力分享机制。该战略通过鼓励一种整体上高水平的有效控制来维系一个具有权威性的权力分享模式。

政治公式化规则直接与其他政治神秘体系(信条和特色变量)的其他元素交互作用。在自由社会中政治家的积极任务是保护政治公式化规则作为一种帮助去维持原则上的共识和普遍的见解,保障赞颂和其他基本原则充满活力是为了使之与政治公式化规则保持一致。

政治神秘体系的所有因素与构成运行的整体"技术"模式之间交互作用。这里的技术包括政府机构。每一个机构都与其他机构保持平衡:包括建制性安排与实施机构;选民与官员;立法、司法和行政机构相互间以及与其他每一个行政机构间的平衡。在政治机构的框架与其相应功能之间也存在基本的平衡,除非核心层级的功能得以维持,否则这一结构会消失或者是发生巨大变化。自由政府原则是保证指定一种保持相互支持关系的方式,使之保持在政府架构之中,以及在这些架构与所有功能模式之中。

在一个特定的社会中,政治文化与个体特征结构间建立起一种动态平衡。自由原则的实现将会达到一定目标,在该目标下,将合法地建立一种方式——通过该方式获得支持民主政府形成的元素是可能的。

基于探索协调理论和实践活动对自由政府产生影响的最有效模式的目的而对它们进行细致的检视是合适的。在权力视野下,权力要求、期望和识别的相互行为总是相关联的。追求权力的要求(作为一种范围价值)特别与行使权力的要求(作为一种获取其他价值的基础)相关联。为了"权力利益而寻求权力"的需求急剧增长显示了社会政治化的一种趋势,这种过程进一步发展足以威胁一个民众政府的存续。关于对自由未来预期模式的变化同样会影响到民主需求的强度。例如,暗示对民众政府未来悲观主义的一系列政治主张通常会加剧一波相反的主张,和新一轮投身于民主价值的诉求。相似地,识别模式是相互依赖的。不断增加的强调自身为中心(如民族)可以通过对地区、城市(或者甚至是基本的自我设定)识别程度上的改变予以弥补。结论是自由制度的成功运行要求确保识别符号与情感之间的和谐安排。

政治平衡包括一个影响理论的思维结构,基于此调整政治体的运行水平。我们已经强调了在以公众教化为传播媒质的范围内平衡现实与理想的重要性。为了合理和合法决策,没有人可以怀疑获取一系列现实评估的重要性,特别是在现代社会的交流网络中。在这一网络中每一个主要观察岗位和每一个中间及终端链接,都对整个平衡发挥了部分作用。为了教化,那些良好的战略原则要求对被曲解的因素有补救的程序,诸如编辑证实顶级精英偏见的信息的趋势。

权力分析重点关注各项机制间的相互复杂关系,基础价值经由各项机制的运行对结果产生影响。意识形态的、外交的、经济的以及军事的各项机制彼此间总是相互影响。因此,自由政府原则最终必定提供处理各类潜在危险的指导,例如当压迫产生反抗时。

政治文化总是与文化的任一其他元素相互作用,这可能是与一个社会政治文化相关的最为一般的观点。这是一个基本的认识,即权力分享的政治文化倾向于加强这样一种趋势——所有价值的普遍性分配;反之,权力之外的其他价值在被广泛分享时,又可以支持权力分享的存续。权力的神秘体系影响着财富、尊重及其他价值的神秘体系,反过来这些占有情势又支持(或对抗)着权力的享有。政治神秘体系的附属要素(信条、公式化规则和特色变量)与所有神秘体系的组成要素相互作用。而且,在政治结构和所有其他结构间相互作用也存在。

当分析社会过程时我们关注人类、文化以及资源相互作用的基本特征。人口或多或少要与文化和资源保持稳定的平衡状态;而且自然和资源的富足影响着文化和人口。

我们注意到在前述段落中勾勒的系统模式涉及范围太广,以至于通过当前数据无法得到满意的论证;这些数据由社会学家和行为学家收集和处理。在许多特定化的时空背景下,还可能显示出前述模式的个别特征与理论预测的结果不相符。这些数据可采取其他替代性解释,而且至少目前不会引致更大范围内的无效。看似矛盾的现象通常间接地支持了一般性分析,因为这些矛盾表明构建民主政府所需的要素因另外一个方面的要素的联合而无效。这些数据的解释并不代表一种教条观点——否认适宜的调查行为之成果。相反,应当承认对系统图景的概括将最终依靠研究的结果,判断必定仍然取决于更充分的数据和更准确的解释。同时,前述综合构想为考察一个互动过程——在这一过程中权力被广泛分享——的维度提供了一个清单。

## 自由政府的综合战略

当最大化设想被适用于构建自由政府时,我们会直接关注当前和未来精英的期待模式。最一般的主张可能是,如果关于自由制度的需求变得有效,那么必须由这样一种可能性来维持,即提出自由需求的那些人因有自由而比没有自由生活得好。进而,这种预期必须足够详细以至于能够通过同样的方式解释具体情况。

将背景与政治文化关联起来的一个指导原则是:*为了推广自由制度,提出一个所有制度都包含在其内并发挥各自作用的支撑性平衡*。下列与正式权威之民主化相关的原则是符合这种进路的:朝着权力分享的方向调整正式权威结构,通过获得对民主支持者的实质有效的控制为其成功运行准备前提条件。

观点的成型和技能的增强对巩固与自由密切相关的平衡状态是必要的,争取合适的正式权威结构的行为是此过程中重要的一步。一旦制度化,正式权威结构即达到平衡状态,以支持和优化这一新的秩序。政治的发展始于人类对自由的需求(体现为期望与现实之间同步地和不间断地互动),也始于通过沟通媒介形成(和由直接经验达成)的认同。反过来研究机制也通过实践进路和人们直接获取和资源公开得到维持和调整。

自由政府最古老的原则之一便是鼓励中产阶层的繁荣发展。从某种意义上来说,美国培育了中产阶层的精神特质,比如其许多历史特征已经成为标准,即便其中贫富不同。近年来世界历史突出地反映出政府和社会环境间的关系。在土地仍然保有在大地主手中的地方,不论"农民民主"在贫穷的村庄和大家族中实行的情况如何,民众政府都会受到抵制。当土地主的土地被以城市为中心建立的政权的官员所接管时,自由政府不必然会立刻建立起来(如同在苏维埃世界所出现的情况一般)。在农业经济下民众政府在大的领土范围内被封建残余和再生因素或者是官僚文化模式所妨碍。与封建体制相一致,社会被分层为由领主和封臣构成的金字塔结构,在此结构中领主提供封臣以保护,封臣给予领主效忠义务、外加劳役和实物。在官僚制下,官员层级掌控中心的意志,所有人都应服从之。通过各种方式治理模式可相互混合,如在政府官员足够强势以至于可以防止将他们从该特定地区移除的地方,则演变成"军阀"甚或称为地方世袭者。

共和体制经常在贸易城镇和城市得以发展。在这类社群中,社会分类被优化,注重战争之外技能的运用,开垦农地种植,或者是基于采邑下的自给自足之要求提供实务和役务。居住在城市和城镇的个人推动货币和信贷制度、生产交换、会计簿记、文化教育、代议政府、辩论、选举、艺术和科学、新闻采访和报道、容忍异己的发展。通过将物理能量运用于生产,大规模制造业得到增长,新的社会阶层出现(工厂工人、经理、技术人员、资本所有者)。大型共和政体通常被描述为由小规模农场主和城市与城镇中的多样化类型的中产阶层(拥有技术能力的中等收入阶层)构成。

在世界许多地方,政治体制的未来形式在很大程度上取决于吸收融合普遍文化的前景,其文化最显著的特征是科学技术的培育。然而,那些认为自己大大落后于其竞争对手的民族国家,通常以经济增长或发展问题来表述其落后的原因。

我们对社会过程的分析强调基于价值和制度概念提供智识上对基本重要性的识别。经济学家习惯对这种区别的认识,而且穿行于价值和制度分析之间;他们早早地就被引入"二战"后援助和复兴计划中,因为当时通常认为所涉及的是经济问题。虽然经济学家精通理论运用和数据分析,但是作为一个常识,他们不了解部族社会、复兴中的古代文明和非工业国家的制度细节。然而,经济价值的概念提供了需求什么的抽象模式。

不管具体社会的制度实践如何新奇,总有一种探寻机制可以被用来了解不熟悉的实践,并用来认识生产、分配、投资和消费的过程。不论特定实践涉及渔业、矿产、动物畜牧、农作物养殖、运输、商业或者个人服务,经济观察分析家都适用其可应用于社会现象的相关概念,而不论在特定环境下参与者是否习惯于用同样的方法去观察。

价值和制度的分类有助于阐述经济增长的各种理论。增长是水平或阶段的持续,是一种分析模式,在该模式下可能将发展看做是一种趋向价值积累的自由维系过程的进步。应当承认在当代这类增长意味着如此重大的制度变革——从依赖非人力能量资源的技术引进,像电力,到生产要素的排列和处理。可以理解的是,优于非增长的增长选择结果依赖于价值要求和预期,这现已稳定并形成制度形式。制度是行为模式;经济制度则相对专注于财富的形成和分配。每一行为都是一个相对稳定的包括主观事件(观点)和操作(行为)的模式——理论和行为。作为一个整体,观点构成了一个社会的经济神秘体系;行为是生产活动中劳动力与生产资料配置的经济技术。

在任何社会环境下非经济价值可能会影响经济价值,而且经济制度会与其他制度之间相互作用,这对经济学家而言从来不是什么新鲜事情。只要将发达工业社会的经济作为研究对象,就会容易忽略非经济因素对其他因素之影响。经济学家承担着发展计划中分析和咨询的作用,因此他们有必要对生产活动与社会过程中的其他要素之间的相互作用有更为清晰的认识。在经济增长受到宗教金钱利益原则影响的情势下,我们通常会认识到宗教和道德价值的重要性。家庭责任常常阻碍了有才人士的挑选,或者在最有利条件下的交易。地方权威可能会反对新的教育内容,而且也可能会阻止一般性沟通的所谓平民媒质的扩张。由来已久的习惯可能导致生态环境恶化和影响劳动力的使人衰弱的疾病的扩散。等级或阶层的划分通常会将受人尊敬和有能力的人排除在工商业职场之外。政治的考虑在接受外国专家之条件上设置限制,或者是欢迎外国直接投资。无论在宗教、道德、情感、忠诚、技术、风格、教化、福祉、尊重或权力等利害攸关的价值如何,它们都必定对经济增长产生影响。当然,并非所有这些因素都是不利的。在任何情况下,修正经济增长模式,给予这类因素存在状态更加明确的指示都是明智的。为此罗斯托(W. W. Rostow)引入某种明确的“倾向”:发展基础科学(自然科学和社会科学);将科学应用于经济目的;接受创新;寻求物质增长;刺激消费;鼓励生育。但是,完成和矫正社会发展的特定图景的首要任务必须依靠那些主要地能胜任处理各种分类价值和制度的人。

(1)假定我们开始提出把政治发展描述为一个持续地向权力积聚的自我维系标准接近的过程。乍看,这一过程是与经济增长模式并列的,而且反映了许多相似之处。无论我们是讲权力积聚抑或财富积聚,都会适时考虑在特定的跨部门内存在的某种倾向因素。相关倾向因素是潜在的——潜在的行为、潜在的可利用资源。资产总量的测算是一件相对简单的事情,因为对现存生产工具进行描述,并设想现在使用它们的动机和能力是可能的。然而,就权力积聚而言,则是一个更复杂的问题。对于决策的内部过程而言,权力积聚意味着潜在的宪政支持;更明确的是,积聚过程掩盖了所有发生在国家中运用或保护权威及控制之基本分配模式的倾向上的变化。正如在经济分析的案例中一样,从现存机制中推论出潜在行为的做法并不尽如人意,这一事实生成了诸多复杂情况。真实的情况是,已有秩序可能是包括武力、军工以及专门人才的积聚。但是武力的作用仅是一种声名狼藉的有缺陷的潜在服从保障,或有违现有精英的主张。通过将衡量沟通行为和其他那些没有任何倾向之行为的方法应用于支持现存形式和结构,得出的推论能更可靠。在一个国家中,反抗和脱离的企图的存在至少部分地反映了这个国家的团结与合作。更确定的措施也可以通过对公共和私人沟通媒质的调查和内容分析来获得。结果显示出对政治神秘体系的接受和对精英认可的忠诚、信任和信仰的程度。

如果我们以满足政治发展理论要求的方式来界定权力积聚概念,那么就需要有进一步的说明。发展的一个实质性特征就是创新;它带来的不仅仅是周期性的,而且是结构上的变化。上述提及的否定和肯定的考察指标描述了不论是结构上抑或周期上的所有类型的变化。一个政治发展的模式须规定,在权力及控制中的所有变化都必须与改变决策过程的基本特征有关。结构改变可以采取变换权力形成和权力分享参与程度的形式,或者改变权力在决策制定组织中的分配形式。从独裁专制到寡头统治到民主制(后者是相反的顺序)的转变就是在参与程度上的改变。在平衡中央和非中央组织,或某一既定管辖层面的内部机构间,权力的实质性变换是一种典型的权力分配变化。在拟定一个经济的增长模式时,充分强调结构变化通常是不必要的:应当认为这是理所当然的,除非在整体经济发展中出现重大转变,大规模的增长在资本形成的自给自足层面是不可能发生的。这类转变包括对资本积聚、技术改进方法及引发生产工艺革新的产品需求的有效增长。

当国家自己有能力提供专门人才,能够通过最低限度的强制力完成结构革新,能够依据国家目标配置资源时,权力积聚的自我维系系统就达成了。

即使政治发展理论适当地要求价值、模式和制度方面的结构性转变,这些变化能被认为是可以接受的吗?例如,假设一个反革命政府阻碍进步,大力复辟过去制度以及寻求约束民众参与政治。或者考察这样的独裁体制,它援引进步的名义,清算所谓堕落的议会制度,使用武力压制竞争性政党、利益团体或新闻媒体的集体活动。

(2)*政治发展模式应当有明确的优越性:先进模式要求有进步的理念和将承诺建立广泛的权力参与机制作为长期目标。*

有时提出的口头改革承诺也应包括在政治发展的说明之中。这样一个计划明智地排除了本土主义或者复古主义运动;然而,此计划着实认识到这样一类在其中权力被限制性地而非广泛地拥有的情况。抛开行为标准考虑,这类模式很不令人满意,因为它要求政策科学家服从于保守的价值立场,并间接地如此行为。当代世界最重要的政策冲突之一仍然是权力分配模式。就明确的内容而言,全球统治精英被实质性地联合起来支持作为一种理想统治的民主政治。然而,他们在对自己或他人适用民主概念时的严苛程度不同。不容置疑地宣称专制国家在实践操作上不同于民众政府。类似地,许多非专制国家也存在不同程度的有效的权力分享机制,而且在平等和公开谈及这些分歧时,并没有具体操作上的不情愿。

这些讨论表明承认和接受政治发展不同模式的重要性。任何模式的首要功能之一便是为支持关于基本目标的争议一方提供指引。我们与所有持下列观念的人士一致:该观念表达了人类尊严的至高目标,并在对该短语的界定中包含了决策过程中高效的普遍参与。例如,这一立场意味着经济增长与政治发展间的关系是有问题的。如今,不可能再认为工业化必定是实现民众政府的前提条件。一个非常有力的例子可以用来反驳在极权政体内"不可避免的民主化"。在有些民族国家,主张改革的精英实际上已经接受了寻求取得和稳定"与西方式民主相关联的特殊结构"的意识目标。这些结构被理解为"一个健康的政党体制、强有力且反应灵敏的立法机构,充满活力的自愿联合的社团组织,负责的官僚机制,以及有限政府"。考虑到这些长期目标,相关策略包括:不再强调"经济发展的目标",鼓励"私人经济部门的发展",将对民主信仰和民主诉求的培育提升至"与经济发展理念相同的等级"。

应该重申作为一个价值目标,承诺广泛地分配权力并不是社会主义或资本主义制度所必备的一个附件。这是一个经得起推敲并可信的事实,即在发达工业社会和大的国家里,社会主义经济能认识到如何通过除了高压之外的方法来维持经济增长的高水平。西欧国家已经认识到需要在私人部门维持经济资产有效分散(这种分散已经在许多国家成为建构和维持民众政府的重要条件)中的作用充满信心,而非不适当的信任。在大规模的工业国家中,社会主义的分权和有导向的竞争可能会取得一个同等水平的有效自由,但是这种情况到目前还没有出现。

(3)*完备的政治发展模式强调获取充分权力以维持国家独立的重要性,因此不仅包括对经济发展上现实的政治诉求,也涉及对国家所有价值规制部门的发展要求。*

有效独立指的是像一个民族国家般行使职能的集体需求,即社群认识到对有效权力所依赖的基础价值控制的必要性。在这个观点下,很明显政治发展需要经济的增长,而经济增长落后至少是政治不发达的部分后果。如果以往的决策过程在规划未来发展时更加现实,那么许多国家就不会落后于在取得经济上优势后最终侵犯其国家独立的那些国家了。如果我们来回顾一下欧洲扩张的早期,就会发现一个很有意思的问题,即为什么欧洲之外的那些国家的精英们会错误估计他们为了将来而改变现在的重要性呢?同样显著的是有效增速的例子——权力精英们通常有能力将其用于推动经济增长。对当前目的而言,这篇文章的重要性在于,通过它引起对世界政治领域里每一个政治体决策过程中以现实为导向的工作的关注,并强调社会发展对政治现实主义的重要性。

(4)政治发展需要被理解为包括有*意愿和能力在世界政治中发挥负责任的作用*。

在上述(3)中提及的发达民族国家的标准,强调权力与维持一个国家在世界领域内独立作用之任务间的相关性。现在的标准强调的一个相关问题是,对权力*不加限制的*追求在一个发达民族国家是一个不可接受的事情。

在研究发展问题时,对外部权力关系没有给予充分关注是常发生的。经济增长理论可能看似为忽视对积聚行为外部面向的关注提供了一个先例。然而,这种认为经济模式只是排他性地处理经济内部演进的认识在很大程度上是不真实的。早期的资本积聚被认为在大部分情况下是依赖积极参与国际贸易、投资及援助,而且现代生产战略必须从那些显著的创造的中心得以引进。事实上,苏联发展的历史表明,在不同阶段,迅速的积聚在很大程度上可以与世界市场上的积极交易行为相脱离。

很清楚的是,政治的现代化不能通过逐步从世界政治中撤离的方式取得成功。当一个民族国家在外交事务中承担责任、完成一个稳定革新的内部决策过程时,它承担了一个自我维系权力的职责。一个发达的民族国家希望且被世界其他成员国家希望能够与一个包容的权威规范体系保持一致,这种希望必然包含一个能够且愿意被遵守的公共秩序的内部系统。

在政治意义上,只要世界政治领域缺乏一个包容的公共秩序——在该秩序中国际责任依据人类尊严被有效界定——那么,每个民族国家在一定程度上必定仍是不发达的。当然,在一个特定的时代民族国家间在获得政治发展的水平上存在很大不同。没有人认真地去质疑英国是否仍然维持着负责任地参与国际事务的高水平,或者是维护着一个肯定和接近许多理想规范的内部的公共秩序。另外,依赖克里姆林宫存在的苏维埃阵营的国家,只是刚刚开始向与其他国家有充分广泛接触的方向移动,以此来获得被完全接受为负国际性责任所需要积累的经验和制度。

列出一些可使民族国家在对外事务中负责任行为的倾向性因素积聚

（或分布）的情况，或许是适当的：承认的普遍性；互派外交官员；国际组织成员资格；在争端解决斡旋中接受第三方帮助；作为第三方参与争端解决斡旋；承担协助国际组织制裁活动的义务；采与国际规范相一致之方式给予外国人公正的法律保护。

（5）政治发展要求形成一个*内部的决策过程，其结构——正式与非正式的、组织化与非组织化的——构成一个具有创新能力、能够在追求提升所有价值参与水平中解决现实问题的公共秩序系统*。

上述部分对此有充分的解释。

（6）完备的政治模式能为*发展过程中及时校正组成元素提供战略指引*。

发展政策的制定、评估及选择以目标价值的阐明和识别因素所需知识之具备为先决条件，其中所识别因素之结合关乎发展过程被顺利推进抑或被阻碍。当一个特定国家的问题被放置于全球变化背景下观察时，策略可能是最现实的，这里的全球变化背景包括对过去和现在的认识以及对未来的预测。

归纳上述勾勒的国家政治发展模式，我们以运动来描述相关事件的顺序：

趋向一个权力积聚和结构性变革的自我维系过程；

趋向将推进并承诺权力分享作为一个长期目标的意识形态转变；

通过充分权力来维持国家独立，为此提出有效的政治需求，包括经济发展和国家所有价值规范部门的增长；

趋向愿意并有能力在世界政治中发挥负责任的作用；

趋向一个内部统一的决策过程，该过程可以建立一个提升所有价值参与水平的公共秩序；

趋向在发展中最优化组成元素的及时校正。

## 构建过程的目标

在我们已经提及的语境下，概括我们对构建过程目标的建议或许是有益的。这一陈述将按照下列提纲展开，而且在某些地方加入充分的评论以帮助进一步阐释其含义。

提纲：

1. 最高目标（简述）

2. 构成性目标

a. 在社会过程中寻求的效果

b.（在完善构建过程中）政府活动范围的界定：(1)自我修正；(2)规管；(3)监管；(4)制裁性矫正

c. 决策程序的功能和构成

(1)功能：信息、建议、规定、援引、适用、终止，评估

(2)（每一功能的）构成元素：参与者、观点、领域、基础价值、策略、结果、效果

1. 至高目标（简述）

建立和维持一个权威及控制结构，该结构体现了和有助于在尽可能广的范围内实现人类尊严的公共秩序。

2. a. 在社会过程中寻求的效果

(1)在任何情况下，都至少达成最低限度的公共秩序，在该秩序中强制性关系被保持在低层级，强制力行使垄断于问责公共官员手中，而且其运用是来保护人类事务中的规劝活动；

(2)为建立和巩固最优公共秩序做准备，在这一公共秩序中社会制度自发倾向于实现在所有社会价值形成和分享中的最大化参与；

(3)巩固一个尽可能小地牺牲人类尊严价值的权力过程，该过程要求在整个社会过程中尽可能小的牺牲人类尊严价值；

例如，在公共利益中行使权力：参与者被公正地对待（平等的基本尊重）；在一个高水平层面运行；公共事务需理性待之；充满人性的人际关系；参与者对自身的作用以及或对启发性背景图景之研究采取负责任之态度；社群之决策者可以获得充分便利以履行其任务；

(4)在特定时间内，获得有关权威及控制的结构与功能在预期上的统一；

(5)经过一段时间，获得有关权威及控制的结构与功能在预期上的稳定性；

(6)识别和维持与所建议的公共秩序系统的最高目标相一致的价值要求;

(7)用整个社群来支持有效的个体识别;

(8)在决策过程中推广运行技术的运用,并在整个社会过程中使之与基本目标相协调;

(9)在社会上发展和维护权力与其他价值之间的关系,并使之与基本目标相协调;

(10)取得并稳定权力及其他价值的容许和剥夺之间的相互关系,由此维持人类尊严之公共秩序总体而言是有利的预期;

(11)增强支持决策过程和与基本目标相一致的公共秩序系统的人格模式。

2. b. 界定政府在社会中的作用

(1)实现决策过程中和社会上服务于公共秩序利益的各类活动的平衡。公共秩序利益在其运行过程中,可以通过有关的严厉制裁程序得到最有效的实现。(公共秩序利益是一个公共利益,在其处置中通过适当制裁措施的程序得以充分实现。)

(2)当其他方法可能导致强制性关系,或价值的实现成本相对较高时,进行自我修正。

(3)如果在价值模式中要求限制许可的不平等,那么需要从事规管活动,即建立和维护对上层的限制,抑或是对下层的限制("天花板","地板")。

(4)当未能提供该服务将危及被认可的公共秩序系统时,基于私人请求可获得监管服务行为。

(5)使制裁政策适应预防、威慑、恢复、改过和重构的目的。

(a)预防的首要目标是,通过采取措施减少激进情势发生的可能性,进而降低违反规范的可能性。

(b)威慑的主要目标是引导一个预期违法者考虑其违法可能导致的净利益损失。

(c)恢复的首要目标是终止违法并尽可能恢复至原始情势。

(d)改过的主要目的是"不再为",或"补偿"对违法行为造成的否定性结果。

(e)重构的主要目标是通过转变社会情势基本模式的方式,降低违法可能性。

(6)区分一般执行问题和特殊矫正问题。后者涉及那些无责任能力的规范偏离者,其因自身缺陷或没有充分机会而无法了解公共秩序规范。

2. c. 与决策过程的功能和构成要素相关的目标。

(1)实现和维持这样一个决策过程,其功能是在支持所认可的公共秩序系统目标的过程中实现动态平衡。(功能:信息、建议、规定、援引、适用、终止、评估)

(2)为决策过程的每一功能实践和维持这样一个结构,其运行取决于系统的基本目的。

(3)加强每一决策结构组件间的相互适应度,其结构有助于整体目标的实现。(参与者、观点、领域、基础价值、策略、结果、效果)

(4)加强在每一组织中有能力参与者之挑选,该结构有助于决策过程的每一功能。

(5)推广每一组织中参与者的挑选,其观点适宜这项任务的完成;也就是说,参与者的信念、忠诚及诚信与决策目标保持一致。

(6)排除那些致力于相竞争的公共秩序系统和通过使用暴力方式从事危害已建立系统的人士的全面参与。

(7)通过协调与另一方之一般内在利益和特定独占利益,使在社会过程中已被组织化的竞技场适应于有效的价值形成和分享活动组织。(一般内在利益是指对许多或所有参与者都重要的价值结果;特定独占利益,虽然亦属于公共利益,但是被高度特定化了的重要价值结果。)在危急时刻,某一竞技场内权威的参与情况将被积极适应于一般内在利益或特定独占利益的情况。因此,竞技场将向所有依据涉及程度而受影响之人士开放,且弹性适应于变化。

(8)规定权威作为一个基础价值,其与功能的范围、区域及主要方面相称,并要求某一竞技场内特定参与者或全部参与者遵守,且适宜于其他被要求的价值的实现。

(9)支持诉诸最低强制力的策略,及积极强调劝说使用意识形态的、外交的、经济的和军事的政策工具的策略。

(10)当调整基本目的是维持公共秩序系统的必须选择时,维持一连串的结果意味着这种偏离是暂时的,且接下来的持续行为将克服目标与现实之间的分歧。

(11)为了消除暴力——这种暴力危及劝导过程——而在必要时使用暴力。暴力程度应与其必要性相适应;且在被要求的范围之内对所有价值而言是经济的。

(12)关于构成作用整体品格的优先性在所提供的结果程序中得以实现(例如,多元权威的实现范围)。

(13)维持结果程序实现合理解释和信息评估。

接下来的几章将继续讨论决策过程七个功能的每一项,每一部分重点关注发现权威及控制结构的建制性问题,该结构最有效地协调功能履行与公共秩序基本目标之间的关系。

作为一项规则,我们依次对决策过程的七项功能进行检视,其表达了一种与"自然"秩序相似的关系——体现在已实现的集体行为之中。因此,我们通常从智识活动开始,既然其作为后续活动的开端是价值受环境影响的各种路径认识。然而,就当前目的而言,如果我们从规定开始,它将是有助于讨论的,因为构建过程已经深深地涉入到一般性要求的构想之中。[2]

在检视每一功能时,我们选择了与每一行为之不同维度有关的重要问题。在一般研究进路上,我们从讨论的领域及其参与者出发,探讨基础价值和策略。然而,我们已调整将每一功能相对明显的特征置于突出位置。

【翻译:陈　兵;审校:沈　伟】

〔2〕　这一点是说不论是在全球或是地方,任何特殊社群的整个构建过程都正在被不停地规定和再规定。这一规定功能是更大建制性决策过程中的一个不可少的构成元素,也是过程自我创造和再创造的特定方式。

CHAPTER 02 >>

# 第二章

# 规定功能

## 引　言

谁应当被授权为国家立法？这是建立一个新国家或传统社会转型时的首要问题之一。参与宪政构建过程的顾问型起草者寻求实现有关规定功能未来安排的预期。

新国家通常为了规制权力分配而制定一套基本法。在这一关联中发生的信息交换可能对社群的预期、要求及识别产生永久影响。在这一时期所发生的对话将在国家生活中持续。沟通中最重要的法案可能是被接受为宪章的文件。这样的构想被希望发生在自由国家，也有些例外，比如英国（英国拥有一套与其他法律效力平等的法律文件）。主张宪章中包含国家的宪政性安排是不准确的，因为习惯总是体现为行政长官并不总是遵守纸面上的规定。

在一个国家历史上那些早期进入到沟通阶段的顾问型立法者，有特别的机会通过影响根本性宪章之文本选择的方式来影响未来。这一论述坚持认为，只要引起参与者在决策过程中的注意，他们就可以对社群的预期施加一种标准化的影响。因为官方和非官方的解释从一开始便作出，围绕着一些关键形式和口号的预期成为了有关权力规定的一部分。

因此，虽然没有见识广博的人会相信成文宪章上的文字可以引导或强制社会生活现实遵循文本规定，但他们也没有认为固定的书面规定不会产生任何影响。即使有些规定多年来都处于无效状态，政治的需求可能最终会接受其正当性——将其视作该类术语的一种假定“文义”上的解释。这种模式在宗教历史上特别常见。间歇挑衅面对着基督世界的宗教权威要遵守“你不得杀人”的禁令；而且“财产归公共所有”这一早期基督教社群的先例被不停地援引来证明共产主义的正当性。

现代宪法通常都准备好考虑其对大众的影响。在第一次世界大战结束后，依据新的经济要求起草了新的宪法内容。制定一个含有为个体提供民事保护的权利法案已经不够了。宪法制定者规定了对集体谈判（劳资双方就工资等问题的谈判）、八小时工作制、可能还有政府组织中工会代表的承认。德意志共和国的魏玛宪法很冗长、细致而且在许多方面都是不能被执行的。无论如何，它表明了一种远离 19 世纪法律工匠们所推崇的那种极为简单的起草模式的趋势。1936 年苏联宪法是着眼于其在全球共产主义政党的领导意识而书写的。这类文本通过与“法西斯主义”对比来传播“苏维埃式的民主”，被用来指导苏联的外交政策。这种培养大规模效应的趋势在第二次世界大战后仍然得以继续。

除广义或狭义的诉求策略外，一位顾问型立法者所面对的问题是是否鼓励将一些*可能无法执行的规定*吸收到宪法性文件的文本中。作为一种必要的手段去动员联盟的支持以获得制度工具的批准，这样一个行为可能被正当化。然而，假设这并非是一个问题。宪章的用语应当被视作一种所追求的目标的清晰表达（即使不成功），抑或作为严格遵守的强制性规范的集合呢？在这一点上，通常认为英美法的方法与普通拉美国家在该类术语上的观点有明显不同。依前者言，宪章是强制性规范；在后者看来，则是一种劝告。可行的调整是可能的，即通过删去特别的和不具有操作性的条件，而规定对未来一些宽泛的指令。例如，美国宪法在其序言中规定了国家的价值目标。在 18 世纪，习惯性的做法是在解释制定法时，重视法律解释中的序言。后来这一倾向发展为将序言排除于授权内容的正文主体。一般来说，美国宪法序言具有修辞意义上的重要性，虽然它仅具有空乏的法律效用。(我们的观点是从一个法学理论的综合性概念否定这一狭义解释。)

一个经常出现的策略问题是,在多大程度上宪章起草者应试图通过将部分宪章规定放置于修正案的范畴之外,(或通过设置修正障碍)来“约束”未来决策者。当一群具有同质文化的人拥有一套普遍规则传统时,考虑上述问题可能是多余的,因为社会已经知道克制地运行自治政府制度。但当国家不具有普遍存在的规则,或者是被地方的、阶层的、或宗教的冲突所困扰时,前述问题答案就更值得怀疑了。在发起设立一个新政府时,保护民权和少数人利益(精神上权利)可被写入基本宪章,以此希望帮助协议具体化并使之发挥作用。任何违反最初妥协的行为都可能被抵制,不仅以特殊利益的名义,而且可以主张一开始就签署的权威性契约。事实上,违反宪章的罪恶行为是可能出现的;但是预期违法行为将危害许多依赖宪政性文件的重要性而存在的利益却是合理的。

支持包含*程序保护*的观点认为,一些可能由相对多数派导致的巨大损害可以通过“中止请求”予以避免,其目标并非阻止变革,而是确保充分的考虑。在那些正式和有效的权力参与实践已经逐渐扩展开来的国家里,这样说一点也不过分,即“三权分立”已经根植于公众观点,嵌入个体意识中。在跳跃式地推进自治政府、现实与预期之间裂痕很深的地方,一个正式的中止请求可能是有助于稳定的。通过特殊保护措施保护的权利类型可以包括一个权利法案(限制官员为了个人和多元团体之利益);少数人权利(尽管这类团体也接受当前政治结构,但是其文化需求在一定程度上偏离普遍规范);以及“国家权利”(即保证保留构成国家的那些社群要素的权利)。

前面段落已经探讨了一些有关策略的首要问题,这类问题必须由顾问型起草者在其安排中处理首要问题时予以解决,即通过其潜在影响力来影响宪章用语。顾问也有这样一个能力去影响起草文本的程序。这些程序可以改变所有参与宪章制定的人的意见。因此,新精英和继任精英的倾向可能会直接受到影响。宪章可以由全面代表下的制宪大会,经长时期的公开宣传和辩论而制定;或者相反,也可以由临时政府在很短时间内,迅速地、秘密地发起制定。

## 国家和次国家领域

在有些情况下，一位顾问型起草者会陷入一种情势，在其中主要计划超出了他的直接影响力。可能一个成功的“反殖民主义”行为已经摆脱了外来文化的海外权力统治，而且留下一个建立在被良好组织起来的邻国所环绕着的在确定领土之上新独立的民族国家。每个人都明白当下的任务是在国内巩固公共秩序的新系统，在国际层面通过获准加入有序的国际社会结构而赢得海外的全面承认。

然而，顾问们并非总是发现那些情势是已经高度定型化的。新兴国家的边界可能是非常复杂的。各部族的政策可能不一致，有些领导人希望统一为一个新国家，而有些则致力于开拓其各自的国家。这类裂痕不仅反映在部族划分中，也体现在基于不同宗教传统的地区差别或是现代化层级上。因此，顾问型起草者偶尔会处在战略位置上去影响那些有影响力的精英朝坚持大型或小型国家的方向发展。

当朝向独立和统一运动时，总会组建一个国家，其精英们会致力于一个民众政府，这并非理所当然。只有当权力精英（和作为整体的人民）中有影响力的多数派支持民众政府时，意味着一个强大民族国家里的一定程度的统一才有助于自由。看上去自由与统一之间并没有直接或永恒的关联。现代历史中在民族情感的巨浪下，政治组织已经通过很多模式被重新安排。我们已经注意到大量细微组织被合并成为大的地方组织。在其他情况下，这种变化已经朝着成倍增加而不是减少政治单位数量的方向发展（如，在中欧和东南欧的哈布斯堡、土耳其和俄罗斯帝国，近东以及非洲等的继承者中）。在 19 世纪早期，民族独立的要求是典型地与在国内实施自由制度的要求相伴的，而且也要求推行平和的民主国家的联邦制。然而，这类要素的联合却远远未及普遍。当德国被统一，许多因素破坏了民主要求的力量（特别是中间阶层面对劳动阶层时的担忧）。普鲁士在军事上的胜利巩固了地主贵族的特权地位，阻碍了民众统治的全面实现。

德国的例子在联合民主的少数派和非民主的多数派问题上，很有启示。普鲁士是德国反民主力量的召集者,其有效地延缓了民主革命。在瑞士,自由政府能够存续是与缺乏强有力的地方势力有关,这类力量与自由政府的社会制度不相容。此外,与瑞士人不愿意加入那些可能包含与自由政府不相容的元素的邦联也有关联。

我们不建议不切实际的方案,也不建议反对吸收任何反民主的元素。如果重要的精英人士支持朝更全面民众统治方面发展,一个有缺陷的统一体可能更倾向于不间断的战争和战争威胁。在新的正在历经现代化的民族国家中,也许并没有超越部族或乡村层面运行的经验,除了在一些城市中心。最好地受到训练的精英人士可能可以在军官团体中找到,他们在国外受过训练,并且将民众政府作为现代民族国家组成部分接受。在此环境下,顾问型起草者可能会为与所涉及的军方重要人物合作而冒任何风险,以希望能够巩固一个强大到足以去阻止内部各部族敌对行动的统一政治体,并防止倒退。

在组织规定功能上的一个主要问题是如何在所涉及的所有社群间分配权力。我们对社会过程的分析焦点在相互作用的基本事实上,因为相互作用界定了基于领土的或多元的组团之间相互依赖的程度。我们总是强调世界范围内的相互依赖,和总是存在于分立的世界中的危险。无论基于最小抑或最大规模,人类尊严统一秩序的前景非常危险暗淡无光。此时,构建一个新的公共秩序系统将是那些新的和发展中的国家所面临的挑战。

一般而言,在每个社群内形成一定程度的自治是与自由政府原则一致的,因为每个社群实际上是其成员间相对紧密的互为作用的一个区域。在一个有效范围内,在一个更统一的层面(地区的、民族国家的、双极的或全球的),这些区域可以与全部事件相隔离。然而,在有些情况下,剥夺次社群一定程度的自治(该种自治典型地符合民众聚集)是明智的。次社群可能是“不完整的社群”:其领土可能没有被永久居民占据,被偶尔基于特定目的使用(如水产加工、气象观察、部队集训等)。除非中央权威行使有效控制,否则这类情势的发展将危及更大范围内的健康(或其他价值)。即便本地文化是“完善”的,在这个意义上其功能是多样的和永久的,但也可能与民族国家的价值和机制不一致,以至于除非中央权威得以建立和维系,否则这类情势将危及民族国家的内在价值。这是一个真实存在的“少数民族社群”,其中不同文化模式的承载者在相互交往中产生冲突。如果“少数派”涉及民众中的相当大一部分,那么在统一规模上组建自由政府是非常困难的,因为在形成一系列统一的基础价值和机制方面是不充分的。民族国家被诱导运用极权对拥有不同文化的民众予以控制,由此时常会在国内外危及自由政府。

赋予某一特定文化何种作用并非仅是一个地方性问题;它是世界政策的一个主要问题,而且在关乎“民族自决”和“保护少数民族权益”诸原则方面被认为如此。在少数民族文化聚集的特定地区内,存在着发展出新的区域性(民族性)单位的条件。这一要求大概会遭受当前精英的反对,因为这些单位的新建将减少一个国家资源的基础和人口数量。对相邻领土拥有所有权的丧失可能危及国家安全,因为脱离社群,一旦其建立为独立单位,可能会与原属国之敌人或对手联盟,或者是形成一个产生敌对势力的不稳定地区。

事实上,这里有许多工具可以用来处理“少数民族”问题。认识到“少数民族”国家的安全利益,国际协定可能会授权主要国家为少数民族的受托人,其有待发展到可以全面参与国际社会活动的程度。有时,当具有特定文化的社群占据在与托管国家不具有相邻地理位置的岛屿或是其他大陆上,这类托管制度被成功地使用(例如美国和菲律宾)。就相邻地理位置而言,如果它们(少数民族聚居地)构成了国家社群的一个小部分(如,长时间存在于印第安纳部落与美国市民国家的关系上的倾向),其传统文化的继承者便逐渐让步于周边环境的被侵犯。在过渡时期,许多安排被用来调节一体化的过程,来减低个人非组织化发生的程度。

在“少数民族”处于政治结构的顶层而非底层的社群内,推广和平调整的工作是特别困难的。这对于海外的帝国是适用的;或者是在那些由少数民族治理的独立国家,如南非,虽然拥有现代化的科技文明,但是其治理者担心自己会陷入由不同物质和文化特征的部族成员所形成的泥沼之中。类似问题也出现在拥有高度发达的城市中心和广阔的穷乡僻壤(其中居住着原始社会民众)的国家,如巴西。

使内部社群适应于另一社群的方式通常被邦联、联邦或单一国家所考虑。在邦联形式下,个体单位可能被授权退出。因为在美国内战中联邦的胜利,逐渐认识到联邦联合,就其单一组织(或联盟)设立初衷而言是不能被解散的。在单一制国家,因为较少的领地范围明确地从统一单位处获得自治,不会引发前述问题。

从功能立场看,“邦联”、“联邦”或“单一”国家可能以相当的方式发挥作用。如果共同威胁的认知被真切和广泛地分享,即便是一个邦联也可以全面地利用其人力和物力资源。相比之下,如果共同目标失去其诉求,那么即便是单一国家的动员努力也可能达不到预期目的。

## 多元主义和地域性

一个主要的宪政疑问提出了多元主义对地域性的问题。在某种意义上,这一问题是虚构的:我们不可能去设想一项领土安排不拥有一定程度的特殊利益配置;或者,相反也不可能想象一个多元化团体未能影响地域的平衡。虽然我们认为美国各州是一个地域单位,但是各州普遍根据其多元化利益被提及。“棉花集团”是一种多元化类型;然而棉花种植是高度本地化的。

现代议会制度通常直接溯源于分别集会的阶层,最终联合成具有相当明显区别的社会构成成分的两院。当现代科学技术的普遍模式传到强调社会等级的社会时,通过安排他们控制特定的立法机构可以便于调和造成的利益冲突。

现代工业社会正在不断重新认识多元化认同,其中的一个结果是恢复坚持立法组织的形式,在该组织中多元选民被明确地承认。有些国家施行一院制,由以职能而非地域为基础的分支构成。

要求一个立法机构的两个分支间协议的实践操作,并不能说证明其正当性,作为一个过渡机制被用来赢得对那些新的宪政观点的认同。双重考虑并不意味着相关认知是两面性的,也不说明判断标准被多重化了。相反,两院都涉及的预期通常导致彼此都只做肤浅的考虑,并用相互推诿的手段处理问题。更严重的是导致僵局的可能性,在一个异常危险的状态下事务处于一个失利情势不断出现和对任何人或事的排除都难以执行的世界里。在发达国家,多元化的团体不依赖于正式陈述来影响立法活动。立法者通常依赖压力团体网络来获得有关公共行为的数据、争议及建议。成为一个正式委任的多元化利益的代表,使个人较地方性的代表处于一个更不利的谈判立场。前者要求负担明确的特定化利益,而后者则被赋予权力为作为一个整体的社群利益而发表意见。有些个人可能成功做到了使人信服他们不只是工会、商会或行业领导;但这是一个缓慢的过程。

多元化投票或比例代表制的技术通常被认为反映了以地域为背景构建宪政的功能维度。如果选区足够大,能够使选民在几个候选人中选择,那么可以预见少数民族利益可以依赖在社群中获得直接的代表而得以现实。比例代表制是一种投票方式:它允许多余的选票转入给候选人,而且宣称提供一个较其他可能性更能够全面体现投票者认可的路线图的结果。因为政府的有效性如此直接地依赖于其作出决策性行为的能力,这些机制如果被使用的话,需要以这样的方式适用,即防止决策过程失效和瘫痪(例如,最大限度的多元化可能被给予一个技术的多数派)。

## 选民的作用

正如我们所假定的,顾问型起草者与自由社会的长期和短期范围的利益相关,很显然特别的关注将给予选民在决策制定中的作用。我们已经谈到了民主政府在推广公共利益上的利害关系。这里也涉及一个能力的问题。民众统治或许未能自我繁衍,而且突然间或出乎意料地变成为其他东西。

民主制国家特有的弱点是已知的,例如间歇性不可控的侵袭而引致的无动于衷;追求特殊利益引起的公共利益之间的摩擦。虽然假定这些局限性是民主制独一无二的缺陷是不正确的,但是我们仍将这些局限作为民主制所特有的予以谈及。对国家综合价值职能的漠不关心在某种程度上可以在政府每一系统的政策制定者中发现。同样,民主制在面对未可预期的危险时,也没有完全的情绪化。当规则制定权集中在一个小圈子手中时,这一小圈子的成员可能会对他们自己的生存采取一个完全不负责任和不现实的态度,不知不觉陷入他们不顾一切企望摆脱的危机之中。在规则的民主形式下,有那么多个人都可诉诸公共政策以至于对整体没有威信和不得人心的避免可能在那些极度严重的危机中达到极点,在这类危机中成千上万的人近乎崩溃。这类危机反映有效的利益和参与程度在先前就已降到了一个十分危险的低点,而且政治平衡已被打破。“反馈”和恢复因素已经如此失常以至于民众政府走到了尽头。

老的民主制国家正在开始重新调整以适用现代大众通讯工具。认识到即时通讯增加了“群众心理”被控制和选民以疯狂而非理性的声音说话的危险。见证在第一次世界大战结束时,由劳埃德·乔治(Lloyd George)操控的“卡其大选”(“Khaki Election”)中使用了一些煽动性口号如“绞死恺撒”,以激发累积的仇恨和长达四年之久的压迫。如果这种事情发生在“议会之母”的国家,那么可能对这类国家——对文明的普遍规则而言必不可少的自我约束较浅地植根于此——造成什么样的灾难呢?

在现代大众通讯条件下,公众困难的一个首要来源似乎在一定程度上自相矛盾:将通讯行为的完成作为听众利益私有化的一个结果是失败的。在众多公共印刷品、音响资料及影片中,成千上万的人通过拒绝对许多他们所面临情势的全面关注来保护其隐私。这种隔绝是一种保护自我免受大众媒体不断骚扰以及防止自我不间断地引起担忧、爱、愤怒和其他情感活动的方法。结果,整个社群可能仍对他们已经被知会的发展的重要性并不知晓。通过拒绝或忽视相关信息,并未关闭沟通路径。结果,当危机不断增强时,一个绝望的、迟到的对危机的捕获可以如同雪崩一样给予重重一击,毁灭个人、政党以及法则的作用力。在国际社会处于紧张的时代,公众和大众趋向于忽视或不关注烦扰信息,而且当现实影响不再倒向一边时,趋向感受到被迫害。

如果目标是减少不可控情势或是提升思想教化,那么最有希望的办法不是减少整个社会和政府机构之间的双向交流。防止“群众心理”的首要目的是通过赶在烦扰事件前调整预期。这是一个提供一系列现实信息、且在社群内形成刺激去对这类信息给予严肃关注的问题。(当我们讨论智识和推广功能时,后一任务将被给予更细致的考虑。)

当前我们强调科技发展对公众生活的潜在重要性。对于整个国家而言，成为倾听者是可行的，如果有需要的话，通过专门适于目的的设置，听众差不多能立刻有反应。按钮式投票可以记录投票过程；投票情况可以立刻被绘制成表格。时间因为生产使用机械而被释放；原则上，大量自由的时间可以投入于公共事务。关键的问题是一个“奖励”机制，该机制能够使关注公众问题胜于所有其他的时间利用。这类机制如何能置于整个生活模式之中？

规定功能的建制性安排能够合理地希望对公共利益和思想教化施加重要影响。选举的建制性安排提供了构建一种将大众关注聚焦于公共事务的内在方式。选举时间应当是严格的还是应该有一定程度的弹性呢？在这一问题上，在其他大规模民主制国家内我们有美国和英国的经验。通常来说，经常存在的议会选举的可能性刺激了公众意识；进一步而言选举时间倾向于与有关国家政策的公共观点之真正差别有关。相比之下，美国政府似乎给予时间安排一种不适当的遵从，而且对“真正问题”依然顽固。英国选举的不确定性至少对公众教化有一个有利作用：竞选运动相对比较简短。耗时漫长的竞选运动给公众制造了混乱，也增添了疲乏感，而且浪费资源。

何谓通过公民投票方式扩大国家全体选民决策问题的作用？可能在这方面最有经验的国家是瑞士。事实表明，因为在同一时期民众对所提交的不同问题投票有变化，选民行为是有选择性的。反对者的声音得到强化是可能的（仅有少数派通常会自我激励发起新的行动）。许多民主的拥护者认为，如果不对公民投票进行一定程度的限定，克服普遍存在的保守性和地方性将是非常困难的。然而，这一主张在那些通讯网络发达，多元团体存在或者容易组织起来的国家里必定遭到拒绝。公民投票所面对的挑战是激活全体选民；而且这也有助于公共目的。设置一个公民投票程序的部分问题是避免在公投安排下选民们自认为有义务作出太多决策，而这些决策可以交由执政党来承担——基于其管理职责，通过选举活动作出决断是可能的。

## 代表机构的作用

总结现代国家中承载着诸多规制功能的政府机构将是乏味冗长的。然而,我们可能要区别"立法机关"与"民众大会"。反过来两者都可以区别于"最高行政执行机构"。"立法机构"是指经常召集的代表机构;另外"民众大会"不经常召集。"最高行政执行机构"专门负责正式法规的执行;且这类活动通常要求确保行政规则可以弥补制定法和判例之间的空隙。

大规模现代民主制国家的增长伴随着以减缩最高行政机构权力为代价而扩展民众大会和立法机构的权力。在议会制政府的内阁形式中,下议院和上议院通过在其自己的委员会(即内阁)中保留制定法执行,和履行某些"适用"功能(例如,私人提案)的方式来控制执行机构。在美国总统制模式下,制定规范的功能正式地在国会、总统(政府)和最高法院间分享。"民众大会"制度被用来为重要的特定目的使用,如起草或修正宪法性章程。当某一组织成员有意愿放弃其对一个持续的执行委员会和固定人员的控制时,代表大会(通常称为一个"大会")也是一个必不可少的机构。大会在"私人政府"中具有突出地位,如股票被广泛持有的商业公司一般,控制权通常仍然保留在少数人手中。宗教协会、联谊组织、专业协会和许多其他自愿团体使用相同结构。大会组织已经多次证明其作为演进机制的价值,提供了在一个规模正在扩张的社群内自治政府的经验,且建立了一个有效表达自由需求的渠道。

如果一个权威机制变成了一个控制机构,那么它一定拥有一个精英充分聚积的支持,以确保其地位。我们从所有政府形式,包括普遍规则的发展历史中得知,如果一个处在权威地位的机构保有控制的话,一个有效的个人和团体的联合必定提供一种权力去影响整个决策过程。对于国家奠基者而言根本性的问题是普选权并不足以巩固一个民众政府的系统。公共秩序框架必须靠国家中有效用的权力组建来支持。虽然政治联合的成员发生改变,但是对宪政性结构本身的挑战必须通过基本的联合予以战胜。

在传统社会里,已很好建立起来的乡村或部族治理机制可能会维系相当程度的权力分享。然而,在国家层面有效参与的经验可能是缺乏的。可能存在少量的社团,提供地方或多元团体和国家政府机构之间的持续性接触。政党团体作为普遍控制的机构可能是未知的。这里可能就选举的控制方法有非常少的要求。在如此条件下,如果权力唐突地被授予一个根据领土组成而选举产生的立法机构,那么结果可能导致不信任而非重新执行新近所主张的自由和独立的目标。没有经验的立法者在这一时期,在履行其职能时,可能无法一起行动。

在一些情况下有些机制已经被用来促使社群进入国家层面的立法程序。权力分享可能被逐渐引入。构建过程可以被组织起来,(通过和平演变)以提供一种权力分享的"自发扩展"。例如,议会体制作为一种制衡王权的方式而成长起来,而且它可能在有些新兴国家重复其发展的大致轨迹。国家咨询委员会可能被新的国家领导者任命组建。如果委员会成员被要求同意有关新政策任务如何完成的建议,则在责任上的非正式培训可能发生。基于地方和多元权威的提名,国家咨议大会可能会被召集。其代表可以通过一个多层级的程序挑选产生,这一程序原本赞成权力被最高行政精英保留。例如,在地方层面推荐参加县代表大会的代表。县代表大会提名州代表大会代表,州代表大会推荐区域或国家层面代表。当前景发生变化和功能被更广泛分享时,代表大会可以逐渐转变为立法机构。起初被控制在中央政府手中的对被提名者的否决权,在国家变得越来越统一、且在国家决策中对有效呼声的要求被不断强化时,可能会被允许丧失。

对宪章起草者和颁行者开放的一个主要机会是阐明国家的最终目标,和强调分权、思想教化及归责之间的联系。在规定的间隔期内,通过为官方重新检视主要安排做准备,很有可能会直接影响改革的时机。

这个问题的一个方面是适当平衡地方选区与全国选区的关系。美国宪法的起草基于这样的预期,即选举团将仔细考虑最高行政长官的人选(当然,其与国会一同履行规定职能)。但是政治发展很快俘获了选举团,而且使之转变为一个橡皮图章。然而,在某些政治欠发达国家,一个选举团可能被制度化为一个选举教育的过渡工具。

当我们检视一个特定社会的社会过程时,可以清楚了解诸多个体实际上确实与其他个体在参与的团体活动的频繁度和强度上有很大不同。如果我们把每一个参与都称为“投票表决”,那么我们发现有些人在地域和多元化组织中有大量的投票权。这一建议经常被提及,即在以地域为基础的国家内正式的投票安排应该考虑多样性,而且允许每一个人依据其所有身份资格进行投票。不是“一人一票”,而是“一参与一票”,这被认为是适当的口号。然而,从民主目的的立场看,我们必须拒绝这一建议。国家意义上的“投票”与其他组织的“投票”不能等同。一个国家的显著功能是使个体能够作为一个“整体意义上的人”在许多认同、诉求及期望中进行判断,且在有关个体与社会价值(以及社会强制力)的关系上形成统一的决策意见。

对许多个人,特别是那些在跨国商业或文化组织中积极活动的人士,在单一国家内的“投票”对他们作为一个整体人来表达自身而言是一个不令人满意的机制。跨国领域、市场、法院以及其他相互影响的情势落入复杂且非常规的模式;因此没有现存的以地域划分为基础的组织涵盖了个人可能从事的一系列活动。

最直接的解决方法可能是允许个人在其所生活或工作的民族国家内都享有投票权。对民族国家所负义务间的冲突是生活中常见的事实;许多这类冲突已经由可接受的方式解决了。然而,目前多国参与的想法可能看上去与受普遍支持的传统的独立国家观念太不兼容。

投票资格最适合的条件是什么?我们认为这类条件是与规定投票标准的基本目标相一致的,此标准规定投票者限于几乎所有成年人(在当地文化下所理解的成年人状态)。设有年龄最低限制,这是肯定的;年龄通常被认为是衡量人成熟与否的一个粗略指标。将投票活动与自愿服兵役联系在一起并不是不合理的。有严重精神缺陷或精神病的人士没有投票权,这也是肯定的;对那些没有能力在社会上发挥可接受作用的人应该免于行使此自由。曾被判定有问题要改造的自然人也没有资格重返决策过程,直到他通过教育而具有能力。我们把任何所强加的不适格看作对公共政策的挑战;这些表明社会需要改进其管理人力和物力资源的方法。这类改进不是乌托邦式的;例如,精神缺陷的预防和治疗就已经为重要案例类型完成。

一般而言,频繁地改动投票条件似乎是不明智的。除了一个虚假和暂时的成就感外,这一做法容易使投票规定成为儿戏而无效用。试图去克服低的投票率更为有益。但即使在这一问题上也没有固定的解决方案可以依靠。规定强制投票(如同在强制投票中)并不是对公共事务不感兴趣之原因的答案;相反,这是一个使一个国家内普遍盛行的教育和思想教化的整体过程适应于市民社会现代化任务的问题。

前述关于投票资格的讨论设想了一个具有自由政府传统的社会。在问题是建立一个新的政治平衡的地方,选举权的管理本身就是民主化的一项重要工具。在过去,普遍原则是显而易见的:直到一个真正的扩大选举权的要求存在时才予以承认。如果投票权的分享被给定于某些人,则进一步扩大享有选举权的圈子,在此过程中投票权将比对其要求获得之需求出现前引入该权利受到更高的尊重。在当代条件下,情势经常随应西欧民主的内容(这被认为是民族独立国家的特征要素)的变化而改变。因此,这里的问题是如何利用投票作为一种工具来建立负责任的政府。

渐进主义方法的一个负面结果已经表现为利益配置有时被安排在实现充分民主前,就试图在某一点上稳定政治体制。虽然,假设在一个大规模的现代国家里公民权扩张不可避免是过分乐观的,但有许多证据显示,当所有价值增长(例如,当技术团体变得更加细化和积极)时,分享权力的需求会增长。在制定宪法中,原则是用以避免——如果可能的话——在最后文本中加入特权的规定。(近期的联合国安全理事会是一个显著的"构建特权"的例子,因为特殊权力被赋予了常任理事国家。)

必须承认,选举权(无论是形式上抑或实质上)已常常体现为为巩固一个有效的公共秩序系统而付出廉价和频繁转换的代价。在这点上,美国社会和政治的演化就是一例。农业元素的过分表达已经无心地为波澜壮阔的城市工业主义兴起提供了粗略的补偿。这样的成本可能小于充斥着不满的农村地区和早期城市中心之间可能已经存在的无法逾越的差异。联邦制的解体("美国的巴尔干化")由于许多因素被阻止,其中必须提及在联邦体制中的农业人口的特殊作用。

一个更有力的例子可以用来说明在位者比选举者更多的资格限制。

选举结果的有效性是否可以通过缩小选择范围提高候选人素质的方式予以提升呢? 这是可以争辩的。但有疑问的是,那些不具备资格的候选人是否为自由制度植根的社会发挥了有用的作用。正如我们前面所讨论的,选民与在位者之间相对独特的既角力又合作的特征,在他们看来是有助于社会需要的。通过在一些正式文件中提及,诸如出生地、宗教信仰或年龄等细节因素被给予了不成比例的重要性;而且对这些特别因素和国家领导人资格间紧密关联的假设可能有待进一步证明。

然而,在一个新国家形成期,将有些元素排除于公共权力部门之外是有利的。为了允许新的平衡得以稳定,通过排除至少一个世代的代表了旧秩序的那些人、而不再强调旧有宪政性斗争,可能是有用的。排除过去专制王朝的成员是适当的;而排除那些受外国势力控制,或处在宪政风暴的中心的宗教人士或党团成员,也是合适的。

## 调整权力基础

构建过程建立了一种预期,在该预期下官方机构获得使之能完成其所承担功能所需的经济和其他资产。在此关联下,存在提出一个权力及控制分配各方都接受的基本原则的可能性。该原则来源于这样的认识,即虽然不可能确保将所有功能全部授予任何单一结构,但这仍然是真实的,即在某种危及到被认可的公共秩序体制实现的情势下,一定程度的权力垄断是可能获得的。例如,在某些情况下规定功能可被赋予最高行政执行机构,即使其附属于首要功能是执行的某一政府机构。这一情况除非立刻得以改变,否则如此权力集中可能实际上阻碍民众政府的发展。制定规范的功能附属于最高行政权力可能不能真正展示其服务于该体制之最高目标的潜力。如果制定规范之功能能适当地履行,则必定接近最高目标,虽然个别案件的扭曲会偏离该目标。需要这样一个竞技场,在其中政策目的和适用对象可以公开地予以争辩,整个社会的许多声音可以被听见。

使承担制定规范功能的机构与关涉决策之其他阶段相隔离以免受污染,这样的做法是错误的。许多例子可以被援引来支持这样一个观点,即当一个结构缺乏官方权威参与所有决策制定和执行功能时,制定规范的功能不能被该结构有效履行。例如,立法机构可以建立和维系自己的权力地位,如果除开拥有的立法权威,它还具有在信息、推广、援引、适用、终止及评估等方面的影响力。原则似乎是通过权威发挥在所有功能上的一种次能力来保护首要功能的效用。当权威的范围为多功能时,便有机会与其他机构进行合法联合以维系宪政的大致框架。(结合对某些决策功能一一进行讨论时,一般原则的重要性被提出来了。)

在检视制定规范功能在政府各机构间分配问题时,我们强调建制性问题顾问有责任依据未来决策走向对社会过程可能产生之影响(包括对决策过程的反馈),提出自己的建议。这类影响可能是相对包容性的,也可能是排他性的。*包容性*权威被适当地给予一个规范制定机构,授权其就对整个国家预期产生重要影响的事情予以立法。*排他性*权威被恰当地给予一个地方的或多元的机构,其被授权就那些影响范围小于国家范围的事项进行规范。[1]

在科学技术的影响下,全球(及构成它的社群)的社会过程正变得越来越相互依赖;因此具有长远视野的建制性问题顾问确信包容性利益将位于一个国家的首要制定规范机构的能力范围之内。

相互依赖趋势不应理解为试图对权威和权力集中设定限制是无望的。现在正变得可以获取的计划机制使对制定规范权威的范围、幅度、领域设定限制成为可能。模拟未来、评估其他方式权力分配的后果,是有可操作性的。分权化处理某些地方事务的能力可以维系一个以某些经济低效(及其他损失)为代价的政治参与的预期水平。

## 审议策略

在不久的将来,建制性问题顾问使用模拟方法设计出一套合理的程序模型是可行的。这类方法可能会影响制宪大会或委员会所采纳的程

---

〔1〕 对跨国问题的研究,我们使用略微不同的排他性和包容性利益的概念,参见 M. MCDOUGAL, H. LASSWELL & I. VLASIC, LAW AND PUBLIC ORDER IN SPACE (1963), Ch. 2。

序,并且由此影响所有其他官方机构的未来审议程序。

建制性问题顾问既有传统的亦有复杂先进的影响审议机构策略的方法。作为一种强调决策中合理性、及采取适当程序的相关合理性作用的技术,基本性规范可以设置有关标准,即如果,且仅仅是如果符合至少是合理解决问题的最低条件的程序予以通过,那么该类规范具有权威性。在这些宽泛的指引中,该问题可以得到清晰的说明,即每一协商机构被授权建立它自己的秩序规则,且也被授权(在规范文本所设定的宽泛的限制范围内)判断其成员的准入资格。

审议策略是一种议事安排,通过该安排组织规范制定者的注意力焦点。该安排也设定程序以决定*谁*被授权审查*什么*和按照什么顺序;这可能会深刻地影响到结果,因为在许多相关倾向方面每一个体都不同。如果把审议机构细分成议会或委员会,其成员的委任则是一种决定性的活动;同样,对那些制定领域而言事务发展的路径也是决定性的。

## 投票实践:谁是胜者

基本章程或许可以在结果阶段用于决定胜者的程序的实践定型化。通常有三种投票程序被使用:简单多数、特定多数、相对多数。假定我们接受简单多数作为普通规范的制定满足条件。如果有的话,何种例外情势适用特定多数是正当的呢?

当情势紧张和观点严重分歧时,特定多数有助于政治上的和谐。当某一决策以压倒性优势通过时,少数派可能更欣然同意。一个良好组织的民主政体将有能力阻止把一个分歧严重的问题推向全民投票以作出决定,除非该代表社群之行为迫在眉睫(正如,当立法成为必要,以回应外国最后通牒)。在自我节制传统正在消逝的地方,预测观点将被狭义划分的问题的归类,并规定特定多数(三分之二、四分之三等),是明智的做法。

在有些社群内,就各类问题的表决要求一致同意。可以进行强有力的论争以服从每个人的判断。然而,在一个急剧变化的社会里,行动而不是服从的需要是急切的。一致同意的规则因为适用起来很困难,可能强加一些挫败于大多数人,致使公共秩序本身遭受危险。在此情势下,持反对意见的个人特别可能成为非官方强制的对象;因此在这样的社群内高压政治可能受到鼓励而非劝阻。

如果特定多数表决制是必要的,那么这一事实向决策过程中的所有参与者正式宣告:一个不同寻常的基本问题正处在危险中。这实际上减小了少数派趁多数派不经意时拖延立法的可能性。当然,可能引起争论的是社群应该保持充分的警觉去避免被意外袭击。在一个充满许多且变化活动的世界里,这是一个无法达致的理想状态,召集特定多数的需要创造了鼓励公众参与政策制定的动机。

也有适用相对多数决策("少数服从多数")的场合,将多数派的影响给予少数派。这一表决制特别适合不可能引起争议的常规事项的处理。该设置可以与一个"反对"程序相连,该程序能使法定参与者要求进行一个简单或特定多数投票。

在有些情势下,民众政府的稳定可以通过"相对多数"制的使用得以维护。例如,一个多数派政党可能被授权获得一个简单多数。民众政府有时可能因犹豫不决而处于危险,当长时期的挫败使人和制度丧失信任,而且会为看似充满活力和希望的专制主义铺平道路。当然,多数派天平有可能朝着决策相反的方向翻转,表现为蛮横地对待异议者,通过制造反民主运动从中汲取不满的新力量,来损害国家的团结。

上面没有提及的投票制度,不应该被忽略:机会的使用。对社会成员的尊重,要求每个人都有平等的机会承担决策过程的义务和责任。这与通过投票(或者某些类似的现代方式)从全体公民中选举立法者是一致的。就反对的声音而言,个人可能在经验、训练或性格上存在不足,对此的回应是,长期的激励机制对公共政策挖掘每个人潜能以至少达致一种可容忍的最低限度来说是必要的。(作为一个妥协程序,选举机构可能由抽签选定。替代规定每个人去投票站投票,选举专门小组将随机抽取组成,其成员将对官员选举作出最后决定。)

【翻译:陈　兵;审校:沈　伟】

CHAPTER 03 >>

# 第三章

# 信息功能[1]

## 引言:目标

信息功能是指获得指引决策的有关过去和对其未来作出预测的信息。虽然信息的至关重要性被那些负责行动或提供咨询的人士所认识到,但是传统的政治文化忽视了其功能。法学理论是这一忽视的一个突出例外。然而,法学文献经受过分关注技术证据规则之苦,对除了司法程序之外的主题的评价关注不够。有关建制性和立法性的决策通常都由政府官员和机构作出,其间他们必须省去那些特别的司法保护。军事战略和战术内容是另一个忽视信息功能的局部例外,其总是强调,周密计划和顺利执行依赖于对敌人能力和意图信息的获取(或者是拥有足够的信息,并以此为有效信息推论测出敌人能力和意图的信息)。一般来说,这一内容与决策过程中信息功能的综合概念无关。

既然外交官的一个首要责任是向其政府提供他被委派到的国家的有关目标和计划的信息,那么在外交文

---

〔1〕 有关信息功能的一个全面和系统的提要——被设计用来为法律过程提供咨询,可参见 M. McDougal, H. Lasswell & W. M. Reisman, *The Intelligence Function and World Public Order*, 46 TEMPLE LAW QUARTERLY 365 (1973)。

化领域要求对信息问题给予全面的考虑就是合理的了。这一要求仅仅得到部分实现。而且,政府的许多其他任务也引致对信息的某些检视,明显的是刑事调查。在这一领域,虽然不是总能实现主题,但文学想象力增添了魅力。在某种意义上,因为科学活动努力的首要目标是有效地分析过去现象和预测未来的偶然性,所以阐明科学方法内涵的任何工作是恰当的。由于缺乏应急措施——通常使决策过程陷于纠结,也因为各种在分析需要哪些数据时必须得以考虑的目标,这种内容的相关度受到限定。通常也因为专业人士并不习惯有意识地在一个规定系统的框架内工作,而且不会意识到所涉及的那些约束。

虽然传统文献对这一主题谈及甚少,但最近几十年致力于规划的大量文献得以迅猛发展。这类素材对建制性问题顾问很有用,因为它有助于阐明规划在现代政府中所发挥的作用。

由于为决策过程中的参与者贡献需要的资讯是信息的作用,因此在由五项智识任务所提供的参考框架中,信息功能的适当目标可以明确界定。在一个分权或正在向分权制政体发展的国家,其目标是传达一种关于内在的、挑选的、有效的和当下的相关情境的图像。

信息功能规定继续阐明人类尊严的最高目标,将有关这一目标过去、现在和将来发展与其说明和正当性联系起来。而参与游说则不属于信息功能的领域。同时,它的责任是作为国家所致力的基础性结果的一个长久提示,使人类尊严理念的内涵和重要意义处于被关注的焦点。

在与目标有关的信息陈述中,信息功能在特定文本中必定是有选择的。有选择是指包括提供相互矛盾的人类尊严解释的原始资料,也包括宣传这一概念的原始资料。

正当性标准与目标的阐明是相关的,因为必须做出一个慎重的努力以确保信息流中包括那些被认为在哲学、神学及其他相关领域公认有能力的人的主张。很明显,许可垄断将与公共政策的基本目标不相容。然而,目标阐明的一个肯定性概念超出了在特定时刻、针对那些来自特别有用的信息收集而恰巧作出的任何主张的传播。目标是确定在一个竞争环境下,至少能够获取有用的信息资源。

如果目标依据现在的相关度予以设计,那么它不仅必须保持所涉及信息资源的更新,而且需要保持所获得的主张与新出现的政策问题相关。

作为一种实现背景陈述的方式,信息专家的责任是提供对相关过去信息的报道。内在标准需要有关国家运行领域的信息。可选择性标准的适用,很明显最显著的特征将参考新出现的政策文背景以评估。依据现在事项较过去某一时间内已经研究过的事项,正当性标准更难解释。

信息功能也应当能用来对制约趋势的构成要素的模式进行易懂的分析。这个也必须是经过高度挑选的;而且在科学技术日新月异的世界里,正当性问题不仅重要,而且在许多场合也需要经过高度复杂的判断。

在这方面,强调对所有在分权制政体国家中从事信息功能的人士不同的挑战是特别恰当的。我们已经谈到分权思想的目标要求每一个人都接触决策的整体背景,它是一个内在的、经过选择的、可信赖的以及现实的图景。因此,信息传播的愿景*不是*分等级的,并非开始在顶端俯瞰奥林匹斯山全局,在每一个等级后都将穷尽。适宜的目标总是在一个内在图景中提供一个中心。在共同的参考框架内,地方相关事件得以强调并被详细描述。在涉及的所有*背景中存在相同的情形*,即便*特殊领域有少数例外*。原则上,地质学家、工程师或普通人可以看清到一个山谷、高原或山脉的较大轮廓。他们可以根据特别的能力和需要细化他们的地图,地质学家可能会详细标出地层,工程师专注于某一山谷的特质,普通人则寻找景色优美的平坦之地宿营。目标等同于实现有效的沟通,这一挑战在概念解释上(特别是那些来自于所有科学领域的)特别难以对付。

在有关未来发展的表述中,对信息功能而言最困惑的问题就是正当性。既然不存在对与未来事件有关的启示和预测的毫无争议的资源,那么信息方面的专家必须找寻那些其方法和结果在挑剔的人士中已经取得一定程度认可的资源。正如我们已经在有些地方提及的,在当代,关于"未来的研究"已经受到足够重视,以提供在高度工业化社会里大量合格的信息。

当报告和评估政策备选方案时,那些负责信息工作的人士,即使是在对人类尊严承诺程度高的政治体中也可能遇到非常多干预。对新替代方式的勾画,或适当评估研讨会的召开行为,都可能增加既有权势因素的不安全感。尽管如此,显然,如果信息功能目标得以实现,那么这些反对因素必定无效和得以克服。

政策备选方案的内容包括揭示和报告国家成员的以及相关领域所有成员的思想和感受的责任。信奉人类尊严意味着在达成决策时其他人的思想和情感被纳入考虑。当然,考虑情势的这类方面并非暗含着对多数派观点的找寻和跟随。观点很简单,对人类尊严和政治利益的考虑都是利害攸关的。事实上,可以认为既然在社会成员中存在着以头脑中既有观念行事的道德义务,那么也就存在另一个义务,即用最好的工具来描述这些观念。从这一立场出发,可能认为调查方法和其他抽样技术的使用,是所有致力于我们已经接受了的最高目标的人的一个伦理义务。

建制性问题顾问有两个基本的处理方法:他所给予的特别建议;他所提供的管理其自己的信息功能的演示。一般而言,我们在提出专门有关信息问题制定实践的建议时,对替代方案的处理应对建制性问题顾问公开。

上述提及的信息功能的不同标准应该在建制性文件中明确表达吗?虽然在这类文件中并未形成找寻这类资料的习惯做法,但是对政治交流作用认识的不断增长可能证明了这一新开始的正当性。

## 谁应该向谁报告?

至少在某一主要事项上几乎不存在些许疑惑。保持政治现实之图景不断更新之责存于何处?实际上,在大众及所有政府看来,答案是一致的。这一功能适宜于首席行政长官,无论是总统抑或首相。因为,主要行政者不管是在将规范付诸实践的过程中,还是在建议规范应当如何修改时,都起到了决定性的关联作用。在一个行动是有价值的、且其传统文化的车轮不会陷入永久循环的世界里,社会事务的管理要求聚焦于未来发展的愿景和责任。例如在美国宪法中,报告国情咨文的责任被全部放置在总统肩上。

尽管首席行政长官对信息功能与所有其他决策制定功能之间适当关联的作用如此重要,但信息并非为行政官员所垄断,也并非为政府的任何其他分支机构或部门所专属。

## 调整官方和私人领域:新闻

顾问型起草者有责任在信息过程中重视和保障私人资源和渠道之作用,特别是在新闻收集与发布方面。“新闻自由”有许多意义。就信息功能而言,大众传播的私人网络可为国家提供相对免于官方威胁或诱导的信息。民众政府和新闻自由的发展在西欧地区已经携手并进;而且长远看来,任何地方的民众规则的未来将深受这一现实因素的影响,不论是否存在习惯于将官方和非官方有关现实的报道予以相互比较的公众。

为了确保新闻自由在美国得到宪法的保障,宪法修正案在早期就已经被加入。在那些信息还未自由的国家,对开放的信息资源的需求可能仅仅在现代化的知识分子中体现得强烈。如果后者实际上掌握了权力,他们可能并不愿意使自己面对在人身和政策上的某种困境;这必定与充满活力的、非官方的媒体紧密联系在一起。

可以这样说,在那些未受教育的民众中,印刷文字具有不可思议的意义,特别是当文化在一定程度上受到了宗教书籍(犹太教的、基督教的、伊斯兰教的)的影响时。因此当一件印刷品偏离那些真实地启发公众观念的事实报告时,它就成了蛊惑人心的武器。在西欧,新闻媒体重要地位的上升与辅助私人广告宣传的商业服务有关。伴随市场扩张和广告宣传量的上升,新闻作为诱导读者看更多广告的工具,其报道范围也扩大。新闻出版也转向“娱乐性”和其他特质,其特征表现了对市场上重要团体的依赖。

随着电影、无线广播及电视的出现,新闻和广告之间的关联被略微淡化。那些关注“大众市场”的广告人提防新闻项目,特别是当评论被包含于新闻中时。他们担忧这样一种“泛化”心理机制结果的出现,即表现为一种将每一个与不愉快经历有关的事件诬蔑为厌恶的倾向。担心负面新闻或不受欢迎的评论将影响至品牌,限制市场。因此,人们并不情愿赞助新闻或评论节目,除非可以指望自我审查删除或者轻描淡写那些对他们不利的观点或是不合意的事实。

老牌民主国家已经有能力免于被广告商控制的大众媒体左右,原因可能是因为它们有能力依赖过去所聚积的社会资本,或是公众观念受到了广泛的多元组织网络以及已经形成的特殊媒体的影响。新的民族国家通常不具有这类有利条件。关于通向民主之路的这些选择方案,在新近出现国家之宪政发展阶段,哪些观念可以得到强化呢?

至少可以提供这样一个肯定的建议,即最好是去强调*公众权威机构的责任来发展一个直接联系整个社会的网络*、并寻求用该网络来阐明人类尊严的理念。新近独立的民族国家正处在一个相当好的蓄势待发和自愿自发的状态,以阐明目标、重新阐释历史、理解条件因素、设计未来及认识主要战略选择。在当前的转型时期,受鼓舞的领导人面临着巨大的历史机遇。顾问有责任与新领导人合作,以确保制定宪法是公民教育启蒙的一个契机。他可以建构使之成为文本规定的语言,用来提醒领导人和领先者什么对现实信息是必要的。

关于这一点,我们再次注意到一个奇怪的现象,即专制国家的领导人较老牌民主国家的领导人,更有效地警惕大众传播的重要性。俄国、意大利及德国作为反民主制的代表,坚持由政党和国家垄断通讯媒体。他们深深地倚重意识形态灌输和不断发起运动来支持具体行为。具体行为的要求明确地与政治神秘体系相关,而且有助于给予基本原则以明确的内容。

新国家的首脑通常是善于交际的政治活动家,他们作为信奉高压政治的大师而问鼎权力,这虽然是事实,但这些领导人必须依赖可靠的影响力去弥补英雄行为的缺失。实际上,信息功能可能特别适合由这些缺乏英雄气概的人物完成。

作为一种赋予建制性义务以特定内容使社会及时知晓的方式,提及新闻发布会可能是明智的。在现代政府各类机制中,新闻发布会能够适应于新国家的公共秩序。在选择最有利的形式时,宽泛的自由裁量权是必需的。许多模式具有指导性。如果问答式新闻发布会不能完全被接受的话,诸如已故总统富兰克林·罗斯福的"炉边谈话"形式可能部分地解决问题。

有人可能会提出反对,认为在新颖性消失之后,公众作为一个整体不可能相信在严重危机时期所发布的政治广播。只有当议会或常设委员会所有的会议,或者经常召开的会议被定期发布才可能是真实的。即使这样的广播可能失去其广大听众,得出这样的结论也是不合理的:即新闻未能影响公众的反应,或者影响公共事务的管理。研究表明,公众观点通常经由两个过程形成:直接揭示;间接揭示。通过间接揭示意味着,解释者是一个他所面对面直接接触的圈子的媒介者,他自己的所见所闻影响着他汇报和评述的内容。家庭成员、邻里之间,以及工作团体会认为特定的个人在某些特殊事件上是“权威”。有人可能在外国从事过军事服务;另外的可能在底特律作过产业工人;其他有些人可能在某所著名学校里上过培训班。每一种经历是一种潜在的信息优势,这种信息优势推广其他人与他人分享知识和为个人提供更多的尊重或权力。

因为在一个传统社会里,相对少的人拥有广泛接触外部“大世界”的机会,因此卓越的个别人通常居于一个战略位置,为整个社群解释政治进路。自由国家和专制国家的中央政府一样,可以给中介机构提供他们所需要的维持其自我尊重和尊重他人的信息。

构建过程可以明智地强调在信息过程中对偶然性预测的作用。我们已经提起了对两类有关未来公共政策的主张的关注。一类是预测:该类主张将背景作为一个整体予以检视,并描绘出未来事件最可能的发展形态之特征。另一类处理政策选择:将估计成本、收益、风险,及旨在完成特定目标之政策选择的可能性。构建过程可以厘清官方机构所承担的义务以展现这类定期的评估。

这里没有必要试图将首席行政长官排他性的责任特定化。因为成败记录是累计的,且所有有关的信息均源自经验,因此竞争性的评估应当予以鼓励。在美国,行政机构、立法机构,以及那些其宪法地位在一定程度上较模糊的联合机构,在政策的不同领域作出有价值的评估。从科学预测重要性不断增长的角度而言,可能适宜发展一套接受国家科学院和政府官方分支部门联合资助的机构。

## 官方和私人来源:规划

无论是官方抑或私人,规划委员会在信息功能方面是最高度专业的机构。评估未来的必要性对任何关注政策的人来说是不言而喻的。规划的明显特征是,它对有关一个宏观文本的大量估计作出评估,且在一个综合视角下合并结果项。在一个国家之内,宪法性规定可以使规划的基本作用明确,而且特别强调规划者的机会和义务以始终关注长期目标,与此同时解决更多的切身问题。

官方的规划结构可以划归于首席行政长官职权范围内,或者是建立为一个半独立的、同级的政府分支部门。在前者情况下,危险来自于规划者将允许自己所属执政党的权宜之计。相反,后者的选择可能导致规划者孤立于官方和有影响力的精英之外。在一个顾问脑中首要考虑的是一个规划权威可以获得的政治支持。如果外部援助是可期待的,而规划机构又接受了这种默许的、有效的援助资源的支持,那么规划机构的独立性可以得到维持。在这种环境下,规划者或许可以吸纳那些最具资格的专业人士,且建立起一个可靠的名声——有洞察力地致力于阐明和执行共同国家利益的任务。因此,很大程度上,规划者的计划将有可能被执行机构和立法分支机构所接受。如果委员会胜任此项工作,那么援助资源的价值可以基于其计划的目标和战略被巧妙地使用。

规划对于所有国家的决策过程而言是如此重要的一个功能,以至于对所有人而言,必须清楚表明规划功能不是一个国家甚或官方的垄断。因此,可能经过一段时间后——在这段时间内一个人力资源贫乏的国家有机会培养一批合格的专业人士——次国家层面的规划机构应被允许存在。

如果非官方组织与政府机构在数据资料解释上存在有效竞争,那么非官方组织必定可以获得核心信息。计算机进入公众生活领域,这一方面在当今世界正变得越来越重要,而且加速了对更多内在的数量资料的需求。在一个资料丰富的市民社会里,获取关于整个社会过程更加详细的信息需求和技术共存。这里存在对民主制度和在每一个部门内实现人类尊严的显著危险。如果我们对以往政治的认识是进行推论的有效基础的话,它意味着谁控制信息(教化),谁就有可能控制公共秩序。这意味着信息垄断能够成为构成寡头政治或独裁控制的一个原因或结果;因此权力分享依赖于在整个国家内维持信息分享机制。一个宪政文件的首要预防,是规定公众普遍有权使用存储和检索网络,除了出于公共利益的明确的推迟或例外。

## 官方和私人来源:科学

在现代世界中,国家的强弱在很大程度上取决于其科学技术的发展是否达到很高的水平。构建过程能够清楚地表达国家在这一领域内的基本目标和原则。毫无疑问,国家将致力于知识的发展,作为一种基本人类价值,亦作为一种实现所有价值的推广要素。所有集体渠道都能在这一事业中发挥作用,无论是政府的、盈利性、还是非盈利性的私人的。

国家的研究与发展制度是教育体系的适当核心,而无论公立或私立。强调文化发展的平衡意味着区域和地方大学和研究机构的重要性。奖学金项目很明显是建立官方机构与有前途的个人间联系的途径。

我们从一开始就可以清楚了解,经验知识的所有形式都属于科学范畴。物理科学和生物科学在所有现代社会中得以很好建立,而且社会(或行为)科学正在迅速地巩固它们的地位。如果科学的综合性从一开始就能明确,那么对新国家政策而言,它将可能预先阻止许多司法纠纷,这类纠纷通常会遮蔽和阻碍在一些古老国家中知识的进步。

## 基础价值的规定

一个挑战性的问题是,构建过程是否能够帮助设计指南,以获得一个适当的信息功能所要求的那些有利条件。建议国家生产总值的至少十分之一应该投入研究、科学及知识传播活动是很诱人的。在那些利润来自于大众通讯媒体的国家里,另一种可能性是国家总收入的一部分应当被用于公共信息目的。设定具体数字的不利之处是,确定的标准可能被理解为最高而非最低要求。然而,构建过程可能足够成功,以至可以要求所有为科技目的进行拨付的百分比应当被用于一般研究目的。因此,没有必要要求研究活动根据当前的科技目的而调整。通过识别短期和长期结果之间的关联性,可能有助于舒缓“理论”科学和“应用”科学之间的潜在冲突。

如果在决策过程中,履行信息功能的官方机构会保护自身免受其他组织侵蚀,那么建制性预期必须包括一定程度的有关辅助信息功能的权力。如果信息机构的课税权不被承认,那么这一点至少必须被清晰地理解,即立法和行政机构有责任为其提供充分的资金和设施。信息机构必须被授权援引规定,以保证它们那些关于过去及对未来估计的相关资讯的传播。(当然,这里所涉及的是总量,也没有识别特定的个人或组织。)类似地,信息组织必须能够援用和获得有效权威的应用来获得适合于它们发挥作用的信息。虽然这一要求不属于从事推广的信息功能的范围之内,但是必定毫无疑问的是,当这些努力看似必需时,信息组织有能力防卫自身免受它们所认为的不正当的攻击,或者是有能力代表它们自身参与推广工作。(稍后分析中,信息、评估及终止之间的密切关联将予以考虑。)

既然每一个政府结构组织都不可避免地被要求获取那些与其责任有密切关联的情报信息,那么综合性的信息机构有机会接触这些资讯这一点必须是明确的。

## 信息策略

人类尊严的目标毋庸置疑地包括有机会获得源源不断的信息供给,它为那些必须在公共或市民社会秩序中所作出的决策和选择提供了现实背景。同时,不可否认在许多情势下,信息功能的充分行使将牺牲其他与人类尊严相容的价值。最为显著的可能是有关尊严的问题,因为私人信息的传播可能会有损个人尊严,而并未显著地有助于知识传播。情感问题几乎也遭遇相同境遇。爱情和友谊可能会由于散布愤怒时说出的言论而遭受损害,而无助于公众判断。操守问题也处于危急关头。继续反复地讲述过去的不当行为能够阻碍一种负责施行的新生活。医疗信息的披露可能恶化病人的处境,而并未对政治过程带来可肯定的利益。这是真实的,即技术的运用,即便是基于知识的利益,也可能会产生超过公共利益的危险的副作用。我们清楚地知道这样一种事实,即以科学名义所施行的实验可能会危及生命,而且可能会暗中损害保护生命体的责任意识。

那些权衡这些部分冲突的利益的建制性问题顾问可能发现设计一个有助于说明信息功能在其中被适当限制的环境的原则是困难的。坚持*假定反对官方发布的、可能导致个人和团体之价值受到剥夺的主张的重要性不是无关紧要的,除非是基于公共利益的要求*。例如,如果发布的信息报道了一个外国国家的反美国行为,那么后者的要求就不会被违反。国家利益要求国家应被告知;因此那些导致外国国家权力价值减损的主张是与美国国家安全相容的。

如果宪政性文件声明国家*致力于尊重个人和团体的隐私*,那么上述暂时被构想出来的原则可能被强化。证据累积显示如果官方对个人事务的侵扰受到限制,那么个体性和创造性就会得到推广。在相对较近的时间里,一个关于隐私问题的一般性主张正在某些法域内赢得认可。例如在美国,这一主张以前由于使用高度集中于特殊的实际环境的法律语言而被掩盖。因此,不断恶化的情势显著重现的特征是一种以侵犯隐私为形式的对尊严的剥夺;在这一事实被察觉到以前,防止非法妨害或中伤就已经被意识到了。当法律文献第一次开始构想一个概括性的主张时,律师或法官几乎没有给予回应。然而,相关文献逐渐地增多,这有助于更好地专注于尊严价值和预防自由免受不被允许的侵犯活动。

对隐私的关注反应了个人主义市民社会的一个基本特征,其发展了科学技术的普遍化模式。在非现代社会中,建制性问题顾问可能发现,除一个有限的、在国外受过教育的专业人士的圈子之外,并没有对隐私的显著关注。调查可能会表明一个村落或部族文化对隐私的要求几乎没有给予尊重,将其作为一种特权保留给某些高度专业化的技术团体(例如,医巫、萨满教僧)或者作为对交往予以某些宗教仪式限制的偶然事件(如在等级社会中)。每个人都将被保护免受官方盘问个人隐私的概念可能在实践中不存在。然而,存在一个基础以要求在政治斗争中去除殖民国家的权力,或剔除那些与帝国权威合作的固有因素。

在现代国家,通过国家保护隐私不仅仅是对抗未经授权的官方干预。在各种情势下,其施行还包括抵制私人主体,如由社群决策者适用监管法规则对诽谤或诋毁的救济。随着科学调查的增加,巨大的利益集团得以建立，它们为研究和出版自由辩护。实验不时地被启动，标榜着传统的公正和正当标准，而事实上却常常以一种不可预期的方式侵犯了隐私。因此，催眠、药物及“测谎仪”都被用来获取信息。尽管如此，考虑到人性的缺陷，没有人能够保证在如此环境下所获得的资料记录将不会落入那些利用资料从事非法目的的人手中。

到现在为止，不存在已被普遍接受了的对“团体隐私”的一般性主张。然而，在一个多元化社会，许多特别限制被置入官员（和其他人）的路径之内，他们寻求有关团体的政策过程信息。一般而言，这类限制被表述为法律术语，它们模糊了所涉情势的主要的共同特征，即对团体政策过程的整合性所给予的保护程度。

建制性问题顾问可能会认为规定隐私保护的程序性原则比界定内容的原则（“实体性”标准）更容易。程序要件之一可能是要从法官那里获得对“侵犯”隐私的授权，而法官对如此行为的合理背景已经建立感到满意。

建制性问题顾问可能会看到在宪章中包括这样一个原则的机会，即*那些被控制的对象应该有机会接触控制机构所获得的有关他们个人偏好的信息*。在经历相对短的延误阶段之后，该原则将得以适用。在当代社会中，为了分析政治和社会过程中选民或其他参与者的偏好之目的，日益剧增和复杂的方法被不断引入。那些意识到自身在过去情势中的可预测性的投票者或官员可能会吸收这些信息而不改变其在未来的反应。然而在许多情况下，结果会拓宽精心选择的范围，因此降低可预测性。在洞察和理解的共同利益方面，使预测信息作为对控制对象的一种反馈信息可以被获得。投票行为的研究分析——该项任务的开展是为了选举过程中政党或其他参与者的利益——是应当予以披露的报告类型的范例。

## 作为一项信息模式的准备工作

建制性问题顾问的准备工作可能为全面、有效地运用信息功能提供一个有说服力的模式。如果顾问是负责人，所撰写的一系列报告可能涵盖主要备选方案，并就以下问题给予强调：

1. 就有关政治体建制性结构每一个政策选择而言,在社群价值方面,可能的收获是什么?

(a)延续了以往政策吗?

(b)采纳或调整了新政策?

2. 就社群价值而言,每一个选择的可能的成本是什么?

(a)延续了以往政策吗?

(b)采纳或调整了新政策?

在形成对未来的这些预测时,以下问题是相关的:

1. 就被可能持续、采纳或调整的此类以往政策的所有价值而言,其成本收益为何?

(a)最近的趋势是什么?

(b)过去可比的情况如何?

2. 哪些因素制约过往政策的成本与收益?这部分关于评估功能将在第8章讨论。

在社会的每一个价值制度部门内引入报告任何设计的社会变化之实践是可能的。

下列政治发展模式受限于构建过程中的变化,对所认可的决策结构的支持程度不同:

权力结果(在选定的时间阶段内)

总量=(就分析者的假定目标而言)对有效的已认可观点的边际支持 -(减去)对无效的已认可观点的边际支持

净量=总量 + 首选的不成问题的变化 - 非首选的不成问题的变化

权力效果(积聚量)= 对已认可的宪政机制的最初支持 + 净收益

如果这看上去过分复杂,就让我们来回顾一下在经济分析中,资本积累绝非被概括为新投资减去发行价格的贬值时看上去那么简单。这种量化表述必须在发展模式中得以校正,以考虑到未决算的创新成本,以及潜在利益(机会成本)的损失。在具体案件中,经济的整体部门(例如苏联农业部门)可能都表现滞后。

考虑到现代研究范围的不断扩大,可能是时候开始对总任务的某些初步框架予以讨论了。下列模式不是发展的,虽然它们能够被调整以适应这一目的。相反,因为他们将任何支持建制性性结构的增长都作为一种积累价值,而不论该结构是否前向发展,因此这类框架是*稳定-不稳定*模式。

检视社会过程的这些模式引起了对特定化和非特定化价值塑造者和分享者的关注,并唤起了对某一特定时期总体价值和净价值结果的流量的关注;它们总结价值积累或价值享受的结果。既然在一系列准备活动中有些事件被看作是最终结果,权力和财富构成了价值积累或价值享受的基本类型。我们谈及一个当工作中的影响战略以一个承诺(如投票选举)告终时被作出的决策;我们将当其可用于市场交易时所产生的财富予以界定。类似地,当思想教化予以传播时其就形成;技能表现为准备适用;尊重表现为认知形式的完成;情感表现为对指向个人或集体目标有效;操守表现为负责任行为的普遍性模式成型化或被适用;福祉表现为身心可以安全、健康和舒适地运作。在下文中,将提及参与者,作为一个具体手段。(全面分析将要求增加对未来发展、情势、基础价值以及战略方法的分析。)

教化价值

参与者 = 塑造者 = 报告人、研究者、预报员、保管员(图书管理员,等等)

= 分享者 = 学习者(知识累积),观众,读者,或者新闻听众

结果 = 总量 = 新闻报道、研究报告、预测、储存、媒体披露、教育陈述披露

净收益 = 总量 - 知识损失

效果 = 原始知识储存 + 初级报告水平(期望值向量) + 初级预告水平 + 媒体披露的初级水平 + 教育陈述披露的初级水平 +(或) - 净价值

技能价值

参与者 = 塑造者 = 从业者

培训水平和性能级别经验 + 学徒 + 师傅(培训者)

分享者 = 评估者

评论者,鉴定者

结果 = 总量 = 培训和经验水平上的改进 + 表现水平上的改进 - 退化

净量 = 总产量 - 教育支出

效果 = 原始水平 +(或) - 净产量

福祉价值

参与者 = 塑造者 = 看管者、治疗专家、预防者、毁坏者

分享者 = 安全、健康、舒适的体验者

结果 = 总量 = 人口增加(出生、移民) + 劳力

净量 = 人口总量 - 死亡、移民 + 总劳力 - 受伤、生病、缺陷、不适、焦虑

效果 = 原始人口(预期死亡、受伤、生病、缺陷、忧患、不适、强健) +(或) - 净量(最终人口的预期值)

情感价值

参与者 = 塑造者 = 家庭伙伴

分享者 = 情感体验者

结果

个人的适意 = 对他人的积极行为 + 来自于他人的积极行为 - 对他人的消极行为 + 来自于他人的消极行为

忠诚(自身的群体认同) = 积极行为 - 消极行为

集体的适意 = 对其他组群的积极行为 + 由其他组群作出的积极行为 - 对其他组群的消极行为 + 由其他组群提供的影响最初适意(个体)的消极行为 +(或) - 个体的最初适意净量 +(或) - 组群的最初适意净量 + 净量

尊重价值

参与者 = 塑造者 = 尊重、标准的设计者和适用者

分享者 = 尊重的体验者

结果

个体 = 对他人的容忍(认可) + 来自于他人的容忍 - 对他人的剥夺

（歧视）+ 来自于他人的剥夺（歧视）

集体 = 对其他组群的容忍 + 来自于其他组群的容忍 - 对其他组群的剥夺 + 来自于其他组群的剥夺

效果

最初的尊重地位（个人）+ 净量

最初的尊重地位（集体）+ 净量

操守价值

参与者 = 塑造者 = 宗教和伦理标准的设计者和适用者

分享者 = 责任评估的体验者

结果

符合标准 - 不符合标准

效用

符合标准的最初安排 + 净量（符合标准的最终安排）

【翻译：陈　兵；审校：沈　伟】

CHAPTER 04 >>

第四章

# 推广(建议)功能

## 引言:目标

决策过程中的推广功能是指建议和拥护某些规定。如果该功能的实施与民主价值的要求一致,那么其运行就是劝导式而非压迫式的。如果当代社会成员的注意力,伴随着大量的干扰,被公共政策问题所捕获,那么必须通过政党、压力团体及普遍性沟通机制的使用创造出刺激性事件。这里必定存在为了行动,为了说“是”或“否”而做的动员;而且这里要求的不只是注视。活力、兴奋、急迫是决策行为的组件。

在一个纯粹冥想的世界里,将不存在鼓吹的空间。每个人都将他的情绪处于可控之下,使冲动的念头受控于知识的限制和疑惑的挑战。当不能达成合意时,可能通过抽签的方式决定行为。在一个高速变化的工业国家里,这远不是一种正常的生活速度和情绪状况。判决犯罪和无原则的操控都是我们所熟悉的动态国家平衡的显著特征。因此,大量的机制已经被制定,以试图使政府、政党、压力团体及大众媒体的现代组织结构变为有效的大众规则机制。

在一个急剧变化的社会里,密集的新方案和推广计划使设计一套负责任的、在诸多方案中予以选择的程序机制成为必要。建制性问题即是要设置一个权威性框架,这个框架有能力在许多迫切要求注意力和行为的项目中确定优先性。

获得一个完整项目的首要方法是委以首席行政长官之责,即向从事规定职能的政府分支机构陈述一系列被推荐的措施。因此,总统或首相被授权和指示其不仅需要作出“国情咨文”类的信息报告,且需要提出和支持一个完整的行为项目。议会开幕式上的“国王演说”起到了这一作用。

如果公共利益通过推广行为得以辨明和满足,那么互动领域必须摆脱压迫。必须考虑到那些支持或反对“立即行动”的联合政府的形式。不同的参与者可能从狭义界定他们特殊利益的概念出发。为了赢得其他人的支持,可能达成看上去不会对自我利益产生不利影响的方案。通过发明能够使每个人承认共同目的、并且不从折中方案中体验到损失感的综合建议来获得支持也是可能的。因此,特别的需求在两种文义上可能被普遍化:它们是一体化的;它们被表述为执行公共秩序最高目标的方式。

在现代民主国家,允许优先性凸显的首要机制是政党体制。除非当权之政党或政党联合被授权决定规定政府分支机构的日程安排,否则政党体制不能做该项工作。在议会体制中,直到内阁收到下议院的反对多数表决——通常会被预期为提前举行大选,它方可作出这类决定。不得不进行大选的威胁是一种维持权力足以控制事态进程和获得有利决策所必需之选票支持的一种方式。

如在美国实施的总统制要求总统和政党强有力的领导以控制立法日程。除非政党领导权在总统一边,而且总统愿意并有能力在其支配下全面使用这类有利条件,否则一致行为的前景将是暗淡的。既然议员的任命是以地域划分为基础的,而人口的变化通常比重新任命来得快,因此在政党联合形成中人口较少的选举团体获得垄断利益。在这种情形下,内在统一的国家利益由于特殊利益团体间的滚木联盟而受损害。国家利益长期地受到地方特殊利益团体和簇拥在该地方性团体周围的多元利益团体的“劫持”。

很明显,除非构建过程能建立起重新任命的原则并构建其程序,否则推广过程将导致对已认可之公共秩序体系的扭曲。应当明确,除非规定机构定期地重新任命其自身成员,否则必要的权威应授予一个独立的机构。

## 政党系统

在那些政党政治处于初步发展状态的新国家里,顾问起草者利用其个人影响力建构起政党在公共秩序系统中的位置是非常重要的。在老牌民主制国家中对政党管制的回顾表明,许多限制都直接源于对政府行政机构可能凌驾于立法者和选民之上的怀疑。行政机构具有强制倾向被认为是想当然的,因此它必须受到制约。

对执政党设计了某些限制,以阻止老牌政党针对竞争者进入而建立高的壁垒。经验表明,各种技术障碍可能通过已建立的利益团体得以出现从而降低竞争。例如,可能会要求一个非常高的百分比的选民签署将一个新的政党标识或所列候选人名单付诸投票表决的诉求。长时间的间隔可能会在积极性逐渐减弱和留下现存体制原封不动的预期中予以规定。

执政党有时被禁止对来自当权者的竞选赞助者予以评定。这类立法产生于对公务员收入予以课税实践中的滥用行为。当公共官员所从事的工作,在某种意义上是作为党团服务的报酬而非运用公共利益的特殊技能的机会时,这类已被提及的活动对公共生活层面的影响甚小。人事工作有或没有改变都将会跟以前一样差。然而,由于社会劳动分工越来越复杂,情况就发生了变化。像所有服务一样,公共服务开始要求接受培训和有经验;而且要求将这类活动让步于政党机制的紧急情势的努力使公共服务陷入混乱状态。

对执政党的许多限制被有意用来阻止、威慑或惩罚那些使用赤裸裸暴力形式的人士。在恐吓投票者或演讲者的情势下,使用警察权可能被宣布违法。对辩论活动运用警察权监视,绝非与使用警察权保护自由论坛的完整(顺利进行)免受暴徒的企图破坏相同。后者这种警察行为是民主政府一个必不可少的义务。(同样假定或者规定军官或文官克制其施加压力于下属。)

对行政权暴力加以约束,这种传统的民主制的倾向在近几十年发生了突如其来的变化。由尚未当权的"党团"行使暴力,已经威胁到了对公共观点形成必不可少的自由论坛的完整性。民众政府在面对诉诸它们自己的自由原则时已经变得困惑和犹豫,因为该类原则是由自我选派的"党团"设定的,实际上他们反对国家的民主进程。德意志共和国或捷克斯洛伐克共和国的历史就很有教育意义。面对国家社会主义和共产主义的危险,"中间"党派(通常是马克思主义的社会主义者或自由主义者)只能逐渐地和迟缓地果断行动以保护公共信仰的调整过程。在不同时期所提出或强加的一系列特殊限制提供了危险逐渐增加的一种迹象。例如,统一着装、军事化行进或者携带武器列队。有些措施旨在反对为了军事行动和破坏行动而秘密招募和训练特工队伍。通过恐吓,限制筹措资金,进行煽动性的袭击和示威活动、破坏集会或者粘贴辱骂的或淫秽的海报。

只有慢慢地在有权势的阵营中,才能区分"政党"作为民众政府的机制和"党团"作为专制的工具(打着民主的名义或者没有)。在传统意义上,纳粹或共产主义能继续为自身贴上"政党"的标签;但是一个更实用的概念可能是其他什么表达方式,更类似于"政治秩序"。如果推广过程是在一个自由领域内进行,那么,如果需要的话,任何教唆行为都必将被社群强制所阻止。

在这点上出现了一个困难问题。民主的传统是将行为和行为者分离,而且制止施加否定性制裁于那些未行为的个人或在公开行为之前支持强制行为的团体。"共谋"原则的历史表明了为什么民众规则的拥护者会不情愿地控制那些原本被用来阻止发起民主运动的工具。在"共谋"的名义下,制裁的目标是成倍数增加的,远远超过了一个违反公共秩序的明显违法行为的违法者的人数。民主制的意识形态已经将其目标的轨迹缩小,来反对那些通过强调个人责任而直接形成的社会强制力。但如果行为是一个精心策划的有组织行动链条中的组成部分——这类有组织行动的中心目的是通过任何方式(包括暴力)实现世界革命——将会怎么样呢?虽然这些行为在破坏计划上相关,但是社会应单独地处理每一个明显"征兆"并避免那些缺乏事实近因的行为吗?如果要保护自由讨论的完整性,那么论坛必须被保护免受有组织活动和孤立个人行为的伤害。那些主张暴力推翻民主公共秩序的组织无权称呼它们自己为政党，也无权要求对公共秩序的全面保护。

到目前为止，对党团行为限制的首要目的是消除暴力对基础价值的侵害，或者是抵制暴力行为在政治领域的使用。另一套限制的意图是达到政党的内部决策过程。在美国，当政党代表大会第一次集会提名候选人时，他们就开始落入了职业政客的控制之下。因为这种代表大会制度可能被滥用的坏名声，预备（初步）选举制度得以引进。它们在社群的控制下得以举行，要么直接选举候选人，要么直接选举大会代表和政党官员（一并形成关于候选人的认可声明）。在许多社群内通过使大众参与变得更简单，这些安排改变了政党活动的条件，以赞成使其政党领袖对政党控制活动体现竞争性而非垄断的方式。在国内政党政策中，一般的趋势是为了有效地实现分权去增加而非减少规管活动。

## 压力集团系统

随着压力集团作为推广过程中的积极参与者的兴起，民众政府面临着许多新问题。当压力集团避免暴力（和腐败）行为时，它们是与对自由的民主关注相一致的，即任何源自一个组织的狂热行动支持的不平衡应当由相对方压力来矫正影响。然而，明显的是有些实践活动运用了一种扭曲的影响力，这种影响力只能通过维持整个领域的最低标准框架（在这个框架内支持得以推进）的措施予以减弱。关于标准适用的内容和模式，存在很大的不确定和迷惑。

那些站在公共利益视角讨论问题的人所主要担忧的，是鼓吹和压力会阻碍一个真正的和现实的公共意愿的形成。如果一个国家陷入围绕着压力集团而摆动的境地，那么它能够维持其自身立于当代世界领域吗？

构建过程能对压力网络施加相当的间接影响力。可能最需要注意的是规范实施活动，如果其施行有助于保持压力组织在焦点而非阴影之处的作用。一个最低限度的制度设置是直接规范院外活动组织及其成员登记制（包括关于总部、章程以及成员资格的基本信息）。更进一步的是规定私人组织通过一种正式的方式参与立法听证并提出建议和立法抗辩，该类活动公开并且也是被记录在案的。

## 委员会的使用

一个值得进行建制性考虑的问题是如何通过从最广泛和最好的社群已知因素处获取强有力支持的建议,来补充一连串自生的无原则的要求。这个提议并非指那些最广泛和最多人知晓的证据不应当被批评,而是指其不应当被忽视。

为此,官方和非官方团体能被建立起来给予那些有能力和有影响力的公民的提议以关注。我们认识到委员会制度设置可以主要地用于信息或评估目的,而非推广功能。然而,现在的问题与后者功能有关。作为一个推广机构,委员会可以被用于支持某一特定政策;它也可能成为一个逃避的战术。构建过程可以通过政府的永久性机构,设计那些证明官方委员会形成的正当性的标准。在检视这一问题时,我们应当牢记在各类情势中,积极的和消极的目的都可能出现:

(1)虽然有些人已经意识到这个问题的存在,但它没有被大众所注意。因此,无论是政府的抑或私人的,委员会的主要目的是引起对问题性质的关注和创造对其解决方案的持续需求。

(2)一个问题的事实是被很好地理解的,但是围绕选择方案的观点还没有开始成型。委员会被发起以阐明各类作为以后讨论和行动基础的选择方案。

(3)虽然政策选择被缩小了,但是在决策者中仍存在观点分歧;而且许多领导和公众成员并不受其约束。委员会是扩大讨论的范围和促成行动的一个真正的努力。

(4)负责官员知道他们要什么,但是他们不愿意冒这样的风险,即涉及行动起来反对他们成员中的某些人的对立面,或者是反对那些他们通常依赖的支持他们的因素的对立面。因此,他们使用一个委员会以期动员足够的支持去阻止或克服反对方。在有些情势下,委员会机制有时可以被用来规避官员应当作为的责任,特别是当仅仅是特权利益构成障碍时。

(5)分歧是强烈的、并被很好地理解。委员会被建立起来,以期达成一个折中方案,或者最佳的,创造一个真正统一的观点。

委员会组织和程序问题的成功解决依赖于结构建立的环境。一个重要的技术问题是平衡那些认识高度明确的成员与其他成员之间的关系,以及什么时候选举具有特殊选区的个人。(选举宣传或质询;能够胜任的或可接受的。)如果及时行动可以通过援引委员会机制寻得,而且结果取决于获得关键决策者的支持(该决策者已经有明确态度),那么任命一个委员会使之满足这类决策的要素是非常必要的。除非领导人能被引致明白这样一个道理,他们赞同委员会的建议较之反对能赢得更多利益,否则这一策略将失败。

在一定程度上及时行为作为一个目标是被低估的,委员会成员可以从那些具有特殊能力的善于思考而不以行动为导向的组群的人士中招募。应当明确的一点是,即便当被任命者事先强烈地确信自己可能致力于某些实质性的团体,也没有必要设想事实不能影响委员会的结果。敏锐且精力充沛的人反复显示出他们可以调整其观点,并使其他人与之保持一致。

委员会的组织依赖于与目标相适宜的战略。当事实简单或者(即便当事实复杂)事实能从重复中被很好理解时,就没必要保留大量的调查人员。问题是促进对已知的政策选择方案的一致意见,或者将新的且可接受的选择方案注入未来。如果一致同意是目的,那么所有公共观点的组成部分接受听证就是重要的。几乎没有什么可以被加入公共知识储备,但是这样一种可能性会增加,即如果重要证人和顾问的自尊得以确认,那么委员会的结果将被接受。

在许多情势下,成功的唯一机会取决于进行大量的调查,在这一过程中经验的现实载体和研究融为一体,在社群面前被分析并明确地与政策问题相关联。委员会成员自身必须依据一个比他们在过去,或者事实上比任何人所能获取的更全面和更严格评估的信息机构以估计接受再教育的机会。当委员会的工作彻底且详尽的时候,其对所有问题可以加深影响,这些问题被划入国家意识形态共识的范畴。

## 信息传播在什么时候不再是宣传

构建过程中的顾问可能意识到这样一类困难,即如何划分允许的和不允许的信息传播。如果宣传这一术语被用来指在覆盖众多听众的媒体中允许的宣传,那么大量不同的词汇能被选择用来指向那些超越限制的通讯宣传("煽动性的话语","煽动物"等)。[1]

我们假定民众政府保护并受益于那些从平静讨论到激烈辩论的各类信息传播。当社会交互中的语言使用成为如下过程的一个组成部分时,问题发生了——该过程超越认知的传播或政策选择的强烈主张,以致唤起了对停止谈论和公开行动的要求。从科学观察者的立场来看,有可能认识到危机层次在上升,危机冲动贯穿整个论坛并变得更加强烈。不存在单一的操作指标可以用来作为一个"压力计"来表明一个行动的爆发可以多快实现。然而,在认识许多事物中都加入了科学和常识。争论的信息性内容变得贫乏。为此,陈述的流程被缩略为关键标志和口号,而不是去努力进行认真地陈述。基调是强调:兴奋增长。个体参与者"被鼓动起来"且失去自我控制,部分地退回到了更原始的思考和感受模式。原始的自我标志陷入了对更加统一的身份标志的专注,这些更统一的身份标志唤起了全知和全能的情绪。强制的要求取代规劝的要求占据了主导地位,其结果可能是对异议者采取暴力行动,因为异议者是与敌人联系在一起的。他们也可能基于强制而臣服。权力立刻成为主权目标和最高战略。

---

〔1〕 对推广的一个里程碑式的研究,参见 PROPAGANDA AND COMMUNICATION IN WORLD HISTORY 3 vols. (H. Lasswell, D. Lemer & H. Speier eds. 1979 - 1980). *See also* PROPAGANDA AND PROMOTIONAL ACTIVITIES: AN ANNOTATED BIBLIOGRAPHY (H. Lasswell, R. Casey & B. Smith eds. 1935, 1969 with new introduction); H. LASSWELL, PROPAGANDA TECHNIQUE IN THE WORLD WAR (1927); PUBLIC OPINION AND WORLD - POLITICS (Q. Wright ed. 1933); H. LASSWELL & D. BLUMENSTOCK, WORLD REVOLUTIONARY PROPAGANDA: A CHICAGO STUDY (1939); and B. MURTY, PROPAGANDA AND WORLD PUBLIC ORDER: THE LEGAL REGULATION OF THE IDEOLOGICAL INSTRUMENT OF COERCION (1968, 1989 with new introduction and new title, THE INTERNATIONAL LAW OF PROPAGANDA: THE IDEOLOGICAL INSTRUMENT AND WORLD PUBLIC ORDER)。

通过支持准许相互冲突的政策需求来获得公众关注,宪政性文本的用语可对国家未来的传统有所贡献。同时,这一文本也承认所有关注的义务,通过避免干预和平集会和信仰的行为,来维持自由论坛的公正。它也可能支持相对立观点进行陈述的平衡性原则,并为之提供论坛。

获得保护的信息功能包括这样一个论坛,在其中事实上的分歧能够被公开化。推广功能强调关于社会目标、客体和政策全部倾向的冲突。因此更高层面的预防措施,不仅是允许对手之确认,还是阻止对对手使用强制,都是必须的。

在目前为推广活动可用之设备中,可以考虑一下无线电视。1960 年美国总统大选的两位主要候选人在辩论中相遇。这种对抗无疑增加了选民判断候选人可以考虑的事情。强调对此类场合的希求,是完全符合公共利益的。为在大选期间、或是在决定性的辩论时如何使用此类手段制定宽泛的指引,或许是有帮助的。

比文本更重要的,或许是宪章制定者所提供的模式。他们可能在公众论坛蓄意鼓励直接对抗,并创造包含一个正当性的持续标准的政治角色。

【翻译:陈　兵;审校:沈　伟】

CHAPTER 05 >>

# 第五章

# 援引功能

## 引　言

当源自国家的主张被保存在很少或者几乎没有强制措施的法律系统规定的范畴内时，援引功能将运行得很顺利。改变构成法律系统的一些法规或终止一个规定，这类要求并不属于援引功能。因为两者都是关于优先安排的一个动态系统，并且都面临可能崩溃的危险，所以关于提供援引的建制性问题与安排推广功能有相似点。当推广功能有效实施时，它包括政党、压力团体和个人在允许范围内的冲突。非强制的优先安排可以在寻求新规定的新措施中实现。援引的适当任务被界定在所有制定法典参考的框架内。

在众所周知的公共秩序体系发展中，决策过程中的援引阶段扮演着一个非常重要的创新角色。尤其是在缺乏立法观念的民间社会，这种角色更为明显。这并不是缺乏规定，而是数量多并且覆盖到整个价值体系的运行过程。与之相关的观点是，这类规定被理解为“既定的”而不是“被法律要求实施的”。因此，当违背一项被严厉制裁的行为准则的纠纷发生时，行为准则的真实性将基于年长者的共识，或者基于非真实社会对这个传播源泉的判断。

在这些情况下,革新往往是最不引人注意的和未经事先考虑的部分。一个完整的规定包括行为准则、意外事件和制裁手段。在民间,变革特别依赖于有关规范适用的现实情况预期的"含糊不清"。规定对意外事件的法律适用经常是很模糊的。因为被用于描述偶发事件的规定都是那些必须符合一般参考的术语,所以决策者是被允许作出一些超出普通决策范围的决定的,只要他满足规定对紧急事件的要求。

在一个传播被认为是可以专门学习并且可以专业操作的文明社会中,这种现象是难以置信的:参与者,至少是一些参与者,在一般性主张被重申以完成其作为某一具体事件的参考任务时,他们不知道该做些什么。虽然如此,我们必须承认:唯一可以确定的这类客观事实来自于一些部落,其成员很早就接触到了欧洲文明社会中的自觉的工业型模式。

对我们所处法律系统中法官的角度作出决定的公正要求的无意识,是无需惊讶的。传统观点认为,当用上法律这个字眼时,他们没有进行任何的创新。他们不关注个案之间的差异,只是讲述他们对"规则"的遵守。民族文化的继承者是对原始主义的观点没有任何垄断想法的。

建制性问题顾问可能发现,已有政治体系规范改变的来源被人们称为"请愿权"。这种行为是援引功能的一部分,并且在一些传统社会中是其最重要的一个程序组成部分。

在现实社会中,任何认为自己被不公平对待的人应当向公众申诉,或把这个申诉传达给知名人士,事实上他们大多数也会这样做。后一预期可能为反复出现的行为确认,所以"请愿权"就此诞生。任何拒绝聆听申诉的权威人士,不论这种申诉是针对其本人还是第三人,都将遭受不同程度的谴责或者免职。因此,尽管传统观念可能认为"请愿权利"不是法律秩序的一部分,但科学观察者可能会发现在功能意义上它是符合法律的。

把"不公平意识"解读为不可或缺的对成熟权威和控制法律的援引,这是不现实的。鼓励申诉的价值体系中包括价值的缺失,因此是超越对公正的考虑的。所以新措施将移除对"妨碍性收益"的限制并且排除明显的损失。

我们在以上部分已经暗示了,申诉是以其真实性可能有争议的规定作出的,它可能或不可能在社会被理解是法律准则的一部分。就此而论,发现和公布特殊申诉是各种社会行为准则发展的一个重要起源。社会成员并不知道他们“真正”相信什么,直到他们所了解的判例使他们意识到自己潜在的价值倾向。这种关于内在联系的经历对一个有思想的人并不新奇。我们可能发现一个司机撞到了一匹蹒跚而行的马,然后我们突然发现我们被对野蛮司机的愤怒情绪所影响。这种经验使我们倾向于支持制定防止虐待动物的法律。

当文明的法律制度遇到关于不公正的申诉,并且法典没有明文规定时,它是绝对灵活的。灵活性通过很多方式被引入,特别是在敏感的决策者强调法律在关于那些并不完整甚至是矛盾的实效安排的价值目标的首要性时。对于很多法学家而言,对“法律要持续容忍不公平的存在”的论断是不可容忍的,而要宽恕明显违背法律秩序的最高目标(即保护并满足人类实现尊严的愿望)的行为也是他们所无法接受的。

人格尊严的概念至少需要一个决定过程,此过程引领了对那些断言自己遭受不被允许的价值损失的人的声音的关注。建制性问题顾问有责任协助能够明确实现这一目标的建制性功能,并且同时保证其他的公共秩序目标不被牺牲。

援引功能事实上是作为每个行政行为的一部分。在很多情况下,它被认为是和管理性的应用完全融合在一起的。每个启动一项官方程序的官员都有一个潜在的断言:“我‘临时地’在紧急的领域援引我的权力。我发誓我一定会遵守相关法律在应对紧急情况的部分。”当运行过程可以被总结为一个实践功能的例子时,一个“最终的”描述已经被定义为事实的紧急情况了。

官方的结构或程序被细分为不同的阶段。这些阶段简化了区分援引功能和应用功能的问题。某个官员可能会发起这样的正式提议,例如,他可能说当局承认桥梁需要维修然后授权一个机构去维修它。人们对当局的权能可能引发一场讨论,进而引发对于援引合法性的讨论。援引功能或许是被启动,但并不是出自某个官员,而是出自那些要求当局去刺激这个政策出现的个人。也有其他的可能性存在。公民可能自己修理桥梁,然后把账单给政府,声称当官方机构不能对反复维修的要求做出反应时,他们有权采取行动。

不难发现援引功能在整个决策中起到战略性作用的原因。普遍经验和系统分析的结合可以支持这样的观点:在社会中占支配地位的大机构中,*启动就意味着执行*。这样的警句只是部分正确的;但我们不能否认,一旦启动,整个执行机制将一直运行下去,而停下这些特定行为的整个过程通常是非常困难的。

对人类尊严基本的尊重使得我们必须承认,并提供保障以避免,重大的非正式剥夺是经常被那些实施援引功能的人没有正当理由地强加上的。这是真实的,例如,与安全调查或是实施逮捕有关的事项。这种对声誉的玷污,可能不是毁灭性的,但也是无法补偿的。一个潜在有用的事业可能在蔓延在家人朋友和其他人对这个人不好的影响中被毁掉。

## 组织援引功能

每一个现代社会都是将宏伟蓝图变成现实的阵地。因此,正如先前讨论的那样,建制性问题顾问在提前提供一个能够控制和处理这些新方案的选举系统方面存在问题。如果优先程序中止,公共秩序将在政治混乱和暴政之间波动,真实地反映一个士气低落的政治体。

即使没有规划,优先权系统也会出现在任何决策过程中。问题是如何在一个社会的有效预期中建立能够避免超过系统承受能力的需求调整的模式。

分配优先权是"行政长官"的任务。这个角色可能由一个能够领导他的助手的精英人物来充当,也可能由一个委员会来充当;并且,正如上文所说,操作可能并非既有权威又有控制力。除非宪法性条款的制定能使有效控制与规范的授权相融合,否则优先权很有可能会由掌控赤裸权力的人来设置。

认识到麻痹、无政府或者垄断、专制的双重危险,老牌民主国家已经学会依赖一定的实践去帮助自己渡过难关。在行政长官职责被单独授予一个人时,通过划分与其他行政人员水平和垂直的权限和限制权力的方法来使预期目标具体化就显得尤为重要。水平轴线是指其他国家的行政部门以及本国的享有国家级权力的专门机构。垂直轴线是指次国家的部门。

这里需要做的不过只是提及隐藏在写进官方宪章的限制背后的行政霸权的大量的悲惨经历。在危机时期，特别是由行政部门促成的据称是合法的援引，可能会成为一系列不可挽回事件的导火索。如果行政部门证明其干预他国政府行为的合法性，那将提供足够的动力去推翻一个政权。如果一个行政部门声称其战争权包括中止人身保护令的行使，那么在长时间内就不可能有效地挑战这个宣言。如果行政部门不正当地污蔑一个特定的人或者组织为破坏法律的嫌疑人，则有可能导致一系列对将来出现的同类目标的不公正待遇。如果行政人员遭到逮捕和控告，则威吓的结果可能会导致消极的社会争议。

援引功能可以被用于建立一个有所偏袒的政治机器，这是政府和法律的研究者所始料未及的。申诉未必能被受理，即使受理了，它们也可能很快因为一些牵强或可疑的理由被驳回。作出和执行一项不受监管、不经调研、不可中止、不可控诉、不接受检举、不受重新调查的决定，往往与程序继续进行的决定一样有效。当肯定的判决可能屈服于政治支持的时候，我们感到如此的沮丧。

以建立公共秩序为目标、正在寻求方法去调节将来的援引功能实践的顾问－起草者对此提出了一些策略。这一功能的职责可能在数个结构下被分散。然而事实上功能总是超出一个单一结构的边界，但这并非意味着采取措施防止严重的中央集权是徒劳的，或是无足轻重的。援引功能是国家执行专制的一个潜在基础。

一项预防措施就是明确*行政部门与政府其他部门的代表共同行使援引授权*。任何超出权限的权力都将在危机过后迅速消失。

提前安排可以为所有的协调机构彼此*协商*提供机会，尤其是与最主要的机构之间的协商。当危机时刻来临时，没有时间去临时组成早在危机到来之前就应该考虑的机构体系。在核武器时代，一国首领可能会收到声称国家受到攻击的信息，同时，敌对方将在几分钟内开火。行政部门的职责是评估上述声明的可信程度：那是值得相信的吗？如果分析结论是肯定的，那么大概后果严重的反制措施会得以行使。不确定的情形出现在实行援引功能以及共同参与成为当下势在必行的时候。也许显而易见的是，除非在几分钟内作出一个积极的结论，否则，一个破坏性的决定就可能在默许的情况下被采取。除非紧急状况在过去被多次预知并且参与者已经意识到现实的限制，在限度内，他们可以依赖互相的判断，共同参与可以提高，而不是降低，决策的风险。

对于外交事务，采取进一步的预防措施是可行的。假设在世界的大舞台继续缺失最基本的公共秩序，那么我们可以果断地预测出，严重的紧急状况将会不可避免地出现。即使是出于善意，一个能够减少采取灾难性单方行动可能性的程序也是必要的。跨国性的机构可以专门用来对世界范围热点问题进行*持续性监控*，并且可将其*划归到行政机构*中。试验测试可以帮助这些行政人员至少避免一些不切实际的援引。

民族国家已经见证了严重性稍逊于核危机的外交危机。当最高行政机构与立法部门分立时，正如在总统制里，两个部门明确地共享外交事务中的援引功能。行政部门对真实局势的解释随时面临来自一方或双方立法院的领导和委员会成员的质疑。尽管处理日常外交事务的职权属于最高行政长官，但是他不能滥用授权。有影响力的人物必须有信心，他们也分享着这样的基本事实：最高行政长官在其职权范围内行使权力。在立法部门作为一个持续存在的机构——一个委员会——成为一个实用的工具，通过它行政部门的援引行动得以不断地被审议。

正如上文所述，除非获取信息的机会是均等的，否则没有任何援引功能的实行可以通过现实主义和权势效能进行。必须存在有效的均等权限以获取所有相关的情报。在外交事务中，达成共识的一点是行政部门由于控制情报机构而通常比其他部门更具优势。在划分成不同区域的世界舞台上，为了盟国的国家安全利益，一些有限的接触也是可以接受的。最为实用的妥协方法是由盟军政府部门值得信赖的领导人去寻求并获取足够的具有代表性的信息，从而为他们提供想要的可供评估和判断的现实基础。

除非那些获取或者接受信息的人有足够的能力去理解他们的所见所闻，否则对信息的获得是没有意义的。当高技术含量的操作被引入时，同时需要一些额外的设备以满足高层决策者的需求。因为这些人不是必然受过科学或技术方面的教育，并且在任何情况下都有可能在巨大压力下进行工作,因此这些依赖必须是建立在熟练的和选择性的知识解释的基础之上。在老牌民主国家中,现代化的立法机关不得不逐渐开始通过增设与其在政府行政部门中所处地位相匹配的服务机构来完善自己。

在主要与民族国家内部相关的事件中,立法机关通常都很好地装备起来以匹配行政部门所能够获得的事实和阐述。一个关键的时刻是在有人宣称存在内部危机而授予行政机关临时行使扩张的权力时。建制性安排可能建立针对与存在于内部及外部*紧急情况下的权力*有关的危险的*保障措施*。这些保障措施是通过要求只在短时间内获得迅速明确的授权,以及为立法机关提供了解不断变化的现状的机会来实施的。(如:通过一个委员会的机制。)

尤其是在英美法系传统中,行政援引被预期服从于及时的独立司法审查。尽管在一个特定权限内按照惯例被称为法庭的机构可能缺乏标准形象,但事实却常常接近于理论模型。在已形成的概念中,几个要素被巧妙地融合在一起。例如,人们假定自由裁量权的范围要小于相同级别上的立法和行政机关。尽管所有的政府建构都被视为有责任服务于公共政策的重要目标,然而选择适合于目标的政策的最初责任属于立法者或者行政人员。司法机关被期待严格遵守更为细致的程序,并作出针对某一特定问题的明确的处理。司法法庭通常应当从"精通法律"的人中招募,并且应使他们免于因其决定遭到报复。

有时显而易见的是,在老牌民主国家中,法庭积极主动地缩小公共秩序的泛化目标与尚未通过立法或者行政行为处理的具体情况之间的隔阂。正如我们对决策形成进行分析所明示的,当特定事件与全部概念相关的时候,变化就显现出来了。但有时充满活力的法庭会走得更远,并且在解释与诸如均衡立法、平等投票权等十分重要的有关公共秩序目标的时候,有意地进行法规的创新。

当法庭审理一个有关行政执法的案件时,法官面临着一个如何区分行政自由裁量是否在授权范围内这一棘手问题。标准有两种,分别是是否符合内容和程序上的原则。例如,就内容而言,行政部门必须能够说明其用以证明其决定正当性的规定是可以论证的;就程序而言,行政部门试图通过强调其对已被接受证据的注意、对新的辩论的充分关注来维持它的地位。一部宪章被适当地定位,以明确当一个审查机关在拒绝同级管辖机关援引相关法规时所负有的义务。

## 非官方援引:组织和策略

关注建立有效援引功能的建制性问题顾问通常会发现,在立法时必须要考虑在社会中普遍存在的对政府举措的传统的强烈的不信任感。在一些古老的文明中,人民已经学会了将政府同遥远的或者异族的暴君联系在一起。因此,如果政府被牵扯进私人纠纷中,那就完全是灾难。无论何时,可以的话,争议最好能被控制在家族、教会、或其他的私人组织中。通常来说,少数民族通常厌恶政府的干预,他们相信只要允许外来者参与,集体的分裂就将开始,并且从此以后愈演愈烈。

偏远农村地区的人通常认为联合政府只是存在于遥远的都市世界的机构,并对其抱有警惕。因此,农民、小农场主和乡村居民们自行解决冲突,以期望不受官方机构控制的现象,并不罕见。

群体采取反道德运动不让政府干涉他们的内部事务,是一个被普遍认同并可以找到根据的主张。涉及权力部分,反道德运动通常包括革命的或者主张脱离联邦者的联盟。作为标准,运动的成员们受到非常苛刻的行为准则的约束。犯罪集团通过贩卖兴奋剂、走私、赌博和卖淫进行商业犯罪。他们内部组织的所谓“法庭”和他们冷酷、残忍管治下的死亡“判决”为人所熟知。有些运动是宗教意义的,而宗教的少数派习惯于将信众间的纠纷局限在真实的教徒圈中。反道德活动包括福祉和情感的部分(像一些性变态者的组织),这些人也试图私下洗刷他们的罪恶。反道德地带通常也会和受尊重的群体挂钩,比如在贵族家庭中,即使在社会变革后他们已经被剥夺了特权,但他们仍然通过决斗解决内部纠纷,并称其为适合“受尊敬”的人的方式。

在其他能影响在实践中采取何种求助于官方权威的因素之中,必须要考虑专业和行业的整体心理。医生们倾向于不起诉另外一个医生,校友们试图不和曾经的共事者对簿公堂。家庭的团结纽带和其他少数组织的关系具有同样的约束作用。(比如梅森家庭的一个成员不愿意起诉另外一个家庭成员，等等。）

个性差异会将争议压缩到一个限度，或者，从另外一个角度来说，会制约运用法律解决问题的方式。

有人可能会问：那谁还会寻求政府的帮助呢？

正如之前所说，最好地概括了可得到的信息这一前提说明，*组织团结的缺失增*加了政府在解决私人纠纷中的作用。很明显，与亲密的朋友相比，陌生人之间共同的目标、期待和认同很少。因此，在城市中心这个人口流动很快的地方，让陌生人和过路人，即警察和法院，来解决纠纷也就不令人吃惊了。

传统团结约束效力的瓦解是从早期社会形态向现代工业社会转型的一部分。在转型过程中，想要摆脱旧束缚的个人通常会寻求政府的帮助，期待正在兴起的新秩序下的法令能够得到认真地对待。人们会想到想要划分整个家族财产的子女，想从主人那得到更多自由的佣人，想要加新的条约给房东的房客，对债权人提出新的保证的债务人，想从丈夫处获得更多自由的妻子，等等。通过援引，整个社会具有强制性的力量，而个人试图通过占有压倒性的权力来改变他个人的不利地位。

一般说来，官方事务发源于那些自认为处在一个有利政治地位上的人。但这并不总是对这些价值的控制的问题，因为财富和尊重后来被用来作为权力的基石。在某些情况下，个人和集体有信心比富有者或受尊重的人更加强大。这是事实。例如那些移民到美国的，专门在大城市从事政党服务和在政府部门工作的爱尔兰人。为政党服务的人最初的地位低下，而与来自欧洲东北部农业社会的移民相比，爱尔兰人更习惯于诉诸政府。很多“移动式向上”的因素得以成立，以在法庭上对抗“最好的家族”。但是，如果这是一个很重要的纠纷，那么“古老的家族”有权作出决定，因为尽管他们的个人政治影响力有削减的趋势，但他们已经保持上层的法律和行政地位很多年了。

当影响存在巨大差异时，哪怕有一点官方顾虑的传统，弱势政党就会在一个争议中寻求政府的介入。这是个有关“贫穷与富有，普通与著名，和蔼可亲与穷凶极恶，伪善与友好，弱小与强势，没文化与高学历，新移民与原住民等”的公正司法的经典画面。

政府经常被作为个人追求权力、财富、尊重方面的竞争因素而被带入争议。例如，在商业竞争中，人们发起诉讼以给竞争者带来垄断安排或销售方面的压力。诉讼一开始可能只是使公司的信用状况感到难堪，或损害其在谈判中的行动自由。（可能行为的形式的数量多得就像和电码本中的条目：违反合同的指控，具体履行的要求，专利侵权的指控，等等）。

人们经常会发现，政府在解决个人纠纷中能够出庭的关键，通常在于一个或两个相对方的特征结构。最极端的例子是“诉讼狂”，在除了带有专业眼光的观察者之外的所有人看来，他们的头脑是健全的，但实际上他们确实遭受着精神上的强迫满足，那种满足来源于强迫自己把每个纠纷都诉至最高权威。

上述的例子只是发生在内部众多案件的一部分。当我们向世界政治的外部舞台望去，我们注意到，传统学说允许许多私人争议上升到公共问题的层面。数以千计的私人党派正在寻求获得政府与其利益相联系的帮助。

在早期的构建过程中，通过强调公正、快速、低廉的正义目标在政府公共信任方面奠定基础是可能的，特别是通过提供独立的审判机构来为该目标提供程序表达（例如，任命、长时间任期、专业资格等）。

尽管我们已经在克服对法庭和其他争议解决机构的恐惧方面给予了极大的关注，必须强调的是，在强制因素并不重要的领域，我们所推荐的公共秩序鼓励私人的方式解决争议。这项政策目标体现了我们关注许可更广泛可能的自由范围选择，包括和解的选择。像每一个政策目标一样，这一目标也受制于具体情况下公共秩序的调整对象。我们已经强调这一基本观点：纠纷的当事一方是在一个强制性的劣势下，社群应该介入恢复平衡，使弱势的个人和团体容易得到官方机构的帮助。

可以肯定的是，政府理解他们在处理个人争端时所扮演的角色，那就是作为管理者，在当事人不能达成一致时，政府必须提供上诉服务。有一点必须明确，负有管理职责的官员通常会以鼓励私人解决争议的方式。请求官员扮演第三方的角色，有助于通过“冷静”一段时间或其他方式来结束案件。在寻求达到这一目标的过程中，安排这样一个程序似乎是明智的：在任何一方提起请求时，不给官员除了干涉外的其他选择。然而，指令性的言论不应该被允许将注意力从指导整个行为的政策目标上分散。

官员行为可以从很多层次来分级,从简单的庭前诉求登记到随后的出庭。除了初步调查,官员们可以被授权和鼓励去尝试调解(为解决双方之间的争辩而撤回或拿出要约和反要约),或者斡旋(在调解过程中提供自己的建议并说服争议双方坐在一起),与司法程序相比,仲裁更加复杂,因为当事人可能提前同意接受仲裁员的最终裁决。

从政策观点来看,私人解决争端在多数场合是有保障的。我们指的是有利于私人判断民主推定。在教化方面的考虑同样是切题的。当具有很多背景知识时,私人和解比起由遥远或者陌生的官员来解决,更容易达成。然而,从观察中我们得知,当一致意见被破坏、反对传统思想体系的当事人试图扩大解决争议的范围时,这种私人和解的实践是无法让人忍受的。在现代工业社会,一个至少是临时的稳定性标记是调查、调解、和解和仲裁的增长,特别是在商人之间和在雇佣与被雇佣者之间。

很多经验可以用于协助调整私人争议,如调解或协商等程序。这个经验证明过早把专业律师带到诉讼中是不明智的,因为他们倾向于认为依靠法律技术来维护他们的"不可或缺性"。不过,从细小争议焦点入手以及考虑利害攸关的律师,通常扮演着非常出色的仲裁员和斡旋者的角色。

当强大的私人政党介入到争议中,或者政府本身就是一个参与者,"小人物"常常感受到威吓。因此,特别需要采取措施鼓励私人使其诉求能引起主管部门的注意。"障碍报告台"可与政府企业或者公共事业监督机构相联系,民间团体可能愿意来管理私人服务,接受投诉,并将筛选之后剩下的诉求转交给相应的有权政府机构。一个高度建议的机构,*申诉专员*,已经在瑞典建立,并正在受到来自不同政治体的关注,这些政治体自身因庞大机构的剥夺性副作用而感到疲惫。

我们再次强调要充分认识到把剥夺作为一个需要矫正的问题的重要性,这种剥夺,即使在最初阶段,可能是通过诬蔑行为或者个人来强加的。由于破坏性倾向的问题是就这一点而提出的,因而看来在一个称职的专业人士和门外汉参与的案子的援引过程中至少限制第二步是有利的。当它是一种所谓的精神背离问题时,就是保障个人自由的重要手段。我们注意到,除非建立一个实质性的基础以迫使有进一步的主张,否则许多在“犯罪”程序第一阶段所需的步骤都让步于保护个人免于不便、诽谤、花费的要求。

现代社会的政府官员面对很多需要执行法律的紧急情况。我们呼吁注意遵守和执行的循环。如果政府官员考虑到了这样一个循环的当前和即将出现的阶段,那么他是明智的。存在着一个进一步的问题,即在强制服从的层面上是否正发生结构转变。如果有证据表明更加按照法条规定行事,那么官员会觉得完全有理由允许一些相对确定的因素介入他自己的政策判断。

一个现代化的构建过程有希望通过清楚地说明纠正和其他制裁政策的目标,来帮助明确在援引方面的社会预期。以法理上人的尊严为出发点,“惩罚”并不是公共秩序的一个可辩护的目标。当然,惩办主义似乎是普遍存在的。这一点可以通过公正地拥有可靠技术的自我观察者来加以证实。人们可以在所有的儿童(和前儿童)中发现对惩罚的需要,以及对抨击夺取资源的需要。这种需求是破坏性的、激烈的、非特定的。它是通过自身破坏性动机的程度而非人格尊严的标准来加以定义的。惩罚性要求并非一个可以接受的政策目标,而是一种调解因素,可以设定限度来控制在特定条件下能够达到的与人格尊严相兼容的目标的程度。举例来说,如果矫正或制裁的实行旨在帮助在一个罪犯(内心深处)培养公德心,那么他将来就会为自己的行为负责。当我们建立这样一个为评估剥夺后果提供标准的目标,那么问题将不再是一个简单的自我放纵的问题。任务在于帮助其他人去超越自我。在个体行为负责的前提下,相对于经验性的进一步剥夺权利,这更依赖于一个放任可以被正当期待的环境。

我们将从适用功能的角度对矫正和制裁目标进行更长篇幅的研究。就援引而言,如果构建过程可以有效表达内容及程序原则,而这些原则推动对相关复杂性的认识,且无需承受因诉讼引起的不合理负担,那么它就是成功的。

【翻译:陈　兵;审校:沈　伟】

CHAPTER 06 >>

# 第六章

# 适用功能

当涉及决策程序的适用功能时，建制顾问的问题主要是关于行政结构的宏观设计以及维持与公共秩序目标相一致的一系列最终决策的方法。我们在前面章节里对援引功能的考察强调了程序设计的重要性，即虽然允许即刻质疑临时性判断，但应避免导致行动瘫痪的影响。

在一些转型国家里，建制性任务是协助官僚体制引入效率、公正和人道的有效运转。在一些部落社会里尚没有给精心设计的行政机制以空间。因此，政治体没有准备好去应对随着现代科学技术的出现而带来的多样化需求。这些需求只能通过一个受过现代技术训练并对其自身角色有恰当概念的专职官员队伍来满足。一些新国家的行政体制包含了许多来自现代化之前官僚帝国的传统，在其中帝国官员被认为是当地村庄或部落的天然敌人。当公共秩序的新体制是一个欧洲强权的前殖民地时，一个复杂的因素是遗留下来的官员可能主要招募自前政权的较低阶层。在这些环境下，建制性任务为在官员和政治家间可能产生的冲突所妨碍。

适用一个背景性方法来完成建立能胜任之政府机构的任务，对那些在国家建立的早期阶段活跃着的顾问起草人尤为重要。我们已经观察到，顾问们不经常、并很少成功地试图用已建立国家的实践达致新国家的即刻转变。马克斯·韦伯的政府机构模型概括了传统的、在长期演变结束时期在欧洲国家中流行的假设:(1)专门的、高度分化的行政角色,(2)根据成就招募(用考查而非归属衡量),(3)根据普遍的而非特殊的标准安排、调动和提升,(4)领薪水的专业人士的管理者、他们视其工作为一种职业,以及(5)在一个合理且容易理解的等级、责任和纪律的环境内的行政决策。

当新国家的建设者尝试建立这些做法时,他们可能发现当地的倾向性与西方的准则背道而驰。可是如果有人去检视欧洲政府机构的历史,这些当代社会中因素的合成就变得明白易懂。现代欧洲在9世纪和10世纪期间开始成型。在许多情况下,国家开始通过被当地权贵及其来自退却野蛮部落的追随者再占领的领土的统一而形成。国家、公国和王国开始出现。一个公职被作为一个封地持有,为其持有者的特殊利益而行使。封地的授予捆绑着一个公职,以建立权利和责任去行使管理任务,并且也确定一整套的权利和义务模式,把持有人与他的君主并进而与社会中的全部参与者联系起来。就像候兹利斯(Hoselitz)所写的:

> 通过这种方式建立一个行政架构最要紧的,不是有多少政府机构的规章,而是在形成过程中社会一体化需要的实现……西方技术顾问所声称的在亚洲和非洲国家遇到的行政服务方面的腐败,以及他们极少真正成功的技术报告里所抨击的,只不过是在这些政府运转之基础上的非理性准则的流行。[1]

顾问们较少地可能知道长期的历史趋势,而较多地知道对大规模官僚体制的更近期的批评。这些抱怨指向我们将称之为"官僚主义"的困难综合症。在现代文明里无法逃避大型组织,也无法避免特性问题。无论政治集团是专制统治还是宪政民主,对"官僚主义者"的不满与一个牢固的家庭彼此相似。

例如有延迟的抱怨。作为克里斯托弗·弗莱(Christopher Fry)笔下《不该烧死她》(*The Lady 's Not For Burning* )里的人物之一,"我能够拯救你因为所有的官方行动都可以被赋予官方犹豫"。与"官方犹豫"紧密相

---

〔1〕 Lasswell 脚注,未找到。

连的是“官样文章”，或者不必要操作的倍增。有不情愿接受的，更不用说发明、新的想法，其结果是逐渐过时的东西永存。一个重复的主题是官员显示缺乏人类的同情和理解（缺少共鸣）。缺少共鸣经常与道德上的不敏感有关联。官僚主义者们被描绘成穷人的剥削者。通常这些指责是自我责备，就像一位中国诗人写的：

……

今我何功德，曾不事农桑。

吏禄三百石，岁晏有余粮。

念此私自愧，尽日不能忘。[2]

另一个抱怨是官员自我专注于行政运作，像以他们自己为结果一样区别于他们被期待去服务的价值。汉密尔顿·法弗（Hamilton Fyffe）以国际联盟的一个主要人物比喻这种尖锐的特性：“阿弗诺尔（Avenol）不论什么都没有主意。他是一个彻底的官僚主义者。是这部机器让他感兴趣，不是它能做的工作。”[3]在一个被行政机器制约的世界，自我专注通常被视为在对待强者时带着谄媚、而在对待弱者时带着不在乎或傲慢。由等级制度中官员自我专注引发的进一步的困难是“割喉主义”，或者在体制内争夺权力中的过度敌对性。

观察这些在官僚主义主题上的悲哀，它们似乎在说关于官员们和他们的诋毁者两者都有些正当性。就官员们而言，当个体习惯于在一个大的管理结构下利用所提供的机会去规避责任、从而使他的责任感变弱或变坏时，这些负面议论唤起对于可能发生什么的注意。一般来说，在社会里一些紧张的局势在勾画管理者不奉承人的形象的行动中找到了一个满意的办法。在政府带来权威这个意义上，它是一个针对权威的未被清偿的态度的目标。通常这些心态是矛盾的，其包含着去引诱和屈服，以及去攻击和破坏的冲动。政府管理者们站在了顶级权威的一个有利位置，因为他们至少名义上能够援用代表他们职位的最有权力的中心人物的支持。“可是，管理者得准备着为那些羡慕政府里上层人物的、和那些只要

〔2〕 Lasswell 脚注，未找到。（白居易《观刈麦》译者注）

〔3〕 Lasswell 脚注，未找到。

有错就归咎于下级的人做替罪羊。”

我们可以指望一个针对“官僚主义者”的心态分布调查,能揭示出在来自一个自由社会里上流和底层阶层在抱怨上的重要差别。在美国社会里上层商人或许能看到在通往许多其属意的政策的路上,在官僚体系里存在障碍。同时,这个官僚是一个少受尊敬的人物,在这意义上他已经进入“安全的”和“没有竞争的”公务员生活,在那里他没有遇到像生意人一样必须发放工资,也没有遇到像当选的政治家一样面对投票箱。在这些情况下,流行于生意和政治上层的形象以这样方式强调该官僚与理想形象中的管理本身不同。一方面,官员经常显得惯于搞阴谋诡计、缺少主动性、胆小和缺乏远见;另一方面,下层社会往往认为官员傲慢、暴虐、微小、懒惰、轻率和伪善。

## 组 织 机 构

作为预防“官僚主义”出现的一个手段,建制性问题顾问可以给相对灵活的组织机构模式奠定基础。*结构可以是同级并行的及分等级的*:新颖的组合可以演变到执行适用功能。关于这一点顾问将知道不止一个的机构方案。例如,考虑 A 和 B 两种模式。A 模式将一特定功能的垄断权分配给某一个指定的部门;B 模式则分配所有功能以协调各单位。如果第一种模式被用于一个国家水利发电厂的管理,一个组织机构被发展,在其中操作功能中全部的财政放在一个部门,全部采购在另一个,全部人事在第三个,等等。如果采用第二种模式,则北方的、南方的、东部的和西部的水电厂可以是分立的单位。每一个部分负责它自己的采购、人事和其他活动。

一般来讲,在一个国家整体上,B 模式屈从于官僚主义的可能最小,这主要是因为注意力集中的方式被设定在组织机构的内部和外部两个方面。在 B 模式中,注意力被放在大的事业单位的中心。A 模式提供单位间的比较,困难是因为部门而不是全部运作被放在前沿。一个采购部门并不易被用来衡量一个企业维持和扩展或是与消费者关系的部门。然而,西北公司开放给全部其他公司做比较,因为涉及同样的最终产品。

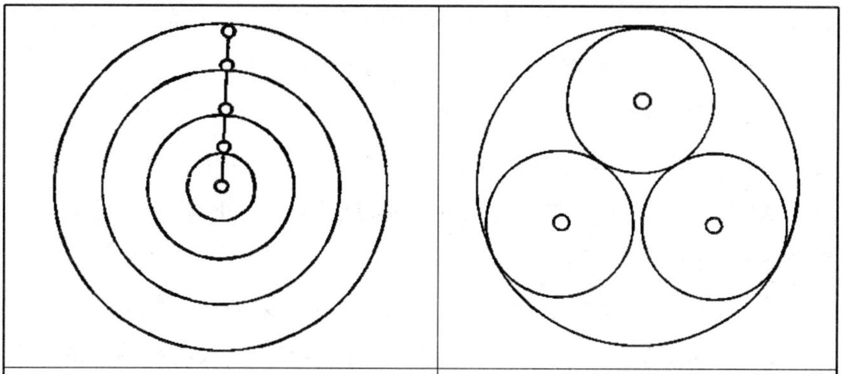

部门模式　　公司模式

当然在公司单位的最初投资中可能有区别，但成本和利润的核算可以被所投入的每一块钱做出。如果消费大众分布广泛而不挤进少数易于接近的中心，为了对比的目的，情形的不同可以被一个不变因素表达去平衡公司的地位。

即使对比不能够被完美地做出，公司能够去争辩最适当的标准，这也是对官僚主义的一种制约。非官方的团体可以有效地加入争论。

B 模式促进每一个组成单位全部成员彼此间的识别。这种情况出现不仅是因为标志是可用于标明不同的企业，而且因为这些标志被援引在那些影响所有有关的价值立场的方式上。在我们的社会和其他许多方面，尊敬的危险在于是属于卓越经营的光荣类型，或是作为有不良声誉的一个单位的部分而羞耻。政治权力也是岌岌可危的，因为与成功联系在一起的人在政府里有更好的升迁机会。财富被涉及，因为晋升到有更多报酬的工作成为可能。企业作为一个整体成功的责任感被强化，因为公正是与贡献给整个企业的成功联系在一起的。认同可以带来满足，这来自于主要自我融入到良好友谊氛围里的更大规模的自我。通过引导集中注意力在有关运作的相关决策的新闻和评论上，教化得以增长。

在实践中，将 A 和 B 模式结合进各种各样的合成体通常是合适的，并且基本章程可以采用制度灵活性的自由视角。“部门的”和“公司的”计划可以在一个运作网络里的连续步骤上被混合。一方面，它可以是应急有效地去集中和部门化少数运作，例如筹集款项，对于整个企业系统来说能够相对有效地实现。另一方面,一些活动可以在高层被部门化,合并到下一级,以及再一次的部门化。这可以是有关人事的模式,使招募产生在国家层面,尽管选自该库的雇员可以由对每一个公司负责的部门来处理。在一些公司的设置里,可能有规定给比起母公司在更有限的框架内运作的附属公司。因此采购和某些其他功能可能由部门处理,而当地的公司负责日常维护。

一个重要一般原则的部分模式得自威廉·艾伦森·怀特(William Alanson White),他认识到鼓励来自组织一极向着另一极的有活力的运动这种策略的效能。如果采取一大步进行集中化和部门化,则需要做出即刻的努力去鼓励在更低层级上的公司交流和协作。如果这一大步之前是去集中化,则下一步应该是通过鼓励在具体活动中的共同行动将操作绑在一起。该原则不是"为了改变而改变",而是相关背景的优先,外加这种在无危机时期里与注意力焦点保持结构及功能关系的背景中的运动。这样由组织的结构僵化引发的危机可以被保持在一个最低的限度。

对于顾问来说的一个问题是鼓励这样的实践,即有意确保*官方人事部门独立于行政结构而没有破坏*一个对智识任务的有纪律地执行的*有效责任感*。如果官员们完全依赖于结构,则官僚机器就有偏离社会和次级社会服务朝着它的特殊终点的危险。历史提供了庞然大物(利维坦)的例子,它的人员选自那些不成熟的、被切断外界联系并在组织内受训的年轻人。在机构内部开始事业,他们仅仅寻求上级的允许、提拔和其他各种迁就。他们被从一个职位到另一个之间调来调去,以使他们发展"支持者"的机会处于最小。因此,不存在作为另一职业的基础的,或者是作为一个带给上级压力的手段的,非正式"支持者"。为了独立性的好处,我们推荐以减少管理结构不透性的安排。等级制度的成员们可能被鼓励去接受别处的暂时任命(当个体回到原机构时,相等的级别被认可)。年轻人可以被鼓励来回走。个人的独立性是支持从财政上独立的个体中招募人员的主要论据之一;并且毫无疑问,对目标至少是部分地达成。通过坚持不断的接触(包括参加专业学会会议,在科学期刊上发表文章等),官僚主义者可以保持另一种职业生活。技能和教化两者都被满足,因为学者型官员比起一个全神贯注于单一组织日常工作的人来说,典型地保持着更多的警觉、想象力和问题导向。

如果官僚主义导致被动性,无法与任务匹配就会助长另一类弱点;也就是说,追求私利,或者扮演了非官方的委托人反对共同利益。譬如,当实施了“分赃制”,支持者和联络人两者都会在一个意气相投的环境中兴旺发达。个体可发掘职业的机会去达到鼓励违反保密义务的程度。

一个基本制度章程所要回答的最重要问题是,谁应该权威性地介入*适用功能的最后实行*?在一个民主社会里,总是假定不满意的人对公众官员有有效的追索权。可是,事业的压力和公正性的考虑要求试图影响官方行为的努力应该被保持在允许的限度内。作为一项对工作压力的妥协,似乎有必要拒绝一些诉讼当事人正式地将他们的异议移交到法院系统最高层级的可能性。当正常的可供选择的方案被申请人穷尽,并且当有实质性理由推断通过支持先前的决定公共利益没有被满足时,行政长官可以被给予正式的机会进行干预。因此作为一项原则,行政长官被授权去发出一项赦免或者减轻法院强制制裁的严厉程度。没有人怀疑整个系统的正常运作将会垮塌,除非行政长官在这类事情中表现保守。可是,终极保障是这种被一个挫败的参与者在创造一个全体公众参与的议题中动员起来而产生的影响。[在美国,例如在尤金·德布斯(Eugene Debs)案中这被成功实现,虽然这在萨科和万泽蒂和罗森堡(Sacco and Vanzetti and the Rosenbergs)案中失败了。]

在组织一个法院系统时,终审管辖通常依据争议在社会政策中的重要性被安排在一个上升的顺序里。在这方面上会出现问题,因为政治集团作为一个整体即便是在法院系统集合功能的最低层级上都有一个利害关系。如果由于较低级法院的案件太多而导致正义的严重缺失,那么是社会应该授权掌控司法系统的官员对之进行修正,抑或这些组织的调整应该留给立法机关来启动?在从情报来源和评价机构获得的资料的帮助下,法官可以保持熟悉司法的工作负荷,以及审判和制裁的结果。因此他们被相对较好地放在承担长期的修正制度以符合其目的责任。可是,专业人士倾向于远离门外汉。作为防止法院系统从社会中脱离的方法,将立法机关引入到有关主要组织模式的决定中似乎是明智的。譬如,立法机关可以很好地担负起选择主要的类型,这些被运用于按重要性顺序的争议分类,并确定对每一类型的上诉救济的程度。由于这些决定具有相当的技术性,司法系统可以被授权开始进行一些改变,除非在一个特定的期间立法机关介入行使否决权。

在适用功能中决定"谁决定什么"时,建议一个指导原则是可能的:*缩小背景*。该原则意味着争议各方将被限定于那些有直接关系,并且解决方案是在这样的最小社群框架内做出,即它的代表是足够强有力去厘清和执行潜在有关的最大社群的政策。该原则有利于法规的分散适用,并且将负担给予那些可能扩大上诉范围,减少系统里较低级法庭最终裁决的人。如果能够证明地方的决策者是在当地精英的主导下,以至于仅仅是微弱地体现出较大社群的背景,那么该案件的做出是为了降低地方作出终局裁决的争议的重要性。

法院的章程要求给出一些关于*外行与专业人员的平衡*的承诺。专家们可以提供自我约束和受过训练思维的综合观点,而外行们处在一个贡献当地的和详细的辅助知识(和意见)的位置,以帮助将一般原则适用于具体情况。许多结合已经被使用:外行陪审团和职业法官,外行和职业法官,外行法官和专业顾问。建制性问题顾问必须面对经常出现的问题,不论社会的目标价值是由一个在特定领域训练有素的决策者服务可能更好,还是由门外汉更好;如果答案是一个专家,那么是哪个专家。

"同辈陪审团"审理的需要被试图部分地归因于害怕专业或非当地人士的武断行动。也涉及其他人的价值,显而易见的是尊重。当我们考虑其他人的观点和意见时,我们给予他们完全的尊重。实现这一目的的方法是选择那些以过去经验为基础能够认同他人的决策者。因此个体可以被选择来自那些与当事人尤其是被告相同的社群、阶层、兴趣和人格背景。一个被召唤去对"事实"问题作出判断的同辈陪审团是从事于一项复杂的任务,仅有该词"事实"提供可怜的意见。譬如在程序的终点评估有罪或无罪,在这期间陪审团被提供许多机会去作无数有关案件的主观和行为事件的推断。被告的行为提供一连串陪审员所能够按照他与被告分享的共同背景进行诠释的线索。

号称在一些国家里它被用于保护地方对付中央权威,或者捍卫一个社会阶层或种族集团对付另一个,这并不是陪审团的全部。由某个人的同辈审理不会总是包含“轻的”或容忍的对待。一个地方社群的成员们可能对被认为不遵从当地风俗和给该社群带来耻辱的个体极为严厉。同样地,社会阶层或组织的成员们,那些相信其地位被“叛徒”行为所破坏的,通常将会作出严厉的反应。设置一个盗贼去抓一个盗贼的家常智慧部分在这里是恰当的,因为这是一个可以规避外来者的可理解的思维方法和操作模式的问题。

因此在许多情况下,保护被告人对抗其同辈是社群代表的功能;或者,更准确地讲,使其同辈在更大的社群中能够去保护来自较小的团体和个体,包括那些有许多共同点的人。诸如此类的考虑使这样的政策正当化,即允许当事人在诉讼中挑战未来的陪审员,是否有(不超出限度地)理由地去怀疑法院的不公正,或审判的场所。

在这些阶层差别微小且团结稳固的郊区和小城镇里,陪审团制度能够履行由同辈们提供真实审判的职责。可是在较大的城市里,情况可能不同。陪审团有时被操控以至于那些没有附和检察官的陪审员可能很少被召回服务;默从的人经常被召回。在某种意义上一个“专家小组”可能出现。可是,这个小组并不是真正的专家,仅仅是有经验罢了,因为在考虑公正的条件和目标时遴选小组成员并不包括他们是否受过训练。

现代文明的环境是如此多元化以至于陪审团制度可能作为一个非常天然的工具运作,通过有能力理解其观点的人,来获得对被告裁判的政策目标。事实上,撤换不成熟的陪审团而代以合格个体的小组是明智的。什么是合适的条件?大概可能与那些成功的调停者、调解人和仲裁员的条件相同。他们的性格、智力、受训和经验的品质使这些人,比起通常在现代大都市条件下选择的所能指望去做的陪审团,能够更加深入地看穿陌生人和半陌生人的社会和心理的现实。

建制性问题顾问应当考虑决策制定团体中专家之间的平衡,以及在大小社群之间和在外行与专业要素之间的平衡。在许多类型的案件里,尤其是在家庭法律和遗产继承中,律师和牧师就遗言争论不休。随着知识在现代的多元化,许多新的职业已经出现在权力领域。在这些新的职业中,其中一个对律师最直接的挑战经常由精通精神病学的医药和心理学分支的成员们作出。并不难理解为什么法官、律师和精神病专家经常发现在界定他们各自领域时感到困难。“意图”(包括能力)问题不断出现。一份争议文件的签字人是无决断力的、精神有病的或恶意的?被告能区别对与错吗?被告们是为了违法的目的而故意结合的吗?这些是在适用社会规范时的日常问题;而且律师和精神病专家通常都有不同的方法。

如果社群的发言人(当他们是法律专业的成员时)被引导或允许去遵从精神病专家的指挥,那会发生什么?在某些条件下,其结果是责任为一个社群的代理人所放弃。受制于法院的模糊控制,个体可能被转交给某一专家群体,他们的判断并不屈服于程序的、限制走向主观臆断趋势历史发展的挑战。在某些情况下冒犯者的自由几乎全部由精神病专家决定。在最极端的例子中,个体即使被宣布没有违法行为,但在不确定的期间里仍然被剥夺自由。专家们可以证明有一个破坏性的“倾向”,其会带给潜在的冒犯者一个长或短的期间的隔离。当然我们不是在抗议这样的安排,即允许精神病学和其他社会科学领域的职业专家在重要的决定里有一个声音。我们更愿意强调的是,没有任何专家应该被允许去处置他人的自由,除非程序上的保障被建立并维持,其中包括那些比起单一在特定问题上作用突出的专家更加多样化的整个社群的代言人。这种限制应该适用于每一种职业(如经济学家,他们对于监管问题的判断在现代社会是非常重要的)。

尽管需要遵循程序法则,如果那些由社群委以适用功能的人选择自法律以外的某些职业会是怎么样?例如,一个“医疗法庭”很可能需要指定至少两名医生作为法官。这些“医疗的”法庭将服从于与“律师们”的法院现在所被控制的同样的控制,因为他们将依赖于立法机关的拨款。

在评估“医疗法庭”这一替代时,有必要考虑这样一个机构的大体组成。如果我们假设新的机构担负着声望,那么高级专家应被吸引到新的机构里。这些高级专家将来自哪里呢?非常可能来自接近退休或已退休的执业者中;并且很可能这些人将会被招自那些离开研究或执业很长时间的医疗管理者。此外,如果“医疗法庭”的工作量增加,那么很可能一个医疗职业的次精英将会专门从事法庭工作。由于他们将会从立法机关获得款项满足公众,所以可以有把握地推断那些有武断趋势、或让门外汉们震惊的其他政策将会被降调。毫无疑问,许多司法纠纷将会在"医疗法庭"和其他法庭之间出现。从这些争议中,"医学"官员们将会有更好的机会成功出头,如果他们受到立法议员、党派领袖、压力团体以及其他意见领袖们的欢迎。

不论决策法庭的组成怎样,我们可以相对安全地预言,复杂的次规则将被发展用以指导(和正当化)他们超越社会规范的解释。非人格特征和僵化的问题可能发生在与有足够的人员持续地去制造、保卫或保持一个决策和微妙歧视的机构的任何法庭的联系中。

## 适用的基础价值和策略

我们对适用的组织代理的检视已经融合了建制性问题顾问在这方面所面对的问题的几个方面。我们已经探讨了该领域的结构,提出了在中央集权或分权、集中或分散的趋势之间保留一个动态的相互作用的重要性。由于对群体的包容性和排他性利益的决定的影响不断变化,很清楚的是,如果要实现公共秩序的目标,灵活性就必须根植在这一体系里。

这项讨论已经产生许多关于章程本身作为适用的组织代理的一项基础价值的权威语言的内容方面的建议。当全部的结构专门针对一个决策功能时,大概的原则是,条文必须是为了控制基础价值做到必需获得机构目标的程度而制定。关于组织架构和人事的几项建议已经作出:通常,这负载着为了获得基础价值而非权力的含义。我们指政治支持(控制)、技能、尊重、财富和其他价值寓意。

由于适用功能包括公共收入的募集和支出,安排必须是为*分配资金*于恰当的机构而作出。在最近几年已变得越来越明显的是,财政资源照顾到执行被明智地分配;执行需要有款项用于当期费用,同样也用于固定资产。

另一个基本要求是将被提议的分配合并到一个综合性的预算表里,其能够以可理解的方式显示收入和支出、流动和资本账户及有关每一个目标成本效益水平之间的关系。

建制性问题顾问必须对这些被写入章程里关于那些提交法院的争

议的指导意见的本质和程度拿主意。详细说明使用的程序往往是恰当的。

如果适用欲合理和有效,那么必须有程序保障以协助决策者分清公共秩序的目标,并且提供政策可选方案的设想、发明和评估方面的帮助(根据对相关趋势和要素的认识)。当一项争议被提交到法庭时,如果以一种有助于吸收证据和争论的方式描述其背景,则是有益的。缺乏这样的预见,重要的细节会被丢失,法官和陪审员们不确信地挣扎着通过迷宫。开场陈述所要达到的任务可被概括如下:

(1)让法庭了解当事人认同自己和所提主张的方式。

(2)概括当事人声称所发生的事件,注意主要的不同意见,以及主张一方当事人所提交证据的性质。

(3)勾画当事人引用的证明提出主张合理性的社群规范。

(4)描述处于危险中的直接的当事人和社群价值。

由于法庭或陪审团的一项适用将会影响在直接当事人中、和在一定范围里社会的其他成员中的价值分布,因而预演的一个功能是去引导决策者面对未来。在美国,开场陈述典型地是由当事人律师作出的,由法官补充。或许现行惯例最弱的地方是法官经常无法帮助分清争议中的处于危险的社会价值。这可能需要"第三者的声音"去补充当事人所雇用的辩护人。该"第三者的声音"可以是法院的官员,他们做一个针对纠纷的独立研究结果的初步陈述。在这阶段,一个"第三者的声音"将会承担分清摆在决策团体面前可供选择方案的任务并且指出争议结果对整个社会的影响。虽然代表当事人的律师在技术上被当作是法院的官员,但他们作为辩护人的角色将激发他们去夸大和省略。由于民事或军事管理的执行官的参考框架可能明显地偏离法院,有可能给"第三者的声音"在与监管、公用事业或矫正事务中对法院单独负有责任以一定空间。

在初步审查案件之后,下一个重要步骤是考虑关于*过去事件陈述(和证物)的可信度,和过去事件与社会规范的关联性*。有两个问题常会出现:什么是争议中事件的证据?关于这些事件的认可会支持当事人以社会规范的名义提出主张吗?第一个问题的意思是明显的。第二个涉及对与有关过去的无反证证据的社会规则的关联性继续评估。(如果规则明确地说明，一个给定的手续必须被遵从，并且确认该手续被省略，那么法官可以拒绝允许程序继续进行。）

在“有关过去”的阶段，原告或被告应该会描绘其全部故事，并随附报告和证据作为回应。在冗长的和复杂的案件中，讨论之事件的片段可以被分开考虑，以便当话题在陪审团和法官的头脑中还新鲜时双方当事人能够提供他们的证据。这些分开可以由通过咨询那些可能从“第三者声音”的意见中获益的法官做出。

在第三或“有关将来”的阶段，参照系从过去移开。该阶段的关联性不被普遍认知，即使在许多诉讼类型中它占据着该阶段的中心，特别当诉讼保全基于不可修复的损害即将发生时。在这样的案件中，有关过去的陈述帮助法院估测损害即将发生的可能性；如果发生，那么它将是实质性的和不可修复的。“有关将来”的阶段在许多监管纠纷中也同样突出，在这里，问题是衡量交易实践对于经济体系的可能影响。

在考虑“普通犯罪”时，把大量的时间用于第三阶段并不常见，因为就过去作出任何裁决，社群规范往往都被认作对决策者有“约束力”。由此如果陪审团说“有罪”或“无罪”，基本的判断被假定作出。实际上，这不是事实，因为选择制裁这一问题没有解决（除非一旦过去的事件被权威地判定，某个特定的制裁是强制性的）。

无法区分“有关过去”和“有关将来”的阶段导致许多混淆，这种看法有相当牢固的基础。一项将“惩罚的选择”从“有罪的决定”中分开的运动正在进行，这部分地避免了混淆。当问题是制裁的选择时，就必须衡量将来，因为目标通常被认为是“修复”或“恢复原状”。如果没有作出这一区分，那么歪曲以往报告和评价的诱惑将是很强的。譬如，当精神病专家作为专家证人在一个刑事案件中作证时，而在这个案子中“精神错乱”是一项抗辩，他们会觉得自己处于一个不舒服的位置。有可能是这个医生确信，在那一时间被告人被其所无法控制的无意识的倾向驱动，去从事一项被禁止的行为。可是当言语被正常地运用时，被告人可能知道对和错的社群规范。如果该医生确信有罪的裁决将最终给被告人以无可挽回的损害，而“无罪”将使被告人成为一个有用的公民（那些对社群没有危害的）时，这位专家可能“说谎”。那就是，他通过说出该被告人在行为发生时没有能力区分对和错,而可能违反他关于言语该如何被正常理解的认识。如果这个医生“不能让他自己”“撒谎”的话,那么他发现他自己成为了有破坏行为的一方,这与他的专业准则和对人性的理解都是相悖的。

第四是决策者“*政策供选方案的选择*”阶段。作为该阶段的一项辅助手段,当它们按照相关的描述和规则的陈述出现时,有必要总结案件以展示处在危险中的价值和可供选择的政策。几方当事人的辩护律师可能被邀请提供他们的总结意见;并且同样可能会征询“第三者的声音”。合议阶段也可能包括最后决策者们之间的争论。

在指定的架构内,需要程序来保持过程免于受到强制的影响,并增加最终结果将被全部有关各方接受的可能性。我们所说的程序涉及顺序。另一套有效的规则对旨在提供关于过去的或帮助评估将来的材料的陈述(和证物)的采纳或排除是必要的。这些是关于证据的程序。最后,在采用或排除诉诸社群规范上需要有效的规则。我们指*关于辩论的程序*。

首先关于涉及顺序的程序的意见,我们注意到如下要求的智慧(编号是按查阅的方便,而非按重要性的顺序):

(1)一丝不苟地依照援引程序。启动阶段的不规范,会给认为自己受到损害的个体和团体针对社会的不满情绪奠定基础。如同在前面章节所指出的,准备步骤可能包括一个正式的听证以决定是否有一个足够的基础去继续这些引导从援引到适用的步骤。

(2)最后的控告或申诉的通知。这一基本要求能够使个人去准备他的案件,并排除任何正当抗议正在被秘密剥夺的基础。

(3)识别申诉人或控告人并指明声称的行为的信息。

(4)足够的准备时间。

(5)被传唤的证人的身份。美国的实践是拒绝给予被告将被传唤的证人的姓名,因而允许出其不意。但这不是其他地方的做法,除非在公共秩序薄弱和社会不能够保护证人免于胁迫的情况下,否则这很少被认为是有益的。期望出其不意鼓励了战术操纵而非是关键性证据的评估。

(6)在案件的准备和进行中合格律师提供的协助。

(7)合格调查机构的帮助。一个公平自由社会所关心的是这样的,在社群作为一方当事人的诉讼案件中,当被告人想得到时,他应该可得到公共辩护人的服务；并且辩护方应该自由支配资金去做案件必需的调查工作。（可以由根据控告的严重程度设定最大限量的规则控制资金。）在美国，被告人没有得到调查服务的权益，虽然他偶尔可能被安排一个公设辩护人。在一些国家里，预审法官代替大陪审团服务（在英美国家里的），并被要求保持一个公正的态度，同时鼓励警方调查员采取同样的态度。

根据美国的实践，被告律师（和州律师）可以在诉讼程序前与证人交谈。在如英国等一些国家，这被认为是极度不合适的，在英国大律师的角色是按照代表当事人可以提出的论点解读证据。如果律师想得到补充材料，警方将会进行必要的讯问。该假定是，如果律师和证人的接触是被禁止的，那么“串通”的机会就是最小的。无可怀疑的是，美国体制向训导证人开了一扇门（像刑事律师在他们的自传里自诩的）。至少可以这么说，对于许可这种做法的政策是否能带来理性的决策是存在怀疑的。

（8）免受公众诽谤的自由。例如，在英国，最终判决之前的公开评论受到严格管制，通常的做法是通过以蔑视权力形式实行社群强制，从而使法官的预判维持在最低限度。这被认为有助于选择一个没有偏见的陪审团，并减轻由“群众想法”的巨大压力引发的拒绝正义的可能性。

（9）当被告人提出要求时进行公开审判。一般认为，审判的公开性是对专断行为的重要制衡，虽然当法庭不愿意或不能够保护被告人免受公共诽谤时，法庭的专断可能被公众的偏执所取代。

（10）不可对被告人、证人或任何其他与争议有联系的人采取胁迫。这一要求来自于对胁迫的谴责（除非是被社群依照恰当的程序使用）。经验指出，作为违背隐私的胁迫，其结果的供认经常是错误的（源于对身体折磨的恐惧，或源于因疲劳或恐怖而产生的分离状态）。没有人怀疑与证人、律师、陪审员或法官的“串通”是对正义的否定。

（11）法官表现出对一方或另一方的倾向性是极为不当的。

（12）律师表现出对法庭、其他律师或证人（或其他程序参与人）的不尊重是不当的。

（13）旁观者表现出偏袒任何一方是不当的，如果情况如此，那么旁观者的反应能够导致决策者的注意。

（14）虽然法官被期望在任何时候都保持一个负责任的态度，但当结果很有可能将不被接受,而又没有直接关系人(或其他)的剧烈表现时,特别要注意保持形式。当有违反秩序的危险时,官员通常通过采取这里建议的行为和语言的方式自发地调整对付威胁。进行诉讼这一行为本身是对有关当事方的致意,并由此有助于给出与失败一方的自尊相容的可勉强接受的结果。对一个人的观点做出详细阐述的机会通过提供感情宣泄可以减少采取胁迫的强烈愿望。程序的过程可以明白无误地展现出法院对情感的强烈尊重;因而控制了对社群公然反抗的冲动。

诉讼程序的形式经常得到维系,不仅是通过个人的行为举止、服式和法庭语言,以及通过决策者占据的席位的物理提升;还是通过切断通往观众旁听席的道路,和通过采用带有威严象征的建筑结构。

当我们转向关于证据的程序时,唯一的问题是某些具体的实践可能进一步促进明智和有效的结果出现的机会。譬如:

(1)除非指明其来源,否则陈述(或证物)将不被采纳。这一要求是显而易见的,因为对来源的了解有助于对该陈述或证物可信度的评价。

(2)明确陈述者观察过去相关事件的机会。就专家证人来说,问题是证人是否有机会去使用全部观察程序,或者,他是否依赖简便的方式。譬如,假定一位合格的精神病专家作为法庭旁听者证明关于被告人的特征。在这种条件下观察的方式是科学有效吗?或者该证人可以利用他过去的经验去作出一个主观评定吗?同样地,如果证词关系到在拘押下获得的测试或面谈的结果,问题就是该结果是否有效。如果一个标准的程序是在适宜的条件下(如当病人与医生合作时)适用,那么关于资料的可靠性和解释的有效性的科学共识是什么?

(3)需要明确引用过去事件的陈述者的资格。这不仅包括受过的训练和经验,还有任何影响观察的特征(如感觉敏锐)。

(4)可以披露陈述者的立场,因为这与可信性评估有关。有歪曲证据的动机吗?

(5)除非陈述者可被询问(和反证),否则证据中的声明不会被适当地采纳。

(6)通过胁迫获得的陈述是不被接纳的。

(7)证据里通过侵犯个人隐私获得的陈述是不被采纳的(没有得到

明确的授权去做)。

(8)那些描述对所谓罪犯隐瞒自己身份的警察的诱导行为的陈述是不被采纳的。

(9)澄清一项陈述是直接观察或道听途说是重要的;澄清据称发生的什么是出现在私底下的情况而不可能有进一步的证据也是重要的。(传闻应该被排除和尽可能地阻止。未经证实的断言需要小心地注明它们是什么。)

(10)与争议事件无关的陈述将不受鼓励并且被排除。

(11)当关于将来的陈述有赖于趋势的推断时,这点应该被澄清。

(12)当关于将来的陈述有赖于这一假定,即这些在过去已经被科学方法确定的联系,在将来还将会发生时,这点应该被澄清。在关于声称科学的主张已经被证实的程度的合格人员中,其共识的程度应该要确切。

(13)在被提交详细质询之前,证人被允许以他们自己的方式作证是重要的。在美国,证据规则已以这种方式适用,即艰难地将工作做在几乎所有在诉讼中作证的人身上。对很少人来说,严格的询问和回答程序是交流经验的通常手段;对许多人,该方式则强加了严重的挫折感。当证人被允许去使用他习惯的报告风格时,他正常的人格特征传达到法官和陪审团。如果随后的询问扰乱了证人,那么决策者会比较容易地区分证人的通常风格和由交叉询问带来的变化。法国的法庭通常允许证人使用他自己选择的交流方式,并很少依靠交叉询问。从英美程序的立足点看,证据规则在诉讼过程的这一阶段不断地被违反。或许通过结合“我自己的故事”方式和随后的细节询问可以达到最佳的结果。

在关于辩论的程序中,下面这些很重要:

(1)没有公共规范,就不允许剥夺。通过要求在那些任何可能引发负面制裁的行为之前公开规制行为的准则,专断可以被抑制。没有规范:没有剥夺。

(2)无罪推定。直到由有权的决策者作出最后决定之前,应该推定被告人是没有犯被控之罪的。(那么,又怎么可以在待审期间拘押任何人?被告人可能为了自我保护,或因为初步调查显示一个实质犯罪的可能性,或因为调查指出该个体的过去行为表明他可能逃脱审判,而被监禁。)

(3)任何代表一方当事人提出的辩论都应接受挑战且有机会去回应。

(4)决策者被要求去留下一个他们认为支持他们判断的辩论的永久记录。

(5)不允许采取任何手段回避诉讼时效。

这些原则所服务的目标是多种多样的:通过给决策者提供可得到的事实和解释去促进教化,这可能源自把充分平等的辅助手段给予被告人和检控官自由使用;去使当事方可行使的强制权平等化;去保护无辜的人的地位免于受到控告和诉讼程序损害;通过减少审前在社群中的偏见(如果有的话)去帮助陪审团的征召;去保护无辜的人的人格特征免于为了直接关系人的利益被利用;去防止未经证实的报告和解读带来的随后的社群变化(包括那可能诱导其他人藉由承诺或声称犯有罪行而去争夺公众注意力的臭名)。最重要的目标是,假使被告最终被发现是无罪或清白的,当事各方的(和社群中的)影响之现状得以维持。

在某些情况下为了公共利益必须简化程序保障。在这些情况下可以作出简易裁判。决定性的要点是行动的紧迫性,即如果社群价值要获得保护(包括防护个体免受不必要损害的政策目标)其合理性和正当性是必须的。

【翻译:郑业鹭;审校:王　超】

CHAPTER 07 >>

# 第七章

# 终止功能

## 引言:目标

终止功能包含废除规范,和基于在规范实施中期望的具体化而调整诉求,以及调整那些涉及终止被许可持续关系的诉求。

每当有发展时,总会有创新;并且创新将过时的判决至少传递在已建立的公共秩序的一些特征上。一项终止过程是不能与成长分开的,同时其基础阶段可能如同早期成长阶段一样默默无闻。一个评价的转变可能进行得如此悄无声息,以至于在引起许多注意之前已经被很好地开展,而迟到的认识也总是与有些事物确已过时、不再使用和失去功能的事实过时地一致。

价值制度过程的每一个方面都是容易逐渐过时的。参与者会变。他们中的一些人变老了,或是无力继续担任这种他们已经习惯的角色。更突出的,或许是整个社会类别的过时:利益集团被取代;政治集团的组成被重新定义。观念同样显得陈旧。不仅是利益集团的观念变化,而且是社会神秘体系的实质部分也过时了。因此,旧的规范被取代,一个变化可能被完成或由正式废除的行动被加速完成。当组织机构衰弱和消失时,表演场地不复存在。基础价值被困于已经失去影响的僵化的制度实践,在程度上也过时了。与装配基础价值的被接受的方法失去效能一样,策略显示同样的现象。结果阶段所扮演的角色已经不再是控制的和权威的。

迟早地,过时的事实有可能成为内部冲突或外部衰弱的来源。人们记得殖民帝国的境况,其领袖最终发现他们权力的外表已经不再被有效控制的支柱所支持。国家可能颇为突然地感觉到它们的科学、经济和已建立制度的陈旧。积累的价值被固定在倾向性和物质文化的形式里,这不再对重新规定的公共政策目标有所贡献。变革与扩散连续的波涛已经迅速蔓延开来。

建制性问题顾问经常处在这样的位置,即有影响的精英的注意到终止的重大意义。整体地审视公共政策,可以说,一个基本的问题是逐渐过时的社会变化的速度,和以最优化价值结果的方式管理变化的适当策略。终止功能可以适应任何速度的变化的要求。

鉴于人类尊严包含对其他人期望的敏感性,并自愿在处理因为实施变化而产生的烦人问题时,将这些观念考虑在内。*相等期望*的原则为决策者部分提供一个在应对终止的挑战时的指导。该原则的含义是,在过时的资源使用被替代之后,个体在价值结构里的地位只要有可能就应该保持(通过恰当的补偿、再培训和相关的措施)。同等准则必须按照*激励变革*的原则进行修改,这暗指同等原则不能够被完全地兑现。如果该变革的速度要被维持在现行可被接受的水平,那么社会里过时的或逐步废弃的要素时常需要有一个实质性的损失。

## 组织机构

终止功能是如此密切地与规范联系在一起,以致乍看之下似乎为了它的存在而考虑设计不同的机构是多余的。可是这些机构绝对不是不寻常的。

或许建制性问题顾问将应考虑的最极端的建议,是要求全部法规在通过之后二十年终止,除非延长另一个二十年。二十年期间这一点或许是明显的:即假定表示新一代成年人的出现。如果社会情况有重大的变化,那么出现的这一代将具有相对新的观念。

或许应建立一个常任委员会来搜寻逐渐过时的准则和制裁措施,并且建议废除它们。废除可以是自动的,除非在建议被提交到规定的权力机构之后九十天内进行反对投票。或许一个动机更加强烈的程度能够被每十年一次动员组织起来,由杰出的法律官员、法学家和科学家组成。这样一个机构将会有权处置全部情报和评价机构积累的研究。

需要有专门的机构去解决那些在处理个人诉求时出现的问题。经验表明这样一个专门机构是适当的,因为决策的现实性部分取决于关于那些做法已被终止的机构的细微结构的详细信息。如果试图解决一组同类的诉求,那么那些训练和经验增强了对相关突发事件很快理解的可能性的决策者就可能被选择。除了通过提高现实性和快速处理得到决策外,在应对同类诉求中累积的经验有助于社会决策者反应的稳定,因而给社会期望增加一定程度的可靠性。

没有必要去详细列举特殊的终止机构可能有用的情况。建制性过程本身产生对特定机构的需要,以对付当官方职责被重组时出现的诉求。因此,当宪法性章程在被制定或修改时,出现的问题恰是给政策活动提供一个符合将来主张终止诉求的模式的机会。

在世界舞台上,每当一个国家作为一个独立实体消失时,或当一个政府机构在国家或次国家的层级上发生更迭时,终止问题就会出现。当监管政策被声称去改变由投资者、管理者、工人或其他参与者抱有合理预期的结构时,因而发生的诸多诉求可以被为此目的而设立的特别法庭最为有效地处理。有争议的监管政策通常被导向一个单独的行业(如制造业和酒精饮料的销售、银行业、石油、运输等),或单独的一系列项目(例如城市改建)。

当政府和特定个体或集团之间的关系终止时,政府持续的事业活动会引发许多各种各样的诉求。公务员、军队成员和那些结束他们政府活动期间的官员会产生许多诉求的期望,尤其是鉴于在许多州里政府在涉及其责任上的不断变动(例如关于退休金和其他特权或津贴)。当与供应商或购买者,或任何那些在战争或和平时期服务或资源已被征用的人结束一种关系时,问题也可能出现。

政府的矫正和制裁活动带来了与众不同的终止问题,从而决策者的独立群体显得必要。在现代刑罚体系中,假释手段被运用作为一项策略以去鼓励好的行为和缓解监禁的社群成本。因而,假释委员会有高度专业化于这些常常被作为许多工业化国家特征的可变化的复杂化标准的终止功能。

当社群决策者遇到诉请终止一项当事人不能够私下解决的持续关系,这与监督活动有关。这些问题的出现与寻求解除营利性合伙和公司、婚姻、或由为价值而非财富或情感目的而协议设立的联合有关。单独的特别法庭经常被指示去应付离婚诉求,或者已故个人、学校、医院、实验室、荣誉团体、教堂或压力团体的财产继承诉求。

## 策　　略

那些在革命颠覆期间活跃的顾问可能有机会为新精英提供建议,从而将难民的损害痛苦降到最低并实现革命的目的。譬如,在有些当代社会主义革命中,以前的工厂所有者被允许保留相对较高的经济利益作为给新的管理者提供技术咨询的回报。当公共行动废除以支持生产工具私有化的管理规范时,如果个体能足够灵活去抓住从控制到建议的转变的机会,他们就在新秩序里被赋予了一个角色。先前依附于私人资本主义制度渠道的技能和教化价值被从"陈旧的"实践中分离,并通过新公共秩序的社会主义制度实践给予表现。相等期望和激励变革的原则已被适用于产生一个最佳的结果。否则新的秩序也许会失去在转换中实际获得的资产。

补偿性容忍的策略在改革运动中并不会比它们在社会革命中的重要性小。除非通过安排提供一个相等的或更加改进的价值位置,甚至是瓦解对手,否则温和的变革可能被阻止。在一定限度内,从现在已陈旧的资产中获益的诉求可以被交换用于对新资产的可能利益的同等或更大程度的参与。

在澄清公共利益中的教化策略变得更有效的过程中,如果想获得即刻的结果,那么需要一定程度的迂回。在许多情况下,问题是去分散公众的注意力。臭名昭著的是，政治家们因恐惧而躲避履行象征性的行为，这些行为似乎会把他们扔到一个在选民乃至少数集团眼中的不利视线中。经验时常表明在政治家们眼中，任何人，不管他多么令人反感，都至少在某些问题上可能握有决定性的选票。因而，除非可以得到明确的益处，否则去疏远一个选举群体是愚蠢的。一个被选出的政治家经常能够在特定的事情上容忍他个人的偏好，这是事实。但是，譬如，如果一个立法委员希望被重新推选，那么就必须有节制地享有这种自我容忍。

许多印制在法规编集中最陈旧的文本是*行为*过时的规范，虽然它们依旧*口头*流行。这类情况消耗法律顾问的心智去预测和应付。避开唤醒公众对废除过时或陈旧规范的注意力常常是可行的。正如在有关终止组织中提到的，如果一项悄悄地将终止建议带进主管机构议程的惯例被确立，那么废除就可以被保持在视野之外。

【翻译：郑业鹭；审校：王　超】

CHAPTER 08 >>

# 第八章

# 评价功能

## 引言:目标

虽然评价功能与信息、援引和适用功能紧密相联,但是它仍有足够的独特性而需要我们对之单独考虑。[1] 评价的核心问题是对实现公共秩序目标价值上的成功或失败地分配责任。由于成功或失败是对过去的,遥远或不久前的事件的判断,因此当适用于过去决定时,评价部分涉及符合信息功能范围内的资料。可是,评价者重点关注官员的职责;同时职责是一个超出简单“原因”分析的问题。由于评价是就职责而言的,该功能与援引和适用是相互结合的。由于评价强调集体的(集合)职责,它们超出那些处理具体援引或适用案件的人的范围。

为独立检验而挑选评价功能取决于数个考虑。成功或失败职责的分配是一件有高度政策意义的事情。激烈的权力争斗几乎是不能同官员评价分开的。任何建制性问题顾问都要承认有秩序的政府是依靠设定的

---

〔1〕 关于政策的评价和信息的讨论,参见 H. Lasswell, Research in Policy Analysis: The Intelligence and Appraisal Functions, in 6 *THE HANDBOOK OF POLITICAL SCIENCE* (F. Greenstein & N. Polsby eds. 1975)。

制度为公共政策实现的结果划分集合职责,这是用最小的强制手段去实施问责的一个重要的初始步骤。

职责是一个使指明一个可制裁的对象成为可能的概念。除非法定的对象总是可见,否则就有来自困惑、不确定、焦虑和冲突对公共秩序的慢性危害。破坏性的后果是可能的,除非有可能给整体的运转划分职责。通常相关的背景可以是单一民族国家、一个跨国舞台或一个次国家实体;或者一群官员。

如果某个特定部门领导被认为不称职和不忠诚,那么一个问题就被提交给适当规范的引用者和适用者。该评价者的作用是不忽略个体违规者(或遵守者),并且要越过他们去查看集体。评价者可能在一个部门里揭发出诸多不称职和腐败以反对该党执政,并且如果将之公布于众,则会鼓励那些主张是时候去改变的人。

建制性问题顾问将会发现考虑几个区别是恰当的:

| | |
|---|---|
| 职责 | 责任 |
| 总体 | 法律的 |
| 影响 | 非法律的 |
| 归罪 | |
| 个体 | |
| 影响 | |
| 归罪 | |

个体和总体职责之间的区别暗含着在作为一个整体单位的个人与作为一个更有广泛性的自我代表之间有一道线。作为一个代表,官员对在以更大身份的名义下——如政党——所做的行为负责,其自我已部分地合并于其中。

影响职责范畴是指官员自己成为影响过去事件的因素的情况。该影响可能违反一项义务;或相反,遵从某一项义务。归咎职责范畴涉及官员没有可证明的,正面的或负面的影响的情况;然而他们可被制裁,因为决定维持社会公共秩序目标需要该官员被作为一个适格制裁对象看待。在政治过程中被调动起来的指向特定目标的冲动,可能与该被选定的象征之间没有什么合理关系。*一个合理的、现实的评价和一个非合理的、虚构*

*的评价之间的差异是政府象征功能的一个指标*。

法律责任意味着一个负有责任的对象可通过一套司法程序被施加制裁。不用详细说明包括什么,但我们至少可以说是一个第三方决策者被假定,承诺公平行事,并被暴露于一项事实形式的报告和争论的议程,这里被控负有责任的官员是当事人。

非法律责任包含一个范围巨大的可能性。一项制裁是由一个非司法团体投票而免除官职;或由同样的程序晋升。所有由非法院管理的权威制裁都在这范畴里。当按照一个特定文化的传统观点分类时,非法院制裁包括以宗教的和魔力的方式追究责任。在这些经常被视为剥夺制裁的事件中,包括流行病、饥荒、洪水和叛变。容忍则包括在每一领域的好运气和以后生活的报偿。

建制性问题顾问在探索必须准备应对的组织和策略问题之前,可以澄清以提供一个对评价功能所服务目标的更系统的检查。这涉及超出功能本身的目的,我们已经将其定义包括对在公共秩序目标实现中的成功或失败负有职责的官员集合的判断。

虽然我们说过对过去事件的检验是评价所必需的,但影响的主要场所和由此的基本政策倾向则是将来的。有什么与众不同的将来效果与那些能完全胜任执行评价功能的人是相称的?

我们建议一个原则性的目标是,*有助于调动人们能最好地适应以实现公共秩序系统的目标价值*。为成功或失败分配责任在几个方面对将来有益。查明结果将可能对保护称职官员和免除不称职官员有某些效果。这样预测是合理的,即对影响过去成功或失败的因素的分析将有助于为未来的人事选任提供标准。

另一个评价目标强调制度实践:*识别能最好地去适应实现公共政策目标的组织实践*。近期的研究指向最适合于被继续或停止的安排。对管理结构过去运作的分析,给出了与政策形成和执行的有效工具的选择直接有关的知识。

## 组织评价功能

组织的问题是要建立一个有能力的政府机构以检验所涉及的复杂议题,最大地致力于公共目标,而在最低程度上受到诱惑去歪曲真相。建制性问题顾问应建议由一个虽无权援引或适用制裁、但有权作出判断的特定机构掌握通常的评价功能吗?

老牌民主国家的经验表明,几乎没有任何公众政府会同意一个专门从事全方位评价的独立机构。这种不情愿部分来自政治家们不愿将他们自己暴露于官方的批评中。鉴于目标的许多具体定义的争议特征和策略评价,尤其是过度短期的有关联的不确定性,这在某种程度上也具有正当性。

结论是把全方位评价功能与政府最高层同时行使的其他功能相结合。由于上层官员不停更换的重要性,老牌民主国家已经寻求主动地把全方位责任判断限制在狭窄的范围内。例如在有效的议会团体里,对信任投票的需要受到相对困难的必备条件的限制。

此外,虽然集体责任的实践对连贯有序的政府是必要的,但承认对一个执政党或执政联盟集体责任的各种限制,被认为是能够接受的。有些时候,人们有可能接受内阁的一位成员辞职而无需内阁总体辞职。当执行的失败好像与有关人员的性格特征特别地联系在一起时,受到攻击的个体的退出可能会被允许。

创制一种规范为区分法律和非法律责任提供基础,或令人满意地限定那些可允许的剥夺(或容忍),是不容易的。当特殊利益导致那些属于官员责任范围内的公共利益遭受损害时,法律责任是恰当的。就算在不同文化中流行的观念互有分歧,但可以这么说,似乎人们普遍认为在符合*共同*利益概念的行为与将*特殊*利益放在前头并出卖共同好处的行为之间存在*某种*界限。例如,贿赂时常容易被认为是官员职责屈从于私人利益。但在少数实例中,认定一个行为是否未贿赂并不简单。从社会(或阶层)的角度看,该行为是一项私人好处,是在一个官员可能为了亲属或随从的利益而获取的益处的可允许的范围内的。

熟悉公众政府历史的建制性问题顾问明白,必须采取预防措施去获得任何在一定程度上独立的评价结构,以必要地去保护它免于来自其他官方团体或非官方利益的强制压力。这里的问题是去设计具备足以维持运转统一性的基础价值的评价机构。

老牌民主国家明白在许多情况下由一个公正的审理委员会去追究责任几乎是不可能的,它们已采用了许多独特的实践以应付有关的影响。当争议涉及顶层政府人物时,为了保护普通法院免于受到压力,立法机关可以把他们自己当成法院。当他们扮演这一角色时,通常的立法争论程序朝着司法程序的方向改变。

虽然组成一个专门进行评价的全方位机构可能是不可取的,但达致相当程度的同意能使设立这样一个在某种程度上限制公共政策区域的机构成为可行。全部公开陈述的做出不是全然党派性的。在总是变动的限度内,它们包括对共同目标的认可和执行的现实评价。来自君主的一次演讲或来自总统的一条信息,虽然会被期望去表达针对党派的方案,但也会被期望去包括超越政党界限并澄清国家利益的内容。如果一场共同自然灾害已经使每一个人有必要去为共同利益献身,那么试图将这灾害的责任单独强加于忠诚的反对党显然是不恰当的。

一些目的像国家的(或次国家的)目标一样是如此地可以被接受,以至于政治集团愿意留意事实的概要和分析性解释,而很少注意即刻的党派性利益。大型的灌溉项目或水力发电项目可能引起共同身份的感觉,并刺激出对加快进行或迟滞进程之要素进行专家评定要求。

结论显然是,这没有超出基本制度顾问的现实期望,*他们可能在为政策的每一个重要领域或为贯穿全部有组织的政府机构准则的使用而设立的评价机构中获得成功*。关于第一个的例子是经济运行评价;后者的例子是官僚机器财政效能的评价。

赋予评价功能以重要性的一个方式是,坚持将评价单位包含在每一个政府机构中。通过这种方式总体评价问题可以被较好地理解和做得更有效。在老牌民主国家里,自我评价功能经常被看作是不受欢迎的,因而可能降低至宣传材料的准备,这些材料被设计用来树立起所属的政府单位的外部形象。

恰当的策略是明确能力和客观性上的声誉可以有助于一个机构的有效政策目标的途径。当评价功能让人觉得挑剔、伪善和惩罚性时,它就不是最好的。正直和能力也都不需要这类的方式。因而如果建制性问题顾问能够辨识出一个评价者的真实角色,并在与每一项官方活动的紧密相联的工作关系中传播促进完全地和友好地行使评价功能的做法,那么他就是有所助益的。或许,指定每一次拨款部分用于自我评价是可行的。当然一次"内部的"复查不应当是在该部门或机构内的*唯一的*政策复查。可是,这样一种运作可以使顶层人物习惯于坦率的实践,并在特别拨款听证之前提供这样一个迹象,即除非更改,否则就可能容易受到攻击。当一个组织允许评价者在内部完全地使用他们的专业能力和独立性时,它就会得到益处。预算机构、立法委员会和在整体评价过程中的其他关键参加者学会依赖该组织做出的自我评价。

## 认定责任的策略

建制性问题顾问可能影响评价机构的组织形式胜过其策略。可是,通过有些方法,顾问可以影响做什么。为了得到关于责任的结论,在限度内去规划内容和程序的原则是可行的。每一项内容的原则承载着潜在的含义为程序最好地适应在具体的情形中发现什么是重要的。

因此,评价程序的第一步是去作出一*项义务的初步判断*。就公共官员而言,接受有权使用官方活动场所的行为确立了规范中提到的关于"公职"的全部义务。如果接受采取一个仪式表示的形式,如一个誓言,那么该表示满足一个设定在规范里的或有条件,并导致该官员受制于适当的准则和制裁。第二步是搜寻*影响责任*的证据。有什么证据证明一个官员可影响任何在那些暂时被视为属于其义务范围内的事件?

调查可能表明处于检查之下的官员或官员们*没采取任何行动*去影响事件的发展,尽管当事件偏离规定的形式时有这么做的义务。或,这类的*官方动作*被发现*不起作用*。另外,事件可能进展到与公共目标一致,并且很明显由该官员做出的这些进展是*有成效的*。不要去忽视这种情况,即形势转变得很好,尽管官员们根本没有行动,或尽管他们有不起作用的努力。

这种官方行为(或不作为)与事件的纯粹巧合,与目标一致或偏离的,并不提供一个关于责任结论推断的坚实基础。*必须在行动者、行为和情形之间发现某些相称的关联。影响责任意味着一个关于能力、反应和挑战的标准期望。*

考虑能力。期望根据一套明确的能力标准选任的官员去应对一个他完全没有准备的环境的挑战,似乎是大胆的。如果为某个给定任务而选任的官员们未经培训以读懂电动指示器,那么他们不能够被合理地期望去应对意外的变化,如指示器所预示的发电机故障。如果官员们被有意地从年老的和残疾的人中选择,那么将没有理由期望他们去发现即将到来的、头脑灵活的人在异常努力之后能看到的事件的证据。

考虑反应。我们提到过主动性的存在或缺失;以及有效或无效的行动。期待一位官员去成功地应对这样一种情形是不合理的,即如果已经预见到问题,他穷尽每一种获得对迎接考验是必需的基础价值的方法却并不成功。一个边际问题涉及所采用之策略的熟练或笨拙。对技能的判断必须考虑到在可比环境下的执行水平,以及相关官员的资源能力和背景(教育和经验)。

考虑环境。这涉及官员们面对的情形。如果一个事件是*极度异常的*,那么就没有理由期望官员们去预见、准备和应对这种挑战。当然,他们可能得到意外的好处和料想不到的剥夺。

在总结关于影响责任的推论中,最后结论应该是:处在评价之下的官员们,如果所涉事件是属于他们规定的义务的或有成分范围的,则负有责任。如果满足关于能力、反应和情形的标准期望,那么或有成分被符合。如果或有成分没有被满足,结论就是"无影响责任";这意味着官员们属于能力和反应度的期望水平之下,或是情形极端的异常。

确定责任的第三步是考虑*归责*。这是依附在公职上的,并表示只有公职持有者才受制于指定程序的制裁。如果任何评价机构在那些在该机构的判断中有影响责任的官员与那些已被归责的官员之间划一道线,倘若政治集团对评价者的能力及其对共同利益的专注有信心,那么结果可能被接受。制裁可能被选择性地适用或延期以给予公众信心。譬如，即使一些管理者被不利地评价，甚至达到被指控应适用法律制裁的这一程度，主管部长和他的同事们也可能不会遭受负面制裁。

**组织的有效性：评价的策略**

发展补充材料来详细处理那些不适合被有意义地并入宪法性章程文本里的问题，在顾问的职责范围内。许多策略涉及评价政府组织的效力是真实的。我们已经关注了划分官员的责任问题，没有详细阐明就公共秩序目标被规划和使用作为评价准则方面的目的。我们没有按照其对事件结果的影响对组织实践的评价进行延伸考虑。下列简短的陈述总结了公共秩序目标，特别提及官员们的义务和组织性实践的效能：

> 一个重要准则可以被用正面以及负面的术语表述：符合权威规范（就人类尊严的表示而言）；不滥用权力。这包括许多类型的或有情况。权力的滥用是一种不当行为；但它也可能包括无法解决相当清楚地被预期到官方行为会遇到的态势。
>
> 另一项准则涉及教化：使信息尽可能普遍地容易取得，而不严重地损害其他公共秩序目标。过度的隐私和保密能够侵蚀公共秩序。
>
> 关于经济和资源管理：培植财政效能和保护资源。第一个词组指货币诉求；后者指物质环境。
>
> 福祉：培养安全、健康和舒适（受制于上面所提到的限制，也就是其他价值的重大牺牲。该适用于全部准则的限制将不再被反复强调）。
>
> 情感：维持一个友好的姿态，使对其他人的想法感同身受成为可能。
>
> 尊重：认可其他人的性格（例如表现为共同礼貌和尊重选择）。
>
> 操守：行为不被腐蚀。这一准则包括对诚实、自我利益从属于共同利益的要求。

由于工业化国家里的“大型组织”的角色，给予评价问题某些更加广泛的考虑是适当的。一种带出问题的方式是去消极地接近主题，也就是，头脑中带着贫乏表现的特征。我们将这些涉及货币经济、资源效率或诚实等特定问题放在一边,专注于"官僚主义"的边缘领域。我们采用"官僚主义综合症"一词来总结在许多司法管辖区里获得的官场形象的内涵含义。当发现存在下列特征时,我们明确地称一个组织是官僚的:

(1)基于职衔和官职,权力的等级化或中央化。

(2)连续性,或人们在岗位间(服务作为一种职业)相对缓慢地流动。

(3)专业性,或适格人员的选择,以及给发展和技能运用提供机会。

(4)形式化,或制定规则以在组织内使决策标准化。

为了定义"官僚主义"这一概念,或官僚机构的失灵,有必要描述一个组织成为一个官僚机构的程度。由于上面提到的这四个特征将会在许多组织中被发现,有必要去选择等级化、持续性、专家型和格式化近似的程度。毫无疑问,现代军队是官僚组织,或现代国家的行政机构是官僚结构。大型工业化企业和大规模的政治党派经常接近于这种模式。可能存在这种超级官僚机构,其组织的尖端被其自己的一群由顶级成员组成的人占据着。选择的重要标准可能是其在组织内的职位、业务和专长。如果最高权力选自于他们自己成员的顶级成员,那么一个政治集团可能会完全地官僚化。(就出现"越级"而言,派系主义受到鼓励,结果是导致与非官僚机构相当的招募模式。)

这一分析表明科学的观察者(或负有职责的官员)必须承担选择临界概率的职责,这必须在一个官方结构试图被贴上"官僚的"标签之前被发现。我们的议题提出了进一步的问题,即什么程度的失灵是"官僚主义"。

概括地勾划在公共秩序目标与证明某一特定实践是"官僚的"的行动之间的差异,这并不困难。权力、尊重、操守、情感、技能和教化都明显地被涉及。我们也可以指向群体和个人的观念代表某种程度的有特色的心理文化面貌。

根据"官僚主义"的程度评价一个官僚机构的运行,这怎么可能?社会科学的新近扩展已经提供了许多的适合这个问题的工具。我们曾经讲到"官方犹豫",这可能被个体利用以逃避决策。达到清楚、迅速而有效率运转的标准是否可行?譬如,一位在邮局汇票窗口的职员应该被期望在一小时之内服务多少个顾客？操作监管员应该被期望在一小时之内去调查多少项投诉？一个法庭应该在一小时解决多少个交通案件？任何具体问题的形态提醒敏锐的观察者，影响任何特有行为有极其多的因素，并且这些必须被考虑以达到一个规范的标准。会见和观察参加者是切合实际的，目的是为了获得他们“快”或“慢”的观念和他们对进度的概念，这消灭或简单地制造了一个防御的瓶颈。工作标准通过政府部门和工厂的一致意见被不断地设定，这常有管理层和工人的代表参加，也常常有一个被作为相对公正而接受的科学观察者的声音。不论选择什么准则，表现的记录可以被检验去与准则相符合。

可能“官方犹豫”的最简单的标志是在准则之外的“延期”或推迟。对长期运作的考察可能表明额外的链接被加上，这只会导致拖延。当这一链条中存在过多新链接时，我们就认为这些“移交”成为了官僚主义的合适标志。这是一个“官样文章”的尺度。我们将磋商程序的膨胀包含在“移交”里。由于征求意见的行为几乎都带有一个合理选择的表象，因此在具体情形中适用这一标准并不容易。

在任何识别“官样文章”的尝试中，某些时候有可能辨别出这样的情况，即要求进一步的材料意味着拖延时间（官员可能要求去填写更多的表格或提供新的摘要以便考虑）。正如当收到时这材料就被忽视这一事实所表明的，这样做对手头的问题没有任何合理的贡献。（我们把这作为一个“伪教化”的反应来讲；它在反教化途径中滥用了技巧。）

另一个官僚主义的要素是强调变革中的危险，并伴随着无法创造对付问题的新方法。“创造性缺失”是比先前观点容易证明的。抵抗变革可能以提出“狭义解释派”能够想出的全部议题为伪装。在寻求权威或判例的“表达”“精确”问题上可能会消耗实践。相反判例可以被充分地加以利用，表明在这种情形下任何才智都被动员起来以保护现状。通过强调现存可用的知识不足和失败的严重后果，变化的危害可能会取得“事实的”根据。譬如，在对那些被假定在阶层体系里有较弱地位的人的漠不关心、敌意或轻蔑之中，清楚地体现出“无情”的态度或共鸣的缺乏。无法利用机会去表达体谅和提供帮助，这反映出对操守诉求缺乏敏感性。

通过检验他们关注的焦点，并注意他们对有关上级、同事和下属说闲话的、在活动中直接参与工作的专注程度，我们可以给出官僚世界里一些官员们热衷于自己想法的程度的指标。考虑“业务”之外的更大世界可能看起来模糊、遥远和不现实。（“自我关注”是很高的。）

在等级制度内与操纵运作紧密联系的是对上级的“谄媚”，这经常与对那些被假定有较弱地位的人的冷漠无情有关。谄媚的一个微妙形式是为了迎合上级的偏见歪曲判断。这可能采取这样的形式，即提出一个人有完全理由相信将被接受的意见，或提供支持一个已确立地位的资料。显然，当谄媚策略采取这种直言奉承的形式时，是最容易察觉的。

官僚主义包括歪曲对与暗中破坏对手和“帝国大厦”有关的判断。我们所提及的是以使对手遭受剥夺，而非通过谄媚求宠。许多“割喉”作法通过程序的表面合理性被很好地伪装起来，因为当事实被以似乎有道理的借口抑制时，其结果是对手针对指责不能够保护他自己。不利的谣言可能被传播，或相互妥协的东西在例行报告的制作中被高度强调。

在“官僚主义”的标准之中，我们已经提到在解决问题过程中的下列失败：

过度延期

过度转呈

创造性缺失

伪教化

抵抗被提议的变革

冷漠（缺乏共鸣）

遗漏（提供帮助的机会）

自我关注

谄媚

割喉主义

没有必要假定这些方式总是和一个单一的主要价值联结在一起的。可是，对价值术语名单发表意见却可能是有帮助的。技巧的滥用在所有方面都是明显的，因为这些行为通常要求在“打比赛”中足智多谋。技巧显然至少包括于前五项；并且在“伪教化”、“创造性缺失”和“抵制所提议的变革”中，通常会有教化的牺牲。“冷漠”、“谄媚”和“割喉主义”与给予和接受权力密切联系在一起，并且全部这三项都有负面的正值内涵。“冷漠”和“遗漏”都暗含缺乏人类温暖。“谄媚”与“自我关注”意味着曲解了尊重关系 。这些术语是来自传统指向个人行为模式的词汇，但是它们可能容易被延伸到群体的看法。

我们或许应该强调可以用不同程度的集中方法来进行评价研究。官僚主义现象是一个复杂的、在多个水平上进行有益调查的绝佳例子。在开放和友好磋商的基础上，调查许多通行于一个特定设置的做法是切实可行的。这可能是参与者对披露他们“私下”的情绪和思想感兴趣，因而使加上一个更加深入的描述成为可能。

将这类研究工作安排给对有关个体有信心的外部专家（例如学术的）来做，是有利的。调查研究的首要目的不应该是去给外部人描绘一张整体行政事务的图画，而应该是去加强内部的变化过程。

这意味着官僚主义现象最好经由作为在有关的人中间的“自我观察”（自我评价）来研究，而不是把个体或群体暴露给渴望去危及现有利益结构的怀疑之下。这是一个非常不同的立足点，有别于那些被训练去猎取违反社会规范行为的调查者的立场。这也同样不同于货币成本和收益的传统研究。这对于那些其受训和经验引导而去发现有疗效的和有成效的教化结果的人是最为相宜的，尤其是在自我理解（领悟）方面。

不能说这些通常促成官僚主义的因素被附上了巨大的神秘性。基本因素总是存在于大规模的组织之中，并且，除非被抵消的影响控制，否则它们将成功地占据上风。譬如，任何与这样组织有联系的人很快会明白，推迟一项决策往往比采取这种可能不被上级或占据有利地位的同事喜欢的方式，使一个人可以更少受到批评的伤害。甚至当迟到的行动到来时可能受到欢迎，以致基于迟延的反对比起一个失策的公开行为很可能较不严重。转呈的技巧使得一个人能够去摊开职责，或至少使他变得充分了解他人对待决问题的重要性。

通过寻求更多的资料，记录表明一个人显然已经对问题进行了认真的思考。在关于授予一个执照的争议或对一项下级决定进行复查的案件中，文件的厚度和看似合议的长度是有益的保障。当新的改变被提议时，这种风险是巨大的，部分是因为有地位的上级可能不信服这项提议的明智性,部分是因为担忧这主意可能最终激起批评和“后院起火”。

冷漠是一种自我保护的手段,使人免于遭受从试图“不怕麻烦”地帮助人们时的失败引起的失望。这些失败来自于人们在设法曲解管理规章以适用于边缘性事件的过程中所遭遇的陷阱。割喉主义可能开始是作为一种防御方法来保护某人的预算,或确保某人控制之下的运转没有被改组得不复存在。通过在等级制度里的迟滞上升,以及许多其他的剥夺,未能保持警惕可能受到惩罚。考虑到行政交往的日常流量,很明显“办公”环境将其强加于官员们的注意力上。容忍和剥夺被持续地在社会里缓慢移动的人物模型交替变换。由此关注的焦点反映出官僚主义者对一机器的专心致志。

个体学会“不冒险”和免于“伸出你的脖子”这一方法是许多具讽刺风格的杰出作品的主题。在英文读物里,查尔斯·狄更斯的“繁文缛礼局”提供了标准的文学形象。在法国,官僚先生(Monsieur Lebureau)已从左拉、福楼拜和许多次要工匠手中得到应有的惩罚。*《西游记》*是一部16世纪的中国小说,据说在远东比任何其他小说都被更加广泛地阅读。它的一个主要特征是讽刺,并直接针对官僚机构。在该书中,在亚瑟·韦利(Arthur Waley)看来,孙悟空代表着动荡不宁的天才,他和天上的神仙们并不怎么处得来。完善在一个具体情形中评价官僚主义程度的方法的任务,是一个更为平淡的事情,但在目前却吸引了越来越多的科学关注。

譬如,留意办公场所和不同层次官员数量在各个时期变化,来描述一个管理网络的扩张和收缩是相对容易的。如果在整个管理机器的产出中没有相比较的变化,那么相当清楚的就是这种扩张已是一种膨胀。如果办公场所和官员数量维持不变,但在运转中干预措施的数量增多,且其结果并没有相比较地增加,那么,也可以得出同样的结论。计算在有关各种文件链条里增加链接的数量,或是办理业务必需的接待和会议的数量,是有可能的。此外,注意增加的对资料的要求,和需要得到处理同类型项目的商谈接触的数量,通常是可行的。通过保持在工作时间之内及之后面对面的和书面的接触记录,可以确定与管理机器其他成员的融入程度。通过注意变革(相对复杂)受到充满好意地或不怀好意地劝告的概率,和它们被完全考虑的概率,可以估计变革所遇到的抵抗。对谄媚的描述较不直接简单,虽然在会议中没有对上级的反对是一个假定的指标。一个更加耗时的精致程序是去把私下做出的意见和那些公开表达的意见进行比较。我们也很难有把握地去描述割喉主义,除了在戏剧中。但是,坦率的日记和访谈的材料对建立一张忠实于原貌的图画大有帮助。

对建制性问题顾问最重要的一点可能是去承认产生官僚主义的主要环境因素是对那些举止*没有*如描绘的人所施加的一连串的剥夺,和对那些"谨慎"行为的人的持续。基于经验和口耳相传的传统,个体学会什么是与这些预期相和谐的期望和行为。那些很难适应官僚主义模式的人可能会去其他地方,留任的人的个性可更容易适应这种生活方式。由于人们普遍承认某些个性难以适应职业服务,因而,选择程序非正式地(以及正式地)发挥作用是显而易见的。

虽然建制性问题顾问不能在对个体部分自我评价实践的耕耘中走得更远,但是用清楚和有说服力的方式去叙述被用于评价公共服务的准则,是在其影响范围之内的。当规定了适用效率或效能准则的临时或常设评价机构的条款,这就可能被实现。

## 结　论

先前的分析已经强调在一个决策过程中全部功能之间有紧密的联系。每一种结构在它运转的决策过程的较大背景里,必然对全部七种功能都有影响;并且每一种结构都有一个围绕着全部功能的内部决策过程。当通过进一步明确特定功能将得到充分执行、这样一种结构的建立总体来说将有助于决策过程时,建制性问题顾问必须下决心提出有特色的结构以处理特定的功能。

让我们从这一观点出发来考虑政治集团顶端结构的组成。就正式权威而言,所有权力可被集中和中央化在一个人、小的委员会、立法院或作为一个整体的全体选民的手中。没有人怀疑,就一个单独的权威的权力持有者来说,由个体去行使相应程度的有效控制是毫无问题的,或许除了在一个非常小的社会里。社会过程总是包括这种丰富和复杂的相互作用,在事实上(如果不是在神秘体系中)单独个体的影响是被限定的。经授权的首长必须很快让自己被这些将表现出与其目标和策略相协调的个体包围。关于必要限制的同样的观点适用于一个顶端的委员会。他们也必须被其支持者包围,并在他们自己之间做出职权分配。在一个立法机关里划分活动领域的问题会即刻出现,尤其是因为在任何大的政治集团里都有必要去获得支持者们的服务。

选民所面临的挑战也来源于在社会过程中限制有效行动的条件。集体协议并不必然是一个快速过程;用来执行一项获得同意的政策的行动也不总是能够胜任,除非注意力被给予最适合任务的工作部门。假使选民被集合在一个大会上,并且同意一项决策,但让整个大会去执行使之生效的操作通常是不现实的。

复述这些简单事实作为顾问们进行活动的背景的提醒是值得的。我们设想坚持一个高于一切的、能有效实现人类尊严的公共秩序的目标;并且同时留意在思索如何在一个特定背景里行动以找到最佳途径的过程中出现的策略问题。

顾问必须采取的一个主要预防手段是,提出关于每个功能对总体决策过程贡献的明确期待。建立主要强调每项职能的政府机构所追求的目标,是持续地提醒有关活动所发挥的作用。除非有发挥综合信息收集计划作用的情报结构,否则就不可能出现适宜于规划的包容性参考框架。除非规定了推广机构,否则坦率和论战的作用可能被忽略,并且至少暂时地被迫进入地下。如果制定功能没有被从引用和适用的顶级机构中分开,社群的建制性规则就可能被从执行便利的角度被考察。评价功能,除非独立体现,否则将迷失在晋升操纵和限定范围的适用中。同时,除非终止的问题被独立地处理,否则社会变化的现实可能被忽视,伴随的结果是使人类尊严的人力成本不必要地膨胀。

人类尊严公共秩序的更完美实现,部分取决于在决策程序动态平衡中植入具有足够力量以维持自身、并因而支撑系统的整体性和灵活性的组成元素。同样,公共秩序部分取决于整个社会都致力于澄清人类尊严的目标,并用充分的确定性去进行定义和再定义以提供一个切实可行的参考框架,在其中可以进行适当的集体行动。

当利用了每一种倾向性优势，帮助实现权力分配和观点澄清，并巩固与有关人类尊严的法学理论相容和对其有所促进的公共秩序系统时，建制性问题顾问就成功地扮演了其角色。

【翻译：郑业鹭；审校：王　超】

**图书在版编目(CIP)数据**

自由社会之法学理论:法律、科学和政策的研究 /(美)拉斯韦尔,(美)麦克道格尔著;王超等译. —北京:法律出版社,2013.8

书名原文:Jurisprudence for a free society:studies in law,science and policy

ISBN 978-7-5118-5206-9

Ⅰ.①自… Ⅱ.①拉…②麦…③王… Ⅲ.①国际法—研究 Ⅳ.①D99

中国版本图书馆 CIP 数据核字(2013)第 175953 号

**自由社会之法学理论:法律、科学和政策的研究**

哈罗德·D.拉斯韦尔
迈尔斯·S.麦克道格尔 著
王贵国 总审校

**责任编辑** 黄琳佳
**装帧设计** 清 杨



**开本** 720 毫米×960 毫米 1/16
**印张** 70.75 **字数** 1007 千
**版本** 2013 年 8 月第 1 版
**印次** 2013 年 8 月第 1 次印刷
**出版** 法律出版社
**编辑统筹** 学术·对外出版分社
**总发行** 中国法律图书有限公司
**经销** 新华书店
**印刷** 北京北苑印刷有限责任公司
**责任印制** 陶 松

法律出版社/北京市丰台区莲花池西里 7 号(100073)
电子邮件/info@lawpress.com.cn
销售热线/010-63939792/9779
网址/www.lawpress.com.cn
咨询电话/010-63939796

中国法律图书有限公司/北京市丰台区莲花池西里 7 号(100073)
全国各地中法图分、子公司电话:
第一法律书店/010-63939781/9782
西安分公司/029-85388843
重庆公司/023-65382816/2908
上海公司/021-62071010/1636
北京分公司/010-62534456
深圳公司/0755-83072995

**书号**:ISBN 978-7-5118-5206-9
**定价(全二册)**:168.00 元
(如有缺页或倒装,中国法律图书有限公司负责退换)